蕲州镇志

蕲春县《蕲州镇志》编纂委员会 编

张梁森 主编

方志出版社
Publishing House of Local Records

◀2005 年 4 月 27 日，湖北省政协主席王生铁（左三）考察李时珍纪念馆

▶2016 年 5 月 27 日，国家中医药管理局原副局长、时任中国中医药协会会长房书亭（前排中）到李时珍陵园考察

◀2016 年 8 月 11 日，湖北省人民政府副省长任振鹤（右三）、市领导肖伏清（左二）等陪同国家招商局集团李建红（左三）考察李时珍陵园

◀2016年10月26日，中共湖北省委常委、省委组织部部长于绍良（前右）在中共黄冈市委常委、中共蕲春县委书记赵少莲（前左）陪同下考察李时珍纪念馆

▶2003年9月6日，“世界杂交水稻之父”、中国工程院院士袁隆平（左）在蕲春县委书记李儒志（右）陪同下参观李时珍纪念馆并题词

◀1986年11月24日，英国剑桥大学东亚图书馆副馆长、英籍华人鲁桂珍博士（蕲春人）参观李时珍纪念馆

▲ 1986 年 9 月，日本关西大学教授宫下三郎参观李时珍纪念馆并题词

▲ 1988 年 5 月，日本岐阜药科大学校长水野瑞夫参观李时珍纪念馆，图为在李时珍像前留影

▲ 1986 年 11 月 24 日，世界自然科学史研究专家、英中友谊协会会长李约瑟（中）博士到蕲州考察，参观李时珍陵园并收集李时珍资料

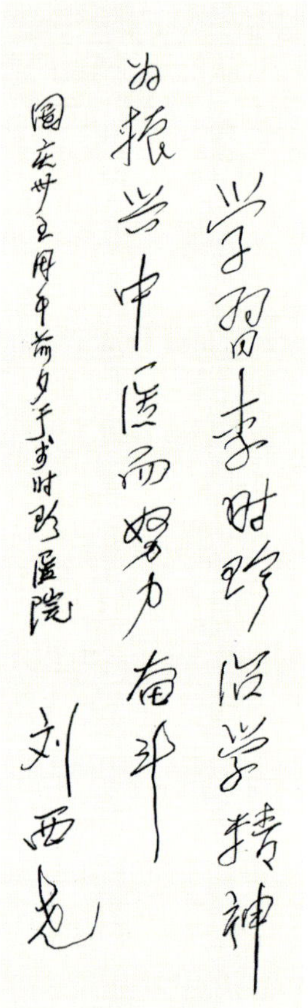

▶国家教育部原部长刘西尧题词

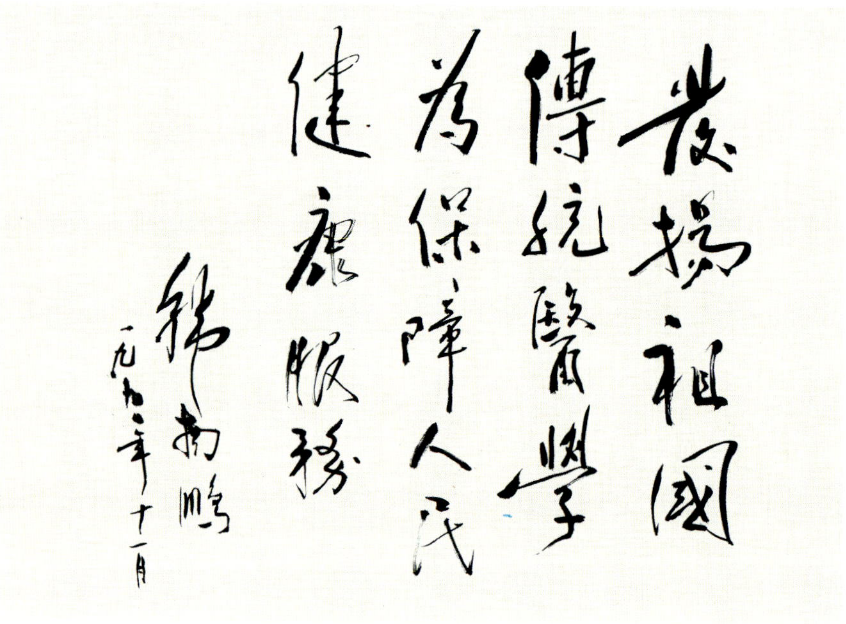

▲湖北省副省长韩南鹏题词

▲著名画家蒋兆和为李时珍画像并题诗

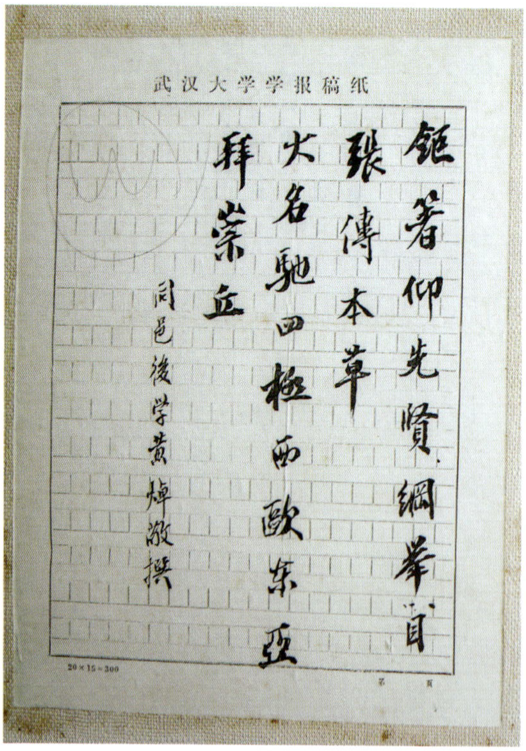

▲武汉大学著名教授黄焯题词

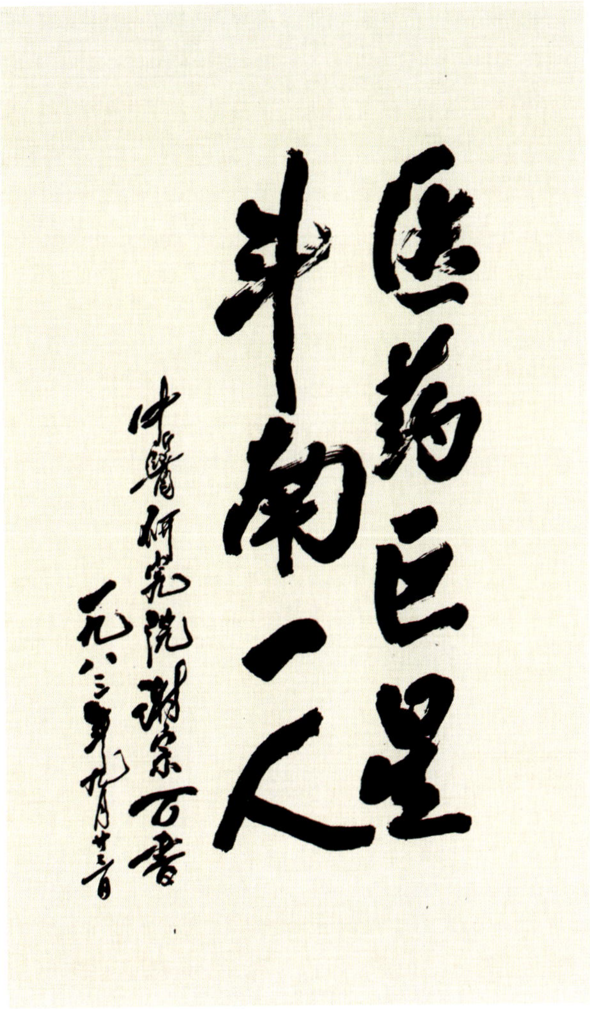

▲中国中医研究院谢宗万教授题词

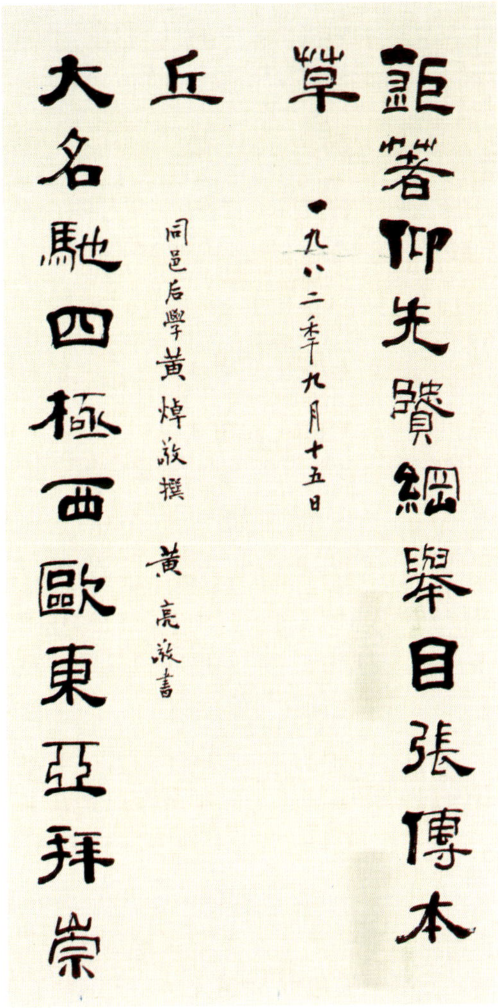

▲著名书法家黄亮题联（黄焯撰联）

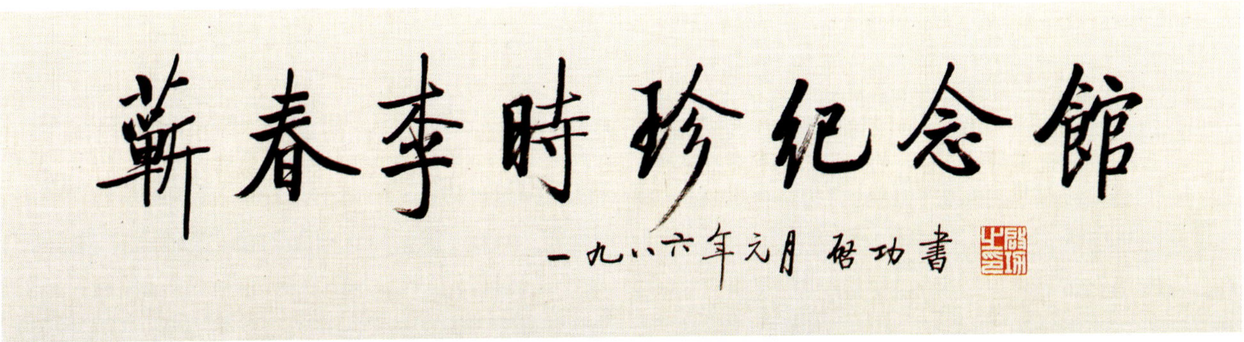

▲中国书法家协会原主席启功题词

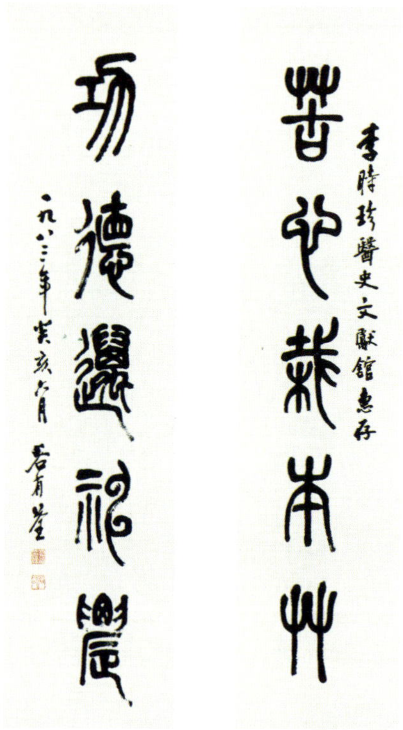

▲湖北省美术学院客座教授、东湖印社原社长谷有基题词

▲湖北省书法家协会副主席、黄鹤楼书画社社长曹立庵题词

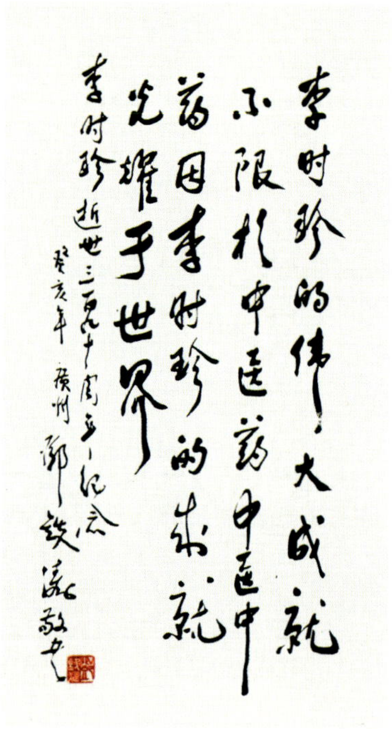

▲首届国医大师、广州中医药大学终身教授邓铁涛题词

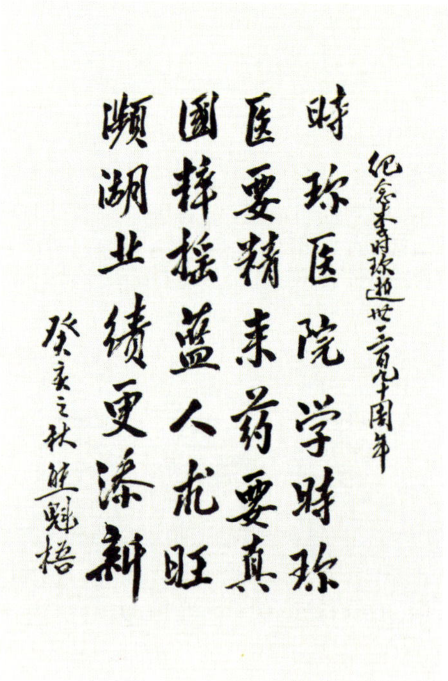

▲湖北中医学院教授熊魁梧题词

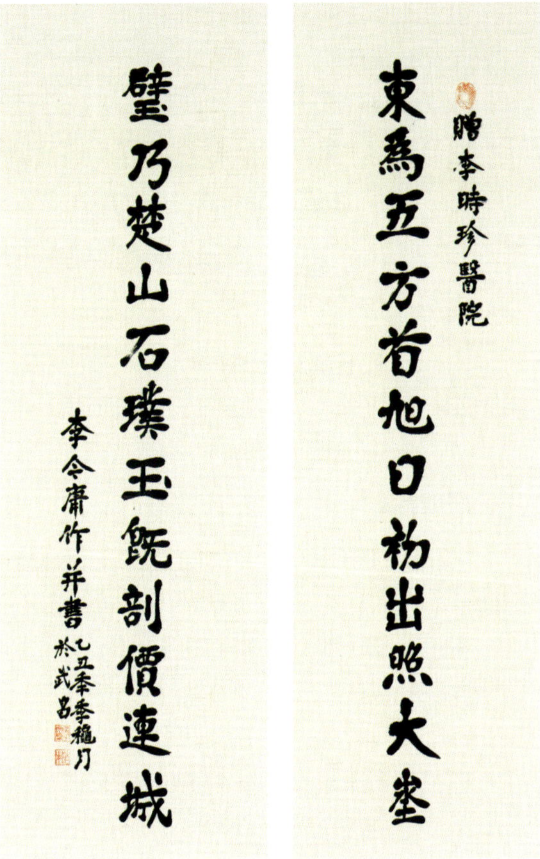

▲湖北中医药大学李今庸教授题词

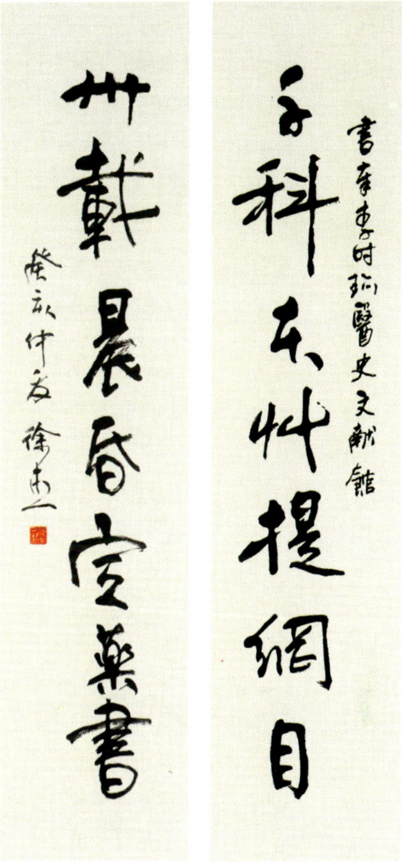

▲湖北省书法家协会原主席徐本一题词

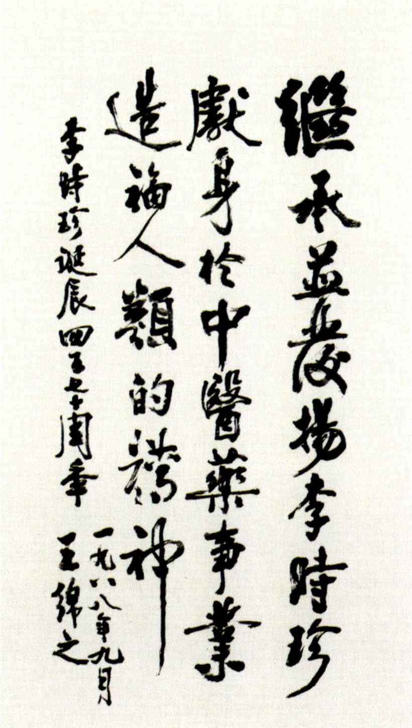

▲江苏南通中医世家十九代传人王锦之题词

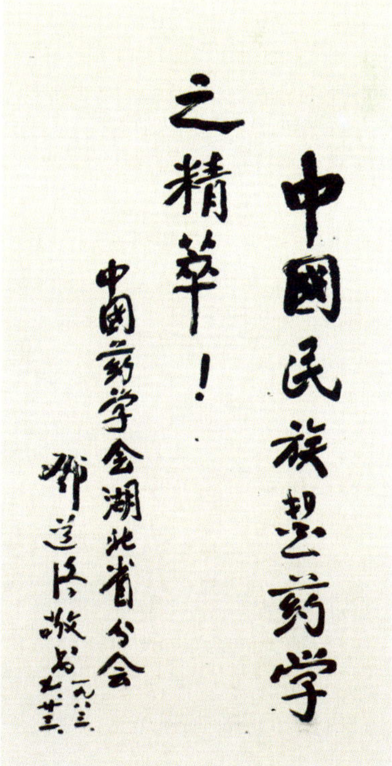

▲中国药学会理事邓道济题词

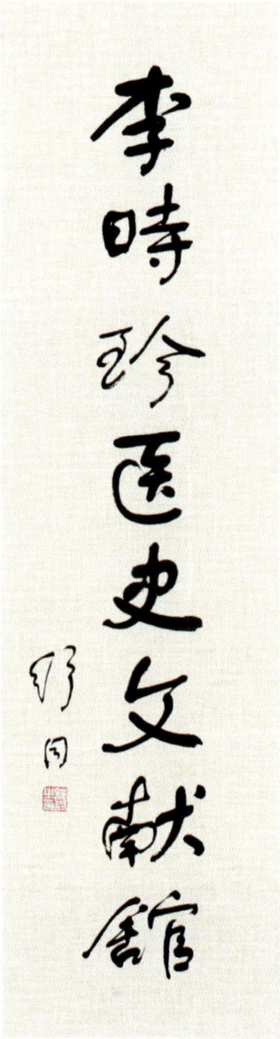

▲中国书法家协会原主席舒同题字

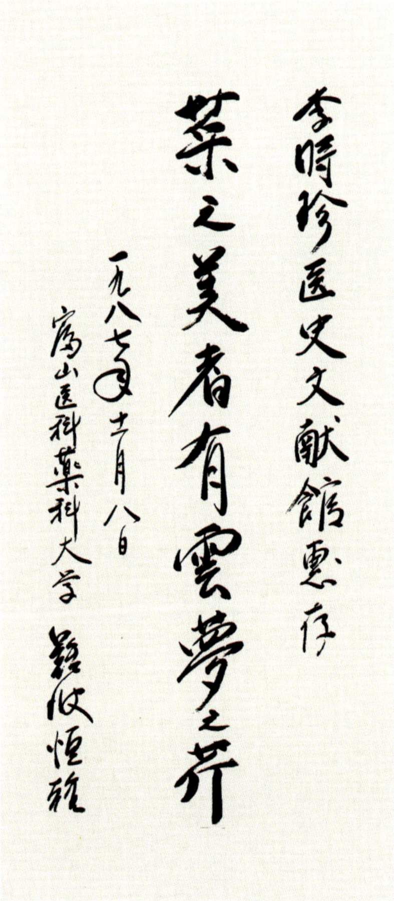

▲日本富山医科药科大学和汉药研究所教授难波雄题词

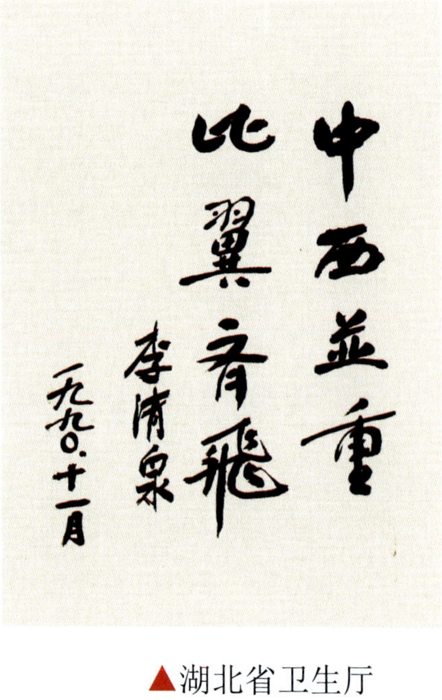

▲湖北省卫生厅原厅长李清泉题词

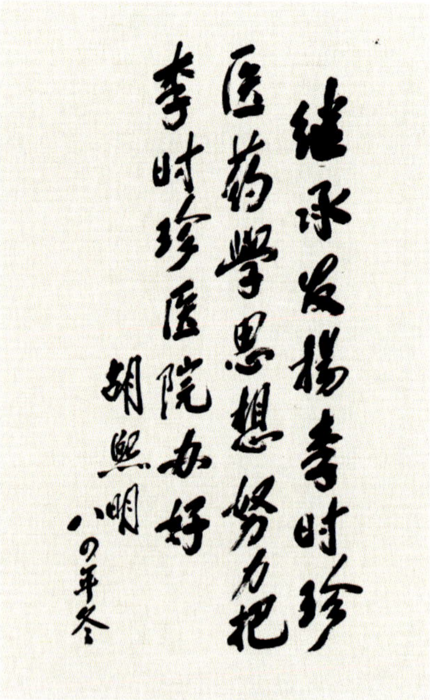

▲卫生部原副部长李熙明为李时珍医院题词

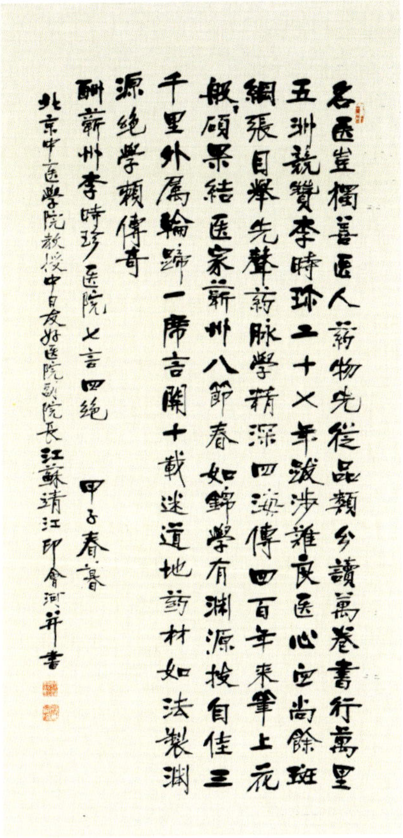

◀中日友好医院副院长印会河教授题词

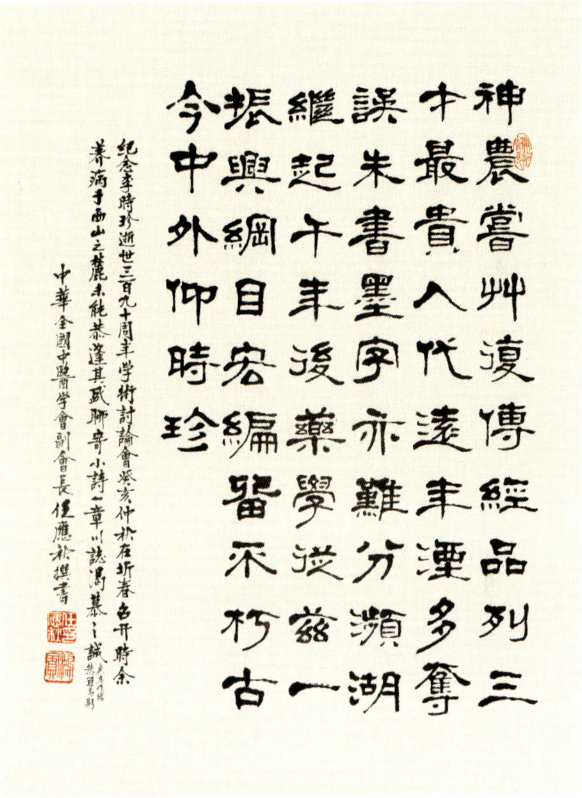

▲中华全国中医学会原副会长任应秋题词

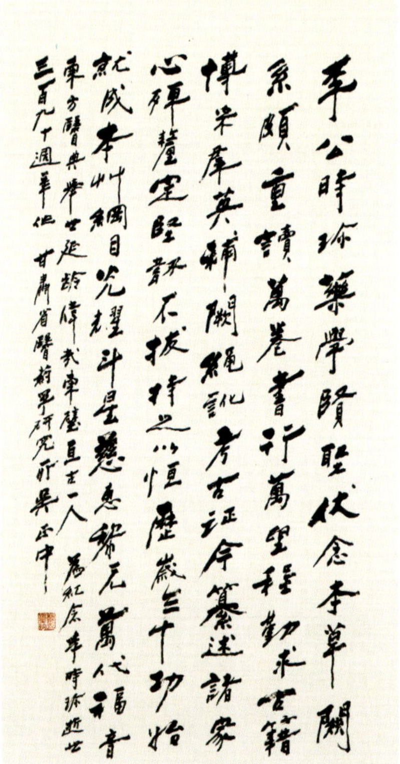

▲甘肃省中医药研究所吴正中教授题词

▲中国书法家协会主席舒同题词

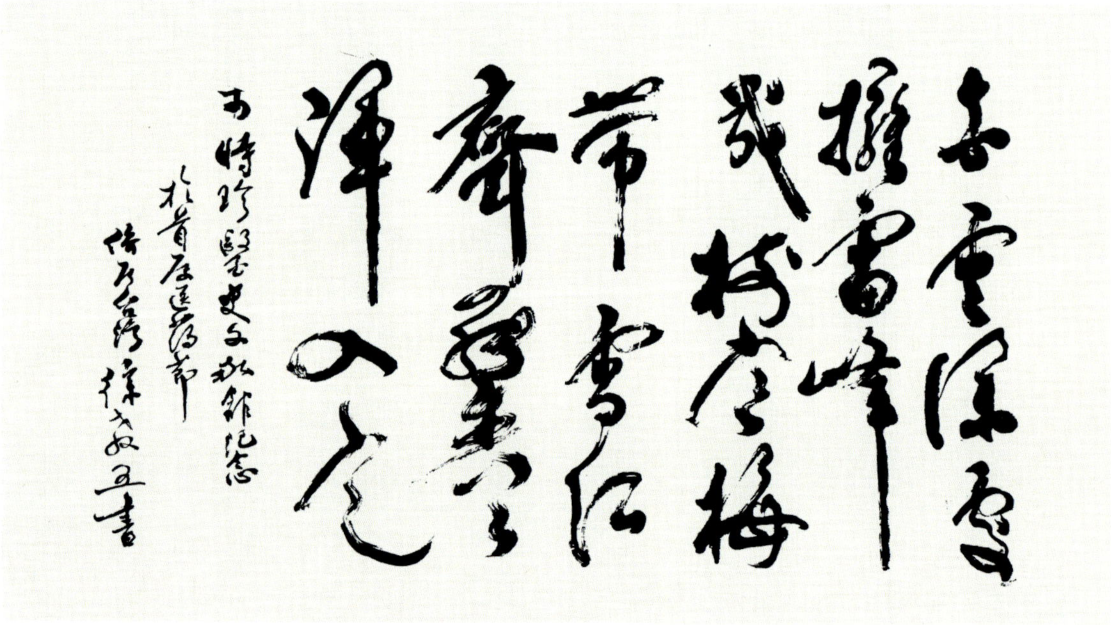

▲台湾著名诗人徐教五题词

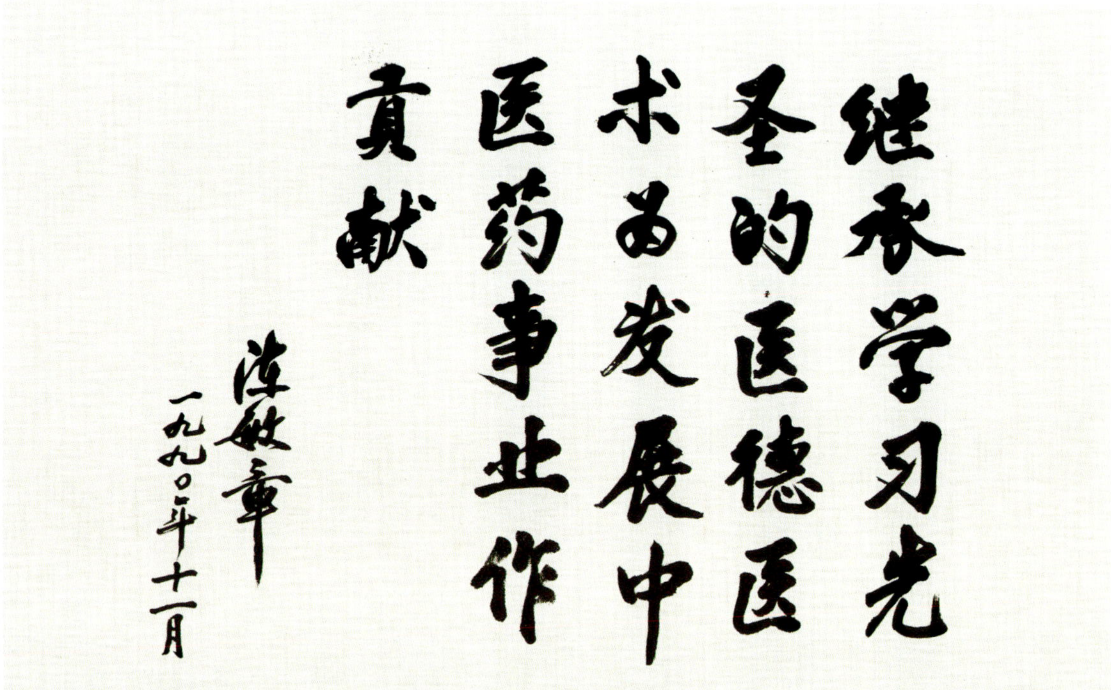

▲卫生部副副长、著名医学家陈敏章题词

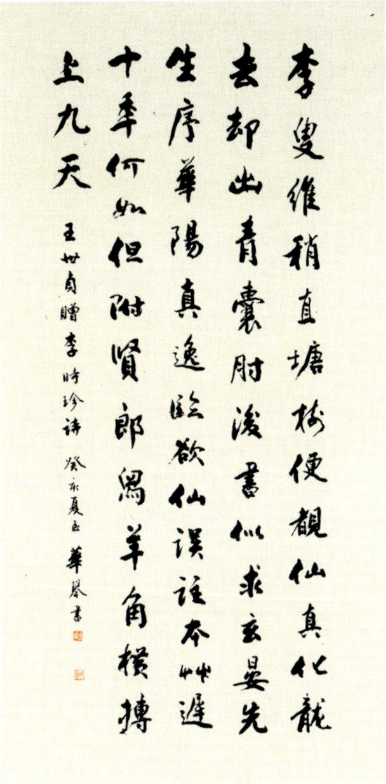

▲中国书法家协会湖北分会副主席周华琴题词

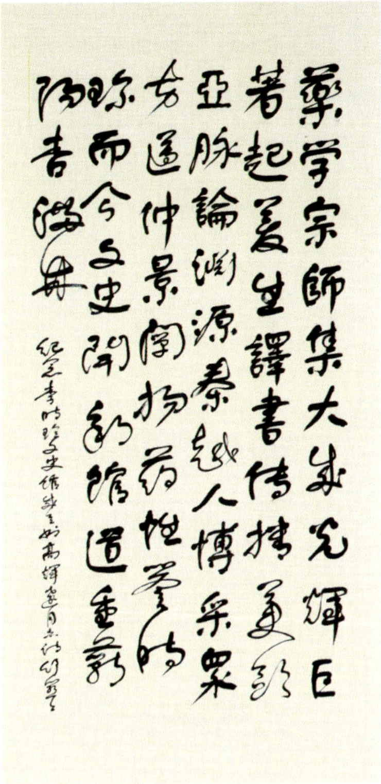

▲中国书法家协会原主席舒同题录高辉远诗一首

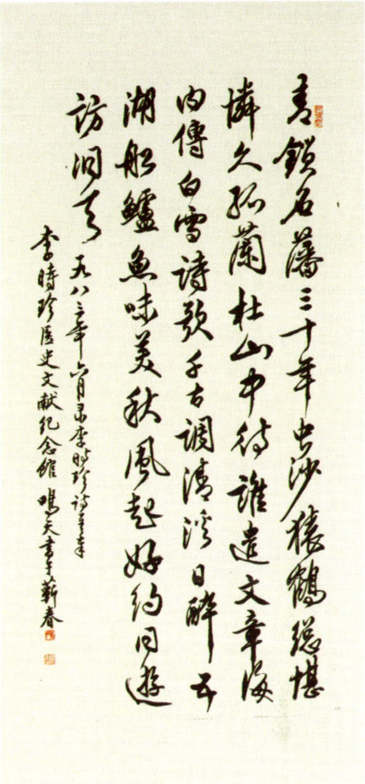

▲湖北省书法家协会主席、湖北省博物馆研究员钟鸣天题词

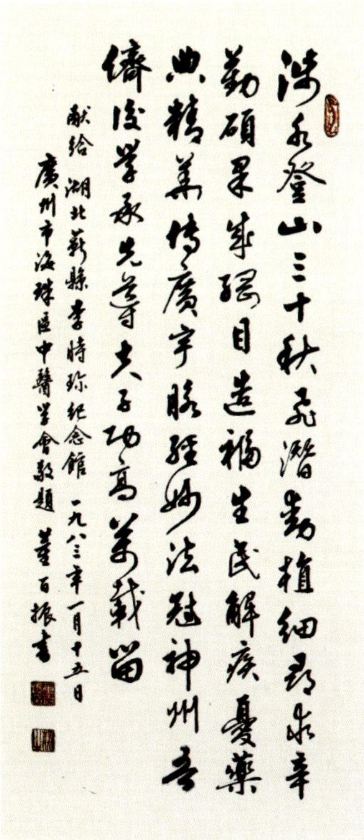

▲广东诗书画研究会副会长董百振题词

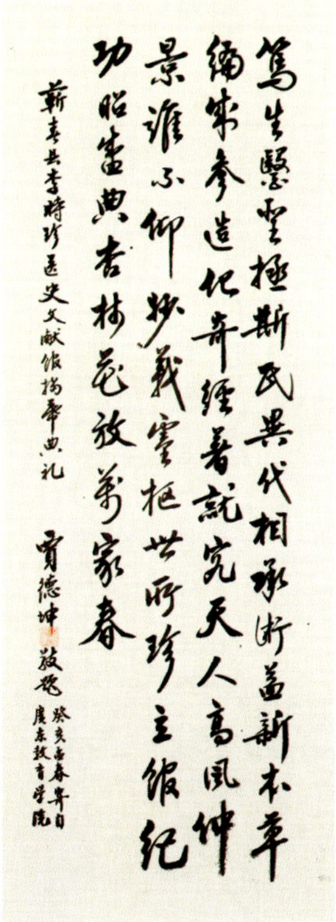

▲广东教育学院贾得坤教授题词

▲江苏美术师王志铭书画题赠

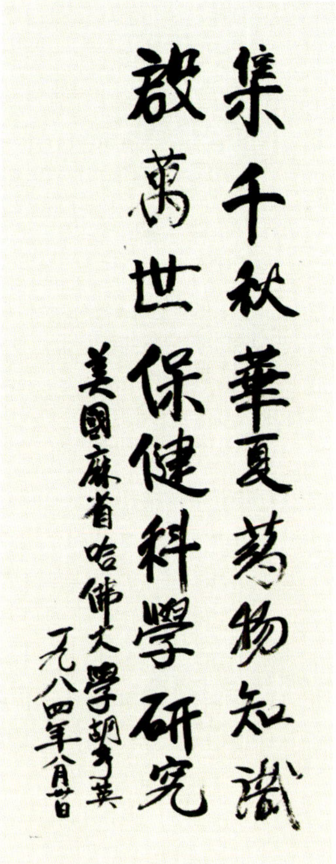

▲美国麻省哈佛大学胡亨英教授题词

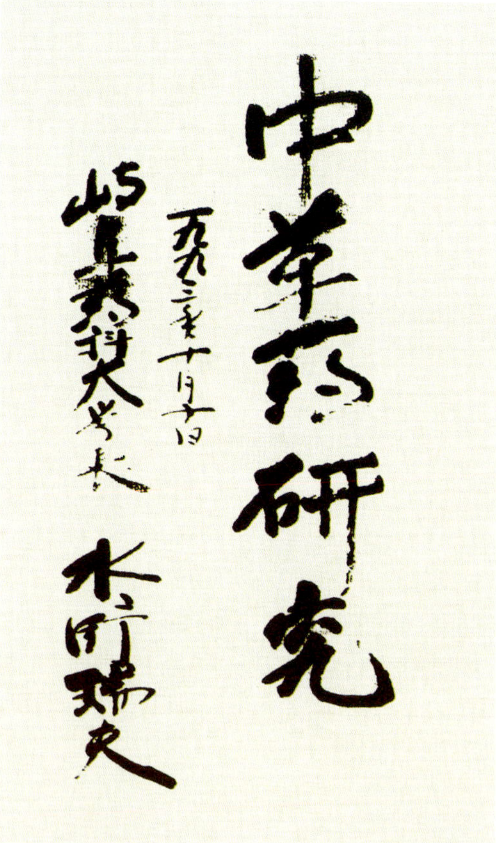

▲日本岐阜药科大学水野瑞夫校长题词

▲建于隋唐年间的凤山寺门（亦称四祖寺）红砂石门槛

▲建于唐代的菩提石拱桥（今菩提村境内）

▲建于南宋时期的蕲州古城北门部分

▲建于南宋时期的蕲州古城凤凰山临江部分城墙

▲南宋时期朝廷设在蕲春蕲州镇（今蕲州红石头村）的铸钱厂所铸铁钱

▲位于蕲州城南门外长江中的浮玉矶（今称））钓鱼台

蕲阳八景之一：麟皋高峰

蕲阳八景之二：太清夜月

蕲阳八景之三：凤岗晨钟

蕲阳八景之四：雨湖渔舫

蕲阳八景之五：城北荷池

蕲阳八景之六：金沙夜泛

蕲阳八景之七：鸿洲烟雨

蕲阳八景之八：龟鹤梅花

▲蕲州瓦屑坝李时珍故居（图片来源于《中国中医药发展简史图集》，今毁）

▲明代荆王府（已毁）

▲玄妙观

▲昭化寺

▲莲花池烈女墩

▲天主教堂（现存康复医院院内）

▲明代荆藩首相牌坊

▲明代荆王赐建胡长史牌坊

▲明代李时珍父子孙四贤坊

▲李时珍之墓牌坊

▲医中之圣牌坊

▲胡风（张光人）故里牌坊

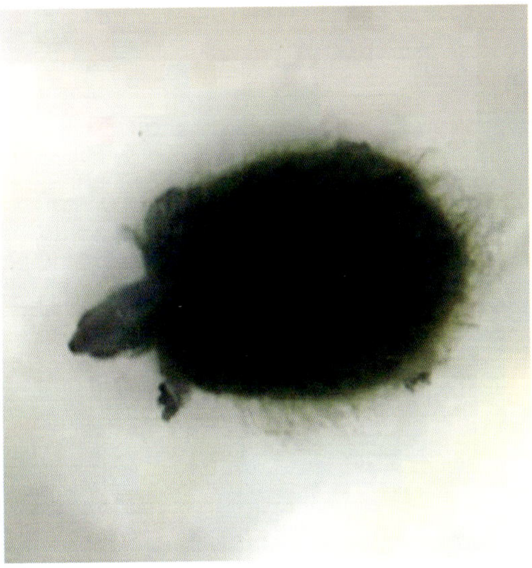

▲蕲龟（蕲州绿毛龟五铢钱大）

▲蕲竹与蕲竹龙头拐杖

▲蕲蛇（蕲州白花蛇）

▲蕲蛇头部，口内有四颗毒牙

▲九尖蕲艾叶

▲万亩蕲艾 GAP 基地

▲沿市湖大道（原三号路）出土的点褐彩瓷蟾

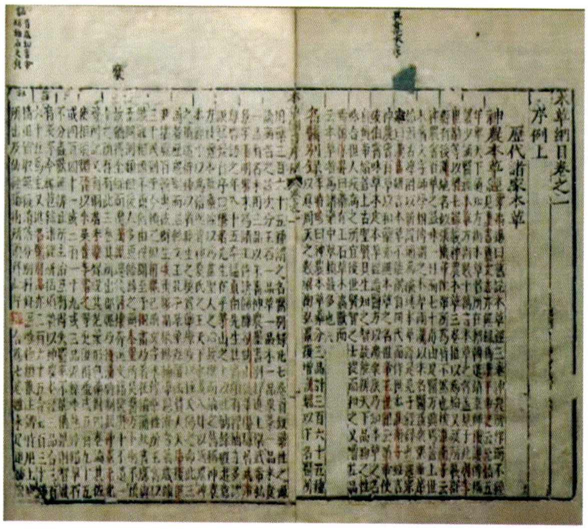

▲金陵版《本草纲目》藏本

▲明荆王府樊山王书赐给名医李承誉“方脉名家”之金字匾牌

▲明末李时珍孙李树初捐建的“符乾关”石刻

▲雨台村五魁嘴古民居“河南世第”青石牌坊

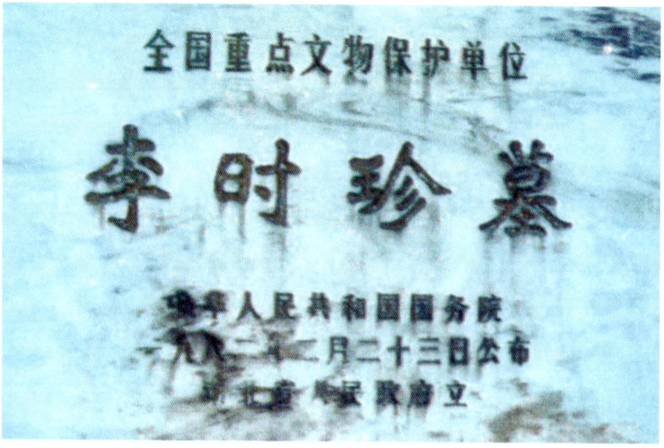

▲全国重点文物保护单位李时珍墓标识

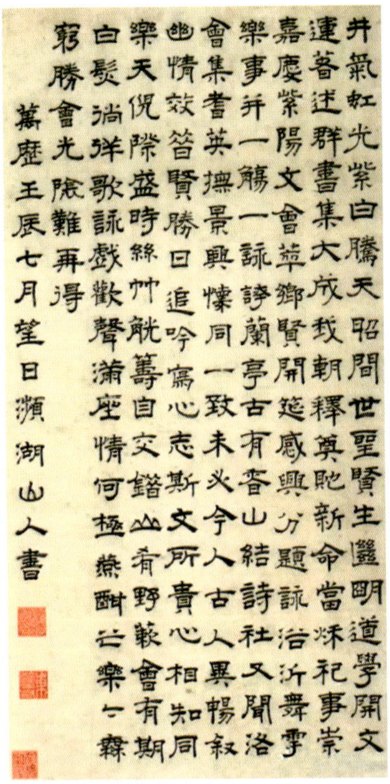

▲李时珍题诗拓本

▲王世贞为顾问、顾阙兄弟撰写的顾氏祠堂碑

▲冯天驭为广东左布政使张思齐书写的墓志铭，刘节撰文

▲李建元进《本草纲目疏》残碑

▲金陵书院重修碑记

▲玉皇楼碑记

▲药具：碾钵

▲药具：煎药铜罐

▲药具：碾槽

▲药具：彩陶熏蒸器

▲药具：陶制熏灸器

▲药具：药罐

▲药具：青铜碾钵

▲药具：药铡

▲古民居（五府弄）

▲东长街（今博士街）旧景

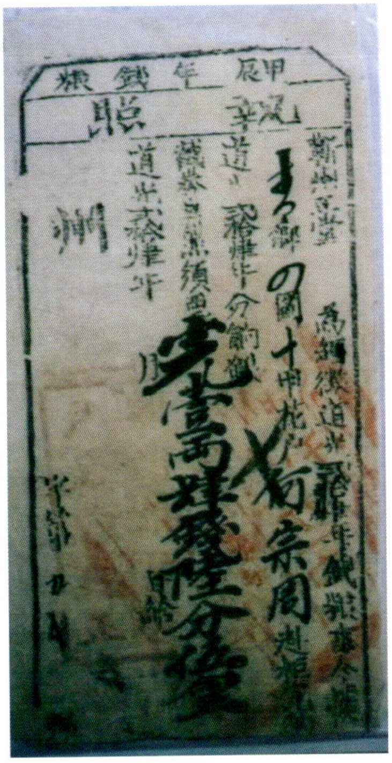

▲清道光二十四年（1844年）蕲州营业执照

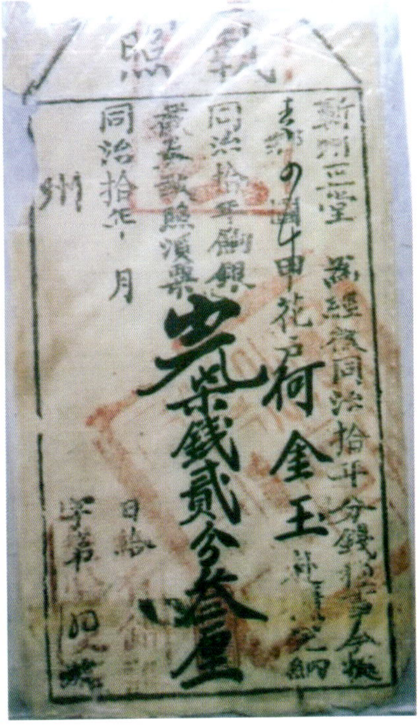

▲清同治十三年（1874年）蕲州三堂执照

▲清同治十三年（1874年）蕲州经营税票

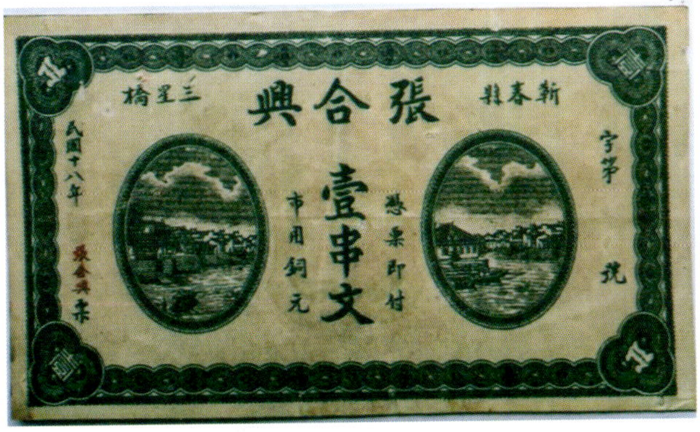

▲蕲春张合兴钱庄民国十八年（1929年）流通券

▲蕲春北门外同泰庄（钱庄）流通券

▲1938 年 10 月 8 日，日军侵略军侵占蕲州（北门）场景

▲1949 年 5 月 14 日，蕲州解放。1950 年 5 月，蕲州市民自动捐建解放蕲州城 49 位烈士纪念碑。今迁至打鼓台山

▲20 世纪 60 年代，蕲州冷水井渡槽

▲20 世纪 70 年代，蕲州国家粮库

▲20 世纪 70 年代，蕲州砖瓦厂

▲20 世纪 70 年代，蕲州玻璃厂

▲20世纪60年代的蕲州馋头尖餐厅，为当年蕲州镇最高建筑物

▲今日蕲州博士街

▲蕲州大道

▲李时珍大道

▲西角湖小景

▲菩提敬老院

▲ 1994 年 10 月，第四届李时珍医药节大型文艺表演

▲ 2005 年，第十五届李时珍医药节开幕式

▲李时珍医药一条街

▲李时珍医药一条街药商楼

▲ 2008 年，第十八届李时珍医药节开幕式

▲ 2017 年 5 月，海内外中医药界代表在李时珍陵园祭拜李时珍

▲李时珍纪念馆正门

▲李时珍纪念馆展厅一角

▲李时珍药物馆展厅大楼

▲邓小平为李时珍纪念馆题词

▲李时珍纪念馆内百草园李时珍塑像

▲李时珍墓园

▲赤东湖风光

▲蕲州金陵书院

▲龙泉花海：观景塔

▲龙泉花海：早樱基地

▲胡风纪念馆全景

▲胡风纪念馆院内张氏文化活动中心

▲全省小城镇建设“楚天杯”奖

▲全市小城镇建设“大别山杯”奖

▲ 1992 年，获湖北省“楚天明星乡镇”称号

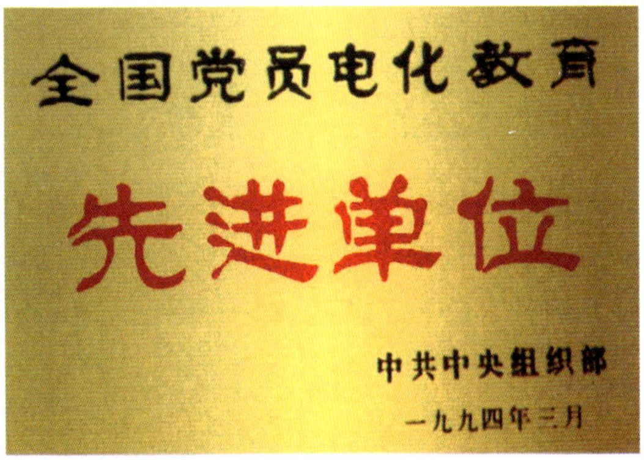

▲ 1994 年，获全国党员电化教育“先进单位”称号

▲“中国乡镇之星”称号

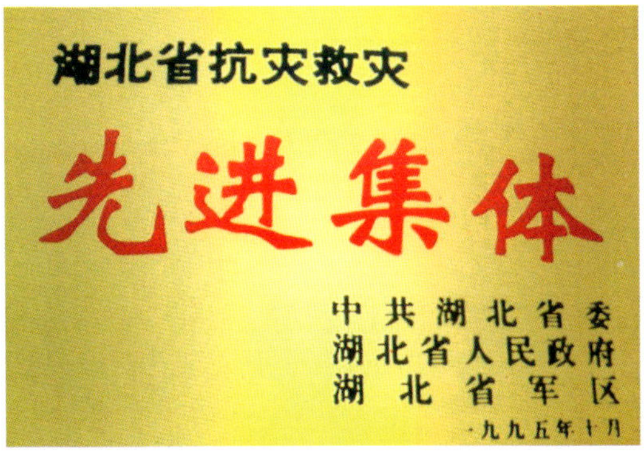

▲ 1995 年，获湖北省抗洪救灾“先进集体”称号

▲1996年，获1995年度黄冈地区“十强乡镇”称号

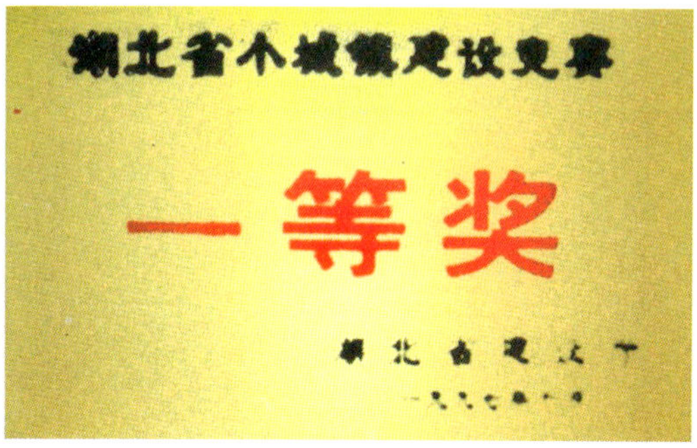

▲1997年，获湖北省小城镇一等奖

▲2001年，获1999—2001年度“文明镇”称号

▲2001年，获全国创建文明小城镇“示范点”称号

▲2001年，获全国创建文明村工作“先进单位”称号

▲2003，获工会基层工作“先进单位”称号

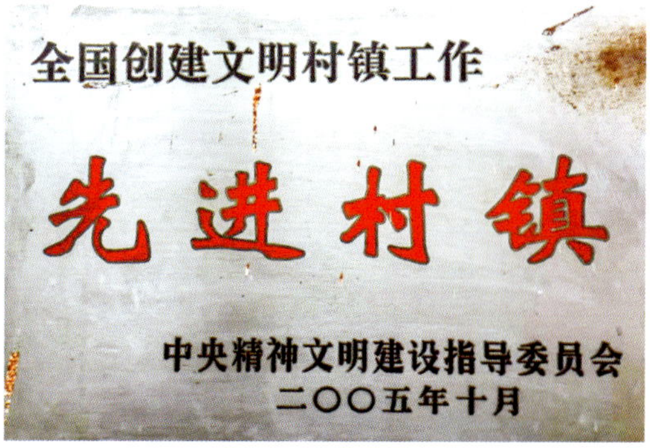

▲2005年，获全国创建文明村镇工作“先进村镇”称号

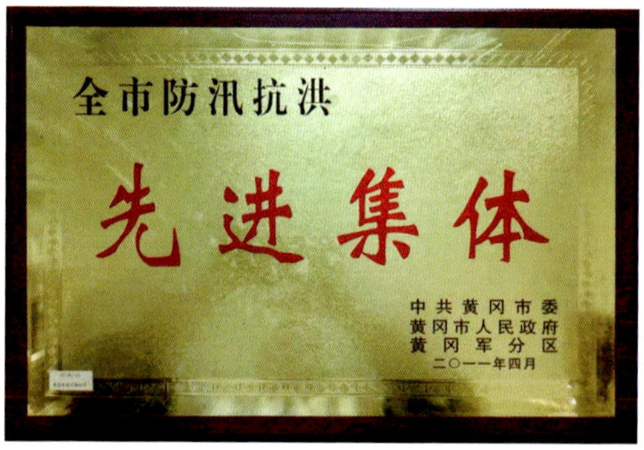

▲2011年，获全市防汛抗洪“先进集体”称号

▲蕲春县《蕲州镇志》编纂委员会成员合影

前排左起：蔡　梦　郭光祥　胡美华　邓小明　何朝阳　邓鑫智　吴拥军　田劲松　潘冬梅

二排左起：陈文杰　翁建军　张焱坤　曾少杰　张梁森　高静波　许金燕

后排左起：张国辉　刘新安　张　鸣　余向红　王万里

▲蕲春县《蕲州镇志》编辑部成员合影

左起：王万里　张国辉　张梁森　张鸣　张焱坤　刘新安

▲2022 年 9 月 13 日，市县两级史志研究中心召开《蕲州镇志》审稿会时合影

左起：王树蕲　张梁森　章　青（女）　沈　娇（女）　张焱坤　王万里　张　鸣

叶卫华　詹松青　张　进　席想楼　田明华

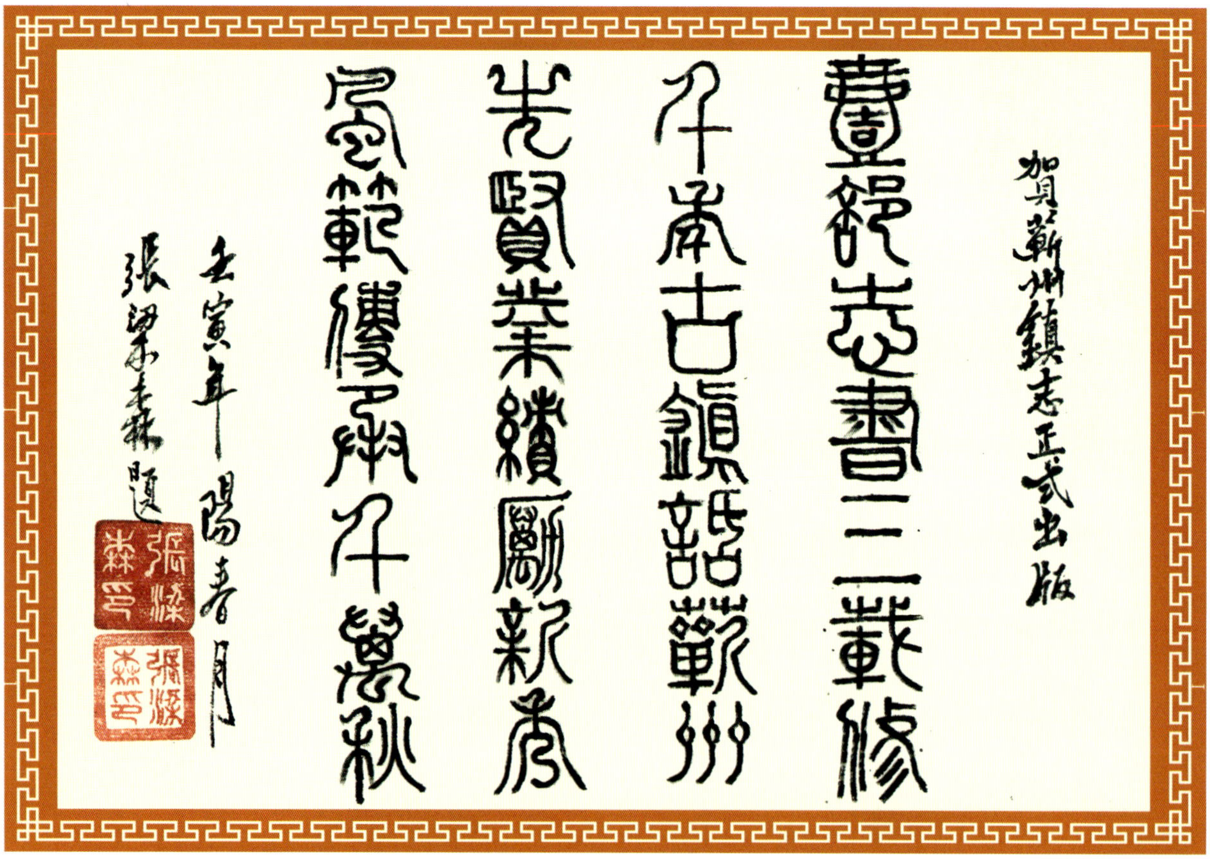

▲本书主编张梁森题贺《蕲州镇志》正式出版：“一部志书三载修，千年古镇话蕲州，先贤业绩励新秀，风范传承千万秋。”

序　一

乡镇志是记载一乡一镇范围的志书，始于宋代，明清时期快速发展。明中期以后，随着商品经济的发展，在商贾聚集之处，出现了一些新兴的专业性市镇，这些市镇多集中在江南经济发达或河湖沿岸交通便利地区，农业商品化程度较高，商贸转输经济发达，因此乡镇志编修也兴盛起来。清代至民国时期，乡镇志编修更为普遍，其记述内容与府州县志相比，更注重突出乡镇的特点，而且很多史料不为府州县志记载，为研究基层社会经济文化提供了最基本的史料。

中华人民共和国成立后，尤其是从20世纪80年代开始，各地乡镇经济迅速发展，此时首轮新编地方志工作广泛开展，促进了各地乡镇志大量编纂出版。进入21世纪以来，随着城镇化进程的不断推进、乡镇民众历史文化意识的不断增强，各地第二轮修志工作也接近尾声，乡镇志编修更是得到了迅速发展，乡镇村志蔚为大观。近年各地又陆续出台加强乡镇村志编纂工作的意见，2015年蕲春县也作出了编纂乡镇村志的部署，《蕲州镇志》的编纂就是在这样的背景下开展的。

蕲州在历史上曾6次修志，从宋至清有9次编修，最早的一部是宋代陆峻、丁光远编纂的《蕲春志》10卷，其后有明嘉靖九年（1530年）甘泽纂修的《蕲州志》9卷，嘉靖三十一年（1552年）翁学渊聘王俨、郝守正等纂修的《蕲州志》12卷，明末顾天锡纂《蕲州志》60卷，清康熙三年（1664年）王宗尧修、卢宏纂《蕲州志》6卷，乾隆二十年（1755年）钱鋆修，程大中、周茂健纂《蕲州志》20卷，咸丰二年（1852年）潘克溥修纂《蕲州志》26卷，光绪八年（1882年）封蔚礽修、陈廷杨纂《蕲州志》30卷，流传至今的仅有嘉靖九年以及康熙、乾隆、咸丰、光绪年间纂修的《蕲州志》。这些志书虽以蕲州为名，然均以蕲春行政区域为记述范围，今蕲州镇的内容只是其中一部分，记述也较为简略。因此，编纂一部贯通古今的《蕲州镇志》，系统地反映蕲州镇千年发展变迁的历史，是极有必要而且极其重要的大事。

《蕲州镇志》上限以有“蕲州”之名为始，下限至2017年，系统记述了千余年蕲州自然和社会的历史与现状，尤其在突出蕲州镇特色方面用力较勤。蕲州城位于大别山南麓，长江北岸，地势险要，扼长江之要冲，具有天然的地理优势，是长江中游一座历史文化名城，也是沿江六大文化古城之一。自南宋景定四年（1263年）州治迁入，其后历经元明清讫民国，蕲州城一直作为州、路、府、县级行政区的治所，管辖或部分管辖过蕲春、黄梅、广济、蕲水、罗田5个县，是鄂东政治、经济、文化中心。因此，该志特设文化名城一卷，记述蕲州城的发展演变，并依据有关史料对明末州城被毁死难人员作了系统的统计梳理，包括死难人员的姓名、身份、死难原因、资料来源等，以让世人铭记蕲州城所遭受的苦难；名胜古迹设古牌坊存名录，包括牌坊名称、今古所在地、旌表人、建造者，牌坊种类很多，涉及王府、官员、进士、举人、解元、登科、恩荣、忠孝、贞节、守志、执法、肃政、书院、寺庙等，说明蕲州的文化底蕴和传承。名胜古迹中还有古井名录，从宋元至明清，以明清凿井居多，涉及古井名称、凿井年代、所在地、现状，这些井涉及寺观、书院、学校、王府、官署等，比较多的是各个姓氏家族的井，由此反映了饮用水源分布和利用情况。

蕲州城是明代荆王府所在地，正统十年（1445年）明仁宗第六子朱瞻堈将王府从江西建昌（今江西南城县）迁建于此，至崇祯十六年（1643年）被毁，历经近两百年。该志除记述明代藩王封爵禄饷、王府的官吏和仆役、土地财物、王府生活状况外，还制作荆王表、郡王表、荆藩各王府一览表、荆王府故物遗存表，并给十一世荆王作小传，这些资料均通过梳理史料，并结合实地调查，对研究明代藩王制度以及荆王一系的发展变化有重要的价值。

蕲州素为药材之乡，“指草皆为药，路人皆懂医”，是对蕲州人的真实写照。蕲州药材资源丰富，唐宋以来蕲龟、蕲蛇、蕲竹、蕲艾号称“蕲州四宝”（今称“蕲春四宝”），享誉海内外，宋代中药经营先进，至今蕲州的药市也是全国十七大药材专业市场之一。因此，该志专设中医中药，详列机构、名医、医籍、中药材、中医药产业，并附记李时珍医药材暨药节交易会，从名医小传、医书介绍，到中药材种植、加工、销售，所设2003年至2017年蕲州镇药材加工表、1955年至2017年蕲州药材销量统计表、1991年至2017年李时珍药交会中药材销量统计表，均凸显了蕲州在中医药产业发展中的地位。

蕲州名医辈出，尤其是孕育出明代著名的药学家李时珍，他广泛采集药物标本，写出一部总结性的药物巨作《本草纲目》，其中收录了药物1892种、医方11000多个，被誉为东方医学巨典，是世界医药学的重要文献。该志在这方面着墨较多，对李时珍及其父亲李言闻的小传也作了较多的记述，明清时期医书共有21种，其中有李时珍父亲李言闻著6种，李时珍著10种，其他关于李时珍及其《本草纲目》等著作的整理研究成果也予以收录，由此可见李时珍父子在中医药方面的贡献。

蕲州还是当代文艺理论家、诗人、翻译家胡风的故乡，在人物传中有详细的介绍。一部方志尤其是镇志编纂，要详其他志所详，突出其他志所无，将蕲州镇最有代表性的事和人书写出来，供后人查询参考，真正体现小志不能小视的特点。乡镇作为国家最基层的行政单元，反映了基层社会治理与建设情况，蕲州镇作为湖北省经济发达镇，其志书设计展现了蕲州镇在当代经济社会中的发展变化，尤其是在遵照方志体例的基础上突出了蕲州的名和特。如蕲州人文、旅游、动植物、药材、矿物等资源丰富，人文资源有医圣故里、文昌之乡、博士名街、王府胜地，旅游资源有李时珍陵园、龙泉花海景区、金陵书院与纯阳阁、胡风纪念馆等，已查明的植物资源有351种、药材资源有664种、动物资源有117种，其中芹菜、九孔莲藕、油姜等土特产，享誉县内外。经济卷重点记述了镇办企业、村办企业、民营企业、工业发展的规模和园区建设，真正体现了经济发达镇的优势。其他在教育、文化、社会生活、村镇建设、风俗习尚等方面，都展现了蕲州镇的独特性。艺文中文赋和诗文的选录，体现了蕲州镇历史文脉的传承与弘扬。

地方志编纂是中国古老的文化传统，需要一代代修志人艰辛备尝地付出和努力。《蕲州镇志》的主编张梁森先生，长期从事蕲春文化工作，潜心专注于李时珍研究，在历史文化研究方面成绩卓著，由他撰著、主编和编审的著述以及学术论文等有七八百万字之多，有10多家报刊、书籍对其业绩有过专门报道和记载。张先生为此次镇志编修，从框架设计到文字编纂，付出了大量心血，精益求精，不断修改完善，我深感于他的敬业精神。值此镇志编纂完成出版之际，特表祝贺！

是为序。

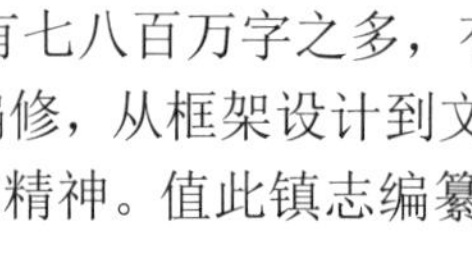

2020年10月28日

注：本文作者系中国地方志工作办公室研究员，中国社会科学院研究生院教授、博士生导师。

序　二

国史、方志、家谱是构成中华民族文化大厦的三大支柱。而作为中间层的地方志，则是全面、系统记述一个行政区域自然、政治、经济、文化和社会发展历史与现状的资料性文献图籍；是传承和彰显中华文明和发掘历史智慧的重要载体；是中华民族优秀文化和社会主义先进文化的重要组成部分，具有其他文献典藏不可替代的价值。因此，编修好一部地方志，对于继承和弘扬优秀传统文化、培养社会主义核心价值观、为各级领导干部提供决策借鉴、提高指导本区域各项工作的水平，促进当地经济社会发展，有着深远的历史意义和重大的现实意义。可以说，编修地方志是我们中国独有的优秀文化传统，是承上启下，继往开来，永续华章，服务当代，有益后世的千秋大业。

我们蕲春县蕲州镇，既是一个有着一千多年历史的文化古镇，又是长江中下游沿江六大文化名城之一。这里曾是鄂东政治、经济、文化中心之一，历史上设有军卫、郡（府、路）、州、县四级建制；这里曾是扬子江畔一个经济十分发达的地方，在魏晋南北朝时期较为落后，唐代有所进取为“上县”(时为全国倒数第三等次)，宋代一跃为“望县”（全国第三等级），蕲州地域是当时的核心区，明代发展到辉煌鼎盛时期。我们今天说的蕲春有“时珍故里”“王府胜地”“文昌之乡”“养生之都”四大名片，就是这个时期产生的。为我们今日的经济开发，留下了丰富的人文资源。我们开发李时珍医药文化资源，只是蕲州这个千年文化古城积累下的许多人文资源中的一部分。

那么，这些人文资源，靠什么传承下来？就是靠历代先贤们为我们编修了多部古代《蕲州志》。然而，古代的《蕲州志》是从当时“大蕲州”的范围编写的，具体记述今日蕲州范围的内容，还是比较粗略的。为了研究蕲州本土历史文化，挖掘更多的人文资源，有必要编写一部现代版的《蕲州镇志》，为新时期的经济开发服务。

2016 年 8 月，我从蕲春县横车镇调入蕲州镇工作，在理清一些基本程序后，就邀请我们县政协文史教科文卫委员会原主任张梁森先生，为我们编写一部介绍蕲州镇情、尤其是介绍蕲州古今人文资源方面的书籍。因为我深知，一个地方没有丰富的文化内涵，这个地方只是一具“僵蚕”。

也许是机缘巧合。时逢昇平盛世，各级政府不但把各级地方志编纂工作抓得很紧，把乡镇（街道）、村（社区）志的编修工作，也提高到重要的议办日程，并级级发文，从指导思想到具体步骤都作了详细规定。作为基层领导者，对这项工作是应当切实负责的。严格地说，一个不懂得抓文化建设的干部是没有远见的。

于是，我们蕲州镇紧跟上级关于编纂乡镇（街道）、村（社区）志的部署，迅速组成以镇长邓鑫智牵头，以主编张梁森先生（聘请）为首的《蕲州镇志》编纂委员会，于 2017 年 6 月正式启动《蕲州镇志》的编修工作。经过编委会 6 位同志一年半的艰辛努力，在全镇各村、社区、各镇直机关积极配合下，一部 140 余万字的《蕲州镇志》终于脱稿了，其后经过市、县志办组织的专家评审会，即将交付出版社正式出版。按惯例，编委会请我为《蕲州镇志》作序。有感于同志们的辛勤劳作，有感于《蕲州镇志》这一具有历史意义的文化工程顺利竣工，仅以此文为之序。

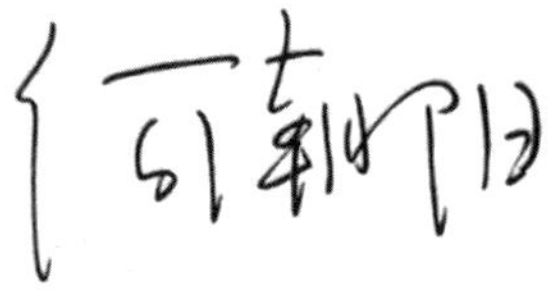

2018 年 12 月 8 日

注：本文作者系中共蕲春县委常委、中共蕲州镇委书记。

序　三

地方志有着存史、育人、资政的重要作用，是其他文化典藏所不可替代的。因此，各级人民政府都十分重视地方志的编纂工作。2014 年 8 月 12 日，湖北省人民政府办公厅以“鄂政办发〔2014〕45 号”文件印发了《湖北省人民政府办公厅关于进一步加强全省地方志工作的意见》，文件中不但要求各级人民政府必须做好省、市、县三级地方志编修工作，而且首次提出要“大力推进乡（镇、街道）志的编纂出版工作，加强对部门志、行业志、特色志、村志编纂的指导和服务”。2015 年，市、县人民政府相继发文，要求各乡镇（办）要迅速启动各地乡（镇、街道）志的编纂工作。我们蕲州镇党委、政府十分重视这项工作并率先行动。

2017 年初，蕲州镇即把编纂《蕲州镇志》的工作列入重要议事日程。年初，将编纂《蕲州镇志》的经费列入年度财政预算，“兵马未动，粮草先行。”接着是组建编修镇志的写作班子。我们聘请了县政协文史教科文卫委员会原主任张梁森先生为主编，把镇内对地方志编修有一定基础且爱好此行工作的老同志张国辉、张鸣、张淼坤、刘新安等也请进编修队伍中来，同时由两办主任王万里同志负责协调、联络。这些老同志的工作责任心很强，又能吃苦耐劳，经过一年半时间的辛勤劳作，一部 140 余万字的《蕲州镇志》书稿即呈现在人们面前，并经市、县志办专家评审通过，可喜可贺！应该说，这是我们蕲州镇自 1949 年 5 月建立城关区（1956 年改建为镇）以来的一项巨大的文化建设工程。它不同于古代《蕲州志》，又是古《蕲州志》的延续和发展。因此，我们当十分珍惜它。

《蕲州镇志》共分为自然地理、经济、政治、社会事业、村镇建设、风物民俗、中医中药、文化名城、人物、艺文类聚等 10 卷。详细介绍了蕲州古今历史沿革和地理区划，以及蕲州政治、经济、文化和社会发展的历史与现状、蕲州古今人文资源和其他多种资源；尤其是把蕲州最有特色的中医中药、文化古城记述得细致详尽，为我们现在和今后进一步利用千年古城蕲州所蕴藏的各种资源，加大开发力度，促进地域经济，不无借鉴作用。因此，我们一是要发挥《蕲州镇志》资源优势，加快成果转化，为党委、政府提供决策参考和智力支持，为社会各界研究、支持蕲州经济社会发展和历史文化提供咨询服务。二是要利用《蕲州镇志》加大对外宣传和扩大文化交流，让更多的人了解蕲州、关心蕲州、支持蕲州。让蕲州走向世界，让世界关注蕲州，为振兴蕲州经济、加快蕲州发展而共同努力。三是要广泛开展读志、用志活动。我们全镇的党员干部以至每一个居民，都应熟悉蕲州的地情，熟悉自己的家乡，了解自己的“家底”，记住乡愁，珍惜乡情，共同为蕲州的发展添一份力量。

在《蕲州镇志》即将付印出版之际，编委会的各位同志邀请我为《蕲州镇志》写个序言。我想，我们花了这么大的力量，编委会的同志费了那么多心血，我们的确应该珍惜这部现代版的《蕲州镇志》，愿其发挥应有的作用。

是为序。

邓鑫智

2018 年 12 月 8 日

注：本文作者系中共蕲州镇委副书记、蕲州镇人民政府镇长。

序 四

国家修史，地方修志，盛世之壮举。史可鉴往知来，志可资政育人。一部地方志是全面系统记述本行政区域自然、政治、经济、文化、社会历史与现状的资料性文献，是传承彰显中华文明和发掘历史智慧的重要载体，是中国特色社会主义先进文化的重要组成部分，具有无可替代性。同时，编修地方志是中华民族独有的优秀文化传统，是承上启下、继往开来、服务当代、有益后代、永不断章的千秋大业。因此，按照《湖北省人民政府办公厅关于进一步加强全省地方志工作的意见》（鄂政办发〔2014〕45号文件），编修《蕲州镇志》，是镇党委、镇政府应该全力抓好的一项重要的文化工程，功在当代，利在千秋。

其实，我国历代领导人都十分重视地方志的编修和收藏与利用。尤其是以中国人民的伟大领袖毛泽东主席为代表的中国共产党人，对于地方志事业一直非常重视。早在抗日战争时期的1941年8月1日，毛泽东起草了《中共中央关于调查研究的决定》这一重要文件，文件中指出要“收集国内外政治、军事、经济、文化及社会阶级关系各方面材料，加以研究，以为中央工作的直接助手”。其中就包括收集“县志、府志、省志、家谱、加以研究”。中华人民共和国成立以后，几代党和国家领导人，一直关心着中国地方志事业。

志是什么呢？一句话，志就是记述一个地方的“百科全书”。对于一个地方而言， 有“一志在手，满门皆知”的功能。我们编修的《蕲州镇志》，就是记载有“蕲州”建制以来，该地域自然地理、政治、经济、社会事业、镇村建设、民俗方言、中医中药、文化名域、历代人物等方面的状况，揭示镇村生产发展和生活方式的时代差异，展示蕲州地灵人杰的历史和精神风貌，坚持秉笔直书、客观公正、实事求是，有着广泛的覆盖面和多方面的包容性，凡“述、记、志、传、图、录、表”均据实收录，展示其内涵丰富，外延广袤的特色，因此，《蕲州镇志》有“补县志之不足，医正史之谬误”的特殊资料价值和珍贵的历史价值。

2012年11月8日，中国共产党第十八次全国代表大会隆重召开，大会提出了“城乡发展一体化”的伟大战略方针，旨在推进我国广大农村乡镇的快速发展。随着生产力的发展，而促进城乡居民生产方式、生活方式和居住方式变化的过程，使城乡人口、技术、资本、资源等要素相互融合，互为资源，互为市场、互相服务，逐步使城乡之间在经济、社会、文化、生态、空间、政策及社会制度协调发展。在这个大政方针的指引下，蕲春县蕲州镇迎来了历史性地变迁。依据有关法律法规全面制订镇村两级发展规划，按照规划分步实施，改造老城区，建设新城区；规范村庄建设，实现新农村目标，蕲州镇先后成为“楚天明星乡镇”“中国乡镇之星”，全市“十强乡镇”、全省“文明镇”、全国“先进村镇”，等等。

镇村社会变迁，应该说是中国社会变迁的主体内容，这不仅是因为镇（乡）村在全国区位结构中占绝对多数，同时也是因为，乡（镇）村的文化传统、生活方式、风物习俗在更深层次上代表了中国历史传承，影响着一代又一代人。那么，当今这一代人就应该将本区域有建制以来的历史，也就是我们蕲州古今各个历史时期所在范围内的历史，挖掘整理成册，编修新时期的《蕲州镇志》，为全社会留下一份宝贵的文化遗产，为本地民众留下乡愁，不泯记忆，传承文明，惠及后世。

一部好的地方志，是对本地民众及其子孙们进行爱国主义教育、革命传统教育、集体主义教育、社会主义教育、红色文化教育的好教材和工具书。我们应记住祖辈们的拓荒奋斗精神，记住祖辈们的艰苦创业精神，记住祖辈们的无私奉献精神，同时弘扬他们崇尚道德、艰苦奋斗、勤俭节约、睦邻兴邦、尊师重教、自强不息的优良传统，借以激发新时代开拓者们热爱桑梓、报效祖国的赤胆忠心和与时俱进、再接再励的壮志豪情！

《蕲州镇志》的编修，凝聚了我们两届镇委、镇政府全体同志的共同努力，更离不开《蕲州镇志》编委会各位老同志的艰辛负出。他们本着不忘初心、牢记使命之主旨，以及饱满的热情投入这一功在当世、利在千秋的文化工程。在此，我们代表镇委、镇政府对为《蕲州镇志》的编修出版而付出努力的所有同人表示衷心的感谢！

当前，我们要继往开来、开拓奋进，把蕲州建设成为更加令人向往的美好城镇，不辱医圣故里、王府圣地、教授名县、中国艾都这些崇高的声誉！

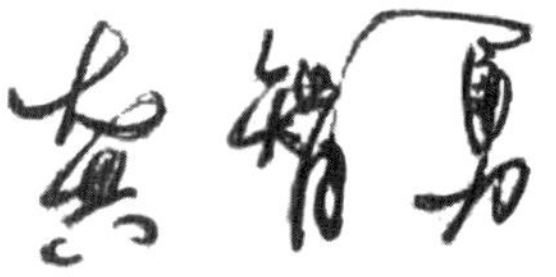

2020年11月15日

注：本文作者系现任中共蕲州镇委书记。

凡　例

一、本志以马克思列宁主义、毛泽东思想、邓小平理论、“三个代表”重要思想、科学发展观、习近平新时代中国特色社会主义主思想为指导，坚持辩证唯物主义和历史唯物主义的立场、观点和方法，实事求是地记述蕲州镇地域历史及发展变迁现状。

二、本志上限时间尽量追溯到事物发端，下限至2017年12月31日。其中，“大事记”延长到2018年止。

三、本志采用纲目体。按自然地理、经济、政治、社会事业等部类排列，共分10卷。具体记述时，遵循“薄古厚今”“详近略远”原则，采用“纪纲志类，综述历史，分陈事项”的方法，合志、记、传、录之体系，配以图表。

四、本志民国以前采用历史纪年，后括注公元纪年。民国以后采用公元纪年。

本志所用各种名称，第一次出现时均用全称。有的名称较长需用简称时，在第一次出现时加注。中华民国简称为“民国”；国民革命军于1927年后简称为“国军”。

五、本志数字用法、标点符号用法分别采用国家标准《出版物上数字用法》（GB/T15835—2011）、《标点符号用法》（GB/T15834—2011），计量单位采用国家技术监督局（1993年12月发布的《量和单位》系列国家标准。记述农田土地面积时，沿用“亩”为计量单位，以照顾读者阅读习惯。

六、工农业总产值均按不变价计算。具体计量的数字以本镇、本县统计部门数据为准，且分年代计算。

七、本志所收录人物，依“生不立传”的原则。其他符合入录条件者在“人物名录”中收入。为突出蕲州特色，将历代名医、荆王府历代藩王分别列入《历代名医》和《荆王府第》中。

入志人物的具体条件：①副县（副处）级以上行政人员；②职称在副高（副教授、副研究员、中教高级、高级经济师等）以上；③市级以上党代表、人大代表、政协委员等；④有正式出版书刊的著述人士，其他一技之长者必须获省级以上奖励（有证书）；⑤县政府及以上机构追认的革命烈士。

八、本志资料来源于各级各类档案、图书报刊、谱牒、史志等。无文字记录者则采用口述资料。资料来源一般不注明出处。

九、本志所选用的“艺文”，古代清代以前的《蕲州志》，近、现代摘录自国家正式出版的书、报、刊；所采用图片，不注明来源或出处，只注明提供者姓名。

目　录

卷二　经济

卷三　政治

卷四　社会事业

卷五　镇村建设

卷六　风物民俗

卷七　中医中药

卷八　文化名城

卷九　人物

卷十　艺文类聚

附　　录

概 述

（一）

蕲州镇位于蕲春县南部。地理坐标在北纬 29°59′～30°08′，东经 115°19′～115°25′。禹贡九州、夏、商、周时，均属于与其紧密相邻的荆州之东的扬州之域；春秋战国时属楚；秦朝末期隶衡山郡（今安徽省潜山、亦曰天柱山）。故从其时起即有“吴头楚尾，荆扬交会”之说。蕲州地处大别山南麓，东控金陵，西守全楚；南慑闽越，北制中原，成为南北战争的军事要塞。故历代军事家、政治家都称蕲州为“全楚锁钥，鄂东咽喉”；又是“皖西屏障，江右藩篱”。可见，蕲州自古及今都是全社会注重的地方。

“蕲州”之名，始于北周大象元年至大定元年（579—581 年）。“蕲”因“地多产芹，故字从芹”，蕲亦音芹。“蕲”又为细叶草之总称，细叶草乃诸药草之义，亦为“本草”。西汉高祖刘邦六年（前 201 年）设蕲春县，县治在今八里湖土门城，蕲州地域属之。隋开皇三年（583 年）对全国地名作了普查，始有“蕲口镇”地名。开皇九年（589 年），隋水军与南陈军战于蕲口镇即此。蕲口镇在今蕲州镇驻地北向 2 公里处之挂口（亦称上河口），原为蕲河出口。

南宋景定三年（1262 年），蕲州知州王益筑新城于麒麟山、凤凰山麓，次年蕲州州治、蕲春县治均从江心石穴洲（后称鸿宿州）迁入蕲州新城，蕲州成为鄂东政治、经济、文化中心。

元兵攻蕲州，蕲州属元后，设为蕲州路。元至正二十一年（1361 年），朱元璋还是吴王的时候，欲北伐元兵，先攻占蕲州，改蕲州路为蕲州府。明朝正式建立后的洪武九年（1376 年）降蕲州府为蕲州。此时虽降低了行政级别，但随之加强蕲州的军事防御。洪武十一年（1378 年）设蕲州卫，属朝廷前军都督府直接掌控；明正统十年（1445 年），原就藩于江西建昌（今南城县）的荆王府迁建于蕲州；明嘉靖十五年（1536 年）在蕲州设下江防道。清代降蕲州为散州，民国设县。1938 年 10 月 8 日被日本侵略军占领。抗日战争时期，蕲州属蕲广边县。国民党政权在蕲州设立过专员公署。1949 年 5 月 14 日（农历四月十七日）蕲州城解放，中共蕲春县委、蕲春县人民政府迁蕲州办公，8 月迁返漕河，蕲州设立蕲州城关区。1956 年 8 月，撤除蕲州城关区，设立蕲州镇（辖黄土岭指导组），“蕲州镇”名称自此始（中间曾改设红专人民公社、蕲州人民公社）。2012 年被列为全省“经济发达镇”。

蕲州镇东与武穴市接壤，南与阳新县隔江相望，西与八里湖办事处（农场）毗邻，北与赤东镇连接。镇政府驻地蕲州大道 12 号，距蕲春县城 23 公里，距省城武汉 110 公里。长江“黄金水道”为其水上运输提供极大的便利，东至上海和西距重庆均约 1250 公里。辖区面积 172.85 平方公里，其中陆地 150.6 平方公里，占 87.1%，有耕地 3.3 万亩；水域面积 16.4 平方公里，占 9.5%。下辖 49 个社区、村（居）民委员会，共 321 个村民小组、51 个居民小组。2016 年底总人口 107289 人，其中农业人口 65300 人。基本为汉族。

蕲州镇地形如金刀古币形，主要为平畈湖区，加之部分丘陵地带。域内海拔最高点苏家山 235 米；最低点牛皮坳闸底（亦为蕲春全县最低点）—10.5 米。域内为亚热带大陆季风区，气候温和，四季分明，光照充足，雨量充沛。年平均无霜期 285 天，年均降雨量 1360.7 毫米，年平均气温 16.8℃。

域内各种资源丰富，人文、旅游、动物、植物、药材、矿物等多种资源并藏，形成了立体资源网络。历史人文资源有医圣故里、文昌之乡、博士名街、王府胜地“四大名片”；旅游资源有李时珍陵园、龙泉花海景区、金陵书院与纯阳阁旅游点、胡风纪念馆等；已查明的植物资源 351 种，药材资源 664 种，动物资源 117 种。唐宋以来，蕲龟、蕲蛇、蕲竹、蕲艾称为“蕲州四宝”（今称“蕲春四宝”），蜚声海内外。还有芹菜、九孔莲藕、油姜等土特产，享誉县内外。

（二）

蕲州的发展历程，在中华人民共和国成立之前，按历史记载当分为 5 个阶段。①唐初以前的落后阶段。按《中华全国风俗志》载：魏晋南北朝时期之蕲地；生产落后。②唐初至唐中时的初步进取阶段。白绽布、竹簟、鹿毛笔、茶叶、白花蛇（蕲蛇）、乌蛇脯被列为贡品；按《本草纲目》载，多产于蕲口镇一带（今蕲州地域）。被评为淮南“上县”。③唐后期至南宋的发展阶段。朝廷在蕲口镇设立榷货务，是全国的六大商埠之一。镇区发展到“四十里长街”。全年商业税收额占全国商业税收总额的 5%~10%。朝廷还在蕲口镇附近的百家冶山开矿炼铁，铸造钱币（具体地址在今蕲州镇红石头社区域内），是全国十二治之一。宋沿唐制，仍为赤、畿、望、紧、上、中、下七级。此时跃为“望县”，在全国排第三等次。④南宋至明末的鼎盛阶段。蕲州新城依麒麟山、凤凰山所建，2014 年 5 月《黄冈日报》载文，蕲州是天下三大风水宝地之一。南宋后期配套建设逐步完善，农业生产得到开发。明初引进种棉技术，商业迅速发展。特别是荆藩王府迁建蕲州，使蕲州成为“王府胜地”，带来整个蕲州风生水起，“人物彬彬，英杰代兴”。前“四大家族”，即冯天驭、顾问顾阙兄弟俩、郝守政、李儒等，名播环宇，威震蕲城。后“四大家族”二李（李时珍、李儒后人）、顾（顾氏后人）、张（邦翼），更声名远传，威振蕲黄。⑤清朝时期的停滞阶段。由于明末张献忠三进蕲州城，破城后一是“屠城”，二是火烧荆王宫，加上明崇祯十三年（1640 年）沿江地陷（地震的一种形式），蕲州遭到毁灭性打击。

（三）

清代后期的“鸦片战争”，外国列强用坚船利炮打开了中华的国门，改变了蕲州历史的发展进程。随着中国逐步沦为半封建半殖民地社会，蕲州人民为推翻帝国主义、官僚主义、封建主义“三座大山”，进行了血与火的战争，迎来了中华人民共和国的诞生。

晚清时期，清政府为了维护其统治，支付战争经费和战败赔款，把成本都转嫁到百姓身上。蕲州人民生活悲惨，每遇灾年，饿殍遍地，激起了人民的强烈反抗。太平天国军曾五克蕲州城，曾一度建立县级政权。1911 年 10 月 10 日，武昌首义一举成功。1911 年 10 月 13 日蕲州即在同盟会会员田桓等人的领导下和平“光复”。在中华民国历程中，蕲州有一大批仁人志士为共和制度建立作出了重大贡献，彪炳千秋。

清末至民国时期，近代工业在蕲州萌芽，如银山煤矿的开采、美华化工（肥皂）厂的创立。外国“洋货”进入蕲州市场，英、日轮船公司在蕲开设“洋棚”，天主教进入蕲州并建造黄冈八属总教堂。这一切虽然改变了蕲州的经济成分，但由于帝国主义、官僚主义、封建主义“三座大山”的压迫，蕲州人民仍过着悲惨的生活。

“哪里有剥削、有压迫，哪里就有反抗！”1926 年，中国国民党蕲春县党部、中国共产党蕲春县特别支部委员会先后在蕲州成立，蕲州民众在共产党和国民党左派党员领导下，开展工农运动，成为全省 20 个“搞得好”的县份之一。大革命失败后，中共蕲州支部继续秘密活动。1930 年 5 月 15 日，全县第一个乡级工农政权——雨台乡苏维埃政府成立，与敌人开展不屈不挠的斗争。1938 年 10 月 8 日（农历中秋节），日本侵略军侵占了蕲州。从此，蕲州人民在中国共产党的领导下，经过浴血抗战，蕲州黄土岭、施家塘一带成为坚强的抗日根据地，最终取得了抗战的胜利。后又经过 3 年的内战，1949 年 5 月 14 日（农历四月十七日）蕲州彻底解放，也是蕲春全境解放的时刻，有 49 位勇士在解放蕲州的战斗中壮烈牺牲，成为光荣的革命烈士。整个革命进程中，蕲州已查明的烈士有 112 名，他们永垂青史。

（四）

中华人民共和国成立以后，蕲州走入社会主义革命和社会主义建设时期。蕲州人民群众在区委（后为镇委）、区政府（后为镇政府）领导下，重建家园，沿着社会主义康庄大道前进。经过清匪反霸、镇压反革命和“三反”“五反”运动，稳定了社会秩序，巩固了新生的人民政权。1952 年，全区开展互助合作运动，农民自动组成互助组。1953 年，全区各互助组通过合并方式组成初级生产合作社。1956 年 8 月，蕲州区改为蕲州镇后，全镇各初级社合并为高级农业生产合作社，土地归集体所有，农民收入较之解放前普遍提高。

解放后，蕲州城区工商业、手工业亦得到发展，政府重点扶持手工业和私营企业。1952 年底前，蕲州有各类厂、店、铺、坊 545 家（户）。1953 年底，县政府按国家规定，对蕲州城区资本主义工商业、手工业和私营企业实行公私合营改造运动，逐步过渡为国家和集体所有。至 1956 年，镇内私营企业不复存在。至 1958 年，全镇推进“全民办工厂”“大小并举”“土洋结合”，建成了一批集体所有制的手工业，办起了 6 家国营工商企业。

1959—1961 年三年困难时期，蕲州农业生产普遍歉收，粮食供应严重不足，市场物资奇缺，各项事业发展停滞不前，城乡居民生活十分困难。

1961 年，蕲州公社按县里统一部署，贯彻执行中共中央制定的调整、巩固、充实、提高的“八字方针”，缩小了体制，贯彻《农村人民公社工作条例（六十条）》，改公社一级核算为“三级所有，队为基础”的三级核算方式。正式停办公社大食堂，允许社员拥有自留地和从事家庭副业；蕲州工业关、停、并、转了部分企业，恢复了部分企业原来的所有制形式和管理体制，保留了几家骨干企业。同时，注重社会事业的平衡发展。经过两年的调整，至 1963 年，经济形势得到好转，人民群众生活基本上渡过了难关。至 1965 年，各项经济指标已全面超过“大跃进”前的 1957 年，社会环境也得到好转。

1965 年冬，继 1964 年农村“小四清”运动后，社会主义教育运动（当时称“四清”）在全镇铺开，县委“四清”工作队进驻蕲州各大队、小队。至 1966 年夏，运动并未结束，“文化大革命”全面开始。1968 年 10 月下旬，蕲州镇及下属公社革命委员会成立。工厂停工，商店停业，城乡居民生活受到了严重影响。尔后，社会秩序渐趋稳定，工人正常上班，农民正常种地，学生恢复上课。至 1970 年前后，“五小工业”在蕲州掀起了高潮，小农药、小煤窑、小化肥、小水泥、小钢铁等国营企业厂近 10 家。特别是 1975 年“工业学大庆”的高潮时期，蕲州成为黄冈地区的工业基地，“五小工业”在湖北全省也有一定的名气。与此同时，“农业学大寨”高潮亦推动了蕲州农业的发展，各种农产品连年丰收，增收幅度超前。到 1978 年底，全镇粮食总产量 9269000 公斤，最高人均纯收入 193 元；全镇工业企业总数 168 家，从业人口 3417 人，全年工业总收入 4211300 元（11 家国营厂矿未计入其中）。城乡面貌有所改变，居民生活水平有了相应的提高。

（五）

1978 年 12 月 18 日至 22 日，中共十一届三中全会在北京召开，党中央把工作重点转移到经济建设上来。蕲州迈入“改革开放”新的历史时期。全镇干部群众坚持以马克思列宁主义、毛泽东思想、邓小平理论、“三个代表”重要思想、科学发展观、习近平新时代中国特色社会主义重要思想为指导，坚持招商引资，努力做好李时珍这篇大文章；坚持真抓实干，为振兴蕲州经济和促进社会发展不断努力奋斗，经过改革开放近 40 年艰苦拼搏，再现了当年“望县”雄风、和平盛世。

——从传统农业到观光农业

1982 年秋，全镇农村全面推行“家庭联产承包责任制”，土地所有制不变，耕种使用权属农民；1997 年，实行第三轮土地承包，农民对于土地的使用增添了活力；2004 年，国家对农民种地实行“一卡通”，补贴到农户；2006 年 1 月 1 日，历时 2600 年锁在农民头上的“皇粮国税”全部取消，国家对农业的一系列重大的优惠政策，真正激活了农民种田的积极性，产业结构实现全面调整，农村面貌得到彻底改观，传统农业已被全面冲破。2017 年底，全镇有种植大户 137 户，粮食总产量 30.6 万吨；总产皮棉 362 吨；药材种植面积 1667.7 公顷，总产药材 3465.8 吨。观光农业走向主流，蕲州镇龙泉庵村、西角湖村先后被省政府评授为全省旅游名村，每年接待游客 10 多万人次。

——从“五小工业”到集团工业

20 世纪 90 年代中期，蕲州工业向“麻纺、玻璃、建材、陶瓷、食品”五大支柱产业转型；21 世纪初，全镇开展招商引资，一些老厂相继改制或资产重组，出现再度勃兴的局面。到 2017 年底，全镇工业企业 350 家，其中规模以上企业 23 家。工业总产值 78.5 亿元。2017 年末，进入蕲州工业园区企业 25 家，其中规模以上企业 15 家，年总产值 32 亿元，实现利润 13600 万元，上缴税收 7200 万元。其中，蕲州棉纺有限公司、湖北龙全置业集团、湖北万俊置业集团等，都成为蕲州工业企业中的龙头大户。

——从优质服务到网络天下

商贸服务素为蕲州强项，改革开放后发展更为齐全。到2017年底，有商贸批发网点8处，有大型商场5个，营业面积在50平方米以上的95家，从业人员1200余人，全年商业零售总额11.87亿元。有金融网点7处，存款金额27.73亿元，其中居民存款金额19.3亿元。蕲州交通四通八达，黄黄高速穿境而过，农村公路如网交织；2017年，沿江一级公路全线刷黑通车。电信营业网点5个，交换机容量2.16万门；发射基塔48个，固定电话1.34万户、移动电话4.7万户，宽带用户7000多家，电信网络兼济天下。

——从“风水”宝地到文昌之乡

蕲州自古及今，人物彬彬，英杰代兴。蕲州是医圣故里，曾养育出世界上伟大的科学家、中国明代著名医药学家李时珍；这里是文昌之乡，明代著名理学家顾问、顾阙兄弟，明末清初著名文史学家顾景星，当代文艺理论家、翻译家、诗人胡风（张光人），报告文学创始人，共产党红色情报专家、国际“情报大王”、“五重间谍”袁殊等天之骄子，均从蕲州走向世界。辛亥革命至2017年，蕲州有教授、副教授和相当于副教授以上高级人才400余人。蕲州东长街仅1公里长，20世纪90年代有博士26人，现有博士120名。如与华罗庚齐名的国际著名数学家王忠烈博士，中国泌尿外科奠基人之一、上海医科大泌尿专家熊汝成教授，美国帕森斯医院麻醉专家李宝珍博士，美国长岛化学实验中心主任徐珞晶博士，等等。其中，李宝珍博士一家有5位博士。北京大学著名教授黄恒学，一个人戴有3顶博士桂冠。东长街闻名天下，是名副其实的博士街。

——从明星乡镇到洁美乡村

自改革开放以后，蕲州先后对城乡建设制订了5次规划。1983年初，系统编制了《蕲州镇城镇建设规划》；2008年，聘请华中科技大学城镇规划设计院编制了《蕲州镇建设总体规划》；2012年，南京大学城市建设规划设计院编制了《蕲州镇全域旅游发展概念规划》；同年，华中科技大学再次到蕲州编制了《李时珍文化旅游产业经济区建设规划》；2016年，仍由华中科技大学编制了《蕲州镇总体规划（2016—2030）》。30多年来，持续做好城乡建设基础工作，改造旧城区，开拓新城区。城区总面积由20世纪80年代的4.2平方公里发展成现在的12.3平方公里；城镇人口由80年代的1.6万人增长到现在的4.2万人。城市功能比较齐全，配套服务比较完善。1992年10月被省政府授予“楚天明星乡镇”称号；1996年被民政部授予“中国乡镇之星”称号；1997年11月再次被民政部授予“全国乡镇百颗星”称号；1999年12月被省委、省政府授予1996—1998年度全省“文明乡镇”称号；2001年10月被中宣部、中央文明办、农业部、建设部、国家环保总局列为“全国创建文明小城镇示范点”；2005年10月被中共中央精神文明建设指导委员会评为“全国创建文明村镇工作示范点”；2012年3月被省委、省政府列为全省“经济发达镇”试点；2014年7月被建设部、发改委、财政部、国土资源部、农业部、民政部、科技部七部委公布为全国重点名镇；2017年12月，省委将蕲州列为全省特色乡镇中的“蕲艾小镇”。自2015年开创造“洁美乡村”活动以来，蕲州镇面貌大改观。雨湖村、扎营港村被省里授予“宜居新村”称号，龙泉庵村、西角湖村被省里授予“旅游名村”称号，其中西角湖村正在打造李时珍健康文化小镇。

——从观赏游览到生态旅游

蕲州自古及今，皆是旅游胜地。唐时麒麟山、凤凰山、龙峰山、四祖正觉禅寺、五祖寺等，曾吸引天下名流来此观光朝拜；南宋至明代的蕲州名城、蕲阳八景（后为蕲州十景）、荆王府第等，更招徕许多文人墨客来此游览猎奇，且都留下了许多脍炙人口的佳作名篇。1956

年首修李时珍墓，至1981年李时珍陵园建成对外开放并接待游客，到2012年实施“药旅联动”战略，蕲州旅游业取得了3个方面的发展。①景观数量增长。20世纪80年代只有李时珍陵园一处参观点，现有李时珍陵园、龙泉花海、李时珍文化健康小镇（原华中影视城）、胡风（张光人）纪念馆、金陵书院与纯阳阁、昭化寺等多处旅游景点和景区。②景观层次上升。李时珍陵园由单一的纪念地，经过多次扩建、改建和增加展览内容，2009年被评为国家AAA级旅游景区。同时是中宣部等多家国家部委和大专院校的教育基地和示范基地，尤其是2017年5月起，为迎接2018年5月26日纪念李时珍500周年诞辰活动再次投入6000万元进行改建、扩建，使之成为一处集旅游观光、考察学习、养生保健等功能于一体的生态旅游基地。李时珍健康文化小镇（原华中影视城）原为拍摄电影、电视专用景区，自2016年由湖北联投注入8000万元进行打造后，现已成为一处集旅游观光、休闲度假、培训学习、食疗保健、养生娱乐等功能于一体的生态旅游景区。龙泉花海以“花”为上，正月春梅、二月桃花、三月杜鹃花、四月樱花、五月海棠花、六月荷花……一年四季有花香的生态休闲景区。③游客人数暴涨。由于各旅游景点、景区档次不断提升，吸引着海内外宾客从四面八方涌向李时珍故乡古城蕲州。

20世纪80年代前期，仅李时珍陵园一个景点，每年接待游客在10万~30万人次。现在，蕲州镇内各景区每年接待游客数在60万人以上。蕲州每日有流动人口1万人以上，在较大范围内拉动了城乡消费，提升了城市形象。

改革开放的新时期中，蕲州的其他各条战线、各个行业、各个领域都同时得到发展，再现“望县”雄风和盛世升平，张扬“吴楚文化”结合部的深邃内涵，展示李时珍人文资源的强大生命力。

大 事 记

北周大象元年至大定元年（579—581 年）

朝廷改罗州为蕲州，“蕲州”之名自此始。时为州、郡、县三级治所。齐昌郡、齐昌县均隶之。

隋开皇三年（583 年）

朝廷改蕲州为蕲州总管府。撤销州、郡，齐昌县仍隶之。

隋开皇九年（589 年）

隋水军在蕲口打败南陈守军。隋水军由蕲州总管王世积率领，在蕲口（今蕲州西北 2 公里处之挂口，亦称上河口）与南陈齐昌太守黄正始激战。南陈军败降。

是年，隋朝廷改蕲州总管府为蕲州。齐昌县隶之。

隋开皇十八年（598 年）

改蕲州为蕲春郡。废除齐昌县名，复为蕲春县，仍隶蕲州。

唐武德四年（621 年）

唐高祖改蕲春郡为蕲州。蕲春县隶之。

唐武德七年（624 年）

佛教禅宗四祖道信来蕲传法，应蕲口僧众邀请，禅宗四祖道信来蕲地传法，并在蕲口镇凤凰山建造佛寺，时称“凤山寺”，后称“四祖正觉禅寺”。

唐贞观八年（634 年）

佛教禅宗五祖弘忍卓锡蕲口，在蕲口东南（今蕲州南门外）枣尔林山建寺，称五祖寺。

唐兴元元年（784 年）

盐铁使包信泊舟蕲口。唐德宗李适在梁州避乱，供给困难，令盐铁使包信转运东南财粮，包信泊舟蕲口，叛军来袭，唐军克之。

唐乾符五年（878 年）

王仙芝、黄巢率农民起义军入蕲。乾符三年至四年（876—877 年），王、黄义军与唐蕲州议和，后失利。乾符五年（878 年）三月，黄巢与王仙芝分道扬镳，率部经蕲州（今蕲州镇）渡江入江西。

北宋乾德二年（964 年）

宋朝廷在蕲州蕲口设榷货务。时蕲口为蕲南长江北岸大型集市，相传有四十里长街。朝廷在此设榷货务，主管淮南六州（蕲州、汉阳军、无为军、海州、真州、江宁府）茶叶专卖。

北宋庆历六年（1046 年）

蕲口榷货务茶叶专卖量增长。本年茶叶专卖量为全国六大榷货务总量的 8.7%。

南宋绍兴元年（1131 年）

是年 2 月，蕲黄镇抚使、舒光黄镇抚使皆反叛作乱，鱼肉蕲州全境。南宋朝廷任命张浚、岳飞为淮南路正、副招讨使，削平乱军。乱军余部奔逃出境。

南宋绍兴二年（1132 年）

是年，韩世东率部袭击乱军于蕲州蕲口镇，因功被南宋朝廷封为“蕲王”。

南宋绍兴二年（1132 年）七月

宋高宗任命岳飞为舒蕲州制置使，大批江西居民迁居蕲春。朝廷任命岳飞为江南西路舒（州）蕲（州）制置使后，以江西民众充实淮西，大批江西客户进入蕲春，红头湖（今赤东湖）周边居多。尔后，岳飞先后三次到蕲州蕲口镇调兵遣将，指挥抗金。

南宋乾道六年（1170 年）

朝廷在蕲春设铸钱厂。当时全国设 12 处铁冶，蕲春冶为其中之一，地址在“蕲阳八景”之一“东湖春水”之赤东湖东北边。窑炉名称为“蕲州回岚瓷窑”。此后 70 年，蕲春冶两撤两复，每年铸钱 10 万～20 万贯不等。币面铸字有“淳熙通宝”“大宋元宝”“嘉熙通宝”“皇宋元宝”等 8 种。

南宋乾道六年（1170 年）

农历八月十五（中秋节），著名诗人陆游经蕲州蕲口入蜀。陆游从绍兴顺江而上，入蜀上任。船到蕲州蕲口镇，即停泊夜宿。他看到蕲口居民在江面上架簰，铺土种菜，甚为称奇。他还在蕲口药店购药，见到药帖中印有《煎煮所须》（相当于今天之《服药须知》之类），很感兴趣。这些他都记入《入蜀记》中。

南宋庆元六年（1200 年）

蕲口镇年贸易额 1000 万贯以上。是年税收总额 45 万贯，占全国商业税收总额的 5%以上。

南宋嘉熙元年（1237 年）

蕲州州治、蕲春县治同时移驻蕲口江心鸿宿洲。先是南宋嘉定十四年（1221 年）金军毁灭罗州城。本年，蒙古军再犯蕲州，蕲州知州张可大弃城，移州治于蕲口江心鸿宿洲（又名石穴洲），县治随迁。

南宋景定三年（1262 年）

知州王益筑建新蕲州城。是年 9 月，知州王益在蕲春境内长江北岸龙眼矶之东南，依托麒麟山、凤凰山之险，筑建新的蕲州城。即今蕲州城原形。

南宋景定四年（1263 年）

蕲州州治、蕲春县治移入新城。蕲州州治和蕲春县治同时从鸿宿洲迁入新城。

蕲州州学随州治由罗州城迁建于蕲州麒麟山东南麓（今化肥厂处）。

南宋德祐元年（1275 年）

元军犯蕲州。一月十一日，元军进犯蕲州，宋蕲州知州兼安抚使管景模以城降元。

元至正十一年（1351 年）

六月，白莲教首领之一刘福通东系“红巾军”出安徽霍山，派部将吕某攻入蕲春，刘即封吕某为“蕲王”。吕蕲王即在蕲州城东北之缺齿山筑城据守，后世称该城为“吕王城”。

九月，徐寿辉所部“红巾军”克蕲。弥勒教徒徐寿辉所部西系“红巾军”在金刚台（今属安徽省金寨、商城两县界山）打败元军宽彻普化部，进攻蕲州获胜。元蕲州路总管张谷祥（据蕲春张铭户《张氏宗谱》载：“谷祥公元末任蕲州总管，后归明朝，封护国将军”）弃城出走。

元至正十三年（1353 年）

元军同农民起义军战于蕲州。八月，元浙江省平章政事卜颜铁木儿犯蕲州。“红巾军”天完元帅邹普泰战败被杀，蕲州城陷。

元至正十六年（1356年）

康茂才归于朱元璋。元朝进士、蕲春康冲人康茂材曾组织乡勇在蕲州一带抗击“红巾军”。此时反正归顺吴王朱元璋，助朱元璋攻打元军和各路军阀，屡立战功。

元至正二十年（1360年）

陈友谅占领蕲州。“红巾军”天完将领陈友谅杀徐寿辉，自行称帝，国号“大汉”。占领蕲州，蕲春隶之。

元至正二十一年（1361年）

陈友谅、朱元璋战于蕲州。九月，陈友谅军与朱元璋军战于江州，陈败。朱元璋派康茂材等乘胜攻占蕲州城，在八里湖百战坑、黄柏城得胜桥再败陈友谅军。

元至正二十四年（1364年）

朱元璋设置蕲州府。二月，朱元璋称“吴王”，改蕲州路为蕲州府。府、县治均设在蕲州城。

明洪武元年（1368年）

蕲州府设“急递铺”。蕲州知府左安善，在蕲春境内交通要道建急递铺12处，主公文传递。

明洪武二年（1369年）

朝廷在蕲州设卫千户所。治所驻蕲州城。

蕲州府设驿站。蕲州知府左安善在州治蕲州西门外江边建“蕲阳驿”，主水路邮传。

设府学于蕲州城。在原蕲州州学的基础上改建府学。

兴建广储仓。知府左安善在蕲州城内创建“广储仓”。次年在各乡分建“预备仓”，储备赈济粮。

蕲南窑户在李家窑山坡建三十三丈（合100米）龙窑一座，是鄂东地区最长的柴火窑。

明洪武五年（1372年）

设置递运所。知府徐麟创办蕲州城北迎恩坊石牌楼，配置“红船”“马船”，以供运输。

明洪武六年（1373年）

修复蕲州城。元末战争毁坏的蕲州城，由千户许胜率军民修复。

明洪武九年（1376年）

撤蕲春县。朝廷降蕲州府为“蕲州”，隶湖广省，外领罗田、蕲水、广济、黄梅四县。同时，撤蕲春县，以州领县事。

同年，改蕲州府学为州学，有斋所和号房 36 间，供生员学习和应试。有射圃一所，供练习军事技术。

明洪武十年（1377 年）

州城设医学。知州孔思森创办医学于蕲州城西。后废。

明洪武十一年（1378 年）

朝廷设置蕲州卫。九月，朝廷撤除蕲州卫千户所。设置蕲州卫，编制约 5600 人。指挥朱德领凤阳府 4000 户至蕲州屯田，以屯养军。屯军集中在长江南岸的牯牛洲、棋盘洲、李家洲，北岸的散花洲、烂泥滩一带。

明洪武十一年（1378 年）

蕲州改隶黄州府。先隶湖广布政司，改隶河南布政司。时蕲州领黄梅、广济两县。

明洪武二十四年（1391 年）

蕲州完成黄册、鱼鳞册编制。全州共 12935 户、78698 人。有水田、旱地、池塘共 397833 亩。纳粮柱户 280 户。岁征粮 2800 多石。

明建文二年（1400 年）

户部侍郎夏原吉充任采访使，驻蕲州。

明永乐六年（1408 年）

卫指挥胡善率军民筑蕲州城腰城、城垛。

明正统八年（1443 年）

蕲州奉命建荆王府。府址在州治蕲州城内麒麟山西北麓。

明正统十年（1445 年）

荆王府开藩。明太祖朱元璋曾孙、明仁宗朱高炽第六子、荆王朱瞻堈从江西建昌（今南城）迁至蕲州新府，传十世荆王计 198 年。

明成化末期

蕲州改火葬为土葬。明中叶以前，蕲俗多火葬。成化末期，知州周光荣接受顾氏诸生建议，改火葬为土葬，以蕲州城北平外平顶山（官山）为公墓区，并立禁格（禁约），鼓励民间实行土葬，从此火葬逐渐绝迹。

明弘治年间（1488—1505 年）

蕲州附近沿江一带引种棉花。至万历年间，州城近地亩产子棉 125 市斤，去籽弹绒约 35 市斤。

明弘治七年（1494 年）

顾升领青年驱逐骚索坊厢的阉宦于蕲州城。安陆兴王朱祐杬带阉宦扰蕲州坊厢，州人顾升领青年将其驱逐。

明弘治十四年（1501 年）

蕲州境内设社学。共 6 所，其中，城区 3 所，菩提坝、漕口、西河驿各 1 所。

明正德元年（1506 年）

凤麓书院创办。由邑进士陈大中创办凤麓书院，院址在州城凤凰山麓。整个正德年间，书院一直开办。

明嘉靖七年（1528 年）

甘泽编成嘉靖《蕲州志》。甘泽，三渡桥人，举人。致仕还乡后，在其父甘莹所撰州志遗稿的基础上，编成《蕲州志》9 卷。

明嘉靖十五年（1536 年）

明朝廷设下江防道于蕲州城。直属巡抚节制，主管长江汉（阳）至九（江）段江防，道署建于蕲州城南门内鸽鸡山。

明嘉靖二十一年（1542 年）

省、府派员清查广储仓贪污受贿案。追出案犯 100 余人，收赎金 30 多斤。由知州张洗督工新建粮仓 4 座。

明嘉靖二十三年（1544 年）

李时珍去北京太医院任御医。因治好楚王朱显榕世子朱英耀的怪病，被荐至朝廷太医院任御医，一年多后辞归。

明嘉靖二十八年（1549 年）

李言闻入岁贡、荐任太医院吏目。李时珍的父亲李言闻因善行选入岁贡，被推荐到北京太医院，任吏目。

明嘉靖三十一年（1552年）

李时珍开始编写《本草纲目》。李时珍，蕲州瓦屑坝人，秀才，后业医。是年（嘉靖壬子）开始编写《本草纲目》。

明嘉靖四十年（1561年）

蕲州熊化岭人，进士冯天驭升任刑部尚书。

明嘉靖四十二年（1563年）

阳明书院、崇正书院创办。从是年起，至尔后数年时间，由冯天驭出资，蕲州阳明书院、崇正书院相继创办。院址在州城东北熊化岭。分别由辞官归里的州人士顾问、顾阙兄弟主讲。后来，李时珍曾在阳明书院学习，师事顾问。

明嘉靖四十三年（1564年）

李时珍著成《濒湖脉学》。一月二十八日（农历正月十五，上元日），李时珍为自己所著《濒湖脉学》一书作序。此前已自号“濒湖山人”，并将寓所命名为“薖所馆”。

明隆庆元年（1567年）

吴承恩到蕲州任荆王府纪善，其间创作《西游记》。吴承恩（1504—1582），字汝忠，号射阳山人。曾任长兴县丞，今江苏淮安人。

明万历三年（1575年）

李建中任四川蓬溪知县。是年，李时珍长子李建中由河南光山教谕升任四川蓬溪知县。

明万历五年（1577年）

李时珍著成《奇经八脉考》。是年，李时珍著成《奇经八脉考》一书，七月七日（万历丁丑小暑）其师顾问为此书作序。

明万历六年（1578年）

李时珍写成《本草纲目》。是年，李时珍写成药物学著作《本草纲目》，定稿前曾经三次修改。弟子庞宪曾协助之。

明万历七年（1579年）

李时珍受封文林郎、四川蓬溪知县。经李时珍长子李建中奏请，明朝廷封李时珍为文林郎、四川蓬溪知县。

明万历十五年（1587年）

李建中升任云南永昌通判。是年，李时珍长子李建中由四川蓬溪知县升任云南永昌通判。因父母年老未赴任，返回故里蕲州。

明万历十八年（1590年）

王世贞为李时珍著《本草纲目》作序。王世贞为《本草纲目》作序时间为万历庚寅上元（农历正月十五日，公历1590年2月19日）。

明万历二十一年（1593年）

敕封文林郎，四川蓬溪知县、蕲州名医（曾任职太医院）李时珍逝世。享年76岁。

明万历二十四年（1596年）

《本草纲目》金陵版面世。南京刊印商胡承龙刊印《本草纲目》，于本年正式出版。

明万历二十九年（1601年）

西方科技知识、天文、地理仪器首次传入蕲州。州人顾景星见到这些知识和仪器，在著述中首次作了记载。

明万历四十六年（1618年）

李树初中举。李时珍长孙、李建中长子李树初于本年中万历戊午科举人。同科中举有州人士饶京等3人。

明万历四十七年（1619年）

李树初考中进士。中万历己未科进士，后官至山西按察副使。

明崇祯八年（1635年）

张献忠首次率所部义军入蕲。二月，张献忠率部由皖入蕲。明蕲州知州唐世照督军民在蕲城东门外瓦屑坝筑乾符关御敌。致仕山西按察副使李树初捐东郭外土地并银若干，掘壕引雨湖水以卫城。

明崇祯十年（1637年）

农民起义军同明军在蕲州境内相持。四月至五月，农民义军进攻蕲黄，四出游击。明总兵左良玉部入山搜剿。蕲州知州唐世照下令“于附城挖壕筑险，分住流民，日夜巡缉”。下江防道佥事张秉贞“至渴口督剿”。

明崇祯十一年（1638 年）

明廷派员游说张献忠入蕲就抚。一月至二月，明兵部尚书熊文灿、总兵左良玉、监军张大经抵蕲，乘张献忠在南直（安徽）受挫，派“被俘生员”卢鼎，冷水井道人姚宋中往说张献忠、刘国能就抚。张率部入蕲，荆王朱慈烟设宴邀义军首领入宫，并使“走马后苑，与庞姬观之为戏”。唐世照急派“技勇”入后苑防护，“周旋竟日”。熊文灿正待同义军首领商议安置，张献忠“忽遁”。

明崇祯十三年（1640 年）

江岸崩塌。二月，蕲州江边发生地陷（地震的一种形态），江岸崩塌，百多户民房陷入江中。

六月，有老虎入蕲州城伤人。

明崇祯十六年（1643 年）

张献忠袭破蕲州城。张献忠率轻骑 200 人，夜出广济袭击蕲州城，次晨突入城内，焚烧荆王府后北上崇居乡。六月，张献忠据武昌楚王宫，称“大西王”，建“天授府”，委任张以泽为总督，镇守蕲、黄。

左良玉部占领蕲州。是年七月，明朝将领左良玉派总兵方安国率部攻占蕲州，蕲州之义军“反水”。

蕲州城内老虎伤人。由于战后荒凉，蕲州城内荆棘满街巷，官民惟取一二道出行。多虎穴，虎昼出攫人。

清顺治元年（1644 年）

南明兵部右侍郎何腾蛟率师驻蕲州。该部驻蕲州，清理废墟，修筑城廓，扼守长江。

清顺治二年（1645 年）

南明宁南侯左良玉纵部在蕲焚掠。四月至六月，左良玉以诛奸党马士英、阮大铖以“清君侧”为名，统兵 80 万人自武昌经蕲州东下，纵士卒焚掠，田园尽成焦土，蕲竹砍伐几绝。

清军占领蕲州。八月，清朝军队占领蕲州，强令居民剃发、换服装，变汉人为满人模样。境内掀起抗清运动。

清顺治三年（1646 年）

清廷置蕲州营。以绿营兵驻蕲州城，并分兵防州境及黄梅、广济两县塘汛。

清顺治七年（1650 年）

清廷免蕲州荒赋。共 7 个县，免除顺治五年至六年的荒赋。

清顺治九年（1652年）

蕲州大旱荒。全境三月至八月无雨，田禾枯毁，夏秋两空，莲藕、野菜等采食殆尽。群虎袭人，穿村袭城，食人千余。蕲州城几近荒废，荆棘满巷，仅存茅屋百余间，全州男丁仅10700人。

清顺治十一年（1654年）

下江防道在蕲州境内推行保甲法。增建军事 设施，加强对民众的防范和镇压。

清康熙二年（1663年）

境内大灾荒。九月一日，海棠、石榴、梅花并开，当月大水，“居民巢栖，入城必舟筏”。加上朝廷用兵征徭，到处一片惨景。

清朝廷裁去蕲州下江防道。

清康熙三年（1664年）

蕲州辖广济、黄梅两县直隶黄州府。自此，蕲州无外领县。

卢纮编成《蕲州志》。州人卢纮，在任苏松督粮道时，利用4年业余时间，编成新《蕲州志》。

清康熙十年（1671年）

兵备道道员徐惺捐俸银在州城建“养济院”。院址在城东东岳庙北。收孤老、残疾人供养。

清康熙十六年（1677年）

“天下廉吏第一”于成龙调为蕲州下江防道道员，住城内。

清康熙十八年（1679年）

蕲州城人，进士李本晟升任浙江巡抚。

清康熙二十三年（1684年）

顾景星著成《黄公说字》。明朝遗老、州名士顾景星，字黄公，号赤方，用12年时间，撰成百卷本汉字工具书《黄公说字》。

清康熙二十六年（1687年）

《白茅堂诗文全集》辑成。由顾景星历经数十年的辛勤耕耘，著成《白茅堂诗文全集》书稿，顾景星逝世后，其子顾畅、顾昌辑录并编次成书。

清康熙二十七年（1688 年）

蕲州发生兵变。六月，蕲州营士兵丁元等，响应武昌兵变，后被守备李馥廷镇压。

清康熙四十三年（1704 年）

《白茅堂诗文全集》首次刊行。全书 46 卷，全书包括楚辞、乐赋、诗歌、策论、奏疏、史论、传记、文序、杂著等，是研究蕲州历史的宝贵史料。

清乾隆十一年（1746 年）

麟山书院创办。由知州蒋尚德延请州贡生王銮、陈荣封，太学生黄载安、王开寅，廪生陈于座等创修。王銮等共捐银 2000 多两银，购置田产作书院基金。

清乾隆十二年（1747 年）

凤麓书院重建。由蕲州守备严秉则在凤凰山东坡的凤麓书院旧址重修。

清乾隆十二至十七年（1747—1752 年）

蕲州两任知州破获邑人马朝柱等人组织反清大案。蕲州大同乡张家塝马朝柱兄弟等，联络罗田、英山以至安徽霍山、太湖、桐城、亳州，河南商城、开封、南阳，四川峨眉山等地反清势力，联合反清。案发后引起清廷震动，乾隆亲抓破案。蕲州知州李泌因率先破案，升任黄州知府。江夏知县钱均因辑获“要犯”，升任蕲州知州。虽缉捕大批案犯，但马朝柱等主要人员均“漏网”。其徒后演为白莲教、八卦教、义和团等组织，继续反清。

清乾隆十九年（1754 年）

州衙和卫署组织清理常平仓存粮。全州及军卫皆有常平仓、社仓 187 座，另仓屋 6 间，共存粮（谷）46937 石有零。其中，州仓 111 座，谷 34556 石有零。卫仓 76 座、仓屋 6 间，粮 12380 石有零。

清乾隆二十年（1755 年）

新编《蕲州志》成书。知州钱鋆聘请州人陈于座、陈守约，广济张璧，兴国胡兴遐，黄冈周茂建，应城陈学中（蕲州学正）等人编纂，当年成书。次年，陈于座捐银 500 两刊行。

清乾隆二十二年（1757 年）

在蕲州做生意的“南京帮”商人，自愿捐资，重修金陵会馆。金陵会馆始修于何时无考，位于蕲州西门内麒麟山西南麓。

清乾隆二十三年（1758年）

蕲州知州汪元懋平息安徽饥民入境抢粮事件。时皖中、皖西迭被水灾，贫民为饥饿所迫，组织入蕲地抢粮。蕲州知州汪元懋派文武弁员捕饥民94人归案，抢粮事件平息。

清乾隆三十六年（1771年）

“南京帮”商人重修金陵会馆于本年竣工。刻碑云：“……金陵会馆者，及我辈先人贸易于斯者之所建也……但年深日久，房垣未免颓塌，今复修理，捐资乐助，庶不毁前人创造之功，亦可永为同乡会聚之所。爰勒片石，以志云云。”

清嘉庆二十一年（1816年）

“南京帮”商会会首王宗岱、梁秉诚等，再次筹款修葺金陵会馆。并商请各商户，每年从红利中捐助一点，作为公益金，交会馆负责人，登账并存入钱庄备用。

清道光二十一年（1841年）

马光照在银山建窑采煤。此为境内最早见于记载的煤炭开采。因涉他姓祖茔山界，滋讼数年，官断关闭。

清道光二十八至咸丰元年（1848—1851年）

蕲州连续4年大水灾。4年中，均“饥歉特甚”。其间，道光二十九年（1849年）五月至七月，大雨绵延不停，“河堤尽溃”“饿殍载道”，瘟疫流行。

清咸丰三年（1853年）

太平军首克蕲州城。二月十日（农历正月初三），太平军林凤翔部顺江抵蕲州城下，得商贩汪德正（蕲春汪坝郝槎堡人）集众内应，一举攻入。“驻城三日”，继续东进。

同年，太平军二克蕲州城。十月十五日（农历九月十三）攻克，驻城14个月。

清咸丰四年（1854年）

太平天国蕲州县政权成立。二月，太平天国天朝改蕲州为“蕲州县”，委李岚谷为县监军。同时建立县以下政权机构。先后存在一年多时间。

同年，蕲州厘金局成立。此为境内最早的工商税收机关，也是境内最早见于记载的古代工商税收征缴之始。职责是收取中央税“厘金”（1905年改为“统捐”）。

同年，太平军三克蕲州城。是年十一月四日，太平军陈玉成部击溃清军唐训方部500人于八里湖，唐只身逃脱。七日，全歼清水军杨载福部巡哨营，营官白人虎被击毙。随后，太平军转战广济、黄梅，会合燕王秦日纲部，回师蕲州，在野塘嘴败清军塔齐布部，塔齐布受伤“血流被面”。十二月下旬，太平军乘胜回师蕲州，农历十一月十四攻克蕲州城，驻城十几日。

清咸丰五年（1855年）

太平军四克蕲州城。二月十六日（农历咸丰四年腊月三十）午夜，太平军秦日纲、陈玉成所部摧毁清湖广总督杨霈在广济双城驿新建之大营，乘胜收复蕲州及鄂东各县。此次太平军驻城23个月，恢复政权。

清咸丰七年（1857年）

太平军五克蕲州城。五月六日，太平军陈玉成部从英山入蕲，分驻张家塝、望天畈，与清湖北巡抚胡林翼军展开激战，至八月上旬，大小数十战，毙伤清军数千人，其中统带、都司、千总等将弁30人。乘胜五克蕲州城。

清同治六年（1867年）

“南京帮”商会会首许显友、卞玉祥等，再次发起捐资重修金陵会馆，面貌一新，更名为金陵书院。聘请蕲州名士、曾任江西某县县丞的张梦玉为教习。作纪立碑，书写“金陵书院”四个大家，蓝底金字，勒石嵌入大门额上。

清同治十三年（1874年）

由“痴道人”（俗名张梦玉）向“南京帮”商人濮福堂、卞玉祥、许显文、罗清华等筹得巨资，在金陵书院后面建成一座道教场所玉皇楼。楼分三层，顶层供奉玉皇大帝，中层供奉李老君，底层供奉吕纯阳祖师。因痴道人出走游方，后来的道人常在纯阳祖师殿扶乩请仙。将玉皇楼更名为纯阳阁，延传至今。

清光绪元年（1875年）

湖北官煤厂银山煤矿投产。此为境内首家近代工业。由设在广济县盘塘的“湖北官煤厂”（后改为“湖北开采煤铁总局”）创办。后于1878年2月，因矿井被水淹没而关闭。

清光绪二年（1876年）

州人捐建“京都会馆”。为方便旅京同乡食宿，州人士李荫轩、夏春城两观察共捐银600两，在北京宣武门外四条胡同修建京都会馆，房屋4间。其后，邑人，观察黄云鹄捐款在西城宣南坊前杆胡同南头路北建新馆，房屋19.5间。

清光绪三年（1877年）

州城设“保生堂”义务种牛痘。堂址设在四官殿，经费由钱店按花户交纳之地丁银，每两输1文。是境内种牛痘的最早记载。

同年，州城“济生堂”创办。由官民共同捐献和捐助在蕲州城内创办了“济生堂”，为民众义务施诊、施药。

清光绪八年（1882 年）

光绪版《蕲州志》编成。由知州宋熙发起，继任知州封蔚礽主纂，邑进士陈廷扬主编。计 30 卷 18 册。光绪十年版《蕲州志》，是蕲州古代最后一套志书。

清光绪二十年（1894 年）

境内第一家钱庄创办。由南京人李旸谷在蕲州城创办。经营到光绪三十二年（1906 年）。

清光绪二十八年（1902 年）

蕲州邮政代办所设立。不久改为二等县级邮政局。此前的 1896 年，省邮局在蕲州设立过“湖北邮区蕲州分局”，试办邮政。

清光绪三十年（1904 年）

创办新式学堂。本年废除蕲州原来的儒学，到宣统二年（1910 年）止，在州城创办官立高等小学堂 1 所；在安平、永福、崇居、青山、大同 5 个乡各创办官立初等小学堂 1 所；28 图共办 60 所初等小学堂。州城又创办官立高等女子小学堂 3 所，属鄂各县首创。

清光绪三十四年（1908 年）

蕲州预备中学堂设立。创办于蕲州城。科目有农业、林业、蚕业、兽医，修业期 3 年。此为在蕲州城原师范传习所旧址创办的以纺织为主的实业学堂，招生 1 期 50 人，即停办。

清宣统三年（1911 年）

蕲州光复。蕲州田桥人、同盟会员田桓等人，得到武昌首义胜利消息后，连夜发动学生、市民响应，并策动驻军反正。十一月十三日晨，田桓等冲入州署，剪掉知州官员的发辫，并在蕲州城北门和西门树起书有“汉”字的大旗，宣告蕲州光复。

1912 年

改蕲州为蕲春县。一月改州为县，以反正的原知州王利仁为县知事。不久，省派吴耀南接任知事。

同年，改学堂为学校。一月下旬，原官立第一、第二、第三高等小学堂皆改为相应的高等小学校；改堂长、学监为正、副校长。废止“读经讲经”，增设近代课程。

1913 年

蕲春县知事公署在蕲州设立。上隶湖北省江汉道。增设县佐 1 名，立县佐衙于张家塝。

1914 年

美孚公司在蕲州建立煤油站。美国亚细亚公司、美孚公司在蕲州城西门外先后建煤油销售站。

1916 年

陈咏波创设“海西药房”。陈系退伍军医，药房设在州城北门内。专治外科，是为县内民间创办的第一家民间诊所。

1919 年

五四运动影响扩散至蕲春。6 月，在汉参加学运的学生吕汉臣、汤少屏等回乡，在县立第一高等小学校长何九香的支持下，联络全县小学成立“学联”。10 日，蕲州各校师生及各界代表千余人游行示威，通电声援北京学生的爱国行动，宣传抵制日货。6 月 28 日，爱国学生在店员和码头工人的配合下，从冯云和等多家商店查出大批日货，集中于江边焚毁。

1920 年

成立蕲州国医研究会。由州城老中医管汉和、李少侯 2 人发起，组织蕲州地区杨柏远、李丙申、童金林、胡焕成、王南谷等中医界名流，成立了蕲州国医研究会。会址设在城里铁佛寺。此为蕲州历史上第一个民间中医学术机构。

1922 年

天主教传入蕲春。黄州八属各县的天主教势力集中到蕲州，在蕲州建立了天主教总教堂。

1923 年

新蕲春学会成立。由蕲州下石潭人胡风（张光人）、太常人张翼南、刘河胡缄三、赤东方瀚（何定华）等在外学生等组建成“新蕲春学会”，同时创办《新蕲春》不定期刊物。

蕲州麟山中学创办。由邑人陈侠文创办，是私立初级中学。1926 年冬并入省立六中。

1924 年

汇源碾米厂投产并发电照明。由蕲州商人管明良集资于 8 月创办，是为县内最早的发电和大米加工企业。白天加工大米，晚上发电照明。

1925 年

“汇通”“德丰”两米厂兴办。是年，两家大米加工厂先后在蕲州城开业。

1926 年

初春，居大吼率饥民抢粮。因上年大旱，境内粮食紧缺，而粮商购大米外运谋利。愤怒的饥民在码头工人居大吼的带领下，涌至蕲州江边码头，将待运的万多市斤大米抢夺一空。粮商诉请县署，县知事怕激起民变，未加追究。

8 月　中国国民党蕲春县党部在蕲州城内成立。加入国民党的中共党员陈方、胡缄三、胡祖虞等，在漕河秘密成立国民党蕲春县党部。11月18日在县城蕲州召全县国民党党员大会，正式成立国民党蕲春县党部。陈方被选为常委。后组建各区党部、乡分部。

9月至10月 皖军将蕲春划归安徽省。北洋军鄂、湘、皖军残部扰蕲州并逼商民为其筹款，后抢劫商店，激起商民闹市。10月初，湘军叶开鑫部与皖军陈调元合谋，将蕲春县知事驱逐出蕲州，委安徽邦商人、蕲春商会会长余肇舟为代县长，责其筹款。自行将蕲春划属安徽省。

10月至11月 “百里大战”在蕲春展开。国民革命军第八军唐生智部同北洋军叶开鑫部，在南起蕲州，北至张家塝一线展开战斗。因战线长达百多华里，故称“百里大战”。此战国民革命军在蕲春人民支援下，击溃北洋军，毙俘敌3800余人。

11月20日 中国共产党蕲春县特别支部成立。中共党员在蕲州城内夏家大屋秘密集会，成立中共蕲春县特别支部，选举陈方、董汉如、邓中、梅楚安、胡祖虞、王挽兰、李雄飞为委员，陈方任书记。下辖6个支部。

1927年

1月1日 本县城蕲州举行数千人大会，庆祝国民政府北迁武汉。县党部组织各界人士3000余人在城隍庙戏台前（原瓷厂所在地）举行大会庆国民政府北迁武汉。

1月 中共蕲春特支组建后，为便于活动，县国民党部中的中共党员在蕲州组建麟凤支部，县特支书记陈方兼任该支部书记。是月，张光人（胡风）等3人出席国民党湖北省党代会。元旦节期，中国国民党湖北省第四次党代会在武汉召开，共有代表188人。蕲春3人，蕲州下石潭张光人（胡风），另两人是胡绍中、高夏桥。是月，在革命先驱詹大悲指导下，蕲州民众将驻在蕲州天主教传教士统统赶走，把教堂改为蕲春农民协会会址。

1月10日 县农民自卫军在蕲州组成。在省警备队协助下，逮捕县保卫团团总刘炳福，将保卫团改编为“农民自卫军”。总部仍设在蕲州城。

2月1日 县农民协会成立。全县第一次农民代表大会在县城蕲州召开，宣布成立“蕲春县农民协会”。后全县相继建立区农会11个、乡农会206个，有会员2.5万余人。成为全省20个农运搞得好的“重要县”之一。其后，县妇女协会、童子团、学联等群团组织也同时成立。

3月5日 蕲州人、共产党员周心赤等到中央农讲所学习。毛泽东在武昌举办中央农民运动讲习所，县农会按上级分配名额，派共产党员周心赤（州城人）、甘化东（竹瓦店人）、田可耕（大同何铺人）3人参训。

3月上旬 省巡视员来县城蕲州整顿革命组织。省巡视员、中共党员余广清（汉阳人）从广济来蕲州，帮助整顿革命组织。随后，县党部成员分工负责各群团组织工作。

3月中旬 县党部在蕲州城举办党训和农讲所。县党部在州城内夏家大屋举办党训班和农讲所，参训30余人，培训时间30天。

3月下旬 中共蕲春特支秘密在蕲州举办党训班。开设有马列主义理论、国际共产主义等课程。陈方任主任，李雄飞具体负责。

4月7日 县总工会成立。蕲春县总会成立于蕲州积谷仓，委员长胡淮东。此前后，全县建立了各行业、区、乡工会，会员4300余人。县城蕲州还成立了工人纠察队、创办了工人文化初习学校和工人子弟学校。4月22日召开工人代表大会。

4月17日 县城蕲州举行声讨蒋介石的集会。“四·一二”反革命政变后，各地皆声讨蒋介石。4 月 17 日，蕲州各界千余人举行集会，电请武汉国民政府免去蒋介石本兼各职。

春夏之交，蕲塝公路动工修建。境内第一条公路（从蕲州至张家塝）于本年春夏之交动工修建。动工不久，因时局动荡不安而停工。

5 月 4 日　县城蕲州召开公判余肇舟万人大会。1926 年 9 月，北洋军阀孙传芳将蕲春“划属安徽省”，废县知事，置县政府，且以县商会会长余肇舟代县长。北伐军占领蕲春后，鉴于余肇舟与北伐军为敌，将其逮捕。在 5 月 4 日召开的公判大会上，宣布余肇舟死刑，当即执行。

7 月 4 日　中共中央委员项英同詹大权到蕲春，整顿党政军工作。指定詹大权任蕲春县委书记，开展党务工作。汪精卫叛变革命后，县委转入地下，下辖支部解体。

7 月 9 日　国民党县党部在蕲州召开驻军联欢大会声讨蒋介石。是日是蒋介石就任国民革命军总司令两周年，为显示人民群众坚持革命之决心，扩大反蒋宣传，县党部与在蕲州驻军官兵、工农商学代表共 9000 余人召开联欢大会，声讨蒋介石。

7 月 14 日　省党部函：省政府报请中央救济蕲春重大水灾。是月连续暴风，河水横溢，蕲州城厢、漕河等区，“堤围淹没，屋宇倒塌，淹死农二百余人”。淹死牲畜无数。灾民“露宿野处，哭声震地，悲惨万状”。县里报省，省报中央，即拨救济粮款。县党部、农会、工农救组慰问团，带一批粮款，乘船深入灾区慰问、救济灾民，组织生产自救。

10 月　大革命失败后，被赶走的蕲州天主教势力卷土重来。教主在蕲州不断扩大势力范围，并在教堂开办小学、经学等。

10 月下旬　魏其祥（魏今非）等秘密重建中共蕲州支部。在蕲州作店员的魏其祥，联络张葆初、方锡云等 5 名党员，秘密重建中共蕲州党支部，组织反“清党”斗争。12 月，环境更加恶化，詹大权被迫离开蕲州出走，县委停止活动。

1928 年

2 月至 3 月　中共蕲春县临时委员会成立。此时，中共鄂东特委派张光远接任中共蕲州党支部书记，并指示恢复菩提坝、竹瓦店基层组织。3 月，即成立中共蕲春县临时委员会，张光远任书记。

5 月 11 日　国民党蕲春县清乡委员会成立。国民党鄂东清乡司令部成立后，派第九旅特务营驻蕲州“清乡”。随之成立“蕲春县清乡委员会”，县长兼委员长。

9 月　“祥太”肥皂厂在蕲州创办。蕲州人李德华集股，在州城创办起“祥太”肥皂厂。后更名为“美华”，是境内第一家化学工业企业。

12 月　县府设实业局，在蕲州创办“工艺传习所”，培训纺织女工。一年后停办。

1929 年

2 月　中共蕲州支部书记魏其祥参加中共大冶中心县委在广济召开的太白湖会议。是时，中共大冶中心县委在广济太白湖秘密召开扩大会议，部署武装暴动问题。中共蕲春临委书记张光远，蕲州支部书记魏其祥参加了本次重要会议。

12 月　蕲州“恒新”棉织厂创办。蕲州工艺传习所停止后，县实业局长余肇柏邀约蕲州郑楚斌等 10 余家商户集资，创办恒兴棉织厂，有人力织布机 10 台、织袜机 13 部，生产棉布袜，麻葛及国花绨布料等产品，是为境内第一家近代纺织工业。1931 年底倒闭。

1930年

5月15日（农历四月十七） 雨台乡苏维埃政府成立。由中共菩提坝区委组织领导的雨台暴动成功后，即在雨台召开千人大会，宣布成立雨台乡苏维埃政府。是为县内第一个工农政权。

5月16日 银山煤矿工人暴动。银山煤矿工人在红八军的支援下，成立工人大队，接管煤矿，处死恶贯满盈的把头王培乾。不久，工人大队长李裕丰被杀害，工人大队解体，部分人被编入红八军。

6月底 川军围攻雨台苏维埃政府。川军唐陶营于6月底（农历六月初）移驻菩提坝，围攻雨台苏维埃政府及赤卫队。苏区主要骨干80人转移至江南大冶。蕲南革命转入低潮。

7月下旬 红八军和赤卫队攻打蕲州城。国民党蕲春县长徐方济率保卫团和民团进犯蕲南扎营港一带。红八军及自卫队迅即反击敌人，敌逃回蕲州城南门外，敌舰发炮增援，敌逃回城内。红八军及自卫队撤回江南。

8月11日 蕲州安阳山战斗。国民党蕲春县保卫团胁迫民伕进犯蕲南区，遭红八军及赤卫队伏击，红军获胜。国民党蕲春保卫团逃回蕲州城。

8月29日 雨台乡赤卫队击溃张南平民团。张南平民团进驻菩提坝，扰乱百姓，镇压革命。雨台赤卫队在鄂东特委手枪队支援下，围攻民团获胜，敌逃入蕲州城。

1931年

6月2日 全县开展户口大清查。县城蕲州成立清查局，国民党蕲春县长兼局长。本次户口大清查给百姓带来大灾难。

8月22日 意大利军舰从蕲州侵入内湖。此前，意大利天主教已侵入蕲州并建有教堂。本日，意大利两艘军舰游弋于蕲州江面。借洪水经八里湖闯入三渡桥，名曰保护教堂，实则威胁红军。

1932年

7月上旬 湖北省第三区行政督察专员公署设蕲州。第三区辖蕲春、浠水、黄梅、广济、罗田、英山6个县。蕲春实行“专知县事”，首任专员辜仁发兼蕲春县县长。

是年 天主教在蕲州创办了育婴堂。又创办男修道院、女修道院各1座。还在蕲州城外北仓创办教会医院1座，医生都是传教士。其中有1位意大利外科医生，不在传教士之列。

1933年

1月1日 《锁江日报》《蕲春日报》同时在蕲州创刊。前者为湖北省第三区行政督察专员公署机关报，后者为蕲春县政府机关报。

1月 湖北省第三区简易乡村师范学校在蕲州创办。校址蕲州城内，校长由专员兼蕲春县长辜仁发担任。设4年制和2年制两种学制，招收鄂东6个县青年。1938年日本侵略军进攻蕲州时停办。

蕲春县电讯局在蕲州成立。是县内第一个电信机构。在蕲州设总机，在漕河、刘公河、张家塝设“转机”，另在9个集镇设分机。同年，省里在蕲州设长途电话分局和长途电报局。

1934年

3月2日　国民党蕲春县长刘复杀害共产党游击队员4名。原湖北省三区督察专员兼县长辜仁发因兴办地方事业而“剿匪不力”被撤职。接任者刘复大肆“搜剿”共产党，在恒丰堤捕获周正川、刘绍嘉、周绍民、胡细伢4名游击队员，全部押到蕲州杀害。

5月　刘复频繁下乡“清剿”。刘复接任三区专员兼蕲春县长后，多次到蕲州周边和全县巡查，进行反共活动，许多群众受害。

1935年

天主教在蕲州创办“启明中学”。该校设有初中班和高中班。学生毕业后，有的留在教会工作，有的考入国办大学。

1936年

5月　湖北省第三区督察专员公署改为第二区。署址仍设在蕲州。程汝怀任专员。

1937年

5月　专员公署由蕲州迁至黄州。2月，国民党省府决定：蕲春不再实行“专知县事”，即县长不再由专员兼任。5月，第二督察专员公署由蕲州迁至黄州。

1938年

2月9日　蕲春县抗日运动委员会设立于蕲州城。县长万廉兼任主任委员。

6月15日　日本侵略军飞机首次轰炸蕲州。上午7时，9架日本侵略军飞机入侵蕲州上空，投弹50多枚，炸沉江面小轮1只，炸毁蕲州一关民房3间，炸死炸伤3人。

6月18日　日机再次轰炸蕲州。下午7时，9架日本侵略军飞机入侵蕲州上空，投弹3枚，炸毁江面拖船一只。

6月30日　日机第三次轰炸蕲州。上午7时，9架日本侵略军飞机入侵蕲州上空，投弹10多枚，炸毁民房3间，中国驻军5人伤亡。

7月9日　日本侵略军飞机轰炸蕲州领地李家洲。上午6时，9架日本侵略军飞机入侵蕲州对江李家洲上空，炸毁江面小客轮一只，100余名旅客落水遇难。

8月8日　日机炸沉中国军舰。7架日机轰炸1艘中国兵舰，被击沉于蕲州上河口（挂口）江面，全舰官兵殉难。

8月13日　日机轰炸蕲州领地沣源口。5架日本侵略军飞机入侵蕲州至沣源口江面上空，炸毁小轮船1艘，炸死11人，炸伤3人。

8月14日　中国军队炮击日本侵略军飞机。是日，日本侵略军11架重型轰炸机侵入蕲州上空，中国军队一零九师撤防过蕲州，当即在凤凰山架设高炮，猛击敌机，敌机仓皇逃窜。临逃时无目标扔下重磅炸弹3枚，震倒民房30多间。其后一个多月，敌机不敢轻入。

9月14日　日本侵略军飞机第8次侵入蕲州上空。上午7时，9架日机轮番轰炸蕲州城，投燃烧弹100多枚。城内县政府、县党部、民教馆、积谷仓、电报局、邮政局、警察所、陈高两姓公房和附近民房，城外自北门至石牌楼、张楼坊（蕲州商业中心）悉被炸毁。城内房屋仅存三分之二，蕲州一片火海，燃烧竟日，后经抢救平息。这次轰炸，毁公房13栋、民房200多栋，居民死伤500余人，无家可归者数以千计。

10月2日 日机轰炸蕲州领地李家洲。3架日本侵略军飞机入侵蕲州至江对岸李家洲上空，投弹10多枚，炸毁小轮1只，炸死1人。

在飞机、舰艇的掩护下，日本侵略军116师团志摩支队3000余人从田镇溯江而上，进攻蕲州。守卫蕲州城的国军第三兵团57师、199师等部，在蕲州东南与敌激战。至4日，国军57师师长施忠诚率残部退守蕲州城内。

10月8日 蕲州城沦陷。10月7日晚，日本侵略军攻至蕲州城下。8日又有9架日机盘旋蕲州上空，因日本侵略军已占领大畈头打鼓台碉堡，未投弹，只掩护日本侵略军进攻。江上有7艘日本侵略军舰炮轰凤凰山，日本侵略军海陆空三方侵犯，蕲州城守军支持不住，当日下午蕲州城沦陷于日本侵略者之手。日本侵略军占领蕲州后，大肆屠杀，还将两颗人头悬挂南门示众。

蕲春县国民政府从蕲州北迁至圆峰山，在圆峰山二梵祖师寺办公7日。因日本侵略军继续追击北上，县府再迁至三角寺，仅住一周，又迁至狮子口胡襟冲。最后迁刘河。

10月9日 日本在占领区蕲州成立“维持会”。日本侵略者占领蕲州后，即搜罗汉奸成立“蕲春县维持会”。同时建立“自卫队”“自警队”。

11月4日 在蕲州江边轰炸。日本侵略军2架双翼飞机侵入蕲州上空，在江边投弹10多枚，炸毁裕民公司转运处及邓先山、邓惠仁房屋数间。日机轰炸蕲州，先后达11次之多。

1939年

6月上旬 张翼南创建陈家围党支部。为组织抗日，中共浠蕲边工委成立，赵辛初到菩提坝开展工作。张翼南（太常村人）发展一批新党员，赵辛初主持宣誓，建立起陈家围党支部，选举张翼南为支部书记。秘密组织抗日活动。

1940年

3月下旬 中共蕲广边县委成立。为更好地发挥边县抗日作用，上级决定撤销中共浠蕲黄广县委，成立浠蕲边、蕲广边、黄广边3个边县委。蕲广边县委本日在蕲春县菩提坝邱山下竹林塆成立。县委书记张翼南，委员张凤林、居文焕。

5月下旬 中共蕲广边县委建立一支30余人的便衣队。张家寿为队长、邹煽江任指导员，在菩提坝党组织领导下开展活动，伏击日、伪军和土匪武装。

8月18日 中共菩提坝区委成立。蕲广边党组织发展较快而稳定，先后发展了陈家围、梅家塆、黄土岭、宋家岭、下石潭、王塆6个党支部，党员1500余人。8月18日，由赵辛初主持，成立菩提坝区委。区委书记潘迪生，组织委员陈幼卿，宣传委员柯半农。

11月中旬 中共蕲广边县委改组。因蕲广边抗日武装不断扩大，需要加强领导。而县委书记张翼南身体状况很差，组织批准辞职，继续以教书掩护革命。边县委实际改组，县委书记张明，副书记陶子玉。组织部部长居文焕、宣传部部长向洪、军事部部长李汉清、民运部部长张凤林、统战部部长钟子恕、敌工部部长（作日伪情报、策反工作）何启。此后，党组织和抗日武装进一步发展。

12月16日 驻蕲州日酋禛木率日伪进行第一次“扫荡”。日酋禛木勾结驻田家镇日本侵略军，纠集日本侵略军50余人，伪军250余人，由蕲州经漕河、刘河入广济，沿途杀害民众19人，烧毁民房50多间。

1941年

4月中旬 蕲广边县抗日独立营成立。赵辛初与蕲广边县委书记陶子玉商定收编6支便衣队300余人，成立蕲广边独立营，下辖2个连。蕲广边县县长、军事部部长李汉清任营长，新任县委书记易鹏任教导员。

4月下旬 中共蕲黄广中心县委在蕲州塘塆成立。书记赵辛初、副书记郑重。浠蕲边、蕲广边、蕲太英边、蕲宿太边4个边县委书记为委员。

5月 鄂东第二报社创办。为了扩大抗日宣传，中共蕲黄广中心县委在蕲州竹林湖创办起鄂东第二报社。黄云（江苏人）任社长，熊文藻（蕲春横车人）任指导员，杜实夫任编辑。

8月30日 蕲广边县军民联合办事处成立。根据中共中央和毛主席指示，建立人民抗日民主政权。蕲广边县军民联合办事处在黄土岭长塘塆红门楼张洼庙成立。办事处主任张凤林、秘书长张翼南，民政科长周雅卿，财政科长张仲元，教育科长张健民，司法科长叶青。

9月上旬 蕲广独立营侦察队击毙日酋田岛。驻蕲州日本侵略军头目之一田岛，率日伪军80余人奔袭黄土岭。蕲广边独立营在其归途中伏击，侦察队长杨威开枪击毙日酋田岛，日伪军逃回蕲州城。

9月至10月 中共蕲广边县加强抗日民主政权建设。边县军民办事处成立后，为打乱国民党政府乡政范围，蕲春境内先后建立起菩提坝、黄土岭、竹瓦店、白明田（与广济接界）4个乡公所，各项行政工作全面展开，成效卓著。

10月上旬 赵辛初俘获日伪军水上自警队。日伪水上自警队在赤东湖抢劫民众财物。中共蕲黄广中心县委书记赵辛初闻讯，即率蕲广独立营一个排，配一挺机枪赶赴湖面，在赤东洪塘湖恒丰堤下窑，将日伪水上自警队全部包围，敌人缴械投降，全部俘获。

11月7日 日本侵略军从蕲州一次运走大米、小麦7000多包（麻袋）。蕲州、沣源口两地日伪“维持会”实行“田亩登记”，搜刮粮食，沦陷区人民苦不堪言。一次运走大米、小麦7000多包（麻袋），每包100公斤，计7000公斤。这些粮食皆运往下江，供日本侵略军食用。

1942年

3月下旬 中共蕲黄广中心县委警卫连击溃日伪自警队。驻蕲州日兵3名以及伪自警队30余名，偷袭施家塘新四军伤员。中心县委书记赵辛初得知，亲率警卫连100余人伏击，击溃日伪自警队，打死伪班长朱金元，缴枪1支。

4月 新四军鄂豫军区第一军分区鄂皖后勤处在菩提坝下石潭建立修械所、被服厂、后方医院，并派警卫连保卫。为新四军后方供给起到很好的保障作用。

7月 刘西尧在菩提坝邱山下胡贵塆召开蕲广边区委以上干部会议，成立蕲广边县抗日民主政府。中共鄂东地委副书记刘西尧在会上传达了鄂豫边区党委会议精神，在蕲广边军民办事处基础上成立了蕲广边县抗日民主政府。张凤林任县长、居文焕任副县长。下设8个科并管辖8个乡。

8月10日 中共鄂豫边区第五地委（鄂皖地委）、鄂豫军区第五军分区（鄂皖军分区）在蕲州邱山下塆宣布成立。各边县独立营改编为军分区挺进团，各边县设总队部。原鄂东地委副书记刘西尧任第五地委书记兼第五军分区政委，新四军第五师十四旅政委张体学兼任第五军分区司令员。原蕲广边独立一团改编为挺进十九团，团长张正坤、政委吴光治。

9月中旬 蕲广边挺进十九团与日伪军激战。驻蕲州日本侵略军10多人和伪自警团20余人进犯三渡桥，蕲广边挺进十九团驻沙径六连得报，连长张家寿即率队前往与日伪激战，俘日兵1名，伪军多人，缴枪5支。挺进团押日俘在蕲广边进行抗日宣传。

11月9日至17日 驻蕲州日伪军500余人进行第三次扫荡。此次“扫荡”出动7架日机沿途狂轰滥炸，由蕲州至茅山至槐树山转蕲北出太湖、英山。杀害民众50余人，烧房300多间。

1943年

4月21日 张体学率部攻打蕲州城。新四军五师十四旅政委张体学，指挥42团、挺进19团，一举攻下日本侵略军设在蕲州东长街的“农产贸易公司”，缴获大批银元、食盐、布匹及其他物资。当九江、黄石的日本侵略军舰艇到蕲州增援时，新四军部队已撤离蕲州。

5月下旬 挺进19团与蕲州踞点日伪军激战于洪塘湖之黑墩。自新四军打蕲州后，日伪频繁“扫荡”，此时窜入洪塘湖黑墩。挺进19团得知，迅速赶到包围敌人，毙敌多名，生擒日伪军各2名，缴获一批枪支和军械物资。

7月 中共鄂皖边中心县委、鄂皖边指挥部同时在黄土岭成立。赵辛初任中心县委书记兼指挥部政委，黄世德任指挥长。各边县相继成立指挥部。蕲广边县指挥部指挥长张正坤，政委赵家驹。

8月 汪伪“蕲春县政府”在蕲州成立。汉奸黄楚楠任“县长”，日本人高桥一木任“县府指导官”。下设蕲州、茅山、㳇源口区公所。同时，改“自卫队”为“蕲春县保安大队”。

9月16日 中共蕲广边县委宣传部部长刘克理在《七七报》上发表报道文章。题为《郎当不郎当——蕲东蕲广边的通讯》，揭露国民党顽军反共、反人民的罪行。

9月 何启活捉日本兵。蕲州据点3名日兵到横坝头抢劫，中午在扎营港茶馆喝酒。中共蕲广边县委敌工部长何启得讯，立即率孙长华（南门外人）等6名便衣队员赶赴现场，活捉日兵1名，押到根据地游行，宣传抗日。半月后押解至新四军第五师师部。

12月 “蕲春丸”轮船首航。汪伪政府向民间集资购回小火轮一艘，定名“蕲春丸”号，客位200座，经营蕲州至汉口客运。日本投降后，该轮被蕲春县国民政府接收，改为“蕲春轮”。1949年损坏报废。

1944年

5月 国民党顽军二纵与县自卫队包围蕲广边根据地，边区武装转移。边县委书记张翼南隐于大径桥胡塆。敌人抓住张翼南长子为人质并严刑拷打。张翼南为救无辜群众和保守党的秘密，壮烈牺牲，时年47岁。

9月 美军驻华十四航空队在蕲州秘密设立无线电台。设此电台经中共中央批准，总台在新四军五师师部，蕲春为6个支台之一。位置在蕲州城附近，由于情报准确，对配合盟军作战有一定作用。

9月27日 蕲广边县指挥部战斗连伏击日伪军。是役伏击黄土岭席盘石夜壶山碉堡日伪军，击伤伪军1人，缴获子弹13排。解决战斗连当时子弹奇缺问题。

1945 年

2 月 21 日至 23 日 王震、王首道率八路军南下支队 3000 余人在蕲广边境南渡长江。南下支队在新四军五师张体学部配合下，从浠水入境。王震、张体学在黄土岭刘娘寝接见蕲广边社会部副部长孙方，研究渡江方案。在蕲州王宣、新塘、扎营港组织民船 300 多只，船工 500 余名，从新桥、周塆铺渡口一带出发，胜利地渡过长江。

3 月 蕲广边县整顿党政军组织。程文杰任书记，居文焕任县长，张国祥任指挥长。下辖菩提坝、黄土岭、宋家岭、白明田、竹瓦店、关沙河 6 个区委。

9 月上旬 新四军与国民党蕲春县自卫队激战于三渡桥、黄土岭一带。8 月 15 日，日本宣布无条件投降后，驻漕河国民党鄂东挺进军第 16 纵队第 3 支队与国民党蕲春县自卫队，抢夺胜利果实，阻拦新四军往蕲州受降，于三渡桥、黄土岭发生激战，双方相持竟日，互有损伤。

9 月 20 日 日本侵略军撤离蕲州。9 月 20 日即农历八月十五中秋节，由黄颡口、沛源口、茅山等地集中于蕲州的 200 余名日兵，奉命撤蕲州。1938 年 10 月 8 日，亦为农历八月十五中秋节，日本侵略军侵入。至此，日本侵略军侵占蕲州整整 7 年。是日，国民党蕲春县政府县长雷鸣震及驻军第 16 纵队入驻蕲州受降。

1946 年

2 月 蕲春县中学自蕲州迁往高新铺。因省四中将迁入蕲州，县中让舍。以高新铺烈灵宫、江凉亭等处为校舍。

2 月至 3 月 蕲春福音堂小学创办于蕲州东长街福音堂内。属教会学校，设两班，招生 100 人，1949 年 5 月停办。部分学生并入县小学。

蕲春县中医公会在蕲州成立。是全县最早的中医药机构，会员为中医药人员。

4 月 12 日 蕲春县国民教育研究会在蕲州民众教育馆成立。是日召开成立大会，县政府教育科长石铸英任研究会主任。

4 月 蕲春县卫生院成立。遵省令：将原县巡回医疗防疫队更名为“蕲春县卫生院”。

5 月 12 日 省四中奉令迁入蕲州。原省立巴东初级中学（省四中）全体师生自咸丰县丁寨启程，于本日全部到达蕲州。校址为原蕲春县中旧址（今李时珍中学）。

5 月 14 日 蕲春县陶冶产业工会在蕲州成立。会员 416 人，龚心泉为负责人。

5 月 蕲广边县在黄土岭一带重建革命根据地。因形势严峻，遵鄂豫皖边区党委指示，各边重建根据地。

7 月 县政府令：县中医公会在蕲州设 4 处义诊门诊部，为居民义务施治。

7 月 蕲南遭受特大洪涝灾害。蕲州地域尤其是赤东湖周边民众受灾严重。国民党湖北省府给蕲春救济面粉 8.7 吨。

夏末 县府首次在蕲州城开展夏令卫生周活动。

秋 蕲州公教人员罢工、罢课。成立了“蕲春县公教人员罢工罢教委员会”，组织请愿活动，要求加薪，反饥饿。活动坚持半月之久。

1947年

2月1日 设在蕲州的“省四中”奉令改为“湖北省立蕲春县初级中学”。

10月10日 蕲春县银行在蕲州城开业。是蕲春最早的银行业。次年3月停业。

10月中旬 国民党青年军203师第6团进驻蕲州。后在10月21日高山铺战役前哨战之竹瓦店战斗中，在蕲州恒丰堤一带被刘邓中原独立旅全歼。

10月下旬 刘邓大军进驻蕲春，国民党蕲春当局将湖北省立蕲春中学全部师生“疏散”到武昌县永丰乡王家店村黄家塆设校。1948年7月回蕲州原校址。

11月 蕲春县立师范学校由刘河迁入蕲州。在蕲州择新址建校。

1948年

2月 国民党蕲春县府建立“勘建会”“勘建队”。刘邓大军撤离蕲春后，国民党反攻倒，反扑革命群众。蕲南菩提坝、黄土岭等地就有71名贫农团骨干，工作队员被杀害。

2月 蕲春县中学从高新铺迁回蕲州。以纯阳阁、四官殿为校舍。后四官殿拆除，部分学生改在东岳庙读书。

2月21日 中共武装夜袭蕲州城。鄂皖军区第五军分区副司令蔡启荣、蕲南县县长何启，率部夜袭蕲州城，毙伤敌30余人。25日，《新湖北日报》报道：“驻防县外之两中队己在梦中，猝不及防，枪械悉被缴去。”

11月 蕲南县副县长赵毅牺牲。中共武装在境内开展反“围剿”斗争，蕲南县副县长赵毅在反“围剿”斗争中牺牲。

是年 蕲春县检疫站在蕲州成立。行使卫生检疫职能，是本县最早的专业卫生检疫机构。

1949年

2月 县立简立师范裁并为县立第一初级中学。原县立初中为县第二中学，校址均设在蕲州。

3月 中共城关（蕲州）区委会成立。以原蕲南第五（菩提坝）区委为基础，在邱山下塆成立，管辖蕲州、竹瓦店至江南李家洲、棋盘洲、牯牛洲等地。5月初驻地邱山下，后迁城内张家大屋（原城里蕲州镇委会处）。书记周元瑞。委员周元瑞、徐行、许华。同时，成立城关区人民政府，区长徐行。

5月14日 野战军129师陈团攻克蕲州城，蕲春全境解放。此役，解放军歼敌军桂系1个连、县绥靖团1个营，活捉了躲在启明中学地下室并化装成教师的国民党蕲春县长、蕲黄广英自卫总队长、陆军少将叶景福。蕲州人民欢天喜地庆解放。

5月15日 中国人民解放军四野43军在蕲州一带渡江南进。是日，蕲春县人民政府组织木船300多只，在境内新港闸欢送解放军南渡长江。

5月 蕲春人民政府接收国民党蕲春县卫生院，更名为全民性质的人民民主机构——蕲春县保健所。所址仍设蕲州。

7月中旬 县立第一初中、第二初中合并为蕲春县初级中学。校址设在蕲州文庙。

7月 蕲春县保健所更名为蕲春县卫生所，由蕲州迁入漕河。

7月21日 中国人民银行蕲春县支行成立，首次由人民银行发行人民币，本日在蕲州开业。中国人民银行收兑流通中的原各解放区地方银行发行的货币，禁止金银计价流通。蕲春人行蕲州支行于8月迁至漕河。

7月 中共蕲州（城关）区委书记周元瑞升任中共蕲春县委副书记。原蕲州区长徐行担任区委书记，是蕲州1949年5月14日解放后第一任区委书记。同时，由殷实任蕲州区长，是蕲州解放后第一任区长。

是月 中国共产党蕲春县委员会由漕河枫树林塆迁入蕲州城。8月又迁回漕河。

10月 中华人民共和国成立后首次秋收征粮。从9月开始，到10月底结束，蕲州地域各乡按时完成中华人民共和国成立后首次秋征任务。

1950年

1月 中共蕲州（城关）区委书记徐行调往上级部门工作，由原蕲州区长殷实任蕲州区委书记。尚保顺任区长。

5月14日 蕲州城关区各界人士集会庆祝蕲州城解放一周年。后在北门外竹根山建立解放蕲州城牺牲的49位烈士公墓。

9月 中华人民共和国成立前设在蕲州的蕲春县启明中学裁撤。原校财产由湖北省立蕲春中学（校址蕲州）接管，原启明中学学生亦并入蕲春中学。

10月19日 东门生产互助藕粉厂创立。由该互助组社员刘理清牵头，组建成当时蕲州镇最大的联营企业，有员工90人。所生产的藕粉主要出口到苏联。

1951年

年初 中国人民解放军部队631团驻扎蕲州银山开采煤矿，两年后撤走。

2月 设在蕲州的蕲春县中学二、三年级奉命搬迁到县城漕河豁口街，征用夏家祠、三佛庙、杨泗庙为校舍。豁口县中为本部，蕲州县中为分部。

7月 经湖北省政府主席李先念批准，中国人民志愿军黄冈休养院（通称康复医院）在蕲州城内启明中学旧址创建。首任院长苏登身、政委王仁。

11月底 区划变更。遵省人民政府民政厅令，将蕲州所辖长江以南黄颡口、李家洲、沣源口、棋盘洲4个乡分别划给阳新、大冶两县管辖。同时将广济县（今武穴市）白民田乡李家嘴、陈家塆、十八岗以西一带划归蕲州，即今之银山、新塘、扎营港、横坝、红门楼、龙泉庵、韦庄等7个村。

12月 蕲州汉剧团赴漕河（县城）演出大型汉剧《血债血还》。

是月 县人民政府决定：将蕲州原私营的轮船股份有限公司改建为“公私合营蕲春轮趸票局”。

1952年

1月1日 蕲州至漕河公路修通，始通汽车。此公路途经黄土岭、施家塘、恒丰堤、竹瓦店、洪祖二、清水河、三里店至漕河。

年初 原中共蕲州（城关）区委书记殷实调往上级工作。尚保顺担任中共蕲州区委书记。

年初 全县天主教神甫、教徒、修道女代表集中到蕲州，开展“三自”革新运动，将外国间谍邱先觉、边安吉驱逐出境。

12月 蕲州首次成立码头工人团队——蕲州搬运站。

1953年

3月1日 蕲春县人民政府汽车站成立的当天，即成立蕲州汽车运输代办站。蕲州首次有国营汽车运输机构。

4月5日 清明节当天，蕲州名医冯道明、李慕陶等首次集中祭扫李时珍墓。县中医界派员参加祭扫活动。名医杨务庵为主祭。

4月8日 上海作家（记者）张慧剑进驻蕲州，采访、征集李时珍史料，后编著《李时珍》一书，由上海人民出版社出版。

12月 蕲州一艘小轮从武汉回蕲，行至烂泥滩村因故沉没，淹死多人。县领导均到场处理事故。

是年 李时珍平面大理石雕像，在苏联（今俄罗斯）莫斯科大学走廊橱窗悬挂，受到海内外科技界、医药界人士的普遍关注。

是年 上海中医药界成立以著名中医药学家王吉民为首的“纪念李时珍逝世360周年文献展览筹备委员会”，并开展李时珍有关文献资料的征集工作。

1954年

3月 为加强菩提区领导工作，朱翠珍（女）任中共菩提区委副书记并主持工作。尚保顺调往上级工作。

7月7日 蕲春县蕲州下石潭村人，时任全国政协委员、著名作家胡风（本名张光人）所写《三十万言书》送呈中共中央政治局。

是日 中央美术学院教授、著名国画家蒋兆和首次为李时珍画像。

是月 湖北省黄冈专区民船运输管理处蕲州管理站挂牌成立。

11月11日 上海天马电影制片厂制片主任丁里、著名导演沈浮等一行7人，到蕲州拍摄电影《李时珍》外景，并征集与李时珍有关的明代石刻、石雕以及文献资料。

是年 首修李时珍墓地。县政府拨款，对李时珍墓地进行修葺，墓前修有青石牌坊1座，县长何启题词“科学之光”。

1955年

6月初 中央文化部《关于胡风及其骨干分子的著作和翻译的书籍的处理意见》下达，蕲春县人民政府“〔1955〕蕲启化字第082号”文件抄转《胡风集团》骨干分子的图书应停售、停版、停止借阅，县内各单位遵照执行。

6月10日 《人民日报》公报了《关于胡风反党集团第三批材料》，全国大规模的肃反运动开始。

8月25日 中华人民共和国邮电部发行了李时珍画像邮票一枚，面值8分。

10月 蕲春县血吸虫病防治小组首次在蕲州西角湖乡收治血吸虫病员。

是月 李涛编著的《伟大的药物学家李时珍》一书，由中华全国科学技术协会出版。

是年 原设在蕲春县八里湖土门城的血吸虫病防治小组迁址蕲州，并更名为“蕲春县人民政府卫生科血吸虫病防治小组”。接着在西角湖乡曾用粗糠燃烧法消灭钉螺。是本县首次灭螺行动。

是年 蕲春县人民政府首次拨款修缮李时珍墓园。

1956 年

1 月 1 日 中华人民共和国邮电部发行李时珍纪念邮票小型张。

2 月 中华人民共和国成立后，首次修缮李时珍墓工程完毕。中国科学院院长郭沫若首次为李时珍题词。

3 月 上海著名作家张慧剑将原著《李时珍》改编成电影剧本《李时珍》，由上海电影制片厂开机拍摄。

7 月 30 日 首次看电影村民溺水事故。当日晚，邵垄村杨嘴塆 15 名村民坐船到邵垄村看解放后首场放映，因船超载，导致湖中船上人全部落水，除 5 人被救起外，其余五男五女全部溺亡。

8 月 按上级文件精神，撤销了蕲州区委，分建了中共蕲州镇委和黄土岭农村生产指导组。蕲州镇委领导班子成员未变动。

8 月 蕲州地域首次进行了血吸虫病人普查工作。

10 月 由蒋兆和绘制的《李时珍像》由教育出版社出版，全国各地新华书店发行。是建国后首次发行的第一张科学家单张人物画像。

11 月 15 日 蕲州李时珍墓，被湖北省人民委员会批准列为全省第一批重点文物保护单位。

12 月 由施若霖编著的《李时珍的故事》，由上海人民出版社出版发行。

年底 蕲州镇完成对私营工商业、手工业的社会主义改造：实现农业合作化。至当年底，原有私营工商业、船业、手工业，分别加入 21 个行业的公私合营厂、店、联合组和合作社。南门、雨湖两乡及二里湖农民实现了农业合作化，分别成立“五一”一、二社；联盟一、二、三、四社及荣光、前进共 8 个农业合作社。城市居民仍为 3 个居委会。

1957 年

年初 由上海电影制片厂拍摄的传记影片《李时珍》摄制完毕，中国电影发行总公司在全国发行放映。著名电影演员赵丹扮演李时珍。

初春 中华人民共和国成立后首次大范围的流行性感冒袭击蕲州地域，县卫生部门采取紧急救治措施。

3 月 15 日 蕲州镇东门村民歌手杨凤兰赴北京参加全国民歌调演。她演唱的《寡妇自叹》荣获演出奖。杨凤兰受到刘少奇、朱德、贺龙等党和国家领导人接见并合影留念。

4 月 李时珍著《本草纲目》经刘衡如校点后，中华人民共和国成立后首次由人民卫生出版社出版，精装 2 册。全国新华书店发行。

5 月 王嘉荫编著的《本草纲目的矿物史料》一书由科学出版社出版，本月起在全国新华书店发行。

10 月 蕲春县人委会工业科在蕲州蟹子地试建小煤窑，出煤数百斤。数月后关闭。

12 月 商务印书馆以清康熙年间，合肥张绍棠斋刻之李时珍《本草纲目》重校本为底本，再次出版李时珍《本草纲目》影印本，在全国各地新华书店发行。

1958 年

3 月 8 日 兴建银山煤矿。开出 3 对矿井，大办钢铁运动期间，改各公社联办，民工增至 3000 余人。

是日 蕲州横坝头村“棉花姑娘”张金蓉赴北京参加“全国三八妇女节表彰大会”，受到毛泽东主席、周恩来总理的亲切接见。

4 月 蕲春县医药公司在蕲州兴建李时珍制药厂。生产清凉油、仁丹、十滴水、止咳糖浆等 25 个品种。1961 年停办。

8 月 按上级文件精神，蕲州镇改名为红专人民公社。方文法任中共红专人民公社党委书记。徐守谦、江和东任书记处书记。徐守谦任红专人民公社主任。

是月 黄土岭农村生产指导组改名钢铁人民公社。中共钢铁人民公社党委书记陈定明，后为郝天乙。书记处书记柯望生、游焕南，后为陈定明、方文法。

9 月 蕲州创办起“红旗钢铁厂”，后于 1959 年停办。

10 月 15 日 中共蕲春县委批准建立“蕲春县卫生学校”。校址设在蕲州康复医院（今黄冈市第二人民医院）。校长由县长邵自修兼任。1961 年停办。

1959 年

1 月 国营蕲春县玻璃厂在蕲州建成，开始拆毁蕲州古城。该厂是 1958 年“大办工业”时所建。因建厂拆毁了凤凰山、小西门至北西门的城墙，年末玻璃厂建成。1959 年 1 月投产，生产日用玻璃。

1 月 中共蕲州人民公社党委班子调整。1958 年 11 月，原红专人民公社、钢铁人民公社合并为钢铁人民公社，1959 年 1 月改称为蕲州人民公社。党委书记郝天乙，书记处书记方文法、陈定明，游焕南。公社主任为陈定明。

2 月 蕲州公社书记处书记被撤销，改任为副书记。

初春 全县麻疹暴发流行，蕲州地域最为严重。全公社有麻疹病员 3440 人，死亡 426 人。县卫生部门紧急救治。

7 月 蕲春县人民政府副县长汤少屏编写出版历史剧本《李时珍》。

1960 年

4 月 蕲州东门大队业余女诗人吴学仙参加全省业余创作辅导团，学习 3 个月。该团由马希良领队。其间，湖北新闻纪录电影制片厂为吴学仙拍摄了写诗的新闻纪录片。

夏 设在蕲州竹根山白骨庙的炸药仓库爆炸。直接经济损失 40 万元。

1961 年

3 月 1 日 蕲州人民公社菩提管理区 12 大队 6 生产队发生砷中毒事件，67 名中毒者经抢救全部脱险。

10 月 全县机构改革，蕲州公社原属菩提、黄土岭分别设乡。城关为镇，并设二里湖公社。原蕲州人民公社党委书记盛成忠调入县里工作，由王树生任蕲州公社（城关）党委书记。方文彬任二里湖公社党委书记。

1962 年

春夏之交 蕲州新塘大队组织社员到长江对面阳新县湖区打湖草，因疏于血吸虫病防范，有 98 人急性感染发病。

春季 蕲州蕲春二中（今李时珍中学）学生支援二里湖夏收，未做好血吸虫病防护工作而急性感染，发病 64 人，死亡 2 人。

10 月 1 日 中国科学院院长郭沫若再一次为李时珍题词，即在 1956 年发行的李时珍纪念邮票上题诗一首。

1963 年

春末 蕲州镇东门公社新塘大队组织社员到阳新血吸虫疫区打湖草，再次导致 120 人感染血吸虫病。

2 月 14 日 郭沫若到湖北参观省博物馆举办的李时珍文献展，并第三次为李时珍题词。

1964 年

4 月 20 日 蕲州木船二社驾长江茂之及随船的两个儿子在蕲州江面钓鱼台处，突遇狂风暴雨，船物全部沉没，父子 3 人死亡。

7 月 1 日 零时，按全国统一部署，蕲州镇全面开展第二次人口普查。

是年 设在蕲州麒麟山西南麓的蕲春瓷厂在全县率先对粉尘深度高工序采用湿式作业新技术。其后在全县各厂矿推广。

冬 按照上级部署，“小四清”运动在蕲州镇各级普遍展开。

1965 年

3 月 蕲州康复医院按地、县卫生局安排，与县人民医院合作，赴农村开展“6・26”巡回医疗，时间半年，效果明显。

是年 蕲州在城区修建 1 座粪便处理库，是蕲春县内最早的粪便无害化处理设施。

12 月 农村“小四清”运动基本结束，派驻在蕲州各级工作队员全部撤回。

1966 年

2 月中旬 “四清”运动（社会主义教育运动）在蕲州全镇各级普遍展开，镇、公社、大队、生产队级级进驻工作组。后因“文化大革命”开始，于 10 月草草收场。

春季 流脑病暴发流行，蕲州地域染病超千人，死亡 30 余人。

5 月 中共蕲州镇委领导班子调整。书记陈仕典，后为余献春。副书记严根发。镇长张明定（后调回鄂城县），其下辖东门公社党委书记朱锦华，二里湖公社党委书记王树生。

10 月 蕲州新华书店举行《毛泽东选集》一至四卷（合订本）首发式，共发行 1 万余套。

是年 蕲春麻风病防治组在蕲州黄土岭大泉山寺成立，并建立麻风病医院。均隶属黄冈地区地方病防治站管理。

11月8日 蕲州化工厂（原名肥皂厂）于年初建立农药车间，11月8日正式定名“蕲春农药厂”。

年末 蕲州镇各单位均成立“革命造反”组织，停工停课闹革命，很多单位陷于瘫痪。

1967年

2月 在上海“一月风暴”的影响下，蕲州镇内“革命造反”组织进行“大夺权”，2月下旬，镇、公社、大队各级党政机关陷于瘫痪。

春夏之交 流行性脑膜炎疾病在蕲州全镇流行，各级医院组织救治，并得到武汉、黄石派医疗队救治。

是年 全镇境内麻疹病暴发流行，发病千余人，死亡数人。

1968年

9月18日 蕲州镇革命委员会成立，两派群众组织实现了“大联合”，社会秩序走向了正常。10月下旬，蕲州镇下属的东门、二里湖2个公社和3个居委会也分别成立革命委员会。后“三结合”班子均改由地方干部任革命委员会主任。

是年 从9月至12月，蕲州城镇100余名知识知青下放到农村安家落户。同时，接受了武汉、黄石数十名知识知青在蕲州农村安家落户。

1969年

10月1日 为庆祝中华人民共和国成立20周年，按照上级统一部署，蕲州组织万人集会，抬着中华人民共和国成立20年来成就的各种模型、图表宣传板等在蕲州街道上游行。

1970年

4月 中共中央委员、湖北省革命委员会副主任张体学视察蕲州煤矿。省市县有关领导陪同视察。

是月 黄冈地区革命委员会在蕲州设立煤炭会战指挥部，领导全地区煤炭会战。罗田县组织民工200余人在蕲州高塆建井采矿。浠水县派人在蕲春圆峰山探矿。

5月12日 蕲春县组织“化肥会战”。县革委会决定在蕲州兴建化肥厂，并成立“化肥会战”领导小组。

6月 为便利煤炭运输，县革委会组织民工和部分机关干部、教师近千人，修建“蕲（州）武（穴）公路”。蕲武公路之蕲州—银山—刘垄公路段长达30公里。次年1月竣工。

是年 黄冈地区卫生局将设在蕲州黄土岭的“蕲春麻风病防治组”移交蕲春，更名为“蕲春县麻风病医院”。

1971年

6月 蕲州钢铁厂建成投产。

是月 由蕲州航运社双沟造船厂自行设计制造出蕲春县第一艘机动船正式下水航行，载重65吨。

7月19日　蕲州刘垄煤矿发生冒顶事故，工人胡志伦、邓志春、邓汉文3人受伤，中共湖北省委接报，急派直升飞机降落化肥厂西边菜地，送来医务人员抢救受伤人员，3人全部脱险。

8月　武汉军区副司令员、湖北省煤炭指挥部指挥长孔庆德，由省燃化局副局长王建平、中共黄冈地委书记董复汉等陪同，视察蕲春县（蕲州）银山煤矿。县主要领导陪同视察并汇报。

10月1日　设在蕲州麒麟山西南麓的蕲春县化肥厂建成投产，年产3000吨合成氨。后经两次改造，年生产能力达万吨。

11月　中共蕲春县蕲州镇委员会重新组建成立。书记陈楚英。副书记曹文章、陈龙生。曹文章任镇长。

1972年

5月5日　“蕲州钢铁厂筹建处”正式定名为“湖北省黄冈地区黄冈钢铁厂”。

7月　蕲州自来水厂建成投产，是本县内第一座大型自来水厂。后加技术改造，年可供200万吨标准自来水。

9月11日　湖北省燃化局领导到蕲州，在化肥厂召开“脱高硫生产现场会”，推广蕲春化肥厂脱高硫经验，省内多家化肥厂代表到会。蕲州镇党政主要领导参加会议。

1973年

4月　钟毅著《李时珍与本草纲目》一书，由上海人民出版社出版。

9月　蕲州烈士陵园重建。因在蕲州建设黄冈钢铁厂的需要，将1950年在北仓附近竹根山建立的解放蕲州城烈士公墓，迁至打鼓台村莲花心山重建，定为“蕲州烈士陵园”。

1974年

春　按县委统一部署，蕲州镇选派50余名基层干部，分三批到山西省昔阳县大寨大队参观学习。随之，“农业学大寨”运动在全镇全面展开。

8月14日　经蕲春县人民政府批准，原县人民医院蕲州分院更名为“蕲春县李时珍医院”，成为以中医为主的中医院。

1975年

2月21日　中国科学院院长郭沫若为“蕲春县李时珍医院”题写院名。

2月　撤区并社。蕲州镇原属东门、二里湖两个小公社，与赤东区原属菩提、黄土岭两个小公社，合并为蕲州人民公社。中共蕲州公社党委调整，县革委会副主任管和雨兼任第一书记。陈楚英任革命委员会主任。

2月　蕲州全镇普遍开展“批林批孔”运动。

11月22日　蕲州港遭暴风袭击，停泊在港内的机驳3艘、水泥驳1艘、木机船6只，全部翻沉，损失货物112吨。

1976年

2月 湖北医学院与黄冈地区第二人民医院（原康复医院）在蕲州合办中医二年制中专班，次年改建为“湖北中医学院黄冈分院”。后于1985年撤销。

8—10月 蕲州全镇普遍进入防地震紧张时期，全镇居民夜间全部住进“防震棚”。生产、生活都受到影响。

9月10日 中国人民的伟大领袖毛泽东主席于9月9日逝世，蕲州镇及镇内各机关、各厂矿均设灵堂和举行追悼大会公祭。

9月 蕲州牛皮坳“赤东湖泵站”建成投入运行。装机6台，容量4800千瓦，用于汛期将赤东湖水排入长江。牛皮坳泵站是县内最大的电力排灌站，其机房底部海拔高程—10.5米，为全县最低点。

10月13日 蕲州人民庆祝粉碎江青反革命集团，参加集会者3000余人。是全县四个分会场之一。

10月 中共蕲州镇（公社）委换届。管和雨为第一书记。书记陈楚英。副书记曹其贵、李洁、张应槐、于治国。

1977年

5月 蕲州新华书店举办《毛泽东选集》第五卷首发式，全镇党员、干部踊跃购买，共发行《毛泽东选集》第五卷2000多卷。

8月 蕲春县卫生局组织全县各老中医20余名，征集论文123篇，在蕲州李时珍医院召开中医学术经验交流会。其中，有24位老中医奉献验方。

10月 蕲春卫生局组织人员编写出版了《李时珍故乡医药》一书，是对李时珍中医药科学研究的继承与发扬。

是年 流行性脑膜炎肆虐蕲州地区，数百人感染疫情，死亡数人。省、地、县三级医务人员全力救治。

1978年

2月11日至17日 全县“工业 学大庆”大会上，蕲州农药厂获“工业学大庆先进企业”奖励。蕲州镇辖地有26家厂矿企业出席了盛会。

2月 中共蕲州镇委领导班子调整，不再设第一书记，原书记陈楚英调回县里工作。原镇党委第一书记管和雨任调整后的镇党委书记。曹其贵仍为副书记，镇长肖全文。

3月 武汉大学生物系《本草纲目简编》编写小组编出的《本草纲目简编》一书，由湖北人民出版社出版，从本月起在全国各地新华书店发行。

6月 周一谋教授编著的《伟大的医药学家——李时珍》一书，4月由湖南人民出版社出版，6月起在全国各地新华书店发行。

8月 蕲春县第一辆通道客车从县城漕河沿蕲（州）漕（河）公路线首次开往蕲州。

8月2日 中共湖北省委书记韩宁夫等省、区、县领导一行十余人到蕲州，视察蕲春县化肥厂，并听取蕲春县领导汇报工作。

是年 湖北省人民政府第二次拨款修缮李时珍墓，扩建为李时珍陵园。

1979 年

3 月 中共湖北省委、省革命委员会命名蕲州农药厂为“大庆式企业”。

3 月 10 日 中华人民共和国化工部第四设计院工程师戎兴汉来蕲州化肥厂，指导并协助该厂利用废气发电试验项目。

3 月 李时珍陵园扩建工程正式动工。

6 月 国务院副总理陈丕显在省、市、县领导陪同下到蕲州，视察李时珍陵园。询问了李时珍陵园建设情况。

10 月 中共中央顾问委员会委员郭述申由省、地、县领导陪同到蕲州视察李时珍陵园。

是月 黄冈地区对蕲（州）武（穴）长江航线和赤东湖航线进行普查。

1980 年

3 月 中共蕲州镇委领导班子调整，书记肖全文调回县里工作，陈国桢任蕲州镇委书记。

5 月 中国佛教协会会长、全国政协副主席赴朴初为“李时珍纪念馆”题写了馆名。

是月 中共黄冈地委决定：关闭黄冈地区蕲州钢铁厂。

6 月 湖北省文化厅发文批复，成立“李时珍墓文物保管所”。

7 月 7 日 湖北省卫生厅下发“鄂卫计字〔1980〕215 号”文件，将蕲春县李时珍医院更名为“蕲春县李时珍中医院”，对外仍用原名。

1981 年

6 月 12 日 中华人民共和国卫生部拨款 7 万元给李时珍医院，首次创办“李时珍医史文献馆”。李时珍中医院开始着手收集、整理李时珍医史文献。

7 月 上海中医学院、上海电影制片厂到李时珍墓地拍摄科教片《李时珍》。

9 月 北京中医学院、北京电影制片厂到李时珍墓地拍摄《李时珍》科教片。

是月 中国、日本两国合拍电视系列片《长江》，日方拍摄人员一行 8 人到李时珍墓地拍摄外景。

是年 蕲春县人民政府颁发了“蕲政发〔1981〕69 号”文件《关于做好李时珍医药文献资料收集工作的通知》，效果明显。当年征集到有关李时珍文物、古籍 380 多件。其中，有重大价值的文物典籍 10 余件。

是年 由林绍明撰文、刘旦宅绘制的《李时珍》少儿版连环画册，由上海人民美术出版社出版，随之在全国新华书店发行。

是年 蕲州全镇首次对全镇农业资源进行全面调查，通过上级验收合格。

1982 年

2 月 23 日 李时珍墓被国务院公布为全国第二批重点文物保护单位。后由湖北省人民政府树立了重点文物保护标志碑。

7 月 1 日 按上级统一部署，是日零时起，蕲州镇进入第三次全国人口普查。

是月 蕲春县对李时珍陵园进行第三次扩建工程，由湖北省设计院承担李时珍陵园的规划设计工作。

11月 著名中医专家刘衡如校点的《本草纲目》，由人民卫生出版社出版。随之在全国新华书店发行。

是年 蕲州农村全面推行家庭联产承包责任制。土地所有制不变，耕种使用权属农户。

1983年

1月 蕲春县文化局组织编写了《李时珍传》一书，收集李时珍故事40篇，内刊发行。

是月 湖北省文化厅、省卫生厅、中华全国中医学会湖北分会、中国药学会湖北分会、湖北中医学院、湖北省中医研究院、黄冈地区卫生局、蕲春县人民政府8个单位联合成立筹委会，为召开“纪念李时珍逝世390周暨学术研讨会”而启动工作。

是月 张梁森主编的《李时珍传记选》一书（线装本）内刊印刷，收录古代名家为李时珍撰写的传记11篇。后作为“纪念李时珍逝世390周年暨学术研讨会”文献资料发行给大会代表并在李时珍纪念馆陈列展出。

是月 湖北省卫生厅厅长赵家驹到蕲州参观李时珍陵园。为李时珍题诗一首云：“烟花三月雨湖边，燕舞莺歌百草园。本经一部呕心血，岐黄济世更无前。”地区卫生局、蕲春县领导等陪同参观。

是月 湖北省著名书法家黄亮先生到蕲州，参观访李时珍医史文献馆后，为文献馆题联两副：“蕲州出国手；东亚无病夫。”“济世不辞尝百草；寿人名著载千秋。”

6月20日 国务院副总理、中国科学院院长方毅为纪念李时珍逝世390周年题词“继承祖国文化遗产；建设社会主义精神文明”。

是月 中华人民共和国卫生部部长崔月犁为李时珍题词：“振兴中医药，造福人民。”

7月 全国政协主席邓颖超为纪念李时珍逝世390周年题词：“学习医圣李时珍治学与实践精神，发扬医圣高尚医德，为社会主义四化建设服务。”

是月 湖北中医学院樊润泉教授编辑的《本草纲目健康长寿医方类聚》一书，由湖北中医学院科研处印行（内刊）。

是月 《纪念李时珍逝世390周年学术讨论会论文集》，由湖北中医学院科研处（内刊）印行。

8月 为纪念李时珍逝世390周年，黄冈地区卫生局、中华全国中医学会湖北黄冈分会（内刊）印行《纪念李时珍逝世390年专辑》一书。

是月 蕲春县李时珍医院创办的李时珍医史文献馆对外开放。中书协主席、著名书法家舒同题书了“李时珍医史文献馆”馆名。

9月16日至20日 由湖北省文化厅、卫生厅、湖北中医学院、湖北省中医研究院、中华全国中医学会湖北分会、中国药学会湖北分会、黄冈地区卫生局、蕲春县人民政府8个单位联办的“纪念李时珍逝世390周年学术研讨会”在蕲春召开。来自全国25个省（市、区）医药专家、学者、教授、医药工作者240余人到会。会议期间，全体与会代表到蕲州参观了李时珍陵园。

研讨会期间 中国中医学会副会长、中国人民解放军中医学会副会长、著名中医专家高辉远（蕲春人）为李时珍题诗：“药学宗师集大成，光辉巨著起苍生。译书传播美欧亚，脉论渊源秦越人。采集众方宗仲景，闻扬药性誉时珍。今朝盛会召开日，道重蕲阳杏满林。”

9月23日 湖南中医学院教授周一谋参观李时珍陵园后题词：“德高艺精，万代景仰。”

9月 蕲春县卫生局组织编写了《李时珍医案医话录》，内刊发行。

是月 中央美术学院教授、著名国画家、81岁高龄的蒋兆和先生再次为李时珍画像。并题诗一首云：“渔父农夫亦吾师，深山采药问樵时。真知灼见岂空论，本草重修谁笑痴。”

是月 蕲州境内所有国营企业全部实行“利改税”。

是年 蕲春县分别为李时珍陵园和李时珍医院建造李时珍全身塑像1座。并编印了系列介绍李时珍的书刊资料。

1984年

2月 中共蕲州镇委换届。刘树生任镇委书记。姜华、张炎明、易秀清、黄赐金任副书记。曹光彦任镇长。

8月30日 美籍华人、美国哈佛大学教授、著名植物分类学家胡秀英博士参观访问李时珍医史文献馆和李时珍陵园。为李时珍文献馆题词：“集千秋华夏药物知识；启万世保健科学研究。”

8月 湖北中医药研究院文献研究室编写的《李时珍研究》一书，由广东科技出版社出版，全国新华书店发行。

是月 李时珍纪念馆修建工程正式启动。

12月13日 中共中央总书记胡耀邦到蕲春视察。参观了李时珍纪念馆并题词：“发掘祖国医学宝库。”14日为“李时珍陵园”题名。

12月28日 全国人大常委会副委员长王任重到蕲春到蕲州视察李时珍陵园并为李时珍题词：“本草纲目中药典，药圣业绩中外传。时间无限人生促，珍惜光阴勤钻研。”

同时 全国人大常委会副委员长王任重为蕲春二中题写新校名“蕲春县李时珍中学”。尔后，蕲春二中即更名为李时珍中学。

是月 中华人民共和国卫生部部长崔月犁到蕲春到蕲州参观李时珍陵园并为李时珍题词：“发展我国的中医药事业，为十亿人民和全世界人民的健康作出古人所未有的贡献”。

是月 卫生部副部长、国家中医药管理局局长胡熙明参观李时珍医院并为其题词：“继承发扬李时珍医学思想，努力把李时珍医院办好。”

1985年

1月24日 蕲春县人民政府办公室发文，正式将设在蕲州的蕲春县第二高级中学更名为“蕲春县李时珍中学”。

4月22日至25日 李时珍学术讨论会在李时珍医院举行，60余名中医药学专家、学者参加了会议，宣告“李时珍研究会”在蕲春成立。

是月 国家中医药管理局副局长高惠如一行到蕲州考察李时珍陵园。

是月 李裕、樊润泉编著的《李时珍和他的科学贡献》一书，由湖北科学技术出版社出版。

6月2日 国家中医药管理局副局长刘永刚、张宏魁一行到蕲州参观李时珍陵园。

6月 全国中医工作会议在合肥召开。其间，经卫生部、湖北省卫生厅、蕲春县卫生局三级领导决定：重修李时珍当年为百姓治病的诊所玄妙观。

7月 蕲春县人民政府决定：扩建李时珍医院，重修李时珍当年的诊所玄妙观。将此项工作列入“七五”规划，得到上级领导的大力支持。

8月15日 蕲州至黄颡口长江汽车轮渡开通，是县内第一处通向江南的汽车轮渡。

是月 中国药学会药学史会主编的《李时珍研究论文集》，由湖北科学技术出版社出版。

1986年

1月 中国书法家协会主席、著名书法家启功为“蕲春李时珍纪念馆”题写了馆名。

2月 周安方编著、中国中医研究院广安门医院主编的《医药并精的李时珍》一书，由北京燕山出版社出版，全国新华书店发行。

5月 国家中医药管理局属8个省11家中药厂在武汉召开全国中药制药横向联系会议，会中发起为蕲春兴建“医圣国药馆”而成立“集资募捐筹备组”，向全国500多家中药厂推出募资倡议，得到广泛响应，半年内募资130多万元，为李时珍国药馆建设提供了财力保障。

6月 蕲州境内上半年遭受大旱，6月下旬后，又被洪涝灾害。全镇普遍受到严重经济损失。

9月11日至13日 日本科学史本草学教授、关西大学药学博士、日文全译本《本草纲目》译者宫下三郎与日本武田药品工业株式会社中央生物研究所主任、研究员大盐宫治2人为主组成的日本医药代表团，专程到中国蕲春参观访问李时珍陵园、李时珍医院。向李时珍纪念馆赠送了全套日文译本《本草纲目》（日本春阳堂出版）。宫下三郎在李时珍医史文献馆题写“李时珍末医”之题词。

是月 张梁森编辑的《李时珍濒湖集简方》一书由湖北科学技术出版社出版，初版印数18500册，是当年该社科技书发行量较大的品种之一。本月起在全国新华书店发行。《李时珍濒湖集简方》后又重版2次，总发行量31200册。

是月 蕲春全县机构改革完成，由原10个区3个镇、1个农场改设26个乡镇场。蕲州镇建制不变，辖地有所变更。

11月 英中友谊协会会长、英国皇家科学院院士、《中国科学技术史》主编李约瑟偕其合作者、英国东亚科技历史图书馆馆长鲁桂珍（蕲春人）女士考察蕲春后参观李时珍陵园。李约瑟为李时珍题词：“明代最伟大的科学成就是李时珍的《本草纲目》。”

12月 蕲州发现李时珍次子李建元墓志残碑。墓志记载了李建元生卒时间和他单骑向朝廷进呈《本草纲目》之情形。时间是“丙申冬”[明万历二十四年（1596年）]。

1987年

3月2日 凌晨4时，“长江62028轮”拖带3艘油驳逆流航行在长江蕲境江面，夜色中，湖南一乡村1艘无灯无号的机帆船迎面驶来，其船尾重重撞在“长江62028轮”上，当即沉没。船上8人落水后被救起。

7月8日 国家中医药管理局副局长高惠如，将在全国20多个省市、11家制药厂募资修建李时珍纪念馆和李时珍国药馆的情况，向时任中共中央军委主席邓小平作了汇报。7月8日，邓小平即为“李时珍纪念馆”和“李时珍药物馆”题写了馆名。

9月1日 黄冈地区第一条文明公路“蕲（州）漕（河）公路”建成，并向社会开放。

9月5日 李时珍当年为百姓治病的诊所玄妙观正式动工兴建。后于1988年9月22日建成投入使用并对外开放。

9月 蕲州镇辖区范围调整。本月全县“撤区并乡”，蕲州镇原辖的黄土岭、塘塆、红门楼、施家塘4个村划归新组成的黄土岭乡管辖。

是月 日本富山医科药科大学教授、著名本草学家、中国（北京）医科大学名誉教授难波恒雄博士到蕲春考察，到李时珍故乡蕲州参观访问。

是年 全国政协副主席陈再道到蕲春考察，并到蕲州李时珍陵园参观。

是年 湖北电视台拍摄的电视风光片《李时珍陵园》在湖北电视台播放。

1988年

1月 樊润泉主编的《李时珍健康长寿医方》一书，由湖北科学技术出版社出版发行。

3月 湖北省人民政府批准：蕲春县蕲州镇为黄冈地区沿江5个小经济特区之一。其范围为54.45平方公里，包括老城区、二里湖经济开发区和雨湖旅游风景区。

4月 湖北中医药研究院、蕲春县文化局、蕲春县卫生局合编的《李时珍史实考》一书，由广东科学技术出版社出版发行。

6月 湖北中医药研究院医史文献研究室钱远铭教授主编的《李时珍医学钩玄》《奇经八脉考研究》两书，均由广东科学技术出版社出版发行。

9月22日 北宋大中祥符年间建于蕲州城内麒麟山上的玄妙观，于明洪武年间迁建于城外瓦屑坝。清初避康熙帝玄晔讳改称“元玄观”。1969年拆毁，1987年9月5日动工重建于蕲州李时珍大道北侧后壕处。作为李时珍医院门诊部。是日起对外开放。

9月22日至24日 由中国中医学会发起的“纪念李时珍诞辰470周年暨学术交流会”在蕲春召开。来自全国各地的115名专家、学者与会。卫生部副部长、国家中医药管理局局长胡熙明，湖北省副省长韩南鹏出席了会议。大会收到论文134篇，有11篇在大会上交流。期间，与会代表到蕲州参观了李时珍陵园、玄妙观等景点。

10月10日至12日 中国科协、中国药学会、中国系统工程学会、中华医学会、中国中西医结合研究会、中国植物学会、中国针灸学会、中国科学技术史学会联合主持召开的“纪念李时珍诞辰470周年学术讨论会”在北京召开。来自新加坡、日本等国内外代表96人，收到论文97篇，蕲春有3名代表参会。北京市邮政公司发行了“纪念李时珍诞辰470周年学术研讨会”纪念邮票1枚。

10月 李时珍陵园扩建工程竣工。扩建后的陵园占地53,333.6平方米，由墓园区、李时珍纪念馆和百草药园组成。仿明式总建筑面积4000平方米。

是月 湖北中医药研究院钱远铭教授主编的《本草纲目精要》一书，由广东科学技术出版社出版发行。

12月1日 全国政协副主席王恩茂视察蕲州。先后视察了李时珍纪念馆，蕲州竹林湖村等处。在周家塆亲切会见了当年为南下大军摆渡的老船工张重阳。为李时珍纪念馆题词：“继承和发扬李时珍中药传统，更好地实行中西医结合，增进人民健康，造福子孙后代。”

12月 湖北省文化厅、省公安厅联合授予李时珍文管所“全省文物安全保护先进单位”称号。

是年 蕲州二里湖外江滩重新发现血吸虫病源钉螺，是1980年后首次发现，引起各级血吸虫病防治部门的高度重视。

1989年

3月 杨孝麟编著的《本草纲目选译》一书，由湖南科学技术出版社出版。

4月25日 5时15分，长江轮船总公司“22003号”下水重载船队因走错航道，行驶在蕲州江段与停靠在蕲州钢铁厂码头附近的各类船只，先后发生碰撞，涉及16个单位的20只船受损，重伤1人，直接经济损失35万元。

5月3日至5日 黄冈地区行署在蕲春县蕲州镇召开“沿江城镇成人教育座谈会”。来自团风、黄州、散花、蕲州、武穴等地分管教育的领导30余人参加了会议。蕲州镇、电大蕲春工作站、蕲州镇竹林湖村、团风镇分别介绍了发展成人教育，促进乡镇企业发展的经验。

8月11日 中共湖北省委、省人民政府命名蕲春县航运管理站为“省级文明单位”。

10月5日 加拿大海外华人校长联合总会主席张迈千（蕲春籍）回家乡，参观李时珍陵园后为李时珍题词：“李时珍大医师，万世医本，壮我华夏。”

是年 武汉大学教授唐明邦编著的《本草纲目导读》一书，由巴蜀出版社出版发行。

1990年

5月 蕲州经济技术开发区成立。经黄冈地区行政公署同意，在蕲州镇经济小特区基础上，成立蕲州经济技术开发区。开发区包括银山工业区、二里湖商业区、老城经济区、港口码头区、雨湖旅游区和城郊农业区等六大功能区。

7月1日 蕲州镇按照全县统一部署，完成全国第四次人口普查任务。

9月13日 中共湖北省委书记关广富、黄冈地委书记杨祖炎到蕲春检查工作，到蕲州参观了李时珍医院玄妙观。

9月 湖北省血吸虫病防治领导小组副组长、省卫生厅副厅长张克文，与省地方病防治办公室一行3人，到蕲春县蕲州镇二里湖考察灭螺工作。

10月26日 重修李时珍当年坐诊行医的玄妙观落成并举行竣工开业典礼。湖北省卫生厅副厅长魏永信、黄冈地区副专员张海景、地区卫生局长熊传海以及蕲春县“四大家”领导、县直有关单位负责人参加仪式。中华全国中医学会副会长、著名中医专家高辉远（蕲春人）为玄妙观撰写了《蕲春重修玄妙观记》。

10月26日至29日 湖北中医学院、湖北中医药研究院钱远铭、梁克玉教授等8位名老中医，在蕲州玄妙观为广大群众义诊4日。

11月10日 卫生部原部长陈敏章、湖北省原副省长韩南鹏、省卫生厅长李清泉到蕲州参观李时珍陵园和玄妙观。陈敏章为李时珍题词：“继承学习先圣的医德医术，为发展中医药事业作贡献。”韩南鹏为李时珍题词：“发扬祖国传统医学，为保障人民健康服务。”

11月27日 黄冈地区行署教育督导组一行14人对蕲州镇普及六年制教育工作进行考察评估，几项主要指标超过和达到国家标准。

是年 沈阳造币厂铸造的“李时珍纪念银币”在全国发行。该币为“中国杰出历史人物第（7）组纪念银币——李时珍”。正面图案为中华人民共和国国徽，背面为李时珍头像。直径36毫米，重22克，面值5元，发行量3万枚。

1991 年

1 月初 县委、县政府决定：自 1991 年起，每年在李时珍故里蕲州举办一届李时珍药物交易会。为迎接首届药交会召开，蕲州开始兴建“李时珍医药一条街”，包括医圣楼、医圣阁、李时珍大药店、药都宾馆、药商楼等 18 个主要仿明式建筑。

1 月 县委、县政府决定成立“蕲春县李时珍医药节暨药交会工作委员会办公室”。将全县药材生产、加工、经营等，实行归口管理；组织李时珍人文资源开发利用；指导全县药材种植、加工、经营活动；规划李时珍体育场特色工程建设。

3 月 武汉大学唐明邦教授编著的《李时珍评传》，由南京大学出版社出版，全国新华书店发行。

6 月 26 日 苏联电视台驻中国北京首席记者库利科夫等一行 5 人到蕲州，参观访问李时珍医院李时珍文献馆并为之题词，给李时珍予以崇高的评价。

6 月 30 日至 7 月 13 日 蕲州遍受强降水冲击，日降雨量最高时达 89.9 毫米，赤东湖水位高达 20.3 米。蕲州牛皮坳泵站（赤东湖泵站）6 台机组对长江排洪，但水位仍居高不退。连续暴雨洪涝造成蕲州地区直接经济损失 200 多万元。

是月 恢复蕲州古城北门建设工程启动。由县文化局牵头，县新华书店负责组织施工。

9 月 由蕲春县文化局王槐堂编剧，杨德萱执导，杨德祥摄像，金奇主演；中国影视艺术家协会湖北分会、湖北电视台、中共蕲春县委、蕲春县人民政府联合摄制的《李时珍巧破无血案》电视剧拍成。后在湖北、江西、广东等多家电视台播映，并由国家有关部门提供为“'91 四川国际电影节”作为交流片播放。

9 月 25 日 早晨，武汉轮船公司“汉宁班 52 号”大型客轮在蕲州港停靠试航成功，是为长江大型客轮首靠蕲州港口，结束了蕲春境内港口不能停靠大轮的历史。后定于（当年）10 月 10 日正式开班通航。

是日 “李时珍杯”中医药摄影大奖赛，作品展览在北京工艺美术馆开幕。此展由人民日报社、湖北日报社、黄冈报社和蕲春县人民政府联合举办，收到中国 15 个省市和美国、日本、尼日利亚等海内外作品 3000 多件，精选出 135 件参展。

9 月 26 日 蕲州至武穴沿江线路班车首次开通，途经蕲州南门、王宣、横坝、新塘、银山、扎营港进武穴地界。

9 月 张梁森选编的《李时珍传记选》（增订本）一书，由中国医药科技出版社出版发行。古式线装本，本版印数 5000 册，深受读者欢迎。

是月 张梁森主编，赵德鼎、王乐洲副主编的《李时珍诗选》一书，由中国医药科技出版社出版发行。古式线装本，初版印数为 1 万册。是中华人民共和国成立后首次将李时珍的诗作收集整理出版的诗集。

10 月 12 日至 20 日 首届李时珍药物交易会在蕲州隆重举行。副省长韩宏树出席并讲话。全国 20 多家新闻单位参加开幕式并作报道。来自全国 24 个省市和港台地区与日本等客商 3000 余人参会。药材、药品成交额 6900 多万元。

是月 武汉轮船公司“汉宁班”（汉口开往南京，往返）正式停靠蕲春县蕲州港。蕲州港从此每日有大型客轮停靠。

年末 蕲州镇获全省小城镇建设第一名。全年投入 1000 多万元，建成医圣楼、药商楼、医圣阁、临江广场、农贸市场，完成二里湖大道改造工程中的全部土建工程和部分路段的水泥路面铺设，以及双排路灯安装与绿化工程。

是年 中共湖北省委、湖北省人民政府联合授予蕲春县蕲州镇“楚天明星乡镇”称号。小城镇建设获全省第一名。

1992年

2月19日 中共湖北省委书记关广富到蕲春，到蕲州参观李时珍纪念馆并为李时珍题词。

4月30日 蕲春县编委以“蕲机编〔1992〕39号”文件明确：蕲春县航务管理所、蕲春县港航监督所实行“两块牌子、一套班子”为副局级单位。

5月9日 由北京科学教育电影制片厂拍摄的《李时珍与本草纲目》科教片，首映式在全国政协礼堂举行。

7月4日 缅甸卫生部传统医药局局长吴桑伊博士一行到蕲春，到蕲州考察访问李时珍医院及李时珍医史文献馆，并与李时珍故乡医药卫生方面的领导、专家举行座谈会。

8月8日 蕲州首家“三资”企业——华联织带有限公司成立。该企业主要生产拉链和松紧带，由台湾厂商制造，总投77.4万美元，产品主要销往东南亚。

9月 坐落在蕲州古城东门口的“时珍体育场”主体工程竣工并即将投入使用。体育场于3月动工，半年建成，建筑面积2.6万多平方米，是黄冈地区内最大的体育场所。

10月1日 蕲州药都宾馆正式对外营业。该宾馆坐落于蕲州雨湖北畔，李时珍故居红花园旧址旁。占地面积2万多平方米，建筑面积1.3万平方米。内设客房床位350个，有中央空调，闭路电视、程控电话，会议厅、图书馆、舞厅、咖啡厅、游艺厅、影视厅、健身房、桑拿浴、美容厅、照相馆、网球场、钓鱼台、水上乐园以及中、西餐厅等，可提供邮政、电讯、外汇兑换、车船票代购等服务，是湖北全省内首家按星级设计的首家县（市）级服务中心。

10月12日至15日 第二届李时珍医药节暨药物交易会在蕲州时珍体育场举行。来自全国和日本、韩国的客商以及各界人士5100人。节会期间，贸易成交额达1.14亿元，其中药材成交额6900万元。

11月8日 蕲州至县城漕河一级公路改建工程全线动工。全县除田桥乡外，其他25个乡镇场共出动劳力15万人参加大会战。全长26.23公里，比原线路缩短1.08公里。

11月9日 中共湖北省委常委、省委宣传部部长王重农到蕲春调研李时珍医药节情况，实地考察蕲州镇情，召开现场办公会，传达省委、省政府《关于把李时珍医药节作为省级节庆活动、由省牵头主办》的决定。宣布将1993年李时珍医药节会定名为“中国湖北首届李时珍医药节暨第三届药物交易会”。

11月21日 中共黄冈地委书记刘荣礼，主持召开地委扩大会议，传达省委、省政府“关于把李时珍医药节作为省级节庆活动的决定”。听取蕲春县委、县政府“关于中国湖北首届医药节暨第三届药物交易会”筹备情况的汇报。成立“中国湖北首届李时珍医药节暨第三届药物交易会筹备委员会”，王重农、刘荣礼、田震亚，刘友凡任筹委会主任。

11月 张树生、王芝兰编著的《本草纲目医案探析》一书，由中国医药科技出版社出版发行。

12月8日 中国湖北首届李时珍医药节暨第三届药物交易会筹委会，在武汉举行新闻发布会。省委宣传部副部长李德华主持，筹委会副主任兼秘书部长、黄冈市委宣传部部长王耀斌介绍筹备情况。

1993年

6月18日 中国湖北首届李时珍医药节暨第三届药物交易会筹委会，在北京召开新闻发布会，副省长苏晓云到会讲话，国家中医药管理局张洪魁副局长主持本次新闻发布会。中共蕲春县委书记刘友凡（时在中央党校学习）参加了会议。

6月 国家计划生育委员会副主任栗秀珍到蕲春检查指导工作，专门视察了蕲州镇计划生育办公室。

8月 蕲春县李时珍中医药研究所所长梅全喜主编的《蕲州药志》一书，由中医古籍出版社出版，全国新华书店发行。

是月 梅全喜主编的《本草纲目补正》一书，亦由中医古籍出版社出版，全国新华书店发行。

是月 冉先德校注的李时珍原著《本草纲目》全译本1～4册，由中国国际广播出版社出版。

9月10日 台湾海峡两岸和平统一促进会名誉会长陈立夫先生（国民党元老）为李时珍逝世400周年题词："服千万人之务，造千万人之福者，永为后世所崇敬。"

9月26日 蕲州全镇率先在蕲春县、黄冈地区开通程控电话2000门。

9月 全国人大常委会副委员长秦基伟为李时珍纪念馆题词："宏扬祖国医药文化，促进蕲春经济发展。"

是月 金陵版《本草纲目》（上海图书馆收藏本），由上海科技出版社影印出版。精制线装本10册，上海名老中医何志希先生题写书名。

是月 为迎接"中国湖北首届李时珍医药节暨第三届药交会"，蕲州文化馆举办了"迎节会书画邀请赛"，省委书记关广富、省委宣传部部长王重农参观书画展后，给予了高度评价。

10月5日 全国政协副主席叶选平到蕲春视察，到蕲州参观李时珍陵园后题词："纪念和学习李时珍，振兴中医药事业。"

10月8日 中国湖北首届李时珍医药节暨第三届药交会在蕲州时珍体育场开幕。中共湖北省委书记关广富宣布大会开幕；黄冈地区行署副专员田震亚宣读全国人大常委会副委员长秦基伟、全国政协常务副主席叶选平，国务委员、国家计生委主任彭珮云为节会的题词。中共蕲春县委书记程坤波、中共黄冈地委书记黄远致先后致欢迎词；卫生部副部长、国家医药管理局局长张文康代表医药工商界讲话；中共湖北省委常委、省委宣传部部长王重农致开幕词。出席开幕式的有省、地、县各级党政领导代表、医药工商界代表、社会各界同人，港、澳、台地区代表人士，以及新加坡、马来西亚等国家代表人士1.5万余人。开幕式后举行了大型文艺、空降兵跳伞和武警战士摩托车特技表演。大会13日闭幕，节会期间接待客商9100余人，贸易成交额7.56亿元，其中药物成交额3.28亿元。

10月10日至12日 纪念李时珍逝世400周年暨'93国际医药学术研讨会在蕲州举行。由国家中医药管理局、湖北省人民政府共同举办李时珍逝世400周年纪念会，与湖北省科协、湖北省卫生厅、湖北中医学院、中国中医药学会、湖北省中医学会、黄冈地区科协、蕲春县科协联合举办'93国际医药学术研讨会同时举行。

出席会议的有卫生部副部长、国家中医药管理局局长张文康，中国科协副主席高潮，国家医药管理局原副局长高惠如，副局长张宏魁，中共湖北省委常委、宣传部部长王重农，湖北省人大常委会副主任、省科协主席梁淑芬，湖北省副省长韩南鹏，湖北省科协副主席李连如、向克家，湖北省中药学会理事长、大会筹委会主席李今庸，中共黄冈地委宣传部部长王耀斌，以及来自日本、马来西亚等国的专家学者和全国23个省、市、自治区的医药界专家、学者179人参会。应邀回县参加节会的高级知识分子代表50人列席大会。会上，收到论文293篇。其中，录入《论文集》226篇，大会宣读23篇。日本岐阜药科大学校长水野瑞夫、马来西亚国家中医顾问罗勇华先生先后讲话。会前还收到中国科协主席朱光亚等专家、学者为大会的题词，并当场宣读。

11月 蕲州全镇完成人大换届选举。8月开始，11月正式结束。

是年 明代荆王府家庙、蕲州昭化寺经修复，正式对外开放。

是年 北京中医药大学副校长、全国李时珍研究会会长钱超尘教授为李时珍纪念馆题词："本草纲目，科学之光。"

是年 陈贵延先生主编的《本草纲目通释》由学苑出版社出版发行。

1994年

2月 中共中央组织部授予蕲州镇委"全国党员电化教育先进单位"称号。

5月 中共湖北省委副书记回良玉到蕲春，到蕲州视察了李时珍陵园。

8月8日 湖北（蕲州）江海通达有限公司，投资595万元购置2200吨级、装有雷达系统和电子导航仪等国际先进设备的"蕲阳号"海轮，由浙江温州港起锚驶入蕲州港，此是蕲春港口江海联运之始。10日，"蕲阳号"从武穴港首运1800吨大米至海南三亚市。

8月20日至22日 中共湖北省委书记贾志杰在黄冈地区负责人陪同下来蕲春视察。22日到蕲州参观李时珍陵园并为之题词："鉴古兴今"。

10月8日至12日 中国湖北第四届李时珍药物交易会在蕲州时珍体育场举行。国家中医药管理局副司长骆诗文，湖北省医药总公司总经理匡乐卿、中共黄冈地委副书记刘友凡先后在大会上讲话。湖北省人民政府秘书长张洪祥、副秘书长张维先、黄冈地区副专员高向锋参加了开幕式。药交会期间接待药商9600余人，药物交易额3.92亿元。

10月21日 蕲州镇被湖北省人民政府授予第二届"楚天明星镇"称号。

1995年

5月17日 蕲春县教育委员会发文，将李时珍陵园命名为"全县中小学生德育教育基地"。

5月 北京电影制片厂拍摄的《李时珍与本草纲目》科教片，在中央电视台"神州风采"专栏节目中播映。

9月15日 蕲州镇渔民王福生等在长江管窑段捕获一条重501公斤的国家一级保护动物中华鲟鱼。在此鲟鱼身份确认后，被渔民们主动放入长江。

10月8日至13日 中国湖北第二届李时珍医药节暨第五届药交会在蕲州时珍体育场隆重举行。大会由湖北省人民政府、湖北省对外文化交流协会、湖北医药总公司联合主办。国家中医药管理局原副局长张洪魁，中共湖北省委常委、宣传部部长王重农，副省长韩宏树，中共黄冈地委书记震亚出席会议。1.2万名各界人士参加会议，其中药商5200人。

11月20日 新建蕲州小西门码头竣工，经湖北省航管局、黄冈地区交通局、地区航管局以蕲春县分管领导联合验收合格。

是月 蕲州镇被民政部授予“中国乡镇之星”称号。

1996年

2月 蕲州镇获黄冈“全市乡镇企业十强乡镇”称号。

3月 李时珍纪念馆被中共中央宣传部、国家教委等六部委确定为“全国德育教育基地”。

4月1日至2日 “希望工程荆楚行”采访团一行18人到蕲州采访，先后参观采访了李时珍陵园、蕲州药市、蕲州东长街等处。

10月8日至10日 纪念《本草纲目》刊行400周年学术研讨会在蕲春举行。全国20个省、自治区、直辖市中医药专家、学者等代表近200人参会。大会收到论文688篇，其中326篇约32万字论文汇编成《李时珍中医药》一书。

10月8日至12日 中国湖北第六届李时珍药物交易会在蕲州时珍体育场举行。全国19个省、自治区、直辖市以及美国、日本药商代表6000余人参会。药物成交额2.4亿元。

10月 王剑主编的《李时珍学术研究》论文集一书，由中医古籍出版社出版。

12月6日 民政部授予蕲州镇“全国乡镇百颗星”称号。此前，省政府将蕲州镇列为全省65个小城镇综合改革试点乡镇之一。

12月31日 李时珍纪念馆，举行“全国中小学教育基地”挂牌仪式。

12月 中共湖北省委、省政府授予蕲州镇竹林湖村“全省村级经济综合实力五百强村”称号。

是年 明代蕲州荆王家庙昭化寺，修复后经县人民政府批准为正式开放的佛教活动场所。

1997年

1月11日 蕲州玉皇楼酒店毁于火灾，直接经济损失达25万元。

1月24日 中共蕲州镇委第六次代表大会召开。

1月26日 蕲州镇人大十一届一次会议召开。

1月 朱盛山编著的《本草纲目万方对证治验录》《本草纲目用药实例传记》两书，均由学苑出版社出版发行。

2月 蕲州镇获黄冈市“全市乡镇企业十强乡镇”称号。

是月 蕲州镇小城镇综合试点改革全面启动。县委、县政府扩大了蕲州镇人、财、物管理权限。

4月30日 中国中医药学会颁发“中会字〔1997〕19号”文件，批准成立“中国中医药学会李时珍学术研究会”，为国家二级学会。

5月5日至7日 中国中医药学会李时珍学术研究会成立暨工作会议，在蕲春召开。选举产生“中国中医药学会李时珍学术研究会”第一届委员会。北京中医药大学博导、钱超尘教授任主任委员。

5月 黄冈市人民政府授予蕲州镇乡镇企业“十强乡镇”称号。

6月10日　李时珍纪念馆，被中共中央宣传部确定为“全国爱国主义教育示范基地”。

7月31日　国家中医药管理局、卫生部、国家工商行政管理局三部局联发《关于对湖北蕲州中药材市场申请验收报告的批复》，决定批准“湖北蕲州中药材市场”为国家级中药材专业市场。

8月3日　为促进蕲州中药材市场建设步伐，中共蕲春县委、蕲春县人民政府印发《关于加快蕲州李时珍中药材专业市场建设与发展的若干政策规定》。

8月　国家中医药管理局、卫生部、国家工商行政管理局联合发文，正式批准设立“湖北蕲州中药材专业市场”，被列入全国17家中药材专业市场之一。

9月8日至13日　中国百名记者志愿扶贫团部分成员来到蕲州参加“湖北蕲州中药材专业市场”挂牌仪式，后在多家媒体上宣传报道。

10月8日　蕲州医药市场合面街一期工程竣工，建筑面积6000平方米，新增铺面80个。

10月8日至12日　中国湖北第三届李时珍医药节暨第七届药物交易会在蕲州时珍体育场举行。出席开幕式的有省委常委、宣传部部长王重农，国家中医药管理局原副局长张洪魁及市、县领导、党政代表360人；来自中国澳门及日本、澳大利亚客商115人；来自全国18个省、自治区、直辖市代表数千人。本届药交会交易额3.34亿元，其中药材成交额2.3亿元。

10月17日　蕲州镇荣获湖北省“小城镇建设竞赛特等奖”。同日，建设部将蕲春县蕲州镇列为全国“小城镇建设试点镇”。

是月　蕲州镇获全省“小城镇建设一等奖”。

12月26日　蕲州大桥动工兴建，设计为5孔桥，跨径20米，桥长140米，桥宽17米。由省林业勘查设计院设计，蕲春县公路段承建。

1998年

1月　朱保华等主编的《名医李时珍与〈本草纲目〉》一书，由中国中医药出版社出版发行。

是月　蕲州镇获黄冈“全市乡镇企业十强乡镇”称号。

是月　李从明编写的《本草纲目字词句研究》一书，由上海中医药大学出版社出版发行。

7月　邱德文、吴家荣等主编的《本草纲目彩色药图》一书，由贵州科学技术出版社出版发行。

8月8日　蕲州、黄土岭两地防汛民工，在紧张的防汛时期坚守蕲州长江段，因误饮污染水源，引发“2号病”。省委主要负责人作出“特事特办，火速采取紧急措施，一定严格隔离，杜绝扩散，彻底根除疫情”的批示。县卫生局连夜成立疫情防控指挥部，组成两个专班，分赴蕲州、黄土岭，采取果断措施，迅速扑灭了疫情。到11日疫情得到有效控制，发病28例，无一例死亡。

9月　张梁森撰著的《药圣李时珍》一书，由湖北人民出版社出版发行。该书是“中国十大圣人”丛书之一，初版6400册。

10月8日至10日　中国湖北第八届李时珍药材交易会在蕲州李时珍体育场举行。会议期间，接待全国30个省、自治区、直辖市各界人士和商客1.18万人次。

10月9日　'98国际纪念李时珍诞辰480周年暨学术研讨会在蕲隆重举行。全国30个省、自治区、直辖市以及日本、韩国、香港等国家和地区的中医药专家、学者260余人参加了大会。大会由中国中医药学会和中国李时珍中医药研究会共同主办。中医古籍出版社出版了《纪念李时珍诞辰480周年学术论文集》。

1999年

5月 湖北省计生委党组书记、主任施中传到蕲春检查指导计划生育工作，专程视察了蕲州镇计生办。

9月16日 上午9时，蕲州与县城漕河上空同时进行空中警报试鸣，为市民增强防空意识。

9月 梅全喜编著《艾叶》一书，由中国中医药出版社出版。读书是继李时珍之父李言闻《蕲艾传》之后又一蕲艾专著，详细介绍了蕲艾地标产品。

10月1日 地处牛皮坳外江蕲州大桥建成通车，设计载重汽车20吨、拖车100吨，总投资800万元。

10月8日至12日 中国湖北第四届李时珍医药节暨第九届药物交易会在李时珍体育场举行。国家中医药管理局，省、市、县各级领导及各界代表2万人参会。

10月26日 蕲州镇人民政府办公楼搬迁到新址：蕲州二里湖大道12号。占地面积12387.6平方米，办公楼建筑面积4018平方米。

10月 蕲春县卫生局、县中医药学会合编出版《李时珍故乡医药》（第二集）。并收集单方、验方、秘方565个。

11月2日 中共湖北省委、省人民政府授予蕲州镇1996—1998年度全省“文明乡镇”称号；蕲州镇同时获全省城镇建设“楚天杯”奖励。

11月 李时珍原著金陵版《本草纲目》，由人民卫生出版社影印出版。全国新华书店发行。

是年 因多方面原因，蕲春县化肥厂宣告破产。该厂所有职工均由劳动保险部门按有关规定给予安置。

2000年

2月 蕲州镇荣获“全国村镇建设先进单位”称号。

是月 谢宗万主编的《本草纲目彩色图鉴》一书，由人民卫生出版社出版发行。

5月1日 蕲州镇办企业蕲州棉纺厂厂长郑璋贵到北京出席全国劳动模范表彰大会，获“五一劳模”勋章。

5月14日 全国政协副主席李贵鲜到蕲春参观了李时珍陵园后为李时珍题词：“妙手神医李时珍”。

10月2日 全国政协副主席王文元到蕲春，参观了李时珍陵园并题词：“药圣故里，宏扬时珍精神，创建中华药谷”。

10月8日 中国湖北第十届李时珍药物交易会在蕲州时珍体育场举行。

2001年

2月26日 李时珍纪念馆被湖北省文化厅授予“十佳文博单位”称号。

2月至4月 按全县乡镇撤并工作的统一部署，原黄土岭乡整体并入蕲州镇。原蕲州镇党委、原黄土岭乡党委同时撤销，成立新的中共蕲州镇委员会。2月至4月，新镇委先后召开了一、二、三次代表大会。党委工作机构有办公室、组织、宣传、综治、信访、老干等部门。镇委下属有8个企业党委、9个党总支、126个党支部、4564名党员。5月，新一届中共蕲州镇党委成立，书记张正雄。副书记骆敬泽、张志鹏、张大汉、高佳明、管建平、胡亚文、李敢创、刘良红。骆敬泽任镇长。

8月16日至17日 蕲州孔庙石碑重现。蕲州东门村张鸣在城内村一粪窖发现一块刻于清代康熙年间的孔庙石碑，碑重750公斤，上刻“孔庙，盖全蕲第一古刹也”诸文。

10月8日至12日 中国湖北第五届李时珍医药节暨第十届药物交易会在蕲州时珍体育场举行。湖北省对外文化交流协会、黄冈市人民政府、蕲春县人民政府联合举办。国家中医药管理局原副局长刘永纲、中国中医研究院研究员王喜涛、国家药品监督管理局副局长骆诗文、中国药文化研究会常务副会长余传隆以及省、市、县领导出席开幕式。本次医药节有医药、商贸、学术、文化、体育等7项大型活动。

10月12日至15日 中国李时珍学术研究会主办的“全国李时珍中医药资源发展战略研讨会”在蕲州召开。全国中医药界及新加坡、韩国、日本学术代表127人参会。收到论文115篇。会上印发了《全国李时珍中医药资源发展战略研讨会论文集》。本次会议还对研究会第二届委员会进行了调整改选。

10月16日 中央电视台记者到蕲春，到李时珍陵园拍摄《激励永远》和《黄帝内经》两部专题片。

10月 蕲州镇被中宣部、中央文明办、农业部、建设部、国家环保总局列为“全国创建文明小城镇示范点”。

2002年

4月8日 县政府副县长张常启在李时珍陵园主持召开李时珍陵园扩建工程与管理工作协调会。政府办、旅游局、公安局、工商局等单位负责人参加了会议，县政府办公室下发了专题会议纪要。

6月25日 县委书记黄永文到李时珍陵园考察工作，并规划其扩建工程。

7月9日 县委、县政府召开专题会议，研究“中国李时珍文物文献收藏教育研究中心”和“中国本草药标本收藏展览科普中心”的项目建设工作。

8月30日 湖北省文物局领导到蕲州，重点考察蕲州北门、金陵书院。同年，蕲州背门、金陵书院被列为湖北省第四批重点文保单位。

10月8日至18日 中国湖北第十二届李时珍药物交易会在蕲州时珍体育场举行。

12月 蕲春县成立“李时珍医药工作办公室”，简称“药工办”，属县政府直属单位，为李时珍人文资源开发服务。

是年 蕲州镇获“全国文明村镇建设先进单位”称号。

2003年

3月5日 湖北省人民政府副省长蒋超良视察蕲州镇农村卫生工作，市、县领导陪同视察。

5月 蕲州全境进入防“非典”紧张阶段，所有出入境人员皆严格检查。

5月28日 蕲州赤东湖所产“红头湖”牌鲢鱼，在国家工商行政管理局商标局注册，是蕲春县内第一个鱼产品注册商标。

6月2日 时任中共中央政治局委员、中共湖北省委书记（后任中共中央政治局常委、全国政协主席）俞正声到蕲春视察李时珍陵园。

8月 钱超尘、温长路主编的《李时珍研究集成》一书，由中医古籍出版社出版。

10月8日至12日 中国湖北第十二届李时珍药物交易会在蕲州时珍体育场举行。有来自全国20多个省市区药商代表莅会。

2004年

1月 中国社会科学院研究员罗希文历30年之精力，全译出世界首套李时珍原著《本草纲目》（英文本），由中国外文出版社出版发行，全书600万字。

2月5日 蕲州镇新塘村发生H5亚型高致禽流感疫情，县政府及有关部门当即组织病禽隔离扑杀，共扑杀病禽8951只。实行并坚持疫情日报制度，控制了疫情发展。

4月15日 蕲州赤东湖所产“红头湖”牌黄颡鱼，经中国绿色食品发展中心审核，确认符合绿色食品A级标准，允许使用“绿色食品”标志。后赤东湖大力扩大黄颡鱼养殖项目，推动全县水产业发展。

5月 为弘扬李时珍精神，激发报国之志，自是月起，李时珍纪念馆首次免费对全县中小学生开放。

7月13日 中共中央宣传部在河北西柏坡召开“爱国主义教育示范基地工作会议”，中共中央政治局委员、中宣部部长刘云山到会讲话。湖北蕲春县李时珍纪念馆，作为唯一的科学家纪念馆，参加这次会议。

10月8日至12日 中国湖北第十四届李时珍药物交易会在蕲州时珍体育场举行。

10月 李时珍研究会会长，湖北中医学院李今庸教授到蕲春参观李时珍纪念馆并题词：“弘扬中医药文化；彰显李时珍精神。著纲目享世界美誉；撰脉学绍家门真传。”

10月24日 中央美术学院教授，著名国画大师、李时珍像绘制者蒋兆和的子女到李时珍纪念馆，寻找其父真迹。

12月9日 中共中央政治局委员、中共湖北省委书记俞正声到李时珍陵园参观。市、县领导陪同参观。

2005年

5月14日 全国政协副主席李贵鲜到蕲春，到蕲州视察李时珍陵园。

9月2日至4日 蕲州全境普降暴雨，造成重大经济损失。

9月5日 卫生部副部长、国家中医药管理局局长余靖到蕲春，视察卫生工作后到李时珍陵园参观。

10月8日至12日 中国湖北第十五届李时珍药物交易会在蕲州时珍体育场举行。

10月 蕲州镇被中共中央精神文明建设指导委员会评为“全国创造文明村镇”工作“先进村镇”。

11月26日 上午8时许，江西省九江市发生5.7级地震，波及蕲州一带。

2006年

8月9日至15日 中共中央宣传部、国务院新闻办公室派中央电视台“五大洲节目”采访组到蕲春，摄制《中国古代文化先贤李时珍》电视文化宣传片。县政协文史委员会主任张梁森作为首席专家为中央电视台采访组讲解李时珍；接受采访的还有李时珍纪念馆副馆长宋光锐等。该片为中央外宣办、国务院新闻办2006年重点对外宣传专题片。

9月18日 蕲春县科学技术局颁发“蕲科文〔2006〕19号”文件《关于成立“李时珍科技文化研究院”的通知》，正式宣告成立了蕲春县首家民营科研机构——李时珍科技文化研究院，填补了蕲春县专业研究李时珍的空白。张梁森任该研究院院长（法定代表人）。后又经民政部门登记为科研社会组织。

10月9日 北京信中利投资总公司总裁、著名金融博士汪潮涌（蕲春张塝人）回乡考察李时珍文化建设与开发项目，县长熊长江陪同考察。

10月9日至13日 中国湖北第十六届李时珍药物交易会在蕲州时珍体育场举行。

10月10日至12日 “纪念李时珍《本草纲目》出版410周年暨李时珍国际学术讨论会”在蕲举行。来自全国各省、自治区、直辖市和香港、澳门、台湾地区以及日本等国家学术代表135人参会。本次学术会由中国李时珍学术研究会主办。

10月12日 澳门中医药康复保健学会会长陈惠潮捐赠的李时珍铜像《李时珍背篓采药图》（张梁森命名）在李时珍纪念馆坐落揭幕。铜像高2.41米，重600公斤。底座高1.2米，宽2.4米，重12吨。铜像内放置120味中草药，寓意是《本草纲目》问世410周年之际，蕲澳两地共建李时珍铜像，县“四大家”领导出席了李时珍铜像揭幕式，出席李时珍学术会的135名代表参加了揭幕式。

11月中旬 湖北省人民政府副省长任世茂到蕲春，到蕲州参观了李时珍纪念馆。市、县领导陪同参观。

11月26日 九州通集团董事局主席刘宝林一行，北京信中利投资总公司副总裁田刚等到考察李时珍医药文化资源，参观了李时珍陵园。

是年 李时珍纪念馆被国家中医药管理局命名为“全国中医药文化宣传教育基地”；被国家文物局定为“全国重点博物馆”；被中华人民共和国科技部批准中华中医药学会设立“李时珍医药创新奖”。

2007年

1月4日 国家民族事务委员会副司长王居、北京医院院长王开一行到蕲春考察，参观了李时珍纪念馆。

2月 李时珍国际健康旅游项目发起人会议在武汉召开。25日，中国旅行集团总设计师王云来蕲春县实地考察，重点考察了蕲州地域。

4月11日 国家原主席李先念的夫人林佳媚在国家移民局原局长漆林（原黄冈县人，曾任蕲春县委副书记）及市、县主要领导的陪同下参观了李时珍陵园。

4月13日 辽宁丹东五加高新农业开发公司董事长孙宝俊向李时珍陵园捐款5万元，并赠送五加皮药苗在李时珍陵园内试种。

5月20日 国家移民局原局长漆林一行，为李时珍人文资源开发专程考察李时珍陵园，县领导陪同考察。

5月22日 国家文物局发文，确定李时珍纪念馆维修方案，立项投资130万元。

5月 李时珍纪念馆一次性收购一批明、清及民国时期中医药具，计343件。原为蕲州东门村张鸣收藏。

8月9日 15时45分，蕲春（蕲州）江海航运公司“蕲州号”海轮，从大连运铁板至上海吴淞口，在10号锚地停泊卸货期间，接应上海“育才8号”加油，“蕲州号”机舱突然发生爆炸引起火灾，轮尾上层因火大面积受损，经济损失60万元。

10月10日至12日 蕲春县人民政府与北京信中利投资有限公司，就该公司在蕲春投资兴建“李时珍国际健康旅游区”正式签约。其后，一大批项目在蕲州动工。

11月 李时珍科技文化研究院主编、张梁森撰著的《李时珍研究》第一辑，由中国文史出版社出版发行。

12月16日 中央电视台4频道走遍中国专栏播放拍摄于蕲州的李时珍传奇专题节目。

12月 蕲春县蕲州文化馆被中共中央宣传部、中华人民共和国文化部、国家新闻出版总署、国家广播电视总局联合授予“全国服务农民服务基层文化建设先进集体”荣誉称号。

是年 由北京信中利投资有限公司投资建设于蕲州镇赤东湖畔的“明清影视城”建成并投入使用。该影视城再现明代盛世蕲州的风貌。

2008年

3月18日 “蕲春灾后重建慰问演唱会”在蕲州时珍体育场举行。省人大常委会副主任刘友凡、省政协副主席陈春林，省政协原副主席丁凤英、蒙美璐，省委组织部副部长、老干局局长翟天山，省委宣传部副部长孙永平，市政协主席夏润祥及市领导韦兴元、沈景艳、刘树生、包玉兰、杨智、李儒志、黄良章、张友启，蕲春县委书记熊长江、县长徐和木及县“四大家”领导出席。该活动由省委宣传部、湖北省广播电视总局、市委宣传部、蕲春县政府、《大明医圣》剧组、湖北李时珍健康产业开发股份有限公司主办。

是日 《大明医圣李时珍》46集电视连续剧在蕲州时珍体育场举行开机仪式。此电视剧是我国首部全面展示李时珍生平的大型纪念电视剧。

是日 李时珍健康产业开发公司投资，在蕲州西角湖兴建的“明清影视城”，因《大明医圣李时珍》电视剧的正式开拍而正式启用。该影视城始建于2007年11月，历时半年而全面竣工。

5月9日 “湖北赤东湖国际水上运动中心”正式启用。中共黄冈市委常委、市委宣传部部长刘树生主持仪式并宣布活动开始。湖北奥运火炬手汪潮涌、李亦非夫妇及省文化厅、市文化局、蕲春县“四大家”领导共为项目剪彩。

5月23日 市长刘雪荣深入李时珍国际健康文化旅游区调研，县领导陪同调研活动。

6月3日 蕲春县（蕲州）江海航运总公司蕲州港水泥趸船遭遇10级以上大风而沉没。

8月11日 蕲州夏禹江河珠宝金行深夜发生特大珠宝被盗案。被盗铂金、黄金首饰价值100万元。9月29日，此案告破，损失追回。

9月11日 赤东湖泵站（位于蕲州牛皮坳）改造工程通过验收。该工程为本县内大型泵站改造第一期工程。2007年3月24日开工，2008年5月竣工，总投资2735万元。

10月10日至12日 中国湖北第十八届李时珍药交会在蕲州中药材市场举行。中共蕲春县委书记熊长江致辞，县长徐和木主持开幕式。省台办主任刘凯春、台湾“中华中医药国家发展协会”理事长尹台澎讲话，国家食品药品监督管理局副局长杨威及省、市领导出席开幕式。

是日 首届海峡两岸李时珍医药文化与产业合作发展论坛在蕲举行，与会代表300余人。期间，赴李时珍陵园举行祭拜李时珍活动。

2009年

1月 蕲春港蕲州渡口码头改造工程获省发改委批复，作为国防交通第4批拉动内需项目，建成军民两用码头，总投资3051万元。

是月 蕲州水运公司筹资1400万元，建造一艘8000吨级货轮“蕲春货888号”轮，时为黄冈市内投资最大、载重吨位最高的货轮，年初正式投入运营。

5月27日 湖北省人民政府颁发“鄂政发〔2009〕27号”文件，将“李时珍传说”列入湖北省第二批省级非物质文化遗产名录中的“民间文学类”。

7月16日 湖北省文物局处长祝建华一行到蕲州考察“历史文化名城”创建工作。

8月26日 蕲春县蕲州镇西角湖村被湖北省住建厅定为“湖北省旅游名村”创建单位。

9月4日 中央电视台《寻宝》栏目组到蕲春，到李时珍陵园选拍，李时珍陵园即成为黄冈市首个《寻宝》拍摄地。

9月 李时珍科技文化研究院组编、张梁森主编的《李时珍研究》第二辑，由中国文史出版社出版发行。

10月25日至28日 中国湖北部第十九届李时珍药交会在蕲州中药材市场隆重举行。市委常委、统战部部长蔡德坤、市台办主任王玲以及各界贵宾300余人出席开幕式。其间，第二届海峡两岸李时珍医药文化与产业合作发展论坛同时举行。

12月 蕲州镇全面完成第二次全国经济普查工作任务。

2010年

1月12日 蕲州至漕河客运线路，更新21台27座空调客车。组成“蕲春快客”运输线，为蕲漕交通增加便利。

3月9日 蕲春县人口计生工作领导小组印发“〔2010〕5号”文件，将县直计生管理职能下放。蕲州社区实行“属地管理，单位负责，居民自治，社区服务”的城市社区人口计生工作管理机制。

8月11日 黄冈市卫生局局长郭应虎一行，到蕲春县蕲州镇二里湖江滩，对急性血吸虫感染防控工作进行检查，并慰问坚守在一线的基层血防人员。

9月 县人大常委会组织视察血吸虫等“三病”防控，到蕲州二里湖外滩血防现场听取有关部门的报告。

10月27日至28日 中国湖北第二十届李时珍药交会暨大别山旅游节（蕲春分会场）在蕲州中药材市场举行。节会主题为“医圣遗风，健康蕲春”。

11月1日 蕲州镇全面完成第六次全国人口普查任务。

是年 蕲州镇投入200万元，硬化中心街主体街道路面。投入1800万元“刷黑”蕲州大道，年末投入使用。

2011年

年初 蕲州沿江南门、横坝、新塘、雨湖、扎营港5个村被省政府定为“宜居新村”创建单位，镇投资8000万元启动建设。

4月28日 黄冈市农村客运文明线路推进会在蕲召开。会间，中共黄冈市委宣传部、市交通运输领导及参会代表70余人参观了蕲州三线车站及蕲漕线等地。

4月 镇政府投入2200万元，对蕲州大道进行配套建设。

5月23日 中华人民共和国国务院印发“国发〔2011〕14号”文件《国务院关于公布第三批国家级非物质文化遗产名录的通知》，将湖北省蕲春县“李时珍传说”列入第三批国家非物质文化遗产“民间文学类”。

是月 镇政府投入2000万元，兴建蕲州农贸市场。

5月27日 李时珍《本草纲目》被联合国教科文组织列入世界非物质文化遗产“记忆名录”。

6月1日 国家中医药管理局、国家档案局在北京联合发布：2011年5月23日至26日，在英国曼彻斯特召开的联合国教科文组织、世界记忆工程国际咨询委员会（IAC）第十次会议上，李时珍原著《本草纲目》明万历二十四年（1596年）金陵版，顺利入选《世界记忆名录》。

是月 镇人民政府投入2000万元，兴建成蕲州卓达建材街。

8月6日 湖北省血吸虫病调研组一行在副县长石玉艳、县卫生局局长陈盛喜陪同下，到蕲州二里湖有钉螺地带进行调研，并慰问战斗在一线的血防工作人员。

9月10日 蕲州中药材市场（原时珍体育场）整体迁建入蕲春县城李时珍国际医药港。标志着李时珍国际医药港基本建成并投入使用。

9月 李时珍科技文化研究院编、张梁森主编的《李时珍研究》第三辑，由夏华国学出版社出版。

10月7日至9日 第四届海峡两岸李时珍医药文化与产业合作发展论坛，分别在武汉、黄冈、蕲春、黄梅4个市、县举行。10月8日，参会代表在蕲春参观了李时珍纪念馆，举行了祭拜李时珍活动，并参观了李时珍国际医药港中药材专业市场等地。

10月26日至28日 中国湖北第21届李时珍药交会暨湖北李时珍中药材专业市场开市典礼在县城漕河李时珍国际医药港举行。蕲春县长赵少莲主持开幕式，县委书记徐和木致欢迎词。省人大常委会副主任刘友凡、中国中药协会名誉会长张洪魁、国家中医药管理局科技司长苏刚强、中国中药材协会中药材专业委员会主任周雷、市协政副主席黄良章等出席了开幕式。各地代表、药商、当地群众共10万人参加了本届药交会。

10月26日 李时珍中医院在蕲春县城奠基。中国中药协会会长房书亭，国家中医药管理局原副局长张洪魁、司长苏刚强，国家中药材市场专业委员会主任周雷，湖北省卫生厅副厅长姚云等参加了奠基仪式。中共蕲春县委书记徐和木主持仪式，县长赵少莲致欢迎词。

10月29日 李时珍纪念馆被中国人民解放军161医院确定为“医德医风教育基地”，本日举行揭牌仪式。

年末 蕲州赤东湖被定为“农业部水产健康养殖示范场”。

2012年

2月18日 蕲春县县长赵少莲率领代表团赴北京参加“中国第二届中药产业发展论坛”，是本次大会唯一的县级代表团。大会议题是：李时珍中医药及中医药产业发展。赵少莲县长与海内外专家学者共商发展李时珍中医药之大计。

3月12日 蕲州镇被省委、省政府列为全省“经济发达镇”试点。

5月1日 香港凤凰卫视《从“艾”出发》电视专题片在蕲州拍摄。

5月10日 第五届海峡两岸李时珍中医药文化与产业合作发展论坛在台湾省台中市举行。湖北省副省长田承忠，台中市副市长徐中雄，湖北省卫生厅党组书记杨有旺台湾中医药大学校长黄荣林，黄冈市市长刘雪荣，市委常委、宣传部部长、统战部部长刘海军，蕲春县县长赵少莲等出席了开幕式。湖北省台办主任主持了开幕式。蕲春县委常委、统战部部长南策志、台办负责人、企业界代表人士参加了活动。

10月11日 黄梅戏《李时珍》作为第一届湖北艺术节参评剧目，在武汉洪山礼堂展演。该剧是蕲春县委、县政府投资300万元，与湖北省黄梅戏剧团联合编演的。当晚，省市县各级领导观看了本次演出。

10月26日至28日 中国湖北第22届李时珍药交会在蕲春县城李时珍国际医药港举行。

国家中医药管理局，省、市、县各级领导及全国各地药商和各界人士1.2万余人参会。实现药物交易额2.8亿元。

10月 投资3亿元的“黄（石）黄（梅）高速”公路蕲春服务区升级改造工程在蕲州境内动工。

11月8日 蕲州镇与湖北龙源林业有限公司就兴建“龙泉花海”项目正式签约，投资3亿元。次年1月动工。

12月8日 湖北永方矿产品公司投资6000万元，在蕲州兴建“永方矿业”项目正式启动建设。

2013年

3月 蕲州镇菩提“幸福小镇”项目建设正式启动。规划除道路、供排水等基础设施建设以外，配套建设胡风中学、胡风纪念馆、蕲春张氏宗祠、福利院、休闲山庄等。启动资金600万元。

是月 李时珍科技文化研究院组编、张梁森主编的《李时珍研究》第四辑，由中国诗书画出版社出版发行。

是月 蕲州自来水厂、污水处理厂分别被湖北省发改委批准立项。水厂投资4700万元，污水处理厂投资3200万元。项目于次年启动。

4月8日 中共湖北省委书记李鸿忠在市委书记刘雪荣、市长陈安丽陪同下视察蕲州。李鸿忠要求蕲州要打好“李时珍品牌”。

5月14日 “蕲州经济发达镇”行政体制改革试点工作动员会召开，县委书记徐和木在会上讲话。会议目的是推动蕲州经济发展，重振昔日“望县蕲州”之雄风。

10月26日至28日 中国湖北第23届李时珍药材交易会在蕲春李时珍国际医药港举行。实现药物交易额1.76亿元。

是月 蕲州镇在东长街进出口竖立石牌坊。牌坊用青石雕砌，雄伟壮观，上书“东长街”3个大字。

12月31日 蕲州全镇启动第三次全国经济普查工作。普查资料为2013年的年度资料。

2014年

3月17日 “金黄璀璨的夕唱——蕲春明荆王府墓出土金银玉器展”在位于武汉东湖的湖北省博物馆开幕展出。112件（套）精美文物展现了明代蕲州荆王家族由盛及衰的历史，亦展现了古城蕲州的人文风情。此活动由蕲春县博物馆主办。

3月20日 蕲州古代“十景”中的“东湖春水”（亦称“金沙夜泛”）即今赤东湖，由湖北日报传媒集团、省水利厅、省湖泊局主办，《楚天金报》承办，东湖海洋世界协会的“湖北十大最美湖泊”评选活动中，经专家评审并入选“湖北十大最美湖泊”。

4月17日 省委常委、常务副省长王晓东到蕲春李时珍国际医药港中药材专业市场、李时珍医药集团等处调研工作。县、市领导陪同调研。

4月28日 世界健康产业大会秘书长顾开元到蕲考察蕲艾产业发展情况，实地查看了蕲州主产蕲艾区域，并初拟“中国湖北李时珍蕲艾文化节”在蕲春举办的意向。

5月8日 湖北省省长王国生到蕲到李时珍国际医药港国家中药材专业市场、李时珍医药集团等处调查工作。省政府秘书长王祥喜、黄冈市委书记刘雪荣、市长陈安丽，蕲春县委书记徐和木、县长赵少莲陪同调研。

5月19日至24日 “蕲春艾灸疗法”作为湖北非物质文化遗产展演项目，在俄罗斯首都莫斯科中国文化中心展演。其代表传承人、蕲春李时珍医院（蕲州）韩善明（副主任医师）现场展示，受到俄罗斯民众喜爱。

6月10日 “动画——《大闹天宫》”特种邮票首发式在蕲州悦景山庄举行。申办活动过程中，张国辉写的《蕲州与〈西游记〉》文章争得了首发式举办权，中国邮政集团公司下文批复，同意在《西游记》成书地蕲州镇举办。蕲州镇为此次活动编辑出版了《灵秀蕲州西游之源》大型邮册。

7月21日 住建部、发改委、财政部、国土资源部、农业部、民政部、科技部等国家七部委联合发文公布《全国重点名镇》，蕲春县蕲州镇名列其中。

9月18日 中华人民共和国交通运输部第二航务工程勘察设计院编制的《蕲春港总体规划（2014—2030年）》经专家组审查通过。

9月 李时珍科技文化研究院组编，张梁森、梁树俊主编的《李时珍研究》第五辑即“蕲春四宝”专辑，由中国诗书画出版社出版发行。

是月 蕲春县（蕲州）李时珍医院副主任医生韩善明被省政府办定为省级非物质文化遗产项目“蕲春艾灸疗法”代表性传承人。

10月26日至28日 中国湖北第24届李时珍药交会在蕲春李时珍国际医药港中药材专业市场举行。省、市相关领导出席开幕式。其间，举办了“建设中国新药都，打造蕲药新品牌”系列活动，使李时珍人文资源得到更广泛的开发利用。

11月28日 《李时珍文化旅游区总体规划》评审会在赤东湖国家湿地公园管理处召开。湖北省联投蕲春投资有限公司董事长高俊普主持会议。蕲州各开发项目均被列入《李时珍文化旅游区总体规划》中。

是月 按照省、市、县各级部署和安排，蕲州全镇启动第二次全国地名普查工作。按照国务院统一要求：此次地名普查从2014年7月1日开始，到2018年6月30日结束。普查标准时间为2014年12月31日。

2015年

1月14日至16日 国家督察组到蕲春检查农村饮水安全工作。其间，到蕲州实地查看了水厂及农村饮水设施。对蕲州农村饮水安全工作给予了肯定，提出了改进建议。副县长蔡绪银陪同检查。

2月2日 黄冈市沿江一级公路启动工程，在蕲州牛皮坳举行。此沿江一级公路起于蕲州，经武穴市至黄梅县刘佐乡，全长107公里，批复概算投资3.7亿元。

3月31日 中共黄冈市委书记刘雪荣到“麻（城）武（穴）”高速公路蕲春段，蕲州至刘佐沿江一级公路调研工程建设情况。市相关领导，蕲春县主要领导陪同调研。

4月21日 李时珍文化旅游区项目建设举行启动仪式。湖北省联合投资有限公司董事长李红云宣布项目启动。中共蕲春县委书记赵少莲、代县长詹才红出席启动仪式。蕲州有关项目均开始投入建设。

5月15日 《中国旅游报》面向全世界公示，经过系列推荐和网络投标，最终确定中国五千年“十大旅游先贤”名单：孔子、李时珍、孟子、徐霞客、李白、老子、玄奘、陶渊明、郑和、杜甫。蕲州李时珍名列第二。并对李时珍给予了高度评价。

6月18日 中国蕲春首届李时珍蕲艾健康文化节在蕲春会展中心广场举行。省政协原副主席丁凤英、市政协主席王静平、著名文艺家阎肃等出席了开幕式。著名的“蕲州四宝”（今称“蕲春四宝”）参加展示。《李时珍》电影循环播放。

7月16日 县委、县政府召开李时珍国际医药港项目建设推进会。县委书记赵少莲、县长詹才红出席并讲话。县委副书记江勇主持。会议要求，把李时珍国际医药港所有项目做大做强。

10月26日至28日 中国湖北第25届中药材交易会在蕲春李时珍国际医药港中药材专业市场举行。此次药交会主题为“传承健康文化，打造中国艾都”。大会由湖北省人民政府主办，黄冈市人民政府、蕲春县人民政府承办。招商引资签约项目15个，签约资金61.8亿万。各项活动丰富多彩。

11月21日 蕲春县李时珍医院（蕲州）针灸科主任、副主任医师（蕲春十佳名老中医之一）韩善明参加中华人民共和国文化部、湖北省人民政府在韩国举办的“欢乐春节”荆楚文化走韩国、湖北非物质文化遗产“蕲春艾灸疗法”展演，深受韩国民众喜爱。

2016年

2月8日 2014年12月25日，李时珍纪念馆进行全面升级改造，停止对外开放服务。经一年时间修缮和改扩建，以新的面貌重新免费对外开放。

2月21日 李时珍文化旅游区建设指挥部召开第一次会议。县委书记赵少莲主持会议，要求各成员单位明确责任，主动融入，搞好各个项目的建设。此次会议，加大了蕲州镇各相关项目的建设力度。

3月17日 “首届蕲春龙泉花海樱花节”在蕲州镇龙泉庵村举行。节会期间举行了系列活动，万名游客及各界人士齐聚蕲州，观赏龙泉樱花美景。活动于3月31日闭幕。

5月10日 全国各地700余名药业经理人，由李时珍医药集团组织，齐集古城蕲州李时珍纪念馆，参加集体祭拜李时珍活动。11日晚8时，他们又在蕲春会展中心举行隆重仪式，启动纪念李时珍诞辰500周年筹备活动。

是日 “李时珍健康文化小镇”项目正式启动。4月28日，位于蕲州西角湖村的华中影视基地资产管理移交工作完毕，该基地即改造建设成“李时珍健康文化小镇”。

6月5日 中国蕲春第二届李时珍蕲艾健康文化节开幕式暨“中国艾都”授牌仪式在蕲春会展中心主会场隆重举行。为李时珍人文资源开发注入了新的活力。

6月16日 由李时珍医药集团承办的第三届“中医文化寻根之旅”在蕲举行，海内外及海峡两岸300余位同人齐聚李时珍纪念馆，参观后即举行李时珍祭拜大典，体验中医药文化之博大精深。

8月3日 “金玉默守——湖北蕲春明荆藩王墓珍宝展”在浙江省博物馆孤山馆区展出，130多件明代蕲州荆王墓葬文物亮相。其中有多件文物是国内首次展出。展览活动持续到10月7日结束。

10月 中国湖北第26届李时珍中药材交易会蕲春会展中心主会场举行。省、市、县领导，各地药商代表，全国1000余名基层医院院长、数千名群众参加了本次交易会。招商项目多个，协议投资53.56亿元。

9月 蕲春歌手王梦月赴中央电视台星光大道栏目参赛演唱《蕲州美》，蕲州镇党委宣传委员潘冬梅、副科级干部张国辉同县委宣传部一道到现场推介蕲州历史文化。

11月17日 第13届“湖北武汉—台湾周”祭拜医药双圣李时珍活动，在蕲州李时珍陵园举行。海峡两岸嘉宾，湖北省、黄冈市、蕲春县各级领导参加活动。蕲春县县长詹长红，县委常委、统战部部长蔡绪银出席仪式。祭拜活动前一天，海峡两岸李时珍医药文化与产业发展论坛在武汉东湖宾馆举行。

12月 李时珍科技文化研究院组编，普阳观监院何诚道名誉主编、张梁森主编的《李时珍研究》第六辑，由华夏文艺出版社出版。为弘扬李时珍医道文化提供了系统理论。

2017年

1月16日 位于蕲州镇菩提村的胡风纪念馆竣工落成并完成布展工作，正式对外开放。该馆是纪念中国著名文艺理论家、诗人、翻译家胡风（本人张光人，蕲州菩提下石潭人）的民间展览馆。占地面积600多平方米，始建于2013年4月，布展工作启动于2015年8月，目前展出展品、文物500多件。

1月23日至25日 中央电视台4频道《国宝档案》专栏连续3夜首次播出《蕲州访古》系列节目，分为《兴衰往事》《王府里的老师》《医中之圣》3个节目。讲述了国宝荆王王妃金凤冠、明代《西游记》图册、《本草纲目》背后发生的传奇故事。

3月1日 湖北省旅游委员会主任钱远坤到蕲春调研，深入到李时珍纪念馆、李时珍文化旅游区、李时珍中医院、李时珍国际医药港等景点调研旅游工作。市委常委、蕲春县委书记赵少莲，黄冈市副市长陈家伟，市旅游委主任郑光文，县委常委、蕲州镇党委书记何朝阳，县委常委、统战部部长、总工会主席段宇新陪同调研。

3月11日 “朱明盛长——明代藩王宫廷艺术展”在辽宁省大连市博物馆开展。展示了明代蕲州朱荆王皇族宫廷艺术瑰宝。此次展览是大连市现代博物馆与湖北省博物馆、黄冈市博物馆、武当博物馆联合举办的。是赴美国展览后的国内首展。展览至6月11日结束。

3月14日 中央电视台4频道《国宝档案》专栏节目，播放《金色江南》系列节目中之《耳边风情》，讲述蕲州明代朱荆王王妃们首饰里蕴藏的传奇故事。

3月27日 蕲州龙泉花海樱花游园暨“迎接诞辰、当好主角”（纪念李时珍诞辰500周年）活动启动仪式，在蕲州镇龙泉庵村举行。活动持续到30日，吸引省内外游客2万余人到此观光旅游。

4月19日 “蕲艾健康文化旅游节”新闻发布会在北京召开。会中公布1518年5月26日（明正德十三年，戊寅，四月初一）为李时珍诞辰日。

5月5日 菲律宾国依木斯市青少年交流团到蕲进行交流活动。菲律宾依木期市议会议员瑞蒙德率领的青少年交流团来到蕲州李时珍纪念馆参观，详细了解了李时珍及《本草纲目》等方面知识，并进行了有关文化教育方面的交流活动。

5月18日 湖北省政协党组书记、主席张昌尔，省政协副主席肖旭明一行到蕲进行“促进中医药发展，助推健康湖北建设”课题调研活动。黄冈市委书记刘雪荣、市长刘美频，市政协主席洪再林，市委常委、蕲春县委书记赵少莲，县长詹才红，县政协主席蔡绪银陪同调研。

5月中旬 香港友人向李时珍纪念馆捐赠日文版《本草纲目》。香港浸会大学中医学院副院长、香港卫生署荣誉顾问赵中振博士向李时珍纪念馆捐赠日文版《本草纲目》一套。中共蕲春县委常委、蕲州镇党委书记何朝阳出席捐赠仪式。

5月26日 “中国艾都”验收专家组到蕲州参观一世缘艾制品有限公司蕲州红门楼万亩蕲艾基地。该基地投资1亿元，5年内建成。

6月7日 国家中医药管理局副局长于文明到蕲春调研纪念李时珍500周年诞辰系列准备工作。实地查看了李时珍纪念馆、李时珍中医院等单位准备情况。省卫计委副主任姚云，省中医药管理局局长刘学安，委常委、县委书记赵少莲，县长詹才红等参加调研。

6月29日 中国城镇化促进会党委书记、副主席兼秘书长陈炎兵到蕲考察李时珍文化旅游区、蕲州席盘石蕲艾基地、李时珍纪念馆等处，指导特色小镇建设工作。县长詹才红等陪同考察。

10月25日 湖北省政府召开“李时珍诞辰500周年系列纪念活动”筹备会全体会议，正式启动这一纪念活动。省委常委、常务副省长黄楚平出席会议并讲话。要求突出抓好“两会一坛一节”，扩大李时珍纪念活动的社会影响力。

10月26日至28日 中国湖北第27届李时珍中药材交易会在湖北李时珍中药专业市场正门广场举行。省、市、县领导，各界人士、药商代表、本地民众3万余人与会。招商引资见成效，现场签约项目15个，协议投资额25.4亿元。

11月28日　蕲州镇总体规划（2016—2030年）通过专家组评审。该规划由华中科技大学建筑与城市规划学院设计，经过多次实地踏勘，多轮征求意见，历时一年而完成。县长詹才红，县委常委、蕲州镇党委书记何朝阳等参加了评审会。

12月5日　县委、县政府召开“纪念李时珍诞辰500周年暨创建国家中医药健康旅游示范区动员大会”。市委常委、县委书记赵少莲出席并作重要讲话。县长詹才红主持会议。县委常委、蕲州镇党委书记何朝阳、镇长邓鑫智参加了会议。

12月10日　胡风学术研讨会在蕲州镇菩提村胡风纪念馆召开。县委常委、宣传部部长杨志文主持会议，县委常委、蕲州镇党委书记何朝阳致辞。来自北京、省、市、县的胡风家人、学术界、文艺界人士以及相关部门负责人40余人参加了会议。《中国社科报》、《湖北社科报》、搜狐网等媒体对此作了专题报道。

12月12日　湖北省人民政府办公厅印发“鄂政办发〔2017〕88号”文件《省人民政府办公厅关于印发湖北省特色小镇创建工作实施方案的通知》，蕲春县“蕲州镇蕲艾小镇”入选。

12月　蕲州全镇启动“纪念李时珍500周年诞辰活动”系列工程建设项目。包括李时珍纪念馆扩建改造、雨湖拱桥兴建、李时珍医药一条街仿古建筑修缮、修复以及其他各项配套工程建设。举全镇之力，确保以全新面貌迎接“李时珍500周年诞辰纪念活动”的举行。

2018年

4月　蕲州外埠启动城南、城北两处污水处理厂建设和城区22公里污水管网铺设工程。

5月23日　省人大常委会副主任、黄冈市委书记刘雪荣到蕲州镇视察“李时珍诞辰500周年纪念活动”筹备情况。

5月26日　为纪念李时珍诞辰500周年，蕲州镇按照省委统一部署，全面启动城区基础设施改造，整治街道环境，建设时珍路明清古街，升级改造李时珍纪念馆，新建雨湖大桥，建设牛皮坳入城景观带、双美湖市民休闲项目。活动当天，参加会议来宾和游客近5万人。

6月10日　中国红楼梦学术研究会在蕲春召开红楼梦与顾景星学术研讨会。《红楼梦作者顾景星》一书作者蕲州籍人士王巧林和许多红学界专家及87版《红楼梦》剧组演员一同参加盛会。

6月　蕲州正式启动长江岸线资源整合及非法码头整治行动，一次性拆除码头泊位8个，仅保留扎营港一处货运码头。

7月26日　蕲州江边特色餐饮娱乐场所“时珍水上食宿城”游轮从蕲州滨江码头拖离，至此蕲州境内江上再无餐饮。

9月12日　蕲州镇启动近代历史上最大规模的拆迁工作，地点位于竹林湖一、二组李时珍纪念馆周边，共涉及203户，经过一个多月，已基本完成。

10月28日至30日　蕲州镇46个村（居）全部换届选举。镇委、镇政府高度重视，确保全镇换届选举顺利完成。

11 月 蕲州镇组织人员在四周邻市县交通要道设卡 6 处，坚守 40 余天，有效防控非洲猪瘟蔓延到蕲州，确保境内无一头生猪感染，保障当地群众正常生活秩序。

12 月 2 日 有着近 60 年历史，见证蕲州近代发展的地标性建筑——蕲州中心街馋头尖长江餐厅拆除。

12 月 《蕲州镇总体规划（2018—2030 年）》获县政府批准实施。

卷一 自然地理

“蕲州”之名，始于北周大象元年至大定元年（579—581 年），由“罗州”改名“蕲州”而来。“蕲”因“地多产芹，故字从芹”，蕲亦音芹。“蕲”又为“细叶草之总称”。故古时将此“水隈多芹”的地域称为蕲地。《十道志》载，蕲地春秋战国时属楚。秦置 36 郡，蕲属九江郡，为蕲春亭。此为蕲地沿革之始。

一、地理区划

（一）建置沿革

西汉高帝刘邦六年（前 201 年），置蕲春县，辖境包括今蕲春（解放前含江南三洲和浠水散花洲）、浠水、罗田及武穴市西部；东汉建武二十三年（47 年）置蕲春侯国，徙祝阿侯陈浮为蕲春侯，传三世，国除，复县；东汉建安十三年（208 年），蕲春由刘表属地改属东吴孙权；东汉延康元年（220 年），孙权设蕲春郡；魏黄初三年、吴黄武元年（222 年），魏国占领蕲春郡，隶郢州，以吴国降将晋宗为太守；次年，吴夺回蕲春；后至晋孝武帝司马曜太元三年（378 年），因蕲春之“春”字犯其母后阿春讳，改蕲春为“蕲阳”；南齐永明四年（486 年），蕲阳县更名为齐昌县；北齐天保元年（550 年），齐昌属北齐，始筑罗州城，即今之罗州城；北周大象元年至大定元年（579—581 年），改罗州为蕲州，齐昌县、齐昌郡隶之；隋开皇三年（583 年），撤州、郡，置蕲州总管府；开皇九年（589 年），复改蕲州总管府为蕲州，齐昌县隶之；开皇十八年（598 年），复“蕲春”县名，蕲州同时改为“蕲春郡”；唐武德四年（621 年），仍改蕲春郡为蕲州，治蕲春县；延续 300 多年之久的晚唐乾宁三年（896 年）6 月，唐地方势力杨行密割据蕲州并于 901 年称帝，国号“吴”，蕲州属之；“南唐”李昇取代杨吴，蕲州属南唐；保大十四年（956 年），南唐蕲州守将李福杀刺史王承隽，降后周。至后周显德五年（958 年），南唐皇帝李璟为求苟安即献蕲州给后周；赵匡胤建立宋朝开国建隆元年（960 年），蕲州隶宋；至南宋嘉定十四年（1221 年），宋、金两军血战罗州城。宋以 3000 军民抗抵 10 万金兵达 25 日之久，后全城覆没，城池夷为平地。南宋景定三年（1262 年）。知州王益建新城于长江龙眼矶东南之麒麟、凤凰山麓，即今之蕲州城原形。景定四年（1263 年），州、县治均迁至此城。

南宋德祐元年（1275 年）一月十一日，元军进犯蕲州，知州兼安抚使管景模以城降，蕲州属元。元至正二十年（1360 年），“红巾军”天完将领陈友谅攻占蕲州称帝，国号“大汉”，蕲州隶之；至正二十四年（1364 年）2 月，朱元璋称吴王，部将占蕲州。后明朝建立，蕲州属明，置蕲州府；府、县治均在蕲州；洪武九年（1376 年）、明朝廷降蕲州府为“蕲州”，隶湖广省，外领罗田、蕲水（今浠水）、广济（今武穴市）、黄梅四县，撤蕲春县，以州领县事；洪武十一年（1378 年）九月，朝廷撤除原蕲州千户所，新设蕲州卫、编制 5000 人。指挥朱德率凤阳军 4000 户至蕲州屯田，集中在长江南岸牯牛洲、棋盘洲、李家洲和北岸散花洲至烂泥滩一带。同时，将蕲州改隶黄州府，只领黄梅、广济（今武穴市）两县，为散州；清顺治二年（1645 年）八月，清军攻占蕲城，蕲州遂隶清；清咸丰四年（1854 年），太平天国攻占蕲州城，改蕲州为“蕲州县”，隶太平天国；一年后仍复为清朝所有；辛亥后 1912 年，中华民国建立，改蕲州为蕲春县；抗日战争时期，蕲春曾与周围各县设置为 4 个边县，隶鄂豫区；1949 年 5 月 14 日（农历四月十七），蕲春全境解放，蕲州仍为蕲春县治；1949 年 8 月，蕲春县委、县政府迁至漕河，蕲州为城关区驻地；1949 年 10 月 1 日，中华人民共和国成立后，蕲州城关区隶属湖北省黄冈地区蕲春县，属于区镇级机构；1955 年 12 月撤销城关区，设立蕲州镇，下辖西角湖、席盘石、雨湖、黄土岭、蕲州镇 5 个管理区；1956 年 8 月，复为区级蕲州镇，下辖东门、二里湖两个公社；1958 年 9 月，蕲州镇更名为钢铁人民公社。黄土岭片建立红专人民公社；1959 年 6 月，复为蕲州镇，仍辖东门、二里湖两个公社；1974 年，再由东门、二里湖、黄土岭 3 个公社和赤东公社划出的部分大队复组成蕲州镇（亦称蕲州公社）；2012 年 5 月，蕲州镇被列为黄冈市沿江 5 个“经济发达镇”之一，其行政级别升为副县级建制至今。

（二）区位面积

蕲州镇位于长江中游北岸，蕲春县南部。东与广济县（今武穴市）交界，西与阳新县隔江相望，东连本县赤东镇，西北与本县八里湖办事处（原八里湖农场）相接。地理坐标在北纬 29 º59’ ～ 30 º08’、东经 115º19’ ～ 115 º25’。镇委、镇政府驻地蕲州大道 12 号，距蕲春县城漕河 23 公里。长江“黄金水道”流经蕲州 6.5 公里。是黄冈市沿江 3 个“经济发达镇”之一，现下辖雨湖、南门、城内、东门、一关、郦公园、红石头、二里湖、上河口、街道 10 个社区；牛皮坳、沙径、黄土岭、红门楼、油树垴、邵垅、潘塆、菩提、曹英、五里墩、下石潭、龚太常、雨台、横坝、扎营港、龙泉庵、新塘、韦庄、银山、竹林湖、街口、两路口、西角湖、金鸡、席盘石、打鼓台、枫树岭、土台、塘塆、施家塘、老虎头、王嘤、恒丰堤、赤东、曹英、邱山 36 个行政村。共有 36 个村（居）372 个村民小组，876 个自然塆。

境内交通发达。“沪（上海）蓉”（成都）高速、沿江一级公路、蕲漕大道（国道）穿境而过，纵横交错，与通村、通组公路组成路网，距省城武汉 110 公里；长江“黄金水道”流经蕲州 6.5 公里。蕲州处于长江中下游主航道正中点，东距上海、西距重庆均为 1250 公里。为其水上运输提供了极大便利。水路距武汉 161 公里。

蕲州镇版图面积 172.85 平方公里。其中，陆地面积 150.6 平方公里，占 87.1%；水域面积为 16.4 平方公里，占 9.5%。耕地等其他面积为 29.26 平方公里，占 16.92%，其他耕地面积为 3.3 万亩，人均耕地为 0.31 亩。2016 年底总人口 107298 人。

1. 蕲州镇行政区划变更情况

蕲州镇区自南宋景定三年（1262年）筑城于麒麟、凤凰二山之间，公元1263年，南宋建州治于此，此后元、明、清、民国，一直为路、府、州、县治所在地。

据明代嘉靖《蕲州志》载，时城区划为1厢2坊，厢辖城北，2坊分别辖城南、城东。清代沿用明制，城区设坊厢，农村设乡、里。城中称坊，近城称厢。实行保甲制，城乡相同。十户为一牌，设一牌头；十牌为一甲，设一甲长；十甲为一保，设一保正。保甲重在维持社会治安，不属朝廷正式官吏。蕲州地区属安平乡。

清代城区划为三厢，三厢辖嘉令、平政、文明、清晏、寅宾、凤山、怀德、韦乐、通义、咸振、勇知、武定、仁和、金沙、拱辰、兑泽、和乐、清江、平沙、全胜、雄边、迎县22坊，今黄土岭一带属安平乡清化里，菩提、恒丰一带属安平乡永丰里。

1914年，蕲州城区划为麟凤、龙矶、太清三镇。1944年以后，蕲州地区划为3个乡镇：城厢镇（蕲州城区内外）、城南乡（江南黄颡口、李家洲、沣源口等地）、菩堤乡（菩提、恒丰堤、黄土岭等地）。1947年又将这三个乡镇合编为城安乡。下辖10个保，114个甲。

1949年5月14日（农历四月十七）蕲州解放，5月下旬中共蕲州镇委员会、镇人民政府成立，初为城关区，后县委县政府迁往漕河，改为蕲州镇。下辖第一（城内），第二（东长街），第三（一关周围）3个居民委员会，另辖缺齿山、雨湖、席盘石、黄土岭、大径桥、菩提坝、雨台、下石潭以及江南黄颡口、李家洲、棋盘洲、沣源口12个村（后改为12个小乡）。

1951年11月，蕲州所辖江南的黄颡口、棋盘洲、李家洲、沣源口4个乡划属阳新、大冶县。同时从广济县划入宋岭、韦庄、扎营港、银山、新塘、高塆、横坝等村，由蕲州镇管辖，以上原属广济县田镇白民田乡。是年底，蕲州编为第三区，辖黄土岭、雨湖、石牌岗、席盘石、西角湖、土台、菩提坝、下石潭、宋岭、雨台、杨庙、邵垅12个乡，以及城关3个居委会。以上12个乡即现在蕲州镇所辖范围（但沙径村1961年前属八里湖畜牧场，赤东村原属赤东区）。

1955年11月，蕲州设为区，辖南门、雨湖、西角湖、黄土岭、杨庙、菩提6个乡和乡级镇蕲州镇。

1957年，蕲州镇区农业合作化，实行农业生产合作社，设有"五一"1社、"五一"2社、联盟一、二、三、四社及荣光\前进共8个农业合作社，城关仍为3个居委会。蕲州区农村设黄土岭指导组（区），下设雨湖、菩提、黄土岭3个乡：菩提乡成立一新1~15社，雨湖乡成立民主1~9社、五一社、江新社；黄土岭乡成立濒湖1~8社、燎原1~3社、华红社、长明社。这时蕲州镇共有8428户，31790人。

1958年人民公社化，黄土岭指导组（区）改为红专人民公社，蕲州城区建为钢铁人民公社，不久合并为蕲州钢铁公社。

1959年，蕲州钢铁公社更名为蕲州公社，辖东门、雨湖、黄土岭、菩提4个管理区和蕲州镇。

1961年全县区划调整：菩提小公社辖菩提、金鸡、雨台、邱山、油树垴、老虎头、五里墩、曹英、太常、下石潭10个大队；赤东小公社辖沙径、土台、西角湖、枫树岭、王缨、邵垅、恒丰、潘塆8个大队；黄土岭小公社辖红门楼、黄土岭、原种场（塘塆）、施家塘4个大队。以上3个小公社划归赤东区（竹瓦）管辖。蕲州镇只辖东门、二里湖2个公社和3个居民委员会。具体行政村是东门、城内、南门、王宣、横坝、新塘、扎营港、竹林湖、席盘石、大畈头、二里湖农场，韦庄、刘垅（银山）、高塆，一、二、三居民委员会。共17个村级组织。

1966年二里湖农场组建新桥、江河2个生产大队，城区增加1个四居民委员会。

1970年城区4个居委会合并为街道办事处。

1974年新桥大队一分为三郦公园、二里湖、红石头3个大队。当年撤区并社，蕲州镇称蕲州人民公社。原赤东公社的土台、沙径、西角湖、枫树岭四个大队因赤东湖水所隔，去赤东区竹瓦不方便，划归蕲州，原黄土岭公社塘塆（原种场）、长塘、黄土岭、施家塘四个大队又划归蕲州，加之原蕲州镇的南门、雨湖（王宣）、横坝、新塘、扎营港、刘垅（银山）、韦庄、高塆（龙泉庵）、竹林湖、席盘石、大畈头、东门、一关、街道办、城内、江河，这时蕲州人民公社共27个村级单位。另外原种场、蔬菜队、畜牧场、服务队各1个。

1984年废除人民公社，恢复区、镇、乡、村建制，又恢复蕲州镇。当年，二里湖公社农场改为上河口村。

1985年大畈头大队一分为三两路口、打鼓台、街口3个村。蕲州镇辖4个乡，1个街道办事处。

雨湖乡辖7个村：横坝、新塘、扎营港、韦庄、龙泉庵（高塆）、银山（刘垅）、雨湖（王宣）；东门乡辖8个村：南门、东门、一关、江河、城内、郦公园、二里湖、上河口；黄土岭乡辖6个村：红门楼（长塘）、施家塘、塘塆、黄土岭、席盘石、竹林湖；土台乡辖8个村：枫树岭、西角湖、土台、沙径、红石头、打鼓台、两路口、街口；街道办事处：一、二、三、四居民委员会。

蕲州镇此时共有30个村民委员会，4个居委会，200个村民小组，11018户，48438人，面积90.7平方千米。

1987年，蕲春县区划调整，组建黄土岭乡，蕲州镇原黄土岭、红门楼、塘塆、施家塘4个村划入黄土岭乡。蕲州其他区域不变。

2001年，撤销黄土岭乡，该乡19个建制村整体并入蕲州镇，2007年新设立牛皮坳村（由红石头村划出）。这时蕲州镇有45个行政村（居）、1个街道办事处。具体情况如下：

黄土片：塘塆、红门楼、黄土岭、施家塘、油树垴、老虎头、王堖、邵垅、恒丰、潘塆、赤东共11个村；菩提片：菩提、曹英、五里墩、太常、下石潭、雨台、邱山、金鸡共8个村；土台片：席盘石、两路口、打鼓台、街口、沙径、土台、西角湖、枫树岭8个村；雨湖片：竹林湖、横坝、新塘、扎营港、韦庄、龙泉庵、银山共7个村；街道片：雨湖、南门、一关、城内、江河、郦公园、二里湖、上河口、东门、红石头、牛皮坳共11个村（居）；街道办：一、二、三、四居民委员会。

此后至2017年末，蕲州镇区划未发生变化。

蕲州镇各村（居、街道）历任主要负责人一览表

表 1-1

序	村(居)	主要负责人
1	雨湖	王远容、王福生、王礼维、王信华、王国建、王刚
2	南门	郜友莲、段友能、胡勋发、方喜林、夏三明、高彬
3	城内	陈思扬、李旺生、章森富、梁旺生、叶文斌、余明球、陈大发、严东林、胡春华、侯全安、许建新、张桂斌、王久生
4	东门	刘礼发、熊忠晋、陈桂发、孙八一、刘礼清、翁万章、张鸣、江仁华、张长祥 罗克俭
5	一关	董吕生、张道林、谌厚德、吕和发、田爱芳（女)、杨国亮
6	郦公园	管春生、范义生、高桂云、甘雨新、叶旺发、张柏生、王丹、张凤钗（女)、顾志海、管仲学
7	红石头	范义和、范义生、张常生、王海西、张惠德、费力新、方宗友、张国华、张玉春
8	牛皮坳	汪金海、田文胜
9	江河	戴常法、余长春、周寿春、郑璋贵、张国兵
10	上河口	周益贵、何纯德、张与金、童利兵、张庆华、邓志、白海霞、王濒钧
11	街道居民 一居民委员会	罗秀英、汪子林、郑喜妨、黄菊生
	街道居民 二居民委员会	董厚民、张凤英、汪春生、方朝阳
	街道居民 三居民委员会	叶文斌、高嗣兴、顾春芳、吕元美、余江宏
	街道居民 四居民委员会	高来福、陈文斌、刘桂芳、陈文慧、曹爱华
12	二里湖	封毛征、李敢创、许建新、张名树、王海西、何明福
13	横坝	刘长明、封礼和、周益贵、曾德明、张永正、张庆友、封善德、封泽胜、张远清、封继德、张远金
14	新塘	叶甲顺、陈耀华、梅诗礼、潘水云、徐礼和、张宗锐
15	扎营港	陈良红、程武生、张名华、黄普元、张锦全、张火云、黄建青
16	韦庄	张云香、王旺生、田在江、胡水生、王青林、刘官生、张延顺、王青火
17	龙泉庵	张烈春、李树阳、高应云、张冬青、高展能、张在龙、张丕桃、田祥云
18	银山	夏书厚、李冬生、赵达富、方昌宪、李均雨、陈万章、李均雄、张名付、张成广
19	竹林湖	王全胜、范米贵、郑美荣、郑美勇、江云奇
20	席盘石	郑秀希、宋盛兰、田德清、田有清、吴定朝、夏先礼、宋连加、宋升喜、方胜友、胡启光、王东、宋连玉
21	街口	胡四爷、景金云、孙延加、张成德、董焱民、董焱春、黄金龙、王友德、江新华

续表 1-1

序号	村(居)	主　要　负　责　人
22	打鼓台	夏书经、孙延加、董以雄、孙思武、孙思银
23	两路口	董炎春、景爱能、胡启明、景宗涛、景红林
24	枫树岭	胡佳明、潘省云、孙运米
25	西角湖	贡树仁、袁寿喜、陈明元、王应生、乐汉池、贡汉国
26	土台	张国华、陈德金、陈正兴、方冬生、夏金文、陈海松、顾建雄
27	沙径	袁达雨、孟桂生、邵得贵、王云得、顾志明、顾得志、张惠林、邵志强
28	塘塆	夏济民、胡树文、张常荣、黄细伦、张启能
29	黄土岭	方汉江、方泽友、王水泉、张启贵、李耀胜、余知富、朱新和、张福清
30	施家塘	华亮任、华昌云、陈为兵、黄贤云、方能华、陈冬生、陈中友、陈进
31	红门楼	胡柏树、方泽敬、张老伍、文年春、张与祥
32	老虎头	张建尧、刘焕秋、方松玉、张常高、田在先
33	王墚	邱庆生、王友云、陈元德、张成高、张汉云、张理成、胡光明、胡美华、
34	油树垴	张雪雨、方财发、方泽志、刘国兵、方楚能
35	邵垅	费银保、张名山、张桂生、徐学元、陈健生
36	恒丰	查树生、张与兴、陈如华、王建国、陈焱光、熊学良、张宇平、陈礼金、
37	潘塆	朱金容、董邵舒、潘文彬、潘际真、潘文成、张宇平
38	赤东	张玉明、许肇进、许焱云、董真新、邓国民、顾永青、张军
39	菩提	曹桢友、张济贵、朱加余、张建新、张名先、张青云、张与先、张国成
40	曹英	曹真先、黄自原、刘忠成、曹春贵、曹慎云、胡贵松、曹文兵、刘建东、
41	五里墩	张济文、张济松、张水舟、吴金平、张国松、张与雄、张名云、赵艳秋（女）、
42	太常	张与同、张桂民、张金胜、张菊平、张南军、张焱春、张常伦
43	下石潭	曹与庆、张克生、张正光、张名焱、张常胜、曹能广、张明誉、张国志、张与祥、张友军、刘万青（女）、张华新
44	金鸡	胡志和、方泽友、方尧风、方泽毛、方携友、方茂先
45	雨台	胡耀兵、方友依、方执明、胡耀月、方锡生、胡贵友、方紫阳、方保冬
46	邱山	胡三弟、邱火生、胡炳先、张子兵、方长征、胡水金、方文胜、胡水友、胡振家、胡均剑、方云华

蕲州镇各村（居）自然垮情况表

表 1-2　　　　单位：个

村(居)	现有自然垮(片)		已消失的自然垮	
	个数	名　称	个数	名　称
雨湖	3	大王宣、路边新村、钵莲庵		
南门	8	城脚、南门外江滩、郝围、枣树林、上排、中排、新港、湖嘴墩		
城内	9	官塘、城脚、菜地边、北门街、官井街、西门街、鼓楼弄、南门街、三圣宫		
东门	9	东门街、后濠、院子坡、瓦屑坝、时珍路东段、体育场、濒湖路东、樟树脚、刘家园		
一关	5	蕲州大道南、一关街、矿建二号路、富桥、濒湖路西		
郦公园	5	郦公园、横街片、高垮片、镇中周边、湖脚		
红石头	5	徐垮、洪垮、田垮、王垮、路边新村	1	姚垮
上河口	3	三号路西北、郦园公馆、村本部堤脚		
街道办	8	纯阳阁、河街、中心街、时珍路西、东长街、北仓、沿江大道北、东长老街		
二里湖	3	江堤内堤脚、土管分局后、横街西		
牛皮坳	3	三角田、上垮、下垮		
江河	3	元丰里、湖景广场、棉纺厂		
横坝	7	封垮、陈家嘴、小王宣、张垮、周家山、细张垮、曾家垮		
新塘	9	港边下、上岗、下岗、罗垮、姚垮、徐家垮、上垅、下垅、新建垮		
扎营港	9	鲍家林、董畈、程垮、蔡家嘴、扎营港、万垮、仓垮、垴尔上、周垮		
韦庄	11	洪家庄、戈家嘴、韦庄垮、后背垅、牛车垅、黄垮、刘垮、夏垮、傅家嘴、韦庄下垮、对面垮		
龙泉庵	13	王垮、老鹳巢、江垮、李垮、高垮、田垮、余家嘴、刘垮、李洼、快活垮、张二相垮、姚洼	2	田家洼、下垮
银山	13	银山垅、曹垮、陈垮、李家嘴、李细垮、八夫镜、牛角嘴、翟垮、移民新村、刘垅、张饭铺、夏垮、李世户		
竹林湖	12	王福、马垮、刘垮、范垮、王岗、余垮、韩垮、张新垮、张老垮、邓垮、郑垮、江垮		
席盘石	14	大吴垮、细吴垮、黄垮、方垮、张垮、韩垮、上宋、下宋、王垮、丁垮、胡垮、曹垮、盘龙新村、易地搬迁点		

续表 1-2

村(居)	现有自然塆		已消失的自然塆	
	个数	名　　称	个数	名　称
街口	13	叶塆、桥头塆、杨家山塆、顾黄山、细王塆、王塆、杨塆、江塆、张油坊张塆、移民新村、嘴尔头、还建小区、兔儿地		
打鼓台	11	永昌路纸厂居民区、董塆、夏塆、吕塆、梅塆、陈塆、张塆、张油坊、孙塆、移民新村、微波站小区	1	水库尾刘塆
两路口	8	马塆、杨家嘴、夏塆、景塆、曹塆、董塆、杨嘴、八角塘	2	梁祠堂塆、两路口对面塆
枫树岭	14	徐凹、上潘、枫树岭、湖脚、潘塆、王圩、下垅、楼房塆、张塆、曾塆、周塆、孙塆、陈塆、大山脚	3	魏塆、吴洼、陈塆
西角湖	15	江塆、陈塆、掏耳洞、张塆、倒掛嘴、王塆、明塆、乐塆、刘破屋、李新塆、郑塆、邓塆、王坨、刘婆塆、付塘	1	刘破屋
土台	14	李塆、余塆、王塆、潘塆、肖塆、夏塆、移民新村、斑鸠岭、朱老塆、六墩嘴、土台庙、平阳嘴、果园场、金牛洞		
沙径	6	郑家塆、顾嘴、中径塆、老虎头、王塆、青龙嘴		
塘塆	13	塘塆、曾塆、细塆、张对门、管塆、周塆、四棵枞、杨井、王坟垴、黄塆、何仕畈、半排、喻塆		
黄土岭	24	吴油榨、富人塆、志先塆、上化塆、中化塆、下化塆、袁塆、方竹林、面铺、石板路李塆、黄土岭上塆、黄土岭下塆、朱塆、细张塆、马塆、邱塆、上马塆、刘娘井塆、方塆、范塆、何铺、公路水厂新村、龚家塆、邱塆	5	陈塆、王服山、刘塆、张塆、宁塆
施家塘	27	陈围、徐七社、陈家塝、华塆、郑塆、陈塆、施家塘、郑畈、王塆、张潭塆、细张塆、大张塆、对面张、黄德用、方塆、名除塆、箭楼下、乱石嘴、新屋塆、桥头边、榨树岭、柯塆、中畈、牛郎冲、胡大用、下刘塆、陈家边	5	大花地、上玉塆、梅洼、下陈围、刘树塅
红门楼	17	文塆、马山口、对面刘、畈上、上胡塆、榨树岭、汪塆、张塆、泉水凹、李塆、刘塆、张凹、长塘、张六房、安山脚、宋岭、柯塆	1	前柯家塆
老虎头	13	田善掌、上刘塆、蚂蚁嘴、吴田垴、老虎头、方山下、张山下、新屋塆、竹林塆、上老张塆、下老张塆、朱家凹、金塆		
油树垴	13	庙嘴上、荷叶林、张油树垴、刘油树垴、大屋场、四房塆、方老人、下刘塆、三房塆、王塆、范塆、华塆、润德塆	1	

续表 1-2

村(居)	现有自然塆		已消失的自然塆	
	个数	名　　称	个数	名　称
王堧	24	王堧、草鞋丘、胡塆、方塆、方绣楼、嘴头上、张次二、胡基塆、风暴塆、吕塆、邓塆、大径桥、下明、管家嘴、细张塆、乌石岭张塆、刘塆、徐塆、富端塆、顾庵、六塆、下塆、胡下塆、曾塆	6	上张塆、下张塆、曹塆、费塆、福端老塆、伍塆
邵垅	23	段塆、围角、上丁塆、下丁塆、哑嘴王、陈德下塆、陈德新塆、堰上、高塆、杨嘴新屋、杨嘴老屋、肖塆、杜塆、瓦销地、周塆、邵垅、染铺、油榨、半村高塆、徐塆、凹尔里、陈德堰上塆、王塆	8	凤凰地朱塆、老费塆、范祠堂、后背胡塆、陈德老塆、杨四庙、邵塆、赵塆
恒丰	13	中窑陈塆、闸头陈塆、甘塆、家子塆、许塆、何塆、裤子堰王塆、王塆、恒丰张塆、上吴敖、公路新村、裤子堰、鹅公头王塆	3	陈塆、裤子堰、余塆
潘塆	19	下吴敖、董塆、范塆、烽火屋潘塆、潘塆、张新民、游龙嘴、胡塆、张塆、上景塆、下景塆、余塆、中屋塆、朱塆、和兴塆、下窑、邓塆、黄明镜、董家嘴	1	猴儿洞塆
赤东	12	洪湖口、李夏塆、刘四十八间、陈嘴头、梅嘴、许圈里、顾塆、吕下嘴、何祠堂、黄嘴、朱塆、苏家大	2	白塆、李屋坊
菩提	13	合掌上、庙山下、上张山林、下张山林、上路坡垅、下路坡垅、田南云、朱堰口、上屋塆、上八房塆、下八房塆、菩提坝、移民新村	2	燕儿山塆、下屋塆
曹英	15	下四房、陈岳边、刘家塆、霍皮塘、胡家塆、细塆、老上铺、塆里、林下塆、竹林塆、余舟塆、鸭儿塘、曹四房塆、东头塆、曹英塆		
五里墩	20	黑石头、嘴尔上、蔡垱、周家塆、老屋塆、改名塆、李家塆、大路上、吴召、吴城、新屋塘、对面塆、新建塆、星朗塆、程塆、五里墩、独子家、新基塆、吴召对面塆、大屋场		
太常	13	莘田塆、上瓦屋嘴、下瓦屋嘴、细山外、赵通、仓下、腰上、张家塆、前太常、后太常、五房塆、五房细塆、麻背后	1	青龙嘴
下石潭	22	双河口、董塆、染铺、封塆、诚塆、下石潭、花学、杨塝、行塆、下半村、柚树岭、对面张、罗家桥、周塆、老虎头、季子塆、上窑、王嘴塆、魏家林、嘴尔上、高塆、王嘴头	5	王塆、冯塆、新屋塆、胡塆、伊屋场

续表 1-2

村(居)	现有自然塆		已消失的自然塆	
	个数	名　　　　称	个数	名　称
金鸡	13	当铺塆、方员外、袁塆、举人塆、上封、下封、前段、后段、金鸡岭大塆、金鸡岭细塆、红桃园、刘塆、枫树下	3	高山垴、马息步、大塘塆
雨台	10	方畈、五魁嘴、郭塘、岳边、大屋边、封塆、雨台、新屋下、对门方、五魁嘴大塆		
邱山	15	老虎掌、易林铺、陈夏、袁升、竹林塆、马面、上邱、下邱、胡贵前塆、胡贵后塆、海凹、刘府二、方五房、上畈、丘文章	2	上畈、方塆

附 1：

蕲州镇境内大小集（市）镇

蕲州镇区

蕲州，位于长江中游北岸，县境南陲，北距漕河 25 公里，东至武穴 50 公里，西距黄石市水路 32 公里，西南与阳新县境隔江相望。镇区面积 9.6 平方公里，是我县一大集镇。

蕲州之名，始于北周。自南宋景定三年（1262 年）元兵南侵，安抚史王益依麒麟山筑城，迁州治于此，迄今已 700 多年。宋末以来，元、明、清各代，蕲州历为路、府、州及附县治，民国时仍为蕲春县治，中华人民共和国成立后，县治迁漕河。蕲州曾一度改为区辖镇，现为县辖镇，蕲州之名沿用无改，属一古老江城。

蕲州集镇历史悠久。它的前身称蕲口（今镇西北、蕲河出口注入长江而得名），在宋代建镇以前，就已形成通商要地。南宋中期，蕲口镇已发展成通商口岸。“居民繁错，东起吴越、西至湘蜀的来往商船泊于岸下者甚众。”内地的谷、竹、茶、毛笔、麻布、药材在此外运。传说：这时街道自蕲口东抵广济之田家镇，号称“四十里长街”。后因江岸受江水冲刷，逐年崩塌，蕲口镇变成航道而消失，仅存今日之蕲州镇。

州治迁此后，城西的大西门外，沿江岸发展成一繁华市场，各行商坐贾、手工业主之货物在此处江边屯集，以利沿江上下之泊运。据史书载，宋朝廷在此设官收税；行商征收 2%的“过税”；坐商征收 1%的“住税”，全年商业税一般在四百万至八百万贯之间。

元代蕲州集市，处于停滞状态，因元朝廷沿用榷估制度，且有恶性膨胀，极为扩展官营范围，除沿用盐、茶、酒等外，甚至有马、羊皮毛、筋角的官营。到至元年间（1336—1340 年）竹园也由官府经营。同时对汉人、“南人”经商又多有禁令和限制，如夜间禁钟后，晓钟前，商店不准买卖。因此蕲州集镇发展也受限制。

至明代蕲州集镇有较大发展。除原有街坊外，见于明嘉靖《蕲州志》记载的，就有“麻石街在州西，滑石街在州南，十字街在州南，丁字街在州北”。另载《荆王世族府第》中有“西大街”“西小街”和“南大街”等街名。还载有：“蕲阳驿在州治旬宣门（大西门）外，洪武二年（1369年）知府左安善建，洪武九年属州。”这说明大西门外，江岸集市仍很繁荣。据明末清初邑人顾景星说：“蕲滨大江，西南顺江千里而遇，东北由吴千里西至，舟马交错数千里之冲，自蕲左右前后，千里之内有疆者，皆独蕲而已”。可见蕲州是时已具有重要的经济地位。

明末清初时，南京、江西、徽州之商民已在蕲州结成帮会。据乾隆二十二年至三十六年（1757—1771年）重修金陵会馆的“钟山移秀”碑文载：蕲州城除南京帮在水西门内建金陵会馆外，还有徽州帮在西门街建有徽州会馆“徽国宫”；江西帮在城外清江街建有江西会馆“万寿宫”，随后又有湖南、福建、金牛等帮会涌现。在光绪三十年（1904年）蕲州又开设有大轮洋棚，大西门外吴西元的太古洋棚，龙矶寺上周善夫的怡和洋棚，新街头堤外姜华庭的大阪洋棚，还有董清云在龙矶寺下开有小火轮码头。蕲州是时较兴旺。

店铺分布上，繁华的北门正街开设的各行业有名气的店铺；横街至张牌楼是当铺、衣庄、钱庄、麻行；石牌楼街是砻坊、米铺、豆腐铺；新街是粮行；东长街主要是商贸及服务业的店铺；沿江街是茶馆和杉树行；清江街是鱼行、竹器厂和绳子铺；四官殿街是山货、水果、粉行；瓦屑坝是店铺混合街。这样的格局沿续到抗日战争前。

1936年蕲州商行经中央注册，部颁执照有：泰昌隆、段元茂、安吉昌、德生昌、乾泰昌、管万隆、章正兴、公兴、王信隆、段和兴、张聚盛、冯仁和、文明堂、胡祥元、天然、仁济、同德堂、裕丰等18家。1938年以前，蕲州夜市较为活跃，每当日暮之时，以馋头尖为轴心，街上各大商铺灯火通明，人流拥挤，是古城夜间的风景线。1938年5月18日，日寇飞机在蕲州狂轰滥炸，使镵头尖一带顿成火海，28家商号的房屋、财产、设备毁于一旦。是年农历八月十五日，日本侵略军侵占了蕲州。商店倒闭，商民远逃，造成市面萧条。抗日胜利后，民国政府也曾“整顿市容，恢复繁荣”。但至1948年底，仅有32个行业的商号、店铺等，共计548家。1949年初，国民党军队为建城防工事，将北门外繁华街道的铺屋民房拆毁72家。商业陡呈萧条局面，民众流离失所。

1949年农历四月十七日，蕲州城解放，6月建立国营裕民商店，后改为贸易公司蕲州商店，1950年成立蕲州消费合作社，此后，各国营商业机构相继建立，市场日趋繁荣和发展。

20世纪70年代，蕲春县“五小工业”绝大部分落户蕲州镇区，80年代乡镇企业、村办企业异军突起。1986年统计，县办工业27家，职工8385人，乡镇村企业54家，职工5423人。蕲春县各商贸部门在蕲州镇区都设有办事机构。更有蕲州镇区紧靠长江黄金水道，江边大小客货码头一字排开，上下绵延两千米。90年代初，医圣楼、医圣阁、药商楼、巾帼楼、玄妙观等一批仿古建筑相继出现在大街小巷；大力开发蕲州中药材资源，建设中药材市场，吸引了大批药商在蕲州经营贸易；自1991年起，每年的医药节、药交会都在蕲州镇区举行。以上这些极大地促进了蕲州镇区市场和经济的突飞猛进的发展和繁荣。

蕲州镇区经过四十多年的建设，古城旧貌变新颜。原是江河沙滩的二里湖，如今高楼林立，变成一条繁华街道。旧城的改造，使古城面貌一新，街道纵横，高层建筑矗立。二里湖大道、李时珍大道、沿江大道、水泥路面平整、宽阔。北门街、石牌楼街、新街、一关街、东长街、北仓街、官井街、环城路、阅马场、河街、西门街、南门街等12条街道，居民密集、店铺比比皆是。镇区还有县、镇各级行政管理机构和教育、卫生、电力、邮电、广播电视、交通、环卫、自来水等公益事业单位，共计50余个。

两路口

在今天两路口村两路口塆东北边，从蕲州出发到两路口塆东北边，就自然分成两条岔路口，一条去西角湖渡口，另一条去枫树岭横渡口，故名。明嘉靖《蕲州志》载：明洪武元年（1368 年）知府左安善建急递铺 11 个，两路口铺在州东，每铺邮亭一座，正房三间，东西厢房六间，驻有铺兵，明代只三名，到清代有铺兵八名。加之往来西角湖渡口的客货，在此歇息打尖。渐渐出现了凉亭茶铺、饭铺、小百货店，逐渐形成了农村小集市，清咸丰《蕲州志》、光绪《蕲州志》都有两路口市的记载。从民国至 20 世纪 70 年代，经两路口的客货仍络绎不绝。

施家塘

即今天施塘村施家塘塆，蕲州到竹瓦的公路、蕲州到菩提的公路都从施家塘塆穿过，并在此塆东北边分出两个路口。此塆北边是赤东湖的一个湖汊，古代有施姓人的湖塘——施家塘，后来施家塘成了公路边这个塆的塆名。洪武初年，蕲州建 11 个急递铺，施家塘铺是其一。古代从广济县城梅川到蕲州，施家塘是必经之地。过往的客货在此停留，熙熙攘攘，茶铺、酒肆、饭馆、小百货店，比比皆是。至今仍是一个热闹的农村小集市。

西角湖渡口

位于西角湖村境内，是古代赤东湖边的一重要的水码头。西角湖是赤东湖的一个湖汊港湾，又名洗脚湖。传说，元朝末年，朱元璋带兵在八里湖打仗，人人满身泥巴，战后朱元璋带兵在西角湖洗脚，故名。古代陆路交通不发达，赤东湖沿湖山村的客货物资大部分都经西角湖渡口到蕲州城集散。新中国成立之初，设西角湖乡，乡政府也在西角湖渡口办公。西角湖中心小学，中心卫生所，供销分店，食品组等机构相继在此建立。西角湖渡口成为赤东湖边一个水码头小集市。到 20 世纪 70 年代末才渐渐消失。

银山

银山集市，在蕲州镇南端，原属广济县，于 1951 年划入蕲春。地处长江之滨，距蕲州 5 公里，距县治漕河 32 公里。银山主峰高 188 米，原名“迎山”，清光绪《蕲州志》载：“迎山在州南八里，山形与治城相迎”，故名，后以矿产“银”代“迎”。

据史料记载：“银山产煤，其质优。”清道光二十一年（1841 年）即有人银（寅）山开采；咸丰四年（1854 年）太平天国在蕲州建立政权后，即组织四百人开采，日产煤二千担，运往天京（南京）；民国年间，仍有人开采，因各种原因时采时停。中华人民共和国成立后，1951 年由军工开采，后移交地方。1969 年政府又开采，并扩大规模。随着煤矿的兴起，银山逐建集市。供销社、食品组早在银山设有门市部，后又有粮食、信用社等相继建立经营机构。现在虽然煤矿没有开采，但新建的沙隆达农药厂和新塘水泥厂带动了市场的繁荣，现虽然没有正规街道，但已形成一条不规则的街道雏形。集市个体商业发展很快，仅行业就有十余种，餐馆就有五家。交通极为方便，每天有客货车经过银山，往返于蕲州武穴，特别是运水泥、石头、石灰货车络绎不绝。

扎营港

位于蕲州镇南部，东南与广济县境交界，长江南岸是阳新县境，北距蕲州约十公里。

扎营港，原系一小港。传说清代太平军进军南京时路过，曾在此安营扎寨而名。中华人民共和国成立前，属广济县辖。中华人民共和国成立后 1951 年划入蕲春，属石排岗乡。1959 年为雨湖管理区驻地。旧时因港宽水深是民船的天然避风港。市场虽然不很发达，但也形成一条不整齐街形，经营者有十余户，因河港淤积，逐渐萧条。在中华人民共和国成立后的 1953 年秋，供销社在建有疋头、百货、南货、农资、土产收购等门市部，后又有棉花站、食品组等相继建立。改革开放后，由于扎营港地处蕲（州）田（镇）公路之侧，近年个体商业也有发展。扎营港交通很为方便，陆路每天有客货车从蕲州经扎营港开往田镇、武穴。水路紧靠长江黄金水道，上通武汉、黄石，下达九江、上海。

牛皮坳

位于蕲州镇西北端，在蕲州镇北障山之西麓，与龙凤山隔港相望，西南距蕲州镇老城区约2.5公里，北距八里湖下土门街约五公里，距县治漕河21公里。

牛皮坳，旧称牛马坳。

牛皮坳是一个新崛起的小集镇。在1975年还是一片荒野山坳。1976年9月赤东湖泵站在牛皮坳建成。1978年，改革开放后，特别是蕲春水泥厂建成投产，蕲州镇个体企业接踵而至。随着人口的增加，文教、卫生事业也相继兴办。20世纪60年代牛皮坳附近有二里湖农业中学，70年代有二里湖中学，90年代初有蕲州镇第四小学。由于个体商业发展突出，因此，小集镇发展很快。南起加油站，北至泵站闸头，沿蕲漕公路形成了一条街道雏形，全长约200米。往返于漕河、蕲州的客货车络绎不绝。而且在涨水季节，此处又是一个物资集散的水运码头。

高塆

高塆属龙泉庵村，在蕲州镇东南，大栗山西麓，蕲（州）武（穴）公路，沿其境内穿过。东距武穴33公里，西北距蕲州镇街约7公里，沿公路距县治漕河镇30公里。龙泉庵村，原有一座古庙，因庙后山麓有一泉水，人称龙泉，故庙名为“龙泉庵”。此地塆村居民多姓高，故又称高家塆。

高家塆，原系一坐山望湖的丘陵塆村。20世70年代初，黄冈地区行署搞煤炭会战。新洲、罗田等县在此开井挖煤，同时修建了蕲、武公路，每天蕲州有班车载客往返于武穴之间，蕲州镇供销社在此设立分店，供应生活，生产物资和收购农副土特产品。后有食品所在此设食品组。村委会开设村办企业，村民也在此摆摊设点，因此形成了“草市”。高塆境内，盛产苎麻、棉花、鲜鱼、莲藕，蕲州果园场在其村北侧。

席盘石

原名屃赑石。境内有荆王妃墓前巨大龟形驮碑的石头。行人席地盘坐石上休息而得名。位于狮子山的南麓，蕲州镇之东，蕲（州）赤（东）公路横穿其境，蕲（州）武（穴）公路在此分路，西距蕲州镇城区3公里，东距黄土岭集镇4公里。

据清末，宣统年间记载：蕲春有“五乡九市二十三小集”。其中有“棋盘市”的记载，并绘制有示意图以备考查。标名为棋盘市，无席盘石。今名何来？由屃赑石谐音而来。1951年置席盘石乡，直到1956年6月均是村，乡机关驻地。有油坊、铁匠铺、屠户店、丐坊、茶铺等约十余家。1956年供销社设有分店。

黄土岭

位于蕲州镇东南部，在大泉山南麓。西距蕲州街7公里，北距赤东镇（竹瓦店）12公里，沿蕲漕支线公路距县治漕河镇25公里。

黄土岭，系大泉山与安阳山交会之干脉，因岭土呈黄色，故名黄土岭。据明代嘉靖八年（1529年）《蕲州志》记述：“安平上乡在黄土岭。”系“洪武十六年（1383年）知州孔思森省令设立旗亭一座，为平安上乡驻地”。黄土岭又是广济县治梅川镇，以及菩堤铺通往蕲州城的驿道。旧时就有几家茶铺，过往行人和车夫歇脚，兼充“打中伙”的饭铺。

中华人民共和国成立后，黄土岭陆续为区、乡政府驻地。随着政治中心的建立，黄土岭曾经几番的自然改造，现逐渐建设成一条沿公路两旁排列但不够整齐的合面街道。蕲漕支线公路穿街而过，街长约有200米。为油渣路面。特别是自1987年后，加快了城镇建设步伐，各式楼房拔地而起。街道两侧分别驻有乡政府、派出所、农行、信用社、粮食、财政、税务、工商、卫生院、学校等单位和企业。还有供销社及其开设的各种行业的门市部。近年来，集、个体商业的发展较快，个人开设的店铺、餐饮、摆摊、设点者近20家。黄土岭集散的土特产品有：苎麻、柑橘、油茶等。

菩提坝

位于蕲州镇东部，距蕲州镇区约12公里，正北距赤东镇竹瓦店街10公里，西北距县治漕河镇20公里。

菩提坝，此处有一条拦赤东湖水堤坝，常被冲溃，后在堤东端建一石拱桥，堤西端山边建一水神菩萨庙，祀奉杨泗郎，自此坝围无虞。据明嘉靖《蕲州志》载：菩提桥在州东三十里，贞观间（唐太宗年号），慈应禅师（唐敬宗）所建，故名。因地处三条要道的交叉处，古代广济县城梅川到蕲州大驿道穿菩提坝而过。很早就有人在此开店，逐渐形成一小集镇，故嘉靖《蕲州志》载："菩提坝铺在州东"。清光绪二年（1876年），全县42个集市，就有安平乡菩提坝市之名。在光绪八年（1882年）全县农村集市十六个中，菩提坝就有其名。到清末宣统年间（1909—1911年），全县为"五乡九市二十三小集"菩提坝就是其中一小集。1930年，全县39个集市中有安平乡菩提坝，有商户十五家，从业21人。至1949年，商户仍有25家，从业90人。

中华人民共和国成立后，曾是乡、区、管理区、小公社驻地。原街已经改造，现建成一条新型的合面街。设有供销分社各种业务的门市部，还建有"菩提商场"。除此外还有粮站、卫生院、学校以及村办企业。自20世纪80年代初期个体私人商业，如雨后春笋，有加工业、电器修理、杂货店、成衣店，有购有销十分活跃。菩提坝北边有公路直通竹瓦店，西边有赤东湖水码头，可直达西角湖渡口，蕲州至菩提坝客车每天往返多次。菩提坝集散的土特产品有：鲜鱼、苎麻、药材等。

恒丰堤

位于蕲州镇北边，在蕲、漕公路的支线上。东北距赤东镇竹瓦店约10公里，西南距蕲州约13公里，东北距县治漕河镇19公里。

恒丰堤，简称"恒丰"。原是一荒芜山坳，1953年建赤东区机关驻此。恒丰之名，是根据蕲春、广济两县，为防江汛洪水，清同治二年（1863年）合建堤坝名"恒丰堤"，为永保丰收之意，故名。此处原驻区机关单位，撤区后，又在此办血防医院诊治血吸虫病人。诊治任务完成后，赤东公社机关又驻于此。因此，逐渐成一小集市。虽然未形成街道模式，但各有关单位，都在此设有分支机构。现在有供销社分店、食品组、粮食购销站、搬运站、卫生院、邮电所、公路道班和村办企业等。改革开放后，20世纪70年代末萌生个体经商，80年代初期有所发展，至80年末期，私人店铺、摊点较为活跃。恒丰堤，交通很方便，它是恒丰堤两端和湖汊周边居民到蕲州的大路，公路有客车每天往返于蕲州至竹瓦店之间。恒丰堤集散的土特产有：陶器、鲜鱼、蚌壳、芡实等。

雨台

位于蕲州镇东南部，在菩提坝河的上中段，北距菩提坝街约3公里，西南距蕲州街约12公里，西北距县治漕河镇23公里。

雨台之名，源于附近山上的"祈雨之台"。此处原是一偏僻丘陵地带，因其境内有几个大塆村，居民购买小商品很不方便，1953年供销社为方便群众在此设立分销店。原开店时在胡贵上塆，后依据形势发展的需要，20世纪60年代分店迁移到小学附近。随之有食品所在此设立食品组设案卖肉，收购鸡、鸭蛋，村办企业也在此建屋办厂。逐渐成小集市。虽然房屋排列前后参差，但基本上有一个集市雏形。市场也较为活跃，有买有卖，呈现出一片繁荣景象。雨台杂散的土特产有：苎麻、山药、中药材、豆腐、海金沙。雨台的交通也很便利，因有两条可通雨台，一条近路直达黄土岭；一条沿菩提坝转黄土岭，但前一条为小路，也可通车，后一条为大路，但里程稍远。

金牛洞

位于蕲州镇北部，距蕲州街6公里，距县治漕河镇17公里。此处原有一自然山洞，传说有金牛踞于内，后被探宝人牵走，故名金牛洞。此处原是赤东湖中一座荒山嘴。自1954年赤东大堤竣工后，蕲漕公路改道经此通过。驻有县水产养殖场、蕲州陶器厂、砖瓦厂、小学等单位。现已形成不规则街道的自然集市。商业单位有供销社分店、食品组、粮食转运站，以及集体、个体店铺和摊点。金牛洞的土特产品有陶器、鲜鱼、柑橘。每年秋冬柑橘、鲜鱼上市时，购者车水马龙络绎不绝。

2. 蕲州镇居民主要居住地名称

(1) 镇区居住地

镇区居民以街坊里弄为居民片区。蕲口镇无资料记载。据嘉靖《蕲州志》载，明代蕲州城内居民分布在麻石街、滑石街、十字街、丁字街、嘉会坊、市政坊、文明坊、仁和坊、凤山路、怀德坊、丰乐坊、通义坊、威振坊、总泽坊、勇智坊、平津坊、武定坊。城外居民分布在清景坊、迎宾坊、金沙坊、和乐坊、清江坊、全胜坊、雄江坊、雄边坊和迎恩坊。

清代蕲州城内居民分布在官井街、官塘街、鼓楼弄街、阅马场街、三圣宫街、五府弄街。城外居民分布在一关街、元丰里弄、文家弄、东长街、鼓皮弄、黄家弄、院子坡弄、易家弄、玄妙观弄、官街、小巷口、大巷口、瓦屑坝、全胜坊。

民国时期城区居民城内分布在北门街、西门街、官井街、阅马场街、南门街、鼓楼弄街、三圣宫街；城外居民分布在东长街、河街、东门官街、横街、一关街、全胜坊。

中华人民共和国成立后，城内居民分布在西门街、南门街、环城路、官井路、北门街、鼓楼弄、三圣宫弄、阅马场弄、纯阳阁弄；城外居民分布在东门街、东长街、东长老街、樟树脚街、院子坡路、濒湖路、后濠街、时珍大道、中心街、一关街、河街、沿江大道、元丰里、二里湖大道、横街、富桥街、三号路、精品街和福园、新苑、博士家居、博园、湖景广场、富丽水岸、鹏吉时代、万峻、凤凰城、麟凤、佳顺、郦园公馆、金昌华府、麒麟阁、麒麟学院、滨江御景、锦江名景、丽景公寓、华夏公寓等小区。

(2) 村组居住地，多数是聚族而居（同一个姓氏或一个房族），另有9个农村小集镇：菩提坝、黄土岭、恒丰堤、雨台、银山、扎营港、高塆、金牛洞、牛皮坳。

自然塆一般以姓氏为塆名，如邓家塆、范塆、曾家塆等，则这几个塆住民分别为姓邓、姓范、姓曾的。

还有以塆住民的始祖人名字为塆名：雨湖村的王宣塆，则是开户祖先姓王名宣。曹英村的曹英塆，则是曹姓始居祖先名英。

有的塆以同姓一个房族为塆名，如油树垴村的四房塆、三房塆，则是张姓人某祖先后裔第三个房族、第四个房族各住在一塆场。

据1981年前后编印的《蕲春县地名志》记载，蕲州农村1000人以上的塆有王宣塆，现在近2000人。接近300人或300人以上的自然塆有张潭塆（施家塘村）、王福嘴（竹林湖村）、封家塆（横坝村）、新塘塆、罗塆和港边上塆（新塘村）、李家嘴（银山村）、全家塆、鲍家林（扎营港村）、下石潭塆（下石潭村）、莘田塆、张五房塆（太常村）、八房塆、火朝上塆（菩提村）、曹英塆（曹英村）、金鸡岭塆（金鸡村）、方畈塆（雨台村）、后背垅（韦庄村）、宋岭和上胡塆（红门楼村）、郑塆（竹林湖村）、邱山下、易林铺、胡贵塆（邱山村）、老屋塆（五里墩村）。

改革开放后至今，蕲州乡村自然塆人口外迁多，塆场规模逐渐缩小。主要有以下六个方面原因：一是外出打工致富后在城市落户。二是创业发达后迁到县城或大城市居住。三是为方便交通搬到公路边住。四是为方便子女入学迁居到大集镇居住。五是因升学参军就业安置后外迁。六是嫌塆场小、偏僻、生活不热闹，交通不便利而迁至人口多的地方住。乡村居民居住趋向城镇化、路边化、群居化。现在许多塆场成了空心塆无人居住，或仅剩几个老人留守。

中华人民共和国成立后，蕲州镇除因就业、婚姻、升学、参军、复员退伍等因素带来的人口进出外，还有有组织的人口迁徙，如支援新疆、城镇知识青年“上山下乡”等。移民支援新疆建设有两次，分别是 1959 年和 1961 年 6 月。1964—1978 年，武汉市和蕲州镇区的知识青年在蕲州农村安置许多人，蕲州镇区到农村安置有的是全家到农村落户。但到 1981 年末，按照有关政策，通过招工、顶职、参军、上学、病转等途径，除结婚落户、判刑、死亡外，基本上都返城安置。

二、自然环境

（一）地质地貌

蕲州辖境地质构造，源于秦岭东西向构造带、淮阳山字形构造以及中国东部新华夏系构造第二隆起带等三大构造系相互交会之部位。在构造变动、岩浆活动、变质作用以及混合岩化作用等方面，都显得比较激烈。据湖北于 20 世纪 70 年代初地质调查显示，蕲春县境内有 7 种方位构造线，而蕲州镇境内则存在北西向、北东向两种方位构造线，分布于下列三个地带。

1. 北西向构造

菩提向斜线状褶皱，轴线西北，属同层次一次褶曲。组成地层：Pttr1，表示地层走向。北东翼 Pttr1（地层向北东的走向），南西翼 Pttr1（地层南西的走向）。

张畈铺背斜正常褶皱，倾状端已破坏，位于蕲州南约 6 公里。轴向北西，轴部出露最老地层为下奥陶统大塆组，但出露甚少，主要由中留志统坟头群组成；南西翼由石灰至三叠系组成；北东翼因断裂破坏及覆盖，仅见二叠系和泥盆系出露。

沿江断层属襄樊至广济（今武穴市）大断裂的东南延伸部分，途经浠水巴河直接蕲州一线，由一系列近乎平行的断层和破碎带组成，长 80 多公里，宽约 3 公里。该断裂在大别至晋宁业期已发生，自燕山运动以来，曾多次强烈活动。

2. 北东向构造

黄土岭断层扭兼压性断层，方位37º，规模2公里。特点是硅化破碎带，宽30米，北西盘向北东平推。

蕲州地貌为典型鄂东丘陵地带，整个地势比较平缓，海拔高度差240.5米。境内最高点为苏家山，海拔235米；最低点为牛皮坳赤东湖泵站闸底，海拔为-10.5米。

山地主要有苏家山海拔235米，大泉寺山海拔212米，狮子山海拔142米，仰天窝海拔195米，安阳山海拔192米，老鸦尖178米，银山海拔188米，大栗山158米，关山186米。

平原湖区主要是雨湖、沿市湖、马口湖、赤东湖一部分，总水面1900公顷。

蕲州境内土壤土质分为9种：①长江冲积物，主要分布于上起挂口（上河口）、下迄扎营港6.5公里滨江地带。形成的土壤有石灰性反应，偏碱性，土层深厚，养分丰富，质地偏轻，土地中质地层次变异大。②红色黏土沉积物，主要分布在王宣、新塘和扎营港村等处。形成的土壤，土层深厚，质地黏重，富有铁锰沉淀物，有明显的红色土层。③红砂岩风化物，分布于土台、西角湖、枫树岭、黄土岭、席盘石、施家塘、王婴、邵垅、菩提、下石潭、五里墩、恒丰堤、油树垴、曹英、雨台、邱山等低处丘陵地带。类型主要有红色粉砂岩、砾岩、砂砾岩、紫红色砂岩等。发育成土壤，土层较薄，保水性能较差，抗蚀能力低，钾和硼的成分均缺乏。④石英砂岩风化物，主要分布在龙泉庵、韦庄村一带。类型主要有石英砂岩、石英粉状砂岩、结核状砂岩、砾岩、砂砾岩、粉砂岩和泥质粉砂岩。其土壤除砾石含量高以外，其他性同红砂岩土壤。⑤页岩、砂页岩风化物，仅分布于刘垅村一带。土壤质地较黏重，土层较深厚，呈酸性。⑥千页岩、板岩风化物，分布于以菩提为中心的大立山、大泉寺山、苏家山的东北坡，东接武穴市四望镇，北部与赤东湖内湖相连，延伸至金牛洞一带。类型主要由中性、中酸性火山变质的片岩组成，形成的土壤缺磷，保肥性差，肥力较低。⑦石灰（岩）性土，分布银山至大栗山一带，成土母质为石灰岩。⑧潮土，蕲州沿江一带村、镇均有分布。包括潮土、灰潮土两个亚类6个土属和25个土种，均发育于河流冲积母质。⑨水稻土，分布于全镇低洼垅中下部、山阴处、落河畈、低湖区等处。含淹育型、潴育型、潜育型、沼泽型4个亚类24属111个土种。

（二）自然资源

蕲州镇境内多奇山秀水，自然资源丰富。

1. 土地资源

有耕地面积2488公顷，其中水田面积1952公顷、旱地面积536公顷。

2. 水利资源

长江流经蕲州镇6.5公里，航运、灌溉、养殖，生活均可利用；湖水含雨湖、沿市湖、马口湖、赤东湖部分水面，总面积1900公顷；地表水，年均径流量丘陵区为500毫米，平原区为372毫米，时间分布差异大，60%~70%径流量集中在5—7月；浅层地下水，沿江一级台地，储深10~20米，单井日产水量500~1000吨。黄土岭、大泉寺山、缺齿山一带，单井日产水量10~100吨。

3. 植物资源

有林地面积546.7公顷。光绪《蕲州志》载蕲州有“木属”35种、“果属”31种。1985年普查，境内有木本植物（含竹类）132科233属351种。分别为：用材类树种29科53属82种。常见品种有：马尾松、黄山松、华山松、湿地松、火炬松、黑松、落叶松、金钱松、杉木、柞木、水杉、池杉、三尖杉、柏木、翠柏、重阳木、栾木、七叶树、响叶杨、小叶杨、意杨、枫杨、小叶黄杨、大叶黄杨、河柳、旱柳、青钱柳、石栎、白栎、泡栎、麻栎、槲栎、柞栎、包栎、栓皮栎、小叶栎、枫香木、三角枫、八角枫、白花泡桐、毛泡桐、白榆、黄榆、刺榆、榔榆、大果榆、国槐、刺槐、山槐、黄檀、白檀、香檀、朴树、樟树、大叶樟、楠木、紫荆、皂荚、香椿、臭椿、苦楝、毛竹、淡竹、水竹、紫竹、丛竹、苦竹等。

园林绿化树种有37科73属116种。常见品种有：圆柏、扁柏、刺柏、龙柏、雪松、罗汉松、女贞、小叶冬青、大叶冬青、铁冬青、木芙蓉、广玉兰、雪柳、垂柳、龟甲竹、罗汉竹等。

经济类树种计21科31属48种：常见品种有蜜橘、柑橘、金橘、橙、柰李、樱桃、阳桃、沙梨、白梨、棠梨、豆梨、枇杷、山楂、板栗、茅栗、核桃、银杏（白果）、无花果、山梅、葡萄、毛葡萄、枣子、拐枣、酸枣、草杨梅、柿、石榴、油茶、青茶、山茶、乌梅、漆树、油橄榄、棕榈等。

灌木类树种有32科55属71种。

藤本植物计有13科21属28种。常见有红葡萄藤、青藤、紫藤、葛藤、鸡屎藤、南蛇藤、石楠藤、五叶木通、猕猴桃、爬山虎等。

草本植物（含花卉、药材）按1982年普查有37科80种。主要品种如下：紫芝、白茅、狗尾草、红茅草、珍珠菜、马鞭草、罗勒、茺蔚、万年青、山荨麻、茅麻、紫菀、天门精、兔儿伞、蓟草、丽草、水蓟、红花蓼、野荆芥、葎草、石竹、扁竹、泊菜、菖蒲、紫石蒲、夜金钱、紫草、蜈蚣草等。

水生植物资源：

（1）浮游植物：纤维藻、小球藻、衣藻、鼓藻、月鼓藻、实球藻、小环藻、直链藻、胶鞘藻、微囊藻、束丝藻、蓝藻等。

（2）维管束植物：1982年普查有23科38种。其中，食用类有：莲、藕、菱角、芡实、茭白、茭儿菜、慈姑、矮慈姑、水芹、水蕹菜、蒲菜、水芋、荸荠、叶蒲黄等。饲料类有：苦草、槐叶萍、绿萍、水马齿苋、柳叶藻、凤眼莲、芜萍、青萍、旱莲子草等。

花卉资源：按光绪《蕲州志》载有“花属”53种。1985年后品种增多，常见花卉有：月季、海棠、荷花、蜡梅、金菊、黄菊、茉莉、野茉莉、紫茉莉、牡丹、芍药、山茶、黄杜鹃、紫杜鹃、映山红、绣球、栀子、黄栀子、水栀子、蔷薇、紫薇、玫瑰、鸡冠、芙蓉、海棠、水仙、金银花、夹竹桃、牵牛、迎春、木芙蓉、瑞香、山丹、夜来香、珠里红、望春、合欢、含笑、四照花、七姐妹、十姊妹、碎蝶、笑靥、石蒜、玉竹、玉簪、凌云、藏金、子午、六月雪、金种子、白兰、白玉兰、君子兰、紫罗兰、紫玉兰、吊兰、葱兰、紫荆、冬珊瑚、半枝莲、满堂红、美人蕉、丁香、虞美人、滴滴金、剪春萝、千日红、樱花、雪莲、睡莲、含羞草、仙人掌、仙人球等。

4. 动物资源

(1) **兽类**。光绪《蕲州志》载旧时有“兽属”：鹿、兔、鲛狸、獾、豺、狼、狐、狸、獐、獭、猬。中华人民共和国成立后，野兽种类量渐少。较常见的有兔、狐、狸、香狸、野猪、豪猪、野羊、狼、豺、狗犴、猪獾、獐、麂、猬、獭、鼠、野猫、穿山甲等。

(2) **鸟类**。光绪《蕲州志》载，旧时境内有“禽属”：凫、鸥、鸠、麦啄、雉、雁、慈鸟、鸳鸯、燕、鹏、鹰、鸦、鹊、鸽、鹤、鹈鹕、鹳、鸨、白鹇、鹬、秧鸡、鸐、鹯、伏翼、鹭鸶等。中华人民共和国成立后，鸟类在20世纪70年代后减少。现常见有麻雀、喜鹊、八哥、画眉、乌鸦、鸐、鹰、猫头鹰、啄木鸟、鹤、鹭鸶、布谷、杜鹃、鸥、秧鸡、山鸡、山雀、绿豆鸟、野鸭、雁、鸠、燕等。

(3) **鱼类**。光绪《蕲州志》载，旧时境内“鱼属”有鲥、鳣、鲔、鳜、鲂、鳙、阳鱼鲚、鳡、鲭、鳇、鲩、石首、鱼鱵、鲚、鲦、鲹、鳟、鱼鲹、鳋、鳗、鳝、鱼鲟、鱼鲄、鲫、鳊、鲼、鱼鲵、鳖、银鱼。1983年普查，鱼类有9目19科64种：短颌鲚、鱼鲥、太湖短尾银鱼、长江银鱼、鳗、鲡、鲤、兴国红鲤、鲫、麦穗鱼、华鳈、黑鳍鳈、棒花鱼、蛇鮈、刺鮈、长蛇鮈、吻鮈、花鱼骨、铜鱼、马口、赤眼鳟、青、草、长春鳊、团头鲂、三角鲂、油鱼餐鳈子、红鳍白，尖吻白、银飘鱼、黄鲴、鳙、鲢、泥鳅、胭脂鱼、黄颡鱼、鲇、鳜、黄鳝、乌鲤等。

(4) **虫类**。1982年普查，农作物益虫46科117种。常见的有茧姬蜂、绒茧蜂、丽姬小蜂、蚜虫蜂、蛹姬小蜂、赤眼蜂、金小蜂、缨小蜂、黑卵蜂、红螯蜂、四点金小蜂、鱼纹瓢虫、七星瓢虫、稻红瓢虫、黑襟圆瓢虫、青步甲、三突花蟹蛛、丁纹豹蛛、斜纹猫蛛、草间小黑蛛、迷宫漏斗蛛、宽条盗珠、八斑球蝮蛛、鳞纹肖蛸、直伸肖蛸、大草蛉、中华草蛉、宽腹螳螂等。其他昆虫有螟、蝗、松毛虫、地蚕、蝇、蚊、臭虫、蟑螂、跳蚤、蚂蚁、蟋蟀、蝴蝶、蜻蜓、蜂、蝉、萤、土鳖虫、屎克螂等。

(5) **其他动物**。爬行动物主要有龟鳖、蜥蜴、壁虎、乌梢蛇、大王蛇、银环蛇、金环蛇、竹叶青、眼镜蛇、蕲蛇、白花蛇、蝮蛇等；两栖动物有青蛙、土蛙、黑蛙、蟾蜍等。现引进有新品种牛蛙；节肢动物有虾、龙虾、螃蟹、蜈蚣、蜘蛛、蝎子等；软体动物有杜氏蚌、背角无齿蚌、褶纹冠蚌、田螺、静水椎实螺、钉螺（基本灭绝）、蜗牛等；环节动物有蚂蝗（水蛭）、蚯蚓等。

5. 矿物资源

光绪《蕲州志》载：境内“石属”有赭石、水精石、砂石、无名土（俗名“收由土”，讹名“乌煤土”）、石灰（有山灰、河灰两种）、苏釉石。1997年版《蕲春县志》载，石灰石，主要分布在蕲州银山等地，其中银山储量1112万吨。品位：氧化钙55%，其他成分占45%。黄砂，主要分布在长江蕲春段，其中蕲州段储量2亿吨。砂粒棱角多、色泽好、承压强度大。煤炭，主要分布在蕲州境内，属晚二叠系龙潭煤系，总储量529.5万吨。其中蕲州9万吨。横坝229.4万吨（工业储量119.2万吨，已采5.86万吨）。银山172.4万吨（工业储量84.5万吨，已采29.26万吨）。汤垄94.6万吨；21世纪初探明，蕲州镇潘湾村一带储有绢云母，储量1500万吨。

6. 旅游资源

蕲州境内多奇山秀水，古迹遍布，旅游资源丰富。旧时有“蕲州十景”，现在主要景观有李时珍纪念馆、龙泉花海、胡风纪念馆、李时珍健康文化小镇。

（1）李时珍纪念馆。

李时珍纪念馆为国家AAA级旅游景区，爱国主义教育基地。该馆位于蕲州城东南面风景秀丽的雨湖之滨，占地53333.6平方米。由李时珍纪念馆、李时珍墓地、李时珍医史文献馆和药物园四大部分组成。李时珍纪念馆馆名是邓小平同志题写，为仿明古建群体，错落有致，气势恢宏。馆内陈列展出大量医药文献资料、药物标本和郭沫若、邓颖超、方毅等党和国家领导人以及国内外著名专家、学者的题词，珍藏有李时珍所著《本草纲目》十多种版本。并藏有古今介绍李时珍和医药书籍、文献资料和报纸杂志等。纪念馆自1981年4月开放以来，平均每年接待中外游客40万人次。

李时珍墓坐落于李时珍纪念馆后山蟹子地，濒临雨湖。旧时“蕲州十景”中有“雨湖渔舫”。1982年2月23日，李时珍墓被国务院列为全国第二批重点文物保护单位。尔后相继对李时珍陵园进行了精心修葺和装饰，使之成为一处亭台楼阁，错落有致；湖光山色，交相辉映的观景区。

李时珍陵园景区由本草碑廊、纪念展厅、药物馆、百草药园、墓园五大部分组成。进入陵园景区大门，第一重院落即本草碑廊、墙壁上嵌有96块黑色大理石碑，碑上刻有1983年著名的国画家蒋兆和所画李时珍像，明末清初顾景星撰《李时珍传》、明代文坛巨匠王世贞写的《本草纲目序》以及从《本草纲目》中选刻的128幅草本药图。

李时珍展览馆主要是介绍李时珍伟大的一生，反映他为中医药事业的发展而悬壶济世，治病救人的奉献精神。采用图片和实物配展的形式，让人们了解这位世界上最伟大的科学家、中国明代最伟大的医药学家李时珍光辉的一生。

李时珍药物馆则介绍了中国历代医药学家的生平及对中华医药的卓越贡献。并展示了800多种植物、动物和矿物药材标本，让观众直观地了解中医药博大精深的学问。同时还将全国各地中成药产品的样品陈列布展，让广大群众增加实用的药物治病和健康养生知识。

李时珍百草药园栽种植物药材300多种，一年四季绿叶葱郁，花红果肥，百草飘香，让人们直接了解中草药的栽培、生长、采集等方面知识。其园区景色，更让参观者耳目一新。

1995年3月，李时珍陵园被湖北省人民政府命名为“全省爱国主义教育基地”；1996年10月，被教育部等六部委命名为“全国中小学爱国主义教育基地”；1997年6月，被中共中央宣传部命名为“全国爱国主义教育示范基地”；2006年12月被国家中医药管理局确定为“全国（第一批）中医药文化宣传教育基地”；2009年5月，被国家文物局确定为“国家三级博物馆”；2012年9月，被国家旅游局确定为AAA级旅游景区（点）。李时珍陵园景区经过新一轮扩建，规模将得到更大扩展，内容更加丰富，档次规模更高。

（2）龙泉花海。

蕲春县龙泉花海观光园是国家AAA级旅游景区，位于蕲春县蕲州镇南向6公里处的龙泉庵村。整体形象定位为“龙泉花海，养生名村”。该景区四季花开不断，错落有致；常年红绿相间，五彩缤纷。凡赏花观叶植物，皆改变传统集中的赏花时间，让游客领略四季不同的繁花美景。春日樱花，绽放出朵朵粉红；夏日花繁，烂漫成遍野韶华；秋时璀璨，飞叶布满城金甲；冬梅傲霜，静静等待雪意漫天。景区内设两处观景台，游人可俯瞰整个花海园林，远望青山绿水，千红万紫；近观花繁锦簇，燕剪莺梭。游客有俨然置身世外桃源之感，让您情不自禁，放松身心，放慢步履，的确是都市一族度假休闲、陶冶人生的绝妙佳境。

景区内有八大景点，即凤戏龙泉、马湖映月、竹林幽境、雾岗晨钟、老鹳归巢、栗山揽胜、樱花塔影、八夫朝圣。此外还有时珍药浴、农民健身游乐场和垂钓等休闲娱乐基地，可供游人自由徜徉。

龙泉花海景区由蕲州镇和龙泉庵村引进湖北林业龙头企业——宜昌龙源林业有限公司投资兴建，是李时珍主题公园的重要组成部分和配套工程。整个花海规划面积 2 万亩，已垦复荒山、岗坡地 6000 亩，已种植桂花、樱花、紫薇、红枫、红梅、红叶石楠、垂丝海棠 5000 多亩。现有日本樱花 1000 亩、紫薇 800 亩、桂花 800 亩、红枫 500 亩、红梅 300 亩、垂丝海棠 700 亩、蜡梅 500 亩、红叶石楠 300 亩、罗汉松 100 亩。各个品种，相间套种；一年四季，各自绽开。形成永久的人间仙境。

(3) 金陵书院与纯阳阁。

金陵书院前称叫金陵会馆，始修时间无考，位于蕲州西门内麒麟山西南麓。据现存碑志记载：清乾隆二十二年（1757 年）曾重修金陵会馆，至乾隆三十六年（1771 年）完工。碑志云："……金陵会馆者，及我辈先人贸易于斯者之所建也……但年深日久，房垣未免颓塌，今复修理，捐资乐助，庶不毁前人创初之功，亦可永为同乡会聚之所。爰勒片石，以志云云。"嘉庆二十一年（1816 年），"南京帮"商户捐红利于会馆作公益金；同治六年（1867 年）再次重修，更名为"金陵书院"，聘曾任江西某县县丞的张梦玉为教习。"金陵书院"四个大字亦为张梦玉所书，镌石嵌入书院大门额上。

金陵书院，进门为亭式门楼，两厢是红柱廊檐，中庭有丹墀、铸铁大鼎。正面花棂扇大厅、厅内设讲台，书桌、靠椅。后面有三座香案，中供孔夫子，西供观音大士、东供雷祖天尊。儒道释同时祭祀，体现商人足智多谋之道和广结善交之缘。

同治七年（1868 年），金陵书院增建一幢三进房舍，曰聚德堂。前屋为执事人员住所，后为聚会之厅。中供文财神陶朱公——范蠡。后又增建二室一厅，收养弃婴，名曰保婴局。至此，金陵书院规模已显壮观。

同治十三年（1874 年），原金陵书院教习张梦玉在黄安（今红安）天台山学道归来，称"痴道人"，向"南京帮"商人化缘，募得巨资，在金陵书院后面建造一栋全木结构，正方三层楼的道教场所——玉皇楼。主体工程由 16 根直径 1 尺多的木柱支架，其中 4 根通天柱直支顶梁。各柱连接梁、枋、挑、檩，全采用凸凹榫齿相咬，斗拱支撑，牢固美观。出挑处是古朴典雅的飞檐青瓦红天花板，造型优美。一、二层檐后外圈格有镂花栏杆和仙人靠。各层均精雕细刻各种图案，充满诗情画意。

玉皇楼顶层供奉玉皇大帝，二层供奉太上老君、底层供奉吕纯阳祖师。"痴道人"张梦玉料理香火，甚是兴旺。常在底层吕纯阳祖师殿扶乩请仙，后不知所终。新来的道人除照料玉皇楼香火外，主要活动则在吕纯阳祖师殿"请神"论吉凶，指迷津。一时间，纯阳祖师降鸾显灵消息传遍州城，传遍大江南北，香火大盛。至光绪末年，道人竟将玉皇楼改称"纯阳阁"，辗转相传，至民国时，人们不知道蕲州有玉皇楼，而只知道有个纯阳阁了。

二十世纪五六十年代，金陵书院与纯阳阁由于长期无人料理，受到了一些损毁。至 80 年代，由于玉皇楼摇摇欲坠而被拆除，纯阳阁亦存为地域名称。金陵书院和纯阳阁两大古迹只存金陵书院一处，且残破不堪。直到 90 年代初，有道人来寻纯阳阁旧迹，在金陵书院内择室供奉吕纯阳祖师，重整香火，修复旧迹，将金陵书院、纯阳阁合为一体，面貌得到改观。至1997年，被蕲春县人民政府定为县级“重点文保单位”。后再经不断维护修缮，整体得到了较大的改观。2002年，经湖北省人民政府确定为省级“重点文物保护单位”。

如今，金陵书院这一历史文化古迹迎来各界人士的关心，每年都有数以千计的游客到此观光游览，探索旧迹。

（4）李时珍健康文化小镇。原为蕲春华中影视城，亦称赤龙湖华中影视基地，位于蕲春县蕲州镇西角湖村（今划入蕲春湿地公园管理），由北京信中利投资兴建。占地面积150亩，仿古建筑面积15000平方米。影视城内建造有古城楼、荆王府、蕲州李府、京城李府、明代集市、府衙、书画院、古戏台、祈寿山、水上娱乐、野战影视城等多个极具明清特色的徽派建筑物和景点。在这里先后拍摄完成了《大明医圣李时珍》《洪湖赤卫队》《黄梅戏宗师传奇》《大汉口》《金童玉女》等多部电视连续剧和电影。并于2010年成功承办了“第37届旅游小姐大赛湖北赛区总决赛”。畅游这座影视城，不仅能够让你体验穿越时空的惊喜，还能在不经意间碰到您喜爱的明星并与他们面对面交流，甚至可以参与影视剧的拍摄，开启自己影视之梦的大门。影视城自2008年开放以来，每年都有数以万计的游客到此观光游览且流连忘返。

自2016年4月起，华中影视城资产全部移交给湖北省联投经营。已开启了新的改扩建规划，利用现有资源，结合李时珍《本草纲目》中药原理，开展多种健康养生和理疗项目。进而利用李时珍故里资源优势和《西游记》原创地等文化根基，将此景区建设成“李时珍健全文化小镇”。

（5）胡风（张光人）纪念馆。位于蕲春县蕲州镇菩提村境内。该纪念馆是由蕲春张氏总宗祠筹备管理委员会理事长张启春、张梁森以及执行理事长张国成等发起，在张启春率先捐款300万元（后累计捐资580万元）作启动资金的感召下，共筹资（包括蕲春张氏宗亲和各届人士捐款）3000万元，从2013年5月起奠基兴工，至2017年初全面竣工，建成仿宋古建总面积4000多平方米的胡风（张光人）纪念馆及各项配套建筑群。其中，胡风（张光人）纪念馆600多平方米，其他配套建筑有“大别山魂”——蕲春革命史展览馆、蕲州历史展览馆、张氏文化活动中心（蕲春张氏总宗祠）3400多平方米。完全由社会筹资建成如此规模的大型纪念馆，在国内尚属首家。

胡风（张光人）纪念馆分为“序厅”“我从田间来”“时间开始了”“泥土的道路”“结束语”等五大部分，展出了与胡风（张光人）有关的老照片、书刊、版画、陶瓷器皿、地图、书信等文物500多件。其间，2017年12月10日，由中共蕲春县委领导主持、蕲春县蕲州镇主办，蕲州镇菩提村承办的首届胡风学术研讨会在胡风（张光人）纪念馆隆重举行。来自（北京）中国社科院、湖北省社科院及市、县各级领导、专家、学者30余人莅会；2018年2月21日，为弘扬中华民族优秀传统文化，蕲春张氏总宗祠筹备委员会在此举行蕲春张氏宗亲首次祭祖活动。来自北京、江西、湖北、武穴、阳新、大冶、浠水等省、市、县宗亲及各界代表2000余人参加了这次民俗活动，为传承氏族文化开启了先河。

胡风（张光人）纪念馆自2017年初开馆以来，省、市、县各级领导，县内外各界人士相继到此参观考察，每年接待游客万余人次。胡风纪念馆二期工程正在兴建之中，这里将打造成华中传统文化教育基地、国家AAA级旅游景区。

(6) 雄武门，雄武门是古蕲州城北门。古城始建于南宋景定三年（1262年），初全为石砌，依凤凰、麒麟二山而起，临长江而池，壮丽别致，规模庞大，历为郡、县、州、路、府治所在地。明正统十年（1445年）荆宪王朱瞻堈将王府由江西建昌迁至蕲州麒麟山下，一时“府第楼台平地起，巍峨等次比皇都”，自此“夜市千灯照碧云，犹自笙歌彻晓闻”。据明嘉靖《蕲州志》载:“其城周九里三十三步，阔一千一百三十丈，高一丈八尺……城门六座，东曰紫阳，西曰澄清，西之右观澜，西之左聚奎，南曰文明，北曰雄武。城上窝铺三十所，雉堞三千一百六十五，敌楼三座，串楼九百九十间。”是鄂东最大城池。今城池虽毁，北门“雄武门”保存完好，屹立在麒麟山上，其雄风犹存。1984 年被列为湖北省重点文物保护单位。

(7) 麒麟山，该山位于古城中心今时珍路西侧，海拔 55.8 米，山势由北而南呈弧形，南端突起，极像一只蹲卧的麒麟，俯视滔滔长江，所以称其为麒麟山。据民间传说，孔子周游列国时，于此地得一头上长角的狗崽且口吐纸片，孔子得而著《春秋》曰“麟吐玉书”，故而将此山名为麒麟山。古蕲州城依山而建，山上城墙高耸，亭台楼阁等名胜古迹甚多，气势雄伟的北门城楼雄武门保留至今。

(8) 医圣楼，此处古代是连接濒临长江西门的唯一通道，1991 年第一届“李时珍医药节”后，开始修建仿古门楼，1993 年完工，为纪念李时珍青少年时期常从此处出城到龙凤山一带采蕲竹、捕蕲蛇为百姓治病的大爱仁心，而起名“医圣楼”。拾级登楼，倚栏西眺长江，壮美景象尽收眼底，特别是秋日夕阳西下，确有“秋水共长天一色，落霞与孤鹜齐飞”的美感，让人心旷神怡。

(9) 博士街，又称东长街，长 1000 余米的狭小街道上，100 多户人家，先后走出了 150 多名博士、教授和专家。李宝珍一家被称为“博士之家”，这个家庭共有博士 5 人：李宝珍是纽约某医学院博士，其长子吴永辉是数学博士，任美国康涅狄格州大学某研究所所长，次子吴永沂，美国爱因斯坦医学院博士，任美国康涅狄格州大学教授，三子吴永烽，美国麻省理工学院应用物理博士，任美国某精密仪器厂高级工程师，女儿吴永焘，美国布朗医科大学博士。明代进士、吏部尚书冯天驭，明代进士、著名理学家顾问，明代进士、刑部主事顾阙等也皆诞生于东长街。

(10) 玄妙观，原址在蕲州城内麒麟山，初建于北宋真宗大中祥符年间，明英宗天顺四年(1460 年) 荆靖王朱祁镐迁建于蕲州城东门外，当初是一座道观，李时珍父子当年曾在玄妙观内通明阁设诊所为平民百姓治病。玄妙观“文革”中被拆毁，20 世纪 80 年代重建，位于今时珍路蕲州实验小学左侧，规模宏大，风格独特，基本保持原貌，作李时珍医院门诊部，原全国人大委员长王任重亲笔题写“玄妙观”三个大字，原中科院院长郭沫若题有“蕲春县李时珍医院”的匾额。被列为湖北省重点文物保护单位。

(11) 蕲艾小镇，蕲艾素为蕲州四宝之一。李时珍父亲李月池曾著《蕲艾传》，赞曰：“生于山阳，采以端午。治病灸疾，功非小补。”蕲艾在蕲州种植历史悠久，1991 年 10 月，首届李时珍医药节药交会后，镇政府就积极组织村民种植地道药材蕲艾，渐渐形成种植、加工、销售、治病“一条龙”。

（三）自然灾害

境内自然灾害，主要有水灾、旱灾、风灾、冰冻和其他自然灾害。按古今记载如下：

1. 水灾

境内水灾集中在春、秋两季，主要是暴雨和江汛造成的灾害。
隋文帝开皇五年（585年），水灾。
唐宪宗元和八年（813年），蕲州湖水泛滥成灾。
唐文宗太和八年（834年），蕲州湖水溢泛。
宋太祖建隆三年（962年），七月，蕲州大水坏民庐舍。
宋太祖乾德三年（965年），蕲州暴雨成灾。
宋太宗淳化元年（990年），八月，蕲州大水灾。
宋孝宗乾道三年（1167年），六月，大水淹没庄稼，人畜漂没。
宋理宗端平三年（1236年），三月，大水淹倒民舍。
元世祖至元九年（1272年），大水灾。
元顺帝至正九年（1349年），夏秋，蕲州大水淹没庄稼。
明太祖洪武九年（1376年），蕲州大水。
明成祖永乐二年（1404年），秋七月，水灾。
明成祖永乐九年（1411年），大水灾。
明成祖永乐十三年（1415年），先大水灾后又旱灾。
成祖永乐二十二年（1424年），大水灾。
明正统二年（1437年），蕲州沿江大水决江堤。
明代宗景泰六年（1455年），江水泛滥，蕲州民田尽没，受赈恤。
明代宗景泰七年（1456年），江水泛滥，民田亦尽没，民受赈。
明宪宗成化五年（1469年），大水灾。
宪宗成化十一年（1475年），五月，大水灾。
宪宗成化十三年（1477年），春，蕲州大雨后降冰雹，牛死无算。
明世宗嘉靖六年（1527年），大水漂没人畜。
明世宗嘉靖十八年（1539年），大水灾，低处民田尽淹没，州城市巷行船以通。
明穆宗隆庆五年（1571年），蕲州下大冰雹，大饥荒年。
明神宗万历三十一年（1603年），夏，大水灾。
明神宗万历三十六年（1608年），五月，州城大水，城堞可登舟，城内巷道水丈余深。
明神宗万历四十一年（1613年），大水灾。
明神宗万历四十二年（1614年），大水灾。
清圣祖康熙二年（1663年），夏大旱，至秋大水，居民于树巢栖止，入城必用舟筏。
清世宗雍正四年（1726年），蕲州大水，江亦泛滥，田地尽淹没。
清雍正五年（1727年），大水灾。
清乾隆十八年（1753年），大水灾。
乾隆二十年（1755年），三月二十八日，暴风雨毁民居300多所，死10余人。
乾隆二十九年（1764年），蕲州卫大水灾。
乾隆三十二年（1767年），大水泛滥，漫溢屯田。
乾隆三十四年（1769年），大水，蕲州城内可以停靠船只。

乾隆五十三年（1788年），大水，州城内外，巷道行舟。庐舍、屯田、器具皆漂没。

清仁宗嘉庆十八年（1813年），蕲州大水灾。

嘉庆十九年（1814年），蕲州大水灾。

清宣宗道光七年（1827年），霖雨，山洪暴发，湖水泛滥，漂没田舍、人畜无数。

道光十一年（1831年），发大水，蕲州城内市巷水深数尺，漂没田舍无数。

道光十三年（1833年），大水灾。

道光二十一年（1841年），大水灾。

道光二十四年（1844年），秋季，大水。

道光二十七年（1847年），大水灾。

道光二十八年（1848年），大水灾。

道光二十九年（1849年），特大水灾，蕲州城雉堞可通舟船，仅存麒麟山、凤凰山及熊化岭三个山头，全城浸没水中，人畜漂没无数。

道光三十年（1850年），大水为患，民无颗粒之收，以野菜度命。

清文宗咸丰元年（1851年），大水灾。

咸丰五年（1855年）六月，湖水溢泛成灾。

清穆宗同治八年（1869年），八月，大水。

同治九年（1870年），大水灾。

清德宗光绪六年（1880年），六月，山洪暴发，蕲州低处水深数尺，民堤全部冲毁，损失巨大。

光绪七年（1881年），长江水漫，堤防毁坏，蕲州民田颗粒无收。

光绪十五年（1889年），夏秋，连续大雨，江河湖水暴涨，田地尽没，百姓皆逃荒外地。

光绪二十七年（1901年），初夏，昼夜暴雨连下一月有余，夏粮全部无收。

光绪三十三年（1907年），秋，江水、山洪并发，百姓流离失所。

清宣统元年（1909年），六月，山洪大水，湖水泛滥成灾。

宣统二年（1910年），江水破堤，蕲州大灾。

1919年，江水破堤为灾。

1922年，大水灾。

1924年，夏秋大水灾。

1926年，江水倒灌，破堤成灾。

1930年7月，暴雨成灾，田地尽没。

1931年秋，江水、山洪并发，蕲州最高水位比清光绪二十七年（1901年）大水高二尺五寸，堤防尽溃，田地尽没，颗粒无收，民舍倒塌殆尽，灾民流离失所。

1933年夏秋，江水泛滥，山洪并发，堤防尽毁，田地尽没，田禾全无，灾情巨大。

1935年大水，灾情严重。秋又大旱，禾稼枯死，民众死伤者为数不少。

1936年早秋，暴雨半月，决堤46处，受灾数万亩。

1942年6月初起，淫雨连旬，山洪暴发，波涌云腾，一片泽国，灾情巨大。

1946年7月，暴雨十多天，湖水泛滥，禾稼受涝。

1948年，江水，又兼山洪暴发，田地被淹，多数无收。

1949年7月6日至10日大暴雨，内发湖汛，外遭江水横流，蕲州受灾数万亩。

1953年农历六月，山洪、江汛并发，酿成巨灾，蕲州损失惨重。政府组织救灾。

1954年农历六月，亦为山洪、江汛并发，灾情特重。政府组织生产自救。

1956年6月27日、28日，突降暴雨，日最大雨量130.4毫米，蕲州损失惨重。政府组织抗洪救灾。

1969年6月23日，暴雨136.8毫米，6月28日至7月17日，又连续降雨19天，雨量704.4毫米，造成洪涝重灾，粮食减产，部分田地无收。

1973年5月至7月中旬，降雨52天，雨量793.7毫米，造成洪涝灾害。

1980年6月至8月，降雨52天，雨量733.1毫米，超过全年降雨量的一半。暴雨间隔时间短，强度大，江、河、湖、库、塘、堰水位猛涨。9月2日，长江水位达23.86米，仅次于1954年水位。多处水库溃口，湖水泛滥，受灾严重，晚收全部减产，部分无收。

1983年6月至7月，山洪暴发，江汛并发，蕲州外江水位24.48米（7月19日），牛皮坳的赤东湖泵站6台机组全部启动排灌，赤东湖水位仍高达20.55米。本次水灾，多处堤防毁坏，田地尽没，房舍被淹，死亡20多人，伤百余人。累计损失惨重。

1991年7月，连续暴雨，造成巨大洪涝灾害，湖、河、库整个水位增长。赤东湖泵站6台机组全部启动排灌，内湖水位仍有20.23米。蕲州地区损失巨大。

1995年6月19日至7月8日，三次强降雨导致洪水暴发，蕲州外江7月10日最高水位达24.34米。比历史上1983年最高水位24.48米仅低0.14米。此次大水，蕲州普遍受灾严重，直接经济损失6000万元以上。

1996年6月22日至7月21日，先后5次强降水，造成特大洪水灾害。蕲州长江干堤二里湖、十五厢段两处管涌，情况紧急，县防汛指挥部组织抢险。此次特大洪水，蕲州地区直接经济损失过亿元。

1998年，特大洪水，仅次于1954年长江全流域大洪水。入汛早，降雨强度大，洪峰次数多，先后8次洪峰。洪峰水位高，8月9日，蕲州牛皮坳外江水位达25.54米，超过1954年最高水位0.6米。长江大堤在高水位浸泡时间长，为历史所罕见。这次洪水灾害，蕲州地区直接经济损失2亿元以上。

1999年，特大洪水，是长江中游继1998年全域性特大洪水之后的又一次严重的区域性特大洪水。7月2日，蕲州牛皮坳外江水位达到22.42米，超警戒水位0.42米；7月26日水位涨至24.96米，超1954年最高水位0.02米，为中华人民共和国成立以来第二高水位。沿江堤防在超警戒水位运行时长38天。本次特大洪水灾害，蕲州直接经济损失超2亿元以上。

2010年，洪水灾害。7月8日至7月17日8时，日平均降雨350毫米，县防汛抗旱指挥部启动了防汛三级响应和自然灾害应急预案。此次大洪水灾害，蕲州地域直接经济损失在2000万元以上。

2016年，洪水，由蕲北张塝、大同、檀林、向桥4乡镇强降雨造成全县洪涝灾害。7月6日，赤东湖水位达到21.71米，为历史最高纪录，比1998年内湖最高水位的21.35米还超出0.36米。此次大洪水，蕲州地域受到巨大的经济损失。

2. 旱灾

蕲州境内亦见旱灾，多在伏热之季。

南梁大宝二年（551年），蕲州大旱。

南梁承圣元年（552年），蕲春旱（含今蕲州地域）。

南宋绍兴元年（1131年），蕲州旱。

南宋淳熙四年（1177年），蕲州大旱。

南宋淳熙七年（1180年），蕲州大旱。

南宋绍熙元年（1190年），蕲州旱。

元世祖至元二年（1265年），蕲黄旱（含蕲州）。

元大德五年（1301年），蕲州领地皆旱。

元延祐七年（1320年），蕲州旱。

元天历二年（1329年），蕲州路夏秋大旱。

元元统二年（1334年），三月，蕲州旱。

元至元二年（1336年），蕲州旱。

元至正十二年（1352年），秋九月，大旱荒，百姓饥饿。

元至正十三年（1353年），大旱后疫疠遍行。

明宣德二年（1427年），湖广旱（含蕲州）。

明宣德九年（1434年），湖广旱（含蕲州），饥民遍野。

明正统七年（1442年），蕲州旱。

明十三年（1448年），湖广旱（含蕲州）。

明景泰六年（1455年），大旱，田禾枯槁。

明天顺三年（1459年），湖广旱（含蕲州）。

明成化十四年（1478年），蕲州大旱。

成化十五年（1479年），亦大旱。

明弘治元年（1488年），蕲州大旱。

弘治十七年（1504年），蕲州大旱。

明正德三年（1508年），蕲州大旱，六七月时湖水干涸，可驰行其上。

正德八年（1513年），湖广大旱（含蕲州）。

明嘉靖二年（1523年），蕲州旱。

嘉靖七年（1528年），湖广大旱（含蕲州），人相食。

嘉靖十一年（1532年），湖广大旱（含蕲州），自正月至五月未下雨。

嘉靖二十三年（1544年），湖广旱（含蕲州）。

嘉靖二十四年（1545年），蕲州连旱。

明天启六年（1626年），蕲州旱。

明崇祯十四年（1641年），三月至八月，无雨，蕲大旱，疫疠并行。民嚼树皮吸汁水，民死过半。

崇祯十五年（1642年），夏秋大旱，疫疠并发。蕲州树杪自燃，焚木殆尽。民死十之六七，殍尸载道。

清顺治九年（1652年），蕲州大旱，三月至八月无滴雨，民嚼柏叶饮汁水。

顺治十四年（1657年），蕲州旱。

清康熙十年（1671年），大旱。

康熙十三年（1674年），旱灾。

康熙十八年（1679年），旱灾，有老虎自缺齿山入蕲州城食人。

康熙二十五年（1686年），旱灾。

康熙二十九年（1690年），蕲州大旱，岁饥荒。

康熙三十二年（1693年），蕲州旱。

康熙三十三年（1694年），蕲州旱。

清乾隆五十年（1785年），大旱，道途饥民逃荒不断。

清嘉庆六年（1801年），蕲州旱。

嘉庆七年（1802年），大旱。

嘉庆十三年（1808年），大旱，谷米腾贵。

嘉庆二十五年（1820年），蕲州大旱。自是年四月无雨，至次年初夏方雨，始可耕田，民稍安。

清道光四年（1824年），六月间，大旱。岁饥荒，斗米五百钱，流民四起。至九月下雪，天变无常。

道光十五年（1835年），大旱。

清咸丰六年（1856年），大旱。

清同治三年（1864年）夏，大旱。

清同治六年（1867年），蕲州旱。

清光绪二十四（1898年），大旱，田地无收。

1914年，蕲地大旱。

1925年，大旱两月余，人畜缺饮水，田禾枯死，民众大饥。许多地方没有谷种。

1934年，大旱，庄稼枯死大半。滨湖之田，湖涸水遏，车水不易，秋收仅三成。

1940年，旱灾。

1941年，旱灾，蕲地为全省一等灾区，灾民占总人数一半。

1958年5月20日至8月21日，94天未下透雨，63天无滴雨，造成大旱灾，境内农作物受灾过半，部分无收。

1961年4月至8月，连续150天未下透雨，其中94天滴雨未下。境内粮食普遍减产。

1966年5月18日至10月31日，167天内未下透雨，其中133天滴雨未下，境内粮食普遍减产。

1968年5月25日至10月6日，135天未下透雨，其中100天滴雨未下，是境内历史上最严重的枯水年，湖洼普遍干涸，田地干裂，粮食大面积减产。

1972年6月28日至9月10日，74天无透雨，其中53天全无雨，境内大面积减产，部分无收成。

1976年6月19日至8月31日，75天无透雨，其中54天大晴无滴雨，境内普遍干旱，粮食大面积减产。

1978年6月至10月，持续高温134天，大晴101天。境内大旱，除大同水库、花园水库外，所有塘、堰、水库干涸，蕲河断流，人畜饮水困难。全镇粮食普遍大减产。

1979年7月10日至12月17日，161天仅30天稍下毛雨。其余131天为无雨大晴天，境内普遍干旱，粮食大减产。

1985年5月27日至9月16日，113天内全无雨日82天。境内水库、塘、堰干涸，人畜饮水困难，粮食大面积减产。

1988年4月，仅6日降雨22.7毫米，后整一个月未下雨。春旱连夏旱，“双抢”时期遇高温。7月1日至8月中旬，境内平均气温31℃。35℃以上高温天气39天。7月18日，气温高达 40.3℃。境内普遍大旱灾，人畜缺饮水，粮食大减产。全镇直接经济损失近千万元。

1990 年 5 月至 7 月，均为无雨高温天气，从 7 月 2 日至月底为持续高温天气，地表水分蒸发量比常年多 65.8 毫米。境内大干旱，粮食大减产。

1991 年 7 月 13 日，连续 17 天高温无雨。7 月 20 日后日温均在 35℃以上，日高温和最高气温均超历史。境内大旱，粮食大减产。

1992 年伏旱，降雨微少，持续高温，旱情长，田地发裂，禾苗干枯，点火可燃，人畜饮水困难。境内普遍减产。

1994 年 6 月，底梅雨结束进入少雨、无雨高温期，直至 9 月上旬，旱情持时间长。境内塘、堰干涸，无水灌溉，90%的农作物减产。

1995 年从 7 月 6 日起至 9 月底，无雨持续高温达 40 多天，境内普遍干旱，人畜饮水困难，农作物普遍减产。

1997 年自 7 月 26 日至 9 月 10 日，微雨 21 天，滴雨未下日 25 天，造成干旱，境内受旱严重。

2000 年 6 月下旬至 8 月上旬，境内均未下雨，出现了中华人民共和国成立以来春旱接夏旱，夏旱连秋旱，三旱并发的特大旱情，与 1978 年特大旱情一样。粮食作物普遍减产，人畜饮水困难，直接经济损失过千万元。

2001 年，境内亦发生春旱连夏旱、夏旱接秋旱的重大旱情。水库、塘、堰均干涸，人畜饮水困难，粮食普遍减产，直接经济损失近千万元。

2003 年 7 月中旬开始，持续高温，连续 35℃以上 23 天，其中连续 37℃以上 14 天，8 月 1 日最高气温达 41.2℃。创有资料记录以来最高温度。境内旱情严重，人畜饮水困难，粮食作物减产，直接经济损失 500 万元。

2005 年 7 月 23 日至 8 月 17 日，无雨日达 26 天，旱情严重。境内人畜饮水困难，粮食大面积减产。

2011 年 1 月至 5 月底，5 个月降雨仅 203 毫米，出现了历史罕见的旱情。塘、堰、水库干涸，河流断流，精养鱼池严重缺水，农作物以及中药材等经济作物均严重受损。直接经济损失 300 万元以上。

3. 水旱交替之灾

境内除不断水灾和旱灾之外，有些年份发生水、旱交替之灾。

明英宗正统十年（1445 年），先旱后汛。春夏旱，田苗枯槁。夏秋江水泛滥，湖田尽没。

清穆宗同治六年（1867 年），先旱后涝。春大旱，夏大水。

1935 年，先涝后旱。入秋大旱，高田庄稼枯死大半，山地杂粮干枯殆尽。随后大水，堤围遭溃，田地尽没。

1985 年，先涝后旱。5 月 26 日至 9 月 16 日的 113 天中，全无雨日 82 天，水库 60%以上干涸，赤东湖水位比正常年份低 2 米以上，农作物受旱，人畜饮水困难。此次大干旱，秋粮普遍减产。

1988 年，先旱后汛。春夏连旱，气温高，蒸发量高，缺水灌溉。夏旱过后，长江水涨，出现了 1931 年以来最大的秋汛。境内普遍受灾严重。

1991 年，先涝后旱。6 月 30 日至 7 月 12 日连续特大暴雨，引发山洪。7 月 13 日以后出现高温无雨，连续 17 天。造成先涝后旱之灾，粮食普遍减产。

1992 年，先涝后旱。6 月上旬和中旬两次强降水，引发山洪。7 月中旬后出现伏秋连旱，造成境内受灾，粮食普遍减收。

1995 年，先涝后旱。梅雨季节长江洪水与蕲河及各支流洪水相接，形成大的洪汛。梅雨期过后伏秋连旱，造成重灾。

2003 年，7 月 6 日至 12 日连降暴雨，引发山洪。7 月中旬后，持久高温，无雨，造成先涝后旱之灾，境内减收严重。

2009 年，先涝后旱。6 月 29 日零时到 30 日下午 6 时，全县降雨量 260.8 毫米，蕲北山洪暴发。蕲州地域湖、库、塘、堰，河流暴涨。洪灾过后，大旱灾来临，时长 49 天。境内农作物、经济作物普遍减产。

4. 其他自然灾害

境内虽不多见，但亦有发生。包括蝗虫、鼠害、地震等灾难。

明崇祯十三年（1640 年）农历五月，蕲州江岸崩陷（地震的一种），100 多家店铺全部深陷于江底，蕲州江面自此增宽近一倍。

明崇祯十四年（1641 年）农历三月至八月大旱后，境内“飞蝗覆天”，即特大蝗虫灾害，庄稼尽噬，民死过半。

清嘉庆七年（1802 年）大旱过后，境内田鼠为害，尽食禾稼，田园无收。

清同治三年（1864 年）夏旱过，蝗虫为灾，尽害田稼。

1988 年 8 月，黄土岭地域、竹林湖村、银山村部分小组遭龙卷风袭击，损失严重。

1989 年 8 月，黄土岭一带遭龙卷风袭击，塘塆村 6 组一鱼塘之水卷入空中，鱼类、泥沙飞上天。

2005 年 11 月 26 日 8 时 49 分 38.6 秒，江西省九江市发生 5.8 级地震，蕲州整个地域，尤其是沿江带都受到冲击，大部分房屋都受到震动。

三、人　口

蕲州是长江流域较为发达的地区之一，因历次兵祸，造成地阔人稀，后经 3 次移民补充，才使蕲州人口渐渐增加。

第一次移民是在东汉初期，世祖光武皇帝刘秀消灭王莽统一全国后。刘秀派将军刘尚迁“南郡蛮民”7000 余人于江夏郡，当时蕲州属江夏郡，一大批“客户”第一次进入蕲州地区。

第二次是南宋初期，刘忠、李成、孔彦舟拥兵作乱，忽兵忽匪，蹂躏蕲州，以至蕲州地区村落“极目灰烬，所至残破，路断人稀，十室九空”。朝廷下令免蕲州税租 3 年，并令岳飞迁江西民充实淮西（当时蕲州属淮南西路），自此后，淮北、江南、江西等地大批“客户”进入蕲州定居，并对移民进行赈济安置，官贷耕牛、种子，组织垦牧，围湖造田，垦荒辟地，给蕲州带来了生产生机景象。

第三次在元代，朱元璋建立明朝后，下令招抚流民垦荒，江西、浙江、江苏、安徽等省大批居民进入蕲州定居，明文规定，允许成批移民插标占田，谁先占就属谁所有。洪武十一年（1378 年）八月，凤阳军户 4000 户，迁入蕲州，建军卫，办军屯（亦军亦民），在江南棋盘洲、李家洲、沛源口、牯牛洲、黄颡口，江北岸的土台、西角湖、雨湖、黄土岭、散花洲，在长江两岸安营扎寨，落籍定居娶妻生子，蕲州卫职官也多在蕲州落籍，长江两岸百里荒滩，变为数万亩良田。光绪二十八年（1902）清政府下令撤军屯，改军户为民户。

南宋景定四年（1263 年），蕲州城由罗州城迁到蕲州镇。此后至中华人民共和国成立前，一直是鄂东的政治、经济、文化中心，也带来了人口的增长。但大部分人口住在农村山山洼洼，聚族而居，以农业为生，生育无计划，且文盲多，病人、残疾人多，人口素质低；妇女裹足，只主内，不参加农业生产和社会活动。中华人民共和国成立后至 1980 年前，蕲州镇城乡人口是比较稳定的，变动不大。1980 年后，蕲州城乡人口流动较大，尤其是农村人口，一部分流入县城漕河和蕲州镇区，另一部分流入省内外大城市。

（一）数量与分布

1. 人口数量

中华人民共和国成立前，因战乱、兵匪、天灾人祸和疾病等情况，蕲州镇人口数量几起几落。明朝时期蕲州镇人口增加较快，到明朝末年，人口急剧减少，到清朝康熙时期，蕲州人口才稳步上升。鸦片战争以后，外强入侵，日寇侵占蕲州，军阀混战，时局不稳，致蕲州人口再度急剧减少。

中华人民共和国成立后，蕲州镇人口在稳步上升，但国家三年困难时期，蕲州镇人口有所下降。1962—1980 年，这是蕲州镇人口急剧增长时期。1980—2015 年，国家严格实行计划生育，蕲州镇人口增速缓慢，但人口质量越来越高。2000 年以前，蕲州城乡人口数量稳定，2000 年以后，国家改革开放的力度进一步加大，致蕲州镇人口数量流动较大，尤其是蕲州镇农村居住的人口流动量大。

蕲州镇（区、公社）部分年份户口一览表

表 1-3

年份	户数(户)			人口数(人)								
	合计	农业户	非农业户	合计			农业人口			非农业人口		
				小计	男	女	小计	男	女	小计	男	女
1957	2689	556	2133	10900	6093	4807	2193	1096	1097	8707	4997	3710
1960	4618	3260	1358	19308	11259	8049	10529	5332	5197	8779	5927	2852
1965	4659	2898	1761	19750	10138	9612	12187	6015	6172	7563	4123	3440
1967	4274	2958	1316	21061	10608	10453	13034	6437	6597	8027	4171	3856
1968	4504	3023	1481	21045	11038	10007	13501	6723	6778	7544	4315	3229
1969	4143	3031	1112	21031	11228	9803	13884	6816	7068	7147	4412	2735
1972	4947	3150	1797	26658	15012	11646	15296	7443	7853	11362	7569	3793
1976	8284	6243	2041	40988	22295	18693	29051	14465	14586	11937	7830	4107
1977	8509	6347	2162	42242	23138	19104	29330	14654	14676	12912	8484	4428
1978	8697	6613	2084	43387	23754	19633	29880	14938	14942	13507	8816	4691
1979	9239	6637	2602	45241	24574	20667	30064	15054	15010	15177	9520	5657

1979—2018年蕲州镇人口情况表

表1-4　　单位:人

年份	乡镇	人口	年份	乡镇	人口	年份	乡镇	人口
1979	蕲州	45241	1993	黄土岭	24986	2005	蕲州	96491
1980	蕲州	46253		蕲州	60573	2006	蕲州	96780
1981	蕲州	47471	1994	黄土岭	24776	2007	蕲州	96672
1982	蕲州	48357		蕲州	61577	2008	蕲州	97249
1983	蕲州	49321	1995	黄土岭	27000	2009	蕲州	96254
1984	蕲州	49906		蕲州	63200	2010	蕲州	96878
1985	蕲州	55268	1996	黄土岭	25134	2011	蕲州	97490
1986	蕲州	56768		蕲州	64367	2012	蕲州	98208
1987	黄土岭	25018	1997	黄土岭	25452	2013	蕲州	98214
	蕲州	52979		蕲州	64967	2014	蕲州	98218
1988	黄土岭	26061	1998	黄土岭	25693	2015	蕲州	98242
	蕲州	55107		蕲州	65097	2016	蕲州	98540
1989	黄土岭	26400	1999	黄土岭	25985	2017	蕲州	98894
	蕲州	56600		蕲州	65667	2018	蕲州	99250
1990	黄土岭	26406	2000	黄土岭	25694			
	蕲州	57597		蕲州	68138			
1991	黄土岭	26538	2001	蕲州	95281			
	蕲州	58699	2002	蕲州	95742			
1992	黄土岭	26460	2003	蕲州	96053			
	蕲州	59289	2004	蕲州	96378			

2. 人口分布

蕲州镇人口密度城区大于农村，平畈区大于丘陵区。农村向来聚族而居，且多数人居住在大大小小的山洼。按 1979 年的官方统计，全镇有大小自然塆约 550 个，而人口在 100 人以上的自然塆有 180 个，200 人以上的自然塆有 42 个，300 人以上有 13 个，分别为金鸡岭塆 340 人、曹英塆有 480 人、火朝上塆 360 人、八房塆 310 人、张五房塆 300 人、罗塆 350 人、郑家塆 430 人、王福嘴塆 310 人、王宣塆 1500 人。塆场人口分布极不均匀。

蕲州镇部分年份各村（居）人口分布情况。

部分年份蕲州镇人口密度一览表

表 1-5

年份	乡镇	总人口(人)	版图面积 (平方千米)	人均密度 (平方千米)
1986	蕲州	56758	103.56	548
1988	蕲州	55107	54.45	1010
	黄土岭乡	26061	89.11	292
1989	蕲州	68596	54.45	1259
	黄土岭乡	25841	89.11	290
2015	蕲州	96672	143.56	673.4

（二）人口构成

1. 人口结构

1949 年之前，蕲州镇人口以农业为主，兼做木匠、石匠、砌匠、裁缝等手艺。蕲州城居民大多数以经商为生，农村小集镇居民（如菩提坝、黄土岭、施家塘等）也多以做小生意经商为生。

1949—1980 年，蕲州镇居民，住在蕲州城区的大多数人以经商为主，住在蕲州农村的绝大部分人以农业为生。从事渔业生产的仅王宣人。

1980 年后，改革开放，文化教育大发展，进城务工、经商、自主创业的人不断增加，从事第一产业的人逐年减少，而从事第二、第三产业的人逐年增多。致使农村人口逐年减少，蕲州镇城区人口逐年增加。

表1-6

蕲州镇部分年份人口结构情况表

行政村（居委会）	版图面积（2016年数据）（平方千米）	1979年			1986年			1989年			1991年			1992年			1993年			2016年		
		自然垸（个）	村民小组（个）	人口（人）	自然垸（个）	村民小组（个）	人口（人）	自然垸	村民小组（个）	人口（人）	自然垸（个）	村民小组（个）	人口（人）	自然垸（个）	村民小组（个）	人口（人）	自然垸（个）	村民小组（个）	人口（人）	自然垸（个）	村民小组（个）	人口（人）
沙 径	2.5	5	5	480		5	406		5	498		5	501		5	500		5	496	6	5	560
土 台	4.5	10	6	1480		7	747		6	832		6	853		6	851		7	830	14	6	1211
西角湖	2.74	8	4	530		4	478		4	502		4	498		4	485		4	476	15	5	618
枫树岭	4	8	6	620		6	541		6	551		6	562		6	564		6	568	12	6	450
郦公园	1.5	5	9	1020		7	1072		6	1546		6	1423		6	1433		6	1183	4	3	1550
大畈头		13	12	1610																		
席[illegible]	3.78	10	10	1170		10	1005		10	1139		10	1166		10	1124		10	1086	13	10	1484
施家塘	4.9	15	8	1480		16	1212													23	11	1264
黄土岭	5.4	24	12	1510		10	1364													24	10	1480
南 门	1.5	6	6	1590		6	2385		6	2692		6	2785		6	2785		6	2683	8	6	2896
竹林湖	2.5	9	10	1650		10	1952		10	2076		10	2120		11	2169		11	2069	12	11	2246
雨湖（王宣）	4.8	2	7	1520		5	1701		5	1890		5	2045		5	2014		5	1730	3	4	2169
横 坝	2.57	6	7	1130		7	1058		7	1187		7	1202		7	1205		7	1139	7	7	1325
红门楼	5.7	16	14	1819		15	1764													16	15	1830
新 塘	3.72	9	13	2000		7	1920		7	2076		7	2039		7	2037		7	1889	7	7	2026
银 山	5.8	9	11	1610		9	1608		13	1916		13	1969		13	1969		13	1985	12	13	1876
龙泉庵	4.98	11	10	1130		9	1189		9	1263		9	1278		9	1276		9	1284	13	9	1428
韦 庄	4.8	8	9	1010		5	1020		5	1045		5	1066		5	1077		5	1079	10	5	1448
扎营港	3.14	9	11	1740		11	1655		11	1715		11	1739		11	1738		11	1572	9	11	1828

续表 1-6

行政村（居委会）	版图面积（2016年数据）（平方千米）	1979年			1986年			1989年			1991年			1992年			1993年			2016年		
		自然垮（个）	村民小组（个）	人口（人）	自然垮（个）	村民小组（个）	人口（人）	自然垮（个）	村民小组（个）	人口（人）	自然垮（个）	村民小组（个）	人口（人）	自然垮（个）	村民小组（个）	人口（人）	自然垮（个）	村民小组（个）	人口（人）	自然垮（个）	村民小组（个）	人口（人）
塘 垮	4.9	11	14	1670		14	1366													14	14	1348
街道居民	2.5	13	4	2169		4	3268		4	2727		4	2023		4	1817		4	1771		4	4138
街 口	1.05					5	915		6	1053		6	961		6	954		6	923	9	6	1060
打鼓台	1.5					5	551		5	626		5	598		5	585		5	584	10	5	1016
两路口	1.2					3	334		3	340		3	328		3	330		3	331	9	3	498
红石头	1.5					3	556		3	600		3	623		3	629		3	628	4	4	1198
城 内	0.7					3	1513		4	1821		3	1976		4	2004		4	1982	7	3	1413
东 门	2.99					6	1885		6	2165		6	2335		6	2420		6	2395	7	6	2785
二里湖	0.4					1	434		1	656		1	818		1	902		1	865	3	3	1046
上河口	1.5					1	259		2	376		1	385		1	412		2	409	3	2	480
企 业							1579			2371			2656			2708			3671			
机 关							10468			20651			20819			24326						
一 关	1.8					3	1492		3	2266		3	2381		3	2858		3	2819	5	3	1680
牛皮坳	1.5																			3	3	485
江 河	1.34																			3	3	606
老虎头	3																			11	8	730
王 堧	7																			23	18	2286
油树堖	3.5																			12	10	1186
邵 垅	5.23																			21	11	1346

续表 1-6

行政村（居委会）	版图面积（2016年数据）（平方千米）	1979年			1986年			1989年			1991年			1992年			1993年			2016年		
		自然垸（个）	村民小组（个）	人口（人）	自然垸（个）	村民小组（个）	人口（人）	自然垸（个）	村民小组（个）	人口（人）	自然垸（个）	村民小组（个）	人口（人）	自然垸（个）	村民小组（个）	人口（人）	自然垸（个）	村民小组（个）	人口（人）	自然垸（个）	村民小组（个）	人口（人）
恒丰	4.2																			11	7	650
潘垸	4.6																			16	10	760
赤东	5.5																			11	8	750
菩提	4.8																			13	9	2100
曹英	3.25																			14	13	1960
五里墩	3.97																			18	13	1360
太常	4.6																			12	9	1250
下石潭	4.7																			17	9	1260
金鸡	3.8																			13	11	1456
雨台	3																			9	8	1224
邱山	6.4																			14	9	2300

2. 姓氏构成

（1）姓氏与居住地

蕲州镇居民可分为城区和乡村两部分。

城区居民以街坊里弄为居民片区。蕲口镇时无资料记载。据明嘉靖《蕲州志》载，明代蕲州城内居民分布在麻石街、滑石街、十字街、丁字街、嘉会坊、市政坊、文明坊、仁和坊、凤山路、怀德坊、丰乐坊、通义坊、威振坊、总泽坊、勇智坊、平津坊、武定坊。城外居民分布在清景坊、迎宾坊、金沙坊、和乐坊、清江坊、全胜坊、雄江坊、雄边坊和迎恩坊。

清代蕲州城内居民分布在官井街、官塘街、鼓楼弄街、阅马场街、三圣宫街、五府弄街。城外居民分布在一关街、元丰里弄、文家弄、东长街、鼓皮弄、黄家弄、院子坡弄、易家弄、玄妙观弄、官街、小巷口、大巷口、瓦屑坝、全胜坊。

民国时期城区居民城内分布在北门街、西门街、官井街、阅马场街、南门街、鼓楼弄街、三圣宫街；城外居民分布在东长街、河街、东门官街、横街、一关街、全胜坊。

中华人民共和国成立后，城内居民分布在西门街、南门街、环城路、官井路、北门街、鼓楼弄、三圣宫弄、阅马场弄、纯阳阁弄；城外居民分布在东门街、东长街、东长老街、樟树脚街、院子坡路、濒湖路、后壕街、时珍大道、中心街、一关街、河街、沿江大道、元丰里、二里湖大道、横街、富桥街、三号路、精品街和福园、新苑、博士家居、博园、湖景广场、富丽水岸、鹏吉时代、万峻、凤凰城、麟凤、佳顺、郦园公馆、金昌华府、麒麟阁、麒麟学院、滨江御景、锦江名景、丽景公寓、华夏公寓等小区。

蕲州乡村居民以自然塆为单位，多数是聚族而居（同一个姓氏或一个房族），另有 9 个农村小集镇：菩提坝、黄土岭、恒丰堤、雨台、银山、扎营港、高塆、金牛洞、牛皮坳。

自然塆一般以姓氏为塆名，如邓家塆、范塆、曾家塆等，则这几个塆住民分别为姓邓、姓范、姓曾的。

还有以塆住民的始祖人名字为塆名：雨湖村的王宣塆，则是开户祖先姓王名宣。曹英村的曹英塆，则是曹姓始居祖先名英。

有的塆以同姓一个房族为塆名，如油树垴村的四房塆、三房塆，则是张姓人某祖先后裔第三个房族、第四个房族各住在一塆场。

据 1983 年编印的《蕲春县地名志》记载，蕲州农村 1000 人以上的塆有王宣塆，现在近 2000 人。接近 300 人或 300 人以上的自然塆有张潭塆（施家塘村）、王福嘴（竹林湖村）、封家塆（横坝村）、新塘塆、罗塆和港边上塆（新塘村）、李家嘴（银山村）、仓家塆、鲍家林（扎营港村）、下石潭塆（下石潭村）、莘田塆、张五房塆（太常村）、八房塆、火朝上塆（菩提村）、曹英塆（曹英村）、金鸡岭塆（金鸡村）、方畈塆（雨台村）、后背垅（韦庄村）、宋岭和上胡塆（红门楼村）、郑塆（竹林湖村）、邱山下、易林铺、胡贵塆（邱山村）、老屋塆（五里墩村）。

改革开放后，蕲州乡村自然塆人口外迁多，塆场规模逐渐缩小。主要有以下六个方面原因：一是外出打工致富后在城市落户。二是创业发达后迁到县城或大城市居住。三是为方便交通搬到公路边住。四是为方便儿孙入学迁居到大集镇居住。五是因升学参军就业安置后外迁。六是嫌塆场小、偏僻、生活不热闹，交通不便利而迁至人口多的地方住。乡村居民居住趋向城镇化、路边化、群居化。现在许多塆场成了空心塆无人居住，或仅剩几个老人留守。

中华人民共和国成立后，蕲州镇除因就业、婚姻、升学、参军、复员退伍等带来的人口进出外，还有有组织的人口迁徙如支援新疆、城镇知识青年“上山下乡”等。移民支援新疆建设有两次，分别是 1959 年和 1961 年 6 月。1964—1978 年武汉市和蕲州镇区的知识青年在蕲州农村安置许多人，蕲州镇区到农村安置有的是全家到农村落户。但到 1981 年末，按照有关政策，通过招工、顶职、参军、上学、病转等途径，除结婚落户、判刑、死亡外，基本上都返城安置。

（2）明清时期蕲州城区姓氏概况

蕲州镇区因自南宋景定三年（1262 年）以后，至民国年间，一直是路、府、州、县治所在地。因官员履职、市民经商等原因导致蕲州镇区人口密集，居民姓氏繁杂。

明代蕲州城区有四大家族，人们习惯称一冯二顾三郝四李；另外明正统年间从江西建昌迁来的荆王府朱氏，构成了城区五大姓氏。

“冯”指冯天驭，号应房、字午山，明代蕲州人，住蕲州城北关外东长街玄妙观后（今煤机厂内）。冯天驭，明嘉靖七年（1528 年）戊子科举人，嘉靖十四年（1535 年）乙未科进士。官至南京刑部尚书。冯天驭还刻印《文献通考》百余卷。冯天驭逝世后葬黄土岭塘塆村四棵枞塆蟒蛇吐箭处。墓地建有石牌坊、庙宇、亭台、石牛、石马、石象等，人称尚书林，可惜地面建筑已毁，现为县文保单位。

“顾”指蕲州城外熊化岭顾家主人顾敦。顾敦，字化之，祖籍江苏昆山。其远祖为元代平江路著名文学家顾仲瑛，顾仲瑛第七子顾士征，元代进士，授蕲州路总管，洪武初年，封武略将军，后定居蕲春钴鉧潭（今刘河瓮门桃花山），顾敦为顾士征第七代孙，顾敦两子顾问和顾阙，在明嘉靖年间先后中进士，顾问官至福建参政，顾阙官至福建按察副使。顾家修建祖祠，明代著名文学家王世贞为其书写的《顾氏祠堂碑记》汉白玉石碑，今仍屹立蕲州二机厂住宅区内。顾敦五世孙顾景星，字黄公，为清初著名文学家，黄公生有八子，后代人多势众，逝世后葬蕲州城外打鼓台山，顾景星墓现为蕲春县级文保单位。

“郝”指蕲州城外南门郝围人郝守正，字湘东，明嘉靖二年（1523 年）进士，历任南皮县令，扬州府同知，温州知府，怀庆知府，为官政绩显赫。晚年回蕲州，主修《蕲州志》。

“李”指明代居住在城内滑石街附近四牌楼的李家。李家是明代军功之家，原籍河南之汝宁府息县人。明初征战有功，晋千户，改守蕲州，遂定居蕲州城内，五传至蕲州千户卫李儒。

李儒生有五子，都先后科举有名，曾任知府或相当于五品以上官职，人们颂其为“一门五府”，故人称李家居住的这条街弄为“五府弄”。后来李儒第五子李际春，也生有五子，五人也先后科举有名，五人均为府级官员，使“五府弄”被历代州人传颂。蕲州江对面的李家洲，就是明代五府弄李家官员放马牧草的地方，故称李家洲。明末崇祯十六年（1643 年），张献忠攻入蕲州城，大开杀戒，五府弄李家数十人遇难，五府弄付之一炬。李儒家后人李本晟清初任浙江巡抚，将府第迁建于城外东门坝，康熙御赐一匾，题曰：“南天一柱。”悬于李府中堂。后人称其为李家槽门。

明代蕲州城李姓中还有一个重要人物——李时珍。但李时珍不是五府弄李儒那一支系的人。李时珍（1518—1593），字东璧，号濒湖，生于蕲州东门外全胜坊的瓦屑坝。父李言闻，祖父李晓山都在东门外瓦屑坝定居，并且都是当时的名医。至于李晓山祖上居何处，来自何方。有多种说法，都无确凿根据。一说是竹瓦李营塆人，一说来自福建上杭，一说是蕲州人。明代业医，人们称为方技，社会地位低下，李时珍一家地位的提升，是在儿子李建中，乡试中了举人，先出任四川蓬溪知县，后任云南永昌府通判；孙子李树初考上进士，先任户部主事，后任山西大同府知府；李时珍的巨著《本草纲目》问世之后，名垂千古。

明代蕲州城另一个显赫姓氏，便是荆王府朱氏。第一代荆王朱瞻堈，是明太祖朱元璋的曾孙。正统十年（1445 年）从江西建昌迁到蕲州城。明朝末年，张献忠攻破蕲州城，滥杀无辜，临走时一把火把蕲州城烧个精光，居住了 198 年的荆王府也在劫难逃。荆王府朱姓人大部分被杀，幸免于难的人大部分逃往蕲春上半县大同、张塝的深山老林之中。

清初顺治年间，蕲州城内外一片废墟，导致群虎入城穴居，白昼出穴捕人伤害无辜，吃人上千。至康熙中后期，蕲州城经济才渐渐恢复元气。明清、民国年间，大量外地商人涌入蕲州城，形成五大商人行帮：南京帮、金牛帮、徽州帮、江西帮和福建帮。蕲州城内外姓氏人口又一次变得繁杂。

南京帮商人到蕲州最早，有的是明代随荆王府迁蕲经商的，主要是南京江宁府周边县镇的。如江宁府上元县的李姓、梁姓、卞姓、戴姓、范姓、庞姓、高姓人，当涂县杨姓人，另外还有纪姓人，陶姓、王姓、魏姓、胡姓人等。蕲州城内的金陵书院是他们的会所。南京帮还购买了专门墓葬公山——南京山。南京山在蕲州两路口村沿市湖燕子补梁山西北面。

江西帮在蕲州城北门外和乐坊大巷口（今四官殿大药店与河街工贸市场间）建有会馆，名万寿宫。徽州帮会馆，名徽国文公祠。江西帮购买的墓葬公山——江西山（今蕲州食品屠宰场后面一山梁），徽州帮购买的墓葬公山在两路口村燕子补梁山的乌龟山——泾县公山，山上立有“泾邑绍福堂碑”。泾县到蕲州经商的有朱姓、李姓、汪姓、胡姓、郑姓人，歙县施姓人，黟县横冈胡姓人等。江西到蕲州经商的有余姓、吕姓、刘姓、傅姓、陈姓人等。

金牛帮，又称武昌帮，在蕲州建有会馆，在张塝置有墓地，称“财神山”，金牛帮主要经营药材、杂货。主要有韩姓人、童姓人，其后人现在多住在张塝和刘河。

（3）中华人民共和国成立后蕲州姓氏

中华人民共和国成立后，到 80 年代前，蕲州镇姓氏人口比较稳定。此后镇区姓氏人口有两次较大的变化。一是 1980—2000 年，蕲春县五小工业绝大部分集中在蕲州镇区，厂矿企业招工，改革开放后乡村农民进城务工，蕲州镇以外人口和蕲州农村人口大量涌入蕲州镇区；二是 2005 年后，蕲州镇乡村农民为方便子女入学，在镇区购房定居。这两次人口迁徙带来了镇区姓氏人口繁杂，也使农村自然塆人口大量锐减。另外，改革开放后，蕲州镇人外出打工，娶回了许多外省外县的媳妇，也使姓氏人口更加繁杂。

蕲州镇乡村姓氏人口分布，以张、王、李、胡、方、曹、陈等姓居多。

经到各自然塆调访和调阅蕲州镇区居委会、派出所常住居民户口，粗略统计，蕲州镇居民共有 205 个单姓，1 个复姓。现将人口较多的姓氏按笔画数顺序排列如下：

丁干于万马王韦支尤毛戈方文卞尹

孔邓甘石左司代占卢叶田白付乐包

冯兰龙边竹汤吕向决年庄阳阮华朱

伍伊刘江许孙纪贡岑迟佟巫郎陆苏

李杜肖吴何余佘邱邹严杨张闵宋汪

沈陈邵范林罗欧官庞季明易周金岳

郑孟居於庚武季封赵郝项柯姬俞宫

施查宾钟柳胡哈郜侯段饶祝姜洪胥

骆费姚禹荣贺郦袁耿桂贾夏秦顾柴

党倪徐翁钱殷高郭唐谈晏涂凌陶容

聂黄萧寇戚符梅曹龚章康梁谌阎盛

彭董蒋温惠覃韩景喻程储鲁童曾谢

（三）计划生育

1962 年 12 月，中共中央，国务院下发《关于认真提倡计划生育的指示》，1963 年 10 月 25 日，湖北省委、省人民委员会，对生育政策作了明确规定，要求每对夫妇生育子女，在城市和人口稠密的地区，最多不超过两个，其他地区最多不超过 3 个。

1973 年 4 月 15 日，湖北省革命委员会发文，提出有计划地控制人口增长，提倡每对夫妇生两个孩子，生育间隔 4 年左右。

1979 年 9 月 20 日，湖北省革命委员会发文，提倡和鼓励，一对夫妇只生育 1 个子女，最多生育两个子女。两胎间隔 3 年以上。这是湖北省真正意义上的严格实行计划生育政策的开端。

1980 年 9 月 25 日，中共中央发文，提倡一对夫妇只生育一个孩子。

1981 年 6 月 13 日，湖北省人民政府发文，提出实行计划生育的要求是晚婚、晚育、少生、优生，推行一对夫妇终生只生育一个孩子。

1982 年 9 月 1 日，中共十二大，正式确定计划生育为我国的基本国策。

1985 年 10 月 28 日，蕲春县委县政府发文，提倡一对夫妇只生育一个孩子。

2001 年 12 月 29 日，第九届全国人大第 25 次会议通过《中华人民共和国人口与计划生育法》，标志着中国人口与计划生育工作开始走向法治化轨道。

2014 年 3 月 27 日，湖北省第十二届人大常委会第八次会议发文：将“夫妇双方均为独生子女的”修改为“夫妻一方为独生子女的”可以生育二孩，启动实施“单独二孩”政策。计划生育政策有所松动。

2015 年 10 月 29 日，中共十八届五中全会公报提出，促进人口均衡发展，坚持计划生育的基本国策，完善人口发展战略，全面实施一对夫妇可以生育两个孩子的政策。

各级人民政府在出台计划生育政策的同时，也出台了相应的奖励政策，涉及独生子女保健费、入托、入园、入学、医疗、升学、提干、招工、入伍等诸多方面，鼓励夫妇领取独生子女证，有独生子女证的国家职工，本人退休后的工资按本人在职的 100%计算。

各级政府和医疗部门配合，也采取许多计划生育措施。这些措施保证了人口生育有计划性，而且提高了人口生育质量。

为落实计划生育措施，蕲州镇于 1992 年 9 月，成立蕲州镇计划生育服务站，站址位于镇区时珍路 112 号。到 2015 年末，蕲州镇计划生育服务站占地 446 平方米，建筑面积 588 平方米。设有 B 超室、电子阴镜室、乳腺诊断室、化验室、手术室、电教室、康复室、妇检室、男科室、药具室、优生优育咨询室等。

为领导管理计划生育工作，1975 年县计生办向各公社（乡镇场）配备 1 名计划生育助理员，1985 年县计划生育办公室更名为县计生委，各乡镇场设立计划生育办公室。各村配备 1 名副书记和 1 名计生专职干部，具体抓管理落实。从县到乡镇村、组层层实行目标管理，层层签订责任状，每年年终进行考核，考核结果与相关领导个人工作业绩、待遇、晋升等方面挂钩。

1987—1999年蕲州、黄土岭人口自然增长情况表

表1-7

年度	乡镇	户数（户）	人口（人）	男性（人）	女性（人）	非农人口（人）	农业人口（人）	性别比	年内出生人口（人）	年内死亡人口（人）	出生率（‰）	死亡率（‰）
1987	黄土岭乡	6123	25018	13086	11932	475	24543	109.67	515	179		
	蕲州镇	15056	52979	27675	25304	23653	29326	109.37	979	229		
1989	蕲州镇	16795	56580	29465	27115	23804	32776	108.67	980	216	17.32	3.82
1991	蕲州镇	16846	57599	30301	27298	23699	33900	111	1164	264	20.21	4.58
1992	蕲州镇	16997	61172	32280	28592	26348	34824	111.73	953	328	16.05	5.52
1993	黄土岭乡	6515	24986	13397	11589	707	24279	115.6	346	329	13.45	12.79
	蕲州镇	17622	60573	31935	28638	26020	34553	111.51	602	282	10.04	4.71
1994	黄土岭乡	6429	24776	13266	11510	730	24046	115.3	330	252	13.26	10.13
	蕲州镇	17450	61577	32609	28968	27582	33995	112.6	548	291	8.97	4.76
1996	黄土岭乡	6430	25134	13012	12122	809	24325	107.3	244	98	9.71	3.9
	蕲州镇	18608	64367	33790	30577	29597	34770	110.5	820	248	12.85	3.89
1997	黄土岭乡	6478	25452	13343	12109	853	24599	110.2	305	162	12.09	6.4
	蕲州镇	18498	64967	34088	30879	30080	34887	110.4	687	202	10.62	3.12
1998	黄土岭乡	6537	25693	12346	13347	856	24837	92.5	164	104	9.23	8.92
	蕲州镇	18572	65097	34119	30978	30081	35016	110.1	236	228	9.87	4.41
1999	黄土岭乡	6517	25985	12785	13200	870	25115	96.9	253	107	9.74	4.12
	蕲州镇	18905	65667	34417	31250	30010	35657	110.1	782	298	11.91	4.54

（四）人口管理

1. 居民身份证

蕲州镇水陆派出所是蕲州镇人口管理的法定机关。人口管理分为常住人口管理和流动人口管理。流动人口涉及到升学、招工、参军、婚嫁、出生、死亡和失踪等。从1988年起，实行居民身份证管理，居民中凡成年人均办理居民身份证。居民身份证由个人自行管理，外出再不需要当地派出所或所在单位开身份证明，有居民身份证即可。2005年启用第二代居民身份证，人口管理更科学、便捷。现在，蕲州镇人口管理全部实行电子网络化。

蕲州镇部分年份人口变化情况表

表1-8　　　　单位：人

年度	上年人口数	计生当年出生数	当年迁入数	当年死亡数	当年迁出数	当年人口总量
2012	105991	1133	426	491	582	106477
2013	106477	1066	350	525	509	106859
2014	106859	996	339	564	747	106883
2015	106883	1030	192	501	540	107064
2016	107064	1098	182	499	547	107298

注：人口总量为户籍人口数，含有死亡失踪未注销人口。

2. 人口普查

中华人民共和国成立后，共进行过6次全国人口普查。

第一次，1953年7月1日零时：全县131800户，512262人，男性268221人，女性244041人，性别比109.91%。

第二次，1964年7月1日零时：全县133800户，540105人，男性280639人，女性259466人，性别比108.14%。

第三次，1982年7月1日零时：全县172000户，753968人，男性389180人，女性364788人，性别比106.09%。

第四次，1990年7月1日零时：全县209339户，858473人，男性443173人，女性415300人，性别比106.71%。

第五次，2000年11月1日零时：全县232978户，949479人，男性500811人，女性448668人，性别比111.62%。

第六次，2010 年 11 月 1 日零时：全县 219846 户，991734 人，男性 520615 人，女性 471119 人，性别比 104.42。

第三次人口普查，蕲州镇人口情况分类统计如下：

1. 蕲州镇行政区划有 4 个居民委员会，21 个生产大队，18 个居民小组，193 个生产队。

2. 总人口和男女比例

共 48001 人，男 25334 人，女 22667 人，性别比 111.77。

3. 家庭户集体户及户均人口数

总户数 10181，家庭户 10060，人口 42426；集体户 121，人口 5575 人，家庭户平均每户 4.22。

4. 文盲、半文盲人口数

文盲、半文盲人口数 10999，其中男 3592 人，女 7407 人；12 岁及 12 岁以上人口 36244 人。其中男 19280 人，女 16964 人；文盲、半文盲占 12 岁及 12 岁以上人的百分比，男性占比 18.63%，女性占比 43.66%。

5. 不在业人口状况

不在业人口情况统计表

表 1-9　　单位：人

地区	合计	在校学生	家务劳动	待升学	待国家统分	市镇待业	退休退职	其他
蕲州	6453	1081	3861	36	5	185	800	485
男	2281	749	618	28	3	84	650	149
女	4172	332	3243	8	2	101	150	336

6. 15 岁及 15 岁以上人口婚姻状况

15 岁及 15 岁以上人口共 32353 人，男 17326 人，女 15027 人。

未婚共 8928 人，男 5196 人，女 3732 人。

有婚配 21007 人，男 11332 人，女 9675 人。

丧偶 2228 人，男 642 人，女 1586 人。

离婚 190 人，男 156 人，女 34 人。

7. 15~64 岁按不同活产子女数分组的妇女人数

总计 13855 人，没有活产子女 4448 人，活产 1 个 1813 人，活产 2 个 1698 人，活产 3 个 1542 人，活产 4 个 1339 人，活产 5 个 1049 人，活产 6 个 722 人，活产 7 个及以上 1244 人。

15~64 岁按不同存活子女数分组妇女人数：

总计 13855 人，没有存活子女 4507 人，存活 1 个 1983 人，存活 2 个 1966 人，存活 3 个 1835 人，存活 4 个 1637 人，存活 5 个 1111 人，存活 6 个 542 人，存活 7 个及以上的 274 人。

8. 15~49 岁育龄妇女 1981 年生育状况

共 11798 人，其中未生育 11007 人，生 1 胎 477 人，生育第 2 胎 187 人，生育第 3 胎 64 人，生育第 4 胎 43 人，生育第 5 胎及以上 20 人。

9. 民族人口

蕲州镇48001人，其中回族6人、布依族4人、朝鲜族7人、满族6人、土家族3人，其余均为汉族人。

10. 劳动年龄人口状况

总计27400人，其中男16~59岁：15398人，女16~54岁12002人。

11. 6岁及6岁以上人口的文化程度

总计42891人，其中大学毕业211人，大学肄业或在校130人，高中3668人，初中9722人，小学16675人。文盲、半文盲12485人，其中6~11岁1486人。

12. 按性别区分的文化程度人数

共30406人，男18418人，女11988人；大学毕业211人中，男155人，女56人；大学肄业或在校130人中，男113人，女17人；高中3668人中，男2477人，女1191人；初中9722人中，男6244人，女3478人；小学16675人中，男9429人，女7246人。

13. 在业人口行业状况

在业人口行业状况统计表

表1-10　　单位:人

行　　业	合计	男	女
农林牧渔业	11720	6164	5556
矿业、木材采运业	580	528	52
电力、煤气、自来水生产与供应业	91	61	30
制造业	8235	4671	3564
地质勘探、普查业	149	149	
建筑业	658	540	118
交通运输、邮电通讯业	1347	1050	297
商业、饮食业、物资供销业、仓储业	1394	824	570
住宅、公用事业管理服务业	86	43	43
卫生、体育、社会福利事业	686	340	346
教育、文化艺术事业	651	457	194
科研和综合技术服务事业			
金融、保险业	85	46	39
国家机关、党政群团体	218	172	46
其他行业			
总　计	25900	15045	10855

14. 在业人口职业状况

在业人口职业状况统计表

表 1-11 单位:人

职　　业	合计	男	女
各类专业技术人员	2033	1276	757
国家机关、党政群团体、企事业单位负责人	773	712	61
办事员和有关人员	296	249	47
商业工作人员	888	501	387
服务性工作人员	1157	722	435
农林牧渔劳动者	11258	5648	5610
生产、运输工人及有关人员	9494	5937	3557
不便分类的其他劳动者	1	0	1
总　计	25900	15045	10855

15. 待业人口的文化程度

高中 29 人，初中 105 人，小学 42 人，文盲、半文盲 9 人。

四、居民生活

中华人民共和国成立前，蕲州城乡居民生活，城区比农村富裕。农村仅地主、富农、中农和少数土豪劣绅生活富裕，还有少数种田兼做手艺（木匠、裁缝、砌匠等）的家庭比较富裕。其余的人生活比较困难。蕲州城乡居民生活方式方法，受社会发展、科技进步的影响，比较传统守旧。鸦片战争以后，外资洋货输入蕲州市场，对蕲州城乡居民生活有所影响，但变化不大，城乡贫富悬殊仍然很大。

中华人民共和国成立后，至 1980 年改革开放之前，蕲州镇居民生活发生了巨大变化，人人走上社会主义道路。衣、食、住、行大部分由集体计划经济安排，贫富差别不大，但大多数仍然传统守旧。1980 年后，国家改革开放的力度进一步加大，农村商品经济逐步形成，蕲州镇农民收入在不断提高，生活水平也不断提高。例如，1980 年蕲州镇农村人均年纯收入 130 元，到 1986 年达到 478 元，是 1980 年的 3.7 倍；1994 年人均年纯收入 1020 元，2000 年人均年纯收入 2400 元，是 1994 年的 2.4 倍；2010 年全镇农村人均年纯收入 5454 元，是 2000 年的 2.3 倍；2016 年农村人均年纯收入达到 12644 元，是 2010 年的 2.3 倍。另外，社会发展、科技进步的步伐不断加快，蕲州城乡居民生活质量发生了日新月异的变化。逐步告别了传统守旧的生产生活方式方法，由温饱走向富裕，由富裕走向富强，进而在追求更高质量的衣食住行生活。

（一）家庭收入

1. 城镇居民家庭收入概况

中华人民共和国成立前和中华人民共和国成立后蕲州镇居民收入历来水平不低于全县人均水平，有时候还要高于全县人均收入水平。

因为20世纪70年代的县办工业、80年代的乡镇企业在蕲州镇区异军突起，工业成了蕲州镇区经济的主体，到20世纪80年代中期，蕲州有麻纺、玻璃、化工、陶瓷、农药、化肥、水泥、砖瓦、铸造和食品等81家工业企业，拥有固定资金1819万元，职工13808人，1986年工业总产值14297万元。其中，县办工业27家，职工8385人，固定资产5612万元，工业总产值8072万元，极大地提高了蕲州城区居民的家庭收入。

2000年以后，随着城镇居民就业途径的增加，尤其是外出经商、务工，工资水平的提高，储蓄性收入的增长，蕲州镇区居民家庭，总收入和可支配收入都有较快的增长。

蕲州城镇居民家庭实际收入，包括家庭劳务和经营收入、财产性收入、转移性收入和家庭副业等其他收入。其中，家庭劳务和经营收入包括单位职工的工资、福利收入；财产性收入含利息收入、红利收入和其他财产租金；转移性收入包括离退休金、价格补贴、赡养收入、出售财物等。

蕲州城镇居民家庭借贷收入，包含提取储蓄存款，提取储蓄金、借入款、收回借出款、购置房屋从银行贷款及其他借贷收入等。2007年，全县城镇居民家庭人均总收入11070.48元，可支配收入8721元，分别是1997年的2.22倍和2.24倍；2017年，全县城镇居民家庭人均总收入43208.67元，可支配收入24018元，分别是2007年的3.9倍和2.8倍。

2. 农村居民家庭分项收入

基本收入含家庭收入和其他劳动收入。家庭收入包括农业、林业、牧业、渔业、手工业、采集猎捕、工业建筑业、商饮业等。蕲州镇农村居民家庭收入，随着社会经济的不断发展，尤其是改革开放以后，农村居民家庭收入在不断地提高，可分以下四个阶段来看：

第一阶段（1952年土地改革至1957年），1952年土地改革结束，农村家家户户都分得土地，农民可以自由耕种，产出的粮食作物、油料作物和经济作物，除按政策完成统购任务外，余下部分完全可以自由支配，农闲季节还可以从事渔、林、牧、副业和手工业等，以此增加家庭收入，补贴家用。

第二阶段（1958年人民公社化到1980年土地承包到户前），这一阶段是高度的计划经济时期，集体经济得到了大力发展，农业生产条件得到大力改善。农民每天参加生产队农业生产劳动，生产队记工分，年终按工分结算每个家庭的劳动收入，生活中的粮食、油料等由生产队计划供应，每户留有少量自留地，用作种蔬菜。这一时期家庭收入比较平衡，生活比较稳定。

第三阶段（1980年至2000年）这一阶段，国家逐步放松放宽放开农村的各项经济政策，逐步提高农产品收购价格和减轻农民负担。农村农户可以自由种植，自主择业，自由买卖销售。乡村企业迅速崛起。1986年全镇乡、村企业有54家，职工5423人，固定资产2207万元，工业总产值 6225 万元。在村办企业中，南门苎麻纺织厂发展最快、有职工 1087 人；竹林湖村办企业后来居上，1986 年发展到 9 家。生产的发展和经济体制的改革，促进了市场繁荣，也带来了饮食业、服务业的发展。全镇商业网点星罗棋布、密如蛛网，1986 年达 303 家，职工 2050 人，批发总额 7107 万元，城乡集市贸易成交额 1386 万元。1986 年全镇饮食服务网点 202 个，从业职工 973 人，营业额 450 万元，其中旅社 14 家，拥有床位 635 个。吸引了大批农村剩余劳动力进城务工经商，促进了农村第一产业劳动力纷纷向非农业转移。仅 1986 年，蕲州乡村农民进城 791 户，其中餐饮业 166 户，手工业 100 户，副食 87 户，百货 211 户，运输 86 户，进城劳动力达 1000 余人，营业额 310 万元。20 世纪 80 年代到 20 世纪 90 年代，蕲州镇区可以形容为人满为患，每逢节假日，镇区主要街道从早到晚客货川流不息，行人摩肩接踵。农村的黄土岭、银山、菩提、雨台、恒丰等小集镇，市场交易也十分活跃。这一时期农村居民家庭收入增加很快。1980 年，蕲州镇农村人均纯收入 130 元，到 1986 年达到 478 元，是 1980 年的 3.7 倍；1994 年达到 1020 元，是 1986 年的 2.1 倍；2000 年人均纯收入达 2400 元，是 1994 年 2.4 倍。

第四阶段（2000 年至 2010 年），这一阶段，国家对“三农”问题更加关注，各种惠农政策不断出现，首先是 2005 年取消农业税费，每年每亩田地还适当补贴种子、农药、化肥等项开支。农村商品经济快速发展，广大农村农业种植，再不是以粮、油棉为主，而是以专业种植和养殖为主，什么赚钱种什么。大批剩余劳动力再不满足于在县内务工，而是大批涌向沿海江浙、广东一带和本省武汉，进入大中城市务工经商。2010 年蕲州镇农村外出务工人员达 29018 人，总收入达 87916 万元，人均收入 30297 元，2010 年全镇农村人均纯收入为 5454 元，是 2000 年 2400 元的 2.3 倍。

第五阶段（2010 年至 2017 年）农村商品经济已基本形成，国家更进一步加大了农业基础设施建设的投入，尤其是水利设施建设，自上而下，各级政府大力助推农村居民脱贫致富奔小康。蕲州农村许多外出务工人员，成为企业能人、大老板，致富不忘家乡，纷纷回乡创业，带领农民兄弟向非农业生产的二、三产业转移。2017 年蕲州镇农村人均纯收入达到 12644 元，是 2010 年的 2.3 倍。外出务工人员人均收入达 59647 元。

2009—2016年蕲州镇农村劳动力转移情况表

表1-12

指标名称	序号	单位	2009年	2010年	2011年	2012年	2013年	2014年	2015年	2016年
一、基本情况										
乡村人口	1	人	56841	58726	58824	58830	58825	62472	62472	64246
其中，男	2	人	30212	31092	31402	31405	31401	33099	33099	34032
乡村劳动力资源	3	人	34048	34825	34901	34801	34790	36733	36733	36733
乡村从业人数	4	人	34048	33355	34789	34801	34790	36733	36733	36733
二、农村劳动力		人		33355						
转移情况										
（一）本乡镇内从业人员	5	人	4427	4337	8376	11729	11718	13182	13182	13182
1.农林牧渔业人员	6	人	2397	3236	5352	5905	5537	5139	5139	5139
2.二、三产业人员	7	人	2030	1101	3024	5824	6181	8043	8043	8043
（二）外出从业人员	8									
1.外出从业人员规模										
①外出劳动力总量	9	人	29621	29018	26413	23072	23072	23551	23551	23551
其中，男	10	人	19879	19326	24896	13355	13355	13655	13655	13655
②文化程度		人		29018	26413					
小学及以下	11	人	6525	6034	5439	4229	4209	3616	3616	3616
初中	12	人	12260	12778	12359	10356	10356	10713	10713	10713
高中及以上	13	人	10836	10206	8615	8487	8507	9222	9222	9222
③年龄状况				29018	26413					
20岁以下	14	人	798	1175	1449	1421	1548	1378	1378	1378
21~49岁	15	人	24277	22998	20564	19144	19120	19929	19929	19929
50岁以上	16	人	4546	4845	4400	2507	2404	2244	2244	2244
2.外出渠道										

续表 1-12

指标名称	序号	单位	2009年	2010年	2011年	2012年	2013年	2014年	2015年	2016年
①自发	17	人	16900	16990	14685	11772	11772	12813	12813	12813
②政府部门组织	18	人	2030	1970	2390	2232	2232	2132	2132	2132
③中介组织介绍	19	人	1924	2029	2299	2049	2049	1759	1759	1759
④企业招收	20	人	8767	8029	7039	7019	7019	6847	6847	6847
3.外出时间										
1~3 个月	21	人	2829	3251	3025	2642	2563	2266	2266	2266
3 月以上~6 个月	22	人	6054	6791	6501	5103	5188	4946	4946	4946
6 个月以上	23	人	20738	18976	16887	15327	15321	16339	16339	16339
4.外出地点		人								
①县内乡外	24	人	4726	5119	4833	3965	3965	3568	3568	3568
②省内县外	25	人	9470	10372	8867	7032	7032	6654	6654	6785
③省外	26	人	15300	13402	12582	11944	11944	13198	13198	13198
④港澳台	27	人	125	125	131	131	131	131	131	0
⑤境外	28	人	0	0	0	0	0	0	0	0
5.外出人员从事行业										
①第一产业	29	人	463	258	224	204	204	219	219	219
②第二产业	30	人	2190	3821	4571	3530	3530	3546	3546	3546
③第三产业	31	人	26968	24939	21618	19338	19338	19786	19786	19786
6.外出从业形式										
①务工	32	人	23214	22495	20083	17285	17285	17921	17521	13954
②经商	33	人	4085	4081	3836	3478	3478	3371	3771	1199
③其他	34	人	2322	2442	2494	2309	2309	2259	2259	1972
7.外出人员职业 技能培										
①参加职业技能培训	35	人	0	0	379	575	575	575	575	575

续表 1-12

指标名称	序号	单位	2009年	2010年	2011年	2012年	2013年	2014年	2015年	2016年
其中:参加过政府举办的	36	人	0	0	80	153	153	153	153	153
②持有资格证书	37	人	0	0	350	382	382	382	382	382
8.劳务收入										
(年)劳务经济总收入	38	万元	85870	87916	87916	94966	94966	98966	128656	128656
其中,月收入500元以下	39	人	387	476	52	12	0	0	0	0
501~1000元	40	人	3353	3862	4142	1393	0	0	0	0
1001~2000元	41	人	9549	8940	8929	3759	485	485	395	383
2001~3000元	42	人	11494	10876	9761	13150	6657	5929	2659	2717
3000元以上	43	人	4838	4864	3529	4758	15930	17137	20497	20451
9.从业环境										
①雇主拖欠工资人数	44	人	43	55	0	0	0	0	0	0
②高危有害工作人数	45	人	195	135	0	0	0	0	0	0
③致伤、残人数	46	人	9	57	6	6	6	6	0	0
④享受劳保补贴人数	47	人	51	51	280	379	379	379	379	379
10.社会保障										
①与雇主签订劳动合同	48	人	870	705	800	916	916	916	916	916
②参与养老保险人	49	人	1484	1484	2085	2085	2085	2085	2085	2085
③参与医疗保险人	50	人	3817	3817	4060	4060	4060	4060	4060	4060
④参与失业保险人	51	人	1	1	6	6	6	6	6	6
⑤参与生育保险人	52	人	0	0	0	0	0	0	0	0
⑥参与工作保险人	53	人	120	118	210	210	210	210	210	210
11.返乡情况										
①全年外出返乡人员	54	人	1160	1160	2605	2641	2654	2654	2654	2654
②返乡人员再就业	55	人	1160	1160	2605	2605	2635	2635	2635	2635

续表 1-12

指标名称	序号	单位	2009年	2010年	2011年	2012年	2013年	2014年	2015年	2016年
其中，A.本地务农	56	人	29	29	2064	2064	2064	2064	2064	2064
B.本地从事二、三 产业	57	人	10	10	420	420	430	430	430	430
C.再次外出	58	人	1121	1121	121	121	141	141	141	141
外出务工人员年人均收入	59	元	28990	30297	33285	41161	41161	42022	54629	59647

蕲州镇、黄土岭乡部分年份农村人均纯收入表

表 1-13　　单位：元

年份	1978 年	1979 年	1980 年	1981 年	1982 年	1983 年	1984 年	1985 年	1986 年	1987 年
金额	94		130	137	170	207	284	392	478	482
年份	1988 年	1989 年	1990 年	1991 年	1992 年	1993 年	1994 年	1995 年	1996 年	1997 年
金额	487	490	505	513	576	650	1020	1650	1856	2118
年份	1998 年	1999 年	2000 年	2001 年	2002 年	2003 年	2004 年	2005 年	2006 年	2007 年
金额	1568	1712	1712	2140	2190	2230	2630	2850	3100	3584
年份	2008 年	2009 年	2010 年	2011 年	2012 年	2013 年	2014 年	2015 年	2016 年	2017 年
金额	4314	4934	5454	6000	6916	8016	9231	11235	12644	
年份	2018 年									
金额	15574									

注：黄土岭乡 1987 年建立，原蕲州的塘塆、黄土岭、施塘、红门楼四个村整体划入黄土岭乡；2001 年，黄土岭乡撤销，该乡 19 个行政村整体划归蕲州镇管辖。

（二）生活支出

1. 镇区居民生活支出

蕲州镇区居民家庭生活支出，主要包括以下三个方面消费支出、借贷支出和其他支出。

消费支出包括食品、衣着、用品、医疗保健、交通和通信、文化教育、居住和其他等八个方面。

借贷支出包括存入款、借出款、归还款、储蓄性保险支出等。

其他支出包括转移性支出（如个人缴纳的个人收入税、捐赠、赡养、非储蓄性保险支出等）、社会保障支出（如个人缴纳的养老、医疗、失业、住房公积金）。

进入2010年以后，蕲州城乡生活水平渐渐接近，耐用消费品拥有量城乡略有区别，但不大。城乡居民家庭中的耐用消费品档次越来越高。家具渐渐趋向实木家具，古典式家具、真皮家具，如实木板床、实木席梦思床，实木桌、椅、真皮沙发；家庭用具（品）基本上都是电气化。主要使用电风扇、洗衣机、冰箱、冰柜、空调、微波炉、沐浴热水器，抽、排烟机，取暖器、电饭煲、液晶电视、电脑、煤气罐、天然气管道、消毒柜、饮水机。交通通信工具，城乡家家户户都在更新换代，“鸟枪换炮”，自行车只少数老年和儿童使用，摩托车、电动车、小轿车成了城乡家庭交通工具的主流。固定电话基本上退出了通信市场，手机保有量大幅增加，手机的功能越来越多，兼具了手机支付、电脑、电视、纸质图书、照相机、钟表等日常生活中的近20项功能。

2. 农村居民生活支出

农村居民支出包括有生产费支出、购置生产性生产资料支出、缴纳税费款支出、上交承包费支出、生活费支出和其他支出六大项。1993年增加提留摊派支出。2001年增加转移性支出，税收、上交承包费和提留摊派支出并为“税费支出”。2005年，国家取消农业税费。1958年至1980年，农村大集体时期，农村居民只存在生活费支出及其他支出。

生活费支出包括生活品消费支出和非商品性支出，以生活品消费支出为绝大部分。生活消费品支出包括食品、衣着、居住、日用品、文化娱乐及服务、教育、医疗、交通和通信、其他等项。

蕲州镇农村居民家庭生活支出，根据社会发展、群众生活需求态势，有三个阶段特征。

第一阶段中华人民共和国成立初至1980年土地承包到户前。这一时期是国家计划经济时期，广大农村居民家庭普遍底子薄，子女多，生活相对困难，每个家庭的生活支出主要是解决温饱问题。按轻重缓急排在前四位的生活支出依次是：

（1）是盐、油、米、菜、柴、衣六个方面支出。

（2）是家庭基本生活日用品，即锅碗瓢盆等支出。

（3）是医疗和子女教育支出。因子女多，生活比较困难，一般的家庭子女只念个小学毕业，初中毕业就回家参加农业生产，挣工分，解决燃眉之急，读高中大学是凤毛麟角。儿女中，儿子读书多些，女儿读书少，甚至不上学。

（4）是住房改造支出。解决了以上问题，若有结余，才考虑一些高档消费，主要是如“三转一响”即自行车、缝纫机、钟或手表、收音机。能购置这些所谓奢侈品，一般是子女少、底子厚实的家庭，或者是工人、干部职工家庭。

第二阶段，是改革开放后至2000年。这一时期土地承包到户，农业种植、农产品销售在逐步放开，乡村企业兴起，农村富余劳动力进城务工，甚至外出远门务工经商，家庭收入不断增加，生活水平不断提高，家庭消费支出的态势，依次是：

（1）住房改造，原来是土砖房屋，不经久不耐用，容易损毁。20世纪80年代以后，经济稍有好转，家家户户都兴起用火烧红砖建房，或建红砖预制板两层楼房，略困难的家庭也要用红砖挂面（房屋前面墙用红砖砌成）。

（2）基本生活开支。

（3）家具添置。大多数家庭渐渐有了余钱剩米，开始考虑提高生活质量。一是原来的所谓

“三转一响”奢侈品，渐渐进入千家万户；二是沙发、席梦思、棕床、穿衣柜等新式家具进入厅堂卧室；三是家用电器纷纷登堂入室，如收录机、音响、电视、电扇、洗衣机、冰柜、碟机等。

（4）子女教育和医疗。进入20世纪80年代以后，国家办学条件的改善，普九政策的助推，每个家庭无论子女多少，都得入学，一般都读完了高中。但书本费、学费、教育附加费、住宿生活开支，样样都得掏钱。子女教育成了每个家庭的重要开支。

（5）购置交通运输工具，除自行车外，摩托车、农用三轮车、四轮车，也走进了居民家庭。

第三阶段是2000年以后至2018年。2005年农业税费的取消，党和国家富民政策、惠民政策越来越凸显。另一方面城镇化进程步子越来越快了，农村的医疗教育和文化生活条件远不及城镇方便快捷，现阶段居民家庭消费支出依次是：

（1）住房消费，一是纷纷拆除20世纪80年代至20世纪90年代修建的砖混预制结构楼房，或是搬到大路边，或是原地重建，结构更合理，楼层更多的砖混现浇结构楼房，内外装修更华丽；二是为生活方便、子女上学方便迁到蕲州镇区建房、买房。

（2）子女教育消费。现阶段每个家庭子女都不多，都认识到智力投资的重要。而现阶段进入高中或大学就读的门槛虽然不高，但高中、高校的各项开支是越来越高。

（3）家庭高层次消费，购置家庭生活交通的小轿车、外出休闲旅游等。

（4）家庭生活消费。油盐柴菜米衣，在家庭生活中开支的位次比重是越来越靠后了。

3. 物价

1953—1978年，商品多由国家统一定价。1979年后，逐步对价格进行改革，实行国家统一定价，浮动价，工商企业协商定价和议价，集市贸易价。蕲春县涉及群众基本生活的商品价格，一是地区差价：如油料油脂，全县划为蕲州、漕河、青石三个片区。每公斤蕲州比漕河高0.02元，漕河比青石（刘河以上地区）高0.02元，1971年取消。棉花，全县划为7个片区价，蕲州为一类片区，1972年取消。猪肉于70年代中期，全县四个价位：蕲州镇每公斤1.52元，赤东区每公斤150元，漕河区每公斤1.48元，刘河区及以上地区每公斤1.46元。蕲州镇部分商品价格存在镇区和农村两个价位。例如猪肉蕲州镇区每斤（500克）0.76元，而黄土岭、菩提、赤东等乡村则每斤0.75元。二是按计划购销，凭指标和票据销售。如供销社有化肥出售，任何生产大队和生产小队必须凭分配指标购买，无指标有钱也不能购买。布、肥、皂、猪肉、商品粮、煤油、白糖等按人口下发票证，凭票证供应。如到商店买布做衣服，不仅要钱，还要给布票，两者缺一不可。到餐馆买根油条，既要付0.03元钱，还要付1两粮票。涉及基本生活的票证有粮票、布票、油票、肉票、糖票、豆腐票、煤油票（照明）、火柴票、肥皂票等。

从中华人民共和国成立后的农村人民公社起，到1980年土地承包到户前，蕲州农村居民生活中的粮食和油料，由生产队根据当年生产情况按月分配年终总决算。主粮供应有稻谷和小麦，五谷杂粮分配有红苕、黄豆、绿豆等。食用油有菜籽油、芝麻油。主粮分配中包含人口粮、工分粮、年终增产粮。主粮分配，国家有定量标准，农村各生产大队生产小队，根据当年产量和完成上缴统购任务外，可上浮和下调。有的当年丰收人均粮食每人每年有480斤（1斤=0.5千克）、560斤，甚至多一点，产量差点的每年人均粮只能420或360斤。当低于360斤或受灾，国家就要进行返销供应，进行补贴。蕲州城镇居民人口粮油供应标准，始定于1953年11月，实行按行业、工种和年龄分等级供应。1959年因自然灾害，粮食大减产，城镇人均月口粮标准减少1.5公斤，次年，部分人口粮标准再次下调。1965年，随粮食总产的增加，对

35个工种的职工月口粮标准提高1.5公斤，使职工口粮标准接近1955年水平，此后到1985年，供应标准未变。

60—70年代城镇居民月口粮标准一览表

表1-14　　单位:市斤

居民分类		口粮标准(市斤)
体力劳动者	特重体力劳动者	45~55
	重体力劳动者	35~44
	轻体力劳动者	26~34
中学生		26~33
机关团体工作人员、职员及其他脑力劳动者		24~29
其他居民及儿童	成年居民及10周岁以上儿童	22~26
	6~10周岁儿童	16~21
	3~6周岁儿童	11~15
	3周岁以下儿童	5~11

注:1市斤 = 0.5千克。

城镇居民食用油按人定量供应，人月均标准400克，1982年增加到500克，此外每年国庆节和春节猪肉、鸡蛋、鱼、豆腐等副食也根据当地年收成情况下拨计划，按票、证、卡供应。在蕲州流通的粮油票证有：

粮食：全国通用粮票，湖北通油粮票、湖北省农村专用兑换粮票，蕲春县购粮券，市镇居民粮食供应证、集体单位用粮供应证、工商行业用粮供应证，农村缺粮及周转粮供应证、湖北省粮食供应支拨证，蕲春县粮食供应支拨证、临时分购证、退耕还林工程粮食供应证等。

油脂：湖北省通用油票、市镇居民粮油供应证、蕲春县油票等。

1992年4月以后，以上票证退出市场流通。

1993年以后，国家对城乡居民日常生活物资价格逐步放开，但对食盐、猪肉、粮食、自来水、生活用电、天然气、石油、车（船）票等实行政府指导价与市场调节价相结合。

其间，1966年至1980年蕲州农村部分农副产品的收购价格比较稳定（均以市斤计算）。稻谷每100斤（50千克）三个价位，分别为9.50元、9.80元、10.30元。牲猪按出栏猪重量等级收购。其中每头100~130斤重的牲猪，收购价每斤0.465元；每头130~150斤重的牲猪，收购价每斤0.53元；每头150斤以上的牲猪，收购价每斤0.565元。苎麻每斤0.683元。棉花分籽棉和皮棉（脱籽棉）籽棉每斤0.13元，皮棉每斤1.00元，鸡蛋每斤0.55元。鸭蛋收购价略低于鸡蛋。

1966年至1980年常见食品、副食品及香烟的销售价格也较稳定（均以市斤计算）。大米每斤0.115~0.129元，面粉每斤0.17元，菜油每斤0.79元，芝麻油每斤0.89元，食盐每斤0.16元。猪肉镇区每斤0.76元、农村每斤0.75元。草鱼、青鱼、鲫鱼、鲤鱼等最高价每斤0.39元，胖头、鲢子等每斤最高价 0.26 元，小花杂色鱼每斤 0.09~0.21 元。白糖每斤 1.10 元，红糖每斤 0.93 元。煤油（点灯用）每斤 0.36 元，火柴每盒 0.02 元。香烟是根据不同的品牌定出不同的售价，经济牌每包 0.09 元，城乡牌每包 0.11 元、大公鸡牌每包 0.16 元、圆球牌每包 0.20 元、新华牌每包 0.25 元、游泳牌每包 0.26 元等。

1966 年至 1980 年蕲州境内各餐馆的熟食供应价格，同样是比较稳定的。米饭每半斤 0.15 元，半斤粮票 1 份面值 0.5 斤。糖包子每个 0.03 元收粮票面值 1 两。肉包子每个 0.05 元、清汤（馄饨）每碗 0.16 元、肉片汤每碗 0.35 元、油条每根 0.04 元、面包每个 0.07 元等。

1966 年“四清”工作队队员到蕲州农户家吃饭，每餐付钱 0.12 元，付粮票 3 两。

赤东湖王[illegible]村大径桥渡口渡船收费：

大径桥到枫树岭村水程较短，称横渡，每人每船次 0.10 元。

大径桥到西角湖渡口，水程较远，称直渡：每人每船次 0.60 元，具体情况是：1 人乘船全程付 0.6 元，2 人乘船共付 0.6 元，3 人、4 人……如此类推，13 人以上，每人收 0.05 元，货物运输比照客运执行。

1986—2018 年蕲州镇居民部分生活物资价格表

表 1-15

食盐（每 500 克）		自来水（吨）		生活用电（度）		猪肉（每 500 克）		天然气（每立方米）		车票（元/人）	
年份	价格	年份	价格	年份	价格	年份	价格	年份	价格	年份	价格
1986	0.18	70 年代（一担水）	0.01	1986	0.2	1986	2.6~3.00	2010	2.8	1986	1
1988	0.2	80 年代至 90 年代初	0.22	1993.7	0.25	1987	3.8	2013	3.05	1989	1.1
1989	0.33	90 年代中	0.44	1995.5	0.285	1988	4	2018	3.3	2007	5
1993	0.43	90 年代后期	0.65	1996.9	0.325	1989	5	2019	3.4	2014	7
1995	0.57	1999	0.987	1999.11	0.457	1993	6			2018	7
2000	1	2005	1.17	2001.2	0.47	1994	10.6			2019	6
2005	1.32	2007	1.35	2002.12	0.52	1995	11				
2006	1.2	2017.1	1.75	2004.1	0.57	2006	15				
2007	1.3			2006.11	0.57	2008—2018	12~14				
2009	1.5			2011	0.56						
2011	1.7			2012	0.558						
2014	1.5			2018	0.558						
2018	1.5			2019	0.558						

蕲州镇城区住宅小区房屋基本情况统计表

表 1-16

名 称	位 置	建成年份	占地面积（平方米）	建筑面积（平方米）	建筑栋数	最高楼层	楼高（米）	产权性质	投资（万元）
金昌华府	濒湖西路口	2013	2500	13869	1	18	96	商住楼	
湖景广场	原双美纺纱厂内	2014	15209	52737	5	17	356	商住楼	12000
富丽水岸	原双美纺纱厂内	2014	36728	111450	11	17	439	商住楼	25000
麒麟阁	中心街	2011	1049	6208	1	11	24	商住楼	5000
麒麟学院	时珍路老水厂下	2015	2393	6136	2	4	27	商住楼	
泵站职工宿舍	牛皮坳泵站	2016	10358	9264	4	6	132	棚户区改造经济适用房	
博园小区	东长街原煤机厂内	2015	13461	30960	7	6	192	商住楼	
博士家居	东长街原二机厂内	2013	14926	28800	8	6	212	商住楼	2300
麟凤小区	原县二里湖砖瓦厂内	2012	7000	20203	6	6	238	砖瓦厂棚户区改造	
濒湖福田小区	濒湖路东玻璃厂职工宿舍内	2010	4066	7488	5	6	74	玻璃厂棚户区改造	
郦园公馆	三号路加油站对面	2013	10171	30533	8	18	260	商住楼	
凤凰城	工行左侧	2010	4739	9486	6	9	92	商住楼	1800
鹏吉时代	蕲州大道海事局旁	2013	7156	32920	3	16	228	商住楼	3500
滨江御景	官井西路口	2009	4121	20600	1	17	154	商住楼	3000
佳顺小区	工行右侧	2009	8402	16780	7		124	商住楼	2380
万峻公寓	一关街酱园厂内	2014	3300	12610	1	17	102	商住楼	2359
锦江名居	大菜厂内	2012	2850	21500	2	15	140	商住楼	
后濠廉租房	时珍路北侧	2009	1189	5169	3	6	108	廉租房	
丽景公寓	郦公园	2013	1044	3485	1	6		商住楼	
莲花池廉租房	原县砖瓦厂内	2010		20000	12	6	402	廉租房	
房管所廉租房	房管所后	2011	2452	7200	3	6	144	廉租房	
新苑小区	濒湖路	2006	8500	7590	3	6	54 6	商住楼 单门独院	
华厦公寓	蕲州大道大菜场	1995	7400	19800	13	6	204	商住楼	

续表 1-16

名 称	位 置	建成年份	占地面积（平方米）	建筑面积（平方米）	建筑栋数	最高楼层	楼高（米）	产权性质	投资(万元)
博惠住宅小区	北仓街	2012	9000	6660	5	7	12	商住楼	
							24	单门独院	
东门棕绳厂小区	院子坡路	2016	3000	4000	2	3	13	单门独院	
搬运站小区	原搬运站内	2007	1200	1800	1	5	15	单门独院	
濒湖路廉租房	福田小区内	2011	432	1800	1	6	36	廉租房	
苑江小区	矿建公司	2014	9000	10650	2	7	76	商住楼	
工具厂廉租房	北仓街	2012	450	1256	1	3	18	廉租房	
鸿福小区	三号路	2016	14000	35700	85	3	170	商品房 单门独院	
临湖新居	蕲州大道48#	2004	10050	6240	2	6	48	商住楼	

卷二　经济

经济是一个地域发展的命脉。蕲州镇历来是一个以农业为主的自然经济区域，其中种植业、畜牧业、水产业、林木业、药材生产等均较发达，养育一方生民。南宋因朝廷在此铸钱，故有铁冶铸造业。清代末期开创了近代工业之先河。蕲州解放后，工业发展较快。20 世纪 70 年代，“五小工业”成为全地区乃至全省“龙头”。改革开放后，民营企业得到蓬勃发展。交通、邮电，基础设施建设均得到同步前进，促进了蕲州区域经济的稳定发展。

一、农　业

中华人民共和国成立前，农民以种植水稻、小麦、红薯、豆类、棉花为主要品种。蔬菜种植主要以城区附近的几个村居多。受当时封建社会束缚，农民种田不讲科学，“望天收”，农村抵御自然灾害的能力差，作物品种落后、产量低、经济收入少，农业基础十分薄弱。

中华人民共和国成立后，农业生产条件和农村面貌逐步获得改观。2017 年，全镇耕地面积 36311 亩，农业总产值 72520 万元，粮食总产量 28536 吨，皮棉总产 237 吨，油料总产 4972 吨，蔬菜总产 41376.6 吨、牲猪出栏 34135 头、年人均纯收入 12664 元。

中华人民共和国成立前，农村土地主要集中在少数地主、富农和富户手中，而贫雇农土地占有量极少。蕲州解放后，即实行了土地改革，广大的贫苦农民有了自己的土地、房屋、山林、水面。拥有了耕牛、农具和生产必需品，并建立起以私有制为基础的自耕农、自主经营体制，是镇内农业生产恢复较快的一个时期，农民的生产积极性获得了空前高涨。

1952 年，全镇开展互助合作运动，城内、南门、王宣、东门、一关、新桥等大队率先响应，成立了临时互助组、临时换工互助组、季节性换工互助组。年终结账时，参加了互助组的农户收益普遍高出单干户，因此，互助合作运动即行在全镇铺开。当年如东门大队陈贵宝互助组、刘理清领头的互助组规模较大，共有 131 人。

1953 年，在蕲州镇人民政府的号召和鼓励下，农民走集体化道路的积极性很高，在农民互助组的基础上通过合并的方式成立了初级社。1956 年至 1957 年，全镇初级社全部升级，组成高级合作社，土地全部为高级合作社所有。

1958 年秋，政社合一，蕲州镇改称“蕲州钢铁人民公社”。全部耕地、山林、水面、耕牛、农具、生产资料归集体所有，统一经营和统一管理，坚持“三级所有、队为基础”的体制，这一体制一直持续到 1982 年年中。

1982 年秋季开始，蕲州镇开始实行联产承包责任制，但土地所有制不变。这一改革，推动了全镇农业的发展。1986年，随着改革的深入，在建立和完善社会主义市场经济的推动下，农业内部结构进行了重大调整，在保证粮食安全的基础上大力发展优质农业和无公害产品，龙虾产业在这一时期发展较快，推行了稻虾连作生产模式。农业生产资料、农机服务和经营完全社会化、市场化，部分村成立了"农业机械生产服务合作社""家庭农场"。

1986年，全镇农业总产值1688万元，粮食总产927.5万公斤，油料总产53.175万公斤，皮棉2.615万公斤，鲜鱼63.34万公斤，莲藕98.345万公斤，蔬菜435万公斤，出栏牲猪15201头。

20世纪90年代，农业经营体制进一步向纵深发展，种养殖业在完成第二轮承包的基础上，部分集体土地（含山林、水面）以一定的价格和一定的年限出租给合作经营户和自然人。2000年以后，经营方式、方法不断扩大，提倡规模化种养植（殖），鼓励有实力的自然人和实体组织进行土地流转，搞规模化生产。

（一）种植业

1. 粮食作物种植

(1) 水稻种植

蕲州水稻种植历史悠久，据记载，在宋代本地曾引进耐旱水稻新品种"占城稻"。清末民国初期，曾种植过籼稻品种"湖南籼"。蕲州解放前夕，本地多以种植高秆低产的本地品种，且多种植一季。蕲州解放初期，农民普遍沿用过去的种植习惯，水稻为常年一季种植，1956年后才逐步推行双季稻，水稻品种也由过去的籼稻改为粳稻。人民公社成立后，农村实行生产经营管理，双季稻的种植面积迅速扩大，产量大幅提高。70年代起，随着农村生产条件的改善，水利、农技、生产资料、肥源的配套实施，双季稻已成常态化种植。70年代后期，蕲州镇大力推广杂交水稻，试行推广水稻种植三熟制。80年代中期开始，全面实施杂交早中晚稻种植，90年代中期，本地以种植高产优质杂交水稻为主，近十年来，部分农户开始种植"一种两收"的再生稻。

水稻种植品种 蕲州镇解放初期，农民种植的水稻皆为本地的常规品种，少数农民在自己的田块里进行选种、提纯、试种、一家独用，故水稻品种庞、杂、乱。50年代早期，蕲州镇在蕲春县人民政府的指导下，不断引进新品种，但受一季稻生产的限制，推广新品种的成效不大。1956年推行双季稻种植后，水稻新品种推广较快，早稻多选用矮脚南特、陆才号、广九矮30号、二九青、广陆矮4号、浙福802等，中稻有胜利籼、珍珠矮、六九一、民科粘、连塘早等，晚稻有农垦58、鄂晚3号、鄂晚5号、鄂晚7号、鄂宜105、沪选19等品种，糯谷主要以红壳糯为主打品种。80年代中期以后蕲州镇广泛种植杂交早中晚稻，杂交早稻有威优、汕优等多个品种，杂交中稻品种有南优2个品种，杂交中晚稻品种有汕优2号、汕优6号、汕优63、马协优63、汕优64、威优64、汕优晚3、金优晚3、金优77、金优928、金优974、金优桂99、两优287、株两优02、株两优819、中九优、两优培九等品种。

播种面积及产量 蕲州解放初期，水稻种植多为单季，且分散种植，故无准确统计资料。人民公社化后，土地归集体，1960年，蕲州镇水稻播种面积56310亩，总产9025吨，其中早稻播种面积20205亩，总产3775吨。中稻5640亩，1325吨。晚稻30465亩，总产3925吨。

1985年，蕲州镇水稻播种面积27090亩，总产7991吨。其中，早稻12195亩，产量3658

吨。中稻 915 亩，产量 379 吨。晚稻 13980 亩，产量 3954 吨。

2014 年，原县属黄土岭乡已并入蕲州镇，水稻种植面积扩大，全镇水稻种植面积 48570 亩，总产 25442 吨。其中早稻 19350 亩，总产 8556 吨。中稻 6780 亩，总产 4525 吨。晚稻 22240 亩，总产 12361 吨。

蕲州镇部分年份水稻种植面积总产一览表

表 2-1

年份	合计		早稻		中稻		晚稻	
	播种面积（亩）	总产（吨）	播种面积（亩）	总产（吨）	播种面积（亩）	总产（吨）	播种面积（亩）	总产（吨）
1960	56310	9025	20205	3775	5640	1325	30465	3925
1965	48855	8337	19845	4679	6180	1397	22830	2261
1967	46650	8121	23880	4999	375	78	19590	3044
1968	41040	7041	23925	4966			17115	2075
1969	43965	6734	23970	3758	405	77	19590	2899
1972	54570	12203	26130	6767	6840	1585	21600	3851
1976	31125	8330	14715	4565	600	218	15810	3547
1977	31890	7836	15045	3502	525	185	16320	4149
1978	31815	8093	14820	4284	750	218	16245	3591
1979	30390	8629	13665	4244	1170	365	15555	4020
1980	29865	7477	13815	3070	810	293	15240	4114
1981	29115	7197	13380	4106	825	277	14910	2814
1982	28845	7967	13200	4371	645	246	15000	3350
1983	29265	7823	13350	3390	825	277	15090	4156
1985	27090	7991	12195	3658	915	379	13980	3954
1986	26505	8244	12180	3916	690	319	13635	4009
1987	57750	17634	26985	9377	825	383	29940	7874
1988	57360	17220	27120	9504	615	221	29625	7495
1990	58140	17492	27345	9697	915	57	29880	7738
1991	55500	15749	27195	6700	210	71	28095	8978
1992	52800	13790	25200	7581	195	94	27405	6115
1993	52350	17154	23400	7500	600	285	28350	9369
1994	51285	17879	23400	7744	690	236	27195	9899

续表 2-1

年份	合 计		早 稻		中 稻		晚稻	
	播种面积（亩）	总 产（吨）	播种面积（亩）	总 产（吨）	播种面积（亩）	总 产（吨）	播种面积（亩）	总 产（吨）
1996	52425	16634	23910	4949	570	480	27945	11205
1997	50520	17795	22335	7047	1785	634	26400	10114
1998	44610	14126	20250	3407	2640	1219	21720	9500
1999	44670	17435	19380	4387	4245	1735	21045	11313
2000	38130	16273	14895	3996	7140	2913	16095	9364
2001	38190	14681	13995	3900	9015	3781	15180	7000
2002	31860	14763	6900	2410	15405	7785	9555	4568
2003	30480	14471	5580	1951	18600	9998	6300	2522
2004	37290	17808	6690	2340	22575	11852	8025	3616
2005	33750	16547	4335	1517	23955	12578	5460	2452
2006	35865	18079	6375	2698	21885	11789	7605	3592
2007	37575	19432	7365	3233	21945	12057	8265	4142
2008	46575	24207	13905	6036	23550	13408	9120	4763
2009	47655	24650	14010	6245	24150	13343	9495	5062
2011	36705	20260	13500	6500	13725	8800	9480	4960
2012	48570	24572	19350	8606	6285	3925	22935	12041
2013	48570	26411	19350	8596	6285	3954	22935	13861
2014	48570	25442	19350	8556	6780	4525	22440	12361

栽培技术 中华人民共和国成立前，蕲州镇农民水稻的育秧、种植技术多采用草包催芽法。待谷芽萌生后再撒入秧田进行培育。移栽至稻田后以稀植为主，秧苗成活后多施以人畜粪、土杂肥、遇病虫害即喷洒石灰、草木灰、水稻产量普遍较低、少数望天收。

中华人民共和国成立后的头几年，水稻的育秧、种植仍沿用解放前的育秧、种植习惯。1956 年后育秧开始采用温床（土坑）催芽，改解放初的短芽落泥为长芽落泥，改芽谷露地为埋芽覆盖。60 年代中期开始用尼龙薄膜覆盖育秧。70 年代开始进行“趸秧”（小秧苗带土移栽）。70 年代中期，在进行趸秧的同时，开始进行温室无土育秧。80 年代开始采用地膜育秧。

并推广稻田直播技术。80年代中期开始，早三田因气温偏低，均以尼龙薄膜保温育秧，后三田多以大田育秧为主。

秧苗的移栽，我镇在解放前及解放初的头几年采用稀植的办法，即行距与株距一般为6×9寸（当时农业技术部门规定的计算方法）或5×10寸。按此办法，由于在单位面积上水稻的植株偏少，直接影响了单位面积产量。合作化后，曾推广过合理密植技术，要求行距与株距达4×6寸。人民公社化后的一段时间曾推行过水稻密植技术，要求行距与株距按3×4寸或2×5寸标准施行，但由于行距间密度较大，通风效果差而减产，不久，此一标准弃用。60年代始，我镇多实行4×5寸、4×6寸的间距标准，规定每蔸秧苗数为6~9株。

稻田的田间管理，蕲州镇地域土壤差异较大，农民在稻田的施肥上多因田而异，西、南、北沿江滨湖地带多属沙壤田，保水性较差，施肥多采用“少吃多餐”的办法，东部山岗塝田多采用施足底肥，中间阶段上足追肥的办法。“后三田”一次施足底肥，后期增施钾肥，做到前期发得起，不过头，争取早发穗；中期稳得住，后期争粒重。

二季晚稻栽种季节性较强，是蕲州镇水稻种植的重头戏，因此对二季晚稻的管理要求较严，在品种的栽种搭配上既要与前茬对接，又要“让口”于后茬，适时播种，保证在9月20日左右能安全出穗；采取全田施底肥，灌水1~1.5寸养苗返青，清水引蘖，苗齐晒田发根，幼穗发育抢回水，齐穗后湿润养根保叶；因田施穗肥，保尾防早衰等一系列管理方法。随着农业生产、管理技术的提高，90年代后期始，我镇部分村已采取测土施肥技术，保证了因田、因土而实行科学施肥、科学管理。

（2）小麦种植

小麦历来为蕲州镇传统的夏粮品种，本地有“种麦接谷，压破篾箩”之说，在夏粮品种中，因其栽种面积较大，产量较高而一直占据夏粮面积、总产量之首。

品种 麦有大小麦之别，蕲州镇以种植小麦为主，大麦仅有零星种植。蕲州镇解放前后，小麦品种较为单一。多属自选自育，细茎、高秆、耐肥性差、易倒伏、产量低的品种。50年代后期，开始引进湖北省农科院培育的南大2419小麦品种，因单产高、粉质好而得以在全镇迅速推广。同期还引进了矮秆的“光头麦”（和尚头）。60年代陆续引进的新品种有阿夫、矮秆红、铁秆造、吉利等矮秆品种，但该类矮秆品种抗赤霉病能力较差。70年代引进的新品种有鄂麦6号。80年代初，因早期引进的南大品种蜕化严重，又相继引进了鄂麦9号、鄂恩1号等小麦品种。90年代中后期，开始引进鄂麦11号、华麦8号和89—11等小麦品种。

播种面积 中华人民共和国成立前，蕲州镇小麦种植面积无统计。1949—1956年小麦种植面积资料缺失。1957年蕲州镇小麦播种面积10875亩。1958年达15465亩，为蕲州镇小麦种植面积最大的一年。至1994年全镇小麦的种植面积均在7500亩上下。1996年起，全镇小麦播种面积呈下降趋势，2007年为小麦种植面积最低的年份，全镇仅种植小麦12亩。2008年回升幅度较大，但一直徘徊在1800亩至今。

栽培技术 小麦的栽培，蕲州镇农民多根据麦田的地理位置、环境、肥瘦程度，采取适宜的种植方法。播种有“条播”“点播”“散播”，70年代曾推行窄厢满幅撒播，这一方法，土地利用率和单产量较高。同时根据蕲州地区有在麦田套种棉花的历史习惯，便于棉花的播种及早期管理，因此窄厢满幅撒播这一方法一直沿用。

传统的播种方法 多为干种下地，60年代开始推行温水浸种，70年代中后期，曾试验小麦育苗移栽和催芽后直播。但这一方法手续繁杂，采用的农民较少。80年代初，开始推行“三宽二窄”“窄厢满播”“两宽两窄”的播种方法，农民择其所需，一直沿用至今。在管理上，往往注重于从整理麦田开始，根据麦田的具体情况，播种时施好底肥，开好沟；麦苗越冬阶段，施好腊肥，做好保温防冻，同时做好麦苗叶片的疯长及促进根基的发育生长；立春后，麦农往往会对麦田深耕一次，促使根部的再次发育；施好拔节肥，此后便注意调节用肥数量及肥性，以增强麦秆强度，防倒伏，防过于早熟，清沟排渍，注意病虫害的防治。

产量 小麦向来在蕲州粮食生产中的比例不是太高，在有统计资料的1957年，播种面积仅占全镇耕地面积的19.67%，总产866吨。1979年，全镇小麦总产1279吨，为历史上最高的年份。后逐年下降。2000年，蕲州镇小麦总产仅为153吨。2014年，小麦总产271吨，比1957年减少454吨。尔后，蕲州地域种小麦逐渐减少。

（3）**杂粮**

杂粮生产有春杂粮、夏杂粮、秋杂粮。春杂粮主要品种有早豌豆，夏、秋杂粮主要有玉米、高粱、粟黍、大麦、燕麦、荞麦、绿豆、蚕豆、黄豆、豌豆，但种植面积不大。单产较低，总产在粮食作物品种中占比不高。1976年，全镇杂粮播种面积660亩，总产52吨。1993年，播种面积4200亩，总产194吨。2014年是全镇杂粮种植面积，总产量最高的一年，面积5790亩，总产1207吨。2014年与1976年相比，种植面积扩大5000余亩，总产量上升1155吨。

红薯是蕲州镇农民普遍种植的一种粮食作物。50~70年代，由于主要粮食作物供应相对紧缺，人们多以红薯作为补充，因此，种植面积较大，总产量在薯类品种中占比较高。马铃薯，栽种历史较久，是蕲州镇居民、农民较为喜爱的一种宜粮宜菜品种，农民种植广泛。80年代之前，一直沿袭老品种自行繁育，80年起，蕲州镇席盘石、塘堮、大畈头等村率先引进早熟新品种，使马铃薯比老品种上市提早一个月。90年代，席盘石、街口、打鼓台、两路口、竹林湖、塘堮等村村民采用尼龙覆盖育秧、栽种，又使马铃薯上市时间提前了月余。芋头（含泥芋、魔芋、香芋）因对地块、土质、水源有一定的要求，蕲州镇农民种植规模不大，产量不高。

作为其他粮食物作的统计，蕲州最早见于1976年，当年全镇薯类播种面积3420亩，总产6170吨，以后播种面积，总产量不断提高，2013年为最高峰值，播种面积13815亩，总产17600吨。

2. 经济作物种植

（1）**油料作物**

蕲州镇油料作物种植的主要品种有油菜、芝麻、花生。70年代早期曾引种油莎豆和茶籽树。向日葵也有少量种植。

油菜 蕲州镇食用油料作物的主要品种，其历年播种面积和总产量均占油料作物的70%以上。1957年，全镇油菜播种面积5325亩，总产128吨。1985年播种面积5550亩，总产392吨。2014年，全镇油菜播种35625亩，总产4800吨，创历史新高，总产量比1957年增长37.5倍。蕲州镇油菜品种解放初期为白菜型各类品种，单产低，不耐肥，易倒伏。50年代中期开始引进种植胜利、云油三号、甘油五号等甘蓝型油菜品种，逐步取代本地种植已久的白菜型品种，产量不断提高。70年代中期，一度引种种植过杂交油菜，限于制种困难及诸多方面原因，引种种植不久即弃种。80年代初期始，曾引进过早熟型品种80—2。1982年，开始引种并大力推广“低芥酸”油菜新品种。后陆续引进了“中双”系列、“中油杂”系列、“华双”系列、“华油”系列和“双油”系列品种。

油菜种植方法，解放初期多沿袭大田直播的习惯方式。自引进甘蓝型油菜品系后，改为育苗分厢移栽的方法，蕲州镇多采用1.2米宽厢，亩平1万株的种植方法。引进甘蓝型油菜品系后，注重地（田）块的整理，推行普施底肥，增施硼肥。为了在春雨季节防治油菜的黑颈病和菌核病，及时清沟滤水，做到合理密植。蕲州镇栽种油菜面积较大的村有扎营港、新塘、横坝、银山、韦庄、龙泉庵、竹林湖、席盘石、土台、塘塆、黄土岭、施家塘、红门楼、王塅、邵垅、潘塆、恒丰、赤东、菩提、曹英、五里墩、太常、下石潭。

芝麻 镇内食用油料作物的主要品种，其种植面积，总产量仅次于油菜。解放初期，多种植本地的常规品种八方白、八方黑。70年代开始引进中芝七号，因该品种产量较高，适应性强而广受农民喜爱，发展迅速。50年代后期始至80年代末，种植面积大多维持在1000~1500亩，总产量多在50吨~60吨。1976年，全镇芝麻播种面积仅为600亩，为历史上的最低年。2009年芝麻播种面积6495亩，属历史上最高年份。总产量最低的年份为1967年的20吨，最高的年份为2014年的760吨。

花生 蕲州镇种植面积不大，种植区域多集中在镇西南部的沿江地带，70年代中期以后，因城镇建设发展及种植结构发生变化，种植区域迅速萎缩。其他区域因受土壤性质所限，未见成片种植区，现在农民偶有种植，但规模较小，产量不高。1985年，全镇仅种植花生11亩，亩产量750公斤。1993年，全镇花生种植面积181亩，产量1.77万公斤。

油莎豆 系70年代初蕲州镇引进的新的油料植物新品种。引进初期，先行在一关大队、居民委员会位于二里湖地段的沙土区；东门、大畈头、土台等大队进行试种，因对土壤质地要求较严、采收劳动强度大，加之油菜新品种的大力推广而在试种几年后便弃种。

（2）**棉花**

品种 蕲州镇棉花种植历史较久，解放前棉花的主要品种有“铁壳棉”“小籽棉”“中籽棉”，该类品种耐瘠薄土壤、抗病强，但桃小，品质差、产量低。解放初的头几年，棉农多沿用解放前的棉花品种和种植习惯。1952年开始种植引进的“岱字15”及岱字号系列新品种，产量有所提高。1956年起开始种植从新州引进的鸭棚棉。后陆续种植的新品种分别有洞庭一号、鄂光棉、冈棉1号、冈棉2号、鄂沙28、鄂荆1号、鄂荆92号等，以上品种中，适合在蕲州地区种植的品种为鸭棚棉、鄂光棉、鄂沙28、鄂荆92等品种。

面积 1957年，全镇棉花播种面积2280亩，1987年255亩，为历年最低年。2011年播种面积11805亩，属历史最高年。

产量 1957年，总产83吨。1977年211吨。2009年1264吨，为历史上棉花总产最高年。1957年，亩产皮棉36公斤，2009年，亩产皮棉112公斤。1958年3月8日，蕲州人民公社横坝大队棉花姑娘张金蓉同志到北京参加全国“三八”妇女节表彰大会，受到毛主席、周总理的亲切接见。

栽培技术 蕲州镇解放初期，农民多在麦地（田）间进行点播，受麦苗争肥、争阳光的影响，棉苗出苗普遍偏低、偏弱、迟发育。50年代中期开始，小麦推行条播技术，棉花也即实行了直播。60年代，推行在麦地（田）预留棉行，棉花采取营养钵育苗移栽。70年代在推广小麦窄厢撒播技术的同时，即推广了棉花营养钵麦田移栽方法。80年代后，棉花播种大面积推广“营养钵”面膜覆盖，麦林移栽、麦田管护的栽培配套技术。

蕲州镇解放初期，农民种植棉花沿袭传统的湿籽拌地灰下种法。60年代后，渐次推行了湿水催芽播种法。70年代后开始推行带肥下种技术。

棉苗的培育，50年代农民多采用麦收后再行对棉苗进行定株培育的方法。60年代推行了在麦收前即开始定株培育、松土、施肥、除虫的方法。棉花的中后期管理以重施花蕾肥、防干旱和防虫害为主。定株成功后，棉农则注重棉花生长期的打枝、摘顶、中耕、除草、除虫工作。80年代后棉农多依靠植物生长素控制棉花的疯长。蕲州镇棉花的病虫害苗期有立枯病、炭疽病、蚜虫、红蜘蛛等；花蕾期有金钢钻、棉铃虫、红铃虫、叶跳虫等。解放初对棉花病虫害的防治多采用草木灰、石灰喷洒的方法。60年代后，分别采取了在棉田插树枝和枯草把诱虫、割草除虫、人工捉虫，摘枯等方法，有的村组还采取了生物防虫的方法。在化学防治虫害方面则根据棉田病虫害的种类、虫口密度施以相应农药毒杀，以减少病害。

（3）蔬菜

蕲州镇蔬菜种植历史悠久，宋代著名诗人陆游经蕲州入四川任职时便见“蕲口”（蕲州前身），农民在长江上架木为排，上铺泥土种植蔬菜时，颇为称奇。遂记入《入蜀记》一书中。中华人民共和国成立初期，蔬菜主要由农民自种自食，邻近镇区的东门、一关、新桥、南门、城内等大队则以种植蔬菜为主业，除自食一小部分外，大部分则进入镇内市场售卖。1957年，随着“政社合一”行政体制的铺开，农民的菜地收归集体，由集体统一种植、出售。1961年又重新将菜地分给了菜农。70年代初，蕲州镇郊的东门、一关曾在原大队的基础上，析出一部分人员成立了“东门蔬菜大队”“一关蔬菜大队”，专司蔬菜种植，蕲州所产蔬菜，除供应本地市场外，还曾销往九江、黄石、武汉、鄂城等地。东门、城内、新桥等大队及二里湖域内所生产的洋葱畅销东北各省，还曾出口苏联地区，为国家换取了外汇。80年代初，随着农村生产体制的变革，菜地也划归了个体生产，蔬菜种植品种也随之大幅增加，产量大幅增长。

蔬菜品种 60年代中期以前，蔬菜品种较解放前变化不大，以常见的老式品种居多，主要有白菜、包菜、萝卜、茄子、芹菜、冬瓜、南瓜、丝瓜、黄瓜、瓠子、辣椒、洋葱、豇豆、四季豆、韭菜、莴笋为大宗。60年代后期东门大队张炳松在外销售蔬菜时，带回了花菜、蕃茄种子在自家院内试种成功后在大队境内推广种植。80年代后，随着商品流通领域进程加快，人民生活水平的提高，蔬菜种植品种获得了大量的增加，主要有生菜、油麦菜、菠菜、苋菜、竹叶菜、西芹、冬（春、秋）萝卜、冬包菜、春包菜、大白菜、花菜、西兰花、龙角豆、笋瓜、金瓜、芦笋、秋葵、上海青等100余种。

东门的细叶芹菜、南门的红辣椒、席盘石、横坝、街口、打鼓台、两路口、南门、塘塆等村的红菜薹声名远播，远销武汉、上海、南京等大城市。

播种方法、面积、产量 50年代时多采用撒播及点播，60—70年代多采用秧场直播栽培壮苗移栽法。80—90年代多采用地膜覆盖育秧法。后渐采取双层地膜覆盖或大棚育苗、大棚直栽法。1972年，全镇蔬菜种植面积930亩，总产1169吨，1992年，蔬菜种植面积5295亩，总产6965吨，2014年，蔬菜种植面积30780亩，总产56293吨，为有记录以来的历史最高年。

（4）麻类品的种植

麻类品的种植蕲州地区主要有苎麻和黄麻两类品种。苎麻是传统的种植品种，历史久远。黄麻属蕲州解放后引种的新品种，从引入蕲州到停止栽种时间不长。苎麻，蕲州栽种的主要品种为“黄尖”麻，约占栽种面积的90%以上；地道麻种“蕲苎一号”及“湘苎一号”约占栽种面积的10%。解放初至70年代中期，镇内的东门、南门、城内、新桥、大畈头、王宣等大队种植的苎麻单产高。镇内其他大队苎麻均有种植，因受土质、施肥程度的影响，单产略低于上列的六个大队。黄麻在60年代引进后，先在二里湖域内及东门、南门、城内、新桥、西角湖、王宣等大队试种，试种后未进行大面积栽种。

面积及产量苎麻1958年种植面积5310亩，总产423吨。1987年种植面积12630亩，总产1278吨，为历史最高年。自此以后，因受市场行情变化影响，苎麻种植面积逐年减少，总产量下降。2014年，全镇苎麻种植2205亩，总产303吨。黄麻种植面积及总产量未见记录。

栽培技术 80年代之前，苎麻的繁殖一直采用分蘖移栽法，80年代后曾推行过育苗移栽和枝条压埋繁殖的新方法。黄麻均采用撒播及苗床育苗移栽法。“头麻见秧，二麻见糠，三麻见霜”是蕲州地区麻农对苎麻收获时间总结出来的经验。

（5）水果甜瓜种植

中华人民共和国成立前的头几年，果树为私人所有，多为房前屋后零星栽种。合作化时期，成片的果园归合作组织所有，零星栽种的仍属私人所有。1958年人民公社化时，蕲州人民公社鼓励大队、生产队兴办果园场，西角湖大队率先在贡家嘴一带兴办了苗圃场，着手培育柑橘、梨、桃、李等果树秧苗。该村陈明星同志繁育的柑橘苗在蕲州一带小有名气。60年代土台、席盘石、西角湖、竹林湖、王宣、邱山等大队先后建起了果园场，其中席盘石、王宣、土台大队规模较大，主要种植的果木有柑橘、橘红、蜜橘、梨子、桃子、李子。土台大队、席盘石大队还试种了苹果。实行责任制后，镇内各大队先后将果园场承包给了私人经营。由于外地优质水果大量充斥蕲州市场，加之将果园场承包给私人经营后，水果品种杂乱，难以形成规模，除蜜橘这一品种较有优势外，其他品种的水果渐遭淘汰。

1976年，蕲州镇利用刘垅大队的部分荒山建起了以种植蜜橘为主的“蕲州镇果园场”，面积500余亩，时有职工50人，1984年，蜜橘总产12.4万斤。

90年代后期，蕲州镇水果多为零星栽种，2015年，席盘石村流转土地15亩租赁给李姓老板种植葡萄。

新中国成立初至80年代，蕲州镇果用瓜有西瓜、香瓜、菜瓜、八方瓜。初期，皆由农民自行种植，多以自食为主。人民公社化后，少数生产队也有种植，60—70年代，一、二、三、四居民还在二里湖滩地进行了大面积种植。80年代初，分田到户的农民种植果用瓜的热情高涨，席盘石、塘塆、黄土岭、打鼓台、长塘等村农民多种植西瓜，横坝、新塘、席盘石、扎营港等村农民多种植黄皮香瓜、冰糖瓜、种植品种有所增加，主要有西瓜、打籽瓜、黄皮香瓜、冰糖瓜、菜瓜、灰瓜、八方瓜。1992年之前，蕲州镇果用瓜未作单项统计。1992年，全镇果用瓜种植面积105亩，总产98吨。随着瓜市的持续上扬，种植面积、总产不断上升，2002年，种植面积660亩，总产732吨。2012年，种植面积1095亩，总产3180吨。

3. 农特产作物种植

莲藕 蕲州地区种植莲藕历史悠久。明代工部主事陈溱诗曰：“城北荷池今几年？花开十丈藕如船。”描述的便是蕲州镇区内莲花池的莲藕，该池莲藕较其他地方种植的莲藕多出2孔，为9孔。70年代之前，藕种较为单一，多为传统藕种，品种有粉白莲、红花系种、野藕、侧船种、大头莲，该系品种入泥较深、粉质高、乳线多、产量多维持在亩产1500斤左右。80年代中期开始，莲藕品种更新较快，先后有5植2号、三五、三七、藕霸、珍珠早。莲藕品种的更新、技术的提高，使产量有了较大的提高，产量高的亩产可达3500市斤。解放初至70年代，种植莲藕较多的生产大队有东门、新桥、南门、大畈头、竹林湖。80年代后，莲藕种植区域有所扩大，除上述几个大队外，江河、雨湖、席盘石、打鼓台、两路口、街口、沙径、塘塆、潘塆、赤东、红石头、横坝、银山、龙泉庵、韦庄、红门楼、扎营港、油树垴等村均有种植。1960年，始有莲藕种植面积、总产统计数据，当年全镇莲藕种植面积1500亩，总产92700公斤。1985年，全镇莲藕种植2430亩，总产149200公斤。以后统计资料未见专项数据。

1952 年，东门村社员，刘理清、陈贵保二人牵头分别成立“东门联营藕粉厂”和“生产互助藕粉厂”，两厂时有制粉人员 131 人，所生产的藕粉大部分经外贸部门销往苏联地区。近十年来，东门有个体藕粉厂 15 家。80 年代，蕲州外贸站用地产莲藕加工“醋藕”出口日本，1979—1985 年，共出口 1145 吨。

红菜薹 红菜苔是蕲州镇又一较为知名的农特产品，解放后的很长一段时期，种植区域仅限于南门、横坝及城内部分地块，产量不高，总产 4 万~5 万公斤，农村实行生产责任制后，红菜苔价格一直较为坚挺，市场需求量大，种植区域不断扩大，现全镇种植红菜薹的有南门、东门、郦公园、街口、两路口、打鼓台、席盘石、竹林湖、塘塆、黄土岭、横坝、新塘等村（居），总产约 35 万公斤。红菜薹一度远销九江、合肥、南京、上海等大中城市，成为人们餐桌上的抢手货。1992 年，蕲春县体委曾用专车将蕲州红菜薹送往北京给中央首长品尝。

细叶芹菜 芹菜，各地均有种植，但品种各异，蕲州地产芹菜因茎短、叶细、色绿、根系发达、根茎色白、味香不冲头而出名，解放初时仅限城区附近的东门、城内大队少有种植，近年种植区域略有扩大，但因留种，下秧环节复杂，产量增幅不大。

（二）畜牧业

畜牧业在 20 世纪 80 年代前为蕲州镇传统的家庭副业，大量饲养的有猪、牛、鸡、鸭、鹅、鸮（番鸭）、狗。80 年代后除饲养上述品种外，少数农户开始饲养鸽、鹌鹑、野鸡、珍珠鸡、兔、羊。

1. 家畜饲养

（1）养猪

养猪，镇内饲养量最大的家畜，也是农家的主要副业，农民称养猪可积肥，可聚钱。

品种 中华人民共和国成立后的一段时间人们多沿袭饲养传统的“州猪”，即“蕲春黑猪”。该猪四肢短小，头小耳大、胸狭窄、背微凹、毛纯黑、性温顺、耐粗饲、肥猪膘厚、肉质鲜，缺点是体形小，生长缓慢，上市周期长。另有一种被称为“两头乌”的品种，因该品种生长周期长，不久即被弃养。50 年代后期，开始引进外地良种猪，自引进外地良种猪后，本地州猪及“两头乌”猪种渐被淘汰。80 年代偶有饲养，90 年代后已难见其踪。

1957 年，蕲州镇在牛皮坳筹办“万头畜牧场”，1958 年 8 月建成，随后从西河驿国营养猪场引入长白猪进行繁育、发展较快。不久又引进原产于湖南宁乡的巴克夏、约克夏等猪种，因长白猪、巴克夏、约克夏属优质猪种，体型较大，产肉率高而在本地发展较快，成为一个时期牲猪饲养的主要品种。80 年代初，又相继引入了陆川猪和通城猪。此后，多用巴克夏（公猪）和陆川猪、通城猪（母猪）进行杂交，培育成黑、白、花等毛色相间，以白色毛色为主的大约克夏。一度是蕲州镇很长一段时间饲养的主要品种。近年来，我镇多饲养内外三元化杂交后的品种。内三元即以长白猪＋大白猪＋蕲州地产猪杂交后产生的新猪种。外三元即以杜洛克猪＋长白猪＋大白猪杂交产生的新品种。

牲猪品种的更迭期大致为：80 年代中期基本为杂交品种，90 年代中期开始多为二元杂交品种。90 年代后期至今多为三元杂交品系良种猪。

喂养方式 50年代中早期多为散养，后期逐步形成围栏筑圈式散养。60年代中后期集体办有畜牧场的多进行栏、舍饲养，农户为圈养的饲养方式。70年代后期，农村实行生产责任制后，各大队、小队蓄牧场停办，农户养猪积极性提高，多以屋舍加筑圈的方式饲养，80年代中期开始个体、联合养猪场兴起，均采用房舍式隔栏饲养，农户自养牲猪数量锐减。

在饲料的喂养上，50年代沿袭传统的饲养习惯，日喂3次，采取青粗饲料加热煮熟，精细饲料与青粗饲料拌和直接投喂。间隙杂以野菜、瓜果补喂的方法。60年代开始推广生料喂养，精细饲料补充的喂养方式。70年代，蕲州镇积极推广中曲糖化发酵饲料和传统饲料混合饲养的方法。80年代配合饲料和混合饲料得到推广，开始使用饲料添加剂和高蛋白饲料喂养。90年代至今推广按比例配比细分高能量动物蛋白饲料、植物性蛋白饲料混合直接投喂的方法，少数农户在家仍沿用传统的喂养方法。

饲养技术 50年代牲猪散养期间做到“日出散步，夜晚归栏，3次喂饱”的自然饲养法。60~80年代圈养期间，蕲州镇农民总结了“窝干草干食要饱，猪病防治莫乱跑”的养猪经验。90年代至今，个体、联合办养猪场发展较快，猪源集中，发病概率加大，因此，人们多采用饲养“早期注射疫苗，中期勤查岗，晚期勤治疗”的方法，采取猪舍勤消毒，注意通风、保暖，在猪病的防治上提倡早期介入，跟踪管理的方法。50年代后期，蕲州镇畜牧兽医站成立，各大队也同时受训了1~2名兽医员。镇畜牧兽医站负责本区域内牲猪重大疾重的防控、治疗工作。大队兽医则负责本大队内牲猪疾病的诊治，不育肥母猪的阉割及疾病防治，对一些重大疫情做到快上报快介入，快治疗。2006年9月29日，蕲州发生牲猪无名高热疫情，蕲州兽医站积极配合县防疫部门进行扑杀、深埋感染病猪300多头。

出栏量 中华人民共和国成立初期，人们的生产积极性空前高涨，生产集约形式还未形成，牲猪多以农户家庭分散饲养，加之在最初的几年未发生较大的天灾，粮食丰收，养猪业发展较快。1956年县人民委员会、蕲州镇镇政府相继作出了发展牲猪生产的决定，大力发展私人养猪、发展集体养猪，先后建起了集体畜牧场，使牲猪生产迈上了一个新台阶。

70年代，蕲州公社积极贯彻县人民政府“积极发展集体养猪，继续鼓励社员养猪”的方针。推广应用中曲发酵糖化饲料的饲养技术，牲猪的发展又得到了一个较快的发展。

80年代，镇畜牧场，各村畜牧场陆续停办，私人养猪提倡规模化。80年代后期，经过几年的发展，牲猪生产发展较快，出栏肥猪首次突破万头。90年代以后个体、联合体及台商办养猪场发展迅速，1997年9月，台商孙永延在土台村二组创办“永佳农畜有限公司”，占地54.5亩，致牲猪出栏量逐年上升，2008年为历史最高年。

蕲州镇部分年份牲猪生产情况表

表 2-2 单位：头

年份	出栏数	存栏数		年份	出栏数	存栏数		年份	出栏数	存栏数	
		小计	能繁母猪			小计	能繁母猪			小计	能繁母猪
1957		10653	1350	1985	4006	10265	162	2001	17215	12859	945
1958		12962	1320	1986	6160	9041	137	2002	17447	11099	861
1960		4648	599	1987	9597	13322	234	2003	16744	10769	800
1965		10329	479	1988	10054	13454	494	2004	18016	11649	751
1967		7624	429	1989				2005	18273	12962	877
1968		5874	340	1990	10779	14651	444	2006	16808	11443	1069
1969		11564	779	1991	10719	15022	410	2007	42339	22838	1941
1972	8421	17775	972	1992	11765	18563	516	2008	48937	20547	1353
1976	6037	13875	982	1993	16800	19600	800	2009	26430	23216	2551
1977	6616	14219	1039	1994	18800	18800	605	2011	32127	41263	3150
1978	7151	15121	926	1995				2012	33491	50211	3520
1979	7692	14073	611	1996	17900	12500	370	2013	36411	55508	3595
1980	5981	12682	378	1997	18000	11423	487	2014	36695	50238	3639
1981	5936	12890	247	1998	25500	11402	498	2015	35541	49643	3714
1982	6051	12128	192	1999	12191	7363	416	2016	34135	47617	3921
1983	5408	11785	236	2000	13213	12746	857	2017	33042	48092	3713

（2）养牛

品种 蕲州镇养牛以水牛居多，大多数为役用牛，少数黄牛。水牛主要以八里湖水牛为原种繁衍生成，黄牛多以县内三角山地区黄牛为原种繁衍而产生的后代。另有极少数量的杂毛色杂种牛。

饲养方式 50年代初及向前很长的一个时期，耕牛皆为私人所有，均由农户分散放养。农业生产合作社建成后，耕牛作价入社，逐渐地实行了公有私养。人民公社建立后，耕牛皆为集体所有，以生产队为基础，指定专人饲养、管理，这一方法一直持续至80年代末。农村实行生产责任制后，先期耕牛仍归集体所有，由分田到户的承包人轮换使用，并按承包土地的数量由使用者分摊饲养时间、物料，致使耕牛的饲养出现重役轻养现象。随后改变了这一做法，将耕牛作价售卖给承包人，由承包人个人进行饲养。这一方式一直沿用至今。

1997年，台胞孙永延在枫树岭村投资创办了一家“育肥养牛场”，该养牛场在外地购入“架子牛”进行补膘育肥。最高年曾饲养“架子牛”560头，是蕲州镇第一家规模化的养牛场，由于受环境、地理诸多条件的限制，该养牛场2002年停办。

出、存栏量 蕲州镇耕牛饲养量呈波浪式发展，历经发展、回落、再发展、再回落、再发展的周期。在蕲州镇解放初的几年里呈缓慢发展态势，1958—1961年耕牛饲养量有所下降。1962—1972年饲养量增长较快。1975年后又有所下降，1987年至今呈缓慢增长。1957年是蕲州镇最早记载耕牛生产状况的一年，是年蕲州镇共存栏耕牛2257头，其中水牛1647头、黄牛610头。1993年，全镇耕牛出栏129头，存栏3144头。2012年出栏7266头、存栏6797头，为历史出、存栏最高年。

（3）其他家畜饲养状况

镇内饲养的家畜主要品种有：狗、猫、羊、兔。

狗 80年代之前，农村80%左右的农户均有饲养，品种多为地产土狗。80年代后各类宠物狗引入数量增大，但主要集中于城区及周边地区饲养。90年代后，土狗饲养量有所下降，无确切数量记录。

猫 为城镇居民、农民家庭饲养量较狗次之的宠物，约55%的农户家庭有饲养，详数无法统计。

羊 中华人民共和国成立初期的一段时间，少数农户有零星饲养。90年代初，镇内枫树岭、西角湖、雨台、邱山、老虎头、红门楼、施家塘等村少数农户开始规模养羊，一般农户放养数量多在50~80头，近几年，饲养农户有所减少。

兔 60年代初，家兔饲养蕲州地区发展较快，但一般均为农户家庭散养和竹笼喂养，后因销路不畅和养兔对农户房屋损害较大而饲养量下降。80年代初，蕲州外贸站帮助竹林湖村兴建了一家长毛兔养殖场，其规模达5000余只，后因市场兔毛价格下降，兔场停办。1998年枫树岭村引入肉兔场一家，1999年成兔达3000余只由于无销路，第三年停办。镇内现仅有少量零散家庭有养殖，产量甚微。

2．家禽饲养

鸡、鸭、鹅、鸽、鹌鹑是蕲州镇传统的家庭养殖品种，农户几乎家家户户都有喂养，平均每户3~5只，多则几十只，部分村有专门从事养殖蛋鸭的专业户，其规模一般每群300只左右。鹌鹑为90年代初引进的新品种，多为集约式饲养，散养户少见。

鸡 70年代之前多为本地鸡种，70年代后开始引进了蛋鸡、肉鸡、肉蛋兼用鸡，主要品种有本地土鸡、来杭鸡、白罗壳鸡、澳洲黑鸡、九斤黄、芦花鸡、罗斯鸡、固始鸡以及杂交产生的后代。

鸭 蕲州地区养鸭历史悠久，品种多为本地麻鸭，少量北京怀鸭和广东番鸭。蛋鸭饲养专业户多饲养本地麻鸭和番鸭。北京怀鸭则为零星散养户饲养的肉蛋兼用品种。

鹅 品种多为本地白鹅和灰鹅，少量“狮头鹅”，群养数量较少，偶有鸭、鹅混养的专业户。家庭饲养量一般在2~3只，饲养户数约占全镇农村总户数的15%。

鸬 家庭饲养量一直偏小，主要品种为本地白鸬和花鸬，少量鸬、鸭杂交的“混子鸬”。

鹌鹑：2016年，黄土岭村引入张建林，在该村创办了一家鹌鹑养殖场，养殖蛋鹑3万余只。

家禽饲养 80年代之前，鸡、鸭、鹅、鸬一直为农民的家庭副业。其中在60年代初，塘塆、黄土岭、施家塘及濒赤东湖周边的部分大队曾由集体安排专人饲养蛋鸭。80年代始，饲养鸡、鸭、鹅、鸬的专业户在蕲州镇开始出现，以后逐渐发展成联合养鸡场，专业养鸡、养鸭场，2016年，蕲州镇鸡、鸭、鹅、鸬、鹌鹑总存笼169.64万只，总出笼29.71万只。

家禽的饲料主要为稻谷、米糠、麦麸及青菜，80年代一些养鸡、养鸭场开始使用畜禽专用饲料。90年代中期后开始使用添加剂配比鸡、鸭饲料。农户家庭饲养仍沿袭以稻谷为主的传统饲料。

家禽繁殖 80年代之前多由母禽抱孵，时间长，产量低，出壳率不高。80年代初采用母禽抱孵和人工孵化。人工孵化的主要器皿为煤油灯孵化箱和电动孵化箱，提高了孵化量。1992年，刘照青在蕲州面粉厂创办了镇内第一家“机械全自动化孵化房”，单季可孵化幼禽4万只。2015年，龙泉庵村引入一家规模较大的全自动利用孵化箱孵化幼禽的孵化房，单箱孵化幼禽2万只。2015年镇域内有面粉厂，王塆、雨台、龙泉庵等4家孵化房。

3. 特色养殖

蕲州镇特色养殖的品种有：蛇、绿毛龟、黄鳝、牛蛙、野鸡、珍珠鸡、对虾。

蛇 蕲州少数农户有捕蛇的习惯，收获后往往被贱卖。1993年，红石头居委会在缺齿山创办了全县第一家蛇园（俗称四宝园），收购农民捕捉的蛇类进行驯（寄）养。

绿毛龟 天然绿毛龟原主产于蕲州一茅山沿江一带，十分稀少。70年代州人许登民、王理成、何国宗养殖获成功，90年代初是养殖绿毛龟数量最多的几年，为历届药交会的畅销纪念品。

黄鳝 90年代，蕲州镇竹林湖、塘塆、施塘等村少数农户开始饲养黄鳝获益，但总体规模偏小。

牛蛙 1994年，东门居委会张名魁等人养殖牛蛙并繁殖成功，1995年达4.5万只。

野鸡，珍珠鸡 蕲州镇竹林湖、菩提、席盘石、下石潭村有个别农户进行饲养，并有成品鸡上市。

对虾 2006年，东门居委会人余清和租赁34亩池塘养殖对虾，年均亩产400公斤，年均总产13万公斤。

4. 畜禽病虫害防治

（1）畜禽疫病种类

镇内畜禽疫病分牲畜传染病和禽类传染病，寄生虫病和一般的常见病。牲畜传染病主要有猪瘟、猪肺疫、炭疽病、猪丹毒、仔猪副伤寒、仔猪白病、喘气白痢病。牛类有牛气肿病、牛肺疫、狂犬病、破伤风、1号病和5号病。禽类传染病主要有禽霍乱、白痢病、新城疫、鸡伤寒等。寄生虫病：牛类有血吸虫、肝片吸虫、牛蛔虫、盘吸虫、大片吸虫病，猪有蛔虫、肺丝虫、姜片虫、棘头虫、毛头线虫等。禽类则有皮肤疥螨病等。常见病则有胃臌病、牛瘤胃积食、青草胀、猪牛肠炎病，中暑，营养缺乏病和食物中毒等。

（2）防治措施及方式

20世纪50年代初，猪、牛禽类多散养，疫病传播快，因此畜、禽的死亡率较高。50年代后期在推行畜禽圈养后，疫病流行得到了一定程度的控制。镇“家禽保育站”（1961年后更名蕲州兽医站）的成立带动了各大队赤脚兽医抓畜禽的防疫工作。

抓好预防和疫苗的注射，从1955年初蕲州公社开始注射猪瘟、猪肝疫、牛炭疽、牛气肿等病的疫苗。以后陆续注射的疫苗有猪丹毒、仔猪副伤寒等。建立猪场、养鸡场后，从选择场地后便开始对拟用地块进行消毒，畜禽入舍后执行严格的消毒制度和疫苗注射检疫制度，一旦发现病体则立即施行隔离诊治。现在每个养猪场、养鸡场都配备有专门的兽医从事畜禽的疫病防疫和诊治。

（3）畜禽疫病暴发年简述

2004年2月5日，蕲州镇新塘村发生H5亚型高致病禽流感疫情，县政府紧急指派防疫部门进行病禽及受染禽的扑杀，共扑杀病禽8951只，并坚持日巡日报制度，迅速控制了疫情。

2006年9月29日，蕲州发生牲猪无名高热疫情，防疫部门迅速对感染病猪进行扑杀，深埋病猪300余头。

（三）水产

蕲州，外襟长江，属天然的渔场。内有湖泊、水库、池塘，中华人民共和国成立后又围垦了一些湖汊，建成了一批规格较高的精养鱼池，是蕲州镇农业类别中一项较大的产业。

1. 天然捕捞

蕲州镇濒临长江，流经蕲州的江段12.5公里，其挂口（上河口）江段属长江鱼类产卵的重要江段，故此蕲州历来盛产鱼苗。

（1）鱼苗捕捞

捕捞方式 蕲州镇挂口（上河口）江段历为长江鱼类产卵的重要江段，为了获取天然的鱼类种苗，渔民多在“谷雨”至“小暑”间在江边架设缏网进行捞捕。幼苗随江水的流动进入缏网，随后慢慢赶入架设在缏网后的漂箱内，待聚拢后随少量江水舀入鱼圃内转移至幼苗培养池。

捕捞工具 鱼苗的捕捞工具较为原始和单一，主要有缏网、漂箱、鱼圃、缏泡、竹片、水舀。

捕捞品种及数量 长江捕捞鱼苗品种繁杂，且随鱼汛时间的前后，鱼苗品种也有一定变化。谷雨前后是野杂鱼产卵的旺季，因此此时捕捞的鱼苗野杂鱼较多，家鱼苗较少。立夏前后，各类野杂鱼产卵期大多已过，而家鱼类正值产卵的旺季，此时捕捞的鱼苗家鱼较多，野杂苗较少，且体壮易成活，人们多称此时捕捞的鱼苗为头江水或早水，小满节前后捕捞的称为“正江水”或“二江水”；小满季节过后，虽可捞捕少量鱼苗，但此时鱼苗体质偏弱，难以饲养。

长江捕捞的家鱼苗有鲢、鳙、草、青、鳊、鲤等鱼种。野杂鱼苗多为鲹子鱼、鲚毛鱼、红尾、乌翅、菜子鱼、鸡公鲤、马口鱼等品种。

捕捞鱼苗数量，中华人民共和国成立初的头几年呈阶梯状上升，蕲州镇未见详细记录。1960年，蕲州天然鱼苗捕捞量为2.851亿尾，创历史新高，此后受各种原因的影响，长江鱼苗捕捞量逐年减少。1975年捕捞量仅1546万尾，以后未见统计。

蕲州镇部分年份长江捕捞鱼苗数量一览表

表 2-3　　　　单位：万尾

年　份	捕捞量	年　份	捕捞量	年　份	捕捞量
1960	28509	1966	1604	1972	2010
1961	16100	1967	1475	1973	1024
1962	6886	1968	1832	1974	1134
1963	2796	1969	1736	1975	1546
1964	2982	1970	1310	—	—
1965	1898	1971	1384	—	—

（2）**成鱼捕捞**

中华人民共和国成立初，永成、永全长江大堤，一遇汛期，常有江水灌入内湖。此一时期二里湖段长江大堤还未筑成，蕲河由赤东湖经牛皮坳入长江，致使蕲州每遇汛期便江湖相连，天然鱼场扩大，使天然捕捞量在解放初一直居于较高的产量。1965 年之前成鱼捕捞产量未见详细记录。1965 年捕捞产量 112 吨，至 1982 年逐年减少。1983 年农村实行生产责任制后，渔民开始驾船赴外地捕鱼，使成鱼捕捞产量再次回升。1999 年达 1793 吨，为历史最高年。2014 年 1169 吨。

捕捞方式　捕捞方式，需视作业场所、水流状况、捕捞鱼类品种而确定。长江捕鱼，多用挂钩、搭网、罽网、撑篙网、罾网进行捕捞。在内河、湖泊多用大网、罽网、围网进行作业。水库，塘堰多使用罽网、大网作业。

捕捞工具　网类有罽网、丝网、麻网、鳡鱼网、银鱼网、敲网、大网、大巴网、定置网、三层网、搭网、罾网、撑篙网、赶网、鳜鱼网、张网、麻绳、插子、鰺子鱼网、漂网、磁网、围网；铁器类有钓钩、挂钩、搭钩、消钩、划钩、地钩、鲤鱼钩、夹卵、青鱼钩、鱼叉、铁、刎等工具；竹木器类有折、篆、箱箩、篾箩、花篮、鱼篮、卡子（分日、夜卡）。杂项类有鸬鹚捕鱼、虾挞、淌子、鸡公罩、地笼、虾笼、黄鳝笼。

上述鱼具中，多为先民们传承下来的渔业生产工具。“三层网”是镇内王宣大队渔民在罽（音 ji）网的基础上改进的网具；“搭网”则是王宣渔民在“三层网”基础上进一步改进的渔业工具。挂钩是渔民在长江上捕获青、鳡、鲤、鲩、鲢、鳜等大型鱼类的工具，搭网分 3 层张设船头，顺江流而下，是捕获各种鱼类的有效工具，小目撑网，罾网捕获鲚毛、鰺子。大目撑网、罾网则捞捕鲢、鳙、鲤、鲩、鲇等鱼类。

捕捞品种、数量　长江上天然捕捞的鱼类品种主要有：青、鳡、鲤、鲩、鲢、鳙、鲫鱼、鳜、鲇鱼、白鱼、红尾、黄尾、红眼鳟、鲚毛、鰺子、黄颡鱼、鸡公鲤、鳊鱼、马口鱼、鮰鱼等。内湖、塘堰捕捞的品种主要为家鱼类的鲢、鳙、鲩、鲤、鳊及杂鱼类的白鲢、黄尾、红尾等。捕捞量详见下表：

蕲州镇部分年份成鱼捕捞情况表

表 2-4　　　　　　　　　　　　　　　　　　　　　　　　　　　　单位:吨

年 份	捕捞量	年 份	捕捞量	年 份	捕捞量	年 份	捕捞量
1960		1983	222	1997	295	2009	15
1965	112	1985	222	1998	455	2010	400
1969		1986	219	1999	1793	2011	1208
1972	37	1987	241	2000	1238	2012	1000
1976	31	1988	243	2001	806	2013	1169
1977	19	1990	153	2002	868	2014	1169
1978	18	1991	285	2003	732		
1979	11	1992	290	2004	733		
1980	29	1993	14	2006	537		
1981	38	1994	283	2007	538		
1982	65	1996	263	2008	547		

捕捞区域　中华人民共和国成立初期，镇内从事渔业生产的主要有王宣和江河渔业大队，按传统习惯王宣大队主要以新港上下游 5 公里江段为主要捕捞场地、江河大队渔民多以蕲河入江口及上下游 3 公里范围内的长江段为主要捕捞场地。60 年代始，江河大队渔民大多离江上岸在沿市湖及江河地域内的池塘进行养殖。王宣大队的渔民则以雨湖为主要养殖地，闲时多数渔民则沿长江蕲春段进行捕捞。80 年代始，王宣大队渔民除在长江进行捕捞外还单户或联合组建在一起赴外省市进行捕捞作业，如今赴外省捕捞作业多采用整湖承包捕捞的方式。2016 年，捕捞量 181.65 万斤。

2. 人工养殖

人工养殖有鱼苗养殖、鱼种饲养和成鱼养殖。

（1）**鱼苗养殖**

养殖方式及技术　解放初至 70 年代，我镇鱼苗的采集来自于长江，每到鱼汛产卵期，渔民在长江近岸处架设绠网进行捕捞，捕获鱼苗（我地俗称划水）收集于鱼圃后进行除杂，然后放入事先备好的苗池内进行饲养。饲养鱼苗的饵料先后使用过蛋黄饵料和豆浆饵料，投喂方法为泼撒法。在使用蛋黄饵料和豆浆饵料的同时，王宣、江河的渔民还不断摸索，总结出了一套较为完整、实用的鱼苗饲养法。小池鱼苗饲养一般经过 20 天左右，长至 2 厘米左右的“寸片”（亦称为火片）时即可出（换）池分养。分养前，每隔 1~2 天作一次拉网锻炼，以提高鱼苗分养后的成活率。

养殖品种及数量 蕲州镇养殖鱼苗的品种：50年代，主要有鲢、鳙、草鲩、青鲩，60年代后又增养了鳊、鲤等鱼种，70年代中期以前，我镇鱼苗主要来源于长江架绠网捕捞，1977年始见人工繁育鱼苗。1960年全镇共捕捞鱼苗2.8亿尾用于饲养。1977年长江捕捞鱼苗1154万尾，人工繁育110万尾用于鱼苗饲养。

（2）**鱼种的养殖**

养殖方式、技术 由火片饲养成4~5寸（1寸≈3.33厘米）长的小鱼称为鱼种养殖。火片换池前，鱼种池进行全面的消毒、清池，沤草培肥水质。火片入池前，对鱼种池用漂白粉、小苏打（也可用硫酸铜）、高锰酸钾等药物进行消毒。遵循搭配混养和稀密适度的原则：搭配以两种鱼种为宜，不宜进行鲢和鳙；青和草鱼相搭配。密度以每亩1.2万尾左右为宜。同时在饲养过程中要注意水体的肥瘦程度，作适当调节，要注意鱼种天敌如鸟、兽、食鱼类鱼对鱼种的伤害。防渗逃，注意饵料、工具的消毒，适时投喂饲料。80年代后，鱼种池都配有增氧设施，以防天气变化导致鱼池缺氧。80年代起，开始使用鱼种饲料，故一般鱼种池都安装有饵料投喂台。

养殖品种及数量 由火片换池进行饲养前，火片都进行了严格的检查，野杂片被全部弃用，鱼种全部采养鲢、鳙、草、青、鳊、鲤等家鱼。鱼种数量未见单项统计资料。

（3）**成鱼养殖**

养殖方式 中华人民共和国成立前，江、河、湖泊等大宗水面一般呈自然放养状，塆前村后池塘多归附近自然村落村民伙养。中华人民共和国成立之初，这一习俗持续了一段时间。致使成鱼产量低，进入市场的成品鱼少。

1952年初，蕲州雨湖试验场建立，是县内第一家专门从事鱼类养殖的单位，标志着蕲春县湖泊由自然放养转向集体有序放养的开始。1952年底“雨湖试验场”更名为雨湖地方国营养殖场，胡金焕任首任场长。随着初级社的组建到高级社的成立，各大队的塘、堰、水凼、湖汊得到整顿，完善了塘坝、闸剅。开始集体进行养殖，但此时养殖效益不高，产量较低。60年代开始，王宣、江河分别在濒雨湖地段、二里湖元丰里西侧低洼处挑起了鱼池，但鱼池面积偏小，水偏浅。60年代后期至70年代早期，镇内部分村分别在雨湖、赤东湖、沿市湖进行围湖造田，围垦后，浅滩面积改造成了稻田，较深处均被各村用于养殖或栽种莲藕。

80年代中期始，蕲州镇凡是有水源的村都挑了精养鱼池，开始了鱼类的精养化生产。90年代初，蕲春县在冬季农田水利基本建设时期，集中全县民工在沙径村挑精养鱼池，面积达3000亩，是蕲春县精养鱼池连片面积最大的地块，有力地促进了我镇渔业生产。

蕲州镇渔业生产呈多条腿走路的方针，即渔池承包精养、村前塆后池塘散养，湖泊、大堰承包养殖、水库散养和网箱圈养，水田稻虾混养。

镇内成鱼的养殖大多采用购进鱼种进行培育养殖，这一方法能确保鱼的放养密度，掌握搭配混养鱼种的比例，减少鱼病的传染途径。养鱼的方式上有净池（塘）投苗放养和种青、种稗灌水养殖两种方式。

70年代以前，镇内成鱼的放养品种有鲢鱼、鳙鱼（俗称胖头、花鲢）、青鲩、白鲩（又名草鱼、草鲩）等家鱼品种。70年代开始，随着人们生活水平的提高，物质条件的改善，市场对鱼类品质要求的变化和养殖技术的提高，长春鳊、樊口鳊、团头鲂、三角鲂、鲤鱼等鱼类也先后纳为家养鱼类，同鲢、鳙、青鲩、白鲩等鱼类形成了镇内养殖的基本品种。

90年代开始，蕲州镇有少数渔民开始专门放养黄颡鱼、鳜鱼、巴西鲇、刁子鱼、马口鱼等经济鱼种。其间，有少数养殖户辟塘（池）专养鲫鱼类品种，专门供人垂钓。

养殖技术 雨湖，蕲州镇内最大的湖泊，50年代初，蕲春县曾将雨湖作为全县养殖的试验场，养殖技术人员多来自王宣，而王宣的先民均来自江西，由此，镇内父老乡亲的鱼类养殖技术仍沿袭“江西养鱼法”，俗称养鱼八字法，即水、种、饵、密、混、轮、防、管。

水，指水深保持在1.5~2米为宜，视情况进行加减，水质须做到无污染、无过肥、少悬浮物、有活水源。

种，鱼种，做到放养的鱼苗规格较大，一般为四寸苗，鱼种必须纯净、无野杂。

饵，解放后很长一段时间，饵料大部分为粮食、油脂的下脚料，80年代以后，养鱼饲料逐步推广，后发展至鱼类专用配比饲料。现阶段多采用粮食、油脂下脚料和配比专用饲料混合投喂的方式，定时、定量、定位专人投喂，做到饵料配比精准、量足。

密，指投放密度，根据水的深浅，面积予以投放。成鱼喂养一般为上中下水层亩平混放1000尾左右，每1立方米水体1尾鱼为宜。

混，利用不同鱼类的生活习性，按水体上中下进行多层混养：上层多放养鳙、鲢鱼，中层放养鲩鱼、鳊鱼，下层放养鲤、鲫、鳜鱼等，做到水体的综合利用，以谋求最大的利益。

轮，采取轮捕，轮放的方法进行循环养殖，即捕捞一批成鱼，补放一批鱼苗，做到塘尽其用。

防，指防病除害。

管，指管理、管护，做到勤巡塘、细查刋、观天象、识水色、辨饵料、禁鱼害、防鱼病、防灾害。

养殖面积及产量 蕲州成鱼养殖有湖泊、水库、塘堰、精养鱼池。

湖泊，雨湖和沿市湖是蕲州镇内的两大湖泊，分属雨湖（王宣）和江河居委会。1970年以前，是雨湖、沿市湖两个湖泊水面最大的时段，面积分别为6500亩和750亩。70年代初开始，雨湖沿市湖部分湖汊、滩地被围垦、淤积，雨湖现有水面4200亩，沿市湖380亩。2001年之前，蕲州镇域行政村共28个，濒赤东湖沿湖行政村较少。2001年原黄土岭乡所属行政村划归蕲州，赤东湖沿岸行政村增加，湖泊养殖面积扩大，1976年，蕲州镇湖泊养殖面积840亩，1996年扩大至5970亩，2016年湖泊养殖面积10851亩。

水库，蕲州镇水库多修建于50年代末至70年代初，主要为农业生产灌溉服务，加之库水较深、冷浸，80年代之前集体很少放养，80年代中期以后，渐有少数水库由个人承包养殖鱼类。1987年水库养殖面积全镇共420亩，2016年571亩。

塘堰，塘堰自古以来即是镇内传统的蓄积水和生产生活用水设施，蕲州镇解放后随着城镇建设的发展，城区附近的塘堰大多被填埋，农村在兴建水库、围湖造田及实行生产责任制后，塘堰疏于管理而导致塘堰不断减少，2016年，全镇有池塘838口。

精养鱼池，蕲州镇是蕲春县修建精养鱼池较早的地区，60年代初即有王宣精养鱼池和江河精养鱼池，以后发展较为缓慢，1987年始见精养鱼池面积的统计资料，是时全镇精养鱼池面积90亩。90年代后，精养鱼池发展较快，2010年，全镇精养鱼池面积9060亩，是1987年的100倍。解放初，湖泊、水库、塘堰自然放养，产量低，总产不高。人民公社化时期，湖泊、塘堰开始由集体养殖，1958年，全镇湖泊、池塘共生产成鱼29.2万公斤。稍后的一个时期，全镇成鱼总产量变化不大。农业实行生产责任制后，成鱼产量增长较快，1983年，全镇湖泊、水库、池塘生产成鱼42.2万公斤。随着农业科学技术的进步，养殖技术的不断提高，2016年，全镇湖泊养殖面积10851亩，池塘（含精养鱼池）14149亩、水库养殖面积571亩，合计25571亩，成鱼总产19348万公斤，为历史最高年。

蕲州镇部分年份成鱼生产情况表

表 2-5

年 份	分项养殖面积(亩)					成鱼总产量(吨)
	湖 泊	水 库	塘 堰	精养池	面积合计	
1965	165	15	225		405	50
1969	15	15	480		510	
1972	975	15	300		1290	82
1976	840	90	870		1800	77
1977	835	90	900		1825	93
1978	825	90	1035		1950	94
1979	765	105	1035		1905	96
1980	1215	135	1005		2355	120
1981	1200	120	1125		2445	143
1982	1245	120	1095		2460	158
1983	1590	105	1530		3225	200
1985	3825	165	1815		5805	347
1986	4440	105	2190		6735	414
1987	5760	420	5085	90	11355	372
1998	4620	240	2085	375	7320	6595
1999	4515	240	1995	300	7050	1279
2000	4245	315	1995	1215	7770	1329
2001	4245	315	3660	435	8655	1409
2003	990	195	5355	2835	9375	1559
2004	3435		1815	1050	6645	1606
2006	1920		5565	1860	9735	2016

续表 2-5

年 份	分项养殖面积(亩)					成鱼总产量(吨)
	湖 泊	水 库	塘 堰	精养池	面积合计	
2007	2745		3465	1755	8160	2111
2008	7935		7050	1095	16335	3079
2009	10620		5010	5595	22035	10830
2010	10890		3720	9060	24435	10263
2011	10845					10722
2012	10845					9351
2013	11850					10941
2014	10845					11212
2015						
2016	10851	571	14	149	25571	19348

（4）贝、甲壳类及珍珠养殖

贝类品种，全镇没有专门人员养殖，但镇内池塘、湖泊、水库、河港多有蚌壳、螺蛳生长。甲壳类水生动物镇内主要品种有乌龟、甲鱼。70 年代之前，镇域内野生乌龟、甲鱼较多，受环境及人类的大肆捕获，乌龟、甲鱼数量急剧减少。90 年代，镇内少数农户曾试养过甲鱼，但收益甚微而弃养。珍珠养殖、镇内江河居委会在 70 年代曾赴江苏学习珍珠养殖，回蕲后在沿市湖养殖珍珠获得成功。90 年代后期，雨湖居委会曾将雨湖的部分湖区租赁给浙江一养殖公司养殖珍珠，后因养殖珍珠对水体破坏极大而中止合同。镇内现已无人养殖珍珠。

3．鱼病防治

镇内常见的鱼病有烂鳃病、鱼出血病、白头白嘴病、肠炎病、水霉病、锚头蚤病、车轮虫病。90 年代后出现孢子虫病、指环虫病、中毒症、肝胆综合症等。它们对渔业生产造成的危害极大，如不积极预防和治疗，往往导致鱼类大面积死亡。解放前，人们只能靠泼洒生石灰、草木灰、盐水及一些植物煮水进行消毒。蕲州镇获得解放的头几年，人们除仍沿用传统的消毒方法外，渔民和渔业科技工作者逐步共同探索，总结了一套行之有效的鱼病防治方法。

预防 鱼种入池前对鱼池（塘）进行消毒，方法是用生石灰水进行喷洒，喷洒后让池塘进行干池暴晒几天后再注入清水。80 年代后，此方法仍在沿用，但同时针对塘（堰）的具体情况，也有用化学药物喷洒进行消毒的。每年的梅雨季节是池塘鱼病的高发期，此时要针对鱼池（塘）的具体情况，用漂白粉、敌百虫、硫酸铜、硫酸亚铁合剂、生石灰水等泼洒池塘进行消毒，同时在饵料中拌入药品进行投喂。镇内还有少数养殖户用中草药浸泡、打粉拌和饵料、煎汁泼洒等方法进行消毒防治。白露节令前后也是一年中鱼病的高发期，这时候养殖户必须根据具体情况，有针对性地喷洒药液进行防治。

治疗 鱼病的治疗必须有的放矢，有经验的养殖业主会根据病鱼的体征、肤色、神情、进食情况、水体状况进行分析，确定患病性质，对症下药，进行治疗。烂鳃病、白血病用漂白粉化水泼洒；白头白嘴病用漂白粉加生石灰化水泼洒；肠炎用马蓼煎汁拌入饵料投喂；水霉病用孔雀石溶液泼洒鱼池；车轮虫病，用硫酸铜和硫酸亚铁溶液或者苦楝树叶煎水泼洒；锚头蚤病用敌百虫制液泼洒鱼池，也可用敌百虫药片化水泼洒。由于科学技术的发展，渔病防治药物不断研发成功，灭杀车轮虫、小瓜虫、指环虫、中华蚤、锚头蚤的常用药物有菊酯类药物、伊维菌素、氰戊菊酯（速灭杀丁）、甲苯咪唑、敌百虫、辛硫磷等。用于杀菌的药物有二氯制剂、溴制剂、碘制剂、生石灰等。调水增氧，主要使用光合菌、芽孢菌、链球菌、酵母菌、乳酸菌、硝化菌、弧菌等。通过它们的繁殖抑制有害菌群的繁殖，少量地方通过种植高等水生植物吸收氨氮、亚硝酸盐，以防止水质营养富化。另可通过补充氨基酸、微量元素、可溶性钙提高鱼体的抗病能力。

（四）林业

旧时，镇内山林大部分属族姓公山及寺庙和个人所有，他们往往注重砍伐，轻视育苗、育林及管护，致使山林呈自生自灭状况，树种较为单一，缺少经济林、灌木林占去了山林的大部分面积。

1. 苗木生产

（1）种子采集

中华人民共和国成立之前，镇内山林呈自生自灭状况，未见有采苗育苗，开垦荒山植树的记载。蕲州镇解放后不久，蕲春县人民政府为了发展林业生产，培育林木种苗，下达蕲州镇采集马尾松种子 50 公斤的任务，蕲州按时完成了任务。1956 年下半年开始，蕲州陆续建立了高级农业生产合作社。蕲春县人民政府首次下达了采集马尾松、杉木、油茶、油桐种子的任务，蕲州完成了除杉木以外的种子采集任务。1958 年，蕲春县林业局、商业局联合发文，明确了树木种子的收购价格。并扩大了收购品种，增加了收购香椿、臭椿、梧桐、樟树、泡桐、棠梨、茶、枫、棕、银杏、杉、毛桃、柑橘、枣共 14 种林果种子。

（2）苗木培育

1933 年 3 月，经湖北省人民政府指示，蕲州在麒麟山、凤凰山创办了“蕲春县苗圃场”时有苗圃场地 60 亩，抗日战争爆发后，苗圃场停办，是蕲州有记载以来办的第一家苗圃场。中华人民共和国成立伊始，树木的种苗多依赖“野生”的树苗进行移栽，难以形成规模。

1950 年，镇内油树垴大队一村民率先兴办了一家苗圃场，繁育以马尾松为主的树苗获得成功。

1956 年，县林业局在横岗山林场召开林业育苗技术会，学习育苗技术规程，交流育苗经验，进一步落实了各地育苗面积、株数。会后，蕲州镇在麒麟山兴办了苗圃场，除繁育马尾松、杉树种苗外，还繁育了梨、李、桃、杏等果树品种苗木，面积 5.6 亩，麒麟山苗圃场一直持续到 70 年代中期后方停办。

1958年，蕲春县国营果园场在镇内缺齿山西北侧创建，时有土地640亩，职工23人，以繁育蜜橘、梨树、桃子等果苗为主打品种，逐渐发展为一个以温州蜜橘为主，梨、李、桃为辅规模较大的一个果园场。受其影响，镇内土台、西角湖、席盘石等大队也先后建起了苗圃场；土台大队、育苗场面积1.8亩，以繁育马尾松、杉树为主，并兼繁育梨、李、杏、柑橘等经济林苗木。西角湖大队陈明星繁育柑橘苗木较为有名。席盘石大队则以繁育梨、桃、李、柑橘、油桐等经济苗木为主。

1976年，县烟麻茶公司在二里湖富桥路西段征地10亩繁育茉莉花苗木。80年代初、土台、枫树岭林场繁育意杨成功。1984年全镇有育苗户3户，育苗面积2.5亩，90年代后期，方晓光在麒麟山建林木、花卉苗圃，面积8亩余，主要培育意杨、湿地松、泡桐等速生丰产林苗木，培育侧柏、塔柏、罗汉松、红枫、茶花、龙头柏、檵机木、机薇、小叶女贞、大叶黄杨、小叶黄杨等景观苗木。因受场地所限，又在红石头居委会租地20亩繁育景观苗木，共向社会提供各类苗木种苗18万余株。进入21世纪以来，苗木生产发生了一些变化，新品种不断增加，本地常规品种柑橘、桃子、葡萄仅席盘石村方泽恩仍在繁育，适宜本地栽种的杉树、泡桐、意杨、湿地松等速生丰产林品种和红叶石楠、红枫、桂花、广玉兰、红花繼木、大小叶黄杨、银杏等景观苗木发展快。1986年全镇育苗面积仅2亩，1998年育苗面积发展到91亩，2016年全镇育苗面积达148亩，生产苗木140万株。

中华人民共和国成立之初，镇内育苗多采用种子撒播。60年代开始使用扦插、埋根、压枝、嫁接等无性系繁育方法。现阶段种子撒播及扦插、埋根、压枝、嫁接诸方法都在使用中。

2. 植树造林

（1）植树 1937年，县政府驻地蕲州曾组织县政府人员在城内麒麟、凤凰二山植树6000株，并扦插行道树于旧河堤两边。中华人民共和国成立之初，在各级人民政府的鼓励下，镇内居民多在“四旁”（房前屋后、村塆近旁、水边、路边）遍植树木，掀起了中华人民共和国成立后的第一轮植树高潮。人民公社化后，房前屋后以外的地方，皆由集体组织栽种，此时镇内大部分生产大队开始建立林业队，成立林场。并设立专人管护四旁植树。至70年代中期，四旁植树已渐形成“房前屋后有阴凉，村塆近旁小林场，水边林木倒影现，路旁已成田林网”的格局。路旁植树较好的路段有：新街至上河口机耕路、黄土岭经宋岭至高塆机耕路、南门至扎营港砂子路、横坝、新塘、扎营港村组路。永全、永城、二里湖沿江大堤外江防浪林、堤内平台林等。从1982年起，国家确定每年的3月12日为“植树节”，为响应这一号召，镇委、镇政府多次组织各机关、厂矿、企事业单位干部职工参加义务植树，这一活动延续至今。

“蕲州大道”是蕲州城区南北贯通的一条重要道路，90年代初全道贯通后，仍在机动车道与非机动车道中间预留了花坛，在人行道上预留了树坑植树。随着蕲州大道的不断升级改造，道路两旁的景观林带也进行了4次较大的更新，前后共栽种景观林，花草苗木近15万株。

结合蕲州实际，镇区内道路两旁多植有法国梧桐、广玉兰、女贞、小叶女贞、大小叶黄杨、香樟、桂花、棕榈、紫薇、红花檵木、红叶石楠等景观树种，农村公路及村级道路两旁多种植银杏、红叶石楠、桂花、小叶女贞等树木，村塆近旁多植有樟、枫、椿、水杉、湿地松、泡桐、刺槐、丛竹、楠竹等。水边喜植乌桕（木籽）、水杉、意杨等树种。

2016年，全镇村、塆、道路、房前屋后等零星植树8万余株。2017年开始，蕲州为了迎接“李时珍500周年诞辰纪念”大会的召开，先后修建了“蕲州入城口观景台”“入城景观带”

“区划绿岛工程”“双美湖市民休闲公园”等景观工程共增植景观树6000余株，增铺草坯4500余平方米。极大地提升了蕲州城区的城市品位。

（2）**造林** 蕲州历经了6次规模较大的阶段：刚获得解放时，县人民政府行文规定“公山造林谁造谁有”，因此各级人民政府积极鼓励农民家庭造林和联合几家共同开垦荒山造林。互助合作开始后，部分互助组相互联合，在一些面积较大、距离自然村落较远的山岭进行植树造林。而较大规模的合作社则利用社大、人多的优势在距自然村落较远，面积大的山岭开发造林。

1958年在全民大炼钢铁运动时，蕲州钢铁人民公社曾组织一批青壮年上山砍树烧炭，作炼铁炼钢的燃料，损毁了大面积的树木。县人民政府了解到这一情况后，要求全县各级人民政府组织大规模的植树活动，蕲州积极响应，是年共造林1965亩，其中用材林1410亩，经济林555亩。1959年，县人民政府结合“三治”“五改”工作，要求全县掀起建设“六山”（用柴林山、经济林山、花果山、放牧山、柴山、坟山），“七园”（橘园、梨园、苹果园、桃园、板栗园、葡萄园、柿子园）、“八场”（油茶场、油桐场、木籽场、茶场、蚕桑场、山棕场、核桃场、生漆场）。镇内土台、西角湖、席盘石、塘塆、黄土岭、大畈头、长塘、竹林湖、刘垅、高塆、韦庄、雨湖、横坝、城内等大队分别建起了柑橘、梨子、苹果、桃子等经济林园，同时将山丘、岭地不适宜种植粮食及经济作物的插花地带种植了以马尾松为主的成片林果基地，由此拉开了“植树造林基地化、林场化、常态化的”序幕。

70年代，镇内有冬瓜山林场、土台林场、西角湖林场、沙径林场、席盘石果园场及林场、塘塆大队林场、竹林湖果园场、横坝林场、韦庄林场、高塆林场、刘垅大队林场、长塘大队林场、施家塘林场、黄土岭林场、枫树上林场林场、雨湖大队林场、红石头缺齿山林场、城内凤凰山林场。这一时期，发展较快的树木为杉树，仅1977年全镇便种植杉树1000亩。

80年代初，随着农村农业体制的改革，林地的权属也进行了调整，打破了自合作化以来由集体主导造林的格局，将山林划分给农民自主管理、承包经营，由于担心政策有变，加之划分给农民的山林地块零散，重伐轻栽，致使林业生产一度停滞不前。

90年代中期开始，林地权属体制未发生改变，但一些较大规模的林业生产、经营专业体不断壮大，他们从农民手中采取置换、租赁、流转的方法，将山林进行更新改造，淘汰成材率低、成林时间长的马尾松及灌木林，改种香樟、泡桐、杉树、桂花、银杏、湿地松、红枫等树种，另有少数种植户选择培育、栽种风景林木。

2010年后，坡地、岗岭、荒山林木植被更新成为发展现代林业的趋势之一，镇政府顺应这一发展趋势，鼓励有林村进行坡地、岗岭、荒山开发，用土地流转的形式搞规模化风景林、经济林种植，先后有宜昌龙源林业有限公司、德峰农业生态发展有限公司、春州林业等公司到蕲州进行林业种植、开发。龙泉庵、菩提、王境、施家塘流转荒山、岗地建成龙泉花海观光园、菩提农耕文化产业园和“蕲南小镇生态观光园”，已流转荒山岗地1.8万亩。种植各种风景林木、经济林木110万株。

2016年，蕲州镇山林面积186980亩，当年人工造林面积4500亩，其中新增用材林面积3900亩。

3. 林木管理

（1）林木权属管理

中华人民共和国成立前，镇内山林一部分属族姓公山，一部分属寺庙，个人所有。

50年代中期，农业生产合作化运动开始，一些视为重点的林区建立了农林生产合作社，山林重新作价入股，成片的林地归生产大队、零星、分散、离自然村落较近的山林归生产队，房前屋后、塘岸栏舍旁的树木则归农民个人所有。50年代后期，原属合作社管理的山林收归公社一级机构经营。60年代初又改为社、大队、生产队分级管理至80年代初。

80年代初，农业体制发生变革，林权制度也发生了重大变化，对国有、集体、农户的自留山林重新进行了界定。全镇开始进行山林权属实地查界登记，至1983年底，全镇除镇区附近的几个无山林的村（居）外，均发放了山林权属证书，共发放山林权属证书196份，林权证规定："自留山归农户个人经营、管理、新植林木永远归个人所有。允许继承但不准买卖、转让或出租、不准毁林开荒。"集体山林推行专业承包，承包的方式有专业场、专业队（组）专业户和专业劳动力承包。80年代后期，由于个体承包荒山、租赁经营、退耕还林等多元化主体投资林业的出现，需要对林地重新界定并核发林权证，从2003年5月起，镇内陆续启动了山林权属重新界定和换发证。

蕲州镇集体林权制度改革始于2007年下半年，改革的主要内容是明晰产权、规范流转和落实政策。按以上精神，镇内有林村先后进行了明晰责任山的四至界线，完善了责任山的承包合同，落实了集体山林的管理责任，明确产权，确权发证等工作。

（2）封山育林

封山育林，恢复森林资源和防止过分采伐这一工作蕲州镇始于50年代初。1958年由于全民大炼钢铁的原因，封山育林工作有所削弱，不久这一工作又得到了加强。镇内封山育林多采用轮封的办法，即封禁区域采取轮换的方式，间隔期多为3~5年，封禁期间，禁止一切人、畜进入封禁区内砍伐、损毁林木，各大队皆建有护林委员会，制定了乡规民约、配备了专职或兼职的护林员。90年代，国家公益林项目在全镇启动，镇内红石头、两路口、枫树岭、土台、西角湖、沙径、雨湖、横坝、新塘、银山、恒丰、潘塆等村，参加育林面积9500余亩，进一步加强了封山育林工作。

（3）严禁乱砍滥伐

中华人民共和国成立之初，人们从战乱中逐步得到恢复，修复和兴建房舍成为当务之急，再因当时镇林业管理机构还未正式建立，少数人利用这一空隙期，大肆砍伐树木，致使蕲州地区树木遭大量砍伐，受到上级政府的严厉批评。

1958年，砍树烧炭炼钢和大办粮食的需要，使部分山岭较低处被毁林开荒，又一次加剧了对林木的乱砍滥伐。"文化大革命"期间，由于疏于管理和农户的自留树全部收归集体，少数人心藏怨气，故偷砍、盗伐林木的现象较为普遍。

中共十一届三中全会后，市场活跃，建筑材料、家具市场需材量猛增，农村刚实行生产责任制，人们怀疑政策有变、不长久，导致乱砍滥伐现象相当严重。鉴于此，蕲春县人民政府于1981年底紧急发布了《关于对全县国营和集体木材、楠竹实行发证采伐的通知》，规定各地的"森林采伐量不得高出生长量"，"必须凭证进行采伐"。

80年代中期，针对社会上对自留山、自留林处置问题产生的偏差及乱砍滥伐成风的新问题，蕲春县人民政府再次发布了《关于加强山林管理、严禁乱砍滥伐的布告》，重申"集体山林，实行专业承包管理责任制，任何单位和个人，都不得以任何借口侵占、砍伐国营、集体的树木和社员个人自留的树木。"并重申："不论是集体的树木，社员自留的树木，还是其他机关、企事业单位的树木，都要由用林单位或个人提出申请，经公社审查，报县绿化委员会批准，并须经县林业局发给采伐证才能砍伐。""对毁坏林木（苗）者，坚决执行损一栽三罚五"

的决定，对毁坏林木的首恶分子，必须依法严肃惩处。”布告一经发布，有效地制止了乱砍滥伐、毁坏林木的行为。

镇人民政府积极宣传《中华人民共和国森林法》，与各村签订“保护森林资源，禁止乱砍滥伐林木”的合同。要求各村与农户订立爱林、护林的乡规民约，督促各村落实了专业护林员。

90年代至今，继续执行持证砍伐政策，对无证乱砍林木的事件由镇林业站会同蕲春县森林公安部门进行打击。

健全林业管理机构，蕲州镇林业站始成立于1981年，成立至今，依法履行森林采伐、林木经营加工市场、木材流通、林地管理、野生动物管理等监管职责，制止林地占用事件1起，处罚涉林案件1起。有效地促进了镇内林业的发展，使全镇的森林覆盖率一直保持在45%以上。

（4）森林防火

中华人民共和国成立之初，镇内山林未发生大的火灾，1953年，蕲州成立“护林防火指挥所”，蕲春县也于11月发布了《护林防火通报》，要求各地务必加强森林防火工作，做到森林防火、育林护林工作两落实。

1956年，县护林防火指挥部再次发布《关于加强护林防火工作的指示》，要求各乡、社建立健全防火组织，宣传护林防火的意义，严控火种、火源，及时报告火警，明确职责，奖惩分明，对救火负伤或致残人员，政府将给予治疗和抚恤。蕲州由于落实精神全面、具体、深入人心，在一段时间内，蕲州境内未出现较大的森林大火，为蕲春县于1957年获得国务院和林业部授予“无森林火灾县”作出了贡献。60年代至80年代，蕲州未见有森林火灾的记录。

80年代后期开始，由于林权制度的改革和退耕还林措施的落实，山林植被密度大，给防火工作增加了一定的难度，致使一段时间内防火工作有所放松，清明、重阳祭祖、立碑期间时有引燃林木的事件发生。据统计，90年代初至2016年，镇内共发生大的森林火灾1起，林木过火面积130亩。近几年来，森林防火工作得到了加强，每逢清明、重阳、元旦、春节等大的节日期间，蕲州镇明确要求各村主要负责人要到森林防火第一线并配备一定数量的人员组成防火专班，日夜巡逻，值守在各进山路口进行防火宣传，由于措施得力，镇内山林极少发生火灾。

（5）病虫害防治

森林病虫害的防治历来都是一项艰巨的工作。中华人民共和国成立前后的一段时间，森林病虫害的防治基本处于停滞状态，一遇虫害，农民只能用草木灰化水泼洒和人工捕捉，效益低下。

马尾松松毛虫是镇内危害最大的森林害虫，往往起病急，虫口密度大，危害面积大。1954年由于受长江特大洪水的后续影响，次年蕲州地区遭受大面积松毛虫灾害，危害面积约3万亩，在县林业部门的统一安排下试用农药进行毒杀，取得了一定的效果。1970年，蕲州再次遭松毛虫侵害，县林业部门首次在蕲州地区使用飞机洒药灭杀，效果明显，短期内使疫情得到了控制。80年代初，镇内缺齿山、安阳山、大泉山发生松毛虫危害疫情，由县林业部门牵头，蕲州镇组织各村用药物喷洒毒杀，使疫情较快地得到了解除。近十几年来，镇内未出现大的森林病虫害疫情。

（五）农业机械

1. 传统农具

中华人民共和国成立前，蕲州镇内农村耕作以使用牛力为主。耕、整、灌溉多使用犁、耙、耖、木制水车等，除此之外便由人工肩挑、背扛、手拉；收割工具有砂镰、柴刀；脱粒及扬场工具有石磙、扯扒、扬叉、梿枷、木风扇；运输工具有扁担、揔担、独轮车；晾晒囤积工具有晒筐、晒垫、晒折、竹旋。

传统农业工具一览表

表 2-6

用　途	农具名称
耕整地	犁、耙、耖、扯扒、挖锄、板锄、沙扒、齿扒、铁锹
锄　草	草锄、秧锄
收　割	砂镰、柴刀
运　输	揔担、扁担、箩筐、篼箕、水桶、粪桶、独轮车
排　灌	木质龙骨水车
榨　油	木油榨
脱粒及扬场	石磙、扬叉、掀棚、梿枷、木风扇、筛子、簸箕
晾晒、囤积	晒筐、晒折、晒垫、席子、竹旋
其　他	砻子、粪瓢、藕锹、藕夹、石臼、石磨、木滚轧花机

2. 创新改良农具

创新改良农具指中华人民共和国成立后人们根据农业生产特性而研制、改良的农业用具，镇内使用较广的主要有新式步犁、双轮双铧犁、单双行圆形条播器（俗称滚播器）、稻田划行器、营养钵制钵器、耘锄（亦称中耕器）、薅草器、剥麻机（俗称打麻机）、人力脱离机、板车。改良农具曾风行一段时间，但部分农具因存在许多不足，在使用一段时间后被淘汰，一部分仍沿用至今。

3. 农业机械

1957 年，镇内有 30 马力拖拉机 1 台，是蕲州最早见于有记载的农业机械。1959 年，蕲州首获煤气机 1 台用于新港闸抽水机站。稍后，各种农业机械发展迅速，更新换代周期缩短，

1980年，全镇共有各种动力机械772台（只），7773马力。分项为拖拉机16台，手扶拖拉机52台、机动渔船20只、柴油机165台、电动机262台、机动插秧机5台、动力喷雾器2具、机耕船16只、农用水泵181台、机械牵引农具11具、收割机11台。另有推土机、发电机、煤气机、机滚船、喷灌机未计入统计资料内。

80年代开始，随着农村生产责任制的落实，农业产业结构发生变化，集体拥有的一部分农业机械逐步减少，个人所有农业机械拥有量逐年增加，原有的农机品种不断更新、更换，新的农机品种不断进入镇内。1982年，镇内首现个人购买的拖拉机、柴油机，1983年首现个人购买的电动机、水泵、增氧机、农用车。1998年，全镇农机总质量为16873马力，各种农机930台（只），呈逐年增长态势。

进入21世纪，农业机械品种更新换代步伐加快，老式手扶拖拉机、拖拉机渐渐退出镇内市场，取而代之的是各种型号的农用车。旧式柴油机水泵已鲜见，底座式电动抽水机已被各种潜水泵代替。推土机、挖机已完全取代人工进行水利建设，为了适应农村、农业市场的变化，农机合作社、家庭农场应运而生，镇内王瓔、邱山、五里墩等村分别建立了“农机合作社”，王瓔、雨台两村已建起了“家庭农场”。王瓔、邱山、五里墩等村的农机合作社和家庭农场共有大型农业机械29台（套）。

（1）农业机械配套机具

农业机械配套机具镇内主要有土地、稻田、耕整机具、播种机具、提水机具、植保机具、收割机具、脱粒机具、铲运机具、机引农具（其作用是配置在各主机上以达到使用目的和增加效率的机具）。

（2）农副产品加工机械

中华人民共和国成立之初，农付产品的加工机械主要有石磨、石臼、砻子、土油榨、木滚轧花机等。60年代，以柴油、电为动力的动力机械开始装备蕲州镇，随之，与之配套的各种农副产品加工机械如铁木结构简易脱粒机、半复式脱粒机、碾米机、磨粉机、打浆机、轧花机、榨油机、压面机、饲料粉碎机等机械也进入蕲州镇。90年代以后，收割机、剥壳机、半自动型榨油机与60年代以后装配的农副产品加工机械同时在镇内农村使用。

（3）运输机械

镇内传统运输机械除人力肩挑背驮外，木质独轮车使用较早。50年代后期，板车开始在农村使用，并有少量的兽力车。濒湖地区小木船也是其运输工具之一。1965年，全镇有板车72辆，兽力车4乘，木船63只。

60年代中期始，镇内农村始现机动木船、陆路偶现加装动力的板车，后渐发展成拖拉机，改良版小型运输车、柴油横头车、农用车。中共十一届三中全会后，城乡市场商品经济活跃，农民自寻致富门路，各种运输工具行驶在城镇、农村，主要有神牛拖拉机、农用车、汽车、摩托车、三轮车、电瓶车等。1993年，全镇有汽车32辆，拖拉机112台，机动船127艘。

（六）水利

蕲州，位于县境东南部，长江中下游北岸，地势东高西低。西南部濒临长江，地势低洼。北部赤东湖穿插其间。东与武穴市接壤。每到雨季江汛、内涝、山洪时有发生。

1. 堤防

蕲州境内堤防有长江干堤、长江民堤、涵闸。

(1) 干堤

永城堤，清同治十一年（1872年），由乡绅王俊杰等人倡修，上起凤凰山南，下至横坝头，全长3.19公里。至民国，曾屡有溃决，1931年溃决后，经以工代赈进行了修复，并在原堤的基础上进行了加高、加宽和培护。当年被列为湖北省三级干堤。1946年，横坝头江段崩塌50余米，新港外堤脚被江水洗空，横坝周姓屋后堤段滑坡崩裂，是年由省江汉工程局工赈完成护脚和压浸平台土方1785立方米。次年，周姓屋后堤段又现大崩塌，堤脚遭浪洗，堤面宽不到3米。1949年，国民党驻蕲州部队曾在堤上修筑工事，致堤身破坏严重。

蕲州镇解放后，人民政府组织劳力在原堤身的基础上进行了多次加高、加宽，增建了堤身内外的迎水平台和堤内的压浸平台，并在迎水面修砌了护坡。永城堤十五厢段1931年发生溃口，1969年曾发生过较大面积的散浸，是蕲州江段一处重点防守堤段，现立有石碑为记。

永全堤，修建于1931年，上接横坝头永城堤段，下止扎营港与武穴市韩塆村中间的系马墩（地名称谓），全长5.24公里。蕲州解放后，屡有加固、加高、加宽，现堤身外已建迎水平台，堤身已浆砌水泥预制块，堤内均修筑有压浸平台，堤面已浇筑混凝土。

二里湖堤，蕲州镇西北侧，下起凤凰山北侧山脚，上抵牛皮坳，全长5.46公里，该堤上段由1959—1971年修筑的“二里湖堤”培修而成，下段与龙矶寺堤段的福城堤相接并后报省批准纳入长江干堤。1975—1985年经裁弯取直和培修，渐形成堤顶高程26米，顶面宽8米，建有压浸平台的长江干堤。

永城、永全、二里湖堤段属蕲州境内的长江干堤，中华人民共和国成立后，蕲春县人民政府和蕲州镇人民政府组织了大量的劳力对以上干堤进行了多次培修、加固，并获得了国家资金的支持。1998年长江特大洪水后，蕲春县人民政府在国家资金的扶持下，对永城、永全、二里湖堤进行了加固、加高处理，现堤顶高程达27.1~27.8米，面宽6米，堤身内外均增建了标准平台、堤顶面增铺了4.5米宽的混凝土坝面，大部分堤身进行了防渗加固处理，小部分堤段作了锥探灌浆处理，堤身迎水面全部进行了预制混凝土六方块护砌。

蕲州三处干堤1998年全面整险加固后，历经了几次较大洪水的威胁，均未出现较大的险情。

(2) 民堤

中华人民共和国成立前，蕲州有记载的民堤共4处。

福成堤，1931年由蕲州商民集资修建，起点位于城北荷池（莲花池）北岸平顶山，长2公里，时为蕲州城护城堤，堤身将长江与内湖分隔，堤内有莲花池、沿市湖，为蕲州城通向外地的要道。1935年江汛溃决，而后又修复，其后屡有增修。1974年，二里湖堤与福成堤接并，1975年3月起，福成堤弃毁。

符乾关堤，清同治八年（1869年）修，起点位于东长街东端出口的方家祠堂，止点于符乾关旁的靖烈宫（又名黑老爷庙），长160米。70年代后堤高渐次削降，现蕲赤公路沿堤坝修筑。

东门堤，又名东门坝，明代时曾筑有坝，后年久失修渐垮塌。清同治八年（1869年）重修，起点位于朝阳门（东门）外，止点位于东门居委会内的李家槽门南头，长240米。目的是为隔断雨湖来水对城区的威胁。70年代初，东门大队修建砖瓦厂需进出原材料、成品砖而被推平。

全兴堤，始修于清同治年间，由莲花池出水口外的法胜寺至红石头，全长1.68公里，测算保护面积3000亩。1931年溃口，后由省江汉工程局以工代赈修复。70年代初废弃。

蕲州镇解放后还修筑有二处临时堤。

东长街临时堤，1954年，蕲州遭特大洪水，长江、内湖水位猛涨，为防止雨湖、沿市湖水系相连，蕲州居民沿东长街东段的鼓皮弄至东长街出口一段低洼地段沿街中心筑起了一道临时土堤，挡住了沿市湖的来水注入雨湖，该临时堤全长约400米，洪水消退后临时堤清除。

横坝头二道横堤，1976年，蕲州公社为防止长江干堤"十五厢"险段再次发生溃坝，在"十五厢"险段上、下游（北至南向处），横向挑成了两道拦水堤坝，1987年拦水堤坝清除。

（3）**涵闸**

蕲州镇解放前，境内涵闸数量少，闸室体积小，闸板多采用木板加固而成，后多废弃。中华人民共和国成立后，随着长江堤防的建设加快，沿江先后修建了新港闸、二里湖闸、牛皮坳等涵闸，沿赤东湖则修建有恒丰闸、金牛洞等闸。

江堤涵闸 永城堤闸，光绪元年（1875年）在永城堤下游段，桩号104处建排水闸1座。光绪十九年（1893年）改建，其闸址后移5米，闸室为石灰浆砌青石单孔结构，长32.2米，高6.4米，断面1.55米×3.55米，1931年大水受损，后毁。

顾家桥闸，明代州人顾阙建，闸室为石灰浆砌红麻石单孔结构，长约16米，高2.2米。70年代中期全兴堤上部被毁，今基址尚存。

牛皮坳闸，位于牛皮坳与龙凤山之间，用以排赤东湖水出长江所建。1958年冬季开工，1959年汛前完工，四孔，条石明槽式圬工结构，单孔宽2.8米高4.5米。1971年6月在该闸南端100米处建成一座新闸，原闸拆除，现为块石拱涵结构、拱圈混凝土预制闸。闸室长20米，单孔高4.5米＋1.5米，中间5墩分别宽1.4米和1.5米，闸体总宽31.4米，钢制平板闸门。

新港闸，南门胡家塆南300米处，用以排泄雨湖水。1955年兴建，1957年9月建成，系单孔条石浆砌拱涵结构闸，室长31米、宽2.5米、高1.25米，建成之初采用木叠梁闸板，1965年改成钢制平板闸。

二里湖闸，位于二里湖北端堤段，排二里湖水出长江。1960年始建，采用石灰块石结构，闸室长24米，1972年曾毁于洪水，1973年又重建，采用圬工拱形结构，通长74米，闸室长42米、宽1米、高1.6米，钢平板闸门，有1台15吨手摇启闭机，1979年又将闸室接长至59米。

新港节制闸，1983年冬修建，系单孔砖石、混凝土箱涵结构闸，底长34米，室长14米，断面2.5米×2.5米，钢平板闸门，配置有螺杆启闭机启闭。

玻璃厂交通闸，位于二里湖堤0＋137米处，1975年建成，是一座便于物资运输进出方便而在堤身修建净宽7米，单孔的交通闸。玻璃厂改制破产后于1999年被永久封堵。

搬运站交通闸，位于二里湖堤0＋812米处，1976年建成，为一座便于物资运输进出而在堤身修建净宽8米，单孔的交通闸，该闸至今仍在使用中。

钢厂交通闸，位于二里湖堤1＋470米处，建成于1975年，是一座便于物资运输而在堤身修建的净宽4米，单孔的交通闸，该闸为混凝土叠梁双箱闸门，1998年被永久封闭。

港务站交通闸，位于二里湖堤1＋615米处。80年代后期至90年代中期，系原设在龙矶寺旁的轮船码头上移500米时开设的，为旅客上下船过坝闸，单孔，混凝土预制闸板，1999年被永久封闭。

砖瓦厂交通闸，位于二里湖堤1＋831米处，建成于1973年，单孔，是一座便于物资运输而在堤身修建净宽 4.5 米的交通闸，混凝土预制闸板，1996 年封堵。

搬运站排水剅，二里湖堤 0 ＋ 860 米处，1975 年建成，是一处在大堤底部埋直径 0.5 米涵管的水剅，用以蕲州城外渍水的排涝、排渍。城内大队的排水剅，二里湖堤 9+248 处米，1975 年建成，是一处在大堤底部埋设直径 0.5 米的水剅，作用是汛期排除城内渍水的水剅。

内湖涵闸　恒丰闸，位于恒丰堤中窑段，始建于清同治二年（1863 年），完工于 1923 年。1951 年首次进行了人工改造，接长了闸室，现总长 24 米，系单孔条浆砌半圆拱结构闸，闸室宽 3.4 米，高 6 米，钢制闸板。

金牛洞高闸，原名赤东大闸，是一座排泄赤东湖水的过水闸，1954 年建成。3 孔，条石圬工结构闸，单孔宽 3.2 米，高 6 米，原为杉木叠梁闸板，后更新为钢板闸门，闸室上端建有 4 孔拱形桥。

金牛洞低闸，处于金牛洞高闸上首处，原设计为排赤东湖水经八里湖农场内港由龙凤寺闸入江的涵闸，1957 年建成。2 孔，条石圬工结构闸，单孔断面 3×5 米，室长 35.6 米，1978 年废弃。

跃进闸，位于东门居委会马井塆侧，是一处拦截雨湖水进入城区的拦水闸，1958 年建。闸室宽 1.6 米，高 2.2 米，木板叠梁闸板，浆砌条石结构平顶式闸，1972 年坝沟围垦后废弃。

八角塘闸，蕲州两路口村境内，与 1956 年建成的蕲漕公路（时由蕲州至五里墩、三渡、走马岭、漕河）同时建成。浆砌石块拱顶闸，闸室长 8 米，宽 0.6 米、高 0.8 米，木制闸板。

2. 水库

中华人民共和国成立前，蕲州镇境内无水库。1959 年 11 月动工兴建，位于施家塘村境内的梅洼水库为镇内建成时间最早的一座小（2）型水库，同期开工建设的刘付二水库系镇内建成最早的一座蓄水 100 万立方米以上的中型水库。截至 2016 年底，全镇已在蕲春县水利局注册水库 14 座。另有 11 座因库容小未获注册。

刘付二水库，蕲州镇邱山村境内，1959 年 11 月动工兴建，1960 年 3 月建成。承雨面积 1.2 平方公里，设计灌溉面积 2600 亩，实际灌溉面积 2000 亩，主坝高度 15 米，坝面宽 4.5 米，长 135 米，系镇内承雨面积、水库容积、有效灌溉面积较大的一座水库。

梅洼水库，位于镇内施家塘村，1959 年 11 月动工兴建，1960 年元月建成。承雨面积 0.41 平方公里，设计灌溉面积 1400 亩，实际灌溉面积 700 亩，为蕲州镇建成最早的一座小二型水库。

龙泉庵水库，位于龙泉庵村境内，1971 年 11 月动工兴建，1973 年 11 月建成。承雨面积 0.28 平方公里，设计灌溉面积 700 亩，实际灌溉面积 400 亩。1998 年后曾进行了大修，坝身内外均浇筑了水泥，2014 年，为配合该村“龙泉花海”旅游工程，水库又进行了一次大的增景、美化工程，现已打造成一座花园式水库。

马山口水库，韦庄村境内，始建于 1967 年 10 月，建成于 1969 年 2 月。承雨面积 0.31 平方公里，设计灌溉面积 700 亩，实际灌溉面积 400 亩。

榨下水库，蕲州镇红门楼村境内，开工于 1964 年 11 月，1965 年 2 月建成。承雨面积 0.36 平方公里，计划灌溉面积 1000 亩，实际灌溉面积 400 亩。

永益水库，蕲州镇黄土岭村境内，1965 年 10 月开工建设，次年元月建成，承雨面积 0.61 平方公里，计划灌溉面积 900 亩，实际灌溉面积 500 亩。

榨树岭水库，位于蕲州镇红门楼村东部，1966 年 10 月开工建设，1968 年 11 月建成，承雨面积0.45平方公里，可灌溉农田600亩，2014年进行过除险加固工程的施工。

龙王庙水库，邱山村境内，1968年7月建成，承雨面积0.453平方公里，可灌溉农田600亩。

王塘水库，位于蕲州镇菩提村，1966年10月动工，1967年2月建成，承雨面积0.13平方公里，正常蓄水位9米，死水位3.5米，坝高12米，坝顶长102米，坝顶宽4.2米，可灌溉农田600亩。

十八盘水库，位于蕲州镇席盘石村，1961年11月动工兴建，1962年4月建成，承雨面积0.2平方公里，总库容16.48万立方米，正常水位9米，死水位5.5米，可灌溉农田500亩，为小二型水库。

胜利水库，镇内曹英村东北部，1975年11月动工建设，1976年底建成。承雨面积0.176平方公里，死水位5.5米，最大泄洪量4.8立方米每秒，灌溉面积300亩，2013年进行过除险加固工程的施工。

金鸡岭水库，位于蕲州镇金鸡村、老虎头村交界地带，权属两村共有，1958年11月动工兴建，1960年5月建成。承雨面积1.1平方公里，计划灌溉面积2800亩。2011年对水库进行了除险加固工程的施工。

老虎头村刘垅水库，蕲州镇老虎头村境内1963年10月开工建设，1964年底建成。可承雨0.79平方公里，正常蓄水位54.4米，死水位46米，设计灌溉面积1200亩。建成后屡有维修，2011年再次进行过除险加固工程的施工。

下列水库因承雨、库容面积小而未获县水利部门注册，简录如下：龙泉庵村姚凹水库、枫树岭村徐凹水库、黄土岭村周凹、邱塆水库、塘垸村野狐山、邱凹水库、邵垅村费凹、徐塆、凹里水库、施家塘村鸡公水库、打鼓台村张油坊水库、王垄村刘垅水库、潘塆村杨塘水库、菩提村龙王庙水库。以上水库多由所在村派专人看管和维护。

3. 塘堰

塘堰长期以来是镇内传统的蓄积水和生产、生活用水设施。明清以来，蕲州城区内较为知名的池塘有官塘、墩子塘、新街塘、连二塘、莲花池（王家塘）、许家塘、马家塘、六门塘、清水塘、大塘、黄家大塘、张家塘、和尚塘、顾家塘、夏塆塘、牌楼塘等。城区外较为有名的塘堰有：八角塘、施家塘、塘塆门口大塘、张家堰、裤子堰、付大塘、火朝上大塘、庙塆塘、念盘塘、翟家塘、范塆大塘、顾庵大塘、胡贵塆门口塘、黄古垅大塘、陆府塘、韦庄门口塘、鸭儿塘、莲马塘、瓦硝地大塘等。

蕲州镇解放后，随着城镇建设的发展，农村大办水利、兴建水库、填平了部分塘堰，其后，在农业学大寨、围湖造田的影响下，又损毁了部分塘堰。

随着农业体制的改革，农村田地、山林、部分水面分田到户后，塘堰疏于管护、淤积严重，蓄水能力下降，致使塘堰数量减少迅速。2012年，黄冈市组织各县市相关企事业单位进驻各村开展“进万村、挖万塘”活动后，农村部分池塘得到了整修，同时在一些缺少水源的自然村落也开挖了一些池塘，使池塘个数、面积有所增加。2016年末，镇内雨湖居委会有池塘17口，南门居委会7口，东门3口，一关1口，郦公园3口，红石头8口，上河口1口，二里湖3口，横坝村14口，新塘村17口，扎营港10口，韦庄14口，龙泉庵29口，银山村13口，竹林湖44口，席盘石22口，街口3口，打鼓台8口，两路口9口，枫树岭15口，西角湖 6 口，土台 5 口，沙径 13 口，塘塆 39 口，黄土岭 22 口，施家塘 31 口，老虎头 10 口，油树垴 27 口，邵垅 31 口，恒丰 28 口，潘塆 31 口，赤东 26 口，菩提 44 口，曹英 32 口，五里墩 31 口，太常 9 口，下石潭 22 口，金鸡 29 口，雨台 25 口，邱山 46 口，红门楼 63 口，王塂 33 口，全镇共 871 口。

4. 泵站

1959 年，蕲州新港闸抽水机站使用煤气机作动力抽水，是为镇内最早使用机械作动力有较大功率的抽水机站。1960 年，黄土岭装备武汉产 4160 型 90 马力煤气机用于提水灌溉，但效率低。1962 年，恒丰村率先使用 40 千瓦电动机作动力建起了一座提水灌溉泵站，后因电压不稳，电源紧张又于次年购回一台 90 匹马力柴油机进行了更换。其后镇内各大队陆续建起了以柴油机、电动机为动力的提水灌溉泵站、排水泵站和排灌两用泵站。

1972 年，雨湖排水泵站建成，共装有 155 千瓦电动机三台，总容量 465 千瓦。1977 年，二里湖泵站建成，装备 155 千瓦电动机二台，总容量 310 千瓦。雨湖、二里湖泵站的建成，有效地减少了蕲州镇汛期内涝。雨湖、二里湖泵站是蕲州镇装机容量最大的泵站。

70 年代中期，时蕲州公社在牛皮坳建成了一座装机容量为 310 千瓦的提水灌溉泵站，后由于多种原因，该泵站未投入正式运营便弃用。

1985 年底，全镇共有单站装机容量超过 30 千瓦的泵站 52 座，总装机容量 2440 千瓦，总功率 1660 马力。另有一部分村组根据需要建有装机容量 30 千瓦以下及 6~8 匹马力、10~12 匹马力的柴油机为动力的小型泵站，总装机容量达 6845 千瓦和 3405 匹马力。80 年代，随着农业产业结构的调整，农村生产、经营主体的变化，泵站的功能渐渐弱化，分田到户后，农民在需要灌溉农田时，多采用便携式潜水泵作业，致原集体建造的泵站在 90 年代后大多被弃用。

2001 年，雨湖村大塆湖安装了 2 台 55 千瓦的排水泵站。2016 年、2017 年主汛期，长江水位居高不下，雨湖内涝严重，为了迅速排退雨湖渍水，蕲州镇组织力量先后在雨湖泵站旁加装了 180 千瓦电动机 1 台、160 千瓦的电动机 1 台及主泵，在较短的时间内降低了雨湖水位。

60 年代始，随着镇、村（大队）组泵站和抽水机站的建成，与泵站配套的进、出水渠道也随之建成。1977 年，时蕲州公社组织劳力沿牛皮坳提水泵站至席盘石段开挖了一条面宽 4.5 米，高 3~5 米，长约 2.8 公里的大型渠道，各大队也根据泵站的分布点，陆续建设了一批以砖石水泥沙浆垒砌的主渠道，以土、石筑成的支渠道，据统计，全镇 80 年代末渠道总长 129 公里。

蕲州镇提水泵站概况表

表 2-7

泵站名称	建成年份	装机			受益面积（亩）
		类别	台数(台)	总容量（千瓦）	
恒丰泵站	1962	电动机	1	40	800
恒丰泵站	1963	柴油机	1	90	800
赤东村泵站	1963	东方红柴油机	1	50	500
赤东村泵站	1965	电动机	1	40	500
黄土岭吴排凹泵站	1969	电动机	1	55	800
枫树岭村泵站	1973	电动机	1	95	900
席盘石村泵站	1974	电动机	4	150	1500
郦公园泵站	1975	电动机	1	30	400
刘垅下三部泵站	1971	柴油机	1	90	1200
刘垅李嘴泵站	1976	电动机	1	80	1200
刘垅白水湖泵站	1980	电动机	1	55	800
扎营港泵站	1925	电动机	1	55	1100
土台六墩嘴泵站	1975	电动机	1	30	240
土台张吉川堰泵站	1973	电动机	1	54	900
横坝泵站	1976	电动机	1	40	410
横坝江边泵站	1974	电动机	1	55	600
西角湖泵站	1978	电动机	1	40	610
竹林湖象鼻嘴泵站	1978	电动机	1	110	550
竹林湖芭茅山泵站	1976	电动机	1	55	350
沙径泵站	1978	电动机	1	30	420
新桥泵站	1979	电动机	1	30	220
塘塆泵站	1979	电动机	1	40	420
土台 54 机泵站	1972	柴油机	1	54	400

续表 2-7

泵站名称	建成年份	装机			受益面积（亩）
		类　别	台数（台）	总容量（千瓦）	
塘塆象鼻嘴泵站	1975	柴油机	1	135	850
大畈头冬瓜山泵站	1973	柴油机	1	75	500
江新大队刘塆泵站	1969	电动机	1	30	200
下石潭泵站	1980	电动机	1	40	500
太常村泵站	1980	电动机	1	40	800
太常村泵站	1973	柴油机	1	44	350
菩提龙王山泵站	1969	柴油机	1	135	3200
菩提泵站	1981	电动机	1	22	300
菩提葫芦山泵站	1978	电动机	1	50	450
长塘老鹳巢泵站	1976	柴油机	1	135	800
长塘泵站	1984	电动机	2	28	300
施家塘檀树垴泵站	1976	柴油机	1	90	800
高塆大队老鹳巢泵站	1979	柴油机	1	125	1000
高塆大队余家嘴泵站	1978	柴油机	1	60	400
高塆大队夏塆嘴泵站	1978	柴油机	1	60	350
邵垅泵站	1979	柴油机	1	90	700
新塘新桥泵站	1976	柴油机	3	108	600
王壄茅山泵站	1973	东方红 55 匹柴油机	1	55	500
南门村提水排灌站	1983	电动机	1	55	500
五里墩泵站	1965	柴油机	1	54	450
老虎头村刘垅水库提水站	1973	电动机	1	60	500
老虎头村金鸡水库提水站	1975	电动机	1	40	350
合　计		电动机	31	1339 千瓦	29970
		柴油机	20	1660 匹	

蕲州镇排水泵站概况表

表 2-8

泵站名称	建成年份	类别	台数（台）	总容量（千瓦）	受益面积或范围（亩）
雨湖泵站	1972	电动机	3	465	雨湖流域
二里湖泵站	1977	电动机	2	310	二里湖、沿市湖流域
东门坝沟泵站	1976	电动机	1	55	东长街东端坝沟承雨区
合 计			6	830	

蕲州镇排灌两用泵站概况表

表 2-9

泵站名称	建筑年份	装 机			受益面积（亩）	
		类别	台数（台）	总容量（千瓦）	排	灌
新塘排灌两用泵站	1975	电动机	5	87.5	210	150
韦庄排灌站	1976	电动机	1	55	1300	1800
南门排灌站	1979	电动机	3	54	230	420
新桥排灌站	1979	电动机	3	75	400	800
合 计			12	271.5	2140	3170

（七）观光农业

观光农业，蕲州镇古已有之。明代州人陈溱在蕲阳八景中便有“城北荷池”“湖东春水”“龟鹤梅花”是与观光农业相关的。清光绪三十二年（1906 年）张之洞任湖广总督时，曾到蕲州游历山水，欣赏城北荷池莲花，品尝杏花天，“酒楼”以荷花，大米为主料精烹的“消食健胃羹”，因该羹芳香可口、健胃消食而获张之洞赞许，并赏银五两给“杏花天”酒楼老板兼主厨黄善祥。蕲州镇获得解放后的头几年，农民政治上当了家，经济上翻了身，开荒垦地，发展生产是这一时期农民优先考虑的大事，观光农业未纳入议事日程。

1958 年，缺齿山果园场建立，主种温州蜜橘、配种梨、桃、枇杷等果木，几年后，挂满枝头的果实满山遍野，曾吸引了不少的居民，农民前往学习、观赏。

1978 年，蕲州公社（时名称谓）建设规划出台，在全县率先对辖区内的山地、湖泊、水库、道路、桥梁进行了规划：蕲州公社范围内要建设楠竹基地 6 处、茶叶基地 3 处、大型果园场3个、药材场1个、蔬菜基地6处、莲子莲藕基地4处、鲜鱼基地2处、建设新农村示范点21处、标准化田畈10个、千亩油茶基地3处、万亩杉树林基地8处、建成沿江10里产棉区，做到塆村便道队队相通、环社环城公路相连，使蕲州公社形成一个大的观光农业示范区。

规划一经出台，各大队围绕规划积极行动初步形成了土台、黄土岭、施家塘等大队的杉树林基地；土台、席盘石、西角湖、枫树岭、刘垅、竹林湖大队的柑橘带；横坝、新塘、扎营港高产产棉区10里观光带；雨湖、沿市湖鲜鱼、珍珠基地；东门、一关、城内、郦公园、南门蔬菜基地；东门、大畈头、郦公园莲藕基地；大泉山、安阳山、缺齿山油茶基地。基地与观光带的建成，曾吸引了不少外地同行前来参观学习。

80年代初，镇内农村开始实行“定额计酬”“联产计酬”“水统旱包”“包工包产”等形式的生产责任制。人们开始酝酿建农业观光园、水产垂钓中心、林业景观园林工程等。

农业几个类别中，最先推行包产到户责任制的是种植业，随后养殖业、林业又进行了承包，农业生产经营体制由此发生了一些变化，致使原已成片、成区的观光示范农业受到一定的影响。80年代中期，随着农村改革的不断深入，种植业完成了第二轮土地承包，在承包的基础上通过土地流转经营，涌现了一批具有一定规模的生产大户。林业上完成了自留山林权确认和发证，在承包经营的基础上出现租赁经营大户。土台、黄土岭、席盘石、施家塘、菩提、两路口、五里墩、邵垅等村是山林租赁经营抓得较为扎实的村，合同一经落实，租赁经营业主大多将山体上难以成材的灌木林进行开垦，植上泡桐、杉树、香樟、银杏、红叶石楠、桂花、油茶等经济林和观赏林。

镇内两路口村董家塆有一处异形竹林，人称龟背竹、龟甲竹、罗汉肚子竹。董家塆人严加看护、培育，现已形成有一定规模的竹园，每年吸引了不少游客前来参观。

2007年2月，北京信中利投资公司总裁汪潮涌（蕲春人）到蕲春考察李时珍国际健康文化旅游项目。洽谈成功后，该公司曾先后投资近2亿元开发以土台、西角湖村灌木林地为主体的旅游项目，先后建成了赤东湖明清影视城、野战岛、休闲康养中心和赤东湖国际会展中心。2012年，赤东湖被确定为国家级湿地公园后，蕲春县将赤东湖确定为李时珍健康文化旅游区进行整体开发，北京信中利投资公司遂将原投资开发的项目整体移交给了蕲春县。2018年，李时珍诞辰500周年纪念会主会场将设立在该区。

2009年，镇内西角湖村被蕲春县人民政府确定为“湖北省旅游名村”申报单位，经过几年的不断努力和西角湖村特有的旅游资源潜能，2012年，西角湖村被湖北省人民政府批准为“湖北省旅游名村”。

2013年，张志坤在王瓔、施家塘两村连接处流转山林350亩，遍植风景林木及配套设施，建立“蕲南小镇生态观光园”。

2014年，蕲州“春州林业”在太常、菩提村建立，共流转荒山580亩，栽种风景林木及以油茶为主的经济林木，现均已成林。

2015年，陈复查在太常、下石潭两村流转荒山1798亩，建立“蕲春县德峰农业生态发展有限公司”，现已形成了山岭相连的景观林带及油茶园。

2012年起，镇内竹林湖、红门楼村率先种植蕲艾，至今已发展到全镇35个村种植，面积2万亩。镇内有蕲艾加工企业、养生体验、艾草展示、艾灸疗疾等涉艾单位80余家。

菩提，曾是一座古老的集市。近几年来，旅游观光业发展较快，已形成一处集旅游观光、休闲养老、缅怀文化先贤、展示姓氏文化传承、了解乡邑革命历史、体验农耕文化的新兴小镇。2013年，占地面积1万平方米，建筑面积4800平方米，总投资2200万元的张氏宗祠开始建设，2016 年建成，曾两次举行张氏祭祖大典，是鄂东地区规模最大的张氏宗祠。2016 年，菩提养老院建成，是一处规模较大、档次较高的养老机构。2017 年，胡风纪念馆建成，内部陈列有胡风先辈使用过的生活用品、胡风手稿、信札、著作、各个时期的照片等珍贵文物。据了解，该纪念馆是目前国内同类纪念馆中规模最大、史料最翔实的一座纪念馆，同期建成的还有“大别山红色革命纪念馆”和“蕲州人文历史展览馆”。2015 年，菩提村流转荒山 560 亩，计划投资 5000 万元，建设菩提农耕文化产业园，目前农耕文化展示主体工程已建成，流转的荒山已种植了红叶石楠、桂花、白玉兰、樱花等名贵风景林木，一个集赏景、休闲、农副产品原始加工区、农耕文化展示区于一体的农耕文化产业园正在形成。菩提村还计划建设菩提古寺、修缮菩提古桥，力争使菩提成为鄂东的一处旅游胜地。

龙泉花海文化小镇是蕲州龙泉庵村近几年着力打造的以养生度假旅游为核心，集康体养生、田园体验、婚庆宴游、观光游览、商务接待、悟道修禅养心于一体的养生文化小镇。2012 年底，该村成功引进宜昌龙源林业有限公司，通过土地流转、开发山岗、坡地、荒山，并与周边的银山村、韦庄村等村连片，打造万亩花海。至 2017 年，已投入资金 2.5 亿元，种植桂花 1000 亩，樱花 1000 亩，红枫 500 亩，紫薇 1200 亩，红梅 400 亩，垂丝海棠 800 亩，罗汉松 200 亩，蜡梅 500 亩，红叶石楠 1400 亩，荷池 500 亩。初步形成了 10 大赏花景区。

龙泉花海文化小镇还注重与花海相配套的景点建设，重点建设了以明清建筑风格为主的文化广场和仿古一条街，以登高观景为主的松涛亭等 13 个配套景点。初步形成了一个集旅游观光、休闲养生、生态园林体验；沐龙泉圣水、参修禅养身于一体的文化小镇；龙泉花海冬可赏梅、春可赏樱、夏赏紫薇、秋赏金桂，真可谓四季一年处处景，一年四季均有花的人间胜境。从 2016 年起每年在樱花盛开的时节均举办了“樱花节”。龙泉花海景区已成为本县及周边县市游客休闲、养生、观景的首选之地。2017 年游客达 30 万人次。

二、工　业

（一）历史情况及民族工业

蕲州镇的前身为“蕲口镇”，“蕲口镇”最早见于记载的为隋开皇九年，距今有一千四百多年历史。据《宋史 · 孝宗纪二》载：“宋乾道六年（1170 年）六月癸酉（二十四日）置蕲州蕲春、黄州齐安监铸造铁钱。”另据《宋会要辑稿》载：“乾道八年（1172 年）十月二十六日，权发遣蕲议处领铸造钱一十万贯文……唤契勘所置监系在蕲口镇。”根据以上记载，宋乾道六年（1170 年）设置的蕲州蕲春监铸造铁钱应是蕲州工业的鼻祖。

清道光二十一年（1841 年），州人马光照率先在银山建窑采煤，开创了蕲州近代工业的先河。

清咸丰四年（1854 年），太平天国在蕲州立足后，曾遣 400 余人到蕲州银山建窑采煤，所掘之煤遂运往天京（今南京）。

清光绪元年（1875 年），清政府在广济盘塘设立“湖北官煤厂”。广济黄家山，蕲州银山属其矿区之一，银山日获煤六七十担。

民国至中华人民共和国成立初期，镇内工业是以私营手工业为基础，逐渐发展壮大的，企业门类有采矿业、电力工业、棉麻纺织业、化工制造业、印刷业、砻（碾）米业、酿造业、漂染业，此时，镇内有：

汇源碾米厂 1924 年由州人管明良集资兴办，日产二机米 2.4 万公斤，时有雇员 13 人，抗日战争开始后停办。

星明电灯公司 1930 年 9 月，由州人管明良集股在蕲州石牌楼开办，1931 年长江大堤溃决，发电机组淹没，公司倒闭。

汇通碾米厂 1926 年由州人张灵甫在石牌楼独资创办，日产二机米 2.4 万公斤，时有雇员 15 人，抗日战争爆发后停办。

德丰碾米厂 1928 年由李姓人氏独资创办，日产三机米 1.22 万公斤，时有雇员 11 人，日本人侵入蕲州后停办。

裕丰米厂 1946 年由州人李德华、张畅先、黄石人骆清高合股创办，厂址在北门外石牌楼，时有雇员 12 人，日产三机米 1.2 万斤，1950 年由人民政府接收。

庆丰米厂兴办时间不详，由龚仲明创办，厂址蕲州城外新街，1953 年停办。

蕲州天主教堂棉麻纱厂 民国初期由蕲州天主教堂兴办。设备从意大利国购入，工人均为当地天主教徒，生产棉纱、刺绣、织袜等产品，抗日战争前夕更名“绣花厂”，时有教徒 10 余人，蕲州镇解放后停办。

恒星工厂 1929 年由县实业局局长、镇内竹林湖村人余肇柏先行在城内儒学创办“工艺传习所”，1930 年初，余肇柏、郑楚斌等 10 人集资购入织布机 10 台、提花机和摇络机各 1 台，再行在城外开办“恒星工厂”，时有工人 30 人，生产“爱国细布”“葛麻彩色布”和“国花绨”等产品，后因产品积压，资金周转不灵而倒闭。

精益木机厂 兴办时间不详，时有木质纺机 4 台、工人 7 名，生产棉纱产品，同时制售木质纺机。

菁华纺织厂 1945 年何仕雄创办、胡静一承手经营，1948 年扩大至纺纱机 10 台、织布机 4 台、织毛巾机 2 台、织毯机 1 台、工人 30 余人。产品有棉纱、棉布、毛巾、棉线毯。

祥太肥皂厂 首由州人李德华、张云山、方立华并延请一刘姓工程师集资 800 大洋筹建祥太肥皂厂。厂区占地面积亩余，建筑面积 350 平方米，搭建炉灶 2 座，木制冷板 20 片，铁桶 20 只，雇工 4 人，当年生产肥皂 50 余箱，1933 年初因产品质量不稳第一次停办。同年 4 月，李德华邀约王从泽、柯干青入股，重新开办；并附设“恒利钱庄”作资金保障。1935 年 2 月，钱庄倒闭，资金链中断，祥太肥皂厂第二次停办。稍作休整后，李德华遂邀约蕲州百货业大伽冯人和、周洪太加盟恢复祥太肥皂厂，同时将厂区由馋头尖北移至新街头，时有工人 10 名，年产肥皂 26 吨。1938 年秋，祥太肥皂厂遭日本侵略军飞机炸毁。1940 年 4 月，李德华独资在石牌楼街上创办“美华肥皂厂”，是年产肥皂 14 吨。此后至 1949 年初，肥皂年产量均在 20 吨，时有工人 8 名。1949 年 5 月，美华肥皂厂重获登记开业，但规模缩小，时有工人 4 人。“祥太”和“美华”肥皂厂生产的洗衣皂，注册商标为“鹰球”和“金鼎”牌，产品畅销省内外。

劳动牌肥皂厂 1951 年由州人李成祥独资创办，厂址新街 30 号，时有工人 4 名。

贤麟阁石印局 30 年代初由州人黄广荣创办。有石印机 1 部，日本侵略军侵占蕲州后停办。

文明堂石印局 30 年代初由广济人宗月轩到蕲创办。有石印机 2 部，工人 40 人，主要业务为承印商标、表格及《蕲春日报》等，并兼卖文具、书籍、笔墨纸张，日本侵略军侵占蕲州后停办。

道中石印局 30 年代初由胡道中在蕲州创办。有石印机 1 部，1938 年秋日本侵略军侵占蕲州时迁刘河。1945 年日本侵略军投降后复迁蕲州。

同文石印局 1945 年由州人梁福茂与人合资在刘河创办，同年迁往蕲州，有石印机 1 部，1949 年停办。

蕲州电米厂 1951 年 7 月投产，厂址位于蕲州石牌楼街。初始有 15 千瓦发电机组和 86 马力汽油机各 1 台，一般为白天碾米，晚上发电照明，以 3 条线路向城内外供电，后因用电户增多，1953 年 7 月将发电机改为 60 千瓦机组至 1966 年系统电源输入蕲州后停办。

蕲州酱园铺 最早见于记载的为清乾隆年间的“恒祥”酱铺（南京商帮开办）。该酱园铺在以往腌姜的基础上改良试制酱姜成功。传承 100 多年后于光绪年间迅速发展壮大，是时纪万元、卞义和、恭太和、王元丰四大酱园铺竞相研制生产油姜。生产季节，每个酱园铺除常年雇请的 5~6 名工人外，还雇请临时工 5~6 名。以上酱园铺生产的油姜曾畅销长江各大中商埠。后成蕲州名产。

蕲州镇解放后，一些规模不大，有工业因素的厂、铺应运而生，较为有名的有：吴杏生创办的“群益染织厂”；郭芙蓉的“汉新布厂”；黄履昭的“一新袜厂”；刘金庭、黄炳记的制糖厂；许先春、许先智、许松山、许先元、许有成的油脂加工厂；李太吉、刘宝华、刘香民、汤汉金的金属品制造厂；黄华良的交通工具制造厂；苏长清、张明良、范楚华、胡耀启、张三友的染坊；朱普旺、朱普德、朱普丛、朱普昭的丝线厂等。这些行业的厂、坊，多为家庭式作坊，而实力雄厚，资本较大的多雇有工友，这一时期生产和加工大多是人们所需的日用品。

1950 年兴建，次年 7 月投产的“蕲州电米厂”是镇内第一家全民所有制企业，其工业产值占当年全县国营工业总产值的 7.35%。

1952 年 3 月 24 日由陈贵保牵头创办的“联营藕粉厂”为蕲州镇解放后第一家互助合作联合企业。

1952 年由东门大队刘理清牵头创办的“生产互助藕粉厂”时有职工 90 人，为镇内同期互助合作联合生产、经营的最大一家互助联合企业，其生产的主要产品“藕粉”出口苏联，为国家换取了急需的外汇。

据 1952 年年中的《蕲州工商户》花名册统计，截至 1952 年 6 月底止，镇内共有各类厂、店、铺、坊 545 户（家）。

（二）过渡时期的工业与“五小工业”

解放蕲州镇后，遵照县人民政府指示，结合蕲州在全县工业基础较强的特点，重点扶持手工业和私营企业，促进了镇内工业的恢复和发展。随着形势的发展，从 1952 年下半年开始至 1954 年，镇内以从事的行业为基础，分别组建了刻字、棕绳、缝纫、皮鞋、铁业、篾业、五金、陶器、土烟、制伞、木业、米业等互助组。1955 年起部分互助组根据行业之分合并成立了生产合作社，有力地推动了镇内集体工业的壮大发展，至 1956 年，镇内私营企业已不复存在。1958 年，蕲州和全国各地一样掀起了“大跃进”高潮。在“全民办工厂”“大小并举”“土洋结合”的口号下，集中劳力大炼钢铁。同时，一部分原公私合营企业转为国营、手工业社升级为县办合作工厂。同期，县财政集中财力在蕲州扶持和兴建了几家国营企业。

1960—1965 年，国民经济实行“调整、巩固、充实、提高”的八字方针，国有工业基础进一步巩固，手工业则调整了产业结构，理顺了产销关系，企业产品由包销恢复自产自销和部分产品包销的模式。八字方针的实行，使企业增强了责任意识、质量意识、危机意识。几年时间镇域内的企业个数有所缩减，但保留的企业规模扩大、产品趋优，出现了产值递增，优质产品增多的势头。

“文化大革命”期间，镇域内部分企业参与派性斗争，生产处于停工半停工状态，由于受“文革”思潮的冲击，企业原已建立的一些行之有效的规章制度遭废除，企业负责人有的被揪斗，致使企业的产品质量、数量、企业效益严重下滑。“文革”后期，各级革命委员会相继成立，社会秩序好转，企业中党组织活动相继展开，组织机构相继恢复，企业内部的一些管理条例、规章制度重新上墙，加之“工业学大庆”运动在全国陆续深入地开展，使企业又重新恢复了动力。

70年代开始，镇内企业依据中共中央的有关指示精神，进行了自我整顿，强化了企业内部的管理和职工的劳动纪律，同时，县政府再次举全县之力，集中财力、物力办“五小”工业（即小煤矿、小水泥、小化肥、小农药、小钢铁），组织煤炭会战，先后有横坝煤矿建成投产；银山、刘垅煤矿扩能；蕲春县化肥厂；黄冈地区煤炭会战分指挥部蕲州煤炭机械厂（后更名为黄冈地区蕲州燃化机械厂）、蕲州盐业公司、蕲春县水泥厂等厂矿，企业相继建成。

十一届三中全会以后，中共中央制定对国民经济实行“调整、改革、整顿、提高”的方针，镇内企业根据市场产品结构的变化，调整企业产品结构，依据市场所需组织生产，引导企业进行转轨变型。随后又在蕲春县委县政府的领导下，对企业进行了整顿，同时，依据国家大政策的调整，在改革、开放、搞活的前提下，通过改革，除对蕲州地区的部分工业企业（主要涉及化肥、煤炭、水泥）实行指令性计划外，大部分产品实行以销定产、自产自销、企业在利润分配上一改实行了多年的“盈亏包干”为“企业利润留成”。1983年以后，企业工资制度也进行了改革，由固定工资制改为干部职工收益同企业经济效益挂钩，企业体制也由党政不分改为企业厂长负责制。

1985年，镇内工业企业开始试行投标承包，同时也启动了企业租赁的经营模式。1986年，蕲春县人民政府制定了发展“麻纺、玻璃、建材、陶瓷、食品”五大支柱产业的方针。同时作出了发展乡镇工业的决定，有力地推动了工业企业的发展。使蕲州地区的“五小”工业布局更趋合理，更趋完善，从而形成了在一个时期内蕲春工业看蕲州的观念。1989年末，蕲州境内的地、县办工业企业28家，职工8815人，固定资产7970万元、产值14991万元、利税1101万元、出口创汇188万元。规模较大的工业企业有农药厂、玻璃总厂、玻璃制品厂、瓷厂、化肥厂、水泥厂、麻纺总厂、双美苎麻纺织厂、美华化工厂、燃化机械厂、工业用布厂等企业。

农药厂 前身为蕲春县化工厂农药车间，1966年析出，定名为“蕲春县农药厂”，初始生产六六六粉，1985年3月更名为“湖北省蕲春农药厂”。1992年再次更名为“湖北省蕲春农药总厂”，其间于1990年筹建银山新厂区。1998年6月与沙市沙隆达有限公司合并，成立“沙隆达蕲春有限公司”，2012年9月再次更名为“湖北蕲农化工有限公司”。该厂在蕲州的厂区面积为143302平方米，最高时有职工955人。1993年产值5002万元，税收78万元，利润23.8万元，生产农药3739吨。1997年创产值1.38亿元，产生税收4.5万元，利润117.3万元，为生产产值最高年。2014年银山厂区停产，计划外迁至彭思工业园。该厂曾荣获“湖北省省级先进企业”“大庆式企业”称号。

农药厂历年销售实绩一览表

表 2-10

年 份	销售收入（万元）	销售数量（吨）	年 份	销售收入（万元）	销售数量（吨）
1966	13.10		1983	236.04	
1967			1984	227.1	
1968			1985	182.19	
1969			1986	228.47	
1970	127.03		1987	1025.48	
1971	128.61		1988	2387.28	3820
1972	137.44		1989	3208.44	4752
1973	143.58		1990	3108.34	4716
1974	151.3		1991	3337.05	5010
1975	260.28		1992	3061.1	5289
1976	270.46		1993	3142.8	4950
1977	325.19		1994	2226.8	4478
1978	288.42		1995	6554.1	8895
1979	281.43		1996	7292.5	11354
1980	419.29		1997	6495.3	8950
1981	327.86		1998	5781.8	8602
1982	317.72				

农药厂历年经济指标一览表

表 2-11

年份	产量	产值	利润	销售收入	销售成本	销售费用	销售税金	销售利润	管理费用	财务费用	其中利息支出	流动资金平均余额	应收帐款净额	其中		全员劳动生产率	固定资产	
														存货	产成品		原值	净值
计算单位		万元	万元	万元	万元	万元	万元	万元	万元	万元	万元	万元	万元	万元	万元	元/人	万元	万元
1966		29.04	1.55	13.10			2.17									6050	3.50	2.4
1967	384	31.07	0.12													5826		
1968	511	40.75	0.68													4630		
1969	2038	91.64	0.73													9646	5.00	
1970	3205	112.18	1.37	127.03			9.05									11447	23.61	21.26
1971	5824	133.16	1.82	128.61			6.84									13334	23.61	19.10
1972	6042	142.68	7.33	137.44			6.94									9264	27.81	21.81
1973	8031	149.49	3.41	143.58			4.31									9489.3	80.54	72.34
1974	6056	162.18	9.33	151.30			4.54									10669	80.78	69.07
1975	9367.5	263.24	59.64	260.28			2.80									17549	84.07	72.71
1976	10410.5	262.04	57.76	270.46												13167	103.6	88.26
1977	11419	308.25		325.19			9.76									15333	114.29	94.78
1978	8895	248.41	7.72	283.42			8.50									12801.5	126.61	10453
1979	9124.5	233.3	20.44	281.43			8.45									13387.71	138.65	113.66
1980	12135	354.72	28.95	419.29			12.58									20041	151.52	120.02
1981	10853	331.43	17.63	327.86			9.84									14845	156.51	120.76
1982	10511	319.43	4.22	317.72			9.53									15284	156.51	114.65
1983	7340	274.84	7.20	236.04			7.80									13342	143.58	97.67
1984	4173.97	262.5	8.57	227.10			6.81									12805	155.97	107.98
1985	1070.9	360.58	11.18	182.19			3.52									14661	218.89	165.81
1986	2362.47	280.3	11.92	228.47			4.67									12799	238.24	178.17
1987	4866.45	1002.31	71.23	1025.48			32.3									37823	253.48	176.98
1988	4401.54	2003.39	229.25	2387.28			75.17									64408	363.99	270.43
1989	5188.68	2531.41	262.63	3208.44	2770.4	78.5	101.07	258.5	143.22	41.3	37.35	784.62	232.1	314.8	350.9	61591	455.22	333.06
1990	4989.59	4113.04	271.03	3108.3	2679.4	67.2	97.90	263.8	200.3	55.0	52.77	967.24	44.29	482.23	626.7	56625	1384.28	1227.13
1991	4883.71	4608.8	203.99	3377.05	2981.1	67.0	103.01	180.9	319.68	127.6	123.59	1460.55	193.62	499.38	562.02	64549	1507.62	1309.34
1992	5545	4654	135.3	3061.10	2763.3	74.2	96.40	127.1	412.59	159	157.6	1796.3	613.56	425.85	425.74	56687	1871.02	1601.91
1993	3917.83	5002.7	23.8	3142.8	2856.4	109.7	78.1	98.6	121.2	124.4	124.3	1815.6	662.6	760.8	341.7	56914	4739.03	4390.35
1994	4881.62	5050.67	28.0	2226.8	1854.6	63.6	6.20	302.4	292.2	447.5	446.9	1378.6	59.00	545.60	170.6	55747	5196.97	4762.38
1995	9424.93	10003.27	200.5	6554.1	5605.4	81.6	2.9	864.2	268.0	653.9	650.9	1390.1	390.3	854.8	338.5	117134	5417.6	4810.17
1996	12315.72	12023.36	276.4	7392.5	6153.5	171.7	4.1	1063.2	392.4	615.1	607.8	2608.4	917.6	2232.0	890.7	125504	6312.3	5509.4
1997	134873.84	13800.98	117.3	6495.3	5252.0	197.4	4.5	1041.4	632.7	657.3	650.2	4069.1	2088.1	842.2	176.4	159549	6657.9	5574.9
1998	9466.76	10016.21	9.5	5781.8	4884.9	176.6	6.1	714.2	620.2	490.9	491.4	5411.1	1440.4	1691.0	797.1	120969	6926.63	5576.99

玻璃总厂 玻璃总厂的前身为“蕲州东风综合厂”，下设玻璃、棕绳、麻袋3个车间，1958年6月“蕲州东风综合厂”转为国营企业，更名“蕲春县蕲州国营玻璃厂”，次年元月，玻璃厂玻璃车间建成投产，此时玻璃厂的厂址设于蕲州东长街易家弄东侧。10月，厂区迁至凤凰山西北侧原红旗钢铁厂址（即现在玻璃总厂厂址），1983年成立“蕲春县玻璃总厂”，占地面积5.75万平方米，建筑面积3.09万平方米，产值690万元。1991年11月，玻璃总厂与蕲春县飞达玻璃制品厂合并，1997年3月与飞达玻璃厂分开。1997年12月，玻璃总厂停产。2005年8月，玻璃总厂破产改制，职工身份转换。

玻璃制品厂 玻璃制品厂的前身为“黄冈地区蕲州钢铁厂”（钢厂1970年建，1979年停产），1980年经省计划委员会批准，钢厂转产玻璃制品。1982年12月，蕲春县人民政府批准成立“湖北蕲州玻璃制品厂”。1983年6月动工建设，1985年9月投产，当年实现产值84.05万元，利润4.25万元。1991年11月与玻璃总厂合并，1997年3月分设。2005年11月，玻璃制品厂破产改制。

美华日用化工厂 美华日用化工厂的前身为“祥太肥皂厂”，由蕲州人李德华创办于1930年9月，1940年4月，祥太肥皂厂更名为“美华肥皂厂”。1955年，美华肥皂厂隶属县商业部门领导，1958年2月，公私合营美华肥皂厂转为地方国营企业，遂更名为“蕲春县国营化工厂”，1966年7月，化工厂转产农药，更名为“蕲春县农药厂”。1970年9月，化工厂与农药厂分设，化工厂成立化工厂革命委员会。1984年11月，化工厂更名为“湖北美华日用化工厂”，属化工部定点生产厂，中国洗涤用品工业协会成员厂。主要产品有洗衣膏、肥皂、植物脂肪酸、珍珠膏、化妆品等，其中美华牌洗涤剂、蕲春牌42型肥皂、金梅牌高级雪花膏曾获部优产品。1993年，美华化工厂创产值2618.2万元，上缴税收42.66万元，实现利润53.75万元。时有职工382人，生产洗衣膏6719吨，肥皂2213吨，固定资产原值788万元。

瓷厂 瓷厂的前身为蕲州耐火器材厂，始建于1958年7月，先行在红石头建立小方窑，试烧耐火砖成功，1959年停产。10月县工业局得知镇内凤凰山、刘垅等地耐火土可做瓷砖，遂决定耐火器材厂转产陶瓷，更名为“蕲春国营陶器厂”，年底即派人去湖南建湘瓷厂学习陶瓷生产技术，1960年7月，瓷砖试制成功，1965年6月，瓷厂开始转试工业电瓷。1972年瓷厂被省轻工局列为扩建日用瓷的单位。1973年开始生产工业瓷，1980年开始生产建筑瓷。1985年，瓷厂实现工业产值407万元。1993年，全厂占地面积8.24万平方米，建筑面积2.8万平方米，主要产品有生活日用瓷、工业瓷、建筑瓷，固定资产788.8万元，当年实现工业产值197.55万元。

化肥厂 1970年10月动工兴建，1971年10月投产，原设计能力为生产合成氨3000吨，经多次技术改造，1984年产量曾达3.25万吨。主要产品先期为碳铵肥，后发展生产碳铵肥、复混肥、粗甲醇、精甲醇等产品。1993年，全厂占地面积5.34万平方米，建筑面积2.08万平方米，固定资产1190万元，职工687人，实现工业产值1300万元，完成税收3.2万元，利润3.5万元，为蕲春县的农业生产作出了贡献。1997年停止生产，1999年破产、改制。

黄冈地区蕲州钢铁厂 原隶属黄冈地区工业局，1970年7月动工兴建，1971年6月投产。建有36立方米高楼1座，供电、供水、运输、机修等机构比较齐全，原计划使用蕲春的煤铁矿资源，后因蕲春煤炭、铁矿资源有限且品种不符而改从外地购入，终因运距远，成本高而导致巨额亏损，遂于1979年元月停产，次年5月宣布关闭。9年间，累计投资840万元，亏损1115.8万元，共生产生铁2.73万吨，宣布关闭时有职工858人，运行时设有炼铁、焦化、动力、球团、轧钢、机修等6个车间及汽车队、船队。1980年经湖北省计委批准，移交给蕲春县筹办玻璃制品厂。

蕲春县地方国营红旗钢铁厂 1958年9月，由胡凉亭、鲶鱼地、黄厂等6家小铁厂合并组建，厂址设蕲州凤凰山北（今日玻璃总厂厂址）主要设备有3立方米高炉5座，各式土炉13座，当年实现工业产值10.16万元，1960年6月关闭，累计产生铁267.9吨。

燃化机械厂 前身为蕲州农具厂，1958年，蕲州钢铁人民公社将蕲州铁业社、木业社、五金社合并成立了“蕲州钢铁人民公社农具厂”，1961年更名为“蕲州机械厂”。1970年蕲州成立煤炭指挥部，同年10月将“蕲州机械厂”接收为煤炭会战指挥部直属国营厂，再次更名为“黄冈地区煤炭会战指挥部蕲州煤炭机械厂”。1979年又更名为“黄冈地区蕲州燃化机械厂”。该厂1985年5月之前隶属黄冈行署管理，1985年5月交蕲春管理。主要产品有水泵、矿车、绞车、颚破机、抓沙斗等，其间还生产过塑料王、吸尘器。燃化机械厂占地面积32705平方米，建筑面积12182平方米。1993年有职工252人，固定资产原值178万元，工业产值279.86万元。上缴税金19.78万元，实现利润8.96万元。

鄂东拆船公司 1984年12月，蕲春县人民政府批准成立“湖北省鄂东拆船公司”，是时从蕲春县玻璃制品厂划入职工35人组建，占地面积26600平方米，建筑面积4089平方米。鄂东拆船公司位于蕲州濒湖路中段，是一家以拆解废旧船舶、轧制改制钢材的企业性质公司。1993年拆船公司有职工82人，固定资产原值243.69万元。因废旧船舶资源所限，1993年仅实现产值15万元，不久即停产。

二机厂 二机厂的前身为蕲州镇机械厂，厂址位于蕲州东长街熊化岭。1970年11月黄冈地区在蕲州建立煤炭指挥部后，决定将蕲州镇机械厂改为煤炭机械修造厂，属煤炭指挥部领导。在70年代初的农业学大寨、大力发展农机生产的精神指导下，黄冈地区同意从煤炭机械修造厂分出部分机械设备、人员另行组建“国营第二机械厂”，下放蕲春县工业局管理。1974年更名为“湖北省蕲春县第二农业机械修造厂”，1977年复又更名为“国营湖北蕲春二机械厂”。该厂生产的主要产品有青饲料粉碎机、工农12型手扶拖拉机传动壳体；1977年开始生产工农12型手扶拖拉机。两年后因生产整机工艺落后而停止整机生产，转而又以生产手扶拖拉机传动壳体为主打产品及机械维修。1989年9月与工具厂合并，更名为“蕲春县五金工具厂”，占地面积17530平方米，建筑面积7376平方米，1993年合并后的五金工具厂共有职工399人，产值710万元，上缴税金39万元，实现利润5.2万元。2005年11月破产改制。

轻工机械厂 1987年蕲春县编办行文成立“湖北省蕲春县轻工机械厂”，厂址位于蕲州濒湖路中段，首任厂长许登明，全厂占地面积9346平方米，建筑面积3680平方米。“压力容器”是该厂的主要产品，1992年8月与港商联合建立一下属企业“华联织带有限公司”。90年代初为该厂最兴旺时期，1993年实现产值280.47万元，完成税收6.6万元。时有职工169人，2006年改制破产，职工分流，厂区由县国建投资公司购入。

华联织带有限公司 1992年8月8日成立，系由轻工机械厂与港商联营建立的以生产拉链和松紧带为主打产品的一家出口产品企业，是蕲春县引进的第一家三资企业，总投资77.4万美元，主要生产设备18台套。次年，全厂有职工20人，创产值570万元。

蕲春县砖瓦厂 1966年始建于蕲州二里湖，是一家生产红砖、机制瓦的企业，该砖瓦厂始投产时便使用了压砖机、切砖机、球磨机、烘干机，并使用机械运送砖瓦进行晾晒、入窑。建有20门轮窑一座。1983年因黏土资源不足仅保留一个车间及轮窑生产砖瓦，剩余职工及厂区转产麻纺。1986年，停止砖瓦生产。

水泥厂 1976年兴建于蕲州牛皮坳，次年建成投产，建厂初期多为手工操作，产量多维持在 1 万吨左右，标号多为 275 号，1978 年经过技术改造，操作逐渐转为机械化和半机械化。1984 年，引进“复合矿化剂”配料技术后，物耗大幅下降，标号多保持在 425 号以上，当年曾夺得全省地方水泥厂平均标号第一的殊荣。厂区面积 5.74 万平方米，建筑面积 1.1 万平方米。1993 年有职工 491 人，固定资产 1330 万元，实现产值 1173 万元，上缴税收 205.5 万元，利润 164 万元，生产 325 号、425 号普通硅酸盐水泥 61256 吨。“春江牌” 425 号普通硅酸盐水泥曾荣获部优产品称号，2003 年破产、改制。

蕲春县银山石灰厂 石灰为蕲州镇传统的建筑材料，1956 年，县供销社在黄土岭兴建石灰厂，为县内第一家石灰生产企业，时有职工 40 人，年产石灰 2075 吨，产值 4.67 万元。此时多采用“栈窑”（由杉树、竹、藤编围，中间置窑膛）烧制。几年后，石灰厂迁至银山，搭建“焖窑”。1969 年后改“焖窑”为立窑，1985 年末建有立窑 5 座，就地在银山开采石灰石，并铺设轻便路轨运料及转运成品灰，基本实现了半自动化生产。90 年代初，石灰厂倒闭。

麻纺总厂 麻纺总厂的前身为“蕲州东风综合厂”，1958 年 6 月该厂的麻袋车间试制麻袋成功，不久东风综合厂解散。1966 年，朱修武牵头计划筹办麻纺厂。1967 年选址在东长街中段北侧兴建，冠名“蕲州镇麻纺厂”，当时规模较小。1967 年下半年，在东长街中段南侧征用东门及居民土地 22 亩兴建新厂房，后逐渐壮大，1977 年更名为“蕲春县麻纺厂”，1983 年 4 月同蕲春县砖瓦厂合并组建成“蕲春县麻纺总厂”。1985 年，麻纺总厂占地面积 2.76 万平方米，建筑面积 1.97 万平方米，工业产值 1023 万元，时有职工 995 人。1993 年，麻纺总厂有职工 1367 人，固定资产原值 776.40 万元，产值 1049.5 万元，完成税收 117 万元。是一家以生产麻袋、麻布、无纺布为主的企业。1993 年共生产各型号麻袋 201 万条，麻布 101 万米，生产无纺布 58735 床，1996 年，麻纺总厂破产改制。

工业用布厂 1986 年兴建于蕲州街口、打鼓台村境内，蕲赤公路南侧。1987 年建成投产，名为“蕲春县麻纺总厂二分厂”。1992 年从麻纺总厂析出，单设“蕲春县工业用布厂”。厂区占地面积 46486 平方米。1993 年，工业用布厂有职工 365 人，固定资产 584 万元，当年实现工业产值 592.15 万元，生产麻袋 135.59 万条，混合麻袋 148.44 万条，编织袋 40 万条。1993 年，工业用布厂曾与浙江平阳一企业合办“蕲春县塑料自动圆织分厂”，因生产成本偏大，1995 年停产。2005 年，工业用布厂破产。

蕲春县双美纺织厂 由蕲春县砖瓦厂改建转产而成立。1983 年，县砖瓦厂因黏土资源不足，而处于半停产状态。蕲春县人民政府将砖瓦厂合并到蕲春县麻纺总厂，转产麻袋。次年，单独成立“蕲春县苎麻纺纱厂”，生产精干麻、麻棉混纺纱、麻丝涤等产品，其中麻丝涤产品曾荣获国家科委“星火计划”单项荣誉奖。1995 年，曾与江苏常州一公司合资创办“蕲春县美佳纺织有限公司”，2005 年双美纺纱厂破产。

五金工具厂 1954 年底，由 12 户从事铁业的个体户组织成立了“蕲州铁业生产第一、二互助组”。1956 年底，2 个互助组合并，成立“星星铁业生产合作社”。1958 年，蕲州钢铁人民公社将“星星铁业社”“三援篾业社”“光明木器社”合并成立“蕲州农具厂”，是五金工具厂的前身。厂址由东长老街迁至北仓街，1970 年，蕲州农具厂试制出 175 毫米钢丝钳，填补了省内钢丝钳生产空白，遂经批准为“蕲春县工具厂”，为省内钢丝钳定点生产厂。1971 年后逐步实现了机械化流水作业。1985 年末有职工 101 人，创产值 56 万元，厂区占地面积 5506 平方米，建筑面积 3214 平方米。1989 年 9 月，工具厂与蕲春县第二农机厂合并，组建成立“五金工具厂”。产能扩大。1993 年，五金工具厂有职工 399 人，产值 710.4 万元，上缴税收 39.28 万元，实现利润 5.2 万元。五金工具厂的主要产品有钢丝钳、花腮钳、拖拉机壳体、钢制家具等。

锁厂 锁厂的前身为“蕲州五金互助组”，成立于1954年，次年更名为“蕲州五金修配合作社”。1969年，开始试制26毫米弹子挂锁并获成功。1970年元月，蕲春县工业局批复“五金修配合作社”更名为“蕲春县蕲州五金制锁厂”，厂址位于东长街西北段，生产设备也为初期的红炉、风箱、手摇钻床逐步更新为制锁专用设备，并实现机械化。1985年末有职工121人，厂区面积4406平方米，建筑面积2772平方米，创产值45.8万元。受厂区发展空间及其他方面原因的影响，锁厂发展不快。1993年，职工113人，产值62.81万元，税收2.23万元，厂区面积和建筑面积保持1985年现状。主要产品有20毫米、25毫米、32毫米、35毫米、60毫米规格的民用挂锁，2002年停产，2007年破产。

钉丝厂 钉丝厂的前身是蕲州镇竹器社和木业社，1954年由骆佳勋、陈寿山、高永福分别组织篾匠成立第一、二、三互助组。1954年11月，3个竹器互助组合并，成立蕲州镇“三援”竹器生产合作社。1958年，时蕲州钢铁人民公社组织了一批盲人办起了元钉厂，1969年，蕲州竹器社从武汉购回制钉机生产元钉，1970年，经县政府批准：蕲州竹器社和蕲州木器社合并，成立“蕲州钉丝厂”。此时，厂址位于东长街李时珍医院东侧。1978年，钉丝厂迁建于城内官井街与沿江大道交会处。占地面积7344平方米，建筑面积3006平方米，1985年，职工187人，产值162.89万元，利润11.8万元。1993年，钉丝厂有职工194人，固定资产128.84万元，产值388万元，完成税收2.72万元，生产水泥钢钉467吨，扁丝14吨。2000年钉丝厂破产改制。

蕲春县第二服装厂 1954年上半年，互助合作运动开始后，蕲州缝纫业分别成立了第一、二、三、缝纫互助组。次年三个互助组合并成立“华光缝纫生产合作社”。1957年“华光缝纫生产合作社”迁往东长街入口处。1959年华光缝纫生产合作社与制线社合并，更名为“蕲州缝纫社”，时属蕲州镇管理，1972年变更为县轻工局管理，1982年更名为“蕲春县第二服装厂”。80年代后期始，试制成功电热被服后，曾一度冠名“电热被服厂”，90年代初第二服装厂曾实行两块牌子，一套班子的模式进行生产、经营运作。1993年，服装厂有职工30人，固定资产13万元，全厂占地面积566平方米，建筑面积881平方米，实现产值19万元，1997年服装厂停产。

蕲春县第二印刷厂 印刷厂的前身为“华光石印局”属私人创办。1956年进行了公私合营，1958年公私合营后并入蕲州钢铁人民公社印刷厂，1982年，由蕲州钢铁人民公社印刷厂改建的蕲州印刷厂改为县属集体企业，更名为“蕲春县第二印刷厂”。其业务主要是承印各种账簿、表册、公文纸及简易广告。该厂占地面积843平方米，1993年职工84人，固定资产34.72万元，产值85.11万元，上缴税收5.61万元。厂址东长老街入口处。

银山煤矿 蕲州镇解放后的1951年，黄冈军分区所辖的631团就前往银山建窑采煤；第三年停采。同年蕲州私营“迎建煤窿”和银山邑民私营的“生产煤窿”投产，次年停办。以上三家煤窑和煤窿生产规模偏小。1958年3月，蕲春县人委决定兴建银山煤矿，为解决“大炼钢铁”所需燃料，曾组织赤东、彭思、横车、株林、漕河等公社民工来银山，刘垅等地采煤。1959年3月，银山煤矿升格为国营单位，名为“湖北省蕲春县国营银山煤矿”，时有矿井3对，职工2680人，各型机械设备50余台套，当年采煤1.28万吨。次年由于井下涌水，矿井关闭。

1969年7月，蕲春县决定重建银山煤矿，次年成立“银山煤矿指挥部”“煤炭会战指挥部”。1973年9月，煤炭会战指挥部撤销，成立“蕲春县银山煤矿”。1974年，煤矿年产原煤25103吨，首破万吨纪录；1975—1977年年产原煤均徘徊在3万吨以上，1976年年产原煤

36175吨，为银山煤矿建矿以来历史最高年。1977年后，煤炭产量持续下降，1985年年产原煤仅6700吨。银山煤矿从1969年建矿至1985年止，国家累计投资318.7万元，总出产原煤29.26万吨。1985年，全矿占地面积92549平方米，建筑面积14084平方米。时有职工441人，生产设备112台，动力机械总能力2200千瓦，固定资产达192万元。银山煤矿地质储量135万吨，可供开采储量94.6万吨。银山煤矿在开采过程中注意到煤炭资源日益减少这一事实，曾设法另辟生产途径。1976年8月动工兴建一座20门轮窑的砖瓦厂，投产后发现泥质不合制砖要求，1979年10月停办；1983年又投资兴办“磷肥厂”，但终因产品质量欠佳而于次年停产；后又兴办过塑料厂；兴建过年产 2000 万块灰沙砖的硅酸盐制品厂；均无疾而终。银山煤矿1986年停产闭矿，职工分流至县属其他企业。

横坝煤矿 1970年4月开工建井，设计年产原煤3万吨~5万吨，地质储量229.4万吨，可采储量119.2万吨。开工后不久遇国家缩短基本建设投资于1971年3月停工，1972年5月重新开工，时有工人350人，横坝煤矿井下均为含水层，平均日涌水达12000立方米，多次采掘过程中发生透水事故，开采难度较大，故于1980年10月关闭，横坝煤矿自开工建井至关闭的10年中，国家累计投资601万元，共出产原煤5.86万吨。

刘垅煤矿 镇内开采仅见的烟煤矿，估计储量24万吨。1968年12月筹建开采刘垄煤矿，时有职工295人，设计年产标煤5万吨。由于地质、水文情况不清，致使掘至地下96米处时出现大量涌水，采煤巷道多次发生塌陷，煤矿生产时断时续。1973年6月连雨季节，井下涌水高达500立方米/时，巷道全部被淹，无法生产，次年4月获准停建。刘垅煤矿建矿的6个年头里，国家共投入资金262万元，产煤1.2万吨，该矿占地面积0.18平方千米。矿址蕲州镇刘垅大队刘家垅塆。

蕲州煤矿 矿址位于雄武门西侧150米处，是镇区中心地带的一座烟煤矿。探明地质储量9万吨。1970年元月开工建设，时有职工158人，当年采煤1.2万吨，因该矿位于蕲州中心地带，受诸多因素影响当年12月关闭封矿，人员设备转移至横坝煤矿。

1966年“文化大革命”开始后，为了发展副业生产，时赤东区黄土岭公社、蕲州东门公社的部分大队和生产队在银山、刘垅、汤垅、夜壶山等地建有煤窑18座，累计产煤788.5吨。1970年末，“煤炭会战”开始后，为了集中煤炭资源的开采，大队、生产队煤窑全部封闭。人员下马。

大队、生产队办煤窑一览表

表2-12

建窑地点	兴建单位	开工日期	产量(吨)
银山曾家	东门公社新塘大队	1969年11月	100
银山大坳	东门公社新塘大队八、九生产队联办	1969年1月	40
银山中坳	东门公社新塘大队五生产队	1970年4月	5
银山中坳	东门公社扎营港大队一、二生产队联办	1970年3月	5
银山中坳	东门公社扎营港大队四、六生产队联办	1970年3月	
银山中坳	东门公社扎营港大队七生产队	1970年3月	5

续表 2-12

建窑地点	兴建单位	开工日期	产量(吨)
银山中坳	东门公社扎营港大队八生产队	1970 年 3 月	10
银山中坳	东门公社扎营港大队九生产队	1970 年 3 月	
汤垅大力山	黄土岭公社四大队三生产队	1970 年 3 月	50.5
汤垅大力山	黄土岭公社四大队二生产队	1970 年 3 月	30
汤垅大力山	黄土岭公社一、四生产队联办	1970 年 3 月	22
银山李家祠	东门公社横坝头大队	1967 年 3 月	348.5
银山李家祠	东门公社王宣大队	1968 年 1 月	92.5
刘垅八斗	黄土岭公社一大队四生产队	1968 年 7 月	51.5
刘垅八斗	黄土岭公社一队八、九生产队联办	1968 年 7 月	25
刘垅蟹子地	东门公社竹林湖大队	1966 年 5 月	20
夜壶山黄塆	黄土岭公社一大队八生产队	1970 年 4 月	2
银山王塆背后	黄土岭公社三大队一生产队	1970 年 4 月	4
合 计		1970 年 4 月	788.5

另有一些企业，因创办时间短、规模较小、厂中厂，隶属行业不清等原因未一一叙述，仅记录名单如下：

蕲春县圆织厂、水产冷冻厂、碳化硅厂、酱园厂、皮鞋厂、银山机修厂、银山编织袋厂、银山砖瓦厂、绿友肥业公司、制线厂、金牛洞陶器厂、副食品加工厂、堤防草包厂、蕲春县塑料制品厂、蕲州米厂、蕲州盐鱼加工厂、蕲州外贸加工厂等。

（三）镇村企业

蕲州，1949 年 8 月之前一直为全县行政、经济中心，城镇设施完善，手工工业基础较好。蕲州解放之初，各类手工作坊，店铺仅蕲州城区就达 545 户（家），涉及 40 个行业。1953 年始，城镇手工业大多按行业组织起来成立了互助组，仅蕲州城区便成立了 18 个互助组，私营工业实行公私合营，少数工业企业被吸纳为地方国营，一部分按行业组建成合作社，有蕲州五金修理合作社、星星铁业生产合作社、蕲州竹器生产合作社、高级陶器社、棕绳生产合作社、和平生产合作社等。农村手工业者由农业社组织起来从事副业生产，一部分从事手工业生产。这一时期的城乡手工业基本沿用传统的手工工具和工艺，生产本地需要的生产和生活用品，而农村大多为油坊、粉面加工厂，砻坊。这一企业生产、经营模式一直沿用到 1957 年底，被称作为镇、村企业的传承和过渡期。

1958 年，蕲州钢铁人民公社成立，公社体制建立后，城区组建成立的合作社部分转换体制，冠以地方行政区域名称，计有蕲州钢铁人民公社印刷厂、蕲州钢铁人民公社缝纫社、蕲州农具厂、蕲州皮鞋生产合作社。部分公私合营企业被蕲春县接收、建立国营企业。例如，公私合营美华肥皂厂则转为"蕲春县国营化工厂"，蕲州耐火器材厂转为蕲春国营陶瓷厂、东风综合厂转为蕲春县蕲州国营玻璃厂，这些厂转换体制后，规模扩大。

农村在人民公社体制建立后，为了更好地服务农业、服务生活、扩大闲散劳力的安置，不少大队、生产队则把有一技之长的社员组织起来，成立专业队、专业组，从事种、养、农副产品加工、建筑、运输、砖瓦窑、缝纫等方面的加工、生产。镇内街道一、二、三、四居民建立了综合修理厂、草包厂、麻线厂、蚊香厂、鞭炮厂、板车队、副业队、缝纫厂、畜牧场。同期，城内大队成立有建筑队、凤凰山林业队、加工厂、板车队、船队、二里湖专业队。南门大队建有二里湖小农场、加工厂、面厂、东门大队则成立有二里湖专业队、畜牧场、缝纫组、加工厂。一关大队办有畜牧场、二里湖专业队、板车队。江新（王宣）大队则办有畜牧场、果园场、林场、渔具加工厂。新桥大队有畜牧场、莲藕专业队、加工厂。大畈头大队有张油坊、加工厂、两路口茶铺、屠铺、皮匠铺、裁缝铺。席盘石有果园场、林场、油坊、加工厂、屠铺。塘塆大队有畜牧场、油茶基地、林场、侯贵府茶铺、酒厂、面厂。沙径大队有加工厂、小卖部、果园场、汪家渡口、机务队。土台大队有加工厂、面粉厂、代销店、果园场、铁匠铺、林场、苗甫场。竹林湖大队有油坊、王福嘴渡口、米粉面加工厂、理发店、莲藕腌制加工厂。横坝大队有代销店、加工厂、机务队、船队、冶炼厂、粉笔厂、汽水厂。新塘大队有米面加工厂、油坊、碎石厂、石料场、船队、搬运队。扎营港大队有加工厂、油坊、面粉厂、搬运队。刘垅大队有小立窑、米、面加工厂、果园场。高塆大队有畜牧场、铁匠铺、代销店、铁矿场、肉铺。韦庄大队有油坊、粮食加工厂、代销店、果园场。施家塘大队有油坊、粮食加工厂、面粉厂、畜牧场、林场、代销店、茶铺、粑铺。长塘大队有塑料厂、加工厂、代销店、油坊、林场、黄土岭大队有知青林场、油坊、油面厂、加工厂、畜牧场、养路班、搬运队、代销店、粑铺。西角湖大队有果园场、林场、代销店、油坊、米、面加工厂。

1973 年 7 月，蕲州自来水厂建成投产。1973 年 5 月东门大队筹建 20 门轮窑砖瓦厂；1975 年底投产，是蕲州当时投资规模较大；大队办企业开办得较早的一家企业。1974 年，城内大队投资近 80 万元创办油毡厂成功，开创了蕲州队办企业完全工业原料、完全工业产品的先河。1976 年 2 月，一关大队创办的隔板厂建成投产。1974 年江河大队筹办"江河废棉厂"，1976 年 2 月投产，并同时成立"江河船业社"，时为蕲州镇内生产大队创办企业投资规模最大，企业个数最多的大队。

1975 年，县里成立了"蕲春县社队企业管理局"，随之蕲州公社企业管理站成立。镇内原属县轻工业局管理的"印刻社""缝纫厂""皮鞋厂""金牛洞陶器厂"等企业划归蕲州公社企业管理站管理。

蕲州公社企业管理站成立后，在党委、政府的领导下积极开展工作，对原属县轻工系统的企业开展"稳定、提高、发展"的工作。对镇内的工农业资源，人才进行充分分析，充分利用。新建了蕲州镇油漆厂、蕲州化学助剂厂、蕲州公社建筑队、蕲州市建公司、蕲州拖拉机站、银山搬运站、蕲州公社农机站、蕲州公社养殖场、果园场、蕲州面粉厂、蕲州码头管理所等企业。大队、生产队则要求他们重点发展种、养及农副产品加工升级换代，依据各地的资源可办为城市建设、工矿企业、外贸加工出口服务的企业，在此期间新建有南门造船厂、南门建筑队、雨湖油脂加工厂、一关标准件厂、城内纸厂、居民猪鬃厂、工艺美术厂、塑料厂、竹林湖棕绳厂、刘垅大队机务队、石料场等企业。

1976—1979 年，国家政治体制、经济政策均未作出重大改变和调整。企业皆为公社、大队、生产队所有，但这一时期，随着国家科学技术的不断进步，社、队、组企业的生产技术，技术装备已有很大改善，工业企业、建筑、交通、运输企业、种养殖业、加工业的机械设备都有所更新，一些新的机械设备已应用到企业中，少数企业的产品已打进外埠市场。

1979 年，蕲州公社企业共 20 家，产值 273.19 万元，利润 19.05 万元。大队办企业 159 家，产值 258.05 万元。公社企业、大队办企业职工总人数 3664 人。

蕲州乡镇企业 1979 年基本情况表

表 2-13

单位	职工人数（人）	产值						利润					
		计划（元）	完成（元）	占计（%）	上年实绩（元）	上升（%）	劳动生产率（元）	计划（元）	完成（元）	占计（%）	上年实绩（元）	上升（%）	劳平贡献（元）
合计	1995	27100	27319	100.8	23914	14.2	1364	2570	1905	74.1	1940	-1.8	
印刷	61	1400	966	69	1185	-18.5	1584	200	24	12	156	-84.6	39
服装	51	400	587	146.8	440	33.4	1151	25	20	80	29	-31	39
皮革	23	220	331	50.5	247	34	1439	15	18		-51		35
陶砖	132	2800	969	34.6	2837	-65.8	734	100	-400		64		303
农机	86	2761	2740	99.3	1829	49.8	3186	300	305	101.7	129	136.4	355
面粉	74	1060	990	93.4	800	33.8	1338	100	221	221	91	146.2	297
水厂	47	1300	1429	109.9	1144	24.9	3040	200	249	124.5	266	-59	232
棉纺	191	3600	3602	100.1	3001	20	1886	400	176	44	279	-36.9	92
油漆	44	800	1957	257.1	301	550.2	4448	300	599	199.7	99	505.1	1361
东门	641	5300	5400	101.9	4814	12.2	842	250	284	113.6	181	56.9	44
搬运	68	800	678	84.8	901	-24.8	997	250	110	44	254	-56.7	162
拖拉机	8	200	140	70	170	-17.6	1750	30	29	96.7	23	26.1	363
建筑	65	800	1068	133.5	927	15.5	1643	150	175	116.7	131	33.6	269
航运	57	1600	1282	80.1	1692	-15.1	2249	250	28	11.2	216	-87	49
服务	259	3000	4028	134.3	2486	62.2	1555	450	441	98	398	10.8	170
环卫	28	330	368	111.5	329	11.9	1314		92		74	-24.3	326
农场	89	300	320	106.7	177	80.8	360	-140	-140		-166		-157
畜牧场	28	239	228	95	146	56.1	814	-120	-105		-140		-375
果园场	27	40	40	100	9	34.4	148	-190	-106		-92		-392
养殖场	16	110	130	118.3	58	124.1	813		-89		-1		-556

1979年蕲州公社社队企业基本情况表

表2-14

科目	企业单位数(个)			企业人数(个)			总收入(万元)			总产值(万元)		
	合计	公社企业	大队企业	合计	公社企业	大队企业	合计	公社企业	大队企业	合计	公社企业	大队企业
合计	249	202	159	3664	1995	1609	531.24	273.89	258.05	550.58	272.53	258.05
农业企业	37	4	33	562	160	402	23.11	716	15.95	23.13	7.18	159.5
种植业	10	2	13	240	116	124	930	365	5.65	9.25	3.6	5.65
养殖业	27	2	20	322	44	278	1381	351	10.3	13.88	3.58	10.3
业企业	81	10	71	2045	1350	695	368.27	188.97	179.3	369.01	189.71	179.3
交通运输业	21	2	19	425	124	301	58.84	19.6	39.24	58.84	19.6	39.24
建筑业	6	1	5	105	65	40	17.02	10.77	6.25	16.93	10.68	6.25
其他	34	3	31	467	296	171	64	46.69	17.31	62.67	46.36	17.31
其中,拖拉机站	1	1		8	8		1.52	152		1.4	1.4	
商业	17		17	45		45	8.46		8.56	8.56		8.56
饮食业	5		5	35		35	164		1.64	1.64		1.64
服务	11	2	9	91		91	52.28	45.17	7.11	54.07	43.96	7.11

20世纪80—90年代初是镇、村、组、联营、个人办企业的快速发展壮大期。中共十一届三中全会以后，中国的政治体制、经济体制、农村、农业政策发生了根本性的变化。蕲春县委和县人民政府顺应这一发展趋势，积极推动社队工业的发展，研究制定了一系列支持社、队办企业的优惠政策，特别是在金融上给予社、队企业倾斜、在税收上给予社、队企业大的优惠。镇委、镇人民政府积极贯彻县委、县人民政府关于大力发展社、队企业的精神，下村、下组鼓励镇、村、组积极创办企业，鼓励农民兴办合作企业、联合企业、个体企业。由于政策到位、措施得力，蕲州在这一时期兴办的镇办企业、村组企业、联营合作企业、个体企业呈井喷式快速发展。

镇办企业有蕲州石英沙厂、蕲州织布厂、蕲州制鞋厂、家具厂、医药化工厂、农贸市场、第一塑料厂、蕲州保健品厂、蕲州精细化工厂、蕲州纸厂、水运公司、采运轮运公司、汽渡公司、雨湖乡冶炼化工厂。

村办企业有雨湖（王宣）：砖瓦厂、纤维厂、养殖场、船队。

南门：纺织厂、玻装厂、综合厂、造船厂、建筑队、运输队、商场。

城内：日用化工厂、油毡厂、造纸厂、滑石粉厂。

东门：综合厂、电器厂、轧钢厂、东门塑料厂。

一关：隔板厂、极板厂、蓄电池厂、电瓶组、建筑队、房产开发公司。

郦公园：包装公司、精制石粉厂、建筑工区、运输队、钉丝厂、陶器厂、预制构件厂。

江河：废棉厂

红石头：精干麻厂、预制厂、内衣针织厂、油坊、建筑队。

上河口：建筑队、炼油厂。

横坝：粉笔厂、船队、乳酸厂、冶炼厂。

新塘：水泥厂、石灰厂、瓦厂、建安公司、碎石厂、米粉厂、采石厂。

扎营港：碎石厂、钢丸厂、搬运站、纸厂、鞭炮厂、食品厂、周塆码头。

韦庄：砖厂、养殖场。

龙泉庵：红煤粉厂。

银山：碎石厂、鱼场、砖瓦厂、石灰厂、机务队。

竹林湖：麻纺厂、麻袋厂、无氧铜材厂、五金公司、砖瓦厂、建筑公司、塑料加工厂、油料厂、日用综合厂。

席盘石：果园场、综合厂、运输队。

街口：建筑队、地龙酒厂、竹凉席厂。

打鼓台：纸箱厂。

两路口：采石场、林场。

枫树岭：石灰厂、林场、鱼场。

土台：石灰厂、林场、鱼场。

红门楼：塑料厂、精干麻厂。

施家塘：石灰厂、鞭炮厂、磷肥厂、瓷砖厂、精干麻厂。

黄土岭：冰棒厂、塑料厂、汽水厂、草包厂。

塘塆：石灰厂、橡胶厂、采石场。

联营合作企业较为有名的有竹林湖濒湖食品厂、郦公园陶器厂、东门塑料厂、东门东方食品厂、时珍饮片厂、一关冷饮食品厂等。1985 年，全镇共有联营合作企业 121 家。从业人员 1961 人，创产值 1047 万元。

个体企业也在同步发展中，1985 年，全镇个体企业 101 家，其中工业企业 2 家，从业人员 426 人，实现产值 241 万元，上缴税金 11.31 万元。

90 年代初，镇内镇办、村办、联合办、个体办企业仍处于蓬勃发展期。1993 年镇办、村办、联合办、个体办企业共 764 家，总产值 29143 万元，其中镇办企业 27 家；产值 4887 万元。村办企业 128 家；产值 16819 万元，联合办企业 21 家；产值 914 万元。个体企业 588 家；产值 6523 万元。

1989年—1993年蕲州镇乡镇企业基本情况表

表2-15

项　目	单　位	1989年	1990年	1991年	1992年	1993年
乡镇企业个数	个	764	27	128	21	588
其中工业	个	96	11	50	10	25
人　数	人	9395	1563	5815	305	1712
其中工业	人	5493	985	3590	158	760
固定资产原值	万元		2370	3370		
其中工业	万元		1551	3050		
乡镇企业总产值	万元	29143	4887	16819	914	6523
其中工业	万元	1508	2106	9450	662	2800
总 收 入	万元	25622	4580	14546	766	5730
其中工业	万元	11948	1859	7148	383	2558
出口创汇	万元	241	241			
国家税金	万元	452.3	125	222	14.8	90.5
其中工业	万元	242.5	60	118	7.5	57
职工工资总额	万元		250	509		401
纯 利 润	万元	963.1	82.1	418	62	
其中工业	万元	431.5	24.5	183	28	196

1994年，蕲州镇被黄冈地委、行署评为“乡镇企业十强乡镇”。

90年代中期始，国家产业政策实施调整，企业经济所有制形式和经营形式出现了重大变化，资本要素市场发生转移。一些高能耗、低产出、重污染、产品质量差、无市场的企业逐渐关停。受此影响，镇内大部分的镇办、村办、联办企业逐步转为承包经营、租赁经营或股份制经营。90年代末期，镇内原集体所有的乡镇、村企业大多数停办或改制，部分企业通过改制后引入外资或进行资产重组而得到发展壮大，部分企业利用闲置厂房，设备进行租赁经营，较为成功的有：南门苎麻纺织厂将厂房、设备、机配件一并租赁给段昌甫；竹林湖麻袋厂租赁给朱晓英生产麻袋及麻片，均取得了一定的经济效益。另有一部分企业则将厂房、设备进行了出让，伺机发展。蕲州棉纺厂实行企业改制，引入外资进行资产重组，组建“蕲州棉纺有限公司”，体制转换后，公司迅速发展壮大，1994年被评定为黄冈地区综合实力百强企业，1994年，蕲州镇被黄冈地委、行署评为“乡镇企业十强乡镇”。

（四）个体企业

个体企业是民营企业的前身。蕲州镇解放后，个体工商业在最初的几年里得到发展，1957年至70年代末很长的一个时期，未见有个体工商企业的记载。1985年镇内方见有个体工商企业的统计资料，是年蕲州有个体企业101家。1993年增至196家，但企业规模普遍偏小，无市场竞争优势。

90年代末期，国家经济政策进行调整，企业所有制形式发生转变。县属、镇办企业首先进行了股份制改造，吸收职工入股，镇内县属的蕲春县水泥厂、蕲春农药厂、湖北美华化工厂、镇办企业江河棉纺厂、蕲州水运公司先后进行了改组，分别设立股份有限公司或个体民营企业。

合资企业仍是民营企业的一个重要组成部分。80年代，蕲州横坝村与铁道部中南局、武汉大学合资创办“蕲州乳酸厂”，是蕲州首家具有一定规模的合资企业。1992年3月华联织带有限公司在蕲州成立，是蕲春县首家引进港资企业。以上合资企业由于在合资的方式、方法上不够完善及多方面原因，合资不久便先后停办。

（五）民营企业

民营企业是国家经济政策调整，企业所有制形式发生重大改变后形成的一种新的企业模式，起步于党的十一届三中全会后，行动于90年代，结果于21世纪初。

蕲春县蕲州棉纺有限公司 其前身为1974年创办的“江河废棉厂”，原厂址位于蕲州大道中段，受条件所限，1986年搬迁至富桥街。是镇内一家创办较早的纺织企业。2000年10月实行改制，改制前，最高年产值均未突破5000万元。改制后，企业所有制资产退出，由郑璋贵等8人注入资金1568万元组建成立“蕲春县蕲州棉纺有限公司”，经过努力，企业发展壮大迅速，现已成为黄冈市最大的一家民营纺织企业，中国最大的制线企业之一，具备自营出口权，拥有2个分厂、一家外资企业，现有纺锭10万锭，全进口自动络筒设备10台套、倍捻50台套，员工1600余人，年纺纱能力达13000吨的能力。公司占地面积8.5万平方米，建筑面积6.8万平方米。

2016年，公司实现产值18600万元，出口创汇120万元，上缴国家税收730万元，实现利润350万元，被评定为黄冈市综合实力100强企业。该企业董事长郑璋贵先后荣获“全国劳动模范”“全国优秀企业家”“湖北省劳动模范”。

湖北龙全置业集团 蕲州镇一家规模较大的民营企业，涵盖酒店、物流、建筑、建材、港口、码头、农业综合开发、旅游观光等领域。龙全大酒店创办于2010年4月，是龙全集团老总高卫全在外地打拼多年积攒了一笔资金来到家乡创办的第一家实体公司。其后审时度势，创办了龙全建材有限公司。经过不懈的努力和顽强的拼搏，2014年12月，规模更大，涵盖面更广，公司层级更高的“湖北龙全置业集团”成立，集团属下已注册成立了龙全建材有限公司、湖北龙全房地产开发有限公司、湖北帝豪农林综合开发有限公司、蕲春金翔物业管理有限公司、湖北龙全艾制品有限公司、湖北龙全工程劳务有限公司、湖北龙全港口物流有限公司和龙全大酒店等11家公司。

2012年，高卫全牵头成功引进湖北省林业龙头企业——宜昌龙源林业有限公司入驻龙泉庵村，投资建设现代旅游观光农业——龙泉花海，至2017年底，已流转本村及周边村山坡、岗地、荒山3万亩，其中15000亩已种植了桂花、日本樱花、红枫、紫薇、红梅、垂丝海棠、罗汉松、红叶石楠等名贵林木，配套建成了文化广场、仿古一条街、佛教禅修中心等13个景点，投入资金2.5亿元。

至2017年，龙全集团麾下的房地产开发有限公司共开发商品房56768平方米，承建的500套经适房交钥入住。集团总资产已超1亿元，有员工2000余人，2017年创产值1.7亿元，实现利税1098万元。

龙全集团秉持“精益求精、多边共赢”的龙全精神。稳步推进建筑建材、房产开发、酒店餐饮、旅游观光、生态农业、康健养老等产业的深度开发。集团董事长高卫全多次荣获湖北省杰出创业家称号。

湖北万俊置业集团 始成立于2016年元月，下辖湖北万俊置业有限公司、湖北万俊工程装饰建筑有限公司、万俊建筑工程有限公司、湖北星睿房屋拆迁有限公司。公司坐落于蕲州大道与沿市湖大道连接处，有建筑面积10980平方米，高13层的综合办公楼，为独资注册的一家民营企业，集团董事长方雄林锐意进取，敢为人先，在较短的时间内使集团得到快速发展，2017年实现产值1.06亿元，利税650万元。

蕲春县永昌万利造纸厂 1992年始由台胞孙永延购入蕲州造纸厂后交孙嗣全经营，厂区现有面积24400平方米，建筑面积4500平方米，主要生产白卡纸、餐盒纸、高光相纸，彩色喷墨打印纸、染色压纹纸、各种色卡。其中，高光相纸、染色压纹纸为省优产品。从2010年至今共投入环保改造项目资金750万元。2010年实现业务收入5079万元，为历史较高年。2016年产值2080万元，利税80万元，永昌万利造纸厂系镇内第一家有一定规模的台资民营工业企业。

蕲春县永昌万利造纸厂损益表

表2-16

项　　目	序号	收　入(元)	支　出(元)
一、主营业务收入	1	7014549	50791250
减:主营业务成本	2	5837682	45524860
营业费用	3	81521	684848
主营业务税金及附加	4	12337	292659
二、主营业务利润	5	1083009	4288883
加:其他业务利润	6		
减:管理费用	7	144554	1995937
财务费用	8	135244	1784882
三、营业利润	9	803211	508064
加:投资收益	10		

续表 2-16

项　　目	序　号	收　入(元)	支　出(元)
补贴收入	11		
营业外收入	12		
减:营业外支出	13		
加:以前年度损益调整	14		
四、利润总额	15	803211	508064
减:所得税	16		
五、净利润	17	803211	508064
六、补充资料	18		
1.期末全部职工人数	19		198
2.本期平均职工人数	20		201
3.本期营业收入	21	7014549	50796250
4.本期工资总额	22	234000	3163245
5.本期计提福利费	23	32760	403274
增值税　　年初数	24	139143	193348
应交数	25	694949	2429616
月末已交数	26	88868	1928015
地方税	27	12337	292659
其中:堤防维护	28	1777	38559
地方发展	30	1333	16693
教育附加	31	2666	67841
印花税、土地使用税、房产税、车船使用税	32	2117	83024
累计应上交财政合计	33	707286	2723339
利息支出净额	34	135244	1784882
城建附加	29	4443	96399
职工工资总额(含奖金、津贴和补贴)	35	234000	3163245
劳动保险费	36	24741	198661
职工福利费、职工教育经费、工会经费	37	10166	330563
其他社会福利支出	38		17000
社会贡献总额合计	39	1111437	8172156

蕲春华联纺织有限公司：该公司于2006年建成于蕲州大道中路，法定代表人曾凡华。企业占地面积8700平方米，建筑面积2100平方米，为一家生产纺织原料的民营企业，2016年，该公司实现产值2600万元，利税282万元。

蕲春县东申纺织有限公司 由石汉东父亲及石汉东兄弟5人于1990年到蕲州创办，是镇内创办得最早且有一定规模的一家民营企业，始办之初仅有80余平方米的厂房及500余平方米的露天场地，手工捶洗精干麻。经不断努力，至2004年已发展成集苎麻脱胶、开松、纺纱、混纺、织布的一条龙生产线。2007年，该公司引进广东中山福永佳制衣有限公司合资6000万元，新上3万锭纺纱项目，现已形成占地面积130亩，建筑面积3.8万平方米，可创产值1.2亿元具有一定规模的纺织企业。东申纺织有限公司2004年实现产值4800万元，完成税收260万元，为黄冈市2004年度百强企业。

蕲州华辰纺织有限公司 公司位于蕲州大道北端，占地面积3.8万平方米，建筑面积1.1万平方米。段昌甫任公司法定代表人。成立之初，公司租借旧厂房进行生产，成功引进山东宏业集团共同投资8000万元，3万锭气流纺纱项目后迅速壮大。2016年创产值1.1亿元，实现利税1080万元。为一家有一定规模的纺织民营企业。

蕲春永兴塑料制品有限公司 公司位于蕲州镇郦公园村境内，2003年创办，创办之初，曾租用原钉丝厂厂房、蕲州木材站场地，公司老总尹后军仅靠10万元流动资金进行来料加工、购料加工的方式逐步发展至2016年有占地面积128000平方米，建筑面积11.35万平方米，职工110人，产值6200万元，上缴税金150万元的企业。永兴塑料制品有限公司主要生产化工包装袋、饲料包装袋、水泥包装袋，2016年曾被评为蕲春县诚信企业，属全国水泥包装袋生产定点企业单位，公司经理尹后军现为蕲州镇郦公园村发展顾问。

永方矿业公司 法定代表人吴永方，该公司始建于2012年，占地面积8000平方米，建筑面积26200平方米，2016年创产值2800万元，税收330万元，是一家从事非金属矿产资源加工有一定规模的民营企业。

磬发建材有限公司 始成立于2006年，法定代表人张继华，该公司主要从事石灰石的开采、加工，系独资创办的一家民营企业，2016年实现产值3.0655亿元。

鑫龙源矿业有限公司 法定代表人余伟，始成立于2011年，为一家从事非金属矿产开采、加工的民营企业，2016年创产值1.455亿元。

蕲春兴旺建材有限公司 2012年兴办，公司位于蕲州横坝村境内，主要产品为灰沙蒸汽砖，公司负责人王俊锐意进取，现已形成占地面积19500平方米，建筑面积8200平方米，2016年实现产值220万元，创利税26.6万元，全机械化生产的企业。

蕲春津瑞苎麻纺织原料制品厂 1994年租用南门纺织厂部分闲置厂房兴办，时创办人张仁国，2015年交其子张平进行打理，主要进行棉、麻等纺织原料的开松。经过20余年的努力，已增建2800余平方米的办公、生产厂房各一栋，2016年创产值1780万元，实现利税36.5万元。

蕲春县群力五金工具厂 群力五金工具厂坐落在蕲州竹林湖村境内，1996年创办，法定代表人李太文，是一家生产五金工具、五金配件的民营企业，2016年创产值860万元，利税42万元。

湖北省黄冈市蕲州劲鑫矿山有限公司 公司的前身为黄冈地区蕲州燃化机械厂。2006年，机械厂破产改制，王能楷等12人260万元购入后拿出部分厂房生产矿山机械。2016年厂区占地面积1.63万平方米，建筑面积6500平方米，年末实现产值260万元，上缴税金6.8万元。

湖北蕲春鄂尔康能源有限公司 为王军独资创办的一家石油储备企业。2016年在横坝煤矿旧址创办，占地面积5万平方米，建筑面积1200平方米，已建成2000吨级储油罐2个，1500吨级储油罐2个，500吨级储油罐2个。计划总投资6000万元。

民营企业自90年代诞生后，镇内民营企业一直处于健康的发展状态中，除上列分别叙述的企业外，规模较大的有蕲春泰丰水陆装卸运输有限公司、华金钉丝厂、一世缘艾业、蕲春县雨湖苎麻纤维厂、蕲春南风锅炉节能设备厂、蕲春顺昌精制石英砂厂、蕲春振杰煤炭有限公司、蕲春县赤方蕲艾制品有限公司、众山矿产品有限公司等企业。

蕲州合金钢厂 厂址位于蕲州镇街口村，始建于2004年，是镇内引进的一家以改制钢材为主的冶金企业，因用电量大，自建了一个110千伏安的变电站，为县内投产的首家“民有输变电工程”，后因国家取缔改制钢材，该厂于2012年停产。

民营企业是镇内企业的主力军。2015年全镇工业企业284个，产值53.8亿元，其中规模以上企业24个，产值40.3亿元。2016年，全镇工业企业335个，产值87亿元，其中规模以上企业20个，实现产值41.9亿元；年销售过亿元企业16个，产值38.2亿元。

三、基础设施

（一）交通

自南宋景定四年（1263年）州治由石穴洲（鸿宿洲）迁入蕲州至蕲州镇解放的700多年间，蕲州历为州、府、行政督察区、县治所。属区域性政治、经济、军事、文化、交通中心，因此，蕲州城区建设、交通驿道建设自南宋时期就已经开始。南宋景定五年（1264年）州治前便建有滑石街、麻石街、十字街，并建有滑石桥。

明洪武二年（1369年），蕲州知府左安善创建“蕲阳水驿”于蕲州，据明嘉靖《蕲州志》载：蕲州于明代中期在宋代街道的基础上另辟有四条街道、二十六坊。城内及城厢街坊划分有序、交通四通八达。

1. 陆路运输

（1）驿道

驿道有水驿和路驿之分，水驿多使用舟船为代步工具，路驿多使用马匹、马车或徒步，因此历代的路驿修筑均为夫役，由官方负责组织施工，所属路段均由专人夯实，养护则由驿站的夫役负责。

明代至清晚期，蕲州同境外连接的驿道有：从州治东南入广济固城铺驿道；南向过长江连接兴国（阳新）州的黄颡口驿道；从州衙出东门（朝阳门）过官街、瓦硝坝、符乾关经施家塘、菩提至广济杨林铺驿道；从蕲州出北门（雄武门）经瓮门关（一关）北上至西河驿道。民国开始，驿道在明清时期的部分职能废除，但仍是重要的交通道路沿用了很长一段时间。

（2）公路

蕲塝公路，蕲州至张家塝公路，始建于1927年，全长84.5公里，途经黄土岭、施家塘、恒丰堤、竹瓦、清水河、三家店、瓮门、刘河、青石抵张塝。1938年秋方才建成一条简易公路，后因战乱，该路遭破坏，是蕲州通向外地修建最早的一条公路。

蕲阳公路，蕲州至阳新公路，原为鄂、豫、皖、湘、赣、苏、浙七省联络公路的支线。计划走向：自蕲州经广济田家镇过长江接阳新县。蕲州段长 8 公里，1938 年由鄂东武英公路工程处勘测，当年底完工。

席洪公路，席盘石至韦庄村洪家庄，全长 8 公里，1958 年修通席盘石至刘垅段，1970 年修通刘垅至洪家庄段，属县级列养公路。

蕲清公路，蕲州至清水河公路，全长 29 公里，该路始建于 1927 年，后损毁严重，1952 年再次修复，路基宽 7 米，路面宽 4.5~5.5 米，2007 年，该路全部水泥硬化。

施竹公路，施家塘至竹瓦公路，全长 15.5 公里，路基宽 6 米，路面宽 4 米，1975 年修建。

蕲扎公路，即蕲州至扎营港公路，全长 9.14 公里，1976 年修建。时路基宽 6.5 米，路面宽 4 米，砂石土路。2007 年该路扩修，路面扩宽至 8~12 米，水泥路面，现为 204 省道线。

黑五公路，镇内黑老爷庙至五里墩公路，全长 10.98 公里，1956 年修建，砂石路面。

蕲雨公路，蕲州城区经雨湖至竹林湖郑塆公路，全长 4.5 公里，1981 年修建，原为砂石路面，现为水泥路面。

黄黄高速公路蕲春段：1998 年建成通车，涉蕲州境内 12.5 公里，高等级公路，原在镇内土台村设有二里湖南、北服务区，2015 年北侧服务区移至八里湖。

2013 年，蕲州镇投资 8000 万元，修通了宽 35 米，两侧配有花坛和铺设有火烧板专用人行道、双向四车道的一级公路，该公路东与黄冈至黄梅沿江快速公路相连接，开通后，将极大地缓解蕲州城区的交通压力，分流载重汽车绕城通行。

蕲州交通区位优势明显，205 省道穿境而过，蕲清公路横贯东西；沿江快速公路绕城穿行，环赤东湖旅游公路部分路段经过镇内相关村；蕲雨线工程正在扩宽、改造、升级为景观路；黄黄高速蕲春出口设于蕲州与八里湖交界处，使蕲州的交通更加便捷、快速。

（3）桥梁

蕲州境内古桥共 17 座。建成最早的为菩提桥，据记载该桥建于唐代贞观年间，由慈应禅师修建。滑石桥系南宋景定五年（1264）建造。至清代晚期止，镇内有古桥 17 座。由于年久失修和拆毁等原因，现仅存古桥 3 座，分别为菩提桥、滑石桥、万寿桥（1969 年时由黄土岭公社更名为“立新桥”）。

蕲州镇古桥（津梁）简况表

表 2-17

桥梁名称	所处位置	备 注
菩提桥	菩提坝东端	唐代贞观年间慈应禅师建
滑石桥	旧时州治前	宋代景定五年建
顾家桥	旧时州北关外	明代顾阙捐建
中心桥	旧时江心鸿宿洲上	明代嘉靖十五年钟惠建
金箱桥	旧时州城东门外	清乾隆十一年建
玉印桥	北门外	清蕲州训导陈欲珍捐、募建
合济桥	旧时符乾关口	

续表 2-17

桥梁名称	所处位置	备　注
高家桥	蕲州南门高家塆	
吴公桥	旧时大西门外	
芭茅桥	南门芭茅山之侧	
大径桥	旧时州北十里许	清张石潭捐建
乌龟石桥	旧时州北三十里许	清张石潭捐建
莲花桥	州东三十五里处	元正统年间始修,清嘉庆年间张石潭重修
马口桥	州南二十五里处	
万寿桥	马口湖西	现属扎营港、韦庄、银山三村交界处
关沙河桥	旧时蕲、广交界处	
状元桥	蕲州儒学内	今官塘街北侧

中华人民共和国成立后，随着公路建设的发展，又陆续建设了几座桥梁。

竹林湖桥　位于镇东南 4 公里，竹林湖村境内，席洪公路 2 + 338 米处。该桥横跨雨湖支流，全长 19 米，2 孔，跨径 9 米，桥面净宽 6 米，1969 年修建。

恒丰桥　镇东北约 16 公里处，恒丰村境内，蕲清公路 14 + 546 米处。该桥横跨赤东湖，全长 29.7 米，为单孔石拱桥、跨径 12 米、桥面宽 7 米、1971 年建成。

金牛洞桥　镇北部约 6 公里处，镇内土台村与赤东湖渔场交界处，原黑五公路（黑老爷庙—五里墩）6 + 370 米处，该桥为赤东湖泄水港（闸）桥，全长 35 米，2 孔石拱桥、单孔跨径 10 米、桥面宽 7 米，1971 年建成。

新港闸公路桥　镇 南部 4 公里处，蕲扎公路中段。为雨湖泄水港横跨桥，全长 16 米，单孔混凝土浇筑拱桥，单孔跨径 5.5 米，桥面宽 7 米，1996 年修建。

黄黄高速公路上挂桥　位于蕲州镇东 10 公里，施竹公路 1.21 公里处。桥长 40 米、宽 5.5 米，桥上行车宽度 5 米，结构为工形梁式桥，最大跨度 32 米，该桥横跨黄黄高速公路，故称为黄黄高速公路上挂桥。

二里湖桥　镇内二里湖段、下蕲线省道 81 公里处。该桥系跨沿市湖水系的单孔桥，长 8 米、宽 29.6 米、桥高 4.2 米，桥上行车宽度 20 米，桥孔最大跨度 5 米，1993 年建成。

鼎新桥　位于镇内二里湖富桥路东段，蕲州棉纺有限公司门前，是由三座拱桥并排联为一体的景观桥，并排宽 36 米，长 32 米，上部混凝土拱，下部混凝土浇筑墩台，桥面铺装大理石；双排石栏杆，该桥桥址位于原顾阙所建的顾家桥东侧，更名为鼎新桥，取革故鼎新、永创伟业之意。

蕲州大桥　镇内二里湖北端，下蕲线省道蕲州段 80.5 公里处。该桥横跨赤东湖泄洪港，全长 150 米，5 孔，桥高 15 米，最大跨度 100 米，桥面宽 16 米，双向栏杆、辟有抬高层人行道。该桥由县交通局投资 800 万元建造，1999 年 10 月 1 日通车，是蕲州镇内最大的一座公路桥。

(4) 陆路客、货运输

①**客运** 1953 年，蕲州首座汽车站在新街建成，时为全县最早建成的两座汽车站之一。设

施简陋，青砖围墙、砂石地坪。因当时无专用客车，人们外出只能乘坐便利的货车。

1956年10月，蕲春县以1辆货车在汉口改装成30座位的客车，不定时地往返于蕲州至漕河之间。1964年，由漕河至蕲州的客运班车增至每天（固定）2趟，在此期间，原建在新街的汽车站迁至城内纯阳阁外西街口，后渐有班次增加。至1976年，蕲州至漕河班车增至每天5个班次，此后逐年有所增加，但幅度一直不大。1976年，车站从纯阳阁外西街口迁至二里湖大道与濒湖路路口处。

1982年，交通战线进行改革，开放了交通运输市场。但这一时期，仍以交通专业客运为主体，少数个体客运车辆通过交通主管部门的批准，严格执行客运线路，方可进入客运市场从事客运业务。个体司机马树元、何长福率先进入蕲州客运站执行蕲州至漕河的客运。1984年8月，由蕲州始发经新州到汉口的客运班车开通。

1985年，蕲州汽车站客流量增长较快，特别是由蕲州至漕河的客源增长更为迅猛，为此，蕲州车站购回4台通道客车，每30~40分钟一趟对开于蕲州—漕河区间。

1986年以后，县内交通运输市场体制发生改变，国有、集体、个人所有制形式并存、个体车辆在取得营运线路和营运许可证后可进入车站候班发车。

90年代中后期，国有、集体的客运班车和个体联合车辆为了争抢客源，曾在蕲州车站内外分开发车，不久后又组建在一起进站按序发车。最高峰时，蕲州车站发往县内外、省内外的客运车达70辆。此期间，蕲州至武穴的客运车辆从汽车站迁出，停靠在时珍路西路口与蕲州大道交叉处设点候发。蕲州至菩提、雨台、竹瓦线的班车则在易家弄北端外设点候发班车，2014年迁至蕲州玻璃制品厂大门处发车。

2000年至今，镇内客运市场秩序未发生大的改变。站址未变。发往武穴和县内菩提、雨台、竹瓦线的班车仍在原候车点发车。

蕲州车站自20世纪90年代中期始，始发到省内、省外及县外的客车线路不断增加，现每天有班车直达汉口、武昌、汉阳、黄石、黄冈、南京等地。同时开通了蕲州购票、县汽车总站乘车至海口、杭州、上海、温州、深圳、东莞、西安、宁波、温岭、烟台、青岛、珠海、晋江、宜昌、咸宁、鄂州的直达班车。2016年，每天有10班次车直发汉口，有8班次车直发黄石、15班次车发往武穴、30余班次车发往竹瓦、菩提、雨台等地，每间隔6分钟便有一趟班车发往漕河。2016年底，蕲州至漕河有客运班车42辆，蕲州至武穴客运班车11辆、蕲州至黄石班车5辆、蕲州至武汉客运班车8辆，同时，由蕲州车站管理发往各乡村公路的客车20辆。

蕲州车站自成立至1993年2月均隶属黄冈地区汽运公司蕲春公分司领导。1993年2月以后由蕲春县汽运公司进行了接管。2004年，县汽运公司改制，成立蕲春县东昌汽车运输有限公司，蕲州车站隶属其管理，2016年底，蕲州车站有职工8人，年进出旅客量达20.4万人。

1988年，镇内首现三轮麻木车作代客工具，起步价3.00元，后渐次抬高至5.00元，若遇里程较长一般以双方议价为准。此一时期，因麻木车不属国家定型产品而不能取得车辆营运牌照，故长途营运极少出现。随着社会的不断进步，麻木车更新换代迅速，动力也由原来单一的汽油动力更新出柴油动力、蓄电池动力。十几年来，一些国产定型小功率车也加入麻木车营运行列之中，从事客运的短长途业务。同期，小轿车载客从事营运，出租的业务兴起，并迅速发展。2006年为最高峰期，镇内时有出租车近50辆。近几年，随着私家车的不断增加，出租车数量有所减少，2016年底，镇内有出租车35辆。

②货运：晚清至蕲州镇解放初期，镇内陆路货运全部由个体经营，运输工具简便，主要有箩筐、篼箕、扁担、绳索、木制独轮手推车及肩挑背驮。解放初期，木制独轮车发展较快，较

重的货物往往需要由其驮运至城乡间，1951年蕲春县人民政府决定将各地的人力手推车组织起来进行车户登记、发照，实行统一调度、统一运输、统一运价。蕲州区片在菩提设立人力手推车大组，统一调度蕲州、黄土岭、施家塘、雨台、宋岭、高塆等地的人力手推车从事货物运输。50年代中期，建立了蕲州马车站，首任站长谭立武。随着镇内城乡公路的修建和以牛、马、驴为役力的骡马车的使用，以人为役力的人力手推车逐步减少。至70年代中后期，蕲州城区已不见从事人力手推车运输货物的行当，但城区附近的高塆、扎营港、黄土岭、施家塘、菩提、雨台仍有少量人力手推车运输货物。在此期间，不少的人力推车已改装成两轮板车从事运输。

70年代始，镇内始见手扶拖拉机从事运输业务，1974年，蕲州公社从省农机管理局购回2台80马力大型拖拉机从事货物运输，并配套成立了“蕲州公社拖拉机站”。1977年，蕲春县蕲州第二机械厂试制工农12型手扶拖拉机成功，当年共生产成品拖拉机150台，促进了镇内交通运输市场的发展。

60年代后期始，蕲州汽车站除主营客运业务外，另有专人负责汽车的货运业务，此期间，镇内的“五小工业”发展迅速，进出原材料、燃料、外销产品量大。全县供销、商业、生产资料等部门都在蕲州设立采购组及仓储转运仓库，蕲州的货运业务十分繁忙。是时，镇内除蕲州钢厂、县化肥厂有自己的车队外，汽车全部属省、地、县级汽车运输公司所有，个人不曾拥有汽车，这一粥多僧少的状况一直持续至改革开放初期。

1983年以后，随着改革开放的不断深入，政治体系贯彻“开放、搞活的方针”，镇内初现多形式、多层次、多渠道的运输体系。致国营、集体运输单位添置车辆多拉快跑，个体车辆见缝插针、拾遗补阙，使镇内陆路运输市场呈现前所未有的兴旺景象。

从1993年开始，镇内工业在所有制形式发生变化后，企业体制改变，使不少企业处于停产半停产状态，货运量减少，市场粥少僧多的现象开始显现，购买汽车、拖拉机的个体户数量在前几年的基础上略有下降。1993年，全镇有个体汽车32辆，拖拉机112台。

2016年随着人们收入的增加，生活水平的提高，农副产品的连年丰收，货物运量呈递增态势，带动了货运汽车的购买量，因车型较杂，无牌、无证、本籍外挂诸现象存在，故无确切数据。

（5）搬运

①机构

据史料记载，清晚期，镇内有码头工人一百余人，民国时期曾成立过码头工会。

1926年5月，码头工人居大吼率几百号饥民去上河口把已装船外运的几百石大米一抢而空，震惊州县。

1949年8月，蕲州码头工人读报组成立，不久后成立码头工会。

1952年12月，蕲州搬运站成立，时有职工125人，属集体性质，1958年曾一度将蕲州搬运站更名为“蕲春县交通运输管理局蕲州站”，后又改称“蕲州搬运站”。1976年更名为“蕲州装卸运输公司”，1984年10月再次更名为“蕲州水陆装卸运输公司”，4年后升格为“蕲春县水陆装卸运输公司”下设办公室、劳动、人事、生产、监察、安全、计财、工会等机构。生产单位有一、二、三装卸大队、知青装卸组、牛皮坳装卸作业组、汽车队、船队、机械修理厂、港口利群商店，职工增至367人。

以后企业所有制形式未变，企业名称自1984年更名至2006年改制完毕再未改变。

2006年11月9日，随着经济体制的改革，蕲春县水陆装卸运输公司破产改制、实行上市拍卖，胡贵生以360万元整体购入，11月28日更名为“蕲春县泰丰水陆装卸运输公司股份有限公司”属民营企业。

②搬运工具

晚清至20世纪50年代初，搬运作业工具原始落后，通常为扁担、抬杠、箩筐、篼兜，有时只能依靠肩扛背驮，稍后开始使用人力手推车、板车。60年代粮包下河多采用竹制滑板，70年代后，搬运作业开始向半机械化和机械化发展，货物起坡多采用钢绳牵引，上下码头的粮包、盐包经过钢制平板滑车上下河。80年代后，装卸搬运工具开始使用手把式农用车、起重机、皮带运输机、转扬机、牵引机、三轮机动车、横头车、汽车等。1988年，镇内蜈蚣矶码头进行水泥硬化，装卸货物车辆可直接开上趸船，随之皮带运输机逐渐淘汰。1995年9月，小西门散装码头改扩建，水泥硬化，汽车可直接开上趸船装卸货物，至此，长江沿岸码头硬化，改造完成，原来使用的人力车，助力工具，三轮板车全部停止使用，结束了蕲州装卸运输公司使用人力板车、三轮板车的历史。

2006年，蕲州装卸运输公司有自卸运输车12台，水上趸船浮式起重机3台/套，水上挖砂船浮吊1台/套，40米趸船2条，25米趸船1条，钢引桥3座。

③搬运量

蕲州一向为全县物资进出、转运、囤积的中心。

一个时期以来，镇内“五小工业”发达，工厂众多，进出的原材料、燃料需要量大，致使蕲州的装卸搬运量一直稳居全县首位。物资搬运量自1949年的1.07万吨逐年增长，1952年首次突破10万吨，1983年高达89.77万吨，为历史最高年。此后货物搬运量逐年下降，2016年末56万吨。

蕲州水陆装卸运输公司部分年度搬运量一览表

表2-18

年度	搬运量(吨)	年度	搬运量(吨)	年度	搬运量(吨)
1949	1.07	1961	32.65	1973	50.44
1950	1.17	1962	29.69	1974	49.07
1951	1.88	1963	29.39	1975	75.07
1952	17.91	1964	32.56	1976	50.81
1953	18.33	1965	26.05	1977	59.86
1954	18.95	1966	28.09	1978	68.24
1955	18.97	1967	27.24	1979	66.09
1956	19.43	1968	20.18	1980	75.7
1957	19.8	1969	28.36	1981	77.8
1958	21.32	1970	31.74	1982	79.29
1959	25.02	1971	37.83	1983	89.77
1960	34.67	1972	43.45	1984	51.3

(6) 陆路交通、车辆管理

①蕲州交通管理站

蕲州交通管理站始成立于1971年元月，隶属蕲春县革命委员会交通邮政管理局，时有干部职工3人，站址位于蕲州四官殿侧，经发展，1997年迁至蕲州大道1号新址。成立初期至1978年，交管人员着便装办公及上路执勤。1979年开始统一着"交通监理服装"。1983年，根据交通部文件通知精神，交通监理人员开始使用指挥旗、灯、手套等指挥装备，使交通管理工作更趋规范化。

交通管理站的工作范围是：负责辖区内的公路养护、绿化及路政管理工作。负责区、乡村公路的调查研究，拟定区、乡、村公路的规划。配合车辆管理站及交警部门作好拖拉机、农用车及驾驶员的年检、年审工作。本着"放宽、搞活、管好"的基本原则，积极发展个体、联户、联营运输业。贯彻民间运输政策，加强运输市场的质量管理。征收在册在编拖拉机、农用车养路费和从事营运机动车辆的管理费、养路费。90年代后期，农村公路建设步伐加快，交通管理站的职权范围、工作重心向管理农村公路倾斜，2011年"蕲州农村公路管理站"成立，两块牌子、一套班子合署办公。

②养路费征收

交通两费（养路费、交通管理费）的征收历来为交通管理部门的工作重点。

1943年，《湖北省通行铁轮板车征收养路费及管理暂行规则》就曾规定：板车每辆每公里一角、畜力车每辆每公里二角、人力车每辆每公里五分。中华人民共和国成立后的1956年蕲春县开始征收养路费。1971年蕲州交通站成立之前，养路费的征收均由蕲春县交通科、蕲春县交通局车辆管理站实行统收统支。

征收标准，1958年对营运的牛马车实行按月2元计征。1966年，牛马车逐渐遭淘汰后，动力汽车按每月每吨100元计征，从事营运的轮式拖拉机则按汽车费额的40%征收。此征收标准一直执行到80年代初，尔后，蕲春县交通管理部门依据上级指示精神，多次对养路费的征收进行了调整。1985年6月起，根据省计委、交通厅、财政厅《关于调整公路养路费征收标准的通知》，县交通部门规定凡属营运车辆，须按营业收入的15%计征养路费，个体户车辆，按核定载重吨位，每月每吨按105元计征。1990年，省有关部门出台了养路费新的征收标准，核定四小车（农用车、拖拉机）按每月每吨130元标准征收，但在具体征收时按下列办法实行优惠，拖拉机养路费全年一次缴纳的，按拖拉机机型可按5~7个月计征。半年一次缴清，可按3~4个月计征。

2000年，县交通局制定规费征收办法，机动车养路费按吨位计征，其中拖拉机、农用运输车、三轮车则依据20马力折合1吨计征，每月每吨180元。

根据国务院《关于实施成品油价格和税费改革的通知》（国发〔2008〕37号文件）自2009年1月1日起，取消公路养路费，至此，镇内养路费停止收取。

蕲州交通站若干年份养路费收取情况表

表2-19

年度	金额(万元)	年度	金额(万元)
1995	47.6	1998	63
1996	53.2	1999	52
1997	102		

2. 水运

（1）航道

长江航道，蕲州境内上起牛皮坳，经二里湖、新港，由扎营港出境至武穴韩埼，全长 13.89 公里，江面宽阔，为长年不冻港，可通航 5000 吨级船舶。

内湖航道，镇内的内湖航道主要有赤东湖水系的金牛洞至广济栗木桥、恒丰堤至菩提、沙径青龙嘴至西角湖贡家嘴、赤东湖至两路口 4 条航线。以上 4 条航线可上溯至明清时期，下延至 20 世纪 80 年代初。80 年代后人们装运货物，走亲访友多乘坐陆路交通工具，4 条航线逐渐消失。

1956 年 4 月，“湖北省内河航运管理局黄冈管理处蕲州站”设立。1958 年 8 月改组成“蕲春县交通运输管理局蕲州站”。行使对长江航运船舶、内湖航运船舶的管理。1980 年 4 月更名为“蕲春县港航管理站”，后屡有更名，但管理权属、性质未变。

（2）港埠、渡口

蕲州创埠历史悠久，前身为蕲口镇，始建于隋开皇九年 (589)，已有一千四百多年的历史，唐宋以来，随着长江的开放，经济文化日渐繁盛，为上县之地。其中农副土特产、矿冶铸造、港埠商肆及大型专卖市场宋史有记。南宋中期，蕲口成为长江中游一带繁盛大镇，街道自蕲口循长江北岸抵武穴田家镇，号称四十里长街。域内生产的粮、茶、竹簟制品、毛笔、麻布、药材等大宗商品经此外运，入境商品经此内销。江西、湖北、安徽、四川等地的商船停泊港口装卸货物，呈现“居民繁措、蜀舟泊岸甚众”（语出陆游《入蜀记》）的景象。

宋乾道六年（1170 年），蕲口岁收商业税 15 万贯，雁翅税 25 万贯，计 40 万贯，占宋代岁税 5%~10%，同年，南宋朝廷还在蕲口设铸钱监，冶铸背“春”钱。南宋景定四年（1263 年）知州王益迁州治于蕲口南 5 华里处，开创了蕲州建城之始。

港埠 蕲州港，上接牛皮坳，下抵新港闸，全长 4.5 公里，港址中心位于蕲州城区。循江东下 84 公里，抵江西省九江市，逆江而上 33.5 公里达黄石市，南与阳新县黄颡口镇隔江相望。总面积 150 万平方米。沿蕲漕公路北上 26 公里为县治所在地，南与 205 省道相连通，黄黄高速公路蕲春出口距港约 6 公里。历为全县水陆运输的枢纽，境内物资出入港的咽喉。

蕲州港，最早见于记载的为明洪武二年（1369 年），时任蕲州知州左安善在州城南边建水驿，设驿丞、驿吏二人负责水路邮传。明洪武五年（1372 年）时蕲州知府徐麟建递运所于城北迎恩坊（今中心街化工厂老厂区附近）掌运漕粮。此时大西门、小西门一带较为繁华。濒江处筑有商用码头，是为蕲州港码头之先河。其后，明朝各代在蕲所征皇粮均在漕河集并，起运至挂口而入长江再行转运至南京、北京，返航时可搭载食盐、布匹入蕲分流至各地，仅此一项，获利颇丰，有力地促进了蕲州港的贸易。

清代中早期，蕲州港多以停靠转船、起运漕米为主要业务，但业务总量较明代有所下降。清光绪二十二年（1896 年）开始，航行于汉口至上海的外轮经常停靠蕲州港，以获取蕲州土特产品，期间九江至蕲州的太昌轮，戴生昌（日商）轮定期停靠蕲州港。清光绪三十年（1904 年），英、日商人先后于蕲州港设太古、怡和、大阪等洋棚（趸船）。此时，蕲州港有大码头、四官殿、石牌楼、小西门、轮棚 5 处码头（港口），作业人员约 100 人。

民国早期，镇内商业较为兴旺，几大商帮充斥集市，南京帮以经营南北杂货、酱园糕点、布匹称雄；徽帮多开办钱庄、衣饰、当铺；江西帮主要经营瓷器、纸业、钱庄、银楼、麻行、湘邦则以经营竹木、湘杉、板炭见长；汉口、金牛帮以经营杂货、布匹居多；坐商（本地商人）多经营南货、木材、山货、杂货、窑货等。鸦片战争后，帝国主义势力入侵长江，美国商人率先在蕲州设“美孚”洋油站。英国、意大利、日本等国商人紧随其后，委任坐商经营棉麻代办业务。1925 年，湖北省航运局在蕲州大码头处设编号为蕲州囤鄂建 44 号木囤一只。用作停靠汉蕲班轮和武穴至汉口班轮。1937 年蕲州港成立船业公会，承办水上货运业务，年货运量约 1 万余吨。1938 年日本侵略者占领蕲州后，仅日本“小樱丸”轮停靠蕲州，1941 年“华鹿”轮接替沉没的“小樱丸”轮。1944 年国民党蕲春县政府购置“蕲春丸”轮经营蕲州至汉口客货运业务。1945 年日本投降后，国民党派员任蕲州港口董事长，客运业务启动汉口—九江、汉口—蕲州、汉口—武穴中途停靠蕲州业务，此时，蕲州港有货运帆船 200 余只。

蕲州获得解放后的头几年，港口修整，筹建工人工会，社会主义改造运动，人员体制转换等一系列工作百废待兴。其间，新购回趸船 1 艘，推行港口车子化（人力车），货物吞吐量由 1950 年的 0.84 万吨上升到 1956 年的 8.86 万吨。

1958 年，大办钢铁之风波及蕲春，加之蕲州地区的“五小工业”开始上马，全县的炼铁、炼钢原料、材料大部分从蕲州起坡上岸而转运全县各地，致蕲州港一度出现货物囤积现象。60 年代初，国家实行国民经济调整方针，镇内企业建设速度放缓，致港口货物进出量减少。1965 年，是县内农业丰收的一年，恰逢国家支持工业重新上马，致使港口吞吐量当年又增至 31.99 万吨。“文化大革命”开始后，蕲州港区生产曾受到一定影响，货物进出量停滞不前。1975 年，蕲州港被列为湖北省港机会战重点，经过努力，港口机械化程度提高，船舶待港时间缩短。“蕲州码头管理所”也于此年成立，行使对蕲州港区码头及货物的管理整顿工作。

80 年代初至 1985 年，蕲州港日渐繁荣，港区装卸作业自动化程度提高，同时港区码头的设置根据货物的特点开始设置专用码头。其间，镇内工矿企业生产红火，乡镇企业异军突起，致使蕲州港货物吞吐量逐年递增，年末，蕲州港货物吞吐量达 115.50 万吨。

1985 年 8 月 15 日，蕲州水运公司、南门村、阳新县黄颡口镇三家联办成立“蕲州汽车轮渡公司”，在新港闸设汽车轮渡专用码头。

晚清时期，蕲州港只有大码头、四官殿、石牌楼、轮棚、小西门 5 处码头。经过不断发展，1985 年，蕲州港共有一、二、三，长航客运，长航货运、油库、南门、矿石、粮食、二里湖、黄石轮渡、过江轮渡、汽车轮渡、玻璃厂、玻璃制品厂、化肥厂、瓷厂、牛皮坳、小西门等 19 处码头。建有各类物资仓位、堆料（货）场、货棚 57 处（个），面积 7.77 万平方米。

1986—1995 年，沿江开发、黄黄高速公路、京九铁路相继建设，又一次给蕲州港带来了生机，10 年间，蕲州港装卸货物量一直稳定在 100 万吨左右，是蕲州港口码头作业的兴旺时期。此后黄黄高速公路、京九铁路相继通车，致港口业务减少。加之县内八里、岚头矶、茅山港外接公路相继扩宽、硬化，运输条件改善，分流了一部分货物，使蕲州港进出货物大幅下降，工资难以维持。2002 年后一部分人自谋职业。公司下属的港口装卸公司、砂石船队、汽车装卸队等 5 家单位实行了租赁承包。

2006 年 6 月，装卸运输公司改制为民营企业“蕲春县泰丰水陆装卸运输有限公司”。结束了装卸运输公司的历史。

渡口 晚清、民国时期，镇内长江段有乾明矶渡、挂口麟山书院渡。内湖有白马渡、贡家嘴渡、大径桥渡、王福嘴渡、汪家渡口渡。蕲州镇解放后的一段时期，内湖的几处渡口除白马渡外其余几处渡口仍运营了较长的一段时间，80 年代初全部停运。长江于 50 年代开通了蕲州蕲州—黄石轮渡。1985 年开通了由蕲州新港至阳新的汽车轮渡。1993 年 10 月 8 日，蕲州往返于黄石之间的快艇开通，上下水仅需50分钟左右。

由于客源的变化，交通工具的变更，蕲州至黄石轮渡、蕲州往返黄石之间的快艇都于2008年停航。蕲州至阳新的汽车轮渡也上迁至八里湖。至今，蕲州至阳新黄颡口、三洲、泵站、海口渡仍在运行中。但客流量由高峰的年均7.6万人下降至2万人。搭载货物也由最高的年均1200吨，下降至350余吨。1991年之前，过江轮渡管理混乱，上下客货票由船主自行售卖。1991年5月起，县港航管理所分别对蕲州往返于阳新各地的渡轮实行统一管理、统一售票、统一结算的归口管理，并建成了渡口客运站。

（3）水上货运

①货运工具

晚清至民国时期，镇内水上货运工具以木帆船为主，少量使用竹排，内湖偶有使用菱角盆作短途运输。木帆船有无帆船和有帆船两种，船型较多，计有大鸦艄、小鸦艄、大接艄、小接艄、排合划、板划、夹浆划、鳊划等。蕲州镇解放后，木帆船装载运输货物仍持续了相当长的一段时间，至70年代末80年代初才逐渐被淘汰，目前仅有鳊划一类小船被渔民使用。竹排70年代之前已被弃用。菱角盆在内湖塘堰仍有使用。

1958年，蕲州东风船运人民公社（航运公司前身）从外地购回一艘20马力机动驳船用于长江上的运输，结束了蕲州航运部门无机动驳船的历史。1961年，蕲州航运公司计有拖轮3艘，货轮1艘，非机动驳船5只，但马力不大，载货吨位较小。此后，随着造船工业的发展，船舶马力、吨位逐步增大。1994年8月，航运公司购回“蕲阳号”和“蕲州号”海轮，用于江海之间的货物联运。至此，用于水上货物运输的工具又向前迈进了一大步。

②货运企业

货运企业有专业运输企业和非专业运输企业。

专业运输企业即由国家、集体主导企业生产经营的企业：蕲春县航运公司是县内唯一一家从事水上货物运输的企业。该企业的前身系1951年成立的“县划船业联合运输公会”。1953年改称“蕲春县蕲港船民协会”。1956年初成立蕲春县蕲航第一、二、三、四、五、六、七等7个民船运输合作社。1958年10月更名为“蕲春蕲州东风航运人民公社。”1960年初始称“蕲春县蕲州航运公司”。1970年7月根据形势发展需要再次改称为“蕲春县蕲州港航运合作社革命委员会”。1976年底复称为“湖北省蕲春县蕲州航运公司”。1985年又改称为“蕲春县航运公司”。年末，航运公司拥有船舶44艘，6737马力、9032吨位，其中机驳10艘、拖船9艘、驳船22艘，挂帆船3艘，职工530人。1989年，航运公司首次从江西船厂购回1650吨级甲板驳2艘。1992年受上海浦东开发的影响，水运市场火爆，航运公司又购回3艘1000吨级槽型货驳、2艘600吨级驳船、2艘294千瓦拖轮。1994年8月，航运公司融资1045万元购回的“蕲阳号”和“蕲州号”到港，总吨位达3620吨，同时县江海航运公司为适应企业发展需要再次更名为“蕲春县江海通达股份有限公司”。

1996年，国家实行产业结构调整，水运市场清冷，为了适应新形势，江海通达股份有限公司对1000吨级以下船队实行风险抵押承包。

1998年，江海公司又对大型船队实行风险抵押责任承包制，试图扭转公司运营困境，但受大的气候影响，企业经营日渐艰难，迫使企业开始变卖运输船舶或转包给个体经营。

2007年8月，江海通达股份有限公司所辖的“蕲州号”和“蕲阳号”两艘海轮相继失事，造成重大经济损失，使企业遭受重创。

非专业运输的企业是指企业内部、乡镇一级行政组织、村级群众自治组织和社会运输组织及个体、联户从事运输的单位。

蕲州镇解放伊始，镇内从事水上运输货物的多为个体。人民公社化后，不允许个体经营户从事水上货物运输，使个体船舶运输户基本消失。少数挂靠在村级群众自治组织名下从事运输。

1976年，蕲州钢厂成立船队，承运本单位所需煤炭、焦炭、石灰石、铁矿石等原料。十一届三中全会以后，镇内陆续成立了"蕲州航运公司""蕲州水运公司""蕲州汽渡公司""蕲州轮运公司""蕲州采运公司"等单位从事水上货物运输。濒长江一线的城内、南门、王宣、横坝、新塘、扎营港等村亦出现了个体水上运输户。90年代中期，原镇属的航运、水运、轮运、采运公司先后实行改制破产、船舶抵押、变卖、拍卖、人员解散。汽渡公司上移至八里湖，企业身份变更。城内、南门、王宣、横坝、新塘、扎营港等村的个体船舶因不具备市场竞争优势也渐渐退出水运市场。90年代后期开始，一些经济实力较强的业主开始自行购买或租赁货运船舶，截至2016年底，全镇共有个体船舶27艘，77539.6（载重吨），总功率15266千瓦，46254（总吨位），其中单船最大达7689吨。

（4）长江客运

1925年，湖北省航运局在蕲州设木囤1只，汉口—蕲州、汉口—武穴班轮每日停靠蕲州。1943年，时汪伪县政府分别从汉口汉春轮船局购回"泰兴号"小火轮1艘和日货"一色幸"油木拖轮木壳船1艘，合并改装成客货两用轮1艘，可载客200人，载货99.14吨，经营汉口—蕲州—九江客货运输。

1972年元月，蕲州航运社从江西南昌市水运公司购回客轮1艘，350客位，每日经营蕲州—黄石往返班次。不久因超越当时省定客运经营线路而停航。

长江航运公司、黄石市轮渡公司先后在蕲州港设立客运码头，从事旅客运输业务。1991年10月10日，长航汉宁班正式停靠蕲州港。这是长江大型客运班轮首次停靠蕲州港。由于陆路交通发展迅猛，水上客运因乘坐时间较长而渐失去优势。长航汉九班于1996年停运，黄石—蕲州客班轮2005年4月停运。

（二）邮政、电信

1．机构设置

蕲州开办邮政历史悠久，明洪武二年（1369年），州知府左安善创"蕲阳水驿"于州城长江边，并分设12处急递铺，仅州城城内外便设有"州前铺、两路口铺、侯贵府铺（现塘垮村四角枞垮附近）、施家塘铺、菩提铺"。

明洪武六年（1373年），蕲州知府徐麟创建"递运所"于蕲州城，专设"马船"9只，每船水夫30名，"红船"41只，每船水夫15名，掌运漕粮及公文信函的投递。

清代，水驿和递运所撤销，保留"急递铺"，并于乾隆年间由知州亲自负责，配置有人伕、马伕、马匹。递铺公文有"步文"和"马文"之分，马文又有"单马"和"双马"之别，采取何种形式传递视公文的急缓而定。

清晚期，经蕲州通往外地的驿道2条，连接城外急递铺的邮路5条。清末，递铺撤销。

清光绪二十八年（1902年），鉴于蕲州工商业较为发达，湖北省邮局正式在蕲州建立邮政代办所，所址位于蕲州雄武门内的北门上街，第一任所长由省邮局委派一江苏人任所长，并携带王永昌（江苏南京人）司职邮差，月薪资5块大洋。由于蕲州代办所业务量较大，不久便升格为二等邮政局，时有员工4人，先期仅办理蕲州城城内的信函、契约、印刷品、包裹、汇兑等邮政业务，稍后，邮政业务在蕲州城内外展开。

1916年至日本发动侵华战争前，经湖北省邮政局批准，蕲州城外先后分设了张塝、漕河等9个邮政代办所及部分乡村邮政信箱，但邮件的代运、分发均在蕲州进行交接、办理，并由蕲州派员人力步行分送到各代办所。

抗日战争期间，蕲州邮政局曾随县府迁往刘河。

1945年日本投降后不久，邮局返回蕲州，原有建成的邮路遭破坏而废止。其间，由于原汉口至九江的班轮一段时期内不停靠蕲州，蕲州邮局则临时开办了蕲州—武穴邮路，不久班轮恢复后，邮件信函仍由轮船托运，在蕲州交接后发送县内各邮政所。

蕲州镇解放前夕，因蕲州邮政业务量较大，而在城外瓦硝坝太清门附近、中正南路、中正北路各增设有一邮政代办所，此时，蕲州邮政局共开辟有东、西两条邮路，其中东端邮路长230公里；西端邮路长135.4公里，东西两条邮路共长365.4公里。

2016年蕲州邮政支局共有邮路5条，约380公里。

1949年5月，蕲州获得解放，此时，受战争影响，邮政业务极少，邮路时有中断，投递不正常。蕲春县人民民主政府成立后，迅速接管了“中华邮政”的蕲春邮局，此时邮局仍设在蕲州。1949年8月，邮政局迁漕河。

1950年，“蕲州邮政分局”蕲州电信分所在蕲州设立。

1953年改蕲州邮政分局为“邮电营业处”。

1960年，蕲州邮电支局随行政机构名称而改称为“蕲州公社邮电局”。1962年再次更名为“蕲州邮电支局”。1965年，蕲州银山设邮电所。1969年蕲州分设“蕲州邮电支局”和“蕲州电信支局”，其间设恒丰堤邮电所。1973年12月，蕲州电信、邮政合并。1984年全县设区建乡后为“蕲州邮电支局”。1998年6月，邮政和电信再次分设为蕲州“邮政分局”和“蕲州电信分局”，其间无线电话业务逐步开展，移动手机用户不断增加，10月由电信分局析出无线电话业务，成立“移动蕲州分公司”。

2000年，联通蕲春分公司在蕲州设点开办手机通信业务。

2015年，蕲州邮政支局转换体制，成立中国邮政集团分公司湖北省蕲春县蕲州支局至今。

2. 设备

（1）邮政设备

邮政设备较为简单，解放初期，营业部（室）配有保险箱、货柜、杆秤、邮筒、邮箱、邮包、浆糊等简易设备及简单用品，投递全系人力步行。50年代中期，营业部开始改杆秤为台磅，投递开始装备自行车。20世纪60年代中期，蕲州邮电支局营业部开始配备铁质保险柜。

1986年，蕲州营业部开始使用函件秤和包裹秤，配有专用邮箱。1994年配有报刊发行的微机1台。

1998年开始配置电子秤2台、点钞机2台。

（2）电信设备

电信设备分有线交换设备和无线发射设备。

蕲州镇解放之初至80年代之前，通信主要依靠架设电杆而搭载电话线。

80年代初，蕲州开始发展载波电路。

1952年，蕲州为全县首设的三个电话交换点之一，配有容量10门的桌式交换机1部，后改为柜式交换机。容量不断增大，至1987年4月全县实现市话联网直拨前，蕲州共有交换机2部，容量达500门。

1973年，蕲州邮电支局安装蕲州—漕河农话3路载波机1套，1986年年中之前，蕲州邮电支局使用的电话交换设备为磁石交换机，1986年6月磁石交换机停止使用，同时开通了纵横制自动电话交换机，容量500门。

1993年9月26日，运行了7年之久的纵横制交换机被淘汰，更新为“数字程控交换机”，容量2000门，随着电话用户的不断增加，2007年底，蕲州电信分局程控交换机容量达18240门。2016年底，有营业网点22个，交换机容量6.3万门，发射机塔54座。

(3) 电报、网络

1972年，蕲州邮政、电信分局共同装备12匹马力柴油发电机1台。

1977年之前，蕲州邮电支局收发报主要使用人工机，1977年以后，开始使用电报电传机。

1986年，电报传输使用电话传输线路，时有电传机2台，1987年6月，蕲州支局电报传递进入全国“256”路自动传报中心网。

电话网有长途电话网、本地电话网、县内市话网、农村固定电话专用线网、可视电话网、专用通信网和用户集群网。蕲州已开通长途电话网、本地电话网、县内市话网、农村固定电话专用线网。

(4) 通信工具

通信工具分有线通信工具和无线通信工具。

有线通信工具主要有固定、载波和微波电话机。1986年6月之前，蕲州全部使用磁石摇把式电话机，6月以后开始使用转盘式模拟电话机，1992年开始将转盘式模拟电话机更新为程控数字电话机。2016年，全镇固定电话单机共1.3万部。

无线通信工具主要指手机、BP机、小灵通。蕲州于1994年开始有少量手机用户。1995年开始使用BP机。2000年开始使用小灵通。

手机是蕲州地区使用最早的无线通信工具，初期多使用美国产“大哥大”，但该手机机体大，携带不方便，使用后不久即被小型、便携式手机所取代。

2016年底，全镇手机用户达4.9万部。

无线发射设备始于1999年。当年7月，移动通信从电信局析出，成立移动通信有限公司蕲春分公司。单独组建后即在蕲州北门老邮局后院内建成一座发射机站。此后新基站不断增建，至2016年底，蕲州共建有移动基站25座，联通基站3座。

“小灵通”通信基站的建成始于2000年，但发展速度快，至2007年底，全镇共有小灵通通信基站44座。

2007年，蕲州建有“村村通”通信基站1座。

至2017年底，“村村通”通信基站已增加到25座。

3．业务

(1) 邮政业务

蕲州是蕲春县开展邮政业务最早的地区，业务量大，种类全。

①函件

函件主要指明信片、印刷品、平信、挂号信等信函业务，蕲州邮政支局成立始便开展了以上业务。1952 年增办了盲人读物、保价信函、保价印刷品业务。1960 年增办特种挂号信函业务。早期开办以上业务时，业务量不大，后逐步增长，1985 年，函件达 10.08 万件，随着快递业务的开展，业务量呈下降趋势，2016 年度仅 3.9 万件。

②包裹

包裹含保价包裹和快递小包。蕲州邮政支局 1952 年始承办此项业务，业务量逐年上升，2016 年达 3800 件。

③汇兑

邮政汇兑业务蕲州邮电支局开办于中华人民共和国成立之初，始为信汇业务，1956 年增办电汇业务，开办之初最高汇款额不能超过 300 元，1980 年提高至 5000 元，现在最高汇款额提高至 50000 元。

2001 年，蕲州邮政支局开通了电子汇兑业务，实行全国联网，汇出至兑现实现即汇即兑。2016 年，共办理汇兑业务 2850 件。

④报刊发行及零售

蕲州邮政分局 1950 年下半年开始承担报刊的发行业务。“文化大革命” 期间开办了不定期报纸零售业务，其间屡有停售。1980 年开办了杂志、书刊的零售业务。1999 年始设立报刊批发中心暨报刊零售业务，同时在雄武门、车站、一关口、邮局门前增设了 4 个报刊亭。

报刊的征订、发行，机关、厂矿、团体、学校、企事业单位和行政村组均属公费集体订阅。中央、省、地、县级主要报纸和刊物由蕲州镇委依据上级党组织下达的订阅数量分解下达订阅数。

报刊的投递，采取集中投递到各企业、单位。农村投递到村（居）委会。80 年代中期曾一度将投递延伸至组（队）。2001 年，报刊实现投递至征订户。

中华人民共和国成立之初，报纸刊物种类不多，订阅量不大，随着形势的发展，报纸、刊物的种类增加较快。1985 年时，邮局有可供订阅的报纸 360 余种，书刊杂志 1000 余种，年末订阅报纸、书刊达 17 万份。

1988 年，蕲州邮政分局在营业厅辟专柜经营报纸书刊。

2016 年末，全镇报刊订阅量 11 万份。

⑤机要通信

1957 年，镇内康复医院为全县 7 家机要通信直接专人送达单位，但此项业务总量小，2016 年共 24 件。

⑥邮政储蓄

蕲州邮政储蓄业务始于 1988 年 4 月，开办之初与邮政营业厅共用场地同柜办公。1998 年始辟专柜营业。

1988 年 4 月初办储蓄业务时，均为手工操作，后来陆续添置微机、点钞机、POS 机、PC 服务器、ATM 自动柜员机、视频监视系统。防弹运钞车每天定时接送营业款。2004 年邮政储蓄实现全国联网。2006 年，蕲州邮政储蓄电子化改造工程完工。2016 年邮政储蓄额达 4.21 亿元。

⑦集邮与邮品发行

1991 年，蕲州集邮分会成立，1992 年，李时珍中学在全县基层组织层级中率先成立“李时珍中学集邮分会”。

邮票发行与销售是蕲州邮政支局的一项重要工作。1988 年 9 月，邮政支局在蕲州公开发行李时珍纪念封一套共 2 张。1992 年发行了“纪念李时珍逝世 400 周年暨湖北省首届李时珍医药节和第三届药交会首日封”一套 2 张。1996 年又参与发行了《本草纲目》付印 400 周年纪念封人、册各一套的工作。

⑧特快专递

蕲州邮政支局 1994 年 4 月底始开办特快专递业务，此业务一经开展，业务量上升较快，从开办最初的平均每天 24 件上升到 2016 年的平均每天 46 件。2000 年，蕲州邮政支局开始办理证件专递业务。

⑨邮购

蕲州邮政分局于 2000 年开始办理邮购业务，邮购的物品主要为种子、化肥、农药。2005 年，邮政支局在其业务范围区域内协助建立“三农”连锁配送站（邮掌柜）28 个，成立始至 2016 年，此项业务共获收入 54 万元。

（2）电信业务

①电报业务

1933 年，省设长途电报局于蕲州，用以传递军政情报。同年蕲州电信局成立，设总机 1 部，通过总机向县辖各地进行转机。

最初拍发电报需经电话传递，后发展到人工机，50 年代中期开始使用人工机与话传密码并存的模式收发报。

70 年代后期开始使用电传机。

80 年代为蕲州镇拍发电报的高峰期，仅 1988 年就收发电报 11 万件。90 年代开始呈下降趋势。2000 年后，电信客户均使用电视传真和数据通信取代电报，随后拍发电报业务停办。

②固定电话

固定电话含长途电话、农村电话（后称本地网话）、市话三大类。

蕲州镇解放后不久，便开通了长途、农村、短途电话业务，但由于当时条件所限，受送话均通过总机由人工接转，此时，受送话业务量不大。

80 年代开始，镇内乡村企业发展较快，国营、集体企业兴旺，使用电话量迅速增长。1986 年蕲州固定电话 420 部，90 年代初 2800 部。90 年代中期以后逐渐下降，2016 年，全镇固定电话共 1.3 万部。

③无线电话

无线电话业务含手机通信业务、无线寻呼业务、小灵通业务、村村通电话业务、长话和 IP 电话业务、互联网业务、通信套餐业务。

手机通信业务：1995 年，蕲州邮电支局开始经营手机零售业务，而此时用户较少，手机品种单一，多为美国产“大哥大”。

1999 年，移动蕲春分公司在蕲州建营业网点。其后，联通公司在蕲州建营业网点，2016 年，蕲州移动、联通两家移动电话用户 4.9 万户。2013 年，宽带互联网业务进入蕲州，经过几年的发展，2015 年，宽带互联网用户 5420 户，2016 年增至 6700 户。

无线寻呼业务：1995 年下半年，蕲州邮电支局开始经营无线寻呼工具 BP 机，开通当年，发展较快。1998 年，无线寻呼业务从邮电局析出，年末用户数不详，2001 年后，由于手机的逐步普及，蕲州镇寻呼业务停办。

小灵通业务：蕲州开办于 2001 年。因小灵通搭载本地固定电话网，实行单边收费，费率较低，使用方便等优点，因而发展较快，2005 年蕲州有小灵通用户 1820 户，以后逐年下降至 2008 年撤销。

村村通电话业务：村村通电话是无线电话中的一种，采取固定电话形式、固定电话费率，电话卡和充值卡缴费、使用方便、价廉等优点，蕲州于 2005 年下半年开始办理村村通电话业务，2010 年取消。

4. 资费

（1）电报费

早期电报按每字 0.20 元收费，加急电报每字按 0.70 元计费。1989 年 10 月起执行新的电报资费价：政务、普通电报、银行系统汇款电报按每字 0.07 元计费；天气、水文、公益电报每字按 0.07 元计费；新闻电报按每字 0.02 元计算。每份电报以 10 个计费字起算，不足 10 个字的作 10 个字计算。特急、加急业务电报，每字按原电价目加倍计算；汇款电报每份按 1.00 元计算。

（2）固定电话

①普通电话

电话付费、同线电话、专线电话、电话附件等、装机费、移机费为 8 元，附件与话机同时装移时免收附件手续费；装机、移机工料费按实需工料收取。

②市内电话资费

市内电话资费，俗称“月租费”。2007 年之前，每部每月 7.50 元至 36.00 元不等，但一般家庭主机电话月租均按 7.50 元计收，副机每部/月按 6.00 元计收。合用、同线电话副机按普通电话基本月租的 80%计收。

2007 年，月租费标准进行了调整；固定电话月租（县级）每月 12~15 元，农村电话每月 10~15 元，办公电话每月 25 元、30 元、35 元。

③农村电话资费

农村电话收费起点为 3 分钟，少于 3 分钟按 3 分钟计费，超过 3 分钟每超过 1 分钟按分级价目加收。加急电话按正常话费加倍计收，紧急电话、特种电话、预告电话同加急电话费另计收；传呼、叫人附加费和销号费按分级价目收取 1 分钟的通话费。

④长途电话资费

长途电话话费采用分类计费。人工和半自动电话通话费的基本时间为 3 分钟，不满 3 分钟的按 3 分钟计算；自动电话通话费的基本收费时间为 1 分钟，不满 1 分钟的按 1 分钟计收；加急和传呼电话除分别按照原挂的种类和等级计费外，另行加收 1 分钟的基本价目附加费。

1989年6月至2006年12月农村电话资费一览表

表2-20

单位：元

项　目		计费单位	资费标准
全自动、半自动接续		首次三分钟	0.6
人工接线	平原区	首次三分钟	0.55
	贫困山区	首次三分钟	0.45
超首次	一级（20公里以下）	每分钟	0.15
	二级（20公里以下）	每分钟	0.2

2007年本地电话资费一览表

表2-21

单位：元

项目	计费单位	资费标准	备　注
营业区内电话	3分钟	0.22	每次3分钟0.22元，此后每1分钟0.11元
	1分钟	0.11	
营业区间电话	每分钟	0.32	

2007年长途电话资费一览表

表2-22

单位：元

项　目	计费单位	资费标准	备　注
国内长途	6秒	0.07	00:00—7:00 6折0.04/6秒
国际长途	6秒	0.8	00:00—7:00 部分国家6折0.48/6秒
港澳台	6秒	0.2	

⑤公用电话资费

代办电话资费市话每分钟0.20元，本地网营业区间每分钟0.20元，内地长途每分钟0.30元，国际长途每分钟2.40元、3.60元、4.60元，港澳台地区0.22元。上述收费类别中，通话时间不满1分钟的按1分钟计收。

IC电话资费市话、内地长途按每分钟0.10元计收，港澳台地区，美国、加拿大、新加坡按每分钟 1.00 计收，其他国家和地区按每分钟 8.00 计收。不足 1 分钟的按 1 分钟计收。

IP 卡电话资费内地长途按每分钟 0.30 元计收，港澳台地区及有关国家收费标准按国别、地区别从 0.30 元每分钟至 3.50 元每分钟计收，不足 1 分钟的按 1 分钟计收。

（3）互联网资费

①专线业务资费

专线业务资费开户费为 100 元。网络使用费分档级征收。蕲州镇按二类档级征收，每月 50 元。

②拨号业务资费

拨号注册分甲、乙和上网卡业务三类：甲类业务开户费 100 元，免基本费。乙类业务无开户费，基本费分每月 50 元、100 元两种。网络费每小时 2.50 元、2.00 元；通信费 0.02 元每分钟每次。上网卡业务无开户费和基本费，网络使用费每分钟 0.05 元，通信费每分钟一次 0.02 元。以上三种业务用户的国内漫游网络使用费为每小时 3 元；网络使用费在法定节假日、休息日全天减半收费，非节假日 24 时至次日 8 时减半收费，国内漫游无优惠。

③宽带业务资费

宽带网业务资费，按接入方式分为专线接入和终端方式接入分别计费。

专线方式接入宽带网、城域网费一览表

表 2-23

<table>
<tr><th>端口速率</th><th>连接费
（元/端口·月）</th><th>网络使用费
（元/端口·月）</th><th>IP 地址使用率</th></tr>
<tr><td>10M</td><td>2000</td><td>66000</td><td rowspan="2">10M 端口提供 8 个 IP 地址，100M 端口提供 16 个 IP 地址，增加 IP 地址，每个每月 10 元</td></tr>
<tr><td>100M</td><td>1000</td><td>476000</td></tr>
</table>

终端方式接入宽带 IP 城域网费

表 2-24

<table>
<tr><th>用户类型</th><th>端口速率</th><th>连接费（元/端口·月）</th><th>网络使用费（元/端口·月）</th></tr>
<tr><td rowspan="2">商品楼宇用户</td><td>10M</td><td rowspan="2">1000</td><td>1000</td></tr>
<tr><td>100M</td><td>2000</td></tr>
<tr><td rowspan="2">住宅小区用户</td><td>10M</td><td rowspan="2">400</td><td>200</td></tr>
<tr><td>100M</td><td>300</td></tr>
</table>

上述两表的连接费包括开户费、安装调试费及工料费，不含用户设备费。

（4）移动通信资费

①一般通信资费

移动通信资费变动频繁，1999—2003 年，移动通信分公司部分项目资费为：8K、16K SIM 卡费（包括补卡）110 元 / 张；基本月租费 50 元 / 月；来电显示费 5 元 / 月；代收频率占用费 50 元 / 台·年；本业务区基本通话费 0.4 元 / 分钟；国内漫游基本通话费 0.6 元 / 分钟；停机保号费 15 元 / 月（另收取频率占用费）；呼叫转移费，中国移动网内 0.1 元 / 分钟、中国移动网外 0.3 元 / 分钟（如发生长途通话中的呼叫转移费，另加收长途通话费）；点对点短信息每条 0.1 元，接收免费；拨打全球呼 0.2 元 / 分钟，被叫方 0.1 元 / 分钟（被叫方每月 10 元封顶）；168 信息点播以用户接收回应为准 0.1 元 / 条；WAP 上网使用费 0.15 元 / 分钟（月使用量在 500 分钟内，超过 500 分钟的部分仍按 0.15 元 / 分钟收取）；长途话费，内地 0.07 元 / 6 秒（0: 00—7: 00 优惠率为 0.04 元 / 6 秒）、港澳台地区 0.2 元 / 6 秒、国际 0.8 元 / 6 秒；神州行付费卡业务，本业务区基本通话费 0.6 元 / 分钟，漫游区基本通话费 0.8 元 / 分钟；17950、17951 IP 电话，内地长途 0.3 元 / 分钟，港澳台地区长途 1.5 元 / 分钟，美国、加拿大、日本、韩国、澳大利亚地区长途 2.4 元 / 分钟，其他国家和地区 3.6 元 / 分钟。

2004—2007 年，移动公司取消基本手机月租费，通话依用户使用服务项目而定：“全球通通”在省内、国内通信实行单方收费，其套餐中的 88 和 128 套餐，通话时间分别为市话 500 分钟和 800 分钟，本地接听免费；超出部分，每分钟国内漫游分别为 0.39 元和 0.36 元，市话 0.20 元和 0.16 元。188、288 和 388 三种套餐，分别赠送通话时间国际被叫、国内主叫为 600 分钟、1000 分钟和 1500 分钟，省内接听免费：超过部分，每分钟国内长途漫游分别为 0.29 元、0.25 元和 0.25 元，市话分别为 0.16 元、0.12 元和 0.12 元。588 和 888 套餐，分别赠送国内通话时间 2000 分钟和 4000 分钟，国内接听免费：超过部分，每分钟国内长途漫游 0.20 元，市话 0.08 元。“神州行”之长话月卡月租费分 20 元、30 元、40 元和 66 元四种套餐，本地被叫免费时间分别为 100 分钟、170 分钟、250 分钟和 500 分钟；超出时间，前三种每分钟忙时 0.30 元、闲时 0.20 元，后一种本地主叫，每分钟 0.30 元。“神州行”之大众卡，分 10 元、20 元、30 元三种，分别赠送本地通话时间 80 分钟、200 分钟和 350 分钟；本地被叫免费，超过赠送时间部分，本地主叫每分钟 0.25 元。

其间，联通执行资费标准主要有：选号费，一个“8”字 5000 元，二个“8”字 1 万元，三个“8”字 2 万元：2002 年以前，入网费 800~3000 元，基本通话费 0.60 元 / 分钟，漫游费 0.40 元 / 分钟，短信费 0.20 元 / 条，月租费 40 元，频率占有费 5 元 / 月；2002 年后，入网费 3000 元，基本通话费 0.40 ～ 0.60 元 / 分钟，短信费 0.20 元 / 条；2003—2007 年，入网费 30 元，基本通话费 0.20 元 / 分钟，套餐费 15 ～ 500 元 / 月，无月租费。

193 长途电话和 IP 电话于 2004 年开办，通话费至 2007 年均为每分钟 0.30 元。

2007—2017 年，面对大众的主要有以下三种：1. 飞享套餐；2. 全家享套餐；3. 悦享套餐。飞享套餐：分为 19 元/每月，29 元/每月，39 元/每月，49 元/每月 ；分为有流量 500MB、1GB、2GB、3GB；分别有语音 30 分钟，50 分钟、80 分钟和 100 分钟。超出套餐流量后，国内流量 0.29 元/MB，每 10 元 100MB，每 30 元 1GB；国内语音超出套餐后 0.29 元/MB，每 5 元 1GB，满 15 元后 3 元 1GB；国内语音超出套餐后 0.15 元/分钟，国内被叫免费。悦享套餐，分为 59 元/每月、69 元/每月、79 元/每月、89 元/每月，分别有流量 5GB、8GB、10GB、15GB，分别有语音 150 分钟、200 分钟、200 分钟、200 分钟，超出套餐流量后，国内流量 0.29 元/M，5 元 BG，满 15 元以后 0.29 元/M，3 元 1BG，国内语音超出套餐后 0.19 元/分钟。

②互联网业务费

每户每年收费600元，“165”上网卡省内包干费每月150元（限省内使用），数据传输专线租赁费每条每月3000元。

（三）电力

1. 电力工业

蕲州电力工业起步于1924年，时为小火电。

1924年8月，州人管明良集股在镇内石牌楼地段开办“汇源碾米厂”，装备30克罗发电机1台，白天用于碾米，夜晚发电照明。1926年底因照明发电无利可图，停止照明发电，为蕲州镇内第一家发电企业。

1930年9月，管明良再次集股开办“星明电灯公司”，用杉树做电杆，专司照明，生意红火。次年秋，长江秋汛，江堤溃决，发电机组淹没，公司倒闭。

蕲州电米厂，1951年7月投产，厂址位于石牌楼街，发电设备有15千瓦发电机和86马力汽油机（后改为40马力煤气机）各1台，白天碾米，夜晚发电照明，以杉木为电杆设3条线路向城内外供电。因用户增多，1953年7月将发电机组改为60千瓦发电机组，经营至1966年系统电输入蕲州而停止发电。

1956年，蕲州手工业联社购买一台80千瓦发电机组，安装在官井街入口北侧老木材场旁发电，用于解决本社内有关厂用电，首任发电师傅董乾斌、王礼平、王远新。

1962年，王宣大队购回60千瓦发电机组发电照明，是镇内农村第一个用发电机自发电的大队。

70年代中期至90年代早期，国家电源供应相对紧张，不少工厂、企业备有发电设备，分别是：麻纺总厂、二机厂、煤机、工具厂、锁厂、印刷厂、砖瓦厂、工业用布厂、美华化工厂、玻璃总厂、玻璃制品厂、钉丝厂、减速机厂、瓷厂、服装厂、农药厂、银山煤矿等。

70年代至今，康复医院、李时珍医院备有发电机组，作应急电源。李时珍医院早期为25千瓦机组1台，2011年更新为80千瓦机组一台（套）。

2. 供电用电

1966年之前，蕲州用电无系统电源供应。1966年，漕河至蕲州供电线路投入使用，蕲州首获系统供电。同时建设了第一座35千伏安变电站于麒麟山东端、朝阳门内，时有变压器3台，总容量3000千伏安。

1970年10月，蕲春县化肥厂选址在麒麟山东端建设，因化肥厂需电量与该电站供电规模匹配，该电站转交给化肥厂使用。

蕲州（东门）变电站：位于镇内东门大队院子坡，1976年原蕲州变电站转交化肥厂使用后择址重建，总容量3000千伏安，有连接110千伏蕲州变电站进线1回，10千伏出线9条，属定量开关控制站，1992年停办。

110千伏蕲州变电站：站址位于原大畈头大队，系公用变电站。1974年兴建，1975年10

月投产运行，输入、出容量39680千伏安，主变2台，有110千伏进线2回，10千伏出线10条。2016年底通过223台变压器向用户供电，现为无人值班变电站。

35千伏二里湖变电站：站址位于蕲州镇郦公园村境内，公用变电站。1986年10月动工兴建，1987年12月投产，有主变压器2台，输入、出容量18000千伏安，有连接110千伏蕲州变电站进线1回，10千伏出线7条，现为无人值班变电站，2016年底通过107台变压器向蕲州用户供电。

黄土岭35千伏变电站：位于蕲州镇黄土岭村境内，2009年8月动工兴建，2010年6月建成投入运营，有主变压器1台，输入、出容量1万千瓦，有连接蕲州110千伏变电站进线1回，10千伏出线4条，2016年底通过48台配电变压器向黄土岭片区供电，属无人值班变电站。

赤东湖泵站变电站：站址位于蕲州牛皮坳，属赤东湖泵站专用变电站，1976年建成运行，输入、出容量6400千伏安，有主变压器2台。

合金钢厂变电站：位于蕲州工业用布厂院内，属合金钢厂专用变电站，2004年建成投入营运。输入、出容量8000千伏安，主变压器4台，为蕲春县首个民有输变电站，2014年合金钢厂停办而停止运行。

1995年，蕲州供电所营业大楼动工兴建，1996年元月竣工投入运行，共9层，建筑面积3000平方米，时为蕲州镇房屋层级最高的建筑。至2016年底，蕲州供电所共架设主配电线路225公里。安装变压器389台，容量52510千伏安，安装路灯980盏，2016年末，全镇供电量达7405万度。用电收入4073万元，全所干部职工48人。

四、工商商贸金融财税

（一）工商行政管理

1. 机构设置

晚清时期，工商行政事务由知州直理，无专设机构。

民国时期，县政府在蕲州设建设科，司职工商行政管理工作，其中在1912年，县在蕲州成立县商会，主要职责是协调政府与工商业界的行政事务和物价管理工作。

1949年5月14日，蕲州镇获得解放，5月20日，蕲春县人民政府即在蕲州设工商管理局，7月改设工商科，8月，县人民政府迁漕河后，蕲州镇镇政府内设一员兼管工商行政工作。

1956年，县工商科撤销，蕲州镇政府兼职工商行政事务一职撤，工商行政事务由各对口业务主管部门管理。

1961年国民经济调整期间，蕲春县成立工商行政管理局，蕲州设工商所。“文化大革命”期间，蕲州镇曾成立“打击投机倒把领导小组”。

1979年，蕲州设工商行政管理所，时有干部职工8人，新址位于四官殿侧(现时珍路11号)。

1986年，蕲州工贸小商品市场在河街建成，同时在临街面附建办公用房，工商所随迁至河街。

1993年，工商行政管理所迁至时珍路65号新址办公，下设办公室、个体组、集体组、市场组。

1997年，蕲州工商所更名为“蕲州工商分局”，下设工商所及市场所，时有干部职工42人。至2016年，所址称谓未变，职工职数削减至15人。其主要职责是流通经济领域商品的监督、打击仿冒伪劣商品等。

2. 市场管理

中华人民共和国成立初期，蕲春县人民政府发布《行商管理办法》，蕲州镇积极贯彻管理办法，加强对私营行栈的管理。人民公社体制建立后、个体经济、合作经济逐步被国营企业、国营商业、集体企业、集体商业所兼并，完成向“全民所有制”过渡，各业务对口主管部门积极工作，使蕲州的过渡工作顺利完成。

“文化大革命”期间，打击投机倒把领导小组成立，蕲州镇市场的管理工作交由打办小组管理，此段时期、集贸市场已不复存在。

中共十一届三中全会后，实行“对外开放、对内搞活”和“计划经济为主、市场调节为辅”的方针，集市贸易逐渐兴旺，市场建设逐步推进。1984年，蕲州第一农贸市场建成。1986年，蕲州小商品市场建成。1991—1995年，时珍路两侧曾改建为中药材交易市场。1997年，蕲州中药材市场获批国家级中药材专业市场，2010年后，镇区内陆续形成了濒湖路西、蕲州大道南段、三号路西段的建材专业市场。在市场管理方面，蕲州工商分局实行的是“日常巡视、专项检查和专项整顿”，对经营许可、商品质量、价格、诚信进行监管，对违规经营、无证经营进行查处，对假冒伪劣商品给予扣押、没收、销毁处理，对违法销售的产品提请司法机关依法打击。

3. 工商企业登记管理

中华人民共和国成立之初，工商管理部门即对城区内不同类别的工商企业进行了登记。1952年，全镇私营个体工商企业共545户。1956年，全镇个体、互助、联营工商企业402户，此时实行的是谁归口管理，均由谁登记发照，致工商行政管理部门基本上停止了企业登记工作。

1963年，遵照上级有关指示，全镇国营、集体和公私合营企业进行了一次全面的清理整顿和登记工作，登记户数不详。

中共十一届三中全会以后，工商企业登记管理工作恢复，登记制度逐步得到了完善。1982年，全镇企业普查登记工作完成。1984年下半年根据国务院《关于换发工商企业全国统一营业执照的通知》精神，蕲州全面铺开了工商企业登记换证工作，年终，共有各类工商企业825户。1989年开始实行“法人”和“非法人”两种执照。1994年，登记制度由“审批制”改为“核准制”。

2007年，首次对“农民专业合作社”进行了登记，自有统计数据以来至2016年底，全镇登记的各种类别的工商企业、个体私营企业、联合企业累计达8416户。

4. 经营合同与商标管理

1949 年 5 月至 1956 年，蕲州镇实行企业与企业、企业与私营工商业做生意都履行合同手续。1956 年后，合同的签订多由业务主管部门管理，削弱了订立合同的权威性。文化大革命期间，经济合同的订立形同虚设。

1982 年，《中华人民共和国经济合同法》颁布以后，工商部门再次加强了经济合同的管理、订立合同，必须取得工商行政管理部门的证。90 年代中期以后，鉴证工作略有放松。

商标注册、管理工作是工商行政管理部门的又一重要职责。镇内工商企业早在 1936 年便有农产商段茂源、泰昌隆等 18 家商号在中央注册。1988 年，国家商标局核准蕲州玻璃制品厂“晶峰”、蕲州食品饮料厂“蕲竹”、蕲州玻璃总厂“环宇”牌商标注册。1990 年，蕲州美华化工厂“美华”牌洗衣膏遭上海华美化工厂仿冒，经申诉，国家工商行政管理总局核准上海华美化工厂侵权，立即停止使用。同年，还查处了一起非法印刷、销售“美华牌”注册商标洗衣膏包装袋 10 多万件的案件。

中华人民共和国成立后，工商企业仍沿袭解放前的传统经营方式，规模较小，均为个体和联合合作经营。为了摸清底数工商部门对申请开业的工商户核发了营业执照，1952 年，蕲州领有营业执照的个体私营户 543 户，1126 人。此后，个体工商户逐渐归并为互助，合作组织，数量不断减少。1958 年，镇内由于实行人民公社化体制，个体工商者已不复存在，此一体制一直持续至 1979 年上半年。1979 年下半年，开始有个体户申领营业执照。

80 年代初，个体工商户发展迅猛，1984 年，全镇有个体工商经营人员 735 人，同年，蕲州镇成立“个体劳动者协会”协助镇人民政府和工商行政管理部门管理个体户的经营业务、宣传方针政策，组织必要的活动。

1993 年，蕲春县委、县人民政府第一次召开个体私营经营工作会议，首次提及“个体私营经济”，进一步促进了蕲州镇个体私营经济、个体户的发展。2005 年，国家进一步放宽了市场准入政策，允许非公有资本进入法律、法规未禁入的行业、公用事业、基础设施及国有企业的重组，鼓励非公有制经济参与国有经济结构调整，进一步激活了个体经济，2016 年，全镇有个体私营经济体及个体户 1478 户。

（二）商贸

蕲州镇的前身为蕲口镇。据资料载：“北宋乾德二年（964 年），宋廷设蕲口榷货务，主管淮南 6 州茶叶专卖。”“北宋庆历六年（1046 年），蕲口榷货务的茶叶专卖量为全国 6 务总量的 8.7%。”“南宋庆元六年（1200 年），蕲口镇年贸易额累计 1000 万贯以上，是年税收 45 万贯，占当年全国税收的 5%以上。”由此可知，蕲州在宋代时期即为全国重要的物资集散中心和商贸中心。

元、明、清各代，蕲州商贸屡有兴衰，明清时期自荆宪王朱瞻堈将荆王府从江西南城迁入蕲州后曾市井繁荣。晚清、民国时期蕲州是境内最大的商贸集镇。

蕲州镇北接蕲河（50 年代中期前蕲河由牛皮坳入江），外濒长江，大宗农副土特产品可借蕲河入蕲州再出长江之便，使蕲州成为长江中游一带较大的水运码头。

1910年，蕲州有24个行业的商号151家。摊贩150户，后不断发展。

1936年，仅蕲州在中央注册的商号便有农产商段茂源、泰昌隆、安吉昌、德生昌、韩泰昌；水陆畜产有管万隆、章正兴；林木矿产有公兴号；制造业有王兴隆、段和兴、张聚盛、冯仁和、文明堂、胡祥元、天然、仁济、同德堂；金融业有裕丰号。

1937年，蕲州有32个行业的商号307户，摊贩310户。

1938年9月14日，日本侵略军飞机炸毁北门外石牌楼一带商业街道，人亡店毁，不少店主逃离乡下，使蕲州商户急剧减少。1945年末仅有24个行业的商户99户，摊贩40余户。抗日战争结束，不少商户又回城经商。

1948年末，蕲州有32个行业商号348户，摊贩180户。蕲州镇解放前夕，国民党军队为建蕲州城防工事，将北门外100米以内的繁华街道拆毁。高楼弄（又名街头弄）整条街弄在这次拆毁中荡然无存，使蕲州商业进一步萧条。

1949年5月，蕲州获得解放，中共蕲春县委和县人民民主政府积极恢复市场，扶持私营商户经营，6月，国营“裕民商店”成立，经营粮、棉、油盐等生活资料。

1950年3月，蕲春县人民政府发布《工商登记暂行办法草案及行政管理办法草案》，蕲州镇积极贯彻草案精神，力促蕲州地区私营工商业的发展。同月，县人民政府设立合作科，组建集体性质的供销合作社，促进了非国营商业主体的发展。

1952年，蕲州镇计有45个行业的工商户及互助合作组545户，从业人员3128人。

1958年，“大跃进”运动后，开始对工业品实行“包购包销”，对农产品实行“四自”收购，即由人民公社自行分级、称重、结算、管理，同时限制个体经营和农村集市交易，致原组建的公社合营商业、个体商业数量急剧减少。

“文化大革命”运动开始后，受无政府思潮的影响，商业、供销管理机构处于无政府状态，商店部分停业。“文化大革命”后期，供销、合作商店、合作小组、农村代销店和乡镇、集市贸易均作为资本主义尾巴被割掉，致使蕲州镇的商业贸易再次处于停滞不前的状态。

中共十一届三中全会以后，贯彻“改革、开放、搞活”的方针，商贸业结构和管理体制发生重大变化，改变了自1958年以来由国营和集体商贸业一统天下的格局。国营、集体、个体三个层次的商业网点快速增多。而在此基础上，蕲州镇委、镇人民政府及相关各职能部门对国营、集体商贸体制进行了改革，去掉了过去政企不分的状况，简化经营环节，建立了责权利相结合的管理体制。鼓励城镇居民、农村社员进城开办商业，同时兴办以商品类别区分的各类市场。

1984年末，全镇有国营商业站、店17个，职工843人。集体商业站、社、组9个，职工315人。个体商业网点464户，从业人员735人。年末全镇城区从事商业的职工共1893人，营业额12464万元。

1992年，国营、集体商贸业的经营、价格、人事、分配权放开，体制上完全实行政企分离，其间，除食盐、石油、烟草继续实行专营、专卖外，全部实现市场化。到2008年底止，蕲州的国有商业、集体商业、外贸企业全部完成破产、改制。私营、合作（合股）经营和个体经营成为了商品流通的主体，一直持续至今。

1. 市场

蕲州，西南濒长江，东连广济，北接蕲河之水，辐射安徽部分地区，自宋代以来，历为长江中下游北岸较大的商业集镇和水运码头，市井繁荣。

明、清、民国时期，城内外共有街、坊、巷、弄近50条。店面、商铺300余家，挑篮、小买小卖、鲜鱼水菜等小商贩遍布市井，不计其数。镇内主要的街道、集市有北门内街、北长街、四牌楼、东长街、石牌楼、四官殿、一关街、新街、馋头尖、上河街、下河街、高楼弄。镇区外较为有名的集市有两路口、菩提、施家塘，较小的集市有黄土岭、雨台、金牛洞、侯贵府、席盘石。

馋头尖是蕲州北门（雄武门）外最繁华的地段，因居于城门外中心地段，可辐射东、西、南、北，每日车水马龙，人流如织，经营的行当五花八门。

1937年，镇内有32个行业的商号307户，摊贩310户，从业人员1000余人，日本侵占蕲州后，店铺关门，市井萧条。日本人投降后，蕲州街市、集市渐有复苏。解放蕲州城前夕，国民党军队为巩固城防工事，拆除了北门外的部分繁华街道，致使市场更加清冷。

清末至民国时期，集市受历史习惯、交通区位以及商户就便经营、方便顾客等因素的影响；东长街以经营水产、熟米、猪肉、南货、药行、勤行、染料、丝线、瓷器、柴草为主；石牌楼街以经营南北货、勤行、砻房居多；一关街（又名杨半街）则以米行、油漆行取胜；高楼弄、四官殿、上下河街、吊桥街多以经营水产、香烛铺、客栈、茶楼为主。

蕲州镇解放初期，集市渐渐复苏，至1952年底，镇内有商户545户，其中东长街有经营户268户，居蕲州街弄之首。

1956年，随着对私营商业实行社会主义改造的不断深入，私营工商业纷纷联合或成立高级合作社或转为集体商业，因此，这一时期，蕲州商户数量减少，规模扩大，此期间，镇内只有商户375户。中共十一届三中全会后，蕲州镇个体工商户增加较快。1986年兴建了蕲州河街工贸市场，两年后，由于个体商户增长迅速，又将馋头尖以西的街道两旁辟为以经营服装为主的个体一条街。2005年，蕲州“精品街”建成，2007年，老化工厂原生产区辟建成小商品一条街。1984年，随着大量农副产品自由上市，不少农民进城经商，由蕲州镇人民政府主持在二里湖兴建一处占地面积约4800平方米的蕲州第一农贸市场。1984年至今，镇内共有第一、第二、江边蔬菜批发市场、四牌楼农副产品交易市场。1995年还曾将麒麟山西北侧的一块平地辟为农贸市场。80年代早期，时珍宾馆西侧的沿江大道曾建成仔猪交易市场。1991—1995年，时珍路两侧曾改建为中药材交易市场，1993年，时珍体育场建成并辟为中药材专业市场。

1997年7月31日，国家中医药管理局、卫生部、国家工商行政管理局联合发文，批准蕲州中药材专业市场为国家中药材专业市场。2010年后，镇内陆续形成了濒湖路西、蕲州大道南段、三号路西段的建材装饰市场。

2. 行业

晚清至民国时期，蕲州共有各类涉商行业70余种，分别有南货、匹头、国药、屠宰、百货、瓷铁、烟庄、蛋庄、染坊、酒楼、茶楼、旅栈、勤行、熟食、歇家、家具、豆制品、砻坊、粮行、油坊、米粉行、水果行、棉花行、麻行、土布行、鱼行、木材行、石灰行、山货行、柴炭行、板纸行、猪行、铁业、铅锡业、铜业、银业、木业、篾业、棕绳、修理、缝纫、理发、镶牙、棺坊、雕刻、线行、陶器、文具、书店、斋铺、香炮、钱庄、典当、照相、雨具、糕饼、酱园、皮货、油漆、算命、熟米等。

蕲州镇解放初的一段时间，经商行业变化不大。此后，经商行业的划分均按系统划分，加之一店多营，故难准确区别。

（1）粮食

镇内粮食作物以稻谷为主，小麦次之，兼种有薯类、豆类。

解放前，粮食均由私商经营，且价格、质量极不稳定，部分粮商待秋粮上市后将稻谷加工成米，囤积居奇，往往获利不菲，一遇灾年，居民屡遭盘剥，苦不堪言。

蕲州镇解放后的一段时间，镇内粮食种植、加工、销售模式仍沿用了解放前的方法。据1952年统计，时蕲州共有粮食加工、销售的商户94户。1953年底，国家对粮食实行统购统销，镇内私营粮食加工、销售的商户全部停业，对城镇居民、机关、厂矿、事业单位人员实行口粮供应，供应标准根据从事劳动的强度和儿童的年龄段制定了详细的供应标准；搬运工人每人每月40~42市斤；一般的体力劳动者为每人每月26~34市斤；机关团体工作人员、职员及其他脑力劳动者每人每月24~29市斤，食油每人每月0.25市斤。

大米，属镇内粮食供应的主要品种，多年以来执行一级大米售价0.134元/斤，二级大米售价0.129元/斤，小米0.054元/斤至0.067元/斤，凭票供应。80年代中期蕲州粮食市场开始部分放开。1992年，粮油市场放开，结束了粮油凭票供应的历史。

1949年10月，县人民政府设粮食科。1952年成立粮食局，蕲州同时设粮店，1955年，蕲州粮管所成立。

1954年，蕲州粮食储备库建成，投入运行，全库占地面积31265平方米，分别建有10栋大型粮库。

1956年，蕲州米厂在江边建成。

米厂、粮食储备库建设之初，均属蕲州粮管所领导。70年代早期，米厂、粮食储备库先后从粮管所析出。

蕲州粮管所成立以来，先后在黄土岭、菩提、恒丰、扎营港、新塘、八里湖设粮食收购站。在镇区内北仓街、新街分设了粮食门市部。60年代初，蕲州粮管所在双沟建立了粮站，该粮站主要承接自蕲河用竹排、木船转运来的粮食。

党的十一届三中全会后，粮食市场逐步放开。1986年下半年，蕲州粮管所成立粮食议购议销公司。1993年，粮食系统实行政企分开，蕲州成立粮食收储公司和粮油经理部。

2007年，蕲州粮管所破产改制。

（2）副食

副食的生产、销售历来为蕲州商业的重头戏，主要有糕点、酱园、卷烟、土烟、杂货等。1948年，副食生产、经营户镇内82户，较大的店铺有纪万源、朱吉祥、王元丰、庆丰、宏升、刘复昌、华诚、同大、陈万和等。其中，纪万源、王元丰以生产油姜、酱制品著称，他们延请名师，制作的油姜畅销汉口、九江、南京、上海等地。

50年代初，纪万源、立成、王元丰三家酱园作坊联合组建蕲州酱园厂。1956年组成公私合营酱园厂。

50年代初，镇内有7家从事糕点制作的小作坊。1956年以陈惠兴为首的7家糕点作坊联合组建蕲州食品厂，时隶属县贸易公司。1962年改属县副食品公司，更名为“蕲春县副食品公司蕲州食品加工厂”，下设糕点、糖果两个车间。1976年，蕲州食品加工厂划归蕲春县食品工业公司，此时食品加工厂厂址由石牌楼迁至二里湖，厂区占地面积由原来的2800平方米扩大至7600平方米。1986年食品厂糖果、糕点产量达150吨。1996年，食品厂与食品所合并为食品工业公司，随后，食品所及屠宰场由雄武门外迁来二里湖（原食品厂厂区），时有职工56人，2008年，食品工业公司改制，职工分流。

蕲州豆腐厂兴建于1964年，厂址位于石牌楼中段，停办年份不详，停办后，职工分流至商业系统其他单位。

（3）石油

清光绪二十九年（1903年），英国德士古汉口分公司在蕲州经营“洋油”。

1914年，美国亚细亚公司、美孚公司分别在蕲州上河口、西门外建煤油销售站，大肆向蕲州及周边的集市倾销美制煤油，至抗日战争爆发前，每年输入蕲州地区的煤油达750~1000吨。抗日战争爆发，日本侵略军侵占蕲州后，几家洋油站逃离，洋油转由日本侵略军直接控制的“太丰”“万谷洋行”“农产交易公司”“消费合作社”控制经营。民间亦有少量洋油面市。

蕲州镇获得解放的头几年，煤油主要由合作商及私商经营，1955年起，镇内煤油的供应、零售主要由合作商业经营，而其他石油产品则由国营商业经营。

1968年，县石油公司在镇内凤凰山南侧建石油仓库。以接收长江和陆路来港的石油，同时在石油仓库外辟出场地建加油站和职工生活区。1985年，石油仓库输入和调出石油20645吨，1994年，蕲州设立二里湖加油站、蕲州水上加油站。2001年设新塘加油站。2011施家塘加油站开业，石油市场放开后，个体老板张军佳在蕲州开设一加油站。2016年，全镇共有加油站（点）6处。

70—90年代中期前，镇供销社及黄土岭、菩提、雨台、施家塘、王塅、恒丰、高塆、扎营港等供销分店均设有加油点。

（4）物资

物资器材类商品解放初与五金、生资合并在一起经营，站址位于城内纯阳阁附近。

1958年，站址迁建于新街塘西侧。

1963年，县物资局成立，次年，蕲州物资站在新街塘西侧场地上新建“蕲州物资综合商店”并成立“蕲州物资站”，成立之初，依托蕲州港的交通优势和蕲春“五小工业”大多设在蕲州的有利条件，承担了全县物资的仓储、调运、分配业务。

70年代后期，物资站实行独立核算，自负盈亏，主要经营品种共五大类，即金属、煤炭、轻化产品、机电产品、建材类产品。

1993年，蕲州物资站撤销，成立蕲州物资综合服务公司，1996年，物资综合服务公司被县金属回收公司并购，1998年启动破产程序后破产。

（5）百货

1948年，蕲州有经营百货的商户27家，从业人员70人，经营的品种达400余种，资本较大的商号有庆记、同仁和、新生、周福记、王美记。

1949年6月，“裕民”商店蕲州分店开张，时有店工11人，属蕲州镇解放后第一家由政府主导的国营商店。

1952年，蕲州设百货营业所于石牌楼，批零兼营，有零售商店及批发仓库，此时，百货类品种不断增加。80年代初期，蕲州百货站共开设店铺5家，从业人员59人，经营的商品达1000余种以上。

70 年代初，蕲州百货站积极与省百货公司联系，获得省百货公司同意经销蕲州锁厂生产的各种挂锁。

“文化大革命”期间，肥皂、火柴、布匹等商品需凭票限量供应，缝纫机、手表、自行车、座钟等商品也十分紧缺。中共十一届三中全会以后，百货站及所属商店先后进行了承包。个体、联合商店、经营百货的摊点迅猛发展，经营人员约 300 人，经营品种增加较快，缝纫机、手表、自行车的供应逐渐得到缓和，同时，百货站开始经营电视机、洗衣机、冰箱等高档商品。

1986 年，蕲州面货站更名为“蕲州百货商店”。

1989 年，百货站时有职工 65 人，营业收入 930 万元，上缴税收 13.9 万元。

1991 年，百货商店更名为“日用工业品公司”，下辖门市部有蕲州商场、百纺商场、综合商场、官井商场。8 月蕲州百货大楼建成开业，高 5 层，营业面积 4600 平方米。

2006 年，蕲州日用品公司开始进行改制，次年宣布破产，资本出让，职工身份转换。

（6）五金家电

民国时期，镇内有从事五金行业的铜、锡、铅、铝修理店 12 家，从业人员 16 人。

50 年代，渐有收音机、中低档电灯器材、染料等商品入埠，但经营行业不规范，百货、供销、日杂诸商店均可经营。

1962 年，蕲春县五金公司成立，蕲州成立五金营业所，下辖石油库、煤场、五金仓库、五金门市部，所址及门市部位于馋头尖（今百货大楼对面）。门市部批、零售主要商品有：五金、交电、化工染料、油漆等几大类。

70 年代，镇内工业企业红火，产品多，五金营业所曾扶持工具厂、钉丝厂扩大生产、销售其产品。70 年代后期，五金公司在时珍路增建门市部、仓库及办公楼。

80 年代，蕲州五金站经营的商品不断增多，有五金、交电、油漆、化工、煤炭、小型机械、机电等几大类，同时兼营民用生活用品如电视机、收录机、自行车、电风扇、洗衣机、电冰箱、电饭煲等商品。

90 年代，市场彻底放开，五金站销售商品数量、营业额下降迅速。

2007 年，蕲州五金站完成改制，职工身份转换，资产拍卖。

（7）纺织品

蕲州镇解放前，经营丝线、棉线、纱布、织布、绸缎的店铺共 27 家，119 人，较大的店铺有王信丰、鸿裕、鸿丰、信泰、公太等店。

蕲州镇解放初，共有经营纺织品的店铺 26 户，181 人，较大的店铺有：鸿裕、信隆、复和、恒茂、恒发、三成、洪春、公太。同期，在政府的主导下，国营、集体商业体系逐渐形成，纺织类商品的经营、始属县贸易公司管理。

1954 年，县设花纱布公司，蕲州始设花纱布营业所，行批发、零售业务。此时，纺织品品种较为单一，主要经营有棉布、毛巾、线袜、手套、土布等。

60 年代始，纺织品经营品种增多，主要商品有毛线、毛线衣、绒衣、汗衫、背心、床单、绒毯、蚊帐、纱布等。

70 年代初，化纤品进入市场，呢绒、绸缎、的确良、球衣、成衣销量大增。

80 年代以后，纺织品逐渐取消凭票供应。纺织经销行业开始由计划定点供应转向经销商与生产商看样进货，供应环节更加透明。为了适应这一趋势，蕲州纺织品站在中心街兴建了一个纺织品样品供货馆，同时在二里湖择地建了纺织品仓库及办公区，为了扩大营销，并在镇内新开设了“飞腾商店”“百纺商场”。

90年代，纺织品销售更趋激烈，商品类别更多，蕲州纺织品站除经营传统的纺织品外，还增加了适销的洗衣机、冰箱、儿童用品、儿童服装、鞋帽、成人套装、运动服装、箱包、床上用品等。

2006年，纺织品站完成改制，职工身份转换为民营。

（8）日用品公司

日用品公司的前身为蕲州国营零售公司（亦称蕲州国营商店），始成立于1956年，时由蕲州镇棉布、百货、南货等行业组成公私合营商店。1957年7月，公私合营商店改称综合商店，1958年9月，综合商店与蕲州镇供销社合并，成立蕲州人民公社商业科。1959年9月复归县商业局，蕲州人民公社商业科撤。同时，镇设人民公社“中心商店”“合营商店”。

1960年3月，中心商店、合营商店合并成立“蕲州中心商店”。此后，由于县商业与供销屡有合分，经营范围也按业务之分屡有划分。1975年，县商业局与供销社再次分家，同时划出了蕲州镇供销社原经营的部分业务组成蕲州国营商店。

1983年6月，国营商店改称国营综合零售公司，下辖蕲州商场、百纺商场、综合商场、官井商场。1991年，零售公司更名为“蕲春县日用品公司”，下辖商场未变。同期，蕲州百货大楼建成投入运营，该楼高5层，顶层安装定时报时大钟1座。90年代后期，日用工业品市场呈多元化，公司营销额下降，2006年，蕲州日用品公司开始进行改制，2007年改制结束，职工身份转换为民营，资产变卖。

（9）食品

1901年，蕲州城区内有屠宰行20户，蛋庄3户，猪行2户，鱼行2户，从业人员92人。

1948年，镇区内有屠宰户15户，猪行2户，蛋庄3户，渔行2户，从业人员74人。

1952年，蕲州个体经济发展较快，从事食品行业经营的有16户，102人。

1953年，省食品公司在蕲州设立牲猪收购站，站址位于小西门内的纯阳阁旁。并在蜈蚣矶旁设外调牲猪下河廊道及码头，此时收购的牲猪大多进行上调，镇内销售多由个体屠宰户及蛋庄销售。牲猪为镇内主要的肉食来源，有少数病、残牛和山羊。

1954年上半年，蕲州食品所建立，新址位于馋头尖南侧。临街门面设销售门市部，后面为牲猪屠宰间及待宰仓库。食品所建立后，形成了一条较为完整的经营体系，不仅收购牲猪、牛、羊，还经营鲜鱼、禽蛋。此一时期，牲猪属自由购销。

1955年9月，蕲州开始实行牲猪派购任务。1957年改为定购，1966年又恢复为派购。在实行派购和定购之初的几年，猪肉销售无限制。1963年起，开始实行定量供应，凭票证购买。1985年在取消派购任务的同时，猪肉销售敞开。

蕲州食品所设立后，于1959年在四官殿旁帮助一关大队建“一关种猪示范场”，并先后在镇郊的黄土岭、菩提、雨台、施家塘、恒丰、王嘤、高堎、扎营港、金牛洞开设食品门市部。

1970年，蕲州食品所和屠宰场迁入雄武门外，并开设门市部。

1989年，食品所有职工43人，年末营业收入33.07万元，上缴税收2.24万元。

1996年，健身蛋品厂、副食品厂、药都宾馆、酱品厂与食品所合并，食品所暨屠宰场迁往蕲州大道中段原食品厂院内，组建食品工业公司。雄武门外场地及办公区改建为餐饮，招待所等服务业。

2014年，食品工业公司、屠宰场迁往城郊打鼓台村之“九龙咀”。

党的十一届三中全会以后，牲猪市场逐渐开放，国营食品行业一改过去的独家经营，一统江山的局面，卖肉、售蛋的店堂进入农贸市场、农村集市。

蕲州食品所所辖的牲猪屠宰场历来属县内较大的屠宰场，原食品系统内职工零售的猪肉均由屠宰场统一供货，80年代开始，食品零售商若需猪肉，可去屠宰场点猪宰杀。随着牲猪市场的全面放开，食品零售商可在外地调入牲猪，但必须进场统一宰杀。

80年代初，蕲州食品所在沿江大道时珍宾馆旁兴建了一个仔猪交易市场，市场建成后，规定凡来所经营的仔猪，需由交易市场组织检疫。仔猪交易收取少量的手续费。因仔猪交易市场规范经营，手续简便，交易量直线上升，1980年交易仔猪11311头。1983年交易仔猪21331头，1985年交易仔猪26884头，时为蕲春县仔猪交易最大的市场。

2008年，蕲州食品工业公司开始改制。2011年，原雄武门外老营业所拍卖成功。蕲州大道中段食品所及屠宰场进行了整体拍卖，现已建成了17层，总高56米的鹏吉时代广场。2012年，蕲州食品工业公司完成改制。

至2016年底，蕲州无专业食品销售市场，城区内共有猪肉销售点35个，农村销售点因受传统节日的影响而不稳定，故无法统计。

（10）饮食服务

晚清时期，蕲州饮食服务就具相当规模，主要集中在城外的馋头尖、四官殿、石牌楼、东长街上，较出名的有开设在馋头尖的杏花天酒楼，其掌勺黄善祥曾以“消食健胃羹”博得到蕲赏花的湖广总督张之洞的赞许，并获赏银五两。晚清江苏人吴存云开设于高楼弄的“蕲阳旅馆”曾名噪一时，故蕲州曾有“扬州面好吃，筷子短了”的俚语。

民国时期，蕲州饮食服务业除承袭过去的传统各肴外，还诞生了彭常汉的“鲜肉汤包”“洗沙馅包子”，“方家贡卷”；高山庙周黑子的“糯米小汤圆”，瓦硝坝的“汽糕”，曹法尔的“定心丸”，孙永康的“古皮糯米糍粑”，张祥斋的原汁清汤等名食、名小吃。

解放战争时期，蕲州饮食服务业有酒楼17家，饭馆34家，熟食摊点14家，豆腐加工零售店（含摊点）31家，旅馆客栈26家，理发店20户，照相、镶牙、澡堂3家，共有服务人员423人。

蕲州解放之初，饮食、服务业仍维持解放前夕的经营模式，均属私户经营，但发展较快。1952年，蕲州有私营饮食服务业130户，597人。

1954年，饮食、服务全行业实行社会主义改造，蕲州21户饮食业主成立“民进”饮食互助组，分别在东长街、瓦屑坝、北门口、石牌楼设立饮食店，同年秋，以黄善祥为首组成7户饮食业主成立“前进”合作馆。1955年“群联”饮食合作小组成立。

1954年春，蕲州豆腐业组建两个联营小组，秋季，两个小组合并成立“蕲州豆业互助组”，时有27户，从业人员56人，分别在瓦屑坝、夏家弄、外行宫、院子坡、易家弄、北仓、吊桥、小巷口等处开设门店。1955年11月，豆制业互助组合并，更名豆业生产供销社，时有25户，32人，资金3099.88元。

1955年底，蕲州照相、镶牙行业在馋头尖组成“群芳”照相馆和镶牙联营小组。

1956年7月，县成立“蕲春县社会福利公司”。蕲州在前几年组织起来的互助组、联营组、合作社逐步升级成公私合营商店、经销、联销店。同时对从事的行业进行归口管理，安排公司人员从事领导、会计工作。

1957年，“蕲春县福利公司”易名为“蕲春县饮食服务公司”，次年，社会主义改造基本完成，原有私人经营的饮食服务业全部过渡升级为国营店、合作商店。同年，蕲春县饮食服务公司更名为“饮食服务经理部”。

60年代初，受国家三年困难时期影响，粮食、食品供应不足，蕲州的饮食、服务行业曾养过猪、羊、鸡、鸭。1961年为了落实国家的相关政策，曾在一段时间内对部分公私合营、合作商店人员进行了退渡。1962年国营商业与合营分家，蕲州服务商店接管经营四官殿旁的“长江旅社”、江边食堂，同时兼管照相、镶牙、豆制品业合营店。而退渡和划出的私方人员则组成客栈、合作商店、洗染店、理发合作小组、饮食合作商店、和平饮食合作商店、理发店共16家，人员70人。

1964年，坐落于馋头尖中心地带、高三层、钢筋混凝土结构的“长江餐厅”建成营业，时为蕲春档次较高的餐厅。

1964年，在中心街新建了“北门澡堂”，同时服务部门还对位于馋头尖北侧的“东风”和东方理发店进行了装修和设备更新。

1965年，蕲州城区较为有名的餐饮业有“长江餐厅”“蕲州旅社餐厅”“前进食堂”“大众食堂”“江边食堂”。旅店业有蕲州旅社、长江旅社；服务业有蕲州豆腐厂、东方红理发店、蕲州人民照相馆。

80年代初，蕲州饮食服务业贯彻“调整、改革、整顿、提高”的方针，同时坚持“开放、搞活、扩大企业经营自主权”的原则，逐步对饮食、服务业实行了经营承包责任制，为了增加收入，少数店铺开始兼营其他业务。

1985年，市场更加开放，蕲州农贸市场建成，不少个体商贩进场经营，原国营、合作社少数职工也进场经营。饮食服务行业的网点遍布城区及乡村集市。城区较为有名的餐馆有：“好再来”“临江酒楼”“港口餐馆”“小天鹅”“荷池酒家”“三八餐馆”“蕲州餐馆”“时珍饭店”“影院酒楼”。1984年底，服务商店有职工117人，年营业收入60万元，完成税收1.8万元。

80年代后期，麻纺总厂、农药厂、玻璃总厂、玻璃制品厂、城内油毡厂、镇招待所、镇第二招待所、水产站相继自办了旅店。

90年代，饮食、服务业更趋活跃，国营、集体办的餐饮、住宿业开始注重提高档次。1992年，“药都宾馆”建成，占地面积2万余平方米，内设床位350个，是蕲州第一家集餐饮、住宿、大型会议接待为一体的较为高档的宾馆。一些镇郊村也利用在城区的空闲房屋办起了餐饮、住宿业，开办得较好的有“南门酒家”“竹林湖酒楼”“东门餐馆”等。

90年代中期开始，“医圣楼”“青年楼”“巾帼楼”均开设了餐饮业，其中医圣楼的“药膳”菜是当地一大特色。同期助剂厂餐馆、车站餐馆、禹王宫餐馆、蕲州餐馆、古城餐馆也相继开业。

21世纪以来，镇内餐馆业经营户数不断增加，档次不断提高，其间，国营、集体餐饮、服务业全部完成了破产、改制、职工身份转换。个体餐饮、服务业是这一时期的主体；药都宾馆（后更名假日酒店）、龙全大酒店、悦景山庄、华胤商务酒店、蕲州大酒店、李时珍药膳大酒店、千杯乐、好望阁、富康、富绅、喜来登、尝相思、朝阳酒楼是这一时期开办得较好的饭店。

2015年，泰丰水陆装卸运输公司的几位老板购回一条中型轮船，泊于长江中经营餐饮、住宿业务。

夜市为蕲州餐饮的一大特色，摊主多制作家常土菜，设施简陋，入夜人头攒动，2016年底，镇内有夜市摊点60余家。

（11）中西药

中药材站　1952年，镇内有中药店（时称国药店）9家，医、药师及配额人员51人。

1955年2月，蕲州中药材批发部成立，地址位于东长街入口处（今服装厂处）下设仓库1个，1975年，蕲春县中药材公司成立后在蕲州增建中药材门市部。并新建了仓库1栋。此期间，中药材公司隶属县供销社管理，先期以批发、零售中成药为主，后期中、西、成药混搭购销，1978 年，蕲州中药材门市部更名为“蕲州中药材站”。并在东长街易家弄旁新建办公楼及门市部，建成后入迁新址。

1984 年，中药材站有职工 35 人，年销售额 231 万元。

1989 年，中药材站有职工 40 人，年销售额 264.70 万元，完成税收 3.94 万元。

1991 年，蕲州举办首届药交会以来，激活了药材市场、中药材站批发销售额稳步上升。2008 年批发、零售额达 3800 万元，为历史最高年。

2009 年，蕲州中药材站破产、改制完成，职工分流，资产进行了拍卖。

西药站：西药站亦称医药站，其前身为蕲春县医药公司蕲州另售门市部，初成立于 1956 年 6 月。成立之初，主要经营西药制剂、滋补保健品、医疗器械、玻璃器皿，兼营中成药，并与中药材站同租东长街入口处的房屋合署办公。

1975 年，医药公司蕲州零售门市部更名为“蕲州医药站”，站址位于东长街入口处。并在易家弄建设仓库 1 栋，1986 年县商业局所辖蕲州蔬菜门市部转交蕲州医药站开设第二门市部。

1989 年，医药站时有职工 36 人，当年实现营业收入 429 万元，上缴税金 5.5 万元，固定资产 26.4 万元。

1993 年，医药站实现营业收入 156.81 万元，上缴税金 2.73 万元，时有职工 135 人。

2002 年，蕲州医药站并入中药材站，共有职工 72 人。

2008 年，蕲州医药站东长街门市部由李时珍医药集团购入，第二门市部也于 2001 年拍卖。

2009 年，蕲州医药站破产改制，职工身份转换后自谋职业。

至 2016 年底，镇内共有药店 12 家，从业人员 50 余人，均属个体和股份制民营店。

（12）土产

蕲州镇解放初，经营土特产、山货、棉麻的商铺共 19 家，经营人员 50 人，店铺主要集中在东长街、瓦屑坝、石牌楼、一关街。

1955 年，蕲春县土产废品经理部成立后，不久即在纯阳阁西南侧设立了蕲州土产站，建有仓库 4 栋，并陆续在黄土岭、雨台、菩提、太常、恒丰、施家塘、王瓔、金牛洞、扎营港、高塆及镇内东长街设立土产收购点，收购苎麻、烟叶、棉花、皮张、中草药、桐油、梓油及废旧物资。

50 年代中期至 1976 年，烟草、棉花、中草药等改由专业部门收购经销，土产站收购类别减少。

80 年代中期开始，蕲州土产站逐步改为全县土产、工业油料、废旧物资的收储、转运、调出、入中心。

1984 年，土产站有职工 38 人，营销额 915 万元，上缴税收 3.5 万元。

1986 年，原土产站设土产站和废品站。

1991 年，土产站更名为“蕲州麻特土产分公司”。废品站更名为再生资源购销站。

1993 年，麻特土产公司时有职工 19 人，全年实现营业收入 435.8 万元，再生资源购销站有职工 17 人，全年实现营业收入 90 万元，上缴税收 1.5 万元。

1996 年，蕲州麻特土产分公司、再生资源购销站、果品站合并。

90 年代后期开始，由于废旧物资完全进入市场化运作，麻特土产公司，再生资源购销站业务日渐萎缩，至 21 世纪初，已基本停止收购业务。

2005 年，麻特土产公司、再生资源购销站破产、改制。

(13) **棉花**

1948年，镇内有匹头、针织、棉麻行31户，从业人员133人，规模较大的有鸿升、王信丰、鸿裕、杨永元等商号。

蕲州镇解放后的一段时间，棉花实行自由购销，不久，棉花及制品实行统购统销。

1954年，蕲春县建立花纱布公司，棉花及制品均由县花纱布公司经营。1955年，棉花购销业务由县花纱布公司移交给供销社，蕲州首设收购站，1979年蕲州棉花站成立。

1981年，建棉花站于官井街上，并附建仓库五栋及晒场，80年代初增建轧花厂1个。主管蕲州地区的棉花收购、加工、储存及调运、零售业务。

棉花自1954年起实行统购统销，农民产棉实行"一留全购"政策，即每人每年留皮棉0.5~1公斤。城镇居民每人每年供应皮棉0.25公斤。60年代初，为了发展棉花生产曾出台了一些奖给棉农化肥、布票、粮食指标的政策。改革开放之初，再一次对超额任务出售的棉花实行加价奖励政策。

1985年起，执行了30年的棉花统购统销政策废止，统购改为合同定购，完成合同定购部分可自由上市，也可进行换购交易。1988年，蕲州棉花站收购皮棉2.5万担，为历史上棉花收购的最高年份。

90年代初，棉花市场完全放开，国家对棉花实行指导价，90年代后期开始，蕲州棉花站渐趋冷清。2004年，棉花站破产、改制，资产拍卖，职工身份转换。

近20年来，每年新棉上市时，镇内约有40户商贩参与棉花的收购、贩运，活跃了市场。

(14) **生产资料**

过去，无特定的生产资料这一行业。1958年蕲州首设生资站于纯阳阁旁并建有仓库，此时，生产资料由供销部门管理、经销。

1963年，工业生产资料及列入国家计划的农业生产资料改由物资系统经营，农村则由各供销社分店经营。

1992年，蕲州生资站大楼移至沿江大道建成，这一时期，生资站主要经营化肥、农药、药械、地膜。

1971年，县化肥厂在蕲州建成投产后，主要产品碳酸氢铵多由生资部门销售，同时从外地购入尿素、复合肥。

80年代初，农村农业生产责任制的实施，又一次激活了生资市场。1984年，蕲州生资站有职工28人，营业额835万元。1989年，职工25人，营业额1492万元，1993年职工40人，营业额1844万元。

90年代初，县农业局在蕲州设农业技术推广站并兼营部分农业生产资料，分流了一部分生产资料市场份额。2003年，蕲州生资站资产拍卖后改制，职工身份转换。改制后，生产资料仍属蕲春县供销社管理，沿用蕲春县供销社所属生资经营业主郑冬生营业执照经营。

生资站改制后，农业生产资料均由各村商贸网点、农技网点进行销售，2006年底，镇内经销生产资料的网点达80余家。

(15) **农机**

1961年之前，镇内农业机械使用、经营、销售经历了以下几个阶段：1952年之前，多使用传统的旧式农具。1953—1957年，除使用旧式农具外，新式农具在镇内供销部门及基层社渐有销售，1957年开始经营柴油动力机械，1961年，开始经营电动机械。

1959年，蕲春县成立农业机械管理局，专管专营农业机械。

1963 年，设蕲州镇农业机械管理站。

1967 年，镇内原由供销部门经营的农业机械划归镇农机站经营。

1986 年，蕲州农机站更名为“蕲州农机管理供应站”。

1991 年，农机管理供应站更名为“蕲春县第二农机公司”，并于蕲州大道与时珍路交会处新建了集办公、营业于一体的二层楼房。

自 60 年代开始使用电动机后，农业机械发展迅猛。70 年代电动脱粒机逐步取代以柴油为动力的脱粒机。机耕船、电动喷雾器、喷粉器问世。同期，蕲州二机厂生产的手扶拖拉机也部分由镇农机站经销。

80 年代起，平整机、微耕机、机滚船、粉碎机、增氧机、投饵机、各种便携式潜水、排水泵、大功率排水泵、软管水泵、农用车、机动喷雾器、喷灌机，各种农产品加工机械为农机部门销售的主要产品。

1984 年，农机站营销收入 49 万元。

1989 年，农机供应站营销收入 106 万元。

1993 年，二农机公司实现销售收入 228 万元。

2005 年，二农机公司完成破产、改制、资产拍卖，职工身份转换。

(16) 文化用品

中华人民共和国成立前，经营文化用品的行业称“文具店”，1948 年镇内有文具店 8 家。其中以胡道中的“华光”和刘文明的“文明堂”规模较大。

1952 年，镇内经营文化用品的店铺共 14 家，从业人员 53 人，经营品种有笔墨纸砚、棋类、音乐用品，均为个体和合股经营。

1952 年，蕲春县百货公司蕲州百货站成立，文化用品也纳入其经营范围，同期，个体、联营开办的文具店也在运行之中。

1956 年 10 月，文化用品行业从百货公司析出，组建县文化用品公司并在蕲州开设文具店 1 个，与此同时，国家对个体私营经济鼓励联合经营，蕲州仅有胡道政经营的一家文具店，不久停业。

1957 年 8 月，文化用品公司再次并入县百货公司，蕲州文具店也随之并入蕲州百货站，站址位于中心街上。

70 年代中期，百货站在石牌楼增设了一家文化用品店。

70 年代后期，蕲州印刷厂利用自己的厂房空隙处开设了一处文化用品店，主要经营自己生产的毛笔、票证、账簿等。

党的十一届三中全会后，各类市场逐步放开，鉴于文化用品市场窄小，镇内除中心街上两家文化用品专营商店外，无其他专门从事文化用品经营的商店。而在此期间，部分百货商店、图书店、新华书店也兼营文化用品，自超市进入蕲州后，超市内也辟有专柜经营文化用品。

90 年代至今，校办商店、校门外店铺多经营文化用品，但以学生学习文化用品居多，较为单一。东长街二十户弄堂前有一周姓毛笔摊点，专营毛笔。

2016 年底，镇区内有文化用品专营商店和兼营专柜 23 家。

(17) 日杂

1948 年，镇区杂货业店铺共 86 户，经营的主要品种有竹、木制品；瓷铁、铜、锡、铝制品；绳索、香纸炮烛、蚊香、雨伞、杆秤、皮制品等。细分则有锅、碗、瓢、盆、鼎罐、暖坛、烘笼、油壶、缸、瓮、坛、榴缸、篾筛、格筛、竹麻、篾、锅盖、水桶、脚盆、饭甑、棕床、衣柜、砂镰、柴刀、剪刀、扬叉、梿枷、柴扒、火盆、篼箕、簸箕、竹铐、神香、线香、檀香、蜡烛、灯盏、罩子灯、鞭炮等。

50 年代中期开始，经营日杂的私营业主陆续与其他行商合营。1955 年，蕲州日杂站在新街设立门市部。1959 年，日杂站迁建于官井街入口处左侧新址。为了扩展地域经济，日杂站以经营地产产品为主，此期间，日杂站由县供销社管理。

70 年代中期开始，县土产、日杂、生资公司时分时合，基层站也随之变更隶属关系。1986 年，蕲州日杂站由县生活资料公司管理。1987 年县设立日用杂品公司，蕲州站名称沿用。

1976 年，湖北省日杂公司在蕲州设“省日杂公司蕲州收购站”，调运蕲州玻璃厂生产的灯具、日用玻璃器皿，瓷厂生产的杯、碗等日用瓷。

1989 年，日杂站有职工 27 人，营业额 133.9 万元。

1993 年，日杂站有职工 21 人，营业额 34.52 万元。

2005 年，蕲州日杂站破产改制，职工身份转换。

2016 年，镇内有较大规模的日用杂品经营户 7 家，经营品种 3000 余种。

（18）蔬菜

晚清、民国至中华人民共和国成立初期，蔬菜经营多为兼营和摊点销售及农民自产自销。故蕲州有“鲜鱼水菜、提篮叫卖”这一说法。

60 年代初，镇区内的东门、城内、新桥、一关开始在雄武门（北门）外设立蔬菜门市部，进行蔬菜的批发、零售、调运业务。

1976 年初，县成立蔬菜公司，蕲州设蔬菜商店于雄武门外（老信用社对面），并协助成立东门、一关两个蔬菜大队。

蔬菜商店成立后，镇区内的几个蔬菜大队按合同向蔬菜商店上交蔬菜，蔬菜商店协助菜农大队组织地产蔬菜外销，此期间，原东门、城内、新桥、一关大队设于北门外的几家蔬菜门市部撤除。

80 年代初开始，商品流通领域扩大，流速趋快。蔬菜种植向传统种植的东门、一关、城内、新桥等几个大队外延，产量扩大。在新的形势下，菜农趋向于随行就市，自产自销，且种植品种较杂，难以形成规模，蔬菜商店货源减少，1986 年，蔬菜商店整体转让给医药公司。

镇内现有农贸市场 4 个，5 家较大的超市也设有专柜销售蔬菜，售菜摊点及挑担卖菜者无法统计确数。

（19）外贸

蕲州是蕲春县开展对外贸易最早的地区。

清光绪三十年（1904 年），英日商人先后于蕲州港设怡和、太古、大孤等洋棚于大西门外、上河口等处，经营客货运输，使外国商品涌入蕲州。美国的南孚、德士古等煤油公司在蕲州设立“正大”分销店和经销店销售洋油，同时勾结本地资本家、商户廉价收购农村土特产品。

1938 年，日本侵略军侵占蕲州后，先后设立大丰、万谷等洋行及农产交易公司、消费合作社，以商业的形式高价倾销日用品，掠夺粮、棉、油及金属等战略物资。

中华人民共和国成立之初，镇内收购、外调业务皆由供销社负责。此时县无专设外贸机构。

1959 年 8 月，县供销社内设外贸组，收购供出口的货物均由县供销社驻各区、镇的基层社负责。

1973 年之前，外贸部门时由供销社，时由商业局负责，屡有更迭。

1973 年 6 月，蕲春县成立外贸局。1974 年，蕲州设立外贸站。

1984 年，蕲州外贸站改称“蕲州经贸站”。

1991 年，外贸站更名为“蕲州外贸经营部”。

1992 年，外贸经营部再次更名为“蕲州对外贸易公司”。

1996 年，由于国际、国内市场的变化，企业自主经营体系建立，县外贸局停止经营活动，蕲州外贸站随之也停办了一切经营活动。

2004 年底，蕲州对外贸易公司完成改制，职工身份转换。

蕲州外贸站建站之初，借居在其他单位联合办公。1976 年在青年楼左侧兴建办公楼、仓库各一栋，耗资 10 万余元。

1992 年，蕲州大道建成后，外贸站迁建蕲州大道中段建了一栋集办公、生产、仓储、货棚于一体的新站。

镇内出口物资丰富，50 年代初，东门“联营藕粉厂”“生产互助藕粉厂”生产的藕粉曾出口前苏联，60—70 年代，镇内东门、一关、城内、新桥等大队生产的红衣葱曾大量出口。

1973 年，玻璃总厂生产的二号桅灯灯罩销往香港，至 1985 年，玻璃总厂共创出口额 1186 万元。

70 年代后期至 80 年代，镇内竹林湖、东门、大畈头、新桥等大队生产的莲藕曾是蕲州外贸站营销的大宗出口商品。

1983 年，化工厂生产的“植物脂肪酸”730 吨出口叙利亚。“李时珍珍珠膏”出口香港获得消费者好评。

1980—1985 年，麻袋总厂累计出口麻袋 854.51 万条，创汇 1213 万元。

80 年代，瓷厂、锁厂、工具厂生产的部分产品曾由外贸部门组织出口。

1983—1985 年，镇办企业蕲州棉纺厂由外贸部门组织出口麻棉混纺纱 354 吨，使该厂获利 100 万余元。

竹林湖村 1976—1983 年一直是蕲州外贸部门的住点单位，几年间，蕲州外贸站帮助该村发展农、渔、畜业生产，组织村办企业生产外贸产品，至 1985 年，该村农、渔、畜及工业产品出口额达 100 万元。

蕲州，外濒长江，有天然良港，域内山岚冈地，湖港纵横，物产丰富。城区内，民族工业开创蕲春先河。蕲州镇解放后，“五小工业”“乡镇企业”发展迅速，使蕲州有了品类繁多、门类较为齐全的出口货源，90 年代之前，出口额曾占全县外贸出口总额的 80%以上。

（20）烟草

镇内烟民吸食土烟历史悠久。明、清时期，烟草经营先以烟叶为主，后以经营烟丝为主。烟叶主要来自于农民自种。

民国开始，部分烟庄开始经销来自美国、英国的洋烟。1948 年，镇内有专门从事烟草经营的商户 10 户，兼营商铺（主要为南货铺）50 余家，流动烟摊无法统计。此一时期，资本雄厚的烟庄有刘复昌、华诚和郑世舟开设的烟庄。

1952 年，镇区内烟草专营店只有世界、五福公两家最为出名，共有员工 18 人，刨制丝烟的商号 6 家。兼营烟草的商号 100 余户。销售以当地刨制的烟丝居多。并开始搭售国产的大公鸡、大前门、大金虎、红金、凤凰等卷烟。

1956 年公私合营后，烟草主要由副食品公司、国营商店、供销社属下商店经营。解放初至 1958 年香烟敞开供应。

50 年代后期，副食品公司首设烟草站及仓库于北门街中段（现二中对面）。

1959年起，卷烟开始实行计划供应。1979年后，卷烟逐步取消计划供应。1982年底，完全取消计划供应，但取消计划供应后的一段时间，一些较为知名的品牌烟供应较为紧张。这一时期，镇内批发、零售的卷烟达50余种，主要品牌有，大前门、凤凰、大公鸡、圆球、新华、游泳、登峰、长江、白象、风光、城乡、红花、万山、山羊、经济、红双喜、永光、红菊、东方、星火、襄阳等。

1984年上半年，蕲春县成立烟草专卖局，卷烟批发业务从副食品公司析出。烟草种植、收购业务由烟麻茶土产公司析出。蕲州成立烟草批发站及稽查队。成立之初，以蕲州日杂站位于小西门码头附近的一栋仓库及副食品公司位于石牌楼街的仓库一栋为办公、仓储中心。

1986年，蕲州设烟草批发处及稽查队。

1990年，蕲州烟草批发处改设为蕲州烟草批发站。

1997年又改为蕲州烟草批发部，2002年，蕲州烟草批发部撤销，卷烟批发由县烟草专卖管理局配送中心供货。

2005年，蕲州设烟草市场部和管理所至今。

80—90年代，蕲州卷烟销售品种有所增加，原大公鸡、红花、山羊、经济、红菊、东方、星火等卷烟逐渐退出市场，新品红塔山、茶花、大重九、蝴蝶泉、红金龙、龙乡、闯爷、石林、红梅、咏梅过滤嘴香烟占据市场。

90年代后期，镇内以销售汉产黄鹤楼、红金龙系列卷烟为主，兼有少量云烟、湘烟、河南烟。卷烟的档次不断升级，质量提高，顶级烟每条高达1000元。随着经济的繁荣发展，镇内卷烟零售商不断增加，遍及城乡，仅中心街便有香烟零售商20多家。

2016年，蕲州烟草市场部卷烟批发额4460万元，镇内烟草专卖经营户205户。

1991年，为迎接首届李时珍药物交易会的举办，蕲州烟草站和县烟草专卖局赴湖北广水卷烟厂洽谈，广水卷烟厂专为药交会订做了一批“蕲竹”牌过滤嘴香烟，深得与会代表的好评。

下列公司、站、场因存在时间短，破产早等原因未详细说明，仅录名单如后：

蕲州水产站、盐业公司、蕲州煤场、蕲州集材场、化工燃料公司、蕲州果品站、蕲州生活站、蕲州家电站、蕲州第二汽配公司、物资综合公司、二轻供销公司、蕲州矿建公司、蕲州采购组。

2016年底，蕲州城区共有各类商业网点1080家。

（三）金　融

1. 民间金融

（1）典当

清光绪十八年（1892年），蒋寿山在东长街上开设“恒昌典当”，是蕲州记录最先开设的典当铺，1926年停业。

1933年，汉口人梁瑞庭，在原东长街恒昌典当铺开设“裕丰典当”，资本金3万银元，抗日战争爆发，典当铺停业。

典当业是晚清、民国时期一种依赖剥削手段赚取最大利益的民间金融机构，此行业所经营的物品抵押、高利贷款时限、货物成色、当期变化极大，尽管利息很高，当贷压级太低，但在难以求借的状况下，求借人或售当人只能忍痛当物、借贷，任由典当行盘剥。

典当铺人员的配置有管事（经理或老板），管楼（库房负责人）、掌柜（亦称朝奉）、管账、管钱员等，另还配有勤杂、伙夫人员。管事为一店之长，主持全面店务；管楼仅次于管事，主管进出的当物及管理学徒、勤杂人员，有的管楼还兼仓库保管及账务；掌柜的主要负责看当物的作价，店面营业；管账主要是计账、收支物件，并与管钱的进行核对；管钱的负责现金的收支清点，资金运用情况分析，掌柜的亦有头、二、三柜之分，头柜一般由经验丰富的人担任，二、三柜在遇有疑难问题及不能确定当物的价格时，由头柜拍板定价。

裕丰典当行时有员工 10 人，资本金 3 万大洋，为了管理好典当铺，店员中除有家属在当地居住者外，其余人员不得在外住宿，凡携带包裹外出的店员必须有其他店员过目。

当铺依赖剥削手段赚取最大的利益。一般情况下当铺在收取当物时，用死压价、压死价的手法，对全新的衣服作价 5~6 成，一般当物作价 2~3 成。金、银、珠宝饰品按 6~7 成估价。

1935 年，蕲州码头搬运工李朗西生活困难，遂将妻子陪嫁的一对银手镯送至裕丰当铺押当，当铺只按半价作当。

当铺有自己的专用术语，当获得当物确定成色后，即用“青、蓝、红、紫、几两、几钱”为代号进行传呼，填写当票，作为当户赎取当物的凭证。当铺为了预防损失和有意压价，在开注的当票上面还特别加注了针对当物品种属性的一些贬义词语，如“破旧”“溃烂”“虫破”；对皮毛冠以“焖板脱落”；对金、银饰品也称为“淡金”“毛银”；对铜、锡、铝器皿则加注“破”字等。当票上还注有“倘遇天灾人祸，虫咬鼠伤，各安天命”，“过期不取，听凭变卖”等字样。

当票上书写的字体具独特性，往往起笔之后一体串成，以防假冒和涂改。

当铺按月计算利息，当天收当，当天出当的仍按一个月计息收取。当铺还有“过五不过六”的规定，即当期满期后五天之内准予赎取，超五天即作死当。如当期已满，当户无钱赎取，可付息转当，重定期限，若连利息也无法偿付，可转利为本转当换票。

当铺还巧立名目收取“存箱费”、当票挂失费、转当费、补（换）票费等，使当户处处受盘剥之苦。

1938 年，贺瑞庭开设在易家弄的当铺遭日本飞机轰炸后停业。

20 世纪 50—60 年代，易家弄附近曾有潘青山、张老六 2 家小当铺。

70 年代中期以后，镇内无典当行业，90 年代开始镇内又有 3 家典当行开市。

2016 年，镇内有 3 家典当行营业，分别是：鼎泰润丰寄售行、宏润寄售行、下濠典当铺。

（2）钱庄

光绪二十年（1894）年，蕲州人李晹谷，庄号“李大有”首开钱庄于镇内、资本额 6700（银元）。至 1938 年日本侵略军入侵蕲州前，镇内开有钱庄 16 家（当时全县共有钱庄 22 家）。钱庄大多为独资，规模较小。合资户数较少，但资本额较大。

晚清、民国时期蕲州镇钱庄简况表

表 2-25

单位：元（银元）

钱庄号	老板姓名	资金形式	资本额	经营起止时间
李大有	李晹谷	独资	6700	1894—1905 年
骆义生	骆义生	独资		1895 年前后
大有福	李文复	独资	1100	1908—1921 年
大有直	李直三	独资	5600	1908—1927 年
汪临泰	汪子文	独资	10000	1914—1927 年
惠 福	汪寿田	合资	10000	1918—1932 年
亨 通	王从斋	合资	3000	1921—1925 年
晋 康	纪桂生	独资	10000	1924—1937 年
余天成	余肇舟	独资	10000	1925—1927 年
怡 大	王楚才	合资	3000	1926—1931 年
恒 利	柯干清	合资	3000	1928—1931 年
信 通	胡静一	独资	3000	1928—1932 年
三 泰	张哲生	独资	2500	1928—1934 年
大有源	李淑泉	独资	1600	1929—1932 年
老成祥	洪玉书	合资	3000	1931—1935 年
全 泰	姜华庭	独资	4000	1935—1938 年
同泰庄	不详	独资		不详
钱礼和	钱瑞芬	独资		不详

钱庄主要业务为兑换、办理定期、活期存款、放款、押款等。旧时钱庄放、贷款注重的是个人信誉，不注重于财产抵押、放款对象主要是商户，极少数放给个人。利率、存款为月息 1 分；贷款为月息 2~3 分；到期未还的计算复利；贴现息按贷出金额当扣 1%，钱庄放款期限较为灵活。

钱庄的人员配备一般为老板、管事、司账、管钱、上街、照场、学徒等，分工严格、职级分明。

镇内钱庄兴盛于 1920 年以后，1938 年日本侵略军侵入蕲州后，钱庄全部停业关闭。

（3）银楼

清光绪二十四年（1898 年），州人徐凌云在雄武门外右侧（原日用品公司综合楼处）开办了一家“老凤祥银楼”，是蕲春县境内开办时间最早的一家银楼。

1938 年，日本侵略军入侵蕲州后，炸毁了雄武门外右侧的房屋，老凤祥银楼停办。1940

年，其子徐惠文牵头在东长街老文化馆附近租房继续开办银楼。1943 年搬至东长街外行宫对面继续经营。1945 年购得东长街入口附近一栋房屋重新开办了一家“吉祥银楼”，集加工、售卖银饰的店铺，该银楼开办后，生意较为红火，常年聘有师傅及徒工 6~8 人。由于战事吃紧，1948 年吉祥银楼停办。

自老凤祥银楼开业后，蕲州城区相继有天宝成、天宝祥、天宝华、兴同康等 4 家银楼及苏鸿章银匠铺相继开业。

镇内银楼均属独资经营，多采取前店后厂的经营方式，吉祥银楼、天宝成、天宝祥银楼规模较大，其余几家均为父子店。银楼以生产和加工银饰品为主，兼售金饰品。日本侵华战争开始前蕲州银楼业平均年销售银饰品 2 万两、金饰品约百两。抗日战争胜利后，一些条件较好的居民开始储存金银饰品。致使金银饰品销售量大增，平均年销售金饰品近 1500 两，银饰品 1.5 万两。

（4）邀会

邀会，蕲州称对会或来会，最流行的邀会方式为轮会。

邀会是群众利用宗教、亲友、熟人关系来解决资金困难的一种融资方式，多属互助性质，极少数演变为高利贷。互助性质的邀会在蕲州一带流传较广，往往几人、十几人用凑股的办法（每股按凑股人共议的金额多为 10 元、20 元、30 元不等），由大家推举的会首召集，每人所出的会金叫“搭会”，会友将月搭会款凑给会首，会首拿出与会友同等量的纸条，按顺序编号搓成纸团放入桌上或瓶子内，邀会友各取一张，按号顺序得会，邀会会款因大多是亲朋好友所凑，往往不计利息。

1929 年东长街人夏石豪，因妻子产后染疾无钱医治，邀请近邻及亲朋好友 10 余人凑会，经商议组成“月月红”会，每人得会一次，且每月交会金一次给会首，因夏石豪家有急事故得首会，并以会金为妻子治病。其余会众则按“抓阄”的办法确定得会次序，直至最后一人得会为止。

邀会在一定意义上体现了一种合作互助的精神，流传时间久远。解放后至 70 年代，镇内仍流行“邀会”，改革开放后，邀会这一筹资方式已不复存在。

2. 合作金融

信用社是集体所有制，农民自愿入股而组建的金融组织。

蕲州信用社：1952 年春，镇内席盘石、黄土岭首先建立信用合作社。1954 年，镇内有蕲州、雨湖、石牌岗、席盘石、西角湖、土台、宋岭等信用社。

1958 年，根据省人民银行《关于在农业社建立信用部》的指示，镇内农业社均建立了信用部，实行“生产、供销、信用”三合一体制，下半年人民公社化后，镇内有民主、五一、江新、濒湖、燎原、联盟、光荣、前进信用合作社。

1961 年，由于行政体制变更，信用合作机构也进行了调整。撤销了管理区所辖信用社，镇内仅设蕲州、东门、二里湖三家信用社。

1966 年根据上级指示精神，东门、二里湖信用社降为信用分社，属蕲州信用合作社派出机构。

1975 年撤区并社时，蕲州信用社更名为“蕲州公社信用社”。

1984 年，蕲州公社信用社撤销，组建蕲州镇信用社及雨湖、黄土岭、土台三个乡级信用社，并在雨湖、黄土岭、土台三个乡所辖的各大队组建了信用站。

1996年，蕲州镇信用社增设了南门、港口、开发区、农贸市场、北仓储蓄所，并在镇属24个村建立了信用站。2003年各村信用站撤，改设为聘任农户联络员，2005年8月农户联络员全部解聘。

2007年末，原镇内的乡储蓄所及网点全部撤销，保留蕲州信用社及黄土岭信用社。2014年3月，更名为湖北省蕲春农村商业银行蕲州支行。

蕲州信用社位于濒湖路西，占地面积2130平方米，现有干部职工12人。黄土岭信用社位于黄土岭正街中段，现有干部职工5人。

信用社是在国家金融方针政策指导下，自负盈亏的一家金融组织，其主要经营业务为：组织城镇闲散资金开办储蓄存款，集体企业、镇办企业、街办、村办企业、联营企业存款。支持集体、镇办、街办、村办企业发展生产、对工商户、私营企业户发放流动资金贷款、生产、生活贷款、建房、个人消费贷款。

1992—2017年部分年度蕲州信用社各项存款一览表

表2-26　　单位：万元

存款种类 年度	总存款	其中	
		储蓄存款	集体存款
1992	2070	2000	70
1993	2434	2167	267
1996	2682	2231	451
2014	24607	23228	1379
2015	29381	27791	1590
2016	34494	32398	2096
2017	41896	37981	3915

1992—2017年部分年度蕲州信用社各项贷款一览表

表2-27　　单位：万元

存款种类 年度	总存款	其中			
		商业贷款	企业贷款	农业贷款	其他
1992	1400	80	1100	120	100
1993	1318	25	617	452	224
1996	1282				
2014	8432	446	3660	4327	
2015	8404	50	3625	4729	
2016	11078	273	5225	5580	
2017	11194	57	5225	5912	

3. 中华人民共和国成立后金融机构

中国人民银行是中国的国家银行，是全国唯一的货币发行机关，是连接国民经济的纽带，是国家聚集、分配、调剂资金的中枢神经。

（1）中国人民银行蕲春县支行蕲州城关营业所

1949年5月14日，蕲州获得解放，7月21日，中国人民银行蕲春县支行在蕲州成立，成立伊始，即在蕲州市场投放人民币，收兑流通中的各解放区银行发行的货币，禁止金银计价流通，使人民币在短期内成为流通中唯一的货币。此一工作在县府迁往漕河之前，一直在蕲州开展。

1949年8月，中国人民银行蕲春县支行随县政府一道迁往漕河。

1950年5月，中国人民银行蕲州城关营业所设立。

1956年，县人行增设储蓄股后，便在蕲州设立了县人行蕲州储蓄所。

1958年11月蕲春实现人民公社化，政、社合一后，蕲州城关营业所下放到蕲州人民公社进行管理。1959年7月，原下放到蕲州人民公社的银行机构又恢复为国家银行直接管理的基层所。1964年，人民银行蕲州营业所升格为办事处。

1970年7月，县人民银行与县财政局合并，蕲州营业所亦同时并入蕲州财政所。1972年6月，随着银山煤矿的建成，县财政局同时在银山煤矿设财政银行分理处。1974年10月，银山分理处撤销，其业务归附至蕲州办事处。1976年，银山分理处再获恢复。

1979年，人民银行蕲春县支行因业务发展需要，除设立蕲州办事处、银山分理处外，增设了城内储蓄所、城外储蓄所。1981年，城内储蓄所升格为分理处。1983年，蕲州城外储蓄所更名为蕲州储蓄所。

1984年1月，依据国务院国发〔83〕146号文件决定和人民银行总行〔83〕银办34号文件通知精神，中国人民银行行使中央银行职能，在县人民银行的具体安排下，蕲州办事处原开展的金融业务划归工商银行蕲州办事处办理。

（2）工商银行蕲春县支行蕲州办事处

工商银行蕲春县支行蕲州办事处始成立于1984年。是时，原人民银行蕲州办事处已并入工商银行蕲春县支行蕲州办事处。主要承担原人民银行蕲州办事处的城镇金融业务。办事处成立之初，即在城内设分理处，城外设储蓄所。

1990年，增设二里湖、城内、城外、一关街、东长街、小西门储蓄所。

2001年，撤东长街、小西门、城内、城外、一关街储蓄所。

2007年，原设储蓄所全部撤销，保留工商银行蕲州支行。支行位于蕲州大道133号，占地面积2820平方米。现有干部职工8人。

2015年，工商银行在蕲州大道青年楼左侧开设自助银行。

工商银行蕲州支行的职责是：统一管理镇内国营工商企业流动资金，办理国营工商企业、城镇集体企业和个体工商业的流动资金贷款，管理工商企业和有关企业主管部门技术改造的各种基金，办理数目较小的技术改造贷款，开展委托、代理、租赁、咨询等信贷业务，开展储蓄业务。

部分年度工商银行蕲州支行（存款）业务活动情况表

表 2-28

单位：万元

类别 年度	城乡居民储蓄存款	企业存款 （机关团体存款）	备　注
1989	1732		
1992	2100	214	
1993	2840	700	
2014	49996		
2015	54889		
2016	59073		
2017	64593		

（3）中国农业银行蕲春蕲州支行

1964 年 3 月，首设农行蕲州营业所，与人民银行蕲州办事处合署办公。

1980 年元月，农业银行蕲春县支行整体从中国人民银行蕲春县支行析出，蕲州设营业所。同年 4 月，全县营业所部分撤销，蕲州营业所保留。

1984 年，由于行政体制变更，全县部分营业所撤销，仍保留蕲州营业所。

1996 年 12 月，蕲州信用社从农行析出后，单独组建农行蕲州营业所。

2002 年，农行蕲州营业所迁往蕲州大道 111 号新址办公。2007 年末，农行蕲州营业所升格为“农行蕲州分理处”。

2014 年，原农行蕲州分理处更名为“中国农业银行股份有限公司蕲春蕲州支行”。办公地址仍为蕲州大道 111 号，现有员工 9 人。

农业银行蕲春蕲州支行是办理镇区农村金融业务的专业银行，其主要业务是：办理镇区内农、林、牧、副、渔、工商综合业务；监督财政部门农业拨款的支付；商业部门的预购定金以及各主管部门自筹的支农资金；办理农村、集体、事业单位各项存、贷款；办理农村储蓄和个体户贷款；办理转结账的结算和汇兑业务；发展农村金融事业。

1981 年，农行蕲州营所开始发行国库券。

部分年度农行蕲春蕲州支行存款业务情况表

表 2-29

单位：万元

年度 科目	1981	1982	1990	1989	1992	1993	2001	2002	2014	2015	2016	2017
城镇	311			763	1383	2486						
企业	324				657	63						
合计	635				2040	2649						54500

部分年度农行蕲春蕲州支行贷款业务情况表

表 2-30　　　　单位：万元

科目＼年度	1981	1982	1990	1989	1992	1993	2001	2002	2014	2015	2016	2017
工商				3869	5025	5750						
贷款												
农村(业)				170	345	500						
贷款												
合计					5370	6250						8323

注：工商贷款含其他贷款。

（4）中国人民建设银行蕲春县支行蕲州办事处

1978 年 4 月 30 日，建行蕲春县支行蕲州办事处在蕲州设立。1987 年增设东长街、沿江大道、牛皮坳储蓄所。1989 年增设郦公园储蓄所，不久撤。1992 年建行蕲州办事处在汽车站增设储蓄所，2003 年，建行蕲州办事处及分网点、储蓄所全部撤销，办公用房出让给地税蕲州分局。

中国人民建设银行是管理基本建设投资拨款与信用的国家专业银行。建行蕲州支行的主要工作任务是：发放基本建设贷款，办理基建结算业务。业务是吸收蕲州地区各种闲散资金，监督镇内各种基本建设项目，发放和管理贷款项目，代行税务部门征收建筑税，组织储蓄存款，办理临时性周转贷款业务等。

90 年代，是建行蕲州办事处业务量的高峰期，1993 年时有职工 35 人，年末存款余额 2100 万元，贷款余额 3500 万元，当年实现累存款 5000 万元，累放款 2000 万元。

（5）中银富登村镇银行蕲州办事处

中银富登村镇银行蕲州办事处始成立于 2013 年 8 月，地址位于蕲州中心街 45 号，现有员工 13 人。

中银富登村镇银行是一家由中国银行股份有限公司与新加坡淡马锡控股公司旗下的富登金融控股有限公司联合组建于中国大陆的金融企业，其中中国银行持股 90%，新加坡淡马锡控股公司旗下的富登金融控股有限公司持股 10%。

中银富登村镇银行蕲州办事处的主要业务对象为镇内的工商业、农业、企业、个人客户。对上列服务对象予以贷款、融资服务。贷款、收纳存款为中银富登村镇银行蕲州办事处的主要业务。

中银富登村镇银行蕲州办事处成立至今，业务发展较快，2017 年底，办事处共向蕲州地区工商业、农业、企业、个人客户发放贷款 6192.38 万元，年末存款余额 10032 万亿元。

（6）邮政储汇分局蕲州储蓄部

邮政蕲州储蓄部始设于 1988 年上半年，创办之初，与邮政蕲州支局共用营业场地，同柜人员办公。

1998 年开始辟专柜、专人、专司邮政储蓄业务。2004 年蕲州邮政储蓄实现全国联网。

2006 年实现邮政储蓄电子化工程的改造。同年，邮政蕲州储蓄部开办了小额质押贷款业务。

近几年来，由于得到上级金融部门的支持，蕲州邮政储蓄部的存款利率较其他商业银行利息均有大幅上升，致邮政蕲州储蓄部的存款额大幅上升。2017年末，实现存款规模4.42亿元。

邮政蕲州储蓄部储蓄规模一览表

表2-31

单位：亿元

年　份	储蓄额	年　份	储蓄额
2008	1.1	2013	2.93
2009	1.47	2014	3.42
2010	1.83	2015	3.89
2011	2.02	2016	4.21
2012	2.48	2017	4.42

（7）中国银行黄冈分行蕲州支行

1992年在蕲州首设办事机构，时称中国银行蕲州办事处。1993年更名为中国银行蕲州分理处，下设药都宾馆储蓄所和蕲州外贸代办所。1998年，药都宾馆储蓄所及外贸代办所撤，仅在雄武门外原蕲州食品所营业室设分理处。2005年9月20日更名为中国银行股份有限公司蕲州支行。2015年迁入蕲州大道与濒湖路相交路口处办公至今。

2016年末有干部职工8人，实现储蓄存款3.7936亿元，其中个人储蓄存款3.1亿元，企业储蓄6800万元，外汇存款136万元，贷款3600万元。

4. 保险机构

（1）中国人民保险公司蕲春分公司蕲州营业所

1952年春，中国人民保险公司蕲春分公司在蕲州设立“保险公司蕲春分公司蕲州营业所”，时隶属蕲春县财经委领导，不久改由蕲春县人民银行领导。

1984年7月县保险公司从人民银行蕲春县支行析出单独设立机构后，蕲州营业所改设为“蕲州保险业务代办处”。

1996年4月，中国人民保险公司蕲春分公司依据上级相关规定，分设“中国人民保险公司财产保险有限公司蕲春支公司”和“中国人民保险公司人寿保险有限公司蕲春营业部”后，蕲州分别设中财保蕲州办事处和人寿保险蕲州分公司。

（2）中国财产保险公司蕲州办事处

1996年4月中财保蕲州办事处初设于蕲州大道中部。2004年更名为“中财保蕲州营业部”。开办的险种有：车辆险、船舶险、财产险、意外险、建安险、监护人责任等险种。

2017年，实现保险费收入500万元，现有工作人员8人。

（3）人寿保险公司蕲州分公司

人寿保险蕲州分公司于1996年4月在蕲州设立，公司位于蕲州大道中段。

人寿保险蕲州分公司开办的险种有：人身意外险、健康险、养老金险等，现有工作人员

26人，2016年实现保额52万元。

（4）太平洋保险公司蕲春支公司蕲州办事处

太保蕲州办事处于1993年元月在蕲州矿建街成立。

主要开办健康险、人身意外险、养老险、少儿教育险等险种。现有工作人员62名，参保客户5010户，2017年实现保额820万元。

（四）财　税

1. 中华人民共和国成立前的财税及管理机构

（1）财税收入

明、清、民国时期，蕲州历为府、州、县所在地，财税收入多依附于府州县财政，故蕲州一地财税收入无精确记录。是时，财政收入的来源主要依赖于田赋、芦课和杂税，即征收“人头税”和“田赋税”，州内普遍执行“摊丁入地”和“地丁合一”的征税方法。

清咸丰四年（1854年），蕲州成立“厘金局”，是蕲州境内最早见于记载的工商税收。清咸丰六年（1856年），蕲州城内设厘金专局，以收取通过蕲州的厘金及起坡厘金。

1912年，蕲州知事公署设第三科于城内，下设钱粮柜，主管田赋税、契税房，投税典卖、田产契约；推收房，办理民间买卖田产产业推收过户事宜。

1929年，财政税收交由县府第二科主管，这一时期，税收科目大幅增加，计有人头税、烟酒税、糖税、弹花税、田亩捐税等，并新设田亩团税捐用于治安。

1938—1945，财税征收支出机构屡有变更，其中1940年12月改税捐征收处为税务局，蕲州首设税务所。1941年9月蕲春县增设粮政科，组建田赋粮食管理处，蕲州设田赋粮食管理处。1946年，蕲州田赋粮食管理处更名为“税捐征收所”。

解放战争期间，受日本侵略中国的影响，农村凋敝，商业萧条，财源枯竭，通货膨胀恶性循环。国民党政府为了保证日益增多的财政支出，蕲州乡公所，蕲州税捐征收所不得不增加税收，加重摊派，强行捐税来维持其政权的经费支出。

晚清、民国时期，蕲州地区承担的各种税捐计有：田赋税、田赋附加税、牙捐税、当税、印花税、屠宰税、烟酒税、烟酒牌照税、营业牌照税、车船使用牌照税、筵席税、娱乐税、遗产税、营业税、契税及保安捐、堤工捐、保甲捐、特别课税、杂捐等。

（2）财政支出

蕲州镇解放之前，所需支出均由州、府、县级财政统一列支，故无详细记录。列支的科目有政务费、地方建设费、教育费、卫生费、救济费，其中政务费包括县政费、财务费、司法费、军政费、党务费。地方建设费包括邮电建设费、农矿费、工商费、建设费。救济费包括慈善经费、济婴堂经费、社会救济费等。

2. 中华人民共和国成立后的财税及管理机构

1949年5月，蕲州获解放，7月，蕲春县成立财政科和税务局，蕲州设财粮干事，征收农业税，并开征货物税、营业税、屠宰税、交易税和摊贩税。

1949年8月，财政科、税务局随县府迁往漕河，蕲州仍设财粮干事。此时实行的是税收全收全上解政策。

1950年，蕲州开征工商业税、印花税、契税、使用牌照税。

1951年，蕲州开征集市交易税、棉纱统销税、利息所得税、湖业（渔业）税。

1953年，开征货物税、商品流通税、牲猪交易税、工商业税、印花税、车船使用牌照税、屠宰税、利息所得税和盐税。

1955年，开征工商税附加税，次年开征水费。

1958年，蕲州镇成立财政税务所，所址北门街，此时县对镇级财政实行“统一领导，分级管理，分级核算”的管理体制，采取定收定支，超收分成，结余留用的办法。1961年实行公社改区体制时，以上管理体制及办法终止。

1970年7月，财政、银行合并，成立蕲州财税所。

1984年3月，财政、税务分设。财政所建新所于北门街。税务所建新所于时珍路。同年，人民公社体制撤销，公社一级财政终止。

1994年7月，蕲春县税务局撤销，分别成立“蕲春县国家税务局”和“蕲春县地方税务局”，同期，镇内分别成立“蕲州国税分局”和“蕲州地税分局”。

2005年，农业税取消，原由财政系统征收的耕地占用税和契税交地税系统征收。

蕲州财政、税务系统计征税费条目有：农业税（2005年停征），农业特产税、契税、屠宰税、个人所得税、牲畜交易税、盐税、房地产税、车船使用牌照税、国营企业所得税、企业调节税、建筑税、营业税、增值税、产品税、企业资金税、集体企业所得税、城市建设维护税、国营企业工资调节税、集体企业奖金税、事业单位奖金税、个体工商户所得税、个人收入调节税、印花税、土地使用税、固定资产投资方向调节税、土地增值税、企业（各类）所得税、车辆购置税、车船税。

（1）蕲州财政分局

1949年7月，蕲州设财粮干事，主管全镇的财政及税收工作。

1958年，建立人民公社，镇成立财政税务所。

1984年3月，蕲州财政所单设，新址位于北门街。

1985年，人民公社建制撤销，改为区、乡、村建制。镇内下辖雨湖、东门、黄土岭、土台、街道5个乡及财政所，蕲州财政所更名为“蕲州镇财政办事处”。1987年，复更名为“蕲州财政所”。

1997年7月，蕲州财政所升级为“蕲春县财政局蕲州分局”至今。分局住址，蕲州北门街16号，2016年末有干部职工22人。

蕲州财政分局历届主要负责人名单（按任职时间的先后顺序排列）：王智、易永明、孙明、周益军、何应诚、张建雄、高静波。

1960年，蕲州镇财政收入66.38万元。1980年，全镇财政收入实现310.16万元。2000年1146.31万元，2016年全镇财政收入7250万元。是1960年的109倍，1980年的23倍。

1996—2017年蕲州镇财政收入情况表

表2-32

年度	财政收入(万元)	年度	财政收入(万元)	年度	财政收入(万元)
1996	710.87	2004	1097	2012	5699
1997	815	2005		2013	6721
1998	987.9	2006	1210.2	2014	7589
1999	1070.3	2007		2015	8407
2000	1146.3	2008		2016	7250
2001	1366.78	2009		2017	4518
2002	1172.51	2010	5112		
2003	1166.06	2011	4507		

(2) 蕲州国税分局

1984年3月之前，财政、税务合二为一，1984年3月分设。

1994年之前无国税、地税之分，统称蕲州税务所，所址位于时珍路中段。

1994年7月，分设蕲州国税分局和蕲州地税分局，分设后，国税蕲州分局迁至镇内院子坡街。

1997年，国税蕲州分局迁往蕲州大道25号新址办公。新址占地面积3210平方米。2016年有干部职工12人。全年完成税收2484.93万元，为副科级二级单位。

2010—2017年度蕲春县国税局蕲州分局税收收入情况表

表2-33

年份	税收额(万元)	年份	税收额(万元)
2010	2708.58	2014	2287.29
2011	1850.75	2015	2746.61
2012	1751.93	2016	2484.93
2013	2541.66	2017	2747

(3) 蕲春县地方税务局蕲州分局

1994年，蕲州税务所撤销，分设蕲州地税分局和国税分局，地税分局设时珍路中段。

2003年，蕲春县地方税务局蕲州分局购入位于蕲州大道的蕲春县建设银行蕲州办事处办公用房，迁往新址，新址占地面积3839平方米。

2015年，蕲春县地方税务局蕲州分局更名为“蕲春县地方税务局税源管理三分局”，属副科级分局。

2016年有职工12人，完成地税收入3690万元。

2005—2017年蕲州地税分局税收收入一览表

表 2-34

年　份	税收额(万元)	年　份	税收款(万元)
2005	441.95	2012	3584.5
2006	461.69	2013	4179.08
2007	2141.1	2014	5302.12
2008	2173.56	2015	5660.2
2009	3330	2016	3690
2010	2403.08	2017	2832
2011	2656.08		

3. 财税管理

蕲州镇解放之初的一段时间，镇财税管理实行统收统支的办法，即镇预算收入统一上解县级财政，所需支出由镇做出预算，申请拨付。

1958 年人民公社成立后，公社财政建立。县对公社财务实行统一领导、分级管理、分级核算的管理体制。由于体制不够健全，1959 年便取消了这一管理办法。

1961 年，公社级财政收入部分纳入国家预算，超出部分与县四六分成，支出节余留用。后来由于撤社并区，以上管理办法终止。

1976 年，受行政体制变更的影响，又重新建立了公社一级财政。预算内的收支实行定收定支，收入上交，支出下拨，超收分成，结余留用。

1984 年，人民公社体制撤销，公社一级财政终止运行。

1985 年，乡级财政建立，实行定收定支，收入上交、支出下拨，超收分成，超支不补，节余留用，一年一定的办法。此办法的实行，有力地促进了蕲州的财税工作。1986 年，蕲州财政收入达 804.4 万元，其中工商各税达 775.68 万元，比年度计划超收 192.36 万元。

财税系统自成立以来，多次对国营、集体及个体工商户进行了税收、财务大检查。1953 年 7 月县税务局会同蕲州财粮所对蕲州市场进行了检查，共检查蕲州 38 个行业 609 户的经营，缴税情况，共查补营业税、所得税 1.75 万元。

1959 年，由财政系统牵头对蕲州镇域内的工业企业进行了检查，发现了贪污挪用公款，管理不善造成的浪费及其他违纪问题，此后不定期的对镇内企事业单位进行财务监督，重点对企业的固定资金、流动资金、生产成本、利润进行清算并实行管理。对农村大队进行财务检查，检查的重点为农业税计征、扶贫资金、支农周转金、发展粮食生产专项资金的管理等方面。

税收管理主要从以下几个方面进行：

（1）纳税登记，1997 年之前推行的是纳税人（单位）自领取营业执照 30 日内须办理税务登记。1997 年起则推行申请纳税，集中征收、重点稽查、微机监控的办法。1999 年开始，纳税人可持税务登记证件办理银行基本存款账户，直接通过银行划拨税款。

（2）税务申报制度，1986—1993 年，实行综合鉴定申报制度。1994 年起试行上门申报、电子申报、邮寄申报。1996 年开始，结合纳税申报，实行以票控税。2000 年开始实行纳税人自行申报。2007 年设立办税服务大厅，变税务人员“上门收税为纳税人”上门缴税。

（3）核实税款，1986—1993 年，根据纳税人的经营项目，对照税法规定，对纳税人进行纳税鉴定。1994 年开始实行按纳税申报核实税款。2005 年开始对纳税人实行纳税公开，张榜上墙，接受各方监督，以防税赋不公。

（4）税收大检查，从 1989 年起，税务部门不定期地对纳税人进行纳税检查。检查的内容为是否错征、漏征、少征，此项检查一直持续到 1994 年。1994 年后，改全面税收大检查为重点抽查，此方法一直沿用至今。

卷三　政治

旧时，朝廷设官以牧民。教民以耕种，课民以良知，化民以陋俗，其欲为官一任，造福一方。民国时期，政尚共和，却军阀割据，官贪吏腐，其终亦速。中华人民共和国成立后，在中国共产党领导下，实行无产阶级专政，人民当家作主，干部为人民服务；改革开放后，党的中心工作转移到经济建设上来，干部是人民公仆，与群众同心合力，建设社会主义物质文明、精神文明和政治文明，至有海晏河清、升平之象，此乃政治总揽之功。

一、民国及民国以前的政体

（一）清以前政体

隋以前，蕲地吏治粗放，“民风剽悍”。唐时有所进取。唐制：分州县为赤、畿、望、紧、上、中、下七等，蕲为“上县”。按此当设令1人，从六品上阶；丞1人，从八品上阶；主簿1人，正九品下阶；尉2人，从九品上阶。其下有录事2人、史3人；司佐4人，史7人，又账史1人；司法佐4人，史8人；义仓仓督2人，典狱10人；问事4人，白直10人；市令1人，佐、史各1人，帅1人；经学博士、助教各1人，共计66人，掌理州中诸务。

宋沿唐制，除一、二等之赤、畿外，县以户分。万户以上为望县；7000户至不足万户为紧县；5000户至不足7000户为上县；3000户至不足5000户为中县；不足3000户为下县。蕲为“旺县”。官设令、丞、主簿、尉各1人，他如唐时。南宋，蕲口镇设有“蕲州都大监辖蕲口镇仓库兼烟火公事”，简称“监镇”或“监辖”，掌茶、盐、酒、税收、冶铸及征输诸务，权利非同一般。

元时蕲州为录事司，掌诸政。置达鲁花赤1人，必蒙古人充任，正八品。同时设判官、典史各1人。原还设有司侯一职主“捕盗”，后撤裁，以判官兼领，皆正八品。县官亦如旧制。

明时蕲州先为府，后为属州。设知州1人从五品，年俸米168石（担，下同），统辖州政；同知1人从六品，年俸米96石；判官1人从七品，年俸米84石；吏目1人从九品，年俸米60石；州衙还有“三班”（皂隶、捕快和壮夫）和“六房”（吏、户、礼、兵、刑、工），共有官员60余人，各司其职，各理其政。

州下辖机构：儒学，设学正1人，先为从九品，后改未入流；训导3人，亦为未入流，其年俸米皆为36石；巡检司，设正、副巡检各1人，皆从九品，年俸米60石；又有司吏1人。蕲州时有茅山、大同二巡检司，未设副巡检；驿站，水驿、马驿各1人，各设驿丞1人，皆未入流。另驿吏1人，还有其杂吏10余人。

清代蕲州为属州。设知州1人从五品；州同1人从六品；州判1人从七品；吏目1人从九品。“三班”“六房”与明代同。其他下属机构及杂吏亦如之。

明清两朝，蕲州吃“皇粮”官吏，总数在七八十人之间。

蕲州历代州（县）官一览表

表3-1

朝代	姓　名	职　名	任职时段	籍贯	（爵）学位	备　注
南宋时期	陈　兴					
	余　童	知州				旧志有传
	喻　樗	知州	绍兴年间			
	岳　飞	制置使	绍兴年间	河南汤阴	武德大夫	朝廷合并舒蕲二州
	章　焘	知州				
	施温舒	知州	淳熙年间			旧志有传
	严刚中	大辖蕲口	嘉定十四年（1221年）以后			
	孙　中	统制官				
	夏　倪			蕲州		旧志有传
	曹　全					
	王　霆	知州	宋理宗时	浙江东阳		旧志有传
	徐　臬	知州	嘉熙年间			
	张可大	知州	嘉熙年间			
	王　益	知州	景定年间			旧志有传
	仲弥性	知州				
	林　震					
	刘　极					
	陈　晦	知州	南宋末期			旧志有传
	厉　某	知州	南宋末期			
元朝	管景模	知州兼安抚使	南宋末期			以城降元
	张好古	戍蕲州	元代初期			

续表 3-1

朝代	姓 名	职 名	任职时段	籍贯	(爵)学位	备 注
元朝	赵昭武					
	赵篔翁	总管	元代中期			
	志荣祖		元代中期			
	狄思圣		元代中期			
	卜颜铁机	驻控蕲州段长江达十六年之久	至正十二年任	蒙古人		旧志有传
	马 侃					
	张谷祥	总管	元末	蕲州永福乡		旧志有记载
明朝	左安善	知府	洪武初期			旧志有传
	徐 麟	知府	洪武年间	蕲州广济(今武穴)		旧志有传
	王德明	知县	洪武中期			
	孔思森	知州	洪武后期	山东曲阜	举人	旧志有传
	杨 琪	知州	永乐时期		举人	旧志有传
	李士安	知州	宣德年间			
	王 坦	知州	正统初年	山东郓城	举人	旧志有传
	钱 敏	知州	正统后期	安徽舒城	进士	
	姜 浩	知州				
	陈 范	知州	景泰年间			
	金 铣	知州	景泰年间	淮安山阳	举人	旧志有传
	赵应隆	知州	天顺初期	河北合州	举人	
	何尧中	知州	天顺年间	河北合州	举人	
	庄 严	知州	成化初期	江苏上元	进士	旧志有传

续表 3-1

朝代	姓 名	职 名	任职时段	籍 贯	(爵)学位	备 注
明朝	钱承德	知州	成化年间	江苏常熟	进士	旧志有传
	何 伦	知州	成化年间	广东顺德	举人	旧志有传
	王 宜	知州	成化年间		进士	
	白福祥	知州	成化年间	河南祥符	进士	
	周广荣	知州	成化后期	江西上高		
	杨 淮	知州	弘治前期	淮安山阳	进士	
	侯 直	知州	弘治中期	松江华亭	进士	旧志有传
	陈 霁	知州	弘治后期	浙江秀水	举人	
	余 忠	知州	正德初期	江苏无锡	举人	
	李 绅	知州	正德年间	河南内乡	举人	
	叶仕美	知州	正德年间	福建闽县	举人	旧志有传
	黄 嵩	知州	正德年间	江西浮梁	举人	
	李 纯	知州	正德年间	福建莆田	进士	旧志有传
	杨 清	知州	正德后期	浙江山阴	进士	在任 13 年
	魏 修	知州	嘉靖元年	福建兴化	举人	
	李孚先	知州	嘉靖年间	福建莆田	举人	
	季 林	知州	嘉靖年间	江西进贤	举人	
	周 南	知州	嘉靖年间	羽林军卫	进士	旧志有传
	周 训	知州	嘉靖年间	云南宁州	举人	
	马 淮	知州	嘉靖十五年任	浙江秀水	举人	
	马惟孝	知州	嘉靖中期	河南偃师	举人	后升知府
	张 洗	知州	嘉靖二十年上任	江西鄱阳	举人	

续表 3-1

朝代	姓 名	职 名	任职时段	籍贯	(爵)学位	备 注
明朝	陈 震	知州	嘉靖二十一年上任	福建闽县	举人	
	吴 凤	知州	嘉靖年间	江西贵溪	举人	
	万 敏	知州	嘉靖二十九年上任	江西南昌	进士	
	崔一濂	知州	嘉靖三十年上任	广东南海	进士	
	谷钟秀	知州	嘉靖中期	浙江余姚	进士	旧志有传
	范 信	知州	嘉靖年间	浙江金华	举人	
	石 玺	知州	嘉靖年间	安徽滁州	举人	旧志有传
	向天真	知州	嘉靖后期	四川眉州	举人	
	袁伯嵩	知州	嘉靖后期	江西丰城	举人	
	萧奇勋	知州	隆庆初年	福建莆田	进士	
	聂 瀛	知州	隆庆中期	河北保定	进士	
	杨 魁	知州	隆庆后期	浙江江山	岁贡	
	裴应时	知州	万历二年任	河北河间	举人	
	刘 点	知州	万历四年任	江西临川	举人	
	路云龙	知州	万历六年任	江苏宜兴	进士	旧志有传
	徐希明	知州	万历十六年任	浙江上虞	举人	旧志有传
	潘 钰	知州	万历二十年任	江西婺源	进士	旧志有传
	郑孟祯	知州	万历二十五年任	福建莆田	举人	旧志有传
	蒋如兰	知州	万历中期	广西全州		
	谭 经	知州	万历中期	江苏吴县		
	何之图	知州	万历三十三年任	江西婺源	举人	旧志有传
	侯大节	知州	万历三十五年任	河南汲县	进士	旧志有传

续表 3-1

朝代	姓 名	职 名	任职时段	籍贯	(爵)学位	备 注
明朝	朱 圻	知州	万历三十七年任	河南商城	举人	
	赵善纪	知州	万历四十一年任	广东南海	举人	
	伦应祥	知州	万历四十四年任	广东东莞	举人	
	汤应选	知州	万历四十七年任	江西临川	举人	
	钱兆元	知州	天启三年任	浙江仁和	举人	
	胡承烈	知州	天启六年任	山东	岁贡	
	唐世照	知州	崇祯五年任	安徽淮阳	举人	旧志有传
	张叔监	知州	崇祯十一年任	江西新淦	举人	
	孙 光	知州	崇祯十三年任	山东	举人	
	陈邦奎	知州	崇祯十四年任	广东南海		
	黄金榜	知州	崇祯十五年任	江苏上元	举人	
	张登衡	知州	崇祯末期	广西临桂		
清朝	苏中和	知州	顺治初期	湖北襄阳		
	张定邦	知州	顺治年间	满洲	生员	旧志有传
	柳 愈	知州	顺治年间	河北宁晋	举人	
	方于光	知州	顺治年间	河北大兴	进士	旧志有传
	包隆道	知州	顺治年间	浙江	拔贡	
	庞尧年	知州	顺治年间	辽宁辽阳	贡生	
	金 贵	知州	顺治年间	江苏苏州		
	王宗尧	知州	顺治后期	广东广宁	荫生	旧志有传
	高子翼	知州	康熙初期	福建闽县	进士	
	李成材	知州	康熙年间	辽宁辽阳	贡生	

续表 3-1

朝代	姓名	职名	任职时段	籍贯	(爵)学位	备注
清朝	张士驷	知州	康熙年间	江西新建	进士	
	迟惟培	知州	康熙年间	正白旗	举人	
	刘国辅	知州	康熙年间	正红旗	举人	
	王　玠	知州	康熙后期	镶红旗	荫生	旧志有传
	华文振	知州	雍正初年	安徽宿州	监生	
	蒋嘉年	知州	雍正年间	镶蓝旗	监生	
	童镇夏	知州	雍正年间	浙江会稽	监生	
	王松龄	知州	雍正年间	正白旗	官生	
	刘　淑	知州	乾隆初年	山西临汾	监生	
	蒋尚德	知州	乾隆年间	镶红旗	举人	
	李　泌	知州	乾隆年间	广西灵川	进士	旧志有传
	钱　鋆	知州	乾隆年间	江苏常熟	举人	
	刘　义	知州	乾隆年间	山东	进士	旧志有传
	张金管	知州	乾隆年间	浙江乌程	监生	旧志有传
	朱懋丙	知州	乾隆年间			
	谢梦草	知州	乾隆年间	广东东官	进士	
	陈嘉谟	知州	乾隆年间	浙江钱唐	进士	旧志有传
	赵望龄	知州	乾隆年间			
	李国骐	知州	乾隆年间	江苏嘉应	举人	
	德　泰	知州	乾隆年间	正白旗		
	高为济	知州	乾隆年间	河北直隶	举人	
	王希会	知州	乾隆年间			

续表 3-1

朝代	姓 名	职 名	任职时段	籍贯	(爵)学位	备 注
清朝	常丹葵	知州	乾隆年间	山东交州	举人	
	胡齐峇	知州	乾隆后期			
	曾维道	知州	乾隆后期	河北直隶	拔贡	
	魏肇高	知州	嘉庆初年	河北柏乡	进士	
	张 琴	知州	嘉庆年间	河北直隶	举人	
	范宝琭	知州	嘉庆年间	浙江嘉善	进士	
	椿 龄	知州	嘉庆年间	汉军卫	进士	
	顾 澍	知州	嘉庆年间	浙江钱塘	举人	
	张彭龄	知州	嘉庆年间	汉军卫		
	梦 龄	知州	嘉庆末期	汉军卫		
	邓兰薰	知州	道光初年	江西	举人	
	李 锷	知州	道光年间	山西解州	进士	
	林 寅	知州	道光年间	福建		从荆州调入
	左炳章	知州	道光年间	云南	进士	
	王 达	知州	道光年间	江苏扬州	翰林	
	马鸿图	知州	道光年间	山东	荫生	
	钟振超	知州	道光年间	江苏扬州	进士	
	孙承恩	知州	道光年间	浙江杭州	附监	
	爱 禄	知州	道光年间	满洲		
	林寿平	知州	道光年间	山西侯官	进士	旧志有传
	刘 庚	知州	道光年间	浙江会稽	举人	旧志有传
	陈恩绂	知州	道光年间	浙江	荫生	

续表 3-1

朝代	姓 名	职 名	任职时段	籍贯	(爵)学位	备 注
清朝	龚 启	知州	道光年间		监生	
	劳光泰	知州	道光年间	广东海南	进士	
	杨明善	知州	道光年间	江苏	进士	
	刘 咸	知州	道光年间	河北大兴	举人	
	董炳南	知州	道光末期	浙江	举人	
	潘克溥	知州	咸丰初期	山东夏津	举人	编州志
	瑞 存	知州	咸丰年间	满洲	进士	
	石 介	知州	咸丰年间	永绥厅	举人	
	彭应鲤	知州	咸丰年间	广东化州	监生	
	李 瑜	知州	咸丰年间	四川	监生	
	崔南馨	知州	咸丰末期	河北南宫	监生	
	王庭桢	知州	同治初期	江苏无锡	副榜	
	福 惠	知州	同治年间	汉军卫	筆贴试	
	黄式度	知州	同治年间	陕西普化	举人	
	孙福海	知州	同治年间	河北荣成	举人	
	吕宪瑞	知州	同治末期	山东莱芜	进士	
	熊 銮	知州	光绪初期	江西安义	优贡	
	宗景潘	知州	光绪年间	浙江钱塘	举人	
	宋熙会	知州	光绪年间	江苏武进	附贡	
	封蔚礽	知州	光绪年间	广西容县	进士	编州志
	李祖荫	知州	光绪十七年在任	安徽巢县	进士	
	毕大琛	知州	光绪十八年在任			

续表 3-1

朝代	姓 名	职 名	任职时段	籍贯	(爵)学位	备 注
清朝	凌兆熊	知州	光绪二十年任	安徽定远	进士	
	胡得立	知州	光绪二十六年在任			
	谢绍佐	知州	光绪二十七年在任			民呼谢青天
	凌兆熊	知州	光绪二十八年又任	安徽定远	进士	
	李宝洤	知州	光绪二十九年在任			
	陈树屏	知州	光绪三十年在任	安徽望江	进士	教育志有传
	查双绥	知州	光绪三十一年在任	北京宛平	举人	
	凌兆熊	知州	光绪三十二年在任	安徽定远	进士	三任
	查双绥	知州	光绪三十三年在任	北京宛平	举人	二任
	张锦云	知州	宣统元年	贵州		
	李祖荫	知州	宣统二年	安徽巢县	进士	二任
	郭鹤龄	知州	宣统三年			一说为郭松龄
	俞廷恩	知州	宣统三年冬	浙江山阴	监生	

（二）民国时期政体

清宣统三年（1911 年）10 月 10 日，辛亥革命武昌首义成功，推翻帝制。蕲州于十月十三日宣布和平光复。1912 年 1 月 1 日，孙中山在南京宣布建立中华民国，中华民族走向共和时代。蕲州即改为县级建制，设县知事 1 人，佐官、僚属总人数与旧制稍增。1926 年 11 月后，北伐战争胜利后，县知事更名为县长。大革命失败后，国民党统治蕲春、县党部书记，县长同设。1932 年 10 月，省府在蕲州设第三行政督察区专员公署，即以专员兼任县长；1937 年初，专员公署迁出。蕲州仍为蕲春县驻地，县长职衔不变，至 1949 年 5 月 14 日（农历四月十七）蕲州解放，国民党政权在蕲州土崩瓦解。

其间，1938 年 10 月 8 日（农历八月十五日中秋节），日本侵略军占领蕲州到 1945 年 9 月 20 日（农历八月十五中秋节）日本投降撤离蕲州，整整统治蕲州 7 年之久。其间，成立伪蕲春县政权，亦至 1945 年 9 月 20 日自行灭亡。

民国时期蕲州历任县官一览表

（注：北洋时期1921—1926年称县知事，后统称县长）

表3-2

姓名	职名	生卒时间	任职时间	籍贯	备注
王利仁	知事		1912年		
吴耀楠	知事		1912年	湖北宜昌县	
贺作霖	知事		1913年12月在任	湖北钟祥县	字雨亮
杨寿昌	知事	生于道光二十九年（1849年）	1914年1月	四川成都	字葆初
吴勤修	知事	生于咸丰八年（1858年）	1914年12月至1915年在任	河南潢川	字蓉生
张增垚	知事		1915年冬至1918年在任	四川内江	字绍皋
叶锡年	知事		1918年8月	山东历城	字梅生
刘文冕	知事		1919年		
张泽均	知事		1919年秋至1920年4月在任		
程忠翊	知事		1920年9月至1921年10月在任		
黄厚焱	知事	生于光绪七年（1881年）	1922年7月至1923年在任	湖南长沙	字仲炳
杨树藩	知事		1924年在任		字玉波
萧贽昌	知事		1925年	湖北黄冈县	亦名炽昌
杨寿昌	知事	生于道光二十九年（1849年）	1925年	四川成都	字葆初
萧厚焱	知事	生于光绪七年（1881年）	1925年8月	湖南长沙	二任
杨永厚	知事		1926年		
余肇舟	县长		1926年10月至11月	安徽休宁	字鸿基
李维新	县长		1926年1 2月至1927年1月		
刘树仁	县长	生于光绪十三年(1887年),卒于1952年	1927年1月至1927年11月	湖北蒲圻县	字觉民
易永寅	县长		1927年9月	湖南益阳	亦名允赢
陈　韬	县长		1928年6月在任	湖北广济（今武穴）	字寿山
杨承书	县长		1928年至1929年5月在任		

续表 3-2

姓 名	职名	生卒时间	任职时间	籍 贯	备 注
朱一鹏	县长		1929 年 7 月在任		
徐方济	县长		1929 年 8 月至 1930 年 11 月在任	湖南衡阳	
王治锷	县长	生于光绪十三年(1887 年)	1930 年 11 月至 1931 年 10 月在任	湖北黄陂县	
王星一	县长		1931 年 10 月至 12 月		
王道中	县长		1931 年 12 月至 1932 年 5 月	湖北黄冈县	
王铭恒	代县长		1932 年 5 月至 7 月	湖北黄冈县	
邓鼎成	县长	生于光绪廿年(1894 年)	1932 年 8 月至 10 月	湖北石首县	
辜仁发	专员兼县长	生于光绪十七年(1891 年,字达岸)	1932 年 11 月 1 日至 1933 年 11 月	湖北安陆县	时为第三督察专区
刘 复	专员兼县长	字菊波	1933 年 11 月任	湖北鄂城县	时为第三督察专区
陈琢如	专员兼县长	生于光绪十六年(1890 年,字 章)	1932 年 5 月至 1936 年 5 月在任	浙江桐乡	时为第三督察专区
程汝怀	专员兼县长	生于光绪十八年(1892 年,字璞章)	1936 年 6 月至 1937 年	湖北黄安县(今红安县)	时为第二督察专区
陈孝芬	县长	生于光绪十五年(1889 年)	1937 年 3 月至 1938 年 2 月在任	湖北黄安县(今红安县)	字铁侯
万 廉	代县长	生于光绪十八年(1892 年)	1938 年 2 月至 12 月	湖北天门县	字义周
汤家骏	县长	生于光绪廿三(1897 年)年,卒于 1951 年	1938 年 12 月至 1940 年 10 月	湖北沔阳县	字修吾
王 度	县长		1940 年 10 月至 1948 年 10 月	湖北黄安县(今红安县)	字明德
何庭芳	县长		1942 年 1 月至 1943 年 10 月	四川省	
雷鸣震	县长	生于 1914 年,卒于 1956 年	1943 年 10 月至 1946 年 3 月	湖北房县	又名王育林
兰季昌	县长	生于宣统三年(1911 年)	1946 年 4 月至 1947 年 5 月	湖北广济县(今武穴市)	
李 倜	县长	生于光绪三十二年(1906 年)	1947 年 5 月至 10 月	湖北沔阳县	
陈康民	县长	生于光绪廿六年(1900 年)	1947 年 10 月至 1948 年 4 月	湖北蕲春县	
叶景福	县长	生于光绪三十年(1904 年),卒于 1950 年	1948 年 5 月至 1949 年 5 月	湖北英山县	字介夫
汪世燮	县长		1949 年 5 月		未到任

二、中华人民共和国成立后蕲州的政治建设

（一）中国共产党的组织建设

蕲州是蕲春境内中共党组织的发源地和发祥地。1926 年 11 月 20 日，中共蕲春县特别支部在蕲州夏家大屋秘密成立，陈方任书记；1927 年初，中共蕲州麟凤支部秘密成立，陈方兼书记；1927 年 5 月，中共蕲春县特支扩建成县委，梅楚安赴省汇报留任，詹大权接任中共蕲春县委书记。大革命失败后，蕲春县委转入地下，詹大权奉命转移。1927 年 10 月下旬，原中共蕲春县委委员魏今非（化名魏其祥）秘密重建蕲州支部，任书记；1928 年 3 月，中共蕲春县临时委员会在蕲州秘密成立，张光远任书记。并恢复菩提、竹瓦店基层支部，后皆转移到大冶中心县委；1939 年 6 月上旬，太常村人张翼南以老党员身份发展一批新党员，秘密建立陈家围党支部，是为抗战时期蕲州境内第一个党支部，张翼南任书记；1940 年 3 月下旬，中共蕲广边县委在邱山村竹林塆成立，张翼南任边县委书记。同年 8 月 18 日，中共菩提区委成立，潘迪生任书记，下辖陈围、梅塆、黄土岭、宋岭、下石潭、王塆 6 个支部；11 月中旬，中共蕲广边县委改组，张明任书记；1941 年 4 月下旬，中共蕲黄广中心县委在蕲州塘塆成立，赵辛初任书记；1942 年 8 月 10 日，中共鄂豫边区第五地委（鄂皖地委）在蕲州邱山村成立，刘西尧任第五地委书记；1943 年 7 月，原中共蕲黄广中心县委扩建为中共鄂皖边中心县委，赵辛初任书记，至蕲州解放前夕，一直领导蕲州地区的革命斗争。

1949 年 3 月城关区委建立，属中共蕲春县委领导。1951 年 10 月改为第三区委，1953 年 6 月改为菩提区委，1955 年 12 月改为蕲州区委，1956 年 8 月区委撤销，分设黄土岭农村生产指导组和蕲州镇委。1958 年 8 月指导组和镇委又改建红专、钢铁为两个人民公社党委。1958 年 11 月两公社党委合建为钢铁人民公社党委（1959 年 1 月，更名为蕲州人民公社党委），1961 年 10 月撤销。

1. 中共城关区委（1949 年 4 月至 1953 年 6 月）

书　记：周元瑞（1949 年 4 月至 7 月）
　　　　徐　行（1949 年 7 月至 12 月）
　　　　殷　实（1950 年 1 月至 1951 年 10 月）
　　　　尚保顺（1952 年春至 1953 年 6 月）

2. 中共菩提区委（1953 年 6 月至 1955 年 12 月）

书　记：尚保顺（1953 年 6 月至 1954 年春）
　　　　程展鹏（1954 年 5 月至 1955 年 12 月）
副书记：程展鹏（1953 年 6 月至 1954 年 5 月）

张季涛（1954年4月至1955年12月）
朱翠珍（女，1954年3月至1955年12月）

3. 中共蕲州区委（1955年12月至1956年8月）

书　　记：程展鹏（1955年12月至1956年8月）
第一副书记：张　维（1955年12月至1956年8月）
第二副书记：朱翠珍（女，1955年12月至1956年8月）
副 书 记：张季涛（1955年12月至1956年8月）

4. 中共蕲州人民公社党委（1956年8月至1961年10月）

1956年8月由于撤销区委而分设蕲州镇委与黄土岭农村生产指导组，黄土岭指导组组长先后由张登瀛、胡立平担任，副组长为陈绍雄，方文发，周庆有，陈继昌，指导员为方文斌。1958年8月该指导组与蕲州镇委撤销，合而改建为红专、钢铁两个人民公社党委。1958年11月，两公社党委合并建为钢铁公社党委（1959年1月改称为蕲州人民公社党委），1961年10月撤销。

5. 中共红专人民公社党委（1958年8月至1958年11月）

书　　记：方文发（1958年8月至1 958年11月）
书记处书记：徐守谦（1958年8月至1 958年11月）
书记处书记：江和东（1958年8月至1 958年11月）

6. 中共钢铁人民公社党委（1958年8月至1958年12月）

书　　记：陈定明（1958年8月至1958年11月）
　　　　　郝天乙（1958年11月至1958年12）
书记处书记：柯望生（1958年8月至1958年12月）
　　　　　游　际（1958年8月至1958年12月）
　　　　　陈定明（1958年11月至1958年1 2月）
　　　　　方文发（1958年11月至1958年1 2月）

7. 中共蕲州人民公社党委（1959年1月至1961年10月）

书　　记：郝天乙（1959年1月至1959年5月）
　　　　　吴江海（兼，1959年5月至1961年10月）
　　　　　盛成忠（1961年11月至1961年10月）
书记处书记：方文发（1959年1月至1959年2月）
　　　　　陈定明（1959年1月至1959年2月）

游焕南（1959年1月至1959年2月）
副 书 记：方文发（1959年2月至1960年4月）
陈定明（1959年2月至1961年10月）
游焕南（1959年2月至1960年8月）
成和春（1960年11月至1961年6月）
柯望生（1960年3月至1961年10月）
周得胜（1960年2月至1961年6月）
田　广（1960年8月至1961年6月）

8. 中共蕲州镇委（1951年8月至1955年12月）

中华人民共和国成立初，蕲州镇属城关区所辖，1951年8月方改为区级建制，成立蕲州镇，属中共蕲春县委领导。1955年12月又改为乡级镇委，上隶蕲州区委。1956年8月根据蕲组字[1956]第14号文件精神，复建区级镇委。1958年9月钢铁人民公社党委成立，该镇委改为其下辖的大队总支，1959年1月改为该公社下辖之管理区党总支；1959年6月根据蕲组[1959]第23号文件精神，再度改为区级镇委。

书　记：刘　勇（1951年8月至1952年9月）
韩培英（1952年9月至1953年10月）
侣合兴（1954年2月至1954年10月）
李香亭（1954年12月至1955年12月）
副书记：韩培英（1951年8月至1952年9月）
张　维（1955年3月至1955年12月）

书　记：陈定明（1956年3月至1957年1月）
张　维（1957年1月至1957年8月）
朱启文（1957年9月至1958年4月）
副书记：胡立平（1958年2月至1957年9月）

书　记：陈仕典（1964年3月任职）
副书记：柯望生（1961年10月至1962年1月）

1967年1月原镇委工作瘫痪。是年4月成立“抓革命促生产领导小组”，1968年9月成立镇革命委员会，1970年1月成立镇“整党建党领导小组”，1971年11月中共蕲州镇委重新建立。

书　记：陈仕典（1966年10月离职）
余献春（1966年10月至1971年10月）
副书记：严根发（1966年10月至1971年10月）

第一书记：管和雨（兼，1975年2月任职）
书　记：陈楚英（1971年11月任职）
副 书 记：曹文章（1971年11月至1976年4月）

陈龙生（1971年11月至1973年5月）
叶棣华（1973年11月至1975年10月）
於治国（1974年1I月任职）
李　洁（1974年8月任职）
张炎明（1974年11月任职）
曹其贵（1975年2月任职）
张应槐（1975年2月任职）

本时期蕲州镇属县辖镇的建制一直未变，镇党组织之领导机构，基本分为3个阶段。一是期初镇、社同设，合建党委，下辖雨湖等4个管理区党总支；二是1984年2月设区建乡，撤销蕲州公社设置，并将沙径大队划入，改管理区为乡成立4个乡党委；三是1987年9月撤区并乡，其原辖黄士岭乡从蕲州镇划出。

9. 中共蕲州镇（公社）党委（1976年10月至1984年2月）

第一书记：管和雨（兼，1978年2月离职）
书　　记：陈楚英（1978年2月离职）
管和雨（1978年2月至1979年3月）
肖全文（1979年4月至1 980年4月）
陈国桢（1980年3月至1983年4月）
徐隆盛（1983年4月至1984年2月）
副 书 记：曹其贵（1984年2月离职）
李　洁（1978年2月离职）
张应槐（1984年2月离职）
於治国（1983年4月离职）
肖全文（1978年2月至1979年4月）
张树鹏（1976年10月至1980年4月）
姜　华（1980年11月至1984年2月）
张炎明（1984年2月离职）

10. 中共蕲州镇第三届委员会（1984年2月至1987年9月）

书　记：刘树生（1984年2月至1985年9月）
景祖儒（1985年10月至1987年9月）
副书记：姜　华（1984年2月至1985年2月）
张炎明（1984年2月至1987年2月）
易秀清（1984年2月至1987年9月）
黄赐金（1984年2月至1987年9月）

11. 中共蕲州镇第四届委员会（1987年9月至1993年8月）

书　记：景祖儒（1987年9月至1992年12月）
　　　　陈庞强（1993年1月至1993年8月）
　　　　童德华（1993年9月至1993年12月）
副书记：蔡年福（续，1987年11月至1990年10月）
　　　　黄赐金（续，1987年11月至1989年10月）
　　　　徐正三（续，1987年11月至1990年10月）
　　　　易秀清（1989年10月至1993年2月）
　　　　徐德安（1988年11月至1990年10月）
　　　　王善雄（1990年5月至1991年11月）
　　　　田晓春（1990年10月至1994年1月）
　　　　何汉斌（1990年10月至1993年9月）
　　　　黄学月（1991年12月至1993年10月）
　　　　叶祥新（1992年12月至1994年1月）
　　　　李石柱（挂职，1990年12月至1992年12月）
　　　　胡宗佑（挂职，1991年6月至1993年6月）
　　　　胡少山（挂职，1992年2月至1994年2月）
　　　　王付加（1993年10月至1994年1月）
纪委书记：范亚芳（1987年10月至1990年10月）
　　　　　翁长国（1990年10月至1993年10月）

12. 中共黄土岭乡第一、二届委员会

书　记：周秋生（续，1987年11月至1988年10月）
　　　　陈锦文（1988年10月至1992年8月）
　　　　张树鹏（1992年8月至1993年9月）
　　　　胡红旗（1993年9月至　　）
副书记：易秀清（续，1987年11月至1989年10月）
　　　　张汉雄（续，1987年11月至1990年10月）
　　　　张树鹏（1988年11月至1992年8月）
　　　　黄赐金（1989年10月至1993年10月）
　　　　方锡君（1990年10月至1993年10月）
　　　　胡红旗（1992年7月至1993年9月）
　　　　张　军（1993年9月至　　）
　　　　周仁富（1993年10月至　　）
　　　　马辉才（1993年10月至　　）
纪委书记：张启坤（1987年12月至1990年12月）
　　　　　叶　荣（1990年11月至1993年10月）
　　　　　龚春生（1993年10月至　　）

13. 中共蕲州镇第五届委员会

书　记：童德华（1994年1月至1997年1月）
副书记：叶祥新（1994年1月至1994年3月）
　　　　王善雄（1994年1月至1996年1月）
　　　　李　韧（1996年2月至1997年1月）
　　　　肖辉俊（1994年9月至1997年1月）
　　　　田晓春（续，1994年1月至1997年1月）
　　　　王付加（续，1994年1月至1997年1月）
　　　　骆敬泽（续，1994年1月至1997年1月）
　　　　陈校林（挂职，1994年5月至1996年4月）
　　　　彭文斌（挂职，1996年6月至1997年1月）
委　员：张大汉（续，1994年1月至1997年1月）
　　　　胡志华（续，1994年1月至1994年9月）
　　　　叶洪青（1995年1月至1997年1月）
　　　　黄继明（续，1994年1月至1997年1月）
　　　　程绪元（续，1994年1月至1997年1月）
　　　　夏　伦（续，1994年1月至1997年1月）
　　　　王火明（续，1994年1月至1997年1月）
　　　　宋晓林（续，1994年1月至1997年1月）
　　　　王长江（1995年1月至1997年1月）
纪委书记：张大汉（1993年10月至1997年1月）

14. 中共黄土岭乡第三届委员会

书　记：胡红旗（续，1994年1月至1997年1月）
副书记：张　军（续，1994年1月至1997年1月）
　　　　马辉才（续，1994年1月至1997年1月）
　　　　周仁富（续，1994年1月至1997年1月）
　　　　胡志华（1994年1月至1997年1月）
委　员：龚春生（续，1994年1月至1997年1月）
　　　　黄赐君（续，1994年1月至1997年1月）
　　　　徐正南（续，1994年1月至1997年1月）
　　　　张金玉（女，续，1994年1月至1995年5月）
　　　　李志明（1994年1月至1995年2月）
　　　　丁亚平（续，1994年1月至1997年1月）
　　　　李志焱（1994年7月至1997年1月）
　　　　李友国（1995年5月至1997年1月）
　　　　李敢创（1995年5月至1997年3月）

李均启（1995年5月至1997年1月）
纪委书记：龚春生（1994年1月至1997年1月）

15. 中共蕲州镇第六届委员会

书　记：王继芳（1997年1月至1999年2月）
张正雄（1999年2月至2001年1月）
副书记：李　韧（1997年1月至1999年3月）
王付加（1997年1月至2000年1月）
骆敬泽（1997年1月至1999年3月）
张大汉（1997年1月至2000年1月）
陈昌水（1997年1月至2000年1月）
彭文斌（挂职，1997年1月至2000年1月）
胡歌进（挂任，1997年3月至2000年1月）
委　员：韩俊章（1997年1月至2000年1月）
胡岭生（1997年1月至2000年1月）
黄继明（1997年1月至2000年1月）
程绪元（1997年1月至2000年1月）
夏　伦（1997年1月至1997年3月）
王火明（1997年1月至2000年1月）
汪秀芬（女，1997年1月至2000年1月）
纪委书记：韩俊章（1997年1月至2000年1月）

16. 中共黄土岭乡第四届委员会

书　记：宋　杰（1997年1月至2000年1月）
副书记：陈　红（1997年1月至2000年1月）
马辉才（1997年1月至2000年1月）
黄赐君（1997年1月至2000年1月）
委　员：陈国荣（1997年1月至2000年1月）
万亚平（1997年1月至2000年1月）
李友国（1997年1月至2000年1月）
童光国（1997年1月至2000年1月）
纪委书记：陈国荣（1997年1月至2000年1月）

17. 中共蕲州镇第一届委员会

21世纪中共蕲州镇第一次代表大会于2001年5月16日召开，时间1天，出席会议的代表111人，列席代表116人。会议主要议程：听取并审议了张正雄代表上届党委和李敢创代表上届纪委分别所作的工作报告；通过了相应决议；实行差额选举，产生了中共蕲州镇第一届委员会、中共蕲州镇纪律检查委员会，新一届党委由15人组成，纪委由7人组成。

书　记：张正雄（2001 年 2 月至 2003 年 10 月）
　　　　李　韧（2004 年 10 月至 2006 年 12 月）
副书记：骆敬泽（2001 年 3 月至 2004 年 4 月）
　　　　张志鹏（2004 年 4 月至 2006 年 12 月）
　　　　张大汉（2001 年 3 月至 2004 年 10 月）
　　　　高佳明（2001 年 3 月至 2002 年 12 月）
　　　　管建平（2001 年 3 月至 2006 年 12 月）
　　　　胡亚文（2001 年 3 月至 2004 年 10 月）
　　　　刘良红（　—2006 年 12 月）
委　员：李敢创（2001 年 3 月至 2006 年 12 月）
　　　　万亚平（2001 年 3 月至 2006 年 12 月）
　　　　潘阳胜（2001 年 3 月至 2004 年 10 月）
　　　　夏先维（2001 年 3 月至 2004 年 10 月）
　　　　陈少华（2001 年 3 月至 2006 年 12 月）
　　　　刘玉容（女，2001 年 3 月至 2004 年 10 月）
　　　　封泽胜（2001 年 3 月至 2004 年 10 月）
　　　　田晓丰（2001 年 3 月至 2006 年 12 月）
　　　　孙续茂（2001 年 3 月至 2004 年 10 月）
　　　　胡岭生（2004 年 10 月至 2006 年 12 月）
纪委书记：李敢创（2001 年 3 月至 2004 年 10 月）
　　　　　管建平（2004 年 10 月至 2005 年 3 月）
　　　　　刘良红（2005 年 3 月至 2006 年 12 月）

18. 中共黄土岭乡第五届委员会

书　记：胡文奇（2000 年 1 月至 2001 年 3 月）
副书记：程向东（2000 年 1 月至 2001 年 3 月）
　　　　管建平（2000 年 1 月至 2001 年 3 月）
　　　　胡亚文（2000 年 1 月至 2001 年 3 月）
委　员：陈国荣（2000 年 1 月至 2001 年 3 月）
　　　　万亚平（2000 年 1 月至 2001 年 3 月）
　　　　田建华（2000 年 1 月至 2001 年 3 月）
　　　　张启金（2000 年 1 月至 2001 年 3 月）
　　　　刘玉容（女，2000 年 1 月至 2001 年 3 月）
　　　　童光国（2000 年 1 月至 2001 年 3 月）
　　　　孙续茂（2000 年 1 月至 2001 年 3 月）
纪委书记：陈国荣（2000 年 1 月至 2001 年 3 月）

19. 中共蕲州镇第一届委员会（续）

2001年2月，按照全县乡镇撤并工作的统一部署，原黄土岭整体并入蕲州镇。原中共蕲州镇委、中共黄土岭乡党委同时撤销，成立新的中共蕲州镇委员会。

书　记：李　韧（2004年10月至2006年12月）
副书记：张志鹏（2004年4月至2006年12月）
　　　　管建平（续，2004年10月至2006年12月）
　　　　刘良红（2004年10月至2006年12月）
委　员：李敢创（续，2004年10月至2006年12月）
　　　　胡岭生（2004年10月至2006年12月）
　　　　万亚平（续，2004年10月至2006年12月）
　　　　陈少华（续，2004年10月至2006年12月）
　　　　田晓丰（续，2004年10月至2006年12月）
纪委书记：管建平（2004年10月至2005年3月）
　　　　　刘良红（2005年3月至2006年12月）

20. 中共蕲州镇第二届委员会

书　记：李　韧（续，2006年12月至2007年6月）
　　　　汪才伦（2007年6月至2011年10月）
副书记：郑维全（2006年12月至2010年9月）
　　　　孙胜华（2010年9月至2011年10月）
　　　　向安平（挂职，2010年6月至2011年10月）
　　　　石　玲（女，挂职，2010年6月至2011年10月）
　　　　管建平（续，2010年10月至2011年10月）
　　　　江仁义（2006年10月至2011年10月）
　　　　万亚平（2009年9月至2011年10月）
委　员：万亚平（续，2006年10月至2009年9月）
　　　　吴　悠（2006年12月至2011年10月）
　　　　杨海燕（女，2006年12月至2008年4月）
　　　　陈少华（续，2006年10月至2011年10月）
　　　　龚智勇（2006年12月至2011年10月）
　　　　程洪学（2009年9月至2011年10月）
纪委书记：江仁义（2006年12月至2011年10月）

21. 中共蕲州镇第三届委员会

书　记：胡学文（2011年9月至2016年8月）
副书记：陈　青（2011年9月至2016年10月）

向安平（挂职，续，2011 年 10 月至 2012 年 6 月）
石　玲（女，挂职，续，2011 年 10 月至 2012 年 6 月）
龚智勇（2011 年 10 月至 2012 年 9 月）
甘文胜（2011 年 10 月至 2016 年 10 月）
委　员：黄　津（2011 年 10 月至 2013 年 6 月）
徐　蕾（女，2011 年 10 月至 2013 年 6 月）
胡美华（2011 年 10 月至 2016 年 10 月）
王海鹰（2011 年 10 月至　　）
吴拥军（2011 年 10 月至 2016 年 10 月）
纪委书记：甘文胜（2011 年 10 月至 2016 年 10 月）
副书记：游爱军（2011 年 10 月至 2016 年 10 月）

22. 中共蕲州镇第四届委员会

书　记：何朝阳（县委常委兼，2016 年 8 月至　　）
副书记：邓鑫智（2016 年 10 月至　　）
邓小明（2016 年 10 月至　　）
吴拥军（2016 年 10 月至　　）
委　员：詹　剑（2016 年 10 月至　　）
田劲松（2016 年 10 月至　　）
潘冬梅（2016 年 10 月至　　）
曾少杰（2016 年 10 月至　　）
郭光祥（2016 年 10 月至　　）
许金燕（2016 年 10 月至　　）
纪委书记：詹　剑（2016 年 10 月至　　）

（二）政权组织建设

大革命时期，蕲州境内是蕲春最早建立工农政权的地方之一。1930 年 5 月 15 日（农历四月十七日），中共菩提区委组织领导的雨台暴动成功后，即成立了雨台乡苏维埃政府，同年 6 月遭敌人破坏。1941 年 8 月，蕲广边县军民联合办事处在红门楼成立，下设民政、财政、教育、司法 4 科；同年 10 月，下设菩提坝、黄土岭、竹瓦店、白民田 4 个乡公所。1942 年 7 月，在军民联合办事处基础上，建立了蕲广边县抗日民主政府。后至 1949 年 5 月 14 日蕲州解放前夕，即 1949 年 4 月正式设立蕲州城关区。

1. 蕲州（城关）区

1949 年 4 月设城关区。城关区人民政府，属蕲春县人民政府所辖。1951 年 10 更名为第三区。1953 年 6 月又更名为菩堤区，区政府亦改为区公所。1955 年 12 月再更名为蕲州区，仍设区公所。1956 年 8 月撤区设为黄土岭农村生产指导组。1958 年 8 月撤指导组成立红专、钢铁两个人民公社，11 月合并为钢铁公社，1959 年 1 月更名蕲州公社，1961 年 10 月撤销。

城关区人民政府（1949 年 4 月至 1953 年 6 月）

区　长：徐　行（1949 年 4 月至 1949 年 7 月）
　　　　李香亭（1949 年 7 月至 1950 年 4 月）
　　　　李腾超（1951 年 10 月至 1952 年 12 月）
副区长：李文斐（1950 年 4 月至 1951 年 12 月）
　　　　吴文延（1951 年 7 月至 1952 年 12 月）
　　　　郝天乙（1953 年 1 月至 1953 年 6 月）

2. 城关（菩提）区公所（1953 年 6 月至 1956 年 8 月）

区　长：方文发（1953 年 6 月至 1956 年 8 月）
副区长：张季涛（1955 年 6 月至 1855 年 4 月）
　　　　郝天乙（1953 年 6 月至 1954 年 8 月）
第一副区长：胡　一（1955 年 12 月至 1956 年 8 月）
第二副区长：江和东（1955 年 12 月至 1956 年 8 月）

3. 蕲州人民公社（1956 年 8 月至 1961 年 10 月）

1956 年 8 月撤区设为黄土岭农村生产指导组。组长张登瀛，方文发，胡立平，副组长陈维雄、方文发、周庆有、陈继昌，指导员方文斌。1958 年 8 月撤指导组成立红专、钢铁两个人民公社；11 月合并为钢铁公社，1959 年 1 月更名为蕲州公社，1961 年 10 月撤销。

4. 红专人民公社（1958 年 8 月至 1958 年 11 月）

社　长：徐守谦（兼，1958 年 8 月至 1958 年 11 月）
副社长：张正光（1958 年 8 月至 1958 年 11 月）
　　　　张名坤（1958 年 8 月至 1958 年 11 月）

5. 钢铁人民公社（1958 年 8 月至 1958 年 12 月）

社　长：周德胜（1958 年 8 月至 1958 年 11 月）
　　　　方文发（1958 年 11 月至 1958 年 12 月）
副社长：王术生（1958 年 8 月至 1958 年 11 月）
　　　　童幼金（1958 年 8 月至 1958 年 11 月）
　　　　游焕南（1958 年 11 月至 1958 年 12 月）
　　　　徐守谦（1958 年 11 月至 1958 年 12 月）
　　　　朱必生（1958 年 11 月至 1958 年 12 月）

6. 蕲州人民公社（1959 年 1 月至 1961 年 10 月）

主　任：方文发（兼，1959 年 1 月至 1960 年 3 月）
　　　　陈定明（兼，1960 年 2 月至 1961 年 10 月）
副主任：周德胜（1959 年 1 月至月至 1960 年 2 月）
　　　　游焕南（1959 年 1 月至 1960 年 2 月）
　　　　陈善国（1960 年 2 月至 1960 年 12 月）
　　　　叶季新（1960 年 2 月至 1961 年 10 月）

7. 蕲州镇人民政府（1951 年 8 月至 1953 年 6 月）

中华人民共和国成立初属城关区所辖，1951 年 8 月设为区级镇，成立镇人民政府，属蕲春县人民政府所辖。1953 年 6 月镇政府改为镇人民委员会，1955 年 12 月改为乡级镇，1956 年 8 月恢复区级镇，1958 年 8 月人员公社化，改属钢铁公社下辖之大队。1959 年 6 月又恢复为区级镇。

镇　长：李腾超（1951 年 8 月至 1952 年 12 月）
副镇长：张广才（1951 年 8 月至 1953 年 6 月）
　　　　黎　明（1952 年 7 月至 1953 年 6 月）

8. 蕲州镇人民委员会

(1)（1953 年 6 月至 1955 年 12 月）
镇　长：周德胜（1954 年 3 月至 1955 年 12 月）
第一镇长：胡　一（1955 年 3 月至 1955 年 12 月）
副镇长：张广才（1953 年 6 月至 1955 年 12 月）
　　　　黎　明（1953 年 6 月至 1954 年 2 月）
　　　　郑希成（1953 年 6 月至 1955 年 2 月）
(2)（1956 年 8 月至 1958 年 8 月）
镇　长：周德胜（1956 年 8 月至 1958 年 8 月）
副镇长：李望生（1956 年 8 月至 ）
(3)（1959 年 6 月至 1966 年 5 月）
镇　长：周德胜（兼，1959 年 6 月至月至 1961 年 10 月）
　　　　陈定明（1961 年 10 月至月至 1964 年 8 月）
　　　　叶季新（1964 年 12 月至 1966 年 5 月）
　　　　张明定（1965 年 5 月任职）
副镇长：叶季新（1961 年 10 月至 1964 年 12 月）
　　　　童幼金（1962 年 3 月任职）
(4)（1966 年 5 月至 1968 年 9 月）
镇　长：叶季新（1966 年 5 月至 1968 年 9 月）

张明定（1968年9月至1970年春）

副镇长：吴新喜

方凤枝（女，1968年9月至1970年3月）

童幼金（1966年5月至1968年9月）

(5)（1968年9月至1976年10月）

主　任：张明定（1968年9月至1970年3月）

陈楚英（1971年11月任职）

副主任：陈龙生（1968年9月至　　）

王新长（非脱产，农民代表）

杨明中（非脱产，工人代表）

余献春（1968年9月至1970年10月）

曹文章（1970年8月任职）

方凤枝（1972年10月任职）

叶棣华（1972年10月至1975年2月）

严根发（1972年10月至1974年10月）

王树森（1973年10月至1975年2月）

张求应（1973年10月任职）

叶春发（1975年2月任职）

许汉森（19 75年3月至1975年10月）

张远清（1975年任职）

9. 蕲州镇革命委员会（1976年10月至1981年1月）

1976年以前置为蕲州镇和蕲州公社，1976年10月组合成革命委员会，1981年1月撤销革委会，成立镇人民政府和公社管理委员会，合署办公。1984年2月撤销公社及管委会。自此以镇政府施政至今。本镇所辖地域，原含镇区街道及东门、土台、雨湖、黄士岭等地。1984年2月划入了赤东沙径大队，并将原辖4个管理区改置为乡。各成立乡政府；至1987年9月撤区并乡时，则将原黄土岭小乡划出了镇辖地域。镇政府驻蕲州城内。

主　任：陈楚英（兼，1978年2月离职）

肖全文（1978年2月至1980年4月）

副主任：张求应（1977年8月离职）

叶春发

张树鹏（1979年月离职）

张远清

姜　华（1980年1月至1980年12月）

张宇文（1980年11月至1981年1月）

10. 蕲州镇人民政府（1981年1月至1987年9月）

镇　长：李　洁（1981年3月至1983年3月）

曹光颜（1983年4月至1985年2月）

蔡年福（1985 年 3 月至 1987 年 9 月）
副镇长：叶春发（1984 年 2 月离职）
黄用斌（1981 年 3 月至 1987 年 9 月）
张远清（1984 年 2 月离职）
张汉雄（1881 年 3 月至 1983 年 1 月）
封定中（1984 年 2 月至 1985 年 2 月）
徐正三（1985 年 2 月至 1987 年 9 月）
邱照荣（1985 年 2 月至 1987 年 9 月）
居伟胜（1987 年 2 月至 1987 年 9 月）

11. 蕲州镇政府筹备委员会

主　任：蔡年福（续 1987 年 11 月至 1987 年 12 月）
副主任：黄用斌（续 1987 年 11 月至 1987 年 12 月）
居伟胜（续 1987 年 11 月至 1987 年 12 月）
周仁富（续 1987 年 11 月至 1987 年 12 月）
张宇文（续 1987 年 11 月至 1987 年 12 月）

蕲州镇人大主席团

常务主任：张应槐（1987 年 12 月至 1990 年 10 月）
黄用斌（1990 年 10 月至 1994 年 1 月）

蕲州镇人民政府

镇　长：蔡年福（1987 年 12 月至 1990 年 10 月）
何汉斌（1990 年 10 月至 1993 年 9 月）
叶祥新（1993 年 9 月至 1994 年 1 月）
王善雄（1994 年 1 月至 1996 年 1 月）
副镇长：黄用斌（1987 年 12 月至 1990 年 10 月）
周仁富（1987 年 12 月至 1994 年 1 月）
张宇文（1987 年 12 月至 1994 年 1 月）
居伟胜（1987 年 12 月至 1990 年 10 月）
梁福祥（挂职，1989 年 8 月至 1992 年 8 月）
杨汉生（1990 年 10 月至 1994 年 1 月）
陈昌水（1990 年 10 月至 1994 年 1 月）
骆敬泽（挂职，1990 年 12 月至 1993 年 10 月）
王火明（1992 年 5 月至 1993 年 10 月）
黄经伦（1993 年 10 月至 1994 年 1 月）
童寅生（1993 年 10 月至 1994 年 1 月）
汪秀芬（女，1993 年 10 月至……）
调研员：叶春发（续 1987 年 11 月至 1991 年 5 月）
封定中（续 1987 年 11 月至 1991 年 5 月）
张汉雄（1993 年 10 月至 1997 年 11 月）
黄赐金（1993 年 10 月至 1997 年 11 月）

12. 黄土岭乡政府筹备委员会

黄土岭乡下辖王璎、邵垅、潘塆、恒丰、赤东、菩提、金鸡、雨台、邱山、曹英、五里墩、太常、下石潭、油树堖、老虎头、红门楼、塘塆、黄土岭、施家塘19个村。乡政府驻地黄土岭。

主　任：张树鹏（续，1987年11月至1987年12月）

副主任：邱照云（续，1987年11月至1987年12月）

方锡君（续，1987年11月至1987年12月）

黄土岭乡人大主席团

常务主席：曹　俊（1989年2月至1990年10月）

张汉雄（1990年10月至1993年10月）

方锡君（1993年10月至1993年10月）

黄土岭乡人民政府

乡　长：张树鹏（1987年12月至1992年8月）

胡红旗（1992年8月至1993年9月）

张　军（1993年12月至1994年1月）

副乡长：方锡君（1987年12月至1990年10月）

邱照云（1987年12月至1993年10月）

马辉才（1990年10月至1993年10月）

张启坤（1990年10月至1994年1月）

范亚芳（1990年10月至1994年1月）

张荣华（挂职，1990年3月至1992年3月）

戈二兑（挂职，1991年12月至1993年12月）

陈效平（1992年2月至1997年1月）

韩俊章（1993年10月至1997年1月）

周碧林（1993年10月至1997年1月）

调研员：叶　荣（1993年10月至1997年1月）

13. 蕲州镇第十届人大主席团（续1994年1月至1997年1月）

主　席：黄用斌（续1994年1月至1997年1月）

蕲州镇人民政府（续1994年1月至1997年1月）

镇　长：王善雄（1994年1月至1996年1月）

李　韧（1996年2月至1997年1月）

副镇长：张宇文（续1994年1月至1997年1月）

陈昌水（续1994年1月至1997年1月）

杨汉生（续1994年1月至1997年1月）

黄经伦（续1994年1月至1997年1月）

童寅生（续1994年1月至1997年1月）

汪秀芬（女，续 1994 年 1 月至 1997 年 1 月）
王教明（挂职，1995 年 10 月至 1997 年 1 月）
邱冬明（续 1994 年 1 月至 1996 年 11 月）
张金耀（1994 年 3 月至 1994 年 12 月）
主任科员：黄赐金（续 1994 年 1 月至 1997 年 1 月）
张汉雄（续 1994 年 1 月至 1997 年 1 月）
郑美云（1994 年 7 月至 1997 年 1 月）
副主任科员：居伟胜（1993 年 11 月至 1997 年 1 月）
张光中（1993 年 11 月至 1997 年 1 月）
田　丹（1993 年 11 月至 1997 年 1 月）
孙思付（1993 年 11 月至 1997 年 1 月）
王树生（1993 年 11 月至 1997 年 1 月）
黄水明（1993 年 11 月至 1997 年 1 月）

14. 蕲州镇第十一届人大主席团（1997 年 1 月至 2000 年 1 月）

主　席：王继芳（兼，1997 年 1 月至 1999 年 2 月）
副主席：黄学月（1997 年 1 月至 2000 年 1 月）
蕲州镇人民政府（1997 **年** 1 **月至** 2000 **年** 1 **月**）
镇　长：李　韧（1997 年 1 月至 1999 年 2 月）
骆敬泽（1999 年 2 月至 2000 年 1 月）
副镇长：杨汉生（1997 年 1 月至 2000 年 1 月）
童寅生（1997 年 1 月至 2000 年 1 月）
高佳明（1997 年 1 月至 2000 年 1 月）
邱东明（1997 年 1 月至 1997 年 10 月）
夏　伦（1997 年 3 月至 2000 年 1 月）
主任科员：黄用斌（1997 年 1 月至 2000 年 1 月）
徐正三（1997 年 1 月至 2000 年 1 月）
张宇文（1997 年 1 月至'2000 年 1 月）
黄赐金（1997 年 1 月至 2000 年 1 月）
张汉雄（1997 年 1 月至 2000 年 1 月）
郑美云（1997 年 1 月至 2000 年 1 月）
副主任科员：居伟胜（1997 年 1 月至 2000 年 1 月）
张光中（1997 年 1 月至 2000 年 1 月）
孙思付（1997 年 1 月至 2000 年 1 月）
王树生（1997 年 1 月至 2000 年 1 月）
黄水明（1997 年 1 月至 2000 年 1 月）
田　丹（1997 年 1 月至 1997 年 11 月）

15. 蕲州镇第十二届人大主席团（2000年1月至2001年3月）

主　席：陈昌水（2000年1月至2001年3月）
副主席：黄学月（2000年1月至2001年3月）
　　　　童寅生（2000年1月至2001年3月）
蕲州镇人民政府（2000年1月至2001年3月）
镇　长：骆敬泽（2000年1月至2001年3月）
副镇长：韩敬章（2000年1月至2001年3月）
　　　　程绪元（2000年1月至2001年3月）
　　　　夏　伦（2000年1月至2001年3月）
　　　　王海鹰（2000年1月至2001年3月）
主任科员：黄用斌（2000年1月至2001年3月）
　　　　　徐正三（2000年1月至2001年3月）
　　　　　张宇文（2000年1月至2001年3月）
　　　　　黄赐金（2000年1月至2001年3月）
　　　　　张汉雄（2000年1月至2001年3月）
　　　　　郑美云（2000年1月至2001年3月）
　　　　　周仁富（2000年1月至2001年3月）
　　　　　王火明（2000年1月至2001年3月）
副主任科员：居伟胜（2000年1月至2001年3月）
　　　　　张光中（2000年1月至2001年3月）
　　　　　孙思付（2000年1月至2001年3月）
　　　　　曾庆发（2000年1月至2001年3月）
　　　　　王保丛（2000年1月至2001年3月）

16. 黄土岭乡第三届人大主席团（1994年1月至1997年1月）

主　席：方锡君（1994年1月至1997年1月）
黄土岭乡人民政府（1994年1月至1997年1月）
乡　长：张　军（1994年1月至1997年1月）
副乡长：张启坤（1994年1月至1997年1月）
　　　　范亚芳（1994年1月至1996年11月）
　　　　陈效平（1994年1月至1997年1月）
　　　　韩俊璋（1994年1月至1997年1月）
　　　　周碧林（1994年1月至1997年1月）
　　　　戈二兑（挂职，1994年1月至1997年1月）
　　　　蒋正东（1994年3月至1997年1月）
　　　　徐应龙（挂职，1995年1月至1997年1月）
副主任科员：叶　荣（1994年1月至1997年1月）
　　　　曹　俊（1996年2月至1997年1月）

17. 黄土岭乡第四届人大主席团（1997年1月至2000年1月）

主　席：宋　杰（兼1997年1月至2000年1月）
副主席：张启坤（1997年1月至2000年1月）
黄土岭乡人民政府（1997年1月至2000年1月）
乡　长：陈　红（1997年1月至2000年1月）
副乡长：李志焱（1997年1月至2000年1月）
　　　　管建平（1997年1月至2000年1月）
　　　　王长江（1997年1月至2000年1月）
　　　　李敢创（1997年1月至2000年1月）
　　　　蒋正东（1997年1月至2000年1月）
　　　　徐应龙（1997年1月至1999年5月）
主任科员：方锡君（1997年1月至2000年1月）
　　　　　邱照荣（1997年1月至2000年1月）
　　　　　叶　荣（1997年1月至2000年1月）
副主任科员：曹　俊（1997年1月至2000年1月）

18. 黄土岭第五届人大主席团（2000年1月至2001年3月）

主　席：陈锦文（2000年1月至2001年3月）
副主席：李志焱（2000年1月至2001年3月）
黄土岭乡第五届人民政府（2000年1月至2001年3月）
乡　长：程向东（2000年1月至2001年3月）
副乡长：王长江（2000年1月至2001年3月）
　　　　李敢创（2000年1月至2001年3月）
　　　　蒋正东（2000年1月至2001年3月）
　　　　封泽胜（2000年1月至2001年3月）
主任科员：方锡君（2000年1月至2001年3月）
　　　　　邱照荣（2001年1月至2001年3月）
　　　　　叶　荣（2000年1月至2001年3月）
　　　　　张启坤（2000年1月至2001年3月）
　　　　　汪多姑（女，2000年1月至2001年3月）
副主任科员：曹　俊（2000年1月至2001年3月）
　　　　　　徐正南（2000年1月至2001年3月）

19. 蕲州镇第一届人民代表大会（2001年3月至2006年10月）

新世纪蕲州镇第一届人民代表大会于2001年5月18日召开，时间一天，参加会议的代表101人，列席代表186人，特邀代表3人。会议主要议程：听取和审议了骆敬泽代表上届政府所作的政府工作报告，王付加的人大主席团工作报告，何应城的财政预决算报告，并通过了相应决议。会议主席团由17人组成，采取等额和差额选举的方法，产生了镇人大主席团主席1名、副主席3名和镇政府领导成员7名。

主　席：王付加（2001年3月至2004年10月）
　　　　李　韧（兼，2004年10月至2005年3月）
　　　　管建平（2005年3月至2006年10月）

副主席：陈金文（2001年3月至2004年10，正科）
　　　　黄经伦（2001年3月至2004年10，正科）
　　　　李志焱（2001年3月至2004年10月）

蕲州镇人民政府（2001年3月至2006年12月）

镇　长：骆敬泽（续，2001年3月至2004年4月）
　　　　张志鹏（2004年4月至2006年12月）

镇长助理：陈　虎（2003年5月至2004年7月）
　　　　　陶立群（2004年10月至2005年11月）

副镇长：李敢创（2004年10月至2006年12月）
　　　　胡岭生（2001年3月至2006年12月）
　　　　程绪元（2001年3月至2004年10月）
　　　　陈国荣（2001年3月至2004年12月）
　　　　王长江（2001年3月至2004年10月）
　　　　王海鹰（2001年3月至2004年10月）
　　　　田建华（2001年3月至2004年10月）

综治办主任：童光国（2001年3月至2004年10月，副科）

黄土岭办事处主任：蒋正东（2001年3月至2004年10月，副科）

黄土岭办事处书记：张启金（2001年3月至2004年10月，副科）

副科级助理：张大汉（2004年10月至2006年12月）
　　　　　　程绪元（2004年10月至2006年12月）
　　　　　　王长江（2004年10月至2006年10月）
　　　　　　王海鹰（2004年10月至2006年12月）
　　　　　　潘阳胜（2004年10月至2006年12月）
　　　　　　夏　伦（2004年10月至2006年12月）

经济发展办主任：夏先维（2004年10月至2006年12月）

社会事务办主任：刘玉容（女，2004年10月至2006年12月）

党政办主任：孙续茂（2004年10月至2006年12月）

副科级干部：胡亚文（2004年10月至2006年12月）
　　　　　　陈国荣（2004年10月至2006年12月）
　　　　　　田建华（2004年10月至2006年12月）
　　　　　　封泽胜（2004年10月至2006年12月）
　　　　　　童光国（2004年10月至2006年12月）
　　　　　　张启金（2004年10月至2006年12月）
　　　　　　蒋正东（2004年10月至2006年12月）

主任科员：韩俊璋（2004年10月至2006年12月）

陈昌水（2001 年 3 月至 2006 年 12 月）
黄学月（2001 年 3 月至 2006 年 12 月）
杨汉生（2001 年 3 月至 2006 年 12 月）
周仁富（续 2001 年 3 月至 2006 年 10 月）
王火明（续 2001 年 3 月至 2006 年 12 月）
张启坤（续 2001 年 3 月至 2006 年 12 月）
汪多姑（女，续 2001 年 3 月至 2005 年 2 月）
黄用斌（续 2001 年 3 月至 2002 年 4 月）
张宇文（续 2001 年 3 月至 2003 年 10 月）
徐正三（续 2001 年 3 月至 2003 年 11 月）
黄赐金（续 2001 年 3 月至 2005 年 7 月）
张汉雄（续 2001 年 3 月至 2002 年 7 月）
郑美云（续 2001 年 3 月至 2003 年 6 月）
方锡君（续，2001 年 3 月至 2003 年 10 月）
邱照荣（续 2001 年 3 月至 2003 年 12 月）
叶　荣（续 2001 年 3 月至 2002 年 9 月）

副主任科员：黄继明（2004 年 10 月至 2006 年 12 月）
汪秀芬（女，2001 年 3 月至 2006 年 12 月）
居伟胜（续 2001 年 3 月至 2002 年 11 月）
孙思付（续 2001 年 3 月至 2002 年 1 月）
王树生（续 2001 年 3 月至 2001 年 12 月）
黄水明（续 2001 年 3 月至 2001 年 12 月）
曹　俊（续 2001 年 3 月至 2005 年 5 月）
丁亚平（续 2001 年 3 月至 2006 年 12 月）
徐正南（续 2001 年 3 月至 2006 年 12 月）
童寅生（2001 年 3 月至 2006 年 12 月）
张常青（2001 年 3 月至 2006 年 12 月）

20. 蕲州镇第二届人民代表大会（2006 年 12 月至 2011 年 10 月）

主　席：管建平（2006 年 12 月至 2011 年 10 月）

蕲州镇人民政府（2006 年 12 月至 2011 年 10 月）

镇　长：郑维全（2006 年 12 月至 2010 年 9 月）
孙胜华（2010 年 9 月至 2011 年 10 月）

副镇长：万亚平（2006 年 12 月至 2009 年 9 月）
陈少华（2009 年 9 月至 2011 年 10 月）
吴　悠（2006 年 12 月至 2011 年 10 月）
徐海霞（女，2009 年 9 月至 2011 年 3 月）
黄　津（2011 年 4 月至 2011 年 10 月）
徐　蕾（女，2011 年 6 月至 2011 年 10 月）

蔡　梦（女，2011年6月至2011年10月）
党政领导班子成员：胡美华（2010年6月至2011年10月）
副科级助理：张大汉（2006年12月至2011年10月）
程绪元（2006年12月至2011年10月）
王长江（2006年12月至2011年10月）
王海鹰（2006年12月至2011年10月）
潘阳胜（2006年12月至2011年10月）
经济发展办主任：夏先维（2006年12月至2011年10月）
社会事务办主任：刘玉容（女，2006年12月至2011年10月）
党政办主任：孙续茂（2006年12月至2011年10月）
副科级干部：胡亚文（2006年12月至2011年10月）
陈国荣（2006年12月至2011年10月）
田建华（2006年12月至2011年10月）
封泽胜（2006年12月至2011年10月）
童光国（2006年12月至2011年10月）
张启金（2006年12月至2011年10月）
蒋正东（2006年12月至2011年10月）
主任科员：马辉才（2006年12月至2011年10月）
陈金文（2006年12月至2011年10月）
黄赐君（2006年12月至2011年10月）
黄经伦（2006年12月至2011年10月）
李志焱（2006年12月至2011年10月）
韩俊璋（2006年12月至2011年10月）
陈昌水（2006年12月至2011年10月）
黄学月（2006年12月至2010年10月）
杨汉生（2006年12月至2011年10月）
周仁富（2006年12月至2007年12月）
王火明（2006年12月至2011年4月）
张启坤（2006年12月至2007年10月）
副主任科员：黄继明（2006年12月至2011年4月）
童寅生（2006年12月至2010年7月）
汪秀芬（女，2006年12月至2008年10月）
丁亚平（2006年12月至2011年10月）
张常青（2006年12月至2011年10月）
徐正南（2006年12月至2011年6月）

21. 蕲州镇第三届人民代表大会（2011年10月至2016年10月）

主　席：胡学文（兼，2011年10月至2016年10月）
副主席：万亚平（2011年10月至2013年6月）

蕲州镇人民政府（2011年10月至2016年10月）

镇　长：陈　青（2011年10月至2016年10月）

副镇长：黄　津（2011年10月至2016年10月）

胡美华（2011年10月至2016年10月）

蔡　梦（女，续2011年10月至2016年10月）

社区工委主任：程洪学（2011年10月至2016年10月）

正科级干事：程绪元（2011年10月至2016年10月）

孙续茂（2011年10月至2016年10月）

刘玉容（女，2011年10月至2016年10月）

万亚平（2013年5月至2016年10月）

副科级干事：张国辉（2011年10月至2016年10月）

游爱军（2011年10月至2016年10月）

江国兵（2011年10月至2016年10月）

副科级干部：王长江（2011年10月至2016年10月）

潘阳胜（2011年10月至2016年10月）

张启金（2011年10月至2016年10月）

蒋正东（2011年10月至2016年10月）

林　海（2011年10月至2016年10月）

胡亚文（2011年10月至2016年10月）

陈国荣（2011年10月至2016年10月）

田建华（2011年10月至2016年10月）

封泽胜（2011年10月至2016年10月）

童光国（2011年10月至2016年10月）

主任科员：马辉才（2011年10月至2016年10月）

陈金文（2011年10月至2016年10月）

黄赐君（2011年10月至2016年10月）

黄经伦（2011年10月至2016年10月）

李志焱（2011年10月至2016年10月）

韩俊璋（2011年10月至2016年10月）

杨汉生（2011年10月至2016年10月）

副主任科员：丁亚平（2011年10月至2016年10月）

张常青（2011年10月至2016年10月）

2016年10月政府组织成员

镇　长：邓鑫智（2016年10月起）

副镇长：田劲松（2016年10月起）

曾少杰（2016年10月起）

蔡　梦（续，2016年10月起）

（其他成员同前）

附录：

蕲州镇正科级以上历任书记、人大主席、镇长名录

周元瑞 有传，见本志第619页。

徐 行 有传，见本志第620页。

殷 实 （1926年出生。籍贯、参加工作、入党时间不详）。1947年随大军南下留蕲工作，曾任蕲春县人民政府秘书。1950年1月至1951年10月任中共（蕲州）城关区委书记。后调黄冈专署工作。

刘 勇 （出生时间、参加革命、入党时间不详），河北省唐县人。1947年以晋察冀边区跟随刘邓大军南下，高山铺战役胜利后留在蕲春工作。1949年3月任蕲南县漕河区副区长；后任副书记。1951年8月至1952年9月任中共蕲州镇委书记。曾调任中共蕲春县委宣传部部长。后调出蕲春。

韩培英 （出生时间、参加革命、入党时间不详），河北大名武乡人。1947年随刘邓大军南下留蕲工作，任蕲北县张塝区财政助理会计；1952年9月至1953年10月任中共蕲州镇委书记。后病逝。

侣合兴 1930年出生，河南省清丰县人。1947年随刘邓大军南下，高山铺战役胜利后留在蕲春工作，加入了中国共产党。1949年3月，任蕲北县工作队员；1957年5月，当选为中共蕲春县委委员；1954年2月任中共蕲州镇委书记；1954年10月调入县委工作，历任县监察委员会副书记、书记、县委常委。1966年“文化大革命”初调入黄冈地区工作。后任中共黄冈市委常委、市纪委书记，直至离休。

李香亭 （出生时间不详），河南人。（参加革命时间、入党时间不详），由新四军五师转蕲春工作。1949年7月至1950年4月任（蕲州）城关区人民政府区长。后调出。

李腾超 （出生年月不详），山东省定陶县人。（参加革命、入党时间不详）。1947年从鲁西南随刘邓大军南下，高山铺战役胜利后留蕲春工作。1951年10月至1952年冬任（蕲州）城关区人民政府区长；同时兼任蕲州镇（乡级镇）镇长，后调出。

尚保顺 有传，见本志第719页。

程展鹏 （出生时间不详），蕲春县刘河镇（属大公乡）人。（参加工作，入党时间不详）。1953年6月至1954年5月任中共菩提（城关）区委副书记；1954年5月至1955年12月任菩提（城关）区委书记；1955年12月至1956年8月任中共蕲州区委书记。后调入县科局部门工作。

方文法 有传，见本志第570页。

张季涛 1926年8月出生，蕲春县横东镇铺尔嘴村人。1949年4月参加革命工作，同年6月至7月在县干训班学习并结业，分配到横车区任工作队长；1951年调任县人民政府建设科员；1952年1月入党；1953年初调任菩提（城关）区区长；1954年4月至1955年12月任中共菩提（城关）区委书记；建设赤东大堤时，任菩提段指挥长。1956年调出，后历任蕲春张塝、青石区委书记；1960年7月调任广济县（今武穴市）大金区委书记；1974年至1984年任地区田镇水泥厂党委书记兼厂长；1958年11月调回蕲春政府任巡视员，2001年离休至去世。

徐守谦 （出生时间、籍贯、参加工作、入党时间不详）。1958年8月至1958年11月任红专人员公社书记处书记，同时兼任红专人民公社社长。后调出。

陈定明 （出生时间、籍贯、参加工作、入党时间不详）。1958年8月至1958年11月任中共钢铁人民公社党委书记，1960年2月至1961年10月任蕲州人民公社主任。后调出。

郝天乙 （出生时间、籍贯、参加工作、入党时间不详）。1953年1月至1953年6月任城关区副区长；1953年6月至1954年秋任菩提（城关）区公所副区长；1958年11月至1958年12月任钢铁人民公社党委书记。后调出。

周德胜 1927年7月出生，蕲州镇塘塆村人。1941年7月参加革命，在中共蕲广边县黄土岭乡公所当通讯员；1943年为新四军战士；1946年11月进入解放战争为独二旅四团八连战士；中原突围时英勇负伤，带4名掉队战士千辛万苦重归部队，因战斗立功后升任连长；解放后的1952年7月转业回蕲春，1954年3月任蕲州镇长；1958年8月至11月任钢铁人民公社社长。后调入县里工作，曾任县水产局副局长。1987年离休，享受副县长级待遇。2005年2月去世，享年79岁。

张　维 1927年4月出生，蕲春县青石镇张畈村人。1949年8月参加工作在青石粮仓任管理员；1950年3月调蕲区公所工作，历任干事、秘书。1952年8月入党，1955年12月至1956年8月任蕲州区委第一副书记；1957年1月至1957年8月任蕲州镇党委书记。1957年12月调出，历任青石公社党委副书记、县新华书店经理、县文化局调研员、主任科员。1991年7月离体，享受副县长级待遇。2003年1月12日去世，享年77岁。

吴江海 1928年出生，山西省潞城县人。抗战时参加革命并入党，曾任排长；随刘邓大军于1947年南下蕲春，任51团连长，参加了高山铺战斗胜利后留蕲工作。1951年5月任中共蕲春县委委员；1953年7月兼任漕河区委书记；1954年初任县公安局局长；1959年5月任蕲州人民公社党委书记；1961年10月再任县公安局局长。1964年赴麻城参加“四清”。1968年12月，县革委会成立后任组织组组长。后调任黄冈地区医院党委书记兼院长。1991年初去世，享年64岁。

朱启文 有传，见本志第564页。

盛成忠 1925年7月出生，蕲春县赤东镇苏圩村人。1949年5月参加革命，在恒丰堤水利工程处工作，同年9月在苏圩乡政府工作，1950年2月任乡农会主席；1951年8月任区供销社主任；1954年2月入党，5月任何铺供销社主任兼财贸系统党支部书记。后历任县供销社副主任、张塝胜利公社、青石公社党委书记；1961年11月至1961年10月任蕲州人民公社党委书记。后历任赤东区委书记、县物资委主任、县计委副主任等职。1994年7月离休，享受副县长级待遇。后去世。

陈仕典 1917年8月出生，蕲春县向桥乡白水村人。1949年5月参加革命在白水区任工作员；同年11月任盖天庙村工作组组长；1950年10月入党；12月调任刘河区组织委员；1954年4月任刘河区委副书记，同年6月到地委扫盲班学习，1956年8月结业后任三渡区指导组副组长；1958年11月任超美公社党委书记；1964年3月调任中共蕲州镇委书记；1966年10月调出。后历任县民政局局长、林业局副局长等职。1983年9月离休，享受副县长级待遇；2000年11月去世，享年84岁。

余献春 有传，见本志第621页。

叶季新 （出生时间、籍贯、参加工作、入党时间不详）。1960年2月任蕲州镇人民公社副主任，1961年10月调出；1964年12月回任蕲州镇人民委员会镇长；1966年5月连任蕲州镇镇长至1968年9月调出。

张明定 （出生时间、参加工作、入党时间不详），湖北省鄂城县（今鄂州市）人。1965年5月到蕲州镇任职，1968年9至1970年春任蕲州镇人民委员会镇长。后调回鄂城县工作。

管和雨 有传，见本志第620页。

陈楚英 有传，见本志第621页。

肖全文 1932年出生，湖北省鄂城县葛店（今属武汉市）人，因工作需要调入蕲春任职。1978年2月至1980年4月任蕲州镇革命委员会主任；1979年4月任中共蕲州镇委书记并兼任蕲州镇革命委员会主任。1981年4月调入县里工作，1981年7月任县经济委员会（原县工交办公室）副主任，1985年4月为县经委调研员至退休。

陈国祯 1933年10月出生，蕲春县管窑镇李窑厂人。中学文化程度，中共党员。1950年初参加工作在县税务局当会计；1954年提拔为县贸易公司经理；后历任区生产指导组组长、区公所秘书、区人民武装部部长等职。1980年3月任中共蕲州镇委书记。1983年4月调入县里工作。后任蕲春县税务局局长；1991年任黄冈地区税务局副局级巡视员，1993年退休家居。2015年7月去世，享年83岁。

李　洁 1930年2月出生，蕲春县漕河镇人。1949年6月在蕲春县第一期干训班学习并参加工作。同年9月在刘河区任秋征支前组副组长；1950年1月调县委会任管理员；1952年10月入党；12月任县委组织部干事；后历任新生活公社、彭思公社、县直工委副书记；1968年11月住“五七”干校；1972年3月任蕲州镇工办主任；1974年2月至1985年2月任蕲州镇委副书记、镇长。1985年2月离休，享受副县长级待遇。2006年12月去世，享年77岁。

徐隆盛 男，1934年12月出生，红安县高桥乡新建村人，汉族，初中文化程度，1952年10月参加工作，1956年10月加入中国共产党。1952年3月至1954年3月在红安县政府合作科任统计员，1962年11月至1964年11月在红安县人委财办任科员。1965年1月调到蕲春工作，历任蕲春县人委财办科员、县革委会政工组办事员、县委办公室办事员；1975年4月至1975年6月任春县商业局副局长，1975年7月至1983年3月任春县供销社副主任，1983年4月至1984年3月任中共州镇委书记，1984年4月至1990年12月任春县供销合作社理事会主任，1991年1月至1994年1月任春县第十一届人大常委会副主任、党组成员；1994年12月退休，2000年11月20日因病去世。

刘树生 汉族，蕲春县狮子镇人，1956年9月出生。1974年10月参加工作，1975年2月入党。1998年7月在省委党校经济管理专业毕业，研究生学历。参加工作后历任狮子公社团委书记、县财办干事；1976年11月任团县委书记、共青团中央第十届候补委员、第十一届委员；1984年3月任中共蕲州镇委书记至1987年8月调出。后历任至中共黄梅县委书记，黄冈市委常委、秘书长。2011年任湖北省民政厅副厅长、党组成员（正厅级）至退休。

曹光颜 1943年出生，湖北省团风县人。大学毕业，中共党员。1983年4月任蕲州镇人民政府镇长；1985年2月调入县里工作。1985年7月蕲春县计划委员会（今发展改革局）任副主任，后在县计委退休。

蔡年福 1941年12月出生，蕲春县刘河镇（原大公乡）高潮村人。中专学历，1961年7月参加工作在县实验小学任教；1966年9月入党。后历任教育局教研员、县革命委员会办事员、县文教局副股长、原孙冲公社副主任、张塝区区长等职。1985年3月任中共蕲州镇委副书记、镇长；1987年11月续任镇委副书记、镇政府筹委会主任；1987年12月续任镇委副书记、镇长。1990年10月调任县财贸办公室主任、党支部书记，被评定高级经济师职称。2017年11月因病去世，享年77岁。

周秋生 1954年8月出生，蕲春县漕河镇长林岗村人。大学本科学历、中共党员，高级统计师职称。1970年2月参加工作在原花园乡教育组任干事，后历任原花园公社干事、县委宣传部干事、县委办公室秘书科长、漕河区委副书记。1983年至1988年10月任中共黄土岭乡党委书记。后调任县政协办公室副主任、主任；1998年4月任县统计局局长。2014年退休。

陈锦文 1952年6月出生，蕲春县株林镇姚塆村人。大专学历，中共党员。1968年10月参加工作曾任县机械厂车间副主任；1974年调任县委办公室调研科长；1985年1月任漕河镇委副书记，在地委党校大专班脱产学习一年；1988年10月任中共黄土岭乡党委书记；1992年9月调任县委宣传部副部长、蕲春县对外文化交流协会秘书长。曾任县八届党代表，第五、六届县政协委员和两任县纪委委员。获省、市、县奖励多次，有政工师、经济师职称。2012年9月退休。

张树鹏 1954年1月出生，蕲州镇扎营港村人。大专学历。1970年12月参加工作任本镇工作队员；1972年7月任东门公社通信员；1973年10月入党即担任本公社团委书记（水利施工负责人）；1974年6月任东门公社党委副书记；1975年1月任蕲州镇委委员、革委会副主任；1976年10月任镇委副书记；1980年5月任原花园公社党委副书记；1984年1月任狮子区副区长；1987年10月任黄土岭乡乡长、党委副书记；1992年10月任本乡党委书记。1993年10月调县外贸、农委等部门任职至2014年3月退休。

何汉斌 1953年9月出生，蕲春县漕河镇十里畈村人。原有高中学历，职后进修本科毕业，中共党员。1972年参加工作，先后在漕河镇白河管理区、狮子镇万章管理区、狮子管理区、县委办公室、县政府办公室任职。1990年10月任中共蕲州镇委副书记、蕲州镇人民政府镇长。1993年10月，调任原黄州市检察院党组书记、检察长。此后，历任团风县委常委、县委副书记；黄冈市高新经济开发区主任；黄冈市人大常委会副秘书长兼办公室主任，至2013年底退休。

黄用斌 1942年3月出生，蕲春县刘河镇人。中专学历，中共党员。1958年5月到八里湖农场当农工，后历任大队事务长、一分场保管、秘书等职；1964年调入蕲州镇工作，历任镇团委书记、办公室主任，镇党委宣传委员等职；1981年3月任副镇长；1987年11月任蕲州镇政府筹备委员会副主任；1990年10月任蕲州镇人大主席团主席，并蝉联两届。1997年1月退二线。2002年退休。

胡红旗 1956年10月出生，蕲春县刘河镇胡坝村人。大学本科学历，中共党员。1975年参加工作。1985年调任县财贸办公室秘书科长；1990年任县委督察室主任；1992年8月任中共黄土岭乡党委副书记、黄土岭乡委书记。1997年1月调任县粮食局局长，2004年1月当选为县政协副主席。2008年任春人民政府县长助理。其间，连续3次获优秀人大代表称号；1998年获中共黄冈市优秀共产党员；2001年被省人民政府授予模范公务员称号。

童德华 1955年1月出生，蕲春县横车镇人。中央党校毕业，中共党员。1976年参加工作任横车区财贸干事，后历任横车区办公室干事、区团委书记、马畈乡乡长；1985年1月任县委办公室干事，同年任秘书科副科长；1986年1月任政研科长；1987年9月任大公乡乡长；1990年任该乡党委书记；1993年9月任中共蕲州镇委书记，1995年以副县级任本职。1998年8月调任县委统战部部长；1999年12月任黄冈市二医院党委书记、院长（正县级）。2005年任市卫计委调研员至2015年3月退休。

王善雄 1957年1月出生，蕲春县横车镇（原马畈乡）新洲村人。1974年7月高中毕业后即参加工作，担任本村党支部书记；1975年被招入县交通部门在蕲州航运公司当船员。后历任县工办秘书，蕲州镇团委书记；1990年5月任蕲州镇委副书记；1991年11月任蕲州化工厂厂长；1994年1月任中共蕲州镇委副书记、蕲州镇人民政府镇长。1996年1月调县里工作，历任县药工办主任、蕲春县食品药品监督管理局局长、黄冈市食品药品监督管理局副局长等职。退休后仍把余热献给蕲春中医药事业。

张　军 1962年7月出生，蕲春县管窑镇三合铺村人。1982年7月毕业于蕲春县师范学校，获中师学历。毕业后分配到李时珍中学任教，并担任本校团支部书记，其间加入了中国共产党；1985年调团县委工作，历任至团县委副书记；1990年调任大同镇党委副书记；1993年9月任中共黄岭乡党委副书记、1993年12月任黄土岭乡乡长。1997年1月调入县里工作。现任县药材办主任。

李　韧 1960年10月出生，蕲春县株林镇铺头坳村人。省委党校在职研究生毕业，中共党员。1977年8月参加工作在八里湖学校任教，后历任八里湖农场新闻干事、县委宣传部干事、副科长、科长、副部长；三渡乡党委书记；县科技局局长；1996年1月至1999年1月任蕲州镇镇长，期间任黄冈市第一届人大代表；2004年2月至2007年6月任蕲州镇党委书记，当选为黄冈市第二届党代表。后调入县里工作，以县政协副主席退二线。现为湖北省作协会员，出版专著4本，发表各类文章数十篇约100万字。多次获工作奖和创作奖励。

骆敬泽 1960年10月出生，蕲春县刘河镇果子畈村人。大专学历，中共党员。1981年9月参加工作，历任原桐梓公社边街管理区主任、青石区计划生育助理、县计生委业务股股长；1990年12月至1993年10月任蕲州镇计划生育专职副镇长；1993年10月任蕲州镇委副书记；1999年2月，任镇委副书记、镇长；2003年9月至2004年3月主持蕲州镇党委政府全面工作。2004年4月调县里工作，历任科技、经信局、城建局局长。2017年1月当选为县人大常委会常委。

陈昌水 1951年1月出生，蕲春县株林镇人。1965年参加工作，1974年加入中国共产党。1997年1月调到蕲州任中共蕲州镇委副书记；2001年1月任蕲州镇人大主席团主席；2001年3月以主任科员退二线；2006年12月退休后家居蕲州。

宋　杰 1961年10月出生，蕲春县向桥乡百罗村人，大专学历。1984年1月参加工作；1984年7月加入中国共产党。参加工作后历任原桐梓乡办事员、党政办主任、桐梓乡副乡长、乡长；1997年1月中共黄土岭乡党委书记；2001年1月调县里工作。后历任县乡镇企业局局长、县畜牧兽医管理局局长、县政法委员会副书记兼610办公室主任等职。现退二线，享受副县级。

陈　红 1971年3月出生，蕲春县刘河镇人。省委党校在职研究生学历，中共党员。1989年9月蕲春师范毕业即参加工作在八里湖中学任教。后调县委组织部干事、县委办公室副科长、刘河镇党委副书记等职；1997年1月至2000年1月任中共黄土岭乡党委副书记、乡长。后任青石镇、狮子镇党委副书记、镇长。2005年12调任黄冈市水利局党组成员、副局长；2014

年4月任黄冈市全面深化改革领导小组办公室专职副主任。第四、第五届市人大常委会法制工作委员会委员。

汪才伦 1964年1月出生，蕲春县狮子镇（原花园乡）人。1984年2月参加工作在狮子镇政府供职，大学学历，中共党员。后历任原花园乡人武部长、纪检干事、宣传干事、组织委员、原花园乡乡长；1987年9月任乡党委员；1993年10月任原马畈乡长；1997年1月任管窑镇委副书记；1999年2月任刘河镇党委书记、镇长；后任檀林镇党委书记、经济局局长、招商局局长；2007年6月任蕲州镇党委书记。2011年10月调入县里工作，现任蕲春县水利局局长（享受副县长级待遇）。

郑维全 1969年1月出生，蕲春县赤东镇人。研究生学历，中共党员。1988年9月参加工作在原三渡乡走马岭小学任教。1989年1月至1995年10月在县纪委监察机关工作。其中，1989年4月至1991年3月下派田桥乡政府锻炼。1995年任检查一室副主任；同年10月任赤东镇科技副镇长；1999年11月任赤东镇党委委员、副镇长；2006年11月任蕲州镇党委副书记、镇长。2010年10月后历任漕河镇委副书记、镇长、党委书记。2018年12月调任黄梅县副县长。

孙胜华 1968年5月出生，蕲春县张塝镇人。大学本科学历，法学学士学位。1992年8月参加工作在蕲春县人民法院任书记员，1993年6月加入中国共产党。后历任县法院助理审判员、副科长等职；1997年3月起历任蕲春县委组织部科员、调研科副科长、干部科副长、副局级组织员、干部科长、考核办主任等职；2010年8月至2011年9月任中共蕲州镇委副书记、镇长。2011年9月任中共大同镇党委书记、人大主席；2016年12月调任团风县人民法院党组书记、院长至今。

王付加 1952年12月出生，蕲春县管窑镇管凉村人。大专文化程度，1974年6月加入中国共产党。1986年9月参加工作在本县八里湖农场任职，历任至八里湖总场副场长。1993年10月调任中共蕲州镇委副书记；2001年3月任新世纪蕲州镇第一届人民代表大会主席团主席至2004年10月退二线。2013年6月因病去世，享年62岁。

张志鹏 1968年6月出生，蕲春县横车镇（原马畈乡）人。省委党校在职研究生学历，1987年7月参加工作相继在蕲州银山中学、镇中任教并借用于县教委招生办；1991年调任蕲春县工商联秘书；1993年12月调县委组织部干部科工作；1995年1月任干部科副科长；1999年5月任干部科长，其间在省委党校研究生班学习；2004年2月任中共蕲州镇委副书记、镇长；2006年11月任刘河镇党委书记、镇长，后调出，历任黄冈市委办公室副主任等职，现任潜江市委常委、纪委书记、省纪委委员等职。

管建平 1963年8月出生，蕲春县蕲州镇东门社区人。在职中央党校本科学历。1981年12月参加工作，1984年6月入党；同年任蕲州镇团委书记；1992年1月至1996年12月先后任蕲州镇土台总支书记、雨湖总支书记和街道总支书记；1997年2月任黄土岭乡副乡长，后为乡党委副书记；2002年3月至2006年先后任蕲州镇委副书记、纪委书记；2006年12月任蕲州镇人大主席团主席。2011年11月调县卫计局工作。

胡学文 1964年1月出生，蕲春县横车镇人。大专学历。1983年7月参加工作在本县株林高中任教；1985年9月入党；1987年3月任县委办事员；1990年5月任县农委秘书科副科长；1993年4月任生产科长；1995年4月调任马畈乡党委副书记；2001年1月兼任乡政协联络处主任（正科级）；2001年3月任横车镇委副书记；2002年12月任大同镇委副书记、镇长；2004年9月任大同镇委副书记、副镇长；2006年11月任中共大同镇委书记、镇长；2011年9月任中共蕲州镇委书记、人大主席（副县级）。2016年8月调县政府工作。

陈　青　1970年11月出生，蕲春县株林镇慕义畈村人。省委党校在职研究生学历。1989年1月参加工作在原达城乡文化站任副站长；1993年加入中国共产党。1996年2月任达城乡文化站站长；1996年6月任蕲春县原花园乡副乡长、党委副书记；2001年3月任狮子镇委副书记，至2003年2月以本职兼狮子农业服务中心主任；2005年2月任狮子镇委副书记、镇人大副主席；2006年2月任县供销社主任；2007年6月任县委办副主任兼总值班室主任；2011年9月任中共蕲州镇委副书记。镇长。2016年10月调任蕲春县河西新区主任（副县级）。

何朝阳　1972年2月出生，蕲春县刘河镇人。在职研究生学历。1991年7月参加工作在县委办公室任科员；1996年2月任县委办机要科副科长、同年6月加入中国共产党；1999年5月任县委办文书科科长；2006年2月任县委办公室副主任；2006年11月任中共横车镇委副书记、镇长；2011年9月任中共蕲春县委委员、横车镇党委书记、横车镇人大主席团主席；2016年8月任中共蕲春县常委、蕲州镇党委书记。

邓鑫智　1979年12月出生，蕲春县狮子镇人。大学本科学历，1999年3月参加工作在狮子镇人民政府任办事人员，其间到黄冈师范学院脱产学习；2000年11月加入中国共产党；2007年5月借调县委办公室工作；2008年1月任县委政研室科员；2009年任李时珍医药工业园管委会工程部部长；2012年8月任县政府办公室副主任；2016年2月，任八里湖办事处党委副书记、办事处主任；2016年10月，任中共蕲州镇委副书记、镇长。

胡美华　1967年12月出生。蕲春县蕲州镇王瓔村人，大专学历。1993年1月参加工作，任本村村委会主任；同年7月加入中国共产党；1997年12月任村支部书记。2007年6月，经考试录用为镇干；2010年5月任中共蕲州镇委组织干事；2010年10月经考试录为镇党政领导班子成员、后任蕲州镇副主任科员；2011年9月任镇党委委员、副镇长；2016年10月任镇人大主席团专职副主席；12月当选为县人大常委会常委；2017年12月，任蕲州镇人大主席。

（三）政协组织建设

1. 蕲州镇历届政协机构

（1）机构沿革

1985年7月至1987年9月，原蕲州镇配备了政协联络员1人，本届有县政协委员22人。至1987年9月，全县撤区建乡（镇）后，蕲州镇仍配备有政协联络员；1988年3月至1992年6月，蕲州镇设立政协联络组，配备有正、副组长；1992年6月后，蕲州镇政协按县编委文件，统一更名为政协联络处，配备有联络处主任、副主任。2000年有县政协委员23人。2004年1月县七届政协时，蕲州镇有县政协委员19人。2004年8月，乡镇机构改革、政协联处撤销，由一名党委委员兼管政协工作；2007年1月县八届政协时，蕲州镇有县政协委员22名；2011年9月，全县乡镇换届，仅漕河、蕲州两镇设政协联络处，并配备正科职联络处主任。2011年11月30日九届政协时，蕲州镇有县政协委员20人；2016年12月县十届政协时，蕲州镇有县政协委员17人。

（2）历任负责人

第一任（1985年7月至1990年10月）

姜华，1933年9月出生，蕲春县赤东镇人。高中文化程度，中共党员，1953年8月参加工作。1985 年 7 月至 1988 年 3 月任蕲州镇政协联络员；1988 年 3 月至 1990 年 10 月任镇政协联络组组长。

第二任（1990 年 10 月至 1996 年 12 月）

徐正三，1942 年 11 月出生，蕲春县赤东镇人。初中文化程度，中共党员。1966 年 7 月参加工作。1990 年 10 月至 1992 年 6 月任蕲州镇政协联络组组长，1992 年 6 月至 1996 年 12 月任联络处主任。

居伟胜，1942 年 10 月出生，蕲春县蕲州镇人。中师文化程度，中共党员，1961 年 8 月参加工作。1990 年 10 月至 1992 年 6 月任蕲州镇政协联络组副组长；1992 年 6 月至 1996 年 12 月任镇政协联络处副主任。

第三任（1997 年 1 月至 2000 年 1 月）

周仁富，1947 年 12 月出生，蕲春县蕲州镇人。中专文化程度，中共党员。1966 年 10 月参加工作。1997 年 1 月至 2000 年 1 月任蕲州镇政协联络处副主任。

第四任（2000 年 1 月至 2006 年 10 月）

马辉才，1954 年 7 月出生，蕲春县蕲州镇人。高中文化程度，中共党员。1977 年 11 月参加工作。2000 年 1 月至 2006 年 10 月任蕲州镇政协联络处主任。

黄继明，1951 年 5 月出生，蕲春县蕲州镇人。中专文化程度，中共党员。1972 年 3 月参加工作。2000 年 1 月至 2004 年 1 月任蕲州镇政协联络处副主任。

第五任（2006 年 10 月至 2011 年 9 月）

江仁义，1963 年 6 月出生，蕲春县赤东镇北风头村人。大学本科学历。1984 年 11 月参加工作，1986 年 6 月入党。1984 年 11 月至 1997 年 1 月，先后担任原漕河区白河乡政府秘书、原三渡乡办公室主任、三渡乡组织干事、纪检干事；1997 年 1 月任原中共三渡乡党委委员、纪委书记；2001 年 2 月至 2006 年 10 月，历任赤东镇党委委员、副书记、纪委书记；2006 年 9 月任中共蕲州镇委副书记、纪委书记，分管政协工作。2011 年 9 月调任漕河镇政协联络组组长。

第六任（2011 年 9 月至 2016 年 12 月）

胡岭生，1964 年 7 月出生，蕲春县蕲州镇红门楼村人。1984 年 12 月参加工作，1986 年 6 月入党。历任蕲州镇雨湖乡秘书、副乡长。镇委纪检干事、组织干事，土台总支书记、镇委组织委员、镇党委委员、副镇长；2006 年 12 月调任赤东镇党委委员、纪委书记；2011 年 9 月任蕲州镇政协联络组组长，后改为镇联络处主任至 2016 年 12 月。现任镇工会主席。

第七任（2016 年 10 月起）

吴拥军， 1974 年 10 月出生，蕲春县狮子镇人。大学本科学历，1993 年 7 月参加工作，2001 年 7 月入党。先在鄂城水泥厂职工子弟学校任教，后调回本县在张塝镇、赤东镇任计划生育办干事；2011 年 10 月至 2016 年 9 月任中共蕲州镇委组织、统战委员；2016 年 10 月任镇委副书记，分管联系政协工作。

2. 黄土岭乡历届政协机构

1987 年 9 月，黄土岭建乡。由于新建过程机构还不完善，黄土岭乡有一段时间未配备联络组负责人。直到 1989 年 2 月，始由张汉雄兼任副组长；同年 10 月政协联络组机构正式成立。1992 年 6 月，各乡镇场政协联络组统一更名为联络处后，黄土岭乡政协组织也走向健全。2000 年有县政协委员 2 人。2004 年 8 月，乡镇机构改革，黄土岭乡并入蕲州镇。

历任负责人

第一任（1989年2月至1990年10月）

张汉雄，1942年出生，蕲春县马畈乡人。中专文化程度，中共党员，1964年6月参加工作。1989年2月至1990年10月兼任黄土岭乡政协联络组副组长。

第二任（1990年10月至1993年10月）

黄赐金，1945年7月出生，蕲春县赤东镇人。中专文化程度，1960年11月参加工作。1990年10月至1992年6月兼任黄土岭乡政协联络组组长；1992年6月1993年10月任乡政协联络处主任。

曹俊，1945年6月出生，蕲春县蕲州镇人。中专文化程度，中共党员，1968年9月参加工作。1990年10月至1992年6月任黄土岭乡政协联络组副组长；1992年6月至1993年10月任乡政协联络处副主任。

第三任（1993年10月至1996年12月）

邱照荣，1943年12月出生，蕲春县蕲州镇人。高中文化程度，中共党员，1964年8月参加工作。1993年10月至1996年12月任黄土岭乡政协联络处主任。

第四任（1996年12月至2000年1月）

汪多姑，女，1950年3月出生，蕲春县赤东镇人。中专文化程度，中共党员，1966年10月参加工作。1995年12月至2000年1月任黄土岭乡政协联络处副主任。

第五任（2000年1月至2004年1月）

黄赐君，男，1954年8月出生，蕲春县八里湖农场人。中专文化程度，中共党员，1973年1月参加工作。2000年1月至2004年1月任黄土岭乡政协联络处主任。

（四）群团组织建设

1. 中华人民共和国成立前的群团组织

（1）工会

蕲州开埠较早，工商业发达，晚清、民国时期、工商业者为了适应当时的形势，采取抱团取暖的方法，形成了以新经营的商品进行区分的行业工会组织，属蕲春县成立较早的工人工会组织。

1926年10月，蕲州木业工人范春才、余海鳌等人发起在蕲州成立蕲春县总工会筹备处，推选殷和兴疋头店管事李善成为主任。随后城区内的建筑、缝纫排船、制酱、烟草、染织、山货、杂货、运输、粮糖、印刷、客栈、米业、鞭炮、理发、豆腐、药业等31个行业先后成立了行业工会。

1927年4月22日，蕲春县工人代表大会在蕲州积谷仓（今瓷厂内）召开，参会代表120人，会上正式成立蕲春县总会、并通过了大会宣言、会务报告、决定建立工人纠察队、开展经济斗争、开办工人文化补习学校等10项决议。时湖北省总工会致电祝贺并派员来会进行指导、推举胡淮东（中共党员、蕲州杨庆丰花麻行店员）为县总工会委员长及邓中、周林轩等7人为工会委员。1927年7月，大革命失败后，县总工会及下属各基层工会被迫解散。

1928年8月，蕲州境内的福东煤行工人秘密成立了“赤色工会”，推举煤行工人夏向意为工会委员长，此工会组织持续开展活动达数年时间。

1931 年 5 月，蕲州振兴煤行有限公司的银山煤矿工人在中共党组织的领导下，成立了银山煤矿工人大队赶走了矿主，处决了封建把头王培乾，并接管了煤矿。9 月，银山煤矿工人大队大队长李裕丰（今蕲州银山村人）被国民党蕲春县保卫团抓获并杀害于镇西南侧凤凰山下的“凤山门”。工人大队被迫解散。

1942 年 10 月，蕲州境内的木、泥、篾、漆、缝纫、理发、砻米、码头等行业成立了工人联合会。

（2）农会

1926 年 12 月，湖北省农会特派员詹大星到蕲州，在位于城内夏家大屋（今康复医院职工宿舍区）举办蕲春县农民运动干部培训班。开班伊始，即有学员百来人。次年初，在蕲州成立蕲春县农民协会筹备处。

1927 年 2 月 1 日，蕲春县农民代表大会在蕲州城内夏家大屋举行，参加会议人员达 180 余人。时任蕲春县县长刘树仁、县党部常委陈方等列席会议。会议共 3 天，正式宣布成立蕲春县农民协会，詹大星当选为蕲春县农民协会委员长。并选举产生执行委员 7 人，常务委员 3 人。大会通过减租减息、取缔高利贷，铲除贪官污吏和土豪劣绅，取消地主武装，建立农民自卫武装，加强工农联合，整顿农会组织，兴修水利，开办农村农业生产、消费信用合作社，普及教育，开办农民文化补习学校等决议，以及《告全县农友书》。其间，蕲州成立城厢区农会，会址设城外莲花池畔白骨庙。始辖昭化寺、土台、雨湖、席盘石、麟凤及江南岸的李家洲、牯牛洲一带的农会组织。1927 年 4 月，江南岸李家洲、牯牛洲一带另设农会组织。

1941 年 4 月，蕲广边县成立农民抗日救国会，黄土岭乡亦成立了农民抗日救国会。同时，蕲州城厢、黄土岭乡下辖各保均设有农民抗日救国会组织。

1945 年 10 月，蕲春县农民协会筹备委员会成立。协会宗旨为：“发展农民经济，增进农民智识，改善农民生活，指导农民协助政府关于国防及生产等政令的落实。”

1945 年 11 月，蕲春县农民协会成立大会在蕲州城外“蕲阳旅馆”（今蕲州畜牧兽医站）举行，到会代表 28 人，选举甘继洛、韦亚儒、张铭山、胡静一、汪鹤群、何覆群、李寿桃为理事，并设有候补理事、候补监事。时有团体会员 28 个、会员 34771 人。

（3）青年团

1926 年 12 月，蕲春县学生联合会在蕲州成立，会址设蕲州城内第一高等小学内，推举王正南为学生会长，多次开展各种形式的宣传活动，“四一二”运动后曾发表《反蒋宣言》，多次组织演出秧歌剧，大革命后期蕲春县学生联合会在蕲州解散。

1929 年 4 月，中国共产主义青年团蕲春县特别支部在蕲州成立，时任书记朱玉琼，隶属中共蕲春县特别支部领导，1930 年终止活动。

1941 年 4 月，在中国共产党蕲广边县委的组织领导下，蕲广边县青年抗日救国会成立。境内菩提、黄土岭分别成立了乡级抗日救国会。

1941 年秋，由韩连青发起并组建“中国三民主义青年团蕲春区队筹备委员会”，蕲春境内的中等学校均设有三民主义青年团组织，蕲州省立中学设有三青团直属区队。三青团是国民党领导下的一个御用组织，学校三青团组织在学生中起着控制学生思想的作用。

（4）妇女联合会

1927 年 2 月，蕲春县妇女代表大会在蕲州县立女子学校召开，并成立了蕲春县妇女协会，协会下设总务、宣传、组织、交际、协调、游艺等股室，董舜华为妇女协会执行委员。同期，蕲州城厢区也成立了妇女协会、协会首任主席，名单不详。

1941 年 4 月，蕲广边县妇女抗日救国会在中共蕲广边县委的领导下于蕲州成立。境内菩提、黄土岭等乡级妇女救国会属其领导。1944 年 5 月，蕲广边县妇女抗日救国会及菩提、黄土岭等乡妇女救国会终止活动。

解放战争时期，蕲广边县根据上级指示精神将所辖妇女抗日救国会改为农妇会或农妇小组。继续在蕲州、菩提、黄土岭、长塘、韦庄、刘垅、新塘、扎营港、高塆、土台、席盘石、两路口等地开展妇女工作。

（5）儿童团

1927 年春，蕲州境内的蕲春县立中心小学设童子军团。以年级为单位设立童子军中队，以班级为单位设立童子军小队，并开设童子军课，由军事教官兼授军事课。

1927 年上半年，蕲州城区 12~16 岁的店铺学徒，童工 200 余人组织起来成立蕲春县童子团，前任团长李汉清、秘书魏其祥，城厢区附近的两路口、施家塘、菩提、席盘石等地也先后成立了童子团。大革命时期，各区、乡童子团受当地农民协会领导，大革命失败后，童子团解散。

土地革命时期，本地以各自然村落为单位，分别建有童子军团。

抗日战争期间，蕲州部分地区建有“儿童团”组织。

（6）商会

蕲州历史悠久，自南宋景定四年（1263 年）州、县所皆迁蕲州以来至民国时期，历为州、府、行政督察区、县治之年，全县政治、经济、商业中心。1912 年 7 月，蕲春商会始成立，首任会长由蕲州人卞心球担任，至 1949 年 4 月止，其选举、推选产生了 17 届商会主席，其间，蕲春商会屡有更名，但办公地均设于蕲州。

2. 中华人民共和国成立后的群团组织

（1）工会

1950 年 10 月，蕲春县总工会成立，蕲州镇也于当月成立了镇工会，首任工会主席由上官敏担任。同期，镇内相继成立了码头、泥木匠、排业、缝纫、铁业、米业、理发、餐饮、店员等基层工会组织、会员 600 余人。至 1966 年 5 月，镇工会主席一职分别由谢文安、倪金山、吴美焕担任。办公地址均设于二十户（今易家弄东侧），并开设了工人俱乐部。

20 世纪 50 年代至 60 年代初期，蕲州工会的主要任务是：围绕党的政治中心开展宣传教育、宣传党的工农政策，组织工友学习政治、文化知识、开展社会主义生产竞赛，维护社会治安。

蕲州工会成立之初，即开始兴办了职工夜校。校利用晚上空闲时间教职工学习文化知识，由镇工会出面组织工人上学，教师大多由有一定文化知识的政府及企业行政人员担任。根据需要不定期地借用蕲州二中教师授课。工人俱乐部建成后，学舍面积增大，前来听课，学习文化知识的工友，成倍增加，累计参加学习的人数达 800 余人，“文化大革命”期间，蕲州工会组织基本处于瘫痪状态，未开展活动。

1978 年 4 月，蕲州镇工会恢复成立，工会工作也逐步进入正轨，开展了多方面活动。

工会是贯彻党的路线、方针、政策的直接传播者，是维护职工合法权益、参政议政的执行机构。蕲州镇及所辖的基层工会在 80 年代把组织职工开展以增产节约为中心的劳动竞赛作为经常性的任务来抓，同时开展学技术，学技能活动，对各单位的发展和生产起到了推动作用。90 年代，基层工会通过职工代表大会，厂务决策公开等形式，组织职工参与本单位的民主决策，民主管理，民主监督工作。督促各企业单位在劳动用工、工资分配、福利保障，福利保险，劳动保护等重大问题上必须提交职代会进行决定。1990 年，全县职工思想政治工作经验交流会召开，农药厂工会在会上作了典型发言。1994 年，蕲州镇工会举办《中华人民共和国劳动法》培训班，参加会议的人员达到近 200 人。同时，镇工会多次组织职工参加教育法律培训工作，1987 年，玻璃总厂张名平同志参加全国职工法律知识竞赛荣获二等奖。在蕲州镇工会的组织下，蕲州职工篮球队多次获蕲春县职工篮球赛第一、二名。

推行平等协商和集体合同签订制度，是蕲州工会为贯彻实施《中华人民共和国劳动法》而经常性开展的一项重要工作。重点在劳动用工，工资保障，社会保障，休假制度，医疗卫生，劳动安全等方面进行监督检查，并于 1996 年由县总工会牵头在蕲州美华化工厂召开集体合同签订工作现场会，推动了集体合同的签订工作。

推行厂务公开是蕲州镇工会力抓的又一重要工作。蕲春县委、县人民政府于 1999 年上半年在蕲州沙隆达蕲春有限公司、蕲州水陆装卸运输公司推行厂务公开工作试点。试点成功后，县委、县政府即于当年在全县进行了推广工作。

进入 21 世纪以来，由于部分国有、集体企业相继破产、改制，镇内基层工会组织大幅减少。截至 2017 年，蕲州镇工会共辖有基层工会组织 46 个、会员 3860 人。

蕲州镇工会恢复后历任工会主席任职时间表

表 3—3

组织名称	职务	姓名	任职时间
蕲州镇工会	主席	叶春发	1978 年 4 月至 1981 年 2 月（后停设工会组织）
蕲州镇工会	主席	夏　伦	2001 年 3 月至 2004 年 10 月
蕲州镇工会	主席	朱美珍	2004 年 10 月至 2006 年 12 月
蕲州镇工会	主席	胡　奇	2006 年 12 月至 2011 年 10 月
蕲州镇工会	主席	操冬日	2011 年 10 月至 2016 年 12 月
蕲州镇工会	主席	胡岭生	2016 年 12 月起

（2）贫下中农协会

1950 年元月，蕲春县农民协会成立后，遵上级指示，蕲州镇也成立了农民协会。当时，因行政干部职数较少，镇农协干部由镇行政干部副职兼任。同时镇内街道居民委员会，大队均配置有贫雇农协会组长、副组长 1~2 人。

1954 年 3 月，奉上级指示精神，蕲州镇及所辖的街道居民委员会、各大队贫雇农协会撤销。

1965 年，根据上级关于恢复农协机构的指示，镇内东门、二里湖公社均成立了贫下中农协会，其下属的各生产大队，居民委员会也相继建立了贫下中农协会，并配置了相应的专兼职人员。“文化大革命”开始后，贫下中农协会停止了活动。

1973 年元月，蕲春县贫下中农协会恢复，年底，蕲州镇贫下中农协会恢复建立。

1976 年 10 月至 1984 年 2 月，杨启正、刘胜发先后任蕲州公社、蕲州镇贫下中农协会主席。

1976 年，蕲州公社辖 23 个大队，200 个生产队均建立有农会组织并配置了专、兼职协会负责人。

1981 年 4 月，蕲州公社贫下中农协会奉命更名为蕲州镇农会。

1984年2月，蕲州镇农会主要负责人改选，刘胜发不再担任镇农会主席，孙思权接任。

1986年11月，蕲春县委根据农村形势的发展变化撤销了蕲春县农会机构。蕲州镇农会及下属各基层农会也随之撤销。

（3）青年团

1951年8月蕲州镇中国新民主主义青年团成立。第一任团委书记魏博文。在镇团委的组织下，镇内文化、教育、卫生、手工业系统、商业系统陆续成立了团支部和团小组。

1956年8月，新民主主义青年团蕲州镇团委书记改选由万鹏担任。

1957年5月，中国新民主主义青年团蕲州镇委员会更名为中国共产主义青年团蕲州镇委员会。

1958年8月起，蕲州基层政权组织名称屡有变更，共青团蕲州镇委员会也随基层政权组织名称的变化而时有变更。成立之始至2017年共青团蕲州镇委共召开了17次团代会。选举产生了各届新的镇团委组成人员。

共青团工作主要是在各级党委的领导下，激发广大青年的爱国热情，积极投身于建设社会主义祖国的大潮中，在一个时期内配合党委的中心工作而开创性地开展青年工作。蕲州镇历届团委先后作的主要工作有；建团初期主要在广大青年中积极引导他们参加中华人民共和国的建设，在工、农、商、学各业中开展“五小”（小标明、小革新、小创造、小设计、小建设）活动。鼓励青年参加“三线”建设“四结”建设。20世纪80年代开始，蕲州镇团委为贯彻团中央开展培养青年星火带头人活动，积极鼓励镇内青年学科技搞创造发明，全镇共授予星火带头人数十名。共青团蕲州镇委还先后实施了保护母亲河、文明创建、尊老、助幼、帮困、济贫、青少年维权等活动。先后有数百余青年参加了以上的活动。2017年，全镇有基层团组织160个，团员4290名。

（4）妇女联合会

1950年5月14日，蕲州解放后即成立蕲州镇民主妇女联合会。至1957年8月遵照上级指示，更名为蕲州镇妇女联合会。

蕲州镇妇女联合会自成立以来，先后开展了组织妇女参加社会活动，学习文化知识，办脱育班活动，组织妇女抵制包办婚姻、移风易俗、破除封建迷信活动。

自20世纪80年代开始，镇妇联在妇女活动中广泛进行党的路线、方针、政策教育，帮助妇女学习先进的思想文化、帮助妇女迈开脚步走劳动致富之路。帮助妇女树立正确的婚姻、家庭道德观。80年代中期开始，镇妇联多次召开“三八”妇女节纪念大会，表彰“五好家庭”，“三八红旗手”460余人。积极鼓励妇女争创“五好文明家庭”和参选“十星级农户”活动。

1991年，全国妇联在全国城镇妇女中发起做自尊、自信、自立、自强的“四自”女性，蕲州镇妇联积极响应。

1993年以后，蕲州镇妇联在镇党委的支持下，依托党校、成人教育学校、多媒体教学室、妇女活动室举办文化科技培训班对妇女进行培训。尽可能地让广大妇女掌握一至二门实用技术。

2000年以后，在全镇农村妇女中实施“巾帼科技致富工程活动”，围绕农业经济结构调整，开展“双学双比”竞赛，以此促进农业高效、妇女致富活动。

2008年以后，镇妇联多次组织妇女参加健康检查、组织育龄妇女参加两癌筛查工作，全镇共组织参加两癌筛查的妇女9800人次。

2015年以后，为响应中共中央、国务院关于打赢脱贫攻坚战，镇妇联要求各基层妇联组织积极响应和行动，让妇女置身于脱贫攻坚战之中，多开辟创业、致富渠道，为在2020年实现全面脱贫作出贡献。2017年底，全镇有基层妇女组织46个。

蕲州镇解放后妇女组织主要负责人及任职时间一览表

表 3-4

组织名称	职别	姓名	任职时间
城关区妇联	主任	赵冬梅	1950 年 5 月至 1951 年 8 月
蕲州镇妇联	主任	赵冬梅	1951 年 8 月至 1955 年 12 月
蕲州镇妇联	主任	田正青	1956 年 8 月至 1958 年 8 月
红专公社妇联	主任	陈桂枝	1958 年 8 月至 1958 年 11 月

（5）少先队

1950 年蕲州镇各小学建立了中国少年儿童队。1953 年更名为“中国少年儿童先锋队”。“文化大革命”期间，“红小兵”曾一度取代少年先锋队。1979 年又恢复为少年儿童先锋队称号至今。

蕲州镇少年先锋队均以学校为单位组建，依据学龄儿童的多少分别设有大队、中队、小队；镇区内的一小、实验小学、三小、四小均设置少年先锋队大队长，镇属农村小学均设置少年先锋队中队或小队。少先队员均佩戴红领巾，每个星期一均要举行升国旗仪式，镇区内的四所小学还配备有专（兼）职辅导员，不定期地利用队日开展相关活动。

从 20 世纪 90 年代初开始，蕲州城区的几所小学分别与农村较为贫困的小学开展结对帮扶，手拉手活动。

2017 年，蕲州镇 17 所小学均建立有少年先锋队组织，4360 名少先队员。

（6）科学技术协会

1980 年 5 月，蕲州公社科学技术协会成立，张焱明为首任科协主席。

科协的成立，对于团结、激励各方面的科技人才，振兴蕲州经济，提高生产率和推进精神文明和物质文明建设发挥了应有的作用。

20 世纪 80 年代后期，全镇有科普站 16 个、村民科普小组 68 个。农业技术推广站、畜牧兽医站、蕲艾研究会等涉农技术类基层协会 11 个。全镇至 2017 年共有科技术示范户及优秀科技工作者 298 家（人）。

蕲州镇科协注重企业科学技术人才的培养和企业科学技术的开展工作，先后为水泥厂，蕲州乳酸厂、街口村企业牵线搭桥，引进人才，解决了以上企业在生产过程中的一些技术难题。为美华化工厂牵线，引入武汉化工学院研制的低磷高效洗衣膏产品。注重农村科学技术的推广工作，不定期地印制《科技简报》《病虫害防治预报》《科技推广宣传单》《畜禽病防治简报》6000 余份。举办了 30 多期科学技术培训班：受训人员达 2400 余人次。编印和发放各类科普宣传册、资料 1.2 万册（份）积极推广教育、文化、科技三下乡工作，近几年来主要抓了新技术、新品种等的推广工作。

李时珍纪念馆被省科协命名为“湖北省科普教育基地”。2017 年，蕲州镇科协被评定为蕲春县科学技术工作“突出单位”，镇科协主席蔡梦被评定为全县科技工作“突出个人”。

蕲州镇历任科协主席一览表

表 3-5

组织名称	称谓	姓名	任职时间
蕲州镇科协	主席	张焱明	1980 年 5 月~1983 年 9 月
蕲州镇科协	主席	陈国荣	2001 年 3 月至 2004 年 10 月
蕲州镇科协	主席	王海鹰	2004 年 10 月至 2007 年 8 月
蕲州镇科协	主席	吴悠	2007 年 8 月至 2008 年 5 月
蕲州镇科协	主席	江仁义	2008 年 5 月至 2011 年 10 月
蕲州镇科协	主席	蔡梦	2011 年 10 月起

三、中华人民共和国成立后党政主要工作

1949 年 5 月 14 日，蕲州获得解放。在中国共产党蕲春县委的领导下，蕲州镇委（区委），一以贯之地贯彻党在各个时期的路线、方针、政策，带领全镇各级党组织和广大党员干部较好地完成了上级党组织交办的各项工作任务。蕲州镇（区）人民政府在上级人民政府的指导下，带领蕲州人民将一个饱受战争创伤、破烂不堪的旧蕲州建成了一个在湖北省乃至全国有影响、有地位、人民生活富裕、欣欣向荣的新蕲州。

（一）历届中共蕲州镇党委所作主要工作

1. 解放初至 1961 年蕲州人民公社党委工作

1949 年 5 月 14 日蕲春县城蕲州被解放军攻克，蕲春全境解放。自此，蕲州的党组织开始完成支前工作和恢复生产的各项任务，开始了社会主义革命和社会主义建设的新征程。首先是县委、县政府搬迁到漕河，蕲州则逐渐充实地方领导干部队伍。接着开展清匪反霸、抗美援朝、镇压反革命、土地改革、“三反”“五反”等运动，迅速医治战争创伤，恢复蕲州经济，建立城关区的各级人民政权，摧毁封建剥削制度，解放蕲州的社会生产力。

蕲州镇成立区委以后，开始全面而有计划的经济建设，各项经济建设都取得显著的成绩。解放初期，城关区委大部分干部都是原地方干部和军队干部，还有 1947 年刘邓大军挺进大别山后留下的南下干部，以及新由战士提拔到负责岗位的干部，他们首先部署了以农村为重点，兼顾城关的工作方针，以安定城乡秩序为重心的党的工作。扎实开展清匪反霸斗争，抗美援朝和镇压反革命运动，解放农村生产力。接着进行农村土地改革，以依靠广大贫苦农民，开展大规模的土地改革运动，1953 年春全面完成，实现农民翻身做主人的伟大变革。蕲州的黄全斌，

原为汪伪警备大队长，1940 年起接受共产党统战，后参加革命，为中共党组织提供大量敌伪情报和军火、西药、食盐等紧缺物资。在镇压反革命分子期间，他经公安部门派遣，深入江浙、云（南）广（西）一带，以经商为名，侦察原在蕲州国民党和汪伪政权的反动头目、特务分子的行踪，再提供给公安部门缉捕。他一人就协助公安机关缉捕了 30 余名。人民群众在支援抗美援朝运动中，蕲州镇委主要做了如下重要工作。一是开展抗美援朝保家卫国宣传教育活动，二是动员青年参军参战支援前线，三是组织慰问军烈属，慰问“最可爱的人”，四是开展订立爱国公约和增产节约活动，五是组织开展捐献飞机、大炮运动，至 1953 年 7 月，蕲州人民响应上级党委号召，积极开展了轰轰烈烈的支援抗美援朝运动。工人农民积极以实际行动支援抗美援朝运动，蕲州工人积极生产，捐献超额给予奖励，蕲州的工商界积极改善经营，多盈利多捐献。并开展了和平签名、集会和游行等活动，农村在当地组织领导下还开展了帮助军、烈属代耕代种，确保后方安定，前方安心。对军烈属也做好优抚工作。

蕲州城关区委在 1952 年秋还开展以反贪污、反浪费、反对官僚主义和反行贿受贿、反偷税漏税、反盗骗国家财产、反偷工减料、反盗窃国家经济情报为主要内容的“三反”“五反”运动。全区党员进行严肃认真的审查整顿工作，清除蜕变分子，处理违纪成员，维护党的纪律。同时，也发展一批新的党员，扩大党员领导队伍。1952 年底，全城关区农村已办起常年互助组。并从 1953 年春开始，全县开展农村整党工作。主要是对全体党员进行党纲、党章和党员标准教育，提高党员的政治觉悟，对少数丧失立场、违反党纪国法的党员进行严肃处理。同年 7 月起，开始学习、贯彻党在过渡时期的总路线和有计划地开展大规模经济建设的精神，并深入宣传、学习和讨论。1955 年 9 月，结合农业互助合作化运动的开展，蕲州镇党员又参加了在县城进行了整党整风学习，历时 14 天。

1953 年、1954 年长江大洪水期间，蕲州区委组织全城关区和农村的人力物力，在县委和区委的领导下，提出“人在堤在”的口号，全力抗灾，克服困难，为战胜百年一遇的大洪水作出贡献。蕲州的沿江大堤上，在波涛汹涌的洪水中，男男女女用身体组成人墙，冒着瓢泼大雨，他们用木板抵挡洪水，排除险情，参加抗洪抢险的共产党员和共青团员，全都是身先士卒，哪里有危险哪里上，为广大群众作出了榜样。

在开展大规模经济建设的过程中，区党委在县委的领导下，有序地开展和推进对农业、手工业和资本主义工商业的社会主义改造。到 1956 年底已全部完成改造工作，区党委对全镇私营商业落实国家“利用、限制、改造”的方针开展工作，全镇的私营商业全部转为“公私合营”，改造高潮时，蕲州商业南货行业的私方经理由纪杏林、熊桂生和陈琳女士等人担任，商业公私合营工作走在全县的前列。此时县委已于 1956 年 6 月 7 日至 15 日在漕河召开中共蕲春县第一次代表大会，蕲州城关区委也改设为黄土岭农村生产指导组和蕲州镇委。农业合作化工作也进入高潮，黄土岭的菩提、雨湖、黄土岭三个乡和蕲州镇分别成立一新 1~15 社、民主 1~9 社、濒湖 1~8 社、燎原 1~8 社、五一 1~2 社、联盟 1~2 社，还有江新社、华红社、长明社、荣光社、前进社等 49 个高级社。同时，黄土岭和蕲州分别成立指导组党委和镇党委，工作重心也转移为整风运动，后又转入较大规模的反右派斗争。将一批知识分子和党内外干部划成了“右派分子”。1958 年 9 月指导组和镇委又改建红专、钢铁为两个人民公社党委，农村生产大队也建立中共党支部。同时，农村开始创办“公共食堂”，先是几个自然村办一个食堂，后来调为按生产队为单位起伙，实现“公共食堂化”，1961 年底奉命停办。在宣传、贯彻党的建设社会主义总路线过程中，蕲州地区又相继成立红专、钢铁两个人民公社，对人民群众实行“组织军事化、行动战斗化、生活集体化”的管理体制，使以“共产风”为标志的瞎指挥风、强迫命令风、特殊化风，迅速泛滥。随后在11月两个公社的党委合建为钢铁人民公社党委，蕲州也像全县一样，开展“工业大跃进”“大办钢铁”等运动，又使蕲州当地秋粮失收，成片林木毁于炉火等，并造成党内生活出现不正常状态。

2.1961—1976年蕲州镇党委主要工作

自从1958年“大跃进”运动所带来的经济困难和人民群众的生活困难之后，蕲州镇党委，认真总结经验教训，在1960年1月20日至25日召开的中共蕲春县第二次代表大会的大好形势下，确定1960年国民经济计划，提出《蕲春县1960年至1962年高度发展农业生产的全面规划（草案）》，组织“持续跃进”的同时，也客观地安排群众生活等有关工作。特别是省委《关于调动群众积极性的十项措施》文件下发后，蕲州镇委克服困难，开展以纠正“一平二调”为重点的反共产风、浮夸风、强迫命令风、瞎指挥风、特殊化风运动，逐步清理退赔“共产风”中平调的群众财物。1961年党中央提出“调整、巩固、充实、提高”的八字方针，蕲州党委一是按上级要求划小社队规模，实行“三级所有，队为基础”的核算原则。二是平反1958年以来历次运动处分过火的干部，摘去部分“右派分子”帽子。三是实行精兵简政，压缩城镇人口。恢复农业生产，使人民群众的生活逐渐恢复正常，也使粮食产量得到较大幅度的提高。1963年5月，中共中央发出“前十条”决定，蕲州农村从7月开始 “小四清”以清账目、清仓库、清财物、清工分为基本内容的社会主义教育运动在全镇展开。1964年9月，中共中央又发出“后十条”，强调以清政治、清经济、清组织、清思想的“大四清”运动。至1966年5月仍未结束。这虽然对解决干部作风和经营管理等方面的问题起过一定作用，但对农村基层干部则造成了不良后果。自1963年起，随着“突出政治”和两个“四清”运动的相继开展，也发展了一批运动中的积极分子入党，壮大了党员队伍和干部队伍。同时，在认真贯彻执行“以农业为基础”的方针，狠抓全镇农村“粮、棉、油、猪”生产，到1966年全镇工农业生产总值有很大增长。

1966年5月，“文化大革命”开始，蕲州地区也开始出现“动乱”局面。到8月以后，蕲州也刮起了一场大破“四旧”的风潮。而本来正在进行的“四清”运动也难以为继，驻社工作团也奉命撤离。此前已有一大批“四清”运动的积极分子被吸收入党，扩大地方党组织，增强党的战斗力量。1967年1月，受上海“一月风暴”的影响，原蕲州镇委工作瘫痪。是年4月成立“抓革命促生产领导小组”，1968年9月成立镇革命委员会，1970年1月成立镇“整党建党领导小组”，直到1971年1月3日至8日，中共蕲春县委召开第四次党代表大会，11月，中共蕲州镇委才重新建立。接着在城乡开展“一打三反”斗争，反对现行反革命分子破坏活动、贪污盗窃、投机倒把、铺张浪费，开办“学习班”和“五七干校”形式，至1972年冬结束，但有“左”的过火行为。1973年，开始“三支两军”工作，1974年2月开始至1975年的撤区并社，至1976年粉碎江青反革命集团，蕲州与黄土岭乡合并，后又从蕲州划出。此阶段蕲州和黄土岭乡党委，工业上在蕲州兴办水泥厂、化肥厂等一批地方企业，农业方面，也取得连续多年获得粮食比“文化大革命”前的丰收增产。

3.1976—1994 年蕲州镇党委主要工作

1976 年 10 月至 1981 年 1 月是革命委员会在负责管理工作。粉碎江青反革命集团后，头两年继续揭批江青反革命集团的流毒，蕲州也开展“揭、批、查”工作，使全体党员、干部从思想上拨乱反正。党的十一届三中全会后，蕲州镇党委也迅速将工作重点转向社会主义现代化建设上来，执行党中央的决策，以经济建设为中心和坚持四项基本原则，各项事业都有发展。在农村的群众生产积极性也充分调动起来，兴起“三治五改”为重点的基本建设高潮，改善农业生产条件。1979 年 3 月召开中共蕲春县第五次党代会，成立县委新的领导班子，中共蕲州镇第三届委员会于 1984 年 2 月召开，蕲州镇党委贯彻执行党中央十一届三中全会的路线、方针、政策，发展一批新党员，开始注重干部队伍的文化素养和文化程度。在此阶段，蕲州镇委相继平反一批冤假错案，摘去地主“富农分子”的帽子，在经济工作上，农村稳步实行“联产到组”“联产到户”“专业承包”等多种形式的联产计酬责任制。同时，蕲州还加快玻璃、麻纺厂等厂矿企业的建设，促进地方经济的发展。

1986 年 1 月 21 日至 24 日中共蕲春县委召开第七次代表大会，坚持“两个文明”建设，一手抓整党整风，一手抓改革开放，加快经济建设步子，巩固和发展整党成效，使党员队伍转变作风。增强纪律性，纯洁党组织。蕲州镇也同时开展普法教育，出现一批双文明单位和双文明村、双文明户。经济工作方面，农村逐步完善山林、水面承包责任制，工业上试行招标承包和租赁经营的措施。同时总结竹林湖积极发展村办企业的做法和经验，推进乡镇企业的发展。

1989 年中共蕲春县委召开第八次党代会至 1994 年这几年中，蕲州镇党委坚持不懈地抓党的组织建设，并相应地成立镇纪律检查委员会。在全镇各村党组织中形成纪检工作网络。纪检部门配合镇村党组织抓党风建设，建立党风责任制，树立一批党风建设先进单位和端正党风的先进个人。同时也认真查处个别违纪案件，纠正不正之风。1990 年结合乡镇干部换届，蕲州镇新选上来的党员干部都按规定完成培训学习任务，对干部的政治素质、文化素质、业务素质都有较大提高。对工业企业，抓好第二轮承包，完善承包形式和承包内容，处理好国家、企业、个人三者利益，调动企业干部职工的积极性。对农业组建村级经济联合社，为农业产前、产中、产后提供服务。1991 年 4 月 12 日至 15 日中共蕲春县委召开第九次党代会。到 1993 年，县委和镇委大做医圣李时珍文章，连续三年成功举办李时珍医药节和药交会。也促进蕲州地区的药物种植、加工、贸易、科研的发展。此期间，蕲州的乡镇企业仍有较大发展。1993 年 12 月 1 日至 5 日，中共蕲春县委召开第十次党代会，提出总的战略构想，主要是大力发展李时珍医药产业，建设好县农药厂，开发长江沿线、沿江的经济小区，以工业开发为主导一、三产业，使蕲州经济迈上一个新的台阶。在党组织建设方面，三年来收到了较好的成效。

4.1994—2000 年蕲州镇党委主要工作

中共蕲州镇委，自 1993 年 11 月以来，共举行五、六、七三次代表大会。深化改革，加快体制转轨进程，是蕲州国有企业改革的重点。大力实施“兴工富镇、强农稳镇、商贸活镇、旅游兴镇、城建亮镇、科技立镇”的战略，蕲州各类企业，采取租赁、承包、拍卖、嫁接、剥离、股份合作等多种形式，推行国有民营、公私合营、全面放开小企业的发展。农村改革，立足于稳定和完善。一是稳定家庭联产承包责任制，二是建立土地依法有偿流转制度。搞活土地经营权，促进资源合理配置。以培育蕲州中药材专业市场为重点突破口，带动地方医药特色经济的发展，走种、养加科、医、旅相结合的路子，促进药农、药工、药市、药业的快速协调发展。在党建方面，大力推进基层党组织建设，以教育培训为先导，不断提高基层干部队伍的整体素质。镇党委的“龙头”作用得到增强，农村党员干部的“双带”作用也不断提高。各村党支部争创“五强一争”（强班子、强队伍、强实力、强管理、强后劲、争创先进村党组织）活动，“五创一新”（创一流班子、创一流队伍、创一流服务、创一流管理、创一流业绩）活动，促进各村党支部的组织建设，塑造出党组织的新形象。

在创建精神文明活动中，蕲州镇党委以创建活动为载体，全面开展“十星级文明农户”，创评活动，各村农户都参与评选。蕲州镇委在创建文明村镇活动中，狠抓“五治五通”（治穷、治愚、治脏、治乱、治差，通路、通水、通电、通电话、通电视），突出六大工程建设（基础设施配套工程。绿色文明工程、灯光夜景工程、广场文化工程、社区建设工程、市民素质工程），蕲州镇被授予“全国文明村镇”“省级文明镇”称号。蕲州的李时珍纪念馆、李时珍体育场、雨湖风景区、名人教授馆、医圣阁、巾帼楼的建成，形成李时珍独特的人文景观。在此期间，蕲州镇委配合县委县政府顺利组织开展一年一度的李时珍药物交易会和两年一届的湖北省李时珍医药节，每次药交会和医药节，都吸引全国各地药商和药材产地的企业家云集蕲州，一年比一年节会都开得好，规模一年比一年大，规格高，吸引各级媒体的关注与报道，收到预期的效果。1994 年镇委被中央组织部评为全国党员电化教育“先进单位”；1995 年 10 月被省委、省政府、省军区授予抗洪救灾“先进集体”；1996 年 1 月被黄冈地委、行署评为“先进乡镇”；1997 年 10 月被省城建厅授予湖北省小城镇建设竞赛“一等奖”，2000 年 1 月被国家建设部授予 1999 年度全国村镇建设“先进镇”。

5.2000—2011 年蕲州镇党委主要工作

2000 年 1 月，中共蕲州镇委、镇政府领导班子换届，组成中共蕲州第七届委员会，张正雄任书记。骆敬泽任副书记、镇长。原黄土岭乡党委同时撤销，与蕲州镇党委合并成立新一届蕲州镇党委。2000 年 10 月 8 日至 12 日　中国湖北第五届李时珍医药节暨第十届药物交易会在蕲州时珍体育场举行。湖北省对外文化交流协会、黄冈市人民政府、蕲春县人民政府联合举办。国家中医药管理局、中国中医研究院、国家药品监督管理局、中国药文化研究会以及省、市、县领导出席开幕式。本次医药节有医药、商贸、学术、文化、体育等 7 项大型活动。2001 年的 2 月至 4 月，新一届镇委先后召开了第一、二、三次代表大会。党委工作机构有办公室、组织、宣传、综治、信访、老干等部门。镇委下属有 8 个企业党委、9 个党总支、126 个党支部、4564 名中共党员。

2008 年 1 月 20 日，蕲州全境遭 50 年一遇的持续低温、雨雪、冰冻天气灾害，全镇农作物普遍受损，有相当一部分农作物绝收。3 月 18 日，“蕲春灾后重建慰问演唱会”在蕲州镇党委和政府的精心组织下，在李时珍体育场隆重举行。中共黄冈市委、省人大、省政协、省委组织部、老干局、省委宣传部、市政协及市有关领导出席，蕲春县委、县长及县“四大家”领导同时出席。该活动由省委宣传部、湖北省广播电视总局、市委宣传部、蕲春县政府、《大明医圣》剧组、湖北李时珍健康产业开发股份有限公司成功主办。1 月 20 日，李时珍健康产业开发公司投资、在蕲州西角湖兴建的“明清影视城”，因《大明医圣李时珍》电视剧开拍而正式启用。该影视城历时半年而全面竣工。2011 年 5 月 27 日，李时珍《本草纲目》被联合国教科文组织列入世界非物质文化遗产“记忆名录”。6月1日，国家中医管理局、国家档案局在北京联合发布：2011年5月23日至26日，在英国曼彻斯特召开的联合国教科文组织、世界记忆工程国际咨询委员会（IAC）第十次会议上，李时珍《本草纲目》1596年（明万历廿四年）金陵版原著，顺利入选“世界记忆名录”。这对蕲州、对蕲春而言，都是一件大事。2012年3月12日，蕲州镇被省委、省政府列为全省“经济发达镇”试点。2013年10月，蕲州镇委、镇政府在东长街进出口处，重新复建一座石牌坊。牌坊用青石雕砌，雄伟壮观，上书“东长街”三个大字，从此，蕲州东长街恢复了一处景观建筑。2013年，全镇按照“特色化思路、领先性标准、全方位创新、跨越式发展”要求，围绕建设“医药名镇、文化古镇、旅游强镇、经济大镇”奋斗目标，全面实施“两区一带”发展战略，全镇社会经济实现快速发展。社会总产值达到48.5亿元，财政收入达到6100万元，固定资产投资达到16.64亿元，农民人均纯收入达到7300元。蕲州拉通“四纵六横”道路骨架，启动蕲州大道升级改造工程，完成城镇道路、供排水、景点建设、城市旅游、污水和垃圾处理、商住小区、集贸市场、交通客运、文化娱乐等城镇基础建设配套设施，启动蕲州古城保护、新区开发等建设改造工程，配套李时珍主题公园建设，全面启动城东新区选址规划工作、步行街、博士街、麒麟山公园等景观工程。集中精力抓好蕲州棉纺、蕲农化工、永昌万利造纸、东申纺织、华辰纺织等过亿元产值工业企业增产增收。引进永方矿业、燃润料生产仓储、宜昌龙源林业有限公司生态观光园建设等过亿元投入项目，发展时珍水上娱乐城、金亚矿业、兴旺建材等过两千万元项目，促其健康发展；全镇已形成医药养生、健康旅游、纺织服装、建筑建材、船舶物流、生态观光等产业特色。

2014年全面实施“药旅联动”战略，抢抓全省“经济发达镇改革试点”、全市“临江四城”开放开发和全县“七大片区”建设机遇，奋力推进“李时珍文化旅游区”建设。城市面貌焕然一新，全镇社会总产值达到92.27亿元，社会固定资产投资达到20.1亿元，财政收入达1.32亿元，工业总产值完成65.4亿元，农业收入实现7.9亿元，农民人均纯收入9131元。按照“引老板、抓流转、建场园、促发展” 医药产业连成线的发展思路，先后引进、落户、建成红门楼万亩蕲艾基地；邵垅明秀药材基地；下石潭葛根药材基地；菩提、太常名贵花卉苗木基地；曹英、菩提连片开发栀子基地；恒丰、金鸡、雨台连片开发蕲艾生产基地等六大医药种植基地，形成成片种植、集中销售的大规模开发产业链。打好“李时珍”“荆王府”“博士街”“赤龙湖”四张名片。2015年底，全镇社会总产值达到128亿元，社会固定资产投资达到23亿元；实现公共财政收入1.65亿元，农民人均纯收入达到12158元。2016年底，全镇社会总产值达到148亿元，社会固定资产投资26.7亿元，财政收入1.83亿元，农民人均纯收入12963元。

中共蕲州镇第三届委员会工作五年间，不断强化班子政治理论学习，围绕以学带创，完善领导班子学习机制，努力提高班子成员思想政治素质；建立健全党委班子各项规章制度，严格执行民主集中制，坚持开展批评与自我批评，坚持民主集中制，调动班子成员能动性和创造性，突出党委班子集体领导地位。扎实开展党的群众路线教育实践活动，“三严三实”专题教育，“两学一做”学习教育，党员干部作风明显好转。围绕中央八项规定、省委“六条意见”和市、县委关于改进干部作风建设有关要求，各级党员干部特别是领导干部带头执行各项规定、带头深入基层，“四风”问题得到有效整治，党群干群关系更加密切。新建党员群众服务中心22个、改扩建19个，完善和建强村级服务平台。2016年，通过争取政策支持、动员社会力量、压减公用经费、鼓励集体投入等途径，新建党员群众服务中心4个、改扩建5个。对全镇未按期换届的13个支部，按程序开展换届选举工作；成立2家非公企业党支部，推进非公企业和社会组织“两个覆盖”工作。镇党委建立领导班子成员定期述廉制度，制定《蕲州镇领导干部廉洁从政有关规定》，完善干部重大事项报告制度。加强廉政风险防控管理，强化对“人、财、权”等重点部位的依法监督，切实做到用制度管权、管事、管人。

2000年至2013年蕲州镇党委落实“科学发展观”实现跨越发展 。

2000年12月，蕲州镇和黄土岭乡在行政区划上还是分治。2001年2月，按照全县乡镇撤并工作的部署，原黄土岭乡整体并入蕲州镇，原蕲州镇党委、原黄土岭乡党委同时撤销，成立新的中共蕲州镇委。至2013年4月，蕲州镇委先后召开了第一、二、三次党代会。第一届镇委从2001年5月到2006年12月，党委书记张正雄。同时成立中共蕲州镇纪律检查委员会。第二届镇委2006年12月至2011年10月，党委书记李韧。镇纪律检查委员会同时换届。第三届镇委从2011年10月至2016年8月，党委书记胡学文。镇纪律检查委员会同时换届。在这三届党委的领导下，全镇人民以建设“医药名镇、文化古镇、旅游强镇、经济大镇”为目标，围绕“李时珍文化旅游经济区”的发展定位，打造实施药旅联动试验区，医药养生体验区、体制创新先行区、跨越发展的增长极。2012年实现地区生产总值50亿元，固定资产投资14.5亿元，规模以上工业增加值9亿元，规模以上企业29家，公共财政收入5695万元，农民人均纯收入6916元。

镇党委紧紧围绕经济发展大局，贯彻实施《湖北省党的基层组织建设工作规划》，大力推进“五个基本”“七个体系”建设，特别是抓住“基层组织建设年”机遇，认真落实“六个全覆盖”，基层党组织的创造力、凝聚力、战斗力明显增强，基层党建工作水平明显提升，为加快蕲州经济社会又快又好发展提供了坚强的组织保证。利用党校、远程教育、冬训春训等多种形式对党员进行培训，每年培训党员达11000人次。以党支部为单位开展党员评议活动两次。2010年、2011年、2012年被评为全省法治单位创建活动先进集体。2012年被省委、省政府列为湖北省经济发达镇行政管理体制改革试点镇。至2013年4月底，镇党委下辖8个企业党委、9个党总支、126个党支部（其中非公有制经济组织党支部9个），共计4564名党员。这一阶段，蕲州镇委下大力气连续成功举办了21届李时珍药物交易会和医药节（以后搬到县城的国际医药港举行）。人民群众的生活质量有大幅提高。社保、低保、医保和新型城乡居民养老保险做到应保尽保，蕲州建起廉租房，农村D级危房改造整体推进，城镇居民和农民人均可支配收入实现较大幅度的增长。

6.2011—2018年镇党委主要工作

新一届镇党委、镇政府领导班子锐意改革，务实求进，至2016年镇委下辖6个党总支125个党支部，共有党员4423人。镇委多次获省、市两级党委政府表彰，2015年被评为市“经济社会发展20强乡镇”和“安全生产单位”，2015年和2016年连续两年被市评为“社会综合治理先进单位”。2015年和2016年公共财政收入分别为8406万元和16190万元。2015年农村人均可支配收入11235元，2016年增长923元。农村山林和养殖水面保持稳定，耕地面积2488公顷，农田有效灌溉面积1090公顷，粮食播种面积2016年4685公顷，中药材为1677.9公顷，总产量712.3吨。全镇工业企业284个，规模以上企业24个，2016年从业人数24908人，年销售过亿元企业16个，工业总产值87亿元。2016年，大别山红色文化纪念馆和胡风纪念馆，投资1600万元在菩提村落成。龙泉花海配套项目已完成仿古步行街、景区观光塔、文化广场景观大道等项目。时珍路仿古改造工程投资1600万元建设2300米。投资6800万元的沿市湖大道工程竣工，并完善绿化美化亮化工程。200万元的雨湖大道建设完成。投入6000万元对新自来水厂和污水处理厂的管网工程进行设计和立项。投入400万元完成80万平方米的濒湖路建设，投入近300万元购置环卫设施。李时珍文化旅游区赤龙湖板块的迎宾路、东璧阁、养生度假酒店、文化小镇、健康渔村休闲木屋项目相继完成。“中国艾都”红门楼万亩蕲艾基地建设，已建成3000亩见成效。几年来，新建15个党员活动中心，提升8个党员群众活动中心，按标准建设中心村36个，改造危房315户，蕲州的明天会更好、更美、更亮丽。

（二）历届蕲州镇政府和人大所作主要工作

1. 解放初至1961年蕲州镇政府重点工作

1949年3月，蕲州设城关区，成立区人民政府，属蕲春县人民政府所辖；1951年10月更名为第三区，1953年6月又更名为菩提区，并将区政府改为区公所；1955年12月再更名为蕲州区，为乡级镇，仍设区公所。1956年8月撤区设为黄土岭农村生产指导组，恢复蕲州为区级镇。1958年8月撤指导组成立红专、钢铁两个人民公社，11月又并为钢铁公社，1959年1月更名为蕲州人民公社，6月又恢复为区级镇，1961年10月撤销，蕲州境域划至蕲州镇和赤东区辖下。此阶段的行政区划调整较为频繁，至1961年以后，在公社化领导下才逐渐稳定下来。

自1950年12月20日，中共蕲春县委、县人民政府在县城召开全县第二届四次各界人民代表会议，会议中心议题就是如何开展土地改革，并作出五项决议：放手发动群众，依靠贫雇农，团结中农，中立富农，消灭地主阶级；严防地主、恶霸、匪特进行破坏活动；采取斗争分田，反对和平分田；以土改为中心，号召人民搞好水利建设，蕲州境内农村大规模土地改革工作有序进行，并分批进行土地改革和复查工作，处理遗留问题，到1953年春才结束。通过土改，使广大贫苦农民分得土地和生产、生活资料，解放了生产力。1951年5月，蕲州成立乡农民协会，代行政府职权，1956年又成立乡人民委员会，乡农会则成为农民群众组织。通过土改运动，县内很快统一财政经济，稳定市场物价，安定民心，也医治好战争的创伤，较快地恢复和发展工农业生产，全面完成国民经济恢复阶段的各项预定任务。

1949年以后，蕲州镇对全镇工商业进行了全面登记，并开始对他们分类别征收税赋。1951年2月蕲州镇开始在城区系统进行民主改革，领导城区工人开展反对封建残余的民主斗争，检举揭发封建把头、恶霸的罪行。开采、纺织、粮食加工、水运码头等行业废除封建把头制度，建筑系统废除包工头制度，手工业系统废除旧社会遗留的旧行规，实行以“劳资两利”为原则的用工和工资福利制度，至1952年上半年才结束。其间，主要抓了如下工作：一是建立工人纠察队，维护社会治安。成员有码头工人、商店店员，成立了210人的工人纠察队，配合公安部门守卫仓库、监视坏人，保障蕲州社会秩序安定。二是铲除封建把头，取缔封建帮会。蕲州当时遗留下来的有南京帮、安徽帮、湖南帮、江西帮、福建帮、金牛帮等六大帮会，他们以蕲州为基地，辐射鄂东乃至鄂南。取缔了帮会，斗争了封建把头，还于1953年3月1日成立了水上船民工作委员会，领导推动了水上民主改革工作。三是驱逐帝国主义分子。1951年，蕲州的工人、店员，配合市民、商民、公教人员，控诉和揭发披着宗教外衣而从事侵略活动的帝国主义分子、意大利“神甫”邱先觉和边安吉的罪行，于1952年通过中国政府将其驱逐出境。四是监督改造私营资本主义商业，蕲州数百名店员，在各自的企业岗位上监督资方老板偷税、偷工减料等不法行为。配合工商联合会，实施了党对私营资本主义商业利用、限制、改造的政策。五是提高工人阶级地位，维护工人利益。先后发动店员对资方老板有意辞退工人、克扣工资、打骂童工现象进行斗争。

1953年以后，蕲州镇按县委县政府的计划，开始执行第一个五年计划，特别是对农业、手工业、资本主义工商业进行社会主义改造。在稳定物价和财政经济方面，也开始实行粮、棉、油等主要农产品和主要工业品的统购、统销，从而全面开始有计划、有步骤地大规模的社会主义经济建设。一是稳定粮食价格，针对1950年春荒时期的粮商囤积居奇、哄抬粮价的情况，实行稳定粮价，保障供给，给投机商以沉重打击，稳定市场物价。二是建立国营商业，加强物资采购、调拨和供应管理、调节市场，落实中央发出的“发展经济，保障供给”的财经工作方针。在全县统购统销工作中，一是坚持“四留”政策，即一留口粮，二留种子，三留饲料粮，四留机动粮。二是在统购时，任务不分到户，只在国家市场统购，动员教育群众到国家统购市场出售粮食，以抵秋后统购任务。三是国家粮食市场停止夏粮交易和农村互通有无，防止奸商在粮食上投机，但允许农村中少量的种子、品种互换调剂。从1953年11月起，实行统购统销的油料产品亦由国家粮食部门统一经营，计划收购。对国家机关、团体和城镇居民采取按计划不限量或凭证供应等办法供应。1956年前，实行控制销售，1956年后，实行依人定量供应。在对粮食实行统购统销的同时，先后对生猪、棉花、布匹实行计划购买和计划供应，并于1954年9月开始棉布实行凭票供应政策，每人每年发布票9尺。1956年下半年，县里对粮食征购、生猪购销等政策有所调整，稳定了市场物价，保证人民基本生活资料需要。

1954年春，县内出现第一批初级农业社，当年的7月17日至22日，蕲春县在县城召开第一届第一次人民代表大会，选举5名出席省第一届人民代表大会代表。1954年5月至8月，县内连降大雨，江水暴涨，河湖横溢，江堤崩塌，这是蕲州百年来遇到的大洪水。早在革命战争年代，蕲南县的江河湖泊相通，十年九淹。中华人民共和国成立之初，县委书记张居庆、县长钟子恕、副县长何启在百废待兴之际，明确提出：“要治好蕲春，必须先治水患。”随后几年来，蕲州人民与其他乡镇人民一起完成了赤东大堤和赤西大堤的建设。基本隔断了长江洪汛和蕲河山洪的冲击。1954年抗击长江大洪水的战斗中，5月至7月，共有12次强降雨过程，其中6月中旬到7月中旬6次大暴雨，强度大，范围广。蕲州镇的领导带领全镇人民，在风雨中团结一心，共同奋斗，战胜百年一遇的大洪水，保住了蕲州古城。广大干部群众有组织地治理灾情、重建家园、恢复生产。通过抗灾、救灾的斗争，也充分显示出人民群众的力量，合作化也进一步得到发展。在灾后重建工作中，一是组成工作组，到社、到垮村，宣传党的政策，稳定群众情绪，在洪灾到来时，迅速及时抢救、转移、安置灾民，保护人民财产安全。二是确保大灾之年的粮食供应，确保全县群众灾后不饿饭。三是组织灾区人民迅速恢复生产。四是组织互助合作。五是各部门紧急动员，形成合力，洪水过后，“复堤堵口”立即上马，灾后重建工作有条不紊。

1956年10月，全镇初级社全部“升级”为高级社，到1957年，全镇农村基本实现了农业生产合作化。同时期，蕲州王宣垮渔民也建起了第一个渔业合作社。1957年1月9日到13日，县第二届第一次会议在漕河召开，提出《把全县人民动员起来，增加生产，厉行节约，完成和超额完成1957年农业生产任务而奋斗》，也加强了水利建设，修筑沿江大堤近14.8千米，建起雨湖等大型排灌站。1958年5月19日到21日召开县第三届第一次人民代表大会，随着人民公社化运动的兴起，县内行政区划变动较大，随后开始“大跃进”“大办钢铁”运动。例如，1958年9月，蕲春县地方国营红旗钢铁厂建在蕲州凤凰山北，由胡凉亭、鲇鱼地、何万章、黄河厂、超英等6个小铁厂合并而成，到1960年6月关闭，累计生产生铁267.9吨。当时各地都建起了小高炉，有的乡和部分大队都建起小高炉，连学校也不例外，导致秋粮失收，秋种失播，还出现以“共产风”为主要标志的瞎指挥风、强迫命令风、浮夸风、特殊化风泛滥，加上国家三年困难时期，导致群众生活普遍陷于困境。1958 年底开始纠“左”进程，1960 年庐山会议提出“要实现比上年更好的大跃进”，于是又掀起新一轮“大跃进”高潮。在当时“百日大旱”的情况下，农村还提出粮、油、麻、糖、猪等农产品的高发展指标，提出“抗百日大旱，夺粮食丰收”“只要长江水不干，定叫农田也不干”“百部水车上高山，确保不旱一分田”等人定胜天的口号。

1961 年后，蕲州镇开始贯彻执行党的调整的八字战略方针，进行经济调整、精减公职人员、压缩城镇人口，采取多种措施加强农业生产，农业生产才逐渐得以恢复和发展。

2.1961—1976 年蕲州镇政府的重点工作

1958 年 5 月 19 日，县第三届第一次人民代表大会召开。人民公社化运动的开展，使蕲州镇的行政区划变动较大。1961 年 10 月以后，缩小社队规模，蕲州恢复为区级镇。关于社队规模的调整，改以区建社为公社化以前的大乡建社，以原来的高级社为生产大队，生产小队的规模一般以 20~30 户。调整基本核算最多的是以生产大队为基本核算单位，调整后基本上是以生产小队为基本核算单位。初步解决了人民公社化以后长期没有解决的队与队、人与人之间的平均主义问题。调整分配政策，实行按劳分配，多劳多得，纠正分配的平均主义。生产大队对小队按多奖少赔原则，实行奖赔兑现。粮食分配上实行粮食“三定”（定产、定留、定购），任务到生产大队，生产大队对社员口粮分配实行基本口粮和按劳分配相结合的办法。

在 1960 年 1 月 20 日至 25 日的县委第二次党代会后，提出《蕲春县 1960—1962 年高度发展农业生产的全面规划（草案）》，组织“持续跃进”的同时，也客观地安排群众生活等有关工作。蕲州镇政府也开始贯彻执行党中央提出的“调整、巩固、充实、提高”的八字方针，进行经济调整，压缩城镇人口，采取多种措施加强农业生产，蕲州镇的经济随之渐渐恢复，逐渐发展。1961 年 3 月 10 日起，开始对毛巾、袜子、汗衫、背心、棉布等 10 种商品凭票供应，不久对糕点、糖果、白糖、肉类等实行高价销售。

1962 年 2 月 18 日至 22 日在漕河举行县第四届第一次人民代表大会，这次会议进一步贯彻党中央的八字方针，蕲州的工农业生产不断恢复生机。1963 年 9 月 26 日至 29 日县第五届第一次代表大会在漕河召开。此届会议之后不久，蕲州镇农村社队组织开展以清账目、清工分、清财物、清仓库为主要内容的社会主义教育运动，又称为“小四清”运动。到 1964 年 10 月，又开始了“大四清”的社会主义教育运动。由于运动强调不误农业生产的原则，因而蕲州镇也多少减轻了运动过程中的直接损失。工业生产方面取得较大发展，企业装备设施有较大改善，其中蕲州瓷厂窑总容量 96 立方米，坩埚炉 2 座，闷窑 12 座等，在群众性的技术革新中，制造了大批“土”设备和工具、模具。随着生产条件的改善，生产技术的提高，开发出一批新的产品，其中玻璃、瓷器、麻袋等企业发展成为县内的骨干工业企业。

“文化大革命”开始以后，特别是“大夺权”中，蕲州和各地一样，基层组织和个人也不同程度地受到冲击。但按县委的“吹风会”指示，让基层领导干部消除抵触情绪，做好一定要“促生产”“保证老百姓不饿肚子”的心理准备。一直到“文化大革命”后期，包括夺权和挨批斗，蕲州的基层干部基本上能坦然处之，正确对待，进而有效地保护了自己。也使有些地方任由造反派“抓革命”，却无人敢“促生产”的现象得到纠正，只是“促生产”的工作变得更为策略了。党政组织仍在坚持开展工作，工农业生产和其他工作仍继续维持，也使蕲州各地的粮食总产量仍保持稳定。到1968年9月，蕲州的组织机构又被“三结合”的革命委员会所取代。公社各部门都在日益艰难地行使其职能与维持工作。1971年1月召开的中共蕲春县第四次代表大会，产生第四届委员会，但主要领导人有过多次调整，到1975年2月又进行撤区并社工作。1976年后，原蕲州镇革命委员会继续行使镇政府职权，但通过“揭、批、查”使运动中的少数骨干分子得到清除，纯洁了干部队伍。

1964年以来，蕲州镇和武汉市下放数批社会知识青年到蕲州附近农村和黄土岭乡参加农业生产。少数知青还随全家在“压缩城镇人口”的下放中，下乡到农村参加农业生产。1969年2月，县成立知识青年上山下乡领导小组。至1979年，武汉市和蕲州镇的部分中学毕业生，以4~6人为一组开始每年分批次上山下乡，分散到蕲州附近农村和黄土岭乡各生产大队落户，从事农业生产。武汉知青以20~30人为一组，对口安置到挂钩社队的厂和场（农、林、牧、渔）落户，从事农、林、牧、副、渔等行业生产，由蕲州镇、黄土岭乡派出贫下中农代表具体进行管理、教育。1978年以后，绝大部分知青返城安置就业。从1970年春开始，蕲州镇和黄土岭乡分别抽调三批基干民兵，参加三线工程建设，其中也有部分下乡知青参加，主要是参加鄂西北公路建设和襄渝（湖北襄阳到重庆）铁路建设，他们在县乡各级领导的带领下，和全县其他乡镇民兵一起，战斗在鄂西北的深山里，圆满完成上级交给的修路任务。

蕲州镇城区建立在长江边，经常遭受水患的威胁。1954年后政府分段兴修或加修了长江干堤，基本上解决了长江的防洪防汛问题。但是，蕲州二里湖堤始终是一个防守的薄弱环节。二里湖堤原是一段民堤，下起凤凰山脚，上抵牛皮坳闸，长5.46千米。是由1959年的老二里湖堤改建而成，这一段堤对蕲州城区的安全至关重要，蕲州城区内的工厂和商业区以及通往县城的主干公路等都在保护范围之内。每到汛期，到处发生险情，成了蕲州地区的“老大难”。1974年冬，以蕲州镇劳动力为主，从横车等地又抽调一批劳力支援，经过一个冬春的奋战，将原二里湖堤加高培厚，拆除蕲州临江的一段城墙，在城墙原址的沿江地段修建一段新堤和港口码头，并纳入了国家干堤。在修建二里湖干堤的同时，蕲州沿江又兴建多处港口码头，使蕲州城区增加了基础设施，改变沿江面貌，极大地提高了蕲州城区防洪能力，使1.7万亩耕地和城区安全得到保障，城市的发展获得新的空间。

3.1977—1993年蕲州镇政府主要工作

从20世纪70年代开始，蕲州的工业出现较快发展态势。在当时“备战备荒为人民”的方针指引下，蕲州的“五小”工业，定位于小煤矿、小水泥、小水电、小化肥、小机械，发展效果显著。特别是银山煤炭会战，接着又兴建横坝煤矿和曾垮煤矿和其他一些小煤矿，但因种种原因均先后下马。后来蕲州的重点改为只发展小水泥、小化肥。水泥厂兴建于1976年，1977年建成投产，至1979年水泥年产量13000吨。化肥厂于1970年10月兴建，1971年10月投产，后来的产量供不应求，1978年达到年产量18380吨。

粉碎江青反革命集团以后，头两年经改组后成立的镇革委会行使职权，党的十一届三中全会后，连续调整镇政府的组成人员，全镇各项工作都以新的面貌开展工作。全镇的政治、经济、文化、教育、科技、卫生、民政等方面都取得以往所没有的成绩。县第七届人民代表大会于1979年4月1日至4日召开以后，平反冤假错案，工农业生产有所发展。特别是人民群众反映突出的问题，逐步得到解决。1981年1月21日到26日召开县第八届人民代表大会，撤销镇革命委员会，成立蕲州镇人民政府和公社管理委员会，合署办公，1984 年 2 月撤销公社和管委会，以后为镇人民政府施政。党的十一届三中全会精神深入人心，改革农业管理体制，发展多层次经营，在农村普遍推行联产承包责任制。此阶段，蕲州镇管辖地域有少量变动，直到 1987 年撤区并乡时。镇政府驻蕲州城内。1984 年 12 月 11 日至 15 日，县政府召开第九次人民代表大会，批准《关于蕲春县国民经济和社会发展第七个五年计划及 1986 年计划报告》。1987 年原赤东区的菩提、赤东两乡和蕲州镇所辖黄土岭地域，置为黄土岭乡，成立乡人民政府，驻地为黄土岭。此期间，蕲州镇在人民群众中进行广泛的“一五”和“二五”普法教育，增强人民群众的法律意识和法治观念。在此阶段，蕲州镇政府的普法工作，向人民群众广泛宣传宪法、代表法、工会法、义务教育法、企业法、税收征管法、妇女公益保障法等有关法律。普法率达 96%。镇政府在县政府的领导下，依据宪法、地方组织法、选举法的规定，精心组织，做好三次县乡换届和蕲州镇的选举工作。1988 年 11 月、1990 年 11 月、1993 年 11 月的县乡人大代表的选举，就是全镇选民直接选举产生的，报县人大常委会代表资格审查委员会进行审查。通过一次次的换届选举，使广大干部群众受到一次次社会主义民主与法制教育，也促进干部思想、工作作风的转变，更促进经济工作和其他工作的开展。1987 年 9 月撤区并乡时，蕲州镇政府建立政府筹备委员会全程参与，直到 1987 年 12 月完成为止。1987 年 12 月蕲州镇选举产生 1 名人大主席团主席，镇政府领导 4 人，黄土岭乡同时举行选举，产生 1 名人大主席团主席，乡政府领导 3 人。

4.1994—2000 年蕲州镇政府主要工作

1993 年 11 月以来，蕲州镇举行了十至十二届人民代表大会。几年来，镇政府在县委、县政府和镇委领导下，在人大代表和政协委员的监督和支持下，全面推进两个文明建设，各项工作取得优异成绩。一是试点改革有突破性进展。初步建立“包死基数、定额上交、超收全留、欠收不补”的财政体制，成立财政、土管、城建、工商四个分局，对农技站等 18 个站（办）的人财物实行直管。李时珍中药材市场被国家三局一部评为全国 17 家中药材专业市场之一。二是城管城建工作有提高。全镇围绕“古城新都”建设目标，抓配套、改造、管理工作，基础设施不断完善。接通硬化三号路、东长街、二环路、蕲扎路等 8 条水泥或柏油路，兴建蕲州大桥、新政府办公楼，垃圾场、公共厕所等工程；全面治理脏、乱、差。三是乡镇企业改革步伐加快，投入 7000 多万元，上新项目 48 个，新办企业 23 个，全镇 37 家镇办、村办企业有 12 家完成股份合作制改造。四是社会事业全面进步。蕲州镇的中小学“普九”教育全面合格达标。实现村村通电话，户户有电视。镇民政部门在 1998、1999 年大洪灾中，突出做好救灾赈济工作，在镇委、镇政府领导下，抗御百年不遇的江汛，夺取了全面胜利。1994 年蕲州镇第十届人民代表大会第一次会议于 11 月 29 日举行，十一届人民代表大会第一次会议于 1997 年 1 月 16 至 18 日举行，十二届人民代表大会第一次会议于 2000 年 1 月 18 日举行。三届大会分别采取等额和差额选举，每一届产生 1 名人大主席团主席，镇政府领导分别为 7 人和 5 人。同时选举产生镇纪律检查委员会。

1994 年 1 月以来，黄土岭乡以“水产、药材、建材、渔业”为主线，促进经济发展与社会事业的全面进步。一是农业调品种、调面积、调模式，实现粮油优质化、水产精养化，药材达 2000 亩。二是水泥硬化胡风大道，维修改造施菩、施赤、黄施、菩邱等乡村公路，确保村村通公路。黄土岭乡 1994 年 1 月 22 日在黄土岭举行第三届第一次会议。第四届一次人民代表大会于1997年1月26日至27日召开，第五届一次人民代表大会于2000年1月19日召开，分别以差额选举出人大主席团主席1人，乡政府领导分别为6人、7人和5人。同时选举产生乡纪律检查委员会。

5.2000—2017年蕲州镇政府主要工作

2000年12月，全县区划调整，原黄土岭乡撤销，与蕲州合并成立新一届蕲州镇人民政府。下辖12个社区，34个行政村，总人口11.08万人。县政府先后召开第十四届、十五届、十六届人民代表大会。新的蕲州镇政府也先后举行了第一、二、三届人民代表大会。这16年间，蕲州镇政府紧紧围绕“医药名镇、文化古镇、旅游强镇、经济大镇”的奋斗目标，紧抓大别山经济社会实验区和经济发达镇改革试点镇机遇，团结和带领全镇人民，奋力推进李时珍文化旅游产业经济区建设，掀起二次创业，重振“上等蕲州”雄风，推进蕲州经济社会又快又好地发展，各项工作成绩优异。一是突出招商引资，高效益办项目，银山碳酸钙深加工，永方矿业、生态观光园等5个项目过亿元，总投资14亿元，服务蕲州棉纺织厂等多家过亿元产值的老牌工业企业。二是加快农业产业化进程，宜昌龙源林业公司与蕲州龙泉庵、银山、韦庄等村签订土地流转合同10000亩。三是加大新农村建设力度，建成扎营港、雨湖、新塘、南门等8个社区新农村样板示范点；启动龙泉庵、银山等10个村庄规划和居民点建设；启动菩提、施家塘老街建设。四是加大民生工程建设力度，完成龙泉庵、潘塆、施家塘、黄土岭等5个村项目申报和规划编制；投入900万元资金整险加固病险水库4座，在万名干部下村的“三万”活动中挖塘398口；全镇实现村村通公路，投资100万元安装路灯220盏，建村级文化活动广场4个，完成两个农贸市场的改造装修等。五是加快文化开发建设步伐，全面启动李时珍主题公园建设，打造李时珍纪念馆景区、李时珍生态观光园、昭化寺西游记原创园、大泉山荆王墓遗址、雨湖农家乐等。2001年5月16日召开的蕲州镇第一届人民代表大会第一次会议，2006年12月9日召开第二届人民代表大会第一次会议，第三届蕲州镇人民代表大会第一次会议于2011年11月22日在蕲州召开。在三次大会上，镇政府所作的工作报告，主席团所作的工作报告，镇财政预决算报告、通过决议，并采取差额选举，选出每一届人大主席团主席1名，镇政府领导成员分别是7名、3名和4名。在五年间的全国小城镇建设方面，蕲州镇为全县夺得湖北省“楚天杯”，和先进乡镇走在全省前列。2006年蕲州镇为迎接省中小学教育“普九”高标准复查验收，贫困中小学生“两免一补”工作，获得高标准通过。李时珍的《本草纲目》成功入选联合国世界记忆名录。2013年蕲州南门、雨湖、竹林湖、新塘等村连续3年进入全县综合实力十强村行列。涌现出西角湖、土台等旅游休闲型；雨湖、竹林湖等特色产业型；南门、新塘、扎营港、银山等工业主导型；城内、二里湖、一关、东门等商贸服务型一大批新农村产业示范村。沿江南门至扎营港五个村、街口至黄土岭四个村垃圾集中处理；全镇35个村，13个社区共动工新建通村、通组、通塆公路23处，全长18000多米；投入45万元安装蕲赤线、蕲扎线、施菩线路灯共126盏，解决群众夜晚出行难题；投入30万元购回桂花、香樟1.3万棵，用于街道绿化，公路沿线两旁植树。各社区、自然塆新建垃圾池共计300多个，添置垃圾桶588个，新做清运垃圾板车96乘；聘请常年保洁员106名，经常性开展镇村保洁活动。集中精力抓好蕲州棉纺、蕲农化工、永昌万利造纸、东申纺织、华辰纺织等过亿元产值工业企业。协调永方矿业、燃润料生产仓储、宜昌龙源林业有限公司生态观光园建设等过亿元项目。发展时珍水上娱乐城、金亚矿业、兴旺建材等超两千万元的项目。全镇形成医药养生、健康旅游、纺织服装、建筑建材、船舶物流、生态观光等产业特色。到 2016 年底，全镇社会总产值达到 148 亿元，社会固定资产投资 26.7 亿元，财政收入 1.83 亿元，农民人均纯收入 12963 元。投资 4000 万新建日供 3 万吨自来水厂净水厂。新增蕲艾、葛根、栀子等道地中药材种植面积 3100 亩，建成红门楼、下石潭、菩提、恒丰等六个药材种植基地和一世缘、赤方老人、艾奇宝等蕲艾健康制品公司，形成种植、加工、研发、应用、销售、规模开发产业链。稳定粮油生产，积极发展特色规模种植养殖，生态农业、城郊农业、观光农业等现代科技农业项目兴起。“龙泉花海”游、镇区古镇文化游、赤龙湖健康养生游、南部生态农庄游、李时珍纪念馆爱国教育游等五大旅游板块日臻完善。“洁美乡村”“三城联创”“绿满蕲州”活动载体，使城乡面貌改观。扎营港、雨湖、新塘沿江新农村示范带，龙泉庵文化小镇、菩提幸福小镇和横坝、潘塆等新农村聚居点和土台复合型中心社区建成投入使用。以中心城区、4 个小集镇、15 个重点中心村为框架的城乡一体化格局构建完成，营造出了宜居、宜业、宜乐现代新型城镇化人居环境。

卷四　社会事业

社会事业涉及文化教育、医药卫生、国计民生、社会保障、人口管理和宗教信仰等基本生活的方方面面。中华人民共和国成立前，受封建制度约束和频繁战乱的影响，蕲州镇的社会事业传统守旧，发展缓慢，老百姓生活极端痛苦。中华人民共和国成立后至改革开放前，蕲州镇的社会事业发生了根本性的变化，健康内容得到传承，陈规陋习被摒弃。改革开放以后，因社会发展步伐加快，科学技术突飞猛进，国家十分重视国计民生问题，蕲州镇社会事业得到了前所未有的发展。人民生活水平日新月异，正在向现代化迈进。

一、教育

南宋景定四年（1263 年），州、县治移入蕲州镇，所以中华人民共和国成立前蕲州镇的教育比蕲春其他地方更兴盛，发展更快。明清时期，学校教育以塾学为主，官办的有州学和书院；废科举后，儒学和书院不存。先后创办初等、高等、两等小学堂等新式学校。民国时期，除私塾外，学校教育基本为初等教育和中等教育；族立小学有较大发展，教会小学也出现了。中华人民共和国成立后，蕲州镇教育发生了翻天覆地的变化，私塾废除，小学逐步普及到各村，高峰时期蕲州城乡共有初中 9 所：蕲州二中、蕲州镇中、胡风中学、银山中学、二里湖中学、赤东中学、菩提中学、濒湖中学、私立濒湖学校；高中一所：李时珍中学；高等专科学校一所：湖北医学院黄冈分院。幼儿教育从无到有，实现普及，还有多种形式的成人教育。

（一）学校

中华人民共和国成立前，蕲州镇城乡儿童主要在私塾和义塾（免交学费）读书，比较有名的私塾和义塾有张翼南私塾、四村庙私塾、菩提寺私塾和蕲州城义学、下石潭花学。官办的学校有始于南宋景定年间的儒学；有始于明代中叶的书院：麟山书院、凤麓书院、阳明书院、崇正书院、乾明书院、金陵书院、讲易庵和月轩书院共 8 所。清末民国时期有官办小学蕲州官立高等小学堂、官立两等女子小学堂、县立初等小学、县立高等小学、菩提乡中心国民学校、城南乡中心国民学校、县立两等女子小学；教会学校有蕲州福音堂小学、新塘教会小学、私立崇文小学，还有日伪小学等。这一时期的中学有蕲州官立预备中学堂、麟山中学、县立初级中学、湖北省立蕲春中学、私立蕲春启明中学。

中华人民共和国成立后，私塾和私立中小学先后停办，从幼儿园到中小学一律为公办，适龄青少年儿童逐步达到100%入学。20 世纪 80 年代蕲州出现私人幼儿园，进入 21 世纪，蕲州镇出现“蕲春私立濒湖学校”，该校从幼儿园到初中各年级都有。

1. 私塾

（1）义学

义学，中国旧时的一种免费私塾，为贫困家庭子弟接受初等教育的学校。

蕲州城义学 宣统《湖北通志》和光绪《蕲州志》载，蕲州义学始于道光十八年（1838年），由署理知州林寿平倡捐建立东西两义学，复增建南北两义学，后改为城内城外两义学。城内义学学址在武襄门（北城门、雄武门）内，城外义学学址在东长街王家大屋对面熊化岭（今蕲州国营煤机厂）。民国初，城内义学一个班，学生 30 余人。城外义学有两个复式班，学生 100 余名。1926 年后同小学一样，分班级按课程表上课。民国 15 年北伐战争和民国 20 年水灾，一度停办，不久即行恢复。1938 年 10 月，日寇侵蕲，蕲州沦陷，义学停办。

下石潭花学 位于今蕲州镇下石潭村下石潭塆斜对面西北角，曾建有一所书屋，名为“听松轩”，又称花学，为下石潭塆张氏义塾。该义学造就人才甚多，当代文艺评论家胡风（张光人），幼年即就读该校。1926 年底，共产党员梅楚安、董汉如、邓中等人，假花学成立农民协会。1931 年后，改为族立小学。1954 年拆毁一部分，仅存侧房三间，现属蕲春县文物保护单位之一。

（2）私塾

蕲州城乡私塾，形式多样，有塾师自设的学馆，有地主、商人设立的家塾，有数户联办的棚馆，有以祠堂、庙宇的地租或私人捐款举办的义塾（免交学费）。蕲州农村私塾多以祠堂、庙宇作塾馆。比较有名的塾馆有：

张翼南私塾 民国初即开始设帐授徒，曾在顾家墩、苏圩庙和莘田塆三老爷庙设馆授课。

四村庙私塾 位于蕲州恒丰村四村庙，由庙旁陈塆富绅陈弼臣出资，在庙内设馆，1912年，胡风在此发蒙读书。1928 年后，该塾馆成为当地共产党人地下活动的秘密地点。解放后该塾馆改建为赤东中心小学。

菩提寺塾馆 位于蕲州菩提坝菩提寺，菩提寺有房屋 48 间，民国初由“月轩书院”改为塾馆。胡风、何定华、居正、张志平（曾任中共山西省委书记）等人曾在此馆读书。大革命时期，该塾馆成为中共地下党人秘密活动地点，1927 年，中共蕲春县菩提坝党支部在此成立，1940 年，中共蕲广边县委在此成立，1942 年 8 月，鄂豫军区第五军分区在此成立，张体学任司令员。解放后该塾馆改建为菩提中心小学。

此外还有蕲州城南门外石鼓寺塾馆；新塘港边上塆祠堂塾馆；龙泉庵村田塆祠堂塾馆；席盘石村大王庙塾馆；西角湖庙私塾；施家塘村黄德用祠堂私塾；邵垅村陈德祠堂私塾；金鸡村杨庙私塾；雨台村胡贵塆“月轩学校”“两斋学校”；横坝村“茅屋学”。

2. 书院

明代蕲州建书院讲学之风甚盛，清初沉寂，康熙三十九年（1700 年）后书院又兴起。蕲州明代有凤麓书院、阳明书院、崇正书院；清代有乾明书院、麟山书院、金陵书院，另有规模较小的讲易庵和月轩书院。蕲州书院兴于明代中叶，止于清代末年。

麟山书院 清初，清政府由对书院的消极抑制转变为积极兴办、加强控制，蕲州麟山书院就是在“积极兴办、加强控制”的情况下建立的一所官立书院。雍正十一年（1733 年），诏行省建书院。乾隆八年（1743 年）蕲州知州艾尚德与绅士议建书院。院址选定在蕲州城麒麟山西北麓明代荆王府旧址校场北（今李时珍中学北部校区），在建书院前，为蕲州营署。至此将营署迁至蕲州城官井下街另建。麟山书院于乾隆十二年（1747 年）建成开课。在建书院中，蕲州贡生王銮、太学生黄载安等共捐银二千余两相助，王开寅捐银二千两以助膏火费（封蔚礽《蕲州志》第 294 页）。乾隆十七年（1752 年）知州钱鋆“捐养廉银百金，为倡绅士助之，共得田四百余租，银二千两”（钱鋆《麟山书院记》），扩建麟山书院。院房分四排，前排中为书院大门，左右两厢为勤杂人员住房。中排为会课所（考场），左厨房、右门房。后排为讲堂，中供文昌帝君像。讲堂左为山长宿舍，外为四贤祠，后移四贤像于文昌帝君左侧，以四贤祠为住院生肄业室。讲堂右前为客堂，讲堂后面为谷仓。后排之右横建肄业书院十五间。咸丰初，太平军至蕲，书院被焚。同治七年（1868 年），知州黄式度重建于校场南（今李时珍中学南部校舍），前排门内为讲堂，二排为月课号舍（考试室），左为山长书斋及生员肄业之所。麟山书院设山长，除讲学外，总领院务。另聘有主讲。首任山长为贡生姜晦初，主讲为举人张彦。其经理院务和费用者称首士，首任首士为贡生陈荣封、黄天秩、秀才王世澍等。世澍为麟山书院创办者之一的王銮的儿子，经理院务达 37 年。该书院分正、附课。初定正课生每年录取生员 12 名，童生 20 名，另附课生若干名在外。后名额续有增加，光绪二十四年（1898 年）戊戌变法后，书院规制略如高等小学堂，分班上课，分组自学，有 4 个班，学生约 180 名。该书院在创办初即订有《书院条约》。同治十年（1871 年），署知州吕宪瑞又订新章 19 条，考试制度、考试规则、升降奖励、学生津贴等，均作了详细规定。光绪三十年（1904 年）麟山书院停办，改建为官立高等小学堂。

凤麓书院 在蕲州城凤凰山东坡，为明正德三年（1508 年）戊辰科进士陈大中创办的私立书院。陈曾官至福建盐运使，卓有政声，“为宵人阴毁”，归隐筑庐凤凰山麓，建书院讲学。“凤凰山下新书院，春来才听江莺啭”（佥事方豪诗），“院里唔咿春声好，诵法孔孟与伊皋”（参议王淮诗）。清初该书院废。康熙三十九年蕲州士民再建，仍为私立书院，到乾隆十二年（1747 年）蕲州卫守备严秉则依旧址重建，为官办书院。光绪二十四年（1898 年）后，院内学子约 90 余人，每名按月给膏火钱（津贴费）一串文。该书院后并入麟山书院。

阳明书院 为明嘉靖年间冯天驭建，院址在蕲州熊化岭附近。冯为嘉靖十四年（1535 年）乙未科进士，官至刑部尚书。辞官归里后建阳明书院，聘请理学家、州人顾问主讲，学规极严。李时珍晚年曾于此师事顾问。

崇正书院 在蕲州北门外，嘉靖三十五年（1556 年）湖广兵备佥事沈宠、州守谷钟秀建。理学家顾阙讲学于此，从者数百人。

乾明书院 在州城小西门外凤凰山西麓大士阁之南。康熙三十九年（1700 年）知州张士驷率士民创建。初名张公书院。因地近乾明矶，进士汪衡题曰“乾明”，故改称乾明书院。

金陵书院 该书院位于蕲州城内纯阳阁街。始建时间无考，初为南京旅蕲商人的聚会之所，名金陵会馆。后来旅蕲商人的子女在会馆内设帐延师授课，故在清嘉庆后将会馆改名金陵书院。这是明清时期蕲州众多书院中唯一保存至今的一所。现为省级文物保护单位。

讲易庵 明嘉靖、隆庆年间，理学家、州人顾问、顾阙兄弟曾建讲易庵于蕲州黄斗山，聘请研究《易经》的蕲州童子河吴介夫口授易经，并设讲堂于泉湖之滨，以待四方学者。顾氏兄弟与黄梅的瞿慕川、蕲州的罗念庵、沈蛟门、管东溟等往还辩复，督学高汇旃曾将此事记入全楚一统志。

月轩书院 在菩提坝菩提寺内，为菩提张洪垣建。洪垣字步奎，一字次星，州庠生，生于嘉庆八年（1803 年），卒于同治九年（1870 年）。据此推算，月轩书院当建于道光、咸丰年间。该书院为张洪垣私人讲学之所。建院过程，原有碑文记载，此石碑早已移至菩提寺畔的塘刓上作桥。

3. 儒学

南宋景定四年（1263 年），安抚使王益迁州治于今之蕲州城，重建州学于麒麟山之阳。元末蕲州学毁，明洪武三年（1370 年）重建，时蕲州为府，故称府学。明末，州学又毁于张献忠兵火，清顺治五年（1648 年）重建。咸丰年间，州学又毁于太平军与清军之战火。同治六年（1867 年）重建。州学屡毁屡建，其大型之扩建、捐修者，代有人在。明万历二年（1574 年）刑部尚书冯天驭（蕲州城东长街人）捐修州学；康熙十三年（1674 年）州人李本晟（蕲州城内五府弄人）捐资扩建州学；嘉庆二十一年（1816 年）州人张廷赞（蕲州镇下石潭村人）捐银一万余两修缮州学。

儒学建筑，有一定规制，见蕲州儒学学宫示意图。

蕲州儒学学额设廪生 30 名，增生 30 名（附生若干名在外），原额岁试取文生 15 名，武生 15 名，科试取文生 15 名。清咸丰、同治间，或因“防剿”出力，或因绅民捐输，曾三次增加文武学额，咸丰八年（1858 年）增加文武学额各 1 名；咸丰九年（1859 年）蕲州绅士陈懋烈捐银 17353 两，增加文武学额各 1 名；同治二年（1863 年）蕲州绅民捐银 149043 两，增加文武学额 9 名。三次共增加文武学额各 11 名，连同原额，蕲州文武学额各有 26 名。

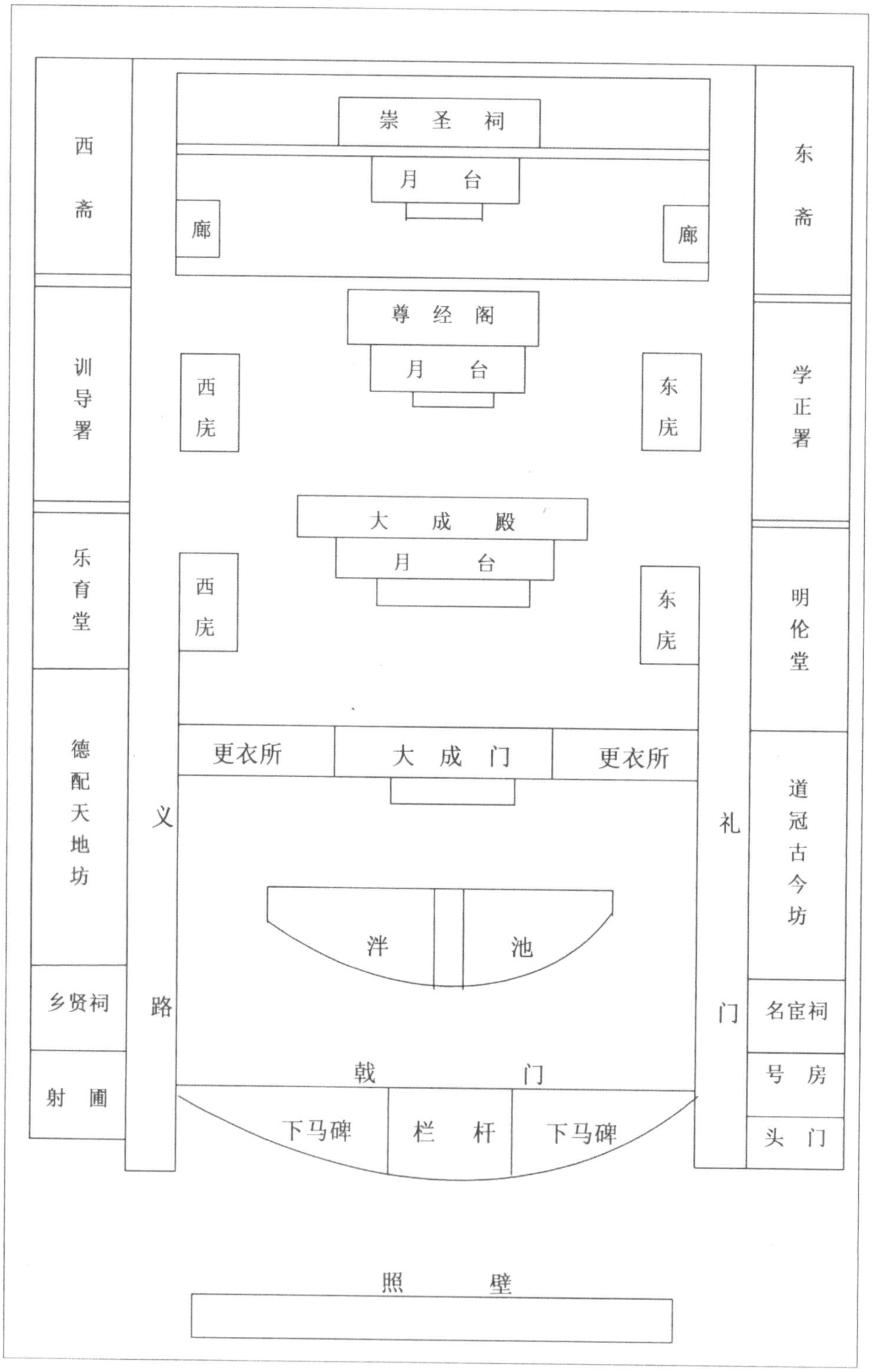

蕲州学宫示意图（清同治八年重建）

4. 幼儿园

清末及民国时期，蕲州未设立幼儿园，少数幼儿随读于私塾。

中华人民共和国成立后，1958 年“大跃进”时期，实行工矿企业、机关团体、农村社队自办幼儿园。1958 年底，蕲州镇街道居民委员会和蕲州城里玻璃厂相继办起了托儿所。此后蕲州镇所在的厂矿都相继办起了幼儿园。

蕲州农村办幼儿园始于 1958 年，以集体食堂为单位，实行“一堂一园”。1960 年秋，蕲州镇基本上每个大队办起了幼儿园。1963 年至 1975 年农村幼儿园全部停办。1976 年，大办“五七”教育网，全县育红班一哄而起，蕲州每个大队都办了育红班，到 1978 年育红班相继停办。改革开放后，蕲州农村民办小学都相继办起了学前班，学前班纳入民办小学管理。

1980 年后到 2000 年，蕲州农村人口大量涌入蕲州城区，蕲州城区幼儿园发展达到高峰时期。这时一是各大厂矿幼儿园，二是国办小学设学前班，三是私人幼儿园。这时蕲州城区的私人幼儿园有江河幼儿园、灵通幼儿园、旭苗幼儿园、横街幼儿园、育苗幼儿园、小科学家幼儿园、益智幼儿园、博士街幼儿园、河街幼儿园、东门口幼儿园、和爱幼儿园等 20 多个。20 世纪 90 年代，蕲州镇内五所国办小学的学前班，入园幼儿更是人满为患。如蕲州三小，高峰时期 8 个班，400 多名幼儿。

21 世纪，因蕲州地区各大厂矿相继下马破产，下岗工人外出打工，蕲州城区人口一部分流入县城漕河和大城市，城区入园幼儿渐渐减少，幼儿园个数也减少。同时，随着生活水平的提高，蕲州城区私立幼儿园为满足家长要求，各幼儿园在办园条件和保育管理等方面都进行了提档升级，如位于时珍路皇家贝贝幼儿园，位于一关街北端的湖景广场幼儿园，每个幼儿园投资都在百万元以上。2011 年，蕲州镇第一小学创办了一所全日制公立幼儿园，入园幼儿 350 多名。各学校原来的学前班改名为幼儿班，蕲州实验小学的幼儿班，入班人数每年均在 200 名以上。这一时期入园幼儿，中午都在园里进餐，下午还有课间餐。现在幼儿园个数减少，但办园质量上升。

（1）企事业单位幼儿园

蕲春县玻璃总厂幼儿园 位于西门街 1 号。1958 年底创办，时仅一位教养员，6 名幼儿，1960 年停办。1977 年 4 月恢复，时有两个班，一个幼儿班，一个托儿班，幼儿 34 名，教养员 5 人。1980 年有大、中、小三个班，82 名幼儿。1984 年，在全厂经济比较困难时期，工人工资只发 90%的情况下，厂为幼儿园建平房一栋，时有 4 班，大班 21 人，中班 35 人，小班 24 人，托儿所 26 名，教养员 10 名，保养员 8 人。1985 年，在园幼儿 105 名，教养员 12 人，保养员 8 人。全厂职工踊跃为幼儿园办好事、办实事；厂为幼儿园划拨日常办公专款，职工为幼儿园捐款 4000 元，购置了多种玩具：转盘、滑梯、跳板、小汽车、木马，每间教室有电扇。1985 年 5 月，该园被评为黄冈地区先进幼儿园。

蕲州南门幼儿园 位于城内南门街四牌楼，1958 年创办，时教养员 4 人，幼儿 78 名，是年底停办。1964 年恢复，分设 6 个点，每点十几名幼儿，一位教养员。1965 年停办。1985 年又恢复，设 3 个班，大班 23 名，中班 25 名，小班 30 名，教养员 3 名。该园注重开发幼儿智力，开展教学研究活动。1981 年 6 月 1 日，湖北省托幼工作领导小组和湖北省妇女联合会，授予该园“托幼工作光荣集体”奖状。1985 年 5 月，湖北省妇联授予该园“精心培育共产主义幼苗”奖旗。

蕲春县玻璃制品厂幼儿园 创办于1974年4月，位于蕲州镇新街25号，1990年在园幼儿30人，1991年在园幼儿15人，1992年在园幼儿16人。

黄冈地区燃化机械厂（煤机）幼儿园 创办于1981年3月，位于蕲州镇东长街133号，1990年有班2个，幼儿28人；1991年有班1个，幼儿22名；1992年有班1个，幼儿24名，1993年有班1个，幼儿14名。

蕲州麻纺总厂幼儿园 位于东长街中段，1978年创办，1992年有班2个，在园幼儿50名。

蕲州文化馆幼儿园 位于时珍路化肥厂隔壁，1991年9月创办，1992年有班1个，在园幼儿40名。

蕲州镇五金工具厂幼儿园 位于北仓街，1991年元月创办，1991年入园幼儿20名，1992年入园幼儿15名。

黄冈地区二医院幼儿园 位于城内西门街二医院职工住宅区内，1958年9月创办，1991年在园幼儿31名。

蕲州化肥厂幼儿园 位于蕲州麒麟山职工住宅区内，1979年10月创办，1990年入园幼儿18名，1991年在园幼儿46名。

蕲州棉纺厂幼儿园 创办于1985年9月，位于蕲州大道双美纺纱厂公路边，1991年有班3个，在园幼儿83名。

蕲春县水泥厂幼儿园 创办于1983年，有入园幼儿21名。

蕲春县瓷厂幼儿园 创办于1980年，初时有入园幼儿32名。

蕲春二中幼儿园 创办于1978年秋，高峰时有幼儿50名。

蕲春县农药厂幼儿园 1985年创办，高峰时期有入园幼儿40名。

蕲春县二机厂幼儿园 创办于1982年春，1990年入园幼儿38名。

蕲州轻工机械厂幼儿园 创办于1987年，创办时入园幼儿20名。

蕲州化工厂幼儿园 创办于1982年，时入园幼儿15名。

蕲州镇中心幼儿园 位于蕲州镇第一小学内，隶属蕲州一小，创办于2011年秋。创办时入园幼儿350名，现有幼儿400名。教职工24人，其中幼师12人，有专科学历6人，设大、中、小班共10个。其设备设施基本如下：电扇24台、空调机12台、电子琴2台、滑梯1套。各种玩具200（件、套）、休息床位500个，饮水机10台、消毒柜10台、紫光灯10台、电子测温器2台、太阳能热水器4台，16个教室（活动室）均有厕所、洗手间，教室内外地面、走廊、楼梯均为塑胶地面。教堂和活动面积达2000平方米，监控摄像头16个。

（2）**私立幼儿园**

小科学家幼儿园 位于东长街易家弄，1981年2月创办，高峰时60多名幼儿。

后濠幼儿园 位于后濠街，1983年7月创办，高峰时80名幼儿。

育知幼儿园 位于东长后街4号，1982年9月创办，高峰时70名幼儿。

星星幼儿园 位于郦公园社区四小区30号，1995年创办，高峰时有幼儿50名。

百乐幼儿园 位于郦公园社区四小区181号，1991年创办，高峰时80名幼儿。

横街幼儿园 位于郦公园横街，1985年创办。

育苗幼儿园 位于蕲州大道镇派出所隔壁，1987年创办。高峰时有30名幼儿。

旭苗幼儿园 位于蕲州大道矿建公司隔壁，1994年创办。

益智幼儿园 位于蕲州大道，工商银行隔壁，由横街幼儿园迁来，更名为益智，高峰时有幼儿50名。

佳乐幼儿园 位于河街65号，1989年创办，高峰时有40名幼儿。

和爱幼儿园 位于东长街169号，1986年3月创办，1993年有班2个，在园幼儿60名。

灵通幼儿园 位于河街向阳旅社隔壁，1986年创办。

小天使幼儿园 位于郦公园54号，1992年2月创办，1993年在园幼儿26名。

海燕幼儿园 位于东门院子坡弄45号，创办于1990年9月，1993年在园幼儿28名。

西门街幼儿园 位于西门街26号，1989年5月创办。1993年有班2个，在园幼儿园60名。

蕲州双语幼儿园 位于蕲州城内一小隔壁，1997年创办。

博士街幼儿园 位于东长街麻纺厂，1995年接管麻纺厂幼儿园，更名博士街幼儿园。

江河幼儿园 位于蕲州大道富丽水岸住宅区隔壁，1995年接管蕲州江河棉纺厂幼儿园，更名为江河幼儿园，高峰时在园幼儿110名。

新世纪幼儿园 位于蕲州中心街，原为蕲州水泥厂幼儿园，1996年由私人接管，迁到中心街改为新世纪幼儿园。

蓝精灵幼儿园 位于蕲州城内南门街，2002年创办，现有幼儿60名。

蕲州文化馆艺术幼儿园 位于时珍路60号，1999年创办，现在入园幼儿160名。

航星幼儿园 位于街口桥头，创办于2015年，现有幼儿110名。

北仓幼儿园 位于北仓街，创办于2000年，现有幼儿130名。

湖景广场国际幼儿园 位于一关街北端，创办于2017年，现有幼儿120名。

金宝贝幼儿园 位于时珍大道中段，创办于2008年，现有幼儿220名。

泉家贝贝幼儿园 位于时珍大道72#，创办于2016年，现有幼儿150名。

黄土岭幼儿园 位于胡风中学旁，2012年创办，高峰时期有幼儿200名，陈欢负责。

5. 小学

（1）清末

蕲州有小学堂始于光绪三十年（1904年），时蕲州知州陈介庵积极创办新学。在蕲州麟山书院旧址创办蕲州官立高等小学堂，发展到7个班，用甲、乙、丙、丁、戊、己、庚记班序，学生300余名。首任堂长陈玉坪。

此外，蕲州在光绪三十三年（1907年）创办了官立两等女子小学堂3所。北门两等女子小学堂设在蕲州北门胭脂山（今金陵书院后山）公屋，首任堂长吴文芳（女），两个班，学生90余名，麟山两等女子小学堂设在麒麟山南麓，首任堂长陈静琴（女）；规善堂两等女子小学堂设在城外东长街熊化岭附近，首任堂长李灵英（女）。

（2）民国时期

蕲州城区新式小学有：

县立初等小学 1929年，蕲州城区办有省立初级小学两所，学制四年，各设正教员一人，副教员一人，学生各两个班，共百余人。省立蕲春第一初级小学校，校址在蕲州北门外一关武圣庙；省立蕲春第二初级小学校，设在蕲州城内北门正街三乡公所旧址。至1931年8月，湖北省将两校改为蕲春县立初级小学。

县立高等小学 创办于光绪三十年（1904年），1912年改称蕲春县立第一高等小学校，有学生3个班，100余名，学制三年，1916年有7个班，学生200余名。1922年实行新学制，始设初级班，初级班修业四年，高级班修业二年。1924年改名蕲春县立第一高级小学校；1927年更名蕲春县立第一小学校，均实行“四二”制，是为完小。1931年更名为蕲春县立中心小学。时有15个班，550名学生。1938年10月，县城蕲州沦陷，县立中心小学停办。1945年冬，抗战胜利，该校恢复，改办为城厢中心国民学校，校址设在城外外行宫（今蕲州三小），次年，改办为城厢镇示范中心国民学校，此时学校有7个班，男生236名，女生77名，共313名，教职工11人。1949年5月，蕲州解放，该校为人民政府接收。

菩提乡中心国民学校 建校时间不详。位于菩提寺，1945年春有学生6个班，男女生共129名，教职工11人。

城南乡中心国民学校 位于江南沛源口下街，1945年春有4个班，男女生共85名，教职工3人。

县立两等女子小学 清末，蕲州设立的三所官立两等女子小学堂，1912年恢复北门胭脂山女校1所，改称蕲春县立北门两等女子小学校，校长何浣云（女），一个复式班，学生40余名。北伐军到蕲州，该校许多女生成为大革命时期蕲春妇女革命骨干。1926年后，男女可以同校，该校停办。

蕲州福音堂小学 创办于民国六年，校址在蕲州城外福音堂内（东长后街老文化馆处），1个班，学生20余名，教员1人。1938年停办，1947年9月复办，次年秋，改称私立崇文小学，校址依旧，设两个班，学生80余名。教员由校长聘请，办学经费由基督教循教会拨给。

蕲州天主堂斯瑟小学 该校1936年开办，校址设蕲州城外天主堂内（城外北仓口），两个班，学生60余名，教员3人。1942年，只1个班，学生22人，教师1人。1944年停办。1945年秋，意大利神甫将设备搬到城内鸰鸡山天主堂，办私立启明中学附属小学，学生3个班，100余人，教员4人，1947年停办。

新塘教会小学 蕲州新塘教会小学由基督教传教士所办，始于1939年，终于1949年。

日伪小学 1938年10月，日本侵略军入侵蕲州，县城沦陷。次年10月，日本侵略军驻蕲州警备队队长令维持会强行接收当地居民，在城外外行宫办的一所小学，改校名为“县立城厢国民小学”。有低、中、高年级各1个班，学生数十人，教员4人。课程除国语、算术、音乐、美术、体育外，还增设日文课，强迫学生学日文，讲日语，以推行奴化教育。家长多数不愿送子女入学。抗战胜利后，该校由国民党蕲春县政府接管。

私立崇文小学 该校由基督教循道会于1947年9月，在蕲州城外福音堂开办。1949年5月，蕲州解放后，该校由城关区公所接管，同年9月复课，校址仍设于城外福音堂（原蕲州文化馆旧址），经费仍由基督教循道会拨给。设三、四年级各1班，学生42人，教职工4人。1950年减到1班（四年级），学生33人，教员2人。课堂设置：1949年，取消公民课，开设国语、算术、体育、图画、音乐等科；1950年，按国家新颁教学计划开课，按公立小学要求采用教材。原教会规定的念圣经、做礼拜等活动全被取缔。后因意大利传教士被遣送回国，基督教循道会被取缔，该校办学经费无来源，于1951年春季停办，学生到城关小学就读。

除以上小学外，民国时期蕲州地区还有原按28图开办的蕲州初等小学校，1927年至1937，区乡农会在菩提寺、雨台庙、黄土岭等地办的初级小学。1937年蕲春开始实行义务教育，蕲州地区有菩提、黄土岭、四村庙联保小学，菩提坝全日二部制短期小学。1941年实施新县制，推行国民教育，蕲州地区私立小学和族人办的小学全部改称为国民学校。

(3) 中华人民共和国成立后

中华人民共和国成立初，劳动人民迫切要求文化翻身，积极主动办小学。1950 年，蕲州地区一村一校，全为初小，人们称为“村小”。村小有的是在民校基础上办起来的，有的由私塾改办的，多数设在寺庙、祠堂、公屋，设备因陋就简。

这时蕲州城区由县立示范中心国民学校改为蕲春县城关小学，外行宫本部 10 个班，学生 310 人，城内分部设两班，学生 90 人，共有教职工 22 人。另有一所教会小学，即私立崇文小学。

1952 年 9 月，县人民政府接管全县民办村小（民办初小），改为公立初小，亦称乡小，1958 年“大跃进”，公立初小基本上改为完小。民办初小（大队办）发展很快，即离公立完小较远的地方办教学点（一、二年级或一、二、三年级）。1964 年各大队办起了耕读班，至 1965 年，蕲州城区有外行宫蕲州中心实验小学，城内小学（一小）。蕲州农村有东门中心小学、席盘石中心小学、西角湖中心小学、大畈头小学、黄土岭中心小学、赤东中心小学、雨台中心小学、菩提坝中心小学。这些中心小学全部为国办完小。

1966—1968 年，“文化大革命”初期，蕲州城乡小学同样“停课闹革命”，教学无法正常进行。1969 年初，公立小学下放到大队办，各大队皆办完小，1976 年后，有的民办村小还附设初中班。实行贫下中农管校，农村小学教师回原籍。蕲州城区仅蕲州中心实验小学未下放。1969 年春原公立完小全部改办为公社初中，蕲州农村教育事业发展达到一个新高潮。1969 年 10 月，蕲州中心实验小学改称蕲州东方红小学，仍属县局直管。

改革开放后，蕲州城区厂矿企业快速发展，蕲州农村涌入蕲州城区的人口激增，致使蕲州城区的国办小学，由两所发展到五所（一、二、三、四、五小）。1998 年，蕲州地区接受湖北省普及九年义务教育验收，村村有学校，村村新建楼房校舍。办学条件大改善。到 2000 年末，农村村办小学还比较稳定。城区小学生数量达到历史高峰。

进入 21 世纪后，蕲州城区厂矿企业相继下马或破产，外出打工人员越来越多，蕲州城乡户口一部分进入县城漕河，一部分迁入大中城市。致使蕲州城区国办小学生源也逐渐减少。到 2015 年后，城区学生数量有所回升，蕲州农村许多民办小学相继停办。故 2017 年 8 月，蕲州镇中心学校（相当于原来教育管理站）作出决定：城区撤销蕲州镇第五小学，该校整体并入蕲州实验小学（二小）；农村村办小学划成 4 个片区，由城区四所国办小学管理。具体是：

蕲州镇第一小学学区管理：　　红门楼小学（1~5 年级）

施家塘小学（1~3 年级）　油树垴小学（1~3 年级）

蕲州镇实验小学学区管理：　　雨台小学（1~5 年级）

五里墩小学（1~3 年级）　塘塆小学（1~5 年级）

曹英小学（1~3 年级）

蕲州镇第三小学学区管理：　　菩提小学（1~5 年级）

王𡋯小学（1~5 年级）　下石潭小学（1~3 年级）

太常小学（1~3 年级）

蕲州镇第四小学学区管理：　　扎营港小学（1~4 年级）

新塘小学（1~6 年级）

至此，蕲州城区有小学 4 所，农村有小学 13 所。

蕲州镇公办小学简介

蕲州镇第一小学 位于蕲州镇城内官井街东侧，与荆王府遗址相依，与蕲春二中毗邻。学校创建于1949年，蕲州镇政府将没收地主夏明山的纺织厂改为学校，建筑面积约6000平方米，临街3间厂房改为6间教室，南侧7间小平房改为学校办公室、财务室、教工宿舍等，1996年学校再次征收周围土地3亩，建办公楼和教师住房。

2004年秋，根据镇政府的要求，一小设立蕲州镇中一小分部，共有初一教学班16个，学生1400余人，小学教学班12个，学生580余人。教职员工80人。初中部共办7年。2011年学校创办全日制公立幼儿园——蕲州中心幼儿园，12个教学班。

蕲州实验小学 前身为“蕲州官立高等小学堂”，创办于光绪三十年（1904年），首任堂长为留日生陈玉坪，堂址系麟山书院旧址（今蕲春二中），是蕲春有史以来的第一所州办官立小学。宣统二年（1910年），改称“蕲州官立第一高等小学堂”。1912年，改蕲州为蕲春县治，改称“蕲春县立第一高等小学校”；1931年12月，更名为“蕲春县立中心小学”。1945年9月，日寇投降，中心小学恢复，改称“蕲春县立城厢镇中心国民学校”，校址设蕲州城外行宫。1949年5月，蕲州解放，中心小学改名“蕲春县城关小学”；1953年，学校更名为“蕲州中心实验小学”；1966年“文革”开始，停课闹革命，1969年秋始复课，更名为“蕲州东方红小学”；1974年学校本部迁至蕲州后濠（今时珍大道），外行宫设分部，本部校址为今时珍大道63号；1981年9月，学校改为乡镇级中心小学，校名为“蕲州镇第二小学”；1995年，学校经县教委正式命名为“蕲春县蕲州实验小学”。2017年秋，县教育局实行学区制改革，蕲州五小与蕲州实小正式合并，学校发展为“一校”（蕲州实验小学）、“两区”（时珍大道本部校区、迎宾大道分部校区）、“三部”（中心部、五小分部、幼教部），学生达到1861人，教职工总人数为130人，（其中在职教师101人），退休教师55人，是蕲春县规模最大的一所乡镇级中心小学。

蕲州镇第三小学 位于蕲州镇东长街107号，此处原为明代荆王府的外行宫，外行宫办学历史悠久。其前身可追溯到创办于光绪三十年（1904年）的蕲州官立高等小学堂。1912年易名为蕲春县立第一高等小学校，1924年改名蕲春县立第一高级小学校，1927年改名为蕲春县立第一小学校。1938年秋；日本侵略军入侵，蕲州沦陷，学校停办。1939年10月，日本人强令维持会在外行宫办小学，校名为县立城厢国民小学。抗日胜利后，1945年冬，县立第一小学校恢复办学，更名为城厢中心国民学校，次年更名为城厢镇示范中心国民学校。1949年5月，蕲州解放，该校被人民政府接收，1953年3月更名为蕲州中心实验小学。

1964年拆除校内原庙宇戏台戏楼等旧式建筑，新建起六栋红砖青瓦平房。1969年秋，改称蕲州东方红小学。

1981年秋，根据教育事业快速发展的需要，县教育局对蕲州镇教育布局进行了调整，蕲州东方红小学改由蕲州镇教育站管辖；蕲州东方红小学后濠处新校区改称蕲州镇第二小学，外行宫老校区改称蕲州镇第三小学。学校现有一至六年级24个班，幼儿班3个，共有学生1500余人，教师70人。

蕲州镇第四小学 蕲州镇红石头村与牛皮坳村交界处，于1992年秋季由二里湖中学改建。初创时学校有初一，初二两个年级四个班，和小学一年级两个班，在校学生人数共300人。现未设初中班，有幼儿班到一至六年级共10个班，学生400多人，教职工35人。

蕲州镇第五小学 地处街口村二环路，坐落于蕲州镇迎宾大道东侧，与李时珍纪念馆隔雨湖相望。学校占地面积约 8924 平方米，建筑面积约 3000 平方米，高峰时期有教职工 30 人，在校学生 600 人。2017 年 8 月，并入蕲州镇实验小学。

赤东小学 原赤东人民公社小学，位于蕲州镇恒丰村陈塆四村庙。中华人民共和国成立后，当地政府就在此处办初级小学，后转为公办小学。1964 年春，拆除庙宇，改建成四合院式学校，成为完全小学，正式定名为赤东小学。1967 年后，赤东小学因“文化大革命”停办，1969 年春改办赤东中学。

菩提小学 原菩提人民公社小学，位于蕲州镇菩提村菩提寺。民国年间成为菩提乡中心国民学校，是一所完小。1927 年后的大革命时期，菩提寺成为中共蕲南地下党人的秘密活动场所。中华人民共和国成立初，菩提乡中心国民学校改名为蕲春县菩提小学，是解放后蕲春县第一批完全小学之一，1963 年拆除菩提寺，建新式学校。1967 年因“文化大革命”停办。1969 年改办菩提中学。1992 年并入黄土岭中学。2008 年又开办小学。

西角湖小学 位于蕲州镇西角湖渡口山头上。解放初当地政府在附近西角湖庙办学，1954 年洪水，庙倒塌，随后搬到庙后山顶上建小学，是为当时西角湖乡、土台乡中心小学。20 世纪 70 年代曾办过初中班。1985 年撤销。

黄土岭小学 位于蕲州镇黄土村，解放初在今胡风中学后背乌龟山办小学，1958 年乌龟山办农业中学，小学遂迁下来今胡风中学处，建蕲春县第五中学，实际上是小学办有戴帽的初中班，1959 年秋初中班撤销。20 世纪 60 年代初正式定名为蕲春县黄土岭人民公社中心小学。1969 年，黄土岭小学改办为黄土岭初级中学。

雨台小学 位于蕲州镇雨台村，此处原有一寺庙和求雨台。民国时期有人在雨台山上雨台庙办私塾，中华人民共和国成立之初，在庙里办学，是为雨台乡小学。20 世纪 60 年代初，学校从雨台山上搬到雨台小集市田畈中。1977—1979 年办过一届初中班。至今仍有 1~5 年级

席盘石小学 位于蕲州镇席盘石村。解放初在席盘石村八股山大王庙创办，20 世纪 60 年代初定为中心小学，附近刘垅、竹林湖、大畈头、席盘石等村（大队）少儿在此就读。1967 年因“文化大革命”停办。1969 年继续开办小学。1970 年，因大王庙房屋陈旧，白蚁蛀蚀严重，迁到附近曹家塆前面林场重建。1969—1980 年还开办了初中班，并办过一届高中班。1995 年学校迁到现在蕲赤公路边席盘石村委会处。2002 年合并到蕲州镇第五小学，学校停办。

东门中心小学 位于蕲州镇新塘村，解放初，在新塘村徐塆港边上塆张姓祠堂创办小学。1964 年拆除祠堂建新式学校。定名为蕲州东门中心小学。1965 年在此合办东门农业中学，1967 年因“文化大革命”，东门中心小学停办，1969 年改建东门中学（中小学合在一起），1977 年新塘大队小学从东门中学析出。东门中学后改名为银山中学。

大畈头小学 位于蕲州镇打鼓台村黄公山北面（今蕲州永昌纸厂背面），创办于 1968 年，供打鼓台、街口、两路口等村少儿就读。1985 年 5 月 16 日宣布大畈头大队一分为三，大畈头小学随之消失。

蕲州镇村办小学发展概况表

表 4-1

村校名	办学时间	终止时间	校址变动情况
雨湖小学	1969 年	2003 年停办	学校设在王宣垮南边山坡
南门小学	1969 年	2004 年停办	校址一直在部家嘴路对面湖边
城内小学	70 年代初	1984 年并入镇一小	校址在南门街阅马场
东门小学	1971 年	1983 年并入镇二小	校址在院子坡横冈上
郦公园小学	1981 年	1987 年并入镇三小	建校在横街平顶山，后迁到陶器厂
红石头小学	70 年代初	1992 年并入城区国办小学	延用建在洪垮的原新桥大队小学
横坝小学	1969 年	2002 年停办	校址在吴家垅中
新塘小学	1970 年	至 2017 年秋仍有 1~6 年级学生	建校时在徐垮，1996 年迁到公路北侧
扎营港小学	1970 年	至 2017 年秋仍有小学 1~4 年级	建校时在方垴，1995 年迁到公路村委会后面
韦庄小学	1970 年	2010 年停办	建校时在韦庄垮后背，后迁到村委会处
龙泉庵小学	1964 年	2012 年停办	初为高垮小学，后更名龙泉庵小学，1994 年迁到公路下边村委会处
银山小学	1969 年	2005 年停办	初为刘垅小学，后随村更名银山小学，学校建在陈垮附近燕子地
李时珍小学	1969 年	2011 年停办	建校时在张垮村大礼堂，1985 年迁到余垮山冈，初为竹林湖小学、1990 年更名为李时珍小学
席盘石小学	50 年代中期	2002 年并入镇五小	建校时在八股山大王庙，后迁到曹垮对面林场，1995 年迁到今村委会处

续表 4-1

村校名	办学时间	终止时间	校址变动情况
街口小学	1985 年	1995 年改建镇五小	建校时在街口大校场官基处
打鼓台小学	1984 年	1995 年并入镇五小	校址在梅塆前蟒蛇吐箭山嘴
两路口小学	1987 年	1995 年并入镇五小	校址在八角塘黄堰处
枫树岭小学	1969 年	2003 年停办	建校时在孙细屋处，一直未变
西角湖小学	1969 年	2000 年停办	校址在张家塆村委会上边
土台小学	1969 年	2003 年停办	建校时在新塆，后迁到朱老塆后背
沙径小学	1969 年	2006 年停办	建校时在村大礼堂，后迁到中径塆后背，1993 年迁到大垴山附近
塘塆小学	1969 年	至 2017 年秋有 1~5 年级学生	建校时在半排塆，1996 年迁到周塆公路边，设黄土岭乡时，改为胡风中心小学
黄土岭小学	1969 年	2010 年并入塘塆小学	建校时在马塆林场，后迁到胡风中学后背乌龟山
施家塘小学	1969 年	至 2017 年秋有 1~3 年级学生	建校时先在王祠堂，后迁到村大礼堂，以后迁到张潭塆大洼、钟塘
红门楼小学	1969 年	至 2017 年秋有 1~5 年级学生	建校时在对面王塆，1989 年迁到王坟垴山脚
老虎头小学	1969 年	2011 年停办	建校时两个点：刘垅水库坝头和老虎头塆，70 年代迁到麻泥嘴，1998 年迁到蛇头嘴
油树垴小学	1969 年	至 2017 年秋有 1~3 年级学生	建校时在荷叶林塆，1996 年迁到村委会处
王墺小学	1969 年	至 2017 年秋有 1~5 年级学生	建校时在管嘴后背山，1996 年迁到王墺公路边
邵垅小学	1963 年	2015 年停办	建校时有邵垅和老塆祠堂两个点，1988 年合并到陈德老塆，1993 年迁到高塆对面山嘴
恒丰小学	1969 年	2004 年停办	建校时在佳斯塆西边山上，后迁到村委会处
潘塆小学	1969 年	2015 年停办	建校时在章新民塆后背山，1993 年迁到村委会塘角塆
赤东小学	1969 年	2009 年停办	建校时在廻复寺，1996 年迁到公路边
菩提小学	1969 年	2016 年并入菩提完小	校址在菩提坝龙王山
曹英小学	1969 年	至 2017 年秋有 1~3 年级学生	校址在曹英塆六组稻场边
五里墩小学	1969 年	至 2017 年秋有 1~3 年级学生	建校时大路上塆，1996 年迁到细山外下山嘴
太常小学	1969 年	至 2017 年秋有 1~3 年级学生	建校时在莘田塆山腰，1998 年迁到鸡公舌垅公路边

续表 4-1

村校名	办学时间	终止时间	校址变动情况
下石潭小学	1969 年	至 2017 年秋有 1~3 年级学生	建校时在原下石潭花学，90 年代重建，更名胡风小学
金鸡小学	1969 年	2017 年春停办	建校时在前段塆中间，后迁到前段塆后背山，后又迁到前段塆左侧山嘴
雨台小学	50 年代初	至 2017 年秋有 1~5 年级学生	建校时在雨台山雨台庙，后从山上迁到公路边垅田中
邱山小学	1969 年	1995 年并入雨台小学	建校时在易林铺，1972 年迁到胡贵塆，1980 年迁到老虎垱，1982 年迁到漕洼
果园场小学		1992 年并入土台小学	1991 年春抽考五年级 8 人参加考试；1991 年春抽考三年级 5 人参加考试；1990 年小考 9 人参加考试
金牛洞小学		1985 年撤销	1983 年秋有 1~4 年级共 35 名学生

6. 中学

（1）中华人民共和国成立前的中学

光绪三十四年（1908 年）九月，蕲州设官立预备中学堂，校址在蕲州城南凤凰山麓四牌楼卫守备署，两个班，教员 5 人，职员 3 人，学生 75 人。办学经费由庚子赔款改学堂捐项下开支。课程有修身、读经、算学、中国文学、外语、历史、地理、博物、图画、体操等。该校只办一年，于宣统元年停办。

民国初，当时蕲春无中学，蕲州青年学生上中学须赴省城武汉和黄州。1923 年冬，邑人陈侠文筹办初中一所（通称麟山中学），校址在蕲州文庙儒学（今麒麟山瓷厂处）。是蕲州中学堂之始。民国 16 年冬，该校奉令并入省立黄州六中。民国 22 年秋，设于蕲州的鄂东天主总堂圣教会在蕲州城创办了一所教会学校——私立蕲春启明初级中学，校长、教员均为中国人。

抗战期间，县城蕲州沦陷，日本人将红部（指挥所）设在麒麟山，蕲州城里的中学停办，学生流散。抗战胜利后 1946 年春，省立第四初级中学从咸丰县丁寨迁到蕲州（简称省四中）。不久，启明中学复校。1947 年，省四中和启明中学办起了高中班。1949 年 2 月，借读于蕲州东门外东岳庙的蕲春简易师范学校改为县立第一初级中学。各校简介如下：

蕲春县立初级中学

该校始创于 1923 年秋，校址在蕲州城内麒麟山文庙（通称麟山中学），校长为蕲春人陈侠文，招收 1 个班，学生 46 名，教职员 6 人。1926 年秋奉令停办，学生并入省立黄州第六中学。

1945 年秋，抗战胜利，抗战期间在刘河创办的蕲广联中—蕲春分校（后改为蕲春县立初级中学），迁到蕲州文庙。1946 年，省四中迁到蕲州，县立初级中学将校舍让给省四中，迁到漕河高新铺。1947 年冬，刘邓大军南下，县立初级中学解散，年底又迁回蕲州，分散在蕲州城内纯阳阁（今金陵书院隔壁）、四官殿（今河街处）、东岳庙（今东门村东岳庙）等处。1948

年春，县立初级中学迁回麒麟山文庙。1949 年 2 月，蕲春县立初级中学改为蕲春县立第二初级中学。

湖北省立蕲春中学（省四中） 创办于 1939 年 10 月，原名湖北省立巴东初级中学，抗战时迁咸丰县丁寨，改为湖北省立第四初级中学。1946 年 5 月，奉令迁入蕲州城。住麒麟山南麓文庙和原县立中心小学（今二中）。1948 年，省四中维修了县立中心小学校舍，计有房屋五栋、寝室、教室、礼堂、饭厅皆有，让出文庙校舍。1946 年入住蕲州时有 5 个班，学生 155 人，教师 22 人。1947 年 2 月，改名为湖北省立蕲春初级中学。同年秋，学校开始办高中，又改名湖北省立蕲春中学。本期有初中 5 班，学生 210 人，高中 1 班，学生 45 人。1947 年冬，刘邓大军南下，该校迁武昌王家店，1948 年春，仍迁回蕲州，在麒麟山县立中心小学（今二中）上课。

私立蕲春启明中学 创建于 1933 年 8 月，是鄂东天主圣教会（总堂设在蕲州）在蕲州开办的一所私立中学，地点在蕲州城内鸽鸡山（今市二医院）。学校成立董事会，鲁道凯（意大利人）为董事长，聘宜昌教区中国神甫朱运广为校长。教会将所管董家冲的租课收入以及汉口花旗银行的存款两万元息金作为建校基金。在鸽鸡山教堂区内修校舍，于 8 月开学。本年招收新生两个班，104 名学生。1949 年 5 月，蕲春解放，启明中学由政府接管，继续开办。

（2）中华人民共和国成立后的中学

1949 年 5 月，蕲州解放，原蕲州城区所在湖北省立蕲春中学（省四中）、蕲春县立第一初级中学、县立第二初级中学、私立蕲春启明中学等四所中学相继复校上课。

1950 年 9 月，私立蕲春启明中学奉令停办，学生并入省四中。

1949 年 7 月，蕲州所在的县立第一初级中学和县立第二初级中学合并为蕲春县初级中学，汤少屏为校长。本年秋，继续招收新生，共 9 个班，学生 326 人。解放初期，学生参军参干多，流动性大，到 1950 年春，学校只有 6 个班，247 名学生。1952 年春蕲春县初级中学学生全部迁到漕河豁口。1953 年秋原湖北省蕲春中学（省四中）改名为湖北省蕲春县第二初级中学（简称二中）。

1958 年“大跃进”，在蕲州黄土岭小学办起了初中班，1959 年秋黄土岭初中班撤销。

1969 年以来，蕲州有的中心小学办初中班，如雨台中心小学、西角湖中心小学、席盘石中心小学、东门中心小学（新塘）和城区东方红小学；有的中心小学完全改办中学，如赤东、菩提、黄土岭等中心小学，这些中学后来还办起了高中班；20 世纪 70 年代，许多大队办的民办小学也办起了初中班。

20 世纪 70 年代后，蕲州镇又相继创办了一批中学（初中）：二里湖中学（1970 年创办），银山中学（1976 年创办）、蕲州镇中学（1983 年创办）、濒湖中学（1984 年创办）。

20 世纪 80 年代以后至今，随着蕲州城乡人口的变化和教育布局的调整。许多初中相继撤销，现在蕲州仅有三所国办中学：李时珍中学、蕲州镇中、胡风中学，一所私立中学（初中小学合办）。

蕲州镇各中学简介

赤东中学 位于蕲州镇恒丰村陈塆旁。1969年春，公立完小下放到大队办，原赤东小学改办初中，名为赤东中学。1970年后，赤东中学进行了大规模改、扩建，原校舍处改为学生食堂，将学校东北边一块面积三亩的地田建为操场，地田两侧山坡上建起多栋教室和师生宿舍。1976年后还办过两届高中班。1992年该校撤并到黄土岭中学（胡风中学）。

菩提中学 位于蕲州镇菩提村。1969年，公办完小下放到大队办，原菩提小学改办初中，名为菩提中学。1970年后在原菩提小学的基础上进行了大规模改、扩建。1976年后办过两届高中班，每届两个班。1998年秋撤并到黄土岭中学（胡风中学）。

银山中学 位于蕲州镇新塘村境内。1969年春，公办完小下放到大队办，原东门小学改办初中，名为东门中学（中小学合在一起），1971年新塘大队小学从该校析出，迁到公路边新建。1976年该校迁到附近夏垅山边重建，名为银山中学，1978年后办过两届高中班。

濒湖中学 位于蕲州镇南门村境内。1984年在南门枣树林（五祖寺旁）创办，为初中学校。1995年10月15日宣布撤销，并入蕲州镇中。后改为蕲州镇党校和蕲州镇成人文化技术学校。

二里湖中学 位于蕲州镇红石头村。该校前身是1960年3月创办的蕲州镇二里湖公社农业中学。1970年创办二里湖中学（初中），1971年招生，1974年与蕲州二中合办高中分部，不久停办。1976年下半年办蕲州“五七”大学，1977年停办，改办短训班，1978年恢复办初中，1992年因蕲春县教育布局调整，改办小学（四小）。

蕲春私立濒湖学校 位于蕲州南门村。2007年在原蕲州镇濒湖中学校舍基础上重建，2009年秋招生，初名蕲州私立晨光学校，后定名蕲春私立濒湖学校。学校现占地面积10390平方米，校舍建筑面积8620平方米，建有高大的柱式门楼，楼房六栋，分别命名弘德轩、麒麟居、凤凰阁、晨光楼、启智楼和童趣园。装备有篮球场2个，周长180米的塑胶跑道运动场一个，乒乓球室、舞蹈室、生化实验室、多媒体报告厅（大会议室）、多媒体教室、电脑室（30台电脑）各1个，办公电脑30台，每个教室配有投影仪。该校学制为九年一贯制寄宿学校。

蕲州镇中学 是“医圣故里”“教授名县”——蕲春县的一所重点初中，位于蕲州镇郦公园、濒临长江，毗邻蕲州“博士街”。学校创建于1983年，占地24005平方米，建筑面积13559平方米，现有在校生1400余人，其中寄宿生200多人，教学班25个，教职工92人。

胡风中学 位于黄土岭街151号。学校创办于1958年，原名蕲州镇第五中学，1959年改办为黄土岭中心小学，1968年易名为黄土岭耕读中学，1970年更名为黄土岭高中（完中），1979年又更名为黄土岭初级中学，1994年为纪念中国近代文化名人胡风，被命名为胡风中学。

蕲春县李时珍中学 （俗称二中）位于蕲州城内麒麟山南麓，所在地为明代荆王府。二中办学历史悠久，其前身可追溯到清乾隆十二年（1747年）蕲州知州蒋尚德创办的麟山书院。光绪三十年（1904年）麟山书院停办，改建官立高等小学堂，首任堂长陈玉坪。1923年秋，此处设蕲春县立初级中学（麟山中学，校长陈侠文）。抗战时期，蕲州沦陷，学校停办。1945年秋，抗战胜利，抗战时期在刘河胡凉亭办的蕲春县立初级中学迁到县城蕲州麟山中学。1946年5月，创办于1939年10月的湖北省立第四初级中学（简称省四中）由咸丰县丁寨迁入蕲州麟山中学，1950年9月私立蕲春启明中学并入省四中。1953年，省四中撤销高中班，改为湖北省蕲春县第二初级中学（简称二中），学制三年面向全县招生。1958—1960年，二中每年招收一个高中班，1961年高中班并入蕲春高中，1964年秋更名为蕲州初级中学。“文化大革命”

开始后二中停课，1969年秋复课。1970年秋二中在初中基础上办高中，成为完中，更名为蕲春县蕲州镇高中，学制初、高中各二年。1978年定为蕲春县重点高中，面向全县招生。1981年4月更名为蕲春县第二高级中学。1983年恢复到文革前初、高中各三年制。1984年12月，全国人大常委会副委长王任重到蕲春视察，为二中题写校名——蕲春县李时珍中学，1985年元月24日，蕲春县人民政府正式发文，将蕲春县第二高级中学更名为“蕲春县李时珍中学”。2005年秋，二中撤销初中部。

7. 成人教育

(1) 职业教育

据历史记载，光绪三十年（1904年），蕲州知州陈介庵在蕲州城内创办实业学堂一所。宣统元年（1909年），蕲州在师范传习所的卫守备署（凤凰山麓）办起了以纺织工业为主的实业学堂，学生50余人，本期毕业后停办。宣统二年（1910年），蕲州城内，以原有实业基地开办初等农业学堂一所，两班，120人。招收初等小学毕业生，修业3年。经费由劝学所按月支给。课程有修身、中国文理、算术、格致、历史、地理、理财大意、体操、图画。实业科目有农业、蚕业、技术、兽医。

1921年左右，蕲州城内创办了乙种工业学校，校长陈侠文。1924年，蕲春县知事杨树藩命县实业局办乙种农业学校，校长为竹林湖村余肇柏。招收12岁以上、具有初等小学毕业学历的学生。乙农校址在蕲州麒麟山文庙东侧（今蕲州瓷厂处），学生40余人，设农业、林业等科，校内还辟有供实习用的苗圃。1926年秋停办。

1929年，蕲春县立工艺传习所在蕲州城开办。两班，120人，经费由县支拨。

光绪三十年（1904年），蕲州知州陈介庵在蕲州城内设立简易师范学堂1所、两班，学生80余人、教员5人，学习期限两年。

光绪三十四（1908年）年9月，在蕲州城内四牌楼旧卫守备署（凤凰山麓）官立预备中学堂内设立师范传习所，在预备中学堂内挑选77名学生组成1个班，入师范传习所学习。教员4人，职员2人，学习时间10个月。

1933年8月，蕲春县县长辜仁发在蕲州创办简易师范学校1所，校址在城内考棚（现李时珍中学处）辜仁发兼任校长。该校属湖北省第三行政督察区区立学校，招收蕲春、黄梅、广济、浠水、罗田、英山六县学生。1938年秋，日本侵略军侵占蕲州，学校停办。

该校办有附属小学1所，校址在蕲州城内泡儿田附近（今蕲州一小处）。

该校曾于1935年春附设一农林班，学生45人，半年后结业。

20世纪60年代蕲州各公社响应国家号召，相继办起农业中学（初中）。

1960年3月，蕲州二里湖公社农业中学创办，校址即今蕲州镇第四小学，实行半耕半读。两班学生90人，教职工4人，设政治、语文（含应用文）、数学（含珠算、簿记）、农业常识四科。二里湖公社划拨给二里湖农业中学教学与实验用地70亩（荒地60亩，麻地10亩）。1966年“文化大革命”开始后停办。五年以来，为蕲州培养了一批有社会主义觉悟、有文化的劳动者。学校实行勤工俭学，教职工工资，学校办公费、学生伙食费和医药费，逐步实现大部分自给，并为国家创造了21800元的财富。1965年第四期《湖北人民教育》（小学版）刊载了二里湖农业中学的事迹《不断前进的二里湖耕读中学》。二里湖农业中学实行一五六制，即全年放假1个月，劳动5个月，学习6个月，在一周之内实行四二一制，即4天学习、两天劳动，一天休息。

蕲州东门公社农业中学，1960 年创办，校址位于东门冯家山、老玄妙观后（今煤机厂处），校舍一部分房屋利用玄妙观房子，1 个班，30 多名学生。“文化大革命”开始后停办。蕲春三渡人江红在东门农中负责。

赤东公社农中，位于王樱村伍家塆。1965 年创办，1 个班，学生 25 人，教师 2 人（王樱曾凡林，土台杨文礼），1966 年“文化大革命”开始后停办。

菩提公社农中，位于菩提村，创办于 1964 年，2 个班，55 人，教职工 4 人，1966 年停办。

黄土岭公社农业中学，位于黄土岭村乌龟山。民间老人回忆，1958 年之前就开办了半耕半读农业中学，校舍与黄土岭中心小学合在一起，1 个班，45 人，教职工 2 人，时停时办，断断续续，“文化大革命”开始后停办。

（2）高等教育

湖北医学院黄冈分院

湖北医学院黄冈分院是在高等院校下放时期办起来的。1975 年 2 月，湖北中医学院到蕲春开门办学，与康复医院（现黄冈地区第二医院）合办一个社来社去的中医班。该班属中专性质，于 1976 年底毕业。1976 年秋，湖北省教育厅又批准在康复医院办一个高医班，在全省招收了 80 名工农兵学生（其中大部分为本地区学生），分设两班。学校书记谭文华，行政负责人曲振荣。学习内容是医疗专业。开设的课程：（1）基础课：政治、外语、物理、化学、生物、体育、人体解剖、组织胚胎、生理生化、微生物、寄生虫、病理解剖、病理生理、药理；（2）桥梁课：诊断学、外科总论；（3）临床课：内科、外科、妇产科、儿科、眼科、口腔科、耳鼻喉科、传染病科、流行病科、皮肤病科、卫生学、中医学等。有的学习三年，属大学专科；有的学习四年，属大学本科。

学校初办，湖北医学院给予了大力支持。医学院教研室正、副主任、教授、讲师，曾多次来校讲课，且自带仪器、自带试验器材和药品。开学时、医学院副院长李光带领各教研室正、副主任来校安排教学。关于学校临床课程，由黄冈地区第一、第二医院和地区防疫站派医师担任。从 1976 年起，学校开始请湖北医学院代为培训教师，每年培训 20~30 名（还有少数人员由武汉医学院培训）。

1976 年下半年，学校开始修建教学大楼。

1977 年 6 月，湖北省革命委员会正式批准为湖北医学院黄冈分院，学校与医院分设。学校书记曹军，副书记卫秋富、夏薰南；副院长曹振荣。院长下设办公室、政治处、医教处和总务处。从当年起，学校始有专职教师，有教师和行政人员 30 余名。

1977 年秋，由全国统考录取新生 62 名，分两个医疗专业班。学制为本科四年。课程如旧，但用了一部分新教材，内容加深。教师除本校专职教师外，一些技术课程和临床课程仍由湖北医学院及黄冈第一、第二医院医师担任。

1978 年秋，由全国统考分配入校学生 28 名，为四年制本科医疗专业。

1979 年来，由全国统考分配入校学生 90 名，仍办两个医疗专业班。这时湖北省教育厅规定老校办五年制本科，新校办三年制专科，故这一期为三年制专科，因三年制新教材尚未编出，故仍用五年制的新教材。

1979 年，学校有专职教师 70 余人，连同行政人员共有 119 人。

1980 年，因贯彻“调整、改革、整顿、提高”的方针，该校奉省政府命令停止招生。

黄冈分院从 1976 年办高医班起，至 1979 年，共办 4 期，学生 260 人。这些学生毕业后，在全省各地区（大部分在黄冈地区）卫生战线上工作，为医疗事业贡献了力量。

（3）社会教育

蕲州清末至民国时期社会教育形式有：

四字讲所，光绪三十年（1904），知州陈介庵在蕲州城创办四字讲社1所，主要是对未入学的成年人进行社会、伦理、自然、历史等方面的教育，以增进民众知识、启迪民众智慧。所用课本，多为浅易的四言韵文。

宣讲所，光绪三十四（1908）年十一月，在蕲州城设立宣讲所3所。其房屋均就城内外庙宇修改。有专任宣讲员1人。宣讲内容一是康熙、雍正时期时颁布的《圣谕广训》，劝导民众明理守法守纪，二是结合当时中心任务进行宣讲。1916年至1920年，蕲州街口符乾关吊桥头又设宣讲所1所，有桌、凳、黑板等设备。宣讲员有王平斋等3人。宣讲“三民主义”“自由”“平等”等内容，也宣讲兴办学校，劝人读书。以后将宣讲所改为巡回讲演所。

民众教育馆，1930年，巡回讲演所改为民众教育馆，馆址蕲州城北门内正街。首任馆长为黄通八人黄耜春。设有讲演、识字、阅览三部。

中华人民共和国成立后，共产党和人民政府十分重视职工、干部和人民群众的文化教育，特别是农民业余教育。

1950年冬，蕲州镇区和农村开设冬学班，组织文盲识字学文化，主要是晚上学习。以《冬学三字经》《农村应用文》《四言杂字》《冬学识字课本》为教材。蕲州农村冬学校长是潘塆村的余楚云。

1952年冬，蕲州镇在东长街、城里纯阳阁、黄土岭面铺、菩提坝祠堂、恒丰村四村庙办起速成识字班。一般学员通过三四个月的学习，能认1500~2000个字，能阅读通俗书报、能写简单的应用文、书信。

1955—1957年，随着农业合作化的高潮，成人教育也不断掀起高潮，各农业社都办了农民业余文化学校，蕲州的东门、二里湖、菩提坝、黄土岭等地都先后办起农民业余文化学校。白天劳动、晚上挑灯识字，积极性很高。

1958年，蕲春孙冲乡成为全省第一个基本无文盲的农业社。蕲州镇派人到孙冲乡参观取经，回来后蕲州农村办农民业余夜校的积极性更高。

1964—1966年“文化大革命”开始前，蕲州农村各生产大队都办起耕读小学和夜校扫盲班。老师白天教耕读小学，晚上上夜校教扫盲班。

1969年以后，各生产大队办民办小学，各生产小队还设有耕读班，各大队民办小学常年派一名教师到各塆耕读班上课。

1976年以后，随着教育形势的快速发展，少儿入学基本普及，蕲州的扫盲、耕读班逐渐停办。

蕲州镇成人文化技术教育学校，成立于20世纪80年代中期，与蕲州镇党校共一个学校（党校在街口黄大塘上面山坡），20世纪90年代濒湖中学撤销，蕲州成校迁到濒湖中学校园，后来濒湖中学改办私立学校，又迁到蕲州教育组驻地一小，2014年随教育组迁到四小。蕲州成校起初是蕲州教育的干部田才藻负责，后来由教育组内一个领导兼管负责。

中华人民共和国成立初，为提高干部、职工政治文化水平，1953年9月，蕲春县直属机关干部职工业余文化学校正式成立，在蕲州镇设立了分校，有干部业余高小班2个，职工业余高小班1个，学制两年。蕲州镇工会主席倪金山任校长，教导主任袁绍安，教师有朱连峰、蔡继培、郭子秋、胡达今。夏秋两季实行“工棚教学”（在工人干活的工地上晚上上课），冬春两季在蕲州东长街夏家大屋的厅堂里，晚上在汽灯下给干部上课。1954年9月蕲春县又开办基层干部文化学习班，短期培训，1955年由漕河县政府附近李家祠堂迁到蕲州城内纯阳阁开班

（金陵书院隔壁）。蕲州镇委领导陈兆雄负责，教师有陈宗、韩世平、董令仪、周新民。1963年蕲州东门公社以大队为单位，开办了基层干部文化学习班。1966年“文化大革命”开始后，干部业余文化学校和干部业余文化学习班停办。

1954年以后，蕲州较大的机关厂矿相继办起了职工业余文化学习班。1959年受自然灾害影响，蕲州干部业余文化学习班仍有4个班，蕲州耐火砖厂、蕲州综合厂、蕲州化工厂、银山煤矿、蕲州搬运站、银山石灰厂仍各有一个职工业余文化学习班。

1956年2月，蕲州镇开办了手工业者业余文化学习班。“文化大革命”开始后停办。

1958年在蕲州康复医院附近（即血吸虫防疫站）开办蕲春县卫生学校，招收新生100名，学制3年，分中医、西医、护士3个班。1961年停办。1973年恢复，但迁出蕲州。

（二）教师队伍与经费

1. 教师队伍

私塾每所一般一个教师，其资历不等。采用个别教学，教材及教学时限没有统一规定。教经馆者有致仕的举人，但多为秀才；教犁耙馆者，一般是未入县、州学的童生。

张翼南私塾先生张翼南，菩提太常垸人，是当时有名望的经馆先生，1927年后参加革命，1940年曾任中共蕲广边县委书记，1944年6月为革命壮烈牺牲。四村庙私塾蒙师陈南如饱读诗书，也比较有名。

蕲州城义学学师，从蕲州城每届岁试科试诸生中，按其等第先后聘请。

下石潭花学创建人是下石潭垸张石潭。该义垫任教先生，在清末多为贡生、秀才，如庠生张洪垣、张克成，岁贡生张东旭。

书院既是一个教育和教学机关，又是一个学术研究机关。书院的创建者和主持人既负责书院的组织管理，又是有较高水平的主讲。书院的组织较简单。其主持人或称山长、院长、堂长，或称洞主、教授。山长下一般没有主讲、副讲、管干，经长、学长、引赞等人，采取聘请方式使用。

蕲州儒学，明代设学正一人，训导三人。清代，设学正一人，训导一人。学正主持教育所属生员和考试，训导助之。儒学教师由知州会同学正聘请。

民国时期蕲州城中小学教师，一为省教育厅分派的师范学校毕业生，一为各校自行聘任资历合格人员。中学教员多为大专院校毕业生。如蕲州城区：

1946年省四中教职员第一学期学历一览表

表4-2　　单位:人

教员	职员	国立大学毕业	私立大学毕业	中专、高中毕业	初中毕业	说明
15	6	12	1	5		教员中包括校长、主任

民国37年度第一学期县立初级中学教职员学历一览表

表4-3 单位：人

教员	职员	国立大专院校毕业	私立大学		中师高中毕业	简师初中毕业	中央军校毕业	军事干训班毕业	省财会班毕业
			毕	肆					
30	15	8	12	1	16	4	1	1	1

1949年5月蕲州解放后，县人民政府接管了蕲州镇境内各学校，原有教师继续留校任教。1952年9月，蕲州镇民办小学由政府包下来改为公办，对优秀的塾师亦吸收为小学教员。

1952年以后，每年由县教育主管部门分配一批师范院校毕业生和中级师范毕业生到蕲州担任中小学教师。

1969年，蕲州农村公办小学下放到各大队（村）办，每个大队都办起了小学，有些大队小学还附设有初中班，致蕲州教职员工大增，尤其是民办教师陡增，高峰时期达270多人。

1980年以后，蕲州镇民办教师一部分经过考试被吸收为公办教师，一部分按有关政策直接转为公办教师，还有一部分弃教另谋职业，至2004年，根据《蕲春县一次性解决民办教师问题实施方案》，转正一批；退养一批；辞退一批。至此，蕲州镇民办教师全部消化了。

2010年以后，蕲州村办小学大多数停办，学生进入镇区就读，致使蕲州镇区小学教师人数增加，而县局分配到蕲州的教师较少，镇区各小学聘任了许多代课教师，高峰时多达70余人。

蕲州镇中小学教师中，原来初中学校有一部分还是中师毕业生，小学大多数是中师毕业生；现在初中学校教师大多数是本科毕业生，小学教师大多数是专科毕业生。原来教师队伍中有一部分人是按有关政策接班顶替的，或复员军人，或回乡知识青年；现在是逢进必考，不符合教师资格的一律不进。蕲州师资质量不断提高。

2008—2017年蕲州镇中小学教职工情况表

表4-4 单位：人

年份	教师人数				教职工总数	教师学历			教师职称				退休人数	党员教师数
	总数	其中(女)	公办	民办(聘)		本科	专科	中师高中	中高	中一小	中二小	初级		
2008	472	211	404	68	514	93	291	75	15	177	96	71	175	120
2009	470	210	401	69	512	92	289	74	15	178	96	70	177	121
2010	464	203	398	76	502	91	290	72	15	174	95	68	178	120
2011	460	202	392	78	499	90	289	71	15	170	92	66	179	120
2012	452	199	381	71	494	89	281	70	16	165	90	64	180	122
2013	441	192	372	69	492	90	279	68	17	160	89	62	182	123
2014	430	190	370	60	490	92	278	68	18	150	88	60	184	124
2015	424	181	360	64	486	89	274	64	18	141	86	59	185	125
2016	421	170	353	68	478	87	272	60	17	138	84	57	186	126
2017	413	168	351	62	475	86	270	57	16	132	82	50	187	125

2009—2016 年李时珍中学教职工情况表

表 4-5　　单位：人

年份	教职工数					教师学历数				教师职称数				离退休教职工数	女教职工数	党员教职工数
	总数	其中				本科以上	本科	专科	其他	中高	中一	中二	其他			
		教师数	职工数	有编人数	临时聘用数											
	1	2	3	4	5	6	7	8	9	10	11	12	13	14	15	16
2009	236	198	38	206	30	1	151	40	6	35	107	53	3	45	47	48
2010	210	191	198	198	12	1	148	35	7	35	102	53	1	47	51	45
2011	199	178	21	186	13	1	148	25	4	32	102	43	1	52	48	38
2012	192	171	21	179	13	1	152	16	2	30	94	45	2	47	45	36
2013	186	163	23	171	15	1	147	14	1	28	87	46	2	57	42	38
2014	171	149	22	156	15	2	133	11	3	29	84	34	2	57	41	46
2015	160	141	19	146	14	2	126	10	3	29	86	26		61	40	44
2016	147	134	13	138	9	2	122	8	2	30	87	17		67	35	42

2. 经费

蕲州义学办学经费主要来源为学田的地租或官绅的捐献。

清道光年间（1821—1850 年），蕲州城义学实存足钱一千一百五十串文，存典生息。嗣因兵燹，典商歇业，同治八年（1869 年），知州黄式度追还典商成本钱文，经营王燮买置武襄门外和乐坊义和铺屋（基址现为北门商场）一所，尚余成本九九钱三百串文，按月一分五厘生息，通详立案，改为城内城外两义学束脩。民国时期，城内城外两义学经费为学田地租，计有房屋一栋，麻田一亩，田课九十余石。

下石潭花学供张氏子弟读书不收学费，老师俸金由祖课负担。

蕲州各种私塾，老师俸金一般由学生负担。

据光绪《蕲州志》、宣统《湖北通志》载：蕲州书院自明代起置有膳田，至光绪末，经历年祀产转拨，绅民捐献，公款购置，逆产充公，诉讼断捐，共有书院膳田 37 石 9 斗 5 升 7 合，另有 10 处田未计亩，岁收课谷 726 石 5 斗 3 升。还有 11 石 5 斗 5 升田系踩田纳课，无定租；有 1 石 5 斗田只鱼藕课。蕲州书院经费，原置房地水课九折钱 60 串 660 文（制钱），后经捐输累积，共有制钱 331 串 560 文。

儒学经费来源主要为学田。学田来源大致有四：一为官府指定；二为官吏绅民乐捐；三为劝捐；四为乡民因田地争讼而难以判决归属时，断捐入学田。至光绪三十一年（1905 年）停科举以前，蕲州儒学学田田课达2625石8斗3升4合6勺，存放成本钱11081串零8文。蕲州学田，一般为乡绅所把持。1913年北洋政府内务部通令，以学田收入充小学经费。

清末蕲州城兴学堂后，其教育经费的筹集，来源于多种渠道，除原学田学款为重要来源外，另外如下几种：

一是奖励捐款兴学；二是赔款捐改学堂捐，即原庚子赔款捐改作学堂教育捐；三是征收学费，蕲州城初等小学堂、高等小学堂、中学堂等征收学费。

学堂经费支出，主要用于教职工的俸金、薪脩、工食以及教学设备、校舍营建与修缮。

民国年间，蕲州城中小学教育经费来源为省拨款，学田学款，税收附加和城乡自筹。抗战时期，省政府虽然对中学生一度实行公费制，因物价猛涨、货币贬值，学校经费困难，师生生活仍然竭蹶。

民国时期，蕲州城还办有私立中小学。如蕲州福音堂小学，其办学经费由基督教循道会拨给；私立启明中学系由教会创办，其经费来源：一、有固定资产和存款 [汉口花旗银行存款两万元息金（美金）作为建校基金]；二、由教会补贴；三、向学生征收较高的学费。

中华人民共和国成立后，蕲州镇教育经费的来源，一是国家财政拨款，二是地方自筹。

1949年5月，蕲州解放，因财源不足，上级人民政府对学校教师实行包干制，规定了暂时生活维持费，每人每月发大米37斤。稍后，省政府规定了教职工生活维持费标准：中学教员每人每月140斤大米，职员120斤，工友100斤；小学校长教员每人每月120斤，职员110斤，工友100斤。

1952年，全镇教师参加定级定薪。

1954年，上级对教育经费作了明确规定：教职工工资由政府供给，教学行政费（办公费）由学校所收学杂费开支，学杂费不再上缴。

1956年，全镇国办中小学教职工员工参加全县工资改革。

1963年，全镇国办中小学教职工参加全县工资调整，全县中学教职工工资由调整前月平均每人44元，调整到49元；全县小学由调整前月平均每人33元，调整到37.86元。

1983年全镇教职工参加全县工资普调，全县中学教职工工资平均每人每月达到51元，小学平均每人每月达到49元。

1985年，全镇教职工参加全县中小学教职工工资改革，全县小学教职工由月平均每人工资59.20元，提高到月平均每人81.87元，全县中学教职工由月平均每人工资61.32元，提高到82.39元。

1991年，小学教职工人平月工资145.6元，中学教职工人平月工资159元。

1994年，蕲州镇教参加全县工资套改，套改后工资由职务工资、津贴奖金、特殊教龄津贴、生活补贴、结余津贴五块组成。

1994—2004年的10年中，五次调标、五次晋档、六次职挂，全镇教职员工经济待遇有较大幅度提高。

1994—2004年蕲州教师工改情况表

表 4-6

单位:元

年份	工改项目	人平月工资(元)
1994	套改	553.5
1996	第一次晋档 1995 军、1996 年职挂	594
1997	结余补贴人均 50 元,生活补贴不等	794
1998	第一次调标,第二次晋档,第一次越级,1997 年、1998 年职挂	815
1999	第二次调标,1999 年职挂	949
2000	第三次晋档	989
2001	第三次晋档,第二次越级,2000 年职挂	1083
2002	第四次调标,第四次晋档,2001 年、2002 年职挂,第三次越级	1152
2004	第五次调标,第五次晋档,2003 年职挂	1215

从 2014 年 10 月 1 日起，教职工退休后工资待遇由社保部门发放，其在职时须每月缴纳养老保险金，2018 年前缴费标准为：个人承担月工资额 12%，单位承担 20%。教职工工资由九块组成：岗位工资；薪级工资；教护工资；基础性绩效工资；工改保留津贴；女教职工卫生费；教龄津贴；农村教师岗位津贴；改革性补贴。

全镇国办教职工，自 1953 年 3 月起普遍享受公费医疗，1957 年开始有生活困难教职工可申请福利补助。1965 年 1 月开始，国家发给教职工粮价补贴：凡自己供养的父母子女，每人每月 0.8 元，最多不超过 3 人。1978 年，每人每月副食补助费 5 元。1980 年开始试行班主任津贴，其标准为：城镇初中小学教师每人每月 5 元，高中教师每人每月 6 元；其他各社队小学按 4 元下发。1981 年在福利待遇方面，女职工产假、教职工疾病、退职退休离休、教职工探亲假、教职工牺牲和病故的抚恤金、教职工福利费等待遇，均较以前有所提高。1982 年开始，全镇公办教师每人每月洗理费 2 元，至 1985 年秋又增加 2 元，共计 4 元。1983 年，省委决定小教三级，中教五级以上教师可享受中级以上知识分子待遇，年龄四十岁以上者，参加工作二十年，其家属子女可转商品粮。按《中华人民共和国教师法》第二十九条“教师的医疗同当地国家公务员享受同等待遇”的规定，全镇教师职工均参加了医疗保险。

1949—1986 年，教师是定级定薪，小教三级和中教五级可视为中级知识分子，可享受相应待遇；1987 年开始，中小学教职工实行职称评定，职称与工资挂钩，同一职称达到一定年限，依工作业绩评定可以晋级或越级晋升。

蕲州镇民办教师，上级规定其工资待遇不低于生产大队（村）主要干部待遇。且每年由上级拨付民师补助费。历年大概情况如下：

1971 年，补助费发放到大队，原则上 60%归集体，40%归本人。劳动日在 0.4 元及以下大队，每人每月补助 20 元，本人实得 8 元；劳动日在 0.4~0.7 元的大队，每人每月补助 15 元，本人实得 6 元；劳动 0.7 元以上大队每人每月补助 10 元，本人实得 4 元。1975 年县局规定，民办教师一年补助 120 元，三七开，30%归本人，70%归集体。自 1981 年 10 月开始，民师补助平均一年增加 50 元。自 1995 年 1 月开始，民师补助标准按每月每人 38 元发放。实行税费改革后，自 2003 年元月起，民师月薪 250 元，年薪 3000 元。

1949 年 12 月，按有关规定：中小学生不收学费，但必须缴纳体育卫生费和杂费。1957 年 4 月开始，生活比较困难的初、高中学生可申请享受助学金。

1964—1985 年蕲州中小学生学杂费收费标准一览表

表 4-7　　　　单位:元

年 份	初小（每学期）	高小（每学期）	初中一、二年级（每学期）	初三（每学期）	高中一二年级（每学期）	高三（每学期）	说 明
1964	1.5	2	2.5	3	3.5	4	减免不超过 20%
1966	2	2.5	3		3.5		减免不超过 20%
1973	1.5	2	3		3.5		减免不超过 20%
1978	1.5	2.5	3		3.5		减免不超过 15%~20%

2002 年秋季开始，农村中小学实行一费制。具体标准是：小学生每学期收费 80 元，初中生每学期收费 150 元，需住宿的收住宿费 25 元，搭伙费 20 元。在实行一费制之前，小学生每生每学期收取杂费不等：城镇初小杂费 40 元，农村初小杂费 35 元。城镇高小 100 元，其中杂费 45 元，搭伙费 25 元、住宿费 30 元；初中城镇 150 元，其中杂费 95 元，住宿费 30 元，搭伙费 25 元；农村初中 130 元，其中杂费 85 元、住宿费 25 元，搭伙费 20 元；重点高中 395 元，其中学杂费 340 元，住宿费 30 元，搭伙费 25 元；普高 305 元，其中学杂费 250 元，住宿费 30 元，搭伙费 25 元。

2006 年国家宣布取消农业税，稍后对义务教育阶段的学生实行零收费政策。小学、初中学校公用经费，按各校学生人数由财政拨给，至 2018 年，小学每生每年按 600 元下拨，初中每生每年按 800 元下拨。对接受学前教育、义务教育、普通高中和中职教育的家庭经济困难者实行国家资助。

为贯彻“两条腿走路”的办学方针，促进教育事业的发展，蕲州镇也实行了集资办学。

1954 年夏长江流域发生严重水灾，1975 年 8 月猛降暴雨，山洪暴发，江河陡涨，蕲州临湖滨江，校舍受灾严重，蕲州各乡村（大队）纷纷集资，群众捐工捐料，修缮校舍，保证能按时开学。

1983 年，县政府和蕲州镇政府分别发文，作出集资办学的决定，全镇出现集资办学热潮。1983—1984 年，蕲州镇中小学校舍维修集资情况是：总投资 60.15 万元，国家及地方财政投资 8.2 万元；集资 49.3 万元，其中社队和群众集资 20.2 万元，企事业单位 29.1 万元；学校勤工俭学收入投资 2.65 万元。1983—1984 年蕲州镇中小学“两有”（有教室、有课桌凳）建设集资情况是：总投资22.765万元，全部为集资经费，其中社队群众和集体8.815万元，企事业单位13.95万元。

此后1986年、1988年和1995年，开展集资办学。其中1989年至1990年春，蕲州镇属学校三次共收取集资款41.97万元。具体使用情况是：

蕲州镇一小新建教学楼一栋，四层560平方米，当时造价每平方米180元，总投资10.08万元。

蕲州二小操场填土6480立方米，投资3.24万元，解决了多年的渍水问题，结余资金4.2万元，原教学楼上加一层，面积330平方米。

蕲州三小新建教学楼一栋，三层669平方米，总投资12.26万元。

蕲州镇中新建师生食堂和教工宿舍共460平方米，投资5.06万元，新架低压线路680米，投资1.06万元。

1986年，国务院、省人民政府和县人民政府分别发文，征收教育费附加，用于改善中小学教学设施和办学条件。(2002年停止征收农村教育费附加）其中，1988年蕲州镇和黄土岭乡教育费附加征收任务分别是151900~227850元、85227~127840元，计征率均为1%~1.5%。

此外，蕲州镇中小学还接受了社会人士捐赠。2003年香港吴柯盛兰女士向母校蕲州三小捐赠8000元；2004年，蕲州水泥厂总经理丁沈跃（浙江人），为援建镇四小捐赠人民币10000元。

（三）教学研究与成果

1．教研概况

中华人民共和国成立前，蕲州教学教研情况记载不详。

中华人民共和国成立后，蕲州镇教研工作，在蕲春县文教科统一指导下，以二中（李时珍中学）和蕲州中心实验小学（蕲州实验小学）为龙头，由蕲州镇文教辅导员直接负责。

1982年，蕲州镇教育组设立小学语文、数学专职教研员各1人，二中成立了教研办公室。初中和镇区各小学都设有专职或兼职的教研负责人和语数教研组。

中华人民共和国成立后至“文化大革命”前，蕲州镇教研工作主要围绕以下五个方面进行：一是开办短训班，帮助教师转变教育观念，由旧教育制度向新教育制度转变，废除注入式、照本宣科和体罚学生行为。二是为加强教学直观性。二中和蕲州中心实验小学教师带头，采集标本，自制教具，总结经验，并向蕲州农村中小学推广。三是学习、推广“红领巾”教学法和“五环”教学法，“红领巾”教学法是推广北京市女六中红领巾语文教学法，废除一言堂，让学生参与到课堂教学中；五环教学法就是常规教学五个环节，那组织教学复习旧课、讲授新课、巩固新课、布置作业四是帮助教师做到“五认真”（备课、讲课、辅导、批改和考核认真），狠抓“三基本”（基本学科、基本知识、基本技能）。五是抓教师个人基本功训练。三字（毛笔字、钢笔字、粉笔字）、一画（简笔画）、一算盘（会打算盘）。

“文化大革命”期间教研工作：一是落实毛泽东主席《五七指示》，开门办学，勤工俭学，二中和东方红小学（蕲州实小）在校内办了很多小厂，在二里湖公社农场（今上河口一带），都有自己的学农基地，学生经常去学农基地劳动，学习劳动技术，二中学生学开拖拉机、抽水机等。二是小学在东方红小学带领下，摸索三算一拼（珠算、口算、笔算和汉语拼音）的经验。三是请工人、农民到学校讲忆苦思甜课，吃忆苦思甜饭。办批林批孔展览，批判孔孟之道。

粉碎江清反革命集团后，蕲州镇教研工作重点帮助各中小学恢复正常教学秩序和考试制度，帮助各校由地方教材向全国统编教材过渡，蕲州二中和东方红小学还自编了一些乡土教材，解决学生双基训练问题。

1982 年以后，蕲州镇配备了专职小学语、数教研员，在他们帮助下，教研工作转入课堂教学改革，改进教学方法，钻研教材教法，提高课堂教学质量。1983 年全镇中小学教师进行讲课过关，不漏一人，不掉一科，人人过关，一次不行，就来二次、三次、四次。1984 年，蕲州镇中小学教师参加全县教材教法过关考试，考试合格者，颁发合格证。

到 20 世纪 80 年代后期，蕲州镇教研工作逐步转入指导学生参加小论文、小制作、小实验和学科竞赛活动。

20 世纪 90 年代，蕲州镇中小学投入了大量人力、物力和财力，组织学生参加各级各类学科竞赛，取得了骄人的成绩。1993—1997 年，蕲州镇学科竞赛成绩多次在全县夺冠，被评为竞赛先进单位。尤其是 1997 年，蕲州镇受湖北省少儿科技中心委托，组建湖北省农村少儿代表队，于 8 月 11 日至 14 日参加了在四川绵阳举办的全国小学生夏令营活动，全国共有 98 个代表队参加，蕲州镇实小和镇三小共 5 名小选手参加了 10 个单项竞赛，获得一等奖 3 人次，二等奖 7 人次，蕲州实小张郑熠同学荣获数学计算满分奖，代表队总分占第 11 位，被中国数学学会授予“湖北省蕲春队小学数学奥林匹克组织工作优秀奖”。

进入 21 世纪后，蕲州镇教研工作主要是组织培训教师掌握现代化教学技术，并开展课题研究。

1988—1996 年蕲州镇小学生竞赛获奖情况统计表

表 4-8

年份	县三科联赛				地区三科联赛				国家奥林匹克数学赛					备注
	一等奖	二等奖	三等奖	合计	一等奖	二等奖	三等奖	合计	满分奖	一等奖	二等奖	三等奖	合计	
1988			1	1										
1989			2	2										
1990														
1991														
1992	3	18	8	29								1	1	
1993	1	6	9	16						3	2	2	7	县赛：蕲州总积分全县第一
1994	6	12	12	30	11	11	4	26						市、县竞赛蕲州总分获全县第一
1995	6	16	22	44	20	8	24	52	5	24	7		36	三级赛，蕲州总分全县第一
1996	5	14	20	39					22	24	17	7	70	县赛、国赛蕲州获全县总分第一

2. 课题研究及教研成果

1988 年，二中被蕲春县教研室列为初中差生转化实验点，并派人参加黄冈地区差生研究会，作经验介绍。

2000 年，蕲州实验小学开展“小学语文组”的教学与自学能力培养实验，荣获“先进实验学校”称号。

2001 年，蕲州实验小学被确定为湖北省教改实验学校，承担省级课题“主体性教育”研究，同年 11 月，黄冈市小学数学模式实验研讨会在蕲州实验小学召开。

2002 年 5 月，全县小学素质教育经验交流会在蕲州镇召开。

2003 年 3 月，蕲州实验小学课题实验报告《发挥主体作用，培养创新精神》，被选入中国地质大学出版社《素质教育在湖北》（第五辑）。

2000 年，李时珍中学开展省级课题“化学磁性教学法与创新研究”，2003 年结题。

2000 年，李时珍中学开展省级课题“高中思政课堂培养学生发现和研究问题能力的研究与实验”研究，2003 年春，湖北省教育厅教研处来李时珍中学召开结题会。

2005 年，李时珍中学承担省级课题研究——贴近生活、贴近实际，德育创新方法研究，2008 年春结题。

2012 年 5 月，全县中小学德育工作创新与研究现场会在蕲州镇中召开。

2012 年 9 月，蕲州镇中承担省级德育课题研究——让先进文化占领我们的校园，2014 年 7 月结题。

2013 年 5 月，蕲州实验小学承担国家课题研究——语文主题学习研究，2017 年结题，张小林老师的课题论文《小学语文主题学习诵读课的探究》，获国家级二等奖；蔡金佳老师的课题优质课《孔子拜师》获国家级二等奖；汪胜老师的课题优质课《铭记历史》获国家

2011 年，蕲州实验小学开展市级课题研究——农村小学经典诵读实践与研究，2016 年结题，张小林、潘鹏老师获市级经典诵读优秀指导教师；张小林、潘鹏的论文获市级一等奖；汪胜、翁晨的论文获市级二等奖。

2017 年 5 月，蕲州实验小学接受市级课题——城镇学生乐读善写实践与研究。

2018 年 10 月，蕲州实验小学接受省级课题研究——动感德育体系的构建与实施，2019 年 11 月，黄冈市教科院来该校召开该课题中期视导会议。

2016 年 9 月，蕲州实验小学和蕲州镇第三小学开展县级课题研究——小学习作教学的研究与实践，2018 年 9 月结题。蕲州实验小学孙燕、汪胜、董鸣芬和蕲州镇第三小学张正、晏琴老师获得作文课题优秀实验教师；蕲州实验小学汪胜、田芳等 22 位老师课题论文分别获一、二、三等奖，蕲州镇第三小学晏琴、李刚等 21 位老师分别获得一、二、三等奖。

2016 年，蕲州实验小学获得黄冈市教科院颁发的课题研究先进单位。2017 年，蕲州实验小学获得北京华樾研究院颁发的主题学习实验先进单位。2018 年，蕲州实验小学获得教育部关工委颁发的“五好小公民”主题征文示范学校。

2016 年 3 月，蕲州实验小学张志勇、张小林老师的课题论文《构建动态课堂、焕发生命活力》，在《湖北教育——蕲春专刊》上发表；2016 年 6 月，张志勇老师的课题论文《在“动感”中丰盈——动感课堂教学模式的实践与思考》，在《湖北教育》上发表；汪胜、孙燕老师的课题论文《放大文本的作用》也在《湖北教育》上发表。

2017年6月，蕲州实验小学张志勇老师的课题论文《蕲州实验小学动感德育的实践探索》，田芳老师的课题论文《构建德育评价体系，促进学生健康成长》同在《湖北教育》上发表。

2015—2018年蕲州中小学教师论文、讲课、辅导等获奖情况统计表

表4-9　　单位：项

年份	国家级			省级			市级			县级		
	论文	讲课	辅导	论文	讲课	辅导	论文	讲课	辅导	论文	讲课	辅导
2015	3	2		10		9	16	4	6	30	10	
2016	2	3		14	1		8	6		11	9	
2017	7	3	19	34	2	2	14	6		73	23	5
2018	12		10	40		6	15	13		58	86	36

（四）教育设施

1. 校舍建设

1949年5月，蕲州解放，境内小学校舍多为祠堂古庙，大多年久失修。其时正值中华人民共和国成立伊始，百废待兴，国家财力不足，因此20世纪50年代，蕲州校舍一般维持原状，仅进行小型维修。仅1954年上级投资2.7亿元（旧币）修建二中校舍（李时珍中学）。

1961年，国家困难时期，蕲州校舍建设一律停止。1963年后，国民经济好转，蕲州校舍建设又得以进行。如赤东小学拆除四村庙，菩提小学拆除菩提寺，均建成四合院式平房校舍。蕲州镇区东长街外行宫小学拆除庙宇、戏台，建成五栋平房校舍。

1969年以后，蕲州原各个中心小学下放到大队办，赤东、菩提、黄土岭、东门等中心小学改建成中学（初中）；各大队均修建了砖木结构的平房校舍。20世纪70年代，蕲州二中、蕲州一小、蕲州二小等学校还修建了部分砖混结构的楼房校舍。

从1983年开始，蕲州镇从集资办学打开突破口，掀起了校舍维修的高潮，特别是一大批危房，进行了拆除改建。1985年10月，蕲州镇中小学顺利通过省政府“一无两有”验收。

1986—1998年间，蕲州中小学校舍建设再度掀起高潮。一是城乡中小学先后拆除平房建楼房，校舍质量大提高；二是各校修建了围墙和大门，校园财产和师生安全更有保障；三是每所学校达到了三通一坪（通电、通水、通公路、校园内路面水泥地坪）；四是校舍面积大增加，除教室外，各功能用房比较齐全；五是镇区各中小学，通过教职工集资方式（住户出一部分，学校出一部分），相继修建了一批教职工住宅楼。各校同时对厕所、运动场和校园绿化也投入了大笔建设资金。初步实现了教学用房钢混化，教学设施配套化，校园环境园林化，教育手段现代化。1998年10月，蕲州镇中小学顺利通过湖北省人民政府普及九年义务教育验收。

蕲州镇区中小学校舍建设情况一览表

表 4-10

学校	项目	建设年份	建筑面积（平方米）	投资（万元）	备注
蕲州镇中	教学楼	1985	900	8	
	办公楼	1995	800	24.5	
	实验楼	1997	1000	38	
	科教楼	1998	1000	38	
	学生宿舍	1997	1050	38.27	
		2008	1509	80	
	教师住宅楼	1995	1200	42.66	
		1996	1200	42.66	
		1998	1150	42.95	
		1998	1150	42.95	
	食堂综合楼	2001	1980	81.08	
胡风中学	实验楼	1994	1680	32	
	学生宿舍楼	1997	1860	180	
	教师住宅楼	1997	2880		
	食堂	1997	1000	18	
	老教学楼	1992	1600	38	
	大门楼	1997		5	
	路面硬化	1997	800	18	
	厕所	2009	200	19	
	教师周转房	2011	490	43	
镇一小	教学楼	1983	2100	14	
	综合楼	1995	1400	40	
	教师住宅楼	1993	1000	31	
		1996	1400	56	

续表 4-10

学　校	项　目	建设年份	建筑面积（平方米）	投资（万元）	备　注
镇实小	老教学楼	1978	1500	11	
	教工宿舍	1978	600	5	
	电教楼	1997	1353	60	
	大门楼	1992	340	17	
	教师住宅楼	1994	1032	35	
		1996	1658	57	
镇三小	北教学楼	1985	915	9	
	西教学楼	1989	707	17.6	
	南教学楼（西）	1994	1415	40.8	
	南教学楼（东）	1995	1707	63.5	
	教师住宅楼	1991	742	15	五层
	教师住宅楼	1997	1585	54.3	六层
	食堂综合楼	1992	656	13	
	德育墙	1996	180	5	
	厕所	1993	60	1.2	
镇四小	教学楼（北）	1992	1400	18	
	教学楼（南）	1996	1536	28	
	住宅楼	1998	1425	40	
	食堂	2005	210	10	
	行政办公房	2005	1300	8	平房
	厕所	2006	120	8	
	改建食堂	2008	300	23	
镇五小	教学楼	1996	2260	84	

李时珍中学1978年以来校舍重大建设项目概况表

表4-11

项　目	建设年份	建筑面积（平方米）	投资概况（万元）
老教学楼	1978	1570	30
教学楼	1989	1900	96
科教楼	1997	2415	138
食　堂	2005	4500	364
操　场	2015	5200	90
厕　所	1997	200	135
厕所改造	2016	200	16
学生宿舍	1995	2200	102
	1999	2225	136
	2002	2800	198
教师住宅楼	1990	1380	38
	1996	1600	53
	1996	2000	66
	1997	3000	102
	1997	2030	69
	2000	2470	90
综合楼	2017	2850	650

进入21世纪以后，蕲州镇中小学校舍建设进一步提档升级。一是校舍室内外进行精装修；室内乳胶漆墙面，地面铺瓷砖，木质门窗换成铝合金门窗；走廊红砖水泥栏杆换成铝合金栏杆，普通灯泡换成日光灯，教室有电扇。办公室有空调，校舍外墙刷外墙漆或真石漆。二是楼房层面由预制板结构改为橡胶面结构。三是层层楼房设有厕所和洗手间。四是校园地面铺彩砖或置草坪。五是对运动场进行改造，建有塑胶跑道和钢架篮球场。六是改明沟排水为暗沟排水。七是校园安装路灯。八是校校大门设有门卫，24小时有人值守，校园各处安装摄像头。校园达到四化：美化、绿化、亮化、净化。

蕲州镇区中小学还积极争取蕲州镇人民政府和蕲春县人民政府大力支持、千方百计扩大校园面积。

镇一小，1997年征收城内居委会居民菜地3亩；花费9万元；购买校园隔壁露天电影院，占地面积500平方米，共费12万元。

镇三小，2017年，征收学校隔壁的玻璃制品厂土地2850平方米；花费60万元。

蕲州镇中计划征收郦公园土地40亩。

2011年以后蕲州镇中小学校舍建设一览表

表4-12

开工年份	单位	项目	建筑面积（平方米）	投资（万元）	开工年份	单位	项目	建筑面积（平方米）	投资（万元）
2011	扎营港小学	新建教学楼	1000	80	2017	镇四小	新建综合楼	950	113
2012	镇四小	新建教学楼	800	130	2017	胡风中学	改扩建女生宿舍楼	3400	220
2015	胡风中学	新建教学楼	1500	254	2017	雨台小学	新建教学楼	1980	359
2015	实　小	新建教学楼	3500	601	2018	镇一小	新建教学楼	2600	485
2015	菩提小学	教学楼幼儿园	3600	262	2018	镇四小	改扩建幼儿园	1190	267
2015	五里墩小学	新建厕所	40	7	2018	镇四小	新建运动场	4700	119
2015	太常小学	新建厕所	40	7	2018	新塘小学	改造教学楼	1600	46
2015	曹英小学	新建厕所	40	7	2018	塘塆小学	新建运动场	5000	63
2015	施家塘小学	新建厕所	40	7	2018	塘塆小学	改造教学楼	1600	65
2015	油树塆小学	新建厕所	40	7	2018	红门楼小学	新建运动场	1200	43
2015	扎营港小学	新建厕所	40	7	2018	王𡎚小学	新建运动场	2000	35.6
2016	菩提小学	新建运动场	7800	60	2018	镇五小	教学楼改造	1070	132
2016	胡风中学	新建运动场	5800	187	2018	镇三小	教学楼改造	3000	95
2016	镇五小	宿舍楼维修	600	40	2018	雨台小学	新建学生宿舍	1176	216
2016	镇五小	新建教学楼	930	139.6	2014	镇一小	食堂	800	116
2016	实　小	新建食堂	1507	172	2016	镇实小	运动场	3000	140
2017	实　小	电教楼改造	1353	66	2013	镇四小	扩建食堂	100	10
2017	镇　中	新建教学楼	3766	590					
2017	王𡎚小学	维修教学楼	1080	19.2					

2. 教育技术

蕲州镇中小学电化教育技术装备与实施大面积展开，是在20世纪90年代开始的。

（1）实验和仪器

自1993年春季起，蕲州境内李时珍中学、蕲州镇中、银山中学、濒湖中学、胡风中学等校初中毕业生在升学考试时，就开始加试物理、化学、生物、劳技四科实验操作考核项目，主要考查学生的动手动脑能力。从2001年起，实验操作考核改成了实验技能操作考试，并将考试分数计入中考总分。这样，促进了学校重视实验教学工作。

此前1987年，黄冈地区举行首届农村初中学生理化生实验竞赛，蕲州镇中陈军同学取得化学科第1名189.5分。

此后至1998年迎接省政府“普九”验收时，蕲州镇城乡中小学均装备了实验室。

1998年蕲州中小学实验室建设分类及经费投入一览表

表4-13

单位	高中				初中				小学			
	类别所数			配备金额	类别所数			配备金额	类别所数			配备金额
	1类	2类	3类	万元	2类	3类	4类	万元	2类	3类	4类	万元
李时珍中学		1		17								
黄土岭乡					1			6	1	8	10	7.9
蕲州镇					1			19.6	5	7	7	26.18

蕲州镇中小学仪器装备经费一览表

表4-14

单位	时间	学校所数	中小所数	小学所数	设施投入经费（万元）	仪器投入经费(万元)
李时珍中学	1998年	1			5.6	30.4
黄土岭	1998年	19	1	18	12.574	58.4503
蕲州	1999年	20	1	19	23.484	238.513
李时珍中学	2000年	1			6.2	43.6
黄土岭	2000年	18	1	17	12.348	60.997
蕲州	2001年	20	1	19	23.484	239.043

1999年，蕲州镇中、蕲州实小被确认为黄冈市第二批实验教学合格学校。

1996年，李时珍中学和李时珍中学叶贤德老师，分别被黄冈市教育局表彰为先进单位、先进个人；1998年，李时珍中学石长青老师和胡风中学张炳立老师被黄冈市教育局表彰为中小学教育技术装备先进个人。

蕲州镇中小学 1998—2000 年实验教师队伍情况一览表

表 4-15　　单位:人

单位	1998—1999 年				1999—2000 年			
	合计数	高中专兼职人数	初中专兼职人数	小学专兼职人数	合计数	高中专兼职人数	初中专兼职人数	小学专兼职人数
李时珍中学	5	3	2		6	3	3	
黄土岭	20		2	18	20			
蕲 州	27		4	23	25		2	

（2）图书

20 世纪 90 年代前，蕲州镇中小学图书，仅李时珍中学、黄土岭中学和蕲州东方红小学等校有专设图书室。20 世纪 90 年代，为迎接“普九”验收，蕲州中小学图书室建设有较大的发展，城乡每所学校（含村办小学）都办有图书室，且专（兼）职人员管理。进入 21 世纪后，蕲州中小学图书在逐年扩充，图书室建设有了进一步提高。

1985 年蕲州镇部分学校图书室简况表

1985 年蕲州镇部分学校图书室简况表

表 4-16

单位	藏书(册)					杂志刊物(份)				建立年份	面积（平方米）
	总计	其中				种类	份数	种类	份数		
		政哲类	社科类	自然类	少儿类						
李时珍中学	4453	192	1600	2189	472	18	18	70	70	1928	60
黄土岭中学	2000	120	200	1500	150	5	10	7	20	1975	50
东方红小学（二小）	2500	100	300	500	1500	18	70	10	30	1952	56

1998—2000年蕲州中小学图书室情况简表

表 4-17

单位	合计	中学		小学		高中管理人	初中管理人	小学管理人
		万册	生均册	万册	生均册			
李时珍中学	2.9	2.9	12				2	
黄土岭乡	4.0345	1.3	12.5	4.342	2.7		1	18
蕲州镇	8.956	1.78	11	7.16	8.5		1	19

2005年，由武汉探知科技有限公司捐赠数字图书给蕲春30所中小学，每校28个光盘。主要提供教育政策、教育教学理论、教学方法、教学技巧、学校管理、教参教辅工具书、基础教育知识、国内外文学名著以及精品题库等诸多方面的精品图书资源。蕲州获赠有李时珍中学、蕲州镇中、蕲州实小三所学校。

获赠图书情况一览表

表 4-18

单 位	数字图书馆（间）	电子图书（册）	电子图书价格（元）	参加培训的管理人员
李时珍中学	1	10000	8000	江 华
蕲州镇中	1	10000	8000	张春红
蕲州实小	1	10000	8000	王树广

（3）电化教育

20世纪90年代中期，蕲州中小学开始教师计算机培训，2010年以后开展教师电教课件制作培训，均为教师开展电化教育教学打下基础。

1998年“普九”验收阶段，蕲州镇区中小学相继建设了多媒体会议室和微机室。

2005年9月，蕲州镇中小学一次性完成了现代远程教育“校校通”工程建设。各校从此开通了远程教育设备，以先进的教学手段和教学模式，对学生开始进行全方位教育。

2012年，蕲州镇中小学装备了电化教学“班班通”，从此蕲州镇中小学电化教学全覆盖每个学科、每堂课。2019年全镇中小学班班通进行了更新模式，提档升级。从1998年开始，蕲州镇各中小学都配备了1~2名专职或兼职。

蕲州电化教育经费投入，2004年统计，李时珍中学累计投入资金38万元，蕲州镇初中小学累计投入资金120.37万元。

（4）信息技术教育

到 2005 年，蕲州镇国办中小学全面开设了信息技术教育课，每周 1 课时，每校有专用微机教室，配有专职或兼职教师任课。

蕲州镇中小学信息技术情况表

表 4-19

单 位	中学微机台数（台）	小学微机台数（台）	多媒体教室（间）	专职或兼职教师（名）	备注
李时珍中学	65		1	2	上网
蕲州镇中	80		1	1	上网
胡风中学	32			1	
蕲州一小		30		1	
蕲州实小		40	1	1	上网
蕲州三小		31	1	1	上网
蕲州四小		26		1	
蕲州五小		16		1	

2019 年，全镇中小学的微机室、多媒体教室和办公室、音乐室、美术室等“六室”，所有微机全部更新、提档升级。

（五）教育行政管理

管理机构　1951 年秋，蕲州镇设文教办公室，设文教干事 1 人，负责教育管理。1957 年以后设辅导员 1 人，会计 1 人。1970 年 5 月，设蕲州镇文教组，设组长、副组长、会计等。此前，蕲州教育管理机构在镇政府内文教办公室，1970 年后，因教育快速发展，教育管理机构人员增加，从镇政府迁出到镇一小内单独设办公室。1975 年撤区并社，蕲州镇文教组改称文化教育站。1982 年改为教育组，除组长、副组长、会计外，还设有小学语文、数学教研员、文化干事等。1984 年后蕲州镇辖各乡还设有辅导员。2002 年蕲州镇教育组奉令撤销，蕲州教育有关行政工作由镇长直接负责。教育教学业务工作由蕲州镇中心学校负责。留下来管理教育教学的人员，从镇一小迁到蕲州镇中学内办公，后又迁回到镇一小内办公。2014 年又迁到镇四小内办公至今。

蕲州教育行政管理，主要有以下 13 个方面：教师学生思想政治工作；学生学籍；师资培训；师资队伍调配；学校布局调整；升学、招生；小考、中考和高考；课程设置、教材配备；校舍校产设施设备；常规教育教学和质量检测；教职工离退休；教职工职称职务评定；教职工工资和教育经费；学生食堂等。

二、文化艺术

自南宋景定四年（1263年）至中华人民共和国成立初，蕲州镇历为路、府、州、县所在地，是本州政治、经济、文化中心，为蕲州镇文化发展创造了前提条件。晚清至民国时期，民间工艺的刺绣、雕塑、编织、扎纸、首饰制作，都达到了相当水平，民间歌舞、曲艺、戏剧等皆广为流传。到清末民国时期，西方国家传教士，在蕲州镇建教堂，传播西方文化，影响了蕲州镇民间工艺和文化活动的发展。

中华人民共和国成立后，蕲州镇文化事业在蕲州镇党委和人民政府的领导下，由蕲州文化馆和蕲州工人俱乐部具体负责，蕲州文化事业翻开了新的一页。在“土地改革”“大跃进”“文化大革命”等各个历史时期，尤其是20世纪80年代，蕲州文化事业的发展更是高潮迭起，一浪高过一浪。1958年“大跃进”期间的诗歌创作高潮，蕲州被称为“诗城”；90年代李时珍医药节和药交会在蕲州召开，蕲州镇成为蕲春人民的向往之地。进入21世纪后，随着小康生活的普及、科学技术的进步，蕲州全镇文化生活丰富多彩，门类齐全，特色鲜明，大多数人都会唱流行歌曲，广场舞在城乡街头随处可见。

（一）群众文化活动

蕲州自南宋景定四年（1263年）新城建成后，州治迁入其中，后成为历代路、府、州、县政治、经济、文化中心，群众文化活动悄然兴起。先是文人墨客之间的文化交流，后发展到民众之间的文化传播，以及今日的群众文化活动之普及。

蕲州区域内（今日蕲州镇）文化交流最早见于文字记载的是明嘉靖三十四年（1555年），明代著名文学家、史学家、“后七子”之领袖王世贞到蕲州，为蕲州巨绅顾氏兄弟即顾问、顾阙所建家庙作《顾氏祠堂记》，后与顾氏兄弟多有诗词唱和。又结识荆王府樊山郡王朱翊𫓧等，后常以书礼往来。至李时珍晚年时期，与江南吴国伦（吴明卿，今阳新人，曾任河南左参政）、本州名士顾氏二兄弟、荆府诸贤王以及多位名士结为诗友，以诗酬唱，热闹非常。至明代晚期，下江防道王兵备倡办“云门社”，属民间文学组织，推蕲州名士晏东白为社长，华二华为之助。清代初，云门社为下江防道吕阳（守备道）续办，选李时珍曾孙李具庆为社长，晏东白、华二华为之助。名士诸人皆有著述；诗词唱和，各有情趣。至清中叶雍（正）乾（隆）年间，由李时珍七世孙李生椝与秦京、张畴、郭从、黄载华、黄再峤、熊楚荆7人组成“雨湖吟社”，时人呼为“雨湖七子”。后，东山寺僧重珂加入其中，又称“雨湖八子”。“雨湖吟社”十分兴旺，后发展社员30余人，皆为蕲州名士，且皆有著述或专集。

晚清至民国时期，蕲州的群众文化活动为民间结社之文学、诗词创作传播扩展到多方面内容，包括戏剧、舞蹈、曲艺、绘画、雕塑、剪纸、刺绣等等。还有意大利等西方传教士把西方文化项目也传播到蕲州民间。

中华人民共和国成立后，蕲州镇文化事业在上级文化部门关心指导下，在镇委、镇政府正确领导下翻开了新的一页，且展示出各个不同年代的特色。二十世纪五六十年代，蕲州诗词创作蜚声遐迩，被称为“诗城”；民歌唱进了北京中南海。七八十年代，各项群众文化活动普及开展。如今文化氛围更加浓烈，掀起了新时代文化高潮。

1. 音乐

蕲州民间艺人众多，流行管、弦、锣鼓三大类民乐。流行曲牌有丝竹、吹打、锣鼓。最具特色者为《文锣鼓》。文锣鼓以锣鼓为主体，配用乐器有笛 2 支、箫 2 支、管 1 支、笙 1 支、唢呐 1 只、指挥 1 人，长竿 1 只、京胡 1 把、二胡 1 把、三弦 1 把、鼓 1 面、板 1 面、京锣 1 面、大钹 1 副、小钹 1 副、小锣 1 面、芯子 1 面，共 19 人演奏。文锣鼓是清光绪年间任昆山知府的蕲州人熊访成带回的，先在蕲州城演出和传播，甚受欢迎，很快流传开来。清末至民国，蕲州城有两套文锣鼓班子，曾赴汉口、九江演出，轰动一时。日本侵略军侵占蕲州后，销声匿迹。1952 年，蕲州杨松林等人演奏《倒退壳》一曲；次年重演全曲。1956 年，蕲州文化馆组织录音，因设备较差，效果不好而终止，活动也无开展。2010 年至今，随着广场舞等户外文化活动开展，文锣鼓又有重演。

蕲州民间音乐主要类型有号子、山田歌、灯歌、小调、风俗歌、吹打曲牌等，主要代表作见附录：

号子

①搬运号子

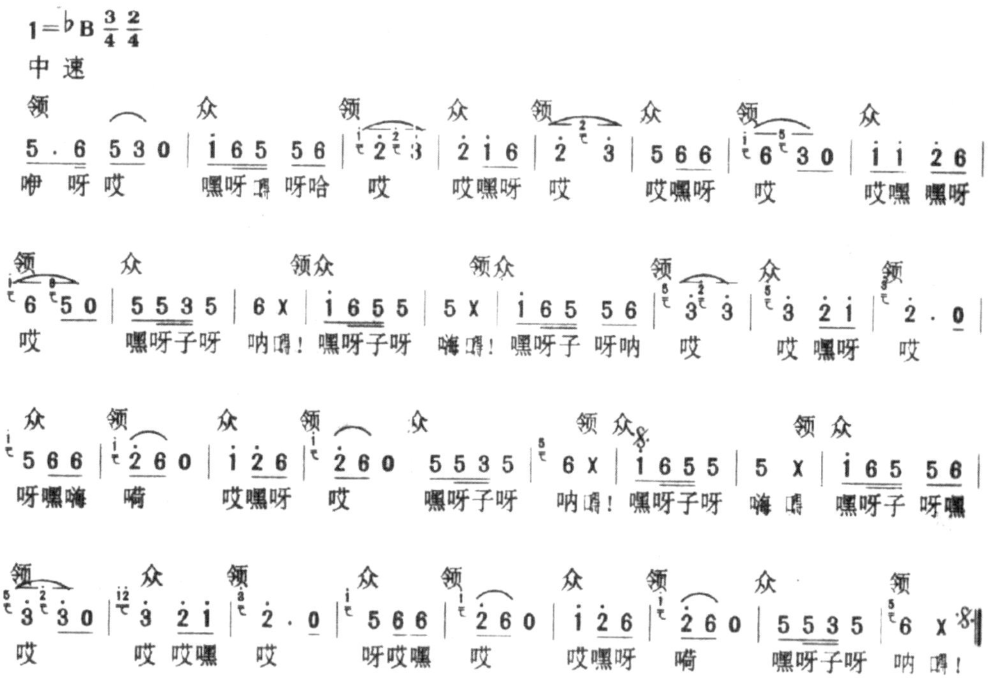

②飞硪号子

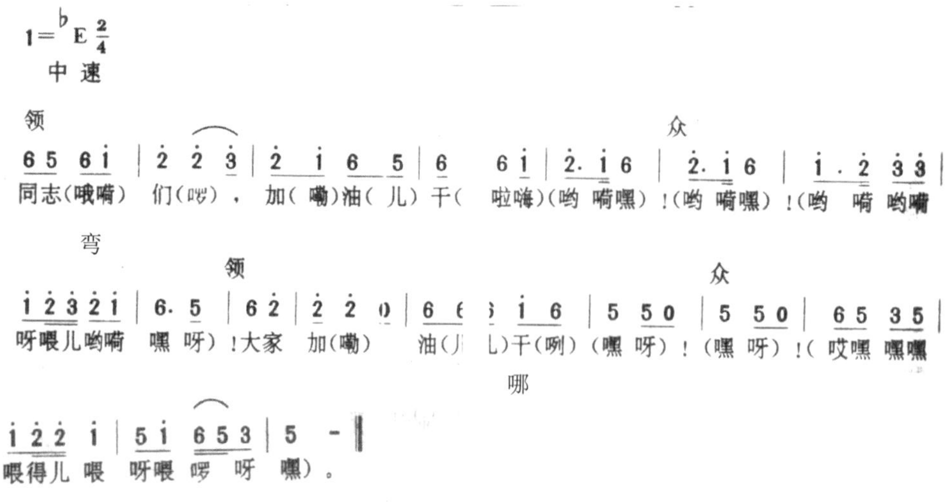

山田歌

丑丑针脚郎莫嫌

（五句子）

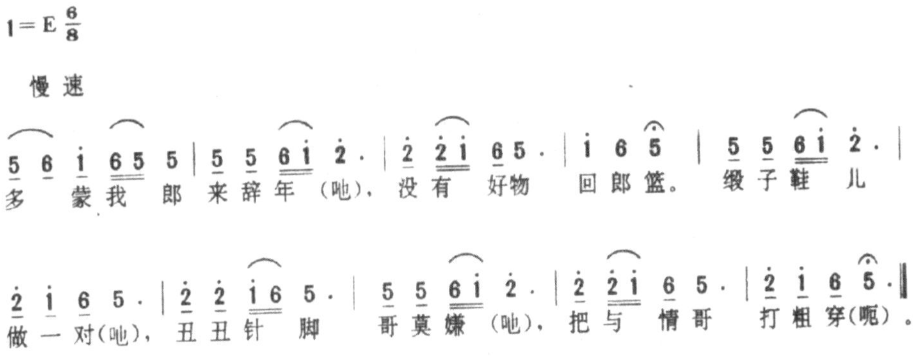

洗菜苔

（五句子）

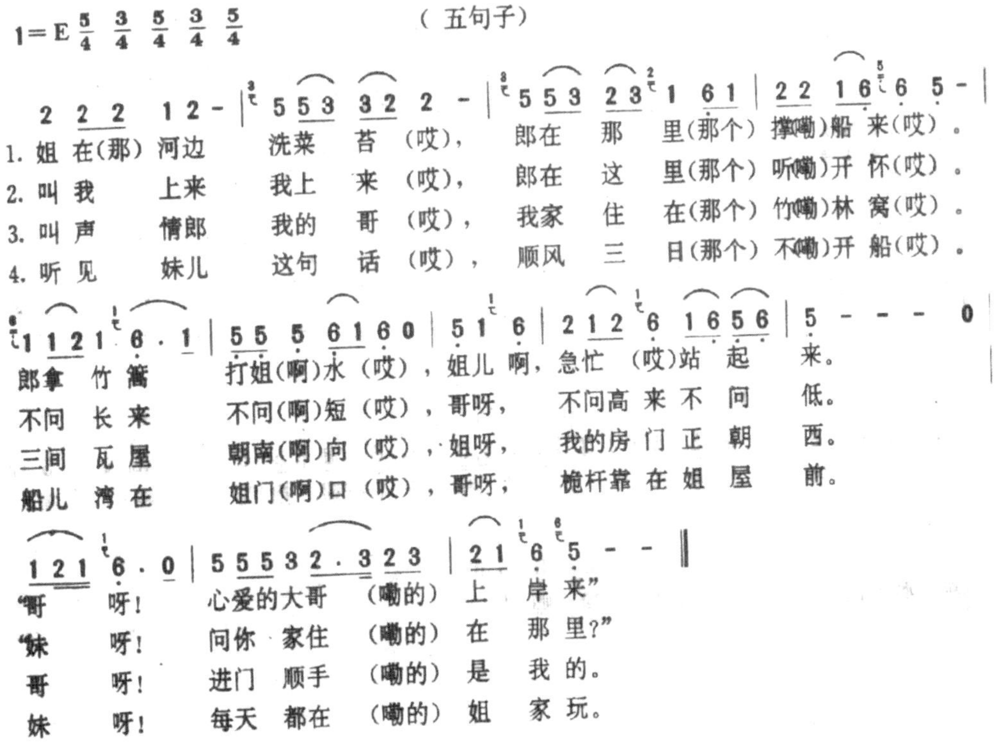

灯歌

采莲船

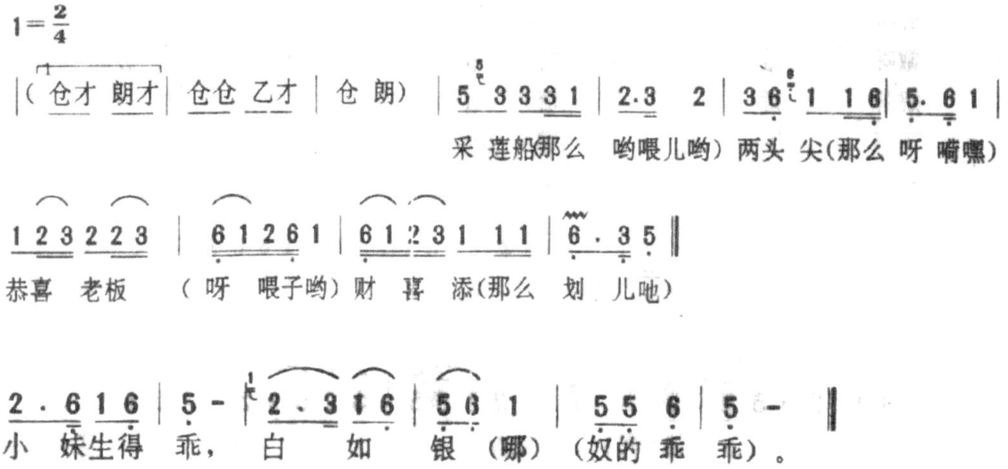

小 妹生得 乖， 黄 如 金 （哪）（奴的 乖 乖）。
小 妹生得 乖， 红 上 脸 （哪）（奴的 乖 乖）。
小 妹生得 乖， 甜 如 蜜 （哪）（奴的 乖 乖）。
小 妹生得 乖， 美 人 唇 （哪）（奴的 乖 乖）。
小 妹生得 乖， 嫩 灼 灼 （哪）（奴的 乖 乖）。
小 妹生得 乖， 爱 煞 人 （哪）（奴的 乖 乖）。
小 妹生得 乖， 香 喷 喷 （哪）（奴的 乖 乖）。
小 妹生得 乖， 傲 寒 霜 （哪）（奴的 乖 乖）。
小 妹生得 乖， 娇 滴 滴 （哪）（奴的 乖 乖）。
小 妹生得 乖， 飞 满 天 （哪）（奴的 乖 乖）。
小 妹生得 乖， 亮 堂 堂 （哪）（奴的 乖 乖）。

小调

寡妇自叹

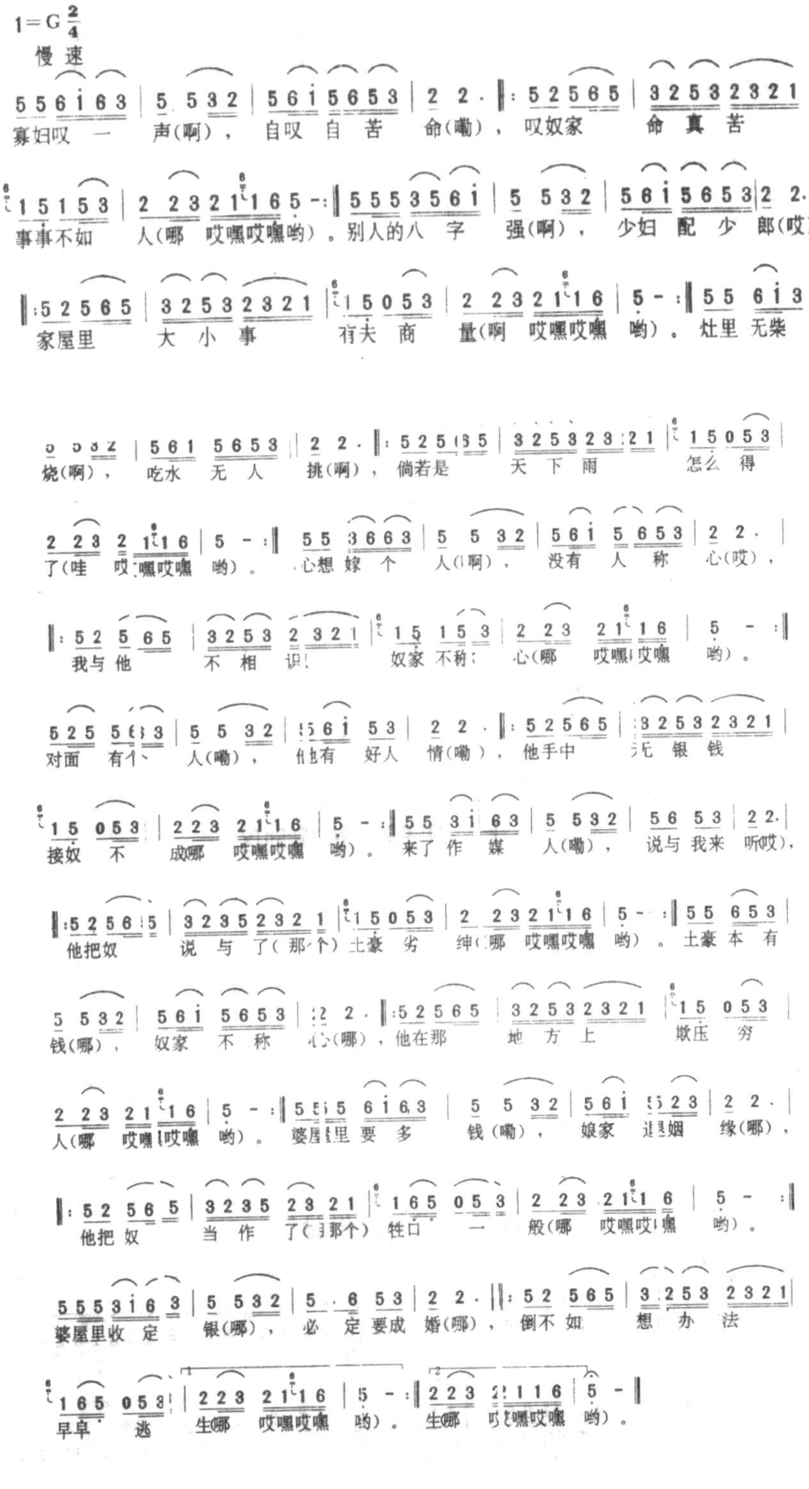
1=G 2/4
慢速
寡妇叹一声(啊)，自叹自苦命(嘞)，叹奴家命真苦
事事不如人(哪 哎嘿哎嘿哟)。别人的八字强(啊)，少妇配少郎(哎)，
家屋里大小事有夫商量(啊 哎嘿哎嘿哟)。灶里无柴
烧(啊)，吃水无人挑(啊)，倘若是天下雨怎么得
了(哇 哎嘿哎嘿哟)。心想嫁个人(啊)，没有人称心(哎)，
我与他不相识，奴家不称心(哪 哎嘿哎嘿哟)。
对面有个人(嘞)，他有好人情(嘞)，他手中无银钱
接奴不成(哪 哎嘿哎嘿哟)。来了作媒人(嘞)，说与我来听(哎)，
他把奴说与了(那个)土豪劣绅(哪 哎嘿哎嘿哟)。土豪本有
钱(哪)，奴家不称心(哪)，他在那地方上欺压穷
人(哪 哎嘿哎嘿哟)。婆屋里要多钱(嘞)，娘家退姻缘(哪)，
他把奴当作了(那个)牲口一般(哪 哎嘿哎嘿哟)。
婆屋里收定银(哪)，必定要成婚(哪)，倒不如想办法
早早逃生(哪 哎嘿哎嘿哟)。生(哪 哎嘿哎嘿哟)。

四季相思

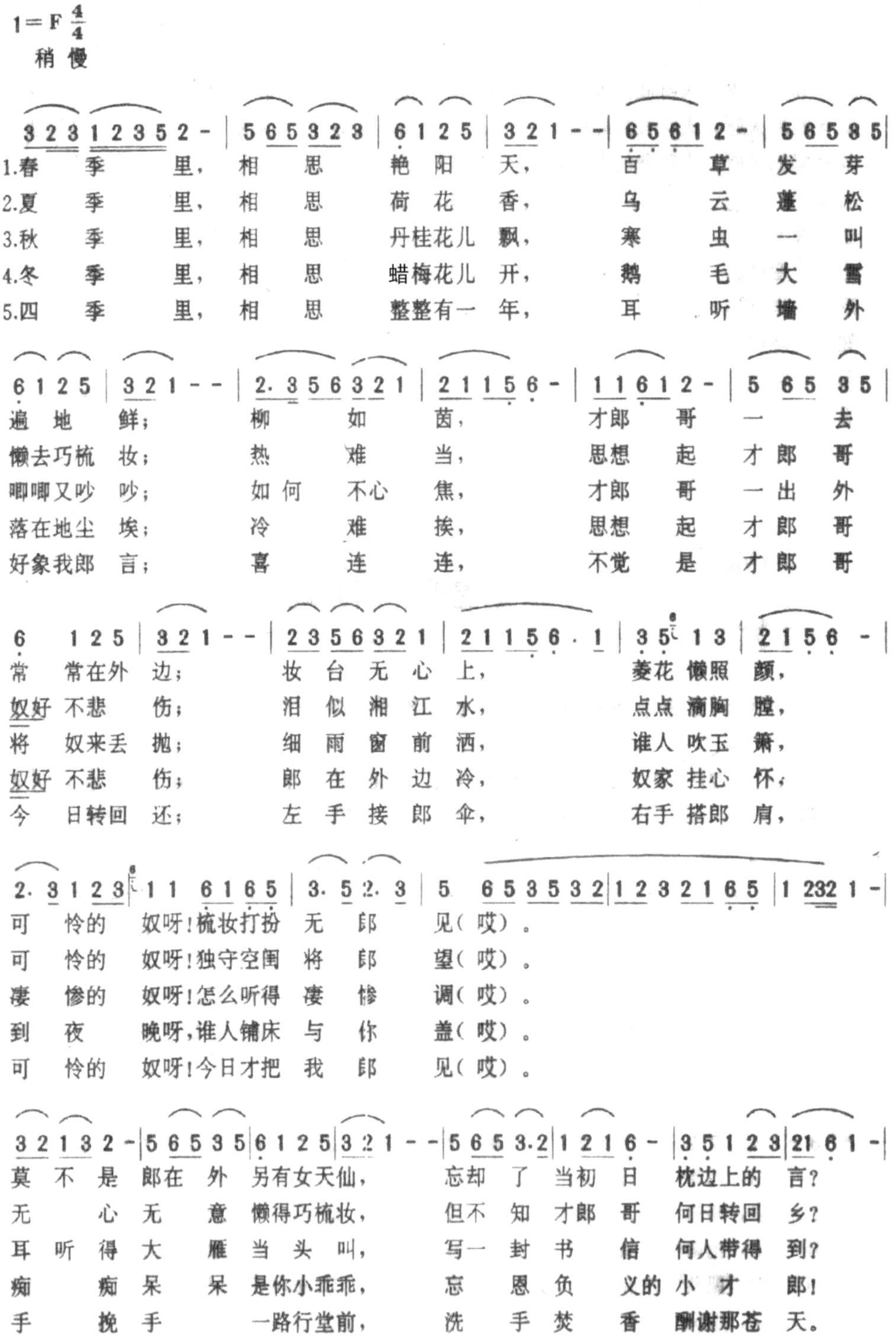
1＝F 4/4
稍慢
1.春季里，相思艳阳天，百草发芽
2.夏季里，相思荷花香，乌云蓬松
3.秋季里，相思丹桂花儿飘，寒虫一叫
4.冬季里，相思蜡梅花儿开，鹅毛大雪
5.四季里，相思整整有一年，耳听墙外
遍地鲜；柳如茵，才郎哥一去
懒去巧梳妆；热难当，思想起才郎哥
唧唧又吵吵；如何不心焦，才郎哥一出外
落在地尘埃；冷难挨，思想起才郎哥
好象我郎言；喜连连，不觉是才郎哥
常常在外边；妆台无心上，菱花懒照颜，
奴好不悲伤；泪似湘江水，点点滴胸膛，
将奴来丢抛；细雨窗前洒，谁人吹玉箫，
奴好不悲伤；郎在外边冷，奴家挂心怀，
今日转回还；左手接郎伞，右手搭郎肩，
可怜的奴呀！梳妆打扮无郎见（哎）。
可怜的奴呀！独守空闺将郎望（哎）。
凄惨的奴呀！怎么听得凄惨调（哎）。
到夜晚呀，谁人铺床与你盖（哎）。
可怜的奴呀！今日才把我郎见（哎）。
莫不是郎在外另有女天仙，忘却了当初日枕边上的言？
无心无意懒得巧梳妆，但不知才郎哥何日转回乡？
耳听得大雁当头叫，写一封书信何人带得到？
痴痴呆呆是你小乖乖，忘恩负义的小才郎！
手挽手一路行堂前，洗手焚香酬谢那苍天。

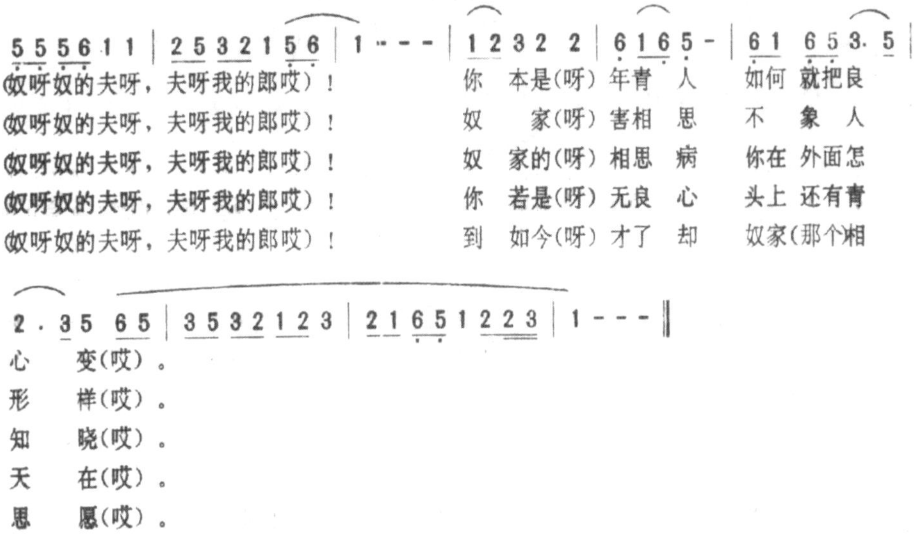

风俗歌

送瘟船

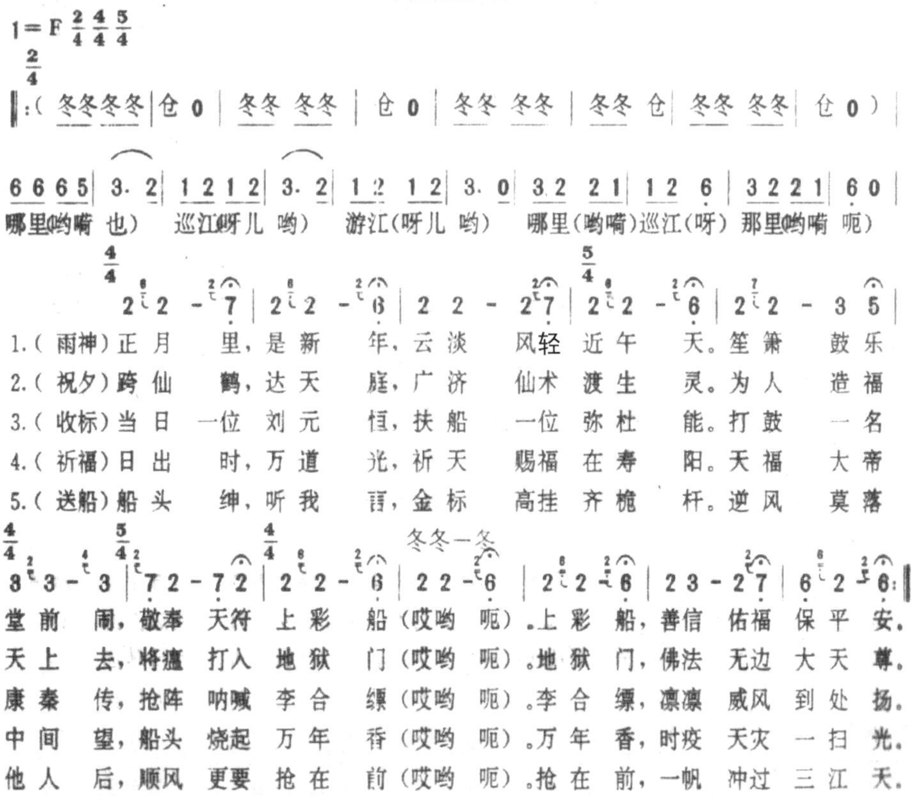

（注：每段皆要唱“引子”）

吹打曲牌

文锣鼓选段

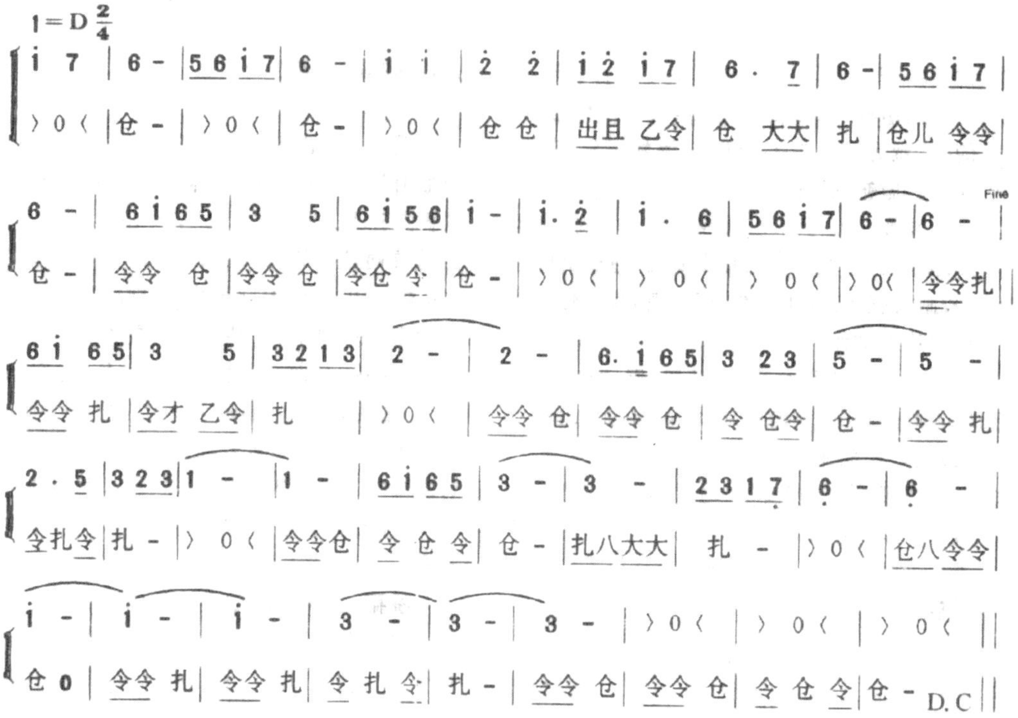

尾　　声

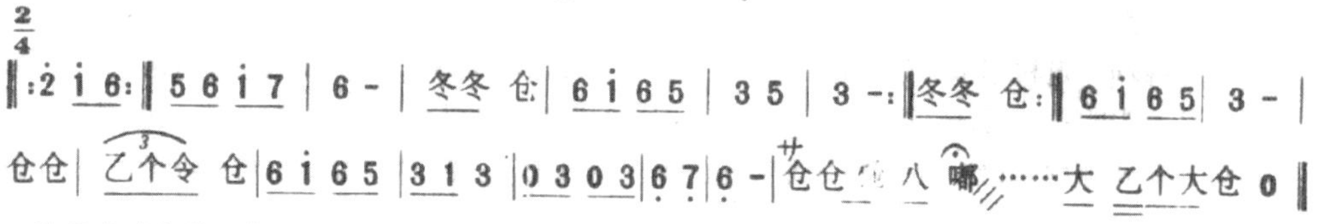

（说明："文锣鼓"曲谱由王槐堂整理，其他曲谱由王槐堂提供。）

2. 戏剧·曲艺

蕲州民间文化主要以街道、农村自然垸成立的戏班子，以及带有杂技武术性质的单项演出班子，或民间艺人说书卖唱等。戏班子主要演出江西采茶戏、黄梅戏、广济文曲、京剧、汉剧、楚剧等。演出的传统剧目有《告经承》《乌金记》《玉堂春》《山伯访友》《双插柳》《青龙山》《蔡鸣凤辞店》《观灯》《梁祝姻缘》《罗裙记》《白扇记》《补背褡》《观灯》《打猪草》《逃水荒》《拜年》《菜刀记》《月墙破镜》《金钗记》《打花魁》《汪氏劝夫》《细姑劝架》《站花墙》《王瞎子捉奸》《武松打店》等。

蕲州戏班子有俗语："京、汉、楚，一路走。"说的是蕲州地区传统的京剧、汉剧、楚剧等戏曲，在唱腔、旁白、鼓乐等形式上无太大的区别。清乾隆年间，蕲州就有汉剧流行。清末民初，蕲州城有"票友"熊伯文（一"末"带十"杂"）、李彩云（旦）、牡丹花（花旦）、大和尚（丑）、刘二笑（丑）、李四六（小生）、吴天保（生）、朱洪涛（净）、柯茂林（京胡）等人。他们除邀约组班演出外，主要参加“串堂”演出。串堂又称“劝堂”“打围鼓”，在厅堂内坐唱，不化装，由锣鼓、胡琴伴奏。

带杂技、武术性质的演出，主要有舞龙、舞狮子、要刀弄枪、打拳舞剑、划采莲船、龙舟竞渡等。

演出地点，蕲州民间文化演出多在临时搭建的戏台进行，也有不少依靠地方人士捐建的固定戏台。蕲州镇区固定演出戏台有明代建的州城内荆王府内行宫戏台，富丽辉煌，可供二百余人观看；城外东长街外行宫室内戏台，可供500余人观看；还有清代建的东门外东岳庙戏台和北门外四官殿戏台。蕲州农村有席盘石大王庙戏台、打鼓台灵长庵戏台、黄土岭八蜡庙戏台、银山金山寺戏台、雨台庙戏台、邱山大庵上庙戏台、菩提坝菩提寺戏台、恒丰四村庙戏台等。

演出时间一般为节令性和邀请性。节令性演出有春节、元宵、二月花朝、端午、中秋等。春节、元宵节演出活动最丰富：唱戏、舞龙、舞狮、划采莲船、挑花篮等；元宵节蕲州城区还有“灯会”，元宵夜，城区商户门前皆高悬彩灯，并举行提灯游行。常见的灯有龙灯、鲤鱼灯、金鱼灯、乌龟灯、兔子灯、走马灯、猴子上树灯、鼓儿灯、菱角灯、“福禄寿”三星灯，龙门海市灯等。

蕲州江湖密布，端午龙舟竞渡是蕲州地区一大传统特色。龙舟长14米，宽1米，用木料、色纸和油漆装饰龙头和龙尾。竞渡时，每舟26人，其中1人操舵，2人击鼓，23人操桨。农历五月初试赛，端午节正式比赛。民国时期，最多时参赛龙舟38条。竞渡地点在诸家湖（雨湖）。

邀请性演出，主要由遇重大喜庆活动的主人邀请，内容是唱戏。

蕲州地区传统文化活动还有庙会、送瘟船和杨泗将军会。蕲州城区庙会主要有文庙、武庙、昭化寺、武圣宫、东岳庙、四祖寺、黑老爷庙、法圣寺、灵长庵等；蕲州农村主要有席盘石大王庙、黄土岭八蜡庙、大泉山大泉寺、刘垅金山寺、雨台山雨台庙、菩提坝菩提寺、恒丰堤的四村庙、许圈里廻复寺等，庙会主要活动是请客和戏班子唱戏，各庙的时间不一。送瘟船在蕲州活动，是每年农历五月。

杨泗将军会主要祭祀水神杨泗将军。蕲州是每年农历六月十六日，地点在城区江边龙矶寺，搭台唱戏，组织盛大游行，俗称“扎裤子”，由人扮演杨泗将军和齐天大圣，扛着刀矛战锤，敲锣打鼓，结队游行。蕲州农村湖泊码头也举行此项活动，如西角湖渡口、金牛洞渡口、大径桥渡口、洪湖口渡口、恒丰堤中窑渡口，菩提坝渡口等，尤以菩提坝泗老爷庙为盛。

1930年，蕲州启明中学建立业余话剧团，在城外四官殿举行公演。

中华人民共和国成立后的50年代初，蕲州东门剧团、城内剧团、红门楼剧团在县民间剧团中首屈一指，上演的传统剧目有《张朝忠告京城》《三姊妹赶生》《方钦拜寿》《张寿打凤》等，现代剧目有《劝夫援朝》《门板》《夺田》《捐献》《卖身还债》等，多以楚剧为主。

“一街歌；二街楚；三街、四街样样有；五街六街后面跟着走。”这便是20世纪50年代初期蕲州业余剧团盛行的真实写照。蕲州街道都有剧团，一街指城内，二街指江边新街，三街指东长街，四街指中心街，五街、六街指街口、坝上。每条街道都搭建有戏台，有专人负责，上演的戏剧有黄梅戏、楚剧、京剧等。蕲州还有几个小型剧团，后均被改建为县级剧团。

1951年，蕲州人民文化馆接收黄冈县私营“复兴汉剧团”的部分人员，组建民办公助性质的汉剧团，后改建为蕲春县汉剧团。

1953年在广水成立的“新新京剧团”到蕲州整顿演出，较为拿手剧目有《走麦城》《借东风》《西厢记》《苏三起解》《水帘洞》等，在县内各区乡巡回演出，还到过黄石、鄂城、大冶、武昌、汉口等地演出，1956年后迁到漕河，改名蕲春京剧团。

1956年初，蕲州镇业余儿童剧团成立，学唱黄梅戏。1958年后迁到漕河，改名蕲春县黄梅戏剧团。该剧团1961年被湖北省评为“红旗剧团”，剧团指导员陈文益同其他代表一道受到中央毛主席接见。

1995年3月，黄土岭剧团在黄土岭胡风文化活动中心建立，该剧团有18人，主要演唱黄梅戏。主要演出剧目《打猪草》《沙子岗》《夫妻观灯》《秦香莲》。

1996年3月，蕲州夕阳红剧团在蕲州文化馆成立，共23人。该剧团由县黄梅戏剧团退休演员发起组建，主演黄梅戏。是县内规模最大、水平较高、能排演大戏的一家业余剧团。上演剧目有《秦香莲》《潇湘雨夜》《四下河南》《打豆腐》《女驸马》《凤求凰》《挑女婿》《宝莲灯》《二仆戏主》《济公追踪》《宝玉奴》等。巡演于蕲州、漕河、张塝、株林、彭思等地。1998年，该剧团《御河桥》参加县黄梅戏艺术节，获一等奖。

蕲州城乡民间文化活动历史悠久。有玩龙、划采莲船；有舞狮子，弄刀舞剑（带武术杂技性质）；有唱江西采茶戏、广济文曲、黄梅戏的；还有说鼓书的。蕲州城区周边几个村每年端午节，在雨湖进行划龙船比赛。虽是民间的、自发的，但也有组织规模的。较大的自然塆一个塆组织一套演出班子，小自然塆，几个塆联合组成一套演出班子。一般是节假日或农闲时演出，也有的是遇重大喜庆活动，邀请演出。

“文化大革命”时期，民间文化活动被中断，改革开放后渐渐恢复。

3. 民间歌舞

（1）民歌

蕲州民歌婉转柔和，悠扬动听。有风俗歌、秧歌、儿歌、灯歌、号子和小调。

风俗歌曲调贴近方言，一唱众和。有哭嫁歌、玩龙歌、上梁歌、贺彩歌和撒帐歌。

秧歌农忙插田时唱的。

儿歌流行较广的有《兔儿剥皮》《黄毛鸡公尾巴拖》《我跟月亮走》《城门城门几丈高》等。

灯歌流行的有“采莲船歌”“挑花篮歌”“踩高跷歌”“抛彩球歌”，曲调欢快，一唱众和，大都配以锣鼓。

号子流行的有“齐心号”“抬肩号”“龙船号”，中华人民共和国成立后，传入一种新的劳动号子——打硪歌。

小调内容多系男女爱情故事，城乡老少皆会哼唱，较有名的有《寡妇自叹》《梁山伯与祝英台》，后者内容太长，会唱完全本的人不多。

中华人民共和国成立初，蕲州城乡演唱秧歌很流行。改革开放后，兴唱流行歌曲，传统民歌演唱的人很少。

1957年3月，蕲州东门村民间歌手杨凤兰（女），她以甜润的歌喉，饱满的激情，到北京参加全国民歌调演，演唱《寡妇自叹》获演出奖，受到朱德、刘少奇、贺龙等中央领导的接见。

（2）民舞

中华人民共和国成立初，秧歌舞很流行，表现劳动人民翻身解放的愉快心情。

比较流行的有狮子舞、龙舞、莲船舞、花篮舞、莲湘舞、彩球舞、火龙舞、高跷舞等。“文化大革命”期间，以破“四旧”为名，多数被禁止活动。

改革开放后，传统民间舞蹈渐渐兴起，仅限于玩龙、玩狮子时表演。蕲州城区先后出现了多个个体舞厅，后来出现了不健康内容，被整顿或淘汰。

进入21世纪后，蕲州城乡出现了以健身为目的、以中老年妇女参加为主的广场舞。蕲州镇区的民间文化活动更为活跃，以蕲州江堤为地点，一是跳交谊舞，二是广场舞，三是民间艺人的吹拉弹唱，以唱黄梅戏为主。除冬季天寒地冻外，每天傍晚，江堤上男女老幼，人头攒动，灯火辉煌，鼓乐齐鸣，热闹非凡。还有遍布大街小巷的健身操、健身舞。

蕲州镇民间文化队伍统计表

表 4-20

序号	单位名称	人数(人)	平均年龄(岁)	活动地点	负责人
1	时珍健身队	20	50	文化馆活动厅	张宝珍
2	麒麟健身队	45	59	蕲州麒麟山	罗艳娥
3	和谐健身队	18	55	郦公园小区	蔡爱珍
4	官井健身队	20	45	蕲州官井街	田玉兰
5	城内社区健身队	22	59	城内社区广场	张新霞
6	临江健身队	20	50	蕲州中心街	骆素兰
7	体育场健身队	18	40	蕲州体育场	王建英
8	锦江健身队	34	65	蕲州一关街 24 号	王树生
9	江边场健身队	36	50	蕲州江边	夏先容
10	江边黄梅戏演唱队	18	53	蕲州江边	张继华
11	城内凤凰健身队	40	62	农药厂	吴海娥
12	古城健身队	30	66	官塘街 27 号	侯美容
13	体育场太极健身队	25	62	体育场	桂早生
14	城内凤凰艺术团	18	63	城内社区	林艺贤
15	麒麟太极健身队	18	62	李时珍医院	胡先梅
16	老年活动中心	15	55	体育场	丁亚平
17	富登健身队	22	53	中心街	童云兰
18	南门社区健身队	45	45	南门社区	张红梅
19	东门社区健身队	26	42	东门社区	李银凤
20	雨湖渔业健身队	55	47	雨湖文化广场	柯金娥
21	竹林湖健身队	50	42	竹林湖文化广场	潘伶俐
22	郦公园健身队	18	45	郦公园文化广场	叶李芳
23	红石头社区健身队	26	40	红石头社区	管江华
24	横坝村健身队	18	50	横坝文化广场	张爱萍

续表 4-20

序号	单位名称	人数（人）	平均年龄（岁）	活动地点	负责人
25	新塘村健身队	20	42	新塘文化广场	刘晓红
26	扎营港村健身队	28	39	扎营港文化广场	李爱芳
27	龙泉健身队	16	45	龙泉庵文体广场	胡姣娥
28	韦庄村健身队	14	45	韦庄村部	李巧玲
29	银山村健身队	18	49	银山村	方香莲
30	席盘石村健身队	18	49	席盘石村	黄桂兰
31	街口健身队	36	51	街口村	蔡金凤
32	打鼓台村健身队	30	42	打鼓台文体广场	潘　玲
33	牛皮坳村健身队	12	47	牛皮坳文体广场	高竹英
34	菩提村健身队	18	47	菩提村文体广场	程水珍
35	西角湖健身队	25	39	西角湖村	潘玉香
36	土台村健身队	22	45	土台村文体广场	管海英
37	塘塆村健身队	20	46	塘塆村文体广场	孙玉玲
38	菩提中心乐队	6	53	菩提街	张水金
39	黄土岭健身队	18	54	黄土岭街	张春梅
40	施家塘村健身队	20	50	施家塘村	张雪姣
41	红门楼民间乐队	10	51	红门楼村	黄桂姣
42	赤东村健身队	16	48	赤东村	黄静
43	潘塆村健身队	18	50	潘塆村	刘月芳
44	曹英村健身队	20	48	曹英村广场	刘建东
45	太常村健身队	18	50	太常村	樊娇梅
46	金鸡健身队	12	51	金鸡文体广场	方兴华
47	雨台村健身队	14	46	雨台村	方义兰
48	邱山村健身队	18	47	邱山村	张志容
49	上河口健身队	18	49	上河口文体广场	骆腊梅

续表 4-20

序号	单位名称	人数(人)	平均年龄(岁)	活动地点	负责人
50	王塆村健身队	16	46	王塆文体广场	张国芳
51	春琴礼仪健身队	26	58	蕲州中心街	陈玉英
52	蕲州铜管乐队	8	52	蕲州	胡占良
53	秋雨健身山队	36		蕲州江堤边	张燕凤
54	夕阳美健身队	16		蕲州江堤边	管小群
55	皇家艺术队	16		镇政府门口	罗春娥
56	二里湖健身队	16			董清香
57	老年活动中心队	18			李玉叶
58	清景靓丽健身队	16			
59	春暖花开健身队	18			

4. 民间工艺美术

(1) 民间工艺

蕲州民间工艺美术内容较为丰富，主要有以下几种。

木雕，主要体现在木制家具，如床、柜、桌、椅、门、窗、神龛，以及房屋建筑上的梁、柱、斗拱等。房屋建筑上的木雕中华人民共和国成立前主要体现在寺庙、祠堂、公屋、厅堂等建筑上，中华人民共和国成立后蕲州境内这些老建筑因各种原因，现遗存的不多，蕲州城区仅东长后街还有几户老木雕建筑残存，东长街王家大屋正厅木架构的锄经堂尚存，蕲州农村仅恒丰村张塆清代公屋还残存。中华人民共和国成立后房屋建筑几乎没有木雕装饰。中华人民共和国成立初至 20 世纪 70 年代，蕲州城乡木制家具还沿用古代木雕艺术，如雕花架子床、摞柜（叠式柜）、洗脸台、八仙桌，条台（高腿茶几）等家具，雕龙画凤，玲珑剔透、栩栩如生，其他家具渐渐失去雕饰成分。改革开放后，以塑代木，以陶代木，以铁代木，加之新式家具出现：如沙发、席梦思等，取代了传统家具制作艺术，木雕工艺渐渐消失。20 世纪 80 年代中期菩提村木匠张名亮在蕲州东门开设仿古家具厂，后也渐渐淡出了家具市场。近年人们又渐渐青睐仿古家具。

石雕，蕲州石雕，常见有牌楼、石狮、石佛、石碑、印章。明清时期，蕲州有“九十九座牌坊”之称，可惜那些精美的各种石料牌坊，到 20 世纪 50 年代都被拆毁，尤以蕲州城内原荆王府大门前的巨大六脚牌坊最为精美有名，此牌坊左边有“文武官员到此下马”石碑。其次是蕲州塘塆村境内冯天驭墓“尚书陵”汉白玉石雕，可惜现散落在田间地角。现蕲州城区仅有三座石牌坊：李时珍纪念馆两座（“科学之光”青石牌坊建于 20 世纪 50 年代，“两镇干城”红砂石牌坊建于 2003 年），东长街西端一座青石碑坊（建于 2013 年）。蕲州境内现遗存古代石雕精品是蕲州昭化寺内的石雕莲花座和石雕佛像，以及石梁石柱，全为红砂石料，制作精美。据说是明代正统十年（1445 年），朱荆王从江西迁藩蕲州时一同带过来的。其次多为墓碑。恒丰村张塆后背山上张复简墓碑，刻于清乾隆三十六年（1771 年），石灰石和汉白玉石材，牌楼式，做工精细，大气厚重。雨台村五魁嘴塆“河南世第、元老名家”的大门楼石雕；立于蕲州东长街原二机厂内明代王世贞题写的“顾氏祠堂碑”，汉白玉石料。以上几处作品是蕲州古代石刻的代表作，均已被列入县文保单位。现在蕲州石雕主要是墓碑制作，用料除石灰石外，多用花岗岩和大理石。

泥塑，蕲州泥塑一般应用于少数寺庙菩萨偶像制作。民国时期蕲州东门外东岳庙泥塑比较有名。1932 年，蕲州东岳庙重修，彭思黄城河陈应垅村陈炎兵、陈吉安父子，为东岳庙塑制了十殿阎罗、刹官、无常、牛头、马面、小鬼等群像，生动形象。

绣花，用红、绿、黄、蓝等彩色线绣制。多见于装饰枕套、披巾、鞋帮、帐帏、对联等。花样有花、鸟、虫、鱼、松、竹、梅等。“文化大革命”时，黄背包、黄军帽绣制“为人民服务”，“毛泽东头像”“五角星”也很有特色。中华人民共和国成立后精于绣者渐少，且多采用缝纫机操作。进入 2000 年后，渐兴起“十字绣”，多绣上“家和万事兴”“生意兴隆”等字样，挂在室内厅堂或房间。蕲州城乡妇女用各种彩线制作的鞋垫，扎实耐用美观，尤以 20 世纪 60 年代至 20 世纪 80 年代为盛。

竹编，蕲州镇境内竹编生产工具和生活用具十分普遍。主要有箩筐、篮子、筛子、鸡笼、粑笼、篓子、簟子，以及各种晾晒粮食的工具。尤以竹簟工艺最复杂，也最为精致，唐宋时蕲州竹簟就名播全国。现在竹编制品已完全退出了家庭生活市场。

贴花，俗称“粘花”，根据图案要求，选用不同颜色的布块拼缀而成。主要用于装饰枕套、搭肩、童帽、围兜、袖口、童鞋、抱裙等。20 世纪 80 年代以后这种工艺渐不多见。

制陶，蕲州镇湖泊星罗棋布，制陶业历史悠久，分布广，尤以赤东湖沿岸上、中、下三窑场和金牛洞窑场最负盛名。上窑在蕲州下石潭村，中窑在恒丰村，下窑在潘塆村，金牛洞窑在土台村。还有各塆村小作坊。传统产品有罐、缸、钵、坛、壶、豇管、瓮、烘笼、青砖、灰瓦、黄瓦等家用器具和建筑材料。自 90 年代以后，制陶业渐渐消失。

饰品，蕲州地区多见于头饰、帽饰、乡饰、脚饰，用料有金、银、铜、玉等，金和玉最受欢迎。普遍流行有发簪、耳环、帽牌、项链、胸牌、项圈、手镯、脚镯、铃铛、戒指等。中华人民共和国成立后，特别是“文化大革命”中，饰品被当作“封资修”物件，极少佩用。改革开放后，佩戴项链、戒指、耳环、胸牌、手镯渐渐兴盛。

（2）书画美术

20 世纪 50 年代中期，蕲州镇街道居民就成立了工艺美术部（社），从事印章雕刻、广告制作、中堂制作、书画作品装裱等业务，且延续至今。

“文化大革命”时期，蕲州城乡在醒目墙壁上用水泥制作的毛主席语录牌、五角星等字画工艺水平较高。如今工艺美术书画，主要使用在各类宣传和广告制作上。

晚清民国时期，蕲州书法皆为毛笔书法，中华人民共和国成立后至 20 世纪 80 年代，蕲州小学仍有毛笔书法教学。中华人民共和国成立后至 20 世纪 70 年代中期，蕲州小学语文作业仍为毛笔书写。但中华人民共和国成立后的硬笔书法渐渐流行，并逐步取代毛笔书法。书写工具有钢笔、铅笔、圆珠笔，现在普遍使用碳素中性笔，时下毛笔书法只在春节及其他喜庆活动，书写对联时使用，其次在各种会议宣传标语中，也有使用。

晚清至近现代蕲州书画名人有：

王恕，蕲州王宣人（一说城内），晚清知名画家，光绪《蕲州志》有载，县文物馆、省博物馆均有藏品。

祝维祺，蕲州人，赴省会试，张之洞在其试卷上批文："文理不通，字盖八属。"有墨迹"壘園"二字存长石万年台内一石碑上；余肇柏（1871—1939）蕲州竹林湖人，曾任湖北省教育局代局长，善画和书法，有行书对联一副存浠水县博物馆。蒋万琦，蕲州人，女，长于书画，很有名气。

中国科学院原院长郭沫若，中国书法协会原会长舒同，中国书法协会理事、湖北省书法协会副会长黄亮等，为李时珍纪念馆、李时珍医院题字题词，都是书法之精品，郭沫若题词或字三次，分别是1956年2月、1963年12月和1975年2月。

其他书画业余爱好者在蕲州都小有名气。

(3) 街道文化和企业文化

蕲州街道文化主要是中华人民共和国成立后配合各个时期社会中心工作而进行的宣传标语、墙报、漫画等。2018年蕲州纪念李时珍诞辰500周年，蕲州镇主要街道都有文化宣传作品上墙或悬挂。一是时珍路和濒湖路长达约500米的广告宣传画，其内容有社会主义核心价值观、医药文化、古蕲阳八景等。二是蕲州大道上悬挂蕲州历代名人肖像及历代名人赞美蕲州的诗词，共50块巨大广告宣传牌；另有法治长廊广告宣传牌50块。

蕲州各大厂矿企业、事业单位，都开辟文化长廊，塑有名人肖像。蕲州城内生资公司和瓷厂塑有毛泽东全身巨大肖像；蕲州李时珍中学塑有李时珍、爱因斯坦、雷锋等名人半身肖像；蕲州实验小学塑有孔子全身肖像，耸立在操场上，还彩绘古代蕲州蕲阳八景图和中国传统文化宣传牌，共24块，悬挂在校园四周墙上；蕲州东长街被称为博士街，蕲州镇第三小学坐落在这条街上，校内各层教学楼走廊上，悬挂着40多幅蕲州博士街历代名人和博士肖像；坐落在博士街的李时珍医院很注重医药文化宣传，院内悬挂古今中医药名人肖像，如李时珍、孙思邈、扁鹊、华佗等，还有中医诊疗方面的望、闻、切、问，推拿、接斗、中医药方汤头歌诀等，共有70多块，分布在院门诊部、住院部走廊和院内场地文化长廊上。

（二）文学艺术

1960年，蕲州东门业余诗人吴学仙，参加全省业余创作辅导团，湖北新闻电影制片厂为吴学仙写诗拍摄了专题新闻纪录片。吴学仙赴北京开会，受到毛主席接见。

1979年，蕲州文化馆创办文化期刊《濒湖文艺》，共印刷5期，1985年停办。

1985年，蕲州麻纺总厂青年文学爱好者发起创办"雨湖文学社"，编印期刊《雨湖》。

2000年以后，蕲州镇境内李时珍中学、蕲州镇中、黄土岭胡风中学、蕲州镇实验小学、蕲州镇第一小学、蕲州镇第三小学等学校都先后创办校园文化刊物，每学期出1~2期，如蕲州镇第三小学2001年创办校园刊物《绿叶》，先后编印了五期，2016年秋，又创办校园刊物《雨润雏荷》，每学期编印两期。

1958年，全县出现诗歌创作的高潮，蕲州城被时人称作"诗城"，当年，中共蕲春县委编印的《跃进诗歌选》，蕲州人创作的诗歌20余篇收入其中。

李兴元创作的小戏《乘风扬帆》，1976年被《湖北文艺》发表。

1995年3月，蕲州东长街余丹生的书法作品入选"四川·广安南巡杯"全国书画大展，并被邓小平故居管理所收藏，入选《国际现代书法集》，并获三等奖。

蕲州岳军的书法作品获“首届本草纲目杯”大赛三等奖。他主编的《通俗语》是县内系统收集谚语的最早作品。

出个人书法作品集的有张浩生、李从喜等。

2002年，李从喜国画《李时珍》入选“黄冈市美术作品展”并获奖。

邱汉华的《恋时儿》，1981年被《散文》刊用。1986年，他的诗歌作品《我—xy》获黄冈地区青年诗歌大赛一等奖。

王树蕲、王树明兄弟，张焱坤、张明、汪存光、张天明等人业余向《蕲春文化研究》投稿，每人多篇稿件被选用。

蕲州太常村张国辉，业余向《黄冈日报》《湖北日报》等报刊投稿，先后30余篇被录用。

蕲州退休老人杜定启、镇中教师刘心安参与《历史文化古城蕲州》编写。

张梁森、张国辉、王万里、张焱坤、张鸣、刘心安、王树蕲等人参与编写首部《蕲州镇志》。

20世纪90年代初，“蕲州诗词书画社”成立，时任镇党书记景祖儒任名誉社长，蒋万琦等4人担任顾问，社长封定中。1991年编辑出版《蕲州诗词》，收集了王任重、高辉远等人吟咏蕲州的古体诗词489首。

（三）组织机构

1. 文化组织

（1）1949年以前

四字学社 清光绪三十年（1904年），蕲州知州陈介庵在城内清源殿创办四字讲社，并委任汪南儒主持讲社公务。四字讲社主要对未入学成年人进行社会、伦理、自然、历史等方面的教育，以增进民众知识，启迪民众智慧为宗旨。所用课本，多为浅显的四言韵文，如胡寅的《叙古千字文》，清代何桂珍的《训蒙千字文》，托名班昭著的《女论语》，明萧良友始编、杨臣诤增订的《龙文鞭影》，清朱柏庐的《治家格言》，康熙、雍正时颁布的《圣谕广训》等。

宣讲所 光绪三十四年（1908年）十一月，四字讲社改为宣讲所。在蕲州城内外设有3处讲所：一在城内三乡公所，一在东门外黑老爷庙（靖烈宫），一在北门外四官殿，宣讲所房舍均就城内外庙宇改建。有专任宣讲员1人。经费由州劝学所拨给，岁入140元（银元）。每次必首先宣讲《圣谕广训》，劝导民众“敦孝悌以重人伦，笃宗族以昭雍穆，和乡党以息争讼，重农桑以足衣食，尚节俭以惜财用，隆学校以端士风，黜异端以崇正学，讲法律以儆愚顽，明礼让以厚风俗”，等等。其次，结合当时中心任务宣讲，如兴办学堂劝人读书等。入民国后，宣讲员又增加了王平斋等3人。宣讲内容主要有“三民主义”“自由”“平等”等民主进步思想。一般为晚上宣讲，有时白天也宣讲。听讲者多为市民、小商贩及城郊农民。

讲演所 民国后由宣讲所改为讲演所，1915年停办，1916年恢复，讲演员由县知事委派，领取薪金。设备有桌椅、黑板、挂图之类。所在东门外符乾关吊桥旁黑老爷庙。演讲主要内容是民族共和、五权宪法之类。1927年停办。

通俗教育演讲所 1928年在蕲州城内创办，次年改为巡回演讲所，有演讲员2人，旨在“鼓励爱国，勤勉守法，增进道德，灌输常识，启发美德，提倡实业，劝导卫生。”主要在蕲州城区活动。

县立通俗图书馆 1927年创办，位于城内北门街三乡公所同善社隔壁邓氏公屋，馆长李泽湘（瓮门人），时有藏书780余种2400余册，以通俗小说、杂志、报纸居多。1933年并入“民众教育馆”。1938年蕲州沦陷后停办。

民众教育馆 创办于1930年，由演讲所改办，位于蕲州城北门内正街，首任馆长为竹瓦黄通八人黄耜春。设有讲演、识字、阅览三部。1931年因大水等原因停办，1933年恢复，图书馆并入，下设书词、剧本审查委员会，图书8000余册，1938年日本侵略军侵占蕲州停办，图书散失。1941年在刘河恢复，1945年10月迁回蕲州城，借用陈姓忠孝祠为馆址。馆内仅有阅览室、留声机、乒乓台、象棋、乐器、受降地图、地图、历代名人挂像等。馆内日常工作为：举办通俗讲演，流动教导识字，办时事学习报，指导民众体育活动，书报阅览等。1947年底，民众教育馆停办。

蕲州铜管乐队 1933年，由蕲春县县长辜仁发创办于蕲州城，由10余人组成。主要在集会、游行时演奏，一年后停办。

（2）1949年以后

蕲州文化馆 位于蕲州镇区时珍路60#，1950年9月建立。馆址在东长后街福音堂，时有职工7人，1956年改为蕲春县文化馆蕲州分馆，20世纪60年代中期仍复为蕲州人民文化馆，“文化大革命”时期改为蕲州镇文化站，1989年又更名为蕲州文化馆。1982年迁到现址，原址改建为露天剧场。馆内设有文化活动中心，展览厅、图书阅览室。2014年由文化馆王玉珍负责成立了蕲州黄梅戏艺术团。现有职工14人。

蕲州新华书店 位于蕲州镇中心街，1958年开办，始名蕲春县新华书店蕲州分店，后更名为蕲州新华书店。

蕲州工人俱乐部 20世纪50年代中期建立，位于东长街中药材店后面，后停办，20世纪70年代在蕲州城内镇政府对面重建，后改为露天电影院。

蕲州体育场 位于时珍路东段雨湖边，此处原为东门马井村、东门轧钢厂，1992年3月动工建设，同年9月竣工，同年10月第二届李时珍医药节、药交会在此举行开幕式。体育场呈椭圆形，占地26000平方米，周围看台可容纳观众15000人，设有主席台，中间演出比赛场地18000平方米。此后又有多次医药节会的开幕式、闭幕式在这里举行。

2. 文化活动

（1）文化宣传活动

蕲州文化宣传工作由蕲州文化馆和蕲州中心俱乐部（工人俱乐部）负责。

开办识字班。建馆初开办，学员为市民、店员，时间多为夜晚。1953年停办。

宣传时事政策。有讲座、黑板报、墙报、大字报、幻灯、漫画等形式。

举办展览。20世纪50年代建馆初就有，如1952年的反动会道门罪行展览，1953年的农村两条道路斗争展览，1963年后的四川大地主刘文彩《罪恶的地主庄园》《学雷锋》《学大寨》《刘介梅》《忆苦思甜》等专题展览。还有建设成就展：如1959年的《中华人民共和国成立十周年工农业建设成就展览》，1969年的《中华人民共和国成立二十周年经济建设成就展览》，1976年的《农业学大寨成就展览》。

“文化大革命”开始后，各生产大队文化室成立“毛泽东思想文艺宣传队”。1977年后又分别改为“文化室”“青年之家”“民兵之家”等组织。文艺宣传队，初期以编演歌颂毛泽东思想、“文化大革命”的文艺节目为主，后期以编演“工业学大庆”“农业学大寨”中的好人好事为主，同时排演“革命样板戏”片段，如《沙家浜》《智取威虎山》《红灯记》等。

“文化大革命”期间，毛泽东著作和伟人画像的发行在蕲州地区达到了一个高峰。蕲州新华书店设立专柜专台专人负责发行销售。各厂矿企事业单位、农村生产大队、小队、各单位职工、干部积极购买。各单位都在公众醒目的墙上用水泥做固定的毛主席语录牌，并用油漆涂彩。

伟人相片发行主要有马克思、恩格斯、列宁、斯大林、毛泽东等人肖像，各单位会议室、办公室正面墙上都有伟人相片张贴悬挂，各居民家中厅堂正上方的中堂或祖宗牌位取下，贴上伟人相片。一段时间开会的会场、游行都举着伟人像，农村农业生产的田间地头都插有伟人像的牌子。

1991 年 7 月 1 日，蕲州文化馆举办建党 70 周年书画展，展出作品 215 件；1993 年，该馆又举办纪念毛泽东 100 周年诞辰暨李时珍逝世 400 周年全国书画邀请赛作品展。1991 年 10 月，张浩生在蕲州文化馆举办个人书画展，展出作品 80 余幅；1993 年 10 月，李从喜在蕲州文化馆举办个人书画展，展出作品数十幅。1996 年 4 月中旬，蕲州文化馆举办“爱我中华”大型图片展，展品在蕲州、漕河、横车等地巡回展出，观众 2 万余人次。1986 年国庆节，蕲州文化馆举办“全县美术、摄影、书法展”，展出作品 112 件。

（2）文体娱乐活动

蕲州文化馆，负责城乡政治宣传和文化娱乐活动。蕲州文化馆藏书很多，读者可入馆阅览或借阅。20 世纪 90 年代初，蕲州修建了体育场，有看台座位 15000 个，多次药交会和医药节在此举行开幕式。进入 21 世纪以来，蕲州城乡文化事业建设提档升级，蕲州镇的新塘村、扎营港村、雨湖村和黄土岭村，是全县村级文化活动中心建设的先进单位，活动用房均在 200 平方米以上，有图书阅览室、乒乓室、卡拉 OK 室、棋牌室等。

蕲州镇雨湖村一姓张村民，是村定的文化活动中心户，其家文化活动总面积 150 平方米，音像室配有电视、碟机、卡拉 OK 设备 1 套，图书室有图书 2000 余册，订有 5 种报刊。

2007 年 5 月，蕲州镇委牵头，蕲州文化馆、蕲州有线台举办蕲州地区首届青少年卡拉 OK 电视大奖赛，200 多名选手参加预赛，80 人进入复赛，20 人进入决赛，最终 6 人获一、二、三等奖，14 人获优秀奖。

2010 年以后，蕲州镇每个社区和行政村都建有农家书屋，藏书都在 1000~1500 册，村民可随时借阅。大多数村建有篮球场和体育健身场，安装了成套的健身器材。打鼓台、席盘石、韦庄、菩提、扎营港、横坝、新塘等村还建有固定的演出戏台。打鼓台村的戏台亭阁式、看台长廊式，均为仿古建筑、古朴典雅。

20 世纪 50 年代中期，蕲州就建有工人俱乐部，20 世纪 70 年代，工人俱乐部迁到城内北门街，后改建成露天电影院，有座位 1000 余个，80 年代初蕲州室内电影院在河街建成，有座位 1523 个。

蕲州新华书店建于 20 世纪 50 年代初，位于蕲州中心街。负责蕲南地区的八里、蕲州等乡镇场的图书教材征订、发行，还设有图书零售营业大厅。改革开放以后，蕲州出现了多家个体书店，现在仅存位于北城门下面的博古书店。

蕲州各大型厂矿企事业单位，特别是各中小学都相继办起图书阅览室。20 世纪 90 年代末，为迎接湖北省普及九年义务教育验收，蕲州镇各国办中小学以及农村村办小学的图书室，得到了进一步充实。且有专室专人保管。

1985 年蕲州部分企事业单位图书室简况表

表 4-21

单位	藏书（州）					杂志		刊物		建立年份	图书室面积（平方米）
	总数（册）	其中				（种）	（份）	（种）	（份）		
		政哲类	社科类	自然类	少儿类						
康复院	17000	300	5000	11600	100	19	19	210	210	1958	120
湖北医学院黄冈分院	6500	340	260	5900		5	5	3	3	1977	18
李时珍医院	6000	50	100	5350						1980	250
蕲州文化馆	3000	200	1200	1050	450	15	60	20	40	1953	40
李时珍中学	4463	192	1600	2159	472	18	18	70	70	1928	60
蕲州镇第二小学	2500	100	300	500	1500	18	70	10	30	1952	56
蕲州化肥厂	1500	120	1100	280		26	80	20	150	1978	40
县玻璃总厂	1441	187	959	146	149	53	142	157	157	1978	60
县水泥厂	1263	45	900	70	248	6	6	63	82	1979	320
黄土岭中学	2000	120	200	1500	150	5	10	7	20	1975	50

（3）文艺演出活动

蕲州文化馆是蕲州地区文艺演出的指导、培训单位，其指导排练的文艺节目多次在县级以上比赛中得奖。

蕲州文化馆部分年份文艺演出获奖情况：

1986 年，《花纸伞》参加电力系统文艺会演，获黄冈地区一等奖、湖北省二等奖。

1988 年，蕲州歌手方春梅参加湖北省电视歌手大奖赛，获黄冈赛区演出特别奖。

1988 年，《挖藕舞》在蕲春县第二届民歌民舞大赛中获一等奖。

1989 年，蕲春县庆祝中华人民共和国成立 40 周年，举行青年歌手大奖赛，蕲州 16 岁演员张立敏获最佳演员奖、歌曲演唱一等奖。

1993 年 10 月，蕲州李兴元、叶向东参加二汽演唱比赛，分别获得特别奖和一等奖。

1994 年，小品《一瓶喜酒》分别获得省市交通“先行颂”文艺调演一等奖。

2005 年元旦，《蕲竹情》参加全县春节联欢晚会获一等奖。

2002 年，《簸箕舞》参加全县“水利杯”“三民”会演获一等奖。

王玉珍创编的《簸箕舞》、论文《蕲竹舞的演绎与发展》在 2004 年《艺术》杂志上发表。

2017 年，蕲州文化馆参加全县“六方小镇杯”美丽乡村行文艺比赛总决赛，获亚军。

此外，蕲州文化馆整理创作的《窑工舞》《汤匙舞》《蕲州情》《打硪舞》先后在市（地）、县演出中获奖。

2014年，由王玉珍牵头组建了蕲州黄梅戏艺术团。

自20世纪50年代起，蕲州镇内各中小学以及幼儿园，在每年的“六一儿童节”和元旦都组织文艺表演活动，优秀节目还参加县、市级文艺展演活动。

1986—1995年，蕲州境内企业文化活动活跃，县玻璃总厂、蕲州瓷厂、化肥厂、水泥厂，地区燃化机械厂、麻纺厂等单位工会牵头，建有图书室，业余文艺宣传队。积极参加每年县级举行的文艺会演，均获得奖项。

以蕲州文化馆牵头，组织蕲州镇中小学学生和中老年艺术队，参加了每届李时珍医药节会文化演出活动。

1991年10月15日的蕲春县首届李时珍医药节暨药物交易会的开幕式在蕲州举行，特邀北京东方歌舞团著名表演艺术家张均（蕲春人），莅临演出。在药交会期间，蕲州地区举办了“首届民间艺术节”。《蕲竹舞》被中央电视台新闻联播节目采播。

1992年10月举办的第二届李时珍医药节、药交会的开幕式，在新落成的蕲州李时珍体育场隆重举行，2500人参加表演大型音乐舞蹈体操《医圣之光》，并请来著名歌手安东现场演唱。

1993年10月，中国湖北首届李时珍医药节暨第三届药物交易会开幕式大型文体表演分四场：药乡迎宾、药乡风采，药乡健儿、药乡奋起。著名歌手毛阿敏到会演唱，有运动员跳伞、摩托车竞技表演。

1995年10月，中国湖北第二届李时珍医药节暨第五届药交会开幕式上，4000多人表演大型文艺团体舞蹈《圣乡潮》。著名歌唱家宋祖英到会演唱。

1997年10月，中国湖北第三届李时珍医药节暨第七届药交会开幕式上，5000多人表演大型文艺团体舞蹈《药乡辉煌》。著名歌唱家殷秀梅到会演唱。

1993—1997年，三次医药节均在李时珍陵园举行闭墓式联欢晚会，举行文艺演出，燃放焰火、猜灯谜，每场观众数万人。

1999年10月，中国·湖北第四届李时珍医药节暨第九届药交会开幕式上，3500多人表演大型文艺团体舞蹈《迈向新世纪》。著名歌手林萍到会演唱。

2001年10月，中国·湖北第五届李时珍医药节暨第十一届药交会开幕式上，1800多人表演大型文艺团体舞蹈《药都腾飞》，著名歌星白雪到会演唱。

2002年后的医药节、药交会开幕式，本着节俭、欢乐、有地方特色的原则，迎宾队由蕲州的学生组成，艺术表演由蕲州的中老年艺术队表演腰鼓、秧歌、红绸舞等，规模较小，时间较短，也未邀请外地歌星到蕲州演出。

三、卫　生

中华人民共和国成立前，蕲州镇农村只有个体铃医游走于乡村之间，蕲州镇城区有个体中医诊所，明代李时珍和父亲李言闻，就在蕲州玄妙观通明阁设诊所。清末民国时期，西医才由外国传教士渐渐引入蕲州。民国时期，蕲州镇区中西医诊所更多，西医医疗机构有民办、国办和教会办三种，还有一些慈善医疗机构。

中华人民共和国成立后，个体行医被逐渐禁止，至改革开放后才重新允许私人行医。蕲州镇区先后建有康复医院、李时珍医院和蕲州镇卫生院。1964年蕲州镇农村每个大队派一人（赤脚医生）到康复医院培训三个月，再回到大队（村）建立卫生室，开展农村卫生工作，后发展到村村有赤脚医生和卫生室，医疗工作大普及、大提高。

中华人民共和国成立后，蕲州镇地方病防治、传染病防治、城乡环境卫生等方面，人民政府高度重视、群众积极配合，群防群治已成群众化、常态化。蕲州镇历史上的血吸虫病、疟疾、头癣、麻风病、丝虫病、麻疹、天花、伤寒、疥疮等十多种传统疾病现已绝迹。

（一）医疗卫生机构及队伍

1. 诊所

（1）中华人民共和国成立前医疗诊所

民国之前，蕲州地区无国办医院，只有个体铃医游走于城乡间，也有个体中医开办诊所，明清以来，蕲州皆为鄂东政治经济文化的中心，个体中医诊所遍布蕲州城内外，明代李时珍和父亲李言闻就在蕲州城东门外玄妙观设诊所。个体中医多是世代家传的，也有的是中途学医的，或靠口传偏方，或拜师学医的。

咸丰十年（1860 年）以后，西医才由外国传教士渐渐引入蕲州。民国时期，蕲州西医医疗机构有民办、国办和教会办 3 种。

私立医院：

华兴医院

1916 年由华兴诊所改建，院址蕲州城内北门坡。人员，设施，业务及停办等情况均不详。

华阳医院

张素一于民国中期创办于蕲州。其他情况不详。

私立西医诊所：

海西医房

1916 年由退伍军人程金波开设，房址蕲州北门坡。除售药外，尚接诊外科病人。其他情况不详。

华兴诊所

1916 年由安徽亳县人金国成兄弟创办，所址蕲州石牌楼。同年迁城内北门，改为华兴医院。其他情况不详。

1934 年由陈荣村人陈允铸在城内陈氏公屋隔壁创办“聚久”诊所，1938 年武汉保卫战期间停办。陈允铸到 102 兵站医院任代院长，撤退时去世。

爱众诊所

邓爱吾于抗日战争爆发前创办于蕲州。1951 年 6 月并入蕲春联合医院。其他情况不详。

鸿轩诊所

叶鸿轩于抗日战争爆发前创办于蕲州。其他情况不详。

其他诊所

抗日战争时期，一些原国民党部队中的医务人员流入地方，在县内集镇自谋职业，开设诊所。其中在蕲州设所的有周国耀、李元方。

教会医疗机构：

天主公教蕲春教会诊所

1930年，天主公教蕲春教会在蕲州城设诊所。即蕲州分堂诊所

1935年，天主公教蕲春教会蕲州分堂，在蕲州城外北仓口又设西医诊所。

刘神父纪念医院，1945年，由蕲州分堂诊所改建。院长为传教士梅宁，配护士2人，助产士1人，医务助理2人，设病床12张。1947年，业务用房建筑面积225平方米；设门诊部、外科室、调剂室、化验室和病房，可作阑尾切除等手术。1948年7月18日，湖北省卫生处视察主任王培灵视察该院报告称，“该院工作人员，虽只有上海震旦护校毕业的2人，修道2人，院长1人，所作的成绩比我省院还多，对婁贫难民一样免费，新药储备很多，民众亦可分购”。该院治疗情况唯见1945年10月的数字：门诊3605人次，住院16人次，出诊186人次，接生6人，产前检查13人次，产后检查6人次；其中门诊免费272人次、出诊免费22人次。

此外，还有慈善医疗机构和鄂东医院。

慈善医疗机构：

济生堂，清光绪二年（1876）蕲州知州熊銮倡捐钱100串文创建。后历任知州按月捐九九钱2串文，各署及蕲州城绅商亦按月捐助，延医送诊施药。

保生堂，清光绪二年（1876）年创设，地址在蕲州和乐坊四官殿，每岁延医布种牛痘。其经费，按花户在钱店内完纳地丁钱数，由钱店按银每两输钱1文。

鄂东医院（后方医院），1942年1月，新四军第四野战医院抽调部分人员随五师十四旅赴鄂东，后在蕲春菩提设立医院，定名“鄂东医院”，又名“鄂皖边医院”。院部驻中窑，另设分所于上窑。院部人员有院长李剑秋，医务主任王仲民，教导员余天成，指导员汪菊桂，医官洪流，司药周皇英，调剂刘爱民，消毒员杨林枝，护士陈桂英，副官黄涤球，勤务员张捷、小杨、小秦，洗衣员胡莲英，另设炊事班、看护班。分所人员有所长马某，司药林国英，看护长杨某，另有看护班。王仲民可作难度较大的下腹部手术和截肢手术。1943年6月中旬，鄂皖边军分区后勤处改称鄂皖边指挥部后勤处，处长马友才（红安人），政委刘玉达。1944年5月，后勤处及所属野战医院人员、设备离开蕲广边，部分撤至江南根据地，留下一部分人员及设备转移到蕲宿太边。

（2）中华人民共和国成立后医疗诊所

1958年人民公社化以后，蕲州所在的各乡、小公社都先后建立了卫生所，有菩提卫生所、赤东（恒丰）卫生所、黄土岭卫生所。1987年黄土岭乡人民政府成立后，黄土岭卫生所改为黄土岭卫生院。此外，新塘徐塆、西角湖渡口、雨台等地也先后建立了农村中心卫生所（室）。随着行政区划变更和机构改革，农村人口渐渐进入镇区，以上这些基层医疗机构先后消失。

蕲州镇个别生产大队开始设“保健站”（卫生室），至1965年，蕲州各生产大队均设有卫生室。到1990年以后，蕲州镇村级卫生室渐渐减少，1997年，开始推行乡村卫生组织一体化管理，卫生室实现房屋、人才、技术、设备、管理五配套。

2000年以后，组建成立农村卫生服务站，即中心村卫生室。至2013年底，蕲州镇有中心村卫生室20个：南门、银山、街口、新塘、竹林湖、扎营港、恒丰、太常、油树垴、王墺、菩提、雨台、城内、黄土岭、曹英、席盘石、金牛洞、雨湖、施家塘、横坝。其中，竹林湖、恒丰、菩提3个中心卫生室获省级示范村卫生室。

2015年以后，国家投资对农村中心卫生室房屋进行改造重建。至2016年底，蕲州有33个农村卫生服务站。

中华人民共和国成立后，蕲州镇内较大的厂矿企事业单位，先后建立了医疗室，并配备了医务室和专职医生（护士）。1954 年蕲州搬运站设立医务室，是全县第一个厂矿企业医务室。1957 年金牛洞陶器厂、1965 年蕲州二中、银山石灰厂、1969 年银山煤矿等单位先后建立医疗室。

1983 年后，重新允许私人行医。至 2016 年底，蕲州有个体私人诊所 11 家。

黄土岭卫生院（所）前身是建于 20 世纪 50 年代初的黄土岭卫生所，开始设在朱塆，后迁入黄土岭塅上合作社后面山边，1987 年设立黄土岭乡，更名为黄土岭卫生院，又迁到公路边。恒丰卫生所，菩提卫生所也先后并入黄土岭卫生院。2001 年蕲春县乡镇区划变更，黄土岭乡撤销并入蕲州镇，黄土岭卫生院也随后并入蕲州镇卫生院。

菩提卫生所建于 20 世纪 50 年代中期，位置在菩提老街上面山岗上。1987 年 9 月蕲春县行政区域变更，设立黄土岭乡，菩提乡并入黄土岭乡，黄土岭卫生所随后更名为黄土岭卫生院。菩提卫生所撤销并入黄土岭卫生院。

赤东卫生所组建于 1963 年，开始设在恒丰甘塆甘姓住屋，“文化大革命”后期迁到甘塆对面山洼，改革开放后又迁到公路边镀锌厂旁。1987 年 9 月蕲春县行政区划变更，设立黄土岭乡，赤东乡并入黄土岭乡，赤东卫生所也随后撤销并入黄土岭卫生院。

蕲州镇农村卫生室村医（赤脚医生）1958 年人民公社化以后，开始有少数生产大队（村）设立卫生室，配有卫生员，到 1965 年，按县里规定，每个生产大队都建有卫生室，并配有一名半农半医（赤脚医生）人员和一名接生员。这些赤脚医生从 1964 年开始，分期到蕲州康复院接受为期三个月的业务培训，基本上掌握农村卫生保健、预防等基本知识。赤脚医生报酬，由生产大队统一记工分，评定报酬，一般高于当地同等劳动力收入。

1982 年以后，逐步规范了农村大队卫生室管理，由各乡镇卫生院统一管理，首先从赤脚医生中通过考试录取为乡村医生，并规定只有取得乡村医生资格者，才能从事卫生医疗工作。到了退休年龄的，办养老保险，个人承担 70%资金，地方承担 30%资金。

蕲州镇各村（居）卫生室重建情况统计表

表 4-22

村(居)	重建年份	占地（平方米）	建筑（平方米）	投资（平方米）	诊疗范围	坐诊医生
竹林湖	2003	148	122	15	内儿科	邵子武
龙泉庵	2000	140	120	15	内儿科	江和兵
扎营港	2016	143	125	15	内儿科	方晓林
新塘	2005	148	122	15	内儿科	周求元
东门	1996	146	125	15	内儿科	孙艳丽
土台	2012	148	120	15	内儿科	闫晓华
红门楼	2000	148	125	15	内儿科	刘　军
打鼓台	2001	152	140	15	内儿科	张裕胜
塘塆	1995	148	120	15	内儿科	刘恒喜
金鸡	1998	140	120	15	内儿科	方泽先
曹英	2003	150	121	15	内儿科	张为雄
下石潭	2005	148	122	15	内儿科	朱　华
王堧	2001	150	118	15	内儿科	王文俊
韦庄	2015	152	136	15	内儿科	周求元
菩提	2001	150	148	15	内儿科	李青林
席盘石	2005	148	125	15	内儿科	胡启志
银山	1998	148	126	15	内儿科	张光琳
横坝	2000	140	125	15	内儿科	陈满英
雨湖	1996	150	125	15	内儿科	王小松
南门	1998	150	122	15	内儿科	曾国清
上河口	2001	140	120	15	内儿科	方熙勇
施家塘	1995	148	125	15	内儿科	张雅安
红石头	2000	150	122	15	内儿科	张能生
黄土岭	2005	150	130	15	内儿科	龚启红
油树垴	1998	150	128	15	内儿科	刘连生
太常	1998	140	125	15	内儿科	张志翱
雨台	2008	148	120	15	内儿科	张正文

续表 4-22

村(居)	重建年份	占地（平方米）	建筑（平方米）	投资万元	诊疗范围	坐诊医生
邱山	2003	145	120	15	内儿科	方勇刚
邵垅	2016	140	120	15	内儿科	张美宝
二里湖	2014	130	120	15	内儿科	李景科
赤东	2014	130	120	15	内儿科	张景
恒丰	2014	140	120	15	内儿科	张景
城内	2012	150	120	15	内儿科	周斌

2. 卫生院

(1) 黄冈市第二人民医院（康复医院）

黄冈市第二人民医院位于蕲春县蕲州镇南门凤凰山麓，西邻长江，当地人称康复医院，始建于 1951 年 7 月，经时任湖北省政府主席李先念特批，湖北省卫生厅在蕲州原天主教堂（后为启明中学旧址）创办中国人民志愿军的后方医院，定名中国人民志愿军湖北省黄冈休养院，隶属湖北省军区，为当时湖北省 3 个军人休养院之一。黄冈专员公署卫生科科长苏登身任院长，黄冈军分区教导队教导员王仁任政委。1952 年，上级派老红军正团级干部丁自和接任院长，正团级干部王边玉任政委。1953 年，孝感休养院部分人员并入，院名更为湖北省卫生厅第二康复医院，调省荣军医院院长余荣来任院长。志愿军伤员由治疗逐渐转为休养阶段，并开始接纳省内高级干部到此疗养。1955 年 1 月，湖北省洪湖第三康复医院和咸宁第一康复医院被撤销，全省 3 所军人休养院并入蕲州；2 月，改名为湖北省卫生厅康复医院，此时医务员工增至 500 余人，休养人员增至 600 余人，成为全省规模最大的疗养院。老红军师级军人李才常任院长，正团级干部贾坤南任政委。1956 年，该院由军队建制转为地方建制，原第一副院长贾振亚任院长兼党委书记，从此医院再未设政委。1958 年 1 月，志愿军伤病员绝大多数康复出院，省人民政府决定，将该院划归黄冈专员公署代管，同时更名为湖北省黄冈专署康复医院，成为重点医治肺结核病的专科医院，仍未对外开放业务，仅接受全省区级以上患有肺结核病干部，分别到各县指标有限，由组织部门审定，每县不超过 8 名患者，入院转户口和组织关系。时医院治疗肺结核的专家有叶弘志、屠勋、徐传增，他们为治疗肺结核病作出了贡献。1958 年，黄冈行署决定在医院办卫校，名为蕲春卫校，县长邵自修任校长，张亿浩任副校长，师资和校舍由医院负责。蕲春卫校设中医、西医、护理 3 个班，为蕲春县培养首批医疗人员。1964 年，谈文华任院长，医院开始对外开放，接纳群众就诊。1966 年，黄冈地区行署又在该院创办康复医院附属中医学校，给全地区每个县分配 4 名学员前来学习，为各县培养一批中医人才。1972 年 10 月，黄冈地委决定将该院改为综合性医院，更名为黄冈地区第二人民医院。1975 年，黄冈地区行署在该院创办社来社去的医科大专班，为各县区农村培养医生。1977 年，湖北省政府批准，建立湖北医学院黄冈分院，校址设黄冈地区第二人民医院，实行院校合一。1978 年，医学分院从医院分离，今黄冈卫生系统许多医务人员均从该校毕业。1980 年前，该院还担负到各县巡回医疗任务和培训地区医务人员以及兵役体检任务。1982 年撤并至湖北医学院。1985 年，湖北医学院黄冈分院撤销。1996 年，随黄冈地区改建为黄冈市，更名为黄冈市第二人民医院至今。

人员编制与领导职数，黄冈市第二人民医院属市直正县（处）级事业单位，是一所综合性医院。核定处级领导职数4名，科级干部职数24名，财政定补事业编制380名。

1964年以后，市二医院历届主要负责人分别为：谭文华（河北人）、李祖柱（随州人）、谭士才（黄冈人）、陈德荣（江苏镇江人）、童德华（蕲春横车人），现任院长许汉雄（黄梅人）。

（2）蕲春县李时珍医院

蕲春县李时珍医院的前身为1935年天主教在蕲州创办的意大利刘神父纪念医院，位于蕲州镇北仓口。1949年5月14日，蕲春解放。1951年6月，经黄冈专员公署卫生局批准，刘神父纪念医院同蕲州地方万慈、济华、爱众、元方、普通5家私人诊所合并，组建成立蕲春联合医院。1951年12月，原刘神父纪念医院负责人梅宁被驱逐出境，天主教“三自”革新运动委员会感到已无力把医院继续办下去，要求人民政府接管。1952年10月，县人民政府接收联合医院。12月26日，县人民政府与天主教“三自”革新运动委员会签订合同，成立新的蕲春县联合医院，余林森任副院长。1953年1月，更名为蕲春县人民政府卫生院蕲州分院，胡平任院长。1956年2月9日，更名为蕲春县卫生院蕲州分院。1972年，该院迁今址蕲州镇东长街51号。1974年8月14日，经县人民政府批准，定名为蕲春县李时珍医院，成为以中医为主体的中医院。1975年2月21日，中国科学院院长郭沫若题写“蕲春县李时珍医院”院名。1980年7月7日，湖北省卫生厅印发鄂卫计字〔1980〕215号文件，将蕲春县李时珍医院原综合性医院改为蕲春县李时珍中医院，但对外仍用原名。2013年9月25日，李时珍医院批准为二级甲等中医医院。

（3）蕲州镇卫生院

蕲州镇卫生院创建于1956年，位于镇区一关街。时为蕲州镇卫生所。1959年1月，设蕲州公社卫生院。1961年11月，撤社建区，设蕲州镇卫生院。1975年2月，撤区建社，仍为蕲州镇卫生院。1984年2月，撤社建区（镇），仍为蕲州镇卫生院。1987年9月，撤区建乡镇，仍为蕲州镇卫生院；1987年10月，辖区黄土岭卫生所成立，后为黄土岭乡卫生院。2004年4月，该院并入蕲州镇卫生院。蕲州镇卫生院于1996年迁到蕲州镇蕲州大道39号。

（二）医疗设备及技术

1. 黄冈市第二人民医院

（1）科室设置

1986年，内设办公室、医务科、总务科、门诊部、护理部等行管机构；并设内科、外科、妇产科、儿科、中医科、结核科、五官科、口腔科、检验科、病理科、放射科、药剂科、功能科、麻醉科、新针科、手术室、供应室、按摩室、注射室等业务机构，另设党委、纪委、团委和工会等机构。2015年末，设有内科、外科、结核病科、肿瘤科、急诊科、康复科、功能科、麻醉科、病理科、医学检验科、医学影像科、血透科、医疗美容科、传染科、精神科、自愿戒毒科、急诊医学科、中西医结合科的诊疗与护理等25个医疗、医技科室。职能科室设办公室、政工科、财务科、总务科、医务科、保卫科、老干科、门诊部、护理部、市场科、医保办、院感科12个科室。

（2）设备与技术

1986年末，全院占地面积5.81万平方米，分为门诊部、住院部和职工宿舍三大区，建筑面积1.62万平方米。1996年更名为黄冈市第二人民医院。黄冈市第二人民医院由蕲州总部和黄冈门诊部组成，共占地170余亩。蕲州总部占地面积153亩，业务用建筑面积32144平方米。黄冈门诊部位于黄冈开发区新港路，占地面积17.22亩。1991年征地9.22亩，1995年完工。2004年重新扩征土地8亩，用于市传染病医院建设。房屋建筑面积9863平方米，其中市传染病医院4153平方米。2015年，该院占地面积152.22亩，建筑面积32144平方米。其中黄冈市传染病区隶属黄冈第二人民医院，占地面积17.22亩，建筑面积9650平方米。

1986年，设病床323张。2013年末，仍设床位323张。

医疗设备 该院拥有美国C60S彩色超声波诊断仪、美国通用CE9800CT机、美国通用移动式X线光机、日本电子胃镜、英国佳乐PK电刀等大型医疗设备。

2. 蕲春县李时珍医院

（1）科室设置

内设机构包括行政机构、临床科室。

行政机构经多次调设，1986年末，设办公室、医务科、总务科、财务科、门诊部、护理部、防保科等机构。1987年后，为适应事业发展，内设机构多次调设。2008年，经县人事局核定，医院内设行管机构为办公室、财务科、医务科、药剂科等4个职能科室。2015年末，设有办公室、财务股、医务股、医教股、护理部、院感办、总务股、保卫股、药械股等9个行政职能科室。

临床科室 2015年末，设有内科、外科、妇产科、儿科、糖尿病科、治未病科、五官科、口腔科、眼耳鼻喉科、皮肤科、骨伤科、针灸推拿科、感染性疾病科、急诊科、麻醉科、肛肠科、理疗科、肝病专科、预防保健科、颈腰椎病专科、风湿病专科、男性病科、妇女不孕专科、老年病专科、医学美容专科、医学检验科、医学影像科，另有放射科、检验科、B超、心电图、胃镜、脑彩超等临床、医技科室。其中糖尿病科为市级中医重点专科，针灸推拿科为省级中医重点专科。

（2）设备设施

包括用房、病床、医疗器械。

业务、生活用房 初时为原刘神父纪念医院旧房，建筑面积225平方米。1972年，该院由蕲州北仓口原刘神父纪念医院迁蕲州镇东长街51号，遗留下来的原全部房屋建筑面积1.22万平方米旧房折价3.9万元卖给蕲州钢厂。同年初动工新建建筑面积1050平方米的2层住院楼，1973年竣工交付使用。1975年，新建建筑面积1450平方米的2层门诊楼和职工食堂，1976年10月交付使用，总投资6万元，其中国家拨款1万元，自筹5万元。1976年，建筑面积2750平方米的3层住院楼和建筑面积800平方米的中药制剂室开工，总投资11.8万元。此后历年有扩建，至2015年末，医院占地面积2.24万平方米，建筑面积1.44万平方米，其中业务用房面积9104平方米。

病床 1952年始置病床40张，后续有增加。20世纪60年代，病床增至60张。1974—1976年80张，1977年150张，1978—1981年180张。1982—1991年200张，1992—2015年150张，其中内科60张，外科17张，妇科17张，儿科16张，骨伤科22张，针灸推拿科10

张，眼科8张。2015年3月，经省卫计委鄂卫计函〔2015〕130号文件批准，同意蕲春县李时珍医院床位从150张增至350张。2015年，实际开设200张。

医疗器械 1986年，县李时珍医院有心电图机等医疗器械。1990年上级拨款6万元，自筹资金7万元，对医院中西药制剂室进行装修改造，增添空气净化设备、新型卧式锅炉等，改造后的制剂室具有防尘防污染作业流程规范等特点，不仅填补该院制剂上的空白，而且为制剂生产达标上档次创造了条件。1992年，进一步投资建设制剂室，购置放射科300毫安X线光机和化验科一批设备。2007年，购置心腹两用多功能B超（日本东芝产）、电子胃镜，劲颅布多普勒脑彩超、微机控制多功能牵引床、激光治疗仪、微波治疗仪、高频电刀、生化分析仪、激光血液分析仪、尿液分析仪、肝病治疗仪、心电监护仪、病理切片机等医疗设备100余台（套）。至2015年末，1万元以上医疗器械有67台（套），价值699.36万元。

（3）诊疗技术

医学科研县李时珍医院开展技术科技攻关，自行研制复方炉甘石合剂治疗湿疹；复方银药合剂治疗急性热病；复方锦鸡儿降压汤治疗高血压；加味丹参饮口服治疗胸痹；丹参糖浆治疗肋痛；锁阴丸治疗喉症，并在全国重点医药刊物发表论文多篇，进行学术交流。

诊疗技术 1960年，为县卫生院蕲州分院，门诊5.13万人次，住院治疗1066人次，住院治愈767人。医院先后开展普外、骨科、泌尿外科、脑外手术，胃、胆、脾、肾切除手术和胆系、泌尿系取石术及甲状腺、胰腺、前列腺、颈椎、腰椎及眼科手术。中西医结合治疗骨髓炎、糖尿病、肝病等，妇产科开展子宫全切、宫外孕、难产急救等。至2013年，临床科室重大手术外科有胃部及十二指肠手术，肝、脾损伤的处理，直肠切除术、回盲部肠切除术，结肠癌根治术，改良根治性乳癌切除术，胸、腹联合损伤的救治手术，复杂高位肛瘘切除术、肠切除、肠吻合术（包括肠闭锁）骶尾部畸胎瘤切除术，胆总管囊肿切除加内引流术、腹会阴肛门直肠成形术，甲状腺癌根治术，保留脾脏的胰腺次全切除术，血气胸开胸控查术，脓胸开放引流术，贲门括约肌切开成形术，颅骨凹陷性骨折整形术，脑室一腹腔分流术，骨盆骨折手术复位内固定，髋臼骨折复位内固定术，人工全髋关节置换术，骨关节肿瘤切除术，甲状舌管囊肿切除术，舌下腺切除术。妇产科有复杂子宫全切手术，阴道成形术，阔韧带内肿瘤手术，三度会阴裂伤缝合术。

3. 蕲州镇卫生院

（1）科室设置

设临床科室为公共卫生科、内科、外科、儿科、妇产科、中医科、骨伤科等；医技科室为检验科、放射科、B超室、心电图室等；职能科室为办公室、财务科、收费室、药剂科、护理部、麻醉科等。

（2）医疗设备

业务、生活用房 1996年建门诊大楼1层，800平方米。建住院部2层，1500平方米；附属设施有食堂、专用洗衣房以及淋浴室；建职工宿舍楼2层，1200平方米。2015年末，该院建筑面积5620平方米，其中业务用房面积5020平方米，生活用房面积600平方米。

病床 1975年，蕲州镇卫生院设有病床30张。1986年，有病床85张，病床周转率12%，病床使用率26.2%。2015年末，有病床90张，其中内科20张，外科10张，妇产科20张，预防保健科5张，中医科15张，骨伤科15张，儿科5张，病床利用率89%。

医疗设备 1985年，医疗设备有人工吸引器、高压消毒器等。2015年末，主要医疗设备有

200毫安X线机、多普勒彩超机、台式B超机、心电图机、半/全自动生化分析仪、血球分析仪、尿液分析、洗胃机、免疫检测仪、电解质分析仪、自动方形消毒器、心电监护仪、血凝仪等15台（套），其中万元以上设备11台（套），20万元以上设备2台（套），总价值90.64万元。

（3）诊疗业务

1960年，为蕲州公社卫生院，门诊2万人次，住院治疗206人次，住院治愈175人。1986年，蕲州镇卫生院治疗人数2.45万人，健康检查309人，入院病人335人，出院病人330人，治愈出院213人，住院死亡2人。20世纪90年代后，实施的重要手术有胃部分切除术、髋关节转换、肾切除术、乳腺癌根治术、子宫全切术等。2015年，门诊6.5万人次，住院3657人次，日均门诊219人次，日均出院病人11人，年各类手术380台，日均住院手术1~2次。1983—2015年，门诊年均3.74万人次，2013年最高为8.3万人次，1985年最低为1.8万人次；住院治疗平均1141人次，2013年最高为4325人次，1993年最低为113人次。

蕲州镇卫生院部分年份医疗业务情况统计

表4-23

年　份	门　诊（人次）	出　院（人次）	手　术（台数）	病　床使用率（%）	外出义诊（人次）
2007	51380	859		57	235
2008	58000	1100		73	311
2009	55150	1745		116	368
2010	56200	1736	454	115	577
2011	32014	1794	402	119	1124
2012	81389	4275	381	142	1537
2013	36010	3960	293	132	2113
2014	36604	3111	205	103	2615
2015	65667	3647	147	121	3009
2016	53743	3415	164	113	3233

（三）卫生防疫

1. 疾病预防控制

（1）群众卫生

民国时期，蕲州城区群众卫生运动见于记载的，当始于1946年开展的“夏令卫生周”活动。县卫生院组织召开由县府机关团体负责、各校师生和城乡民众数千人参加的动员大会，散发、张贴宣传单350张。此次活动中，设置垃圾箱21个，改良水井7口，改良厕所10所，水井消毒15次，处理垃圾350担，检查饮食店10次，取缔生冷食品摊贩21家。

中华人民共和国成立后的蕲州镇爱国卫生运动始于1952年。为粉碎美国对中国发动的细菌战，首次开展以除害灭病的群众卫生运动。在城乡开展除“四害”（老鼠、苍蝇、臭虫、蚊子）活动，学校开展“三好”（个人卫生好、学校卫生好、家庭卫生好）活动，乡村开展“灭五毒”（鼠、蝇、蚊、臭虫、跳蚤）活动。

1955年，蕲州农村结合春季积肥，开展卫生大扫除，整治厕所、填塞污水坑凼；蕲州镇区开展“一管”（管行业）、“六净”（净身体、衣服、家具、牲畜栏圈、房屋厕所、道路）、两改（改厕所、水井）活动。

1958年“大跃进”开始后，蕲州城乡开展除“七害”（鼠、蝇、蚊、麻雀、蟑螂、臭虫、钉螺），灭“八病”（血吸虫、钩虫、丝虫、蛔虫、甲状腺肿大、疟疾、梅毒、头癣）活动。尤其是除七害，城乡群众同时上阵，敲打盆盆罐罐，赶得麻雀、老鼠无处躲藏，声势浩大，效果明显。

1966年“文化大革命”开始后，蕲州镇城乡又兴起“五有”（牛栏、猪圈、烟囱灶、水井、公共厕所）建设热潮。农村每个生产队或自然塆，都建有集体牛栏、猪圈、公共水井、公共厕所，家家户户都搭有烟囱灶，清沟挖渠排污水，改变过去那种自由泛滥的脏乱现象，农村卫生面貌有了极大的改观。

改革开放以后，蕲州镇群众卫生主要开展了“全民文明礼貌月”和“爱国卫生月”活动，并逐渐成为常态化，大力开展灭鼠活动，20世纪80年代中期，农村鼠患一度十分猖獗。为此，蕲州镇人民政府多次召开专题会议，部署全民灭鼠工作，集中统一印发灭鼠资料和发放毒鼠饵料。仅1986年，蕲州全镇灭鼠约20万只。蕲州城里县农药厂1982年被省“爱卫会”授予“爱国卫生运动先进单位”称号。

进入20世纪90年代以后，随着人民群众生活水平的提高，蕲州城乡群众住房基本上是楼房化，群众卫生重在改水改厕，家家户户都在室内建有冲水式卫生间（用高压电水泵抽取房前屋后井水冲洗卫生间），进入21世纪以后，蕲州镇城乡群众渐渐用上了自来水，至2016年末，达到了自来水全覆盖。全镇城乡居民生活饮用水、群众卫生水平又有了一次飞跃。

（2）环境卫生

中华人民共和国成立之前，县治蕲州城环境卫生先后由警务事务所、县卫生院和蕲州政务警察所兼管。民国后期，蕲州城区配有清道夫，具体情况不详。

中华人民共和国成立后，1965年蕲州镇设立环境卫生管理所（简称环卫所），1965年末，蕲漕两镇共配有清洁工6人，清厕工25人；1977年末，蕲漕两镇共有清洁工40人。此后蕲州城区规模人口不断扩大，环卫人员也是成倍增加。详见蕲州镇环卫所简介。

中华人民共和国成立初，蕲州镇区只有车站、江边轮船码头候船室及主街道适当地段建有简易公厕，后来简易公厕被陆续拆除，改建为永久性公厕。1985年，蕲州镇有公厕123座，其中43座属镇环卫部门管理清扫。2000年以后，这些公厕渐渐年久坍塌。2010年后，在蕲州镇区主要街道适当地段和车站、码头建有多座冲水式公厕。有蕲州汽车站公厕、江边游乐场公厕、飞达玻璃厂公厕、易家弄公厕等10多座。

中华人民共和国成立前，蕲州城区有多条排水明沟、暗沟，均用青石板砌成。随着城区街道改造的推进，城区主要街道都建有下水道，并多次改建扩宽。如东长街、濒湖路、二里湖大道（蕲州大道）、沿江大道、时珍路、北门街、南门街、西门街、官井路等街道现都巷道式的下水道。1985年，蕲州镇区有下水道15条，总长3180米。

2010年以后，蕲州镇按蕲春县统一部署，开展了轰轰烈烈的洁美乡村运动，使农村公共卫生建设管理又进入了一个新阶段。对各塆投放垃圾桶，建有垃圾池，并配有专职人员常年清扫、运输、焚烧垃圾处理。资金投入，大部分是国家投入专项资金，还有一部分是各塆、村发动企业老板捐助。

从2013年开始，蕲州镇按照“保护生态环境、发展绿色产业，优化村镇布局，发送安居条件，培育文明乡风，建设产业兴旺、生态宜居、乡风文明、治理有效、生活富裕的社会主义美丽乡村”的总体要求，开展美丽乡村建设工作，使蕲州城乡公共环境卫生工作，提档升级，再上新台阶。具体体现在以下五个方面：

硬化、亮化—各村通村、通塆道路全部水泥硬化；各村建有多口标准化无公害水塘，砌岸护坡加栏杆；各村通塆主干道安装路灯照明。

整治乡村生活垃圾—全镇各村（居）建垃圾中转地坑40个，配备卧式垃圾桶240个，卧式垃圾箱150个，铁制垃圾转运桶210个，户配垃圾分类桶15000只，各塆配垃圾收集桶1800只，聘请保洁员110人，配备板车、扫帚、防护服等工具370件（套）。城区街道配备31个卧式垃圾桶，100个立式垃圾桶，建设中转地坑23个，配备洒水车一台，专用垃圾转运车11台，增加清扫环卫工人30名，基本实现“户分类、村收集、镇转运、站压缩、县处理”的垃圾集中处理模式。

建设蕲州镇城区生活垃圾处理站—在蕲州镇两路口村3组，距城区5公里的山丘地带，周边无环境敏感点（如学校、居民区、医院、水源地等），建设占地1万平方米，建筑面积350平方米，日处理生活垃圾200吨的垃圾处理站。其中压缩机1台，垃圾压缩箱箱位房2间，工作管理房3间，修理房1间，工作车辆15辆（洒水车2辆、钩臂车6辆、摆臂车5辆、吸污车1辆、收集车1辆），配工人12名，该工程于2017年3月8日开工建设，2017年8月30日全面竣工，共投资800万元。

整治乡村生活污水—清除农村露天粪坑、简易茅厕，整治和规范生活污水排放，全面推行无害化卫生厕所（简称“厕所革命”）。至2018年9月已改建农户厕所4015个，改建村级公厕49个，镇级公厕8个，清除旱厕5220个。

建设城区生活污水处理厂—由县政府统筹资金8000万元，县住建局牵头实施，在蕲州镇城区建成污水处理厂两座：共铺设主管网16公里。城北污水处理厂位于上河口村境内，设计日处理污水3800吨；城南污水处理厂位于雨湖新港闸旁，设计日处理污水4600吨。全部工程2018年底建成，2019年底投入生产。

（3）环卫机构

蕲州镇环境卫生管理所成立于1965年（简称环卫所，俗称粪管所），在麒麟山办公，1970年迁到东长老街房管所附近办公，1999年迁到二里湖蕲州大道（祥云天然气公司斜对面）。现有在岗职工80人（临工57人），配有吸污车1台，洒水车1台，垃圾转运车5台，手拉车人手1辆，设有地埋垃圾箱19个，地面卧式垃圾箱82个，挂式垃圾桶283个。负责蕲州镇区两横七纵的街道、城区机关、企事业单位及镇区周边农村社区的日常卫生清扫、转运任务。清扫面积达65万平方米。日清运量45吨左右，节假日高峰时段日清运量在120吨以上。还负责城区绿化带修枝剪叶。

2. 地方病防治

（1）急性传染病防治

民国之前，人们把急性传染病统称为“瘟疫”。民国时期，见诸记载的急性传染病有天花、麻疹、霍乱、伤寒、赤痢、鼠疫、回归热、猩红热、流脑、白喉等10余种，每年在蕲州镇城乡皆有不同程度发生，但具体情况不详。

中华人民共和国成立后，因居民卫生条件的改善，防病知识的普及，特别是生物制品接种的普及，急性传染病的发生频率不断下降，发生范围不断缩小，发病人数和死亡率大幅下降，部分传染病已无病例发生。

因具体资料记载的缺失，蕲州镇城乡传染病防治的具体记载不多。现仅把在蕲州地区发生的传染病记录如下，留此存照。

天花资料记载：1951年1月中旬，城关区（蕲州镇）第8村发现天花，该村1闾有4名儿童死亡。因扑救及时，1952年后再无天花病例发生。

霍乱、副霍乱（二号病） 1918年春夏之交，江南兴国霍乱流行，后传入蕲州，乃至全县，并造成大范围流行。

1938年10月，日本侵略军侵入蕲州城，大批市民为躲避战火，躲入蕲州天主教堂，导致霍乱暴发流行，死亡千余人。启明中学（址在今康复院）办起了避难所，难民区，几天时间就收容4800多难民，后竟达7000余人。启明中学有防空洞8间，可容纳400余人，而外面（天主教堂）带进来的霍乱病菌，不到1月就死亡320人。这次霍乱暴发后，启明中学校医与请来的西医张济仁、邓爱吾和中医李少侯等人日夜诊治；一些爱国人士亦投入救治行动，胡静一就两次购买大批治病防疫的药品赠予群众，历1月余，终于控制了霍乱蔓延。蕲州小轮码头开拓者董青云因去天主教堂避难身染霍乱而死，年仅51岁。

1983年，蕲州镇东长街暴发“二号病”，发病16例，阳性带菌者5例，因采取措施及时有效，很快扑灭疫情，死亡1人。

1998年，蕲春遭受特大暴雨袭击，蕲州居民生活环境和水体严重污染，以霍乱为主的重大肠道传染病相继发生。蕲州地处长江北岸、内涝外汛，成为重灾区。8月8日，蕲州地区出现严重腹泻病人28例。省委主要领导批示：特事特办，8月9日，省、市、县各级疫情防控专家相继抵达蕲州，8月10日，县委县政府发布紧急动员令，成立“二号病”防治指挥部。由蕲州指挥，动员全县力量，投入紧急防治工作，形成上下联动，齐抓共管，使霍乱疫情得到有效控制，未扩散，28名患者治愈出院。此后至2018年末，蕲州再未出现此病。

麻疹 多发冬春季节，儿童少年发病率较高。蕲州地区麻疹流行最为严重的是1959年春，尤以黄土岭片区最为严重。全蕲州发病3440人，死亡426人。其中以15岁以下儿童少年为多。1973年蕲州东门、二里湖、菩提、赤东也发生过麻疹病例，但人数不多，且无死亡。此后至2015年，县有关部门再无蕲州发生麻疹病例的记载。

白喉 发病对象多为10个月至5岁儿童。有关部门记载，1973年蕲州东门公社有白喉病发生。其他年份蕲州未见发病记载。

百日咳 1961年全县发病6779人，死亡54人，1971年全县共发病3330人，1973年报告1163例，均为全县发病率最高年份，但无蕲州镇有病例的报告。以后全县逐年呈快速下降趋势。

流脑流行期在春季，2月和3月为高峰期。病情来势凶，传播快，死亡率高。发病对象以青少年为多。1958年，全县发病457人，死亡47人，蕲州为重疫区之一；1977年全县发病2668例，死亡104人，蕲州公社为重疫区之一；1978年以后，因预防接种不断加强了，发病率停留在较低水平，无大范围流行，更无蕲州病例的报告。

脊髓灰质炎（小儿麻痹症） 1973年，蕲州有此病例的报告。

乙脑 1972年，全县发病363人，死亡46人，无蕲州病例记载，其他年份有病例报告，且人数很少，也无蕲州病例报告。

流行性感冒 1959年，全县流感暴发性流行，发病4.32万人，死亡49人，为全县最多年份；1969年，再次暴发流行，全县发病8541例；1973年报告1109例；以后全县每年发病呈下降趋势，但均无蕲州具体情况记载。

在流感流行季节，用板蓝根、大青叶、二花、菊花煎汤进行集体服用；在流行重点地区，用流感疫苗喷喉预防。

伤寒、副伤寒 1950年全县伤寒死亡49人，1957年发病973例，这是全县发病人数最高年份，但无蕲州具体情况记载。1973年菩提公社有此病例的报告。以后全县逐年发生病例较少，也无蕲州的记载。

病毒性肝炎（乙肝） 1961年全县始有此病例报告。以后每年有病例报告，其中2001年、2002年、2006年、2007年、2008年、2009年、2012年、2014年，蕲州被记载为主要发病地区。

细菌性和阿米巴痢疾 蕲州襟江带湖，水网密布。常常洪涝并患，饮用水源被严重污染，导致痢疾暴发流行。如1954年、1969年、1998年，但无蕲州的详细记载。2000年以后痢疾的报告病例逐年减少。但1998年、1999年、2000年、2001年、2002年、2003年被记载为主要发病地区。

流行性出血热 1970年6月，首次在八里湖发现流行性出血热病例。1983年全县报告105例，死亡18人，但蕲州无病例发生。此后全县时有发生，但无蕲州的记载。

钩端螺旋体病（钩体病） 中华人民共和国成立后，全县很多年份有此病例，但无蕲州发生病例的记载。

狂犬病 据有关部门记载，1980—1986年和2007年蕲州有此病例发生，无死亡。

回归热 1945年蕲春有此病例25人，死亡1人，解放后无病例发生。

儿童手足口病 2008年4月，安徽省阜阳市出现儿童感染肠道病毒EVTI而引发的手足口病暴发流行。当年蕲春发病52例，此后至2014年全县每年有200左右的病例发生，但无蕲州地区的发病记载。至2018年，蕲州镇各中小学仍每天在学生中进行手足口病和发热性疾病例行检查，一经发现疑似病例，迅速逐级报告。

鼠疫 1945年，当年全县发现鼠疫病人90人，死亡1人。中华人民共和国成立后，蕲州无病例发生。

斑疹伤寒 1945年，全县发生14人，死亡1人，1970年发病1人，1975年发病2人。无蕲州病例记载，此后全县无病例报告。

疥疮 是县境内常见皮肤病，易发生感染，尤其是学校，特别是寄宿制学校。20世纪80年代后，随着居民卫生条件的改善、卫生习惯的养成，疥疮的发病率越来越低。现今基本消除。此病用硫黄软膏外擦最为有效。蕲州无病例记载。

淋病、梅毒 1958年以后开始对全县病例普查，发现1例，治疗1例，蕲州镇仅2014年被记载为当年主要发病地区之一。

其他急性传染病 中华人民共和国成立后，全县先后发生猩红热3例、黑热病4例、布氏杆菌病和炭疽病各1例，但无蕲州地区的发病记载。

（2）重点传染病防治

结核病县内俗称“肺病”“痨病”。历史上蕲州多有此病例发生，只是缺乏具体书面记载。解放后，全县结核病预防始于1953年，当年为部分新生儿接种卡介苗，1976年后接种对象扩大到新生儿和15岁以下儿童。1983年，全县进行首次结核病调查，此后每年进行筛查，县内成立专门医疗机构，免费检查免费治疗。2014 年蕲州镇被有关部门记载为肺结核病例主要发病地区之一。其他年份无蕲州的具体记载。

艾滋病 2001 年 10 月 19 日，蕲春株林地区发现首例艾滋病感染病例，至 2014 年 12 月底止，共发现感染者和病人 193 人，其中男性 110 人、女性 83 人；死亡 70 人，存活 123 人。其中性传播 112 人，异性传播 92 人，同性传播 20 人。疫情共涉及到 15 个乡镇，105 个行政村。其中，蕲州记载为 11 人受感染，涉及横坝、一关、打鼓台、枫树岭、南门、五里墩等 8 个行政村。

麻风病 该病是一种接触性慢性皮肤传染病，病程长、危害大，过去医学不发达，认定不治之症。1965 年，县卫生部门在调查中发现疑似麻风病人 127 人，最后确诊为 7 人，蕲州无患者，1986 年全县累计确诊病例 14 人，蕲州地区有患者在内。1966 年，省卫生厅拨款在黄土岭大泉山北坡大泉寺建成麻风病病人村，对全县麻风病人进行集中治疗，并与外界隔离。

头癣 俗称“瘌痢头”，是一种接触性传染病，严重地损害了患者的形象，给患者造成了极大身心痛苦。蕲州地区患此病人数农村多于城区，每个行政村都有此病例。解放后，各级政府十分重视此病的治疗，20 世纪 70 年代开始大面积普查。患者外搽硫黄膏，内服灰黄霉素片，药费全免，治好为止，到 20 世纪 80 年代末，蕲州镇患者全部治愈，到 2015 年末再未发现此病例。

疟疾 俗称“打皮寒”“打摆子”。发病人数多、病程长、发病率高，蕲州多为江滩湖畈区，蚊蝇多，是疟疾高发区。其症状以隔日疟和三日疟为主。流行季节以七月为高发期，10 月至次年 4 月为休止期，故蕲州农村有民谚：谷子黄、人倒床。

中华人民共和国成立后，各级政府十分重视疟疾病的普查普治和灭蚊工作，并加强休止期间治疗，并于 20 世纪 80 年代在蕲州各医院、卫生所设立疟疾预防科，进行常态化监测，到 20 世纪末，蕲州地区基本上未发现疟疾病人。

丝虫病 俗称“象皮腿”“冬瓜脚”，在蕲州流行有 600 余年的历史。蕲州农村很多壮年劳动力因此病丧失劳动能力。中华人民共和国成立后，各级政府十分重视丝虫病的普查普治。1958 年，在“八病”普查中首次发现丝虫病例，以后进行常态化排查治疗，到 20 世纪 80 年代末，蕲州再没出现丝虫病例，此病得到了根治。

钩虫病 1958 年，在“八病”普查中，发现蕲州地区有不少钩虫病患者，尤以蕲州镇区周边菜农居多。县地方病防治站及时进行治疗，到 20 世纪 80 年代，蕲州再未出现此病例。

（3）地方病、慢性病防治

地方病防治：

甲状腺肿大（地甲病）俗称“肿脖子”病，碘缺乏病中的一种。全县各地都有病例，县北山区居多。

克汀病和地甲病的防治，除药物治疗外，主要推广食用加碘食盐。1965 年，县盐业部门开始对蕲北山区供应加碘食盐。1977 年后，全县普及供应加碘盐，并长期进行病情监测。1986 年开始对加碘食盐进行监测，打击非碘盐销售。

慢性病防治：

干瘦病和浮肿病发生于 20 世纪 50 年代末、20 世纪 60 年代初的国家三年困难时期。浮肿病患者，周身浮肿，面色苍白，神疲力乏，脉搏缓弱，形寒肢冷，重者卧床不起，部分患者消肿后成为干瘦者。干瘦病患者，面色苍白，食欲不振，瘦弱无力，完全丧失劳动能力。1959 年、1960 年各级人民政府发现病情后，迅速采取果断措施，药物治疗和食物营养治疗相结合，国家下拨专款专用，调拨营养食物大米、红枣、红糖、黄豆、莲子、肉、蛋、鲜鱼等，加之国家政策上的调整，干瘦病和浮肿病得到控制，1962 年以后，蕲州地区再未出此类病例。

高血压和糖尿病这两种病多发生在中老年人身上，患病人数不断增加，2000 年以后，已引起政府的高度重视，纳入疾病预防控制范围，建档规范管理。

（4）血吸虫病防治

基本情况血吸虫病俗称“大肚子”病，又称“蛊毒”。李时珍在其《本草纲目》中就有记载。1949 年以前，蕲州地区江河相连，一片泽国；枯水季节，湖草丛生，钉螺密布，是蕲春县血吸虫病重疫区。血吸虫病给蕲州人民带来深重的灾难。土台、沙径、西角湖、二里湖等沿江滨湖地区尤为严重。

中华人民共和国成立后，各级政府十分重视血吸虫病防治工作。1954 年 7 月，省血吸虫病防治所会同蕲春县血吸虫病防治组对蕲南进行血吸虫病排查，蕲州、八里湖、赤东、管窑、彭思、漕河等 6 个乡镇场 146 个行政村有血吸虫病流行。蕲州地区涉及西角湖乡、雨湖乡、下石潭乡、黄土岭乡、邵垅乡、菩提乡、杨庙乡和雨台乡。尔后迅疾成立专门组织，进行常态化群防群治，到 20 世纪 70 年代末，蕲州原有血吸虫病患者已全部治愈，未发现新感染病例。

1985 年，县血防组织在蕲州二里湖江滩重新发现钉螺，面积 1872 亩，1991 年钉螺面积扩散至 2540 亩。地属蕲州二里湖村和上河口村。后来经过退田还湖、结合安全饮水工程和堤防建设，强制人畜不到疫区活动，有效控制了疫情。此后，仅 2005 年在蕲州实验小学发现 1 例急性血吸虫病感染病例。

建立专业的血吸虫病防治机构为有效常态化对血吸虫病防治。蕲州境内先后设立了以下血防组织。

恒丰堤血防组，1956 年 4 月设，1992 年撤销。

菩提血防组，两路口血防组、土台血防组，均为 1956 年 4 月设，1958 年 11 月撤销。

蕲州血防组，1958 年在康复院隔壁设立，1972 年 8 月，省血防办拨款 5 万元修建门诊部、住院部，为蕲春县血防中心组和血吸虫病治疗中心。1993 年 5 月，蕲州血防组改为蕲州血防站。2000 年后蕲州血防站撤销，归并到县疾病防疫中心。胡洪、余新德、黄礼绥、曹小红先后担任负责人。

群防群治常态化：

在蕲春县血防组的领导下，蕲州血防组具体抓群防群治，常抓不懈。

1956 年，蕲州镇血防工作全面展开。全镇动员干部、职工、学生共 1320 人在二里湖牛皮坳查螺 7000 亩，当年春，县血防组在西角湖乡进行“两改”（改水、改厕）试点。当年改造水井 50 口厕所 93 座，粪窖 28 座，新建水井 23 口，饮水过滤池一处。公共厕所 193 座，粪窖 63 座，畜粪灭卵缸 44 座，猪圈 1 处，牛栏 11 间，人类灭卵缸 244 口，填埋露天粪窖 42 座。

1957 年，蕲州打响灭螺战。钉螺形似螺丝钉，是传播血吸虫病的中间环节，是血吸虫的中间宿主，没有钉螺血吸虫就不会传播。钉螺是水陆两栖动物，蕲州的江湖滩涂多，而且土地肥沃杂草丛生，水流缓慢，夏水冬陆，是钉螺的理想栖息地。消灭钉螺即可中断血吸虫病流行，并消灭血吸虫病。

个人防护，主要是要求疫区居民不接触疫水，即不在疫水内洗菜、洗米、洗手、洗脚、洗澡、洗粪具；必须下疫水作业时，坚持在脚上扎绑带，在裸露部分皮肤上涂防护油。此外还开展疫区联防，禁止蕲州居民到江对面阳新疫区滩涂地带进行生产活动。

药物治疗与防治是同步进行的。1956 年设立的恒丰堤血防组、菩提血防组、两路口血防组、土台血防组，就开始收治蕲州地区的血吸虫病人。有专职医生、有住院病床、有专门药物。比较行之有效的疗法有：

酒石酸锑钾20日疗法，1955年10月先在蕲州西角湖乡应用，后推广，1977年淘汰；硝硫氢胺（7505）疗法，1978年开始使用，因用药量小，疗程短，适用范围广，安全度高，患者易于接受，受患者欢迎；吡喹酮疗法，1979年10月开始使用，临床效果好。1980年，蕲州血防组开始采用中西药结合治疗，效果比较好，后得到推广。

此外，对晚期血吸虫病人，通过手术切除患者脾脏以挽救病人生命。

以上所有治疗费用全免。

（四）妇幼保健

中华人民共和国成立后，党和政府非常重视妇女儿童保健工作，先后出台一系列法律法规，保障妇女儿童的合法权益。

（1）妇女保健

一是妇女月经期、孕期、产褥期、哺乳期等“四期”保护始于1950年，按国家规定实行劳动保护。1975年又增加了更年期保护。统称为“五期保护”。1956年，国家规定怀孕妇女分娩前后享受56天产假待遇，现在规定120天产假待遇，其间工资照发，农村社队工分照记。

二是围生期保健，系指妊娠28周至产后7天内对孕产妇和新生儿进行的保健。围生期保护始于1981年，具体工作有产前检查，如有胎位异常，即施矫正；产后视访，发现妊娠并发症及时治疗；积极倡导住院分娩，到2000年后蕲州镇妊娠妇女基本上都是住院分娩，并在生产费用予以优惠。

（2）妇科病防治

列入防治的妇科病有阴道炎、宫颈糜烂、淋病、尖锐湿疣、乳腺癌、宫颈癌、子宫脱垂、尿瘘，尤其是2007年后实行农村合作医疗，为妇科病的防治提供了更优惠、便捷的政策。

（3）积极倡导新法接生

1945年10月，毕业于上海震旦高级护校的周华贞率先在蕲州刘神父纪念医院（蕲州李时珍医院前身）开展新法接生，创蕲春县新法接生之先。1946—1949年，蕲春县卫生院、蕲州济华医院及夏习珍产科诊所均采用新法接生。以上新法接生直到1949年，也仅限在蕲州城区。

1951年，蕲州镇开始宣传提倡新法接生（住院分娩），1954年、1955年蕲州城区新生儿住院分娩达100%。1958年人民公社化以后，住院分娩逐步向蕲州农村铺开，2008年在新农合政策支持下，住院分娩实行限价收费，顺产免费。1966年以后，各生产大队（村）都要求配备女赤脚医生或接生员，并参加统一培训，掌握新法接生技术。此外，还采取积极措施降低新生儿死亡率和孕产妇死亡率。

（4）儿童保健

解放前蕲州有弃婴、孤儿收养院堂。具体情况如下：

蕲州养济院。清康熙年间驻蕲州兵备道徐惺捐俸银修建，院址设在今蕲州东门东岳庙，对象为孤贫者。清道光二十七年（1847年）遭水灾，仅存正屋1间，清同治八年（1869）在蕲州东门玄妙观右侧重建；时收养孤贫额定64名，每名日给口粮银7厘，年支银134.4两，民国初停办。

蕲州孤贫养济院。1935年，县政府创设于蕲州东门外。因人员来去无定，故又名“栖留所”（相当于今天城市收容所）。额定收养人数 10~30 名。除寒衣经费由 130 石田课内开支外，余由社会捐助。因经费不足，收养者生活极苦，收养人员中孤儿数量不详。

蕲州济婴堂。清咸丰九年（1859 年），知州彭应鲤捐白银 100 两，并募捐田课 213.2 石及铺屋，住屋各 1 所，创办于蕲州城外东长街原麻纺厂食堂处（今石正东住屋处），当时建堂时修的水井今还在使用。后历任知州按月捐九九钱 2 串以补开支，清末停办。

保婴局。地址在蕲州城内金陵书院隔壁，大概是民国年间由武昌江夏人创办。其他情况不详。

蕲州育婴堂。民国初，县知事公署在蕲州、漕河、张家塝各设育婴堂 1 所。蕲州育婴堂设在城外北仓口（今三小隔壁），1938 年秋日本侵略军侵占蕲州时停办。各堂设经理、主任、襄办各 1 名，另外看护媪和乳奶员。收养弃婴人数在 20~50 名。1935 年，县政府在蕲州成立救济院，主管育婴堂事务和孤贫养济院。抚婴堂东长后街文化馆处，民国年间加拿大教徒所办。

1958 年人民公社化后，蕲州农村各生产大队（村）和较大的生产队都先后办托儿所，开展托幼保健。蕲州城区各机关、厂矿企事业、街道都先后办起托儿所或幼儿园。对婴幼儿开展有组织的集体保健，还方便了妇女参加生产劳动，按国家有关规定，由蕲州镇卫生院负责，每年对各幼儿园、中小学少儿生长发育情况进行一次体格检查，建档入网。

儿童常见病防治，主要是针对以下几类病症：干瘦病、沙眼、头癣、佝偻病、营养不良、营养性贫血、乙型肝炎、呼吸道传染病、手足口病、流感、流脑、发热和出生缺陷。

（五）合作医疗

合作医疗是由政府组织、引导、支持、农民自愿参与，个人和集体、政府多方筹资，以大病统筹为主，农民医疗互助共济建立起来的一种社会主义的医疗制度。为贯彻“预防为主”卫生工作方针，方便群众就近就医，保障农民身心健康、防止因病致贫，因病返贫，为促进农村社会稳定经济发展发挥了重要作用，体现了社会主义制度的优越性。

蕲州农村合作医疗始于 1958 年人民公社化以后，1968 年以后全部铺开，每人每年交费 2 元，每次看病只收 5 分钱挂号费，打针用药不收费。农村五保户交费由大队负担。1983 年后调整为每人交 2~3 元。1986 年后因村级经济比较困难，蕲州农村合作医疗停止。进入 20 世纪 90 年代后，蕲州部分村尝试办农村合作医疗，直到 2007 年，农村新型合作医疗试点工作才在蕲州全镇各村全面展开。2007 年和 2008 年，个人只负担 15 元，其余大部分由中央、省、县各承担一部分。农村参合人员越来越多，到 2011 年参合率达到 100%。

参合农民可享受以下优惠政策：

（1）个人每次门诊可减免 10~20 元医药费。

（2）在县内住院，在缴了起付线的钱以后，可报销 80%~90%的医疗费用。

（3）县外住院医药费报销，由病人出院后直接到县行政服务中心合作医疗报销窗口获取补偿。

（4）大病还可以获取二次费用补偿。

（5）特殊慢性病每年还有特别的补偿办法。

（6）有的年份参保人员，全年未使用医疗费，可返还本人一定的比例，或全额返还（如 2016 年）。

（7）对农村五保户、低保户、农村特困优抚对象取消起付线钱。

（8）对五保户和低保户免交个人负责部分（2018 年起）。

蕲州镇各村（居）历年参加新农合人数一览表

表 4-24

年份 村别	2010	2011	2012	2013	2014	2015	2016	2017
南门	2290	2431	2420	2446	2537	2359	2339	2257
城内	1678	1978	2105	2430	2564	2596	2491	2470
东门	2917	2935	2665	3172	3258	3204	3093	3107
一关	2140	2406	2581	2825	3104	3105	2925	2898
郦公园	1484	1563	1472	1631	1788	1779	1787	1787
红石头	847	1023	1044	1192	1296	1340	1440	1494
上河口	697	652	599	764	796	773	740	776
雨湖	1853	1907	1914	1981	1995	2010	2006	2000
居民	2956	2235	2145	2612	2829	2829	2614	2560
水厂	158	161	151	144	157	172	136	134
棉纺厂	0	737	745	391	370	309	276	253
果园场	167	136	128	120	130	139	138	136
枫树岭	483	488	503	511	534	522	489	499
西角湖	564	553	508	496	526	495	521	540
土台	1069	1106	1094	1163	1188	1163	1157	1148
沙径	500	487	496	482	492	477	470	470
横坝	1187	1223	1196	1099	1092	1047	1040	1091
新塘	1931	2061	2115	2115	2152	2110	2139	2126
扎营港	1495	1585	1482	1616	1611	1591	1641	1606
韦庄	1185	1073	1252	1225	1280	1304	1214	1150
龙泉庵	1220	1233	1299	1353	1337	1299	1281	1259
银山	1728	1749	1746	1745	1726	1721	1728	1675
竹林湖	1979	1997	1898	1961	1928	1971	2055	2055
席盘石	1062	1110	1129	1169	1193	1174	1201	1216

续表 4-24

年份 村别	2010	2011	2012	2013	2014	2015	2016	2018
街口	1390	1488	1498	1598	1683	1567	1557	1561
打鼓台	638	688	688	707	701	712	704	701
两路口	426	454	498	478	514	488	518	514
二里湖	1108	1076	1018	944	1055	954	964	975
王堧	2030	2086	2102	2154	2211	2201	2161	2154
邵垅	1160	1229	1232	1237	1255	1222	1218	1205
恒丰	575	582	560	597	596	562	571	573
潘塆	649	675	694	698	697	672	660	650
赤东	635	637	652	636	613	558	591	620
菩提	1677	1643	1743	1894	1665	1580	1645	1654
曹英	1561	1557	1610	1644	1674	1595	1578	1460
五里墩	1172	1141	1197	1155	1148	1099	1076	1112
太常	1130	1174	1212	1245	1221	1180	1187	1124
下石潭	1150	1068	1093	1154	1140	1094	1083	1047
金鸡	1351	1306	1194	1303	1289	1210	1264	1205
邱山	1550	1701	1918	1914	1781	1750	1801	1664
雨台	1121	1068	1125	1209	1099	1069	1055	1051
油树垴	906	906	1041	1003	1000	1018	1011	1029
老虎头	574	596	576	590	574	541	566	542
红门楼	1455	1434	1492	1553	1579	1592	1557	1600
施家塘	1280	1321	1292	1354	1344	1250	1278	1304
黄土岭	1307	1393	1374	1411	1438	1342	1294	1288
塘塆	1481	1558	1485	1558	1620	1580	1584	1616
牛皮坳	481	582	382	417	421	405	412	420
江河	0	0	0	416	406	459	530	563
合　计	58397	60192	60363	63515	64607	63189	62786	62339

四、广播电视电影

中华人民共和国成立后，蕲州镇广播、电视、电影事业，从无到有，由小到大，直到普及，进入21世纪至今，电视、电脑、广播、手机已成网络化、群众化。蕲州镇城乡居民坐在家里，可以看电视、电影、听广播，用电脑、手机办公、休闲、娱乐、交易、购物等。

（一）广播电视

蕲州广电公共服务中心位于蕲州大道江堤六号闸旁。1956年蕲州有线广播开始接收县广播站节目。1958年11月蕲州中心广播放大站建成。1960年蕲州城区和大部分生产队、小队开通广播喇叭，“文化大革命”时期达到全覆盖。1987年设立蕲州镇广播电视站，1991年蕲南电视差转站在蕲州红石头缺齿山建成。1993年6月8日，蕲州有线电视站建成开通，有12个频道。1996年3月蕲南记者站、蕲州广播服务部并入蕲州有线电视台。2002年黄土岭乡广播电视站并入蕲州广播电视站。2001年蕲州广播电视站，蕲州有线电视台合并为蕲州镇广播电视站。蕲州广播站原在城内镇委会内，1993年迁到中心街化工厂旁建有线台。2011年迁到现址。现在全镇有线用户1.5万户，其中数字用户14854户，宽带达3400户。乡村有线喇叭312只。

（二）电影

1. 机构

蕲州室内电影院位于蕲州镇河街，1980年开始建设，1981年6月投入使用，有座位1523个。

蕲州露天电影院20世纪80年代初建成，有座位1000余个。位于城内镇第一小学隔壁。

2. 放映活动

1934年和1935年，先后在蕲州城内天主教堂院内放映无声故事片和无声科技片；1937年在蕲州城内城隍庙放映无声故事片；1947年在蕲州东长街外行宫中心国民学校广场放映过无声科技片。以上皆为黑白片。

1951年冬，省电影12队到蕲州巡回放映，首场为《白毛女》和《大地重光》，这是中华人民共和国成立后蕲州首次放映有声电影，蕲州城内外万人空巷，附近农村居民也徒步赶来观看。1956年蕲州首映彩色影片《梁山伯与祝英台》，1972年蕲州首映宽银幕朝鲜片《卖花姑娘》。

到20世纪70年代，蕲州城乡电影放映均由县电影队安排巡回放映，也无固定的放映场地。农村一般是到各生产大队（村）办公室驻地塆放映。20世纪70年代后各生产大队（村）建有礼堂，遇雨天可在礼堂放映。一般为包场，个人不用付费。蕲州城区有少数单位有内部电影放映队。

20世纪80年代初，蕲州室内电影院和露天电影院相继建成，蕲州城区居民和部分农村居民才开始享受售票放映、座位观看电影。黑白故事片每票 1 角，科教片 8 分，宽银幕片每票 2 角。1984 年以后票价上浮 1~3 角，儿童集体购票，享受半价优待。遇儿童节还可享受免费观看。2000 年以前蕲州镇中小学生每学期到电影院观看爱国主义教育影片；2000—2010 年，学生到蕲州文化馆观看；2010 年以后，县电影放映队到蕲州镇各中小学放映。

蕲州镇较大的企事业单位，有些单位自办了业余电影放映队。1955 年蕲州康复院建立电影放映队，20 世纪 70 年代后，蕲州钢铁厂、银山煤矿购置电影放映机，在内部不定期放映。

五、社会保障

1949 年之前，历朝历代在蕲州镇区建有很多褒扬忠烈的祠、庙。明代有烈士庙、褒忠庙、四节祠等；清代有忠孝祠、报功祠、节孝祠等；民国时期建有忠烈祠。明清时期，在蕲州城内外还树有很多坊表，以褒扬忠孝、贤良、贞烈、孝妇。但对普通百姓中的鳏寡孤独和天灾人祸的扶持救济很少。

中华人民共和国成立后，各级人民政府对抚恤工作十分重视，蕲州镇则由民政办公室具体负责。对在民国时期历次革命战争中牺牲的革命军人、革命工作人员、参战民工修建陵墓，如为 1949 年 5 月 14 日解放蕲州城牺牲的烈士，建立蕲州革命烈士陵园，并为烈士立传发证；发放抚恤优待救助金；对于伤残的年年发放抚恤金，进行不同形式的供养。对于中华人民共和国成立后参军的退役人员，凡健在的，按具体情况，不同等级，每月发放生活补助。蕲州镇人民政府还积极支持复转军人自主创业，或按有关政策安排就业。对于无依无靠的鳏寡孤独人员，则由乡镇村（居）统筹安排，给予供养、照顾，吃、喝、住、老、病、死等日常具体生活，实行“五保”。

进入 21 世纪后，国家对于困难群体的救助更为具体细致，面广力度大，对于蕲州镇城乡困难户实行低保救助，按月发放低保金。对于住户有困难的，实行国家拨款易地搬迁集中安置。对于天灾人祸、劳动创业有困难的群体，更有无微不至的关怀和补贴。

（一）优抚救济

1. 抚恤优待

（1）中华人民共和国成立前

因蕲州镇区是州、县治所在地，历朝历代在此建有褒扬忠烈的祠、庙。

明代嘉靖《蕲州志》载：

烈士庙在州治西北龙眼矶水滨（今江边汉九班码头处），祀王彦明、王玠。

褒忠庙在州治儒学旁（麒麟山），祀宋知州李诚之，通判秦钜。

清代光绪《蕲州志》载：

四节祠在麟山书院（麒麟山）东，祀李诚之、秦钜、王彦明、王玠。

忠孝祠在学宫内（麒麟山）咸丰三年（1853 年）毁，同治九年（1870 年）在北门内重建。

报功祠在文明门（南门）外，祀明（代）江防道吴国仕。

节孝祠在州治西，咸丰三年（1853 年）毁，同治九年（1870 年）重建在聚奎门（城内玻璃厂处）内。

民国时期，县政府于1947年7月在蕲州城内梓琴路原节孝祠址重建忠烈祠。面积18平方丈，有屋宇6间。其正厅供奉本县在抗日战争中阵亡军人牌位10座。节妇牌位3座。

另据光绪《蕲州志》载，明清时期，在蕲州城内外还树有很多坊表，以褒扬忠孝、贤良、贞烈、孝妇。如明代建在州城内荆王府左右的忠孝坊和贤良坊，建在菩提坝的广东左布政使张思齐的神道碑；州城内四牌楼坊（在文明门内，为参将李同春、主事李孟春、中丞李盛春、参将李际春兄弟建）；

六朝文献两镇干城坊（在东门外为李时珍、李建中、李建木、李树初建）；

父子重光坊（在竹林湖李时珍墓前清代建）；

表贤坊在东门外熊化岭（清代建）；

完节坊在宾阳门（东门）外（清代建）；

节孝坊在州城内外共10座（清代建）。

清光绪《蕲州志》载，入志的同太平军、捻军等作战阵亡的地方官员、太学生81人、殉难兵勇390人、普通群众1528人。

1947年12月，国民政府之联勤总部编纂的《中华民国忠烈将士姓名录》，蕲春籍人入录共有136人。名录中属蕲州镇烈士，均录入其中。

（2）中华人民共和国成立后

其抚恤工作由县人民政府民政科、民政局负责。各乡镇设民政办公室，民政干事具体负责。在县民政部门统一领导下，进行以下工作：

定烈发证

据1953年对全县解放前牺牲的革命军人，革命工作人员、参战民兵民工的调查统计，第一次国内革命战争时期牺牲的有901人，抗日战争时期牺牲的有486人，解放战争时期牺牲的有245人，共计1632人。从1951年开始到1955年，根据有关条例全县共追认烈士113人，1956又进行了一次全面核查。共追认有直系亲属的烈士648人。以后全县又有过多次烈士普查核实登记。至1985年，全县确认烈士2306人。按有关规定，凡在中华人民共和国成立前牺牲的烈士，均颁发革命光荣纪念证；1950年后牺牲的烈士，分别填发革命牺牲军人家属光荣纪念证、革命牺牲工作人员家庭光荣纪念证、革命牺牲民兵民工家属光荣纪念证。同时，县人民政府颁赠“光荣烈属”牌匾悬挂门头，以示昭彰。

1980年6月，国务院颁布《革命烈士褒扬条例》将定烈对象改为“为保卫和抢救人民生命财产和集体财产壮烈牺牲”的人员。1982年和1983年，在处理1946年“中原突围”遗留问题时，追认烈士9人。

蕲州镇的沙径、土台、西角湖、枫树岭、黄土岭、施家塘、王堘、邵垅、恒丰、潘塆、赤东、下石潭、太常、五里墩、菩提、雨台、邱山等赤东湖沿岸一带的乡村是蕲南革命老区。邱洪盛、陈幼卿、朱启文、陈昌达等一批地方上的仁人志士，早在1927年就组织劳苦大众闹革命。中共鄂东革命领导人赵辛初、张体学、何启等，也经常深入蕲南地区领导革命斗争。其间，涌现了一大批革命烈士。

建蕲州革命烈士陵园

1950年5月14日（解放蕲州城一周年纪念日），为纪念解放蕲州城壮烈牺牲的49名烈士，蕲春县城关区各界人士发起公建“解放蕲州城烈士公墓”。墓地设在蕲州城北门外北仓附近竹根山（应为周公山）。1973年此处建黄冈钢铁厂（后改为玻璃厂），又将烈士公墓迁移到蕲州打鼓台村的莲花心，定名为“蕲州城革命烈士陵园”。

建立保护陵墓措施

1951年清明节前后，蕲州镇民政部门对镇内烈士散葬坟墓的地点及烈士的姓名、籍贯、职务、牺牲时间，进行了一次详细调查，并建立档案。

1982年，蕲州镇内的烈士公墓和詹大悲烈士墓（打鼓台村黄公山）被列为县级重点文物保护单位。

蕲州镇民政部门根据上级要求，对镇内两处被列为县级重点文物保护单位的烈士墓，制作保护标志牌（水泥预制板），竖立墓前，予以保护。保护标志牌上书：

蕲春县重点文物保护单位
蕲春县人民政府
一九八二年十二月四日公布
蕲州镇人民政府立

为烈士立传

1981年，县民政局根据国务院公布的《革命烈士褒扬条例》，编写了《蕲春县革命烈士英名录》载入烈士2294人；2006年为纪念红军长征胜利70周年，抗日战争胜利61周年，蕲春县委和县政府联合编写了《蕲春英模风采录》录入烈士2469名，其中蕲州镇入录烈士163人。《蕲春县志》入传烈士14人，入录烈士56人，入表烈士2212人，其中蕲州镇共有122人。

抚恤优待救助

为革命牺牲、病故的革命军人、革命工作人员、参战民兵民工，凡有直系亲属的，按有关规定，皆给予一次性抚恤。

为革命负伤致残人员，按国家有关规定，先定等级发证，从1950年就开始发放抚恤金，抚恤金且逐年提高，有的按政策转为商品粮户口，有的安排进养老院，进行集中供养。

20世纪50年代人民公社成立之前，蕲州镇人民政府按有关精神，组织劳动力对农村无劳动力或缺劳动力的烈属、军属、工属，代耕全部或部分土地。人民公社化以后，则由生产大队进行劳动工分优待。根据实际情况每年国家还发放一定的困难救济补助金。

对烈、军、工属子女按有关政策优先安排进厂、升学、提干等。

蕲州镇民政办除协助县级民政部门做好以上工作外，还每年组织有关相关单位对烈士家属、现役军人家属、伤残军人进行重大节日慰问。

1950年5月14日，蕲州镇区各界人民在纪念蕲州镇解放一周年的同时，在蕲州城外竹根山修建解放蕲州城牺牲的烈士公墓。

20世纪50年代初，省人民政府卫生厅在蕲州城内修建了抗美援朝军人回国休养的康复医院。蕲州镇居民经常去康复院慰问伤病员。1952年还向他们捐献了毛巾、布鞋。

蕲州镇部分年份抚恤优待救助情况统计表

表4-25　　单位：元

年份	优抚救济	伤残补助	三属抚恤金	优待金
1986	800	4268	8334	
1989	675	6540	13320	
1991	2980	6640	14334	12000
1992	700	6877	15178	15000
1993	730	9952	11486	29547

2019年8月，蕲州镇退役军人服务站成立，单独设办公室。经办公室认真统计，至2019年底，蕲州镇1954年10月31日前入伍的复员、退伍在乡村还健在的军人定期补助标准由2019年8月前的1275元调到1475元/月。

蕲州镇参加援老（挝）抗美、西沙作战、自卫反击战、老山作战、援越（南）抗美等参战退役人员，复员退伍在乡村的还健在的有60人，其生活补助每人每月650元。

“三属”抚恤费自2019年8月起，每人每月按60~2332元不同等次发放，蕲州有30人享受。

到2019年12月底，蕲州镇伤残军人有30人，他们的抚恤金按因公、因战、因病三类，每类分1~10级，按类别、级别分别给予补助。

带病回乡的8年以下军龄的每月补助605元；蕲州镇60周岁以上还健在的退役军人且无伤残的有304人，其补助标准从2019年8月起调为40元×军龄/每月，以前基数是35元。

以上补助标准是逐年调至现在标准的。

支持复转军人自主创业

中华人民共和国成立后，蕲州镇历年有复员退伍军人回乡，镇民政办协助县复转军人安置办，对他们进行妥善安置。

1958年之前，属于下列情况直接安排工作：

1. 具有初中以上文化程度（包括相当于初中程度的），有工作能力的；
2. 具有一定技术专业人员；
3. 入伍前系国家企、事业单位或机关工作人员；
4. 入伍前系城镇居民的；
5. 转业前在部队担任工作的；
6. 复员的荣誉军人中能胜任工作的；
7. 复员军人中的确无家可归的。

这些人员在安排工作、确定薪金待遇时，适当照顾到他们原在部队的级别，其军龄都算作工龄，享受本机关的福利劳保待遇，并且不得无故解雇。对于歧视、排斥、报复、打击复员军人的行为，一经查出，则要给以批评和处理。

对家住农村且无专长，都安置回乡生产，对他们生产生活、住房土地、疾病治疗、婚姻等方面实际问题，切实帮助解决。

从1958年到1986年，凡属于下列条件之一的复员退伍军人，可直接安排工作：

1. 入伍前是城镇户口商品粮的；
2. 城市上山下乡知识青年应征入伍的；
3. 因身体不适应，停飞的飞行员；
4. 入伍前系国营企、事业单位的正式职工；
5. 原公安部门人民武装警察或部队职工改为人民解放军的，与复工复职对象同等待遇；
6. 复员干部（1974年以前的规定）；
7. 服役满13年以上的转业志愿兵；
8. 退出核心、尖端、机要部门的机密人员（1974年以前的规定）；
9. 1984年10月1日以后退伍的二、三等残废军人（一等残废军人由国家供养终身）。

凡属于下列条件，可以作为特困人员上报，由省政府研究审批；

1. 革命烈士遗孤和在中越边境自卫还击作战中牺牲的烈士，其兄、弟、姊、妹顶替入伍的农村退伍军人；
2. 在应征入伍期间，同时被录取大、中专学校，有录取通知书的农村退伍军人；

3. 自幼父母双亡，由国家或集体抚养成人的三无对象（入伍前无父母、无兄弟姐妹、无房屋）；

4. 农村女兵；

5. 在服役期间，全家转为商品粮，本人因服役未转的；

6. 配偶系国家正式职工，服役期满六周年，在服役期间结婚二年以上，回农村生活有困难的退伍军人（男）。

对不具备以上条件的，都安置回乡生产和务工、经商。他们的实际困难，则由社、队组织解决。但对伤、病、残、弱的特殊情况，则由政府从社会救济和优抚款内给予适当补助。

对复员、退伍军人，由县级人民政府组织安置就业。改革开放后，政策更加灵活，除政府组织安置外，也鼓励个人自主创业，并给予政策、资金上的扶持。

20 世纪 80 年代，蕲州镇村办企业发展最快的南门村，1980 年以来共吸纳军地两用人才 28 人，都安排在村内苎麻、纺织、造船、轧钢、运输等企业里，担任领导和技术骨干，在生产中起到了排头兵的作用。

2. 救灾救济

(1) 中华人民共和国成立前

自南宋景定四年以后，蕲州城一直为路、府、州、县所在地，各朝代在蕲州城内外建有许多社会救济组织。

养济院

明嘉靖《蕲州志》载：养济院旧在文明门（南门）外，洪武二年（1369 年）知府左安善立，成化间知州庄辙迁立朝阳门外（东门外东岳庙旁），男、女房各 1 所。清光绪《蕲州志》载，康熙间，昆山徐惺以兵备道驻扎蕲州，捐俸建屋二十楹；道光二十七年（1847 年）知州杨明善支饷补修，同年被水淹没，只存正屋一间。同治八年（1869 年）知州黄式度改建于玄妙观右侧，院宇计长八丈，左右穿心三丈尺，院内孤贫额定六十四名，每日给口粮银七厘。

济婴堂

清光绪《蕲州志》载：济婴堂在武襄门外（北门）熊化岭（今东长街麻纺厂石正东屋后），咸丰九年（1859 年）建。知州彭应鲤倡捐纹银壹佰两，并募捐公置安平乡上杨林畈田课陆拾石，武襄门坡下铺屋、住屋各一所。龚瑞卿捐安平乡陈家围马口垅田课三十六石六斗。知州王廷桢拨捐查贯月充公石牌楼住屋一所，汉镇隆昌行捐安平乡瓦屋嘴乡庠田课三十六石八斗。陈贡杨捐安平乡邓大围田课九十石。历任知州按月捐九九钱贰串文。

务本堂

清光绪《蕲州志》载：务本堂在蕲州城内，本城绅商募置安平乡上杨林畈田课六十石，以作拾化字纸掩埋枯骨之资。

归善堂

清光绪《蕲州志》载：归善堂在武襄门外全胜坊，清同治十一年 (1872) 建。历任知州按月捐九九钱式串文，各署及乡城绅商亦按月捐助。

济生堂

清光绪《蕲州志》载：济生堂在州城内，清光绪二年 (1876) 知州熊銮倡捐钱一百串文，历任知州按月捐九九钱式串文，各署及本城绅商亦按月捐助（为贫困病患者）延医、送诊、施药。

问心堂

清光绪《蕲州志》载：问心堂，本城绅商公捐钱一百串文生息，每年春秋醵金，以作拾枯骨修墓塚立石标祀等费。

聚德堂

清光绪《蕲州志》载：聚德堂在观澜门内金陵书院左，同治二年（1863）建。本城行店按月捐输，又募置武襄门外横街铺房一所，易家弄周姓出售住屋一所。施送膏丹，制造水龙，置义园送棺板、凤山挂缆各项支用。历任知州按月捐九九钱二串文。

保生堂

清光绪《蕲州志》载：保生堂设和乐坊四官殿内，每岁延医布种牛痘，其有经费，按花户在钱店完纳，地厂银数每银一两，钱店输钱一文。

育婴堂

育婴堂亦称育婴所，蕲春共有三所。第一所在蕲州城内，创办于清末民国初；第二所在漕河，1914 年建；第三所在张塝。收养孤寡无依无靠之婴儿。

救济院

1935 年，由蕲春县绅首王芷香、李泽湘等创办。院址在蕲州城内。经费由县财政收入项下开支。院内不直接收容被救济人，只管辖残废养济所以及第一、第二、第三育婴堂行政业务。抗日时期，蕲州沦陷，救济院迁至漕河。前后共收养了 82 人。

残废孤贫养济所

1935 年与救济院同时举办，所址设在蕲州城东门外，被赡养者约 20 人，因人员来去无定，故设 1 处栖留所。有名下产业课 130 担，仅供寒衣救济，不敷之数，劝募弥补。由于条件差，所以住所老人生活极苦。

茶铺

清末至民国时期，全县境内，凡属通衢要道，设有茶铺和茶亭，行人渴时饮茶，不须付费或付少量的钱。蕲州镇境内茶铺一是设在赤东湖沿岸渡船码头，二是设在蕲（州）广（济）要道上（梅川—菩提坝—蕲州）。沿湖码头茶铺有：两路口、西角湖、贡家嘴、大径桥、邵垅、杨四庙、乌龟石、下石潭、恒丰堤、上窑等茶铺；蕲广要道茶铺有：杨林庙、五里墩、菩提坝、乌石岭、施家塘、何铺、黄土岭、侯贵府、席盘石等茶铺。茶资来源一般是：由茶铺烧茶人每年秋后向周边富户讨要一点，或到周边农户田里捡谷（田主知道是茶铺人，有意无意间多给一些稻谷）。这种施茶形式一直延续到 20 世纪五六十年代。

（2）中华人民共和国成立后

组织蕲州城区贫民生产

中华人民共和国成立初，蕲州城区许多居民因多种原因，无固定职业或失职业，又无田地，生活非常困难，虽有民政部门下放的救济款，但很难彻底解决生活困难。

蕲州镇民政部门，组织镇区街道居民开展生产自救。原以铁、木、竹、泥等手工业、小商贩，小作坊为生的，一律动员继续开业，坚持为人民服务，为城镇建设服务，为大工厂服务的生产方向，就地取材，就地生产，就地销售，民政部门还发放扶持资金，或担保银行贷款。到 1958 年，将原有的 8 个经营项目组成一个生产合作社，由 70 余人扩充到 350 多人，实行“自筹、自办、自管”的原则。民政部门督促检查，组织交流经验，在必要时，从经济上给予适当的扶持。1960 年，镇区居民自筹资金 5000 元，借房屋 20 多间，办起了化肥厂、网厂、蚊香厂、漆包线厂、纺织厂、纸盒厂、鞭炮厂等 9 个生产单位，参加生产的有 180 户，750 人，年产值 24000 元，人均月工资 28 元，至 1982 年除还清债务外，盖起厂房 7 栋，又将原来经营的项目进行调整和扩充，当年总产值为94.7万元，1983年为100万元，1984年为108.1万元，1986年为255.2万元，先后向国家交纳税金35.54万元。人员工资上升到每月62.8元。

安置残疾人就业

据蕲州民政部门统计，20世纪80年代初，镇区居民中盲人有25人，他们中绝大多数家大口阔，无固定收入，常年专靠政府救济，生活很困难。为寻找生活门路，要求增加救济费；有的到车站、码头，说书卖唱，有的走街串巷，给人算命查八字，在社会上造成不良影响。1984年，镇民政部门在镇委、镇政府、县民政局的大力支持下，组织镇区盲、聋、哑和其他有残疾的居民在蕲州镇中心街，建成残疾人经商一条街。教育他们根据自己的特点，量力而行，立足小本经营，稳步发展，循序渐进，快进快销，薄利多销。有的修理钟表，有的修理鞋帽、雨伞，有的缝补衣被，有的经营皮带、针线、衣扣等小商品。开始生意并不好，一来二去，渐渐地摸出了门道，基本上解决了基本生活问题，有的残疾人还成了专业户，逐渐发展致富。

建敬老院

1958年，蕲州镇敬老院在东长街黄家弄隔壁创办，高峰时期收养孤寡老人40多人，操莲英负责。1969年县儿童福利院儿童均已成年，走向社会，蕲州镇敬老院奉令撤销，20多位老人转往县福利院。

农村五保户的赡养

农村中无依无靠的鳏寡孤独人员，按国家有关政策规定，由乡（公社）村（生产大队、生产小队）统筹安排，依靠集体给予供养、照顾。做到五保：保吃穿、保烧（柴）、保住、保教（儿童和少年）、保病死葬，使他们生养病死都有指靠。

五保户的吃、穿、住、烧、病、死都有具体安排落实。

吃的方面，有固定的口粮（每年480斤谷）和油脂，蔬菜分配有一定的自留地；穿的方面除每年供给一定的皮棉外，每人每年一套单衣，四年一套棉衣，五年一套棉被，另外，因时添置一些鞋帽和毛巾；住的方面，无房的给房，有房的，帮其维修；烧的方面，不能自理的，则由生产队派工砍柴，一次备足半年或一年；病的方面，医药实行实报实销；死葬方面，由生产大队安排安葬。

五保户的粮、油、棉、柴的供给，是随着社会发展和群众生活水平的变化而逐步得到提高。如1964年全镇农村五保户供给折合成人民币，人平每人每年42.82元，1985年则人平达到184.1元，比1964年提高了4倍以上。

1980年，农村实行承包责任制以后，五保户供养方式有以下几种：入敬老院（福利院）、雇人照料、亲属照料、生活自理等。他们的吃、穿、烧等日常生活开支逐步折合成现金发放，其资金由县、乡、村三级统筹负责。自2002年开始，五保经费改为在上级拨付的转移资金中列支，2002年每个五保老人年供养资金标准800元；2007年分散供养达1000元；2011年每季度每人350元；2012年每季度每人400元；2013年每季度每人400元；2014年每季度每人475元；2015年每季度每人675元；2016年每季度每人1700元；2017年每人每月600元；2018年每人每月670元；2019年每人每月738元。

20世纪80年代以后，在县、镇（乡）民政部门的支持下，许多村办起了供养五保老人的福利院。蕲州的下石潭村、邵垅村、潘塆村都先后创办农村福利院。邵垅村的福利院尤为突出。福利院设在高塆后背山，与村委会同在一处。每个五保老人一间房，办有食堂，有专职人做饭，在县民政局补助金的支持下，为每个五保老人添置了床、蚊帐、棉被等，还购买了一台电视机，供老人观看。1986年5月29日，县民政局首次召开全县农村福利院院长工作经验交流会。邵垅村福利院在会上交流经验，被评为模范福利院。

2010 年，扎营港村福利院建成，院地在村小学后面，占地面积 4000 平方米，建筑面积 2000 平方米，四合院式，可满足 30 人入住。

2011 年蕲州镇福利院建成。院址在黄土岭村面铺塆东侧，由撤并后的黄土岭乡人民政府办公楼改建而成，占地 5700 平方米，建筑面积 3700 平方米，设有休闲区、宿舍、办公区、食堂等。有 50 个房位。高峰期入住 46 人，2016 年入住 36 人，其中五保人员 24 人，社会公民托养 12 人。有管理人员 4 人，院长李逢春。

2014 年菩提村敬老院建成。院址在菩提坝胡风纪念馆东侧，占地 2000 平方米，建筑面积 3000 平方米，主楼四层，另有平房的厕所和食堂，可供 70 人入住。2017 年有 11 人入住，其中本村 5 人，外村 6 人。有专职人员做饭、管理。

2015 年以后，在国家政策的支持下，蕲州镇农村五保老人和特殊困难户普遍实行移民搬迁，集中安置。将一个行政村或几个行政村的五保老人、困难户住房集中建在一个交通方便处，按每人不少于 25 平方米的标准，建成一户一栋仿古式平房。建房资金由国家承担。

困难救济

中华人民共和国成立初期，蕲州广大贫苦人民饥寒交迫，亟待救济。其方针是：依靠群众，互助互济，以生产自救为主，国家救助为辅，帮助困难群体安定生活、恢复生产。社会救助对象为：

家大口阔劳力少、劳力弱，收入不能维持基本生活的困难户；家庭主要劳力长期患病，致使生活发生困难的户；因受灾和不幸事故，致生活发生困难的户；

国家干部、工人家属住在农村的，本人工资不能维持一家人生活的，符合救济条件的困难户。

1951 年后，蕲州对一些无业游民、失业人员和无依无靠的孤老残疾，不但解决了他们的吃、穿、住、用问题，还帮助一部分救济对象医治疾病、安家落户、创造就业条件。

1953 年，蕲州农村出现农业生产互助组，镇工作队下乡，做互助组的工作，让无耕牛、无犁耙、无水车等生产工具的困难户加入互助组，充分利用互助组的生产工具和劳动力的优势，帮助困难户开展生产，获得更多的粮食。

1954 年 6 月至 7 月，连续降雨 37 天，雨量达 1077 毫米，蕲州长江最高水位 24.94 米，大水漫过江堤，西门城墙。居民区三分之二受灾，倒塌房屋 380 余间，1700 余人受灾。中共蕲州镇委、镇人民政府全力投入救灾，将房屋倒塌居民安置在未倒塌居民家暂住。蕲州镇政府派人架木船两只，把大米送到灾民手中。

1955—1958 年，蕲州镇救济工作，重点帮助困难户陆续加入农业生产合作社，合作社根据困难户劳力情况，安排生产活路，发挥辅助劳力作用，帮助他们多做工分，增加收入。

1958—1961 年，受国家三年困难时期影响，蕲州镇农村人民群众生活发生严重困难，镇政府和各机关人员下乡，安抚困难群众的思想情结，及时发放国家救灾款、救济粮食以及红枣、红糖、黄豆等，帮助群众度荒，医治干瘦病、浮肿病，恢复健康。

因建堤坝、水库而需迁移的住户，则进行移民安置。

1960 年因修建金鸡岭水库，拆迁房屋 40 间，迁移 10 户 44 人；修建刘富二水库，拆迁房屋 32 间，迁移 12 户 43 人。都进行了移民安置。

1977 年以后，蕲州社会救济以扶持穷队（行政村）为主，实行定队发放，先将救济款分配到大队，大队分配到小队，再经社员民主评定到户，张榜公布，然后由大队填发救济通知单，救济户持单到信用社取款。

中共十一届三中全会后，蕲州镇困难救济还配合处理历史遗留问题，党中央国务院规定的特殊救济、补助对象，如原国民党起义投诚人员、宽大释放原国民党县、团以上党、政、军、特人员、右派人员、错划地富成分造成生活有困难的人员，平反释放后无家可归的人员，计划生育发生医疗事故造成生活有困难的人员，生活困难的刑事犯罪人员的家属等等，都要实行救济。

1984 年以后，蕲州镇的救济有以下几个方面：

春荒救济、夏荒救济、口粮救济、灾情救济、社会救济、定期补助和棉衣、棉絮等。除棉衣、棉絮外，其他都折合成人民币发放。1986 年蕲州镇全年累计发放救济款 80777 元；1989 年蕲州镇全年累计发放救济款 78722 元；1991 年蕲州镇全年累计发放救济款 107643 元；1992 年蕲州镇全年累计发放救济款 101057 元；1993 年蕲州镇全年累计发放救济款 80512 元。

1999 年起，蕲州镇区困难救济对象，逐步纳入城镇最低生活保障范围，根据社会的进步和生活水平的不断提高，低保的范围越来越大，低保金额逐年增加。蕲州农村困难户救济对象，主要是未列入“五保”的无生活来源，因灾因病的困难群体。2006 年蕲州农村开始实行最低生活保障，特困户家庭逐步纳入低保对象。同镇区困难户一样，低保范围越来越大，低保金额逐年增加。

从 2005 年起，蕲州城乡居民重大疾病实行医疗救助，即重大疾病除按有关政策报销外，余下部分再按比例补助一部分医疗费。

2015 年蕲州镇医疗救助 305 人，约 149 万元；2016 年蕲州镇医疗救助 165 人，约 90 万元；2017 年蕲州镇医疗救助 80 人，约 47 万元；2018 年蕲州镇医疗救助 25 人，约 20 万元。

从 2006 年起，蕲州农村特困户倒房重建，危房改造实行救助补贴。

此外，蕲州镇民政办还对家住农村流入城市乞讨的、城镇居民流浪街头乞讨的、其他露宿街头的生活无着落人员都一一进行收容遣送救助。

自 2009 年起，蕲州城镇居民住房困难群体享受廉租房居住优惠政策。厂矿职工享受棚户区改造住房政策。

2016 年夏，受连续强降雨影响，蕲州地区江湖水满，沙径村受赤东湖坐湖水影响，自来水、电、路全部中断，县、镇有关部门迅速启动应急预案，7 月 6 日，日夜作战，把 55 户 220 名村民转移到蕲州镇中学，住进学生宿舍，吃住生活开支由县镇有关部门统筹安排，个人不掏分文，前后共暂居 33 天。

附 1：蕲州镇城乡困难群体（含“五保”户）易地搬迁集中安置情况统计（2017 年统计）

1. 邱山村：3 户 5 人，安排在油树垴村安置点。
2. 金鸡村：10 户 24 人，安排在菩提村安置点。
3. 曹英村：8 户 27 人，安排在菩提村安置点。
4. 菩提、曹英、金鸡、五里墩四村在菩提坝联建安置点，占地 16.5 亩，建筑面积 200 平方米，共安置 31 户 80 人。
5. 赤东村：村内廻复寺旁建安置点，占地 2000 平方米，建筑面积 450 平方米，共安置 7 户 18 人。
6. 潘塆村：村内村委会驻地塘角塆建安置点，占地 5 亩，建筑面积 1075 平方米，共安置 12 户 43 人。
7. 恒丰村：村内公路新村处建安置点，占地 3 亩，建筑面积 625 平方米，共安置 7 户 25 人。
8. 邵垅村：村内瓦销地塆建安置点，占地 3 亩，建筑面积 400 平方米，共安置 7 户 15 人。

9. 王垴村：8户19人，安排在席盘石村安置点。

10. 油树垴村：村内四爷庙旁建安置点，占地6亩，建筑面积1625平方米，共安置18户65人。

11. 老虎头村：1户4人，安排在席盘石安置点；2户8人，安排在黄土岭安置点。

12. 红门楼村：村内村委会旁公路边建安置点，占地4亩，建筑面积850平方米，共安置14户34人。

13. 施家塘村：村内村委会附近公路边建安置点，占地1.5亩，建筑面积525平方米，集中安置8户21人。

14. 黄土岭村：村内袁塆附近建安置点，占地3.6亩，建筑面积950平方米，安置牛皮坳村1户3人；安置老虎头村2户8人；本村安置10户27人。

15. 塘塆村：村内原村办小学房屋改建安置点，占地3亩，建筑面积600平方米，已安置4户5人。

16. 沙径村：1户1人安排到西角湖安置点。

17. 土台村：2户2人安排到西角湖安置点。

18. 西角湖村：村内江北一级公路旁，沙径、西角湖、枫树岭、土台、红石头五村联建，占地5亩，建筑面积840平方米。安置西角湖7户9人；土台2户2人；沙径1户1人；枫树岭4户12人；红石头1户3人。

19. 打鼓台村：2户6人安排到席盘石安置点。

20. 席盘石村：村内在上宋塆公路边建多村联建安置点，占地16亩，建筑面积3675平方米，安置46户145人。(共九个村的困难户)

21. 竹林湖村：村内临湖小区建安置点，占地3亩，建筑面积375平方米，安置4户15人。

22. 枫树岭村：4户12人集中到西角湖安置点。

23. 银山村：10户35人，安排在横坝安置点；5户20人，安排在本村安置点。

24. 龙泉庵村：村内村委会公路边建安置点，占地5亩，建筑面积2050平方米，安置本村19户66人；韦庄村3户10人；红门楼村2户6人。

25. 韦庄村：3户10人，安排在龙泉庵安置点；7户23人，安排在本村安置点，占地3亩，建筑面积575平方米。

26. 扎营港村：村内小学后敬老院旁建安置点，占地2亩，建筑面积250平方米，安置4户11人。

27. 新塘村：村内公路边建安置点，占地3亩，建筑面积225平方米，安置5户9人。

28. 横坝、银山村两村联建，在公路边，占地9亩，建筑面积1900平方米，横坝村安置15户41人；银山村安置10户35人。

29. 牛皮坳村：1户3人，安排到黄土岭安置点；1户4人，安排到席盘石安置点。

30. 上河口村：1户1人，安排到席盘石安置点。

31. 红石头村：1户3人，安排到西角湖安置点。

蕲州镇困难户救助情况一览表

表 4-26

年份	项　目	户　数(户)	人　数(人)	年总金额(万元)
2017	城镇低保	204	385	110.2248
	农村低保	473	1040	248.0436
	农村特困	242	242	174.24
	城镇“三无”	10	10	10.8
	医疗救助	80	80	46.9988
	临时救助	95	214	19.328
	残疾人		1813	
2018	城镇低保	196	375	125.0964
	农村低保	475	1023	275.3532
	农村特困	233	233	187.332
	城镇“三无”	12	12	14.112
	医疗救助	25	25	20.148
	临时救助	110	227	30.207
	残疾人		1848	

蕲州镇廉租房建设情况统计

表 4-27　　单位:平方米

位　置	占地面积(平方米)	建筑面积(平方米)	层数(户)	户数(户)	户均面积(平方米)	入住时间
1.濒湖路福园小区内	432	1800	6	36	50	2011 年
2.二里湖砖瓦厂厂区内	12000	20100	6	402	50	2014 年
3.后濠街						
A 栋 金宝贝幼儿园后	1375	3384	6	72	47	2011 年
B 栋 新华书店后	754	2300	7(1 层车库)	36	54.7	2011 年
4.蕲州大道房产所后	三栋总占地面积					
A 栋	2462	3456	6	72	48	2012 年
B 栋		2304	6	48	48	2012 年
C 栋		1152	6	24	48	2012 年

注:2017 年统计,可以长期住,不能转租,当年每户年租金 662 元,当年物业费每户年 232 元。

3. 就业扶贫

蕲州镇的扶贫工作同全县一样，是在 1976 年继罗田扶贫工作会议以后开始的。

1977—1980 年，蕲州镇农村扶贫重点是发动群众利用荒山、闲地种油茶、油沙豆，积极发展养猪业。

1981—1982 年，蕲州镇农村扶贫重点是信用社发放低息扶贫贷款，帮助困难群众分田到户以后，解决生产资料中的种子、农药、化肥等问题，供应平价粮、减免公粮，帮助一部分困难户脱贫。

1982—1986 年，扶贫重点是发放低息或贴息扶贫贷款，鼓励贫困户开展多种经济生产和开展家庭副业，如养鱼、养鸡、养鸭、种藕、养蜜蜂等，积极创建种、养专业户，脱贫致富。

1987 年以后，蕲州镇扶贫重点是通过发放扶贫贷款、引进先进简易工业企业技术，鼓励扶持贫困户创办或参与乡村企业劳动。既涌现了一批小企业技术能人，又带动了一大批人就业脱贫。

1993 年蕲州镇各村创办的扶贫企业一览表

表 4-28

村别	企业名称	吸纳职工人数(人)	年人均收入(元)
新塘村	水泥厂	220	1500
	灰石厂	48	1791
	瓦厂	25	1920
	建安公司	68	2647
扎营港村	碎石厂	57	1017
	钢丸厂	18	833
	搬运站	40	1050
韦庄村	砖厂	80	937
	养殖场	11	909
龙泉庵村	红煤粉厂	4	750
银山村	碎石厂	150	3933
	鱼场	5	2000
竹林湖村	麻纺厂	43	1395
	麻袋厂	60	1183
	铜材厂	130	1769
	五金公司	20	2000
	砖瓦厂	180	1222
	建筑公司	135	1851
	塑料加工厂	15	1666
	油料厂	10	2400
席盘石村	果园场	16	1312
	运输队		
街口村	建筑队	20	2500
	采石场	20	1500

续表 4-28

村　　别	企业名称	吸纳职工人数(人)	年人均收入(元)
打鼓台村	纸箱厂	40	875
枫树岭村	石灰厂	10	2200
	鱼　场	10	1500
土台村	石灰厂	23	3043
	鱼　场	12	2000
雨湖村	砖瓦厂	230	1173
	纤维厂	50	1600
	养殖场	44	2500
	船　厂	20	1250
南门村	综合厂	30	833
	船　厂	30	1500
	建筑队	65	846
	运输队	20	7500
	商　店	35	857
城内村	日用化工厂	105	1333
	油毡厂	80	1500
	造纸厂	68	1661
东门村	综合厂	34	1341
	电器厂	20	1630
上河口村	建筑队	8	2650
	炼油厂	5	600
一关村	隔板厂	75	1066
	极板厂	26	1538

续表 4-28

村　别	企业名称	吸纳职工人数(人)	年人均收入(元)
一关村	电瓶厂	10	1000
	建筑队	40	2750
	房地产	40	2750
郦公园村	包装公司	30	2000
	精制石粉厂	10	2500
	建筑构件厂	50	2000
	建筑队	100	2000
红石头村	精干麻厂	20	5000
	预制厂	20	4000
	油坊	5	3000
	建筑队	24	4166
二里湖村	石粉厂	68	1324

1986 年后，蕲州镇积极发放小额贷款，引进先进栽培技术，鼓励支持乡村贫困户积极种植苎麻、棉花、芝麻、蜜橘、板栗、莲藕、红菜薹等经济作物，让许多贫困家庭，摆脱贫困，走上富裕道路。

进入 20 世纪 90 年代，蕲州城乡经济更加活跃，蕲州镇积极扶持、鼓励乡村贫困户进入城镇经商务工、摆摊、开餐馆、办旅社、开代销店等，工商部门优先发放营业执照，减免各种税费，其子女进城就学，减免部分学杂费。1992 年全镇私营个体商业、餐饮业、服务业网点共 550 个，劳动就业人员 820 人，服务业中大小旅馆 15 家、床位 940 个，有 340 人就业；1993 年私营、个体商业网点 601 个，就业人员 918 人。而到了 1997 年私营、个体商业网点达 930 个，劳动就业人员达 1850 余人。

1995 年以后，蕲州镇乡村扶贫重点鼓励支持贫困户种植中药材，如蕲艾、桔梗、黄栀、吴茱萸、金银花、夏枯草等，并组织各村扶贫储金会，为贫困户提供小额贷款或入股分红，为贫困户提供技术支持、逐步走入规模化种植，并联系产销。

2010 年以后，蕲州扶贫工作重点鼓励支持家乡致富能人、企业老板回乡创业，并积极招商引资，引进外地企业老板到蕲州农村发展规模种植、养殖，带动一大批乡村贫困户就业，让更多的贫困户摘掉贫困帽，走上致富道路。

1979年—2012年蕲州镇脱贫情况表

表4-29

年份	脱贫户数（户）	脱贫人数（人）	年份	脱贫户数（户）	脱贫人数（人）
1979	280	979	1993	380	1375
1980	350	1271	1995	278	945
1981	320	1352	1998	215	847
1982	390	1556	2003	204	635
1983	401	1723	2004	198	502
1984	410	1661	2005	217	683
1985	387	1395	2006	188	578
1986	370	1270	2007	210	560
1987	375	1514	2008	251	605
1988	371	1540	2009	193	652
1989	307	1075	2010	185	638
1990	303	1216	2011	221	745
1991	375	1241	2012	185	578

从2016年起，蕲州镇启动城乡居民困难群体精准扶贫攻坚战，制定优惠政策，分步实施，确保2020年全镇困难群体全部摘帽脱贫。主要政策有产业扶贫、教育扶贫、易地搬迁扶贫、健康扶贫、民政兜底和金融扶贫六大项。如产业扶贫的优惠政策是：

中药材种植符合蕲州镇药旅联动发展战略的中药材品种。如蕲艾、夏枯草、栀子、银杏等，规模1亩（含1亩）以上，分品种登记，按实际种植面积给予400元/亩标准补贴，每户合计补贴量不超过6000元。

特色种植业种植符合当地特色优势的产业种类和品种，主要包含蔬菜、油茶、水果、苗木、花卉等，优质稻本次不作补贴。蔬菜指以种菜为庭经济收入的大棚蔬菜和常年在园的绿地蔬菜面积（不含贫困户自留菜地面积），大棚蔬菜按2000元/亩标准给予补贴，常年在园露地蔬菜按1000元/亩标准给予补贴；水果、油茶指贫困户拥有产权且自管的新建园和幼园或改造园的面积（油茶成活率达85%以上且保存率达80%以上），水果按500元/亩、油茶按200元/亩标准给予补贴；苗木、花卉和其他特色种植，如薏苡、莲藕、莲子、菱角、香芋、山药、生姜、荸荠、苎麻、甘蔗、西甜瓜等新发展的面积，按500元/亩标准给予补贴。特色种植业实行分类、分品种登记，种植规模0.5亩（含0.5亩）以上，每户合计补贴最高不超过6000元。

特色养殖业养殖符合当地特色优势的种类或品种。特色养殖业实行分类、分品种登记，按贫困户实际畜禽养殖规模和养殖水面（含虾—稻共育）给予补贴。畜禽养殖：生猪按400元/头，肉牛按1000元/头，肉羊按300元/头，鸡、鸭、鹅、兔等按15元/只标准给予补贴，其他特种养殖如土鳖虫、蜜蜂等按其产值折算对应种类产值规模，按其标准给予补贴，水面养殖1

亩以上，按 500 元/亩标准给予补贴。特色养殖业每户合计补贴最高不超过 6000 元。

光伏产业对建站 3 千瓦及以上的光伏电站贫困户，按 12000 元/户标准给予补贴。

乡村旅游业对有场所且正在经营农家乐或民宿的贫困户，按 5000 元/户标准给予补贴；对有场所且正在经营旅游商品的贫困户，按 2000 元/户标准给予补贴。

小型产业。对贫困户发展电子商务开店的，给予 2000 元/户补贴；对开办有门店或有摊位的小型服务业、小型农副产品加工业的贫困户，按 2000 元/户标准给予补贴。木工、泥工、漆工等手工业者属务工性质，不享受此项补贴。

三年以来，蕲州镇政府、教育、财政、税务、工商等机关的工作人员，全体出动，与各村（居）携手合作，摸清底细，上下联动，抢抓机遇，分片包干，责任到户到人，不漏一户，不掉一人。帮助扶贫户进一步转变扶贫观念，扶贫先扶智（志），树立战胜贫困的信心，用好扶贫政策，不等不靠，自己动手，滋生“造血功能”，组织贫困户技术培训，积极引进资金、技术和人才，与贫困户联手发展，以种蕲艾为龙头的种植、养殖等产业，逐步形成专业化、产业化和规模化，把全镇贫困群体都吸纳到产业扶贫的大军中。

蕲州镇各村（居）列入精准扶贫户数人数表（2018 年）

表 4-30

单　位	户数（户）	人　口（人）	单　位	户数（户）	人　口（人）	单　位	户数（户）	人　口（人）
席盘石	61	170	恒　丰	53	129	金　鸡	72	245
土　台	37	75	雨　台	54	181	龙泉庵	108	329
东　门	16	42	街　口	38	96	邱　山	126	386
城　内	26	73	南　门	34	81	红门楼	119	410
二里湖	19	57	两路口	20	64	油树垴	98	354
老虎头	36	99	塘　塆	47	159	新　塘	71	173
牛皮坳	9	24	潘　塆	106	404	横　坝	122	443
江　河	6	16	韦　庄	84	336	菩　提	177	789
红石头	20	56	雨　湖	68	217	银　山	170	614
上河口	11	37	郦公园	23	69	总　计	2737	8779
黄土岭	52	144	五里墩	91	321			
赤　东	36	122	枫树岭	28	68			
一　关	14	29	西角湖	21	58			
扎营港	59	165	曹　英	116	381			
下石潭	36	104	施家塘	65	171			
打鼓台	24	83	太　常	77	174			
沙　径	18	41	邵　垅	126	390			
竹林湖	45	113	王　堘	103	272			

蕲州镇产业扶贫较大规模项目情况一览表

表 4-31

项目名称	落户地	负责人	规 模 概 况
蕲艾种植	蕲州镇各村	宋勇等人	共 29 个村，64 个基地(片)，计 16468 亩，其中百亩以上的基地(片)50 个，红门楼村一世缘蕲艾科技公司的基地 1280 亩
养 猪	五里墩村等	陈潇等人	全镇共 11 个村，11 个场，其中土台村和五里墩村的养猪场存栏数 1 万头
大径桥渔场	王堖村	汪树法	1500 亩水面
雨湖渔场	雨湖村	王文进	2000 亩水面
王堖养牛场	王堖村	张志国	存栏 200 头肉牛
德峰农业园	太常村	陈学敏	油茶 1600 亩、猪 5000 头、鸡 15000 只
韵旺合作社	曹英村	曹先旺	养鸡 10000 只
席盘石养鸡场	席盘石村	王泽益	蛋鸡 20000 只
黄土岭鹌鹑场	黄土岭村	张建宁	养鹌鹑 20000 只
银杏产业园	邵垅村	韩明秀	银杏苗圃 1600 亩
龙虾养殖场	雨台村	邓庆丰	750 亩
菩提酒厂	菩提村	张 豪	年产白酒、米酒共 200 吨
竹林湖莲藕	竹林湖村	郑春华 郑美银 王铁应	种植面积 500 亩

注：本表 2018 年统计。

4. 民政机构

蕲州镇建镇初期有专设民政办公室，由一名副镇长主管，日常事务则由镇政府办公室承办。大概是 1973 年前后才设专职办公室，具体负责有关工作。

（二）社会保险

1. 养老保险

养老保险大致划为三个范围。工矿企业职工养老保险、机关、事业单位职工养老保险和城乡居民养老保险。

1987年以前，实行企业（单位）养老保险制度，既固定工实行退休制度，退休金由所在企业（单位）发放；临时工和全民合同制职工则无退休保障。

1987年以后，国营和预算内集体企业职工养老制度改革，即职工退休工作由社会统筹管理。从1987年11月开始，企业退休职工退休费由社会保险公司统一发放。

机关事业单位职工养老保险由财政负担，2014年10月1日以后养老保险由社保部门发放，其在职职工须每月缴纳养老保险金。2018年前个人承担月工资额的12%，单位承担20%。

农村社会保险工作，1993年开始试点。1994年10月3日，蕲春县农村社会保险管理局成立，由于人们认识的原因，蕲州镇农村社会保险缴费人员很少，至2011年蕲州城乡居民养老保险才全面铺开。其工作由蕲春县人力资源和社会保障局蕲州人社服务中心具体负责，地址在蕲州镇人民政府对面蕲州政务服务中心。

参加保险人员，必须办理社会保障卡。

2. 医疗保险

蕲州镇乡村医疗保险详见卫生章节中《合作医疗》。

六、宗教

蕲州镇境内有佛教、道教、天主教和基督教，其中佛教和道教在境内传播时间久远。佛教记载始于隋唐，如四祖寺、五祖寺和菩提寺。道教记载始于北宋，如玄妙观；天主教和基督教则始于清末、民国时期。故蕲州镇区古代有99座庙之称。

民国时期和20世纪50年代，蕲州镇许多私塾和学校就在各教派寺庙道观办学校。

中华人民共和国成立初期和“文化大革命”时期，蕲州镇内许多寺庙、道观建筑物被视为“四旧”，被拆毁或改作他用。1980年后，蕲州镇境内许多寺庙、道观被逐渐恢复，如昭化寺、芭茅道观等。

（一）教派

1. 佛教

蕲州境内有佛教记载始于隋唐，如四祖寺、五祖寺和菩提寺。始建于蕲州凤凰山、皂儿林和菩提坝。四祖寺后迁黄梅破额山，五祖寺后迁建黄梅东方山。菩提寺遗址仍存于菩提村。

隋之后，境内佛教属小乘教派之禅宗。禅宗创始人为南天竺人达摩，梁普通年间（520—526年），达摩泛海由广州入中国，后入河南少林寺，创禅宗。禅宗为递代单传。达摩传慧可，慧可传僧璨。僧璨住天然寺（今属浠水县）。僧璨传衣钵与道信。道信于隋大业年间到今蕲州之凤凰山建寺，传衣钵于弘忍。弘忍传衣钵于慧能。慧能后为禅宗南派祖师；弘忍另一弟子神秀，曾居蕲，后创禅宗北派。慧能门下，有南岳怀让、青原行思两系，后南岳系下分为沩仰、临济两派，青原系下分为曹洞、云门、法眼三派，世称“五家”；在临济下又有黄龙、杨歧两派，合称“五家七宗”。南宋以来，唯临济、曹洞两派盛行，余均不传。境内为临济宗，其派系为“心源广续，本觉昌隆，能仁圣果，常演宽宏，惟传法印，证悟会融，坚持界定，永记祖宗。”民国中期，蕲州四祖寺监院悟尘，继任悟真，当属临济宗第22代弟子。

2. 道教

（1）**正一派**

正一派又称“正一道”“天师道”，道教只有两大宗派。相传为东汉顺帝时张道陵创于四川鹤（鹏）鸣山，时称五斗米道。西晋永嘉年间（307—312年），张道陵4代孙张盛移居江西龙虎山，尊张道陵为掌教、“正一天师”，其名渐显，而以“天师道”著称。元大德八年（1304年），元成宗授张道陵第三十八代后裔张与材为“正一教主”，主领龙虎山、阁皂山、茅山符箓。正一派信徒不出家，不修炼，俗称“火居道士”或“俗家道士”。境内正一派在民国时期分为上乡灵官教和下乡青微教，其信徒俗称“道士”，已成为一种迷信职业，从事为乡人“驱鬼降魔”，祈福禳灾，为亡者报“七”、除灵、念经超度等活动。

境内道士之弟子，有家传和收徒授业两种。收徒授业规矩同其他手工业者，始业和业成之日皆要置酒待师。按要求，业成之学徒，先要去龙虎山“清箓”（购置各种呈报天师的奏折之类），然后师、徒设香案念经3~5天，向张天师焚化“奏章”；奏章要求写明行道的诚意、派名、生辰、住址，以“臣”自称。俗称此活动为“奏职”。实际上大多数道士未行奏职，只是由师傅将自己从业地域（“市主”）分部分给徒弟，自此徒弟即可独立行业。

（2）**全真派**

全真派又称“全真教”“全真道”，道教二大教派之一，创始人王重阳。蕲春境内为全真派的龙门支派，创始人为邱处机。邱为王重阳七名弟子之一，字通密，号长春子，元登州栖霞（今属山东）人，潜修于龙门山而创建龙门派。生前，元太祖召见于雪山，尊为神仙；死后，元世祖褒赠“长春演道主教真人”，世称“长春真人”。

龙门派传入蕲州，据《太上龙门宗谱》记载，于明万历后期即万历三十八年（1610年）至万历四十七年（1619年），由荆王朱由樊聘武当全真道人柳道春道长来蕲州传道，并修建玄妙观。其派系为“道德通玄静，真常守太清，一阳来复本，合教永圆明，至理宗诚信，崇高嗣发兴，世景荣维懋，希微行自宁，来修正仁义，超升云会登，大妙中黄贵，圣体会用功，虎空乾坤秀，金木性相逢，山海龙虎交，莲开现宝新，行满丹书诏，月盈祥光生，万古续仙号，三界都是亲。”道光五年（1825年），龙门派在北京白云观（邱处机曾居此）开坛续此新派词。民国时期，社会公认的道教徒，皆为该派教徒。据1947年登记，境内派系已递传至“兴”字；境内历史上以“永”至“崇”等9个派辈的教徒最多。

3. 天主教

清咸丰十年（1860年）经黄梅县传入蕲州。先统二年（1910年），意大利传教士舒、涂（皆为中国姓）两人到蕲州城，得州城士绅郑秋波所捐鸽鸡山脚的房屋，设堂传教。1927年春，蕲春境内天主教外国神职人员被工农群众驱逐，蕲州天主堂改作县农会会址。

1930年，意大利传教士佳格礼、朱多玛等3人重到蕲州恢复教会活动。此后，天主教在境内传播较快。据1947年《蕲春县外国教会概况调查表》载，时全县天主教徒2550人，其中：男1290人，女1260人；占有“土地35公亩五升三合”，“房屋19栋”，“存款20万元”(法币)。1949年，全县有教堂及堂口17座（处）。

中华人民共和国成立后，县人民政府贯彻信仰自由的政策，保护教会的正当活动。1951年，境内天主教徒按照“三自”精神，同外国教会脱离联系。同年9月，全县教徒在蕲州集会，揭露、控诉外国神甫以宗教作掩护从事各种非法活动和欺压中国居民的罪行，并举行火炬游行，要求政府依法驱逐罪行累累的意大利籍主教邱先觉和神甫边安吉。蕲州天主教会传教士的罪行分别由《湖北日报》、上海《英文周报》刊发。同年底，经中央人民政府批准，县人民政府发布布告，将邱、边两人押解出境。

据1966年调查，时蕲州镇有教徒105名。

“文化大革命”初，活动停止。中共十一届三中全会后，凡受错误处理的一律作了纠正。天主教组织“三自”革新委员会未恢复。所有人员都听其自主择业。

4. 基督教

清光绪三年（1877年），从黄梅和广济传入蕲州，但教徒不多。

（二）场所

1. 佛教

(1) 寺庙

据《光绪·蕲州志》载，时蕲州镇境内比较有名的寺庙有四祖寺、五祖寺、菩提寺、石鼓寺、铁佛寺、乾明寺、法胜寺、昭化寺、沙径寺、钵莲庵、普福庵、武圣宫、蕲州东岳庙等。中华人民共和国成立后，佛教寺庙一部分被改作学校，一部分因建设被拆毁，“文化大革命”期间被视为“四旧”，活动停止，寺庙基本拆除或改作他用。改革开放后，佛教活动渐渐恢复，信众增多。蕲州镇城乡自20世纪80年代起，由信众捐款捐物建立和恢复了许多寺庙。先后接受蕲春县民族宗教事务局验收、登记，并开展活动。

四祖寺，即四祖正觉禅寺，又名“凤山寺”，俗称“四祖寺”，位于蕲州城内凤凰山麓，禅宗四祖道信于隋唐时创建。明洪武年间僧正明铎重建。正殿之外，有转轮藏阁、钟鼓楼、七叶寮、客座禅房，并筑祈嗣宫、江山一览亭、江山清趣亭、千仞亭、望江亭于旁，因规模宏大，被称为“十方丛林之最”。清咸丰三年（1853年），太平军攻占蕲州时毁于火。后于同治和光绪初，先后重建大殿、客座禅房及祈嗣宫、江山清趣亭等建筑。民国前期，湖北省佛教会蕲春分会会务及图记由该寺僧掌管；1947年中国佛教协会湖北分会蕲春支会成立时，该寺住持会修被举为常务理事。中华人民共和国成立后，因建蕲春县玻璃厂而拆毁。

五祖寺，四祖道信传法于弘忍，弘忍于唐太宗贞观八年（634年）受禅宗衣钵，号五祖。五祖在麒解山以南雨湖西北岸的枣儿林建寺（今南门居委会六组），即五祖寺，全称为五祖贞慧禅寺。后来弘忍见寺庙周围皆为湖水环绕，粮田不多，感叹道：“斯地能着千年僧，却无千年粮。”遂于唐高宗咸亨三年（672年），在冯茂山（东山）建寺，并蕲州所建寺，皆称东山寺，以后朝代，蕲州五祖寺都未废弃，仅清朝就分别在顺治、雍正、乾隆、道光年间进行了五次修葺，规模日甚、鼎盛时期庙宇即达108间。最后一次修缮于1914年，民国后期，庙宇内办有蒙学。中华人民共和国成立后尚留存五列并有宽阔凉亭的建筑，1958年，庙宇完全拆毁，建筑材料用作他处，现仅有庙宇一间，石制菩萨身一座。

菩提寺位于蕲州镇菩提村菩提坝街，唐代慈应禅师所建，经历代扩建，有殿宇48间，号称108间，中华人民共和国成立后寺内办菩提小学，后拆毁建菩提中学。

铁佛寺位于蕲州北门内胭脂山上，始创于明洪武二年（1369年），永明和尚所建。寺内冶铁佛像，故名，清末被毁。

昭化寺位于缺齿山下，红石头居委会一组境内，建寺准确时间无考。荆王府迁到蕲州后，于明成化八年（1472年）对其进行了扩建，并将由江西建昌随王府迁来的沉香身、石莲座佛像，从王府内请进佛殿。成化以后，朝廷主持捐赠千金，进行了一次大规模的修建，定名昭化寺，以期昭示感化王府子孙，昭化寺也就成为当时荆王府的家庙。明嘉靖年间（1522—1566年），昭化寺遭风雨袭击倾倒，又由朝廷赐金五百，“传令内使，督工修理。”殿宇梁柱皆用石料，佛像丹青彩塑，极为壮观。明嘉靖年间，曾任福建参政的顾问还撰写了《荆王重修昭化寺碑》，在碑词中提到了昭化寺的早期创建人悟空和尚。昭化寺用石料做成大梁、柱，历经400多年，1982年，昭化寺被定为县级重点文物保护单位，1993年重新开放，得到修缮，并进行了扩建，先后重建了观音殿、三圣殿、大雄宝殿、罗汉殿、中兴法堂大殿。现登记为甲类宗教活动场所，省级文物保护单位。住寺为僧尼3人，住持为释宏林。2017年起住持：释常定。

钵莲庵位于城南雨湖中一隆起小山包上。明弘治年间，由荆王世系都梁王原配王妃何氏所建，属昭化寺二堂。二十世纪六七十年代成为王宣村渔场、开荒队用房。1993年重建，一进两重，占地面积约1000平方米，建筑面积600平方米。现为蕲春县宗教局代管场所，住持师傅：释达远。

武圣宫位于一关街23号，始建不可考，清乾隆二十年（1755年）、乾隆四十七年（1782年）、清道光十年（1830年）等多次重建，盛时庙宇从一关街绵延至莲花池边。近代以来，由于历经战乱，几近荒废。改革开放后，在信教群众的资助下，在原址靠近一关街一方，于2004年和2014年建起两重大殿，占地约300平方米，建筑面积约800平方米，供奉如来佛、观世音、关公、西方三圣。2017年，获省宗教局验收；现住持尼姑释隆成。

龙凤寺位于牛皮坳林场，佛教活动场所，始建于北宋仁宗嘉祐年间。2008年被登记为乙类宗教活动场所，住持释持贤。

清静庵位于蕲州镇城内居民委员会境内。相传在清朝末期，安徽有一位官家小姐叫余元龙，发誓终身不嫁。为抗婚，出逃至蕲春投亲，又遇战乱，遂选择蕲州城内池子塘修建庵堂，以此静心修炼，以示自己清白一生，故取名“清静庵”。后因朝代更替，庵堂几成废墟。自1993年起，当地信士和群众自发捐款筹资，对该庵重新修缮，建有正殿、偏殿、厨房共5列，建筑面积400余平方米。正殿供奉有千手观音、太上老君、地母至尊等神像，偏殿供奉有余元龙等地方神。

（2）名僧

道信（580—651），俗姓司马，怀州河内（今河南沁阳）人。隋仁寿二年（602年）受禅宗衣钵号四祖。隋大业间（605—617年）到蕲，在今蕲州城内凤凰山建寺。唐武德七年（624年），迁黄梅双峰山（破额山），“聚徒五百人”。

他改变其师修头陀行、居无定所之禅风，并“教戒人们，努力勤作为本”，不图荣显，不附权贵。生前，唐太宗“三诏不起，赐紫衣”不受。逝后，唐代宗益“大医禅师”；元泰定间加号“妙智正觉禅师”，故蕲州“四祖寺”又称“正觉禅寺”。

弘忍（602 — 675），俗姓周，浔阳（今江西九江）人。唐贞观八年（634 年）受禅宗衣钵号五祖，建寺于今蕲州城外雨湖的枣儿林。后见寺周水陆不甚宽广，认为“斯地能着千年僧，却无千年粮”，乃于唐咸亨三年（672 年）去黄梅，结庵冯茂山即东山，同在蕲所建寺皆号“东山寺”。逝后，唐代宗谥“大满禅师”；南唐加谥“地广禅师”；宋真宗加号“贞慧禅师”。衣钵传人六祖慧能，创禅宗南派；高徒神秀，创禅宗北派。故光绪《蕲州志》称：“南北之宗，皆寓于蕲”。

神秀（约 606 — 706），俗姓李，开封尉氏（今属河南）人，居蕲州。同慧能皆为禅宗五祖弘忍门下，任“上座”。五祖寺从蕲州迁入黄梅后，神秀随师到黄梅。他的学问优于慧能，然他写的偈语：“身是菩提树，心如明镜台，时时勤拂拭，勿使惹尘埃”，弘忍认为不及慧能偈语“菩提本无树，明镜亦非台，本来无一物，何处惹尘埃”的佛性彻底、证悟程度高。为此，弘忍把衣钵传慧能。弘忍死后，他去江陵玉泉寺传授禅法，历受唐武后、中宗、睿宗的优礼，他所倡导的渐悟法门，世称“北宗”，传承数代而衰。

2. 道教

据光绪《蕲州志》载，时境内著名道观有祈嗣宫、玄妙观、文昌宫、三圣宫、三元宫、纯阳阁等。

中华人民共和国成立后，道教信徒减少，“文化大革命”时期被视为“四旧”，道观基本拆除或改作他用。改革开放后，道教活动渐渐恢复，信众增多，由信众捐建，恢复了许多宫观，并接受上级登记、验收，开展活动。

玄妙观，由道士李可道于北宋真宗大中祥符年间（1008—1016 年）建于今麒麟山东麓，坐北朝南，面雨湖，临长江，祀奉老子。明洪武年间（1368—1398 年），道士王德荣迁建玄妙观于古城东门外。明天顺四年（1460 年），荆靖王重修。清初，为避康熙帝“玄烨”讳，改玄妙观为元妙观。嘉庆年间（1796—1820 年）又进行了一次大规模的修复。中华人民共和国成立后，尚保护完好。20 世纪 70 年代遭到破坏。80 年代国家拨款在原址西北后濠重建，作为李时珍医院门诊部。

九清宫，九清宫位于古城东门外，现打鼓台村境内。该庙原名“火星庙”，据明代嘉靖《蕲州志》载：“火星庙二处，一在北门外，莫知所始，一在蕲东南三里，洪武十三年蕲卫左所千户焦羲建。”洪武十三年，即公元 1380 年，距今已有 600 多年历史了。中华人民共和国成立后，这里先后办过学校、夜校、集体食堂、抗旱指挥部等，成为一处公共场所。“文化大革命”期间被废。1992 年，信众在原址上建 3 列庙宇，除供彭祖、吕祖外，还供有其他道教神像 20 余尊。现登记类别为乙类。

玉皇庙，玉皇庙现位于二里湖居委会境内靠近长江处，原庙址在蕲州西门，始建于清咸丰三年（1853 年）。建庙之初，是为保佑长江两岸过往行人的平安，因建于西门龙矶，故叫龙矶寺。至咸丰十年（1860 年）迁建于蕲州船码头处，有石碑记载（此碑存于庙中），至 20 纪 50 年代初毁，残碑现嵌于墙壁有利于保存。1999 年，人们自愿筹资，对已毁的龙矶寺开始复建。现登记类别为乙类。

东岳庙，位于东门街境内，与麒麟山相对。东岳庙相传为明荆王府所建，规模一度超过昭化寺。明崇祯十六年（1643年）正月，张献忠攻入蕲州，东岳庙被毁。清咸丰十年（1860年），蕲州官吏为皇帝求寿，强迫民众捐资建庙，东岳庙因此复建，规模扩大，占地百余亩，坐北朝南，一进五重。一重门殿有两匹能活动的神马，还有黑白二无常：二重荷叶殿，供奉王灵官、千里眼、顺风耳等，还有大殿阎王、南北二斗以及刀山、火海、油锅等阴森恐怖的地狱：三重供黄飞虎、十二太保、六大将；四重会客厅；五重为正殿，供黄飞虎父亲黄锟，侧殿为娘娘殿。1946年，国民党驻军庙内，大小神像毁坏殆尽；1958年庙宇被拆。2003年，当地居民筹资重建东岳庙，建有东岳殿、观音殿、娘娘殿和居士房、厨房、餐厅，供奉有地府神君、慈航大士等神像，现有建筑面积1200多平方米。

芭茅道观，位于古城文明门（南门）外，又名芭茅山庙、南门道观其观址在凤凰山西南侧，长江北岸的芭茅山上，故名。由于此山芭茅秆高且坚韧，表皮呈紫红色，茅叶翠绿，故又有“紫竹林”的雅称。该庙背靠凤凰山，面襟长江，左控钓鱼台，右接乾明矶，更衬托出玄武、朱雀之威。以后又几毁几建，现存芭茅山庙建于1988年。现芭茅山庙有庙宇殿堂一大间，丹房厨房七间，共计1479.2平方米。殿堂内供奉有李际春总管、龙王、太上老君、灵官等神像。现登记类别为乙类。

纯阳阁，坐落在蕲州西门内金陵书院后面，其前称叫玉皇楼。乾隆二十二年（1757年），南京帮商人在蕲州建金陵会馆，乾隆三十六年（1771年）完工。清同治六年（1867年）重修，更名金陵书院，曾任江西某县丞的蕲州人张梦玉被聘为教习。张在学生放晚学后无所事事，便邀人扶乩请仙，自己亲自记录，所请之仙为吕纯阳。同治七年（1868年），张梦玉去天台山学道，两年后学道归来，筹建玉皇楼，至同治十三年（1874年）孟秋，玉皇楼落成。1938年中秋节，蕲州沦陷，日本侵略军一次杀死、烧死纯阳阁道人、道姑10人，制造了特大惨案，还抢走了金陵书院1000余册珍贵藏书，纯阳阁毁。自后，纯阳阁的道人道姑以金陵书院作为纯阳阁的道教活动场所，既从事道教活动，又保护着“金陵书院”这一省级文物保护单位。1999年登记类别为甲类。

普福庵，位于蕲州镇恒丰村陈塆，因是王缨村、邵垅村、恒丰村、潘塆村四村共建，故又叫“四村庙”。普福庵始建于明，原名圆塘庵，于光绪十三年（1887）改名至今。1993年，四村群众捐资重修普福庵，建成有前殿、南殿、北殿、正殿的四合院结构的仿古建筑，建筑面积500余平方米，供奉有四公太子、杨泗将军等神像。2005年登记类别为乙类。

靖烈宫，位于蕲州镇大畈头村境内，地处蕲州“三关龙（垅）口”和古白马渡口处，始建于清初。相传一年大水，江堤溃决，一神像“坐轿”随水而来（神像被绑捆固定在竹木支架上，随水漂浮），初当地群众发现，并认为这是“黑老爷”（当地人对屈原神像的称呼），就将其安置在一茅屋内。后来，人们又为黑老板募资建庙，取名为“靖烈宫”。靖烈宫在清同治年间重修，距今已有140多年。1954年特大洪水，水位淹到靖烈宫大门半米深，人们在石门壁上刻下了水位标志。在“文化大革命”期间，一些“红卫兵”要“破四旧”，当地的婆婆们轮流护卫着靖烈宫，使其免遭损坏。20世纪80年代，人们对该宫前重殿重修。现宫殿为三列二重，前重为新修殿，后重为同治年间“重修”时的旧殿，飞檐翘角，廊柱木构均为铆榫结构，工艺精湛。

3. 天主教

清咸丰十年（1860年），天主教经黄梅传入蕲州。清宣统二年（1910年），意大利传教士舒、涂（皆为中国姓）两人到蕲州城，得州城绅士郑秋波所捐鸽鸡山（康复院处）房屋，设堂传教。以后随着规模的扩大，又顺着山势建起了洋楼、膳堂、礼堂和教导厅，形成一个比较大的建筑群，并在城外北仓口设福音堂。同时，教堂级别也不断提升。1929年7月18日，从汉口代牧区分设黄州自治区。1932年6月1日，升格为黄州监牧区。1936年1月27日，升格为蕲州代牧区。1946年4月11日，升格为蕲州牧区。

1951年，中国人民志愿军黄冈休养院在蕲州成立，政府将教会财产划归休养院（康复院）所有。

2009年，黄冈市人民政府出资256万元异地还建“蕲州圣方济各教堂”，现址位于蕲州红石头村徐塆湖边山嘴。现登记为甲类宗教场所。主教：张合军神甫。

4. 基督教

中华人民共和国成立前蕲州有基督教信众，因人数少，活动场所未见记载。改革开放后，蕲州镇内信众渐渐增多，并于20世纪90年代中期，在蕲州镇三号路附近一居民家中作为聚会点，属于蕲春县基督教会聚集点的一个分点。

（三）宗教活动

1. 佛教活动

（1）主要活动

僧尼的日常禅事有早课、晚课、坐禅、诵戒，专事活动有讲经、传戒、超度、纪念（节）日诵经。

早课每天早晨举行。僧众集中于禅堂或殿堂，在法器声中唱诵或默诵规定的经文。

晚课每天黄昏举行。形式同早课，唯诵读经文有别。

坐禅俗称“打坐”。是佛教修行的重要形式，也是僧侣早课、晚课之外的日常活动。

诵戒农历每月15日和30日举行，由住持僧向受戒僧讲授戒律，并检查僧众戒行。

传戒寺院收纳新僧时要举行仪式，由住持僧为新来者的头顶烧戒疤，称为“开戒”；同时向新来者传授戒律。佛教的“戒”有五戒、十戒、二百五十戒多种。

讲经设坛向公众讲解佛经，是宣扬和传播佛教经典的方式之一。有时由一寺单独举行，有时由数寺联办。主讲者有主办寺僧人，也可请外地高僧。僧、俗皆可聆听。

超度为亡者“超度”灵魂之佛事。有一家一户为其亲人的超度；有僧众为社会亡灵的超度，后者经费为募集。超度佛事有时达数十天之久的。

如今，许多禅事被省简，主要禅事有早晚课：一年中三次念佛（农历二月十九日、四月初八，冬月十七）；过佛的圣诞节（农历二月十九即庙会）。

（2）佛教团体

佛教分会。民国初，成立湖北省佛教会蕲春分会，在蕲州成立，由省佛教会颁发图记1枚。四祖寺僧茂林被众推举会务。后多次改组，会务皆为四祖寺僧主持。1935年5月，主持会务的四祖寺监院悟尘圆寂，蕲州城内士绅夏廉夫函请上海灵山寺僧悟真（浙江人）到蕲驻四祖寺，接管图记，主持会务。抗日战争爆发后，停止活动。

佛教支会。1946 年 10 月，蕲春奉命筹建佛教团体。次年 6 月 21 日，中国佛教会湖北分会蕲春支会正式在蕲州铁佛寺成立。成立会上，选举产生理事会成员，通过宗旨和指导事项。会址设铁佛寺。刻有图记。

中华人民共和国成立后至 1992 年，县内无佛教组织，1992 年 5 月，成立县佛教协会筹备组。1995 年 10 月，县佛教协会成立，首任会长释演月（昭化寺主持，已圆寂），办公地点在昭化寺。蕲州镇佛教事务由蕲春县民族宗教事务局和县佛教协会管理。

2. 道教活动

（1）主要活动

道教奉老子为教祖，尊为“太上老君”；同时供奉“元始天尊”。重视清规戒律，其中有五戒、八戒、十戒诸种。其徒必须出家住观，俗称“道人”，装束须结髻、峨冠、袍服。日常功课为早晚集于殿堂念经，为供奉的神仙烧纸、焚香、礼拜，同时鸣钟击鼓。专事活动有建醮，即“作道场”，祈福消灾，超度亡魂；庆生会，即在所谓某神仙的生日那一天，举行盛大的法事活动，或念经，或拜忏，最重要的有玉皇大帝诞日（农历正月初九）、老君诞日（农历二月十五日）；收新徒“授戒”。社会活动有打梆，1 年内为观宫附近居民打梆 3 次，每次 7 夜，时间为上元（农历一月十五日）、中元（农历七月十五日）、下元（农历十月十五日）。打梆时，道人背缚韦陀像，口念经文，沿户敲打；募化，俗称“化缘”，募钱、物，用作观（宫）开支，或作建观修神像、建醮念经、救灾济贫、修桥铺路等开支。

如今，蕲州道观一般每年做三次观音会（庆生会），分别是农历二月十九日、六月十九和九月十九日。

（2）道教团体

1947 年 4 月 30 日，全县道教徒代表会议在蕲州纯阳阁举行，到会代表 58 人，宣布成立蕲春道教分会。会上选举产生分会成员，通过分会章程。

宗旨：团结全县教徒，整理教规，发扬老子道德，提倡和平，补助国家社会。

会务：整理教规，宣传教义，创办道德经所及各种学校；整理和保护宫观财产，保存宫观法物、名胜古迹；举办公益慈善等福利事业，协助政府办理宫观人口财产、法物之登记及其他应兴应革事。

经费：在观宫财产收益额内并在会员登记费及会员捐款下收支。

会议决定成立大仁、大智、安详、安吉、青狮、青山、永定、永安、崇礼、城安、崇义等 11 个乡道教支会。

会后，列造《指导人员团体组织总报表》并分会章程报省道教会；得省会批复，准刻图记，并通告全省。随后，即对会员造册登记，颁发证书和户口证。

蕲春道教分会会员皆为龙门派道众。中华人民共和国成立后停止活动。

中华人民共和国成立后至 1993 年，县内无道教组织，1994 年 7 月成立县道教协会筹备组，1999 年蕲春县道教协会成立，蕲州纯阳阁主持商明枝担任名誉会长。蕲州镇道教事务由蕲春县民族宗教事务局和县道教协会管理。

3. 天主教

（1）教会及传教士

1930 年，意大利天主教黄冈总堂迁入蕲州，在蕲州城内鸽鸡山建天主堂。

蕲春总堂全称为“天主公教蕲春教会”，俗称“鄂东九属总堂”，总管蕲春、广济、黄梅、浠水、英山、罗田、黄冈、麻城、红安 9 个县天主教教务。总堂置主教、副主教、传教士（司铎）若干人，经理 1 人；管理机构有议事会、圣约会、经理处。下设机构有修道院、至安多尼小院、教理学习班、圣衣会、公教会，1948 年增设圣母军组织。据 1947 年《天主教蕲春教区外侨人员调查》，时总堂有主教、副主教、传教士共 25 人，另有家属 31 人。

中华人民共和国成立初期，天主公教蕲州教会继续活动。据 1950 年 3 月《蕲春县外国教会概况调查表》记载，时总堂设蕲州城内鸽鸡山下，主教邱先觉，副主教戴德邻，经济事务员李道纯，司铎曾显廷，除曾是中国人外，余皆为意大利人。其所属 9 县中，蕲春设蕲州天主堂，教徒 880 人；广济设梅川、武穴两分堂，教徒 1530 人，主持人分别为潘松林、巴德中；黄梅设胡世柏分堂，教徒 1200 人，主持人为魏单仁；浠水设城关、下巴河两分堂，教徒 740 人，主持人分别为张达维、土安多。据同一调查表记载，时天主公教蕲春教会蕲州分堂设蕲州天主堂，址蕲州城外北仓口，主持人曾显廷，蕲州城内天主堂，有房 12 间，长住神甫潘松岑。

（2）教务及教会活动

教务活动

天主教及循道公会的教务大体相同，唯主持人在天主教为神甫，在循道公会为牧师。

瞻礼　有节日瞻礼和主日瞻礼，多在教堂举行。圣诞节、圣母节、耶稣复活节为最重要的节日。主日瞻礼，每星期日在教堂举行。

弥撒　有望弥撒和婚、葬弥撒。望弥撒是瞻礼的一部分。境内婚礼弥撒在教徒家中举行。丧葬弥撒，因神甫身穿黑祭衣，故称“黑弥撒”。

洗礼　加入教会时的仪式。

传教境内传教由神甫或其他神职人员在所划定的传教区内进行。1950 年前，境内天主教传教区划为: 蕲州城内石牌楼、韩家塝由曾显廷负责；蕲州城外王宣、菩提坝由潘松廷负责；漕河以上地区分由高日丽、边安吉负责。

社会活动

20 世纪 20 年代，基督教在传入蕲春约 80 年间，传教士普以宗教为掩护，寻机介人社会生活的各个方面，以达到奴化中国人民之目的。

办学　从 1917 年起，教会先后办小学 9 所、中学 1 所，其中天主教会办的有蕲州天主堂斯瑟小学、蕲州新塘教会小学、蕲州私立启明中学。至中华人民共和国成立前夕，尚有启明中学。启明中学于 1950 年 9 月并入湖北省立蕲春中学。

办医院　1930 年，天主公教蕲春教会在蕲州附设诊所。1935 年蕲州北仓天主堂设西医诊所，并于 1945 年扩建为“刘神父纪念医院”，1951 年同 5 家私营诊所联合建立“蕲春联合医院”。

办实业　民国初，蕲州城内天主堂创办棉麻纺纱厂，抗日战争前夕改名“绣花厂”，1951 年由“三自”革新委员会改为“一新袜厂”，1956 年转为公私合营企业。

办孤儿院 蕲州城内天主教总堂办有孤儿园 1 所，收养所属教区内孤儿。因管理不善，营养不良，大多死亡。据天主堂孤儿院孤女莫利加回忆: 1943 年从黄州运来孤儿约 300 人，只养活 30 多个。

4. 基督教

中华人民共和国成立前，基督教教会活动不详，只知蕲州于 1917 年开办蕲州福音堂小学，校址在蕲州城外福音堂（东长后街解放初蕲州文化馆址），1 个班，学生 20 余人，教员 1 人。1938 年停办，1947 年 9 月复办。次年秋，改称私立崇文小学，校址依旧，设两个班，学生 80 余人，办学经费由基督教循道会拨给。

中华人民共和国成立后停止活动，至改革开放后才渐渐有信教群众开展活动。1996 年在蕲州三号路附近始有固定场所，开展活动。主要活动有每周日教徒集中祷告；平时教徒在家读圣经，每年 12 月 25 日举办圣诞节活动。社会活动主要是到教徒家里慰问病人，协助料理丧事。

蕲州镇现有基督教徒 200 多人。

其组织事务由蕲春县民族宗教事务局和设在漕河大道 125 号康乐大世界的基督教聚会点管理。

古代蕲州城区九十九座寺庙一览表

表 4-32

名　　称	所在地址	备　　注
四祖寺	凤凰山上	已毁
五祖寺	南门枣子林	已毁
石鼓寺	南门居委会东南边	已重建
铁佛寺	雄武门(北门)上西侧	已毁
乾明寺	凤凰山西侧乾明矶上	已毁
法胜寺	郦公园居委会境内	复建,规制缩小
昭化寺	红石头居委会境内	主殿保留至今
龙凤寺	州北龙凤山西麓	已毁
龙矶寺	原西门外龙眼矶上(今青年楼外滨江处)	已毁
龙兴寺	原西门外龙眼矶上(今青年楼外滨江处)	已毁
雄江寺	现一关街入口处附近	已毁
朗山寺	雄武门(北门)外	已毁
大泉寺	大泉山北麓半山上	已复建
明月寺	大泉山东麓半山上	已复建
慈化寺	一关街与横街交界处附近	已毁
莲花寺	城北荷池二姑墩上	已复建
水月山寺	旧州城南面	已毁
金山寺	银山东北面	已复建
银山寺	银山西南面	已复建
忠烈寺	现青年楼滨江处	已毁
地藏寺	街口村境内	已毁
东岳庙	东门街中段	已复建
文庙	即孔圣庙。原瓷厂厂区内	已毁

续表 4-32

名　　称	所在地址	备　　注
武庙	即关圣庙。原瓷厂厂区内	已毁
顺济龙王庙	现青年楼外滨江处	已毁
二郎庙	原西门(澄清门)内	已毁
城隍庙	原瓷厂厂区内	残存部分
五显庙	一关街入口附近	已毁
土台庙	土台村	已复建
张飞庙	东长街中段	已毁
包公庙	东长街中段	已复建
高山庙	今中心街化工厂宿舍楼附近	已毁
鲁班庙	东门居委会院子坡	已毁
北古庙	现玻璃制品厂厂区内	已毁
烈士庙	原西门外龙眼矶上	已毁
芭茅山庙	凤凰山西南面	已复建
白马将军庙	街口村境内	已毁
火星庙	州城文明门(南门)内	已毁
洪山庙	今中心街北段	已毁
百刘庙	原州城小西门外	已毁
关公庙	原州城南门(文明门)外	已毁
萧公庙	南门居委会附近滨江处	已毁
郎家畈庙	原州城南门外	已毁
七圣庙	原城内守备署右侧	已毁
蜡王庙	现南部嘴塆附近	已毁
大王庙	席盘石村境内	已复建
社公庙	(第一社庙)东长街东段	已毁

续表 4-32

名　　称	所在地址	备　　注
屈原庙	竹林湖村王福嘴	已复建
天官庙	原州城西门内右侧	已毁
真武庙	旧州署右侧，原瓷厂大门处	已毁
天王庙	东长街熊化岭附近	已毁
马王庙	城内旧都司衙门左侧	已毁
鲁王庙	原州城小西门内	已毁
老庙	城内居委会境内	已毁
齐圣庙	城内居委会境内	已毁
靖明庙	旧州城内东北角	已毁
三公庙	城内居委会境内	已毁
褒公庙	城里旧儒学附近	已毁
仙姑庙	两路口村境内	已复建。规制缩小
费济龙王庙	现青年楼外滨江边	已毁
钵莲庙	雨湖南畔	已重建
宝月庙	旧州城东门外大教场	已毁
宗远庵	旧州城东门外	已毁
慧照庵	在凤凰山下	已毁
宝华庵	旧州城东门外附近	已毁
如是庵	旧州城内东侧	已毁
霞蔚庵	城里滑石桥东侧	已毁
清静庵	今城内官塘街北面	已复建
灵长庵	打鼓台村境内	已毁
龙泉庵	大栗山麓	已毁
三日未峰庵	州城雄武门内西山腰	已毁

续表 4-32

名　　称	所在地址	备　　注
宛中庵	城内居委会境山	已毁
祇圆庵	化肥厂老大门附近	已毁
玄妙观	原燃化机械厂内。现在时珍路中段	20 世纪 70 年代拆毁，
天长观	旧州城东门外	已毁
天真观	旧州城东门外	已毁
双井观	北门外麒麟山脚	已毁
三圣宫	城内滑石桥东面	拆毁
外行宫	东长街今三小处	已毁
武圣宫	一关街	已重建
九清宫	打鼓台村境内	已重建
靖烈宫	永昌路入口处	原庙保存较好
三元宫	城里旧司署衙门前	已毁
天后宫	城内居委会境内	已毁
万寿宫	河街路段	已毁
祈嗣宫	凤凰山南麓	已毁
四官殿	今时珍路入口 100 米处	拆除
三官殿	时珍体育场入口处	拆除
清源殿	旧州城北门上街与水西门街交界处	拆除
纯阳阁	原玉皇楼。今纯阳阁街	修复保存
道士阁	凤凰山麓	已毁
观音阁	凤凰山西麓乾明矶上	已毁
文昌阁	南门外江心钓鱼台上	已毁
吕王阁	凤凰山西南麓	已毁
大士阁	凤凰山西乾明矶右边	已毁

续表 4-32

名　　称	所在地址	备　　注
慈悲阁	城内居委会西南面	已毁
藏经阁	郦公园居委会境内	已毁
四节祠	旧州城水西门外	已毁
徽国文公祠	旧州城水西门内	已毁
菩提寺	菩提村境内	已毁
沙径寺	州北十五里沙径村境内	明景泰僧明珍修
新阁院	上河口居委会境内	已复建
华严庵	大径桥附近	今废
龙泉庵	龙泉村境内	保存较好并扩建修缮
南泉寺	旧州城东十里	已废
华顶庵	大泉山庵	已废
四官太子庙	菩提村菩提坝湖畔	已废
龙王庙(1)	竹林湖村境内	已毁
龙王庙(2)	横坝村境内	已毁
龙王庙(3)	油树垴村境内	已毁
杨泗将军庙	韦庄村境内	已毁
杨泗将军庙	油树垴村境内	已毁
杨泗将军庙	邵垅村境内	已毁
林(灵)仙寺	枫树岭村境内	已毁
回龙庙	西角湖村境内	已毁
三阁祠(1)	旧蕲阳驿转运所附近	已毁
三阁祠(2)	江心石穴洲(鸿宿洲)上	已毁
三阁祠(3)	在羊子廓(南门外)	已毁
三阁祠(4)	在挂口(蕲河旧时出口)	已毁

续表 4-32

名　　称	所在地址	备　　注
三阁祠(5)	在王厂	已毁
极乐庵	在银山村境内	已毁
灵芝庵	在沙径村境内	已复建
塘塆庙	在塘塆村境内	已复建
曾塆庙	在塘塆村境内	已复建
杨井庙	在塘塆村境内	已复建
四棵枞庙	在塘塆村境内	已复建
田磨庙	老虎头村境内	已复建
顾家庙	王 村境内	已复建
刘婆庙	在邵垅村境内	已复建
迴复寺	赤东村境内	已复建
寒山寺	邱山村境内	已复建
大庵上庙	邱山村境内	已复建
陈王庙	曹英村境内	已复建
上安庙	曹英村境内	已复建
三里庙	曹英村境内	已复建
三老爷庙	太常村境内	已复建
八老爷庙	太常村境内	已复建
海田寺	下石潭村境内	已复建
沙口庙	下石潭村境内	已复建
杨庙	金鸡村境内	已复建
童仙庙	金鸡村境内	已复建
真如庙	金鸡村境内	已复建
安阳山庙	红门楼村境内	已复建

续表 4-32

名　　称	所在地址	备　　注
药师庙	红门楼村境内	已复建
三王庙	红门楼村境内	已复建
三官菩萨庙	红门楼村境内	已复建
土台庙	土台村境内	已复建
雨台庙	雨台村境内	已复建
慈云庵	银山村境内	已复建
普福庵	恒丰村境内	已复建
八蜡庙	黄土岭村境内	已复建

卷五　镇村建设

蕲州解放前，由于历史原因及兵祸，战事连年不断，城镇建设屡遭破坏，城垣街巷损毁严重，至1948年底，全镇仅有北门街、东长街等9条街道和大巷口，刁家弄等23条巷弄且街弄狭小零乱，无排水系统，人们生活、居住环境差。

蕲州解放后，党和人民政府重视城镇建设，在历届蕲州镇委、镇人民政府的领导下，经过几十年的努力，使原来狭小、零乱的街道逐步变得宽敞规则，主要街道得到了更新改造，安装了路灯。

十一届三中全会后，蕲州城镇建设逐步进入正轨，分别成立了蕲州城镇建设办公室和蕲州城镇建设规划办公室。多项建设成果缓解了全镇吃水难、入学难、就医难、购物难的状况。在12.4平方公里的城区范围内，街道呈四纵五横井字形。蕲州大道、沿市湖大道、北门街、三号路、二环路、一关街等街道面貌焕然一新。时珍路、濒湖路、东长街进行了沥青刷黑工程，街道两边人行道铺设了仿古步道砖，并修建了下水道，上述三条街道均为仿古街，再现了蕲州古城风貌。湖景广场、郦园公馆、鹏吉时代广场等9栋高层建筑错落有致地耸立在城区。长江大堤，二里湖泵站，地下排水管网，第一、二自来水厂，电力大楼，邮电大楼，蕲州镇人民政府办公大楼，土管分局办公大楼，汽车站，黄冈市第二人民医院，李时珍医院，蕲州镇卫生院门诊、行政大楼，李时珍中学，蕲州镇中，蕲州实验小学，第一、三、四、五小学教学大楼，中国工商银行蕲州营业大楼，蕲州农村商业银行，蕲州国税分局，蕲州地税分局，蕲州财政分局，蕲春海事处，蕲春港航管理局，蕲州假日酒店，龙全宾馆，医圣楼，青年楼，药商楼，巾帼楼，东长街牌楼及道路两旁的路灯都是蕲州城镇建设的重点工程。自2014年起，蕲州主要街道的建筑物都安装了彩灯，实现了亮化工程。

蕲州城镇建设按照“人民城镇人民建，建好城建为人民”的指导方针，各方筹集资金用于城建，从蕲州解放至2017年，累计用于城镇建设资金达78亿元。城镇建设的发展，配套设施的改善，有力的促进了镇区人口的增加，2016年末，全镇总人口107298人，其中镇区人口41000人，城区面积12.4平方公里，住房建筑面积16万平方米，人均住房面积39平方米。

一、建设规划

（一）镇区规划

1976年6月，蕲州成立“蕲州镇道路建设指挥部”，当时是黄冈地区最早的一个负责城镇建设、规划的指挥部。同年11月即对老东长街进行了测量规划，并于1977年对老东长街进行了裁弯取直的改造。

1978年，蕲州公社建设规划出台，首次对蕲州公社境域内的工农业生产、城镇建设、农业场园布局进行了八年规划。规划老城区及附近区域为工业生产及商贸区，建设楠竹基地5处、茶叶基地3处、杉树林基地8处、千亩油菜基地3处、药材场1处、苎麻基地12处、果园场3处、水库11座、排涝（渍）泵站20处、养殖基地2处、蔬菜基地6处、莲藕基地4处、建设由横坝大队至扎营港的十里产棉区，建设标准田畈10个，试建新农村21处，建设环城公路100公里。

1981年7月蕲州成立“蕲州城镇建设办公室”。全面负责蕲州的规划建设，蕲州镇委副书记、镇长李杰兼任城镇建设办公室主任。同年9月，聘请武汉城建学院首次对蕲州城镇建设作了详细的规划，该规划是黄冈地区镇级行政区最早编制的规划。

1981年12月蕲春县人民政府印发《蕲春县城镇管理暂行条例》。规定“县辖镇都要编制近期和远期规划，公社集镇也要编制规划。”城镇规划经批准后，必须认真执行，任何单位和个人不得任意改变。实施中如需原则性修改，必须经原审机关同意。蕲州城建办确定城镇规划内的一切新建、改建、扩建工程项目，包括私人住房建筑，必须按照城镇规划的统一布局，确定其建设位置。并规定：蕲州城区内的主要街道建筑物、构筑物的层次标高、方位应经城建部门确定。

1983年初，蕲州镇开始系统地编制城镇建设规划，同年6月经黄冈地区行署批准施行，该规划由湖北省城市规划设计院编制，规划与县城漕河在规划内容上相同，指导思想是：从蕲州的实际出发，因地制宜，节约用地，调整工业布局，逐步恢复风景名胜古迹，加速建设李时珍陵园，使蕲州成为蕲春县的工业中心和旅游中心。

规划布局：现有城外老城区为商业区，镇区以北为工业区，并将工业区划分为3个小区，其中1号区以机械、陶瓷工业为主，2号区以化工、轻纺工业为主，3号区以食品工业为主，南部为生活区，沿江一线为仓储区。

城镇规模：近期非农业人口2.6万人，建成区262.39公顷，远期非农业人口4.1万人，建成区370公顷。

1985年，“蕲州城镇建设规划办公室”成立，隶属蕲春县建设局管理。

2008年，蕲州镇聘请华中科技大学城市规划设计研究院编制了蕲州城镇建设总体规划，规划蕲州镇城区面积2020年要达到7.63平方公里，人口7.6万人，将蕲州镇城镇性质定位为：滨江旅游名镇、医圣故里。设北部工业园区、行政办公区、商贸服务区和东南部人文旅游开发区。该规划获2008年度湖北省村镇类总体规划二等奖。

2012 年，李时珍文化旅游产业经济区建设规划由武汉华中科技大学规划设计研究院进行了规划设计。

2012 年，南京大学城市建设规划设计院对蕲州作了全域旅游发展概念规划，规划蕲州共设四个功能区：以李时珍纪念馆与蕲州古城为核心，打造健康养生文化旅游板块。以赤东湖湿地公园为核心，打造康养、休闲、运动板块。以龙泉花海为核心，打造城南生态观光旅游板块。以胡风纪念馆及下石潭古村落为核心，打造东部国际慢城亲子休闲旅游板块。

2016 年，蕲州城镇总体规划 2016 年至 2030 年规划出台，此规划由华中科技大学城市规划设计研究院编制，至 2030 年镇区人口要达到 13 万人，城区面积扩大至 13.6 平方公里，将蕲州城镇的发展定位为：生态旅游名镇、山水园林城镇、医圣故里、历史文化名镇，集旅游养生养老于一体的特色小镇。

2016 年，蕲州启动申报“蕲艾小镇”工作。2017 年 12 月确定为湖北省首批 20 家特色小镇。

（二）村组规划

蕲州村级初步规划是 20 世纪 80 年代进行的。但在此前的 70 年代后期，镇区内的东门、城内、南门、一关几个村就注重了村级建设规划，当时规定：自然村落建设必须择地连片，节约土地，且交通便利。做到横成排、竖成行。间距要达到前七尺、后八尺，层高一致，地平一致，这一规定对蕲州镇 1985 年制定乡村建设规划产生了一定的影响。

1985 年，蕲州镇有行政村 28 个，均进行了总体规划，规划的指导思想是：“结合实际，严格控制用地，坚持有利生产，方便生活，通风向阳，不搞大拆大迁，注意保持地方特色和生活习惯，讲究卫生环境，建设文明村庄。”当时规划农村次干道 6~8 米，居民区内通道宽 4~6 米，预留防火通道 3~4 米，人均建设用地 42~53 平方米，其中公共用地人均 2~3 平方米，绿化用地人均 2 平方米。

为了保证乡村建设规划的实施，各村在干部的配备上还安排有一人兼职抓城建、规划、土地管理工作。各村还与村民订立了村规民约，其内容是：“建房必须有规划，有地点，有审批手续，不占用好田好地，不毁坏道路交通，不破坏水利设施，不随意砍伐森林，不少征多用，不征而不用，对符合建房条件的优先，对专业户优先，对烈军属优先，独生子女优先，建楼房优先。”这一规划的实施促进了蕲州城镇建设规范化的发展。

2009 年，蕲州镇雨湖居委会，横坝村、新塘村、扎营港村、土台村均请华中科技大学规划学院编制了村庄规划。菩提村、韦庄村由黄石规划设计院编制了村庄规划。龙泉庵村于 2014 年由华中科技大学城市规划研究院编制了龙泉花海养生文化小镇规划，该规划获黄冈市特色文化小镇一等奖。

2017 年，五里墩村由武汉理工大学城建学院编制了村庄规划。镇区内的东门、城内、南门、红石头、上河口、二里湖、牛皮坳、郦公园 8 个居委会和镇区附近的街口、打鼓台、竹林湖 3 个行政村则统一被纳入蕲州城区总体规划之中。

二、镇区建设

明代中期，荆宪王朱瞻堈将荆王府由江西建昌迁到蕲州后，大兴土木，在原4街20坊的基础上新开辟了一条自朝阳门经东门坝至瓦屑坝的官道。明崇祯十六年（1643年）张献忠屠蕲后，蕲州街道破坏严重。清初，蕲州旱荒连年，清顺治九年（1652年）蕲州全境三至八月无雨，田禾枯毁，州城几近荒废，荆棘满巷，仅存茅屋百余间。

自清代中期始，外埠商家及本省武昌、大冶商人陆续到蕲州经商，购置商铺，蕲州街道渐渐恢复元气。

晚清时期，蕲州商业、手工业发展较快，街巷逐渐增多，抗日战争爆发前，蕲州城区内形成了9街21里弄。街道有北门街、四牌楼、杨半街、纯阳阁、州门口、官井街、东长街、馋头尖、石牌楼。里弄有高楼弄、袁家弄、大巷口、小巷口、黄家弄、夏家弄、易家弄、包公弄、济婴堂弄、玄妙观弄、大弄、小弄、北仓弄、二十户弄、五府弄、文家弄、院子坡弄、苏家弄、元丰里、鼓皮弄、刁家弄。城区内还有江西会馆、金陵会馆、福建会馆、徽州会馆及儒学、麟山书院、乾明书院、月轩书院。还有用于报更及燎望火情的鼓楼。镇区内寺观、宫、庵、殿、阁、祠60余座。镇区及城郊处有金箱桥、玉印桥、合济桥、顾家桥、吴公桥、滑石桥、高家桥，以上这些建筑均无规则地分布在城区及城郊接合处。

1949年元月，时任伪国民党县长叶景福为了固守城内，阻止中国人民解放军解放蕲州城，拆除了部分北门街和北门街外的高楼弄，将街面石板撬走用于修筑工事，并下令清理护城河，使蕲州城内外部分街道又一次遭受重创。解放前夕，镇区内的街、巷、里弄房屋多为砖木结构平房，商户多建有砖木结构二层楼房。

中华人民共和国成立后，经过一段时间的休养生息，镇区有一个较快的发展，至1951年底，镇区逐渐形成的街道有：新街、清江街、瓦屑坝、上河口、四官殿、东长街、石牌楼、北长街、一关街、北门内街、四牌楼街、东门口街、上河街、下河街、小西门街、新北街、官井街，这一时期，街道都很窄小。

50年代中期，主要商业街的北长街、石牌楼街、馋头尖、东长街的部分民房公私合营后改建成工商企业单位用房，临街面貌更新，城乡结合部也进行了整洁、路面硬化工程，东门大队率先在全镇用石灰、砖石子、煤渣混合铺成了由大队部到各组的路面，曾被当时的《湖北日报》誉为“不用水泥的水泥路”。1964年，位于馋头尖的钢筋混凝土结构三层楼房“长江餐厅”建成，时为蕲州境内最高的建筑。

1978年，开挖蕲州北门内街东侧的山坡为北门街，其走向与北门内街北段相向。1979年道路两侧石砌护坡完工，并铺设了三合土路。

1975年，南门街建成。

1976年，蕲州道路建设指挥部成立后，即计划对东长街（旧街）进行改造。当年11月份便进行了测量。1978年东长街部分路面拓宽，裁弯取直工程动工。1998年，再次扩宽了东长街东向（李时珍医院门诊楼至煤机厂段）并铺设了水泥路面。

北门街更新、改造、扩宽工程于1979年完工。

1982年开始修建沿江大道，西南起自玻璃总厂，东北至蕲州汽车站，与濒湖路相接全长1047米，路基宽18米。

1983年，时珍路扩宽、升级、改造工程动工，次年完成，1999年，官井街西段再次进行了改造。

1985年，矿建街修建，1996年街道路面铺设水泥。1985年古城路建成。1990年，蕲州三号路动工，路基宽40米，两边设有花坛和下水道，全长900米，并铺设了水泥路面。

1991年，二环路动工兴建，1992年路基完工，全长1060米，路面宽8米，1999年，路面进行了水泥硬化。

1990年，蕲州大道东北段开工，全长2180米，路基宽40米，道路建成后，铺设了水泥路面。2014年再次进行了升级改造，完善了排水设施，重新改造了花坛，对机动车道、非机动车道路面进行了刷黑，人行道铺设了大理石火烧板，将原沿江大道段并入了蕲州大道，道路总长3900米。

2001年，个体商业街“精品街”建成，长220米，宽10米。2003年毗邻“精品街”的又一条个体商业街化工厂厂区街建成。

2013年，东长街升级改造工程动工，当年完工。道路中间刷黑，两边修建有排水、照明线路地埋工程，人行道铺装了彩色步道砖。

2014年，濒湖路部分路段升级改造工作完成，路宽20米，中间为机动车道，人行道铺设有彩色步道砖，并修建有风景花坛。

沿市湖大道于2012年始建，2013年完工，路宽35米，全长3700米，双向4车道，设有非机动车道，人行道，人行道铺装有大理石火烧板，在非机动车道与主车道中间辟有花坛，总投资9000万元。

2016年末，全镇共有蕲州大道、北门街、北仓街、横街、古城路、后濠街、东门街、官塘街、东长街、二环路、官井街、东长老街、河街、鼓楼弄街、南门街、矿建街、永昌路、西门街、纯阳阁街、时珍路、三圣宫路、元丰里、一关街、沿江路、阅马场街、中心街、濒湖路、濒湖路西、樟树脚、院子坡、精品街、化工厂街、沿市湖大道等33条街道和袁家弄、易家弄、夏家弄、黄家弄、包公弄、济婴堂弄、鼓皮弄、教授里、文家弄、小巷口弄等10条里弄。

城区街道道路建设一览表

表 5-1

街道、道路名称	长度(米)	宽度(米)	路面结构等级			建成年份	门牌号	备注
			砂石(米)	水泥(米)	沥青(米)			
蕲州大道	3900	42			沥青	1991	1-182	
北门街	800	10		水泥		1978	1-155	
北仓街	137	11			沥青	1950		
横街	650	4		水泥		1965	1-248	
古城路	1400	3.5	砂石			1985		
后壕街	500	4.2	砂石			1972	1-83	
东门街	640	5		水泥		1991	1-115	
官塘街	480	6		水泥		1965	1-65	
东长街	1360	15			沥青	1978	1-308	
二环路	1060	6		水泥		1991	1-73	
官井街	780	6		水泥		1965	1-38	
东长老街	350	3.5	砂石			1978	1-72	
河街	260	6		水泥		1965	1-58	
鼓楼弄街	270	3.5		水泥		1965	1-133	
南门街	320	4		水泥		1975	1-158	
矿建街	310	12		水泥		1985	1-108	
永昌路	780	8		水泥		1999	1-88	
西门街	660	5		水泥		1988	1-108	
纯阳阁街	260	4	砂石			清代		
时珍路	2000	12			沥青	1983	1-168	
三圣宫路	310	3.5		水泥		1999	1-58	
元丰里	550	3	砂石			1971	1-118	
一关街	600	7		水泥		1965	1-248	

续表 5-1

街道、道路名称	长度(米)	宽度(米)	路面结构等级			建成年份	门牌号	备　注
			砂石(米)	水泥(米)	沥青(米)			
沿江路	1260	4		水泥		1979	1-38	
阅马场街	270	3		水泥		2001	1-32	
中心街	560	9			沥青	2010	1-68	
濒湖路	1100	12		水泥		2000		
濒湖路西	800	16			沥青	2000		从码头管理所至蕲州镇中路口
樟树脚	480	4		水泥		2006	1-71	
院子坡	700	4		水泥		2006	1-54	
精品街	220	10		水泥		2001		
化工厂厂区街	222	10		水泥		2003		
沿市湖大道	3700	35			沥青	2013		

三、基本设施

城墙　蕲州城，南宋景定四年（1263 年）九月时蕲州知州王益筑新城于麒麟、凤凰山麓至今已 756 年。明洪武六年（1373 年），蕲州千户许胜在原城址的基础上进行重修。明永乐六年（1408 年）再次进行了修缮及增筑了腰墙和城垛，全城周长 9 里 33 步（约 1130 丈），城高 1.8 丈，有城门 6 个，东为朝阳门、西为旬宣门，旬宣门之左有澄清门、旬宣门之右为善城门、南为文明门、北为雄武门（亦称拱辰门）。城门各建有楼，城上建有警铺 30 所，雉堞 3165 个、敌楼 3 座、串楼 990 间。在澄清门右，善城门左各抵江处建有一女城，并各开有一门：一为龙矶门、二为凤山门。城西临江，为天然水障，其余三面依城掘有城壕。城壕宽 17 丈 8 尺。城壕外筑有 4 廓，分别是正南羊子料廓、西南马口厢廓、西北水陆茎廓、东北三里岗廓、此时的蕲州城廓分明。

1949 年 5 月在解放蕲州城的战斗中，州城略有损毁，20 世纪 60 年代起，城墙陆续遭到人为拆除。现仅存北门（雄武门）门楼及门楼东西两侧共约 100 余米和南门西侧凤凰山段 120 余米的城墙。城西临江段至东门（朝阳门）之间的城壕自 20 世纪 70 年代后陆续被填平。修建了时珍路及部分公私房屋。

供水　1970 年，蕲州自来水厂动工兴建，1971 年建成，占地面积 48 亩，铺设供水主管道 85 公里，支管网 17 千米，日可供水 8000 吨，年可供水 250 万吨。其中，生活用水占 80%，生产用水占 20%，城区供水普及率达 100%，原蕲州镇属的 26 个行政村全部实现供水，入户 100%，全镇自来水用户 17660 户，投资额 480 万元。2014 年，蕲州第二水厂开始兴建，2017 年净水厂已完工，整个水厂占地 35.5 亩，新铺设直径 700 毫米取水主管道 4.3 公里，总投资 8600 万元，建成后，可解决蕲州镇北部地区及八里湖、赤东湖湿地公园 12 万名居（村）民用水。

排水 民国时期，蕲州镇内排水系统比较完善，城内有 2 条排水明沟，东南端由玉带山南流至墩子塘经滑石桥、魁星楼流向护城河而后注入雨湖。西端经大小西门流入长江。城外有明沟 3 条：一条由河街经四官殿注入长江，一条由东长街南侧顾氏祠堂门前经牌楼塘流入马塘后注入雨湖；一条由东长街北侧经石牌楼、莲花池、法胜寺门前古沟注入沿市湖。中华人民共和国成立后，因多方原因，部分明沟淤塞、中断，加之长江河床抬高，蕲州城区日显低洼。1970 年前后，共改造和新建下水道 15 条，总长 3180 米。1972 年雨湖泵站建成，装有 3×155 马力电动机 3 台，共 465 千瓦。1977 年建成了二里湖泵站，安装有 155 千瓦电动机 2 台，主要承担二里湖、沿市湖水系的渍水排涝任务。

下水道：20 世纪 90 年代前，城区内的排水体系不完善，部分街道、路面虽砌筑有排水沟，但多为断头沟，加之淤塞严重或毁坏，一遇较大的雨，城区内多处积水。

1985 年蕲州镇区下水道情况表

表 5-2

单位：米

下水道所在地	起 止 点	长度	宽度	深 度	备 注
沿江大道	玻璃总厂—港务站	940	1	0.5	
北仓街	北仓	137	0.6	1	
吊桥街		56	0.3	0.9	
纯阳阁		111	0.1	0.4	
石牌楼		167	0.6	0.4	
物资站	院内	286	0.4	0.1	
后濠		368	0.6	1.1	
装卸公司		130	1.2	1	
一关街	街口区段间	13	1.2	1	入街口处
合办	院内	18	1.2	0.8	
供销社		70	1	1	
二里湖储蓄所		53	1	1	
新街		203	1.2	0.6	
北门街	粮管所—北门	628	0.3	0.5	

20 世纪 90 年代起，蕲州镇人民政府在抓城镇建设基本设施时注重修建、整修下水道。1999 年，蕲州镇为争创湖北省楚天明星乡镇，再次对城区内的下水道进行了一次大的维修，增加了部分路段的下水道。

2007 年蕲州镇下水道情况表

表 5-3 单位：米

下水道所在路面名称	长度	建成时间
蕲州大道中路	1400	1991 年
蕲州大道南路	1730	1991 年 5 月
蕲州大道—昭化寺	3100	1993 年 4 月
李时珍大道	7670	1993 年 6 月
环城路	1080	1998 年
博士街	1080	2007 年 6 月
中心街	1220	2007 年 9 月

2013 年，蕲州被列为湖北省经济发达镇，城区建设再一次获得了较快的发展，排水工程更趋完善、合理、配套。在蕲州大道、东长街、濒湖路、时珍路几条刷黑街道，首次采取边沟地漏落水工程。

2016 年蕲州镇下水道情况表

表 5-4 单位：米

下水道所在地	起止点	长度	宽度	深度	备注
蕲州大道	全路段	7800	1	1.4	
沿市湖大道	全路段	6800	0.6	0.8	
濒湖路	全路段	3800	0.6	0.8	含濒湖路西
时珍路	青年楼—二环路	2400	0.8	1	
东长街	西入口—东门街	1900	0.5	0.6	
官井路	全路段	780	0.8	0.6	
北门街	全路段	1600	0.6	0.8	
中心街	全路段	1120	0.6	0.8	
北仓街	全路段	275	0.6	1	
湖景广场路	全路段	840	0.6	0.8	暂名
矿建街	全路段	620	0.6	1	
纯阳阁		220	0.3	0.4	
沿江路		1800	0.5	0.6	
精品街	全路段	220	0.3	0.5	
化工厂商贸街	全路段	226	0.3	0.5	暂名

四、服务设施

政府机构设施 蕲州镇获得解放后，镇委镇政府办公一直沿用原国民党蕲春县政府办公场所，房屋陈旧。1998年在蕲州大道北段择址建设新办公大楼，1999年10月26日，蕲州镇党政机关办公地由城内迁往新址，新址占地面积12387.6平方米，建筑面积4018平方米，为砖混结构六层办公大楼。

供电网络及路灯设施 1969年，蕲州城区开始安装路灯，20世纪70年代，蕲州城区仅有北门街、中心街、东长街等少数几条街道安装有白炽灯照明路灯。1985年，全镇城区照明线路4200米，安装钠灯96盏。

2016年，全镇照明线路46000米，城区专设公共变压器9台，安装高压钠灯980盏。城区主要街道均安装有照明路灯。各村（居）在其行政区域内的主要道路、居民集中区、区域行政中心处也相继安装了高压钠灯路灯、太阳能路灯，共计726盏。

邮政电信设施 邮政电信始称蕲州邮电所，初置于蕲州北门内街，1981年迁至北门外，不久邮电所升格为蕲州邮电支局，1995年在蕲州大道北端新建了一栋占地面积8140平方米的新办公大楼。该办公大楼现为邮政、电信共用大楼，但邮政办公及营业场所仍设置在蕲州北门外老邮电支局内。电信主要营业网点同设在老邮电支局内。移动通信主要营业网点均设于时珍路西段。

交通设施 蕲州汽车站始建于1953年，原址在纯阳阁街门前，1976年迁至蕲州大道与濒湖路相交处的东北角。建站初期，每天仅有3个班次的客车发往漕河，现每天有近100个班次的客车发往漕河、武汉、黄石、武穴、赤东等地。

候船室原址在四官殿西侧江堤外的龙矶寺右侧，20世纪90年代早期曾短期迁往濒湖路西端的江堤内，不久又复迁至龙矶寺旁。

码头 中华人民共和国成立初期，蕲州只有5处码头，分设在蜈蚣矶至龙矶寺江段，1985年，镇内长江段共有码头19处，其中客运码头5处，货运码头14处。20世纪90年代后期汉九班、黄石—蕲州客运码头停运。

教育设施 1985年，全镇有中学6所，小学25所，幼儿园16所，在校中学生2933人，小学生6493人，在园幼儿1033名。其中镇区内有李时珍中学和蕲州镇中，共设班30个，在校学生1900人，小学有一、二、三小学，设班36个，在校学生2560人，幼儿园12所，在园幼儿769名。2016年末，全镇有中学2所，高中1所，小学17所，幼儿园13所，在校中学生1991人，在校高中生1764人，在校小学生5469人，在园幼儿1460名。其中镇区内有李时珍中学和蕲州镇中，共设班25个，在校学生1475人，小学有一、二、三、四小学，共设班64个，在校学生3871人。

医疗卫生设施 1985年，镇区内有黄冈地区第二人民医院（康复医院）、李时珍医院、蕲州镇卫生院、蕲州血防站，时有病床570张。2016年，镇区内有黄冈市第二人民医院、李时珍医院、蕲州镇卫生院、镇区外有蕲州镇卫生院黄土岭分院、蕲州镇卫生院菩提分院，共有病床763张。

公共文化体育设施 1950年9月，蕲州人民文化馆建立。1958年，蕲春县新华书店蕲州分店开业。1981年6月蕲州电影院新院建成，时有座位1523座。1985年，镇内有文化馆、电影院、广播站、露天电影院各1座。黄冈地区第二人民医院、玻璃总厂、玻璃制品厂、瓷厂、搬运站、二中、银山煤矿均有礼堂，可对外开放。部分机关、学校、企事业单位建有篮球场（其中地区维护站、蕲州钢厂曾建有灯光篮球场）和乒乓球室。1992年，占地100亩，建筑面积2.6万平方米，共设有12个看台，15600个座位，总投资2000万元的时珍体育场建成。

商业设施 解放初，蕲州商业百废待兴，发展迅速，1952年末，蕲州城区内共有工商户545家但规模普遍较小。1964年，长江餐厅在蕲州最繁华的地段馋头尖建成，系砖混结构三层楼房，时为全县规模较大，楼层最高的餐饮业场所。随后，各种类型的商场陆续建成，规模较大的有百货大楼、蕲州商场、综合商场、东长街商场、供销贸易中心商场、百纺商场、供销商场、北门商场、官井商场、纺织品商店、纺织品批发商场兼样品馆、副食品商店、蕲州蔬菜商店、蕲州副食品公司、蕲州五交化商场、蕲州商场、时珍路食品所门市部、北门街食品所门市部、北仓街粮油门市部、蕲州医药商店、中药材公司蕲州站、蕲州西药门市部、农机门市部、物资站门市部、生资门市部、建材公司门市部、蕲州煤场、蕲州第一农贸市场、供销社土产收购部、蕲州日用品综合商店、日用品公司商场。

2005年，国家对商业、供销系统进行了改革，废弃了原有体制，对商业、供销系统资产进行了处理。重新整合后，蕲州有百佳仓储超市、中美超市、喜又多超市、家乐福超市、天有超市、二里湖平价超市。

服务设施 20世纪七八十年代，蕲州城区有招待所7家，分别是蕲州镇人民政府招待所、蕲春县玻璃制品厂招待所、水运公司招待所、食品招待所、矿建公司招待所、麻纺总厂招待所、码头管理所招待所，床位185张。旅社有时珍饭店、长江旅社、蕲州旅社、水产旅社、麒麟旅社、迎宾旅社、临江旅社、新街旅社、南门旅行服务社，共有床位446张。

餐馆、酒楼 主要有长江餐厅、风味酒家、江边食堂、水鲜餐厅、荷池酒家、好再来酒店、北仓饭店、禹王宫酒楼、电影院咖啡馆、龙凤综合服务社、泵站综合服务社、江边餐馆、码头餐馆、东方红食堂、三八餐馆、临江饭店、助剂厂餐馆等。90年代中期始，一些档次较低的招待所、旅社、餐饮业遭淘汰，取而代之的是一些规模较大，档次较高的宾馆、旅社、饭店，主要有药都宾馆、时珍饭店、龙全大酒店、蕲州大酒店、吉祥旅社、华胤商务酒店、喜来登酒店、医圣楼、好望阁、金昌大酒店、悦景休闲山庄和一批农家乐。

医药服务设施中共十一届三中全会之前，镇内仅有中药门市部、西药门市部、医药门市部。20世纪80年代始，药店发展迅速，现有时珍大药房连锁有限公司东长街分店、博士街分店、濒湖分店、菩提分店、二里湖分店、康源分店、蕲州供销社时珍大药店、古城大药房、先锋大药房、民康大药房、鹤延堂大药房、济民大药房、康恒药房。

旅游纪念设施李时珍纪念馆、李时珍陵园、蕲州雄武门、金陵书院、昭化寺、钓鱼台、赤龙湖明清影视城、赤东湖湿地公园、博士街、雨湖风景区、烈士墓、周塆渡江纪念地、胡风纪念馆、张氏宗祠、龙泉花海。

煤气、天然气设施 1993年詹新云在牛皮坳成立蕲州煤气公司，为蕲州镇最早的一家燃气企业。1996年二里湖煤气站创办。2009年祥云天然气有限公司在蕲州成立。

石油供应设施蕲春石油公司蕲州油库，中国石化蕲州加油站、新塘加油站、施家塘加油站，蕲州中心加油站、蕲州水上加油站。

环境卫生设施 蕲州环卫所始成立于1962年（时名蕲州粪便所），2016年有职工134人，清扫道路61.5万平方米，配有洒水车1台，建有固定垃圾转运池7个，卧式垃圾箱50个，垃圾挂桶220个，水冲式公厕5个。

广播电视设施 1986年建广播电视站1个，电视差转站1座。1993年6月开通有线电视播放节目。1996年发展为多路微波电视接收系统传输节目。2001年开通了光纤电视信号：传输34套节目。2016年末共建成主干线路260公里，支干线路820公里，覆盖全镇城乡。全镇有线电视用户达18000户、宽带用户10600户，有线电视进村入户率为100%。

金融保险服务设施 镇内金融保险机构始建于1949年7月，尔后随着国民经济的发展，金融保险机构相应增设和减少。2016年末，全镇有工商银行蕲州支行、中国银行蕲州办事处、农商行蕲州办事处、蕲州信用合作社、蕲州邮政储蓄银行、中银富登村镇银行。保险机构有：太平洋保险蕲州办事处、人保蕲州办事处、中财保蕲州办事处、太康人寿保险蕲州办事处，基本上形成了一个较为完整的金融、保险服务体系。

市场设施 1985年，蕲州农副产品集贸市场在蕲州大道中段建成。1992年，蕲州工贸市场在河街建成并投入运营。2014年蕲州第二农贸市场在东长街原第二农机厂内建成。

住宅小区及商住楼 玻璃制品厂位于蕲州大道西侧的商住楼是蕲州城区开发较早的一栋商品房住宅小区，开发于1994年。其后纺织品公司小区，供销社住宅楼、烟麻茶小区、化工厂住宅小区相继建成。2015年城区内共建有鹏吉时代广场、郦园公馆、湖景广场、富丽水岸、万峻公寓、麒麟阁、博士家居、博园小区、金昌华府、锦江名居、临湖新居、濒湖福园小区、凤凰城、佳顺小区、麒麟学苑、滨江御景、双美棚户区等一批商住楼。郦园公馆、鹏吉时代广场、富丽水岸、湖景广场、锦江名居、万峻公寓、金昌华府、麒麟阁、滨江御景广场均为超过13层的小高层楼房，总占地面积85780平方米，总建筑面积33.1万平方米。滨江御景广场始建成于2009年，为蕲州首栋小高层楼房，结束了蕲州无高层楼房的历史。

以上小高层建筑均安装有专用配电设施和电梯升降，并配有物业管理机构。

五、城镇管理

（一）管理机构

1976年6月，蕲州镇道路建设指挥部成立，办公地点设在镇政府办公室内，其职能是领导全镇的市政建设工作，指挥长由时任蕲州镇镇长李杰兼任。

1981年7月，蕲州镇人民政府下设城建办公室，领全镇的市政建设及市政管理工作。

1985年，蕲春县城建委在蕲州设立“蕲州镇建设规划办公室”张浩生为首任主任，下设副主任1人，工作人员4人，与蕲州城建办公室合署办公，职责有别。

2016年蕲州城建办公室更名为“蕲春县蕲州镇城镇建设管理办公室”。

（二）管理职责

自成立蕲州镇道路建设指挥部以来，指挥部认真贯彻国务院《城市规划条例》精神，对镇域内的每项重大建设都制定了建设规划和实施方案。蕲州镇委、镇政府多次研究城建工作。统筹协调城建、规划、土管、市政、房地产、环境保护、环卫等部门的工作。

1. **土地管理** 解放初至1986年，土地管理工作一直由镇人民政府指派相关政府机构代行管理。1986年《中华人民共和国土地管理法》颁布后，蕲州镇成立土地管理站，站址设蕲州镇人民政府院内，初设专职管理干部4人。1994年土管站在东门村征地兴建办公楼，此时土管站共有干部职工6人。2000年，土管站迁往蕲州大道新址办公，现有干部职工13人。

依据《中华人民共和国土地管理法》的规定，土地管理的主要职责是依法管好用好土地，严格按照规定的审批权限办事，采取行政干预和价格控制的办法，尽可能利用非耕地搞建设。打击乱占滥用土地行为，依法发放土地使用证。自土地管理法实施以来至1990年底，全镇共发放土地使用证12600户。土地管理工作被列为国策后，土地审批权限升级，私人建房用地必须由县级人民政府批准，审批手续更加严格，2016年末，全镇共发放土地使用证16883户。

2. **房地产管理** 宋、元、明、清时期，蕲州历为路、府、州治所。民国和解放初期为县政府所在地。1949年8月，县政府由蕲州迁往漕河后，遗留公房及公产较多，因此房产、公产管理尤显重要，解放初至1965年，房产管理一直隶属县财政部门。1966年11月，蕲州房产管理所成立，隶属蕲州镇人民政府领导。1972年更名为“蕲州房地产管理组”，1981年5月再次更名为“蕲州房地产管理所”。早期房产所的职责是：明确公房主体，接收公产以及寺庙、祠堂、会馆、书院、族性公屋、教会捐赠公屋，对公房、公产进行建档。1962年第二次对公房进行了清理，清理完成后，房地产管理所将部分公房卖给了供销社和百货公司。1969—1971年，蕲州房产所采用以租养房的方法，改造和新建公房2032平方米，1972—1974年蕲州房产所先后在后濠、夏家弄、连二塘等处建新房11栋，计13866平方米，用于解决居民用房。1985年蕲州镇成立房屋普查领导小组，对全镇所有房屋进行了普查登记发证。2009年，兴建了二里湖、后濠、禹王宫三处廉租房，用于解决困难职工，城镇困难居民的住房。2011年起陆续新建了老钢厂食堂、双美纺纱厂轮窑车间二处规模较大的棚户区改造项目。二处棚户区改造项目可解决353户生活困难职工、城镇居民的住房。

3. **市政工程管理** 自蕲州成立道路建设指挥部以来，市政工程一直是其工作的重点，并配有3~5名工作人员负责市政工程工作，对在建的工程，按有关规范设计、施工，做到每道工序由主建人严格把关，对申请建设的工程，指挥部从选址、定向、方位、交通条件、房屋外形、结构均要一一审查。自2000年以来，先后有蕲州大道两侧下水道工程，濒湖路下水道工程、时珍路下水道、二里湖泵站排水港部分铺设主管道工程等都严格遵行市政工程规范：先设计、审查、签订合同、招投标。施工技术及工程质量均由城建办公室严格把关、验收。

4. **环境污染及管理** 蕲州历为蕲春县的工业重镇，解放初，手工业发展迅速，工业污染源增加。“文化大革命”结束后，蕲春县革命委员会根据上级指示，举全县之力兴办“五小工业”，蕲州先后扩大、兴办了蕲春县农药厂、水泥厂、银山煤矿、横坝煤矿、刘垅煤矿、蕲州煤矿、黄冈地区蕲州钢铁厂等一批企业。此一时期，环境保护工作末被重视。企业的废气、废水、废渣任意排放。古蕲阳八景中的“城北荷池”200余亩池塘被钢厂的废渣覆盖。1980年，农药厂废水排放损害南门大队农作物，农药厂赔偿经济损失8000元。

90年代前后，蕲州化工厂的工业废水直排莲花池，致使莲花池原产的九孔藕（粉白莲）渐渐消失，死鱼现象时有发生。同期，县化肥厂产生的废水也多次排入东门村的池塘，致使村民与两个厂多次发生纠纷，经协调，两个厂多次对东门村的种（养）植（殖）户进行了损失赔偿。

90年代后期至2013年，农药厂的工业废水因泄漏致南门、新塘农作物受损而进行了损失赔偿。

1984年，蕲州城建办公室开始配备专职环境保护员，环保工作开始提上工作议事日程。

1987年，县环保局开始对镇内排污企业实行排污申报制度。全镇排污申报企业40余家。

2004年，蕲州环保所督促永昌万利造纸厂投资500万元，采用浮式净化设施和膜分离系统深度处理废水，收到了较好的效果。

2007年，督促农药厂投资350万元，改建原污水处理设施。

5. 城镇卫生管理 解放初期，蕲州城区几条主要街道都铺有石板，卫生状况尚可。1958年，蕲州在全县率先修建垃圾箱138个，主要街道设置果皮箱360个，配置痰盂127个，并实行街道环境卫生分街清扫制。1962年，蕲州成立粪便所，管理全镇的公厕粪便及环境卫生。1965年改称"环境卫生管理所"，建了发酵粪库，并要求各行政村也要建设发酵粪窖。1977年蕲州首次增加环卫工人职数，次年在城区置备了垃圾箱。1981年，环卫所首次配备自卸垃圾车。1996年，蕲州镇环卫所由蕲春县建设局收编，更名为"蕲春县蕲州环境卫生管理所"，2008年2月，环卫所体制改革，下放至蕲州，由蕲州镇人民政府管理。2010年起，环卫所陆续在城区兴建了三个水冲式公厕。2016年末环卫所有职工134人，清扫道路61.5万平方米，并对清扫道路实行全天候保洁，建有地埋式垃圾池7个，卧式垃圾桶42个，挂桶220个，清（转）运车辆4台，洒水车1台，并有全天候清扫保洁人员67人，为清洁蕲州，美化蕲州作出了贡献。

6. 市场管理 蕲州获得解放后的很长一段时间，市场管理工作一直由工商所代行管理。1983年成立"蕲州市场管理委员会"，1992年更名为"蕲州镇市容整顿指挥部"，1993年再次更名为"蕲州镇市场管理监察中队"1995年蕲州镇市场管理监察中队由蕲春县建设局收编，2008年2月监察中队下放蕲州镇，由蕲州镇人民政府管理。蕲州镇市场管理监察中队的职责是：对镇域内的市容市貌、市政、园林绿化工程、城市规划、公共设施进行监察、管理。

7. 文明城镇管理 为了加强镇区内的城镇综合管理工作，争创省级"文明城""卫生城"，湖北省城镇建设管理"楚天杯"。蕲州镇在1996年成立了"蕲州文明城镇建设办公室"（以下简称文明办），由蕲州镇指派1名副镇长专门抓这一工作，下设办公室。文明办的成立，综合了工商、城建、城管、环卫、监察中队、个体劳动者协会的职能，使蕲州镇的城镇管理工作、文明创建工作迈上了一个新台阶。

1997年，蕲州镇被建设部确定为"全国小城镇建设试点镇"，1998年，湖北省人民政府授予蕲州镇1996—1998年度"省级文明乡镇"称号，2000年建设部授予蕲州1999年度"全国村镇建设先进镇"称号，2001年蕲州镇被中央宣传部、中央文明办、农业部、建设部、国家环保总局命名为"全国创建文明小城镇示范点"，2002年被中央文明委评为"全国文明乡镇"。蕲州镇文明创建、文明管理工作走在了全县乡镇的前列。

8. 市政工程管理 蕲州城建办公室成立以来，有一名副主任和三名工作人员负责市政工程管理，对在建市政工程，按有关规定，规范设计，严把施工关，对施工的每道工序道道把关，对工程建设资金，坚持财务一支笔，钱账分管分设，专款专用。东长街改造工程、蕲州大道升级改造工程、多条道路的下水道工程及公共厕所建设工程均按市政工程规范流程，首先确定设计单位，签订工程合同，确定建设单位，施工技术及工程质量由城建办公室定责把关依据合同严格验收。

六、建筑施工

蕲州历为路府州所在地，清末至民国，均为蕲春县治，因此，市政建设工程较多，随之从事建筑的人员也较多。

（一）城镇建筑机构和施工队伍

解放前，城区内有泥瓦匠、木匠、油漆匠、石匠 100 多人。私宅、商铺、店面建筑多由当地匠人承接建造。一些较为重要的建筑设施如会馆、书院、大型寺庙多由主持人延聘当地或外地的高师俗称“承墨师”承墨，接纳本地各种类型高师合作兴建。

蕲州解放不久，由于经受战争的创伤，百废待兴，各类手艺人大多弃艺归田。

1951 年，蕲州泥瓦匠、木匠、石匠、油漆匠，经营建筑器材商等手工业者联合组建“蕲州镇手工业建筑工会”，时有会员 45 人。

1956 年 3 月，随着建筑工会会员的不断增加，蕲州镇手工业建筑工会更名为“蕲春县蕲州建筑工程队”，时工程队队址位于蕲州北门上老街（现二中大门右侧）一商店后部。

1958 年 12 月蕲州建筑工程队转为国营建筑公司。公司迁入老镇政府后面办公，次年，建筑队办公址由镇政府用土地置换的办法迁入官井街左侧新址。1962 年国营建筑公司改制，恢复原名，至 1965 年底，蕲州建筑队有职工 125 人。

1973 年 2 月，蕲春县建筑工程公司成立，蕲州隶属其公司名下的建筑工程队。1976 年元月县辖张塝、刘河、彭思 3 个区建筑队合并组建蕲春县建筑工程公司第三建筑队入驻蕲州开展工程业务。

1984 年 11 月蕲春县建筑工程公司蕲州建筑工程队和蕲春县建筑工程公司第三建筑队合并成立蕲春县第二建筑工程公司，时有职工 196 人。此时该公司已能承接八层以下民用建筑，15 米跨度以下工业建筑和中型厂房建筑。1989 年，二建公司有职工 406 人，当年实现产值 310 万元，上缴税收 2 万元。1993 年，二建公司有职工 423 人，产值 751 万元，上缴税金 11.04 万元。由于市场的变化，90 年代后期产值逐年下降，2007 年，二建公司破产改制，职工进入市场。1977 年，蕲州镇建筑公司成立。1978 年，蕲州市政建设公司成立。2005 年，蕲州镇建筑公司先行破产，职工解散。2007 年，蕲州市政建设公司破产。

（二）农村建筑队伍

解放初，镇内农村无专业的建筑队，建造房屋，多由在建筑方面有一定经验的承墨师主持。合作化时期，大多数手艺人均加入了农村生产合作社，同时不少手艺人依然兼营着原来的职业，从事一般房屋的建筑。人民公社化后，部分泥、木、石、瓦、油漆匠由大队或生产队组织起来从事副业生产，这一时期，规模较大的农村建筑队有城内大队建筑队。20世纪70年代起，国家基本建设投入加大，生产发展加快，基建项目增多，一些大队也相继成立了建筑队，如：竹林湖、新塘、扎营港、南门、枫树岭、塘塆、席盘石建筑队，从业人员达260余人。90年代起，一些设备、技术不达标的农村建筑队被淘汰，而竹林湖、新塘建筑队则升级为建筑公司，跨境承揽建筑工程。90年代后期始，国家对建筑市场管控力度加大，致使原已略具规模的农村建筑队伍纷纷解散。

（三）施工设施

中华人民共和国成立初，建筑施工全部为手工操作，使用传统的生产工具，泥瓦工工具主要有砌刀、抿子、刮尺、平水、灰桶、泥板、搓板等简单工具。木工工具主要有斧、锯、凿、刨、钻、五尺、曲尺、墨斗、钉锤、锉等。脚手架所需材料多为条木、竹子、竹跳板、木板、绳子等，多为房主提供。

20世纪60年代后期，建筑施工除手工操作，建筑工具除传统的工具外，逐步配置了和泥机、混凝土搅拌机、水磨石机、卷扬式起重机、龙门吊、手推翻斗车。木工机械主要有电锯、电刨、打眼机、钢筋成形机等机械，在此期间，农村建筑队施工设备也在不断更新。

20世纪80年代后期开始，一些更先进的建筑机械陆续投入使用，如挖掘机、推土机、塔吊、混凝土自动搅拌及升降机。近十几年来，建筑工程施工装备更趋现代化，打桩机，打井机、高层塔吊、混凝土灌车、泵车、自卸车、水泥搅拌机、振动泵、振动平板泵、打眼机、商混地泵等机械广泛用于建筑工地。

（四）建筑施工工艺

旧时，蕲州地区的建筑材料一直采用的是石灰、砂子、土砖、青砖、木料、青红瓦、不少建房户采用黏土筑墙（俗称干打垒），而州县府衙、大型寺院、会馆、书院、殿台楼阁则十分讲究，多采用雕刻图案的石雕、木雕用于篷顶、廊檐、窗户、栏杆、照壁、础柱的装饰，屋面采用桁条桷板，屋面覆盖各色琉璃瓦，尽显庄重、富贵，此建筑工艺一直沿用。

20世纪70年代开始，房屋结构发生了一些变化，民房逐步采用砖混结构，屋基采用地圈梁，一、二层中间均采用腰箍架设水泥楼枕，上置水泥预制板。后逐渐改成预制空心板屋面，顶部加盖机瓦的工艺。现代房屋分为砖混结构和框架结构两种，高层建筑均采用框架结构，注重了造型、减震、采光、实用性。墙体分实砌与空砌，楼面采用水泥浇灌和加盖琉璃瓦，内墙多采用亮色瓷砖或乳胶漆涂料粉刷、外墙采用水泥砂浆粉刷，贴瓷砖装饰。

部分工业用房、仓储、车间现在多采用钢构架设，如蕲州工业园厂房，永昌万利造纸厂部分车间、劲鑫矿山机械有限公司部分厂房等。

七、村庄建设

蕲州镇解放之前，受多年战争创伤的影响和物质条件的限制，农村居住环境差，房屋大多为简易土坯房和茅房，分布零乱。

蕲州解放后的一段时间，乡村村落布局和自然村落建设仍沿袭解放前的习惯，村庄无规划、分布零乱，有相当一部分房屋人畜共居。

1958 年人民公社化以后，蕲州人民公社响应蕲春县委县政府的号召，在农村开展“三治”“五改”工作，平整土地，一些小的自然村落和单家独户归并到大的自然村落。20 世纪 70 年代初期“农业学大寨”运动在全镇铺开、农村兴起田园化和新建新农村，许多小的自然村落按公社及大队的统一规划兴建住房，形成新的居民点。新建居民点的住房，要求做到房屋式样、大小、高矮、地平标高、结构基本一致，房屋与房屋间隔相等（一般 4~6 米），镇区的东门、城内、一关、南门等大队因土地资源有限，多采用前七后八的间距（即前沿与前排房屋的间距 7~8 市尺）。此一做法这几个村一直持续到 80 年代中期。

1985 年开始，镇属各村均配备有一名村干部主抓城建及土地、房屋的批建工作。镇规定：农村社员建房须由本人提出申请，由村（大队）集体审批，指定地点新建。

1987 年 1 月《中华人民共和国土地管理法》颁布。蕲州镇成立了土地管理所，履行土地管理职权。清理规范土地使用情况。经过清理、核实，1990 年，全镇发放土地使用证 12600 户。

1998 年 8 月为了进一步加强土地管理工作，国家颁了新的《中华人民共和国土地管理法》，进一步明确了土地管理的职责审批权限以及合理使用土地的必要性和紧迫性。2004 年 8 月，第十届全国人民代表大会常务委员会第十一次会议关于修改《中华人民共和国土管理法》的决定，此决定对上两次颁布的《中华人民共和国土地管理法》进行了修改、补充、完善，明确了“中华人民共和国实行土地的社会主义公有制，即全民所有制和劳动群众集体所有制。”并具体规定了占用土地面积多少的审批层级。鼓励耕地占、补平衡，加强土地整理复垦管理，建立了更加严格的耕地保护制度，对宅基地用地，非农业建设用地实行县级人民政府审批的具体规定。蕲州镇人民政府及土地主管部门从严审批宅基地，至 2016 年末，全镇共发放土地证 16883 户，30 年间仅增批 4283 户。

镇域内的村庄建设，目前仍遵循集中、连片、沿袭历史、交通便利的原则；集中连片的村庄有雨湖、土台、街口、南门、城内、东门、一关、郦公园、上河口、二里湖、牛皮坳、江河、竹林湖、潘塆、赤东、菩提等村（居）。沿袭历史建设的村庄有韦庄、龙泉庵、银山、打鼓台、两路口、枫树岭、西角湖、沙径、红门楼、老虎头、太常、油树垴、邵垅、曹英、五里墩、下石潭、金鸡、邱山等村。交通便利的村庄有横坝、新塘、扎营港、红石头、塘塆、黄土岭、施家塘、王埂、恒丰、赤东、菩提、雨台等村。

新农村建设是镇委、镇政府近十几年来抓的一项重要工作，经过十几年的努力，雨湖、扎营港、新塘、龙泉庵、菩提、潘塆、打鼓台、土台等村新农村建设工作抓得扎实，各有特色。

八、集镇建设

据清宣统年间蕲州五乡集市图示：清末，蕲州（现地域）有棋盘石（席盘石）、菩提两个较大的集市。

中华人民共和国成立后，由于历史或因行政区划调整、交通、企业分布等原因，一些历史上的集市有的已不复存在，有的保留了下来，并形成了一些新的集市，至今镇域内共有较大的集市 11 个。

黄土岭位于蕲州镇东南部，大泉山南麓，距蕲州城区约 6 公里。据明代嘉靖《蕲州志》："安平上乡在黄土岭，系洪武十六年（1383 年）知州孔思森按湖广行省令设旌旗亭一座，为安平上乡驻地。"明清时期，黄土岭是通往广济县治梅川，菩提通往蕲州城的驿道，曾开有几家茶铺和粑铺。

蕲州镇解放后，黄土岭曾为区、乡政府驻地，随着区域政治中心的建立、撤销，黄土岭曾历经过几次的建设发展，现逐渐建设成一条沿蕲清公路两旁排列有序，全长约 900 米，街面宽 15~30 米的街道。1987 年，黄土岭设立乡政府后，市政建设加快，街道两侧分别建有乡政府、胡风中学、派出所、农行、信用社、粮食、财政、税务、工商、卫生院、土管所等单位。另有商业局、供销社设立的食品所、生资、土产、日杂、日用百货等多家商店。2001 年，黄土岭乡并入蕲州，乡政府及派出机构撤销，集市一度冷清。近十年来，黄土岭集市发展较快，合股、个人开设的各种行业店铺、餐馆、加工业、摊点分布街道两旁，达 76 家。

黄土岭历为蕲州地区较大的集市，在此集散的农村土特产品主要有苎麻、柑橘、药材、山药等。

2006 年，黄土岭自来水厂建成投入使用，日供水 300 吨。2016 年，35 千伏安的黄土岭变电站建成运营。

菩提，古时称菩提坝铺、菩提坝市，曾名菩提、菩提坝。菩提，自古就是蕲春境内一个重要的集市。清光绪二年（1876 年），全县四十二集市，就有安平乡菩提坝市之名。光绪八年（1882 年）全县农村集市十六个中，蕲州仅有菩提坝。1930 年全县 39 个集市中，菩提坝位列其中时有商户 15 家。1949 年有商户 25 家，从业人员 90 人。菩提，面湖倚山，有通往广济杨林铺，竹瓦，邱山、雨台等三条交通要道经过这里，交通十分便利，因此该地自古便一直有人在此开设店铺。

中华人民共和国成立后，菩提曾是区、乡、管理区、小公社驻地。旧时经商的老街因街面过于窄小，仅只能通行板车而逐渐失去经商功能。20 世纪 70 年代始在老街北侧新建成了一条合面街、供销、商业、食品、生资、粮食、农技、五金、日杂、邮政、纺织等行业曾在此开店设点。并设有菩提卫生院。如今，以个体工商业为主体的日杂、南北货、生产资料、纺织、餐馆、电器五金、建筑建材、药店、肉铺、蔬菜摊点分设街道两旁。并建有一露天车站，每天有十几趟班车往返于菩提至蕲州之间。

2013 年，菩提街道实现水泥硬化，街宽 8~12 米，长 550 米，装有路灯。

菩提集散的土特产品主要有鲜鱼、苎麻、药材。

雨台位于蕲州镇东部，因塆内有一祈雨台而得名，旧时，此地较为偏僻，人们进出邱山、苏家山、杨林铺、张竹林、胡贵大塆等自然村落需由此经过，遂为一乡村便道的必经之地。20

世纪60年代初期，教育部门在雨台设立雨台小学后，供销、食品、生资部门便在小学附近建店开铺、设立禽蛋、农副产品收购点，渐成小集，市场也较为活跃。如今，已建成一条长约900米，宽5~8米的合面街，街面已实现水泥硬化，并安装有路灯20盏，每天有定点班车往返于蕲州至雨台之间。现有各类商店、加工厂、摊点、肉案20余家，市场活跃。雨台集散的土特产有苎麻、山药、中药材等。

高塆位于蕲州镇东南，距蕲州镇区约7公里，蕲（州）武（穴）公路穿境而过。1951年之前，高塆隶属广济（武穴）管辖，1951年底划入蕲州，20世纪70年代初，黄冈地区组织煤炭会战，新州、罗田等县掘煤工人驻扎在高塆一带，人气渐旺，随即蕲州供销社、食品所、生产生活资料公司等在高塆设立分店经销商品，土产部门设立收购点收购农副产品，高塆大队也在此开设队办企业，渐成一小集市，集市区长约200米，依公路两旁而建，每天经此前往武穴、大法寺、上伍、黄梅等地的客货车川流不息。高塆境内山、湖相连，特产丰富，其地盛产苎麻、油菜、棉花、鲜鱼、莲藕、药材。近几年，高塆村（现名龙泉庵村）抢抓发展机遇，引进“湖北宜昌龙源林业有限公司”落户高塆，发展以木本花卉树种为主的观赏林，面积达7000余亩，初步形成了以赏花、观景、养生休闲为主的重要景观区，带动了以高塆为中心的商饮业，现有各种类型商店、餐馆、食品及蔬菜摊点20余家，从事餐饮业的“农家乐”，就达6家。高塆街道两旁已铺大理石火烧板，并栽种了景观树，路面实现水泥硬化，并安装有景观照明路灯。

银山1951年之前属广济县辖（今武穴市）1951年底划入蕲州，地处蕲州西南部，距蕲州城区约6公里。

银山，又名迎山、寅山。据史料记载：“银山产煤，质优美。”早在清道光年间，便有人在银山采煤，后屡有人采掘。蕲州镇解放后的1951年即有军工企业开采，1959年银山煤矿升格为国营企业后，员工增多。1969年，蕲春县举全县之力再次扩建银山煤矿，使银山渐趋繁华，集市初现规模。供销社、粮食、邮政、银行、食品卫生、饮食等部门相继建立营业网点，附近一些村民也设早市于银山售卖鲜鱼水菜、土特产品。银山还曾是蕲州镇雨湖乡驻地。此时，银山集市已形成了一条长300米，宽5~8米的集市街道。20世纪80年代后期，煤矿停办后，银山集市渐渐萎缩，今已无存。

施家塘位于蕲州镇东北部，距蕲州约7.5公里，自古以来，一直为北上竹瓦，东去菩提，雨台、广济杨林铺，南达蕲州的要通要道，交通十分便利。明代时期，施家塘曾为现蕲州区域内的三大集市之一。

蕲州镇解放后，施家塘集市发展迅速，1952年蕲清公路全线修复，民工多在此驻扎，少数商家便在施家塘开设副食、饭铺、肉案。60年代起，供销、土产，生资、食品陆续在此开店，后邮政部门也在施家塘设点营业。60年代后期施家塘大队亦在集市中心区开设了粮食、米面、加工厂和油坊。70年代后期起，施家塘大队陆续在集市中心区内办起了鞭炮、磷肥、瓷砖等厂。90年代始，原在此地设店的供销、土产、食品、生资、邮政部门陆续撤掉店铺，施家塘集市渐显清冷。

现今，施家塘沿公路设市，街长约300米，安装有路灯，计有汽车修理、摩托车修理、医务室、加油站、农副产品收购、肉案、生产资料、农技、副食等店铺、摊点18家。

明清时期蕲州诸志记录的集市直至今日，由于诸多原因，有的已消失，有的仍在运行，也产生了一些新的集市，由于规模较小未作具体记述，简述如后。

明清时期志书记载的集市有两路口、菩提、棋盘市（席盘石)、黄土岭、施家塘、侯贵府。

有记载，但现已消失的集市有两路口、棋盘市（席盘石)、侯贵府。

规模较小未具体记述的集市：金牛洞、扎营港、恒丰堤、牛皮坳、长塘、太常。

九、脱贫攻坚与环境保护

2013 年始，新州镇贯彻国家制定的农业、农村政策，在全镇农村中全面制定了脱贫攻坚奔小康的战略蓝图，挂图作战，逐项工作抓落实。首先在全镇农村中开展精准扶贫工作，确保部分贫困农村人口不愁吃、不愁穿，就医、入学、农村安全饮水有保障，在国家规定的时间内，全镇农村 275 户，9707 人实现了脱贫。

实施精准扶贫工作的同时，全镇农村还相继开展了洁美乡村及农村环境整治工作，全镇 48 个村（居）在洁美乡村工作中都实行了到边到界到塆到组到户的办法，每个村都有垃圾转运中心，做到清运一体化。村、组、塆场、重点路段都设有池、桶、垃圾箱。村组配有垃圾转运车，全镇农村共配置有垃圾转运车 46 辆，设垃圾大底坑 46 个，木垃圾桶、箱 12000 个。后各村又配置了垃圾分类桶、箱 3500 个。随着洁美乡村工作的持续深入，全面整治农村环境工作再一次在全镇开展，社区、村（居）全部兴建和改建了办公场所。每个村（居）都设立了学习栏，法治宣传固定栏、文明实践站、未成年人活动室、老年大学、文化广场、文化长廊。新建农村 7 户以上困难群众集中安置点 17 处，至 2018 年底，全镇农村 1038 户危房得到了改造，补助危房改造金 1459 万元。2017 年起，全镇共拆除老旧、破败、布局不合理的老式厕所 5010 个，新建改造水冲式厕所 5025 个，新建农村公厕 55 个镇区公厕 8 个。

蕲州襟江带湖，15.01 公里的长江岸线流注蕲州，国家实施长江大保护行动以来，蕲州在较短的时间内拆除了占用长江岸线的房屋 5 栋，补偿资金 260 万元。2018 年，长江开始实施 10 年禁捕，蕲州镇积极行动，宣传、发动工作正在进行中。

为了持续地抓好农村环境整治工作，蕲州镇明确规定辖区内的农户都不得在野外焚烧秸秆禾草，由于宣传到位，工作做得细，焚烧秸秆、禾草现象已鲜见。

乡村振兴战略始于 2018 年，当前，这一工作正在全镇农村统筹谋划，笃定实施中。

卷六 风物民俗

《中华全国风俗志》云："蕲阳旧俗，民风剽悍，土著人甚少。"随着社会发展，民众素质不断提高，民风转好，崇尚文明。又地多特产，谓之物华天宝。发展至今，蕲州民俗紧跟时代步伐，三个文明建设同步前进，呈现一派和谐面貌。

一、土特产品

蕲州镇地处长江中游北岸，蕲春县最南端，属亚热带大陆性季风气候，四季分明。春季回温，但不稳定，冷暖起伏大，天气多变；夏季、初夏多为梅雨期，闷热潮湿多暴雨；盛夏晴热少雨，极易形成伏旱；秋季，多晴少雨，秋高气爽；冬季寒冷干燥。年降雨量平均约为1340毫米，水资源丰富。长江、赤东湖、雨湖、马口湖、沿市湖等河流湖泊纵横交错。中华人民共和国成立后，中小型水库、塘堰、渠道、泵站的建设为种养业的发展提供了便利条件；黄棕壤、石灰性土、潮土、水稻土，酸碱度不同，养分不一；独特的自然、地理环境和优良作物品种的引进，使物产品种繁多。水稻、小麦、高粱、玉米、荞麦等粮食作物，棉花、油菜、花生、苎麻、大豆、蚕豆、绿豆等经济作物，马铃薯、西红柿、茄子、豇豆、苦瓜、丝瓜、冬瓜、南瓜、辣椒、葫芦、瓠子、四季豆、刀豆、苋菜、茼蒿、牛皮菜、菠菜、生菜、白菜、红菜薹、芹菜、大蒜、萝卜、胡萝卜、香菜、榨菜、芥菜、雪里蕻、韭菜、甘蓝、山药、蔃头等蔬菜，甘蔗、桃、李、梨、杏、柿、柑橘、板栗、枇杷、葡萄、西瓜、香瓜、甜瓜等水果都可广泛种植；莲藕、菱、芡实、芦苇、茭白等水生作物，青鱼、草鱼、鲤鱼、鲫鱼、鲢鱼、鳙角、鳜鱼、黄颡鱼、虾、蟹、龟、鳖、鳝等水产品皆可养殖。

唐宋时期本地向朝廷进贡白緼布、竹簟、鹿毛笔。明清，除以上物品外，再进贡蕲州四宝，还有乌蛇脯等。

蕲艾 艾草的一种，因产于蕲州而得名，"蕲春四宝之一"，特产中药材，中国国家地理标志产品。又名艾蒿，属菊科蒿属，多年生草本植物。它的茎笔直，高1米左右，叶片轮生，每片叶有5个缺，面呈绿色，茎秆及叶片背面密生白色茸毛，柔软光滑。原野生于近水向阳田埂地边，山坡也有少量生长。随着需求量和标准生产的需要，大面积人工栽培已出现。

蕲艾含17种已知化合物，挥发油含量、总黄酮含量、燃烧发热量明显优于其他地区所产艾叶，特别是艾精油是其他一般艾的两倍。

蕲艾，味苦而辛，无毒，洗熏服用都可以，能温中理气血，逐寒湿，调有经安胎、温经止血、清热止咳、消痰等功效。内服艾叶主治月经不调、腹中冷痛、胎漏下血、胎动不安、宫寒不孕、吐血下痢，蛔虫，老年人慢性支气管炎、哮喘、肠胃炎，外用治皮肤瘙痒、疥癣。艾叶晒干捣碎如绒，称“艾绒”，制成艾炷，燃灸经穴，有奇效，能散寒除湿、温通气血、通经活络，故医家谓蕲艾可治百病。

蕲艾不仅治疗多种疾病，还可以作调香原料。枝叶熏烟能驱蚊蝇，具禳毒杀菌的功效。

由于蕲艾的药用价值高，以蕲艾为原料的新产品不断研发出来，艾绒、艾条、艾精油及蕲艾系列化妆品、洗涤品、保健品等产品在市场上供不应求。为满足市场的需求，蕲艾深加工企业逐年增加，蕲艾人工种植面积逐年增加，本镇有竹林湖、塘塆、红门楼、席盘石等村有连片蕲艾种植基地。

蕲蛇　蕲州四宝之一，蕲州著名特产。它全身黑质白花，故又名白花蛇，还因为吻鳞与鼻间鳞均向背后翘起，所以还名褰鼻蛇。它头呈三角形，背黑褐色，头腹及喉部白色，散布有少数黑褐色斑点，尾部侧扁，尾尖一枚鳞片尖长。相传，蕲蛇若被捕得无路可走时，它就调转“尾利钩，破腹自杀”。蕲蛇有剧毒，人被咬，不出五步即死，故又名五步蛇。

蕲蛇旧时产于蕲州城附近的龙峰山、麒麟山、凤凰山、雨湖一带。蕲蛇味甘、咸、性温。肉可祛风湿、散风寒、舒筋活络，并有镇痉、止痒之功能，能治风湿性关节酸痛、四肢麻木、风瘫伤风、各种疥癣、小儿惊风、口疮等病。民间用蕲蛇泡酒，色清澄，味清润而芳香，能强壮滋补，治疗跌打损伤，是治疗麻风病的特效药。

由于蕲蛇具有极高的药用价值，历代遭到过度的捕捉，现野生蕲蛇日渐减少。

蕲竹　原产于麒麟山、百家冶山。一般竹子为环节，蕲竹为绕节，节与节之间辗转相绕，组成一个个的菱形，壮如罗汉肚，明显区别它地竹子，所以称“蕲竹”。蕲竹贵在由它制作的竹簟，色泽晶莹，有如琉璃、美玉，质地坚韧，柔软如绵，折叠如布。盛夏，人睡在上面，既透凉又爽汗，更奇的是，当人起身后，人留下的印迹久久不消失。由于太出名，求者甚多，导致它数量急剧减少，成为稀世珍品。

蕲龟　蕲龟形状与普通龟相似，唯背甲生着细长而浓密的绿色绒毛，故又名曰“绿毛龟”。它的绿毛有的说是藻类附生物，但进行焚烧，毛蜷缩并发出嗞滋的声音和散发出烧焦毛发的气味。这是产生于蕲州的绿毛龟的独特之处，所以称这种龟为“蕲龟”。《一统志》载称：“绿毛龟，蕲州出。置壁间，数年不死，能辟尘。”《本草纲目》则说：“今惟蕲州以充方物。养鬻者取自溪涧，蓄水缸中，饲以鱼虾，”“久久生毛，长四五寸。毛中有金线，脊骨有三棱，底甲如象牙色，其大如五铢钱者，为真。他龟久养亦生毛。但大而无金线，底色黄黑为异尔。”

蕲龟如置清水中，绿毛轻漾，漂浮满盆，如一团青苔在水中沉浮，又似镶嵌在白玉中的一块翡翠。捞出水外，绿毛紧贴龟背，井然不乱。具有很高的观赏价值。相传，蕲龟还能驱蚊蝇；盛夏季节，将食物置放在它的旁边，食物竟然不会馊掉。

蕲龟含有丰富的脂肪、蛋白质、维生素 A、磷铁等营养物质，有滋阴补血之功，食之可延年益寿。药用可治阴虚、劳热、骨蒸、久嗽咯血、疟疾、血痢等症。蕲龟主要生活在缺齿山大泉山脚下小溪、池塘、水井之中。

解放后治山治水，生态环境改变，野生蕲龟数量甚少。改革开放后，有少数人工养殖，并取得成功。

芹菜　为蕲春农产品地理标志产品。在本镇环雨湖及沿江冲积平原有广泛种植。尤其是南门、东门、城内、郦公园等村居种植面积最大，年产量也最多。本地芹菜与别处的芹菜有不同之处，蕲芹无主秆，根部硕大，呈白色，枝叶从白茎抽长，呈伞状蓬生，叶细碎而枝条纤细，茎叶翠绿，还有光泽，整株气味芳香。蕲芹营养好，富含蛋白质、粗纤维素、维生素 C 和多种矿物质元素，具有清热泻火、通便、降压之功效，现代中医学也证明蕲芹具有明显的保健功能和药用价值。可以直接炒食，也可当作作料，炒熟芳香四溢，闻之，满嘴生津。蕲州产的芹菜在鄂东地区享有盛名，销往本县各地及黄石、阳新、武穴、武汉、九江等地。蕲州产的芹菜也成为春节期间的馈赠佳品。蕲芹喜水、喜肥、喜土层深厚的潮沙土，耐寒、不耐高温。露地栽培，通常初夏搭遮阴棚育秧，仲秋移栽，仲冬到来年花朝节左右收获，春末留种。

雨湖鲫鱼　北魏著名地理学家郦道元在《水经注》中介绍，“蕲州广济青林湖有鲫鱼长二尺，食之肥美”，李时珍在《本草纲目》中介绍，“诸鱼属火，独鲫鱼属土，有调胃实肠之功”。雨湖鲫鱼，身体呈梭型，体高而侧扁，前半部弧形，背部轮廓隆起，头短、嘴小，背部呈青灰色，腹部白色。雨湖鲫鱼，生命力顽强，可养一年不死，但生长缓慢，半斤以上即是精品。

据测算，每百克鱼肉含蛋白质 13 克、脂肪 11 克，并含有大量的钙、磷、铁等矿物质，肉质细嫩，蒸、煎、炖味道都极其鲜美。区别于其他鲫鱼之处是：剖开鱼肚，雨湖鲫鱼内脏体积较小，而其他鲫鱼则满满一腹腔的内脏。

李时珍在《本草纲目》中，还详细介绍了它身体的各个部位，能治疗痢疾、痔疮、虫咬、耳聋等疾病，鱼子还能调中益肝气。今天，仍有些当地老年人用雨湖鲫鱼煮金荞麦根（莞子），不加油盐，吃鱼喝汤，治疗筋骨疼痛，效果非常好。

由于雨湖鲫鱼营养价值高，味道鲜美。相传，明朝正统年间，分封在蕲州城的荆宪王将雨湖鲫鱼用大船装上雨湖水和湖中水草，下长江走运河送进北京城，皇帝食后，也觉得味道好，就下一道圣旨，规定当时叫诸家湖的鲫鱼必须年年进贡，老百姓不得随意下湖捕捞，还把诸家湖作为皇家的“御湖”。

近年来，由于雨湖的经营者一味追求鲜鱼的产量，引进一些高产鱼种，并且大量向湖中投肥，导致雨湖鲫鱼的品质、产量都大幅下滑。

莲藕和藕粉　蕲州湖泊众多，也是莲藕之乡，城郊池塘和河湖浅水之处，均产莲藕。特别是古城北门外一里外莲花池（也叫王家塘），所产莲藕更是久负盛名。莲花池处于蕲州城近郊，光照充足，塘底的泥土深厚、细腻、肥沃，明嘉靖年间工部主事蕲州人陈溱赞其“花开十丈，藕如船”。所产莲藕洗净通体雪白，整枝匀称，每节粗壮，与其他品种的藕相比，它要细长许多，奇特的是，他地的莲藕切开，截面呈七孔，莲花池藕则有九孔。莲花池藕夏季吃时，脆嫩、香甜；秋冬季吃，粉糯。莲花池藕炖排骨，香气浓郁，汤呈白色，甜香爽口，藕入嘴即化，是药食同补的无上佳品。

莲藕一身是宝，从莲实到藕节皆可入药，李时珍在《本草纲目》中介绍了多种以藕入药的方子。

莲藕可以加工成藕粉，环雨湖一带的村庄有加工藕粉的传统，当然最上品的藕粉是莲花池的莲藕，用玄妙观前的太清池水漂洗加工出来的。中华人民共和国成立初期，东门社区当时成立了 90 人的互助组，专事加工莲花池的藕粉，以供出口苏联。

藕粉加工，冬季，将采挖回来的莲藕去根洗净，在有齿的缸里将藕擂磨成糊状，然后用纱布包住磨好的藕糊，在盛水的大缸里反复挤压、清洗，直至最后挤压不出白色浆液为止（此两道程序今已改成机械磨一次完成），静止沉淀，倒掉上部已澄清的水，若颜色发暗，再加入清水搅动，以去掉杂色以及涩味，可反复几次。水倒掉之后，藕粉仍然是糊状，这时，将棉布包上草木灰放置其上，将水分吸干，抢在大晴天出晒，如长期不得天晴，藕粉仍只能泡在水中。

出晒时用半扇锋利的河蚌壳，将藕粉削成片状，薄薄地铺陈在晒筐、簸箕上，趁着日头曝晒，一日晒干，藕粉色白如雪。若遇到阴天，阴时间越长，则藕粉颜色发乌，成色变差。

藕粉是营养价值极高的滋补品，小儿营养不良和成人大病初愈，可用藕粉冲调成羹食用，病人可很快康复。

红菜薹 十字花科薹属科，白菜亚种，一年生草本植物，枝干色泽艳丽，花金黄色。它营养丰富，含有钙、磷、铁、胡萝卜素、抗坏血酸等成分。炒食其口感脆嫩爽口，纤维含量低，糖分含量高，别具风味，特别是经霜的红菜薹更是鲜嫩爽口。

红菜薹在本地广泛种植，潮沙土、水稻土、素黄土都能生长，除了城郊村大面积种植外，横坝村、席盘石村、塘塆村也广泛种植，并且产量很大。蕲州产红菜薹在拥有广阔的市场，红菜薹销售西至武汉，南至南昌，东至南京，特别是在20世纪90年代之前，武汉人将蕲州产红菜薹奉为名菜。

南门红辣椒 由南门村菜农培育的优良蔬菜品种，又称牛角椒，上市时间比其他辣椒要迟，整株辣椒基本同时成熟，6个1斤。单个辣椒体光滑，无褶皱，颜色火红，配着绿叶黄秆，甚是可爱。南门辣椒经络辣味足，辣椒肉厚实甘甜，无论新鲜吃，还是腌着吃，都美味可口。

柑橘 柑橘在本地有悠久的种植历史，是种植最为广泛的水果，现雨湖、赤东湖周边丘陵、低岗偏酸性的红棕壤，适宜于柑橘类生长。20世纪70年代之前，主要是本地橘品种川橘、红橘、苦柚、臭柑，20世纪60年代之后，温州无核蜜橘引进栽培，进入21世纪，脐橙、芦柑、红心柚、HB柚、砂糖橘也陆续引种成功，目前主导产品仍是无核蜜橘，产量较大。它皮质细薄、色泽鲜美、酸甜爽口、营养丰富，在安徽、江苏、上海等地拥有一定的市场。

种植养殖　特产种植养殖情况简表（2016年底）

表6-1

种类养殖	种植区域	种植面积（亩）	产量（公斤）
蕲艾	分布于26个村居	约23000	干叶4600000
蕲蛇	分布在龙峰山一带		今无
蕲竹	分布在百家冶山一带		今无
蕲龟	分布在冷水井一带		
细叶芹菜	城内、南门、郦公园、东门、横坝、席盘石、街口、打鼓台	1507	4236580
雨湖鲫鱼			
莲藕	南门、东门、雨湖、竹林湖、横坝	1860	4403043
红菜薹	塘塆、竹林湖、南门、席盘石、郦公园、打鼓台、街口、横坝、两路口	2600	320000
南门红辣椒	南门	190	9320
柑橘	席盘石、竹林湖、土台、雨湖、街口、打鼓台、枫树岭	1500	300000

加工 特产加工情况简表（2016 年底）

表 6-2

种类	加工企业数(作坊)(户)	总产量(公斤)
蕲艾	企业 11,家庭作坊 42	4600000
藕粉	15	32650
油姜	1	23200

二、特色美食

（一）概 述

蕲州本是物产丰富之地，又是长江中下游重要的交通要地，加之南京商人大量移入，带来大都会精湛的制作技艺，产生了许多颇负盛名的传统美食，计有蕲州酥糖、港酥饼、油姜等；20 世纪 70 年代之前有王满的锅盔、管相的清汤、黄五吉的油条、管相的跑鸡、周黑子的叠汤圆、方毛的韭菜合子、彭永汉的鲜肉汤包、孙永康的古皮糯米糍粑、王波成的火腿五香干、陈炎林的豆制品、张建安的浸油佛手馃、蕲州熏肉、粉蒸青鱼筒、猪肝卷、猪耳朵、麻条、汽水粑，以及面粉制作的彩豆、鸡公脊、家菱，另外还有清末杏花大酒楼的健胃消食羹。这些特色美食，进入 20 世纪 80 年代，由于多种原因，制作技艺已部分失传，但仍然保留了以下一些美食。

（二）品 种

鱼丸 将当地产花白鲢、草鱼等个头比较大的淡水鱼剖好、洗净，从背脊处开边，将大块鱼肉削下，剁成泥，顺手将其中的刺理出，剁的时间根据鱼蓉能否粘刀来控制，能粘住刀即为剁好。将鱼蓉置入有一定深度的容器中，再按一定比例加入淀粉或红薯粉，最后加入食盐、蛋清、葱姜末、猪油等佐料，再顺着一个方向，用手使劲搅动，鱼蓉越来越黏稠，所费力气越来越大，将鱼蓉挤成丸状，放入装满温水锅中测试，若鱼丸浮起，则大功告成，若鱼丸下沉水中，则需再加入适量的食盐或继续搅动。待鱼丸全部下锅后，大火将其煮熟。

淀粉鱼丸洁白如雪，红薯粉鱼丸呈乌红色，但口感更佳。鱼丸嫩滑爽口，既有鱼肉的鲜香、营养，又少了直接吃鱼让老人和小孩望而生畏的鱼刺，是老少皆宜的美食。蕲州鱼丸在鄂东颇负盛名。

藕粉丸 本地产的藕粉，用前将片状的粉研碎，加入适量面粉，也可加入煮熟剥皮的毛芋头，拌匀、揉搓，能捏成型即好。包上芝麻白糖馅，做成丸，放入蒸笼蒸熟。蒸熟的藕粉丸香味四溢，晶莹剔透；入嘴莲藕的清香、芝麻的浓香，使人胃口大增，咬之，筋道十足。藕粉丸甜而不腻，易消化，老少皆宜，食之具有补气养血、润肺止咳之功效，外地客商到蕲州，许多指名要吃蕲州藕粉丸。近年来，藕粉丸已在蕲州开始工厂化生产，所产藕粉丸逐步走向周边市场。

藕粑 取本地产莲藕去掉头尾留下中筒，过去用齿缸，今天用电磨将其磨成糊状，不取汁不去渣将其盛入器皿，将本地产芹菜根茎以及大蒜切成末和精盐、味精适量加入，再按一定比例加入面粉，拌匀、揉搓，捏成粑状，放入油锅中小火煎熟，趁热吃，既可当正餐，也可作为菜肴。藕粑香味浓郁、粉糯、爽口。

雪花粑 将糯米和黏米按比例配好，浸泡12小时后磨粉，米粉加适量的水拌湿，用手捏粉成团，放开粉即散开为好，用米筛将拌湿的米粉在蒸笼上筛，漏下的米粉均匀铺到厚半寸时，将提前备好的熟芝麻拌白糖，撒上一层，然后再在上面筛一层米粉，重复4到5次即可，大火蒸熟，刀切成块吃。刚出笼的雪花粑洁白如雪，香味四溢，食之，入口即化，甜而不腻。

鱼籽糕 取新鲜的鲤鱼籽，用细竹丝制成帚子，在上面反复地戳，不让鱼籽粘连在一起，然后按比例加入本地产的红薯粉，再加入葱姜末和盐等调味品，拌匀，上蒸笼蒸熟，切块装盘，趁热吃。鱼籽糕营养丰富，易消化，是蕲州人待客之传统美食。

蕲州油姜 将本地产的新鲜嫩姜（本地称子姜）洗净去皮，切丝，稍稍晾晒。用酱油、食盐、白糖等按比例配好基料，将姜丝放入，淹没，密封大约1个月，即好。腌制好的油姜、鲜香爽口，甜中微辣，食之开胃。

三、民　俗

中华人民共和国成立后，随着镇内经济社会的发展、科学技术水平的提升、居民受教育程度的提高，民俗和民风中的健康内容得到传承，一些陋习和陋规被摒弃，同时出现新的带有时代特征的习俗和社会风尚。

（一）生产习俗

1. 农业生产习俗

（1）种植习俗

种植结构 城郊村以种植蔬菜为主，沿江平原村以种植麦、棉为主，黄土岭片以种植水稻为主。旧习，以麦—稻，油—稻或绿肥—稻连作的二熟为主。20世纪60年代后，渐以油（或绿肥）—稻—稻三熟为主。20世纪80年代中期，苎麻价格高涨，旱地和水田改种苎麻面积大增。进入21世纪后，种植根据一家一户农民习惯，随行就市，种植品种多变，没有固定的模式，种植人员多为老人和妇女。蔬菜种植主要还是传统种植模式，分春秋两季。

积肥 用大瓦缸、水泥池上做小屋搭成厕所收集大小便积肥；在房前房后、畈中田角挖“洋凼”，到湖滩、江滩打青，以青草和畜粪沤制肥料；早稻种植之前，割青草，收集老白菜、菜薹根、洋葱禾等蔬菜种植废弃物置入田中“压田”积肥；将牛粪拍成饼状晒干用作初春“烧包子”积肥；郊区蔬菜种植户到城区公共厕所粪池挑粪积肥。20 世纪 90 年代后，由于高效化肥的使用和老式厕所逐步改为水冲式厕所，以上习俗逐渐不兴。

蔬菜种植 四季豆、瓠子、黄瓜、辣椒、豇豆、冬瓜、苦瓜等；通常早春先人工催芽，再用尼龙小拱棚育秧，仲春露地移栽。夏季病虫害防治、水肥管理和收获同时进行。白菜、红菜薹、甘蓝等夏末秋初育秧，芹菜夏初搭遮阴棚育秧，都是仲秋后移栽。初秋种植大蒜，在耕整好的地里，用锄头从地头起浅沟，将蒜瓣一颗颗整齐地摆放在沟内，再贴紧前沟再起一沟，沟内土翻起将蒜瓣盖住，如此反复。萝卜直接挖穴点播。小白菜、生菜、菠菜、茼蒿等撒播。洋葱秋季育秧，冬季定植，春季收获。莴笋冬季育秧，冬末春初定植，春季收获。香葱、韭菜多选在春秋季节分蔸繁殖。20 世纪 90 年代之前，都有自行留种的习惯，现多购买良种，仅有芹菜仍保留自己留种。90 年代之后，原有的蔬菜种植习惯发生了一些变化，少有留种，种类增多、种植时间改变，化肥、农药使用量大增。农业技术推广，温室大棚、地膜覆盖出现，提前了蔬菜上市期。

粮食作物播种 旧习（指中华人民共和国成立前，下同），以麦—稻、油—稻或肥（绿肥）—稻连作的二熟为主。20 世纪 60 年代后，渐以油（或肥）—稻—稻三熟为主。水稻育秧，旧习为大田撒播，60 年代后改以厢式薄膜覆盖为主要形式，80 年代曾推行旱育，2000 年后，开始推行软盘育秧。水稻移栽，旧习为手插；原从四周向中间“围插”，60 年代改为从田一边向另一边“顺插”。无论是围插还是顺插，都有赛插之习，速度慢的被夹在中间，称“驼龙”。60 年代起，有的地方改用大田直播，将育秧和插秧合二为一；部分地方改人工手插为“抛插”或机插。小麦播种，旧习为满田撒播或点播，70 年代改为分厢条播，现多为分厢撒播或条播。油菜播种，旧习为满田撒播或点播，60 年代开始改为分厢撒播，80 年代改为育苗移栽。

水稻中耕 旧习称“薅田”，即用脚松泥土，用手除稗草。20 世纪 80 年代开始，改用化学农药除草代替薅田。小麦、油菜、棉花、黄豆等，旧习都是人工锄地，其中棉花在 60—70 年代曾用犁或中耕器翻土中耕，90 年代后改用化学除草剂除草。

防病除虫 旧习，有飞蝗为害，农民集众抬木雕“菩萨”游于垅畈间，伴以锣鼓，祈神驱虫，称“拦青苗”。此习在中华人民共和国成立初即破除，改用化学、物理、生物等方式除虫。

收获 水稻首次收割称“开镰”，收割工具为锯齿镰刀。早中稻当天割、当天收；晚稻要在田里晒几天才收。稻谷收时，旧习捆成数十斤的“草头”，用葱担挑回稻场堆放；堆放的地方事前准备好，是高于四周的圆形“场堆墩”，堆放时稻穗朝内，一层层码成圆形，上面收尖为锥形并覆盖稻草。小麦收割也是用镰刀，捆好用葱担挑回，旧习堆码成长条形，穗朝内，择日脱粒。油菜收割工具为镰刀，运回稻场后堆码成长条形，枝荚朝外，待荚变黄时脱粒。黄豆大都是连根收获，旧习扎成小把，挂于树枝或房屋外墙上，待荚黄后脱粒；现已不扎把，成捆置于稻场上择日脱粒。

脱粒 旧习，水稻、小麦脱粒用牛拉石磙碾压，然后借用风力扬净；在没风力时，使用漏筛、簸箕、风扇等除去杂物。油菜、黄豆一直用梿枷拍打脱粒。20 世纪 60 年代开始，逐步实现机械脱粒，进入 21 世纪大田块由跨区作业的联合收割机将收割、脱粒一次性完成。

留种 旧习，稻、麦多为块选，高粱、糯稻多为穗选，黄豆、花生多为粒选。稻种多用稻草包捆后置于房梁或墙上，高粱以整穗保存。其他种子多置缸、罐内，上覆草木灰保存。人民公社时期，所有种子改为集中保存。20 世纪 90 年代始，农民自留种子很少，大都到种子经营单位购买良种。

（2）饲养习俗

养牛 小牛出生后半年，随母牛行动，不加约束。半岁之后，在头部套置“笼头”，系以绳，逐渐与母牛分养。1岁左右，穿鼻；穿鼻物俗称“牛鼻桊”，在穿过鼻的一端（小头）系以绳，俗称“牛绳”。1岁半到2岁时“教”用，即进行训练。牛饲料春至秋以青草为主，晚秋至初春以干稻草为主，有时喂以食盐、麸皮、黄豆等“提膘”。湖区农闲时，有将牛“抛放”的习惯，即早起将牛绳挽在牛角上赶往湖滩，傍晚时召回。

养猪 旧习，种猪多为独身男子饲养，有妻、女的家庭忌养。母猪可以租养，租金以仔猪作抵。母猪产仔，以两头为“不祥”；如仔猪5趾，传为“人托生”，无人买，故放之野外。仔猪两个月后“出槽”，选定日子，由主顾前来“捉猪”，猪主待之以酒饭。以上习俗在20世纪90年代后基本不存。

养鸡 旧习，农家鸡窠一般在堂屋的“门洞”内，称“鸡塒”；上置鸡窝，供母鸡下蛋。仔鸡孵化后，随“鸡娘”生活一段时间。仔公鸡每户除留一两只外，其余都加以阉割，称为“阉鸡”。20世纪90年代后，养鸡习惯渐改，多为养殖专业户集中饲养，一家一户养鸡渐少。

养鸭 旧时鸡鸭共舍。早起放出，任其在河、塘、港、渠等处觅食，傍晚进舍前喂以稻谷。仔鸭多为母鸡抱孵。集中群养称为“放排鸭”，每群多为100~200只，专人管养，游动于河涧、湖塘附近。养鸭人夜宿于鸭群附近临时搭建的“鸭棚”里；鸭群宿于棚边用线索编成的网或用篾折围成的圈内。“排鸭”皆为母鸭，取蛋。

养鱼 旧习，池塘喂养鲢、鳙、青、草4种家鱼。私塘私养，公塘伙养，成鱼按股分成。一般春放冬捞，其间在端午、中秋或婚丧时可少量捕捞。鱼塘除“禁渔”期外，一般允许他人钓鱼，为防人盗捞成鱼，在塘内设置木桩或树枝。“禁塘”内插有竹竿作标志，始禁之日鸣放鞭炮以示众，禁后不准任何人入塘捞、钓。冬季捕捞多在春节前，俗称“捞年鱼”，方式有二：一是将塘水排干，“竭泽而渔”，除大鱼、家鱼外，允许小孩下塘“拣”小型野杂鱼；二是用围网、旋网捞，一般捞大留小。

（3）林业生产习俗

植树 境内居民习惯在春节前后于房前屋后植树，且有“前不栽桑后不插柳”之习俗。改革开放后，居民喜种柑橘、枣、桃、李、梨、枇杷等果树；进入21世纪，富裕家庭开始在庭院种植樟树、栾树、银杏、桂花、广玉兰等景观树木以及盆景。

砍伐 境内居民砍伐树木修剪大树枝条，历来选在大寒节气，其他日期禁止砍伐，若万一要砍，必请阴阳师作法。留作自用的竹木，多置入水中浸泡数月后阴干再用，以防虫蛀及变形。

禁采 禁山有“半禁”“全禁”之分。半禁之山，允许入山扫集落叶；全禁之山，不许入山牧牛和采叶砍枝。封禁之山，在入山路口处置木牌或石碑，上书封禁时间、封禁范围、违禁罚则；封禁之时，鸣鞭炮以示众。

2. 手工业生产习俗

学艺 境内称手工业者为“手艺人”。匠人手艺，由师傅传授。旧习，从师学艺，先办“起师酒”，并通过“中人”立约，规定学徒期、待遇、义务等。学徒视师如父母，不能同师对坐或并坐；有师在席，不能夹食好菜，并为师添饭；师在场，不可高声谈笑；师授艺须站立恭听；去主家做活，学徒挑担工具。学徒期一般为3年，吃住在师家，除学艺外，要勤做家务，师只管饭食，不付工资。业成称“出师”，需办酒酬师，称“出师酒”。出师时，由师送工具一套，自此独立从业，并可带徒弟。20 世纪 60 年代开始，农村手工业仍沿袭带徒之习，但师徒间平等；学艺期间，徒住己家，逢年过节给师送礼，并从第二年起由师分给部分收入作工资。

接活 旧习，手工业者各有自己的从业范围，俗称“市主”，同业人员不得进入他人从业区，否则会引起纠纷，并受同仁谴责。20 世纪 60 年代始，已无从业范围之限制。90 年代始，建筑业接活时由一工头出面签订合同，邀约泥工、木工共同施工。

结算 旧习，做完活后的工钱，一般在秋后结算。20 世纪 60 年代起，一般是完工后即结算。

3. 商业活动习俗

店名 旧时，较大的南货、广货等店铺，称“商号”。其中，独资多冠以店主姓氏，如“王元丰”“纪万源”等；合资多取含有“泰”“兴”“盛”“隆”“发”等字的名称，如“公泰和”“正大隆”等。山货和土产店铺称“行”，如“鱼行”“麻行”“棉花行”等。饮食行业的店铺，低档次的多称“铺”，如“饭铺”“面铺”“粑铺”，高档次的称“楼”，如“酒楼”等。旅社称“旅店”“客栈”。国药店多称“堂”。此外，尚有“庄”等称谓。

中华人民共和国成立后，百货、纺织、日用杂品、五金、蔬菜、药材等行业的店号称“商场”“商店”，下设分店称门市部，同时要标明属性，其中国营单位要冠以“国营”字样；集体单位要冠以“合作社”或“供销社”字样；农村大队（村）附属的要冠以“代销”或“代购代销”字样。饮食行业店号，原称为“食堂”，后称“餐厅”、“酒楼”。住宿行业对外营业的一般称“旅社”；对内营业的称“宾馆”、“招待所”。

改革开放以后，大型商店一般称“超市”，如“百佳超市”“黄商中美超市”等。住宿行业称“宾馆”“饭店”“山庄”、如李时珍假日酒店、李时珍药膳大酒店、龙全酒店、悦景山庄等。

招牌 旧时，店铺招牌一般直接书写在店外墙壁上；派头较大的将店号做成匾额，挂在店门临街面的正上方，字涂金色，意谐“金字招牌”，有的还在招牌上方悬挂“一言堂”或“信实通商”“童叟无欺”的匾额，以昭信誉。

中华人民共和国成立后，商店招牌多有变化。大多数商店的店号，制成匾额悬于门的上方或挂于门的一侧。

改革开放以后，随着招牌制作工艺的发展，店铺招牌现多以电脑技术制作，风格各异。

开业 旧时，商号开业，从事同行业的商家都带彩礼前来道贺，主家鞭炮迎接，置酒款待。现在各种店铺开业，朋友、同行、同事、亲戚都来道贺，或送礼金、花篮、花炮，主家摆酒宴以答谢。

人员 旧时，独资商号有“管事”“先生”“水客”“账房”“中班”及学徒等业务人员，人数多少，视商号规模而定。合资商户多为股份制，业务人员大体同于独资商号。“管事”者是具体业务负责人，直接向店主负责。“先生”有“头柜”“二柜”“三柜”之分，档次不同，职责和权利皆不同。各商号业务人员均为聘任制。在职人员是否续聘，在农历每年正月初七确定。

中华人民共和国成立后的商场、商店皆置经理，门市部设主任，营业人员统称“营业员”。经理和主任由主管部门派任。营业员由劳动人事部门根据计划安排，直接上岗，边干边学。所有人员的工资由劳动部门确定，一般以工龄长短为定级依据。

1992 年后，一般商家用人逐步实行自行招聘，工资面议；大型商业企业招聘人员实行先培训、后上岗。

（二）生活习俗

1. 服饰

（1）帽

中华人民共和国成立前，家居用帽，儿童冬有“暖帽”，夏有“凉帽”；成年男子有四季通用的“礼帽”“瓜皮帽”，冬用的开洞帽（俗称“狗钻洞”）。生产用帽，多为麦草帽，精编的称为“扑罗”，有大、小之分。

中华人民共和国成立后，帽的式样及用料，变化大而快。一般家居用帽，儿童冬有绒线帽，夏有单帽；成年人冬有护耳棉军帽、皮（革）帽、绒线帽，春秋有列宁帽（又称“鸭舌帽”）、单军帽，20世纪80年代流行“太阳帽”。劳动或外出时有麦草帽（大都比旧时小）、可折叠的布质遮阳帽、工人作业时戴用的“劳保帽”。

改革开放后，家居用帽品种、花色不断翻新，但形制和用料变化不大。即使是寒冷的冬季，青壮年男性喜戴帽子的也并不多。出现骑摩托车时戴用的头盔，建筑工人、电力工人等行业戴用的硬质材料制成的头盔。

（2）衣

制作及用料　旧时衣服为手工缝制；一般家庭多为家织土布，少量机织“洋布”，唯富家有用绫、绸、缎及毛皮作衣料。中华人民共和国成立后，居民衣服逐渐由手工制作改成机械缝制；用料中的土布很快被淘汰；质地由以棉布为基本用料，逐渐改为纯棉、纯麻、纯毛、纯绦、纯化纤、棉毛混纺、棉麻混纺、棉同化纤混纺及毛皮、人造革并兴。改革开放后，自行缝制衣物绝迹，到裁缝店加工取代一家一户手工制作，20世纪90年代后，到服装店购买成品服装成潮流。

春、秋装　旧习，男女皆着夹衣。其中富户男子多为夹长袍，女子多为长袖旗袍；贫家男女多为“夹裤”“夹袄”。长袍、旗袍、女夹袄都为右开缝，俗称“搭襟”，布制扣绊；男夹袄为正面缝，称“对襟”，7颗布扣。裤皆为大腰、大裆，俗称“大裆裤”，穿着时裤腰折叠，束以布带或布条。中华人民共和国成立后随职业、年龄和时期的不同，春秋装式样和面料变化很大。男式基本服装是内衣外面穿绒衣（称“卫生衣”“卫生裤”）或毛衣，再罩中山式、军干式、青年式制服。女性内穿衣服同男性，外罩小翻领“春装”。改革开放后，男性开始时兴穿西服、运动服、迷彩服、猎装；女性时兴戴各式“文胸”、穿西式套装和裙装。青年人先后时兴穿“巴裆裤”“喇叭裤”“筒裤”“牛仔裤”“健美裤”，青年女性时兴穿“超短裙”等时装。老年人时兴休闲装、西服。

夏装　旧时，成年人着单衣。其中男性有中式对襟上衣和无袖、无领的对襟“汗衫”；女性有中式搭襟上衣，富家或知识界妇女有无袖旗袍或长裙。除着旗袍、裙的妇女内穿短裤和高统袜外，皆着大裆裤。中华人民共和国成立后，男性上衣多着背心或汗衫，外套衬衣；下身内着短裤或“三角裤头”，外套西装长裤或短裤；游泳时着泳装。女性上衣，内多着背心或汗衫，外套衬衣，下身内着短裤，外套西式长裤或裙。改革开放后，逐渐流行连衣裙、百褶裙、喇叭裙、直筒裙、背带裙、马甲裙、礼服裙、方便裙、迷你裙、超短裙、T恤衫、短袖衬衣等式样，近年来开始流行西装（或牛仔）短裤。

冬装 旧时，男上装有对襟短袄、棉长袍、皮袍和皮袄；下装有棉裤。女上装有搭襟棉袄、皮袄，下装有棉裤。中华人民共和国成立后，男女一般着绒线或毛线衣，外面套棉衣，特别寒冷时加棉大衣。改革开放后，青年中时兴穿羽绒服、“登山服”“滑雪衫”，中老年人时兴穿羽绒服、“风衣”。

(3) 鞋、袜

旧时，鞋有劳动时穿的草鞋，日常穿的布鞋，冬天穿的棉靴，下雨天穿的木履、桐油靴和胶鞋；富户和城镇知识分子有穿皮鞋和“球鞋”的。袜有粗布线制的布袜，机织的棉线袜和“丝光袜”。

中华人民共和国成立后，除传统的鞋式样翻新外，夏天多穿各式凉鞋、拖鞋，春秋多穿各式皮鞋、“运动鞋”“旅游鞋”，冬天多穿皮靴、棉靴，雨天多穿雨靴。改革开放后，女性多时兴穿高跟、半高跟皮鞋、皮靴，草鞋、布袜绝迹，布鞋、棉线袜渐少；普遍穿用尼龙涤纶、腈纶、毛线编织的短袜，年轻女性则时兴穿高筒弹力袜。进入21世纪，袜的样式增多：有船形袜、短袜、中筒袜、连裤袜。童鞋袜式样多同成人。

(4) 发式

旧时，农村男性多剃光头；城镇职工和知识分子多蓄“平头”和“分装头”(俗称“东洋头”)。妇女婚前扎辫于脑后，婚后扎发髻；无论哪种发式，青年妇女额前多蓄有“刘海”。其间，知识界妇女多蓄齐耳短发，俗称“搭毛”。

中华人民共和国成立后，发式多有变化。男性在20世纪50年代中期，除老年剃光头外，中年剃“平顶”，青年多蓄“小分头”。六七十年代，城镇青年时兴“包菜头”(类似女性搭毛)；80年代初，部分青年喜蓄齐颈长发。女性，未婚者先扎双辫，“文化大革命”开始后改蓄短发，80年代后时兴披肩长发；已婚者，中华人民共和国成立初期，除农村中年以上妇女沿旧习外，其他妇女多蓄短发。

90年代始，未婚女多束发于后脑，形似“马尾”；青年妇女时兴染发，发式多样，中老年妇女时兴烫发。今追求个性成时尚，中青年男性发型呈现多样化，有寸头、莫西干、子弹头、飞机头、大背头、碎发等，甚至有扎辫子等多种。

(5) 饰品

头饰 旧时，妇女结婚时的头饰，富豪之家戴“凤冠”，一般家庭戴耳环、簪、花、钗、钿之类，质料有金、银、铜之分；平时，未婚女扎红头绳、戴耳环，已婚妇女插钗、戴花。中华人民共和国成立初期，除凤冠外，其他习俗未变。“文化大革命”中破“四旧”，一般只用发卡，质料有铁、塑之分。改革开放后，材质多为丝绸缎带取代发卡等。

颈饰 旧时，青年妇女和儿童、少年时兴戴银皮项圈，俗称“银箍子”，少数儿童胸前挂有“长命百岁之银牌”，俗称“长命牌”。“文化大革命”期间，颈饰皆不许佩用。改革开放后，不同年龄的妇女皆时兴戴项链，质料有金、铂金、镀金、银、合金、珍珠、玛瑙、塑料等。

手饰 “文化大革命”前，妇女有戴手镯的习惯，质料有金、银、铜、玉、陶诸种，儿童有戴银手镯之习；家境较好的男女多戴金、银戒指（俗称“扳指”)。20世纪70年代后，城乡男女皆喜戴手表。改革开放后，又时兴戴各种质料的戒指；女性还时兴戴黄金、水晶等手镯、手链及玉手镯。

脚饰 “文化大革命”前，部分儿童在脚颈系有银质或铜质的小铃铛。

耳饰 中华人民共和国成立前，妇女有戴耳环之习。中华人民共和国成立后渐废。改革开放后，耳饰渐兴，质料有黄金、铂金、银、合金、玉、钻石等。

帽饰 “文化大革命”前，儿童帽上多绣有或粘有各种花纹图案，有的缀有“长命富贵”之类的银饰物。改革开放后，儿童帽上多绣有或织有动物图案。

衣饰 中华人民共和国成立前，富家妇女外上衣的下摆和袖口、长裤的脚口处，多绣有或粘贴有图案。“文化大革命”期间，男女老少皆佩戴毛泽东的各类头像和语录章；20 世纪 70 年代后，妇女衬衣、毛衣前多绣有或织有花纹图案。改革开放后，成年男女日常服装鲜有饰物。

鞋饰 旧时，妇女穿的布鞋多绣有或粘贴有各种花纹图案，俗称“花鞋”，中华人民共和国成立后不兴。20 世纪 70 年代后，女式布鞋和皮鞋，多饰有花纹图案。

其他 20 世纪 50 年代前，青年男女有镶金牙（多为金箔镶套于牙上）的习惯，也有人镶“瓷牙”。老年妇女爱用黑色长方形丝巾裹头。中华人民共和国成立后，男女皆兴用围巾，形制为长形或方形，质料有布、丝、毛线或毛皮，颜色不等，皆视各个时期流行情况而定。

2. 饮食

(1) 主食

境内居民多以大米为主食，辅以面粉和杂粮。大米做的有米饭、米粥、米糊、米粝、米粉等；面粉做的有面条（油面和盐水面)、馒头、油条、油饼、面糊等。有做“年粑”之习，中华人民共和国成立后，面糊和米糊渐绝。

旧时，大多数农民日食三餐，一般两干（米饭、馒头等）一稀（粥、糊）；闲时日食两顿，一般为一干一稀。无论干或稀，往往掺以杂粮和糠菜。改革开放后，城乡居民都日食三餐，其中城镇时兴“宵夜”。中晚餐主食品种仍以白米饭为主，包子、馒头、花卷、汤粉丝、汤面条、清汤、炒米粉、油条、煎饼、热干面、豆浆、绿豆汤、牛奶、杂粮粥等为城镇居民早餐的重要品种。

(2) 副食

蔬菜 鲜菜，冬、春季有白菜、萝卜、菜苔、芥菜、莴笋、菠菜、芹菜；夏季有苋菜、黄豆、豇豆、洋葱、四季豆、刀豆、苦瓜、葫芦、茄子、冬瓜、黄瓜、丝瓜、南瓜等；秋季有扁豆、莲藕等。料菜，有葱、蒜、辣椒、韭菜、芫荽（俗称“香菜”)、芹菜、洋葱、大葱、藠头等，中华人民共和国成立后增加雪里蕻、榨菜等。改革开放后，一年四季都有“反季节”蔬菜供应。

肉食 旧时主要为猪肉、鸡鸭肉和鱼肉。改革开放后，时兴牛肉、羊肉、兔肉、狗肉、蟹、螺、龟、鳖和海鲜。

食用油 中华人民共和国成立前以菜籽油为主，居民喜食猪油，辅以茶油、棉籽油、芝麻油和米糠油。改革开放后，猪油用量逐渐增多。20 世纪 90 年代后，食用油品种除菜籽油外，多用色拉油、调和油。进入 21 世纪，由于居民健康意识增强，猪油使用量呈下降趋势。

调味品 中华人民共和国成立前主要有酱油、醋、豆酱、麦酱、豆乳等。中华人民共和国成立后，味精、胡椒、八角、生粉、料酒、鸡精用量渐多。

茶点 旧时，富家有酥糖、麻糖等。中华人民共和国成立后，茶点的种类增多。改革开放后，各类糖果、水果进入茶点。

(3) 饮用水

旧时，城区居民多用井水，农村地区居民多就地取用江、河、湖、塘、溪水。20 世纪 70 年代开始，城区居民饮用自来水，部分农村居民改用井水。改革开放后，农村居民多改一家一户凿井取用水；进入21世纪，农村居民逐步改用自来水；2010年后，城镇农村全域实现自来水普及，由蕲州、黄土岭、菩提三大水厂供水。

（4）饮料

茶　境内居民向有饮茶之习。中华人民共和国成立前，富户饮用精制的“细茶”，备有茶具、茶点；茶点多为麻糖、花生之类。贫家多饮用“毛茶”或“大片茶”，备有陶质茶壶，一般家庭多是把茶叶放入茶壶，注入开水。20世纪70年代后，城乡居民仍以饮“毛茶”为主，精制茶主要在机关、单位和条件好的家庭饮用，用开水现冲现喝。茶具多为陶、瓷、紫砂、玻璃和塑料制品。进入21世纪，果汁、奶制品、碳酸饮料、矿泉水、功能饮料等成品饮料以及外地传入的咖啡也逐渐进入寻常百姓家。

酒　境内居民向有饮酒之习，逢年过节时，家人聚饮；红白喜事和来客皆以酒菜相待。中华人民共和国成立前，皆为稻谷酿制的白酒；中华人民共和国成立后，除白酒外，尚有果酒、啤酒、药酒等，夏季多饮啤酒，冬季多饮白酒。散装白酒主要在农村消费，城镇主要饮用瓶装酒。进入21世纪后，时兴葡萄酒、保健酒、中药材泡制白酒。

（5）宴客

地点　旧习，宴请皆在堂屋。进入21世纪，婚嫁、升学、入伍、做寿等大型宴请，时兴在宾馆、酒楼举行；2010年后，又开始时兴流动办酒公司入户承办酒席。

坐席　家中正式宴请皆用方桌。大多数地方，桌面缝同堂上墙面平行，旧习以靠墙一面（旧时置祖先牌位，中华人民共和国成立后贴“领袖像”，现多贴中堂）为“上铺位”，其对面（背对大门）为“下铺位”。入席客人或12人，或10人，或8人。12人一席，每方3人；10人一席，上下方各3人，横向各2人。席次以上铺位为主，其中以中间者为最尊，下铺位为次，横向多为陪客，兼作斟酒、递菜。客人坐何处，则视宴请对象而定。如专请，被请对象坐首席，其他人按年龄或辈分排席。旧时，因有席位安排不当而起纠纷，乃至断绝往来。故在婚宴之类来客中身份相近的人多时，在堂屋同时摆上次主席，其桌缝与大门同向，即横置，靠墙一面为上席。中华人民共和国成立后，私家宴请习俗改动不大；公家宴请则以官职定主次。

菜数　宴客酒菜，中华人民共和国成立前有“鱼翅席”“海参席”“香菇席”和“三圆席”之分，视宴请对象而定，一般以待女婿和亲家“过门”为重。各种席是以头道菜中的主菜命名，一般家庭多为三圆席，取“三元及第”之意。旧时多为10道，均为“热菜”；现时兴“热菜”“冷菜”并行，合为10热4冷、2汤。盛菜，一般用大瓷盘，重视与否，主要看菜的质量，今盛菜器具，多已改用细花瓷盘，并时兴“火锅”。

礼仪　有些宴请，如婚宴、升学宴。主人要先送请柬，也称“请帖”，客人坐齐开席之后，席间主人要到每席致谢并敬酒。临散席之前，宴请主人要向每位来宾谢赠香烟1包和糖果1袋（10~20颗），也有加饮料1瓶、瓜子1袋共4样。

丧事之宴，抬棺人多坐在寿木旁，由两张四方桌拼起，席上盛菜的盘要满，多为双盘；同时，肉要切成大块，故俗称抬丧的人为“吃大肉”的。改革开放后，丧事完毕，主人要向抬丧者每人赠香烟若干条、球鞋1双、毛巾1条和现金若干。

有些重要的宴请，如女婿、亲家、媳妇“过门”，在正式酒宴之前，要摆“果子茶”，吃点心喝茶；再摆“过中”，一般家庭多为煎年粑、熟芡粑、糍粑、馒头、糯米汤圆等。凡来“过门”的宾客，送别时都有馈赠，或赠衣物、鞋袜、红包等，大人、小孩都有赠品，小孩犹重。今逐渐省去果子茶、过中，直接吃酒席。

正式宴请之外，一般来客多为小酌。数道菜，一两道汤。冬天就“火炉”（旧时为“煤炉”，上置吊锅)，今有烧炭、烧酒精的“暖炉”和用电的电炉，主客边饮边谈。

凡宴请，历有“划拳”赛酒之习。今划拳少见，赛酒之风甚烈，有因过饮而死亡者。

3. 居室

(1) 兴建

“起手” 旧时，建房前先请阴阳先生选屋基、定屋向，并选定动工（俗称“下脚”）时间。下脚时，由匠人在屋址的四角钉上木桩牵上线，然后在牵线部位开始挖基础，安放下“脚石”。下脚当天，主家要办“起手酒”，招待师傅，并赠送红包。

行砖 旧时，屋脚挖好后，就可在上面做墙，俗称“行砖”。在安置大门时，由阴阳先生“定向”“打平水”，有的地方还举行简单的祭仪。

上梁 旧时，以建平房为多。房屋做好后，即可“上梁”。位于堂屋顶部的桁条称“梁”，相传以偷得的为“利”，故多由亲朋好友事先选好树木，到时偷回作为礼品披红送到主家，主家则谢以酒食。上梁由木工主持，先喝彩“祭梁”，再燃放鞭炮，由砌工“安梁”。安梁过程中，木工边撒茶米，边唱贺词，唱毕，抛撒饼子、米团、糖果之类供围观者争抢。梁上缚有红纸或红布，上书“福星高照”之类的吉祥语。

“出水” 旧习屋梁安好之后，即安放桁条，然后钉瓦板，盖瓦，至此房屋即算完工，俗称“出水”。完工之日，主家置酒招待匠人和帮忙的亲朋好友，称“出水酒”。

中华人民共和国成立后，除选基等习俗有少量变异外，其他习俗皆沿袭至今。今建楼房不上梁，改称“封顶”。最后封顶之时，匠人沿新房顶四周燃放鞭炮，以示“出水”。“出水酒”照办。

(2) 结构、形制

旧时，富家多为青砖布瓦平房，贫家多为土砖布瓦或土砖草顶平房。中华人民共和国成立后，草顶房（俗称“茅屋”）已绝迹。20世纪70年代后，机砖机瓦平房渐多。20世纪80年代后，城乡时兴楼房，有的高6层以上。旧时平房，皆为“一”字形，分一列一间和一列两间，一列一间称为“碗篮屋”，以列数计算称为“连X”。富户住房将数列平房前后连建，两栋之间留“天井”出水；每栋称“重”，两栋连建称“二重”，余类推。典型住房是“连三”平房，其中中间一列只一间的称“明三暗五”，每列两间的称“明三暗六”。正中间一列比两侧要宽些，称“堂屋”，对外开大门，大门及左右两侧向内缩进约1米，称“外门洞”；有门通后间。堂屋左右两列皆为“房”，前房皆对向堂屋开门，后房向前房开门，或向堂屋后面一间开门；堂屋后面一间，旧时多为厨房，俗称“灶座”，对堂屋和对外各开1门，对外开的门称“后门”。各房皆对外开1窗；旧式窗口较小，窗棂为木质，今多为“三连窗”“四连窗”。各房及堂屋一般离地面3米处安装有数量不等的楼枕，上铺木板，有“满楼”和“半楼”的区别。今城乡多建楼房，农村楼房大多类似原平房结构，厨房、厕所大多另设；城镇楼房基本采用客厅、房间、厨房、卫生间配套，有的还设有书房、娱乐间。

(3) 居住习惯

旧时，农村居民堂屋为吃饭、待客、宴客之处，也是小型农具放置处。正面墙边置有祖先牌位，是节日祭拜祖先之处；堂屋后面多为厨房，两侧的前房多为卧室，后房一般作为粮食、杂物囤放以及老人和未成年子女的卧室。现农村住房多同家禽、家畜分离，农具、杂物有单独的房间放置。

4. 用具

(1) 家具

旧时家具皆为木制，主要有方桌、三屉或两屉桌、衣柜（有立式双开门、双层四开门型），条台、条凳、方凳、背靠椅、衣箱等。

今家具用料有木、竹、藤、棕、塑料、合金等。桌有大方桌、小方桌、圆桌、“电脑桌”“老板桌”、写字台；柜有立式穿衣柜、书柜、食品柜、五屉柜、高低柜、电视机柜、冰柜、消毒柜、碗柜、组合柜、保险柜；椅凳有单人沙发、双人沙发、多人沙发、“老板椅”、藤靠椅、板椅、折叠椅、春秋椅、摇椅、睡椅、方凳、条凳等。

(2) 厨具

旧时，厨具主要为锅、鼎罐、案板、菜刀、砧板、蒸笼、筲箕、提篮、罐、盆、瓢、碗、筷、汤匙、火钳、擀面杖和菜柜等。中华人民共和国成立后，用品质料除铁、陶、瓷外，多铝制品、搪瓷制品、不锈钢制品，改革开放后时兴使用液化石油气（灶、罐）和电气厨具（电饭煲、电水壶、电炒锅、电热锅、微波炉、光波炉、电磁炉、电磁灶、消毒柜、抽油烟机等），2010年后，城区及郊区逐步普及管道天然气。

(3) 卧具

旧时，床为木制，富户多为“架子床”，床前一般有“踏板”；夏天多用竹床、竹簟。枕头多做成长圆筒形，外用布做成套，中间塞以稻草或荞麦壳之类；夏天有用竹枕和竹枕套的。较富裕的家庭置有蚊帐，多为“夏布”（麻布）缝制。

中华人民共和国成立后，架子床时兴一时，今渐少，而代之以“高低床”架和棕床架，上置棕床。改革开放后，城乡多流行“席梦思”。夏天除竹簟和竹床外，还流行苇草编席、“麻将簟”（以类似麻将的竹块编成）。枕头改为长方形，由枕套和枕芯组成，枕芯多由次棉、泡沫塑料、谷壳填塞。蚊帐普遍使用，用料有棉纱、尼龙、腈纶。

(4) 灯具

中华人民共和国成立前，城区部分机关用过电灯照明外，一般用油灯照明。用油主要有菜油、棉油、梓油，多用煤油。办喜事、唱戏多用“汽灯”。

中华人民共和国成立初期，城乡多改用煤油灯。20世纪60年代后，城乡普遍使用电灯。今电灯灯具品种繁多，色彩、造型各异，常用有壁灯、吊灯、床头灯、桌灯等。

(5) 茶具

旧式茶具有“茶壶”“提壶”、杯、碗；质料多为陶器，少量为瓷器。盛茶点的多用木制“茶盘”。

今茶具有热水器、热水瓶、冷水瓶、茶桶、壶、杯、碗；质料有陶瓷、玻璃、搪瓷、塑料等多种；盛点心用的有多种形状、颜色、质料的托盘和点心盒。

(6) 酒具

旧式酒具有壶、杯。壶为陶质，杯多为瓷质，平底，容量少。今酒壶、酒杯有玻璃、陶瓷、塑料等多种质料；酒杯形制有平底、高足之分，容量有大、中、小之别，大杯用于喝啤酒和饮料，中杯多用于饮果酒和香槟酒，小杯多用于饮白酒。

进入21世纪后，由于人们防范传染病意识增强，家庭待客多使用纸质、塑料做的一次性饭碗、茶杯、酒杯和竹木一次性筷子。

(7) 雨具

旧时有油纸伞、木柄布伞，俗称“洋伞”、油纸斗笠、斗笠帽和蓑衣(有棕片和茅草两种)。

今雨具除增加雨衣（有塑料和涂胶两种）外，雨伞用料和形制变化很大，颜色多样，伞柄多为不锈钢，有全自动、半自动和折叠等式样。

(8) 度、量、衡器

度具　中华人民共和国成立前，通用“市尺”，每尺10寸，每寸10分。但行业用尺各异，其中缝工用的“缝尺”为1.03575市尺；商店用的“算盘尺”为1.0572市尺；木匠用的“五尺”和篾匠用的“篾尺”则稍短。中华人民共和国成立后，先统一用尺标准，后于1980年改用公制。今使用国际计量单位“米”“分米”“厘米”“毫米”尺。

量具　中华人民共和国成立前，有“升”“斛”。“升”有圆形和“四方形”(称“四角升”)两种形状，又有“拾斛升”和“米厂升”之分，前者稍大于1.33市斤，后者约等于0.9市斤。中华人民共和国成立后废止升、斛。

衡具　中华人民共和国成立前，使用市制，每斤16两，每两10钱，每钱10分。计量有杆秤、戥秤，后者用于金银计量。但行业不同，杆秤大小标准各异。其中药材秤，每斤为0.998市斤；钱秤，每斤为1.138市斤；漕秤，每斤为1.026市斤（其中“加五秤”为1.125市斤)；公议秤，每斤为1.145市斤；杂货秤，每斤为1.327市斤；油秤，每斤为0.998市斤。中华人民共和国成立后，先是改1斤为10两制，并统一秤的标准。80年代后改用“公制”。今市场除少量杆秤和戥秤外，广泛使用“磅”秤、台秤、弹簧秤和电子秤。

(9) 计时器

中华人民共和国成立前，少数机关和富户有机械钟，个别人有手表或怀表。大多数地方居民在需要较精确的计时时，往往点燃木香，故俗称“几炷香的工夫”。20世纪70年代后，钟表计时已普及，钟有座、挂两式，机械、电池驱动两种；手表有男女两式，机械、石英、液晶3类。今家庭使用的多为电池驱动的石英钟和液晶体钟，同时广泛用手机显示计时。

(10) 浴具

旧时，洗脸多用木质盆，另有用陶质盆和搪瓷盆的，视家境而定；今用盆质料多为塑料、搪瓷、铝等多种。旧时，洗澡均用木盆；今多用塑料盆、陶瓷盆，使用自来水和太阳能热水器的家庭，多用不锈钢的浴具“淋浴”，有的安装有“浴霸”。

(11) 便具

旧时，妇女多使用木质的“马桶”，男性多使用陶质的“夜壶”，男女共用木质的“尿桶”。1958年后，“马桶”逐渐不存，代之以搪瓷的“便盂”；“夜壶”和“尿桶”日渐减少。今楼房日渐增多，卫生间的便具多改为陶瓷质蹲式和坐式两种便器。

(12) 缝、洗具

缝具　旧时，基本使用钢针。改革开放后，除钢针外，普遍用缝纫机。

洗具　旧时使用木质搓衣板和棒槌，习用皂荚去污。中华人民共和国成立后，多用肥皂去污；进入21世纪，家庭多用洗衣机（有单缸和双缸式，人工和全自动两种）洗涤，普遍使用肥皂、洗衣粉、洗涤剂去污。

(13) 其他家用电器

改革开放后，家庭先后普遍使用　收音机、收录机、黑白电视机、彩色电视机、功放机、影碟机、家庭影院、电话、手机、电脑、液晶电视机、空调、电扇、电取暖器、电暖手煲。

5. 出行

中华人民共和国成立前，居民出行基本是步行和乘船两种方式，也有少量的人力车，多由妇女和儿童乘坐。中华人民共和国成立后，乘汽车、火车、骑自行车日益增多。1996 年，长江轮船汉九班停运，现仅有开往长江对岸阳新渡船。同期摩托车出行增加较快，2010 年后，家庭购置的小汽车数量增加很快。

6. 文化娱乐

旧时，城区居民观看汉剧、楚剧，农村居民观看采茶戏，是大众化的娱乐方式。表演由本地人组成的剧团承担，费用多由富户承担，指定地点演出称“坐堂”。演出时间通常是节日，也有富户办红白喜事之时。演出的地点有固定的戏台，如城外的外行宫、四官殿戏台，也有易家弄、黄家弄、吴堰弄等里弄临时搭起的戏台。

正月初十至十五，街巷扎彩灯、猜灯谜、舞龙、踩高跷、打莲湘、划采莲船、舞狮子、玩蚌壳精，。其中，舞龙的方式最多，有长龙、火龙、板凳龙、虾子龙、草把子龙等。寺庙有庙会。

环雨湖和滨江村民喜欢赛龙舟，参赛队员为男性青壮年。端午节为正式龙舟赛时间，费用多由富商赞助，也有的村庄划出一定数量的田地，以课税收入专资龙舟赛之用，还有的家庭遇到添人进口等喜事，也自愿向其捐献物资。端午节为正式龙舟赛时间，四乡八邻、男女老幼云集雨湖之滨观看龙舟竞渡，热闹异常。抗战时期，一关街组织的龙舟队与日本小火轮进行比赛，一关队赢，大长中国人志气。

黄土岭、菩提、新塘等边远乡村，一些武术师傅带徒弟传授三轮桩、打棍、舞刀、钉耙等武艺，称为“教场子”。

中华人民共和国成立之初，戏剧更加丰富，附近安徽、江西等省的采茶戏剧团经常到蕲州巡回演出，京剧也从省城武汉传入。蕲州人在政府的组织下成立剧团，学唱新戏，整理传统剧目，街道居民纷纷成立业余剧团，蕲州地区演艺水平迅速提升，形成“一街京、二街楚、三街四街样样有、五街自编自唱也不丑、六街很拿不出手”。蕲州剧团多次代表蕲春县参加地区、省举行的文艺会演。20 世纪 50 年代中后期，黄梅戏传入，京剧和黄梅戏共同发展，后来，黄梅戏逐渐取代京剧。60 年代开始，驻蕲州规模较大的企业、医院、学校及农村大队成立毛泽东思想宣传队，用黄梅调和京剧唱腔结合的方式，表演 8 个革命样板戏。农村农闲时节，请艺人以三国、水浒、岳飞等历史题材为内容“说书”。学校、企业、机关成立业余体育运动队，篮球和乒乓球是群众性的体育赛事；龙舟赛在政府的组织下间断性地举行，1989 年，由蕲州镇竹林湖、雨湖、东门每村 9 人组织的龙舟队，代表黄冈参加在荆州举行的全省龙舟赛，获得第四名的成绩。20 世纪 80 年代之前，蕲州文化馆图书室对外开放，为居民提供借阅服务。1951 年，在泡尔田广场放映全县第一场电影，但群众看电影机会并不多；放映队定时进企业、学校、农村巡回放映，但次数并不多；康复医院因有大批革命伤残军人疗养，放电影次数多，城区居民和附近村民多混进康复医院看电影；70 年代末开始，随着人民群众经济收入的提高，电影逐步进入大众化。改革开放后，电视机逐步普及，看电视成为这一时期最重要的娱乐；打纸牌、麻将娱乐的人数不少。同期，业余剧团发展，1995 年 3 月，黄土岭剧团成立；1996 年 3 月，蕲州夕阳红剧团成立。两团演职人员多为县黄梅戏剧团退演演员，演唱黄梅戏，巡回表演，收费低廉。进入 21 世纪，由于电视的冲击，看电影人数大为减少；计算机及网络技术进入普通家庭，上网成为新型娱乐方式；外出旅游逐年增多。2010年后智能手机逐步普及，中青年玩手机又成为新的娱乐方式；妇女跳广场舞又成时尚；而传统听说书完全消失，演戏听戏在中老年人中还有一定的市场。

蕲州部分民歌地方戏名曲简表

表6-3

名　称	名　角	戏曲名(歌名)
民　歌	杨凤兰	《双思情》《寡妇自叹》《洗菜薹》
采茶戏		《三姊妹赶生》《宋江杀惜》《张二女思郎》《刘海砍樵》《荞麦馍赶寿》
汉　剧	王鸣谦、黄理生、潘大个子	多是历史演义故事和民间传说,《祭风台》《李密降唐》《兴汉图》《宇宙锋》
楚　剧	江楚为、李艳玲、杨凤兰	《董永分别》《送香茶》《天仙配》《打渔杀家》《蔡鸣凤辞店》
黄梅戏	刘先霞、周金枝、陈谷生、田春香、李兴元	《卷席筒》《孟姜女》《劈山救母》《窦娥冤》《三女拜寿》《白蛇传》《凤求凰》《秦香莲》《蔡鸣凤辞店》

（三）婚嫁习俗

1. 婚姻观念

童养媳　旧时，贫家怕儿子长大后无力娶亲，常领一贫家女孩回家抚养，待男女成年后成亲，称为“童养媳”。此习中华人民共和国成立后不存。

同宗不婚　旧习，“同姓”不婚。此习尚存，但不严格，多有同姓不同宗的男女结婚。

近亲婚　旧时，境内普遍时兴“亲上加亲”、“回头开亲”，有所谓“表兄妹，夫妻配”之说。中华人民共和国成立后被禁止。

招亲　男子到女家做上门女婿，俗称“招亲”。旧时，做上门女婿的多为贫家子弟，被社会轻视。中华人民共和国成立后，鼓励“男到女家”，上门女婿已属正常现象，得到社会公认。

2. 婚龄

旧时，人们希望“早生儿早享福”，普遍早婚。男性一般18岁娶亲，女性结婚年龄一般比男性小，十六七岁即出嫁。中华人民共和国成立后，实行《中华人民共和国婚姻法》，不到法定婚龄，则不能领取结婚证。新婚夫妇年龄女大男小现象已不多见。国家提倡晚婚，禁止早婚。进入21世纪，男女结婚平均年龄有所推迟。

3. 再嫁

旧时，要求妇女“从一而终”，鼓励失夫妇女“守节”，反对再嫁；即使允许再嫁，也是悄悄进行。再嫁妇女不能从大门走出，只能从专辟的墙洞钻出；不许走大道，更不能敲锣打鼓，只能走小道到男家。中华人民共和国成立后此习不存在。

4. 完婚过程

定亲（认亲），又称“定婚” 旧习，经媒人说合，并经“合八字”“换庚帖”“起媒”手续才算完成。中华人民共和国成立后，提倡婚姻自主。现定亲基本是青年男女自由恋爱后，征求双方父母同意即可，选一个日期，女方到男方家中，恋爱关系正式确定。

送节，定婚后，每逢端午、中秋、春节传统三节，男方都要向女方家送“节”，婚前一年，要送“重节”，礼物为猪肉、香烟、酒、节令食品。现不时兴，送节多以现金“折节”。

报日（送大节） 两个过程同天完成，男方家同女方家商定大体的婚嫁时间后，由男方择定“吉日”，多选在婚期最近的传统节日前完成。男方用红色纸写“拜书”和“报日”书各一份，并置办传统节日礼物，并加上一对鲤鱼、糖果、全套化妆品、金银首饰等，还要备齐送给女方亲戚的大节礼，通常是节令食品猪肉，再加手帕、雪花膏、香皂、花露水各一份，端午节前还有的送鹅毛扇或棕叶扇一把。这些物品由男方兄长和准新郎一同用箩筐挑往女方家，女方家则置办酒席，通知女方重要亲戚赴宴，并领走大节礼。现今大节礼多以现金代替。结婚之前，男女方分别置办酒席接对方到家，称“过门”，现不时兴。

嫁女 婚期确定后，女方准备嫁妆：一般为脚盆、围桶、箱笼、被絮等日常生活用品。改革开放后，随着经济的发展、城乡居民收入的提高，嫁妆日益从简单走向丰富：小至厨房成套餐具，大至空调、冰箱、皮沙发、小汽车等也不鲜见。旧习，嫁女婚期确定之后，再不干其他事，集中精力做鞋袜，剪缝衣服，今已不兴；嫁前三日或当日，嫁女在母亲和亲近的老年妇女或姐妹的陪伴下“哭嫁”，现在逐不时兴。

婚期当日上午，男方迎抬嫁妆的由男性中青年组成的队伍，在女方家吃完饭（有酒席或者是面条）后，女方将各种整理好的嫁妆一一摆在大厅（堂屋）。通常是 2 口或 4 口木箱，上面放置棉被，摆放在正中最显眼的位置，棉被内塞人民币若干，由男方铺床的妇女收用；其他物品，诸如盆子、盒子，乃至痰盂内置红枣、桂圆、花生之类，所有嫁妆都贴上大红囍字和放置扁柏枝。由男方成双数的人迎抬嫁妆。抬时，黄土岭、新塘一带，女方要求重要的嫁妆物品，抬嫁妆的人必须念一句表示吉祥的顺口溜，才能抬走。抬出门外后，由男方捆绑结实。迎嫁妆队伍离开之前，由嫁女的哥或弟将主箱半露在外的布料或新衣服抽下来，上锁，将钥匙交给嫁女。嫁妆多是中饭前离开，嫁女天黑后离开娘家，路远的也选在中饭后嫁妆和嫁女一起离开娘家。

出嫁这日，女方比较近的亲戚，除了送礼外，还赠送若干人民币给嫁女，称为“压荷包”钱。男方还需在这日早晨或头天，将女方置办酒席需要的鱼肉足数挑到女方家，称为送“离娘担”。

迎亲 中华人民共和国成立后，迎亲队伍由男方亲朋好友组成，其中有两名年轻的姑娘。天刚黑时，新郎带着 2 名伴娘（牵娘）和烟酒、糖等礼物进入新娘家，此时，女方家人将大门紧闭，索要“压门轴”的钱，新郎准备若干份，从门缝中塞入直至栓门人满意后开门。其他人员迎亲则只能在村口外，并且是低于村庄的地带站定，敲锣打鼓等候。新郎和牵娘在女方酒席上吃几道菜后，将新娘从闺房中抢出或牵出离开娘家，而娘家则迅速燃放鞭炮，并关紧大门。新郎和迎亲的队伍进出村口时，附近村民围着索要烟糖，甚至还有顽童向队伍投掷小石块、土块，要求伴娘唱歌、拦住不许离开等闹婚现象发生。过去用花轿迎亲，现多用多达10余辆的小车队迎亲。进入21世纪，路近的又有许多人家向婚庆公司租用锣鼓队、花轿彩车等全套服务，婚庆公司还为新郎家提供张灯结彩的服务。

婚礼　旧习，新人步入男家，公爹和婆婆由房间出来会见新人，不可直接相见，以免相冲。新人先拜天地，再拜祖先；新人再向公婆跪拜奉茶，公婆说祝语，并赠送钱币首饰及礼物给新人；新人向其他长辈及重要亲戚奉茶，进入洞房。新娘进入洞房，会撒黄豆、花生、柏籽，取义“度子度孙”“百子百孙”。新房内摆“圆房”酒一桌，只坐10人，新郎、新娘以床沿为凳，伴娘以及至亲中“福禄”齐全之妇女围坐。席后，有闹新房之举。

中华人民共和国成立后盛行“新式结婚”，传统大部分保留，但也有些变化。即新娘在两名年轻姑娘左右搀扶下进入堂屋，同新郎并立于“中堂”或“伟人像”前，由司仪宣布婚礼开始，请主婚人、证婚人就位，随后验证结婚证书，由新郎、新娘介绍恋爱经过。进入21世纪，受影视文化的影响，婚礼由专门的婚庆公司承担，婚礼多在酒店进行，婚礼插入了不少娱乐节目，婚礼内容丰富不少。

当嫁妆迎回后，男方从重要亲戚中挑两名“福禄”齐全的已婚妇女铺婚床，这两名妇女可以收取女方家置入被子内小数额的人民币，将新被子叠成长条状，一层层叠到婚床的里沿，婚床铺好后，抱一名男童在婚床坐一下，愿新娘早生贵子。

婚后3日，新娘的弟或兄接姐或妹与新郎一齐回娘家，但新媳妇不得留宿娘家，称为“三天回门”。今日，若男女双方的家相隔甚远，此习不存。

新婚次日，新郎家为新娘做一碗“梳头汤”（面条），新娘不吃，但要用筷子把面条挑动一下，据说这是向新郎表示“独立性”。

（四）丧葬习俗

丧事　生前育有儿女的老人去世，操办过程繁琐，又称“白喜事”。

送老　老人临终前，儿女应守在身边，称为“送老”。其余本家的人和重要亲戚也尽量在老人临死之前看老人一眼。老人咽气时，儿女们跪在旁边，用旧铁锅大量烧往生钱。

报丧　人死后，丧家分别通知亲朋谓之“报丧”，亲朋得讯后即来丧家探视。

收敛　人死后，亲人为其净身，更换“寿衣帽”，衣服上四层、下三层。在亡者胸前挂一布袋，内装“往生钱”或钱灰，也有让死者手握。然后将死者放在房内的竹床上。按照测字算命先生推算出的时间，将死者殓入棺材，称为“进材”。死者的亲属，主要是比死者低辈分者环跪在棺材的周围，放声大哭。棺材内先放置石灰，收殓人员将尸体用六尺白布兜好抬入棺内，收殓的人员（专职）将提前按照逝者年龄数包好的石灰包，塞入尸体的头两侧、胯下、腋下，以防止抬动棺材时，尸体在内晃动。尸体上蒙掩棺布后，再填入石灰，在规定的时辰，将棺盖钉合。用被心或大红毯盖上，并将片状木柴码放在棺材上，上面再放置一筲箕半熟的米饭，称为“压棺饭”。20世纪70年代后，推行火化，现国家公职人员一律实行火化，无殓棺之举。

守灵　从守灵到葬礼结束，低一辈的亲人皆要“戴孝”，其子女要戴重孝。死者的儿子，身穿长及脚跟的白色毛边的孝衣，腰系草绳；在剃光的头上用麻束一条拖向背部的白色长巾。其他人员也戴，长巾的长短区别于逝者的亲疏。另外，收殓过程中，收殓人将提前备好的多股白线在亡者身体上绕一下，然后将白线剪成数段，称为“寿线，”分给晚辈，男左女右系于手腕，寿线股数与佩戴的人年数一致，戴 49 天，满七之日解下焚化。死者收殓入棺木后，一般要在自家堂屋停放数日，子女要日夜守在棺材旁，称为“守灵”。棺前设置灵桌、摆放供品，用菜油点燃长明灯并燃香。前来吊丧的亲朋，在灵桌前烧香向亡者跪拜，孝子要同时跪拜以表谢意。20 世纪六七十年代，政府曾禁止设灵堂、扎灵屋和戴孝，今旧习逐渐恢复，并日盛。

出殡　亡者出葬，由“山伕”扛抬，俗称“抬丧”“抬杠”。头天，孝子在山伕头带领下，沿家请山伕，但孝子只能站在大门外，不得进入屋内。傍晚，山伕用钱纸、香进行祭杠。第二天凌晨，山伕将棺材象征性地移动一下，称为“迎棺”。天亮后，山伕直接用手将用麻绳绑好的棺材抬到门外，将棺材放在摆放好的长凳上扎杠，棺材出门时，山伕将棺材下面放置的瓷碗拿出当堂摔碎。扎杠有井字杠、排杠、龙头杠、悬杠等数种扎法，用山伕 12~16 人不等。棺材被山伕抬起后，山伕要将放棺材的长板凳一脚踢倒；路程远，派人将板凳抱走，半路上歇脚时，放棺材，棺材在行进的过程中不得落地。棺材前由一人提往生钱沿途散发。“孝子”持哭丧棒跟随其后，由长子抱遗像，遇有同死者相熟的人鸣炮或摆香案迎接的，孝子跪地还礼，主家还需向迎丧的人赠送手巾一条，走在棺材前。还要将亲朋送的“挂旌”抬出展示。近几年，富裕家庭请乐鼓队奏乐，走在棺材后。出殡，若路程远也有动用汽车的。

下葬　往往请“地仙”来定时和定向。墓穴为长方形土坑，挖穴称为“打井”，棺材放入前要“暖井”，即在井内燃烧稻草（稻草称为“黄丝”），烧完的黑灰铲出井外，在“井”的正中，用往生钱摆成一个“王”字，棺材放入墓穴称为“下巳”，时间由“地仙”定。棺材大头置入井尾，平稳后，由长子立于棺尾，山伕一人在另一头将装有米和钱币的布袋，抛向孝子，孝子用孝衣下摆稳稳地接住并收藏。孝子离开，山伕将石灰和新挖出的新土填入墓穴，堆成前头大后头小的“坟状”。鸣炮，下葬过程结束。傍晚，怕逝者孤单，孝子用稻草扎成长长的草把，在坟头点燃，并连送三日。第三日，合家老幼，带上供品香炮等到新坟头祭奠，并将坟高高地隆起。

现有许多家庭，在死者亡后的第七天、第二个七天直至第七个七天，请道士念经，超度亡人，称为“做七”，富裕家庭每七必做，一般家庭做头七、三七、五七、满七。

遇有丧事，亲戚送葬礼，称为“吊孝”，至亲“挂旌”，并给部分现金“压旌”，现也有送花圈。

死于非命、在外病亡等，尸体不能进入屋内。未成年的，未成家无子嗣的青年，丧事过程要简化很多。

中华人民共和国成立后，丧葬习俗在“文化大革命”有较大的改变，其余时间变化不大。

（五）生育习俗

观念　旧习有“多子多孙”“生儿防老”和“早生儿女早享福”之说。现今不愿多生\生儿生女一个样的观念已成潮流。

习惯　改革开放前，由接生婆上门接生；20 世纪 80 年代开始，逐渐普及到医院生产。生育后的妇女，称为“月里婆”，1 个月内不出门，称为“坐月子”。禁忌比较多：月里婆不能串门，被串门的家会被带来霉运，若万不得已进入他人家，事后，要用淘米水将他人家门槛洗洗，并燃放鞭炮；月里婆用的物品，比如被褥、衣物、盆之类也不能在他人家门口晾晒或清洗；月里婆住的房间，男性除丈夫、产妇的兄弟（居丧要排除在外）、亲戚中的男童，其余男性都轻易不入内；经期妇女、孕妇和正在哺乳的人也不能进入，民间有“将奶水带走”的说法。

报喜　头胎生育后的第 2~3 天，女婿携带按岳父家安排的一定数量的芝麻饼到岳父家“报喜”，岳父家把收到的芝麻饼分发给亲朋。岳父家则将准备好的猪肉、鸡蛋、面条、鸡等让女婿带回。

洗三朝　婴儿出生后第 3 天，要“洗三朝”，即请接生婆用蕲艾煎的水将婴儿洗擦干净，并请邻居喝“红糖水”，以示庆贺。今不兴。

做九朝　亲朋收到“喜饼”后，以米粉、面条、鸡、蛋、猪肉、红糖送到产妇娘家，现多以现金代替；产妇娘家准备的摇篮，婴儿用的被褥、衣物、鞋帽等同亲朋送来的礼物，分装成双数量的担子，其中鸡蛋的一头用胭脂水染上红色，礼担上用红纸或红布覆盖，由产妇娘家的兄嫂、弟妹及舅娘、姑等女性为主的队伍中的青壮年将担子挑到女婿家，称为“送祝米”，男方家放鞭炮迎接，招待红糖水，并置办酒席招待男女双方的亲朋，称为“做九朝”。

满月　婴儿满月当天，要剃满月头。产妇带着婴儿回娘家省亲。

解放后，生儿习俗变化不大，但进入 21 世纪，送礼多用现金代替，实物逐渐减少。由于产妇多在医院接受新式生产，禁忌也逐渐减少。

做周岁和“抓周”　婴儿满 1 岁时，婴儿的外婆家会送衣物、鞋帽给婴儿，婆家则置办酒席。过去习俗，在此日行抓周之举，当日，在桌子上摆上书、笔墨、算盘、剪子、尺子、泥巴等东西，让孩子任意抓，以预测成人后将会干什么职业，现不兴。

（六）节日习俗

除夕、春节　农历头一年的年底至第二年正月十五一段时间，统称“过年”。

一到腊月初，各家各户即开始做年粑，年粑按照糯米和粘米一定比例做成，做年粑也是比较隆重喜庆的日子，全家老幼全部动手，有时左邻右舍也来帮忙，忌说一切不吉利的话，比如称“发裂”为“发财”，若年粑做得不好或蒸不熟，引得主人不快，认为兆头不好。家庭主妇利用晴好天气做苕果。现都不兴，直接到市场采购机制年糕和年粑。

农历腊月廿四，称“小年”。旧习，当天清洁厨房，傍晚用神马、草豆、香烛祭祀灶神，称送灶；到除夕重复祭祀一次，称接灶。现不兴。白天，打扫室内“扬尘”，对未成年人进行严厉教育，要求从当天开始不乱说话，不能说“穷、病、杀、死、剁”等一切不吉利的语言和骂人，“鱼头”要称“鱼首”等；夜晚，将生花生、蚕豆、自制的苕果炒熟，以备除夕夜和春节待客之用。随着市场商品的丰富，现逐渐不兴。

廿五、廿六，俗语“廿五、廿六、办鱼肉”，村庄门前有池塘的通常在这几天放水捞鱼，城区居民到市场上采购。

廿七，俗语说“廿七，洗鬏髻”，此日，全家老幼必洗发洗澡、洗衣、洗被以迎接新年。

廿八、廿九，宰杀鸡鸭，将采购回的鱼肉、蔬菜等精心制作成佳肴。其中，3 样是必备的，第一是鱼丸。将草鱼、花白鲢等个头比较大的鱼，将脊背上的肉块削下来，剁成泥，按比例加入苕粉或淀粉，佐以葱、姜末，有的还加入猪油、蛋清，制成鱼丸。第二是炸鱼。通常是将做鱼丸剩下的刺多肉少的鱼肉剁成小块，拌上面粉糊，放入油锅，做成“炸鱼”。第三样是肉丸。猪瘦肉或五花肉剁成泥后，加入白萝卜、莲藕、胡萝卜、芹菜、大蒜碎末、面粉，放入油锅炸成“肉丸”。还有将糯米蒸熟，捣成泥状，加上少量面粉，揉捏成丸，包上芝麻糖馅，放入油锅炸成“糯米丸”。鱼丸、肉丸、糯米丸，现市场上都有销售，自己动手制作的现象逐年减少。蒸肉粉、卤猪、牛肉等新式吃法，也逐渐推广开来。

廿八，黄土岭一带多有全家在一起吃一顿丰盛的宴席，谓之“还年福”，镇区及周边多不兴“廿八欢年福”。

除夕（三十或廿九） 当天，长辈给晚辈（未成年）分发压岁钱，贴春联，贴门神，吃“团年饭”，团圆饭所煮米饭必须能满足数天食用量，谓之“压岁饭”；午后，长辈带着晚辈，备上供品到祖先墓地祭扫一番，称为“辞年”；傍晚，老人将门前屋后的落叶、杂草垃圾扫拢在一起，点燃，称为“三十夜的火”，现多不兴。但从除夕到正月初二接连三日的夜晚，房屋内各处的灯必须彻底点亮。傍晚之前，各处晾晒的衣物必须收拾起来，防止来年穿衣染“龙显疮”。夜晚，堂屋内生一堆火，原来多是树蔸，现多是栗炭，一家人围坐在一起“守岁”，谈收成、谈打算，现多为收看“春晚”。吃水果、苕果、花生、蚕豆、酥糖及其他糕点，称为“守岁”。一直到晚上十二点，开大门，燃放家里准备的最大的鞭炮、烟花、春雷。鞭炮要一次性放完，炮声响亮，认为得了好彩头，若出现鞭炮半途熄火，认为很不吉利，这称为“出天方”。

年前，通常是腊月廿八之前，女婿、外孙、外甥要携带礼物看望岳父母或外公、外婆、舅爷、舅娘，也称“辞年”。礼物通常是猪肉、酥糖必备，烟酒4样或6样、8样，称之为“年岁吊”，现多代之以人民币若干，现今外孙、外甥给外祖家送节日礼物也有选在年后拜年时完成的。

正月初一 早起，家中晚辈向长辈拜年，再到村内向长辈拜年，再到村内向同族长辈拜年。初二至十五日，是亲朋中彼此拜年的日子，一般是先拜岳父母、舅父母。其间，还有请“春客”之习，被请者要带礼物，要给主家小孩“礼节钱”。外出走亲戚，称为“出方”，没有“出方”的人，外出办不吉利的事，是大忌。正月头三天，清扫地面从大门外向内扫，垃圾堆在门角，不外倒，防止“散财”。

元宵（正月十五） 元宵节又称“上元节”。旧习，当天禁止动用铁剪、钢针等；还有砸破瓦罐之举，称为“正月半，砸破罐，头不疼，腰不断”。白天，舞狮子、舞龙、划采莲船；夜晚，赏花灯、猜灯谜等，家里各处灯火必须点亮通宵。另外，富裕人家有半夜请紫姑（三姑）神占卜新年运势的祈福活动：迎紫姑（三姑）神，堂屋正中摆好八仙桌，桌面上撒一层大米，大米上放置用红纸包好的葱姜蒜，再在上面用一根竹筷侧边支住米筛，罩住大米。家人环坐八仙桌边，主人跪于地面，并念唱：“正月正，我接三姑来看灯，三姑要来早些来，莫等深更半夜来，深更半夜有露水，打湿三姑绣花鞋。”反复吟唱，家人一直守候其旁，直至大米发生抖动，认为紫姑神到了。以上习俗逐渐不兴，仅通宵点灯、吃汤圆还保存。

花朝（二月十五日） 旧习，妇女在当日相邀野外踏青，四邻八舍结社做会，出酒出肉祭祀神灵，然后吃掉祭祀用的酒肉，现无。仅有农村地区用新鲜的蔬菜制成馅、用大米粉制成米团的习俗。

农历三月初三 传说阎王在这一天放小鬼出地狱，俗语说“三月三，鬼下山”；农村居民习用大米粉做成米团，内包菜馅，名为“吃鬼头”；用地菜花煮鸡蛋吃；夜晚，尽量不出门，避免碰到鬼，也有大胆者，相邀看“鬼火”。

清明节（公历4月5日前后） 旧习，宗族聚族人举行春祭仪式，各家各户为祖先扫墓。中华人民共和国成立后，祭祖之习不存，扫墓之习保留。改革开放后，尊祖敬祖之风渐炽，一些地方的大姓，又聚族祭祖。扫墓时必备3样供品，整块豆腐、未去鳞的鲤鱼、整块肉，今有以水果代替。扫墓时，将纸扎的坟标、绣球插入坟头。嫁出去的女儿不得私自去祭扫，更不能在坟头插坟标和绣球。

农历四月初八　旧习，当天寺庙设香汤浴佛作龙华会。现今，寺庙在当天组织放生活动。居民多有吃咸鸭蛋的习俗。

端午（农历五月初五）　旧习，正午合家饮朱砂雄黄菖蒲酒，小儿将其涂眉耳处，当天采摘草药，月内焚烧苍术。今农村居民早是用老面、新麦面粉做粑（花卷、包子之类），市场商品丰富后，现不兴，多代之以吃购买的成品粽子。农村地区仍保留中午12点之前，野外采摘车前草、鱼腥草之类，洗净、晾晒，以备盛夏时节解暑消毒之用。插蕲艾、菖蒲于门窗；插艾悬菖蒲时，还要唱祝："端午节是五月五，天师持剑骑艾虎。一把菖蒲一把艾，我把蚊蝇驱门外。" 在房内各处角落点燃雄黄烟。中午全家老幼一起共进丰盛的午餐。午后3点，来到雨湖之滨，观赏龙舟竞渡盛景。节令食品"糕"。

农历五月十八　旧习，若出现瘟疫，当天在道士主持之下，在长江上举行送瘟船活动。

农历六月六　旧习称当天为半年福，有祭神活动。今，本天黄梅雨季基本结束，各家翻晒放置箱底饱含水汽的衣物、床上用品，称"六月六、晒红绿"。但进入21世纪，生活水平提高，留存旧衣物现象减少，床上用品制作材料质量提高，此习俗逐渐不兴。

赛二郎神　旧习，六月二十六日，一人在前引导，山民呼喊行者（孙悟空），举抬行者神像，老百姓无论远近都来观看。城内商贩将店铺停业，并整肃衣冠，在门前置备两只鸡、一百钱迎神。

中元节（农历七月十五日）　旧俗，七月初一夜晚，州民在供奉许远的景祐真君庙里打鼓吹螺号，然后，敲打小钲巡游街市，称为放兵（鬼）。七月十五日夜晚将初一的仪式重复一遍，称为收兵（鬼）。从初一到十五这15天官员和老百姓各家祭奠先人。另外，从初九的夜晚到十五这七天之内寺庙收集钱财作佛事，称为"盂兰盆会"。老百姓在附近道观的组织下，举行放荷灯，超度孤神野鬼。现今，从进入农历七月开始，各家就开始置备往生钱，用白纸包成若干袋，焚化前当天或前一至两天，在白纸正面填写先祖的名号和本方土地、脚伕、孤神野鬼等，还写上化给某祖的钱，反面写一较大"封"字。初八至十五，任选一天中午，置办一桌丰盛的酒席，摆好后，焚香、燃放鞭炮，男长辈呼唤："祖人全部回来喝酒吃饭啊。"并祈求祖人保佑，斟酒、上饭都一步不少，称为"接祖人吃饭"。片刻钟后，全家老幼一齐上桌喝酒、吃饭，称为"活祖人吃饭"。当天傍晚，在屋前铺好稻草，将写好的包袱按序摆好点燃，烧香、燃放鞭炮并呼唤"祖人快来拿钱用"，称为"烧包袱"。此习"文化大革命"期间被废除，改革开放之后逐渐恢复，现日益兴盛。

中秋（农历八月十五日）　早饭，通常食用自家用糯米做的糍粑；夜晚，旧习，有在庭院内用月饼、板栗、鲜藕祭供月亮之举；"摸秋"（孩童合伙偷田地的瓜、果之类，不算偷），现多不兴；保留有吃节令食品月饼、咬秋（剥食菱角、花生、瓜子、新鲜水果之类）；今日，外嫁女儿省亲，全家团聚也逐渐出现。

重阳（农历九月初九日）　有选在当日给故去的亲人墓地立石碑的习俗。改革开放后，定重阳节为"老人节"，机关单位慰问离退休人员和社会各界看望长寿老人。

腊八（农历腊月初八）　是日早餐吃"腊八粥"。腊八粥又称"八宝粥"，多系用主粮、杂粮、瓜、菜、红枣等一起煮熟，表示庆祝一年来"全面丰收"。此习蕲州尚存，只是配料有变化。

（七）医卜习俗

1. 求鬼神

“扶乩” 俗称“敕马脚”。病家请来巫婆和斋公，立“神座”于堂中，然后围案念经请“神驾”。未几，主持者手舞足蹈，自言某神附体，画“符咒”，驱邪治病。此习渐绝迹。

止儿夜哭 小儿夜眠不安，啼哭吵闹。俗传用红布书写“天皇皇、地皇皇，我家有个夜哭郎。过路君子念一遍，一夜睡到大天光”的字条，贴于路旁，即可治愈。此习渐无。

丢“皮寒” “皮寒”，即疟疾，又称“打摆子”。俗称病者用纸包茶叶米置于路间，如有人拾去，则把“皮寒”也带走了。此习绝迹。

“收吓” 小儿因高烧惊厥，俗传是因“魂魄”被“吓”走。用方升置茶米，上蒙黑布，在病儿面前摆动，同时口念“收吓”词，以把小儿的“魂”收回来。今仍有偶为之者。

“叫吓” 小儿因惊吓后而偶发高烧，俗传是“魂”离开躯体所致。为把小儿的魂“引”回来，病儿家人到小儿受惊处或水边焚香烧纸钱，泼洒茶水饭。随后，边回走边撒茶米，并呼小儿名说：“某某吔，回来啊！”另一人应答：“回来了。”直至家门口。此习渐绝。

2. 民间偏方

治伤风感冒 用姜（鲜、干皆可）与鲜葱煎熬成汁。病者趁热喝下，然后用被子蒙住全身发汗。

治痧疾（腹痛） 以手指蘸凉水，反复钳揪鼻梁或项下皮肤，或用擦有菜油的铜钱在背沟上刮擦，直至皮肤红紫。

治风湿病 以艾叶、石板浆、松针、苍术等煎水熏或擦洗患处。

治蛇咬伤 伤在四肢时，在伤口上部束带，同时用清水冲洗伤口。

治虫咬伤 蜂螫，在伤口处涂口涎、丝瓜叶汁或人乳；蜈蚣咬伤，涂公鸡口涎或将蜈蚣打死研碎敷于伤口处；跳蚤、蚊虫叮咬，涂擦口涎。

治疱疮 用“老虎蔸子”煮鸡蛋吃，或用天竹蔸子捣碎外敷。

治火眼 用海带、白糖、鸭蛋、黄花煮食。

治龙形疮 在患处四周用香墨汁画一“蜈蚣”。

治皮癣 用陈土砖上的稻草，置于患处，反复用力搓动。

治烫（火）伤 对轻度烫伤和火烧伤，用生猪油涂于伤口表面。

治刀伤 用木炭粉或墨鱼骨粉撒于伤口，外以布包扎；止血用水蜡烛。

治扭伤 脚颈或手腕处扭伤，用手蘸菜油或酒反复搓揉伤处。

治食物中毒 中毒轻时喝绿豆汤。

治醉酒 喝陈醋或喝浓茶。

治出鼻血 用清水浇拍患者颈部；掐经脉。

治消化不良 吞服蕲艾叶；饮浓茶。

治咳嗽 枇杷叶煎水喝；冰糖蒸雪梨；芝麻油炸鸡蛋；炒芝麻冲开水。

治痢疾 新鲜马齿苋取汁加红糖，开水冲服。

治拉肚 铁马齿苋煎水喝或石榴皮煎水喝。

3. 其他

跌打损伤，喜请民间武术师接骨正骨。生病后，老年人喜欢看中医，取汁后的药渣倒在岔路口。青年喜欢看西医，轻微病痛到药店自行购药现象增多；网络技术普及后在电脑中查对病情，自开药方现象增多。

（八）乡里风尚

1. 宗族

旧时，县内宗族观念很强，很多活动都以宗族形式出现。中华人民共和国成立后，宗族组织瓦解，“家门”之风不兴。“文化大革命”期间，破除宗族、姓族旧习。近年出现续宗谱、修宗祠、组织祭祖等活动。

族长　每一姓皆推有族长，其下分支称为“房”，要推举“房头”。族长和房头俗称“户份头子”，皆由族内富户特别是有社会地位的士绅担任。中华人民共和国成立后不存。

族规　每一姓族，都有族规，记入宗谱卷首，作为族人遵循的标准，也是惩戒族人的“依据”。违反族规之人，平时鸣锣聚族人于宗祠，祭祖时由族人当众面予以训诫，有的处以鞭笞，有的在族内除名乃至处死。中华人民共和国成立后不存。

祭祀　一年祭祖两次，春祭于清明，秋祭于重阳。有“大祭”和“小祭”之分。旧时，族内有祖坟山和祭祀田，由“户份头子”掌管，用于宗族事务。“大祭”在祖祠内举行。一般姓族都有宗祠，作为供奉祖先牌位之地，也是祭祀和处理族内重大事务之处。个别家族因特别“兴旺”而建有“家庙”，作为供奉祖先牌位和门下子孙奉祀之处。“小祭”即家祭，在家中堂屋的祖先牌位前举行。中华人民共和国成立后，祭祀长期不兴，近年有所恢复，只是大祭改在一世祖墓前。

修谱牒　一般姓族每隔二三十年即重修谱牒，以记载族内子孙繁衍及变化。宗谱之首，皆有“序言”，简要记述其族姓之来历、族人之迁徙。旧时，宗谱只录“丁”男不录女。丁按“派行”（辈分）排列，除另有特别的事迹外，只简要载明名号、生卒年月、时辰、娶妻及生育情况、葬地及墓向等。中华人民共和国成立后长期不兴，20 世 90 年代初起续修族谱之风转盛；新修宗谱，男女并录。

2. 家庭

旧时，崇尚“四世同堂”“五世同堂”的大家庭。但一般家庭在子女全部成人或部分成年娶妻之后，即“分家”。无论是大家庭还是小家庭，一般都是男子主持家务。大家庭中，如父母去世，则兄长主持家务，即所谓“长兄当父，长嫂当母”。中华人民共和国成立后，家庭规模变小，今时兴“接一个分一个”，即子女结婚后即分家过日子。

旧时，家务活几乎全部由妇女承担，故俗称妻子为“屋里人”“堂客”；而室外的活路基本上由男子承担，故俗称男子为“外头人”。中华人民共和国成立后，实行男女平等，农村妇女成为农活的“半边天”，城镇妇女则普遍参与各行各业的管理和劳作。

旧时，家中无男丁的可以“立嗣”，俗称“过继”“过嗣”。嗣子有继承嗣父母家产的权利和赡养嗣父母的义务。中华人民共和国成立后提倡男女平等，立嗣之习渐除。

3. 结社

旧时，境内称结社为“做会”。同一种会在同一地区有多个。每个会由10~12人组成，轮流“做会”。做会时，主持的人家要备香案，对供奉的“菩萨”祭拜，然后聚餐。会费一般有两种，一是有一定的基金，下次轮到谁做会，基金归谁掌管；二是由入会的人临时凑份子，下次轮到谁家做会时，其他人各带份子参加。20世纪80年代之前不存，90年代之后逐步恢复，多以附近的庙宇牵头组织，各庙的会有所不同，参加人员多是中老年妇女。

“土地”会　供奉“土地菩萨”。会众为农民。做会时间为每年2月1日或8月1日（农历，下同）。

娘娘会　供奉“观音菩萨”。会众为妇女。做会时间为2月19日。

青苗会　供奉“三师老爷”。会众为农民。做会时间为3月初。

火关会　供奉“火神”和关公。会众为农民。做会时间为4月16日。

武圣会　供奉关公。做会时间为5月13日。

二郎会　做会时间为5月22日。

总官会　南门特有，做会时间为5月24日。

五猖会　会众为农民。做会时间在5月。做会时，以5人装扮“五猖神”，面涂彩色，手执铃叉，由装扮的“土地佬”带领游村“驱疫”，名曰“放五猖”。每经一户，在门前贴1张“敕令”，禁止鬼怪作祸。各户备香案，鸣炮迎送，并馈以粑、米团之类。

司命会　供奉“司命神”（灶神）。会众为妇女。做会时间为8月3日。

中官会　南门特有，做会时间为8月17日。

4. 民风

南朝之前，本地民风性躁劲，风气果决，包藏祸害，视死如归。南朝之后，民风为性情淳朴，勤于耕作，乐于为儒，少有商匠，崇佛喜巫，崇佛尊道，敬畏鬼神。近代以来居民历来有爱和平、尊师长、倡孝道、睦亲邻、主勤俭、重诚实、乐济困、助公益、讲礼貌、敬贞洁、鄙盗赌、恶强暴的风尚。中华人民共和国成立后，经人民政府的大力提倡，特别是中华人民共和国成立初期的“五爱”教育，20世纪60年代的“学雷锋”活动，80年代的“五讲四美三热爱”活动，80年代后多种形式的精神文明建设，使健康的风气得到继承和发扬，新的共产主义道德风尚逐渐树立，热爱社会主义祖国、热爱中国共产党等深入人心，涌现出许多助人为乐、拾金不昧、舍己救人的模范事例和孝敬父母、家庭和谐的典型，赌博、打架斗殴、盗窃、贩黄、嫖娼卖淫、吸毒等为社会不齿。

5. 民间信仰

居民信仰甚多，信鬼神、信命运。旧时，人们认为人的一生，包括婚姻、家庭、前程、子女、寿命都是“前世注定”的，“阎王要你三更死，不会留人到五更。”所以遇到大事、难事，往往请算命先生算命，到寺庙抽签。信预兆。旧时，人们认为无论是吉事或凶事，发生前皆有“预兆”。做梦、跳眼皮，猫头鹰（当地称猫儿头）、喜鹊、老鸹叫，早出门碰到什么人等都能预示吉凶。信禁忌。禁忌很多，俗语房屋“宁可给人停丧，不可给人成双”“野花进房，家破人亡”对喜事和丧事的态度正好相反。对正常死亡的老人禁忌很少，丧事当喜事办，而对成婚、怀孕、生小孩等所谓的喜事却禁忌很多。

旧时，居民信仰甚多，大都带有迷信和唯心的色彩。

信鬼神　俗传“举头三尺有神明”。人们希望得到的、希望避免的事，往往求助于“神”。神很多，多数人信奉“玉皇大帝”“王母娘娘”“观音菩萨”“灶神”。此外，尚有各行各业的神和地域性的神。中华人民共和国成立后，信鬼魂者一度减少。

信命运　旧时，人们认为人的一生包括婚姻、家庭、前程、子女、寿命，都是“前世注定”的。所以遇有大事、难事，往往请算命先生，到寺庙抽签，希望从中得到暗示。中华人民共和国成立后，此信仰淡薄。

信报应　旧时，人们认为今生的好坏，是由前世做的好事或坏事多少决定的；而今生做的好事或坏事，将决定“来世”是“脱生”为人，还是做猪做狗，以及来世为人的处境。故时尚“积阴德”。中华人民共和国成立后，此信仰逐渐淡去。

信风水　旧时，人们相信“风水”能决定一个家庭是否能“发旺”，家庭成员能否做官以及做多大的官。“风水”包括墓地和房屋宅基地，尤重墓地，故旧时“看风水”成为一职业，因争风水诉于官府、大打出手时有发生。中华人民共和国成立后，此信仰逐渐淡去。

信预兆　旧时，人们认为无论是喜事或凶事，发生前皆有“预兆”。梦中所见，如为喜事，则预示有喜事发生（一些地方相反，认为喜主凶、凶主吉）；眼皮跳，“左跳财，右跳喜，跳到下面要吵嘴”；如经商，早起出门首先遇到妇女，兆为“不吉”；人们出门时如逢喜鹊迎面叫，主吉，乌鸦迎面叫，主凶，等等。今大多数居民不相信“预兆”。

信禁忌　旧时，人们认为违反“禁忌”会带来不幸，故信守禁忌。禁忌很多，如孕妇，因身上带“秽”，不能参加婚、葬礼；不能登经堂、进庙宇；不能吃辣椒、鱼籽，否则生下的孩子好伸舌头，长癞痢，不识秤。又如婴儿，算命先生说有“百日关”，百日之内不能走亲戚；有“金锁关”，门锁要等到幼儿长到9岁时才能更换，否则婴（幼）儿将会夭折。中华人民共和国成立后，人们已不重视禁忌。

信“福荫”　旧时，人们相信祖先“福荫”与否，决定子孙和家庭幸福，故普遍重视敬祖先。除每年春秋两大祭之外，每户的堂屋皆立有祖先牌位，有的还置有专供祖先牌位的“神龛”。平时，每月农历1日、15日，皆要向祖先牌位上香、跪拜；如逢定亲、迎亲、进学、中举、升官等喜庆事、大事，都要祭告祖先。中华人民共和国成立后，清明节“标”祭祖墓之习未改（“文化大革命”期间被禁止），其他祭习不存。

四、方　言

蕲州地域的方言，有很独特的地方属性。具体来说，蕲州方言属北方方言中江淮官话黄孝片蕲春方言的次方音区。在 1997 年版的《蕲春县志》第 797~811 页，详细记载了蕲春方言。蕲春境内的方言以漕河地区方言为标准，细分为五大区，有上乡话（蕲北），下乡话（蕲南），下乡话里又细分有蕲州次方音区。这个次方音区包括蕲州镇城区及郊区。经考察，“蕲州次方音区”，实际上应该是位于蕲州镇城区，涉及郊区的不多，蕲州镇区划内其他塆村的方言和方音，都是 5 个或 6 个声调的，即与漕河方言标准相近或相同。

说蕲州方言口音的范围很小，只有六七平方公里。这个地区在宋代以前就有蕲口镇，宋末至中华人民共和国成立初期，曾设立过府、州、道、县治，仅州治设在该处就达 700 余年。蕲州历来人烟凑集，市井繁华，商贸发达，既是县治所在地，又是鄂东政治、经济、文化中心，与外界交往频繁，语言受多方面人员的影响。特别是明代荆王府迁建于蕲州，他们带来了众多的各色人员，极大地丰富和稳定了蕲州方言。

蕲州口音和方言还有一个显著特点就是：每说出来的一个字，它只有 4 个声调，这与现代汉语《新华字典》的汉字发音一致。所有汉字音节发音，只有四声，而蕲春县其他乡镇的口音与方言都有五声或六声。蕲州方言主要源自南宋末期蕲州设立州治之时，至元、明、清、民国以来的蕲州，为逐渐发展完善之时。那时蕲州民众，都住在城区之内，他们相互语言交流的口音，虽有南腔北调现象，但大多数还是以蕲州本地口音和方言者为多，外乡人在蕲州住久了，也随乡入俗地讲起了蕲州口音和方言。

蕲州在前后 700 多年间，从江西、安徽、江南迁来的人口不断增多，特别是荆王府迁到蕲州之后的近 200 年间，州府各衙门官员增多、差役眷属增多、当地居民增多、外来经商者增多、各行业的从业者增多，更多的则是蕲州卫、下江防道设立之后，军卫中守城的军人和屯田的军人及眷属等，他们长期在城区内外居住，天长日久，语言口音都逐渐演变为较为独特的蕲州口音和方言。这些迁来的从军者及家属都是世袭，都是讲着南腔北调的“军话”，后来在蕲州城住久了，他们后裔的口音和方言都由“军话”逐渐演变成蕲州地区独特的地方口音和方言。在军人屯田的江南李家洲一带，那些军屯人后裔，至今还说蕲州的口音和方言。他们的“军话”经过明清几百年的改变，慢慢形成今天我们听到的蕲州话。李家洲一带的“军话”遗迹，就是明显的例子。

自古以来，蕲州就是一个发达的商贸重镇。历史上各朝各代的都城，大多数在北方，从水路到蕲州非常方便，往来之人，多从北方来，带来的语言交流，以北方居多，带有“京腔”口味，深刻影响着蕲州人的口音方言和语言习惯，所以接受了北方官话的语言习惯，即每个汉字音节，只取四声，简单明了，听者清楚，学者易学，容易辨别。蕲州是州治所在地，又是商贸重镇，官方更加大力推行“北方官话”。从明清以来，蕲州地区的口音和方言就更加独特而明显区别于蕲春各乡镇的口音和方言了。蕲州口音还与当时城区内大量的私塾、族学、州学、府学及书院的教学模式有很大关系。当时教学生认字时，都是一个一个地由老师口头教读，没有现在的汉语拼音教学，学生接受的都是蕲州口音的生字，因此自然而然地说成蕲州口音，也不知不觉间普及了蕲州的口音方言。

蕲州自古以来就多出人才，明末清初的蕲州大儒顾景星，就曾著《黄公说字》一书，书中所录汉字达10492个，设213个部首，全书共160余万字。每个字的读音都是“反切”。《黄公说字例》共18条，对于本书的宗旨、体例、结构、取材、征引等，顾景星都作了明确地交代。其中对蕲春和蕲州方言，多所涉及。仅一个“蕲”字条，就旁征博引了许多为人所不知的信息。赵嶷在序言中说：“《正字通》出，有功于前贤；《黄公说字》出，有功于万世。”顾景星的《抄本黄公说字》，蕲春县图书馆有手抄本收藏，现已收入中国公共图书馆古籍文献珍本汇刊·经部之中。共出版200册。每部有1841页，每页分上下两部分，即4面。

近代还有蕲春语言大师黄侃，他曾在金陵大学任教期间，将《蕲春语》作为他的语言学教材，至今为语言学研究者所倚重，其中举例就有蕲州的方言。

现在，改革开放的步伐越来越快，城乡区划的变动频繁，城乡人员流动加快，大量农村人员迁居于蕲州城区，但很难听出他们是否是蕲州人了。但是，说纯正蕲州方言口音的人肯定是蕲州人，他们所说的汉字音节仍然只有四声。如“妈”这个音节，只有阴、阳、上、去四声，即“妈、麻、马、骂”四声，而没有像其他乡镇所说的有五声或六声，即“妈、麻、马、骂、妈（称呼祖母）”。又如“冤”这个音节，蕲州人口音只有四声，即“冤、园、远、院”，而其他乡镇的人则有五声，即“冤、园、远、院、怨”。蕲州人将“院、怨”这两个字的音节读得完全一致，都读成第四声，而其他乡镇的人将这两个字的音节就读成了第四声和第五声，甚至第六声了。还有许许多多这种现象。蕲州的阴、阳、上、去四声口音举例：

方、防、访、放；翻、繁、反、饭；

汪、王、往、旺；衣、移、椅、意……

用汉语拼音举例：方、防、访、放，读成fāng fáng fǎng fàng……

用国际音标举例：方、防、访、放，写成taŋ① taŋ② taŋ③ taŋ④……

蕲春其他乡镇的六声口音举例：

诗、时、始、世、是、实；优、由、友、幼、右、育……

在语音方面，主要表现在：外方言成分糅杂，吴、楚、南北兼收并蓄。有些声母保留中古读音。如皆、阶、街、界、戒、届、蟹、谐、鞋、佳、械、懈等，除“佳”字外，不论文白，全部保留中古音“gai”或“hai”，家，夹，架等基本都是读ga音，江、豇等字读“gang”，近年来受推广普通话影响逐渐消失，但在一些词汇里还是保留ga音，例如飞机架（ga）儿，酸夹（ga）夹（ga）。这表现与大部分南方方言（吴赣闽粤等）一致，而与邻近的下江官话的这类词大多文读音同北京，白读音同南方方言。一些字还是保留了一些古音例如“家”，一般读家（jia），但在家（ga）公，家（ga）婆，家（ga）业，自家（ga）时候还是保留了家（ga）的读音，同粤语类似。在语法方面，有一些句型的词序与普通话有别。在词汇方面，遗留有较多的楚语古词，还融汇了很多外来词。词汇多于普通话，如“打水”一词，就有“舀”“兜”“揾”“打”“灌”等多词。东南边邻近武穴或中华人民共和国成立初由武穴划入的韦庄、扎营港、邱山、雨台、新塘、红门楼等村的语言受武穴话影响比较大。在人物称谓上，南北兼具，如称父亲、爷、爹、老子并用。在人物称谓方面，蕲州方言的儿化韵或儿尾缀词也较多，这种现象较为独特。如称老年男子叫老儿，称专用名词，如皇帝老儿、寿星老儿、阎王老儿等。

近年来，由于国家大力推广普通话，外出求学、务工人员增多，少年儿童讲普通话的比较多，一些方言发音、词汇、语法、俗语逐渐消失。

（一）蕲州的歇后语

蕲州城门头上放（鞭）炮——响（想）得高。

官井边种花——锦（井）上添花。

济婴堂的膏药——包（疱）好。

竹林湖的菱角（jiǎo）——个个都是角（jue）儿。

沿市湖诸家湖——湖（糊）对湖（糊）。

黑老爷庙石鼓——鬼（敲）瞧。

驮竹篙过城门——直进直出。

北门洞乘凉——挤挤式。

江上行船——不进则退。

搬运站上班——肩挑背驮。

铁业社开业——敲敲打打。

北门口踩高跷——显摆。

八里湖喊老爷——叫天不应。

黑老爷庙求子——拜错了神。

鼓楼洞的麻雀——吓大了胆。

水西门的蛤蟆（青蛙）——空果叫。

祝家山（原蕲州墓地之一）打（扑克）牌—鬼跟你玩。

东狱庙办酒厂——醉死鬼。

四官殿唱戏——前人事后人听。

外行宫戏台上骑马——做样子。

看戏流眼泪——替古（别）人担忧。

黑花脸白花脸——都要人唱。

张飞杀岳飞——无事生非。

莲花池的藕——多个心眼。

城门洞的（电）灯——里外都照。

钓鱼台上点（掌）灯——隔岸观火。

东狱庙的菩萨——东倒西歪。

冷水井的水——清亮见底。

二里湖决堤——横冲直撞。

纪万源油姜——又嫩又滑。

王元丰糕点——点点（甜甜）在心。

美华肥皂——容不得一点龌龊。

玻璃厂的灯罩子——全凭嘴吹。

金牛洞的火炉靠水缸——面热。

江中的拖（船）头——拖拖拉拉。

长江的“汉九”班——老误点。

李老尔打钟——准时准点。
田瞎子说书——总爱留一手。
张老六筛锣——总是有事。
李慕陶开（处）方——一剂就灵。
杨个剁肉的——一刀就行（准）。
鲁老尔卖鱼——手就是秤。
桂裁缝裁衣——一鸣（衣名）惊人。
吴飞修表——分秒不差。

（二）民间俗语

在本地流行的俗语多，涵盖面广，人民群众特别是中老年人可随口而出，有的格调比较高雅，有的过于粗俗，现将流行最广、雅俗共赏的俗语收录如下。

吃不穷，喝不穷，算盘打不来，一世穷。
有了连餐顿，无了饿得困。
爹有娘有不如自己有，夫妻有还隔只手。
扬州的面好吃，可惜筷子短了。
遇事留一线，处处好相见。
穷在路边无人问，富在深山有远亲。
屋脊头开大门。
狗坐轿子，不受人抬。
冷莫想灯，穷莫想亲。
穿蓑衣打火，惹火上身。
虱多不痒，债多不愁。
瞎子见了鬼，越说越像。
烂泥糊不上壁。
茅屋安绣球 。
除了栗柴无好火，除了郎舅无好亲。
年岁不好，舅爷当佬表。
锣靠鼓，鼓靠锣。
日里满街冲，夜里糊老功。
聪明人想着说，糊涂人抢着说。
吃在嘴里，望着锅里。
有钱交钱，无钱交言。
我在河里摸，你在箩里摸。
命里载定你只有半升，不怕你起五更。
阎王要你半夜死，不敢留你过五更。
屋檐水滴现凼儿。 穷汉养娇子。
好就是檀香木，坏就是烂树蔸子。

大狗爬墙，细狗看样儿。
占着茅坑不拉屎。
做屋的住草房，卖盐的喝淡汤。
一把草胀死个牛。
蛇逢叫花子盘。
细家如同针挑土，败家如同浪推沙。
三代不读书，蠢如一个五爪猪。
打虎要亲兄弟，上阵要父子兵。
含着块骨头，吐着块肉。
牛不喝水强按头。
黄牛翻进尿桶。
没吃过大猪肉，冇看到大猪走路？
病来如山倒，病去如抽丝。
新来的媳妇暴来勤，暴来的媳妇爱死人。
暴新鲜，两三天。
天塌下来，当斗笠。
暴做茅厕，三天香。
乌龟吃大麦。
大船破了三口钉，细船破得零了零。
三个叔爷抵不了一个老子，三件单褂子抵不了一件袄子。
麻布袋装菱角，个个是尖。
嘴儿甜如蜜，屁眼辣生姜。
做个箩儿，锁个口儿。
柴是一捆，萝子是一根。
大碗装糍粑。
桥归桥，路归路。
六月天给猪娘打扇，作钱想。
抬头嫁女，低头接媳妇。
八里湖喊老爷，扳罾不如守店。
庙要神衬，屋要人衬 。
吃素人的心，门斗的钉。
病人见不得鬼一喔。
本事假假，嘴儿叉叉的。
不怕生坏了命，就怕落坏了根。
打不湿，沥不干。
贴了桐油不见光。
豆腐盘成肉价钱 。
好配好，丑配丑，扬叉配扫帚。
掇人家碗，服人家管。
屙屎的人不害羞，过路的人害羞。

儿大爷难做，女大不中留。
翻眼睛强盗，不认人。
破箩挑石灰，到处是迹儿。
好（读“耗”）吃的雀儿不着肉。
眉毛尖不能动，后脑窝整把抓。
货俏不怕猪娘肉。
鸡蛋内勤脆骨。
撩蜂打眼肿。
老鼠钻牛角，越钻越尖。
明人不要重说，响鼓不要重敲。
满罐子不响，半罐子响叮当。
杠捶落地要生根。
牛过河，拉尾巴。
钱是用的，水是流的。
是个精，是个怪，各人生的各人爱。
水里个鱼儿，岸上个主儿。
人爱有的，狗咬丑的。
兔儿过了山，主意直个翻。
五黄六月不晒背，寒冬腊月饿得饥。
细窟窿不补，大窟窿吃苦。
一床被子不盖两样人。
一锹挖个井，抠窟窿生蛆。
一头牛是放，两头牛也是放。
一门亲，满门转。
只做门外亲，莫管屋里闲事。
自家打娘骂老子，劝人家行孝。
站着死，独着埋。

（三）天气谚语

春东、夏西、秋北雨。
东风急，戴斗笠。
东风头儿，西风尾儿。
一点一个泡，大雨还未到。
雨前雨丝雨，雨后雨丝晴，雨落中，两头空。
雨落早饭后，行人不问路。
今日大雨不住点，明日太阳晒破脸。
雨夹雪，半个月。
一场秋雨一场寒、十场秋雨要着棉。

月托枷，旱死虾。

日头打返照，明日雨直倒。

太阳当空现一现，三天不见面。

正月雷打雪，二月雨不歇，三月起干板，四月秧起节。

出九三日黑，高田不筑缺；出九三日亮，高田无指望。

四月四，下一点，十匹荷叶九匹卷；四月八，乌笃笃，高田不插插田蔸。

正月二十晴，阴阴暗暗到清明。

正月二十晴，树上挂油瓶。

立夏不下，高田不耙。

六月落连雨，狗不吃锅粑粥

过了白露节，两头冷中间热

月逢初四雨，一月九天晴。

四六开天，晴一天。

初七不晴，初八晴，初八不晴，初九晴，初九不晴，初十放光明。

重阳无雨望十三，十三无雨一冬干。

吃了端午粽，寒衣往上送；吃了重阳粑，棉絮往下拉。

九月重阳，抱火进房。

交秋一日，水冷三分 。

交秋十八盆。

三伏不热有点闷人，四九不冷有点静人。

起幕风，座幕雨。

东衬西衬，滴水不剩。

云掩中秋月，雨洒上元灯。

冬雾晴，春雾雨。

雾带白，太阳晒；雾带黑，有雨来。

五月南风涨大水，六月南风井也干。

一日黄沙三日雨，三日黄沙九天晴。

今夜蚊虫恶，明日有雨落。

鸡鸭迟进窠，还有雨要落。

男烧（脸发烧）阴，女烧晴，婆娘烧脸大雨淋。

春寒多有雨，春暖百花开。

五月初一，试船水；五月初五，划船水；五月十三，关公磨刀；五月十七，洗街头；五月十八，送船水；（以上预示要下雨）五月二十，龙晒衣。

五、帮　会

（一）汉　留

境内何时始有汉留组织，无考，早期情况不详。晚清加入汉留人数渐多。民国时期，分蕲南沿江和蕲北沿大别山南麓两线发展，逐渐形成蕲南和蕲北两大“山头”。抗日战争开始后，组织发展迅猛，国民党县政要人为争夺权利，纷纷加入汉留，如县参议长汪紫阳、县自卫队大队长陈鹿加入汉留，有的还担任“大爷”之职。时境内汉留组织分属于“西”字和“德”字旗。蕲州镇为德字旗地域，大爷是张海峰（菩提村人，汉奸；抗战胜利后在漕河被处决）。西字旗的鄂东头目（“山主”）是汪以南（曾任汉口警察局长，时任湖北军管区江汉师管区区党部指导员）、丁丙权（时任鄂东保安副司令）；德字旗的鄂东头目（“山主”）是王丹侯（时任国民党鄂东挺进军十七纵队司令）。两派为争夺权利，长期争斗。抗日战争时期，境内汉留组织中，有的帮助侵华日本侵略军，当了汉奸；有的沦为土匪、流氓，如黄土岭附近的“百当队”（有时自称为国民党军，有时自称是伪军，有时又假冒新四军），抢劫客商、居民，为害一方；有的成为国民党顽固派反共和监督居民的工具。但在中共的团结教育下，一些汉留成员乃至头面人物，为抗日作了一些有益的工作。中华人民共和国成立后，一些作恶的汉留头目，有的被判刑，有的交地方管制，汉留组织销声匿迹。

（二）南京帮

南京帮是蕲州镇最早也是财力最雄厚的行帮。清末，在蕲州的南京帮商号 43 家，著名的有“陶水侯”“梁恒隆”“王春和”“卞天益”“纪耀帮”等。民国初，南京帮发展甚快，其中“王信隆”“卞义和”“纪万源”“公泰和”等 10 多家商号，资本皆在 7000~50000 元（银元），用员数十人乃至百人。抗日战争前，蕲州南京帮商号，仅卞姓拥有“卞义和”“公泰和”“邓天记”“正大隆”“志诚”等著名商号，除在蕲州拥有 7 幢铺房和多种作坊外，并投资汉口“信成”“公记”“德盛祥”“元和”等商号，在庐山开设油姜、酥糖经销店，同上海“永安堂”药店和“华成”烟草公司建立往来业务。1938 年 9 月，日本侵略军飞机轰炸蕲州，南京帮损失惨重；在日本侵略军侵占蕲州后，南京帮仅“王元丰”“纪万源”两商号坚持经营，其他商人皆走避，南京帮自此衰落。南京帮在蕲州建有会馆，建筑物原名“钟山遗秀”，后改称“金陵书院”；购有专门墓地，称“南京山”；供奉“雷神”，每年春秋两季在蕲州西门的纯阳阁祭祖。南京帮主要经营南货，同时经销“美孚”煤油和美英烟草公司的香烟。

（三）金牛帮

又称“武昌帮”，主要经营药材和杂货。该帮在蕲州镇建有会馆，但势力遍布全县各大集镇，有“无镇不金牛”之说。民国时期，蕲州镇有该帮商号。1921 年，主要商号有“韩春生”“济益公”“香山堂”等药材店，资本均在 2000 元（银元）左右。

（四）徽州帮

形成时间不详。主要经营杂货、匹头。1910 年前后，蕲州有“余恒丰”“余同庆”“吕恒昌”等 10 多家商号，其中“余恒丰”“余同庆”资本均在 15000 元（银元）之上，其老板余肇周曾担任蕲春县商会会长和代理蕲春县县长。

徽州帮在蕲州建有会馆。建筑物名“徽国文公祠”，原址西门内大街，后迁北门外石牌楼。供奉朱文公（朱熹）。

（五）江西帮

形成时间不详。多经营纸行、南货、竹器。1910 年前后，蕲州有“刘元兴”“刘万顺”“刘水隆”“傅恒裕”“陈乾泰”“安品福”等 30 多家商号，其中刘慕堂经营的“刘水隆”商号，拥有资本 4000 余元（银元）、用员 10 人。江西帮在蕲州建有会馆，建筑物名“万寿宫”，供奉许真君（许逊）。

（六）福建帮

形成时间不详。主要经营烟丝，时称“福烟”，主要商号有蕲州的“德兴美”。

卷七　中医中药

蕲州素为药材之乡，自古及今都如此。指草皆为药，路人皆懂医，即其写照。历代名医辈出，孕育出世界上伟大的医药学家李时珍。药材业兴旺发展，宋代中药经营先进，今之蕲州药市乃全国十七大药材专业市场之一。医药事业繁荣，是蕲州独有之特色。

一、医学机构

（一）中华人民共和国成立前的医学机构

唐代蕲州首辖蕲春县，按唐时分州、县为七等：赤、畿、望、紧、上、中、下。蕲春为上县，各项事业比隋以前相对发展，“立有医学，学生十五人。设医学博士、助教各一人”。此机构直接负责培养医学人才，且为民众治病疗疾。

宋沿唐制，经济发展加快，升为旺县，中医药得到发展。时蕲口镇药材销售兴旺，出现蕲春历史上最早见于记载的名医谢与权等。元代因之，蕲州亦设有医学典科。

明代是蕲州医药事业发展的一个重要的历史阶段。明武宗正德十一年（1516年），知州李纯在州府衙西南设医学、典科各1人，掌管医药。在蕲州城建有惠民药局，设门店药房一间，为贫民施济药物。明万历年间（1573—1620年），蕲州荆王府设有良医所，有良医正、副各1人，有良医若干名。李时珍父子开设有玄妙观诊所。

明代蕲州还重视医学教育。明嘉靖四十二年（1563年）州城建有阳明书院。明隆庆三年（1569年）前后，蕲州东北的熊化岭建崇正书院。这两个书院先后由蕲州名士巨绅顾问、顾阙兄弟主讲。书院既讲儒学，还讲道学（阳明之学），也讲医学。著名医药学家李时珍曾在阳明书院学习，师事顾问。

清代，州衙仍设医学典科，惠民药局依然存在。民间从医者较多。旧志云：“蕲人通艺术者，自方诊以来，他技无闻。谓不知医者为不孝，盖技也进入道矣。”医技名流层出不穷，医学著作不断丰富。

民国时期，蕲州改为蕲春县。县里在蕲州设立了巡回医疗防疫队，1946年4月改为“蕲春县卫生院”，并在蕲州设有药铺。但因民国政府曾一度提出“废除旧医，以扫除医药卫生之障碍。”使境内中医药事业受到极大冲击。而民间中医药则自觉发展。1916年，退役军人陈咏波在蕲州北门内创设“海西药房”，专治外科，是境内第一家民办诊所。

1920 年，由州城名老中医管汉和、李少侯 2 人发起，组织蕲州地区杨伯亭、李丙申、童金林、胡焕成、王南谷等中医名流，成立了蕲州国医研究会。会址设在蕲州城内铁佛寺。此为蕲州历史上第一个民间中医药学术机构。研究会定期开展学术讨论和临床经验交流会，推动了本地中医药事业的发展。

1946 年 4 月，国民党蕲春县政府遵照湖北省府之令，将设在蕲州的原“蕲春县巡回医疗防疫队”改扩建，更名为“蕲春县卫生院”。此时，蕲州的中药铺亦照常营业。

至 1948 年，有关资料显示：当时，全县有中医诊所 134 家、中医 304 人。其中，中医内科 223 人，中医外科 34 人，妇科 2 人，儿科 13 人，骨伤科 25 人，眼科 2 人，中医按摩师 2 人，中医针灸师 2 人，中医牙科 2 人；中药药剂工 124 人。其中，60%以上集中在蕲州。广大农村仍缺医少药。

（二）中华人民共和国成立后的医药机构

1949 年 5 月 14 日，蕲春全境解放。蕲春县人民政府即接收了国民党蕲春县卫生院，并更名为全民性质的人民民主卫生机构——蕲春县保健所，所在地仍设蕲州。

1950 年 7 月，经湖北省政府主席李先念批准，中国人民志愿军黄冈休养院（统称“康复医院)，在蕲州城内原启明中学旧址创建，首任院长苏登身，政委王仁。内设中医科，除为抗美援朝转回之伤残军人治病外，同时对社会开放，收治蕲州及周边群众的各科病人。沿袭至今。

1952 年 10 月，原天主教建立在蕲州北仓的“刘神甫纪念医院”由蕲春县人民政府接管，更名为“蕲春人民政府卫生院蕲州分院”，是中华人民共和国成立后属于蕲州自己的第一家大型国办医疗机构。时有职工 12 人，设病床 40 张。1956 年 2 月 9 日，改名为“蕲春县卫生院蕲州分院”。

1972 年，该院由北仓口迁至东长街 51 号。1974 年 8 月，经县政府批准，院名改为“蕲春县李时珍医院”。次年（1975 年）2 月 21 日，郭沫若为“蕲春县李时珍医院”题写了院名。1980 年 7 月 7 日，湖北省卫生厅决定，将该院改为“蕲春县李时珍中医院”，对外仍称原名，突出了中医特色。

1987 年，经卫生部批准，拨给专款 180 万元，在李时珍大道旁重修明代李时珍父子为群众治病的诊所——玄妙观。占地面积 3000 多平方米，大小房屋 108 间，作为李时珍医院门诊部，扩大了李时珍医院的整体规模。

至 90 年代初，蕲春县李时珍医院成为一家大型中医医疗机构。该院临床科室有：中医内科、外科、妇科、儿科、骨伤科、新针科、眼科、痔瘘科、皮肤科、男女不育不孕科、药剂科。还配有检验科、放射科、心电图、B 超、超声波诊断等辅助科室；全院有正式职工 240 人，其中副主任医师 3 人、副主任中药师 2 人，副主任护师 2 人。主任中医师 12 人，主管中药师 3 人，主管药师 1 人，主治医师 3 人。设有病床 200 张，实际开放病床 150 张。其中内科 60 张，外科 17 张，妇产科 17 张，儿科 16 张，骨科 22 张，针灸科 10 张，眼科 8 张。年入门诊治疗 6 万多人次，住院治疗 2500 人次。

李时珍医院集医疗、教学、科研于一体，形成具有蕲春特色的中医医疗机构。沿袭至今，发展稳定。

1956 年，经县里批准，在蕲州城外一关街设立了“蕲州卫生所”，属镇直二级单位，业务由县卫生局领导；1984 年，蕲州镇卫生所升级为“蕲州镇卫生院”，管理体制不变。1996 年，因卫生事业发展之需，蕲州镇卫生院迁建于蕲州大道现址。

蕲州镇卫生院下属有黄土岭、菩提、赤东等 3 个卫生所。20 世纪 60 年代合作医疗阶段和 2011 年新农村合作医疗制度的实施，全镇各村都设有村级卫生室和配备了乡村医生，全镇形成了全覆盖式的医疗卫生网络。

二、历代名医

蕲为细叶草之总称。百草皆为药，故蕲与药草相连。蕲州自古及今，药材遍地，识药者多，用药者广，皆医之道也。蕲州有古谚云“指草皆为药，路人皆懂医”即此。然唐之前，疏于医家之记载。至宋代，始有记述名医之文。后追元、明、清、民国及至中华人民共和国成立后，蕲州名医辈出，入朝为太医者有之，在野为方家名流者有之，民间亦有医之高手，诸为此等，今皆录于本章，彰显蕲州中医药之特色。

（一）李时珍

李时珍（1518—1593），字东璧，号濒湖山人，又号东璧叟，蕲春县（今蕲州镇）蕲州城外瓦屑坝人。其祖父是蕲州乡绅之一，兼善医学。父亲李言闻医儒皆精，后为太医院吏目。李时珍即出生于这样一个书香门第、世代医儒并精的名门之家。

李时珍出生时有“白鹿入室”“紫芝产庭”之瑞。幼年身体羸弱、多有疾病，但他读书却十分聪明，14 岁即考中秀才。但后来参加过 3 次乡试，均未考中举人，即从父亲学医。为了学好医，他“读书十年，不出户庭”，广泛深入地钻研医学知识，勤于医疗实践，在父亲的严格熏陶下，终成一代名医。为广大患者治病除疾，救死扶伤，有非常多的成功病例。如一位青年腹胀欲死，李时珍只用 3 剂药就把他救过来了。又如，朱荆王府一位宗室夫人年近 60 岁，便秘 30 多年，多少名医都未能治好。后请李时珍诊治，仅用牵牛末、皂荚丸就把她治好了。如此病例，不胜枚举。此时的李时珍，不但医术高超，且医德高尚。故史料上说他：“千里就药于门，立活不取值”。所以，他的声誉更加远播。

明嘉靖三十八年（1559 年），荆王府富顺王欲废嫡子，嫡子于沉疴，请李时珍诊治。李时珍以一剂“附子和气汤”治好了嫡子之病。富顺王感悟到“父子和气”，传为美谈。

明嘉靖四十五年（1566 年），武昌楚王府世子患嗜食灯芯之怪病，名医云集楚府，都未能治好其病。经荆王推荐，楚王召见李时珍为其世子治疾。李时珍诊视后，用雷丸等几味药就治好了世子。楚王及夫人皆大欢喜，要重谢李时珍，皆被他婉拒。楚王感李时珍之恩，留李时珍在楚府供职，封为奉祠正（七品），兼管良医所。万历初期，经楚王推荐，李时珍赴北京太医院供职。

李时珍在太医院除了为皇族人员和朝臣看病以外，他在这里大开了眼界。一是见到了许多没有见到的药材，尤其是海药（舶来品）之类；二是阅读了以前他没有阅读过的中医秘籍。他还实地研究铜人腧穴图，这些都极大地丰富了他的医学理论和诊疗实践。特别是和其他太医互相探讨许多疑难杂症，更为自己开阔了视野。

然而，也有其不快的方面。

李时珍年轻时，就读过古代许许多多的医书，发现古人记载的药物有许多错误，甚至失实。“有当析而混者，如葳蕤，女萎，二物合并为一条；有当并而析者，如南星、虎杖，一物而分为二种。生姜、薯蓣、菜也，而列草品。槟榔、龙眼，果也，而列木部。八谷，生民之天也，不能明辨其种类。三菘，日用之疏也，罔克的别其名称。”这些药物的误传，都有危及人们生命的危险，不纠正，势必贻误后人。所以，他早就下决心重修一部本草书籍，并且已经从嘉靖三十一年（1552 年）起就开始动手编修这部新的药物学著作。

而此时，他到了太医院后，很想借助朝廷的力量来编修他心目中最理想的药物学著作《本草纲目》，但举朝文武到太医院医官，都没有人支持他。这使他很灰心。于是，在太医院供职仅一年多的李时珍，决意辞去太医职务，回故乡蕲州继续自己编修《本草纲目》的大业。

李时珍回蕲州以后，继续边为人治病边编修《本草纲目》。其间最重要的活动，就是对各种药材的实地考察，他先后到过蕲州本地的龙峰山、缺齿山、三角山、横岗山、马骅山、仙人台、将军山等名山采药，还到外地的庐山、武当山、大别山等处寻药，加上他在北京期间，去过长白山等地，可以说，对各种药材都进行过实物验证。

这还不算，为对某些药材的经常性辨析和观察，他大约于嘉靖四十三年（1564 年）前，将自己的家从蕲州瓦屑坝搬到蕲州雨湖北畔红花园新建。在红花园里，他栽种了很多种药材，名曰“红花圃”。并专门设立书房著述《本草纲目》，名其书房曰“薖所馆”。

明万历六年（1578 年），李时珍花费 27 年时间，三易其稿的《本草纲目》终于写成了。全书 190 万字，分为 16 部，合为 52 卷，载药 1892 种。其中李时珍新增药物 374 种。是明代以前总结中国中医药集大成的巨著。其后，李时珍发动全家将其进一步修正、并配图。儿子李建中、李建元、李建木、李建方，弟子庞宪等皆参与这项工作。

尔后，李时珍为《本草纲目》的出版而奔波。他先后到江苏南京、太仓等地。在南京城隍庙药材交易会上，他发现新的品种即时订正《本草纲目》。后在太仓州拜访当时文坛泰斗王世贞，为《本草纲目》作序，对《本草纲目》给予了高度评价。万历十八年（1590 年），南京刻书商胡承龙答应并开始刻印《本草纲目》。

万历二十一年（1593 年），李时珍还没有看到《本草纲目》正式出版，就与世长辞了，享年 76 岁。逝后被追封为文林郎。

万历二十四年（1596 年）即李时珍逝世后 3 年，《本草纲目》正式刻成。其子李建元遵父之遗嘱，于十一月单骑赴京，将《本草纲目》和遗表进献朝廷。万历皇帝亲阅其书，御批“书留览，礼部知道。钦此。”且命“刊行天下”。

李时珍除编著《本草纲目》以外，还先后著有《濒湖脉学》《奇经八脉考》《脉诀考证》《濒湖医案》《濒湖集简方》《三焦客难》《五脏图论》《命门考》等。

附:药材王国育医圣

张梁森　王善雄

2012年8月14日下午5点15分，中央电视台第4频道（中文国际）“北纬30°·中国行”专栏节目《远方的家》播出“黄冈蕲春篇”，其节目内容为李时珍与“蕲春四宝”，“四宝”中以介绍蕲蛇、蕲艾为主。这一节目在国际频道播出后，对于宣传蕲春县，尤其是宣传世界上伟大的科学家、中国明代著名的医药学家一被今人奉为“医药双圣”的李时珍，无疑起到了很大的促进作用。

今年6月4日至6月6日，中央电视台“北纬30°·中国行”摄制组编导冯文凯，主持人王静，记者曹德琳、吴琦，编辑郝文静等5人在蕲春采访，我们作为接待者和解说人，听到他们先后不约而同地提到一个问题，即：

“为什么只有蕲春才出个李时珍?别的地方行不行?”

或问：“李时珍为什么生在蕲春，长在蕲春？别的地方行吗?”

两句问话不一样，提问的意思都一样。

我们记得两年前的2010年4月27日，中央电视台第7频道（气象频道）专栏节目“一方水土”摄制组编导姜涵、记者郭佚成等一行，到蕲春采访摄制“大别山与李时诊”，首先也就是提出“为什么只有蕲春才出了个李时珍?”这个问题。他们要摄制的“一方水土”这个节目正是冲着这个问题而来的。

其实，“为什么只有蕲春才出个李时珍?”这个问题不仅仅只是中央电视台的记者们在追寻。近几年，因为中医药事业在国内外不断飞跃发展，李时珍在全世界科学史上的地位越来越高，科技界的专家、学者们，理论界的权威们，知识界的研究人员，甚至许多领导干部以及其他各界人士都不约而同地提到这个问题:“为什么只有蕲春才能出个李时珍？其他地方行不行?”

这个问题到了非解答不可的时候了。且一般性解释都不行，必须从理论上说清楚，在实际中有佐证，使人们真正了解到李时珍为什么只能生在蕲春，长在蕲春？别的地方就是不行！因此，这个问题也引起了有关部门的高度重视，列为课题，交给我们进行专题研究，求得一个标准化的命题。

于是，我们根据历年来所掌握的各种资料，重新全面、系统地考察整个蕲春的历史、人文、山川、形胜以及其他各方面情况，尤其对蕲春的水土、气候、资源、历代变迁的原因都作过梳理，基本上对“为什么只有蕲春才能出个李时珍”这个问题作一个比较确切的诠释。即：

蕲春其所以能出一个伟大的科学家和著名的医药学家李时珍，其主要原因是：一、李时珍平生对中国医药事业的执着追求；二、家庭环境、社会环境等特定历史环境对其影响；三、蕲春多种资源为其提供的各种有利条件；四、明代中期文化教育科技氛围对李时珍的影响。

下面，我们就从这四方面因素进行剖析。

一、李时珍平生对中国医药事业的执着追求

按照马克思主义唯物辩证法的基本原理，一切事物的变化，内因是变化的基础（主观因素);外因是变化的条件(客观因素)。在这两个因素相互作用的过程中方可成就另一种新的事物。

这里，我们首先要弄清楚，李时珍是怎么走上从医之道的。

很多人写文章都说："李时珍出身于世医之家"，其实不然。李时珍实际上出身于一个世代书香门第。李时珍在写成《本草纲目》以前的万历五年（1577 年）曾先写出了《奇经八脉考》一书，他的老师顾问为他写了一篇 127 个字的序文，其中有云："濒湖世儒，兼以医鸣。一门父子兄弟，富有著述。此特见一斑耳。"

这几句话的意思是说：李时珍（号濒湖）世代都是儒士，同时兼攻医学，并且以医学名于世上。李时珍一家父子兄弟，都有自己的著作。从李时珍这本《奇经八脉考》一书，不就可以得到证明吗?

既然李时珍世代都是儒家读书人，他自然从小就开始"业儒"。在封建王朝的古代，读儒书，过科考，是任何人通向光明前途（仕途）的唯一途径，李时珍当时不可能例外。所以，他从六七岁时就被父亲李言闻送到私塾读书。此时的李时珍，的确是一心一意攻读圣贤书，到明世宗嘉靖十年（1531 年），年仅 14 岁的李时珍就考中了秀才，全家对此都非常高兴，因为他已经迈开了仕途的第一步。不言而喻，李时珍自己更高兴，他何尝不想通过科举而出人头地，为李家争光，振兴门楣呢？

所以，尔后的几年里，李时珍发奋攻读儒书，准备应试科考。嘉靖十三年（1534 年甲午），李时珍 17 岁时，第一次赴省城武昌参加乡试，但却名落孙山。

乡试，是正式科举考试的第一关，具备了秀才、生员（贡生和监生）资格的人才能参考。在各省省城和京城举行，每 3 年考一次。遇到皇家有喜事即加考，称为"恩科"。乡试一般在当年农历八月举行，因此又称为"秋闱"。乡试由皇帝钦命的正、副考官主持，考试内容分 3 场，分别为四书五经、策问、诗赋。乡试考生只是省内的竞争，类似现在的高考。

举人，原来是汉代官场推举制度而选上的预备官员称为举人，到唐代，报考进士科的考生统称举人。宋代后，乡试考中者才称举人。但宋代的举人，只具备了参加京城考进士的资格，却没有做官的资格。且举人的资格是一次性的，如果接下来到朝廷参加会试没录取，下次还得重新参加乡试考举人，才能继续参加会试。

而明、清时代不一样了，举人的含金量高了起来。凡考中举人，即可进退从容。进，可以参加京城会试，向进士出身冲刺；退，可以直接进入官场，即有为官的资格。更令人向往的是：明、清时代举人的资格是终身的。即使是后来考不中进士，但遇到朝廷有相应官职出缺时，即可以举人补上，一般任为知县、候补知县，或者是教谕、训导之类的县级教育长官。特殊年代，也有个别举人任到知府一级的官员。很明显，明、清时代的读书人一旦中了举，也就基本上实现了读书做官的愿望。即使暂时没有做官，是个闲举人，同样有人巴结，送彩礼、送银子的也不会少，最终逐步走向富贵阶层。这在封建王朝时代却是正常现象。

那么，当时李时珍第一次去省城武昌参加乡试，其重要性和利害关系，他自己是十分清楚的。他何尝不想一炮打响而一鸣惊人呢！尤其是他的父亲李言闻，做梦也想这个儿子能通过科举之路而改换门庭，不说考试前的千叮咛万嘱咐，平素日要他用功读书，那管束也是十分严格的。可是，李时珍不但自己失望了，且让他的父母也失望了。

分析李时珍这次乡试失败的原因，对于本课题研究，是很有必要的。

有些有关李时珍书刊或资料上说，李时珍首次去武昌参加乡试没考中，原因是他青少年时代就追求医学，偷看医书，而不愿意攻读八股文、试帖诗、五经四书之类的儒家经典，以致考试成绩不好而名落孙山。这种说法是没有依据的，起码说，是一种猜度或臆测。

我们这里可以按照李时珍自己的说法来作一些分析。

明神宗万历八年（1580 年，庚辰），李时珍写成《本草纲目》以后，带着书稿到江南太仓州（今江苏省太仓县）去拜访当时的大文豪王世贞（弇州山人），请王世贞为《本草纲目》作序。他见到王世贞以后，先自我介绍说："时珍，荆楚鄙人也。幼多羸疾，质成钝椎。"还有的版本上刻的是"幼苦羸疾"。就李时珍亲口对王世贞所说的这两句话，我们足可以知道，李时珍青少年时期的身体素质是极端不好的。多种疾病害得他很苦。有资料说他青少年时代多半和"药罐子"打交道，这应该是符合事实的。

那么，就李时珍青少年时代这么差的身体状况而言，从14岁到17岁的三年间要学习那么多知识，的确要受到较大的影响。起码来说，他的记忆力不会很强。从他自己所说的"质成钝椎"一语，虽然带有某种谦虚成分，但也不乏其真实性的一面。既然如此，他在当时全省的考生队伍中，竞争力不会很强，尤其是录取名额相当紧张，李时珍作为一名带病的考生，"名落孙山"是不可避免的。

嘉靖十六年（1537年，丁酉），李时珍时年20岁。这年农历八月初，他再一次应父亲之命赴省城武昌参加乡试，但仍然"名落孙山"，这原因又在哪里呢？

这也只能以李时珍对自己的记载来解释。

李时珍在《本草纲目》卷十三"黄芩"条下记载："予年二十，时因感冒咳嗽，既久，且犯戒，遂病骨蒸发热。肤如火燎，每日咳痰碗许，暑月烦渴，寝食几废，六脉浮洪。遍服柴胡、麦门冬、荆沥诸药，月余益剧，皆以为必死矣。"

这段话的意思很清楚，李时珍说自己20岁的时候病感冒咳嗽，时间很长。但因"犯戒"，转病为骨蒸发热，遍身皮肤如火烤一样，每日咳出碗把痰涎。炎暑之时，烦渴不安，吃饭、睡觉都不行了，六脉浮洪。其病之重，可想而知。于是，他服下柴胡、麦门冬、荆沥等汤药，个把月后，病情不但没有缓解，反而更加重了，人们都以为他必死无疑。

这其中有两个地方非常重要：一是"犯戒"；二是"暑月"。

"犯戒"，说的是李时珍自己当时在重病期间，且身体虚弱的时候还和妻子做了房事，泄了真阳，一下子加重病情。转为骨蒸，十分危险。这说明两个问题，一是当时的李时珍可能是新婚不久，或者爱妻如命；二是此时的李时珍并不懂医学和生理学，以致自己险些丧命。

"暑月"，是古人对农历六月（公历7月）的别称。这里告诉我们，李时珍当时重病的时间。吃了个把月中药以后，到了农历七月，即"皆以为必死"的时候。

后来，李时珍又是怎么活下来的呢?他在"黄芩"条下继续写道："先君偶思李东垣治肺热如火燎，烦燥引饮而昼盛者，气分热也。宜一味黄芩汤，以泻肺经气分之火。遂按方用片芩一两，水二钟，煎一钟，顿服。次日，身热尽退，而痰嗽皆愈。药中肯綮，如鼓应桴；医中之妙，有如此哉！"

这段话的意思是：李时珍的父亲李言闻（先君）在着急的同时，偶然想到元代医学家李东垣（李杲）治肺热如火烤，烦躁不安，干渴思饮且白天更盛这种病症，主要是气分之热。只宜于用黄芩一味药煎服，以泻肺经之火。于是，用黄芩片剂一两，加两盅水煎至一盅，李时珍一顿喝下。第二天，奇迹发生了，满身燥热退尽了，咳嗽有痰也治好了。把李时珍从死亡的边缘救了回来。

故此，李时珍发表感慨说："药物的要害，就像用鼓槌（桴）打鼓一样，棰不到，鼓不响；医中的妙理，竟如此神奇呢!"

我们对李时珍记述自己这次神奇的经历不再深究，但可以此再回说他第二次去武昌参加乡试的详情。很明显，李言闻这年农历七月把儿子李时珍救活，农历八月初就去武昌应乡试，李时珍虽然捡回了一条命，但他当时那样衰弱的身体，参加那么紧张且竞争力特别强的科考，能考得好吗?

应该说，李时珍第二次乡试仍“名落孙山”，仍然是身体素质差导致学业荒废而造成的。

嘉靖十九年 (1540年)，李时珍23岁，第三次去省城武昌参加乡试，还是榜上无名。要说这一次落榜的原因，那就太复杂了。除了身体素质差影响学业以外，主要是思想上的原因了。

为什么这样说呢?

如前所述，李时珍自那次重病，他父亲李言闻作为当时蕲州城有影响的名医，用一味药(黄芩) 就把他从死亡边缘拉回来，此时他才真正对医道有了感悟，甚至今后就以学医为业。有人说李时珍少年时代就追求医道，那是鬼话，根本不可能。一个人没有特殊的经历，一下子转变观念是很难很难的。而这一次，他不得不相信医道，不得不转变观念。所以，他的感悟也很深刻，即“药中肯綮，如鼓应桴；医中之妙，有如此哉!”

再者，李时珍这时是一个有家有室的20多岁的青年人，他回想到自己前两次乡试的磨难，对科举道路的艰难也是深有体会的。尤其是自己的身体状况，与那种繁重的学业负担是不相适应的。或者说，根本吃不消。逼得他不得不放弃科举之路。

那么他为什么第三次还要去参加乡试呢?

这答案不难，完全可以推断出来。①他的父亲李言闻要儿子走科举之路的企望不会改变，事不过三，好歹还是要儿子去考一次。②李时珍自己也想最后一次去碰一碰运气。中了，皆大欢喜！没有中，思想上已有准备：走从医之路。所以，李时珍第三次去武昌参加乡试，或多或少是怀着碰运气和报答父亲的恩情而前往的。能否中举，只好听天由命罢了。

这样一来，李时珍第三次乡试仍然榜上无名，不但没有悲观，心情反而平静了许多。此时，他也只有静下心来深思熟虑，如何打算，走好自己今后更漫长的路。

于是，李时珍从武昌返回蕲州家中后，即向父亲说明自己的想法：科举的路子是走不通了，请求父亲收他学医。1953年上半年，上海著名记者、作家张慧剑写《李时珍传》，专程到蕲州采访，老年人告诉他，当年李时珍请求父亲李言闻带他学医是这样说的：“父亲，我一定努力学医，古人以学问报答长上，我就以医道报答您。”(见张慧剑著《李时珍》，华东人民出版社，1954年11月出版)。

可是，李时珍的父亲李言闻是个顽固的封建社会中的知识分子，他仍然梦想着要儿子李时珍继续攻读儒经，仍然走科举之路。可这怎么可能呢?李时珍此时已不是小孩子了，自己决定了的事情，也是九牛拉不回的。且现实摆在这儿，不是很明白吗?

当然，李时珍是个孝子，也不会去顶撞父亲的。他来了个“表决心”的办法，当晚写了一首五言诗：

身如逆流船，心比铁石坚。

望父全儿志，至死不怕难。

他把这首诗写好后，悄悄地放在父亲书房桌子上，并用镇尺压着。父亲第二天早上看到后，很是摇头叹息，知道再强逼时珍儿走科举的路是不可能的了。儿子要学医，已经铁了心，也只好答应带时珍儿学医罢了。从此，李时珍正式走上了从医之路。

我们可以肯定地说，李时珍在铁的事实面前毅然放弃科举而走上医药道路，以至后来成为世界上伟大的医药学家，当时的选择，对于他的人生征途，的确是一次重大的量的转换；一次伟大的质的飞跃。如果不是内因起着主导作用，这种飞跃是不可能的。

二、家庭环境、社会环境等特定历史环境对其影响

现在，我们接下来要进一步弄清楚的是：当李时珍三次乡试落榜以后，为什么独选医学职

业，而不选择其他任何职业呢?何况在李时珍生活的明代中叶，是蕲州最发达兴旺的时期，各行各业都十分繁荣活跃。除农业外，蕲州镇内外的商业、手工业、饮食服务业等，都在全国有一定的影响。尤其是商业，吸引着长江中下游商旅纷至沓来，在蕲州城开商店，没有哪个不赚钱的。也就是说，从事商贸业，是当时蕲州古城中被人们最羡慕的行业。

要说，在历代封建王朝中，职业的高低贵贱之分十分明显。除士、农、工、商属于正统职业以外，其他行业均属于旁门左道，不足为贵。就是医师这么一个救死扶伤的重要职业，只不过属于方伎之流而已。说到底，即属于“三教九流”中“下九流”的医、卜、星、相……罢了。

然而，李时珍却没有选当时那些所谓正统的职业，原因很多。如入“仕”吗!三次乡试落第，终生无望；当农民吗！他家世居蕲州城瓦屑坝，与农业交道甚少；从工吗！当时蕲州手工业虽然发达，但多是繁重体力劳动，李时珍的身体状况吃不消；经商吗！虽然可以发财，他却没有这种奢望。他是硬着头皮选择从医之道的，主要有以下三个方面原因。

首先是家庭环境对他的直接影响。

如前所云：李时珍的老师顾问为《奇经八脉考》所写的序言中称“濒湖世儒，兼以医鸣。”这一定义绝对不会有误。顾问比李时珍年长八九岁，为蕲州四大巨绅之一。且李时珍家与顾问家又是世交，那么，顾问对李时珍的家世绝对了解，说他世代业儒（即书香门第）应该准确。顾问的侄曾孙、明末清初蕲州著名文学家顾景星，曾为李时珍写了《家传》，介绍李时珍的父亲李言闻说；

时珍“父言闻，字子郁、号月池。性至孝，博洽经史，以医为业。里中有兄争弟田，讼甚苦。言闻具酒食，召欲解之。讼者亦来集，醉斗但如前。言闻大悲痛，入跪考灵床下，曰：‘儿无状不能感闻里。’讼者闻之大笑。后数年，讼庾死狱中，族人瓜分遗田，言闻往为殓葬焉。”

这段古文传记，不异于讲了一段生动的故事。记的是：

李时珍的父亲李言闻，天性孝悌，团结友爱。又是个博通经史的饱学之士，但却以医生为职业。乡间有个做哥哥的想争夺弟弟的田土，弟兄二人打官司甚为激烈，其家都害得很苦。李言闻知道后，备办了一桌酒席，召集他们兄弟二人来宴集，借以为其调解。这打官司的兄弟二人也都来赴宴，但喝醉酒后仍然像原来一样争斗不休。李言闻感到十分悲痛，进大厅跪在父亲的灵坛下祈祷说：“儿子在乡间，没有什么事情不能不感动乡闾之人啊!”那打官司的兄弟二人听说后大笑起来。其后几年，诉讼的双方先后死在监狱里，其族人将他们的田地瓜分了。李言闻却备办棺木为他们殓葬呢!

从这里看出，李言闻这位饱读儒家经典的名士，多么讲究孝道和友爱，乡闾间的纠纷他都能调解。应该说，当时蕲州城外属安平上乡、李言闻可能是这个乡中一位里长(相当于现在管理区负责人)，要不然，为什么这带的纠纷都由他来调解呢?从他后来被知州以“拔贡”身份推荐到京城朝廷太医院任吏目便可得到证实。

再者，李言闻这个家庭应是个比较富裕的家庭。他不但为这些闹纠纷的人请客调解，连人家死了，他还要为人家备棺木殓葬，如果他家没有一定的经济实力是不行的。顾景星在《李言闻传》中还说道：李言闻在蕲州一带作了不少好事、善事，也是需要一定经济实力来支撑的。有资料记载：李言闻当年也是蕲州城一带有名的绅士之一，当不属虚构。

还有另一个重要方面需要阐述：李言闻这个饱学儒士，也是以医学而闻名于世的。他的医术高明，不但为当地百姓救死扶伤、延年益寿，而且撰著了《医学八脉注》1卷、《四诊发明》8卷、《人参传》2卷、《蕲艾传》1卷、《痘疹证治》1卷、《四言举要》1卷等多部医药学著作，这些成就是非常了不起的。李言闻在中国医学史上的地位也是不可低估的。

由此可知，在李时珍还没有从医之前，其父李言闻就是蕲州名士和名医了，他独立撑持着李家的门庭，是令世人欣羡的。就是蕲州“四大巨族”的顾家，请李言闻为其“门客”，也是因为李言闻的名望所至，以致后来两家成为世交。顾景星在《李言闻传》中还说：言闻“卒，桂岩公哭之恸。”这桂岩公是谁呢?就是顾问的弟弟、顾景星的曾祖父。顾桂岩，号顾阙，明嘉靖廿九年（1550年）庚戌科进士，官至福建按察副使（副省级官员），官阶、学术都与其兄顾问（字日岩）齐名，故蕲春历史上称其兄弟为“二顾”，当时，人们把“二顾”比作“二程”（程颐、程颢）。可见，顾桂岩是何等人物！李言闻死时，他居然为之痛哭，其原因何在？

其一，李言闻是顾阙父亲顾敦的“门客”，更是知交；其二，李言闻逝世前在朝廷当过太医院吏目，大小是个京官；其三，最重要的则是李言闻的声望、品行、医术博得蕲州城所有人的敬重。

以上这些都说明，李时珍的家世当年在蕲州城确非一般的家庭，而是一个受人尊重、受人敬戴、受人羡慕的家庭。

当李时珍第三次乡试落第后，23岁的他选择人生道路时，他首先当然是就自己的家庭环境来决定。子从父志，走从医之道。李言闻早年不也是中了秀才以后，后来几次考不中举人而从医的吗?他的诊堂上不是高悬挂着“悬壶济世”这块金光闪闪的匾额吗?曾任河南内乡知县，后升为蕲州兵备道的刘公还把李言闻的诊堂题书为“恒堂”，意即永恒的积善堂；称李言闻为“李仙”。可见，他以医道而“悬壶济世”赢得多少人的钦佩!

那么，“悬壶济世”是个什么意思呢?

据《后汉书·费长房传》载文说：汉代有一老者悬一壶在街头卖药为人治病，无不效验，不知救活多少人。老者把卖药的钱全部施舍给穷人了。到夜间，老者跳入壶中，别人都看不见，唯费长房见到了，知老者非凡人，即拜为师，后成仙家。其后，亦有他仙悬壶卖药救人治病，人们称这种方式为“悬壶济世”。可见，蕲州兵备道刘公为李言闻题匾，称为李仙，亦源出如此。

李时珍当然也知道这个来历的。尽管医家在那个时代被视为“方伎”之流，但都受到各阶层人的敬重，有什么不好?父亲作为蕲州一带的名医进了朝廷太医院，不是也能光宗耀祖、振兴门楣吗?

我们现在可以肯定的说：李时珍当时选择医生职业，第一个因素则是受到家庭环境的影响。

第二是社会环境对李时珍的影响。

清乾隆二十年（1755年）编纂的《蕲州志·方伎》卷中开篇说：“蕲人通艺术者，自方胗外，他技无闻。程子谓：不知医者为不孝。盖技也，进于道矣。抑濒湖、鹿门诸前辈，指授渊源，有独得者与!”

这段话大意是说：

蕲州这地方的人士通医技和方术的，除郎中诊病之外，其他技能是没有什么可说的。宋代著名的理学家程颐说过：不懂得医学的人就是不行孝者。因为方技（指医道）近于大道呀!如李濒湖（时珍）、庞鹿门（庞宪）等前辈，指授医学渊源，皆有其独到的奥旨呢!

这是说，蕲春各界人士都相当重视医学，把懂医道作为孝敬父母的要务，以至蕲春很早就有“指草皆为药，路人皆懂医”的说法。

正因为如此，蕲春历代都出现过许多名医，各人皆身怀绝技，济世救人，功德无量。唐宋以前，蕲地名医奇士，因缺乏文字记载，我们就不妄说。但元代至李时珍在世的明万历二十一年（1593年）前这200年间，载入湖北中医史的就有10多人。

如元代蕲州府衙门医官韩显卿，是蕲州一带著名医家。他把他的儿子韩玺，也培养成名医，继承蕲州府衙医官职务至明初。而韩玺再把自己的儿子韩道诚精心培养，医术胜过乃父和其祖，明成化年间被选入北京朝廷太医院为御医。韩氏一门祖孙三代皆为蕲地名医，在社会上影响深远。

明正德前后，名医首推郝源。郝源，据古《蕲州志》载：他既擅长医理，又精于儒学。郝源把两个儿子都培养成才成器，成名成家。他要长子郝守道从他学医，后成为北方幽燕一带和南方江淮大地都十分闻名的医家，辩症论治皆有奇效，人称神医国手。郝源把二儿子郝守正送到蕲春仙人台从名师读书，中进士后官至怀庆知府。郝守正自学医道，也有一定造诣。郝源父子三人共同拼搏，使郝家成为明代中叶蕲州“四大巨族”之一。有资料说：郝源还是李时珍的父亲李言闻的师傅呢！那么，郝源自己当时是名医以外，还培养了儿子郝守道和徒弟李言闻，都成为明代中叶蕲州名医，影响很大。

李时珍的父亲李言闻是明嘉靖年间名医，如前所云，后由知州举荐到太医院任吏目。与李言闻同时代的明蕲州荆王府医官浦心韦，在当年医名仅次于李时珍。史载他“精太素脉，通风角鸟占，每诊视，断人穷通寿夭，百不一失，用药多奇效。”后年九十七岁而终。荆王府还有几位神医圣手，就不多说。

就是因为李时珍当时所处的那个年代，蕲州这个各行各业都很发达的都市，尤以名医辈出而蜚声朝野，这种社会环境也在李时珍的思想上产生着直接影响。医生职业，并不是什么“下九流”，而是一种高尚的职业。李时珍之所以要走从医之路，其思想认识已经得到了升华。

再说，封建时代的文人学士，大多数是怀着济世救人的愿望去攻读圣贤之书，走仕途之路，摘科举王冠，不成功，便成仁。科场剧争，考取了，一鸣惊人，为官作府而济世安民；未考取，亦不甘落后，蹴入医门悬壶济世而治病救人，两者道不一样，而殊途同归。

明代蕲州一带，这样的名士特别多，前面列举的大德大贤，足可见一斑。而这种情况，当时不仅仅只是一种社会现象，而是一股社会潮流，形成一种社会风尚。李时珍耳濡目染，近朱者赤，他选择从医这一高尚职业，我们再一次肯定地说，无疑是正确的。

第三是特定的历史环境对其影响。

明代中叶，是中国封建社会向资本主义社会萌芽阶段的过渡时期，时间界限基本上是以明神宗朱翊钧万历十五年（1587年）前后。这个时期，正是中国大变革、大动荡之际，新势力与旧势力的斗争、改革派与守旧派的斗争，进步阶层与落后阶层的斗争，等等，交织倾轧、残酷恶劣，造成了社会的极大不安。尤其是天灾人祸也在这一时期迸发出来，使本来就不安宁的社会来个雪上加霜。如瘟疫的流行、洪水的灾害、蝗虫的横祸，起义军与朝廷军队的战火，等等，到处备受骚扰，百姓流离失所、人民动荡不安；各地饿殍遍野、陈尸沟壑，惨不忍闻。

如嘉靖十八年（1539年），即李时珍最后一次参加科举考试的头一年，蕲州辖境发了一次罕见水灾，低处田地全部淹没，城区各街巷水深数尺不等，往来均要用船只通行。且这次水灾时间长，退水缓慢，造成巨大灾难。

第二年，正是李时珍第三次乡试落榜，需要选择职业的这一年，蕲州城内外到处是饿殍狼藉，饥民遍地，外地流落蕲州的饥民病众，盈街乞讨，求医问药，呼号救命。蕲州的各个诊堂都挤满了病人，那些无钱医治的穷民则瘫痪在州衙所谓的“惠民药剂局”前，等待官府施济。可不都是坐以待毙吗?

尤其是蕲城名医，李时珍的父亲李言闻那间“恒堂”（永远的慈善堂）里，一个个面黄肌瘦的饿殍、一个个奄奄一息的病民，挤满了诊堂，靠满了屋檐，躺满了街头，他们巴不得能得到李大善人、李仙的施救啊!

可李言闻哪里忙得过来呀!此时，他真的希望有个人能帮帮他的忙啊!这恐怕也就是他同意儿子李时珍从医的一点动因吧!他一面命家人煮粥施济饿殍，一面安慰前来求救的病夫，手上不停地为桌前的病者把脉。因为他的诊堂设在玄妙观里，发药实在忙不赢，就请一位医道兼通的道长帮帮他的忙。这一两年，经他救活性命、施舍粥汤的人不知有多少?这大概就是他日后得到好报的善行所在吧!

而这些情况，李时珍看在眼里，急在心里，恨不得一下子就学会医生这个职业，不也能及时解救这些穷民吗?这种特定的历史环境更敦促着李时珍走从医之道的坚强决心。

有人说：李时珍业医是天意决定的，那些传说故事都讲过了，很多人都熟悉这些故事，我们就不重复。但是不是真有天意，我们不敢苟同。

不过，中国古代先贤，被历代皇帝封为亚圣的孟子（孟轲）在《孟子》这部儒家经典中，的确说过："五百年必有王者兴，其间必有名世者"。他这里所说的"王者"，并不都指的是帝王、皇帝，而指的是救世的"圣人"。所以后来南宋著名的理学家朱熹在注释这两句话时说："自尧、舜至汤，自汤至文、武，皆五百余年而圣人出。名世，谓其人德、业、闻、望，可名于一世者。为之辅佐，如皋陶、稷、契、伊尹、莱朱、太公望、散宜生之属"，这些人都属于贤圣之流。而后七百余年，方有"麒麟见（读献），圣人出"，才出了中国历史上顶级的圣贤，即至圣文宣王孔子。尔后的秦皇、汉武、唐宗、宋祖，以及历代杰出的辅弼如张良、诸葛等人以及医圣张仲景之流，亦为先圣先贤之辈，均是名于后世的德、业、闻、望者。

但到宋太祖以后至李时珍出世前的500多年，能称为圣人的还没有。尽管忽必烈、朱元璋等足可留名后世，但与唐尧、虞舜、周公、孔子等大圣大贤却不能相提并论，亦不可同日而语。其原因不属本课题讨论的范围，就不多说。

直到明正德十三年（1518年，戊寅）李时珍出生，至嘉靖十九年（1540年，庚子）他三次乡试落第走上从医之道，中国历史上才又有一位大圣大贤横空出世，这就是湖北蕲春李时珍。这是个特定历史环境的结果。

顾景星写的《李时珍传》曰："三试于乡不售，读书十稔，不出户庭，博学无所弗窥"；《蕲州志》上卢紘写的《李时珍传》云："三举于乡不售，发奋读书十年，不出户阈，声律农圃，星卜佛老稗说，莫不备究"；《古今图书集成》上章学诚写的《李时珍传》说："三试于乡不售。闭户读书十年不出，博学无所弗窥，尤善医。"等十几种《李时珍传》都说他是三次乡试未中后才开始学医的。经过十年"面壁"，终成一代名医。其巨著《本草纲目》则是光辉千秋的"东方百科全书"。

其后，毛泽东称李时珍是"药学祖师爷"（药祖），日本天皇封李时珍为"药圣"，中国科学院院长郭沫若尊李时珍为"医圣"。那么，今人共尊李时珍为"医药双圣"，这在全世界都是毫无异议的。李时珍之所以成为"医药双圣"，正是当时他那个家庭环境、社会环境和特定的历史环境育培出来的。

三、蕲春多种资源为其提供的各种有利条件

从多家为李时珍写的传记，我们应该知道，李时珍的确是三次乡试落榜以后才学医的，并不是少时就对医道很有兴趣。且他初学医时，是从理论开始的。即"三试于乡不售，闭户读书十年不出，博学无所弗窥，尤善医。"

这几句话是清代中叶浙江绍兴人、著名方志学家章学诚写的。意思是说李时珍"三次参加乡试落第后，关起门来在书房里读了十年书，根本不出门，其博学程度到没有什么不懂的境界，尤其注重攻读医书。”顾景星早就是这样说的：“李时珍三试于乡落榜后，把自己关在书房里读书，足迹不到大厅，达到博学无所不通的地步”。

这其中也有两个重点之处要讲一讲。

第一，李时珍家自有的藏书很多。不像有的人说：“李时珍小时候由他父亲带到顾家去读医书。”根本不是这回事。李言闻作为一方名士和蕲城名医，出身于世代书香门第，肯定会藏书盈室，一般不需要借别人的书读用。再者，任何时代当医生的，必须备有些医药学书籍，尤其是医药学工具书，哪个医生少得了呢?何况李言闻这样的著名医家，他宁可少吃少喝，也要把藏书搞得丰富一些的。

至于他家有些什么书，这是可知的。从后来李时珍著《本草纲目》时引用的《历代诸家本草》41 种，引据《古今医学书目》840 种，引据《古今经史百家书目》440 种，加起来就有1341 种，实际引用“八百余家”。这里我们说李时珍家的书籍都是自藏的，不存在借阅和借用，证据不是很充足吗?再说，李时珍著述《本草纲目》，前后用了二十七八年时间，他要引用的书籍经常放在手边，怎么可能把人家的书籍借用二三十年呢?

第二，李时珍读书的收获巨大。既然李时珍为了学医，关起门来苦读十年，到底有些什么收获呢?我们可以肯定的说：李时珍之所以被后世尊为“医药双圣”，就是“读书十稔”而成就他平生最伟大的事业。这同样要用他自己的陈述来证实。他请王世贞为《本草纲目》作序，陈述自己为什么要编著《本草纲目》时说：“古有本草一书，自炎黄及汉、梁、唐、宋，下迨国朝，注解群氏旧矣。第其中舛谬差讹遗漏不可枚数，乃敢奋编摩之志，僭纂述之权。岁历三十稔，书考八百余家，稿凡三易。复者芟之，阙者缉之，讹者绳之。旧本千五百一十八种，今增药三百七十四种，分为一十六部，著成五十二卷。虽非集成，亦粗大备，僭名曰《本草纲目》，愿乞一言以托不朽。”

正是他读尽了明代以前中国所有本草学等医籍，发现前人的许多错误，不纠正就会殆误人命，才萌发了重修本草的构想，后来经过实践的努力，终于完成了《本草纲目》这部光辉的著作，成为今日世界上伟大的科学家。

如果李时珍当时也只是像其他郎中（医生）一样，哪儿黑，哪儿歇，只看看病而已，管它古代医书（本草）错不错，自己只按书上方子开药就行了。那他能成为世界上伟大的科学家和著名的医药学家吗?还有句话说：如果李时珍没有十年读书的启发，就不会编著《本草纲目》了；如果没有《本草纲目》的传世，后人谁知道湖北蕲春有个李时珍呢?

然而，《本草纲目》的传世，的确不是轻而易举地就能著成的。也不是坐在书房里就能编好的。它是在广阔的天地里，在大自然的宝库中去经过艰苦的实践而著成的。这个实践基地，就是蕲春及周边地域（大别山区）这个天然的药材王国，为李时珍提供了各种可资利用的良好条件。这是本课题研究的最重要的重点。

因为《本草纲目》是一部药物学著作，并且是集历代本草学的大成，除新增 374 种中草药外，还订正前人记载错误的药物数百种，如果没有蕲春（包括周边地区）这个得天独厚的实践基地的多种宝贵资源可供利用，李时珍当年想成就一番事业就会困难得多。

下面，我们就来看看孕育和生长世界上最伟大的科学家和著名的医药学家李时珍的湖北省蕲春县，到底是块什么样的风水宝地?

打开蕲春的版图，它的绝对位置在地球北纬 29°59’至 30°41’和东经 115°12’至 115°55之间，正处于中国中南腹部地域。有趣的是今日的蕲春县城（亦为北宋以前的蕲州州城即罗州城）正处于祖国南北交通大动脉“京九”铁路线的正中点，北至北京和南至深圳均为 1250 公里左右；且无独有偶，从前的蕲春县城（今蕲州镇，南宋后期至中华人民共和国成立时）正处于横跨祖国东西长江中下游主航道的正中点，东至上海和西距重庆亦均为1250公里左右。你看这奇不奇?这可是大自然的造就。

蕲春县的具体方位是：东与武穴市（原广济县）、黄梅县、安徽省宿松县三县接壤；南与黄石市及所辖的大冶市（原大冶县）、阳新县隔江相望；西与浠水县（古蕲水县）紧紧毗连；北与英山县和安徽省太湖县两地交界。蕲春县城西去省会武汉市133公里，西距黄冈市所在地黄州城83公里。在李时珍那个时代，蕲州辖境包括蕲春、蕲水（今浠水）和广济（今武穴市）、黄梅等地，也就是大别山的东南麓部分。

蕲春县的地图呈不规则的平行四边形，南北最大纵距为76公里，东西最大宽度38公里，总面积2398平方公里。

蕲春的地形地貌，呈梯度形状，由南向北逐渐升高，貌若船帆。全县最高点云丹山（原桐梓乡境内）海拔1244米，最低点牛皮坳闸底（蕲州江边）海拔-10.5米。如果把蕲春境内的“四十八围七十二畈、九十九山七十一岗、四十四冲四十八寨、十二湖泊二十八水”按明、清时期“一县五乡（每乡分上、下乡）二十八里”做成沙盘，就是整个蕲春的全貌。

其中，四十八围包括：余赛围、同楼围、红楼围、张湖围、江家围、曹塘围、杨潭围、杨旦围、龚大围、郑大围、田围、金城围、杨墩围、四边围、冯围、江上塆围、江下塆围、柯细围、门头围、顾围、方围、竹铺围、伍家围、黄细围、鲶鱼围、蔡祖围、伊漕围、东半边围、官畈围、八斗地围、杨树畈围、大河口围、北风头围、蔡园头围、十里畈围、付畈围、南门畈围、尼姑垱围、丁角围、西半边围、南征湖围、路口围、牛栏湖围、马湖围、天井畈围、高德畈围、裴围、董细围等。

七十二畈包括：大畈、董畈、方家畈、胡下畈、张铭畈、捉马畈、杨树畈、十里畈、傅畈、潘畈、马畈、蔡畈、张家畈、戴家畈、高德畈、马骑畈、汤畈、梅畈、贡畈、果子畈、龚湘畈、上蔡畈、下蔡畈、黄城畈、上畈、白杨畈、余畈、小畈、鲫鱼畈、望天畈、陈家畈、茅畈、王家畈、张畈、周畈、河南畈、祠堂畈、楼畈、叶家畈、鳑鲏畈、梅家畈、野鸡畈、白水畈、杨畈、李家畈、桐油畈、叶家畈、桥下畈、柳畈、溪上畈、渡人畈、许家畈、慕义畈、杨家畈、南湖畈、黄赵畈、贾家畈、文畈、八斗畈、刘家畈、曾家畈、沙畈、湖口畈、詹家畈、操畈、丁家畈、胡畈、伍猖畈、乌沙畈、九斗畈、游家畈、沙田畈等。

九十九山包括：麒麟山、凤凰山、周公山、龙峰山、龟鹤山、银山、盘龙山、磨盘山、大泉山、宣抚山、呈王山、打鼓台山、缺齿山、丫头山、野狐山、安阳山、夫妻山、展旗山、百家冶山、高山、细石山、石牛山、圆峰山、青峰山、湖南山、剥皮山、系（念继）马山、林虬山、马骅山、白云山、茅山、折山、策山、蒋家山、云雾山、堆金山、四流山、道观山、金鹅山、大王山、云峰山、宝盖山、镜台山、将军山、黄梅山、龙王山、免尔尖山、相（即桐）山、大原山、茅平山、龙目山、六合山、大桴山、香炉峰山、仙人台山、石人山、三角山、大旗山、土峰岭山、牛皮寨山、太平山、双峰尖山、云丹山、横岗山、三角尖山、罗汉尖山、鼓角寨山、眠牛山、一尖山、马鞍山、苏山、潘家山、状元尖山、罗庵山、独山、大坡山、皇帝寨山、罐尔垴山、洪武垴山、麻寅山、紫玉山、簸箕山、佘神山、五岳山、乌石山、蒋家山、灵山、叫雨尖山、枕头山、狮子山、钵盂山、八卦山、雾云山、大岗山、大横山、骆驼山、毛栗尖山、屏风寨山、大旺山等。

七十一岗包括：学堂岗、凉亭岗、红旗岗、楼岗、胡岗、土城岗、顾岗、宋岗、司家岗、阎王岗、长岗、郑岗、段岗、何岗、黄土岗、范家岗、张岗、彭家岗、宋家岗、王岗、长林岗、长灵岗、柿树岗、油铺岗、祭祀岗、易家岗、余岗、熊家岗、刘家岗、老黄岗、洪岗、枞书岗、新染岗、小凉亭岗、许岗、熊山岗、枫树岗、十字岗、周岗、老宋岗、游家岗、胡家岗、管岗、田岗、刘岗、长林岗、沈家岗、前岗、翁岗、马岗、朱家岗、杨家岗、三全岗、新屋岗、张家岗、上黄岗、龚岗、下黄岗、火镰岗、栗林岗、上黄土岗、四马岗、黄家岗、塔林岗、长岭岗、北门岗、黄泥岗、前头岗、隔岗、大路岗等（古时只有七十岗，解放后增加了红旗岗）。

四十四冲包括：张家冲、牛头冲、东冲、分水冲、西锣冲、仙人冲、鲁丹冲、上车门冲、桐山冲、雷家冲、西冲、朱家冲、养马冲、刘全冲、曹家冲、陈英冲、百木冲、西康冲、沐溪冲、东山冲、康家冲、下车门冲、六溪冲、清河冲、龙潭冲、古木冲、九潭冲、大竹冲、杨冲、孙冲、椰木冲、圆襟冲、胡敬冲、胡家冲、南渠冲、郝家冲、黄家冲、董冲、合盘冲、裴蔡冲、张德斌冲、方家冲、道官冲、傅冲等。

四十八寨包括：鸡鸣寨、癞痢寨、金斗寨、仙人寨、偏头寨、九龙寨、王家寨、三角寨、天保寨、张家寨、城狮寨、望八寨、牛皮寨、屏风寨、芦林寨、独山寨、杨家寨、伏杨寨、女人寨、燕子寨、乌石寨、望江寨、观音寨、石人寨、旗山寨、鲁家寨、立安寨、永安寨、三门寨、葛麻寨、猪婆寨、策山寨、麻姑寨、栗木寨、古角寨、刘家寨、茅磨寨、铁皮寨、蔡庵寨、太平寨、青峰寨、皇帝寨、展旗寨、圆峰寨、鹤子寨、大旺寨、龙顶寨、玉皇寨等。

十二湖泊包括：红头湖、西角湖、赤东湖（解放后亦称赤东湖，今改名赤龙湖）、张铭湖、管家湖、西湖（解放后统称赤西湖）、策湖、喇叭湖、涂家湖、沿市湖、雨湖、南征湖等。

二十八水包括：蕲河（蕲春主河道）、鸳鸯河、响水河、檀林河、大桴河、孙冲河、邓家河、白水河、桐梓河、狮子河、刘公河、蔡受河、株林河、许家河、黄城河、清水河、雷溪河、铁剑河、邓信河、三渡河、竹瓦河、菩提河、关沙河、安阳河、沙河、白莲河、福主河、黄梅坳河等。

李时珍生活的时代，蕲春的建制就是“一县五乡二十八里”。即蕲春县下辖有安平乡、永福乡、崇居乡、青山乡、大同乡五个乡。安平乡又分安平上乡、安平下乡；永福乡分为永福上乡、永福下乡；崇居乡分为崇居上乡、崇居下乡；大同乡分为大同上乡、大同下乡，这是便于统治分为上下，实际上是十个乡。各乡下设里，当时的二十八里是：清化里、永丰里、义城里、青石里、黎企里、西湖里、茱萸里、长石里、新安里、东安里、童子里、安平里、五架里、合城里、武昌里、新丰里、西甘里、礼下里、达城里、科天里、松山里、官下里、白水里（分上、下白水里）、河东里、河西里、名义里、长峪里、高砂里。要说明的是，蕲春那时的版图，还有江南的矶头山（今西塞山）以下的大冶牯牛洲，阳新棋盘洲（亦称花果洲）、李家洲等三洲以及江北散花洲（茅山西北）都是管辖范围。那时江南三洲称城南三厢，由蕲州直辖。明中叶蕲州“以州领县事”，故江南洲及散花洲均属蕲春。直到1951年4月，按省民政厅令：把牯牛洲划给了大冶，把棋盘洲、李家洲划给广阳新，把散花洲划给了浠水。但台北《中华民国版图》上，仍然依明、清时代那个版图。所以，江南三洲和浠水散花洲一些旅台同胞回来探亲时，都说“我是蕲春人”，就是这个道理。

就在这个版图上，许许多多的佳山秀水，伴陪着园野房舍，交织着路网驿道，使蕲春处在地球北纬30°这一最佳的地理位置上。这一区域的优热性较多，自然条件较好。具体体现在：

一、光能充足。据近60年的气象观测资料表明，蕲春每年平均日照时间为1975.8小时，最多年份达2247.8小时，最少的年份也有1587.8小时，年际差660小时。2000小时以上的日照年份每4年一遇。夏季日照时间多，占年日照总量的40%；冬季日照时间少，占16%。春、秋两季较平均，分别占20%和24%。由于蕲春平均日照时间长，故全年无霜期时间也长，年平均无霜期为258天，最长为298天，最短也有214天。其保险系数在80%以上。

二、气候温和。蕲春的年平均气温为16.8℃，均匀，相差不大。但受大陆性季风的影响，气温的年际、月际变化转换比较频繁。1月份平均气温3.9℃为最低；7月份平均气温为29.1℃为最高。因冬季盛行偏北季风，夏季盛行东南季风和西南季风，故气温有季节性的区别。至于个别年份的极端高温和极端低温，出现得很少，且时间都不会很长。

三、雨量充沛。蕲春县历年平均降水量为1360.7毫米，年际间有一定的差异。最多的年降水量达2021.7毫米，最少的年份仅807.3毫米，故蕲春历史上多次出现过天干和水淹的年份。但就整体而言，这种情况还是少有的，可以从每年平均降水的天数就知道了。历年平均降水日数142.9天。春季整个降水量不大，但年平均降水日数为46天；夏季降水多，大雨或暴雨，年平均降水日为37天；秋、冬两季雨、雪分布均匀，受秋、冬季节变化而变化。

四、四季分明。蕲春地处北纬30°线上，属于亚热带地区。随着地球的自转和公转，春、夏、秋、冬四个季节时界分明。春季温暖平和；夏季虽然伏天较热，但极端高温时间不长；秋季天高气爽；冬季气温虽低，但极端低温时间亦不长。

以上这些特点，是蕲春在天文地理领域中的绝对优势，对于人类和各种动、植物孕育、繁衍和生存、发展，提供了极其有利的条件。1947年10月28日，刘邓大军在蕲春高山铺、清水河围歼国民党军，战斗胜利后，军政委、中原局书记邓小平在刘河胡凉亭接见蕲春地方负责人易鹏、何启等人时说："你们蕲春好地方呀!山好水好人更好。"邓小平当年对于蕲春的赞美不是没有依据的。

我们说，蕲春的地理环境、区位优势、气候条件、水土资源等方面因素都得天独厚，物产丰富。那么，蕲春到底有哪些物产呢?

首先说说植物。经过科技部门和农业部门对蕲春农作物和植物的普查得知：全县有农作物主要品种超50种，如早稻、中稻、晚稻、粳稻、籼稻、糯稻、香稻，大麦、小麦、玉米、高粱；蚕豆、豌豆、绿豆、泥豆；红薯、土豆、毛芋、花生、山药；棉花、黄麻、苧麻、红麻；莲藕、荸荠、菱角、甘蔗；冬瓜、西瓜、南瓜、北瓜（笋瓜）；桑、果、茶、姜，各种蔬菜，细分有280个品种之多。

蕲春县有植物519种，其中木本植物309种、草本植物170多种。其中，木本植物如马尾松、湿地松、黄山松、山杉、水杉、毛竹、淡竹、赤楠、苦汀、板栗、银杏、桃、李、梨、枣等名贵品种，蕲春境内都有生长；草本植物中有山草、水草、湿草、蒿草等多种有用草类。同时，还有38种水生植物。

蕲春县有动物近300种。其中畜牧家禽20多种，如猪、牛、羊、鸡、鸭、鹅、猫、狗、兔等；有鱼类品种64个，如鲢、鳙、鲤、鲫、青、草、鳊、鳜、桂、鮰等，同时还有38种野生动物，如穿山甲、猫头鹰、华南兔、果子狸、白鹤、八哥、画眉、狗獾子、野猪、刺猬等国家名贵保护动物。

蕲春还有着丰富的矿藏，目前已经探明的有39种。其中金属矿15种，如金、银、铜、铁、铅、铬、锰、钼等，有非金属矿24种，如煤炭、石英砂、蛇纹石、大理石、蓝晶石、云母石等。

要特别阐明的是，蕲春这些物产之中，其中的药材资源最为丰富。1986年普查初定，蕲春境内有各种中药材663种，隶属于164科，其中植物类有136科564种；动物类有28科69种，矿物和其他类30种。蕲春境内这些中药材资源，在全国中药材资源重点品种363种中有196种，占全国重点药材资源品种的53.17%。

其实，如果以李时珍时代的蕲州辖境计算，蕲州境内（含蕲春、黄梅、广济、浠水、罗田）即大别山东南麓共有中药材1000多种，其重点品种要占全国份额的70%以上。所以人们说蕲春是一个天然药材王国，“大别山是半个中华的缩影”，此言不虚。

这里，先将蕲春境内的主要中药材品种作一介绍：

1. 珍稀名贵药材：人参、三七、黄连、天麻、杜仲、豹骨等8种。2. 地道药材：蕲艾、茯苓、桔梗、丹参、龟甲、鳖甲、乌梢蛇、射干等11种。3. 大宗药材：夏枯球、野菊花、香附子、茵陈、白茅根、薏米仁、鱼腥草、白花蛇舌草、垂盆草等56种。4. 其他各种野生药材53种，等等。

在蕲春境内的六七百种中药材中，有4种动、植物药材特别珍稀名贵，一千多年前就被列为朝廷贡品，那就是蕲龟、蕲蛇、蕲竹、蕲艾，称为“蕲春四宝”。在李时珍生活的明代中叶以前，蕲龟被历代皇家宫廷视为罕世奇珍，人间祥瑞。齐武帝、唐明皇等帝王都供蕲龟于室；蕲蛇药用价值昂贵，只有达官贵人、皇族显宦才用得上，平民百姓想用也用不起；蕲竹做成蕲簟、竹笛、竹杖皆是世间奇珍，致使公卿大夫“有买直欲倾家资”。皇家则视为“秘宝”；蕲艾则是针灸要药，妇人神药，直至解放初的广交会上，一片正宗蕲艾叶要卖到五元人民币。这“蕲春四宝”的确非同凡响，使蕲春中药材声誉名播中外，传遍世界。

正因为蕲春有着如此繁多的中药材品种，有着丰厚的药材资源，为李时珍考察、采集、研究各种中药材的出产、形状、性味、功能用途、临床效果等方面，无疑是提供了一个广阔无垠地、便利快捷的标本基地和实验基地。为其撰著《本草纲目》提供用之不尽、取之不竭的资料源泉，节省了许许多多的宝贵时间。

有的同志在撰写有关李时珍的文章时，总喜欢用“李时珍走遍了祖国的名山大川”，“足迹遍及江河大地”等等，这些带浮夸性的“褒扬”，就是李时珍复活了也不会高兴的。按照李时珍自己在《本草纲目》中的记载：他确实到外地考察过一些蕲春境内或大别山上找不到的药材，且都是利用某些机会而进行的。例如，李时珍去武当山采集榔梅仙果、曼陀罗以及石斛等标本，那是利用他在武昌楚王府任奉祠正、兼良医正官员的时候而去的。当时，武当山各宫殿都是楚王监修的，又是楚王府家庙。李时珍作为楚府官差，只会受到盛情接待，不会有什么刁难的。再如，李时珍利用在北京太医院当御医的机会，去过长白山采集人参标本，也不是专门上长白山的。他在御药房看到过很多奇药、名药，还有番药、海药等，以及在太医院研究人体穴位看到《铜人穴位图》等等。这些都是他自己有过记载的。还有资料说，李时珍到过庐山，这是因为蕲春离庐山很近，他在江西湖口行医时，上庐山那是太容易了。再就是，李时珍写完《本草纲目》后，曾去南京找刻书商，顺便到南京药王庙前参观三皇会，看到过一些《本草纲目》还没有记载的药材（主要是舶来品），后回来加以补充。有文字记载仅此而已。说他“走遍祖国名山大川”什么的，明显是一种附会。就连黄山、泰山、华山、嵩山等真正的名山，也没有资料记载李时珍去过。这就很清楚了：李时珍当年撰写《本草纲目》，药物资料来源主要就是蕲春县境内药材以及被今人称“半个中华的缩影”的大别山区的药材。

也就是说，是蕲春县这个天然的药材王国，培育了李时珍这位伟大的医药圣人。

四、明代中期文化教育科技氛围对李时珍的影响

任何一个人的进取与成功，都离不开当时社会大环境对自己的影响，李时珍也是这样。他除了蕲春境内各种特殊条件成就了他以外，再就是当时的整个社会环境，即明代中前期文化教育科技氛围也成全了他。

第一是明代中前期文化氛围对李时珍的影响。当时有两种文化思潮在激烈地斗争着，并对

后世有很大的影响。

以王阳明（1472—1529 年）的主观唯心主义心学，被封建统治者奉为官方哲学。以“人心唯危，道心维微，唯精为一，允执厥中”的所谓“十六字真传”来教化群民，实际上是奴化民众。王阳明死后，其学发生分化，以其弟子王艮（1483 年—1541 年）一支形成泰州学派。他们忙时生产，闲时教化，黄宗羲在其《明儒学案▪泰州学案》中对此记载说：“……以化俗为任，随机指点；农工商贾，从之游者千余。秋成农院，则聚众讲学。一村既毕，又之一村。前歌后答，弦诵之声，洋洋然也。”这显然是明中叶资本主义萌芽时期，即商品经济开始发展的前提下出现的一种文化现象。

这种文化现象后经蕲州在外为官的“二顾”即顾问、顾阙兄弟俩传入蕲地，晚年的李时珍成为他们的弟子，受到的影响自然很深刻。

而以李贽（1529—1602 年）为代表的反潮流文化思潮，更引起封建统治者的恐慌。李贽是著名的思想家，与李时珍是同时代人，此时住在麻城。李时珍著《本草纲目》时，李贽则著《焚书》和《藏书》，他要“颠倒千万世之是非”，反对封建独断和封建蒙昧主义。李贽称赞陈胜、吴广起义是“匹夫首倡，古所未有”；赞扬梁山泊聚义是“大力大贤，有忠有义之人，”并号召各级朝廷命官都要读《水浒传》。他还称赞汉代美女卓文君随司马相如私奔是“归凤求凰”；还颂扬名女张红拂自择佳偶李靖公子是“千古来第一个嫁法”。李贽的这些叛逆思想，被封建统治者斥之为“异端之尤”，因为他对所谓“正统”思想文化明显是一种冲击。

然而，李贽主张思想解放，主张个性自由，力图打碎统治者强加在群民颈上的枷锁，无疑为早期启蒙思想的萌芽和科学创新精神的发扬，提供了有利条件，李时珍作为李贽的同时代人，年轻时正是受这种思想的影响，而敢于向科学高峰去攀登，最终达到光辉的顶点。

第二是明代中前期的教育科举体制“改革”对李时珍起了反作用。

中国历代王朝选任官吏都是从读书人中选拔的，隋代开皇六年（586 年）以前，执行的是“推举制”，就是从读书人中推举出那些德才兼备的贤者充任各级官吏。隋文帝开皇六年（公元 586 年）首创“科举制”，即做官的都必须通过考试合格后，再由朝廷派任各职。既然都是读书人，必然是在受教育，教育则是提高每个人素质的首要途径。李时珍的每点进取，都离不开自己每个时期所接受的教育。尤其是他青少年时期三次参加了科学考试，应该说他所接受的教育程度非同一般。

自隋开皇六年（586 年）推行科举考试以后，历唐、宋、元、明、清各个朝代，直到清代光绪三十一年（1905 年）废除科考，“科举制”在中国延续了 1320 年之久。而其间，每个朝代的科考都有着自己的特色。如唐代以诗取仕，即参加考试的人必须会做诗；宋代以词为官，即参加考试的人必须会填词；元代以曲贵显，即参加考试的人应会写戏曲。明、清则以文章进取。也就是会写文章的人才能中举、中进士，其后充任各级官吏。

明代初期的科举考试，写文章并没有什么限制，只要是按命题作文并写出水平来就行了。而到了明代中前期的成化年间（公元 1465—1487 年），考生参加考试写文章，一定要用“八股文”这种非常死板硬套的文体。即用破题、承题、起讲，入手、起股、中股、后股、束股这八种严格的套路来做文章，使考生受到禁固和束缚，没有半点思想发挥的自由。这样一来，天下读书人都只能是“读死书”，“死读书”，成为地地道道的“书呆子”。这种教育科举制度，不知道束缚了多少人。

当时，李时珍是个思想非常活跃的青年，尽管他那时秉承父亲的教训，拚命读书，以科举之路而彰显门庭，但他“三试于乡不售”以后，的确对那种死读书、读死书的科举之路产生了厌烦情绪，甚至抵触，最终只有适得其反的作用。回到封建时代大多数知识分子“不成良相，则为良医”济世救人的思想上来，从而，成就了自己的伟大事业。

第三是明代中期科技事业，尤其是中医药事业的发展对李时珍的感染力和吸引力。

封建文人由于死守那个传统思想，只热衷于“学而优则仕”，而不屑于“雕虫小技”，所以数千年的古代中国，科学技术长期欠发达。到了明代中叶以后，资本主义开始萌芽，科技进步也初现端倪，并有一些重要科技成果出现。如嘉靖九年（1530年），北京天坛回音壁的建成，创造了我国建筑史上的奇迹；又如与李时珍同时代人潘季驯，平生致力于治理黄河，修建堤防工程，“束水而冲击淤沙”，在我国水利工程史上创造了奇迹，等等。这些科技项目的成功，推动了社会发展，对李时珍的震动很大。

而当时中医药科技的发展，更是非同一般。

明代中叶以前，一大批中医学家们都投入到中医科技的研究之中，取得巨大的成就。如薛己（1486—1558年），稍长于李时珍，明成化年间曾任职于太医院。他撰写的《内科提要》，是中国医学史上首次以“内科”命名的中医学著作。薛己对中医内、外、妇、幼各科皆通，他著有《薛己医案二十四种》，是中医学史上的重要著作；又如，名医韩懋于152年著成了《韩氏医通》，强调中医“四诊”在鉴别病证上的重要性，对写病案作了全面明确的规定；再如，中医儿科名医万全（约1495-1580年）即万密斋，著成《万密斋医学全书》10种，总结自己行医50多年和家传三代医学经验，对儿科的研究和贡献更为突出。

明代中叶与李时珍同期的几位著名医学家，对中医理论研究成果和实践经验的总结也是非同凡响的，如嘉靖时的名医徐春甫，于1556年（嘉靖三十五年，丙辰）辑成《古今医统大全》共100卷，这部医书是从230部医书和其他文献中的医学内容辑成的，分为要旨、脉法、经络、针灸、本草、养生及临床各种证治等类别，是我国16世纪的重要医学著作。又如马莳，对《黄帝内经》有很深入的研究，于1586年（万历十四年，丙戌）编写成《黄帝内经·素问注证发微》和《黄帝内经·灵枢注证发微》两书，对医理分析，字义解释皆有新的发展。尤其是后者，为《灵枢经》最早的注本。还有皇家侍医杨继洲（1522—1620年），博览群书，行医40多年，著成《针灸大成》一书，是一部集明代以前针灸学精华的名著。再就是名医王纶，于1549年（嘉靖二十八年，己酉）写成《明医杂著》，主张外感疗法以张仲景、内伤疗法以李东垣、热病疗法以刘完素、杂病疗法以朱丹溪等名家理论为宗旨再加以发挥，对中医内科学的发展作了概括性总结的作用。

明代中前期诸多名医不但对中医的研究硕果累累，对中药的研究同样成就巨大。如明永乐年间，藩封周定王于1406年（永乐四年，丙戌）编写出《救荒本草》一书；名医汪颖于正德年间编写出《食物本草》书；宁原于嘉靖年间编写出《食鉴本草》一书；汪机于嘉靖年间编写出《本草会编》一书；陈嘉谟于1565年（嘉靖四十四年，乙丑）编写出《本草蒙筌》一书，等等。

以上这些出现在明代中前期的中医和中药著作，代表了明中叶以前，我国中医药事业发展的阶段性成就，也是古代中医药事业发展的一个重要标志。李时珍当时作为一位有影响的名医，对这些情况，不但十分了解，而且十分赞赏，从他后来撰著《本草纲目》所引用的书目中足见一般。例如，李时珍评述周定王的《救荒本草》，“咨访野老田夫”而查明440种药物，所画出的图形，“详明可据”。李时珍还肯定了陈嘉谟编著的《本草蒙筌》，说他“颇有发明”，便于初学者应用，等等。

可见，明代中前期中医药行业的发展，对李时珍有着很深的感染力和吸引力。甚至可以说，李时珍其所以要编著《本草纲目》，在某种程度上是受到这些前辈和同辈医家的启迪而行动的，也就是“时势造英雄”吧！

纵观全文，我们有理由作出如下结论：在李时珍树立了远大志向（内因）的基础上，有其家庭环境、蕲春得天独厚的优越条件和社会大环境（外因）的影响下，才成就了李时珍这位伟大的医药双圣。（原载《李时珍研究》第四辑，中国诗书画出版社 2013 年 3 月版）

（二）历代名医

谢与权

谢与权（宋代），蕲州人。他们家世世代代都是攻读儒学的书香门第，同时兼研中医中药之理论，到谢与权这一代，对医学理论尤为精通。有位叫杨维忠的吏员，年已 60 多岁了，患上疾病，面部赤红如火一样，请了很多郎中来诊视，皆不见效。杨的女婿陈栖，将谢与权请来为其岳父杨维忠看病。谢与权至杨家后，对杨维忠看了好久，不需要诊杨的手脉就说：“您的病症已经知道了，这是伏天炎暑之病也，宜用大黄、黄柏等药调理。”而其他的郎中都说要“正阳丹”“白泽园”加钟乳、附子等药材诊治。

谢与权对众人说：“杨公的病很沉重，如不用我的方子诊治，明天午时就会火旺燥渴，未时必死。我来助诸位哭吊他。”但因是杨夫人的主意，谢与权没有什么办法说服，只好听之。到第二天午后未时，杨维忠果然死去。人们皆服谢与权医术的精深。

张慕恺

张慕恺（明代），蕲州人。成化初，他的医道广为人知，通行于天下，远近慕名而来求医问药者，都为他们治疗并施舍给药物，救活了不少的民众。他医风医德高尚，不论贫富，都一样对待，只以治病救人为要。故此，广大的患者联合起来为他送上匾牌，上书“仁寿”二字，悬挂于他的诊堂上。蕲州知州金铣，敬重张慕恺的为人品行，为其作记，以示褒扬。后世之人，凡提及张慕恺，都有医者之源流，张慕恺所自来也。

韩 泰

韩泰，字道成。祖籍江苏武进人。其高祖韩莹，元时官为蕲州路提举。其祖父韩显卿，明初为蕲州府医官。其父韩玺，继承祖、父之志，三世官于蕲，遂隶籍蕲州。到韩泰这一代，医学更加精熟，尤其品行高尚，他自己甘于淡泊名利，却为贫苦大众多予施济。成化中期（1475 年前后），朝廷征召名医入朝，韩泰被入选太医院，在太医院为皇室治病三年。此时他年事已高，因病乞求归里，朝廷准奏。他回蕲州后，即卧床不起，直到病逝，年 79 岁。

陈 泰

陈泰（明代），号自然，蕲州卫人。由于他长期生活在军卫之中，兵士人众疾病多生，他广积方书，研究医道，时间长久之后，对医道颇为明了，直至精通。后为患者诊脉，触断其潜在的小病，明显的病症更不用说，一看便知。所开处方，用药很有裁度，配比准确，治病多见效验。陈泰自身有很好的养生保健之法。

郝 源

郝源（明代中叶前期人），字本清。男，蕲州城人。明代中期蕲州“四大巨绅”之一郝守正（怀庆知府）的父亲。

《湖北医学史稿》上载，郝源小时候就聪明，态度端庄而又诚恳，读书颇多，“长于训诂”，对医学和术数（古人称“算学”）都很精通。尤其是对医术很有研究。他培养两个儿子都成大器。长子郝守道，后为名医；次子即郝守正。传说郝源是李时珍的父亲李言闻的师傅，李言闻后经举荐入朝，为太医院吏目。可见，郝源学问深博，于医、于儒皆非同一般。

郝守道

郝守道（明代中期人），字玄夫。男，蕲州城人。是明代中叶前期蕲州名医郝源的长子，当时蕲州“四大巨绅”之一的郝守正的兄长。

少时攻读诗书，准备应科举，数次应试，均未获取功名。后从其父学医，数年间医术大进，所诊治的病人甚多，开出的处方很有奇效。其后，游历于燕赵、齐鲁、江淮等地，为人治病，以医济世。因其救人甚多，且医德高尚，获得当时许多名士大夫的赞赏。如明代大臣刘节、字介夫，江西大余县人。明弘治十八年（1505 年）进士，他以百首梅花诗入仕，人称“梅国刘公”，后官至刑部右侍郎。因郝守道治好了他的病，他除厚重回报外，特题诗为赠，大力褒扬郝守道的医术高明。又如陆田周公，亦官至御史，也是郝守道治好了他的病。他同样以重金相谢，并题匾额，颂扬郝守道的医术。可见，郝守道当年是一位有很大影响医中高手。

李言闻

李言闻（约 1483—1561 年），字子郁，号月池，又称月池子，出于世代书香门第。其父李晓山，熟读儒家经典，但未取得功名，后以医济人。李言闻幼承家训，饱读诗书，知书达理。故顾景星写的《李时珍家传》中，记载李言闻说他“性孝友，博洽经史”。也就是说李言闻讲孝道，讲友爱；他博学通经史。在当地很有威望。闾里中有什么纠纷，都是他调解。

李言闻虽然勤奋苦学，博通经史，但几次赶考都没考取功名，后开始学医。古语云：“秀才学医，如笼中捉鸡”。他既得他父亲的指点，同时拜当时前蕲州名医郝源为师（待考证），以至医术高明，且医德高尚，后即在蕲州玄妙观设诊所，以医为业，济世活人。有官员为他送匾牌纪念。歌功颂德。李言闻还多次应请入建藩蕲州的荆王府第，为王爷、王妃、王子以及王府诸人治病。他曾治好荆王妃的病，受到朱荆王的嘉奖。

李言闻还善于处理好各方面关系，结交名人为友。他“医儒并精”的声誉，被当时蕲州“四大巨绅”之一的顾家掌门人顾敦（顾阙、顾问之父）请为“门人”。可见李言闻在整个蕲州地的声誉，非同一般。

也正因为如此，李言闻受到蕲州知州的推举赴北京太医院，任太医院吏目一职。因封建时代有“拔贡”这种选拔人才的制度。李言闻在京数年，直到告老还乡，直至明世宗朱厚熜嘉靖四十三年（1564 年）前后离世。

李言闻在长期的医学实践中，留下了很多医学著作，他著有《四诊发明》8 卷，《四言举要》1 卷，《蕲艾传》1 卷；《医学八脉法》《人参传》《痘疹证治》等书。其中，尤以《四诊发明》备受医家推崇。

甘式伊

甘式伊（明代嘉靖年间），字胜堂。《嘉靖蕲州志》编纂、四川渠县县令甘泽（字仁夫）之次子。成化戊子科举人、教授福建福宁州知州甘莹（字德辉、号玉窗）之次孙也。式伊少读诗书，独喜医学，后以医名，被荆王府选入良医所且任良医正。因其医术高、活人甚众，经王爷保荐，敕封迪功郎。

庞　宪

庞宪（明代嘉靖至万历年间），字鹿门，蕲州人。从小就师从李时珍学医，得师真传，对医学很有造诣。有一人病耳聋几十天了，自以为是肾亏，服补药并不见效。后请庞宪治疗，他诊脉后说：“此病不是肾亏，是胃火上升所致。你只知其一，不知其二。因为胃之经络过于耳旁，吃补品就会更聋。所以，我知你是胃火上升生病，而不是肾亏也。”用一剂药让病者服下去就好了。又蕲州知州的夫人打虐疾很厉害，请庞宪为其诊治，他诊过脉象以后说：“你这打虐疾病不需要用药，过几天就会好的。过十天当有血下，但不伤害你。”十天后，他为州守夫人开了一剂药服下，病情全好了。其医术可见一斑。

其师李时珍《本草纲目》书稿著成，庞宪为其誊写、校正，尽了很大努力。后李时珍逝世，师母吴氏病胀闷，觉胸口有坨子塞着，很着急。让庞宪为其诊治。宠宪诊视后说：“师母胸部没有坨子，倒是右胳膊有一瘤，每日当抬手视之。”数月后，师母右胳膊真的凸起了个疤，宠宪将其割开，取出这个小瘤，师母病好了，再没有闷胀之感。宠宪这种导内瘤外治之法，人皆称奇。

严　政

严政（明代中后期），蕲州人。幼时家里贫困，而严政好学不倦，善于诗词写作。后从医道，且医术精湛，被选为蕲州荆王府医士。他为人正派端重，出入荆王府大院内外，一丝不苟，荆王府上下皆重其为人，赐予他田产。严政还善于养生保健，年至 91 岁方卒于世。

浦心韦

浦心韦（明代中期），蕲州人。平生研究医学，医术精通，被蕲州荆王府聘为良医所之良医。他对太素脉很有研究，通过人体脉搏变化，预言人的贵贱、吉凶、祸福。因为这也是一种方术，是通过中医诊脉的方法来达到这个目的地。所以，也是一种特殊的相术。加上他对风角鸟占之术颇有造诣，所以断人穷通、寿夭、百不失一。在临床方面，用药立见效验，他的医术在王府颇受称道。后来他自己亦以高寿而终。这在当年很不简单。

李承営

李承営（明代中后期），蕲州人。善方技，精岐黄脉学，被蕲州荆王府选为良医所良医。他为人忠正，深得王府上下信任和好评。明万历甲辰（1604 年），他治好了樊山王朱翊钛的重症。樊山王亲书“方脉名家”四字。注文为“万历甲辰孟秋月为本府医官李承営立，樊山王书赐”。并命工匠刻制木匾一方，赐给李承営，以示褒奖。该匾于 2006 年被湖北仙桃人舒章铭购走。后由北京潘王博物馆永久收藏。

陈　谟

陈谟（清代前期），字友夏，号素庵，蕲州人。青少年时攻读经书，尤好古书，知识渊博，以教授生徒为业。康熙年间，因品学兼优，所教生徒多有成就，被蕲州知州荐为贡生。陈谟除教学之，致力于研究岐黄之术，著有《医门集要》25 卷传之于世。

胡步云

胡步云（清中期），蕲州人。少时读书，后学习岐黄之术，平生以医道为业。他医德高尚，多少贫苦大众救死扶伤，治病救人。如果遇到特别穷困的人看病，则施舍汤药，不要报酬，乡邻感念他。

陈重溢

陈重溢（清代中期），蕲州人。少幼习举子业，19 岁时赴府里考试，名列首位，即准备参院试。谁知此前一日，家里突然来信，母亲病笃，陈重溢星夜赶回家，见到了母亲一面。母逝，在母墓旁搭茅棚守墓三年。服满后，不再习举子业，专攻岐黄术。其后，医术大进，医德高尚，以济苦救人为己任，且不计酬金多少，为乡民所称颂。

李方赓

李方赓（清代中期），号饬夫，蕲州人。少时即攻读诗书，为廪生。他生而有纯善之性，自少从父读书，无违礼教，精性理之学。后攻岐黄之术，深通医理，为名医之流。

易德万

易德万（清代中期），字陶希，蕲州人。其父易时宪是当地有名的先生，门下俊彦辈出，易德万有机缘与这些名流互相砥砺，以成其学。先习兽医，后精于岐黄医术，生平以礼自恃，举动一丝不苟。

吴雁题

吴雁题（清代中期），号唐人，蕲州人。少时攻读四书五经，考取了秀才。其性格平和，人缘甚好。晚岁以医道济人，不辞劳苦，人称颂之。

陈其殷

陈其殷（清代中期），字楚奎，蕲州人。少时习举子业，考取秀才。后多次参加乡试，均落第，遂绝意进取，日以经史自娱。久之乃研岐黄，善诊断。著有《脉法指掌》《经络会解》《古方辨略》《新方解略》《医学指要》等医书藏于家。

李泽溥

李泽溥（清代前期），字沛苍，蕲州人。平生攻研诗词和古文，才识超过常人，被州官举为岁贡生。是时，知州张六庵有一件疑案不能决断，请李泽溥作参谋，李一阅案卷，立辨真伪。李泽溥家世贵显，资财雄厚，他周济贫乏和亲族，施汤药，施棺木，广行义举，乡人德之。蕲春的风俗，凡是富人家田地多的，每岁都更易佃户，害了穷者。李泽溥独不然，令子孙世守其佃。李泽溥著有《雨湖阁文集》《津梁医书》于世。

韩训成

韩训成（清咸丰间），祖辈相州（今河南安阳）人。南宋末期，其先祖韩尚云从浙江金华迁江西修水，再迁蕲州立籍。韩尚云从蕲州到窑州金牛（今黄石大冶金牛镇）一带行医，入赘柯家。清咸丰年间，韩训成的父亲韩诚旺由金牛返回蕲州开医馆，设药堂，韩训成即在医馆为人治病。祖上曾得岳飞后人传授“接骨疗伤术”和“红粉金疮膏”，屡见奇效。故常被官府和军营召去行医。韩训成有兄弟 4 人，大弟弟韩春生亦在蕲州开药堂，并在黄州、广济（今武穴市）、浠水、漳源口镇（原为蕲州辖地，今划归阳新县）等地设分店，可见其经营药业火红。韩训成掌有祖上秘籍《岳门正骨方》《金疮秘药》，后传与其韩家子孙。现在鄂东南一带精于跌打损伤接骨者，皆为韩训成所传。

陈　雍

陈雍（清代中期），字敦人，蕲州人。少时习举子业，考取了秀才。后学问大长，博古能文，善辞赋诗章。后习医道，熟悉医方，治病多效验。为穷人治病，药不取值。著有《医方三昧》于世。

张志杰

张志杰（清代后期），字子占，蕲州人。少时习举子业，中为秀才，并著有《松筠堂诗集》。后攻医学，纂有《本草》诸书。

明长人

明长人（清代后期），蕲州人。少年时期即习儒学，不果。后改习岐黄术，深有所得，脉理精确。为人看病，处方很仔细，药不妄投。

龚 灏

龚灏（清代后期），蕲州卫人，有千总职衔。其平生多病，即自研岐黄之术，为自己治病。久之，医术精湛，登门求诊者甚多，他亦热情为患者治疗，且不收诊费。如遇贫穷者求医，他不但不收诊费，还施济药饵，其医德可见一斑。

陈广东

陈广东（清代后期），蕲州人。平生以医为业，为人治病，不收诊费。如遇贫困者求医，则施予药饵（即不收药费）。尤其难能可贵的是，他家里经常备用有各种中草药，待穷者求医施药。

邓一恒

邓一恒（清代后期），号兰亭，蕲州人。精于岐黄之术，平生以济人为已任，常提着药箱子在市面上游走，遇有求医者，即施治，且不收任何费用，受到民众之称颂。

李慕陶

李慕陶（1896—1982），男，蕲州东长街李德馨李家大屋人，名门之后，受家学渊源影响，为人赤诚忠厚。随当时蕲春名医王南谷岳父学医，言传身教，为嫡传弟子，亦成长为一代名医。尤善长内科，以治病救人为已任，并明告乡亲们“赤贫送诊”，帮助了许多穷苦人家，口碑甚好。1949 年后积极参加蕲春医师公会，参与防疫治病。其有效治疗“吊葫芦病”（子宫垂脱）的验方医案，毫无保留地供有关单位收集和借鉴，被评为县级先进工作者。三年困难时期，享受高级专家优惠待遇。1982 年因病逝世，享年 87 岁。

李昌澥

李昌澥（1888—？），字润涵、又字瀚波，别名继刚。蕲州镇东长街人（宅名李家大屋）。毕业于武昌文普中学堂。民国初携家眷外出谋生，在江西南昌执教。课余即读医书，对其父李乐三手抄《濒湖医案》潜心研究，久而得医道真传，即为人治病救急，屡见效验，医名即播遐迩。

1928年起弃教从医，悬壶济世，擅长中医内科、妇科。1950年经香港赴台湾，获中医师证书，先后行医50多年。1931年，曾编写《中医药性汇编》。赴台后，边行医，边从事医学著述。其《脉学快知》一书，以小楷誊正，封面上题有“鄂蕲中医师李昌澥手编”。第6页下注“抄先祖濒湖公讳时珍各脉精详歌”14字；第18页上注有“以上二十七脉，是先祖精研推磨详述，体类病各诗中”；“研求脉学者，可不兢兢埋头潜心以求之也。裔孙澥识”。蕲州耆老相传，李昌澥即为李时珍之后人矣。李昌澥卒年不详。

杨伯亭

杨伯亭（清代末期至民国年间），家住蕲州东长街外行宫附近。少时曾攻读《五经》《四书》，科举废除后，专攻岐黄术，且造诣颇高，亦对脉学诊断求精，开药时特别仔细，深怕出半点差错。尔后，他将自己平生所学，全部传承给自己的儿子杨务庵，使儿子成为蕲州解放前后即近现代之名医。故时人有句赞其家世代为医“青出于蓝而胜于蓝”。

杨务庵

杨务庵（1905—1970），蕲州镇东长街人，家住外行宫附近。7月时入私塾读书，随后入蕲州高等小学堂就读，高小毕业考入武昌第一中学接受了新式教育。16岁时，值民国初期之军阀混乱。回蕲州从父亲杨伯亭学医。20世纪20年代开始行医。深得父亲真传，治病屡见效验。时人谓其胜乃父“青出于蓝而胜于蓝”。中华人民共和国成立后，杨务庵入蕲春县保健所（今李时珍医院）当中医，为人民群众看病。1953年清明节，蕲州中医界首次组织公祭李时珍，杨务庵为主祭。杨务庵擅长治疗妇科、肠胃和温湿诸病，疗效明显。黄土岭有一对夫妇结婚上十年未生育，后经杨务庵治疗，仅8副中药服完后，这对夫妇第二年即怀孕，且相继生下两个儿子。由于他医术精湛，后在李时珍医院相继担任中医科长、副院长等职。杨务庵对工作尽心尽责，把平生所学传给其弟子郑文德、纪克勤等，把他们都培养成蕲州一带名医。1970年6月12日，杨务庵先生因病逝世，享年66岁。

冯道明

冯道明（1915—1984），蕲州镇龙泉庵村人。少时在本地读私塾，后从父亲冯承恩（字佐廷）学医。解放后安排到蕲春县卫生院蕲州分院（今蕲春县李时珍医院）当中医。他医德高尚，医风端正，为许多患者解除了疾苦。20世纪70—80年代，蕲州地区群众生病，都直接到李时珍医院找冯道明医治，足见其医名非同一般。1984年6月去世，享年70岁。

余林森

余林森（1931—2008），蕲州镇人。20世纪40年代中期，在蕲春刘河刘神甫纪念医院学医。1951年12月参加工作，先后在蕲春县联合医院、蕲春县人民医院蕲州分院、蕲春县李时珍医院工作，历任主治医师、副院长、副主任医师、主任医师。工作期间为进一步提高医疗技术，1955年赴中南卫生干部进修学校学习；1964年到黄冈卫校学习；1973年至湖北省中医药学院学习；1984年赴北京中医药学院学习，均获结业证书。他边为患者治病，边进行医疗科研并取得一定成果，被选为中华全国中医学会湖北黄冈分会理事。

薛海才

薛海才（1939—？），毕业于湖北中医药学院（今湖北中医药大学）中医专业，本科学历。分配到蕲春县李时珍医院当中医。1987年至1999年，担任内科病房主任13年之久，获中医副主任医师职称。他擅长于中医内科、儿科各种疾病的诊断，为广大患者解除疾苦。1995年，被湖北省授予“国防征兵先进个人”光荣称号。

杨士豪

杨士豪（1940—？），号本贵，蕲州镇东长街（外行宫附近）人。出生在一个世医之家，即杨务庵次子。6岁即在蕲州外行宫小学读书，12岁入蕲春二中（今李时珍中学）读初中；1955年考入新洲高中；1958年考入武汉医学院医疗系，在本科学习5年。1963年7月大学毕业，被留校从事医疗教学工作。先后由助教晋升为讲师、副教授、教授。后一直在（武汉）同济医科大学工作至退休。

张东绅

张东绅（1942—？），蕲州镇竹林湖社区人（也就是医圣李时珍纪念馆所在地即其故居）。1964年毕业于武汉医学院医疗系本科，后来专门从事传染病学的临床、教学和科研工作。张东绅从事医学教育和临床诊断50多年，为成千上万人救死扶伤，始终坚持以中西结合，为这些患者解除疾苦。他还擅长治疗肝胆疾病，每治疗一个患者，总是以最佳的治疗方案，最好的医疗手段和最廉的医药费用，达到根除患者疾苦的效果。人们称颂其在医疗战线上“献了青春献终身，献了终身献子孙”。

纪克勤

纪克勤（1943—2016），蕲州镇东长街人。1949年读小学，后考入蕲春唯一的高中。毕业后，由于身体多病，选择了学医为职业，1961年即师从当时蕲州名医杨务庵先生为徒。3年学徒期间，他先后熟读了《汤头歌诀》《药性赋》《医学三字经》《药性歌括四百味》《金匮要略》《伤寒杂病论》《本草纲目》等历代重要医学典籍数十部。1964年参加县里统一考试被录取，分配到蕲州当年的二里湖公社卫生所工作，从此为千百个患者解除疾苦，他青年时代就在蕲州一带享有医名，外地（如新疆等地）患者也到蕲州登门求医。1976年，二里湖卫生所升格为二里湖卫生院，纪克勤担任中医科负责人。此期间，他带头集资建成投资300多万元的医院大楼，使该院再升格为蕲州镇卫生院。1994年，纪克勤被提升为院长，副主任医师职称，尔后在他的带领下把该院办成了一个以中医为主导的、特色鲜明的乡镇卫生院。2003年，纪克勤中风才不再担任院长，但躺在床上仍为患者诊脉断病，由其女儿开处方，使人们十分感动。2016年，纪克勤因病去世，享年74岁。

王品三

王品三（1944—？），毕业于湖北中医药学院（今湖北中医药大学）中医骨伤科专业，本科学历，且有中医副主任医师职称。1988—1992 年，先后担任蕲春县李时珍医院党支部书记、院长职务。

孙天德

孙天德，1946 年出生，蕲州镇东长街人。大专文化程度，1962 年 10 月参加工作，在蕲春县李时珍医院当（中医）眼科医师，后任眼科主任。1994 年至 1999 年任李时珍医院副院长。早在 1988 年起，先后任蕲春县三、四、五届政协委员、常委。1994 年 1 月，任蕲春县五届政协副主席；同年 1 月被选为湖北省第八届人大代表；1996 年 12 月，被选为黄冈市第一届政协委员并任市政协提案委员；1999 年 1 月，被选为蕲春县第十三届人大常委会副主任。后由李时珍医院副院长调任蕲春县红十字会会长职务。在数十年的工作中多次获奖。其中，1992 年被湖北省政协授予全省“模范政协委员”称号；2004 年 11 月，参加了全国红十字会第八届会员代表大会，获全国“模范红十字会先进单位”奖。2004 年 11 月，参加了全国红十字会第八届委员代表大会，获全国“模范红十字会先进单位”奖，受到胡锦涛、温家宝等党和国家领导人的亲切接见并合影留念。2006 年光荣退休。

宋翠莲

宋翠莲，1947 年出生，女，具有妇产科专科学历，分配到蕲春县李时珍医院工作。1983 年任李时珍医院副院长，1984 年任院长。1984 年 7 月，被提拔为蕲春县人民政府副县长，分管全县教文卫工作，尤其注重李时珍医院的建设与发展。1987 年 10 月调出蕲春，后任职于暨南大学附属医院院长。

王仁华

王仁华（1948—2016），蕲州镇王垭村人。他兄弟 6 人排行老二，16 岁初中毕业后选择了学医为职业。在大队当了一名卫生员。1968 年改为“赤脚医生”；1985 年后改称“乡村医生”；2001 年经考试合格成为具有执业资格的乡村医生。他行医 40 多年，救治了许多危难病人。曾用大活血莲治好了大面积破伤流血患者；用姜片鳜鱼汤面治好伤寒病人；用半边莲治好了毒蛇咬伤之患者；用杉木刨花煎汁治好了痈疽患者，等等。王垭村群众称这位乡村医生为“慈善长者”是名副其实的。

刘跃进

刘跃进，1957 年出生，1973 年高中毕业后即立志杏林，从父亲、蕲春名医刘雨初习医。1975 年，又拜程用焕、吴履绥、朱杰三、陈棣生诸中医名家为师。其后远赴京城，师从当代中医学家高辉远（蕲春籍）授业2年，学业大进，具大专学历，回蕲分配到李时珍医院当中医。因他熟读岐黄，研仲景经典，荟诸家精华，医术日精，声闻蕲春。他善用古方，独辟蹊径，妙用汤、丸、膏、散及经穴推拿等方法，治疗出血热、破伤风、冠心病、心肌病、肝炎、胃溃疡、颈椎病；不孕症、子宫肌瘤、卵巢囊肿等内科和妇科各种疑难杂症，为许多患者解除疾苦。刘跃进具有中医副主任医师职称，于中医理论研究颇有建树，相继发表了《〈本草纲目〉读法一得》《李时珍对老年医学的研究和应用》《肾盂肾炎治从瘀浊谈》等10多篇。2012年被县委、县政府授予“蕲春十佳名老中医”荣誉称号。

李远佳

李远佳，1964年出生，1987年6月毕业于湖北中医药大学中医专业本科，分配到蕲春县李时珍医院当中医。从事临床工作30年中，对各种疑难杂症的诊治有较深的研究，强调析病与辨症相结合，辨证精当，处方灵活。对咳喘、脾胃、肝胆、结石、类风湿、中风后遗症；男子阳痿、早泄、前列腺炎，女子月经不调、更年期综合症；小儿遗尿、厌食以及鼻炎、咽炎等均有很好的疗效。李远佳具有中医副主任医师职称，被县卫校聘为兼职教师；被湖北省中烟公司、黄鹤楼天然本草备料研究所聘为特聘专家。参加了湖北省中医药管理局举办的常见病、多发病中医药适宜技术推广项目师资培训班，被江苏省南京市到蕲规划专家组评定为本地名老中医。2012年，被县委、县政府授予为“蕲春十佳名老中医”荣誉称号。

李银涛

李银涛，1964年出生，蕲州镇人。1980年高中毕业考入武汉同济医科大学医学系，1985年分配到北京中日友好医院工作。1992年考入北京中医药大学学习，获中医第二学士学位；1995年在该校攻读博士，3年后获博士学位后即在北京医科大学第三附属医院皮肤科从事医疗、教学与科研工作。2000年调入广州中山医科大学第三附属医院从事本职工作；2003年调入南方医科大学第三附属医院任中医和皮肤科主任；2004年10月，进入中山大学中西医结合研究所博士后流动站进行课题研究。李银涛从医20多年来，在临床应用中为许多患者解除了多种疾苦，是一位有成就的中青年医学专家。现为中华李时珍科技文化协进会会长、中华中医药学会李时珍学术研究会副主任委员、广东省中西医结合学会理事、广东省中医药学会疑难杂症专业委员会副主任委员等10多个学术职务和社团职务。

陈康弘

陈康弘，1965年出生，1987年毕业于湖北中医药大学中医本科，即分配到蕲春县李时珍医院当中医。而后，他深钻中医理论，注重临床实践。对男女不孕不育、中风后遗症、“三高”、糖尿病等多种疑难杂症，用中医中药治疗，均得到很好的疗效。其间他多次外出求学深造，在中医学术研究上探求真知。对四诊八纲、三部九候；五脏六腑、十二经络等均独立思考、不拘一家一派学说，不满足于一知半解，不喜于一方一药之效，而是把理论与临床紧密结合，比较鉴别，探求真知，从而为广大患者解除疾苦，救死扶伤。为此，陈康弘于1995年7月被提拔为李时珍医院副院长；1995年9月任蕲春县花园乡科技（挂职）副乡长；1999年9月时任李时珍医院院长，至2011年11月调任蕲春县新农合办主任。陈康弘具有中医主任医师职称，经常参加各种学术交流活动。兼任湖北省中医药学会委员会、黄冈市中医药学会常委、蕲春县中医药学会会长等职务。2011 年 12 月被评为“黄冈中医大师”称号。

韩善明

韩善明，1966 年出生，1984 年 7 月从蕲春一中考入湖北中医药学院（现为湖北中医药大学）针灸系本科，1989 年 7 月毕业，获学士学位，被分配到蕲春县李时珍医院工作，先在针灸科当医生。由于他底子硬，工作积极，几年后即被提拔为本院针灸科主任，现有主任医师职称。他从医 30 年来，以一根银针、一根艾条，为千千万万个各种病症患者解除疾苦。尤其是在艾灸研究上做出了成绩。1997 年创导了“小针刀”疗法并发表论文；1999 年再次发表小针刀案例专著。2013 年被县委、县政府评授为“蕲春县十佳名老中医”；2014 年 9 月，被湖北省文化厅命名为“省级非物质文化遗产项目艾灸（蕲春艾灸疗法）代表性传承人”。尔后相继赴俄罗斯首都莫斯科，韩国首尔市，新西兰雷卡顿，哈萨克斯坦阿斯塔纳市、阿拉木图市，波兰华沙、德国柏林等国家传播蕲春艾灸疗法，并赴印度尼西亚作蕲春艾灸疗法学术报告。因此，他还兼任世界针灸学会联合会灸疗保健会委员、中国中医药信息研究会常务理事、湖北中医药学会李时珍研究分会委员、香港岐黄研究院院长等 10 多个学术和社团职务，是一位名副其实的艾灸专家。

范成喜

范成喜，1966 年出生，1989 年 7 月毕业于湖北中医药大学本科，获学士学位，即分配到蕲春县李时珍医院当中医。尔后 30 年来，他在攻克冠心病、心血管病、糖尿病等方面深下功夫，边从事临床治疗边进行科学研究，取得了明显成就。1997 年参加黄冈市中美空中心脏病研讨会，创立“养心汤”治疗冠心病，疗效令人满意；2006 年参加卫生部疾控司在黄石举办的糖尿病知识培训班，回院后制定本院心血管病中西医诊疗规范，享誉蕲州；2009 年任黄冈市医学会第一届内分泌专业委员会委员，回院创立了本院糖尿病专科，采用中药煎剂、针灸、离子导入、熏蒸等中医疗法治疗糖尿病并发症，以专用“洗足方”治糖尿病足，疗效明显。2010 年创立李时珍医院“糖友会”，范成喜是该学科带头人，并先后发表该专业论文，后被晋升为中医副主任医师职称。2012 年被县委、县政府授予“蕲春名老中医提名奖”。现兼任黄冈市医学会第三届理事、黄冈市首届医师协会理事。

朱　明

朱明，1969 年出生，蕲春县李时珍医院院长（副科级），副主任中药师职称。连续当选为蕲春县第十五届、十六届人大代表。还兼任黄冈职业技术学院医药卫生类专业理事、黄冈市中医药学会委员、蕲春县中医药学会副会长。工作中多次受奖，其中 2009 年被授予“湖北省优秀乡镇卫生院院长”称号；2010 年被授予“黄冈市优秀卫生院院长”称号。

三、历代医籍

1.《四诊发明》8卷

作者：明李言闻著。李时珍《濒湖脉学》序曰：先考月池翁著《四诊发明》八卷，皆精诣奥室。世之医病两家，咸以脉为首务，不知脉乃四诊之末。谓之切者尔。上士欲会其全，非备四诊不可。见民国10年（1921年）《湖北通志》卷八十二《艺文志·子部·医家类》。

2.《医学八脉注》

作者：明李言闻著。见光绪十年（1884年）《黄州府志》卷三十四《艺文志·子部四·医家类》。

3.《人参传》

作者：明李言闻著。见光绪十年（1884年）《黄州府志》卷三十四《艺文志·子部四·医家类》。

4.《蕲艾传》1卷

作者：明李言闻著。李时珍在《本草纲目》艾条载："先君月池子，讳言闻，尝著《蕲艾卷》一卷。"见光绪十年（1884年）重校光绪八年（1882年）《蕲州志》卷十《著述志·子部》。

5.《痘疹证治》

作者：明李言闻。见光绪十年（1884年）《黄州府志》卷三十四《艺文志·子部四·医家类》。

6.《脉学举要》

作者：明李言闻删补本。原著宋崔嘉彦《脉诀》，又名《崔氏脉诀》《崔真人脉诀》或《紫虚脉诀》。全文采用四言歌诀形式写成，通俗易懂。李言闻对原书进行增删，改书名为《脉学举要》，又名《四言举要》。李时珍将其辑入《濒湖脉学》之中。

7.《濒湖医案》1卷

作者：明李时珍著。见光绪10年（1884年）《黄州府志》卷三十四《艺文志·子部四·医家类》。

8.《濒湖集简方》1卷

作者：明李时珍著。见光绪10年（1884年）重校《蕲州志》卷之十《著述志·子部》。原书已佚。

9.《五脏图论》

作者：明李时珍著。见顾景星著《白茅诗文全集》。原书已佚。

10.《命门三焦客难》

作者：明李时珍著。见民国10年（1921年）《湖北通志》卷八十二《艺文志·子部·医家类》。原书已佚。

11.《命门考》

作者：明李时珍著。见民国10年（1921年）《湖北通志》卷八十二《艺文志·子部·医家类》。原书已佚。

12.《奇经八脉考》

作者：明李时珍著。《四库全书总目提要》载："其书谓人身经脉，有正有奇。手三阴三阳，足三阴三阳，为十二正经。阴维、阳维；阴跷、阳跷；冲、任、督、带为八奇经。正经人所共知，奇经人所易忽。故特详其病源治法，并参考诸家之说，荟萃成编。"见光绪十年（1884年）重校《蕲州志》卷三十《著述志·子部》。《奇经八脉考》约成书于明穆宗隆庆六年（1572

年壬申），单行本较少见，多与《濒湖脉学》合刊。或同时附刻于《本草纲目》之后。

13.《濒湖脉学》1卷

作者：明李时珍著。《四库全书总目提要》载："宋人剽窃王叔和《脉经》，改为《脉诀》，其书之鄙谬，人人皆知。然未能一一驳正也。至元戴启宗作《刊误》，字剖句析，与之辨难，而言其伪妄始明。启宗书之精核，亦人人知之，然但赝本之非。尚未能详立一法，明其何以是也。时珍乃撮举其父言闻《四诊发明》，著为此书，以正《脉诀》之失。"见民国10年（1921年）《湖北通志》卷八十二《艺文志·子部·医家类》。《濒湖脉学》始刻于明世宗嘉靖四十三年（1564年甲子）。版本较为复杂，有单行本，有与《奇经八脉考》合刊本，有附于《本草纲目》之后附本等。明神宗万历三十一年（1603年癸卯），该书被江西张鼎思附刻于《本草纲目》之后；至清代咸丰九年（1859年己未），被题作《脉学正宗》单行本刊刻行世。中华人民共和国成立后的1951年，被题为《校正濒湖脉学》由广益书局铅印成册发行。1954年，锦章书局铅印本题作《李濒湖脉学》发行。1983年，河南科技出版社出《濒湖脉学》注释本。该书随《本草纲目》传入日本。1927年，《濒湖脉学》曾被许德宝译成德文，并在莱比锡出版发行，在国外也有一定的影响。

14.《本草纲目》52卷

作者：明李时珍著。该书是李时珍从明嘉靖三十一年（1552年壬子）至万历六年（1578年戊寅），前后历经27年时间，"搜罗百氏，访采四方""书考八百余家""取神农以下诸家本草荟萃成书。复者芟之，阙者补之，伪者纠之"，稿凡三易，而完成这部190万字的医药学巨著。《本草纲目》收载药物1892种，其中新增374种。附药图1109幅，附方11096个。全书52卷，分成16部，药分60类。正名为纲，附释为目。是中国"古代的百科全书"。

《本草纲目》的版本很多。明万历二十一年（1593年癸巳）由南京刻书商胡承龙首刻金陵本，有王世贞序；明万历三十一年（1603年癸卯），由夏良心、张鼎思刊刻，世称江西本。除原刻本王世贞序以外，增刻有李建元《进本草纲目疏》、夏良心《重刻本草纲目序》、张鼎思《重刻本草纲目叙》。首次附刻《濒湖脉学》《奇经八脉考》，后世公认为善本。1982年人民卫生出版社出版的点校本，就是以此为蓝本的。以此为底本的还有湖北本、张朝璘本等；明崇祯十三年（1640年庚辰）武林钱蔚起翻刻《本草纲目》，世称武林钱衙本；清光绪十一年（1885年乙酉），合肥人张绍棠刻印《本草纲目》校订本，世称味古斋本或张绍棠本。清末至民国至中华人民共和国成立后，《本草纲目》有多种版本行世。

《本草纲目》外译本情况。明万历三十四年（1606年丙午）即日本庆长十一年，《本草纲目》首次传入日本，受到幕府和医界重视。乾隆四十八年（日本天明三年，1783年癸卯），山野兰山首译日本版《本草纲目》。1929年（日本昭和四年）头柱国更重译。尔后，《本草纲目》有两种日译本。清顺治十六年（1659年己亥），波兰人卜弥格氏将《本草纲目》中植物部分译成拉丁文本；17世纪后，都哈尔德氏将《本草纲目》译成法文本；清咸丰七年（1857年丁巳），理斯乃德氏将《本草纲目》译成俄文本；1928年，达利士将《本草纲目》译为德文本、英文本。《本草纲目》共有6种外文本流行于世。

15.《天傀论》

作者：明李时珍著。见《中国图书联合目录》，已佚。现存于《本草纲目》之后《方民》篇疑是之。

16.《李濒湖氏时珍脉诗》

作者：明李时珍著。见《中国图书联合目录》。

17.《素问灵枢直解》6卷

作者：明顾天锡著。见光绪十年（1884年）重校《蕲州志》卷之十《著述类·子部》。

18.《针灸至道》3卷

作者：明顾天锡著。见光绪十年（1884年）《黄州府志》卷三十四《艺文志·子部》四《医家类》。

19.《津梁医书》

作者：清李泽溥著。见光绪十年（1884年）《黄州府志》卷三十四《艺文志·子部四·医家类》。

20.《易简方书》10卷

作者：清萧全著。见光绪十年（1884年）重校光绪八年（1882年）《蕲州志》卷十《人物志·笃学》。

21.《眼科全书》

作者：清王協（抄录）。见《湖北医学史稿》，湖北科学技术出版社1993年5月出版，P242。

22.《中医药性汇编》

作者：李昌澥著。该书于1931年编写完成。见本书卷二《中医药》二《历代名医》“李昌澥”条载。

23.《脉学快知》

作者：李昌澥著。该书写成后，作者以小楷誊正，封面上题有“鄂蕲中医师李昌澥手编。”第6页下注“抄先祖濒湖公讳时珍各脉精详歌”14个字。第18页上注有“以上二十七脉，是先祖精研推磨详述，体类病各诗中”。

24.《本草纲目》校点本

中华人民共和国成立后的1957年4月，人民卫生出版社首次出版了《本草纲目》校点本，全国新华书店发行。

25.《本草纲目的矿物史料》

作者：王嘉荫编。该书是作者将《本草纲目》中所有矿物药合为一书，并加详细介绍，1957年5月由科学出版社出版，全国新华书店发行。

26.《本草纲目》影印本

作者：李时珍。1957年12月，商务印书馆首次以合肥张绍棠斋刻本《本草纲目》为底本，于1957年12月影印出版了该书在全国发行。

27.《本草纲目健康长寿医方类聚》

编者：樊润泉辑。编者将《本草纲目》中有关健康长寿的医方集中分类，辑为一书，内刊出版（1983年7月）。

28.《李时珍医案医话录》

作者：蕲春县卫生局《李时珍医案医话录》编写组。该书将《本草纲目》有关李时珍之医案、医话辑为一书，1983年9月内刊出版。

29.《李时珍濒湖集简方》

编者：张梁森辑。该书是辑者将李时珍散佚在民间的单方、秘方、验方重新收集整理，再依《本草纲目》考证，重辑为《李时珍濒湖集简方》一书，1986年9月由湖北科学技术出版社出版，全国新华书店发行。后再版两次，总发行量31200册。

30.《李时珍史实考》

钱远铭主编，该书主要考证李时珍的生平及其家族的世系情况，考证《本草纲目》的版本和历代医家学者的评述。全书 13 万字，由广东科技出版社于 1988 年 4 月出版。

31.《李时珍医学钩玄》

主编：钱远铭。湖北省中医药研究院文献研究室钱远铭教授等根据《本草纲目》对李时珍医学理论进行分类研究，合为一书。1988 年 6 月由广东科技出版社出版发行。

32《奇经八脉考研究》

主编：钱远铭。湖北省中医药研究院文献研究室钱远铭教授等，对李时珍所著《奇经八脉考》一书的系统研究成果，1988 年 6 月由广东科技出版社出版发行。

33.《李时珍评传》

唐明邦著，武汉大学哲学系教授，主编过多种哲学著作，发表过 40 多篇学术论文。这部书是《中国思想家评传丛书》中的一种。是首次对李时珍这位科学家在医学史、文化史、思想史上的历史地位和伟大成就，作出系统的评价述。对其在医学、药学上的重大成就予以高度评价。全书 28 万字，由南京大学出版社 1991 年 3 月出版。

34.《本草纲目精要》

主编：钱远铭。湖北省中医药研究院医史文献研究室钱远铭等，对李时珍《本草纲目》之精华部分进行研究，合为一书，1988 年 9 月由广东科学技术出版社出版发行。

35.《李时珍述药菜谱》

编者：余彦文。该书是编者根据李时珍在《本草纲目》中记载的有关药食同源（药膳）类药物与菜肴烹调结合研究的成果合为一书，1991 年 8 月由湖北科学技术出版社出版发行。

36.《本草纲目医案探析》

编者：张树生、王芝兰。该书是对李时珍记载在《本草纲目》医案的研究分析，合为一书，1992 年 11 月由中国医药科技出版社出版发行。

37.《神医李时珍》

郑伯成著，该书是作者本人与刘守华、饶学刚、熊子勋等先生共同完成。全书收集的都是有关李时珍一生中学医、著书、挖药、治病的传说，共有 125 篇流传甚广的传说和故事，生动地反映了李时珍在人们心中的医圣形象。全书 23 万字，由湖北少年儿童出版社于 1993 年 8 月出版。

38.《蕲州药志》

主编：梅全喜。该书是蕲春县中医药研究所所长梅全喜等对蕲春中药材系统研究成果，将蕲州（旧时地域）的 250 多种大综和道地中药材的种植、加工、功用等各项进行指数系统整理，合为一书。1993 年 8 月由中医古籍出版社出版，全国新华书店发行。2009 年 8 月再版发行。

39.《本草纲目补正》

编者：梅全喜。该书对《本草纲目》中明显的遗误进行了补正。1993 年 8 月由中医古籍出版社出版发行。

40.《本草纲目》全译本 1 ～ 4 册

校者：冉先德。该书是冉先德教授对《本草纲目》进行系统点校并译注。1993 年 8 月由中国国际广播出版社出版发行。

41.《本草纲目》金陵版影印本

由上海图书馆收藏的李时珍《本草纲目》金陵版，由上海科技出版社影印出版，精制线紫本 10 册。上海著名老中医何志希先生题写书名。

42.《本草纲目通释》

主编：陈贵廷。该书是编者对《本草纲目》的通释，1993年底由学苑出版社出版发行。

43.《本草纲目字词句研究》

编者：李从明。该书是编著对《本草纲目》字词句研究成果总结。1998年1月由上海中医药大学出版社出版发行。

44.《本草纲目彩色药图》

主编：邱德文、吴家荣。该书是编者将《本草纲目》上的黑色药图编辑成彩色药图，合为一书，1998年7月由贵州科技出版社出版发行。

45.《李时珍故乡医药》第二集

编者：蕲春县卫生局、蕲春县中医药学会。该书收集了蕲春（蕲州）部分中药材内容，并收集单方、验方、秘方565个。1999年10月内部印刷。

46.《本草纲目》金陵版影印本

1999年11月，人民卫生出版社将《本草纲目》金陵版再次影印出版，全国新华书店发行。

47.《本草纲目彩色图鉴》

主编：谢宗万。该书是编者将《本草纲目》中黑白药图变为彩色图，并加说明，合为一书，2000年1月由人民卫生出版社出版发行。

48.《世界文化名人李时珍》

王剑主编，该书简要介绍了李时珍的成才之路和《本草纲目》的出版问世，及其所取得的巨大成就和影响。全书16.3万字，由上海科学技术出版社于2001年7月出版。

49.《李时珍与蕲州》

宋光锐著，该书了蕲州和李时珍生活时代的政治、经济、文化情况，也叙述了李时珍家族的情况，史料翔实，内容丰富，图文并茂，全书17万字，由武汉出版社2001年8月出版。

50.《李时珍研究集成》

钱超尘主编，他是著名中医训诂学家、中医文献学家、乾嘉学派传人、北京中医药大学教授、博士生导师，他在本书中把近百年来国内外学者对李时珍生平家世、学术成就、学说发展、临床应用等相关研究成果熔于一炉，进行全方位的反映、综述、分类、剖析，同时还为读者提供了系统的研究资料。全书201万字，由中医古籍出版社2003年8月出版。

51.《本草纲目》英文本

译者：罗希文。中国社会科学院研究员罗希文先生历30年之精力，用英语全译出全世界首套《本草纲目》英文本，全书600万字。2003年10月由外文出版社出版发行。

52.《李时珍研究》第一辑

作者：张梁森撰著。该书是作者对李时珍及中医药的综合研究成果，2007年11月由中国文史出版社出版发行。

53.《千古人杰李时珍》，韩进林主编，这是一本纪念李时珍诞辰490周年的纪念文集，由首任李时珍研究会的会长钱超尘教授作序，钱老出版了20多部中医文献著述。这本书收录61篇诗词和研究文章，共38.8万字，由大众文艺出版社2009年12月出版。

54.《李时珍研究》第二辑

主编：张梁森。该书由李时珍科技文化研究院组编，是对李时珍及中医药进行综合研究成果。2009年9月，由中国文史出版社出版发行。

55.《李时珍传》

唐浩明著，本书是《影响中国历史的著名人物大系》32种中的一种，用章回小说的形式展现李时珍丰富多彩的一生，全书50章共54万字，由北方文艺出版社2009年1月出版。

56.《李时珍研究》第三辑

主编：张梁森。该书由李时珍科技文化研究院组编，是对李时珍及中医药综合研究的成果。2011年9月，由华夏国学出版社出版发行。

57.《李时珍研究》第四辑

主编：张梁森。该书由李时珍科技文化研究院组编，是对李时珍及中医药综合研究的成果。2013年3月，由中国诗书画出版社出版发行。

58.《李时珍研究》第五辑

主编：张梁森、梁树俊。该书由李时珍科技文化研究院组编，是对李时珍及中医药研究的成果。尤其是“蕲州四宝”（今称“蕲春四宝”）作了专题研究和详细、系统介绍，是一部研究“蕲州四宝”的专著。2014年9月，由中国诗书画出版社出版发行。

59.《李时珍传说》

陈和清、郑伯成著，该书是在《神医李时珍》这部著作的基础上，修订完成的。书中不仅对原收录的传说加以修订，还增加了评论选辑这一部分，其中将《李时珍传说》列入国家级“非遗”保护名录前后，作了专门介绍。全书32万字，由中国文联出版社2015年10月出版。

60.《艾蒿食疗百味》

主编：梅全喜、张迎峰（蕲州镇东门村人）。该书系统介绍了艾蒿食疗的医学基础、食疗的安全性、中医食疗的起源与历史、基本理论、食材的选择及制作、不同人群不同体质的食疗要求、食疗注意事项以及100多种艾蒿食疗品种的制作与食用方法、食疗功效等。2016年5月，由人民卫生出版社出版发行、新华书店经销。

61.《灸魅》

江满春（蕲州镇卫生院医生）编著。该书是一部研究用艾灸治病和保健养生的专著。2016年10月由中医古籍出版社出版发行。

62.《李时珍与〈本草纲目〉二十四讲》

周彭主编，该书精心地对李时珍生平家世、学术研究、学说发展、临床应用等部分的研究论文选择提炼，细化剖析，以24讲的形式总结了后人研究李时珍的成果，并力求在内容上全面，在资料上广泛，在研究方向上扩展。全书30万字，由湖北科学技术出版社2016年10月出版。

63.《李时珍研究》第六辑

主编：张梁森。名誉主编：何诚道。该书由李时珍科技文化研究院组编，是对李时珍医道文化的专题研究和理论传播。2016年12月，由华夏文艺出版社出版发行。

64.《本草纲目》附方分类选编

陕西省中医药研究院编，1982年12月，由人民卫生出版社出版。

四、中药材

（一）药材资源

光绪《蕲州志》载“药属”81种。20世纪80年代中期普查，境内药材资源计164科664种。其中，植物类136科664种；动物类28科69种；矿物类18种；菌类8种；其他5种。

又县卫生局于 1978—1980 年对全县境内药材调查有 652 种，其他类 11 种。蕲州镇境内占有 90%之品种。

（1）常见植物药材有：蕲艾、栀子、卷柏、木贼、贯众、紫萁、问荆、石韦、乌蕨、蕨、白果、杉木、枫杨、板栗、茅栗、桑枝、桑叶、桑椹、葎草、构村、葡蟠、美豆、野菰、水蓼、虎杖、荞麦、扁蓄、酸模、羊蹄、菠菜、商陆、石竹、繁缕、瞿麦、藕节、藕带、莲须、莲芯、莲子、荷花、荷叶、莲房、毛茛、白芍、草乌、黄连、防己、血藤、厚朴、大茴、樟脑、乌药、山檀、肉桂、荠菜、瓦松、常山、杜仲、山楂、山莓、地榆、桃仁、蛇莓、马棘、皂角、天丁、苦参、刺槐、蚕豆、豇豆、绿豆、葛根、葛花、槐花、槐米、槐角，黄芪、合萌、云实、陈皮、青皮、橘核、橘络、枳壳、枳实、黄柏、油桐、泽漆、大戟、冬青、枣仁、大枣、白蔹、苘麻、蜀葵、茶叶、芫花、瓜木、三七、通草、人参、独活、水芹、白芷、前胡、藁本、明党、小茴、羌活、川芎、柿蒂、连翘、桂花、白前、萝藤、腐卑、黄荆、大青、丹参、荆芥、香薷、紫苏（附：苏梗）、白苏（附：苏子）、薄荷、藿香、泽兰、糙苏、龙葵、白英、枸杞、番茄、酸浆、辣椒、玄参、地黄、母草、泡桐、爵床、钩藤、茜草、虎刺、缬草、续断、苦瓜、菜瓜、黄瓜、王瓜、赤爬、桔梗、党参、飞廉、大蓟、小蓟、苍术、青蒿、茵陈、菊花、漏芦、红花、紫菀、佩兰、马兰、白术、甘蔗、竹菇、谷芽、麦芽、薏米、棕榈、半夏、野芋、魔芋、浮萍、大蒜、贝母、玉簪、知母、黄精、韭菜、葱白、薤白、黎芦、玉竹、蛇苔、紫草、泽泻、黄杨、芒萁、甜麻、麦冬、百合、菝葜、紫萼、石蒜、玉帘、山药、射干、鸢尾、干姜、姜皮、山姜、天麻、白及、绶草、栾树、苏铁、伸筋草、节节草、海金沙、凤尾草、金鸡纳、水龙骨、骨碎补、抱石莲、四叶萍、蜜柑草、续随子、白贝叶、五倍子、盐肤木、苦丁茶、鬼箭羽、青风藤、凤仙花、急性子、乌蔹莓、爬墙虎、蛇葡萄、木芙蓉、白槿花、梧桐子、马松子、猕猴桃、山茶花、元宝草、刘寄奴、地耳草、小连翘、红旱莲、仙人掌、石榴花、喜树子、八角枫、华瓜木、野菱角、五加皮、常春花、积雪草、土柴胡、长春草、天胡荽、鸭儿芹、山菜芋、青荚叶、映山红、闹羊花、八厘麻、朱砂根、矮脚茶、过路黄、珍珠菜、女贞子、迎春花、茉莉花、醉鱼草、双蝴蝶、龙胆草、夹竹桃、络石藤、何首乌、徐长卿、牵牛子、菟丝子、土丁桂、马鞭草、臭牡丹、大青木、山薄荷、过江藤、风轮菜、石见穿、益母草、夏枯草、茺蔚子、石荠宁、半枝莲、毛罗勒、荔枝草、野荆芥、溪黄草、水苦荬、山罗花、黑芝麻、芝麻花、杜根藤、白接骨、车前草、车前仁、四叶葎、鸡矢藤、猪殃殃、仙桃草、金花银、忍冬藤、天花粉、金瓜蒌、瓜蒌皮、丝瓜络、冬瓜子、冬瓜皮、南瓜子、南瓜蒂、甜瓜蒂、葫芦壳、半边莲、南沙参、泥胡菜、歪头菜、一点红、千里光、六月雪、天名精、牛蒡子、向日葵、苍耳子、旱莲草、旋覆花、野菊花、黄花蒿、豨莶草、蒲公英、夏合菊、狼把草、鼠曲草、条叶蓟、华泽兰、苦苣菜、鬼针草、黄鹌菜、牛筋草、白茅根、巴茅根、狗尾草、淡竹叶、铁角蕨、金星蕨、野鸡尾、凤丫蕨、松花粉、松子仁、侧柏叶、三白草、鱼腥草、四块瓦、银线草、柳树皮、山核桃、无花果、火麻仁、桑白皮、薜荔果、穿破石、糯米团、百蕊草、柳寄生、马蹄香、寻骨风、马细辛、马蔸铃、扛板归、金钱草、金荞麦、何首乌（附夜交藤）、土大黄、支柱蓼、草血竭、土荆芥、地肤子、千日红、土牛膝、刺苋菜、青葙子、紫茉莉、马齿苋、土大参、太子参、漆姑草、剪秋萝、小木通、红升麻、天葵子、白头翁、石龙芮、牡丹皮、威灵仙、马尾莲、八月炸、山木通、八角莲、南天竹、淫羊藿、白药子、毛青藤、千金藤、木防己、五味子、望春花、辛夷花、厚朴花、红茴香、蜡梅花、山苍子、樟树叶、樟树皮、山鸡椒、延胡索、博落回、云苔子、黄芥子、莱菔子、白芥子、独行菜、遏蓝菜、垂盆草、佛甲草、佛指甲、岩白菜、虎耳草、落新妇、人心药、海桐皮、路路通、月季花、枇杷叶、金樱子、委陵菜、蔷薇花、翻白草、仙鹤草、覆盆子、高粱泡、地蜂子、山木香、苦李子、太平莓、刀豆子、山豆根、四季豆、红饭豆、白扁豆、合欢皮、合欢花、鸡眼草、草决明、绿豆衣、望江南、野百合、锦鸡儿、山蚂蝗、铁扫帚、农吉利、赤小豆、田皂角、绿豆参、猪屎豆、假地兰、小槐花、酢浆草、吴茱萸、土花椒、野花椒、白鲜皮、臭节草、苦楝子、冬瓜子、乌桕根、叶下珠、铁苋菜、蓖麻子、苦荞麦、玉米须、香附子、水蜈蚣、牛毛毡、棕榈子、水菖蒲、天南星、谷精草、鸭舌草、雨久花、土茯苓、天门冬、白蚤休、萱草根、牛草、三尖彬、琉璃草、灯芯草、水慈姑、牛尾菜、万年青、假百合、肺筋草、黄药子、野天麻、半春莲、无柱兰、金鱼藻、蛇足草、黄花菜、金锦香、华山矾、凌霄花、鸭跖草、江南卷柏、蛇足石松、垂穗石松、垫状卷柏、北京石韦、庐山石韦、有柄石韦、瓶尔小草、赤车使者、白鸡冠花、獐耳细辛、三叶木通、景天三七、凹叶景天、光皮木瓜、竹叶花椒、苦楝根皮、枸骨根皮、红葡萄藤、光瓣堇菜、紫花地丁、蔓茎堇菜、异叶茴芹、狭叶紫胡、泽星宿菜、小鱼仙草、金疮小草、八角茵陈、细四叶葎、毛鸡屎藤、黄花耳草、白花败酱、黄花败酱、一枝黄花、鹅不食草、天青地白、菊叶三七、心叶半夏、轮叶黄精、阔叶麦冬、美人蕉根、扇脉杓兰、丛花山梵、吊石巨苔、木通马蔸铃、空心莲子草、莓叶萎陵菜、小叶三点金、算盘子根皮、无果算盘子、多花勾儿茶、三叶爬山虎、狭叶崖爬藤、贯叶小连翘、吴茱萸五加、重齿毛当归、黑腺珍珠菜、毛长朝信草、河南鼠尾草、细叶小团花、额河千里光、高株山莴苣、异叶天南星、九头狮子草、白花蛇舌草、羊齿天门冬、叉唇角盘兰、吊杓一枝花、中华秋海棠、云南大百合、四川鹿蹄草、长瓣马铃苣苔。

（2）部分动物类药名：青鱼、草鱼、鲢鱼、鲫鱼、蟾酥、壁虎、龟板、鳖甲、龟壳、团鱼头、雨湖鲫鱼、豹骨、蜂蜜、蜂蜡、蜂房、蜈蚣、僵蚕、蚕沙、蚕蛹、蚕蛾、蚕茧、蝉蜕、蚯蚓、水蛭、牛肾、牛筋、牛黄、狗鞭、蛇蜕、白花蛇、眼镜蛇、乌梢蛇、菜花蛇、水蛇、蝮蛇、鸡内金、麻雀屎、夜明砂、望月砂、黄狗肾、猪胆汁、羊胆汁、桑螵蛸、红娘子、斑茅虫、刺猬皮、土鳖虫、九香虫、狗结石。

（3）部分矿物类药名：金精石、银精石、自然铜、磁石、铜绿、云母石、紫石英、白石英、寒水石、无名丹、阳起石、浮海石、钟乳石、鹅管石、无名异、蛇纹石、炉管石、石灰石。

（4）部分菌类药名：地耳、石耳、石花、茯苓、竹黄、马勃、白木耳、黑木耳、赤灵芝、樟芝。

（5）其他类药名：百草霜、蕲艾灰、伏龙肝、人中黄、人中白、人指甲、血余炭、紫河车、胆南星、玄明粉、人乳汁、干漆。

（二）蕲州四宝

蕲州众多药材中，唯蕲龟、蕲蛇、蕲竹、蕲艾，旧志称为“蕲州四宝”，今称蕲春四宝。

1. 蕲龟。《本草纲目》载文云：“绿毛龟。[释名] 绿衣使者《纲目》。集解：时珍曰：绿毛龟出南阳之内乡及唐县，今惟蕲州以充方物。养鬻者取自溪涧，畜水缸中，饲以鱼虾，冬则除水。久久生毛，长四五寸。毛中有金线，脊骨有三棱，底甲如象牙色，其大如五铢钱者为真。他龟久养亦生毛，但大而无金线，底色熏黑为异尔。《南齐书》云：‘永明中有献青毛神龟者，即此也。’又《录异记》云：‘唐玄宗时，方士献径寸小龟，金色可爱，云置碗中，能辟蛇虺之毒。’

此亦龟之异也。”明《嘉靖蕲州志》刊有《蕲龟》民谣，始有“蕲龟”之名。今已不可多见。

2. 蕲蛇。《本草纲目》载文云：“白花蛇。宋《开宝》。[释名] 蕲蛇《纲目》，褰鼻蛇。宗奭曰：诸蛇鼻向下，独此鼻向上。[集解]《志曰》白花蛇生南地，及蜀郡诸山中。九月、十月采捕，火干。《颂曰》今黔中及蕲州、邓州皆有之。其文作方胜白花，喜螫人足。默人有被螫者，立断之，续以木脚。此蛇入人室屋中作烂瓜气者，不可向之，须速避除之。[时珍曰] 白花蛇，湖、蜀皆有，今惟以蕲蛇擅名。然蕲地亦不可多得。市肆所货、官司所取者，皆自江南兴国州诸山中来。其蛇龙头虎口，黑质白花，肋有二十四个方胜文，腹有念珠斑，口有四长牙，尾上有佛指甲，长一二分，肠形如连珠。多在石楠藤上食其花叶，人以此寻获。先撒沙土一把，则蟠而不动。以叉起之，用绳悬起，劙刀破腹去肠物，则反尾洗涤其腹，盖护创尔。乃以竹支定，屈曲盘起，扎缚炕干。出蕲地者，虽干枯而眼光不陷，他处者则否矣。故罗愿《尔雅异》云：蛇死目皆闭，惟蕲州花蛇目开。如生舒、蕲两界间者，则一开一闭。故人以此验之。”《本草纲目》又载：旧时蕲州龙峰山洞产蕲蛇，今则无。

3. 蕲竹。《本草纲目》载文云：“竹《本经》中品。[释名] 时珍曰：竹字象形，许慎《论文》：竹，冬生草也。故字从倒草。戴凯之《竹谱》云：植物之中，有名曰竹。不刚不柔，非草非木。小异实虚，大同节目。[集解] 时珍曰：竹惟江河之南甚多，故曰九河鲜有，五岭实繁。大抵皆土中苞笋，各以时而出，旬日落箨而成竹也。茎有节，节有枝；枝有节，节有叶。叶必三之，枝必两之。根下之枝，一为雌，二为雄，雌者生笋。其根鞭喜行东南，而宜死猫，畏皂刺、油麻。以五月十三日为醉日。六十年一花，花结实，其竹则枯。竹枯曰箹，竹实曰**篴**；小曰筱，大曰簜，其中皆虚；而有实心竹出滇广，其外皆圆。而有方竹出川蜀，其节或暴或无，或促或疏。暴节竹出蜀中，高节出磥砢，即笷竹也。无节竹出溱州，空心直上，即通竹也。簟竹一尺数节，出荆南。笛竹一节尺余，出吴楚。”而蕲竹之名，最早见于明《嘉靖蕲州志》土产篇中云：“蕲竹，一名笛竹，以色润者为簟，节疏者为笛，带须者为杖”。细辨之，蕲竹当为生长在蕲地的几种竹子。

4. 蕲艾。《本草纲目》著文云：“艾，《别录》中品。[释名] 冰台《尔雅》、医草《别录》、黄草《埤雅》、艾蒿。[时珍] 曰：王安石《字说》云：艾可乂疾，久而弥善，故字从乂。陆佃《埤雅》云：《博物志》言，削冷令圆，举而向日，以艾承其影则得火，其艾名冰台，其以此乎？医家用艾灸百病，故曰灸草。一灼谓之一壮，以壮人为法也。[集解]《别录》曰：艾叶生田野，三月三日采，暴干。《颂曰》处处有之，以复道及四明者为佳。云此种灸百病尤胜。初春布地生苗，茎类蒿。叶背白，以苗短者为良。三月三日、五月五日，采叶爆干，陈之方可用。[时珍曰] 艾叶，本草不著土产，但云生田野。宋时以汤阳者谓之北艾，四明者谓之海艾。自成化以来，则以蕲州者为胜，用充方物，天下重之，谓为蕲艾。相传他处艾灸酒坛不能透，蕲艾一灸直透彻，为异也。”李时珍还说：“先君月池子讳言闻，尝著《蕲艾传》一卷。有赞云：生于山阳，采以端午。治病灸疾，功非小补。”李时珍父子率先为蕲艾定名。明《嘉靖蕲州志》中亦有“蕲艾”民谣颂之。

（三）药材种植

明代嘉靖年间以前，蕲州中药材种植未见文字记录。

自明代嘉靖年后期，蕲州瓦屑坝郎中李时珍，中年时为撰其药物学巨著《本草纲目》，为观察、研究中药材产地、性能、形状、采集、功用等方面的需要，将自己的住所从瓦屑坝迁居到蕲州雨湖北岸红花园（今李时珍假日酒店所在地）。建居所曰："薖所馆"，在这里安心著述。其间，开辟了一块药材基地，专门种植中药材，面积三四亩，种植中药材品种一百多个。此药材园名曰"红花圃。"后其孙李树初在红花圃旁又建造了新居"芝鹿山房"。以其祖父李时珍出生时有"白鹿入室""紫芝产庭"之瑞。此事载入《本草纲目》和旧《州志》中，是为蕲州栽种中药材之始。

顾景星云："蕲州之'蕲'，乃细叶草之总称"，即药草之意，亦为"本草"之义。旧时，蕲州遍地可见野生药材，有谚云："指草皆为药，路人都懂医"即此。需要用药材者，多到山野间采集野生药材即可。故此，除李时珍为研究中草药之需而种植中药材之外，一般民间很少有，或根本不必要种植中药材的。从明、清至民国年间，蕲州均鲜有种植中药材之旧闻。

中华人民共和国成立后的1956年，蕲州在大泉山、缺齿山建了药材场试种药材，后因形势变化，药材种植未继续下去。

1991年10月，蕲春县首届李时珍医药材暨药节交易会在蕲州举办，并圆满成功，中药材种植业也逐步提到议事日程上来。1996年3月，镇政府组织各村（居）负责人赴安徽亳州药市考察学习，回镇后各村（居）分别安排中药材种植项目，先后种植蕲州道地药材和大综药材。主要品种有：蕲艾、栀子、吴茱萸、丹参、桔梗、夏枯草、银杏等。

（四）蕲艾产业

蕲艾，艾草的一种，因产于蕲州而得名蕲艾。是"蕲州四宝"（今称"蕲春四宝"，即蕲艾、蕲竹、蕲蛇、蕲龟）中独占首位。长期以来，蕲艾作为一种名贵中药材，多以野生为主。至20世纪90年代开始成片种植，后随着李时珍中医药事业的开发发展，蕲艾得到大面积种植和推广，成为地标产品，形成地域性的大健康产业。

1.20世纪90年代前期蕲艾行业及其应用。

蕲艾，别名艾蒿，菊科蒿属，多年生草本植物。《尔雅》名其曰"冰台"，《名医别录》谓为"医草"。蕲州人则呼之为"白艾"。蕲艾生长形状是单茎直立，高三四尺，少数株高五六尺者。叶片轮生，状如蒿。正面青绿，背有白色茸毛，肥厚者为佳。叶片有五个大的缺刻，大缺刻上又有小缺刻。称为"五尖艾"：七个大缺刻者，称为"七尖艾"。此两种较为普遍。又有一叶九个缺刻者，称为"九尖艾"。九尖艾并不多见。无论是五尖、七尖或九尖艾都属于一个品种，即菊科艾蒿之属性。其所以生有五尖、七尖或九尖，是因为蕲艾在生长发育过程中，尤其是叶片分蘖的那一个时段，如时旱时涝，光照不足，土质不好，所长出的多为五尖艾或七尖艾；如遇这个阶段中，阳光充足，雨露均匀，土地肥沃，则九尖艾易生也。较为稀奇者，有的同一株艾秆上，生有五尖叶和七尖叶，或有七尖叶和九尖叶。甚至一棵艾秆上同生五尖、七尖和九尖叶。可见，蕲艾之奇，不一而论矣。

蕲艾的生长历史特别悠久。最早见于文献记载的是战国时期（公元前221年至前476年）《孟子·离娄上》："今之欲王者，犹七年之病，求三年之艾也"。孟子（公元前372年至前289年）是战国前期人，他讲到艾叶的应用，以三年陈艾为好。可见，战国时期之前的古代先民，早已熟悉艾叶的应用，且不论是王室和民间，都以用艾治病驱邪、养生保健为要方。

东汉顺帝刘保汉安元年（142年），沛国丰邑（今江苏丰县）人张道陵在四川鹤鸣山创立了道教，每逢端午节在民间驱邪消灾。令人在门首悬挂菖蒲和艾蒿，称"蒲剑""艾虎"，确保家家户户平安吉祥，后逐渐演成民间习俗。蕲州至今还流传这样一首有关端午节插艾悬菖的民谣曰：

端午节是五月五，天师持剑骑艾虎。

一把菖蒲一把艾，我把蚊蝇驱门外。

该民谣曾由蕲春县政协文史教科文卫委员会原主任张梁森先生吟唱，先后两次在中央电视台播出。现在蕲州民众仍普遍保持端午节在门首悬菖插艾之习俗。

唐宋时期，蕲艾的应用十分广泛，民间用其驱邪治病，救急保命。士大夫之间互相馈赠蕲艾，以为佳品。朝廷把蕲艾列为贡品之一。

到了明代，官方和民间普遍更加重视蕲艾的应用，并开始有人对蕲艾进行专门研究。明中期蕲州著名医药学家李时珍（1518—1593）的父亲李言闻，于明嘉靖年间写出了目前见于文献记载的第一部研究蕲艾的专著《蕲艾传》。李言闻写完《蕲艾传》后，专门为蕲艾写了赞语云："产于山阳，采以端午。治病灸疾，功非小补"。

尔后，李时珍子承父志，他利用30年时间著成中国医学史上的鸿篇巨著《本草纲目》，其中对蕲艾作了系统研究。李时珍说：

"艾叶，《本草》不注土产，但云生田野。宋时以汤阴复道者为佳，四明者图形。近代惟汤阴者谓之北艾，四明者谓之海艾。自成化以来，则以蕲州者为胜，用充方物，天下重之，谓之蕲艾。相传他处艾灸酒坛不能透，蕲艾一灸则直透彻，为异也。"

李时珍在总结前人对艾叶研究成果基础上，对蕲艾的形态、采集、炮制、性能、功用等方面系统研究后，辑录了历代医学家用蕲艾治病的处方50个，为后世医家对蕲艾的应用提供了理论指导。

正如李时珍说的那样，蕲艾是处处田野都能生长的多年生植物。蕲州境内及蕲春全县广大地域，到处都生长有蕲艾这一野生的名贵中药材。明、清两朝，蕲州民众每年五月初五（端午节）这天午时（中午）都要采割一定数量的蕲艾，除当天配上菖蒲插在门首驱邪避病以外，大部分则是让它阴干储存。一是应官府征用上贡给朝廷（即李时珍说的"用充方物"）；二是家中备用，诸如小儿出生煎艾水洗澡；大人小孩、老人伤风感冒亦煎艾水沐浴；有人肠胃不适，即搓艾球吞服。再就是加工成艾条、艾炷做艾灸用于养生保健等。颜云："家有三年艾，郎中不用来"是矣。

自民国初年至中华人民共和国成立后的20世纪80年代末，蕲州民众使用蕲艾和医疗卫生所需蕲艾，仍然是靠境内野生野长的自然艾蒿。所不同的是，中华人民共和国成立后，政府成立了有关机构，对民众采集的蕲艾进行集中收购，激发了民众对野生蕲艾采集的积极性，野生蕲艾收购量逐年有所上升，不但满足本地医疗事业和民间千家万户用艾的需要，还有相当数量的蕲艾销往外地，让全国各地很多地方能够用上蕲春的名贵药材蕲艾。

2.20世纪90年代后蕲艾产业的发展。

改革开放以后，为了寻找新的经济增长点，加快蕲春建设步伐。1990年底，中共蕲春县第八届委员会制定了"医药兴县"的战略决策，全面开发利用李时珍人文资源和蕲春县中医中药资源，高昂李时珍医药"龙头"，做好药材、药厂、药品、药具、药市、药膳、药教、药研"八药"文章，发展有蕲春特色的医药经济，步入强县富民的新的经济开发之路。这给蕲州的药材生产种植产业带来了生机。其中，发展有蕲州传统特色的蕲艾产业，则是千载难逢之机。

1991年10月12日至20日，蕲春县首届李时珍药物交易会在蕲州隆重举行，海内外药商3000余人参会，药材、药品成交额6900多万元。当时，海外药商对"蕲州四宝"特别看好，除现场购买外，还大批量订货。尤其是对蕲艾的需求量很大。这个信息不但受到县委、县政府的高度关注，更引起了县内药商和药农及部分群众的极大重视。尔后，县委、县政府相继下发了关于加快和发展中药材生产的系列文件，出台有关中药材种植的优惠政策，调动了广大农民栽培药材的积极性。从20世纪90年代起，蕲州相继有些农户自发地种植蕲艾，至21世纪初期，已发展成为连片种植和规模种植的蕲艾基地。其中，有相当一部分蕲艾基地成为标准化基地。2010年后，蕲州全镇标准化蕲艾种植基地45个，分布在红石头、龙泉庵、黄土岭、红门楼等24个村。（见《蕲州镇蕲艾标准种植基地统计表》），总面积4300亩。另有分散种植的蕲艾面积4000亩以及野生蕲艾的分布也很广，全镇蕲艾总面积近1万亩。每亩年产干艾叶600公斤，全镇年产蕲艾干叶600万公斤即6000吨。按县政府保护价每公斤干艾叶收购价不低于12元，全镇蕲艾年产值为72000万元，形成支柱产业。

在蕲艾加工上，蕲州镇的企业家们在全县率先进入这个行列。从20世纪90年代初期至2017年底，全镇先后建成蕲艾制品加工企业13家。每年需要蕲艾干叶2000吨，可生产艾条、艾炷、艾包、艾贴、艾精油等9个系列30多个蕲艾产品。全镇13家蕲艾加工企业年产值8000多万元，成为全镇中药材加工行业中的龙头企业。

蕲州镇蕲艾加工企业统计表

表7-1

企业名称	所在地	年需干艾叶(吨)	年产值(万元)
湖北蕲泉堂蕲艾制品有限公司	龙泉庵村	15	800
湖北一世缘蕲艾生物科技股份公司	雨湖村	1000	3600
道正(蕲春)药材种植专业合作社	席盘石村	95	228
湖北艾奇宝蕲艾科技有限公司	恒丰村	396	1228
蕲春传世蕲艾制品有限公司	横坝村	30	180
蕲春县神州蕲艾生物科技有限公司	竹林湖村	120	320
蕲春县金麒麟蕲艾专业合作社	竹村湖村	60	150
蕲春县艾香园蕲艾种植专业合作社	南门村	60	300
蕲春医中圣蕲艾养生公司	蕲州大道	60	300
蕲春红羊商务有限公司	李时珍大道	30	120
蕲春赤方蕲艾制品有限公司	体育场	40	150
蕲春县金满田蕲艾种植专业合作社	韦庄村	30	80
蕲春姚家艾坊合作社	红石头	12	30

蕲州镇蕲艾标准种植基地统计表

表 7-2

基地名称	面积(亩)	年产量(公斤)	年产值(元)
红石头社区	14.12	8500	110500
恒丰堤村	390.55	234330	2811600
潘塆村	133.01	79800	957600
席盘石村	477.99	286800	3441600
竹林湖村	547.26	328356	3940272
枫树岭村	120.69	72400	868800
横坝头村	10.9	6540	78480
龙泉庵村	165.9	99540	1194480
塘塆村	88.59	531540	6378480
施家塘村	169.52	101710	1220520
韦庄村	262.6	157560	1890720
新塘村	31.62	19000	228000
银山村	144.1	86460	1037520
扎营港村	63.25	37950	379510
黄土岭村	20.94	12560	150720
油树塆村	108.15	64890	778680
菩提村	150.75	90450	1085400
五里墩村	390.74	234500	2814000
太常村	45.56	27340	328080
下石潭村	7.4	4440	53280
红门楼村	665.88	399500	4794000
邱山村	4.27	2560	30720
金鸡村	63.33	38000	456000
雨台村	220	132000	1584000

蕲州镇药材(主要品种)种植情况表

表 7-3　　　　单位:亩

年份	蕲艾	栀子	银杏	葛根	夏枯草	吴茱萸
1996	1000					
1997	1500					
1998	2000					
1999	2000					
2000	2500	200				
2001	3700	200				
2002	4100	300				
2003	4600	300				
2004	5000	300				
2005	5000	300				
2006	5500	300				
2007	6100	300	300			
2008	6600	400	300	300		
2009	7100	400	300	400		100
2010	8600	400	300	500		150
2011	13000	400	400	500		200
2012	14300	500	400	600		200
2013	1500	500	500	800		200
2014	17160	500	500	1000		
2015	21590	500	600	1300		
2016	21655	500	600	1500	300	
2017	22480	500	600	1500	300	

（五）药材加工

蕲州的中药材加工，有记载当始于唐代中期。当时，朝廷将蕲州所产的“乌蛇脯”列为贡品。这是一味以产于蕲口镇（今蕲州地域）一带山野间的乌梢蛇脯（民间称青蛇膘）为主要原料，加工制成的养生、治病的药食两用的保健食品。其加工储藏的要求都很高。当时，捕蛇者将这些乌梢蛇抓到后，即按照传统的炮制方法，以批量形式，加工成乌蛇脯（干），由官府进贡于朝廷。李时珍在《本草纲目》中对乌蛇脯的加工方法作了记录。

这是对特产药材加工的记载。而普通中药材的加工，即饮片制作，当时州里的医学机构和民间郎中，也都是以传统的中药材炮制加工方法延续下来的。

南宋时，蕲口镇为全国六大商埠之一，中药材的经营十分兴旺，陆游对其已有详细记载。当时，药商、官府药店（惠民药剂局）和民间郎中，他们所供应和临床使用中药材，无论汤（饮片）、散、膏、丸，也都是以传统的炮制方法加工的。沿明迄清，直至民国末期，蕲州的中药材加工，都是以这些散放的形式存在。

中华人民共和国成立后，蕲州有 3 家正式医院，自己的药房都能加工、炮制所需中药饮片。市面的个体诊所和药店，则仍沿用传统的中药材炮制加工方法，确保患者所需。

1958 年 4 月，县里在蕲州兴建了李时珍制药厂，统一中药材饮片加工，同时生产清凉油、人丹、十滴水、止咳糖浆等 25 个品种的中成药，至 1961 年停办。从 20 世纪 70 年代起，国家大型中医药厂家为中医临床提供各种中成药和中药饮片，各地基层和民间的中药材加工，一般都不再存在。

21 世纪初，蕲艾开发在蕲州地域广泛兴起，由初期的 3000 亩扩大到 2017 年底的 3 万亩，实现产、供、销“一条龙”，形成蕲州民生经济中的支柱产业。

蕲州镇蕲艾加工情况表

表 7-4

年　份	厂家个数（个）	从业人口（人）	加工品种（种）	产值(万元)	备　　注
2003	2	42	2	50	
2004	2	42	2	60	
2005	3	47	4	70	
2006	3	47	4	80	
2007	4	56	4	90	
2008	5	60	6	120	
2009	5	100	6	160	
2010	5	120	6	200	

续表 7-4

年份	厂家个数（个）	从业人口（人）	加工品种（种）	产值（万元）	备注
2011	6	210	6	560	
2012	9	315	6	860	
2013	12	420	8	1180	
2014	18	516	10	1600	
2015	22	627	13	2300	含网上商务收入
2016	26	791	19	32700	
2017	31	832	27	46200	

（六）药材销售

蕲州中药材销售，见诸文字记载始于南宋时期。南宋孝宗赵睿乾道六年（1170 年）闰六月，大诗人陆游从江苏江阴赴夔州上任，于八月十五日（中秋节）抵达蕲州蕲口镇，他在《入蜀记》中写有如下一段文字：

"十五日。微阴，西风益劲，挽船尤艰，自富池以西，沿江之南，皆大山起伏如涛头。山麓时有居民，往往作棚，持弓矢，伏其上以伺虎。过龙眼几（矶），江中拳石耳。几（矶）旁山上有龙祠。晡后，得便风，次蕲口镇，居民繁错，蜀舟泊岸下甚众。监税秉义郎高世栋来，旧在京口识之，言此镇岁课十五万缗，雁翅岁课二十六万缗。夜与诸子登岸，临大江观月，江面远与天接，月影入水，荡摇不定，正如金虬，动心骇目之观也。是日，买熟药于蕲口市。药贴中皆有《煎煮所须》，如薄荷、乌梅之类，此等皆客中不可仓卒求者。药肆用心如此，亦可嘉也。"

陆游所说的在蕲口药店买药，不但品种齐全，而且服务方式先进。药贴（包装药材的纸袋）印有《煎煮所须》，相当于现在的《服药须知》之类。陆游时为天下名士，游历全国各地，到蕲口才发出如此惊叹："如薄荷、乌梅之类，此等皆客中不可仓卒求者。药肆用心如此，亦可嘉也。"可见在南宋时期，蕲口的药材销售，已达到了相当高的经营水平，其销售量也不是一般地方可比的。

元代，蒙古人统治华夏，汉人受到很大摧残。此时，蕲州因继宋代之"旺"，其他方面无有发展，但药材销售在蕲州仍然比较正常。州府仍设有医学，主导政府中药材管理与销售。

明代则是蕲州中医中药发展到顶峰时期。蕲州名医，走遍天下，出入朝廷，比比皆是。见前《历代名医》P478~506 页。为此，推动蕲州中药材的经营步伐。蕲州时有荆王府良医所、州府医学、惠民药局、李时珍父子玄观妙诊所以及其他医家诊所等多家中医药机构，中药材的经营活动一直十分兴旺。

清代至民国时期，由于民族矛盾激化，自然灾害频仍，军阀战争不断，蕲州国计民生受到极大打击。但唯独幸存一项，就是中医药事业还沐浴前朝余光，所受影响不大，说得上方兴未艾。

中华人民共和国成立后，蕲州中医药事业再度兴起，且发展迅速。1955 年 2 月，蕲州正式设立中药材供应站后，整个中药材经营步入正规，稳定发展。1991 年初，中共蕲春县委、蕲春县人民政府决定大力开发李时珍人文资源，以药兴县，振兴蕲春经济的战略实施后，蕲州中药材的产、供、销“一条龙”迎来了历史性的发展机遇，尤其是中药经营销售活动健康发展，成为蕲州支柱产业，带动了蕲州整个地域经济。

蕲州镇中药材销售一览表

表 7-5

年　　份	单位个数(个)	从业人数(人)	销售品种(种)	经营收入(万元)
1955	12	32	310	2.1
1956	12	32	310	2.21
1957	12	32	310	2.22
1958	13	33	310	2.25
1959	12	31	310	2.2
1960	12	31	310	2.2
1961	10	26	310	2.21
1962	10	26	310	3.24
1963	12	29	310	3.25
1964	12	29	340	3.25
1965	12	36	340	3.34
1966	12	36	340	4.35
1967	13	38	340	6.36
1968	13	36	340	9.36
1969	13	36	340	9.36
1970	13	39	345	12.8
1971	16	44	345	12.87
1972	16	44	345	14.04
1973	16	45	383	14.96
1974	16	45	410	35.32
1975	20	46	415	50.86
1976	20	46	415	61.1
1977	21	46	415	61.11
1978	21	47	410	84.1
1979	30	51	410	82.1
1980	31	54	420	93.1
1981	35	58	420	121
1982	36	60	420	160
1983	38	62	410	161
1984	45	62	410	162
1985	45	62	420	231
1986	45	62	430	248

续表 7-5

年 份	单位个数(个)	从业人数(人)	销售品种(种)	经营收入(万元)
1987	45	63	430	256
1988	50	63	430	254
1989	50	63	440	262
1990	50	65	440	3300
1991	85	70	450	3300
1992	126	131	450	
1993	126	132	450	
1994	126	130	460	
1995	152	136	460	
1996	156	136	460	
1997	146	140	460	
1998	146	140	460	
1999	146	142	460	
2000	131	142	475	
2001	130	142	475	
2002	121	143	475	
2003	96	145	475	
2004	90	145	475	
2005	92	145	480	
2006	91	146	480	
2007	94	146	480	
2008	95	146	490	
2009	90	142	490	
2010	45	142	490	
2011	40	143	490	
2012	41	145	495	
2013	40	148	495	
2014	32	148	500	5200
2015	21	156	500	5300
2016	25	170	510	6100
2017	32	212	520	7000

注:

1.本表各项数据根据历史统计资料和调查结合而统计。

2.本表各项数据包括药材站、药房、医院、卫生所各医疗部门经营中药材数据在其内。

3.每年药交会中中药材成交额不在其中。

（七）历届李时珍药节会概述

1990年底，县委、县政府所制定的“高举李时珍医药龙头”，实现“以药兴县”的战略，其具体实施步骤就是做好“八药”文章。其中对于加强药市建设，扩大药材销售，则是关键的一环。后经过近一年时间的筹备，也就是举全县之力，在李时珍故乡蕲春县蕲州镇举办李时珍医药节会。

1991年10月12日，由蕲春县委、县政府主办，省文化厅、省卫生厅、东方中药企业联合公司、省中药材公司、省医药公司等单位联合协办的首届李时珍药物交易会在蕲州临江广场举行。副省长韩宏树，省人大常委会副主任石川、肖全涛，省政协副主席林少南，黄冈地区行署专员田震亚，地委秘书长罗爱德出席大会。国家医药局原副局长高惠如、中国药材公司副经理陈文定，北京305医院主任医师高辉远（蕲春籍）、省医药管理局局长徐瑞根出席大会。中共湖北省委书记关广富、省长郭树言、省人大常委会副主任王利滨发电祝贺。中国药材公司、华北制药厂、上海市医药局、上海市药材公司、天津市药材公司、武汉市药材公司、香港富华医药公司等药界同人与会；《人民日报》《文汇报》《经济日报》《湖北日报》等23家新闻单位，57名记者参加大会。节会期间进行了药物交易、工业品和农副产品展销、动物标本陈列馆和全国新药成果展览馆开馆剪彩，“李时珍杯”摄影大赛颁奖，经济技术贸易发展座谈会等15项活动。来自全国24个省市、港台地区与日本等药商3000余人参会。药材、药品成交额6900多万元。东方歌舞团著名舞蹈家张均（蕲春籍）组织北京艺术家演出团为首届交易会作专场演出。

在首届药交会举行的同时，由邓小平题写馆名的“李时珍药物馆”落成。国家医药管理局原副局长，老红军、药物馆建设资金筹募组组长高惠如（正部级），国家中医药管理局副局长刘永刚，省政协副主席林少南，省文化厅、省卫生厅、黄冈地区领导，县委书记刘友凡等省区县领导，北京同仁堂集团，华北制药集团，山东、东北制药集团，东方中药企业联合公司以及来自全国20个省市医药界代表，共计200余人出席了“药物馆”开馆仪式。高惠如、刘永刚、林少南、刘友凡剪彩开馆。

至1992年10月12日，第二届李时珍医药节暨药物交易会开幕式在新建的时珍体育场举行，中共湖北省委书记关广富、省长郭树言发电祝贺。来自全国各省、市、区和港、澳、台的客商以及各界人士5100人。节会期间，贸易成交额1.14亿元。其药材成交6900万元。后至12月8日，省委、省政府决定从1993年起李时珍医药节药交会由省人民政府牵头举办。中国湖北首届李时珍医药节暨第三届药物交易会筹备委员会即日在武汉成立。中共湖北省委常委、宣传部部长、省文化交流协会会长王重农任主任，中共黄冈地委书记刘荣礼、黄冈行署专员田震亚任主任委员。省地相关领导和县委书记刘友凡、县长程坤波等18名领导任副主任委员。

1993年10月10日，中国湖北首届李时珍医药节暨第三届药物交易会开幕式在蕲州时珍体育场举行，常务副省长韩南鹏主持、中共湖北省委书记关广富出席并宣布开幕；卫生部副部长、国家中医药管理局局长张文康讲话。地区行署专员田震亚宣读题词、贺电、贺信，中共黄冈地委书记黄远志致词，县委书记程坤波致欢迎词，中共湖北省委常委、宣传部部长、节会组委会主任王重农代表省委、省政府讲话。全国人大、国务院、全国政协及相关部委领导为节会题词祝贺。光临本次节会的海内外各界人士1.5万余人，其中药商9100人，贸易成交额7.56亿元，其中药材、药物成交额3.28亿元。

全国人大常委会副委员长秦基伟为节会题词：弘扬祖国医药文化，促进蕲春经济发展；国务委员、国家计生委主任彭珮云为节会题词：振兴中医药事业；全国政协副主席叶选平为节会题词：纪念和学习李时珍，振兴中医药事业；原中央顾问委员会委员、卫生部部长崔月犁题词：振兴中医药，造福人民；原中央顾问委员会委员、中宣部副部长廖井丹参观李时珍陵园题词：中国伟大的医药学家永放光芒；台湾原国民党元老陈立夫亦题词祝贺：服千万人之务，造千万人之福，永为后世所崇敬；中国药材公司发来贺电，中国咸阳505集团总裁来辉武教授致电李时珍医药节会组委会。

节会首场文体表演有3160人参加，由药乡迎宾、药乡健儿、药乡风采、药乡奋起四场组成；有武警湖北总队的摩托车特技表演；中国人民解放军第十五集团军飞机跳伞表演。著名歌星毛阿敏率团于10日下午3：30和晚上8：00分别在蕲州体育场、县人民会场举行演唱会。10月13日晚在时珍体育场举行焰火晚会，本届节会闭幕。

是日，纪念李时珍逝世400周年暨1993国际医药学术研讨会在濒湖会堂开幕，来自全国23个省市、自治区、直辖市和日本、马来西亚等国家的203位代表参加了会议。卫生部副部长、国家中医药管理局局长张文康、国家中医药管理局副局长张洪魁，中共湖北省委常委、省委宣传部部长王重农等领导出席了研讨会。会议历时三天，共收到论文293篇，经专家评审后，226篇录入大会论文集。

1994年10月8日，中国湖北第四届李时珍药物交易会、省中药材公司秋季补货会开幕式在蕲州体育场举行，35家地产品（中药材）和33家药品一同进场交易。合同和药物交易3.92亿元。招商项目25个，投资总额1.83亿元。交易会期间，蕲春籍人士著作、书画展在蕲州文化馆开展，共展出现代蕲春籍人士65人著、编、译的科技、教育、文艺、医学、社科类书209本，地方志9本，书画展共展出美术作品46件，书法作品60件。县邮协在县老干部活动中心举办“医圣杯”集邮展览，展出黄冈各县市优秀集邮12部，计100框600个贴片，吸引集邮爱好者2000多人。省名模李琳及康赛服装集团11名模特新秀在体育场举行时装表演。国家一级演员杨俊、张辉同蕲春县1994“公仆杯”卡拉OK大赛“十佳歌手”演唱。10日晚，湖北“五个一工程”之黄梅戏《未了情》在蕲州电影院上演。12日晚，在体育场举行焰火晚会，本届交易会闭幕。

1995年10月8日，第二届李时珍医药节暨第五届药交会开幕式在时珍体育场举行。由湖北省人民政府、湖北省对外文化交流协会、湖北省医药总公司联合主办，蕲春县委、县政府承办。国家中医药局原副局长张洪魁，省委常委、宣传部部长王重农，省政府原副省长韩宏树，中共黄冈地委书记田震亚等领导出席会议。全国人大常委会副委员长吴阶平题词祝贺。开幕式举行了盛大的《圣乡潮》文体表演。花园乡组织桔梗、白芍、丹皮、茯苓等56个品种展销。“药圣王”杜仲酒备受青睐。本届节会中，招商项目36个，投资总额1.635亿元。同日下午，县委、县政府在濒湖宾馆举行经贸合作洽谈会，来自内地和港澳台地区以及美国、日本、新加坡等国家的86名客商参加了洽谈；10月13日晚，在李时珍陵园举行本届药交会闭幕式。

1996年10月8日，中国湖北第六届药物交易会开幕式在蕲州时珍体育场举行。全国医古文研究会、全国中医药文献研究会、李时珍研究会共同举办的纪念《本草纲目》出版刊行400周年暨1996全国中医药学术研讨会在濒湖会堂举行。省医药管理局局长、省医药总公司总经理翁绍许、黄冈市人民政府筹备组副组长鲁季平等领导出席了会议，中国医古文研究会主任、北京中医药大学教授钱超尘等来自全国147名专家、教授参加了会议。共收到论文600多篇，经评审录用326篇，汇编成《李时珍中医药》。黄冈市政府筹备组副组长鲁季平为药交会题诗：

金风玉露款佳宾，客商融融聚药城，幸会年年逢知己，时珍故里有真经。湖北省中药材公司经理吴远厚、省医药公司经理昌家令、武汉市制药集团股份有限公司董事长徐大胜等药界客商2600人参会。本届药交会招商达成27个项目协议，投资额共7800万元。湖北省歌舞团来蕲春县演出，深受观众欢迎。13日晚，在李时珍陵园举行第六届药物交易会闭幕式晚会。

1997年10月8日，中国湖北第三届李时珍医药节暨第七届药物交易会、第三届黄梅戏艺术节开幕式在蕲州时珍体育场举行。大会以"《本草纲目》传四海，医圣故里连五洲"为主题。湖北省集邮品制作中心与蕲春县邮电局联合制作发行专题邮票册《李时珍论药（一）》《编号：PC2-9》以示纪念。国家中医药管理局原副局长张洪魁，中共湖北省委常委、宣传部部长王重农，副省长孟庆平，省文化厅厅长周祖元，省医药管理局副局长余幼明，省工商局副局长陈全保，中共黄冈市委书记贾天增，市长刘友凡，市委副书记刘光彩，市委常委、市政法委书记万福生，市委常委、宣传部部长胡荃蓉，副市长陈定国和市直相关部门负责人和县委、县政府领导出席开幕式。开幕式表演大型团体操《药乡辉煌》，著名女高音歌唱家殷秀梅翩然献艺。8日晚，湖北省第三届黄梅戏艺术节暨黄冈市楚剧新演在县人民会场开幕，本届节会招商达成投资项目27个，总投资额达32531万元，其中外方投资19885.6万元。12日晚，在县李时珍陵园举行节会闭幕式。

1998年10月8日，中国湖北第八届李时珍药物交易会在时珍体育场举行。省政府副秘书长夏忍贤、黄冈市市长段远明、省医药管理局副局长余幼明、中国中医学会秘书长李敬德、省文化厅副厅长胡美洲出席开幕式。本届会议中药材交易活跃，到会1.18万人，成交量大，交易摊位500多个，展销品种2000多个，东北人参、山东阿胶、"浙八味"、宁夏枸杞、罗田茯苓等走俏市场。药材供需双方签订购销合同86份，成交额1720万元。蕲州中药材站、医药站摊位增至100多个。哈尔滨制药总厂、太极集团、江中制药厂等50多家药企赴会寻求合作，推销新产品。12日晚在李时珍陵园举行闭幕式暨联欢晚会；10月9日，纪念李时珍480周年诞辰暨1998年国际李时珍学术研讨会在县濒湖会堂召开，会议由中国中医药学会李时珍学术研究会主办。国家中医药管理局向大会发来贺电。来自日本、韩国及中国香港、台湾地区以及国内30个省、市的中医药专家学者260人参加了会议。共收到学术论文1000多篇，由中医古籍出版社出版了《纪念李时珍诞辰480周年学术论文集》一书，2部共计140多万字。

1999年10月8日至12日，中国湖北第四届李时珍医药节暨第九届药交会在时珍体育场举行，将"药物交易会"改为"中药材交易会"。国家中医药管理局原副局长张洪魁、湖北省政协常务副主席王重农、省委宣传部副部长袁焱舫、省医药管理局副局长余幼明、市委书记刘友凡等省市领导和市相关部门负责人，县委、县政府领导出席了节会开幕式。全国人大常委会副委员长吴阶平发电祝贺。省委副书记、省政协主席杨永良发来贺电。参加本届节会的海内外代表2万余人。节会经贸活动中的李时珍补酒、紫苏油胶囊、美春服装等20多个地产优质名牌受到欢迎，共签订合资项目30个，其中外联项目23个。节会开幕式上，由3500人参加的《迈进新世纪》大型文体表演。国家一级演员、著名歌星林萍现场献艺助兴。12日晚，在蕲州李时珍陵园举行节会闭幕式。

2000年10月8日，中国湖北第十届李时珍中药材交易会在蕲州举行。国家中医药局原副局长张洪魁、省委副秘书长范兴元、省政府副秘书长夏忍贤、省药品监督管理局副局长宋克勤、市领导刘友凡、蔡伦祥、周维新、鲁季平、胡荃蓉、夏润祥、宛宗祥和县领导出席会议。蕲春县邮政局新发行《梅花》《桂花》两种邮资明信片一套2枚。内容是：《中国湖北第十届李时珍中药材交易会》和"李时珍纪念馆建馆20周年"，图案分别以李时珍中药材市场和李时珍纪念馆大门建筑为背景。

2001 年 10 月 8 日至 12 日，全国（蕲州）中医药交易会和中国湖北第五届李时珍医药节暨第十一届中药材交易会开幕式于 10 月 8 日上午在时珍体育场举行。副省长周坚卫，国家中医药管理局原副局长张洪魁，国家中医药局原副局长刘永钢，全国政协委员、中国中医研究院教授王孝涛，国家食品药品监督管理局市场流通司司长骆诗文，中国药文化研究会常务副会长、研究员、教授余传隆，中国民族医药学会秘书长黄福开，省药品监督管理局副局长宋克勤和黄冈市、蕲春县领导出席开幕式。8 日至 9 日，黄冈市人民政府、蕲春县人民政府在濒湖会议中心举办黄冈市 2001 年招商项目洽谈会，签约投资合作项目 51 个，投资额 2.7 亿元。9 日上午，中国药文化研究会举办的首届中国药文化论坛在蕲春红楼宾馆举行。县卫生局在蕲州举办大型名老中医义诊活动。县盆景艺术协会举办大型盆景展。湖北省体育局、蕲春县体委组织举办全省女篮邀请赛。12 日晚，在李时珍陵园举办节会闭幕式暨文艺联欢晚会；10 月 12 日至 15 日，全国李时珍中医药资源发展战略研讨会在蕲春红楼宾馆召开，与会代表 120 人，大会举行了换届选举，钱超尘教授连任主任委员。

2002 年 10 月 8 日至 12 日，全国（蕲州）中医药交易会中国湖北第十二届李时珍中药材交易会在蕲州时珍体育场举行，中国中药协会会长张洪魁、省经贸委委员刘耀强、市委书记段远明等市县领导出席了大会。会议期间，举办了大型药物交易、医疗和文化、体育活动。本届节会取得较好经济效益和社会效益。

2003 年 10 月 10 日，全国（蕲州）中医药交易会中国湖北第十三届李时珍中药材交易会在蕲州举行，中国中药协会会长张洪魁、副会长阎洪礼、省药品监督管理局副局长宋克勤、湖北中医院院长王华、市委书记段远明和县领导出席了大会。会期招商签约项目 40 个，协议投资额 8 亿元。

2004 年 10 月 8 日至 12 日，中国湖北第十五届中药材交易会在时珍体育场举行，中国中药协会会长张洪魁，中国中药协会常务副会长王瑛，湖北中医学院院长王华，省药品监督管理局副局长宋克勤，省农业厅副厅长左雄中，市领导段远明、夏润祥、易茂先、蒋国平、宋振时和县领导出席了大会。本届药交会药商行动早，近百家门店装修粉刷一新、药材包装、标签全部更换，药市内外焕然一新。地产药材销售较好，以杜仲、厚朴为主要地产品药材，销售往黄石、武汉及安徽、河南等地。共签订投资项目 29 个，协议投资额 2.9 亿元。引进中药材种植商 13 人，协议投资额 1000 万元，中药材贸易成交额 1.3 亿元。

2005 年 10 月 10 日，中国湖北第十六届中药材交易会在时珍体育场举行，省市县领导出席了大会。本届交易会中药材、药品交易亮点突出，县医药系统六家工商企业入市交易，李时珍医药集团的香连胶囊、川贝雪梨膏、家方系列补酒尤为走俏。来自全县乡镇 21 名种药大户，地产品白术、山茱萸等 50 多种地产药材销售一空。向桥乡种药大户姜宏贵与李时珍医药集团一次性成交白术 2.5 吨，成交额 5 万元。吉林修正药业、江西汇仁药业、武汉红桃 K 集团等一批大型药企参会。10 日下午，在县濒湖会议中心举办项目洽谈会，现场签约项目 26 个，涉及医药化工、机械制造、纺织、轻工、食品加工、建材、旅游等方面。

2006 年 10 月 10 日—13 日，中国湖北第十六届李时珍药交会在蕲州时珍体育场举行。同期，由中华中医药学会主办的“纪念《本草纲目》出版 410 周年暨李时珍国际学术讨论会”在蕲春召开，来自日本、中国台湾、中国香港、中国澳门和内地专家学者共 135 人出席；10 月 12 日，澳门中医保健康复学会会长陈惠朝先生捐赠的李时珍全身铜像揭幕仪式在李时珍陵园举行。县委副书记陈友来主持，县长熊长江致揭幕词。县委书记李儒志、县长熊长江为铜像揭幕。

2007年10月10日，中国湖北第十七届中药材交易会在时珍体育场举行。九州通集团、黄石飞云药业，江西汇仁集团，吉林通化药业，修正药业，青岛海尔药业，山东阿胶等省内外260多家医药企业参展。全县各乡镇种药大户携地产丹参、穿心莲、白术、杜仲、百合、栀子、葛根（粉）、白果等产品参展。10日下午，本届药交会招商会在濒湖会议中心举行。湖北燕加隆实业发展有限公司、节能灯配套企业、福建申博陶瓷有限公司等与县内签约，共签约项目38个。

2008年10月10日上午，中国湖北第十八届中药材交易会暨海峡两岸李时珍医药文化与产业发展论坛在时珍体育场开幕。国家食品药品监督管理局副司长杨威、省台办主任刘凯春、省食品药品监督管理局副局长傅铁成、省农业厅副巡视员刘质斌、黄冈市副市长费仁平，县委、县政府领导和参加海峡两岸李时珍医药文化与产业发展论坛的专家、学者250余人出席了开幕式。九州通集团，吉林通化药业，江西汇仁药业，山东鲁抗，武汉健民、葵花药业，湖南金健等80多家药企参会参展。李时珍医药集团和全县医药工商企业展出拳头产品，15个乡镇办种药大户、药材收购专业户300多人展出20多种地道中药材。四大蕲药（蕲百合、蕲栀子、蕲艾、蕲丹参）尤为走俏。10月下午，本届药交会招商会在濒湖会议中心举行，共签约项目27个。人民日报、中央电视台、中央人民广播电台、新华社湖北分社、台湾广播电台、台北市正声广播公司等多家新闻媒体、数十名记者对交易会及论坛活动作了全方位跟踪报道。来自台湾及大陆医药界300多名代表祭奠医圣李时珍，并参加了“蕲春台湾农民创业园”揭牌仪式。两岸论坛出版了《论文集》。

2009年10月25日至28日，中国湖北第十九届李时珍药交会在蕲州中药材市场隆重举行。省台办副主任章良华，市委常委、统战部部长蔡德坤市台办主任王玲以及各界贵宾300余人出席开幕式。其间，第二届海峡两岸李时珍医药文化与产业合作发展论坛同时举行。

2010年10月27日至28日，中国湖北第二十届李时珍药交会暨大别山旅游节（蕲春分会场）在蕲州中药材市场举行。节会主题为“医圣遗风，健康蕲春”。

自2011年后，蕲春县一年一度的李时珍医药节会迁移到蕲春县漕河李时珍国际医药港举行。

历届李时珍药交会中药材销售一览表

表 7-6

年份	参会总人数(人)	其中,药商人数(人)	成交额(万元)
1991	3270	2950	6900
1992	15000	5100	6900
1993	12900	9100	32800
1994	9600	5300	39200
1995	5760	5260	27100
1996	6000	2600	24000
1997	5300	3600	33400
1998	11800	6000	22300
1999	3000	1100	21000
2000	3600	1500	24000
2001	3000	1600	26000
2002	5100	2400	27100
2003	6000	3100	28200
2004	11000	3000	34000
2005	5300	2000	13000
2006	3000	1000	14000
2007	8000	3000	16200
2008	3000	1300	12300
2009	3600	2800	2300
2010	3000	2100	26000

注:从 2011 年起,每年一届的李时珍药材交易会从蕲州药市迁至县城漕河李时珍国际医药港举行。蕲州不再作统计。

卷八　文化名城

蕲州城是长江中下游北岸一座文化名城。《宋史》载：北宋蕲州蕲口镇（今蕲州镇）即为全国六大榷货务（商埠）之一，亦为沿江六大文化古城之一。自南宋景定四年（1263年）州、县治迁入此城，后迄元、明、清、民国诸朝，蕲州城皆为鄂东政治、经济、文化中心。城池巩固，规模恢宏，闻名遐迩。无愧历史文化名城之誉。

一、蕲城概览

南宋嘉定十四年（1221年），金军毁灭原蕲州州治和蕲春县治——罗州城。至南宋嘉熙元年（1237年），金兵再次来犯，知州张可大弃此废城之墟，移州治于蕲口江心石穴洲（后称鸿宿洲），县治随迁。又至南宋景定三年（1262年），知州王益在蕲春境内长江北岸龙眼矶之东南，依托麒麟山、凤凰山之险，筑建新的蕲州城，即今蕲州古城之原型。景定四年（1263年），蕲州州治、蕲春县治均从江心石穴洲迁入新蕲州城。

此时新筑之蕲州城，西滨长江；东与南北环绕诸家湖（雨湖），不需人工开凿，即形成城池，据为自然天险。宋末恭帝赵㬎德祐元年，即元世祖至元十二年（1275年），元兵再次从襄阳顺江而下将攻打蕲州。知州管景模仿效黄州知州陈弈之以城降元，使民免遭涂炭。元顺帝至正十一年（1351年），刘福通起事，徐寿辉在蕲州建立天完政权称帝。其后，徐相陈友谅谋杀徐寿辉自称为帝，国号汉，亦据蕲州。元至正二十三年（1363年）癸卯七月，朱元璋与陈友谅大战于鄱阳湖，陈友谅大败，逃至武昌。十月，朱元璋亲率大军直指武昌（今鄂州），陈友谅之子陈俚御璧出降。这一年，朱元璋称吴王，派指挥赵应清，率领千户许胜、陈遏官军为蕲州城守御。改蕲州为蕲州府。

明洪武元年（1368年），朱元璋正式建立明王朝，是为洪武元年。后至洪武六年（1373年癸丑），千户许胜遵命在蕲州城原来基础上进行修砌。又至明成祖朱棣永乐六年（1408年），指挥胡善为蕲州城增筑腰墙、垛口；明英宗朱祈镇天顺七年（1463年）指挥李广、胡宣；明宪宗朱见深成化二十二年（1486年）指挥李泰、田禛；明武宗朱厚照正德十四年（1519年）指挥王钦、许泰等官军，又相继3次对蕲州城进行了修筑，使蕲州城得以正式完备。

当时蕲州城规模为：周围九里三十三步一千一百三十丈，高一丈八尺。城池东南北阔一十七丈八尺，西为长江天堑，江水弥漫，不可以丈尺计。有门六座：东为朝阳门；西曰旬宣门，西门之右为澄清门。西门之左为善城门；正南为文明门；正北曰雄武门。城上有城门楼六座，窝铺三十所，敌楼三座，城垛三千一百六十五个。城上串楼九百九十间。从那时起，蕲州城就是长江中下游六座文化名城之一。

由于蕲州地域区位优势，素为“吴头楚尾”“荆扬交汇”之要塞，又为“全楚锁钥”“江右藩篱”之皖西屏障。其地居中，“左控匡庐”“右接洞庭”；“北起商汴”“南望吴越”，此等气势与规制，三国时期起，至今皆为兵家必争之地。亦为经济战略要地，经历代开发发展，形成鄂东政治、文化、经济中心。

今日蕲州镇城区至上河口（原蕲河出口、亦称挂口）一带，古称蕲口镇，见诸文字记载于隋开皇九年（589 年），历盛唐的发展，变化较大。至兴元元年（784 年）正月，唐皇李适还在梁州避乱，供给困难，他令盐铁使包信转运东南财粮。包信的船队停泊在蕲口，引起一场大战，唐军获胜。

蕲州在整个唐代有一个起步性的发展，由原来比较落后的面貌，跃为淮南道“上县”（特别说明一下，此“上县”，并非先进行列，为倒数第三个等级）。旧史载述：唐代把全国 1511 个县评为七个等级，即赤、畿、望、紧、上、中、下，分别由 10 个道管理。蕲州在晋代、隋代都很落后，且“民风剽悍”。在唐代跃为“上县”。

到了宋代，蕲州才有了实质性的飞跃发展。宋沿唐制，仍为赤、畿、望、紧、上、中、下这七个等级。南宋中期，蕲州被评为淮南道“望县”，跃居全国第三个等级，此为蕲州历史性的进步。

宋太祖赵匡胤建国后的乾德二年至三年（964—965 年），朝廷下令在通商重地京城（今河南开封市），建州（今福建省建瓯县）、汉阳军（今湖北省武汉市汉阳区）、蕲口（今蕲州镇西之挂口）设立六大榷货务（全国六大商业基地），蕲州是其中之一。后增设江宁府真州（今江苏仪征县）、海州（今江苏连云港市）、易汉阳军为无为军（今安徽省无为县）共 6 榷货务，蕲州仍是全国 6 大商业基地之一。当时蕲口货务负责潭州（今湖南长沙市）、建州以及兴国军（今阳新县）茶叶的收购。又在茶产区淮南六州设马祈（属蕲州，《梦溪笔谈》作王祺）、洗马（今浠蕲交界处）、石桥（属罗田）、麻城（属黄州）、王同（属庐州）、罗源（属舒州）、太湖（亦属舒州）、霍山（属安徽寿州）、麻步、开顺（亦属寿州），还有光州的光山、商城、子安 13 个山场，每场设监场官，收购并出售这 13 场的茶叶，还兼管 13 场之茶农。蕲口务销售茶叶数量占 6 大货务总量的 8.7%；祖额钱占六大货务总祖额钱的 13.2%。可见蕲口务茶叶专卖市场之繁荣，非同一般。

宋高宗南渡后，江淮间战争不断。至绍兴三年（1133 年），朝廷将舒州与蕲州合并，称舒蕲州，属淮南西路。派抗金名将岳飞任舒蕲制置使。岳飞曾三度到蕲州察访并指挥军队过境。由于战争影响，蕲州人口锐减。岳飞即从淮北、江南迁来大批移民到蕲州，移民知蕲州经济基础好，涌入蕲州落籍者 3800 多户计 1 万余人口。官给牛、种，围湖造田，开荒种地，甚至在水面架竹簰布土种菜，蕲州再度兴旺。南宋著名诗人陆游赴四川上任时路过蕲州，在其所著《入蜀记》中描述了当时蕲州的繁华景象。“居民繁错”，东起吴越、西至湘、蜀，来往商船泊于蕲口者“甚众”。市民在江面铺竹簰再铺土种菜。陆游还特地记述了当时蕲口药铺销售药材，给顾客《煎煮所知》（相当于现在的《服药须知》）之类的纸质宣传单，足见当时蕲州蕲口经商人员的先进性。

他还写诗赞蕲口镇的景色，游过赤东湖后，即在《泊蕲口泛舟湖中》诗中写下了“自别蜻蜓浦，斯游十载无”之句。可见他对蕲州蕲口之钟情。

南宋乾道六年（1170年），朝廷在蕲春设监冶铁铸钱。冶铁厂和铸钱监的地址就在蕲州境内的红石头一带。当时铸造铜、铁两种硬币，币值有折二、折三、折五、折十等十几种。乾道六年（1170年），蕲春监铸钱10万缗。次年，地方官因此得到提升；淳熙五年（1178年），蕲春监铸钱15万缗，十二年（1185年）增至20万缗。冶炼和铸钱业的发展，使蕲州的经济得到新的提升。

南宋中期，庆元六年（1200年）前后，蕲州镇口镇从隋开皇九年至此时，历600年发展，成为当时全国六大商埠之一。茶叶、药材、竹制品、毛笔、麻布、其他各种土特产品（商品）经此外售，外地的各种商品经此内销。尤其是大量的钱币经此流通，其繁华程度非同一般。为此，朝廷专门在蕲口设官收税。行商征2%的“过税”、坐贾征3%的“住税”。孝宋乾道六年（1170年），监税官秉义郎高世栋告知陆游：“蕲口镇岁收商业税十五万缗，另雁翅税二十六万缗”，合计四十一万缗。据此可知，蕲口当时年贸易额应在千万缗以上。宋时全国一年的商业税一般在400万至800万缗，蕲州的税收占全国商业税总额的5%到10%，即最高时达十分之一。

南宋时的蕲州蕲口镇，发展最盛时，街道从挂口（蕲河口）沿长江北岸东南至广济（今武穴市）田家镇（包括后来的蕲州镇），号称“四十里长街”。后至南宋景定四年（公元1263年），蕲州新城筑好，州、县治均迁入新城，其他配套建设也逐步完善，此时的蕲州和蕲口镇连成一体，其规模更加壮大。“蕲阳八景”就是其亮点。

元代，蕲州经济无甚发展，且有倒退，但蕲州城得以完整保存下来。元末吴王朱元璋已改蕲州为府，到洪武九年（1376年），朝廷再改蕲州府为蕲州，辖地减少，蕲州的政治地位受到了削弱。但由于蕲州军事战略地位重要，很快迎来新的转机。至洪武十一年（1378年），朝廷在蕲州设立高级军事指挥机关并驻军。即撤去蕲州千户所，建立蕲州卫，由指挥使朱德率安徽凤阳4000军户到蕲州，在麒麟山南麓建立军卫署（指挥使司令部）。这4000军户连家眷万余人，平时屯田，战时打仗。这是蕲州在明代初期一次提档升级的大好机遇。

蕲州卫直属朝廷五军（前、后、左、中、右）都督府的前军都督府湖广都司指挥。他们驻守在蕲州，不仅为国防安全起着重要作用，而且拉动了蕲州经济。

至明正统八年（1443年），被封为荆王的明太祖朱元璋的曾孙、明仁宗朱高炽的第六子、明宣宗朱瞻基的弟弟朱瞻堈、经明英宗皇帝同意，将王府从江西建昌（今南城县）迁到蕲州开藩就府。其后，荆王皇族在蕲州历传十世荆王，亲王下面又有郡王、镇国将军、奉国将军、辅国将军，等等，这一支皇族队伍之庞大，在蕲州历史上是绝无仅有的。专门修建的各级王府、将军府、郡君府、县府等府第就30座，其他配套的古建十几座，真正是九里蕲城，宫殿林立。“城中奕奕王孙地”“台殿平陵半天起”，是一处名副其实的王府胜地。当时，对于拉动蕲州的经济，带动蕲城的发展，可谓到了高峰。蕲州其他任何时代，即使是宋代跃为全国“望县”行列的蕲州，也难以比拟。

明代中期的嘉靖十五年（1536年），朝廷再度关注蕲州的战略地位。鉴于正德六年（1511年）、七年（1512年），刘六、刘七举义，三过长江无阻拦，嘉靖七年（1528年）即在岳州设上江防道。至此时（嘉靖十五年），即在蕲州设下江防道，主管长江汉（阳）九（江）段江防。道署建在蕲州城南门内鸽鸡山旁。下江防道设参议一员（从四品），扼鄂、皖、赣、豫四省要害，辖地内军卫，有司悉听调度。这一高层军事机构的设置，又为蕲州战略地位提高，起到新的促进作用。

至明代末期，蕲州相继发生诸多变异，天灾人祸不断，致使整个蕲州受到毁灭性的打击。

明代自万历朝以后，水旱频仍，民不聊生；农民起义，乱兵遍地。至明崇祯十三年（1640年），蕲州城沿江一线发生一次地陷（地震的一种形式），原四十里长街陷落江底一百多家数里路长，蕲州当时的城镇建设受到毁灭性打击。原来，蕲州沿江街与江心石穴洲仅数丈宽，两岸各打一支木桩，系上粗麻绳，旁置竹簰，行人往来，自己抓住麻绳，自由蹚过，较为方便。地陷后，江面扩宽一千多米，行人再想到石穴洲，没有渡船，则难以上去了。久而久之，石穴洲再无人居住，也无人光顾，成为一片荒芜沙洲，鸿雁纷落于此。石穴洲也不叫石穴洲，人们称它为“鸿宿洲”。

崇祯十六年（1643年）正月廿六日夜，农民军首领张献忠率轻骑二百突入蕲州城，分头冲进荆王宫、蕲州州衙，守卫蕲州的低级武官张国成和湖南调来守城的镇筸（湖南凤凰县南）兵应时起义，蕲州城破。廿七日晨，张献忠率军入城，命令其手下将士搜捕王府贵胄、士大夫官绅及王府宫眷舞女，尽行杀戮。又令毁城，力不能胜者亦皆被杀。末代荆王朱慈烟先一月死，世子朱和至逃往九江。农民军怒开朱慈烟金棺，鞭其尸身。数日后，张献忠等北上蕲春崇居乡（刘河、青石一带），临行前满城放火，把蕲城40多座大大小小的王府宫殿全都烧毁。荆王宫正宫烧了29天，连宫顶9斤重的黄金宝鼎也烧化了。这30多座古建全部化为灰烬。这次兵燹给蕲州古城又是一次毁灭性的打击。

农民军破蕲州城主要守城将士死难人员一览表

表8-1

姓　名	身　份	人数(人)	死　因	附　注
李　梃	致仕遵化兵备道	1	遇难	封志忠节传
李树初	致仕山西副使	1	遇难	封志忠节传
饶　京	致仕巡按御史	1	遇难	封志忠节传
张邦翼	致仕江西右布政使	1	遇难	封志忠节传
董一化	致仕印江知县	1	遇难	封志忠节传
萧颂圣	麻城县教谕	1	遇难	蕲黄四十八寨纪事
童天申	浠水县训导	1	遇难	明史许文岐传
李　新	陕西按察司佥事	1	骂“贼”被杀	封志忠节传
岳　璧	蕲州卫指挥使	1	骂“贼”被杀	封志忠节传
魏时光	广济县典史	1	战场被俘、杀	明史忠烈传
许文岐	下江防道佥事	1	策反被杀	明史本传
贡其志	屏山知县	1	自焚	封志忠节传
李延庆	贡生	1	遇难	封志忠节传
袁素亮	贡生	1	遇难	封志文苑传

续表 8-1

姓　名	身　份	人数(人)	死　因	附　注
李之频	秀才	1	遇难	封志忠节传
李之藻	秀才	1	遇难	封志忠节传
李化龙	秀才	1	遇难	封志忠节传
孙　仍	秀才	1	遇难	封志忠节传
孙承冯	秀才	1	遇难	封志忠节传
黄正中	秀才	1	遇难	封志忠节传
陈时砫	秀才	1	遇难	封志忠节传
李承弓	秀才	1	遇难	封志忠节传
李承裘	秀才	1	遇难	封志忠节传
张尚琪	秀才	1	遇难	封志忠节传
李栋之子	秀才	4	遇难	封志忠节传
张效忠	太学生	1	骂“贼”被杀	封志忠节传
胡其志	太学生	1	骂“贼”被杀	封志忠节传
李于节	秀才	1	骂“贼”被杀	封志忠节传
萧　雩	秀才	1	骂“贼”被脔割	封志忠节传
陈　正	秀才	1	触石自杀	封志忠节传
顾天祚	秀才	1	触石自杀	封志忠节传
卢如鼎	秀才	1	战死	封志忠节传
封氏等	官绅眷属	107	遇难	封志忠节传、烈妇传
冯氏等	官绅眷属	8	自杀	封志忠节传、烈妇传、尚义传
陈氏等	诸生眷属	8	遇难	封志烈妇传
刘氏等	诸生眷属	9	自杀	封志烈妇传、高洁传
夏德明等	兵丁	25	战死	封志忠节传
余　藩	平民	1	遇难	封志孝友传
王氏等	平民眷属	2	自杀	封志烈妇传
戊　儿	奴仆	1	遇难	耳提录述丧乱
	佥事李新眷属		遇难	封志尚义传未计入
	秀才易为豫眷属		遇难	封志孝友传未计入
	秀才何光义眷属		遇难	封志高洁传未计入

顺治元年（1644 年），蕲州为清朝所有。清廷降蕲州为散州。

康熙二年（1663 年）撤除设在蕲州的下江防道。康熙三年（1664 年）又拨所辖广济（今武穴市）、黄梅二县隶黄州府。蕲州辖境即蕲春县境，仍为州领县事。政治、军事地位下降，但行政上仍由湖广行省领导。此时，清廷仍在蕲州保持绿营（蕲州军营）和蕲州卫（军卫）的建制，其战略地位仍显重要。整个清代，蕲州均无起色。至宣统三年（1911），武昌首义胜利，蕲州光复。

1912 年，国民政府改蕲州为蕲春县，隶湖北省江汉道。（民国 15 年）1926 年，省县间置督察专员公署，蕲春属于第三行政公署，以督察专员领县事，专员公署设蕲州城内；1936 年，省行政公署调并，蕲春县属二区，专员公署仍设蕲州；1937 年专员公署迁黄州后，蕲州为蕲春县驻地。1938 年 10 月，日寇侵占蕲州，即成立“蕲春县维持会”伪政权。1945 年 8 月 15 日日本投降后，9 月，蕲春县国民政府仍回驻蕲州。

1949 年 5 月 14 日，蕲春全镜解放，7 月，中共蕲春县委，蕲春县人民政府迁驻蕲州，为新政权的治所。8 月，县委、县政府迁回漕河，蕲州为城关区。1955 年 11 月，城关区下设乡级蕲州镇；1958 年，蕲州为钢铁人民公社；1959 年更名为蕲州公社；1984 年撤社建镇，至 2013 年 5 月，蕲州一直为乡镇（正科）级建制。2013 年 5 月，蕲州被列为“经济发达镇”（副县处级）建制至今。

蕲州自南宋景定三年（1262 年）建城，至今有 756 年历史。先后为军（卫）级、府、州、专署级、县级、乡镇级、副县级 7 级建制。

二、名胜古迹

南宋景定三年（1262 年），知州王益在长江北岸依麒麟山、凤凰山筑蕲州新城之前，此地已有蕲口镇。隋朝统一后的开皇六年（586 年），朝廷对全国地名作了一次普查，首次公布的全国地名中，即有蕲州蕲口镇，至今有 1432 年历史。开皇九年（589 年），隋水军由蕲州总管王世积率领，在蕲口与南陈齐昌太守黄正始激战，南陈军败降。隋朝廷即改蕲州总管府为蕲州，齐昌县属之。此为蕲口镇见诸文字记载之始。从此，蕲口镇受到蕲州历代统治层的重视，逐步加以建设，加上蕲口镇以及后来的蕲州地域，被历代风水家列为“天下三大风水宝地”之一，故至今遗存名胜古迹众多。

（一）四祖正觉禅寺

唐武德七年（624 年），在蕲口镇凤凰山出家的僧众邀请下，将时住广济（今武穴市）梅川广济寺的禅宗四祖司马道信请到蕲地传法，并在山上建造佛寺，称“凤山寺”，后称“四祖正觉禅寺”。南宋时被列为“蕲阳八景”之一；明代被列为“蕲州十景”之一。该寺后迁建于黄梅破额山，现凤凰山仅存原寺台基。

（二）五祖寺

唐贞观八年（634 年），佛教禅宗五祖弘忍追随其师四祖道信，居“凤山寺”。后自立道场，在蕲口东南（今蕲州南门外）枣尔林山建寺，称“五祖寺”。后迁黄梅东山，仅存遗迹。

（三）白甫冲

唐天宝十四载（755 年）至唐代宗李豫广德元年（763 年），是唐代“安史之乱”军阀混战时期，长安名士大夫流落江南者不少。唐玄宗、杨贵妃都很宠爱的宫廷乐师李龟年游历蕲口镇，逗留于江对面沣源口镇（原属蕲州，中华人民共和国成立后的 1951 年划归阳新县）。其后，李白、杜甫不约而同游历到了蕲州蕲口凤凰山，相遇于四祖寺东北向的一条山冲，并在这条冲内酒家饮酒叙话。尔后人们称这条山冲为“白甫冲”。分手后，李白继续向东南方向的安徽、江宁等地云游。

（四）蕲州古城

南宋景定四年（1263 年）筑成。后多次修缮，至 1949 年 5 月前均保护完好，1949 年 5 月 14 日解放蕲州时，东门被高炮轰垮一角。中华人民共和国成立后，蕲州城经历几次撤毁过程。现仅存北门（雄武门），九里城墙均被毁坏。南门（文明门）至小西门（善城门）之凤凰山段，仅存有数十米古城墙。

（五）吕王城

元至正十一年（1351 年）六月，白莲教首领之一刘福通东系“红巾军”出安徽霍山，后遣吕姓部将攻入蕲春，被封为蕲王。吕蕲王在州城东北 5 里之缺齿山（北障山）筑城据守，世称吕王城。至今该城遗址尚存。

（六）蕲口镇

亦称蕲阳镇，在吕王城前方，潴水处即其遗址。北魏郦道元（约 470—527 年）的《水经注》载有“蕲口”，为见诸文字记载之始。

（七）三铁

风水家言蕲州为天下三大风水宝地之一，地如簰形，有“三铁”镇此风水。一为铁佛，建有铁佛寺；二为铁缸，明末崇祯十六年（1643 年）城破，铁缸被江南人击碎；三曰铁牛，云在南城土内浴壕中，相传偶触牛角，城中即有火灾。

（八）烈女墩

亦称“二姑墩”，在城北荷池内。顾景星论云：蕲州“莲市湖”，俗名沿市湖，中有山曰弹子山。元总管张某（谷祥，编者注）二女，至正末，寇乱，义不受辱，赴水死。后生此石墩云。州名士多有凭吊，诗详《艺文》。

（九）凤凰台

在凤凰山边乾明矶上，相传为罗真人飞升处。

（十）古教场

其址有三处。一在蕲州城东濠岸；一在城浦；一在挂口（上河口）江边，明吉安场练兵处。三处古教场遗址，今皆无存。

（十一）小山深处

在古时旧州署内，有樟树三株。明末乱，相传见有三人环甲持戈护城，人谓树神也。遂呼将军树，咸丰间兵燹毁坏。

（十二）江山一览亭

在凤凰山上，兵备道刘亦斋建。其下有千仞亭。清光绪年间废，遗址存。

（十三）江山清趣亭

在凤凰山之南。明弘治年间（公元 1488~1505 年），锦衣卫指挥与知县孙瓒所建。清光绪年间废，遗址存。

（十四）玩鹤楼

在蕲州城东北向山上，有古松一株，极其苍翠。

（十五）白云深处亭

在原荆王府内。林木四匝，翠峰环绕，俨然有仙境之状。荆王建亭于此。今无存。

（十六）沉香楼

在麒麟山上，原荆王府内行宫处，今无存。

（十七）梳妆台

在蕲州城内小教场，即考棚之前，其址无存。

（十八）浮玉亭

在长江边新生矶文昌阁下。明万历十七年（1589 年）知州徐希明构建。适逢广济（今武穴市）梅川名士吴明仲给東，宴饮其上，见水光凝碧，说“此处浮玉也！”遂以此名斯亭。今废。

（十九）鸿亭

在州西南隅乾明矶禹王阁左下首之鸿宿洲上。清初知州张士驷建。今废。

（二十）茎草亭

在蕲州城东山外之东山寺旁，今存遗址。

（二十一）风云奇观石

在旧蕲州治所之右。明成化六年（1470 年）掘地得此。石之首刻有这“风云奇观”4 个字，后有律诗二首，无作者名氏。荆王移置王府宫殿之中。明末毁于兵火。

（二十二）薖所馆

在雨湖北岸。李时珍著《本草纲目》之处。他的孙子李树初在薖所馆左边建有芝麓山房。今无存。

（二十三）白茅堂

在蕲州城外北边熊化岭、顾氏宅园后面。按：顾景星得其父辈之外婆家，即冯午山（冯天驭）尚书的藏书81柜，他在明末乱后回家筑此闭门著述。顾景星曰此堂：白茅堂。

（二十四）四照堂

在蕲州城南鸧鸡山，是参政卢紘兴建的著述之所。

（二十五）蕲州十景

南宋景定四年（1263年），蕲州州治、蕲春县治从江心石穴洲迁到蕲州新城后，即逐步配套建设八大景点，即麟阁江山、太清夜月、凤岗晨钟、龙矶夕照、城北荷池、东湖春水、鸿洲烟雨、龟鹤梅花。时称“蕲阳八景”。至明代中叶，又增加了两大景观，一曰雨湖渔舫，二曰北关雪映，时称“蕲州十景”（诗详艺文）。各景点方位如下：

麟阁江山　　在蕲州城北面麒麟山，山上有亭阁。今无存。

太清夜月　　在蕲州城东北清水池，称夜月池，即太清池。现仅存少量水面。

凤岗晨钟　　凤凰山上四祖寺，每到清晨，钟声响起，唤醒迷人。其寺尚存遗迹。

龙矶夕照　　蕲州城西门外龙眼矶，欣赏晚霞。此石矶已建成轮船码头。

城北荷池　　即蕲州城北面莲花池。旧时尽为莲荷，今存部分水面。

东湖春水　　亦云金沙夜泛，今赤东湖风光。

鸿洲烟雨　　即旧时江心石穴洲，自州、县治搬出后荒芜，鸿雁宿此，即称“鸿宿洲”。今因气候改变，江面变迁，鸿不复来，景亦不存。

龟鹤梅花　　在蕲州南之银山，旧有佛寺。每到冬季，雪里赏梅。今无存。

雨湖渔舫　　旧时雨湖（亦称诸家湖）与长江相连，每到捕鱼之季，百舸捕捞，其景壮观。今不复此。

北关雪映　　旧时蕲州城北面一关前为二里湖平滩，每至冬日，白雪皑皑，十分美观。今已成市区，此景不存。

蕲州古牌坊存名录

表 8-2

名　称	所在地	旌表人	建造者
迎恩坊	文明门内(今城里居委会后面)	朱荆王	朝廷敕建
忠孝坊	在荆王府前(今城里居委会旁)	荆端王朱厚烇	朝廷敕建
贤良坊	在荆王府前(今城里居委会旁)	荆端王朱厚烇	朝廷敕建
六朝文献、两镇干城坊	李时珍故居附近(今迁李时珍纪念馆前)	李时珍父子孙四人	天启二年朝廷敕建
肃政坊	布政公司衙门前(今城内官井街)		知州姜浩建
仁和坊	布政分司衙门前(今城里官井街)		知州姜浩建
澄清坊	按察分司衙门前(今玻璃厂旁)		知州姜浩建
登科坊	武襄门外(今北门外)		州进士陈臻建
都宪坊	旧州衙前(今化肥厂西)		州进士熊翼建
蕲黄重握坊	下江防道署大门左(今玻璃厂左侧)		兵部翁学渊建
江汉巨防坊	下江防道署大门右(今玻璃厂左侧)		兵部翁学渊建
宣卫坊	卫署分司前(今生资站附近)		蕲州卫署分司建
振武坊	卫署分司左(今生资站附近)		蕲州卫署分司建
宣威坊	卫署分司右(今生资站附近)		蕲州卫署分司建
擢秀坊	武襄门外(今北门外)		举人江琳建
进士坊	澄清门外(今西门内)		进士王翰建
恩荣坊	澄清门外(今滨江御景楼旁)		进士、户部郎中王翰立
地官坊	澄清门外(今滨江御景楼旁)		进士、户部郎中王翰立
飞黄坊	州衙西边(今化肥厂西)	华仲贤	进士华仲贤建
进士坊	州衙西头(今化肥厂西)		进士华仲贤建
解元坊	州儒学左边(今麒麟山东端)	程燧	解元程燧、进士华峦、举人陈定喆建
方伯大史坊	州衙西边(今官井路)		华仲贤、华峦父子同建
进士坊	州孺学右边(今麒麟山东端)	华峦	进士华峦建
攀龙坊	澄清门外(今滨江御景楼旁)		举人何珍建
平津坊	澄清门外(今滨江御景楼前)		举人何珍建
清江坊	澄清门外(今滨江御景楼旁)		举人何珍建
登科坊	武襄门外(今北门外)		举人甘莹建

续表 8-2

名　称	所在地	旌表人	建造者
进士坊	拱辰门内(今北门街中)		进士郝守政建
文衡柱史坊	东门外官街(今东岳庙旁)		冯天驭建
侍郎坊	东门外官街(今东岳庙旁)		冯天驭立
大廷尉坊	东门外官街(今东岳庙旁)		冯天驭立
全胜坊	熊化岭东尚书府附近(今东长街)		冯天驭立
司寇坊	东门外官街(今东岳庙旁)		冯天驭立
少宰坊	东门外官街(今东岳庙旁)		冯天驭立
都宪坊	东门外官街(今东岳庙旁)		冯天驭立
廷尉坊	东门外官街(今东岳庙旁)		冯天驭立
御史坊	州东门外(今东门街)	冯鹏	冯天驭为父立
豸绣坊	州城东门外(今东门街)	顾问	湖广巡按胡宗宪为顾问立
台宪坊	州城东门外(今东门街)		顾问立
文奎坊	聚奎门外(今北门街)		进士金兰建
亚元坊	澄清门内(今滨江御景楼旁)		进士田鹏建
湖东首郡坊	古州衙前(今官井路)		知州陈震弼建
宣化坊	古州衙前(今官井路)		知州陈震弼建
平政坊	古州衙前(今官井路)		知州陈震弼建
嘉会坊	古州衙前(今官井路)		知州陈震弼建
泮宫坊	朝阳门内儒学前(今麒麟山东)		州学建
文明坊	朝阳门内儒学前(今麒麟山东)		州学建
桂林秋色坊	朝阳门内儒学前(今麒麟山东)		州学建
杏苑春光坊	朝阳门内儒学右(今麒麟山东)		州学建
登云坊	旧州衙前(今官井街)		举人甘泽立
三桂坊	旧州衙前(今官井街)		举人甘泽立
三桂坊	旧州衙前(今官井街)		举人周祈、进士周禧同立
三辅道士、两浙孝贤坊	聚奎门内(今北门街)		进士周禧立
兄弟联芳坊	宾阳门内(今化肥厂南面)		李孟春、李际春、李盛春兄弟建
牌楼(一)	文明门内,四牌楼街(今南门街口)	李氏四贤	主事李孟春、参将李同春、中丞李盛春、参将李际春兄弟四人同立

续表 8-2

名　称	所在地	旌表人	建造者
牌楼（二）	文明门内，四牌楼街（今南门街口）	李氏四贤	主事李孟春、参将李同春、中丞李盛春、参将李际春兄弟四人同立
牌楼（三）	文明门内、四牌楼街（今南门街）	李氏四贤	主事李孟春、参将李同春、中丞李盛春、参将李际春兄弟四人同立
牌楼（四）	文明门内、四牌楼街（今南门街）	李氏四贤	主事李孟春、参将李同春、中丞李盛春、参将李际春兄弟四人同立
玉堂春锁坊	朝阳门内（今化肥厂内）		进士李盛春立
雄边坊	州城东门外（今东门街）		进士张邦翼建
两试抢魁坊	州城东门外（今东门街）		进士张邦翼建
龙章宠锡坊	澄清门内（今滨江御景楼旁）		进士刘如宠、刘莪同立
执法清朝坊	文明门内（今南门街）		进士王琪立
父子侍御坊	文明门内（今南门街）		进士饶京立
中都锁钥坊	澄清门内（今滨江御景楼旁）		进士刘如宠、刘莪同立
凤山坊	文明门内（今南门街入口）		举人张僖建
俊士坊	文明门外巷入口（今三圣宫路口）		举人张僖建
登第坊	武襄门外（今北门街）		举人易濂建
和乐坊	武襄门外（今北门街）		举人易濂建
鹏程万里坊	文明门外滨江处（今南门外）		举人胡祥建
进士坊	宾阳门旁（今化肥厂南面）		进士刘澄建
经元坊	武襄门外（今北门街）		经元宋诚建
画锦坊	武襄门外（今北门街）		经元宋诚建
清朝执法坊	拱辰门外（今北门外）		进士李载阳、举人李时言、李元英同立。
奕世承恩坊	拱辰门外（今北门外）		进士李载阳、举人李时言、李元英同立。
三桂坊	旧州衙南侧（今官井路）		举人华雺立
迎恩坊	十牌楼街（今中心街）		州衙立
尚书坊	城里四牌楼附近（今南门街）	冯天驭	冯天驭之孙冯一凤立
都宪坊	城内四牌楼附近（今南门街）	冯天驭	冯天驭之孙冯一凤立
世家坊	城内四牌楼附近（今南门街）	冯天驭	冯天驭之孙冯一凤立
百岁坊	城内四牌楼附近（今南门街）	冯天驭	冯天驭之孙冯一凤立
发祥文武坊	竹林湖村李儒祖坟山墓前	李儒	李儒子孙立

续表 8-2

名　称	所在地	旌表人	建造者
父子重光坊	蕲州兔耳地李时珍墓前	李时珍	李时珍子孙立
司马坊	州南盘龙嘴李建中墓前(今假日酒店旁)	李建中	李建中子孙立
邦家之光坊			进士陈殿中立
清晏坊	州城东门外(今东门街)		州衙建
寅宾坊	州城东门外(今东门街)		州衙建
怀德坊	在州治西(今官井路旁)		州衙建
丰乐坊	在州治西(今官井街)		州衙建
通义坊	在州治西(今官井街)		州衙建
威振坊	在州治西(今官井街)		州衙建
勇知坊	在州治西(今官井街)		州衙建
武定坊	在州治西(今官井街)		州衙建
金沙坊	在州治西(今官井街)		州衙建
兑泽坊	在澄清门内(今滨江御景大楼旁)		州衙建
平沙坊	在澄清门内(今滨江御景大楼旁)		州衙建
雄江坊	在法胜寺前(今蕲州郦公园街)		州衙建
太清门坊	太清池旁(今东长街东头出口处)		州衙建
制造坊	冯氏祖坟山乌鸦地(原属广济,今蕲州龙泉庵村境内)	冯天驭及其祖上	冯氏子孙立
谕祭葬地坊	蕲州尚书林(今塘塆村四棵山蟒蛇吐箭地)	冯天驭	冯氏子孙立
制诰坊	老美桥(今黄土岭曾塆境内)		冯氏子孙立
完节坊		进士王珙祖母	王氏子孙立
贞节坊	在城外熊化岭(今东长街后)	顾景星姑母顾氏	顾氏后人立
年少守志坊		李生盘继母诸氏	官府建
李家槽门坊	东门街李明学家门前		李氏族人建
金陵书院门牌坊	西门内麒麟山南(今纯阳阁街后)		金陵帮商人
螺蛳顶庙门牌坊	东岳庙山门(今东长街东头)		庙僧建
表贤坊			王氏户人立
百岁人瑞坊	在今东长街		国民政府主席林森题并颁赐

注:以上99个牌坊,即蕲州明清间所建老牌坊。

蕲州古井名录

表 8-3

名　称	凿井时代	所在地	现状
四祖寺井	宋代前期	城里县玻璃厂内	已毁
玄妙观井	宋代	原煤机厂内	仍存,有保护牌
○　冷水井	宋代	土台余塆附近	修缮使用
五祖寺井	宋代后期	南门外五祖寺西水塘边	继续使用
○　杨家井	元代	塘塆石灰城喻家塆	有泉水可使用,但未用
○　靖烈宫井	元代	街口黑老爷庙内	井在,未用
官井	明初	城内官井路棉花站门口	已填废
朱沙井	明代	煤机厂内	已填废
顾氏祠堂 1 号井	明代	东长街二机厂内	原有四层护栏,废
顾氏祠堂 2 号井	明代	东长街二机厂大门内	原有四层护栏,废
外行宫 1 号井	明代	东长街三小内食堂门口	青石井,已废
外行宫 2 号井	明代	东长街三小东侧	青石井,已废
外行宫 3 号井	明代	东长街三小球场西	青石井,已废
外行宫 4 号井	明代	东长街三小西侧	青石井,已废
○　大泉寺井	明代	大泉山大泉寺旁	有泉可用,未用
东城门井	明代	县化肥厂内	井存未用
○桂花井	明代	街口叶塆门口	井存
清静庵井	明代	城内官塘后面	青石栏,井口痕深
周家井	明代	城里阅马场街	青石井栏,仍存
高县令井	明代	城里三圣宫街	仍在使用
荆王府井	明代	城内粮管所国家粮库内	上下三层井口石,上层为汉白玉,仍在使用
阳明书院井	明代	东长街黄弄东侧	已填
无名井	明代	东长街二印厂后	已填
高家井	明代	三圣宫街东南菜地中	已填
内城井	明代	城里环城路旁	已填
徐家井	明代	城内鼓楼弄街	现存,未用
王家井	明代	城内四牌楼旁	现存,未用
义井	明代	李时珍中学与老瓷厂交界处	已填
○　昭化寺 1 号井	明代	昭化寺内	青石井栏,已毁

续表 8-3

名　称	凿井时代	所在地	现状
○　昭化寺 2 号井	明代	昭化寺内	青石井栏，已毁
○　昭化寺 3 号井	明代	昭化寺内	青石井栏，已毁
儒学 1 号井	明代	麒麟山原瓷厂内	已毁
儒学 2 号井	明代	麒麟山原瓷厂内	已毁
南门井	清代	南门外城墙脚处	继续使用
北仓井	清代	北仓街工具厂内	已填
济婴堂井	清代	东长街石正东屋后	青石栏，仍在用
包公庙井	清代	东长街仓公庙内	已填
杨家用水井	清代	东长街夏家弄西	已填
杨家饮水井	清代	东长街夏家弄西	继续使用
王西元家井	清代	东长街线厂内	有井锁，仍存
夏大屋井①	清代	东长街麻纺厂内	已填
夏大屋井②	清代	东长街麻纺厂内	已填
夏大屋井③	清代	东长街麻纺厂内	已填
夏大屋井④	清代	东长街麻纺厂内	已填
李槽门井	清代	东门体育场后	又名朱砂井，仍存
王家大屋井	清代	李时珍医院内	已填
李大友井	清代	东长街家家福超市后	井存，有锁
马家门口井	清代	东长街家家福超市后	砂石井栏，仍存
五乡绅士井	清代	城里三圣宫街	青石栏，有盖，有锁。井存
亦名张子霞井	清代		
郝家井	清代	城内西门街与南门街交界处	井存。原为郝姓军长家用
梁家井	清代	东长街原二机厂内	已填
黄家井	清代	东长街黄弄东侧	已填
杨家井	清代	东长后街 4 号杨泮如家	砂石井栏，井存
麟山书院井①	清代	李时珍中学内	已填
麟山书院井②	清代	李时珍中学内	已填
麟山书院井③	清代	李时珍中学内	已填
麟山书院井④	清代	李时珍中学内	已填

续表 8-3

名　称	凿井时代	所在地	现状
冯家井	清代	东长后街冯仁和家	青石井栏，井存
小西门井	清代	城内西门街西街头	已填
○　九清宫井	清代	街口九清宫内	仍存
禹王井	清代	中心街副食品店后	已毁
后濠井	清代	中心街副食品店后	已毁
袁家弄井①	清代	城里袁弄南端东侧	方形青石井栏，在用
袁家弄井②	清代	城里袁弄南端东侧	圆形青石井栏，在用
袁家弄井③	清代	城里袁弄北端	砂石井栏，井在未用
西门街井	清代	康复医院宿舍门口	井口痕迹在
叶家井	清代	东长后街叶姓院内	继续使用
连二塘井①	清代	东长街锁厂内	有石栏，井在用
连二塘井②	清代	东长街锁厂内	井口不平，未用
○　符乾关井	清代	街口吊桥大塘角	已填
吴家堰井	清代	新街吴堰里	井存
紫薇园井	清代	东长街东头杨里湘家	继续使用
○　平泉井	清代	濒湖路东郦公园一侧	井栏石上有“平泉”二字，井存
○　桂花山井①	清代	街口桂花山脚	已填
○　桂花山井②	清代	街口桂花山脚	已填
黄家弄宅井①	清代	东长街黄家弄西侧	青石井栏，已填
黄家弄宅井②	清代	东长街黄家弄西侧	青石井栏，已填
梁家井	清代	原二机厂职工宿舍区内	已填
白茅堂井	清代	煤机与二机交界处	已填
冯家山老井	清代	东长街煤机厂西侧	青石井栏，已填
张飞庙井	清代	东长街包公庙隔壁	已毁
王音凡家井	清代	东长街外行宫东侧	已毁
张家井	清代	东长街张晓住宅旁	井存
院子坡井	清代	东长后街院子坡弄	已填
叹气桥井	清代	东长后街院子坡弄	已填
麒麟山泉井	清代	时珍路水产站	井存
李家井	清代	中心街新华书店后	已填

续表 8-3

名　称	凿井时代	所在地	现状
二十户井	清代	易家弄东侧	井存
东岳庙井	清代	东门街中段	已填
东门坝李家井	清代	时珍路计生站旁	已填
四方塘井	清代	东门红花园菜地	继续使用
小巷口井	清代	中心街老豆腐厂内	已填
江西会馆井	清代	河街喜来登商店后	已填
江家井	清代	城里粮管所内	已填
方家井	清代	城内三圣宫街旁	井存
刘家井	清代	城内居委会刘子中家	井存
邱家井	清代	城内鼓楼弄街	井存
陈家井	清代	东长后街	井存
冯家井	清代	冯天驭故居重开井	已填
武圣宫井	清代	一关街武圣宫内	已填
鲁班庙井	清代	东门院子坡处	已填
芭茅山庙井	清代	城里凤凰山上	已毁
圭水井	清代	东长街锁长西北侧	继续使用
文井	清代	东长街老文化馆院内	已填
清水井	清代	城里棉花站内	已毁
○　灵长庙井	清代	打鼓台山灵长庵内	已毁
金陵书院井	清代	城里金陵书院内	青石井栏　井存
昭化寺井	明代	蕲州昭化寺内	近年出土陶砖井栏
马　井	清代	李家槽门下三官殿处	建东门砖瓦厂毁

注：古云，蕲州古时有 99 口古井，指的是清代中期以前即有此数。清代中期后井有增加(民国时增数未登)。记入本表的蕲州古井有 113 口。打“○”者不在古井 99 口之列。

三、荆王府第

按历朝历代惯例，每一个皇族都是皇帝的嫡长子继承帝位外，其余的皇子和亲族都封为亲王（藩王），分居全国各地称为“就藩”，亲王“分封而不赐土”，“食禄而不治事”，是就食地方而无地方行政权力的超级贵族。太祖朱元璋的曾孙、仁宗朱高炽的第六子朱瞻堈封荆王。先于宣德四年（1429）朱瞻堈就藩建昌（江西省南城县），因为有蟒蛇经常出入王宫，朱瞻堈请求王府迁徙他地，英宗朱祁镇正统十年（1445）迁到蕲州，至思宗（毅宗）朱由检崇祯十六年（1643年）被农民起义军张献忠部摧毁，历代荆王居蕲先后达两百年之久。

（一）封爵、禄饷和宫室

亲王势位显赫，衣着、宫室仅次于皇帝。文武大臣觐见，要伏在地上拜谒。王位继承用世袭制，父死子继，由嫡子袭封，无子则兄终弟及。子、弟并无，则从亲属中选一人嗣位。除嫡系袭封亲王外，诸子庶孙皆有封授。亲王诸子年十岁即封为郡王，郡王诸子例授镇国将军、孙辅国将军、曾孙奉国将军，四世孙镇国中尉，五世孙辅中尉，六世孙以下统授奉国中尉。亲王女称郡主；郡王女称县主，孙女称郡君，曾孙女县君，玄孙女称乡君。其婿皆称仪宾。荆王诸子庶孙先后封郡王者九，授将军和中尉者多达数十名。

荆王表

表 8-4　　据《明史·诸王世表》

名　称	世　系	在位年间	说明
宪王瞻堈	仁宗高炽庶六子	永乐二十二年至景泰四年	永乐二十二年封，宣德四年就藩建昌，正统十年迁蕲
靖王祁镐	宪王嫡一子	景泰六年至天顺五年	祁镐，朱氏谱作祈镝
荆王见潚	靖王嫡一子	天顺八年至弘治五年	以罪废为庶人，无谥号
和王祐橺	见潚侄、见溥嫡一子	弘治七年至十七年	初袭都梁郡王
端王厚烇	和王嫡一子	正德二年至嘉靖三十二年	《封志》作嘉靖三十三年死，自正德十年起，以富顺王厚焜摄朝谒
恭王翊钜	端王庶子、盛之嫡子	嘉靖三十四年至隆庆四年	
敬王常泩	恭王嫡二子	万历三年至四年	音训
康王常㴻	恭王嫡三子、敬王弟	万历七年至二十五年	音贯，初封安城郡王
定王由樊	康王嫡二子	万历三十八年至天启二年	樊，朱氏旧谱作懋，《明史·瞻堈传》无袭封时间
荆王慈烟	定王嫡一子	天启六年至崇祯十五年	烟·《明史·瞻堈传》

续表 8-4

名 称	世 系	在位年代	说明
都昌王			共五王
惠靖王祁鉴	荆宪王嫡二子	正统八年至成化十三年	朱氏谱作成化三年死
怀顺王见潭	惠靖庶一子	成化十六年至十九年	
悼王祐枵	怀顺嫡一子	弘治九年至十一年	朱氏谱称弘治五年已死
都昌王厚熙	悼僖嫡一子	正德五年至嘉靖八年	《明史·谱王世表》作正统五年(1440)非·此据朱氏谱及《封志》
都昌王载瑢	厚熙嫡一子		嘉靖袭封一子早死，无嗣，郡爵除
都梁王			只有一王
悼惠王见溥	荆靖王嫡二子	成化二年至十三年	子祐间袭封荆王，郡王爵位例不袭
樊山王			共六王
温懿王见濍	荆靖王庶三子	成化三年至正德元年	
庄和王祐樠	温懿嫡一子	正德四年至嘉靖七年	
恭恪王厚熫	庄和庶一子	嘉靖十一年至三十年	
樊山王载埁	恭恪庶一子	嘉靖三十六年至万历二十五年	岑·《明史·诸王世表》作岑，又朱氏谱称万历十三年死
樊山王翊钰	载埁庶一子	万历二十八年至？	万历十三年封长子朱翊谱称万历十九年已死
樊山王常沧	翊钰嫡一子	万历年间至崇祯十六年	万历三十三年(1605，朱氏谱作三十二年)封长子，既而袭封郡王
富顺王			共五王
富顺王厚焜	荆和王庶二子	正德九年至万历四年	
富顺王载埙	厚焜庶一子	万历十年至十二年	
富顺王翊鍉	载庶一子	万历十六年至？年	
富顺王常温	翊庶一子	天启三年至？年	

续表 8-4

名　称	世　系	在位年代	说明
富顺王由櫺	常嫡一子		朱氏旧谱作樟，万历三十四年(1606，《封志》作万历二十四年(1596)。
永新王			共五王
安庄王厚熿	荆和王庶三子	正德十一年至嘉靖三十七年	黄，《封志》作煌，又在位年作正德十三年至嘉靖二十七年(1518—1548)
恭懿王载壕	安庄嫡一子	嘉靖四十一年至万历十一年	
永新王翊键	恭懿嫡一子	？年至万历二十八年	《明史·诸王世表》称万历十三年未袭，死。此据朱氏谱。
永新王常渭	翊键庶一子		《封志》作万历三十四年(1606)封长子，既而袭封《明史·诸王世表》作万历十六年(1588)年袭封。
永新王由柼	常渭庶一子		柼，朱氏旧谱作《明史·诸王世表》称万历三十四封长子，既而袭封
永定王			只有一王
永定王载墭	荆端王庶一子	？年至嘉靖二十九年	长子翊袭封荆王，郡爵除
德安王			共二王
德安王翊镨	载墭嫡二子	嘉靖三十六年至万历？年	《封志》作嘉靖二十年(1541)封
德安王常濡	翊镨嫡一子	万历三十年至？年	
桐城王			
怀僖王由禅	荆康王次子		天启初死，据朱氏谱《续文献通考》，由作佑，非
桐城王由柚	荆康王三子		据朱氏谱补
岷青山			只有一王
岷青王由欘	荆康王四子		据朱氏谱《续文献通考》，由作佑，非

《明史》称：“国家经费，莫大于禄饷。”而王室禄饷远高于群臣，洪武九年（1376）规定：亲王，岁支米五万石，钞二万五千贯，丝、麻、棉布三千零四十匹，绵二千两，盐二百引，茶一千斤，马料草五十匹。郡王，米六千石，钞二千八百贯。丝、麻、棉布三百一十匹，绵五百两，盐五十引，茶三百斤，马料草十匹。亲王女已受封及已嫁者，米一千石，钞一千四百贯。郡王女已封县主及已嫁者，米五百石，钞五百贯，外各支布帛等物若干。亲王世子，岁支与郡王同，郡王子袭封郡王者，岁支为始封郡王之半。洪武二十八年（1395年），改定亲王岁支米一万石，郡王二千石，镇国将军一千石，辅国将军八百石，奉国将军六百石；镇国中尉四百石，辅国中尉三百石，奉国中尉二百石；郡主及仪宾八百石，县主及仪宾六百石，郡君及仪宾

四百石，县君及仪宾三百石；乡君及仪君二百石。（岁支钱钞、布帛等改定多少，《明史》未载）自此以后，永为定则，禄饷之外，婚丧另赐经费。荆王宗室成员同一时期约有亲王一、郡王五，将军、中尉及受封宗女百数十人，每岁共支禄米当在八万石以上，为当时蕲州年收粮米（二万八千石左右）的三倍。而岁支的钱钞，布帛等亦远远高于全州的课税收入（四万贯左右）。竭三、四县的财力、物力，才能供养王府一摊人，此外，地方官俸、军饷，在明代中叶以后，也都派在农民头上，农民还要交纳地主的田租，以致逃亡者，于是“郡王以上，犹得厚享，将军以下，多不能自保，饥寒困辱……呼号道路”。他们仗着皇家的势力，常常“聚诟有司”。地方官吏，担惊受怕，过的也不是日子，那些王室成员，“坐厚禄”，无所事事，凶者如狼，弱者如鼠，即才智者亦不能见用于世而堕为寄生虫。

正统八年（1443年）开始在麒麟山西北麓建荆王府。十年（1455年），朱瞻堈自建昌到蕲就藩。自后，分封既多，建府日繁，荆王而下，郡王、将军、仪宾，皆各造府第（仪宾府又称主府，如郡主府，县主府等），九里蕲城宫殿林立，“城中奕奕王孙地”，“台殿平陵半天起”。在明末的农民战争中，所有王府，一炬变成了焦土。给蕲州的面貌是一次极大的损毁。（见《荆藩各王府一览表》）

荆藩各王府旧址一览表

表8-5

府 名	位 置	建府年代	说 明
荆王府	麒麟山西北麓（今李时珍中学至泡尔田一带）	正统八年(1443年)	据《甘志》，弘治《黄州府志》，至嘉靖八年(1529)止，不全
都昌王府	州治西（原县瓷厂）	正统八年(1443年)	《甘志》作在州城东南
都梁王府	老南门内，州治西一里（黄冈地区二医院）	成化五年(1469年)	
樊山王府	都梁王府东南（黄冈地区二医院）		
富顺王府	州城东南		
永新王府	州城东		
永定王府	荆王府内		
德安王府			
桐城王府			
岷青王府			

续表 8-5

府　名	位　置	建府年代	说　明
都昌王祁鑑四子镇国将军府	州治西		
都昌王见溥次子镇国将军府	州治西南		
都梁王见溥三子佑枥镇国将军府	都梁王府之东府		后为其长孙厚灼辅国将军府。
樊山王见濍五子镇国将军府	州治西小街		
樊山王见濍六子镇国将军府	州治东大街		
都梁王见溥次孙辅国将军府	州治西大街		
都梁王见溥三孙辅国将军府	州治西小街		
都梁王见溥四孙辅国将军府	州治西		
楚望县主府	州治南	成化六年(1470 年)	
石阳县主府	州治南	成化七年(1471 年)	后改为宁都郡君府
祁门县主府	州治西	成化十年(1474 年)	弘治《黄州府志》作祁阳
宁远县主府	州治西		
华阳郡君府	州治南		
象山郡君府	州治西		
东阿郡君府	州治西		
郧西郡君府	州治西		
慈溪郡君府	州治东		
郓城郡君府	州治东		
上饶郡君府	州治西		
归安郡君府	州治南		

（二）王府的官吏和仆役

明之亲王、不仅侈封亲属，还设置大批官吏。

荆王府宫内设内使官以服役宫内。有承奉司、承奉正、副各一员；典宝所，典宝正、副各一员；典膳所，典膳正、副各一员：典服所，典服正、副各一员。又置司冠一名、司衣三名、司佩一名、司履一名；各门门官，门正、门副各一员。另有司药二名，司弓矢二名。

荆王府宫外设长史司。主持王府日常事务，长史司，左、右长史各一员，内置典簿厅。有典簿一员。外辖：审理所，审理正、副各一员；典膳所，典膳正、副各一员；奉祠所，奉祠正、副各一员，典乐一员；典宝所，典宝正、副各一员；纪善所，纪善二员；良医所，良医正、副各一员；典仪所，典仪正、副各一员；引礼舍人三员；工正所，工正、工副各一员；伴读四员；教授四员；广容仓大使、副使各一员，广容库大使、副使各一员；另有群牧所，正、副千户各一员，百户十员；仪卫司，仪正、仪副各一员，典杖六员，旗手正千户一员，各所、仓、库副职，嘉靖四十四年（1565 年）并裁。伴读、引礼舍人，后只各设一员。

荆王府外，郡王府各置教授一员、典膳一员，镇国将军府各置教授一员。

王府官属，仅荆王府有数可查的达七十余人（各门有门官，多少门，无从稽考），佐贰、仆役至少十倍于此数，加上郡王府、将军府的一帮，当以千计。

（三）土地和财物

荆王初建府，即将国家常备军在蕲州的重要机构军卫署，由麒山麓迁到城西，并强毁附近民房，把一大片土地圈进宫墙之内。成化末，又拆掉一州的首脑机关州衙，用州衙的砖瓦木料扩建王府。在侵占土地的同时，还将税课局，赤东湖河泊所据为己有，局所税课收入年约钱钞三万零八十贯，占当时全州税收（农业税除外）百分之九十五以上，弘治五年（1492 年），荆王朱见潚以不法罪废为庶人，次年（1493 年）将所夺局、所退还州衙。

（四）王府生活

“食禄岁支万与千，王侯谁复惜金钱。”王室成员在深宫里攀花枝，昵粉黛，“吹竹弹棋”、“斗鸡走狗”，过着“夜宴未已鸣朝钟，日午君王梦正浓”的生活。为了填饱欲壑，互相争斗，彼此残杀。第二代荆王朱祁镐长子见潚，袭封荆王，恨生母偏爱胞弟都梁王见溥，先把母亲禁锢在僻室里，不给衣食，以致活活饿死。接着，把见溥召到后花园，一顿鞭子打死，并将见溥的妃子何氏骗到宫中强行奸污。他见堂弟都昌王见潭的妃子茆氏很美，又想私通，只是见潭的母亲马氏防得很严，无从下手，便叫人把马氏的头发剃光，毒打一顿。用装满土的袋子把见潭压死，将茆妃抓进后宫，这还不够，又搜罗一批恶少，轻骑微服，来往汉水，专门掠夺平民的妻女。王府中也有几个“贤老”，比如樊山王朱载埁放弃郡王女可以援例请禄于朝的权利，把四个女儿都嫁给平民，不向朝廷请封。樊山王朱厚焜父子酷好诗书，喜结交名士，与王世贞、吴明卿辈相唱和，以“闲云野鹤”自居。但是皇家规定，王府子孙既不得从事农工商贾，又不得在军政机关任职，最多也只能出入宫苑，哼着“墙头过酒情偏惬，马上含杯兴转赊”的诗句，附庸风雅，消磨时日而已。

附录 1：历代荆王传略

朱瞻堈

朱瞻堈（1406—1453），第一世荆宪王。明太祖朱元璋曾孙、明成祖朱棣嫡孙、明仁宗皇帝朱高炽第六子，母亲张顺妃，生于永乐四年（1406）九月廿四日。永乐二十二年（1424），18 岁时被封为荆王。明宣宗宣德四年（1429 年）带领眷属、从官、仆役等到江西建昌就藩（建昌即今南城县）。后来，王宫里常常有蟒蛇出现，蟒蛇还蟠在王宫的龙座上。朱瞻堈大惧，甚至吓昏过去。于是，他请求朝廷准许他迁移。经明英宗朱祁镇准奏后，朱瞻堈即安排风水大师到长江南北一带找寻风水宝地，准备迁藩。风水大师相中了“天下风水宝地”之一的湖广蕲州。于是就在蕲州新建王府，于明正统十年（1445 年）到蕲州就藩。蕲州历史上首次有了亲王府第。荆王府第建在蕲州麒麟山之阳，朱瞻堈王族在这里过着超级贵族生活。明代宗朱祁钰景泰二年（1451 年），朱瞻堈上表请求觐见皇帝，上皇下诏不允许。朱瞻堈天资聪颖，勤奋好学，尤善古礼。每遇朝廷大庆或重要活动，他都严肃依礼而行，礼成不倦。他喜欢和文化人打交道，并相互唱和，其礼贤下士之德，蕲州人都非常感念他。景泰四年（1453 年）薨逝，谥曰宪，年 48 岁。卜葬永福下乡张策山（今属横车镇）之阳，后迁安平上乡（今属蕲州）两路口铺大泉山之阳之韩家寝。土名两路口大王庙左侧。后称此地为王坟垴。正妃刘氏，殁后葬安阳山之阳，称刘娘寝。妃桂氏，殁后葬大泉山莲花地。妃周氏，殁葬未详。有子二：朱祁镐、朱祁鑑。

朱祁镐

朱祁镐（？—1461），第二世荆靖王。其生年，《明史》及《朱氏宗谱》均无考。是蕲州第一世荆王朱瞻堈之长子。明代宗朱祈钰景泰四年（1453 年），嗣荆王位。至明英宗朱祁镇天顺五年（1461）薨逝，谥曰靖，在王位 9 年。葬安平上乡（今蕲州）大泉山朱家寝。正妃王氏，殁葬大泉山韩家寝。妃魏氏未详。子三人：见潚、见溥、见濍。

朱见潚

朱见潚（？—1494），第三世荆王。生年不详。明英宗朱祁镇天顺五年（1461 年）嗣荆王位。在位期间，多不法之举，且胡作非为。他恨生母偏爱胞弟都梁王见溥，即将母襟固，不给衣食，活活饿死。又打死胞弟见溥，奸其妃。还奸污王宫中姿美眷属。并抢劫民间妇女。种种恶行，经告发，于弘治七年（1494 年）被废为庶人并赐死，无谥号。其子朱佑柄亦被废，发武昌安置。

朱祐橺

朱祐橺（？—1504），第四世荆和王。生年不详。其父为都梁王见溥，被伯父三世荆王朱见潚所害。因见潇子被废，朱祐橺才得以承袭四世荆之位。于明孝宗朱祐樘弘治七年（1494年）进嗣，至弘治十七年（1504年）薨逝，谥曰和。在王位11年。初卜葬永福下乡白云山（今横车西河驿广教寺处），后迁蕲州诸家湖（雨湖）南面韩家山。正妃刘氏殁与王合窆。妃陈氏殁后葬施家塘。子三：厚烇、厚焜、厚熿。

朱厚烇

朱厚烇（？—1553），第五世荆端王，四世荆王朱祐橺长子，生年不详。明孝宗朱祐樘弘治十七年（1504年）嗣荆王位。他在位时，为人谦和温良，尤耽嗜经史，能诗且工于隶篆体书法。他折节下士，凡有一技之长者皆礼之。他把王府内一片空地作为田园，叫“东庄”，并置匾牌曰“白云深处”。每年耕作其间，以观旱涝情况。凡遇天旱，则为民祈雨，不惜所费。明武宗朱厚照正德十年（1515年），以疾病辞食禄，朝廷不但不允许他辞禄，还赐帑金在蕲州城内建石牌坊二座，一曰忠孝；一曰贤良。以彰其德。明武宗皇帝还颁诏书：责令其弟富顺王朱厚焜摄政，料理朝谒等事宜。朱厚烇鉴于二世荆靖王之子互相交恶所引起的后患，他以此为诫，每至恸戚！告诫诸王子和宗人，要注意勿重蹈覆辙。明世宗朱厚熜嘉靖二年（1523），他又一次上书辞禄，被温旨褒勉不允；嘉靖十四（1535），再一次奏呈辞禄，又不允。嘉靖皇帝还派了使臣到蕲州荆王府慰问他，颁有敕文二篇，荣幸之至。嘉靖三十二年（1553），五世荆王朱厚烇薨逝，朝廷赐谥曰端。他在位50年之久，在蕲州荆王府历史上是享王位者最长的一人了。卜葬广济（今武穴市）杨门山张家寝。正妃陈氏，殁后与其同墓。生子一：载墭。

朱载墭

朱载墭，明嘉靖年间人，生殁无考。明嘉靖初受封永定王，早薨，谥曰端穆。后因长子朱翊钜进嗣荆王，亦追封其为荆王，谥曰庄，即蕲州荆王府第六世荆庄王。卒葬广济（今武穴市）马口湖边杨门武家寝，又名月亮山。妃王氏，殁葬广济（今武穴市）灵皂山幽居寺侧。生子二：翊鉅、翊鐠。

朱翊钜

朱翊钜（？—1570），第七世荆恭王。六世荆庄王朱载墭长子，生年不详。明世宗朱厚熜嘉靖三十二年（1553年）嗣荆王位。在位时，法度严明，奖罚分明。曾向朝廷表奏樊山王朱载埁贤能，请他训诲王府诸子孙。明穆宗朱载垕隆庆四年（1570年）薨逝，谥曰恭。在王位18年。卜葬安平乡翁家寝。妃熊氏，殁葬安平乡大路铺枫树林（今属漕河镇）。子三：常泛、常渲、常盗。长子常泛为人残忍，恣肆非为，言于朝，废为庶人。

朱常洁

朱常洁（？—1576），第八世荆敬王。七世荆恭王朱翊钜之次子，生年不详。明穆宗朱载垕隆庆四年（1570 年）嗣荆王位，明神宗朱翊钧万历四年（1576 年）薨逝，在王位 7 年，谥曰敬。卜葬安平上乡西河驿翁家寝（今横车镇西河驿村）。王后王氏，殁后与夫同墓。无子，以弟安城王朱常盗嗣爵。

朱常盗

朱常盗（？—1597），又八世荆康王。七世荆恭王朱翊钜第三子，生年不详。明神宗朱翊钧万历四年（1576 年）嗣荆王位。他以“兄终弟及”而进嗣王位，为人平和，讲究规矩，在皇族中有很贤能的良好声誉。明神宗朱翊钧万历二十五年（1597 年）薨逝，在王位 22 年，谥曰康。卜葬羊角岭熊家寝。正妃吴氏，妃冯氏殁后，合葬蕲州大泉山。生子四：由樊、由榉、由柚、由欙。

朱由樊

朱由樊（？—1622），第九世荆定王。又八世荆康王朱常盗长子，生年未详。字凤歧、号文伯。明神宗朱翊钧万历二十五年（1597 年）嗣荆王位。朱由樊神采奕奕，望若天人。他学问渊博，知识丰富；谦虚谨慎，生活俭朴；敬礼名士大夫，体悉民间疾苦。同时，他善于文墨，书法绘画皆通，受到人们的普遍尊敬。明熹宗朱由校天启二年（1622 年）薨逝，在王位 26 年，谥曰定。葬广济（今武穴市）朱老坟，后迁葬石鼓河湖家寝。妃顾氏，未详。子五：慈烟为嫡出。

朱慈烟

朱慈烟（？—1642），第十世荆王。是第九世荆定王朱由樊第五子，因为嫡出，得继王位。明熹宗朱由校天启二年（1622 年）嗣位。朱慈烟聪明有才艺，常有志周游天下，因乱未果。撰有《重修石鼓寺》于世，旧州志《艺文》载有此记。明思宗朱由检崇祯十五年（1642 年）冬薨逝，在王位 21 年，因乱未加谥号。乱军曾开其棺，后葬广济（今武穴市）朱老坟。元妃桂氏后出家。次妃刘氏未详。刘氏生子朱和至，为世子，乱时出走九江。

朱和至

朱和至（崇祯年间至清初），第十一世荆府藩王，十世荆王朱慈烟之子。明思宗朱由检崇祯十五年（1642 年）冬嗣荆王位。十六年（1643 年）春，张献忠破蕲城，朱和至奉嫡母桂氏和生母刘氏移寓九江府，蕲州荆藩国除。历十一世荆王、有 200 年历史的荆藩府第至此消失。

附录 2：

荆王府故物遗存一览表

表 8-6

名称	位置	建造时间	备注
昭化寺	在州北 3 里缺齿山西麓		今存
福兴寺	在州城陈家坝		无存
玄妙观	城外瓦屑坝	天顺四年	1970 年拆毁，1980 年后移至后塝重建
观音阁	州城	嘉靖五年重修	无存
铁佛寺	北门内	嘉靖十九年	无存
武当外行宫	在原州治右今官井街	嘉靖二十九年	无存
祈嗣宫	在凤凰山四祖寺左	嘉靖三十年	有遗址
国正庵	州城	万历时	无存

附录 3：

王府胜地趣闻谈

张梁森

朱元璋领导农民起义，打败了元朝统治者，建立大明王朝，做了开国皇帝。他秉袭历代封建王朝的统治者一样实行世袭制，即嫡长子继承皇位以外，其他子孙均封为王位。谁知他儿子早死了，由他孙子继承了皇位。可不到两三年，朱元璋孙子的皇位却被次子朱棣夺去了。但嫡长子继承皇位的制度没有变。

到明仁宗朱高炽即位，年号为洪熙，此时，明朝已走向稳定，封王赐爵则是朝政中的一桩重要大事。因为，各个藩镇稳定了，才有整个朝廷的稳定，以至天下大安。

朱高炽有 10 个儿子，其中第六个儿子张顺妃所生叫朱瞻堈，是明太祖朱元璋的曾孙。朱高炽即位前，这个儿子已被永乐皇帝封为荆王。当时，朱荆王瞻堈年龄尚小，没有要他到自己的封地——江西建昌去就位。直到仁宗朱高炽做一年皇帝就驾崩了，其长子朱瞻基即皇帝位，年号为宣德。至宣德四年（1429 年），即命荆王朱瞻堈到自己的封地就藩，免得这个小弟弟（五弟）在京城闹事惹麻烦。于是，朱瞻堈即带着家人仆从、官吏等 300 余人以及藩封仪仗、财产等来到江西建昌。

江西建昌，有人说是现在的江西南昌，有人说是现在的瑞昌，甚至有人说是现在的广昌。其实都不对。明代的建昌是一府级建制。按《辞海》“建昌”条记载：“北宋太平兴国四年（979 年）改建武军置军。治所在（江西）南城（今县）。元至元十四年（1277 年）升为路。明初改肇昌府，不久改建昌府。清辖境相当于今江西南城、资溪、南丰、黎川、广昌等县地。1912年废。”

这段记载的意思是说，建昌是北宋太平兴国四年（979年）改建武军而设置为建昌军。元朝至元十四年（1277年）升为建昌路。明代初年改建昌路为肇昌府，不久又定名为建昌府，直至清末。明、清两代的建昌府辖地包括今江西省的南城、资溪、南丰、黎川、广昌等县地域。

这再清楚不过了，明代的建昌府所在地就是今日江西的南城县，南城县的县政府驻地（即县城）就叫作建昌镇。南城县位于江西省东部，抚河中游，属今抚州市所辖，全县均为丘陵地区，最高的山峰海拔1176米。这里一年四季气候较潮湿，适合各种动植物生存发展。

第一代荆王朱瞻堈开藩建昌后，即兴造王府，安顿家族人员及大小官吏，过着独占一方的皇族生活。他们“分封而不赐土”，“食禄而不治事”。意思就是皇上只给他们封王爵之位，但不赐给土地；给他们高额的食禄，但不要他们做事。实际上就是过着超级地主的生活。

也许是地理和气候环境的原因，也许是荆王的命运所致，朱瞻堈在建昌住了几年以后，荆王府里发生了罕见的怪异现象。

有一天早朝，荆王朱瞻堈照例接受百官的朝贺，他带领群官走进王宫，准备在龙椅上落坐。谁知他刚到宝座前，龙椅上一条巨大的蟒蛇蟠在上面，张着血盆大口对着荆王呢！朱瞻堈当时大叫一声，吓得昏死过去了。几位武士迅速围来刺杀蟒蛇，哪里近得它身，只见巨蟒“嗖、嗖……”地跃出宫外。众人急将荆王扶起用姜汤灌醒，他仍在梦中叫着：“吓死我也！”

这样的怪异，后来又发生了几次，荆王朱瞻堈再不敢进宫，决心离开建昌这个可怕的地方。他命纪缮官写好奏章，利用“朝觐”的机会呈上皇帝，恳切地要求迁徙王府。

迁徙王府？谈何容易。

此时，荆王朱瞻堈的哥哥、明宣宗朱瞻基皇帝也已驾崩，其子朱祁镇（朱瞻堈的侄儿）即皇帝位，是为英宗，年号正统。

这叔叔再次向侄儿（皇帝）上奏，不管多大费用，还是准奏：由朱瞻堈自己在中南一带选择风水宝地重建王府，待新的王府建好了，再移位其中。

于是，荆王朱瞻堈请了天下最好的风水大师，到大江南北勘测风水，寻找宝地。有位风水大师用了两三年时间，跑遍了江西、湖南、广东、广西以及苏、浙等地，最后到蕲州（今蕲春县蕲州镇就不走了。

他看到十里蕲城。由麒麟、凤凰相拥对峙，扬子江激流环绕西北；二里湖、雨湖清波荡漾东南。龙峰山如一条巨龙探头长江饮水；赤东湖像一颗明珠映衬白云生辉。还有那“蕲阳八景”（李时珍时代为“蕲州十景”）景景幻彩；还有这“古城百雉”雉雉流霞……

这风水大师越看越像，把后脑勺一拍，自言自语道：“天下竟有这样完美的风水宝地，难怪孔圣人把麒麟牵到这里驻足，难怪财神爷把凤凰引到这里落窝……。”

当时，那位风水大师看出蕲州（今蕲春）这一风水宝地后，立即向荆王朱瞻堈汇报。朱瞻堈非常高兴，又请其他几位风水家共同论证，实地勘察，意见一致。

于是，朱瞻堈将觅得湖北蕲州为新王府所在地的要求再次呈奏给正统皇帝，准奏后即择吉日兴建蕲州荆王府。从明英宗朱祁镇正统八年（1443年）癸亥开始破土动工，到正统十年（1445年）全面竣工，前后整整花了3年时间，一座巨大的王府宫殿群，在蕲州城里麒麟山西南麓拔地冲天而立。其气派之非凡，其工艺之精巧，其工程之艰巨，其耗费之巨大，在蕲春古今建筑史上，可说是空前绝后的。

也就是这一年（明正统十年），荆王朱瞻堈率领荆王府王妃以下数百口，从江西建昌浩浩荡荡地迁到了湖北蕲州。从此，蕲州这个唐代的上县，宋代的望县，再度迎来了它特有的发展机遇，成为明代中叶一个名副其实的王府胜地。

说来也巧，朱瞻堈自从建昌迁到蕲州后，沾着蕲州这块风水宝地的钟灵之气，汲着蕲阳大地的雨露之润，致使历代荆王都很兴旺发达。从朱瞻堈起，到明朝灭亡的崇祯十七年（1644年）止，先后传承10代荆王。现分别简介如后。

第一代荆王朱瞻堈，是明仁宗朱高炽庶六子，永乐廿二年（1424年）加封，宣德四年（1429年）就藩建昌，正统十年（1445年）迁到蕲州。景泰四年（1453年）薨（王死曰薨），在位30年，谥荆宪王。

第二代荆王朱祁镐，荆宪王嫡长子，景泰六年（1455年）封，天顺五年（1461年）薨，在位7年，谥荆靖王。

第三代荆王朱见严潚，荆靖王嫡长子，天顺八年（1464年）封，弘治五年（1492年）薨，在位29年。因罪废为庶人，无谥号。

第四代荆王朱祐檷，是朱见潚的侄儿，郡王朱见溥的嫡长子，初袭封郡王。弘治七年（1494年）加封荆王，弘治十七年（1504年）薨，在位11年，谥荆和王。

第五代荆王朱厚烇，荆和王嫡长子，正德二年（1507年）封，嘉靖三十二年（1553年）薨，在位47年，谥荆端王，清光绪《蕲州志》（封蔚礽主编）上说，荆端王朱厚烇薨于嘉靖三十三年（1534年），不知熟是。但有一点，荆端王朱厚烇在位时长年多病，自正德十年（1515年）起，一直由其胞弟富顺王朱厚焜主持王府事务。

第六代荆王朱翊钜，荆端王朱厚烇之庶子，郡王朱载墭之嫡子。嘉靖三十四年（1555年）封，隆庆四年（1570年）薨，在位16年，谥荆恭王。

第七代荆王朱常渞（读“训”），荆恭王嫡二子，万历三年（1575年）封，万历四年（1576年）薨，在位2年，谥荆敬王。

第八代荆王朱常盜（读“贯”），荆恭王嫡三子，荆敬王之弟。初封安城郡王，万历七年（1579年）袭封荆王，万历二十五年（1597年）薨，在位19年，谥荆康王。

第九代荆王朱由樊，荆康王嫡二子，万历三十八年（1610年）封，天启二年（1622年）薨，在位13年，谥荆定王。

第十代荆王朱慈烟，荆定王嫡长子，天启六年（1626年）封，崇祯十五年（1642年）薨，在位17年。一年多后，明王朝灭亡，故亦无谥号。

蕲州荆王府这10代荆王，经历了蕲州近200年的沧桑巨变，终于走向了他们的末日。崇祯十六年（1643年），农民起义军张献忠等攻进了蕲州城，屠杀了荆王府人员及其官员数百口，烧毁了荆王府及各郡王等府宫殿群共40多座达数千间，结束了朱荆王在蕲州的那段曾经令人追思的历史。

下面，我们可以看看朱荆王藩封当年在蕲州的显赫之势。

历代朱荆王，作为明皇族宗室亲王，其地位仅次于皇帝。文武臣僚觐见，要伏在地上行跪拜礼。王位的继承是世袭制，父死子继，由嫡子袭封。无子则兄终弟及，子、弟都没有，则从亲族中选一贤者嗣位。这10代荆王都是按这个规矩封授的。

亲王的儿子，除长子袭亲王之位以外，其他子孙皆有封授。诸子10岁封为郡王，郡王诸子孙皆有封授。郡王诸子例授镇国将军，孙例授辅国将军，曾孙为奉国将军，玄孙为镇国中尉，代孙为辅国中尉，来孙以下皆为奉国中尉。亲王的女儿授为郡主，郡王的女儿授为县主。亲王孙女称郡君，曾孙女为县君，玄孙女称乡君。她们的女婿皆称仪宾。李时珍的孙子李树初就是荆王府的女婿，做官前即为一位仪宾，得到荆王府多方惠顾。

就整个朱荆王王族而言，诸子世孙先后被封为郡王的有9人，授各级将军、中尉者30余人。也就是说，发展后的荆王王族当年有40多家人在蕲州落户。各家人员中，除亲王、郡王、将军、中尉外，还有他们的妃嫔、子女、仆妇、佣人等（不包括官员），少则十几口，多则数十口，甚至数百口，整个荆藩有近千人在蕲州生活。

这么一个庞大的王族，其开支自然不小。其地位仅次于皇帝，其享受也是仅次于皇宫的。朝廷规定：亲王每年米5万石，钞25000贯，丝、棉、麻布3040匹，绵2000两，盐200引，茶1000斤，马料草50匹；郡王年给米6000石，钞2800贯，丝、棉、麻布310匹，绵500两，盐50引，茶300斤，马料草10匹；亲王世子岁禄与郡王相同；郡王子袭封者岁禄为始封郡王之半；亲王女已受封并已嫁的，岁米1000石；钞1400贯；郡王女受封并已嫁者，岁米500石，钞500贯。王女均各给布、帛等物若干。还有镇国将军、辅国将军、奉国将军、镇国中尉、辅国中尉、奉国中尉等人的俸禄，也一一作了规定。其间，有时候作一些调整，但待遇只会更高些而已。

蕲州荆王府受封常年100多人，包括亲王1人，郡王5人、将军、中尉以及宗女等。每年岁给禄米8万石以上，是整个蕲州当时年收粮米2.8万石的3倍。而岁给钞币、布帛等物高于整个蕲州的课税收入4万贯以上。也就是说，当时要以三四个大县的总收入，才能供养起一个蕲州荆王府。

再看看蕲州荆王府官吏的设置吧！

荆王府宫内设的使官有承奉司正、副职各1人；典服所正、副职各1人。又设司冠1名、司衣3名、司佩1名、司履1名；各门设正、副门官各1人，还有司药2人、司弓矢2人。

荆王府对外设有长史司，左、右长史各1员，负责日常事务。内设典簿厅正、副职各1员。外辖审理所正、副各1员；典膳所正、副各1员；奉祠所正、副各1员、典乐1名；典宝所正、副各1员；典仪所正、副各1员，另有引礼舍人3员；纪缮所正、副各1员；良医所正、副职各1员；工正所正、副职各1员。伴读4名，教授4名。广容仓正、副大使各1员，另设群牧所正、副千户各1员，百户10员；仪卫司正、副各1员，典仗6员；旗手正千户1员。所、仓库等官吏，嘉靖四十四年（1565年）有所裁减。

此外，各郡王府置教授，典膳各1员；镇国将军府亦各设教授1员。

总之，荆王府官吏、大员以及仆役、人夫等，总数在1000人以上。这又是多么大的一个集团？多么大的一宗开支呀！

还要看看荆王府的房产情况吧！

当时蕲州荆王府里凡是受封的人都要建造府第宫室。自从第一代荆宪王朱瞻堈在麒麟山西南麓（今李时珍中学至泡尔田一带）建成荆王府以后，数十年间又相继在蕲州城内建成了40多座王府、将军府、郡主府、郡君府等。分别是：

都昌王府，在原州治西面（今瓷厂一带）；都梁王府，在老南门内的原州治西向一里处（即今黄冈市第二医院所在地）；樊山王府，在都梁王府东南面；富顺王府，在蕲州城东南面；永定王府，在荆王府中间空地；德安王府、桐城王府、岷青王府均在城内；都昌王朱祁鑑第四子镇国将军府，在州治西；都昌王朱见浮次子镇国将军府，在州治西南；都梁王见溥三子朱祐礽镇国将军府，在都梁王府之东向；樊山王朱见潾第五子镇国将军府，在州治西小街；樊山王朱见潭第六子镇国将军府，在州治南大街；都梁王朱见溥次孙辅国将军府，在州治西大街；朱见溥三孙辅国将军府，在州治西小街；又第四孙辅国将军府，在州治西向。

还有郡主府，成化六年建，在州治南；石阳县主府，成化七年建，在州治南。后改为宁都郡君府；祁门县主府，成化十年建，在州治西1里处；宁远县主府，在州治南向；还有华阳郡君府，象山郡君府、东阿郡君府、郧西邵君府、慈溪郡君府、郓城郡君府、上饶郡君府、归安郡君府等，都在蕲州城内所建。难怪古人有诗云："城中奕奕王孙地""台殿平陵半天起"。真是十里蕲城，宫殿林立！

就上述蕲州朱荆王这"三大块"，即官吏人役、钱粮财物、宫殿府第，形成一个巨大的强势集团，当他们落户蕲州以后，当时对于推动蕲州的经济发展、带动蕲州城建的繁荣，不知起到多么重要的作用。当年，蕲州这个唐时的上县，宋代的望县得到更快的发展。蕲州街道店铺林立，生意繁荣，上起挂口（今长江上河口出口处），下迄黄家山（今武穴市）的40里长街，出现了蕲州历史上少有的繁荣景象。

可惜的是明朝末年，长期的战乱给蕲州带来的巨大损失，几十座王宫皆付之一炬，仅荆王府烧了29天才全部烧毁，连宫殿屋顶上那个药葫芦形的黄金顶也焚化殆尽。且无独有偶，崇祯末期（1640年癸未五月），发生在蕲州的一场天灾也给蕲州这一长江沿线的历史名城带来毁灭性的打击。即蕲春历史上唯一的一次地震（当时叫地陷），蕲州40里长街全部陷入地下，江面扩宽了两倍。从此，蕲州古城元气大伤。后经清代至民国300多年的恢复建设，仍没有明时的鼎盛。

然而，中华人民共和国成立后60多年尤其是改革开放后的30多年，蕲州才真正迎来了富有时代意义的突破性发展。这里虽然没有古时县、府、州、路的高层行政建制和一些浮华的景象，但如今却建成了具有很强实力的现代化新型城市。城区面积20多平方公里，城镇人口近4万、流动人口1万，城市化率40%；综合实力不断增强，20世纪70年代，蕲州的"五小工业"闻名全省。现在有规模以上企业27家、职工5000余人，实现工业增加值10亿元。有商业网点700个，职工1500余人，社会商品零售总额达12亿元；这里虽然没有昔日的古城、王宫、"十景"等旧迹，但如今却建成了国家级的李时珍陵园和正在建设具有国际意义的"李时珍文化旅游经济区"，让早已闻名海内外的李时珍故乡走向世界，走向未来。（审稿：胡学文、陈青，原载《蕲阳胜迹》2015年9月版，中国诗书画出版社出版）。

四、名城保护

蕲州古城，自南宋景定三年（1262年）建成，经历代修缮，一直保存完好。到1949年5月14日（农历四月十七日）蕲州解放时，除东门被炸掉一角外，其他城墙、城门均完好。

中华人民共和国成立后，因各项建设需要，在改造旧城的基础上扩大新城区面积，致使古城不断拆毁。1958年，为兴建蕲春县玻璃厂，拆除了凤凰山北段鸽鸡山至西门一带城墙。至60年代，因修建轮船码头之需，又拆除西门至龙眼矶一带城墙。随之，因建蕲春瓷厂，又拆除东门至南门中段城墙。1969—1970年，因建蕲春县化肥厂，拆除了建在麒麟山北麓一段城墙。1978年，因要拉通城内外交通，修公路通汽车，挖开麒麟山中段（北门右段）城墙。至此，历时750多年的宋代蕲州古城，基本上面目全非了。

1991年初，中共蕲春县委、蕲春县人民政府决定：高昂李时珍医药龙头，做大李时珍人文资源文章，以药兴县，振兴蕲春经济。使蕲州古城迎来了历史性的发展机遇。

1991年8月，启动了修复蕲州古城北门段城墙的工程。经过半年时间，修复了城墙百多米，并在原北门城墙顶上重修了城门楼（今称医圣楼）。蕲州城北门，亦称“雄武门”或“武襄门”，历经750多年风雨，是目前保存最好的一座城门。门高3.8米，顶呈圆额形；门宽2.5米，进深15.5米。基础和墙身均用大石块砌成，顶为青砖券拱，造型美观，夯砌牢固。2002年，被湖北省人民政府公布为“全省重点文物保护单位”。

也是从20世纪90年代起，蕲州镇为了全方位加大对李时珍人文资源开发的力度，办好一年一度的李时珍医药节会，以全新的面貌迎接海内外嘉宾来李时珍故乡参观考察、观光旅游、投资兴业，先后三次对蕲州城区和全镇进行总体规划，通过招商引资，拉动城镇建设的大格局，取得了实质性的进展和成效。城区面积由解放前的4.3平方公里，扩大到2017年的12.4平方公里；全镇人口解放前的4.2万人发展2017年底107298人。其中，城区人口由解放前的1.2万人发展到2017年的4.1万人，另流动人口在5000人以上。民生经济大幅提升，人民生活质量有了实质性提高，到2016年，全镇居民人均可支配收入12664元。蕲州的整体推进，并不是旧时代那个鄂东政治、经济、文化中心的盛况可比。她在新时代气息的熏沐下，已发展成为一个海内外闻名的历史文化名城。

1994年10月，蕲州镇被湖北省人民政府授予全省第二届“楚天明星镇”称号。

1995年11月，蕲州镇被中华人民共和国民政部授予“中国乡镇之星”称号。

1996年12月，民政部再次授予蕲州镇为“全国乡镇百颗星”称号。此前，湖北省人民政府将蕲州镇列为全省65个小城镇“综合改革试点乡镇”之一。

1997年10月，蕲州镇相继获湖北全省“小城镇建设一等奖”和“小城镇建设竞赛特等奖”。同月17日，被中华人民共和国建设部列为全国“小城镇建设试点镇”之一。

1999年11月，蕲州镇城镇建设工作荣获湖北全省城镇建设“楚天杯”奖励。获中共湖北省委、湖北省人民政府授予的“1996—1998年度全省文明乡镇”称号。

2000年，蕲州镇被建设部授予“全国村镇建设先进单位”称号。

2001年10月，中共中央宣传部、中央文明办、农业部、建设部、国家环保总局5个部（局），将蕲州镇列为全国创建文明小城镇“试范点”。

2002年，蕲州镇再度被建设部授予“全国文明村镇建设先进单位”称号。

2004年2月，建设部、发改委、民政部、国土资源部、农业部、科技部六部委联合发文公布《全国重点镇》名单，蕲州被列为全国1887个重点镇之一。

2005年10月，中共中央精神文明建设指导委员会授予蕲州镇为“全国创建文明村镇工作先进村镇”称号。

2012年3月，蕲州镇被湖北省人民政府列为全省“经济发达镇”试点之一。

2014年7月，住建部、发改委、财政部、国土资源部、农业部、民政部、科技部7个部委再次联合发文，公布《全国重点名镇》名单，蕲州镇被列入其中。

2017年12月，湖北省人民政府办公厅印发“鄂政办发〔2017〕88号”文件《省人民政府办公厅关于印发湖北省特色小镇创建工作实施方案的通知》，蕲州镇以其独有特色被定为“蕲艾小镇”列入其中。

卷九　人物

蕲州，山川灵秀，麟凤相倚，风水独佳。故人物辈出，英杰代兴。司计政，秉文衡，执教坛，掌科苑，从工商，充戎伍，兴农桑，怀绝技，隐秘术者，比比拔尖，代代争雄。海内外各行业、各领域、各战线，皆有蕲州人士。或独占鳌头，或冲锋在前，或独领风骚。为彰显其功业，记述其奉献，本章专志人物。并以清后期人物开始入录，以避旧志重复之嫌。

一、人物传

王　恕

王恕（清道光咸丰年间人），蕲州王宣人（今雨湖居委会）。他少幼聪明，读书未得仕途。工书画。尤“善山水人物，品高神足”。率以大劈斧，带水墨，颇为人称颂。蕲州以画传者，邓霞素、黄著南而后，此其继武欤。道光年间，鄂州西山寺僧请为寺里画出了百佛图，一个个栩栩如生，形象逼真。可惜该寺于道光十六年（1836 年）毁于火灾，“百佛图”被大火吞噬。

王恕不但善画山水人物，亦会画花鸟风景。尤其画凤凰更有独到传神之处。他被请到武昌黄鹤楼慈云阁画绘一只凤，因中途小憩，还没来得及画凤尾，此时有些观者妄加议论，说画者画凤，“有头无尾”。王恕听后，也不言语，叫人研墨一盆，他用扫帚蘸墨，刷刷几下，就添上凤尾。此凤随即如起飞一般。众人称道不已。

王恕平生所创作的画作甚多。当年曾流传于湖北、湖南、江西、安徽等地。至今，湖北省博物馆、蕲春县文物局仍有王恕画作真迹收藏。其所绘《蕲阳八景图》弥足珍贵。

郜永宽

郜永宽（1839—1863），字云官，绰号“郜瘌子”，蕲州城南门外郝圩人。少时家道贫穷，捡柴、放牛、性情悍勇。清咸丰三年（1853 年），太平军过蕲州，年仅 14 岁的郜永宽因善跑要求投军，被接收入太平天国义军队伍。投军后，邵永宽先在童子军营，后转入作战队列。打仗时，每次攻城他最先冲上去而屡立战功，被翼王石达开拔为部将。太平天国内讧期间，石达开出走西川，郜永宽转投李秀成部下，转战东南。咸丰十年（1860 年）因军功卓著升主将，随军东进，三次参加攻打淞沪战斗。同治元年（1862 年）7 月，淞沪战斗吃紧时，清军包围了天京（南京），忠王李秀成奉洪秀全之命回援天京，郜永宽又参加了攻打雨花台战事，当年又与林绍璋一起攻打浦口，连立功，被洪秀全封为“纳王”，成为太平天国军队中一位重要人物。

在郜永宽等援救天京时，当时的江苏巡抚李鸿章趁机率戈登的洋枪队围困苏州。同治二年（1863 年）冬，纳王郜永宽和康王汪安钧等奉命协助慕王谭绍光守苏州。郜身为太平军一员骁将，他见李秀成把苏州军政大权全交给谭绍光，心怀不满。当时清军处绝对优势，但仍攻不破城地。李鸿章采取诱降办法，以郜之“故交”劝降，郜暗中答应，康王汪安钧等亦愿降。

其后，清军在郜等内应下攻破了苏州城，但并没有封郜永宽官职，却抓住郜永宽斩首，时年 24 岁。

王勉吾

王勉吾（1841—1910），蕲州东长街人，谱名君懋，字建勋，号勉吾，晚年号滋园，为蕲州北仓王氏子孙。中举人时的榜名叫王师，后更名为祖植。他是由“附生中式，为同治甲子科（1864 年）举人，”可惜在戊辰科（1868 年）会试中未被录取，经过房荐，参加同治十年（1871 年）朝考觉罗教习，后来在光绪十五年（1889 年）大挑一等。因此，被授为陕西洛川县知县，从此步入政界，历任“护理鄜州、直隶州同知，为知州衔。诰授奉政大夫，晋授中宪大夫。”王勉吾中举人之后就外出为官，晚年才回到蕲州东长街的老家，长住于北仓对面的槐园，也就是李时珍医院院址所在地。1910 年殁于蕲州。

王芷湘

王芷湘（1874 － 1941），名学贤，字宝珩，号芷湘，清末蕲州东长街人。父泮堂，黄梅戎府任职，兼理县城分府诸务，黄梅民众咸饮其德。芷湘弱冠入庠序，食廪饩，考列优等，不以文艺自诩。适清廷改制兴学，推举他为蕲春县劝学堂堂长，创办蕲州高等小学堂、师范实业学堂及二十八图小学。民国初年，被推举为湖北省参议员。黎元洪任总统时，聘为总统府咨议。1926 年后，先生息影省城，不闻理乱，返乡定居，然邑中大事，必咨询而后施行。先生道义两优，诗文辞赋比诸乡贤之间。

董青云

董青云（1877 － 1938）。蕲州人，少时在蕲州读书，青年时期曾受业于保定军官学校。因父亲逝世而辍学，后继承父业而经商。

其时，蕲州有英商“怡和”号和日商“日清”号两座洋棚，长江客货运多由他们控制。洋棚是用竹架茅舍于一只宽底大渡船上，上行下驶的火轮停在江心，等大渡船靠拢后上下客、货，既不方便，又有危险。董青云则奔走呼号，组织商界人员集资修建小轮码头，开辟汉蕲航线。董带几位同仁一起到汉口招商局洽谈成功。回蕲州后即边造木趸船，边垒砌江岸和石阶，建成简易码头，命名为蕲州“青云码头”。1925 年 11 月，“楚东”号小轮首靠蕲州青云码头，结束了洋人控制蕲州客货运的历史。

两年多后，蕲州码头运营正常，但不适应客货量增加的需要。董青云再次到汉口拜访蕲春籍名士陈汉存，汇报情况。陈将他介绍去见徐源泉，讲呈蕲州战略地位之重要性，徐同意安排有关方面建造小轮一艘，命名为“汉蕲”号，参与汉蕲航线运输。1929 年 8 月，“汉蕲”号轮首航抵蕲，“青云码头”一片欢腾。尔后，董青云又向招商局建议，把汉蕲航线延伸到九江。就此，“汉浔”“汉蕲”两轮由汉口、九江对开，每日上、下水各一班。蕲州“青云码头”从此蒸蒸日上，“春浦茶楼”“双全茶馆”“太平旅社”“蕲阳旅社”等纷纷建成，营业兴旺，推动了蕲州经济发展。相反，“日清”“怡和”两洋棚生意锐减，濒临倒闭。

青云码头初具规模了，但蕲州江岸沿线连年崩塌，需要巨额资金护砌。这时，董青云又拜访了一位德高望重的盛道长，谈及“护砌蕲州江岸”之善举“非盛道长”莫属。果然，盛道长奔走于权贵之间，不多时即筹到了一笔巨款并交付董青云料理。于是，蕲州城西门外从龙眼矶至风山门近两里长的江岸都用石头砌成护坡，确保这一带江岸无虞。

抗战开始，日本侵略军侵占了蕲州，董青云去蕲州天主教堂避难，以待国土重光，但他不幸身染霍乱病症，于 1938 年 9 月去世，享年 62 岁。

居大吼

居大吼（1878—1933），原籍广济（今武穴市）梅川镇居文胜塆人，成年后定居蕲州并隶籍于蕲。他身高近 2 米，体格魁梧，膂力过力，因以“挑箩”（搬运夫）为生。又因其声音特洪亮，同行戏称为“大吼”，久之人皆不知其正名，皆以大吼呼之。1926 年春夏之交，蕲地因上年大旱，此时饥荒特甚，路有饿殍。但奸商却囤积居奇，贩粮出境，致使粮价飞涨，激起抢粮事件。农历五月十五，有粮商在上河口码头装粮上船将外运，居大吼知之，愤怒不平。即沿街敲锣，号召饥民跟他一起到上河口江边抢米，众人皆从，蜂拥一抢而光。事发后，粮商到县署告状，要求严惩居大吼，索赔粮款。县知事只好提审居大吼。居大吼在公廷上伸张大义，质问县知事为何放纵奸商胡作非为，不顾民众死活。县署外聚集大批民众声援居大吼。县知事怕激起民变，放居回家“听后处理”。当晚，他即出走其堂兄居正处。抢粮事件成了无头案，不了了之。事平后，居大吼返回蕲州，重操旧业，1933 年因病去世，享年 56 岁。乡人多有吊唁。

王颂葳

王颂葳（1881—1930），蕲州东长街北仓王氏，谱名朝栴，字荣光，号颂葳，亦号南溪，册名用霖，由府试第一，入州学，优附贡生，日本东京法政大学暨高等警务毕业，安徽候补知县，花翎同知衔，诰授奉政大夫，晋授中宪大夫。1913 年选充湖北省议会议员，1914 年内务部试乙等及第，任安徽旌德县知事兼政法科科长，继任安徽祁门、潜山两县知县。1930 年殁于任上。

蔡汇东

蔡汇东（1881—1938），字达生，号文炳，蕲州人。少幼时随父读书，很用功，十几年补为廪生。稍长后，见清政府腐败无能，则无意功名，开始接受新学。

清光绪三十年（1904 年），蔡汇东自费去日本留学，考入东京宏文学院交通科，后入早稻田大学法律科。在东京结识黄兴、宋教仁、田桐等革命青年，倡言革命。他为显示决心，将辫子剪下来寄给清廷，以示决绝。光绪三十一年（1905年），加入田桐、宋教仁等组织的《二十世纪之支那》杂志社。同年8月该杂志上发表《日本政客之经营中国谈》，抨击日本取代沙俄侵略中国东北的行径，呼吁国人迅起救亡图存。引起日政府恼怒，以“有害公安”为借口，封杀杂志，传讯负责人。同盟会成立，蔡汇东及时入会。辛亥武昌首义前夕，受派回湖北新军，策划反清起义。辛亥革命胜利后，任黄兴战时总司令部军法官。参加了汉口、汉阳保卫战。后从事革命活动。1932年5月，被委为国民政府司法院参事室参事。1938年4月在重庆去世。运回家乡蕲春县彭思街后侧船地安葬。有《筹藏刍言》《西盟会议始末记》《死法》《新疆西藏之开发》等著作行于世。

王楚材

王楚材（1883—1970），蕲州镇东长街人。1922年毕业于北平中央政法大学，1923年与同学管鹤君在北平办《潮报》。1928年秋，回蕲春与张镜希创办《蕲春日报》。1931年秋，与友人在南京创办覆亚通讯社，时值“九一八”事变，因主张抵抗日本侵略者，4个月后被勒令停办。1932年夏，回武汉与友人再办昌言通讯社，言论活泼。国民党武汉市党部为排除异己，仅办3年即吊销了其凭证。1936年4月，应邀赴北京任《晨报》编辑，同年9月又离开《晨报》。即应友人合作之邀请，倡办《民言报》，反映民间疾苦，深受民众喜爱。有读者赠言曰：“民不能言代民言，试问闻者痛心否？”在当时北平新闻界传为佳话。1937年“七七”事变爆发后，该报被迫停刊，王楚材转而成为北平《民众周刊》撰稿人，直至北平市解放。1949年，王楚材回到家乡蕲州闲居。1970年去世，享年88岁。

蔡德辰

蔡德辰（1892—1912）。蕲春县蕲州人。少时曾从美国传教士丁韪良习英文，后考入通州协和学堂。1909年冬，年仅17岁的蔡德辰即协助胡鄂公在河北保定筹建反清组织“共和会”于1910年正式成立。此期间，他奔走于北京和通州之间，与钱铁如筹组共和会北京分会，与王丕承等成立通州支部，他任支部长。1910年秋，北京、通州两处会员达一千余人。10月，他与钱铁如等发动北京、通州学生罢课，声援国会的请愿活动。

1911年10月，武昌首义爆发后，蔡德辰决定起兵响应，被在同盟会中握有重权的汪精卫以“有碍议和”为由所阻未果。

1912年1月2日，滦州驻军举义反袁后，蔡等再次约12日会攻北京，并定好了军事计划。但到期各项接济措施未落实，会攻计划延期。关键时刻，叛徒向清军告密。15日早晨，清军“毅军”200余骑突然包围了蔡德辰等所在的司令部，均遭被捕。16日，党人张先培等得知蔡等被捕，决定报复，在北京东安门大街埋伏，等袁世凯路过时，投弹狙击。弹未掷中，党人亦全遭捕。

袁世凯电询上海汪精卫，汪不营救，反以“匪类”推托。蔡德辰等17日在通州遭杀害。临刑前，蔡德辰高呼：“我为同胞的自由幸福而死，没有任何遗憾！诸君如果认为我死得其所，请为我叫一声诺！”

顿时，全场“诺”声惊破长空，蔡德辰在悲壮的“诺”声中英勇就义，时年仅20岁。为纪念他，通州现有德辰山、德辰山中学等名。

邓 英

邓英（1893—1954），又名邓建豪，蕲州东长街人。1914 年考入保定军官学校第三期步兵科，先后参加过辛亥革命和北伐战争。1930 年任新编 13 师师长，晋升中将衔。同年二月，奉命赴江西“围剿”红军，驻守吉安。

邓英的部队多为蕲春、浠水、武穴（原广济县）等本地人，尤以蕲春更多。且有相当部分官佐是邓英的亲邻友好。如妹夫叶巨声等，亲信陈汉存等。所以，当时有人讽刺他说：“邓英的部队有三多，官多于兵，兵多于枪，枪多于子弹。”也就是说，邓英的部队没有战斗力。

邓部驻在吉安，周围太和、安福、吉水几个县都没有驻军，只靠地方靖卫团，武装力量弱，不堪一击。吉安又是一个孤立无援的城市，红军曾“八攻吉安”取胜，加上政治攻势，故邓英军无斗志，士气低落。

1930 年 10 月 4 日晨，红军部队未发一枪即进入吉安城内。原来，蒋介石、鲁涤平就命令邓英率部从吉安出发，前进 40 里“围剿”红军。邓英不但没有进剿，根本就怕与红军接触。此时，侦知毛泽东率部打向吉安，他为保存自己的实力，即从赣江北航，撤退到南昌了。于是，地方官员就向蒋介石告“御状”，指责邓英弃城而逃。这为红军帮了大忙。后来，毛泽东在《第二次国内革命战争时期》一文中写道：“一九三零年十月四日吉安之役，不待兵力完全集中就实行开进和敌人攻击，幸而敌人（邓英师）自己逃走了……”

而蒋介石得讯却大为恼火，当即命令“中央军委会”将邓英撤职查办，问罪入狱。其部队交由路孝忱师长统辖。邓英见蒋介石时，还挨了两记耳光。蒋介石还要枪毙邓英，幸得邓在保定军校的同学、当时都是蒋的得力干将如刘峙、何成浚，还有张治中等都向蒋介石求情具保，邓才保住性命，但还是投入南京陆军监狱一年多。

邓英出狱后，得亲友和社会人士资助，在上海买下一栋房子定居。抗战爆发后迁往武汉。

蒋介石迁都重庆后，并未忘记邓英这位中将师长。以恢复邓的官为名，任为军事委员会中将参议，要邓迁居重庆长寿县，实际上是对邓英不放心。抗战胜利后，邓英又迁回上海。不久内战又起，邓意志消沉，不再介入政事，在上海过着隐居生活。

解放后，邓英回蕲春定居，土改时受到冲击，经济上遇到困难。得到时任蕲春县县长何启的关怀，派专人照顾其生活，直到他 1954 年 8 月病逝于县城漕河，享年 62 岁。

张锡嘏

张锡嘏（1897—1979），谱名常仁，蕲州镇（原黄土岭乡）邵垅村瓦屑地人。民国时期，以私塾读至北京医学院（今北京医科大学）毕业，后留学美国，改学农学，先后在俄亥俄州立大学和维斯康星大学深造，后获维斯康星大学农业博士学位，解放前即回国，在南京农学院任教。解放后仍留校任教，后晋升为农学教授。1979 年逝世，享年 84 岁。

张寅武

张寅武（1900—1955）名镇良，谱名张深得，字寅武，处世以字行。蕲州城内人。生于清光绪二十六年（1900 年）农历十月十七日。少年时在蕲州读新式学堂，民国时考入湖北省区政训练所学习并毕业，被任为京山县一区区长；1927 年调回蕲春任国民党蕲春县党部书记官，转任刑吏即军法官一职。其断狱公允，多平冤案。后调任罗田县国民党部书记，亦改任军法官。时罗田兵匪杂处，情况复杂，张寅武明辨秋毫，断案中和，民无怨声，誉为清正法官，法律名家。1948 年春，国民党主力都在云南、贵州一带，需要大批政府官员配合行动，张寅武被调任为贵州省清镇县军法官。他到任后，汰清许多积案。1949 年春，上司以县长衔要张寅武去台湾。他毅然抵制，回到蕲州隐居。解放后，被人民政府逮捕，因其为司法官，身无命案，判刑数年，送沙洋劳改农场服刑。他深悟法律，表现良好，服刑期立功受奖 2 次，所得奖品均寄回家中。后于 1955 年 12 月病逝于沙洋劳改农场，享年 56 岁。

张仲君

张仲君 （1900—1931），蕲州镇太常村人。少时读过私塾、经馆，青年时以教私塾为生。1927 年经董复汉发展为中共党员，1930 年选为中共蕲春县委委员会，菩提区委书记兼区长。1930 年 5 月 15 日（农历四月十七）和雨台乡书记邱洪盛组织“雨台四一七暴动”胜利，张仲君宣布成立雨台乡苏维埃政权。1930 年 7 月国民党反扑、杀害了邱洪盛等，张仲君带一支队员经广济县张百可去阳新县参加了红军，后升任红军三师副师长。1931 年在阳新龙港战斗中光荣牺牲，年仅 31 岁。

胡　风

胡风（1902—1985），下石潭村人。本名张光人，笔名胡风、谷非、张果、高荒等。幼年家贫未能入学，做放牛捡柴等细活。张父迫于富户所欺，节衣缩食，将 11 岁的光人送到本地塾学读书。

1921 年考入武昌启黄中学，开始接受“五四”新思潮之影响。1922 年寒假，同本县陈方、方瀚（何定华）、胡缄三、胡祖虞等组织反帝反封建活动。1923 年考入东南大学附中，同年加入共青团，并由团领导指示集体登记为国民党员。与同仁创办《新蕲春》刊物，在上海、武汉各出版过 1 期。

1925 年 9 月，考入北大预科，次年入清华大学英文系。1926 年 10 月，北伐军会师武汉，他即回家乡参加革命。同年 11 月，国民党蕲春县党部成立，他任执行委员兼青年部长。1927 年 1 月被选为代表出席国民党湖北省第四次党代会。大革命失败后，辗转于南昌、上海、南通、武汉等地，过着流亡生活，再次被捕，再次被保释。

1929 年 9 月赴日本，入庆应大学英文科学习，结识了一些日本左翼作家。后参加左联东京支部，接受上海文总冯雪峰领导。1932 年，胡风回上海向文总汇报工作，与冯雪峰、周扬、丁玲等会合。返回日本的 1933 年 2 月，日左翼文运领导者小林多喜二被害，胡风以中国左联名义发电向小林多喜二致敬，并向日政府抗议。此后，日政府疯狂镇压左翼文化运动，胡风亦因组织“新兴文化研究会”“宣传抗日”等罪名在东京遭日方逮捕，并受拷问。他没透露日共及反战同盟任何信息。日方拿不到任何证据，4 个月拘留后，将他和聂绀弩等 10 余人驱逐出境。

1933 年 7 月，胡风从日本回上海，从此在鲁迅的指导帮助下，从事文学工作。8 月担任左联宣传部部长，不久担任左联书记。他经常向鲁迅汇报工作，使左联及时得到鲁迅的指导。每月给鲁迅送《文学生活》期刊，并从鲁迅手里拿 20 元工作经费。这段时间里更重要的是胡风受吴奚如委托，为党中央特科与鲁迅取得联系。

1934 年秋末，因受人中伤，胡风愤而辞去左联职务，开始了职业作家生涯。从此时起，开始以笔名“胡风”发表文艺评论和诗歌。1935 年，主编《木屑》文丛，介绍反映苏区的文艺小说和苏联文艺理论。

1936 年，经鲁迅倡议，与聂绀弩、萧军、吴奚如等编辑《海燕》刊物。当年夏，在鲁迅和冯雪峰的授意下，提出“民族革命战争的大众文学”口号。本年 10 月 19 日鲁迅逝世，胡风为治丧委员会委员，参加了整个丧事。并致力于整理出版鲁迅遗著。

1937 年 8 月 13 日，日寇侵占了上海。胡风于 10 月份撤离上海到武汉，首次见到周恩来副主席。此后一直受到周恩来的关怀和指导，出席相关活动，并为周作翻译。先后担任“中华全国文艺界抗敌协会”常委、抗协研究部主任，以及由郭沫若主持的军委政治部文化工作委员会专任委员。先后创办了《七月》《七月文丛》《希望》，积极宣传抗日。结集出版《剑·文艺·人民》《论民族形势问题》《在混乱里面》《逆流的日子》等文艺评论集。在当时进步青年中影响很大，培养了一批文学新人。

1948 年 12 月，辗转重庆、香港、桂林等地的胡风偕夫人梅志又回到了上海，此时上海一片白色恐怖，胡风被列入国民党的黑名单。幸亏党组织安排，从上海绕道香港，来到东北解放区。他将自己此期的文艺评论结集出版为《为了明天》。

1949 年 9 月，胡风被选为全国政协委员，出席了第一届全国政协会议，后参加了开国大典，欢呼中华人民共和国成立，创作了长诗《时间开始了！》。

1954 年 7 月，胡风写出了 30 万字的《关于几年来文艺实践情况的报告》（后统称为“30 万言书”），阐述对我国文艺工作的意见和建议，呈交给了党中央。同年 9 月，胡风被选为全国人大代表，参加了全国人民代表大会第一次会议。

1954 年 10 月 31 日至 12 月 8 日，中国文联主席团和中国作协主席团召开扩大联席会议，胡风作了两次重要发言。最后一天总结会上，周扬作《我们必须战斗》的总结发言，着重谈“胡风先生的观点和我们的观点之间的分歧”，并于 12 月 10 日在《人民日报》上发表，一下子掀起了批判胡风的狂潮。

1955 年 5 月 13 日，《人民日报》发表了加编者按《关于胡风反党集团的第一批材料》，其后相继第二批、第三批材料，加上肃反运动在全国开展，对胡风的批判由“反党”升级为“反革命”。5 月 17 日，胡风被捕，开除中国作协会员、撤销一切职务和全国人大代表资格，妻子梅志同时被捕。胡风被判了 14 年徒刑，先关在北京秦城监狱，后转四川“监外执行”。1970 年 1 月，四川省革委会人保组借口他“在毛主席像上写反动诗词”，加判无期徒刑，并不准上诉。

直到 1979 年 1 月，恢复胡风自由，并推为四川省政协委员。1980 年 9 月，党中央正式为胡风平反，任命为文化部文化艺术研究院顾问，并被选为全国政协委员、全国文联委员，恢复了中国作协会籍，任为中国作协顾问。此期间，胡风写了大量回忆文章，出版了《胡风评论集》等书多部。1985 年 6 月 8 日，胡风因患贲门癌医治无效去世。1986 年 1 月 15 日，在八宝山革命公墓隆重举行了胡风同志追悼会，享年 84 岁。

桂迺黄

桂迺黄（1903—1977），男，蕲州东长街人。1920 年赴法国勤工俭学，1926 年后毕业于法国格威城电工学院。1931 年回国，同年 11 月起，先后任上海闸北发电厂杨浦电厂工程师，原国民政府资源委员会昆明湖发电厂总工程师、代理厂长、东北电力局副局长等职。

1947年，桂迺黄调任湖南电器公司总经理。1949年10月，中华人民共和国成立后，他仍然担任原职。1951年，当选为长沙市人大代表，长沙市政协委员。1952年调任中南电力局总工程师。1953年再调任河南郑州电力学院副院长，主管教学工作；1955年7月，西安电力学院成立，他被调入该校任电力系主任。1958年，调任北京技术改进局（现为北京电力科学院）总工程师办公室主任。1959年再调任北京电力学院（现为华北电力大学）教务处主任。

桂迺黄在解放前的电力生产建设中，解决过许多重要技术的关键问题。中华人民共和国成立后，他在上海、昆明、武汉等地电厂及电力技术部门参加过设计、安装、调试、运营等工作。并参与了审核瑞士BBC公司发电设计制造工作，发现并修改其设计中的错误，为刚刚成立的中华人民共和国节约了大量资金，减少了大量不必要的电耗。

在学校和学院工作期间，为电力学院的建设、管理做出了积极贡献，并翻译了大量的科技情报用于教学。1963年3月，被中央组织部批准为中央直接管理的水电系统著名科技专家之一，当时定为二等甲级工程师（相当于二级教授），被载于《电机工程学会名人录》。1977年10月21日，桂迺黄逝世于河北省石家庄市，享年75岁。

邵挹芬

邵挹芬（1903—2002），女，是中国报业界名人，蕲州大巷口人、管翼贤的夫人。1903年（前清光绪廿九年）12月13日出生于江苏省苏州市。少时在本地读塾学和新式女子学校，16岁入上海沪江大学读书，毕业后赴日本留学。1924年在日本学成归国回上海，她精通日、英、法、俄四国语言。先在上海文艺学校当教员，不久后转上海民主中学当教师。1924年下半年经人介绍北上京城，与时在北京报业界实力派、新闻界名士管翼贤结为伉俪。1925年生下女儿管国华，后又生有2男3女。1928年，管翼贤在北平创办《实报》，自任社长兼主编，邵挹芬任经理兼发行人，创造报界发行量之首。1935年，她被应聘为中国大学教授和董事会董事。冯玉祥闻其名，聘为司令部参议。1936年任武汉抗敌学会理事。武汉妇女联合会成立后亦推为理事、国际友人协会副会长。1936年底，国际妇女联合会在中国召开，邵挹芬当选为国际妇女联合会主席，后获金质奖章1枚。1937年“七七”事变后，她回北京闲居。1961年曾回夫家故里蕲州，受到本家亲友和当地组织的盛情接待，她盛赞蕲州是个好地方。直至改革开放后仍回国定居。1988年，北京崇文区民政局为她祝寿，她十分高兴。1991年3月出席全国第六届科学技术代表大会，在主席台就座。党和国家领导人与她合影留念。2002年，邵挹芬病逝，终年99岁。

汪士恒

汪士恒（1903—1959），蕲春县蕲州镇东长街人，毕业于省立第二中学，1926年参加北伐军，任伤兵委员会财务科科长。1927年国共分裂回蕲州，与中共特别支部书记魏今非直接联系，建立秘密关系，为地下党组织筹措经费，开展农村土地革命，8月党组织被坏，他与魏一起进入江苏江宁县，在魏的老家以教书为掩护，1928年秋又潜回蕲州再建特别支部并开展武装暴动。1930年与魏同时被捕，魏经组织营救去了江西参加红军长征，汪士恒则由家里变卖田地保释出来被管制，与党组织失联后以教私塾为生。日寇占领蕲州，逼迫他从政，他逃至竹瓦避难5年之久。1949年魏今非任中南军政委员会秘书，托汤少屏找到汪士恒，他去中南军政委员会任秘书。1957年被划为“右派”，1959年逝世于土台农村。1978年平反改正。

李德华

李德华（1905—1959），少时随父亲在蕲州街头摆摊设点，销售烟酒。1923年底，经其兄长李德荣的岳父介绍，到上海英商卜内门公司学艺，先进修英语2年。1926年入该公司医学院牙科，后当助理医师。李德华勤奋好学，受当时国情“振兴实业”之影响，向知蕲春盛产皮油、梓油等日用化工原料，萌生回乡办厂之念。遂留意公司肥皂生产技术，结识行家，掌握了生产肥皂的配方。

1928年6月，李德华辞职回蕲州，同时邀来卜内门公司刘姓工程师筹划办厂。随之，与蕲州人张云山、方立华合资1500块银洋，在蕲州新街与石牌楼处开设“祥泰肥皂厂”。次年2月，制造出“鹰球”“金鼎”牌肥皂投放市场。此为蕲春县早期的近代民族工业。

1933年2月，祥泰肥皂厂因产品质量不过关，资金周转困难，被迫停产。原部分股东抽走股金。李德华即动员王从泽、柯干青等人入股，该厂于本年再迁新址恢复生产。此时，还兼营“恒利钱庄”，吸引社会闲散资金，以保证本厂资金周转。1935年2月，“恒利钱庄”因资金空虚而倒闭，祥泰肥皂厂也再次停产。

李德华虽然两次受挫，但并不灰心。1935年5月，他本人变卖家产与借债，又与百货业主冯仁和、周宏太合股恢复生产，再迁址于蕲州新街。由于提高了工艺，改善了经营，加之“一二·九”爱国运动爆发后，国人抵制日货，祥泰厂由此受益，销售量猛增，产品不仅在鄂、皖西及九江等地畅销，还一度打入上海市场。1936年，产量达36吨。由于连年盈利，李德华也成为当时蕲春全县的工商名流。

1938年秋，祥泰肥皂厂被日本侵略军飞机炸毁，李德华携家眷到农村避难。蕲州沦陷后，驻九江日本侵略军头目曾两次派人邀请他到九江为日本侵略军办厂，都被他拒绝。

1940年2月，李德华在蕲州重新建厂，定名为“美华肥皂厂”，独资经营，同年5月投产。生产“美华”“鹰球”“金鼎”3个品牌肥皂，直至抗战胜利。

解放后，李德华在政府的支持下，增加投资，改造厂房，革新设备，提高雇员待遇，使生产获得空前发展。1950年肥皂产量突破50吨，1953年达到82吨，超过解放前最高年份的2倍。1952年他先捐献银元1000块支援抗美援朝，后又认购经济建设国债800元。数额均居全县首位，体现了美华肥皂厂的真正实力。1955年下半年，李德华申请将美华肥皂厂实行公私合营，担任生产组长。他热心传授技术，在该厂的社会主义改造中做了不少有益的工作。1959年4月，李德华病逝于蕲州，享年54岁。

蔡振东

蔡振东（1906—1937），乳名蔡长庚，祖上是安徽休宁县，后立籍蕲春县蕲州城。他家境状况很不好，为维持生活，蔡振东12岁外出学徒，但因他脾气不好，不久被辞退。于是，他到武昌，投奔三舅父张雁南。张雁南懂电器，蔡振东一有空就跟着三舅父学习电器知识并摸索电器配件原理。不久的1926年10月，北伐军攻下武昌，张雁南与北伐军有一定的联系，蔡振东就在舅父的介绍下，投军后先入武昌无线电训练班学习，后在国民革命军内充任报务员，先后在卫立煌、上官云相等部服役。1935年，蔡振东因厌恶内战，在贵州辞去军籍回蕲州。是年冬，父亲病逝，一家人生活再次陷入困境。

1936年春，蔡振东再次离家出走，至南京找表兄张辅君代谋职业，是年秋考入国民党军杭州笕桥空军学校。1937年“七七”卢沟桥事变后，抗战全面爆发，蔡振东提前分配到国民党空军第八大队30分队任少尉报务员兼机枪手。“八一三”上海抗战爆发，他随部队转移到武汉。1937年10月14日，蔡振东奉上级命令，飞赴南京待命作战。临行前，他托人带信给家中老母，在信书一联云：

奋翼凌云霄，杀尽倭寇方解恨；

倚闾纵失望，有儿忠烈最光荣。

他将仅有的几元法币也带给了母亲。

蔡振东飞赴南京的当天下午，就受命驾驶大型轰炸机袭击上海虹口日本海军陆战队司令部，在日本侵略军地面炮火的疯狂阻击下，他投射的8枚500磅黑炸弹颗颗命中目标，受到大队嘉奖。当天下午6点至深夜11点，5个多小时内，蔡振东又连续4次飞赴上海参战，配合陆军部队，轰炸敌军阵地、机场、弹药库、指挥所等，给敌人重大杀伤。日本人侵略军停泊在虹口江面的两艘军舰亦被击中受伤。他发现停泊在虹口江面的日本第三舰队旗舰、万吨级重巡洋舰“出云号”时，冒着敌舰的猛烈炮火，他坚持驾机向敌舰俯冲投弹，使“出云号”连中数弹，遭到重创。近百名鬼子毙命，200余名鬼子受伤，导航台、雷达仪、鱼雷发射道、右舷油管、水管以及40多门重炮损坏瘫痪。

10月17日凌晨，当蔡振东驾机与另一重型轰炸机起飞，准备执行突袭敌人的任务时，两架飞机升到紫金山上空时，突然爆炸，蔡振东殉难，年仅31岁。飞机爆炸后，机场上的4名机械士兵全部逃匿，引起了军方的警惕。经过跟踪追捕，终于抓回了一名逃犯，经审讯供认：是日本特务收买了他们，也是他们破坏了两架飞机的汽缸而造成爆炸的。蔡振东生前未婚，牺牲后被南京国民政府追认为中尉烈士，其遗骸安葬于南京紫金山航空烈士公墓。于右任先生在蔡振东相片上题，这位抗日英雄为“飞将军”。

陈幼卿

陈幼卿（1907—1993），蕲州镇施家塘村（原黄土岭乡陈围垮）人。1939年参加革命工作同时加入中国共产党，解放前历任蕲春县第五区陈家围村党支部书记、赤东区委组织委员、区委书记；河南省礼山县第四区工作员、蕲广边县经济指导员等职。中华人民共和国成立后，历任蕲春县委委员、蕲春县第五区区长、区委书记、县农会主席，中共黄冈政法委党组成员、黄冈地区公安政治处主任（副专员级）等职，直至离休。1993年5月30日在蕲春病逝，享年87岁。

熊汝成

熊汝成（1908—1995），蕲州东长街石牌楼人。1936年毕业于北京协和医学院8年制医学本科，留校任协和医院住院部医师，1938年任主治医师兼助教，1941年至贵阳医学院任讲师、副教授。1945年至1947年赴美国密执安大学医学院进修泌尿外科。1947年回国即在上海医学院中山医院工作，开创了中山医院泌尿外科。解放后抗美援朝时期的1950年，任志愿医疗第七大队长。回国后的1953年，卫生部、上海市高等教育局评聘他为三级教授。

1960年起，他对肾血管高血压全面研究，取得一批批研究成果，填补了国内本项目的空白；1972年9月研制出我国第一台平板型（kill型）人工肾并投入生产，此项目获上海市1974年度重大科技成果奖；1975年7月，他主持的第二例肾移植存活时间最长的病例，获上海市1977年度重大科技成果奖；他主持的男性口服避孕药棉酚临床应用研究，获全国1978年度重大科技成果奖；1981年他与有关科研单位合作的全氟碳代血液，获1987年解放军总后勤部科技进步三等奖；1982年主持研制的“硅橡胶导管卡那霉素”，获上海市1982年度重大科技项目奖；1984年，他参与的“磁化水治疗泌尿系统结石”，于1987年获国家科技进步奖一等奖；同年，他指导的“流式细胞（FCM）技术诊断膀胱”研究项目，于1991年获国家卫生部科技进步三等奖；其间，他作为主要负责人，长时间与上海医疗器械厂协作，研制出泌尿外科成套手术器械，填补了国内空白。他的一系列重大贡献和精湛医术，被称为“中国南北两位开创泌尿外科专家的先驱。”另一位是北京医学院泌尿外科专家、第八届全国人大常委会副委员长吴阶平。

熊汝成除长期坚持临床实践和医学科研工作外，还为泌尿科学理论和医学理论作出重大贡献。他主编、副主编《肾脏移植》《泌尿生殖外科学》《实用外科学》等专著8部；参加编写其他泌尿外科专著16部，发表论文120多篇。他还担任《中华泌尿外科》杂志和《中华器管移植》杂志副总编；又是上海第一医学院《学报》编委。1993年起，他先后被聘为首批中华医学会资深会员、中华医学会泌尿外科学会顾问、中华医学会器管移植外科学会名誉主委、国家计生委科技专家委员会顾问等职。

由于其工作业绩和贡献，他先后获评上海市劳动模范、全国计划生育先进工作者。同时，他还是全国首届吴阶平泌尿外科医学奖的获得者，享有上海医科大学荣誉教授、波兰国家Bialgstok医学院客座教授等荣誉称号。

1995年8月5日，熊汝成教授与世长辞，享年88岁。

袁 殊

袁殊（1911—1987），谱名学易，又名学艺、军光，化名曾达斋。蕲春蕲州东长街人。出生在一个没落的官宦家庭。父亲袁晓岚，是辛亥革命时期同盟会员，母亲贾仁慧，出生于大户人家。8岁时由母亲带着他和弟弟袁学礼到上海找父亲却未能团聚，由父亲的朋友介绍他在上海读书并接济生活。1926年10月后投到北伐军队伍，后当了下级军官，年仅17岁。大革命失败后，回上海加入“南社”。1929年赴日本留学，专攻新闻学，接触了一些进步思想。因经济拮据于1930年冬回上海，担任“中国左翼文化总同盟”常委，创办《文艺新闻》，发表左翼作品，推进左翼文化活动。并发表一些日本左翼进步作家的作品。其间，袁殊与上海左翼文化人冯雪峰、夏衍、楼适夷等相交往。以袁殊为首，创导全新的文学体裁一报告文学。

袁殊的才能引起了设在上海的我党中央特科的注重，1931年10月，20岁的袁殊经潘汉年介绍加入共产党，纳入中共情报系统工作。这是袁殊人生的最大转折。从此，他由一个左翼人物逐渐蜕化成一个谍报人物，且多次寻找机会，打入敌方情报系统。不久，通过其父之友人和表兄贾伯涛的介绍，结识了湖北老乡、中统特务头子吴醒亚，成为其下属。吴醒亚成立的“湖北帮”为主的“干社”，袁殊被任命为情报股股长。后经吴醒亚介绍，成为新声通讯社记者，即利用此身份出席南京的记者招待会，了解和结识很多人。其中认识了日本驻上海领事馆副领事（日本情报系统特务头子）岩井英一，成功地打入了日本设在中国的情报系统，后即进入日方情报系统。每月从岩井英一手里领200元“交际费”，成为实实在在的日方情报人员。他的这一切变动，都是在中共地下党负责人批准下执行的。

这年下半年去日本一趟，回国后即与冯雪峰联系上，接触到“青红帮”，以此找“杜月笙想想办法”，办起了时事刊行社，又当上《华美晚报》记者，主办外文编译社等新闻机构，为党的情报工作服务。

1935年4月，因“怪西人案”被国民党逮捕入狱，暴露其共产党、中统两重身份，后各方关系保释提前出狱。由冯雪峰报经上级组织同意派去日本活动，1937年回上海。4月，正式加入“青红帮”，并重新回到中共情报系统。

1937年6月后，袁殊在潘汉年的导演下，成功地演出了一场场出色的情报战。他经杜月笙介绍，加入到戴笠为首的军统情报机构，不久因“工作出色”，被戴笠提拔为上海情报组长，第三站站长。此时，袁殊拥有中统、日伪、青红帮、军统以及中共秘密情报员的五重特工身份，这在中国情报史上是绝无仅有的多重间谍者，堪称“情报大王”。他猎取的日本方面情报，首先向潘汉年汇报，然后有选择地向军统汇报，为中华民族的共同利益服务。

1937年“八一三”淞沪抗战期间，袁殊奉命留在上海，晋升为国民党军少将，成立秘密行动小组处罚汉奸，炸毁了日本侵略军在虹口的海军军火仓库，受到军统的嘉奖。

尔后袁殊相继获得的重大情报有：1939年英法企图牺牲中国对日妥协的慕尼黑活动；1941年6月13日德苏战争一触即发的报告，苏共中央为此向中共中央表示感谢；德苏战争爆发后，日本动向是南进而不是北进等等重要情报，为中国抗日战争的胜利，为世界反法西斯的胜利，起到不可估量的作用。

抗战胜利后，袁殊离开上海进入解放区。后随军北撤，化名曾达斋，任华东局联络部第一工作委员会主任，定为旅级，从事军旅中的情报生涯。

1949年调入北京，在李克农主持的中央情报部门工作，负责日、美动向的调研工作。1955年3月，中共中央对潘汉年以“内奸”罪逮捕。不几天后袁殊也遭捕并判刑12年。1967年刑满因“文化大革命”，又被关押8年。1975年被送入某劳改农场“就业”。1981年1月，按组织安排回北京等待平反。此期间，他写出自己数十年的情报生涯，惊心动魄。

1982年9月，袁殊终于由中共中央平反，恢复了他的名誉和党籍，并安排在安全部离休。1987年11月14日，袁殊因年事已高，不慎骨折，被送解放军309医院治疗。几天后肺部感染发炎，病情转向恶化，于1987年11月26日病逝，享年77岁。被称为“东方左格尔”的一代传奇的“情报大王”与世长辞。他却给后人留下了许多宝贵的财富。他在中国第一个提出“报告文学”这个概念。译著了大量日文书籍，出版了多部专著。如《记者道》《学校新闻讲话》《新闻大王赫斯特》《袁殊文集》等。

李家蕃

李家蕃，清宣统三年（1911年）六月三十日出生，青少年时期因体弱多病，遂立志自学中医。经多年刻苦学研，对岐黄之术造诣尤深。多年来，服务桑梓，饮誉杏林，深得群众好评。抗日战争时期，他同情共产党，以实际行动支援蕲春抗战。他与赤东镇的方家是亲戚，他的亲内弟何定华（方瀚）、方载阳、方敏，既是知识分子，又是蕲春的老一辈革命者，他兄弟三人都是革命的老功臣。在抗日战争和解放战争时期，他们兄弟为了蕲春的革命工作，曾多次遇险和遇困，都是李家蕃利用自己是国民党蕲州党部书记和商会会长的特殊身份作掩护，在暗中解救和支援，深得中共县长何启的称赞。说他是共产党的朋友，开明人士。中华人民共和国成立以后，一直在蕲州行医为民，曾任蕲州联合诊所主任和所长之职。“文化大革命”期间，他被调离蕲州，调到黄土岭卫生院工作，也深得黄土岭地区广大农村患者的赞誉。终因劳累成疾，治疗无效，病逝于1977年元月20日，享年67岁。

蔡蕴玉

蔡蕴玉（1911—2012），女，出生于蕲州镇东长街第一社。是辛亥革命前辈蔡达生三女。少时在蕲州读新式女子学堂，后毕业于武昌女子中学，父亲送她赴日本留学。抗战时回国到重庆与丈夫徐俊璜完婚。1949年3月去台湾经商，撑持一家人生计并供给孩子们读书。上世纪60年代初，带女儿徐珞晶赴美留学，以女儿之高额资金重启生计，并与女儿同时在美国纽约州另一所大学深造，后获生物学博士学位，从事生物学研究工作，发表论文多篇。后以高龄逝世于美国。

熊汝达

熊汝达（1912—1977），蕲州镇石牌楼人。少时在蕲州读完小学、中学，后考入清华大学工科专业深造，1934年毕业后即被招聘到京汉铁路局工作，他对土木工程学有专长，精通英、俄两国文字，1949年前，辗转于全国各铁路线段。1950年，由浙赣铁路株洲工程处直接调入铁道部设计局铁路专线科任总工程师，从事铁路设计工作。曾用俄语翻译出《道岔设计》一书由铁道出版社出版。“文化大革命”期间曾下放到河南息县干校劳动。1977年，因心脏发作而逝世，享年66岁。

梅　志

梅志（1914—2004），女，本名屠玘华，是我国著名文艺理论家、诗人、翻译家、蕲春蕲州下石潭村人胡风（张光人）的夫人。1914年5月22日出生于南昌，少时在赣州读新式小学和中学，后在上海培明女中完成高中学业。1932年成为“左联”盟员；1933年12月与胡风先生在上海结为伉俪，即开始协助丈夫编辑出版进步书刊。

1938年“八·一三”后，梅志随丈夫转移汉口途中，首次回婆家，即蕲州下石潭老家居住了一段时间，去汉后又转到了重庆。1941年初，从重庆到香港。香港沦陷后，又由香港到桂林。这些年，她在动荡中创作出了大量童话作品。至1953年前，先后出版了《小面人求仙记》《小红帽脱险记》《小青蛙历险记》等童话书刊。1953年从上海迁居北京，1955年5月因“胡风反革命集团”案入狱。1961年出狱为母亲办理丧事。1966年2月陪丈夫胡风至四川劳改。1980年3月回京，9月份正式平反并恢复公职，在中国作协按离休干部待遇办理了离休手续。尔后几年，继续坚持创作，先后出版了《梅志童话诗集》《胡风沉冤录》《听来的童话》等作品。1999年，与女儿晓风整理辑注《胡风全集》12卷442万字，由湖北人民出版社出版。《胡风全集》出版后，荣获“国家图书奖”，2004年10月8日，梅志因病在北京逝世，终年90岁。

朱启文

朱启文（1914—1990），蕲州镇王塅村王塅塆人。1940年1月参抗日队伍，1941年11月加入中国共产党。先后在蕲广便衣队、蕲广独立营、蕲广独立一团和挺进十九团当战士。1943上4月21日，参加了张体学指挥的攻打蕲州城日伪农产公司的战斗。1945年2月23日，为张王震、王首道率八路军南下支队渡过长江天险而赴江南秘密部署防备工作。解放战争时期，他历任鄂皖边区蕲（春）黄（梅）广（济）中心县民主政府县长，第五军分区司令部侦察参谋、蕲春县游击大队二连连长等职；1946年6月，参加了中原突围战役。后又返回蕲春，坚持斗争。1947年10月26日至27日，刘伯承、邓小平在蕲春指挥著名的高山铺战役，并获得胜利，朱启文是这一重大战役的全程向导。

解放后，他历任中共蕲春县横车区委书记，蕲春县公安局副局长、法院院长。1957年9月至1958年9月任中共蕲州镇委书记。又任县监委副书记、书记等职。1980年12月离休，享受副县长级待遇。1990年7月去世，享年77岁。

蒋万琦

蒋万琦（1915—2009），女，是辛亥革命老前辈蔡达生先生（蕲州人）之儿媳，是著名国画家蒋兆和胞妹，出生于四川泸州。少时在家乡读完小学、初中。1940年7月初中毕业后到上海找哥哥蒋兆和，被送往上海智仁女子中学念高中，后毕业于复旦大学，又回四川在重庆任教，与蔡达生之子蔡继达结婚，解放后回蕲州定居，从事文化工作。1957年夫妇被打为右派，“文化大革命”后平反，安排在蕲州镇第一小学，但仍然爱好画画，多幅作品参加全国和省（市）大型画展并获奖。2009年7月21日去世，终年95岁。

周少华

周少华（1918—1967），原籍姓氏不详，由逃荒灾民卖与蕲州人周善圃为子，即从周姓，籍蕲州。因身世改变，乃发奋读书，1939年毕业于设在恩施的湖北省立一中高中部。后入川谋职，结识广济（今武穴市）人、工程师胡玉瑞，助其抄写。1942年，胡玉瑞到乌江工程局任职，周少华随侍，通过刻苦学习，掌握了水利工程技术。抗战胜利后，周转往淮河中游工程局供职。1948年回蕲州，1949年春即被国民党蕲春县政府聘为技士。

1949年5月，蕲春全境解放。解放大军过境南下，周少华奉蕲春县人民政府之命，参加西河驿公路桥的修复工程。因工作出色，留任县人民政府建设科科员，负责水利工程技术。1950年10月，蕲春县水利局成立，周调任县水利局供职，历任技术员、工程股股长。1956年晋升为蕲春县第一位工程师，也是当时黄冈地区县一级最早的工程师。

周少华在蕲春县水利局任职期间，致力于全县的水利事业。20个世纪50年代前期，蕲春有史以来第一座排涝防洪工程赤西大闸、蕲春最大的水利工程赤东大堤、第一座蓄水工程毛狗洞水库、第一个引灌工程江下河拦河堰，都是由他主持设计和指挥施工的。此后，他负责设计、施工的大型水库有大同水库、花园水库，有鹞鹰岩、黄河厂、落马桥、黄梅坳、张林冲、梁桂华等十多座容量100万立方米以上的水库，还有白莲河水库蕲春东干渠等。在设计大同水库工程中，他大胆创新，采用“木板核心墙”技术，节约了大量资金。这些工程经过三四十年的检验，质量可靠，为蕲春全县工农业生产发展起到巨大的作用。

周少华在工作之余，还潜心研究水利技术理论，先后编写出《防汛工作手册》《水利施工规范》《土地丈量简易公式手册》等技术书刊和培训教材、深受基层水利工程技术人员的喜爱。他对蕲春县水利事业的贡献，受到党组织和人民政府的认可，先后当选为蕲春县第一至第五届人大代表，4 次被选为人民委员会委员。

1966 年“文化大革命”开始后，周少华被“造反派”冠以“反动学术权威”（后平反）受到批判。1967 年 1 月因病治疗无效，在蕲州逝世，享年 50 岁。

李宝珍

李宝珍（1918—？），女，蕲州镇东长街李家大屋人，出生在一个世医之家。祖父李乐三，清末期为蕲州老郎中。父亲李昌瀣（在著作中称自己为“李时珍裔孙”），民国十七年（1928 年）弃教从医，后行医 50 多年。抗战时的 1938 年，李宝珍从南昌高中毕业考入中医学院。1940 年于重庆就读四川中国华西大学医学院，1944 年毕业获医学博士学位，并获斐陶斐砺学会会员荣誉。后从军入伍，任一等军佐军医，赴前线救治伤员。日寇投降后，她复员，在上海中纺公司第二医院任妇产科医师。1948 年，她独自赴美国与未婚夫吴德楞团聚。后经数次考试，最终在美国帕孙斯医院任麻醉医师，这一干就是 30 年，直到 1988 年退休。李宝珍后以高寿在美国病逝。

张保罗

张保罗（？—1980），谱名张常礼，蕲州镇邵垅村人。解放前于山东齐鲁大学医科暨长沙湘雅医科大学毕业，即在汉口协和医院外科供职。解放后的 1950 年。参加抗美援朝医疗队伍，任外科主任医师。回国后，在内蒙古呼和浩特医学院（今呼和浩特医科大学）任教，晋升为教授。1980 年，逝世于该学院。

王雨霖

王雨霖（1921—2003），名槐熙，号载阳，蕲州镇东长街人。少时在蕲州读完小学，后入重庆读中学，考取重庆财贸中等专科学校。毕业后到南京谋职。解放后在南京市财政局工作，历任会计员，助理会计师，后晋升为高级会计师。他工作积极，多次被评为南京市财政局先进个人和南京全市先进工作者。为《南京财政志》编委。

汪钦文

汪钦文（1922 － 2015），蕲春县蕲州镇东长街人，又名汪存荫，汪士恒长子，1938 年日寇占领蕲州，他参加何启的抗日游击队任卫生员。1947 年参加中原独立旅医务工作。参加了五师突围腿负伤。1949 年淮海战役前被派往北京接管北京铁道医院，1950 年去苏联进修一年回国后，任北京铁道医院院长，1982 年离休享受副部级待遇。多次出席国务院国庆招待会，曾参加《新四军军史》的编写工作，是抗日战争和解放战争的荣誉军人。

纪克绳

纪克绳（1925—？），蕲州镇东长街人。在蕲读完小学，1946年毕业于省立（武昌）一中。1957年7月在中南财经大学财经系毕业，分配到中央财政部工作。1973年调北京石化总厂财务处工作，1979年又调回财政部工作至退休。历任科员、科长、副处级调研员。兼任中国财政学会农村财政研究所秘书长兼秘书处处长。先后发表财政论文20多篇。1989年被财政部授予为高级会计师职称，并授予国家注册会计师资职。退休后被聘为中湖会计事务所注册会计师。

王重欣

王重欣（1925—1990），蕲州镇东长街王家大屋人。解放前毕业于南京中央大学（现名南京大学）。解放后即赴哈尔滨大学任教，历任助教、讲师、副教授、教授。后调入北京工业大学二分校，仍担任教授。1990年去世，终年65岁。

郝天民

郝天民（1926—2003），蕲州镇东长街人。1953年毕业于中南财经学院（今中南财经大学）财政信贷专业，曾任蕲春县立中学教员，不久调任中南区银行学校教研组长。1953年底南下广西，在中国人民银行柳州支行工作，为支持柳州工业发展做了大量工作，多次被评为柳州金融系统先进工作者。后任该银行研究室主任，主编《柳州金融》，1987年被评为高级经济师，后兼任柳州市工商业联合会顾问等职，著有《企业内部银行的理论与实践》一书，发表金融论文50多篇。

王曾儒

王曾儒（1926—2010），字槐光，号耀华，蕲州镇东长街人。解放前，在上海新闻专科学校肄业，转入华东人民革命大学学习，获《结业证书》。解放后，在中华全国总工会西南办事处工作，任研究室编辑组副组长，后调任四川省工会干部学校辅导员。再调湖北武汉市堤角中学任教，任外语组组长，后晋升为高级教师职称。

王忠烈

王忠烈（1927—？），蕲州镇东长街全胜坊人。少时在蕲州读完小学，抗战时的1939年入蕲广联中读书。1948年，王忠烈作为青年学生赴台湾，进入台湾机械工程学院（实际上是军械工程学院）读大学，攻读数学专业。1952年毕业后在台湾就业了相当长的一段时间。1961年，他赴美国留学，在美国新泽西州立大学继续攻读数学专业。1964年，获该大学数学哲学博士学位。即赴加拿大谋求发展，被聘为加拿大里贾纳大学教授。王忠烈在搞好教学的同时，开始了自己在数学领域的深度研究，并且以研究“不等式”为主体，诸如“1+1≠2”等等。他发现某一不等式的特殊规律，命名为“华罗庚—王忠烈型不等式”，获得全世界数学领域公认，使他步入世界知名学者行列，成为世界著名的数学家。1986年4月，年届六旬的王忠烈教授曾回乡探亲，为母校一中作演讲，鼓励学生发奋读书，报效祖国。1996年9月，蕲春一中60周年校庆前夕，他为母校题词“求精求善是一切成功的保证”，成为蕲春一中学子永久的“座右铭”。后以高龄在加拿大去世。

张子平

张子平（1927—2011），蕲州镇菩提村人。1947年7月参加工作；1949年5月参加了解放蕲州城战斗，6月加入了中国共产党。1949年下半年，带领小分队在横车铺尔嘴一带剿匪。中华人民共和国成立后，任土改工作队长；1953年2月任蕲春保险公司政工股长；11月任彭思供销社经理。1957年9月任彭思公社办公室主任；1979年1月调任县麻纺厂厂长，1983年12月任县麻纺总厂调研员至1987年11月离休。2011年8月21日因病逝世，享年85岁。蕲春县政府为其开追悼会。

孙思望

孙思望（1927—？），蕲春县蕲州镇人。青年时投军，在国民党空军江西赣州气象部门干技术工作。1949年随军去台湾，居台中市，悉心研究国画。40多年，造诣颇深，慕徐悲鸿之风，擅长画马。个人作品曾在台湾各地展出10多次，还参加了北京、上海及日本、韩国等国家和地区书画联展20多次，深受国画界嘉评。

王北平

王北平（1928—2017），又名王自立，蕲州镇东长街人。1941年至1946年在蕲州德记酱园铺当学徒；1949年在沈阳读高中，1950年入长春东北师大俄语系学习，因成绩优异，1957年即在本系教俄语兼系秘书。1953年到中国人民大学俄语系考察后留校任教，1955年回东北师大任俄语教研室副主任。1956年被中央组织部调到新华社任俄语编译，其间曾访问前苏联。1986被评为译审职称。1988年退休。

柯根发

柯根发（1928—2011），蕲州镇施家塘村人。1940年参加革命工作，任中国共产党地下交通员到1948年。1949年5月14日蕲州解放，从8月起至1955年5月，他先后任乡治保委员、团支书记、民兵指导员，区土改工作队员、副组长、组长、片长、区公安员、助理员、蕲州镇水陆派出所副所长、所长，狮子区、檀林区区委书记等职。1955年5月，调入中共湖北省委组织部工作，至1990年6月，他历任省委组织部组织员、副科长、副处长，省监察厅副科长、科长，省纪委副秘书长、处长，副厅级纪律检查员、省纪委机关党委书记等职，直到1991年离休。2011年6月11日因病逝世，享年84岁。

胡正中

胡正中（1928—1979），蕲春县蕲州城内人。在台湾时曾在“调查安全”部门任要职。蕲春旅台“三才子”之一的曹之冠曾在《湖北文献》第54期发表《敬悼英才胡正中》一文，对其生平作了记录。胡正中生前捐出数十万台币设立“胡正中助学金”，每年为在台湾的蕲春同乡后辈考取大专院校大学生发给奖学金。为旅台蕲春同乡培养后起人才，颇受称颂。

刘　闿

刘闿（1928—？），蕲州镇东长街人。1951年毕业于上海交通大学电机系电讯专业。1955年以前在空军从事雷达技术工作。1955年2月至1961年3月，先后在中科院光机所、电子所、西南电子所任助理研究员。1966年至1988年先后在航天部504所、450办及503所任副研究员、研究员。其间1985年3月任中科院测控所所长，是我国通讯卫星系统地面测控系统设计者、微波主任，是研究该系统获国家特等奖者之一、先后发表专业论文百多篇，著有《电磁波测距原理》等书。

王浦还

王浦还（1928—2009），蕲州镇东长街人。少时在蕲州本地读小学，抗战时期在本县圆襟冲、胡凉亭等地读初中，抗战胜利后，去汉口市读高中（一中），后毕业于华中师范学院中文本科。1987年在省政协干部培训班结业；1989年在中国社会科学院中学领导与管理培训班结业。获中学高级教师（副教授级）职称。1957年前，先后在本县各中心小学任教师、教导主任、副校长、县文教局教研室中学组负责人。1958年至1980年9月，任蕲春二中、一中教师、教研组长、班主任、校工会副主席、副校长。1981年1月，蕲春县政协成立，从此时起，王浦还当选为蕲春县第一、二、三届政协副主席。在40年的教学实践中，除教书育人外，还从事教育研究活动，发表了多篇教研文章。在三届县政协副主席任上，为全县政协委员参政、议政做了大量工作。2009年10月病逝，享年82岁。

胡居云

胡居云（1929—？），蕲州镇（原黄土岭乡）邱山村胡贵塆人。1952—1956年先后在南昌大学和华南工学院土木专业与民用建筑结构专业读本科，毕业后分配到国家石油工业部第五建安公司任技术员，参与北京几项大工程设计及施工。1958年随单位调入四川参加南充炼油工程，任技术负责人。1963年参与大口径输气管工程指挥组工作。1964年任工程师，参与军工基地选址工作。1973年调重庆石油学校任教。1987年晋升高级工程师，后任重庆东辰科技开发公司总经理至退休。

王重光

王重光（1929—？），女，蕲州镇东长街王家大屋人，是王重欣之胞妹。解放前在蕲州读新式小学、中学，1952年考取武汉大学数学系本科。1956年毕业后分配到云南大学任教，由助教升为讲师，后相继晋升为副教授、教授。

王治伟

王治伟（1930—？），曾用名王稚葳，蕲州镇东长街夏家弄人。1950年从湖北省立武昌中学高中部毕业，后相继考入中央财政学院、中国人民大学学习。1954年秋毕业于人大财政信贷系，分配到水利部下属单位任理论教员、科长等职。1962年调四川水利厅工作，先后任会计师、高级会计师、副处长、审计室主任等职。兼西南大学客座教授。1989年获国家注册会计师证，被深圳上市公司聘用。并兼任过四川水利电力会计审计学会理事长等多职。出版专著多部，发表论文数十篇。

王凯旗

王凯旗（1931—2006），又名王仁和，蕲州镇王堽村人。1951年考入军校，1953年提正排级，1954年毕业于中国人民解放军第五步兵学校，以高才生资格选任为南京高等军分院校教官。1955年定中尉副连级，并评为大学助教。1957年升上尉正连级。1958年任舟山群岛守备师营长，1959年任团参谋长。1960年调到武汉军区司令部任参谋，同年赴信阳步兵学校任教员、训练部协理员。1967年奉命到武汉市“支左”，先后任湖北省电力厅支左副组长、省五人（张体学、曾思玉、韩宁夫、刘丰、张玉华）办公室材料组副组长、华中师范学院（今华中师范大学）专案组长。1970年调黄石市武装部任军事动员科长。在部队20多年中，先后立三等功1次，三次评为师部、军部、武汉军区学习毛泽东著作积极分子。转业后，任华新水泥厂设备处书记、市人防办工程科长、办公室副主任、主任（正县级）。五次被评为先进工作者，两次被评为模范党员。2006年因病逝世，享年76岁。

陈元芳

陈元芳（1931—2012），蕲春县蕲州镇人，中共党员。1948年毕业于启明中学，1951年2月参加水利工作。从1951年10月起先后参加省水利训练班、水利部水电班、黄冈大学水电系、武汉水院管理班学习。参加水利工作40余年，先后担任过水利规划测量队队长，水利局农水股副股长、农电股股长，小水电公司经理等职，1994年明确副局级。参与的主要工程有：赤东大堤、沿江大堤、鹞鹰岩、落马桥水库等30余处堤段及水库的规划、勘测和施工；浠漕线、大漕线的勘测、施工；大同渠系规划选线，鸭公嘴渡槽、飞跃隧洞及全县喷灌试验的规划、勘测、施工；太平、红石桥流域治理在内的全县小水电建设；赤西、夏坳等一批骨干排涝站的建设等。1952年被评为一级助理技术员，1994年被评为高级工程师。2012年8月病逝。

孙永延

孙永延（1932—2014），蕲州镇东长街人。1948年经人介绍进南京金陵兵工厂谋生，1949年随厂迁台，厂名更为60兵工厂，他当机械钳工，认真学好技术，1951年他跳槽到台湾裕隆汽车制造厂，这一干就是30年，有了丰厚的积累。1985年他到台湾新竹工业区买地建厂房，创办起“台湾颐明机械工业股份有限公司”，他为总经理，生意十分红火。1989年，孙永延首次回到阔别40多年的故乡蕲州，看到家乡巨大的发展变化，就决定回家投资兴业，支援家乡建设。1992年初他在蕲州大畈头村创办了“蕲春永昌万利造纸厂”，1992年10月，他又邀台湾友人共同投资，在蕲州成立了“蕲州阜明玻璃有限公司”，1993年投产，头几年很红火了一段；1997年，他再次邀约蕲春旅台友人3位回蕲州投资，兴办起“蕲春永佳农畜牧业有限公司”。2011年1月，孙永延被评为首届湖北省黄冈市“十佳台商”，这与他报效家乡的情怀是分不开的。他担任蕲春旅台同乡会六、七、八、九、十届理事。2014年6月，孙永延因病治疗无效，在蕲州逝世、享年83岁。

方文法

方文法（1932—2007）1932年6月22日出生，蕲州镇施家塘村人。初中文化程度，1949年5月至1951年1月做支前工作；1951年初至1952年5月任土改工作队员；1952年5月任蕲州镇青年干事；1953年5月任蕲春县菩提区区长；1955年12月任蕲州区区长；1956年7月任黄土岭指导组组长；1958年9月任蕲州人民公社社长。1960年1月调出任横车区委副书记、区长；1964年4月任蕲春县工业局局长；1966年7月，任中共蕲春县委委员、工委政治部部长、工办主任。1980年2月调任黄冈地区轻纺工业局党组书记、副局长。至1992年6月离休回蕲春居住。2007年10月去世，享年76岁。

马元曦

马元曦（1933—2013），女，蕲州镇东长街人，是上世纪三四十年代著名的情报专家、中共红色情报工作者袁殊的长女，随母姓马。少时生活在上海并读完小学和中学，1954年毕业于北京外国语学院（今北京外国语大学）。即留校任教，在30多年的教学中，历任英语系讲师、副教授、教授，并担任北京外国语大学英语教学研究室主任。曾与许国璋合编大专院校英语教材，为国际妇女界从事高等教育的知名专家，受聘于美国纽约大学东亚研究专业客座教授及其他多个学术职务。2013年因病在英国逝世，终年80岁。

胡定谦

胡定谦（1936—？），蕲州镇人。少时在蕲州读完小学和初中，1952年从蕲春一中考入武昌医士学校，1955年毕业后即参加工作。1962年考入湖北医学院（今湖北医科大学），1967年毕业且于次年又考入湖北医学院师资班人体解剖专业深造，1980年毕业分配到黄冈地区二医院（蕲州）工作任外科医师、主治医师，1992年晋升为副主任医师。1993年援外赴阿尔及利亚马斯卡拉省立医院任外科主任，1995 年回国。多次参加全国性医学外科学术会议并发表论文，在外科学上有一定影响。

叶宏映

叶宏映（1936—1953），蕲州人。出身于贫苦的船民家庭，11 岁即操作驾船，逐渐掌握了驾船技术。1953 年，随全家加入蕲州船业协会，因工作出色，被评为一等模范。6 月下旬，全县暴雨，山洪暴发，蕲南围堤多处溃缺，不少人被困于洪水中。蕲州镇政府接县政府通知，组织船只到围区救助灾民，叶宏映带头报名并被批准。6 月 25 日上午，他所驾船只从长江进入八里湖时，突起大风。为加快船速，他冒险出舱挂帆，不料船只倾覆，落水牺牲，时年 17 岁。叶宏映牺牲后，蕲州镇人民政府于本年 7 月 9 日为他举行追悼大会。青年团蕲春县委追认他为中国新民主主义青年团员，号召全县团员和青年向叶宏映学习。随后，省、地报刊先后报道了叶宏映的事迹。1954 年 5 月 19 日，青年团湖北省委授予叶宏映“光荣牺牲”奖状，并追认为“优秀团员”。

张朝光

张朝光（1942—2014），蕲州镇红门楼村人。小时候在本地读私塾，后在蕲州读高小，1957 年毕业于蕲春二中（今李时珍中学），到雨湖小学任教。1958 年评为全县优秀教育工作者，又参加黄冈中师函授结业。1960 年应征入伍，1964 年加入中国共产党，同年毕业于武汉军区信阳步兵学校大专班。后历任警通排长、轮训队长、作训参谋、军务股长，1969 年任越南留学生军事教官，受军区通令嘉奖。1975 年后任军事科长、公安部秦城监狱人民武装警察干部大队参谋长。1978 年主编武警中队勤务条例、条令和教材，由公安部颁发，后为《武警勤务》蓝本。1979 年受公安部指派，组织勤务教学。1980 年任武警湖北总队武警大队长、党组书记。1983 年任训练处长。1983—1985 年在中央电大中文专业学习，发表论文多篇。1986 年到孝感任湖北武警总队教导大队长、党委书记，所在单位评为全国先进单位，个人荣记二等功。1989 年春节后，转业任湖北省人民警察学校校长、后任湖北警官学院副院长级巡视员直至退休。著有《军事理论与人民警察》并出版。2014 年 11 月因病去世，享年 73 岁。

王树华

王树华（1930—2014）蕲州东长街人。县审计局高级会计师，在县审计局工作至退休，2014 年因病于漕河逝世。

李慰先

李慰先（1942—1996），蕲州东长街李家大屋人，1960 年选拔进黄石市歌舞团，成为一名演员，第一次担任歌剧《汪英华》的主角汪英华，就接受了国家副主席董必武的接见。先后在歌剧《刘三姐》《小二黑结婚》《江姐》《中府贵婿》《白毛女》《夺印》《骄杨》《台湾剑客》和话剧《千万不要忘记》《特别代号》《赤道战鼓》《枫树湾》《万水千山》《于无声处》《霓虹灯下的哨兵》《兵变前夕》《一双绣花鞋》《深夜静悄悄》《雷雨》等剧中担任主角和主要角色。后担任数十部戏剧的主要演员，一生表演成绩斐然，为国家二级演员。后成长为黄石市歌舞团导演，导演了《刘三姐再难三秀才》《金医生拔牙》《卖摇窝》《新年话酒》等戏剧小品和相声，担任了黄石首届国乒乓节迎宾晚会的艺术总监。编写了《舞台语言基本技巧》《演技六讲》《影视表演三忌八诀》等3万余字的讲义。1996年不幸因病逝世，享年55岁。

蔡玉麟

蔡玉麟（1942—？），谱名华恒、长松。蕲州镇东长街人。湖北工业大学机电研究设计院退休。曾任华中科技大学主办的《管理学报》杂志执行主编、编审。曾任《中国机械工程》杂志社社长兼主编、《大众机械》杂志副主编。出版专著2部，参加编写专著2部，发表论文60余篇、发表译文（俄译汉）几万字。曾任湖北省出版系列高级职称评委、湖北省科技编辑专家委员会副主任委员（第一届、第二届）、湖北省期刊协会自然科学期刊学术委员会主任委员（第四届）、湖北省机械工程学会编辑出版委员会主任委员。《中国机械工程》杂志获首届国家期刊奖；2001年获湖北省委、省政府设立的“湖北出版名人奖”（此奖项自设立11年来只有4人获此殊荣）。

王槐堂

王槐堂（1943—2000），蕲州东长街之（今博士街）王家大屋人，国家二级作曲家，1959年参加县黄梅剧团，历任主琴、作曲、音乐教师，县《文化志》音乐、戏曲编纂。1998年被评为湖北省有突出贡献的中青年专家，享受省政府特殊津贴。入选《中国当代音乐界名人大辞典》。创作电视连续剧《医圣李时珍》在《戏剧之家》杂志2002年连续3期刊载完毕。他曾在蕲春县黄梅戏剧团、县文化局戏剧创作室工作42年，撰有108部（首）音乐作品、7部电视音乐片。包括《知府求医》《李时珍陵园》《神州风采·风筝与风筝城》和《中国一绝·中草药炮制》、电视剧《李时珍巧释无血案》、话剧小品《组织抓拍》、中型讽刺剧《鬼谷秘传》等。

李守群

李守群（1948—2005），蕲州镇东长街人。其父李慕颜（亦名李道、李世轩）于中华人民共和国成立前，为北京蕲春同乡会会馆主持，并任《华北日报》经纪人，故举家迁居北京。李守群中学毕业后响应中共中央和毛泽东主席号召：“知识青年到广阔天地中去锻炼。”后回城被分配到《人民日报社》工作。先后在美术部、广告部供职。其后在北京美术学院进修，毕业后仍回《人民日报》社任美术编辑。对版画、国画造诣颇深，先后发表各种美术作品数百幅（篇）。平生慕张大千用胡子作画，他作画时用胡子代笔，在墨坛中饱蘸浓墨，双手扶住画案，靠头部运动带动“胡子笔”作画，时而如急风骤雨，时而如点水晴蜓，挥洒自如。其功练成，受到全国美术界广泛关注，称为中国画坛一绝—大胡子画家，其胡子画作品被台湾故宫友人收藏。李守群业余兴趣极广，易学、经学、医学、相学无不通晓。曾兼任东方文学馆影视集邮联谊会顾问、中国自由民主统一促进会台湾工商文化资讯基金执行委员会委员，台湾企业领袖联谊会、台湾时报股份有限公司、旅游报股份有限公司执行委员和驻北京联络处主任，并担任中国台北、中国香港及日本、美国等实业公司和社团驻中国社团广告总代理。其夫人沈静女士，亦为中国美术界青年女画家。李守群于2005年4月21日（农历三月十三）病逝于北京。笔者时以诗挽之云：惊闻噩耗自京来，泪雨如丝动地哀。忆与先生情谊久，一朝永别痛悲哉！

张启春

张启春（1962—2017），蕲州镇菩提村人，出生在一个贫苦的农民家庭，小时候即帮助父亲干活，初中毕业后回家务农。改革开放后的1982年，他到十堰汽车城求工，被录为二汽销售业务员，三年间积累了一定的资金。1985年，回本地承包了食品站，积累了较多的经营管理经验。1993年，赴上海谋职，在一家建材公司做事，有一份不薄的工资。1997年，以278万元为启动资金，承包了蕲春县水泥厂，从此与建材行业结下了不解之缘。1999年重返上海，开启码头并经营建材，公司名曰“上海启春贸易有限公司”，任董事长，生意十分红火。2000年后，他把业务进一步扩大，先后在家乡蕲春、黄冈、河南、云南等地开发房地产业务，成为资产过亿的大老板。2004年1月，被选为政协蕲春县第七届委员会委员。2009年1月，当选为蕲春县第十六届人大常委。在上海兼任蕲春同乡会常务副会长。

作为一名成功的企业家，张启春热心于公益事业。1990年，他为北京亚运会捐款3000元；1995年至2016年，他为家乡20多个村的困难户、五保户捐救济金20多万元。1998年8月上海洪灾，他所在的宝山区形势危急。张启春将自己公司仓库内价值46万多元的包装水泥、石英砂全部运到海堤险段，成功地堵住缺口，保障了堤内人民群众的生命安全和财产安全。此举引起上海市宝山区人民政府相关领导的高度关注，给予“老区后代，龙江精神”八字锦旗褒奖，也为其后来经营带来良好效应。2004年至2008年，他为家乡菩提村和漕河镇长林岗村捐资30万元，修建两条通村公路。2013年，他率先捐资300万元，启动胡风纪念馆、大别山革命根据地展览馆、蕲春张氏文化活动中心（蕲春张氏总宗祠）的建设，后不断追加累计捐款达580万元，为蕲州菩提村这一文化小镇打造AAA级景区奠定了坚实基础。其他公益活动亦参与多多。2017年12月13日，张启春因患癌症，经多方医治无效逝世，享年56岁。

二、革命烈士

邱洪盛

邱洪盛（1892—1930），蕲州镇邱山村人。少时家里很贫穷，靠自己学习识得几个字，后以种田为生，兼为人打工度日。1929 年参加本地革命活动，1930 年加入中国共产党。参与组建邱山下，雨台，杨爷亩 3 个党小组及雨台党支部，即任雨台党支部书记。1930 年 3 月，中共菩提坝区委成立，邱洪盛被选为委员。1930 年初，邱洪盛参与组织雨台农民暴动成功。5 月 15 日，蕲春县大革命时期第一个乡苏维埃政府在雨台成立，邱洪盛被选为主席。

这个新生的雨台乡苏维埃政权，从 7 月份起即遭到国民党蕲春地方武装的围攻。当年 11 月，国民党军夏斗寅 15 师的易永瀛营纠合蕲春县保卫团及菩提坝民团 1000 余人，大肆进犯雨台苏区。苏区武装奉命转移到江南。而邱洪盛奉命留下来坚持战斗，不久被敌方捕获。他拒不交待中共党员名单，声言："当共产党就不怕死，怕死就不是共产党！"敌人恼羞成怒，剜掉他双颊，押着游街示众，3 天后杀害。中华人民共和国成立后，蕲春县人民政府追认邱洪盛为革命烈士。

张翼南

张翼南（1896—1944），太常村太常垮人，幼读私塾，好读新书，留心时务。民国初年，先后在顾家墩、四村庙、菩提寺等处设馆授徒。1923 年同当地进步青年张光人（胡风）、方瀚（何定华）等组建"新蕲春学会"，开展反帝反封建活动。大革命兴起，参加农民协会，担任会计兼保管，并出席湖北省第一届农协代表大会。1927 年春加入中国共产党，与张仲君、张佑辉等组建菩提坝区、乡农民协会。1930 年 5 月参与组织雨台农民暴动，成立全县第一个苏维埃政权---雨台乡苏维埃政府。同年 11 月，苏区失陷，出走上海，次年回乡，仍以教书为掩护秘密从事革命活动。

1938 年 10 月日寇攻陷蕲州，中共黄冈中心县委委派王表、赵辛初等到蕲春发动抗日。1939 年春，张翼南与赵辛初接上关系，发动蕲广边界一批优秀分子入党，4 月分成立蕲广总支陈家围支部，任蕲广总支书记兼陈家围支部书记，同年 11 月任中共浠蕲黄广县委委员兼蕲广总支书记，1940 年 3 月，蕲广总支扩建为蕲广边县委，任书记，居文焕、张凤林等为县委委员。1941 年 8 月任蕲广边县军政联合办事处秘书长。在此期间，他动员蕲广边抗日根据地 200 余青年参加地方游击队和新四军主力；争取了国民党蕲春自卫队大队长张长江改变反共立场，暗中赞助边区军民抗日，并于 1942 年带领几十人枪投奔边区游击队。

1944 年 5 月，国民党顽军第二纵队与县自卫队围攻蕲广边根据地，边区武装转移，张翼南奉命隐蔽于赤东湖大径桥胡家湾，被顽军侦知，派出大队包围胡家湾，抓大批居民拷问，他的长子同被拘为人质，为使自己不落敌手，为保守党的秘密、保护无辜群众乃吞金自杀，时年 47 岁而英勇牺牲。四十年后，与张翼南共同战斗多年的革命家赵辛初回忆说："张翼南烈士为了革命牺牲了自己，保护了组织、保护了同志，是我们党的好党员。"

胡耀章

胡耀章（1904—1948），蕲春蕲州镇红门楼村人。少年时代在本地读过5年私塾，在当时算是个有文化的人。后在家务农。抗日战争爆发后，他受驻在当地新四军游击队等革命队伍的影响，毅然参加了革命。1940年2月，在蕲州长塘垮秘密加入了中国共产党，负责通讯联络工作。由于他在蕲广边县一带做地下工作很有成绩，1942年8月被组织上任命为中共白民田区委委员，接受了发动人员参加抗日队伍的重要任务。仅一个月时间内，在秘密走村串户发动了20余名青年参加了新四军游击队，奔赴抗日前线，受到上级党组织表扬。后一直坚持做地下联络工作至抗战胜利。

1947年4月，胡耀章任中共广济县委委员，兼蕲广中心区委书记。在广济境内宋岭、白龙潭、李贞等地广泛开展反霸斗争。1948年3月，他在蕲州刘垅、韦庄一带活动，被敌方情报人员发觉，国民党军立即包围了他而遭逮捕，后遭严刑逼供，他至死不吐实情，保护党组织和同志，国军无可奈何将他杀害，时年44岁。

张敬文

张敬文（1910—1941），谱名张济升，字斋齐，化名战奇。少时在蕲州读完县立小学，1935年5月15日参加了“雨台四一七暴动”胜利。1930年7月，国民党军夏斗寅部、县民团1000余人将雨台苏维埃团团包围，捉拿了邱洪盛等苏维埃骨干。敌人将他们全部杀害了。张敬文的父亲张树山亦被杀害。他随时任菩提区委书记、区长张仲君去阳新参加了新四军赵辛初的部队。新四军因补给困难，成立了税务局，张敬文渐升至蕲广边县税务局局长。1941年农历三月二十三日，他带队员张庆春两人在蕲州至广济田家镇长江段的五里港收过境船只税收，两人隔有300米。而张敬文被8个日本鬼子包围，日寇嗷嗷大叫要他投降。他迅速卧倒拔枪打死了4个日本鬼子后壮烈牺牲。敌人将他四肢砍下抛于长江。张庆春亦受伤致残。隔两天，人们将张敬文尸体躯干捞起，但四肢未捞着，只好将躯干埋葬，赵辛初闻讯带一排人护葬。解放后被蕲春县人民政府追认为烈士。

王　政

王政（1926—1945），1926年生，蕲州人。1938年参加革命，新四军某部指导员，中共党员。1945年在应山（今广水）随军绘图时被国民党军杀害。1951年被蕲春县人民政府追认为烈士。

王树松

王树松（1920—1946），1920年生，蕲州镇新塘村人。1939年参加革命，任新四军班长，中共党员。1946年在黄梅与国民党军作战时牺牲。1950年被蕲春县人民政府追认为烈士。

方 顺

方顺（1911—1933），1911年4月生，雨台村人。1930参加革命，红军战士。1933年10月，在阳新马鞍山与国民党军作战时牺牲。1951年被蕲春县人民政府追认为烈士。

方石林

方石林（1911—1933），1911年5月生，雨台村人。1930年4月参加革命，任红军连长，中共党员。1933年10月，在阳新马鞍山与国民党军作战时牺牲。1951年被蕲春县人民政府追认为烈士。

方申恩

方申恩（1904—1930），1904年生，施家塘村人。1929年参加革命，地方红军干部，中共党员。1930年在蕲州西门与国民党军作战时牺牲。1951年被蕲春县人民政府追认为烈士。

方茂青

方茂青（1920—？），1920年生，龙泉庵村人。1942年参加革命，新四军战士。1943年曾回家一次，后下落不明。1951年被蕲春县人民政府追认为烈士。

方林生

方林生（1934—1957），1934年生，城内居委会人。1956年参加中国人民志愿军。1957年在朝鲜运送物资去前线途中牺牲。同年被蕲春县人民政府追认为烈士。

方梯尔

方梯尔（1926—1944），1926年4月生，施家塘村人。1943年参加革命，贫农团成员。1944年被日寇投进长江而牺牲。1951年被蕲春县人民政府追认为烈士。

田旺兴

田旺兴（1916—1943），1916年5月生，老虎头村人。1940年参加革命，任新四军副排长。1943年4月，在浠水界岭与国民党军作战时牺牲。1951年被蕲春县人民政府追认为烈士。

田洪俊

田洪俊（1921—1945），1921 年 4 月生，枫树岭村人。1940 年参加革命，新四军战士。1945 年在广济竹林塆与国民党作战时牺牲。1951 年被蕲春县人民政府追认为烈士。

伊子清

伊子清（1920—1949），1920 年 11 月生，赤东村人。1940 年参加革命，任新四军排长。1949 年 5 月，在解放蕲州城战斗中牺牲。1951 年被蕲春县人民政府追认为烈士。

刘润生

刘润生（1914—1941），1914 年 4 月生，东门居委会人。1939 年参加革命，蕲广边抗日根据地税务局科长，中共党员。1941 年在武穴被日寇抓住，投入长江淹死。1951 年被蕲春县人民政府追认为烈士。

李保东

李保东（1930—1956），1930 年生，土台村人。1951 年参加中国人民志愿军。1954 年后无音讯。1956 年被蕲春县人民政府追认为烈士。

李洪春

李洪春（1904—1930），1904 年生，红门楼人。1929 年参加革命，地方红军战士。1930 年被国民党军军抓到黄土岭杀害。1951 年被蕲春县人民政府追认为烈士。

邱本先

邱本先（1914—1931），1914 年生，邱山村人。1930 年参加革命，红军排长。1931 年在阳新龙港与国民党军作战时牺牲。1951 年被蕲春县人民政府追认为烈士。

张七兑

张七兑（1923—1944），1923 年生，太常村人。1940 年参加革命，任新四军排长。1944 年在黄梅郑家塔被日军杀害。1951 年被蕲春县人民政府追认为烈士。

张云其

张云其（1925—1940），1925 年生，下石潭村人。1940 年参加革命，新四军战士。同年在赤东赵林被国民党军杀害。1951 年被蕲春人民政府追认为烈士。

张友辉

张友辉（1911—1931），1911 年生，太常村人。1930 年参加革命，红军战士。1931 年在上海被国民党军杀害。1951 年被蕲春县人民政府追认为烈士。

张长新

张长新（1927—1945），1927 年 8 月生，邵垅村人。1941 年参加革命，新四军战士。1945 年 8 月，在广济与敌作战时牺牲。1951 年被蕲春县人民政府追认为烈士。

张四尔

张四尔（1920—？），1920 年生，新塘村人。1942 年参加革命，新四军战士。1945 年 4 月后无音讯。1972 年被蕲春县革命委员会追认为烈士。

张付贵

张付贵（1918—1943），1918 年生，太常村人。1941 年参加革命，新四军炊事员。1943 年在阳新钟山战斗中，送饭到阵地时牺牲。1951 年被蕲春县人民政府追认为烈士。

张名雨

张名雨（1928—1953），1928 年生，油树脑村人。1951 年参加中国人民志愿军。1953 年在朝鲜战场牺牲。同年被志愿军政治部追认为烈士。

张名法

张名法（1924—1951），1924 年生，下石潭村人。1948 年参加革命。后当中国人民志愿军战士。1951 年在朝鲜战场失踪。1979 年被蕲春县革命委员会追认为烈士。

张阳云

张阳云（1907—1946），1907 年生，五里墩人。1940 年参加革命，新四军地方干部。1946 年在蕲州被国民党军杀害。1951 年被蕲春县人民政府追认为烈士。

张雨贵

张雨贵（1900—1931），1900 年生，韦庄村人。1930 年参加革命，地方红军战士。1931 年随部队转移后无音讯。1951 年被蕲春县人民政府追认为烈士。

张明才

张明才（1920—1944），1920 年生，下石潭村人，1939 年参加革命，新四军战士。1944 年随新四军部队到广济田家镇后无音讯。1979 年被蕲春县革命委员会追认为烈士。

张和尚

张和尚（1922—1943），1922 年生，银山村人。1941 年参加革命，蕲广边抗日根据地税务员。1943 年在岚头矶收税时被日军杀害。1952 年被蕲春县人民政府追认为烈士。

张细荣

张细荣（1896—1930），1896 年生，老虎头村人。1930 年参加革命，红军排长。同年在江西武宁等地活动，后下落不明。1951 年被蕲春县人民政府追认为烈士。

张细麻

张细麻（1880—1930），1880 年 4 月生，施家塘村人。1929 年参加革命，红军排长。1930 年在菩提被国民党军杀害。1951 年被蕲春县人民政府追认为烈士。

张柏林

张柏林（1897—1930），1897 年生，老虎头村人。1930 年参加革命，任红军连长，中共党员。同年在江西武宁等地活动，后下落不明。1951 年被蕲春县人民政府追认为烈士。

张重军

张重军（1917—？），1917 年生，下石潭村人。1937 年参加革命，红军排长。1940 年随新四军部队到江西武宁后下落不明。1951 年被蕲春县人民政府追认为烈士。

张保元

张保元（1916—1945），1916 年 8 月生，油树脑村人。1941 年参加革命，新四军战士。1945 年在广济田家镇渡江时，船只被日寇击沉而牺牲。1951 年被蕲春县人民政府追认为烈士。

张泉水

张泉水（1911—1944），1911 年 7 月生，油树脑村人。1939 年参加革命，新四军战士。1944 年在广济宋旺山与敌作战时牺牲。1951 年被蕲春人民政府追认为烈士。

张继华

张继华（1930—1953），1930 年生，五里墩村人。1947 年参加革命。后为中国人民志愿军连长。1953 年在朝鲜作战时牺牲。同年被解放军总政治部追认为烈士。

张继明

张继明（1930—1953），1930 年生，五里墩村人。1950 年参加中国人民志愿军，连长，中共党员。1953 年赴朝鲜作战时牺牲。同年被志愿军政治部追认为烈士。

张啟志

张啟志（1921—1945），1921 年生，黄土岭村人。1943 年 9 月参加革命，新四军四十二团九连机枪排长。1945 年 10 月在广济大小坡同国民党军作战时牺牲。1952 年被蕲春县人民政府追认为烈士。

陈花子

陈花子（1917—1937），1917 年生，赤东村人。1935 年参加革命，红军战士。1938 年在大冶白沙铺战斗中牺牲。1979 年被蕲春县革命委员会追认为烈士。

周　起

周起（1921—1950），1921 年生，东门居委会人。1949 年参加解放军。次年在解放海南岛战役中牺牲。1952 年被蕲春县人民政府追认为烈士。

周应顺

周应顺（1924—？），1924 年生，邵垅村人。1943 年参加革命，新四军战士。同年随新四军部队转移后无音讯。1951 年被蕲春县人民政府追认为烈士。

郑红文

郑红文，1934 年生，竹林湖村人。1952 年参加中国人民志愿军。1953 年在朝鲜战场牺牲。同年被志愿军政治部队追认为烈士。

郑秀六

郑秀六（1934—1953），1932 年生，竹林湖村人。1952 年参加中国人民志愿军。1953 年在朝鲜战场牺牲。同年被志愿军政治部队追认为烈士。

郑秀实

郑秀实（1931—1953），1931 年生，竹林湖村人。1952 年 8 月参加中国人民志愿军，四十六师一三八团战士。1953 年在朝鲜战场牺牲。1955 年被志愿军政治部追认为烈士。

赵会尔

赵会尔（1910—1945），1910 年 4 月生，枫树岭人。1940 年参加革命，新四军战士。1945 年在广济麻藤山与敌作战时牺牲。1951 年被蕲春县人民政府追认为烈士。

胡雨连

胡雨连（1920—1945），1920 年 8 月生，雨台村人。1943 年 10 月参加革命，任新四军副排长。1945 年 6 月，在广济渡江时，被日寇击中而牺牲。1951 年被蕲春县人民政府追认为烈士。

胡金付

胡金付（1923—1947），1923 年 11 月生，雨台村人。1947 年 5 月参加革命，中共地方部队战士。1948 年 7 月，在汪坝与国民党军作战时牺牲。1952 年被蕲春县人民政府追认为烈士。

胡金梅

胡金梅（1911—？），1911 年生，邱山村人。1930 年参加革命，红军干部，中共党员。1943 年从广济梅川带过口信回家，之后无音讯。1951 年被蕲春县人民政府追认为烈士。

胡爱尔

胡爱尔（1910—1932），1910 年生，曹英村人。1930 年参加革命，红军战士。1932 年在江西与国民党军作战负伤后牺牲。1952 年被蕲春县人民政府追认为烈士。

段元昌

段元昌（1903—1930），1903 年生，扎营港村人。1929 年参加革命，地方红军战士。1930 年被国民党军军抓到黄土岭杀害。1951 年被蕲春县人民政府追认为烈士。

高细发

高细发（1914—1939），1919 年生，南门居委会人，1939 年参加革命，新四军便衣队队员。同年随部队转移后到阳新，任新四军连长，后一次一人独自外出放马，被日伪发现、寡不敌众，被用石块砸死。1951 年被蕲春人民政府追认为烈士。

陶　和

陶和（1922—1947），1922 年生，太常村人。1941 年参加革命，新四军便衣队队长。1947 年被敌人抓到漕河，在狱中折磨致死。1979 年被蕲春县革命委员会追认为烈士。

黄自香

黄自香（1934—1956），1934 年 4 月生，施家塘村人。1952 年参加中国人民志愿军。1956 年在朝鲜因枪走火牺牲。同年被蕲春县人民政府追认为烈士。

黄如松

黄如松（1912—1945），1912 年生，西角湖村人。1945 年参加革命。新四军游击队队员。同年押运粮食到汪家渡口，翻船牺牲。1951 年被蕲春县人民政府追认为烈士。

曹银光

曹银光（1925—1945），1925 年生，曹英村人。1942 年参加革命，新四军游击队队员。1945 年在黄土岭与日军作战时牺牲。1951 年被蕲春县人民政府追认为烈士。

黄金安

黄金安（1924—1944），1924 年生，新塘村人。1938 年参加革命，蕲广边抗日根据地某税务所干部。1944 年被国民党军抓到土门嘴杀害。1972 年被蕲春县革命委员会追认为烈士。

景祥林

景祥林（1928—？），1928 年生，两路口村人。1948 年参加革命，任解放军班长。1951 年曾寄信回家，之后无音讯。1954 年被蕲春县人民政府追认为烈士。

程水尔

程水尔（1921—？），1921 年生，潘塆村人。1939 年参加革命，新四军排长。1944 年曾随部队路过家乡，后下落不明。1956 年被蕲春县人民政府追认为烈士。

翟登福

翟登福（1920—？），1920 年生，银山村人。1941 年参加革命，地方新四军战士。1943 年随部队转移后无音讯。1952 年被蕲春县人民政府追认为烈士。

魏龙尔

魏龙尔（1923—？），1923 年生，潘塆村人。1940 年参加革命，新四军战士。1941 年随新四军部队渡到阳新后下落不明。1951 年被蕲春县人民政府追认为烈士。

本籍葬本地烈士一览表

表 9-1

姓　名	所在地	姓　名	所在地
万树尔	下石潭村	马四弟	新塘村
马仲先	新塘村	王仕元	邵垅村
王树成	沙径村	文白尔	红门楼村
方五妹	油树脑村	方坤伦	金鸡村
方昌应	银山村	方金树	施家塘村
方细毛	新塘村	方勋金	雨台村
方瑞珍	邱山村	方锡国	金鸡村
方新春	红门楼村	甘志道	红门楼村
吕玉道	红门楼村	朱祖保	老虎头村
刘金元	油树脑村	阮桂宝	西角湖村
孙延成	南门村	李裕丰	银山村
杨礼先	潘垸村	杨春发	红门楼村
邱水泉	邱山村	邱玉兵	施家塘村
邱玉林	邱山村	邱阳尔	黄土岭村
邱财文	邱山村	邱贵生	邱山村
邱炳文	邱山村	邱洪盛	邱山村
余仲东	土台村	汪丙山	王堧村
汪兴龙	王堧村	张水兴	施家塘村
张升金	太常村	张长柏	五里墩村
张火尔	曹英村	张世怀	施家塘村
张四弟	下石潭村	张四维	施家塘村
张年春	五里墩村	张仲元	五里墩村
张华山	老虎头村	张阳富	潘塆村
张花子	红门楼村	张克和	太常村
张克章	老虎头村	张松柏	邱山村
张松树	菩提村	张雨先	菩提村
张金尔	太常村	张泽仓	施家塘村
张宗水	油树脑村	张春生	邱山村
张春贵	红门楼村	张树尔	新塘村

续表 9-1

姓　名	所在地	姓　名	所在地
张济林	菩提村	张继保	黄土岭村
张常春	下石潭村	张敬文	邱山村
张翼南	太常村	周雅卿	五里墩村
胡三妹	王墺村	胡云支	金鸡村
胡水清	红门楼村	胡业钦	红门楼村
胡四路	王墺村	胡先保	邱山村
胡旭章	红门楼村	胡各乐	邱山村
胡松尔	曹英村	胡实清	邱山村
胡细明	金鸡村	胡树明	红门楼村
胡品安	塘塆村	胡保林	曹英村
胡晓春	红门楼村	胡继明	红门楼村
胡锡林	邱山村	柯半农	施家塘村
夏水尔	塘垸村	高火尔	红门楼村
高火尔	邵垅村	黄金容	曹英村
黄道鑫	东门村	曹成强	曹英村
曹细道	王墺村	龚才喜	黄土岭村
董胖尔	下石潭村	蔡春亭	扎营港村
蔡炳焕	扎营港村	熊友国	恒丰村
熊学贵	韦庄村	潘财源	潘塆村
方火云	枫树岭村人	葬老虎头村	
段胜延	邵垅村人	葬金鸡村	

注：上表所有烈士墓地均由蕲春县民政局统一修缮。

客籍烈士一览表

表 9-2

姓　名	职务	籍　　贯	出生时间	亡故时间
白盛荣	战士	湖北木汀庄公社	1928	1963.10.28
高国太	战士	湖北浠水县		1964.1.2
陈正清	战士	湖北麻城县田店	1896	1964.9.14
朱少卿	战士	湖北黄陂县		
邹德顺	战士	山东省	1921	
宁贵僮	战士	山东省蓬莱县时家庄大宁村	1921.9	1969.10.10
熊明贵	战士		1927	
缪光禄	战士		1943	
陈黎得	战士			
李光全	战士	河南省栝县平城区	1931	1966.3.18
姚廷玉	战士	山西武都魏家赛	1926	1967.12.16
王　晋	战士			
郭从全	战士	云南省嵩明县	1917.8	1961.9.11
熊世界	战士	湖北谷城县	1928	1961.2.17
叶哲华	战士	四川保村		1960.11.24
汪桂芳	战士			
郭志武	战士	湖北		
莘凤仪	战士	河北省清河县	1928.1	
岳建山	战士	河南省	1930	1967.6.3
李崇华	战士	河南省许昌县	1925	1961.8.18
王青成	战士			1961.8.13
周敏庶	战士	湖南湘阴县七区	1928	1961.5.31
罗　斌	战士	湖南省邵阳县二区云山乡		1961.3.17
朱积澄	战士	湖北鄂城	1915	1967.7.4
陈友明	战士	湖北省荆门县两门溪塘家	1925	1958.10.10
周顺运	战士	云南省毕节黎九区陆村	1933	1957.11.25
王凤林	战士	天津市白马路 3397#	1929	1957.12.22
赵景海	战士	河北省宁晋县第三区高家垅		1954.2.20
余良和	战士	福建省南平县六区	1920	1954.8.10

续表 9-2

姓　名	职务	籍　　贯	出生时间	亡故时间
田仁德	战士	辽宁省安东县大河区田家庄		
顾明发	战士	四川五区宝台村	1921	
袁琪超	战士	湖北省应城县		1954.6.2
李毓德	战士	云南省姚安县		1958.1.20
岳绍堂	战士	河南省获嘉县		1958.11.20
李品山	战士	四川省大竹县六区吉李家洪村		1959.3.2
王慕贤	战士	湖北省武昌县		1959.3.14
李　荣	战士	辽宁省绥中县西中镇子场生产队		1959.6.19
车行顺	战士	辽宁省庄河县杨家村		1960.4.7
李　黎	战士	山东省洪安县		
杨有庆		河南省汝南县韩庄乡吴椿桥村		
潘苗成	战士	山西长安五区		
丁志才	战士	安徽省阜阳县顺河区张家塆	1931	1955.2.10
邓玉兰	战士			
刘永清	战士	辽宁北镇柏家屯	1931	1956.6.19
吴清云	战士	湖北省房县水平区美香乡		1958.1.15
彭木云	连长	河南省信阳县彭安村	1918	
徐应学	战士	河南省郸城县七区东全大队	1925	1949.4.7
袁泽章	战士	湖北省江陵县		1957.10.4
于　财	战士	吉林省榆林县河南区岳家乡		1958.7.16
钟　述	战士	湖北省汉川县回龙乡	1913	1958.7.20
张　万	战士	广东省开平县十二区张杉乡官溪村		1955.6.28
毛高赐	战士	湖北省鄂城县黄八铺		155.7.10
王清汉	战士	天津市郊区三庙		1955.1.16
刘平山	战士	湖南省祈阳县四区		1955.5.2
王玉歧	战士	北京市西直门大街		1956.2.29
孙光忠	战士	安徽省阜阳县二区		1957.6.16
杨　鲁	战士	湖南衡阳市四区		1954.2.5
宋福全	战士	热河省北宋县		1954.1.17
马裕民	战士	湖北省监利县新沟冲		

续表 9-2

姓　名	职务	籍　　贯	出生时间	亡故时间
王忠庆	战士	山东孟阳第四区		1954.1.17
刘振华	战士	安徽省		1952.7.1
王正发	战士	湖北省宜昌县第九区		1953.6.6
张学明	战士	湖北省永荆县二区烟村		1954.4.23
唐良德	战士	浙江省奉化县亭下区四村		1952.2.19
范荣武	战士	黑龙江省姚南县二区		1953.1.7
翟世芳	战士	平原省长垣县第四区翟赛村		1952.6.27
李玉成	战士	四川省成都市		1952.6.30
芦文刚	战士	湖北省安陆县洑水区		1953.1.2
陈守林	战士	东北松江五常县		1953.1.18
孙学武	战士	辽宁省东丰县二区		1952.8.2
傅长友	战士	河南省潢川县六区		1952.6.20
邓少山	战士	湖北省汉阳县邓江口		1952.7.16
高占元	战士	哈尔滨市尚嘉县二区		1952.8.2
江鲁云	战士			
唐保林	战士	辽宁省溪县清水台村	1922	1957.10.2
范守业	战士	宁夏中僮县六林范家庄		1957.6.10
刘兰田	战士	湖北省黄梅县城关镇	1924	1957.4.13
陈政才	战士	湖北省随县高城区河口大队	1938	1967.1.1
谭辅侯	战士	四川海县七六区	1925	1955.3.24
王凤仙	战士	湖北省黄冈县团风镇	1935	1960.3.12
李昌云	战士	湖北省沔阳县八区通海镇人		1962.7.15
童炳松	战士	湖北省云梦县新建区三门公社	1925.8	1952.5.8
苏永才	战士	湖北省荆门县		1963.8.2
陈洪亮	战士	辽宁省安东县	1929	1963.8.13
祝高祥	战士	湖北省竹山县保胜区	1928	1963.11.11
程国新	通讯员	湖北省浠水县		
高国辉	战士	辽宁省锦州市		
周左禄	战士			
夏清学	战士			

续表 9-2

姓　名	职务	籍　　贯	出生时间	亡故时间
吕鹤年	战士			
刘长东	战士			
牛　海	战士			
李寿歧	战士			
杜江群	战士			
童宝荣	战士			
王　渟	战士			
陈邦法	战士			
姜欢清	战士			
刘福云	战士			
普开辉	战士			
王树云	战士			
郑寿富	战士			
郭天辉	战士			

三、人物名录

张名焱

张名焱，号自平，蕲州镇下石潭村人。1942 年参加新四军，在五师青年训练班学习，即分配到五师《正义报社》工作。后调黄陂，途中被国民党军捉住，因无据由蕲春县国民政府保释回家。1949 年蕲州解放考取鄂东革命干校，毕业后任黄冈地委工作队巴河工作队队长。1950 年调黄冈地区公安处看守所任书记，不久调地委机关任事务长。1951 年再调黄冈地区长江管理局任秘书；1952 年调任蕲春水产局秘书；1953 年任蕲春县保险公司秘书。1953 年“三反”“五反”运动，被诬告为叛徒，遭判刑 4 年。刑满后回家务农。党的十一届三中全会后，落实政策，给予平反，恢复原职。1980 年 10 月 16 日在人民保险公司按副县级待遇办理了离休手续。

王仲春

王仲春，女，蕲州镇东长街人，少时在蕲州读完小学和初中，1947年毕业于省城高中并考取江苏省医学院（今南京医科大学）攻读眼科专业。1957年毕业被分配到上海第二军医大学附属医院工作。到她1990年退休时，先后在南京空军卫生部、上海同济医院、西安市中心医院，上海市江湾医院、上海市扬浦区五角场医院等6所大型医院任眼科医师，住院部总医师、主治医师，1978年晋升为眼科副主任医师，成为一位眼科治疗与研究的专家。

张晓华

张晓华，祖籍安徽六安市，后为蕲州东长街人，1951年江苏医学院（今南京医科大学）毕业，第二军医大学附属长海医院肝胆外科专家，肝胆外科副主任，主任医师、教授，硕士研究生及博士研究生导师，历任东方肝胆外科研究所副所长，1991年进校专家组。参与《肝脏疾病手术治疗的临床研究》课题，获1985年国家科技进步奖一等奖；负责“七五”攻关课题《中晚期肝癌外科综合治疗的研究》，获1992年军队科技进步奖一等奖和1995年国家科技进步奖二等奖；发现及首创手术治疗《肩胛舌骨肌综合征》获1993年军队科技进步奖三等奖；研制成国产第一台等离子体手术刀，获1986年第二届全国发明协会金牌奖和国家专利。发表专业论文140余篇，其中第一作者60余篇，主编或参编专著28部，荣立二等功1次；三等功3次；2009年长海医院授予他“终身成就奖”。国家二级教授，军队文职一级，1991年起享受国务院颁发的政府特殊津贴，退休后居上海。

王秉钤

王秉钤，祖籍辽宁沈阳，后为蕲州东长街人，1958年东北工业大学电力系电气化专业毕业，自愿从事国防建设，在核工业部404厂工作，从此未回故里。从技术员到研究员级工程师，为国家酒泉卫星发射基地404工厂副厂长兼总工程师，为中国第一颗原子弹、氢弹成功爆炸，作出了贡献。退休后居兰州。

李德修

李德修，男，蕲州镇东长街人。1954年蕲春二中毕业，1957年黄冈高中毕业，1962年长沙铁道学院毕业，上海铁路局工作。1964年调铁道部第四设计院，任技术员、工程师。在该院二十年的工作中，先后参加了南京长江大桥配套工程、南京枢纽、郑州枢纽、合肥枢纽、徐州枢纽等大型铁路工程的勘测设计工作，为主要设计人员。1983年调回上海，在上铁路设计院（现中铁上海设计院）工作，职称工程师、高级工程师。历任线路设计室副主任、主任，院综合技术部部长，顾问总工。除直接承担或负责指导铁路勘测设计和城市轨道交通勘测设计工作外，还参加了国家863计划中的高速磁悬浮交通的研究，中低速磁浮交通设计规范的编写，为上海市建设工程评标专家。退休居上海。

杨 超

杨超，蕲春县蕲州镇人，大学学历。1960 年毕业于武汉水利电力学院农田水利系。1960 年至 1963 年在北京农业机械化学院任教，1964 年调回蕲春县水利局工作。先后参与、承担设计和施工的有骅山水库整险加固；牛鼻孔渡槽施工；狮子堰水库灌区勘测，八个小型渡槽、一个隧洞、一个泄洪闸及三个倒虹吸管的设计施工；黑沟冲水库渠系、倒虹吸管的设计安装施工；牛皮坳排水闸、龙凤寺泵站、花园一级电站、赤东湖泵站、鸭公嘴电站以及大同水库非常溢洪道的设计与施工；编写了《蕲春县大中小型水库洪水计算资料》《蕲春县大中小型水库抗洪蓄水基本资料》，参与编写《蕲春县水利区划》；设计了管窑水厂、九棵松渡槽排架加固和鸭公嘴渡槽支墩除险，云雾庵水库输水管断裂、夏坳泵站出水管断裂处理等。1988 年被评为高级工程师。从 1978 至 1987 年连续当选蕲春县第七、八、九、十届人大代表，1988 年当选湖北省第七届人大代表。

张善璋

张善璋，又名张善章，蕲州镇竹林湖村人。1950 年前，先后在蕲州启明中学、省立蕲春中学（省四中）读书。1951 后到中南（武汉）军政委员会水利部工作。同年秋进中南财经学院深造于 1953 年就毕业，分配到湖北省水利厅工作。1958 年调省水利二团，在一线从事计划、预算业务，先后主持武汉、黄石、宜昌等十多处全省大型水利、水电工程计划、预算，1987 年 1 月晋升为高级经济师。1989 年聘为省水利二团总经济师。主编了《湖北省水利水电工程预算定额》一书行世。

王彩凤

王彩凤，女，蕲州镇城内南门街人。少时在蕲州读完小学和中学。1949 年 9 月考入黄冈高中，1952 年 7 月毕业考取武汉大学化学系，攻读分析化学专业本科。1956 年 7 月毕业后分配到武汉测绘学院（今武汉测绘大学）任教。1958 年调武汉化肥厂筹建处，该厂因三年自然灾害停建，她被调到武汉水利电力学院（今并入武汉大学）任教，从讲师逐升为教授。著有《火电厂环境监测》等专著 3 部，发表专业论文十多篇。

张理经

张理经，蕲春县蕲州镇东门居委会人，学历私塾 6 年，1953 年 9 月参加工作，1956 年 8 月加入中国共产党。1953 年 9 月至 1963 年 8 月县水利局工作员，1962 年 6 月至 1966 年 10 月县水利局任行政股长；1966 年 10 月至 1970 年 8 月，鹞鹰岩水库任副主任主持全面工作；1970 年 8 月至 1972 年 10 月，县水利局办公室负责人；1973 年 2 月至 1987 年 2 月任县水利局副局长，先后分管机关、政工、党务等，其间 1979 年 9 月至 1987 年 4 月兼任水利局总支委员会副书记；1987 年 2 月至 1992 年 7 月任水利局副局级调研员，1992 年 7 月退休。

夏博爱

夏博爱，蕲州镇东长街人。少时在家乡读完小学和中学，1957 年毕业于西北农学院土壤农业化学系，分配到鄂西土家族苗族自治州农业学校任教，从事中等专业学校土壤肥料的教学和科研工作。后晋升为高级讲师职称。曾编制出恩施地区第一张土壤图，撰写出恩施地区第一次土壤普查报告。论文有《利川团堡金龟大队的土壤》等。

许美珍

许美珍，女，出生在蕲州镇东长街一个殷实的商业家庭。少时在蕲州读完小学和初中。1949 年 9 月考入黄冈高中，1952 年 9 月考入中南财经政法学院（今中南财经政法大学）工业统计系本科。1956 年 7 月毕业后获本专业学士学位，分配到中国民航总局计划处工作，这一干就是 30 多年。中途的 1965 年曾在北京民管理处从事管理工作，后仍回原单位。1983 年评为经济师职称，1988 年评为高级经济师职称。是中国航空界一位高级经济人才。

张晓谷

张晓谷，蕲州镇下石潭村人。1934 年 10 月出生于上海，1937 年随父母回下石潭居住，1938 年 9 月去武汉，12 月迁重庆，在此上小学，后辗转流离，直到 1945 年小学才毕业。1946 年 2 月，随父回上海上中学，1949 年加入了青年团，1957 年 7 月入党。8 月中学毕业在青处团上海市工委工作一年，任学校组织员。1952 年作调干生入南京华东航空学院飞机系本科读大学。1955 年，其父胡风（张光人）被打为“反党集团”，他被隔离审查，后继续读书。1956 年，南航迁西安，张晓谷迁读西安。1958 年 7 月毕业留校任教，在飞机系直升机教研室当助教，后升讲师。1965 年参加直升机“延安 2 号”研制，“文化大革命”时受到牵连，1970 年受“留党察看”处分，1980 年取消。航大又从西安迁回南京，他从讲师升为副教授，并担任直升机研究所所长。编写出《直升机部件设计》等专著。1988 年 10 月至 1989 年 4 月赴英国，作访问学者为帝国理工大学作学术报告。1994 年调入北京航空航天大学任教授、博士生导师，编写出《直升机动力设计》等专著。1999 年退休，仍受聘为中国航空航天事业做一些工作。

李远文

李远文，蕲州镇人。1960 年毕业于北京邮电学院电报电话专业，即留校任教，历经讲师，副教授、教授，并担任北京邮电学院电信工程网络理论教研室主任。先后发表过电信论文数十篇。其中，1984 年赴加拿大参加国际电路和系统学术年会，并在大会上宣读自己的论文。后一直从事电信教学与研究，直至退休。

王健民

王健民。1958 年毕业于长春地质学院水文地质和工程地质系，同年 11 月份分配到北京市环保所从事科研工作。先后任助理研究员，综合研究室主任。兼任中科院客座研究员等职。参加并负责北京城市生态、工业污染系统控制与管理，全国乡镇企业污染防治与对策大型科研活动十多次。1982 年调入南京环境科学研究所任研究员，国家有突出贡献科专家，享受国务院特殊津贴。先后获国家科技进步集体奖和两次三等奖，又获江苏省政府二等奖等。先后发表科技论文 160 余篇和出版《杞人忧天——只有一个地球》《文化遗产保护与风景名胜区建设》等专著多部。2005 年申报工程院院士，因年龄超过新规定近一个月而放弃。

陈馀顺

陈馀顺，蕲州镇东长街人。1942 年至 1947 年，先后在蕲州读小学和中学。1948 年参加工作，先后在蕲州爆竹铺当学徒，广济（今武穴市）田家镇煤矿当矿工。解放后到黄石在新冶铜矿当工人，后升为值班长。1958 年被选送华中工学院（今华中科技大学）学习，1961 年毕业回矿历任工区支部书记，工区长、丰山铜矿副矿长。1973 年后历任大冶有色金属公司党委常委、副经理，调研室副主任兼铜绿山矿二期工程指挥长，并任中国金属学会会员等多个学术职务。

姜国珍

姜国珍，女，蕲州镇东长街人。7 岁时在蕲州新式学校读小学，后升入教会中学。1949 年 5 月蕲州解放，转入蕲州中学读书。1951 年 9 月考入黄冈高中，1954 年 9 月考入南京航空学院航空机械系读本科，1958 年 7 月毕业分配到航空工业部天津国营电器厂工作，任技术员，1960 年调入航空工业部北京国营曙光电机厂工作，逐步提升为质量管理处研究室主任，编写出《全面质量知识读本》发给全厂职工学习。后晋升高级工程师，发表论文多篇。

刘爱珍

刘爱珍，女，蕲州镇人。1951 年在蕲州初中毕业。后先后在浠水高中、黄冈高中读书。1954 年考入河北唐山铁道学院，毕业后先后在铁道部第一工程局，乌鲁木齐铁道局任技术员，工程师。1961 年 7 月调入五机部 218 厂工作，任厂政治研究室主任、车间党支部书记等职。1971 年 3 月调入国防部兵器集团总公司工程设计院 318 厂任车间党支部书记，后任厂党办主任、宣传部部长、组织部部长等职。并先后获高级工程师、高级政工师职称。在职期间曾获铁路局“三八”红旗手称号。

陈文树

陈文树，蕲州镇东长街人。1954 年 7 月毕业于电力部郑州电力学校，9 月分配到北京电力局工作，负责用电户电器工程审批工作，审批了全国第一条两火一地输电路线并参与施工，审批了中苏专家首都机场线路。1956年毕业于北京业余动力学院。1958年调天津直流电机厂工作，1960年任技术科长，1979年升为工程师。1980年至1983年又先后在天津函大学习英语和计算机两年后结业，后任天津奥的斯电梯公司质量部经理，兼天津科普协会、机电学会、电梯学会会员。后晋升为高级工程师职称。

黄定武

黄定武，又名黄豪生，蕲州镇东长街人。1960年毕业于武汉水利电力学院水利工程系，即分配到山东省水利科学研究所工作，由技术员逐步晋升为高级工程师。兼任《山东水利科技》杂志专职副主编、记者，撰写多篇水利专业论文，并发表了多篇文艺作品，个人业绩收入中国书籍出版社出版的《中国出版名人词典》。撰写的《关于黄河三角洲的水利建设问题》论文，发表在国家能源部、水利部合编的《水利水电技术》杂志上，为国家决策治理黄河提供了一定的理论依据。

杨润生

杨润生，蕲州镇东长街人。1960年毕业于湖南农学院农学专业，分配到湖南省临湘县农业局工作。主要从事基层农业技术推广工作，做出了明显的成效。后任临湘县经济作物站站长、农科所所长。1980年晋升为农艺师，1987年晋升为高级农艺师，曾任湖南省临湘县第一届政协委员，并担任湖南省农作物学会会员等职。

李慰怡

李慰怡，笔名罗隐、周密，蕲州镇人。1957年毕业于北京钢铁学院冶金机械系，毕业后至1988年，先后在北京钢铁学院钢厂、北京特殊钢厂、北京第一钢铁厂、首钢公司等钢铁企业工作。历任技术员、设备组长、设计科长、管理科长、主任工程师等职。1989年1月调任《科技发展与改革》杂志主编，次年任该杂志社长兼总编，1992年杂志更名《科技潮》。主编、撰著《公共关系丛书》等，兼任北京学会会员、北京期刊工作者协会理事等职。

蔡一鹏

蔡一鹏，蕲州镇东长街人。祖父蔡达生是辛亥革命老前辈。母亲蒋万琦是知名女画家。1954年毕业于黄冈高中，考入华南工学院（今华南理工大学）化学工业系。1959年毕业后分配到重庆化工材料厂工作，历任技术员、主任工程师、总工程师、研究所所长等职，并被选为重庆市人大代表。先后创研新技术项目100多项，发表论文、专著60多篇（部），在国内外同行业中享有较高知名度。曾帮助18个省市创办了30多家化工企业，都有较好的效益。

方昌明

方昌明，蕲州镇银山村人。1960 年毕业于东北工学院，由国家统一分配到国防部第五研究院一分院总体设计部工作，同年参加中国人民解放军。1961 年任中尉设计员，1964 年晋升上尉。1965 年集体转业到第七机械工业部；1971 年转到航天工业部第一研究 14 所工作，1979 年升为工程师，1984 年任 14 所科技处主管，1989 年晋升为科技管理高级工程师。在职期间，参加过多项国家机密武器研制，先后受到朱德、刘少奇、刘华清等中央首长亲切接见并合影留念。

方崇德

方崇德，蕲州镇雨台村人。少时在家乡读完小学和中学，1957 年考入华中工学院（今华中科技大学）电机工程专业本科。1961 年 7 月毕业后分配到华中农学院（今华中农业大学任教），从事电机工程教学与研究工作，历任讲师、副教授、教授。发表了《铁氧体磁性槽楔初控》等论著，兼任中国农业工程学会机械化—电气委员会常务理事等职。

徐珞晶

徐珞晶，女，蕲州镇东长街人。小时候被父母送往新式学校读书。1949 年 3 月，随母亲赴台湾，并靠母亲经商供给她读书。高中毕业后，徐珞晶直接考取了美国纽约州立大学，并获得高额奖学金。这时也正是她母亲经商破产之时，其后，她一家在母亲带领下赴美，母亲在美重新经商，徐珞晶则发奋攻读，4 年后获美国纽约州立大学化学学士学位。后又相继获硕士、博士学位，并一举考入美国长岛理化实验中心这一尖端科研机构。此后当此实验中心实验室主任至退休。

王树林

王树林，蕲州镇东长街人。1958 年毕业武汉师范学院中文科，分配回蕲春从事教育工作，被调县教育局任教研室副主任，主要研究中小学教材教法。后调到黄石市职业技术教育中心任副校长、评为中学高级教师职称。他从事中学教材教法研究多年，参加编写《初中语文阅读指导》一书，担任湖北省中学语文教学研究会会员。

黄　芬

黄芬，曾用名黄文秀，蕲州镇东长街人，少时在蕲州读完小学和初中，1952 年考入黄冈高中。1955 年 7 月毕业后回蕲春从事教育工作。1986 年 8 月调入武汉市江岸区台北路中学教书。她教书育人，认真负责，成绩良好，被评为武汉市江岸区优秀教育工作者。

余旦溪

余旦溪，蕲州镇王婴村人，出生于湖南省平江县。父亲是一名军医，解放前把余旦溪带到长沙读新学，1955 年至 1962 年在长沙一中读书，高中毕业后考入内蒙古师范学院（现为内蒙古师范大学）外语系。她 14 岁在中学加入青年团，1966 年 3 月在大学入党。1968 年 9 月大学毕业安排到黄石市花湖农场锻炼。1970 年 5 月，选到黄石七中任教，后相继提拔为校党支部副书记、革委会主任、黄石市教育局党委委员等职。1978 年 5 月调任黄石二中党委副书记、校长，为这所省级重点高中倾注了大量心血。1983 年 10 月，在黄石市第七届人代会上被选为副市长，这一干就是 11 年。其间，1992 年至 1995 年还兼任黄石市高等专科学校（现为湖北理工学院）党委书记。11 年间，她为黄石的教文卫事业发展做了大量的工作。1994 年任黄石市人大常委会正厅级副主任，模范地履行了一名人大干部的职能，至 2002 年 1 月退休。退休后仍把余热献给黄石人民，先后担任黄石市老区建设促进会副会长、市老区教育研究会会长、市老年学会会长、市关心下一代工作委员会主任等职。

张晓风

张晓风，蕲州镇下石潭村人。1939 年 1 月出生于重庆，小时候颠沛流离，不满 3 岁时，母亲梅志将她送到上海基督教女青年会托儿所寄养，1946 年 2 月，与父母在上海团聚，仍在上海读小学至初中。解放后的 1953 年 8 月，举家迁北京，她考入北师大附属女子中学。1957 年 7 月，两次报考大学，都因父亲胡风冤案受牵连未录取。1958 年 9 月进北京铝厂当工人；1961 年 9 月去北京顺义区良种场当农业工人。1980 年 9 月，胡风得以平反，1981 年 2 月，她被调入中国艺术研究院顾问室工作，担任父亲胡风之秘书，照顾父亲的生活。1985 年 6 月 8 日，胡风逝世。从此时起，张晓风即开始收集、整理父亲遗著，后加入中国作协为会员。2016 年 12 月出席了中国作协第九次全国代表大会。她先后撰著有《九死未悔—胡风传》《我的父亲胡风》《胡风画传》等 5 部；主编和注释有《我与胡风——胡风事件三十七人回忆》《胡风全集》《我与胡风增补本》等 9 部。张晓风具有研究馆员职称，退休后仍为中国文学事业默默奉献。

夏博雅

夏博雅，蕲州镇人。因父母旅居云南，夏博雅于 1939 年出生于昆明。中华人民共和国成立后回湖北定居，1963 年毕业于武汉工学院电机系即参加工作。十堰汽车工业发展后，他被调入十堰汽车工业学院任副教授，兼任十堰财贸学校大专班负责人，后晋升为教授职称至退休。

华亮明

华亮明，蕲州镇王婴村人。幼时家境贫寒，5 岁丧父。由母亲养大，小学毕业后就读于蕲春二中，黄冈高中。1964 年 7 月毕业于华中工学院（今华中科技大学），分配到中科院北京天文台工作。1974 年调任中科院科学仪器厂，负责电子产品标准化工作，1982 年定为工程师。

1985 年离开科学仪器厂，投身科技改革，1989 年晋升为高级工程师。1990 年任华兴公司总经理，兼任中科院工程师协会会员，直至退休。

王大昌

王大昌，蕲州镇东门外闸子门附近人。6 岁丧父，随母亲到家于南昌的外祖父寓所寄居，以贫苦生就读于免费的教会学校附小。1949 年 5 月，蕲州解放后转回蕲州读小学，后考入蕲春二中（今李时珍中学），1954 年夏，再转南昌在豫章中学读书，直至 1960 年 7 月毕业于江西师范学院艺术系音乐专业，即分配到江西文艺学院音乐系任教。从此在音乐学院执教 20 多年至 2000 年退休。除逐步晋升为江西省教育学院音乐系教授职称外，还兼任江西省高校艺术专业高级职称评审委员会主任等多个艺术行业职务。

李德芳

李德芳，女，蕲州镇人。随父母居住武汉，1959 年毕业于湖北省女子一中高中部，考入北京农业工程大学电子电力 5 年制本科专业，1964 年 10 月毕业分配到武汉市电力部门工作，后任武汉供电局汉阳县局长，先后组织 15 座大中型电站的设计，施工。1983 年升任汉阳县（今武汉市蔡甸区）副县长，分管教科文化。1984 年调武汉市委组织部工作，负责整党。1986 年 5 月任武汉市工程科技研究院党委副书记副院长、高级工程师。2001 年以正厅级干部退休。

曾　昭

曾昭，蕲州镇东长街人。是中共著名的情报工作者袁殊先生的小女儿。因袁殊化名曾达斋，故姓曾。少时在江苏、东北等地读完小学和初中，解放在北京读完高中和大学并攻读博士学位。毕业后历任北京工业大学讲师、副教授、教授。退休后定居美国。

余绍全

余绍全，蕲春县蕲州镇人，大专学历，中共党员。1974 年 8 月于武汉水利电力学院水动专业毕业，安排蕲春县大同电站工作，曾任副站长。1980 年 3 月大同电站移交水利局，先后担任过水利局农电股副股长，赤东湖泵站站长，小水电公司副经理兼公司党支部书记等职。参加和承担的主要工程有：罗田天堂二级电站主机安装，鸭公嘴、太平三级、龙井河、野人河电站，夏坳泵站等近 30 余座电泵站的主副机组安装调试运行，县城供水主管道安装。长期负责全县小水电站、泵站的业务工作和负责解决技术难题。除在县内组织职工进行业务学习外，多次受聘省地电站、泵站培训班，专题讲授“水电站设备”“调速器”“水轮机调节”“机组安装”等课程。1995 年被评为高级工程师。

王彩平

王彩平，蕲州镇王宣（原雨湖渔业）村人。1963年蕲春高中毕业后即参军入伍，在湖北省军区服役，先当战士，后历任省军区司令部机要通信队队长、省军区政治部干事。后调麻城县（今麻城市）、鄂城县（今鄂州市）任人武部政委、党委书记。1986年转业地方，任湖北省电子工业总公司人事处副处长、处长，被评为机电部工程师，后兼任自修大学湖北分校副校长等职。

张名华

张名华，蕲州镇竹林湖村人。少时在蕲州读小学和蕲春二中（今李时珍中学），1963年毕业于蕲春高中考入湖北工学院，1968年毕业后分配到大冶有色金属公司工作，在其铜绿山矿、汽修厂、运输部、动力厂等单位工作，后任动力厂党委书记（正处级），并评为工程师职称。单位和个人多次获奖，参编了《企业思想政治工作心理学》一书。后获高级工程师职称，是湖北省金属学会、中国金属学会会员。

郑美云

郑美云，1943年6月21日出生，蕲春县蕲州镇竹林湖村人。初中文化程度，经济师职称。1959年7月，郑美云初中毕业后即在家务农。当年被推荐担任小队会计。1964年，被选拔为竹林湖大队主办会计，1966年10月，加入了中国共产党。1971年担任竹林湖大队党支部副书记。1974年即担任竹林湖大队党支部书记，挑起了当年被称为“穷大户”竹林湖大队的重担子，带领全村群众，自力更生，艰苦奋斗。党的十一届三中全会后，郑美云抓住机遇，大力推进“三部曲”，一是发挥优势解决群众温饱问题；二是自力更生勤俭办企业；三是引进人才靠科技致富，在短短的10年内，把“穷大户”变成全省闻名的“大富翁”。竹林湖村成为全省百强村。1979年4月，郑美云被选为蕲春县第七届人大代表。尔后，相继当选为蕲春县第八、九、十、十一、十二届人大代表；1988年1月，当选为湖北省第六届人大代表，后蝉联省七届人大代表；1988年6月，荣膺第七届全国人大代表，在北京人民大会堂参加了全国人民代表大会，受到党和国家领导人的亲切接见。1994年，郑美云任蕲州镇正科级调研员。他在工作期间，多次被评为“优秀会计”、各级劳动模范。其中，1984年被省政府授予湖北省劳动模范；1989年被省政府授予特等劳动模范称号。2004年6月，郑美云退休。

郑璋贵

郑璋贵，蕲州镇竹林湖村人。原有初中学历，现在大专文化程度，经济师职称、中共党员，初中毕业后在家务农，1961年选用为竹林湖大队会计，后相继担任大队财经主任、副书记等职。1975年12月调任为蕲州镇企业管理委员会副主任；1984年12月，任蕲州棉纺厂党支部书记兼厂长。先后当选为蕲春县第十二、十三届人大代表，十四届人大常委会委员。又是黄冈市第二届人大代表，中共湖北省第五届党代表，担任了湖北省企业家协会常务理事。荣获湖北省优秀企业家、全国乡镇企业家称号，是全国劳动模范暨“五一劳动奖章”获得者，尤其是他1985年担任蕲州棉纺厂厂长后，把一个亏损50多万元、且资不抵债的棉纺企业盘活做强，先后投资近亿元，引进国内一流生产线，产品质量获ISO90001国际体系认证，填补省内同行空白。所生产各类棉纺产品除畅销国内市场外，并远销美国、巴西、孟加拉国等国家中国港台地区。该厂现有职工2300余人，解决了蕲州地区以及周边劳力的就业问题。蕲州棉纺厂先后获湖北省出口产品创汇贡献大企业、湖北省百强企业、黄冈市明星企业等称号。倾注了郑璋贵的平生精力。

杨士淳

杨士淳，蕲州镇东长街人。1965年蕲春高中毕业考入华南（广州）工学院（现为华南理工大学）化学工程系。1970年毕业分配到湖北汉阳氮肥厂工作，历任技术员、工程师、副厂长、党委书记兼厂长。1988年后任武汉蔡甸区（原汉阳县）经委副主任、区对外开放引进办公室副主任。1992年兼任武汉市新产品开发研究会理事。1993年3月，晋升为高级工程师直至退休。

邓敬文

邓敬文，蕲州镇竹林湖村人。1962年参加工作，1964年到部队当兵，被送到师部卫生教导队学习，结业后任卫生员、军医。其间研制出运应用很强的军用医疗器械“师团平战结事箱”，在全军卫生工作大会上推广，记三等功一次。1970年选送河南医学院153医院学习，1979年选送南京军区医院进修，1984年提拔为医疗所长。1984年至1985年参加对越自卫反击战，与医务人员共同勇救伤员，立集体二等功。他总结出《应用心肺复苏法100分钟抢救心脏猝死一例成功》论文，被《人民军医》1985年第12期发表。1986年任所在军医院院长、主治医师。1987年选送燕京医学院深造；1988年写出《老山防御作战某师救护所伤员救护工作情况》论文，被集团军评为后勤学术论文三等奖，当年被授予中校军衔。1989年晋升为上校，技术八级。1990年从燕京医学院毕业，被评为南京军区先进个人。1991年任军区医院党委副书记、主持全面工作至退休。

张常恒

张常恒，蕲州镇太常村人。少时在家乡读完小学和中学，后毕业于武汉外语学院并留校任教，又考取武汉大学高等教育管理专业攻读硕士学位，毕业分配到教育战线工作，曾任英山县教育局副局长、英山县科委副主任、劳动局长等职。后调入黄冈职业技术学院，晋升为副教授职称，并担任计算机科学技术系党组织书记，校发展办公室主任等职。

王凯岚

王凯岚，蕲州镇东长街人。少时在蕲州读完小学初中。20 世纪 60 年代毕业于西安交通大学，被分配到河北省机电学院任教，先后为讲师、副教授，并担任热加工系教研室副主任，后晋升为教授。他工作认真负责，成效显著，曾被河北省教育委员会授予“优秀共产党员”光荣称号；被中共河北省委表彰为全省“模范党员”。

万长青

万长青，蕲州镇东长街人。少时在蕲州城读完小学和初中（今李时珍中学），1962 年考入黄冈高中，1965 年考入上海交通大学自动控制系。1970 年大学毕业分配到六机部 435 厂工作。1972 年调回蕲春县，历任蕲春县邮电局载波助理工程师、局办公室副主任、局长、蕲春县人民政府县长、中共蕲春县委书记，1986 年调黄石市工作，历任市计委副书记、党组书记、主任、黄石市人民政府副市长。1997 年调湖北师范学院任党委书记。兼任湖北高校领导科学研究会副会长等职，是湖北第七届、第八届人大代表。

陈炽钧

陈炽钧，蕲州镇东门社区（原东门村）人。少时在家乡读完小学和中学，后考取同济医科大学。1970 年毕业后分配到鹤峰县下坪卫生院当医生。1979 年调入汉阳县人民医院（今蔡甸区）工作；1984 年被提拔为武汉市蔡甸区卫生局副局长。后相继晋升为副主任医师，并兼任湖北省医学论理学会理事、武汉市医学论理学会理事、武汉市卫生事业管理委员会委员等职直至 2006 年退休。

陶梅生

陶梅生，蕲州镇东长街人。1953 年至 1959 年在蕲州读完小学后即考取蕲春二中（今蕲州李时珍中学），1962 年初中毕业考入蕲春高中读书。1965 年高中毕业考取武汉大学中文系。1970 年武大中文系毕业后留校任教，讲授古代汉语和写作课，同时边教学边研究古汉语学，文字学，古典诗词和训诂学。在 30 多年的教学中，历任助教、讲师、副教授、教授。其间 1979 年赴北京师范大学进修古汉语和训诂学。1987 年回武大任教务处副处长，后任经济学院党委书记、武汉大学教育科学院院长。同时兼任湖北省高等学校教材研究会常务副会长兼秘书长、全国语言学会会员，全国修辞学会会员、湖北省书画研究会理事。还兼任云南财经大学和兰州商业大学兼职教授。后来研究方向是高等教育学、高等教育管理和高等学校管理，其研究成果十分丰富。先后出版《马克思主义理论》《古代汉语》等高校教材和专著 10 多部；发表论文 70 篇。有 10 多次研究成果荣获省部级以上奖励。

张晓山

张晓山，湖北省蕲春县蕲州镇下石潭村人，出生地上海。是我国当代著名文艺理论家、诗人和翻译家胡风（本名张光人）之次子。1968 年，从北京四中毕业的张晓山（后称“老三届”）下放到内蒙古自治区呼和浩特市土默特左旗插队，一待近 10 年。由于他“家庭成分太高”，中途一切招工回城的机会都没有他，还是恢复高考的 1978 年初，他凭借自己的实力考入（77 级）内蒙古师范学院（今改名内蒙古师范大学）。1979 年 9 月，他以该校本科生身份考入中国人民大学农业经济系攻读研究生。1982 年硕士毕业后进入中国社会科学院农村发展研究所，从此走上学术之路。因为他曾在最艰苦的农村摸爬滚打近十年，深知“三农”现状，在中科院从事“三农”研究工作期间，最多的就是到农村、到最基层去调研，倾听农民的呼声，反映农村疾苦，正视农业的问题，搞出了一批批调研成果，受到上级重视。1998 年，张晓山被提拔为中国社会科学院农村发展研究所所长（法人代表），挑起了促进全国“三农”工作研究的重担，直接为党和国家领导人对“三农”决策提供依据。2008 年 3 月，他当选为第十一届全国人大代表；2013 年 3 月仍蝉联第十二届全国人大代表，农村委员会委员。而他于 2010 年从中科院农研所长岗位退出来，担任中国科学院学部委员，专心致志地的研究中国“三农”问题，为高层决策提供科学依据，作出一位社会科研工作者的积极贡献。

近年来出版的主要学术论文和专著有：(1) 农村社会保障制度建设（合著），《中国农村改革二十年》，河北科学技术出版社。1998 年 8 月，石家庄。(2)《中国农村新型合作组织探析》，主编及主要作者之一。经济管理出版社，1998 年 3 月。(3)《走向市场：农村的制度变迁和组织创新》，独著。经济管理出版社。1996 年 1 月。这些作品的出版，为中国农村经济体制改革，指明了道路和前途。

张常启

张常启，蕲州镇邵垅村人。大专文化程度，中学高级教师，高级政工师。1970 年 8 月至 1972 年 9 月参加襄渝铁路建设，1973 年 7 月加入中国共产党。1975 年 7 月毕业于黄冈师范专科学校，任科党支部书记。1975 年 9 月至 1980 年 8 月任青石草铺学校校长；1980 年 9 月至 1984 年 4 月任县实验小学校长；1984 年 4 月至 1992 年 7 月任县教育局副局长、县教委副主任、党委副书记（其间脱产在省电大学习 2 年）。1992 年 7 月至 1999 年 5 月任县教委主任、党委书记；1999 年 1 月至 2002 年 9 月任蕲春县人民政府副县长，党组成员；2002 年 9 月至 2004 年 1 月任县委常委。县总工会主席；2004 年 1 月在蕲春县第十四届人民代表大会第一次会议上当选为县人大常委会副主任。历任中共蕲春县第八、九、十、十一次代表大会代表；蕲春县第十、十一、十二、十三、十四届人大代表；黄冈市第一届人大代表。在工作期间，受到湖北省政府授予的优秀教育工作者称号、黄冈市政府授予的优秀公务员称号等多次荣誉。2001 年退休后，担任蕲春县关心下一代工作委员会副主任等职。

李国斌

李国斌，蕲州镇人，幼小随父母迁居黄石市，1973 年毕业于武汉大学生物系微生物专业，分配回黄石，一直从事医药工业技术和管理工作。先后担任黄石制药厂车间主任，黄石抗菌素厂车间副主任、主任、副厂长、厂长。黄石医药总公司经理、黄石市医药办公室主任、黄石抗菌素总厂厂长。黄石市医药办公室党委书记兼主任。1992 年 9 月晋升为高级工程师。尔后在医药行业工作至退休。

韩俊生

韩俊生，蕲州镇竹林湖村韩塆人。少时家中贫困，放过牛、挖过藕，采过莲蓬。1966 年 7 月毕业于蕲春二中（今李时珍中学）。高中肄业的 1969 年 2 月参军入伍，在部队从事过军工生产、守卫边疆、挖过煤矿，因工作认真负责，多次受到部队嘉奖。并于 1972 年 2 月光荣地加入了中国共产党。同年退伍后回家参加农业生产，不久安排在竹林湖村小学任教并担任校长。1973 年 9 月经组织推荐并经考试，被录取到武汉钢铁学院（今武汉科技大学）读大学，成为一名工农兵学员。1976 年 8 月毕业后分配到大冶钢厂工作，先后从事过冶钢子弟学校教员、企业能源、工程技术、生产计划、党务管理等方面工作。1985 年 1 月被提拔为冶钢分公司党委副书记（副处级）；2001 年 5 月获高级工程师职称。所在单位被评为先进党组织和文明单位。2001 年 7 月，冶钢机构改革后退二线，被黄石市人事局专家管理中心交流到浙江省，义乌市作为高级人才引进，担任义乌市规划设计研究院燃气专业委员会负责人、义乌市恒信建设有限公司总工程师。期间，采用新技术、新工艺建设管道工程、输气站 79 处，全部为合格工程，年年受到市里表彰和物质奖励，还荣获浙江省金华市级“优秀工程奖”十多项。个人业绩得到了社会的公认，先后获各种工作奖多次，2015 年 3 月退休，仍保一名共产党员的奋斗精神，发挥自己的余热，为社会做一些力所能及的好事。

张汉东

张汉东，蕲州镇恒丰堤村人。少时在家乡读小学中学，1975 年毕业于湖北医学院口腔系即分配到医院口腔科当医生。1980 年考入湖北医学院口腔系读研究生，1982 年毕业获硕士学位。后历任同济医科大学附属协和医院口腔科主任、副主任医师、副教授，享受国务院专家津贴。他在从医的几十年中，边从事临床边进行科研。完成省科委、省卫生厅科研课题均达到国内先进水平。发表口腔科学论文 20 多篇，担任多个口腔学术团体社会团体职务，成为一名口腔专家。

王楚雄

王楚雄，蕲州镇韦庄村人。1980 年毕业于哈尔滨船舶工程学院（即原哈尔滨军事工程学院），分配到第七研究院（刘华清为第一任院长）第七〇一研究所工作，中共党员，为教授级研究员。行政上历任科研组副科长、科长、主任助理，技术上历任产品主管设计师、系统副主任设计师、总体副主任设计师、总体副总设计师。专业技术职称历技术员、助理工程师、工程师、高级工程师、教授级研究员。为我国海军装备建设贡献了力量，并取得了一些成绩。曾获研究的某产品荣立国家二等功一次、国家科技进步特等奖一次、二等奖一次、省部级特等奖一次、一等奖两次、二等奖两次，省部级先进个人荣誉称号，并获得湖北省五一劳动奖章受勋提名（主动放弃），是国家标准委员会委员、国家人才库备选者。

余子侠

余子侠，蕲州镇潘塆村人。少时在家乡蕲州读完小学和初中，1972 年 7 月毕业于蕲春赤东高中，被县水利部门招工，不久调入赤东财政所工作，次年又调到县财政局供职。1977 年恢复高考，他考取了中南财经大学，本科毕业后本应回原单位工作，他却选择了继续攻读华中师范大学历史系研究生，攻读硕士和博士学位后留校任教。从此 30 多年来，站在三尺讲台，为党和国家培养出一批批有用人才，本人从讲师晋升为副教授、教授。他边教学边从事教育科研。写出了大批论文和专著。先后用本名或笔名在《教育研究》《历史研究》《近代史研究》等省部级以上刊物上发表论文 80 多篇。先后独著和与人合著《山乡社会走出的人民教育家陶行知》《民族危机下的教育应对》等专著 6 部；独立主编和与人合编《日本侵华教育全史》《中国留学史》等大型系列学术著作 6 部；还参编了其他专著和学术著作 10 多部。个人著述 300 多万字，其中有 3 部作品获省部级大奖。

桂国平

桂国平，蕲州镇东长街人。曾是下放知识青年，后当工人。自学英语，1978 年考入武汉大学英语系，后获英文硕士学位，去国外当国际商务英语翻译数年。后应武大校长礼聘，回武大组建六级英语教研室，任首任涉外英语暨六级英语教研室主任。1992 年以后，他保持武汉大学英语四、六级统考通过率纪录。是中国 MBA 联考以来，最早的入学英语辅导教程和专业外语教材的主编；是 MBA 英语全国统考通过率最高的专家之一。1993 年转入武汉大学经济与管理学院，担任金融学本科和硕士生导师。作为武汉大学第一位商务英语教授，武汉大学 MBA 教学指导委员会成员，他是中国最权威的 17 卷本 540 万字《中华金融辞库》1.5 万条词条主审的全国两位专家之一（另一位是西南财大金融学院副院长倪克勤教授）。桂国平还主译过许多重大国际招标和纳斯达克上市企业的文件，被列入“武汉大学深圳研究院”和“武汉大学 EMBA”网页的首页 20 位“武汉大学名师”中唯一的英语教授。他主编的《MBA 专业英语》是全国唯一被列入教育部《MBA 教学大纲》“英语教学大纲”中的“参考资料”教材。数十年间，他先后出版大学教材和专著 30 多部。发表论文 60 多篇，商业录音带 20 盘，把平生精力都倾注英语教育上，成为全国大学英语教育领域中有影响力的专家之一。

柯晓玲

柯晓玲，女，蕲州镇龙泉庵村人，大专学历。1972 年参加工作，在蕲春县人民医院药剂科从事药剂业务。1976 年被选送到湖北医学院（今湖北医科大学）医疗系学习，1979 年毕业后仍回蕲春县人民医院任住院部医师。1988 年为主治医师，1995 年任儿科主任，后相继晋升为副主任医师、主任医师。从事儿科 30 多年，对儿科常见病、多发病有丰富的治疗经验。发表多篇学术论文，获黄冈市科协科技进步奖 1 项。

沈 静

沈静，女，《人民日报》记者、大胡子画家、东长街人李守群的夫人，1953年出生于浙江宁波。少时在上海读完小学、初中和高中，1969年8月，16岁的沈静下放北大荒农场锻炼，度过了6年的知青生活。后回城参加工作，1983年在《珠海特区报》当记者，1985年派为该报北京记者站记者，先后发表报告文学、人物通讯等文稿200多篇。沈静酷爱画画，曾得很多位国画大师指点，后成“宫廷派”女画家之一。北京故宫博物院单国强对沈静的画作评价很高，并倍加推崇。1992年10月9日至15日，由中国新华通讯社书画院、中国珠海特区报社，台湾台海工商文化资讯基金会、台湾台海时报社联合在北京中国书画院主办了“沈静李守群书画展”，任中共中央宣传部原部长的陆定一为这次书画展题词；国防部副部长杨成武将军为画展赠送花篮。尔后，沈静还在北京、台湾及澳大利亚等国家和地区多次举办了个人画展。1994年4月，沈静偕丈夫李宗群回蕲州探亲，受到故里亲友和当地组织热情接待。她高度赞扬蕲州是人杰地灵的地方。

王新建

王新建，蕲州镇竹林湖人。1974年3月入党，曾任竹林湖村党支部委员村委会委员共青团书记。1976年2月入伍海军南海舰队，曾任班长、艇长、航海长、作战训练参谋、副舰长、舰长、大队副队长、大队长、支队参谋长、支队副支队长、登陆支队支队长等职（正师），大校军衔。曾就读海军兵种指挥学院、海军南京指挥学院、陆军南京指挥学院、空军指挥学院、火箭军指挥学院、中央党校、长沙国防科技大学、中国人民解放军国防大学。研究生学历。入伍40多年多次执行重大任务十多次立功受奖。任舰长和支队长期间接待过江泽民、胡锦涛、杨尚昆、刘华清、宋平、王震、吴胜利等党和国家军队领导人并汇报工作。曾参加对越自卫反击战和南沙海战。现从部队支队长（正师）位置上退休住广州。

郝 翔

郝翔，蕲州镇东长街人。少时在蕲州从小学读到高中，1973年7月毕业即下放到蕲春大同山区插队落户5年。1978年3月，恢复高考后，他考入武汉水利电力学院哲学系，1981年12月又考取了本校社科系硕士研究生，1984年12月获硕士学位后留校当一名大学教师。此前，武汉水利电力学院升为武汉水利电力大学。1988年4月，已从讲师升为教授的郝翔担任了社会科学系主任；1994年3月，再提拔为系党总支书记职务，正式步入高校思想政治教育和学校管理行列。1996年8月，又升任武汉水利电力大学人文与工商管理学院党委书记。半年后的1997年6月，担任了校党委组织部部长。1998年6月升任武汉水利电力大学党委副书记兼纪委书记；2000年8月调任武汉大学党委副书记。2003年6月，调任中国地质大学（武汉）党委书记，这一干就是15年。他平生致力于高校管理工作，在高校管理和学术研究上双丰收。先后发表教育研究、高校管理论文37篇，撰著和主编专著和教材5部，对于高校思想政治教育和高校教学管理，都有着重要的指导作用。

王树平

王树平，男，蕲州镇东长街人，大学毕业，黄冈市第一医院主任药师，正高级职称。从事中西药制药工作三十余年间，在各类刊物上发表300余篇专业研究论文，并由湖北科学技术出版社2016年7月结集出版《王树平药学文集》。王树平系中华药学会会员，退休后居黄州。

封槐松

封槐松，曾用名封孝槐，蕲州镇横坝村人。少时在家乡读完小学中学。1979年毕业于华中农学院黄冈分院，分配到农业部工作，先后做过全国农情调查，为国务院、农业部提供信息，1984年提拔为农业部种植业管理经济作物处副处级干部，1987年率团赴美国、巴西、智利、日本、韩国等国考察农业生产。后任经作处处长，经常到全国各地调研，发表论文120多篇。2016年任本处调研员，并被江苏蚕研所科技学院聘为客座研究员，继续为全国经济作物发展作贡献。

张汉桥

张汉桥，蕲州镇东长街人。1974年参加工作在蕲春县长石公社（今属横车镇）界岭大队当知青。1975年2月在界岭小学教书；1976年5月在黄冈地区蕲州钢铁厂当工人；1976年12月推荐入武汉钢铁学院冶金系学习；1980年1月毕业任鄂州八一钢厂技术员；1981年11月至1984年12月任鄂城县人事局干部、副科长；1984年12月至1986年6月任鄂州市劳动人事局干部科长；1986年6月至1989年12月任市科干局副局长；1989年12月至1990年9月任梁子湖区副区长。后相继担任梁子湖区委常委、常务副区长；鄂州市人事局党组成员、副局长；鄂州市委组织部副部长（正处级）。2015年1月任鄂州市委组织部部长。同月22日，在鄂州市第七届人民代表大会第六次会议上被选为鄂州市人大常委会副主任。

黄恒学

黄恒学，蕲州镇东长街人。少时在蕲州读完小学初中和高中，1978年考入武汉大学哲学系。1982年毕业后留校任教并攻读硕士学位，1984年获得硕士学位。尔后3年边教学边攻读浙江大学心理学博士学位，终于摘取这顶“桂冠”，且被浙大留校任教。他仍是边教学边瞄向更高目标即攻读清华大学管理学与工程学博士学位和中国社科院经济学博士学位，皆如愿以偿。至此，黄恒学头上已有三顶博士桂冠，从1993年起即享受政府特殊津贴，成为全国经济学界中青年专家之一。被北京大学选调为政府管理学院教授后历任公共经济学系主任，公共经济学、公共管理学博士生导师；政府经济学、行政管理、公共管理（MPA）专业硕士生导师。同时，还担任中山大学、国家行政学院兼职教授。他在数十年的教学期间，同时开展科研活动，先后承担“中国事业管理体制改革研究”等大型国家级科研项目10多项；先后出版了《管理学原理》《组织行为学》《我国事业单位管理体制研究》《公共经济学》《跨世纪中国经济与管理》等专著10多部，为我国整个经济体制改革提供其指导作用。

胡爱兰

胡爱兰，女，蕲春县蕲州镇东长街人，出生于台湾。在台湾完成大学学业后嫁回上海，与丈夫袁正浩一起在上海创办“山珀针纺织品有限公司”，胡爱兰任总经理，生意火红。2008 年 1 至 2 月间，蕲春遭冰雪重灾，引起在台胡大洲先生关注，即与女儿爱兰商议要帮助家乡灾民解难。胡爱兰与丈夫联手几天组织救济物资价值 92 万元运抵蕲春。2 月 24 日，她亲到蕲春考察，带两个堂弟赴上海创业。2010 年 7 月回蕲春捐资 30 万元、为县一中设立慈善阳光班，支持蕲春教育事业。

方鹏骞

方鹏骞，蕲州镇人，少时在家乡读完小学中学。1980 年考入同济医科大学。1985 年毕业后留校工作。现为同济医科大学管理学院副院长、二级教授、博士生导师。有《当代社会保障学》《艾滋病项目管理教程》《医疗服务营销与市场学》《中国公立医院法人治理及其路径研究》《医学社会科学研究方法》等专著，均为正式出版的医学书刊，大部分著作被列为大学教材。

张寿松

张寿松，谱名长松，蕲州镇施家塘村人。少时在家乡读完小学和初中，高中毕业后参加工作。1979 年 1 月至 12 月任小队会计；1980 年 1 月至 1983 年 11 月在村里当会计、后任财经大队长；1983 年 12 月至 1991 年 12 月任施家塘村长，1992 年 1 月录为国干，任马畈乡党总支书记、乡党委宣传委员，其间在省委党校进修两年获大专学历。1996 年 12 月至 2001 年 3 月，在原孙冲乡（今属张塝镇）任党委副书记兼政协联络组长（正科级）；2001 年 4 月至 2003 年 12 月，任向桥乡党委副书记；2004 年 1 月至 2006 年 11 月任张塝镇镇长；2006 年 12 月至 2011 年 9 月，任张塝镇党委书记兼镇长；2011 年 10 月，调任蕲春县发展和改革局局长，并当选为中共蕲春县委候补委员。历任蕲春县第十四、十五、十六届人大代表，黄冈市第四届人大代表。

刘文星

刘文星，蕲州镇东长街人。毕业于北京教育学院美术系，结业于北京画院高研班的阎振铎油画工作室、中国艺术研究院油画制作研究生班。是中国美术家协会会员，北京美术家协会会员，台湾全球华人艺术创作发表协会会员，香港国际画院油画艺术委员会副主席、香港国际画院院士、职业画家。其作品多次在全国重要刊物上发表，多次参加国内外大型画展，被多家艺术机构收藏。个人画集由北京美术摄影出版社出版发行，还出了《硬笔书法集》和个人艺术邮票等。

何新娥

何新娥，女，蕲州镇人。1982 年毕业于湖北医学院黄冈分院医疗专业，大专学历，分配到蕲春县八里湖医院当医师；1985年调刘河卫生院当医师；1988年调县人民医院为医师。1992年晋升为主治医师；2001年再升为副主任医师。历任县人民医院门诊部副主任、急诊部主任、内2科副主任、肾内科主任、血液净化中心主任。兼职有湖北省生物工程暨透析会会员、黄冈市医学会肾脏学会副主委、黄冈市医疗事故技术鉴定专家成员等。发表过多篇学术论文。

管志强

管志强，蕲州镇人。1979年7月毕业于江陵中学，1984年7月毕业于华中农学院（今华中农业大学）园林系果树专业，分配到农业部全国农业技术推广总站工作。其间1985年3月至1986年1月至江苏省无锡阳山乡人民政府工作。1986年6月至1986年9月赴意大利学习。1987年3月至1993年5月，任农业部办公厅部长办公室部长秘书，1993年评为农艺师，5月晋升为正处级秘书。调入国家计委（今发改委）办公厅，任国家计委陈副主任秘书。

张国忠

张国忠，蕲州镇菩提村人。少时在本地读完小学和初中，后在湖北省公路工程学校毕业，即回蕲春县公路段工作，担任公路测量技术员。1987年考入西安公路学院进修，1991年获本科学历。仍回蕲春县公路段工作，是蕲春县多座桥梁和多条公路设计的主持者。后相继晋升为工程师、高级工程师。并担任县公路段党委书记、县交通局党委委员、总工程师。又赴广州高速公路建筑公司任副总经理兼总工程师。2014年，村里建胡风纪念馆，他捐资10万元。

李德喜

李德喜，男，1964年3月出生，湖北省蕲春县蕲州镇塘塆村人。1983年7月毕业于蕲春一中，考入国防科技大学航天技术系液体火箭发动机专业。1987年7月毕业分配到四川绵阳某部队。现任火箭军装备部政治委员，正军职，少将军衔。参加工作后，从事过近两年的技术工作，其后任部队团委书记，政治部组织科干事、党委秘书，部队政治部组织处干事。1995年10月调国防科工委机关，先后任政治部办公室秘书、组织部干事。1998年4月后，任总装备部政治部组织部干事，党办负责人。2006年3月任总装备部政治部组织部副部长。2009年5月任部队政治委员。2015年9月任部队政治委员。2018年4月任部队政治工作部主任。在原国防科工委和原总装备部机关和部队工作时，参加过一系列重大国防科研试验、航天发射和武器装备建设工作，参与了神舟一号至神舟十一号飞船发射、回收和庆祝活动的组织协调，参加了机关部队党的建设和全面建设多项重要文件材料起草工作。2000年1月荣立三等功，2001年7月被总装备部政治部表彰为优秀共产党员，2009年1月获中国航天基金会神舟七号载人航天飞行任务“航天基金奖”特别奖。在《解放军报》《四川日报》《绵阳日报》发表新闻和散文、诗歌等作品120余篇，在全军《组工通讯》、总装《政工通讯》发表论文多篇，获全军军事斗争政治工作研究和部队政工研究优秀论文一、二等奖多次。2016年5月出版散文集《情到深处人孤独》。

张常春

张常春，蕲州镇下石潭村人。大学本科毕业，中共党员。1986 年参军入伍，1990 年复员后安排在蕲春县人民保险公司工作，任股长，副经理。2005 年调任英山县人保公司经理；2006 年，调任武穴市人民保险公司经理。2008 年起，调任黄冈市人民保险公司副总经理（副处级）。

张常山

张常山，1967 年 9 月出生，蕲州镇五里墩村人。少时在家乡小学读书。1980 年 9 月考入蕲春二中（今李时珍中学）读书，1983 年 9 月从黄冈高中毕业后考入南开大学，攻读物理化学专业，后获南开大学博士学位。现为南京理工大学化工学院教授、硕士生导师。现在主要研究方向：1. 化学动力学，研究催化剂制备、催化反应机理及应用；2. 化学热力学，研究热力学的规范化及其宏观现象等学科。

郑国雨

郑国雨，蕲州镇竹林湖村人。少时在本村读完小学，1969 年 7 月考入蕲州二中（今李时珍中学），1984 年考入水运工程学院，1988 年 7 月从该校毕业，获工学学士学位，即进中国银行湖北省分行工作。其间进修华中科技大学工商管理专业，2000 年 7 月毕业，获该专业硕士学位。后担任中行湖北省分行行长助理；2012 年 1 月至 2015 年 6 月任中行山西分行行长；2015 年 6 月起任中行四川分行行长。高级经济师职称。2019 年 5 月 28 日就任中国银行副行长。

张名旗

张名旗，蕲州镇菩提村人。少时因家庭困难，仅读完初中即回家务农，上个世纪九十年代南下创业，2003 年建成广东佛山宜生陶瓷有限公司；2006 年建成河南恒泰陶瓷有限公司；2007 年建成湖北杭瑞陶瓷有限公司；2010 后建成河南大禹陶瓷有限公司。他自学成才，对陶瓷情有独钟，终成陶瓷生产领域行家里手，誉为“楚天陶瓷”发起人，创办的企业总投资 30 亿，年产值 6 亿元，每年国家贡献税收 2000 万元。他致富不忘群众，致富不忘社会，先后各种公益活动捐款达 200 百万元。其中，为家乡菩提修路捐款 13 万元，为胡中学教学楼捐瓷砖折款 20 万元；为县一中建教学楼捐瓷砖折款 80 万元；为建胡风纪念馆捐瓷砖折款 40 万元；为建蕲春张氏文化活动中心捐款 20 万元，为五保老人、困难群众奉献爱心款 20 多万元。在广大群众之中留下很高的声誉。2013 年 3 月任湖北省第十三届政协委员至今。

张　勰

张勰，蕲州镇塘塆村人。少时在家乡读完小学和中学，1990 年 9 月考入湖北民族学院特产系中药材种植专业全日制学习。1993 年 8 月毕业即分配到蕲春县中药材公司工作，历任技术员、站长、办公室主任；2003 年调入县药工办工作，先后任药材生产技术股副股长，股长；

2009年调县药材办工作，参加首届公选为县药材办副主任；2012年9月调任县药市办主任（正科级）；2016年12月19日，在蕲春县第十七届人民代表大会上当选为县人大常委会副主任；2017年4月24日，兼任蕲春县工商联主席、蕲春县总商会会长。其间2003年9月，在湖北省委党校经济管理专业接受大学本科在职教育，获该专业本科学历。后多次参市委党校非党员干部轮训；2013年、2014年先后在上海浦东干部学院和招商局集团学习。

张国成

张国成，蕲州镇菩提村人。少时在本地读完小学和初中，高中毕业后的1990年参加工作。1998年“下海”创业，投身于蕲春县公路建设之中，蕲春境内国道、省道和乡村公路建设都留下他奋斗的足迹。2012年12月，中共蕲州镇党委根据菩提村党员和群众的建议和要求，决定由张国成担任菩提村党支部书记。他回村后不负众望，即着手带领全村党员和群众，在较短的时间内改变菩提村的落后面貌。他将自己的积蓄100多万元全捐献出来，利用本地人文资源，修建胡风（张光人）纪念馆和蕲春张氏文化活动中心，两项工程总投资3000多万元，2017年底全部竣工，成为菩提村一个新的旅游开发点和经济增长点。还投入300多万元建成了菩提敬老院，成为蕲南一处养老中心。还先后引进资金2000多万元，对菩提村和进行综合开发和深度开发。菩提村群众都说：“国成书记把全部心血都倾注在菩提的发展上。”

张光红

张光红，蕲州镇银山村牛塆人，少时在家乡读完小学和中学，1990年毕业于李时珍中学。1994年7月考入北京大学，北京大学毕业后即留校任教，后历任北京大学科学研究部副主任、北京大学软件与微电子学院助理研究员、科研管理基地管理办公室副主任。与人合著的论文有《北京大学2001年SCI收录论文统计与分析》《原创性研究成果的SCI引用分析》等多篇。个人先后发表论文10多篇。

张文杰

张文杰，谱名长杰，蕲州镇施家塘村人，高中毕业后应征入伍，1994年11月复员到新疆于田县斯也克乡任党委秘书，职后取得本科学历。1995年12月至1997年3月调于田县政法委工作；1997年4月至2001年3月在于田县公安局工作；2001年4月至2003年3月调回县政法委工作。2003年4月至2007年1月调本县兰干乡工作，历任副主任，农经办主任，正科级副书记等职；2007年2月至2008年12月，调任于田县兰干博孜亚农场党委书记。2009年1月至2011年10月，任于田县先拜巴扎镇党委书记；2011年10月被提拔为和田县副县长；2016年6月被选为中共和田县委常委、常务副县长。

知名人士一览表

表 9-3

姓　名	性别	职级或职称	所在地
王　愚	男	留美硕士	东长街
王　卓	女	留美博士	东长街
黄　磊	男	留美博士	东长街
程洪志	男	留美博士	郦公园居委会
张晓丹	女	博士居纽约	东长街
戴　芳	女	博士居纽约	东长街
曾　虎	男	留美硕士	东长街
曾　凡	女	留美博士	东长街
曾文鸣	女	获芝加哥大学博士	东长街
王向东	男	留法博士后	王塅村
高元吉	男	中学高级教师	村居不详
杨　森	女	中学高级教师	富桥街 55 号
王从众	男	中学高级教师	东长街
王树仪	女	中学高级教师	东长街
王树明	男	中学高级教师	东长街
王树蕲	男	中学高级教师	东长街
叶三妹	女	中学高级教师	东长街
李燮明	男	中学高级教师	东长街
董江都	男	中学高级教师	东长街
张　剑	女	中学高级教师	东长街
王学文	男	中学高级教师	第三居委会
叶　亚	男	中学高级教师	城内居委会
方水娥	女	中学高级教师化学特级教师	土台村
李和清	男	中学高级教师	恒丰堤村
潘世友	男	中学高级教师	潘塆村
黄满红	女	中学高级教师	一关居委会
吴连银	女	中学高级教师	清水河
张广兴	男	中学高级教师	五里墩村
张德广	男	中学高级教师	五里墩村
张四清	男	中学高级教师	菩提村

续表 9-3

姓　名	性 别	职级或职称	所在地
王建军	男	副教授	东长街
王志光	女	主任医师	东长街
王三民	男	高级工程师	东长街
张国治	男	中学高级教师	恒丰堤村
王育岚	女	高级工程师	东长街
王望岚	女	中学高级教师	东长街
王四民	女	中学高级教师	东长街
卞清胜	男	高中特级教师	东长街
王抗	男	高级经济师	东长街
王理国	男	中学高级教师	恒丰堤村
王定	男	高级政工师	东长街
吕黎	男	大学教授	东长街
王国育	女	主任医师	东长街
王莉	女	大学教授	东长街
董娜	女	副教授	东长街
蔡泉	男	博士生导师	城内四牌楼
王詹	男	德国硕士	东长街
王佳	男	美国博士	东长街
曹慎艳	男	中学高级教师	菩提村
胡治坤	男	中学高级教师	曹英村
方楚乔	男	中学高级教师	雨台村
胡达今	男	中学高级教师	雨台村
方向东	男	中学高级教师	雨台村
段宝生	男	中学高级教师	金鸡村
邱长春	男	中学高级教师	邱山村
张常华	男	中学高级教师	老虎头村
张常炎	男	中学高级教师	老虎头村
方泽奇	男	中学高级教师	王堰村
詹成利	男	中学高级教师	王堰村
胡汉明	男	中学高级教师	红门楼村
张凤云	女	中学高级教师	红门楼村

续表 9-3

姓　名	性 别	职级或职称	所在地
张凤云	女	中学高级教师	红门楼村
吴芙蓉	女	中学高级教师	红门楼村
张明通	男	中学高级教师	韦庄村
陈新能	男	中学高级教师	韦庄村
王怀平	男	中学高级教师	新塘村
曾金保	男	中学高级教师	横坝村
王剑星	男	中学高级教师	雨湖居委会
段宗文	男	中学高级教师	南门居委会
郑美成	男	中学高级教师	竹林湖村
张愈雄	男	中学高级教师	黄土岭村
龚应清	男	中学高级教师	黄土岭村
江荣华	男	中学高级教师	西角湖村
高维华	男	中学高级教师	街口村
李鑫旺	男	中学高级教师	东门居委会
张晓红	女	中学高级教师	东门居委会
李寿祺	男	中学高级教师	东门居委会
方立新	男	中学高级教师	东门居委会
孙式金	男	名中医,长于妇科、伤寒	(清)蕲州
张诵维	男	民间老中医	(民国)施家塘村
余楚宾	男	名中医,长于内科	(民国)域内北门里街
张子良	男	名中医,长于内科	(民国)菩提村
邱震东	男	名中医,长于内科	(民国)雨台村
童幼琳	男	名中医,长于内科	(民国)东长街
邓惠吾	男	名中医,长于内科	(民国)东长街
柯金山	男	名中医,长于内科	(民国)蕲州
贺子儒	男	名中医,长于内科	(民国)蕲州
曹杰臣	男	名中医,长于内科	(民国)蕲州黄土岭
陈海珊	男	名中医,长于内科	(民国)邵垅陈德塆
曹寿群	男	名中医,长于内科	(民国)蕲州曹英村

续表 9-3

姓　名	性 别	职级或职称	所在地
陈　章	男	名中医,长于内科	(民国)蕲州东长街
胡崇谦	男	外科主任医师	蕲州镇
陈泗钧	男	副主任医师	东门村
胡耀珍	男	民间老中医	王塅村
张昌发	男	副主任中药师	村居不详
管和群	男	五官科副主任医师	村居不详
高鸿英	女	内科副主任医师	村居不详
王兴盛	男	副主任医师	村居不详
张吉元	男	外科副主任医师	村居不详
王抗美	男	副主任医师	村居不详
孙振东	男	副主任医师	村居不详
方锡雄	男	副主任客户医师	恒丰堤村
郜江林	男	内科副主任医师	南门居委会
余汉民	男	儿科副主任医师	蕲州
何新建	男	内科副主任医师	蕲州
董贤文	男	内科副主任医师	蕲州
张胜祥	男	骨伤科副主任医师	金鸡村
吴　勇	男	神经内科副主任医师	蕲州
方惠娟	女	呼吸内科教授	蕲州
黄赐雄	男	儿科副主任医师	城内袁家弄
纪磊	男	中医科主任医师	东长街
李华平	女	心血管科副主任医师	东长街
郑方	男	生物学博士后	东长街
陈黎珏	男	医学博士	东长街
蔡琛	男	物理学博士	东长街
陈清宇	女	注册环境测评师	东长街
段僧慧	男	国家二级演员	东长街
郜春林	男	国家二级演员	东长街
胡景生	男	国家二级演员	东门社区
赵广明	男	中学高级教师,省特级教师	东长街
吕志成	男	中学高级教师	东长街
张明	女	中学高级教师	东长街
陈斌	男	中学高级教师	东长街
吕洪	男	中学高级教师	东长街
范华	女	中学高级教师	东长街

续表 9-3

姓　名	性别	职级或职称	所在地
王映林	男	管理学博士	东长街
虞思明	男	法学博士	东长街
陈尚成	男	医学博士	东长街
章绵	男	大学教授	东长街
何纪昌	男	大学教授	东长街
王建国	男	高级工程师	东长街
王建钢	男	中学高级教师	东长街
吕际臣	男	高级工程师	东长街
陶松林	男	中医学院副教授	东长街
王镇武	男	高级工程师	东长街
王德翔	男	留美博士	东长街
马静	女	留美博士	东长街
胡桂风	女	副主任护师	东长街
许学斌	男	工程博士	东门
张美超	男	医学博士	一关
汪　涛	男	留法博士	土台
王建军	男	文学博士	土台
董学文	男	博士、副教授	土台
高　巧	女	博士、副教授	牛皮坳
许利剑	男	博士后教授	东长街
杜晶晶	女	博士教授	东长街
许剑雄	男	博士教授	东长街
李　娜	女	博士教授	东长街
许　芳	女`	肯尼亚硕士	东长街
王　梁	男	博　士	东长街
陈京丽	女	硕　士	东长街
陈红莉	女	博　士	东长街
陈　千	男	博士教授	石碑楼
王军利	男	硕士、高级工程师	恒丰堤村
郭丽艳	女	硕士、高级工程师	恒丰堤村
王新	男	硕士、高级教师	东长街

附：客籍人物

王 玠

王玠，字介玉，长洲（今属江苏苏州）人。倜傥能文。黄庭坚被朝廷贬到鄂州期间，王玠曾携带自己的文章去拜见黄庭坚，黄阅其文后，很赞赏。南宋绍兴初年，孔彦舟为蕲黄镇守副使，驻蕲口，聘请王玠为其幕僚。有人劝王玠不要应聘，王玠回道："我已经考虑成熟了。孔驻兵于蕲口，我可以劝他不要暴怒，确保一方百姓的安全，并不是为我王玠自身一人之计也。"因辅佐孔彦舟，为他办公事。后来，孔彦舟谋叛，问计于王玠。王玠多方陈述顺逆之道，劝孔彦舟不要叛逆，激怒了孔彦舟。孔将王玠关进牢房。过几天，又问王玠是否从其谋反。王玠大骂曰："逆贼，我恨不能将你碎尸万段。"于是，孔彦舟将王玠及其一家全部捆绑投于蕲州龙眼矶江流。此时，正是绍兴二年（1132 年）六月十三日。王玠尝读《楚辞》，仰慕屈原之气节，至此果如是。州人感其忠义，在龙眼矶上建庙，将他和另一位忠烈王彦明一起供奉其中。名士周燔撰有哀词刻于石碑上，以示纪念。

岳 飞

岳飞（1103—1042），字鹏举，相州汤阴人。南宋抗金名将。他在北宋末年投军，立功逐升至秉义郎（下级军官）。南宋建立后，他上书反对朝廷南迁，被革职。不久，随老帅宗泽抗金守开封，任统制官。建炎三年（1129 年），金兀术南进，岳飞移军广德、宜兴抵抗。次年，金军在江南军民的反击下，被迫北撤。岳飞攻击其后队，收复建康（今南京），占据中部地区，屡立战功，从中卫大夫超升至正四品的镇南军节度使。绍兴二年（1132 年），朝廷将舒州和蕲州合并，高宗任岳飞为舒蕲州制置使，属江南西路。岳飞到任后，将原驻在蕲口（今蕲州镇）的统制李山所带的一支军队、驻在江州（今九江市）的统制傅选带的一支军队都收编到岳家军旗下。尔后，岳飞先后三次到蕲口调兵遣将，抗击金军。此时的蕲州，成为宋军抗击金军南侵的重要阵地，有岳飞及其军队的防控，直到岳飞被害前的十多年中，蕲州一直比较平安。岳飞被害后，其子岳雷、岳震分别逃到蕲州辖县黄梅和蕲春茅山避难。其女婿张宪后辈则逃到蕲春青石岭南面（今张畈村）躲难。这里至今还有岳武穆庙堂，供奉着岳飞，岳云、张宪等神像。

王 益

王益（南宋理宗时代人），宋理宗赵昀后期蕲州知州，当时的蕲州州治和蕲春县治均在罗州城（今蕲春县城西北 1 公里处）。南宋景定三年（1262 年），王益鉴于元兵的侵犯，罗州城已于嘉定十四年（1221 年辛巳）毁为废墟，尔后金兵又多次侵袭。他即请风水先生勘定蕲口镇南边麒麟山、凤凰山濒临长江北畔，是一块风水宝地，即依托麒麟、凤凰二山筑建新城，准备将蕲州州治迁移。景定四年（1263 年）元兵又来侵犯蕲州，在西河驿白云山架炮攻打。正好此时，蕲州新城已筑好，王益即率州府大小官员迁到蕲州新城（即今蕲州镇现存之蕲州古城）办公。蕲春县县治亦随迁。其间，在罗州城被毁的 40 多年中，蕲州州治、蕲春县治曾迁到蕲口江心石穴洲（后称鸿宿洲）办公，也为筑建新城就近督工。可见，王益在蕲口南依麒麟山、凤凰山建新城，是经过深谋远虑的，为蕲州留下了一处千年胜迹。为此，他的事迹也被录入《宋史》之中。

左安善

左安善（元末明初人），明朝建立后，左安善即来到蕲州，为蕲州路太守。不久，朝廷改蕲州路为蕲州府，左安善即改任为知府。左安善为官勤政清廉，在任上做了很多有益于社会发展的事项。他首先在城里修建了州衙。又重建和扩建蕲州州学，发展了教育事业。其后，以当时蕲州发展之需，又兴建了专用于接待四面八方宾朋和传递有关文书的驿站——蕲阳驿。期间，他号召蕲州一带的民众，首次引种棉花，解决民众穿衣的问题。还有其他许多善政惠及于民，为官一任，造福一方，青史留名。

吴稷

吴稷（1482—1563），字舜弼，人称“石湖先生”，明代华亭（今上海市松江区）人。自幼聪颖、灵敏，为人正直诚实，处事稳重。正德九年（1514 年）进士及第。任蕲州荆王府左长史。嘉靖己亥（1539 年），退休回家。吴稷在荆王府辅佐的第五任荆王厚烇（1507—1553 年在位），是一代贤王。厚烇的二弟、富顺王厚焜也是一位贤王；厚焜与小弟弟永新王厚熿，都以能诗善画闻名于世。兄弟三人“以礼让训饬宗人”，让荆王府步入鼎盛时期。吴稷著述很多，有《自得园稿》《宦游稿》《石湖漫稿》《破愚录》《吏纲纂要》《皇明正学编》等，宁波范氏天一阁收藏了嘉靖《蕲州志》，让我们有幸目睹吴稷为《蕲州志》所作的《序》。此序开篇就说：“蕲为楚名州，旧矣”，接着说：“国朝建荆藩于兹，疆土尤增重焉！”指出了荆王府对蕲州的重大影响。吴稷在《序》中，着重论述地方志在“养民”“为民”“教民”等方面的作用，对甘泽编纂《蕲州志》的功德，给予很高评价。嘉靖四十二年（1563 年）八月二十二日，吴稷去世，享年八十二岁。时任南直隶提学御史、户部尚书耿定向（1524—1596）到吴家吊唁，将吴稷奉为乡贤祭祀。

周　南

周南（明嘉靖时代人），字文化，号宜斋，南京羽林卫人。少习举子业，后中为举人，明世宗嘉靖八年（1529 年）到蕲州任知州。他体恤民情，惠以善政，深得民心。蕲之崇居、大同二乡，离州治蕲州尚远，每年赋税很难按时缴纳，周南亲自巡查，晓谕民众，开诚布信，教民以礼法，使得偏乡僻壤亦能按时完税。他还积极向朝廷举荐人才，每届拔贡，蕲州都有人入选。有资料载，李时珍的父亲李言闻就是在他任期内举荐到朝廷任太医院吏目的。由于他的政绩突出，后升为王府长史。

吴承恩

吴承恩（1506—1583），字汝忠，号射阳山人。淮安府（今属安徽）山阳县人。自幼聪明过人，博览群书，尤喜研读神话故事。后屡入科考，均名落孙山，直至嘉靖后期才补为贡生，即于嘉靖四十五年（1566年）任浙江长兴县丞，遭谗罢免。后约于隆庆三年（1569年）调到蕲州任荆王府纪善之职。其间，他利用王府纪善这一闲职的便利，走遍蕲州山山水水，将其从前研究神话故事的经历和收集的资料，在蕲州完成《西游记》这部著名的神话故事之创作。万历十一年（1583年）病逝于家乡，享年78岁。

胡文光

胡文光（1521—1593），字原中，号西川进士。明代徽州黟县（今安徽省黄山市黟县西递古村）人。他出身于书香门第，嘉靖三十五年（1556年）中举，即任江西万载知县，升任山东胶州刺史，后升任荆王府长史之职，官职四品中宪大夫，全面负责荆王府内外各种事务，是荆王府核心决策人物之一，时人誉为“荆藩首相”。因其为荆王府建功立业，并奉命进京谒见万历皇帝，为荆府立嗣有功，勅建牌坊。即今仍存于安徽黟县之“荆蕃首相”之牌坊，永作纪念。万历二十一年（1593年）病逝于老家，享年73岁。

翁学渊

翁学渊（明嘉靖时代人），字原道，号丹山，浙江遂昌人。少时习举子业，青年时中为举人，嘉靖十一年（1532年）登壬戌科殿试金榜二甲第23名进士第。明世宗朱厚熜嘉靖二十九年（1550年，庚戌）到蕲州下江防道任佥事（五品衔），《明史》作参议（从四品衔）。下江防道的权利特别大：“往来巡查，专一提督汉阳以下至黄州、蕲州及德安（属江西省）等一带江防、湖禁、巡检司，修理城堡，操练军兵民快，清查钱粮，军卫、有司悉听调度。”翁学渊到职后，兴废举墜，多有善政，确保辖区平安。他注重防道形象，在蕲州修建了“蕲黄重握”和“江汉区防”两座高大的牌防。他作为一名武官，很注重地方文化建设，在任期间，聘请致仕知府郝守正、王俨等十多人编修《蕲州志》十二卷，史称“郝志”。他在“郝志”上撰写了序言，主张修志要做“补、正、芟、订……”等细致工作，才能把一部方志编纂好。可见，翁学渊为蕲州文化建设也作出了重要的贡献。后调任南京刑部郎中、贵州左参议。致仕回籍，曾为《遂昌县志》作序。

钱　鋆

钱鋆（清乾隆时代人），号检亭，江苏常熟人，青年时考中举人。乾隆十七年（1752年），前任知州李珌升任为黄州知府，钱鋆到蕲任知州。在任期间，做了很多有益于民众的事。首先是带头捐出养廉俸银百两，倡导修建麟山书院，得乡绅共助，书院修成，置田课，备生童膏火，为培养蕲地人才，打了坚实基础。乾隆十九年（1754年），他聘请蕲州名士50余人，编修出《蕲州志》，自为总编纂，精心把关。为我们今人研究蕲州历史提供了宝贵史料。

潘克溥

潘克溥（清嘉庆咸丰年间），山东夏津人，年轻时中为举人。咸丰二年（1852年）初，由鄂城县知县升任蕲州知州。不下车，即走访民情，踏遍蕲春山乡，尽访五乡现状，尽力为民而劳。

最值得称道者，他初到任，即亲自主持，组织聘请蕲地名流近 20 人，重新编纂《蕲州志》。“缺者补之，略者详之，舛者正之，冗者删之”。既保存了古志资料，又新增了许多新的内容，即我们今天所见到的清咸丰二年刊行的《蕲州志》，我们研究蕲春历史有很大的借鉴作用。

封蔚礽

封蔚礽（1830—1891），字少霞，广西容县杨梅镇石岭村人。15 岁中秀才，道光二十九年（1849 年）以第 6 名拔贡中试第 16 名举人。咸丰三年（1853 年癸丑）殿二甲登第 22 名进士第，点内阁中书协办侍读，加一级衔。同治九年（1870 年）充庚午科湖北乡试同考官。同治十一年（1872 年）任蕲州知州，多有善政，任满升迁。光绪元年（1875 年）再充乙亥恩科湖北乡试同考官；光绪二年（1876 年）再任蕲州知州，重修城隍庙，为民祈雨有应。任满再度升迁。光绪八年（1882 年），封蔚任第三次出任蕲州知州，民众十分欢迎。三年届满至省城任职。光绪十四年（1888 年）戊子科，他为湖北乡试内收掌管官；次年十一月，皇上诏授通奉大夫，从二品衔。封蔚礽善文，著有《还续斋古文》2 卷。尤其是他第三次任蕲州知州时，即主持编修《蕲州志》共 30 卷。即我们今天所见到的光绪《蕲州志》，亦称“封志”。光绪十七年（1891 年），封蔚礽因病在湖北武昌去世，享年 62 岁。

陈树屏

陈树屏（1862—1923 年），字建侯，号介庵、戒庵，晚号戒安。安徽望江人。弱冠以县试第一补府学生，肄业于省城敬敷书院。光绪十七年（1891 年）乡试中举，次年登进士，授翰林院庶吉士，名扬当时。被督办北洋军务李鸿章聘为主讲，到光绪二十年（1894 年）散馆。后相继任广西融县知县、湖北罗田知县、随州知州、江夏知县等职。光绪廿九年（1903 年）赴日本考察政教新制。本年十月，调任蕲州知州。到任后，惩办仗势构讼的教民，灭洋教士之威风；创监狱工厂，令犯人习纺织工艺，使他们出狱后改恶从善，且有一门手艺可谋生；劝乡民垦殖，广种桑、麻、茶、果、松、竹，增加收入。陈树屏最大的功绩是振兴教育，培养人才。在任一年多时间，即创办了师范学堂、实业学堂、高等小学堂各一所，模范初等小学堂 5 所，两等女子小学堂 3 所、初等小学堂 60 所。从省城聘来主教 1 人，向各学校介绍新学。一般从教的老师都用蕲州人。他本人则以知州兼学政，常到各学校督导教务。并捐出“养廉银”作为考试奖金，激励学生奋发向上。一时间，蕲州城乡，书声琅琅，民风更好。陈树屏尤其重视女子教育，下乡坊贤，寻求女学教师，蕲州办有 3 所女校，邻近州、县罕见。陈树屏办教育的政绩得到上司表彰，通令各州、县仿行。“陈还重视乡贤，珍惜地方典籍，他访得某乡绅家藏有蕲州文学家、史志学家顾景星所著《白茅堂集》木版，即“惩劝兼施”，将木版取归州衙，即印行《白茅堂集》数千套行世。所得收益交学董用于教育。陈在蕲州任职一年多后即升迁省城，州人士在麒麟山上建“望江亭”以为纪念。陈树屏后官至武昌知府，晚年寓上海协办慈善事业。1923 年卒于上海寓所，享年 62 岁。

辜仁发

辜仁发（1890—1966），亦名达岸，湖北安陆人。少时在家乡读小学，后入武昌西湖师范附小、武昌陆军小学就读，毕业于武昌陆军三中。光绪三十四年（1908 年）去日本留学，后加入同盟会。武昌首义回国参加了阳夏保卫战，任战时司令部参谋。后随孙中山参加二次革命。北伐后在阎锡山军队任职，亦在蒋介石麾下任过参军。张群任湖北省政府主席时，辜仁发回湖北，于1910年10月到蕲州任湖北省第三行政督察区专员，因“专兼县事”而兼任蕲春县长。他在任期间大办教育和实业，推行“三分军事，七分政治”之策略。遣散地主民团，制止乱杀掉队红军，抑制地主夺佃，处决了张家塝无恶不作的地头蛇。兴办族学140多所，创办蕲州简易师范，为蕲春、黄梅、广济（今武穴）、浠水、罗田、英山6个县培训小学教师，使辖县教育大兴。由于“剿匪不力”，一年后被免职。尔后任过湖北省府委员兼武昌市长。曾为中共提供情报，为武汉解放做了一些有益工作。解放后任省政府参事、民革中苏友协副会长，写过一些有价值的文史资料。1966年8月18日病逝，享年77岁。

魏今非

魏今非（1903—1983年），原名魏其祥，又名魏仰之，化名李祖武，江苏省句容县郭庄乡人。13岁时随父到蕲州，在“纪万源”南货店当学徒，后为店员，即组织工会活动。1927年4月经县工会支部书记邓中介绍加入共产党，任县总工会秘书兼组织部长。大革命失败后，魏今非在白色恐怖下秘密重建蕲州党支部，是土地革命开始后蕲春第一个中共支部，他任书记。1927年12月，蕲春县委书记詹大权被迫离开蕲州，县委停止活动。1928年1月，魏今非与中共蕲黄特区联系上了，奉命离开蕲州支部书记岗位，到乡村开展工作，不久重建竹瓦店、菩提坝两个支部。3月，中共蕲春临时县委成立，魏任委员。4月，临时县委改建为蕲春特支，他重新担任中共蕲州支部书记至1930年4月。这年冬，魏随红军离开蕲州，后参加了长征。抗战时期，他先后任安徽省定远县长、中原临时人民政府秘书长等职。解放后，魏今非历任中南军政委员会副秘书长，中共广东省委常委、候补书记、广东副省长，国务院财办副主任、国家工商总局局长、党组书记，商业部顾问等职。1983年10月17日病逝于北京，享年81岁。

赵 毅

赵毅（？—1948），生年，参加革命，入党时间不详。1948年4月，任蕲南县爱国民主政府县长，在蕲州、黄土岭、菩提一带开展革命活动，组织各种力量开展反“清剿”斗争。1948年6月，赵毅在反“清剿”斗争中牺牲。

刘敬之

刘敬之（？—1948），生年，参加革命、入党时间不详。河南省唐河县人。1948年10月随刘邓大军入蕲，高山铺战役后，奉命留蕲春工作。1948年1月至5月，任中共蕲南县委委员，兼菩提区（第五区）区委书记、菩提区区干队指导员。1948年5月，调任中共蕲北县委委员。同年8月，在反“清剿”中牺牲。

周元瑞

周元瑞（1919—？），又名周堤，湖北省当阳县人，高中文化程度。1937年10月参加革命，1941年2月加入中国共产党。后历任荆（门）南县合作乡区委书记、民族乡区委书记、荆当大队政治协理员、荆南县委组织部副部长、鄂皖地委组织部组织科长，蕲黄广县委宣传部副部长、蕲东县委副书记、蕲广工委书记，黄广工委书记、县委副书记、蕲黄广中心县委书记。1949年5月，任蕲春解放后的中共蕲春县委副书记兼（蕲州）城关区委书记。后调任县委宣传部长、代理县委书记。1952年10月升任全国五金总工会劳保部长、湖北省检察院第一处副长等职。1958年9月至1962年，任宜昌地区宜都木材运输指挥部副指挥长、当阳县文教局局长。1982年11月离休，享受副地级待遇。

徐　行

徐行，生卒年月、籍贯、参加革命工作时间、入党时间不详。原新军四军五师干部，1945年12月前后担任苏南二地委联络部部长。1946年6月中原突围后转地方工作。1948年10月蕲春高山铺战役胜利后，到蕲春工作，在蕲南一带活动。1949年3月至1949年7月任（蕲州）城关区区长；1949年7月任中共蕲春县（蕲州）城关区委书记。1949年12月调出。

尚保顺

尚保顺（1928—？），河南省清丰县人。参加革命、入党时间不详。1948年10月随刘邓大军南下蕲春，高山铺战斗胜利后，奉命留在蕲春工作。1948年5月担任蕲南白池湖区干队长，在蕲南蕲州周边赤东湖、三渡一带开展反“清剿”斗争。1952年初，任蕲州（城关）区委书记；1953年6月，调任菩提区委书记；1954年6月调黄冈县任县长等职，后离休享受副地级待遇。

管和雨

管和雨（1930.11—？），蕲春县漕河镇三码河村人。初中文化程度，1949年7月参加革命工作，在县干训班学习，结束后分配到株林区任工作队员、区工作组长、财粮助理员、区供销社经理。其间，1949年12月入团，1952年11月加入中国共产党。1953年5月调任县百货公司副经理；1954年3月调任县人委会工商科副科长；1955年3月任县财经委副主任（后改财办副主任）、党组成员、兼县委资本主义工商业改造办公室主任、县交通建设运输指挥部副指挥长兼办公室主任、县地方工业办公室主任、县粮棉油统购统销办公室主任，并担任历届县委委员。1965年10月任县委财贸政治部主任赴麻城县王福店区社会主义教育总团任工作组长、副队长，后任麻城宋埠镇社会主义教育“四清”工作队队长、党委书记；1966年7月回县任赤东区委书记；1968年9月任赤东区革委会主任、县革委会常委；1970年6月任县计划委员会主任、县民兵师副师长、兼后勤参谋长；1974年6月任县委常委、县革委会副主任；1975年2月任中共蕲州镇委第一书记，县堤防、港口、城镇建设指挥部指挥长，为蕲州建设发展做了大量工作。1978年2月任蕲春县人民政府副县长、党组副书记，分管财贸和机关工作；1984年1月至1991年1月相继任蕲春县第八、九、十届人大常委会副主任、党组副书记。另自1954年7月至1994年连任县人大一至十一届人大代表；1956年3月出席了中共湖北省党代会；1956年6月至1980年1月连续出席县一至七次党代会，连任三至七届县委委员，1974年当选为县委常委。工作中曾多次获奖。1994年10月离休，仍为社会发展贡献着自己的余热。

陈楚英

陈楚英（1931—2006），蕲春县株林镇姚塆村人。1949年5月参加革命工作，1954年4月加入中国共产党。解放前读过10年私塾。1949年5月参加工作后在株林区干队当战士，同年8月转为区工作队员；1950年7月抽调组建株林供销社，本年12月到株林供销社工作当会计；1951年12月任该社经理；1954年5月调任蕲州镇供销社任经理；同年12月调蕲春县供销合作社工作，任市场物价股股长；1955年7月任县供销社秘书科长；1956年8月任彭思区指导组副组长兼财贸总支书记；1958年任新生活人民公社副社长；1959年1月任彭思区人民公社党委书记兼社长；1962年10月任彭思区党委副书记兼区长；1964年5月任狮子区区长；1966年9月任刘河区委书记；1971年12月，任蕲州镇党委书记兼革命委员会主任，任职6年之久。1973年后调入县委组织部任副部长。1988年1月任蕲春县第十届人大常委会副主任、党组成员，1993年3月离休。2006年5月26日因病去世，享年76岁。

余献春

余献春（1935—2012），蕲春县漕河镇菜园头村人。1950年10月参加工作；1954年2月加入中国共产党。历任通讯员、税务局稽查员、人事局股长；县监察室监察员、民政局科员、大同电站行政股长，县委组织部组织员、县人事科科员等职；1966年10月任中共蕲州镇委书记；文化革命后期任赤东区革命委员会副主任。后历任狮子区委书记、县人事局局长、县委委员、县纪委书记、县委常委等职（1985年黄冈地委通知，明确为县委副书记级）。1988年、1992年曾两次赴省委党校学习并结业；先后当选为蕲春县第四、五、六、七、八届党代表；县第十、十一、十二届人大代表；1991年2月，当选为蕲春县政协第四届委员会主席；1993年被评为高级经济师职称，多次被全国政协表彰为先进个人。1995年退休。2012年1月去世，享年78岁。

卷十　艺文类聚

蕲州，历代“人物彬彬，英杰代兴”。因其被多部风水学著作载为天下三大风水宝地之一，故海内外英雄豪杰、文人学士、骚人墨客、至蕲州观光旅游，赏俗采风、状景描物、记事述人、留下了许许多多诗词歌赋，艺文佳作，本志将历代名流颂蕲州和蕲州本地近代名家的作品采其精华，列入卷中，以见蕲州文章之盛，以广读者见闻。特志艺文。

一、文赋

关于“左联”及与鲁迅关系的若干回忆

胡风（原名张光人，蕲州人，当代著名文艺理论家）

我今年七十八岁了。我小时候家里很穷，父亲是磨豆腐的，母亲是童养媳。我后来用胡风这个笔名，就因为我母亲姓胡。

一九二九年秋我到日本，对外身份是拿官费的庆应大学学生，实际上从事左翼文化运动。一九三一年我加入了日本共产党和左联东京支部。左联东京支部的活动并不多，我记得我当时只参加过一次会议，出席者有任钧，谢冰莹等人。我当时通过左联成员韩起与冯雪峰通信联系，但没见过面。一九三二年底我曾回国一次，才认识了雪峰，记得那时左联书记是丁玲。

一九三三年我因从事左翼文化运动被日本政府逮捕，住了三个月牢，七月初被驱逐回国。回到上海后，左联党团书记周扬找我谈话，要我参加左联领导工作，担任宣传部长，我同意了。那时茅盾还是左联书记，但两三个月后，他就辞去了书记职务。周扬又找我谈话，让我接替茅盾担任左联书记。茅盾一九二八年去日本，写了《从牯岭到东京》，被创造社、太阳社批得很厉害。他一九三 O 年回国后，由于雪蜂的关系加入了左联。丁玲被捕后，他接任左联书记。一九三三年《子夜》出版后，他在左翼文坛的地位已经确立，因此辞去了左联书记职务。其实他在担任书记职务期间，没做什么具体工作，只召开过几次会议。

我担任左联领导职务后，曾向文委（左联党团的上级领导）负责人阳翰笙提出过加入中国共产党的问题，但他并不热心，所以我后来也就算了。

我当左联书记后，周扬自己兼任宣传部长，任钧担任组织部长．一九三四年七月任钧被捕，周文接任组织部长，周扬也不再兼任宣传部长，由任白戈接任。我当左联书记将近一年，一九三四年秋末冬初，由于穆木天被捕后告密，我不能再当左联书记了。有一次，我在沙汀家里见到周扬，就向他提出辞职，他同意了。左联书记后来由田汉接任。我辞职后，周文也离开了。

我担任左联书记期间，左联工作是由周扬、任钧和我三人商量决定的。开会地点就在我家里，他们两人经常来我家。任钧被捕后，左联工作由周文、任白戈和我三人商量决定，开会地点改在周文家里。周扬就不来参加会议了。

鲁迅当时不参加我们的会议，但我经常与他见面，向他汇报左联的工作。当然，也不是每次见面都谈左联的事。当时并没有讨论过谁是左联与鲁迅的联系人，我也没有一个明确的联系人的名义，但实际上我确实是起了联系人的作用。

我当左联书记后，鲁迅每月捐款二十元，作为左联活动经费，主要是供左联印刷机关刊物之用。茅盾则每月捐款十元，他的捐款是通过鲁迅转交给我的。茅盾辞去书记职务后，我不大和他见面，但他来过不少信，后来都未能保存下来。当时左联的活动经费就是鲁迅和茅盾每月所捐的三十元钱，开展工作确实是比较困难的。

我当左联书记后，组织了三个研究会开展活动。一是小说研究会，由欧阳山，聂绀弩负责，沙汀也是负责人之一，但他是挂名的，具体工作做得不多；二是理论研究会，由任白戈负责，他调任宣传部长后由谁负责就记不起来了；三是诗歌研究会，由穆木天负责，该会以中国诗歌会名义出版《新诗歌》，影响较大。

在此期间，我还主持出版了左联内部刊物《文学生活》。《文学生活》是油印的，由我编辑，何谷天（周文）、汪仑帮助刻钢版，大约一个月出一期，薄薄的一本，内容主要是关于左联内部活动的消息。我担任左联书记期间，《文学生活》是坚持出版的。我离开后，好像还继续出版，并改成了铅印本，但我没有见过。

徐懋庸回忆说他一九三四年当了左联宣传部长，我不知道有这件事。徐懋庸还说他当了宣传部长后，周扬要他找我谈话，希望我合作，被我拒绝。在我记忆中，也并没有这回事。至于他说当了宣传部长后就代表左联与鲁迅联系，恐怕也不见得。我辞去左联书记后，左联与鲁迅就没有什么接触了。当时鲁迅住的地方在租界以外，联系也确实不方便。而且鲁迅一九三四年给徐懋庸的信中可以看出，这些信都是一般的通信，谈的都是写稿、翻译、编辑刊物之类的事，鲁迅当时并没有把徐懋庸当作是左联和他的联系人看待。徐懋庸大约在一九三五年才担任左联领导职务。

鲁迅生前写给我很多信，现在仅存六封，大部分信都因为当时处境危险，不得不销毁了。为安全起见，这保存下来的六封信也都裁去了称呼。

我当左联书记期间，曾写信向国际革命作家联盟汇报工作。当时萧三在苏联，代表左联出席国际革命作家联盟的会议，左联给国际革命作家联盟的信是通过他转交的。我离开后，周扬他们批评我写的信“不正确”，可他们自己却迟迟不给萧三去信，以至萧三写信向鲁迅催问。鲁迅在一九三五年五月十七日给我的信中提到了这件事，讽刺说：

“可见‘正确’的信，至今没有发。”后来萧三关于解散左联的来信，是由鲁迅交我，由我交给王尧山转周扬的。

鲁迅对周扬他们是有意见的。他一九三五年六月二十八日给我信中提到的“元帅”就是指周扬。周扬当时不设法跟鲁迅见面，却让叶紫出面约鲁迅谈“公事”，即讨论左联的工作，所以鲁迅说。“我们的元帅深居简出，只令别人出外奔跑……”我辞去左联书记职务后，鲁迅也不再继续捐钱了。他一九三五年八月二十四日给我信中所说的：“我们的元帅‘悭吝’说，却有些可笑了……”就是指这件事。鲁迅接着又说“其实，这是容易办的，不过我想应该大家出一点，也就是大家都负点责任。”后来，萧军要我问鲁迅，他要不要加入左联，鲁迅在一九三五年九月十二日给我的信中就明确表示："现在不必进去。"又说"我觉得还是在外国的人们里，出几个新作家，有一些新鲜的成绩，一到里面去，即将在无聊的纠纷中，无声无息。"

一九三六年周扬他们酝酿成立文艺家协会，自己不出面，却让何家槐写信邀鲁迅入会。何家槐因抄袭徐转蓬作品而被人称为"文抄公"，名声不好，鲁迅怎么会接受他的邀请呢?当然，韩侍桁曾利用何家槐窃文件事件攻击左联，鲁迅也是坚决反对的。

鲁迅一九三五年六月二十八日给我信中提到的"韩侍桁会打破人的饭碗"，事情经过是这样的：当时孙科办中山文化教育馆，陈彬和担任出版部主任。陈的秘书是杨幸之，杨本人比较左倾，他的朋友韩起又与我很熟悉。就通过这样的关系，杨介绍我进中山文化教育馆当编译。因为我当时一方面从事左翼文艺运动，一方面还要找个职业维持生活。我当时在该馆编的《时事类编》上用张果笔名发表了不少文章。陈彬和当时还加入了民权保障同盟，但这人其实是个骗子，他发表的一些文章都是杨幸之代写的。由于陈参加民权保障同盟，不久孙科就撤了他的职。接任的是国民党的钟天心，钟带着韩侍桁和左恭（我后来才知道左是地下党员）来接管。那天在办公室里，韩当着钟和左的面，对我说：你老兄真行，又拿国民党的钱，又拿共产党的钱。这一说就完全露了我的身份，等于在向国民党告密。于是我不得不马上辞去了中山文化教育馆的职务。

鲁迅这封信中提到了讨论文学遗产的事．当时我在《文学》上写了一篇文章。其中对陈辛人关于文学遗产的意见谈了自己的看法，陈辛人和其他两人就又在《杂文》上发表文章与我辩论。同时，当时在左联东京支部的魏猛克给鲁迅写信，要鲁迅就这个问题发表意见，因为魏猛克在上海时与鲁迅接触较多，由他出面较好。他们希望鲁迅的意见与我不同，这样就把我驳倒了。鲁迅的回答在这封信中写得很明白："我答以可就近看日本文的译作，比请教'前辈'好得多。其实在《文学》上，这问题还是附带的，现在丢开了当前的紧要的敌人，却专一要讨论枪的亮不亮（此说如果发表，一定又有人来辩文学遗产和枪之不同的），我觉得实在可以说是打岔。"我后来又写了一篇短文回答陈辛人，曾收在《文艺笔谈》一书中。

鲁迅一九三五年八月二十四日信中提到的"客人"，是日本人宫木喜久雄，我原先并不认识他。我在日本庆应大学时有一个同学泉充，我们两人当时都加入了日本普罗科学研究所艺术学研究会。我回国后在上海和梅志结婚，寄了一张结婚照给泉充留念。一九三五年泉充介绍宫木到上海来找我，宫木就拿了这一张结婚照和他在日本《普罗文学》上发表的文章证明他的身份。宫木要我帮他接上与共产国际的关系，要在苏联的日共党员佐野硕的夫人为他向共产国际证明他是日本共产党员，因为得到了共产国际的承认，他在日共党内就有地位了。我把这件事托了鲁迅，鲁迅答应帮助他接关系，并每月接济他生活费三十元。宫木在上海等了半年，最后没接上关系，回日本去了。

鲁迅与《文学》的关系有两次大的分裂，一次是美国黑人作家休士来沪时，《文学》发表"伍实"的文章引起的，另一次就是《译文》停刊事件。鲁迅一九三五年九月十二日给我信中提到的"替状元捧场"，"状元"就是指《文学》的傅东华他们。当时傅东华他们以"老大"自居，所以鲁迅在信中说。"我们大约一定要做第二，第三……"，鲁迅的意思是不管第一、第二，主要看谁对敌斗争坚决、有力。

在这封信中鲁迅还提到了"现任的皇宫"，这话是有来历的。任钧等人曾说我和梅志结婚时新房布置得像皇宫一样。实际上根本不是那么一回事。我后来想请鲁迅到家里来吃一次饭，鲁迅因行动不便，不能来，就在回信中开了个玩笑，即信中说的"没有了拜见之荣"。接着鲁迅又说，代替你请客的，是黄源要请客了。任钧被捕后写的那份材料，后来被日本人弄到手，译载在一个日文刊物上。这杂志鲁迅曾给我看过，梅志还记得是三十二开本，在上海出版的。至于译载穆木天自首报告的日文《支那研究资料》，鲁迅也给我看过。

鲁迅在这封信中所说的《木屑》，即《木屑文丛》，是我编的，只出了一期。记得有个材料说欧阳山也参加了编辑，这不符合事实。当时我们编刊物只能秘密出版，搞到了一笔钱，就设法印一、二期，秘密发行。《木屑文丛》就是托内山书店代售的，一般的书店都不敢出售。

到一九三五年底，肖军、聂绀弩都写信给鲁迅，说要办刊物，我也想办一个刊物，鲁迅对我说，如每人各办一个，这就大大分散了战斗力，不如大家合起来共同办一个刊物，后来我就创办了《海燕》。《海燕》的编辑工作是以我为主进行的，由我负责收集选定稿子，然后交聂绀弩去联系印刷、发行等具体事务。《海燕》第一期署名“史青文”编，就是聂绀弩想出来的。《海燕》上署名风、霏、果的文章，都是我写的。我的笔名主要有胡风、谷非、高荒、张果等。

一九三五年底，周文（何谷天）在《文学》上发表了小说《山坡上》，但小说被傅东华大加删削。周文很气愤，写信给鲁迅说准备大干一场。到底怎么干，我也不知道。但鲁迅不赞成这种做法，他在一九三六年一月二十二日给我的信中说担心周文反会中计，也就是说鲁迅认为如果周文大闹，反而可能会给人误解为傅东华发表周文的作品，是在提拔青年作家，周文自已在无理取闹。后来鲁迅要我约周文在一个小饭馆吃饭，一起谈一谈。

记得出席的有鲁迅、周文、黄源、许广平和我，具体谈些什么已经记不起来，反正是劝周文要谨慎从事。

鲁迅一九三三年电唁小林多喜二被害，我没有参与其事，我当时正在日本坐牢。有人说电报是经我中转的，这肯定搞错了。

萧红的《生死场》原稿并没有题目，萧红和萧军请鲁迅为《生死场》作序，同时也要我写一篇序。我在看原稿时，看到书中有两句话分别提到“生”和“死”，就取来作为小说的题目，鲁迅和二萧都表示同意，当时我们祖国确实处于生死存亡的关头。我为《生死场》写了一篇东西，但我觉得我的文章怎么能和鲁迅的并列为序呢，所以我的那一篇就作为书的后记了。

吴奚如在回忆文章中说他一九三六年七、八月间离开上海时，鲁迅曾为他饯行，我作陪。这事我已没有印象。我当时知道吴是党员，是军委的人，但不知道他是中央特科成员。不过吴奚如当时是曾托我和鲁迅联系一些事 1 情的。

鲁迅编辑《海上述林》时。梅志曾帮助他抄写过一部分稿子，我则把梅志抄写的这一部分稿子又校了一遍。所以出书后，鲁迅送给我们一套精装的留作纪念，还送给我们一套平装的供平时学习用。精装的那套在香港时丢失了。

一九三六年初，鲁迅曾要我写一篇关于茅盾的文章，是史沫特莱要的，史沫特莱当时正在翻译《子夜》。我的文章写好后就交给鲁迅，后来是否发表就不知道了。

（汤逸中、陈子善根据一九八O年八月一日和十七日两次谈话记录整理）

我为什么写作

胡　风

为了抒发自己的真情实感而写，

为了表现人民大众的生活困苦、希望和斗争而写；

为了反映社会历史的发展动向和革命的胜利而写；

为了有益于人民解放、民族解放和人类解放而写；

也为了探求文学发展的规律，阐明它内含的精神力量而写。

一九八五年三月

此文应法国巴黎图书沙龙组织和瑞士《二十四小时报》专题

蕲春重修玄妙观记

高辉远

玄妙观，系道教正一派的观宇。北宋大中祥符年间，道士李可道始建，位于蕲州城麒麟山东麓。明洪武十八年，道士李怀荣迁建于蕲州朝阳门外，整座观宇为一宫殿式古典建筑，正殿塑有李老君骑青牛铜像，供人奉祀，香火鼎盛。特别是南临长江，面对雨湖，不愧为风景秀丽、景物宜人的胜地。

明天顺四年，荆靖王朱祁镐成化二十三年和嘉靖年间，曾多次修葺。在宋、明两代，居蕲州城内道观之首。内设道正司，主持一州道政。值得人们纪念的是，嘉靖年间李时珍，在观内堂行医，造福乡里，深受乡民称颂，并立碑于观前，以彰其功德。惜十年动乱期间，观宇神像，俱被毁坏，但石碑犹在。

李时珍是我国十六世纪伟大的中医药科学家，已为古今中外所公认，其著作甚多，因年移代革，几经兵燹，大部分散佚无存，现存有《本草纲目》《濒湖脉学》《奇经八脉考》三部。流传在世界各国最广的《本草纲目》，被十九世纪伟大的生物学家达尔文称赞为“中国古代百科全书”。为了弘扬李时珍在中医药学的巨大成就，国家先后拨款，修建李时珍陵园，建立李时珍医院，开设李时珍医药文献馆等。一九八五年，合肥中医工作会议期间，中央卫生部、湖北省卫生厅和蕲春县卫生局领导开会决议，重建玄妙观，资金由中央、省、县筹措。一九八七年九月正式动工奠基，一九九零年十月二十六日竣工开业。（一九九零年十月二十六日撰）

第二届海峡两岸李时珍医药文化与产业合作发展与论坛瞻拜李时珍陵园祭文

岁在己丑，时值重阳。黄花流金，红叶飘香。海峡两岸同仁，殊途同来；集众李公陵园，隆开祭奠。献之以文，敬之以浆：永垂不朽，景仰先贤；千秋英明，万世遗爱。

李公时珍，出自名门；先祖先父，皆习儒经：博洽经史，兼以医鸣。人道是：蕲阳毓秀，人杰地灵。先生幼承庭训，可喜十四入泮；稍长求知，何惜名落孙山。从此立志学医，济世济人：继而研求歧黄，采珠采宝。矢志不渝，身如逆流之船；坚忍不拔，心比磐石还坚。习业三载，身心系于医道；读书十稔，足迹不出户庭。寒来暑往，春去秋来，甘苦倍尝，艰辛独忍，终成一代医圣；求知农父，拜师渔樵，采集百草，搜罗万方，怎不胜过药王。

先生久有达志，心存善念：叹惜前朝医典，多有遗谬。敢奋编摩之志，重修本草；纠正前人之误，再证秘方；复者芟之，阙者缉之：讹者绳之，伪者剔之。岁历三十稔，走遍名山大川：书考八百家，搜尽竹帛玉册。稿凡三易，纂成本草纲目；言著百万，修成昭代旷典。载药一八九二：附方万又一千。是书也，博而不繁，详而有要，综核究竟，直窥渊海。其性理之精微，堪称帝王秘录：其格物之通详，可谓臣民重宝。于是，皇上颁行于天下，士大夫家有一编。噫!著仰先贤，德被西欧东亚：名驰四极，泽润南溟北滨。先生者，不愧百代宗师，万世景仰。

和谐盛世，更见升平；民族团结，天下大同。海峡两岸，同是神州儿女：同胞一家，皆为炎黄子孙。兄弟携手，并肩前进：精诚合作，友爱赤诚。共叩陵前，敬拜先师之灵：供献座下，恳祈佑我万民。尚者师尊，长与日月同辉：伟哉夫子，共与民族永生。

乌呼李公，伏维尚飨。

海峡两岸李时珍论坛全体代表、蕲春县人民政府同献(李时珍科技文化研究院张梁森敬撰)

注：读后焚化。

二、诗词

蕲州刺史座右诗

〔唐〕李隆基（玄宗皇帝）

眷言思共理，鉴古想维良。
猗与此推择，声绩著周行。
贤能既俟进，黎庶实伫康。
视人当如子，爱人亦如伤。
讲学试诵论，阡陌劝耕桑。
虚誉不可饰，亲知不可忘。
永民迹易见，安贞德自彰。
讼狱必以情，教民贵有常。
恤孕且存老，抚弱复绥强。
勉哉各祗命，体予眷万方。

郑群惠簟

〔唐〕韩愈（唐宋八大家之首）

蕲州笛竹天下知，郑君所宝尤瑰奇。
携来当昼不得卧，一府争看黄琉璃。
体坚色净又藏节，满眼凝滑无瑕疵。
法曹贫贱众所易，腰腹空大何能为。
自从五月困暑湿，如坐深甑遭蒸炊。
手摩袖拂心语口，漫肤多汗真相宜。
日暮归来独惆怅，有卖直欲倾家资。
谁谓故人知我意，卷送八尺含风漪。
呼奴扫地铺未了，光彩照耀惊童儿。
青蝇倒翅蚤虱避，肃肃疑有清风吹。
倒身酣寝百疾愈，却愿天日常炎曦。
明珠清玉不足报，赠子相好无时衰。

寄蕲州簟与元九

〔唐〕白居易（刑部尚书）

笛竹出蕲春，霜刀劈翠筠。
织成双锁簟，寄与独眠人。
卷作筒中信，舒为席上珍。
滑如铺薤叶，冷似卧龙鳞。
清润宜乘露，鲜华不受尘。
通州炎瘴地，此物最关身。

寄蕲春李使君播

〔唐〕白居易（刑部尚书）

下车书奏龚黄绩，动笔诗传鲍谢风。
江郡讴吟夸杜母，洛城欢饮会车公。
笛愁春尽梅花里，簟冷秋生薤叶中。
不道蕲州歌酒少，使君雅兴与谁同。

酬白乐天寄蕲州簟

〔唐〕元稹（监察御史）

蕲簟未经春，君先试翠筠。
知为热时物，预与瘴中人。
碾玉连心润，编牙小片珍。
霜凝青汗简，冰透碧游鳞。
水魄清涵黛，琉璃薄带尘。
梦成伤冷滑，惊卧老龙身。

洛中春末送杜录事赴蕲州

〔唐〕刘禹锡（御史）

樽前花下常相见，明日忽为千里人。
君过午桥回首望，洛阳犹自有残春。

丫头山

〔唐〕施逵（唐代诗人）

何不梳妆嫁去休，常叫人唤作丫头。
只因不信良媒说，耽阁千秋与万秋。

九江口南济北接蕲春南与浔阳岸

〔唐〕苏味道（唐代文学家）

江路一悠哉，滔滔九派来。
远潭浑似雾，前浦沸成雷。
鳞介多潜育，渔商几溯回。
风摇蜀柿下，日照楚屏开。
近漱湓城曲，斜吹蠡泽隈。
锡龟犹入贡，浮兽罢为灾。
津吏挥桡疾，邮童整传催。
归心讵可问，为是落潮回。

寄蕲簟与蒲传正

〔宋〕苏轼（唐宋八大家之一）

兰溪美箭不成笛，离离玉箸排霜脊。
千丝万缕自生风，入手未开先惨栗。
公家列屋闲蛾眉，珠廉不动花阴移。
雾帐银床初破睡，牙签玉局坐谈棋。
东坡病叟常羁旅，冻卧饥吟似饥鼠。
倚赖春光洗破衾，一夜雪寒披故絮。
火冷灯青谁复知，孤舟儿女自忧咿。
黄天何时反炎燠，愧此八尺黄琉璃。
愿公净扫清香阁，卧听风漪声满榻。
习习还从两腋生，请公从此朝阊阖。

赠蕲簟与潞公

〔宋〕范纯仁（蕲州知州，后为宰相）

双纹封卷如筒小，六月铺张满榻寒。
曾是吐茵狂醉客，敢呈斋阁渡清欢。

泊蕲口泛月湖中

〔宋〕陆游（枢密院编修）

炎天倦长路，月夕泛平湖。
晃漾披银阙，清寒住玉壶。
钓丝萦藻荇，篷艇入菰蒲。
自别蜻蜓浦，斯游十载无。

秋思

〔宋〕陆游

临海铜灯喜夜长，蕲春笛簟怨秋凉。
世间生灭无穷境，尽付山房一炷香。

蕲口晚泊

〔宋〕陆游

半世无归似转篷，今年作梦到巴东。
身游万死一生地，路入千峰百嶂中。
邻舫有时来乞火，丛祠无处不祈风。
晚潮又泊淮南岸，落日啼鸦戍堞空。

东湖新竹

（宋）陆游

插棘编篱谨护持，养成寒碧映沦漪。
清风掠地秋先到，赤日行天午不知。
解箨时闻声簌簌，放梢初见叶离离。
官闲我欲频来此，枕簟仍教到处随。

和秀野蕲簟之句

〔宋〕朱熹（著名理学家）

使君两鬓尚青青，学道仍抛后院笙。
溽暑快眠知簟好，晚凉徐觉喜诗成。
人从蕲水当年寄，句比韩公此日清。
坐对更深谁是伴，惟应阙月共长庚。

龙眼矶

〔宋〕陈造（安抚参议）

谁谓石一拳，不作江流碍。
朝来扬帆西，瞥若骥历块。
龙眼风火矶，培塿视华岱。
似闻黄潦时，亦复鼓湍汇。
凿去本不难，奇巧禹所爱。
其上嘉树密，其侧渔网晒。
居惟羡渔乡，复欲老犊背。
西归傥得此，庸敌七里濑。

泊蕲州城下晚思

〔宋〕董嗣杲（榷务官员）

日落乌雀下，笛声起樵楼。
舟泊倦欹枕，枕此秋江头。
寸心积万虑，浪寄非久留。
崭新雉堞壮，环堑柳影稠。
城中酒旗飞，窈窕吴姬讴。
风涛何凄然，抑扬邈难俦。
往时闻黄茅，今此委青油。
香凝燕寝晚，喜见鸿集秋。
矶月照客衣，苦触听砧愁。
夜深不敢语，我吟月解不?

月落不旋踵，云过江声浮。
逗晓入城步，将诗叩郡侯。

山斋溽暑正六月，野人清梦迷三湘。
卷舒随分且藏节，作诗为报刘中央。

舟泊蕲州城下

〔宋〕董嗣杲（宋代诗人）

秋芜埋戍雨，暮荻卷濠风。
御侮弓刀利，扬威鼓角雄。
云连淮树暗，月透汉宫空。
捩柂资遐眺，兴衰自古同。

蕲州早起

〔宋〕杨时（将乐进士）

城头雷动角声哀，似共行人怨落梅。
欲报晨炊粱未熟，唤回残梦眼慵开。
霜清暗觉貂裘冷，月淡空令犬吠催。
倚杖起看风正冽，不堪嘶马重徘徊。

送俞尚寺丞知蕲春县

〔宋〕梅尧臣（宋代诗人）

应见言风物，于今有贡蛇。
潜踪远蛙黾，饮露上蒹葭。
清洁一如此，伤残都莫涯。
君惟修职业，男耒女缫车。

送仲弥性赴蕲州

〔宋〕李洪（宋代诗人）

中兴岳牧任词人，分虎初斑楚泽春。
四纪才名文价重，一麾江海玺书新。
眷深丹扆虚前席，祖忆黄梅试问津。
政事宁须外庸讫，遗归清禁掌丝纶。

过鸿宿洲作

〔宋〕刘子澄（泰和进士）

洲名号鸿宿，流徙合来居。
淮郡侵江密，人烟罩水疏。
无山供笛竹，有港便罾鱼。
壮士休营业，功成返故庐。

麒麟山石

〔元〕无名氏

幽人移石暮云边，时得摩挲最可怜。
江上风来飞欲去，岭头云起远相连。
窗含青琐疏松静，吏散高堂碧树圆。
试问荆和在何处，白头零落泪空涟。

谢刘本玉先生惠簟

〔宋〕王学（宋代诗人）

南朝笛竹蕲为良，织成纹簟琉璃黄。
旧物正尔冷如铁，此君无奈寒如霜。

宿蕲阳驿

〔元〕斡克庄（蒙古诗人）

夜宿蕲阳驿，湍声已惯听。
拥衾截短句，屈指数残更。

世虑如山重，身谋似叶轻。
不堪天外雁，急作两三声。

蕲州城下晚泊与士人语及四方事平有喜而作

〔元〕范梈（国史编修）

野涧秋无际，天空夕始凉。
渔舟下浦急，畬火入云长。
洲远怀鹦鹉，山危指凤凰。
成人新敛甲，垂手幸时康。

蕲州早起

〔明〕朱元璋（明朝开国皇帝）

天为罗帐地为毡，日月星辰伴我眠。
夜间不敢长伸足，恐踏山河社稷穿。

题蕲簟赠沈半刺

〔明〕崔桐（编修）

使君刺蕲州，应闻蕲有竹。
织成细纹簟，文彩如翠玉。
郡斋非无暑，藉此解炎酷。
应怜织簟人，流汗在蔀屋。

蕲阳八景

〔明〕陈溱（蕲州进士）

鳞阁江山献绮罗，太空夜月宿嫦娥。
凤凰岗上晨钟响，龙眼矶头夕照多。
城北荷池开锦障，湖东春水泛金波。
鸿洲烟雨将收尽，龟鹤梅花雪满坡。

1．麟阁江山

山峙麒麟耸翠崖，谁从麟背筑楼台。
荆襄二水分流远，楚蜀诸峰接踵来。
叠嶂雨余青似黛，长江风静绿如苔。
登临倚遍栏干望，四面浑如图画开。

2. 凤岗晓钟

曙色苍苍尚未明，凤凰山上晓钟鸣。
悠扬高彻三千界，紧慢频敲百八声。
隐隐过江音韵急，轰轰聒耳梦魂惊。
起来倚傍书窗听，疑是城头吼巨鲸。

3. 太清夜月

太清池在观门前，最喜清宵得月先。
蟾影波光同皎洁，水仙月姊共婵娟。
流穷今古消还长，照遍乾坤缺又圆。
中有道人爱清致，临池赏玩伴池眠。

4. 龙矶夕照

石头耸目瞰江流，正对桑榆夕照收。
霞彩映波红浪滚，目光漾水锦鳞浮。
晚催鸦鸟寻栖所，暝促鱼翁系钓舟。
暮景满天吟不尽，余晖犹在断矶头。

5. 城北荷池

城北荷池今几年，花开十丈藕如船。
艳容未必六郎似，清馥还夸十里传。
红脸对人娇欲语，翠盘翻露碎还圆。
赏吟绝胜西湖景，不用吴姬唱采莲。

6. 东湖春水

东湖环汇绕蕲城，三月湖头春水生。

满川浩渺还流集，万顷微茫一掌平。
桃花浪里鱼龙跃，青草洲边鸥鹭鸣。
闻说沧浪清彻底，此中亦可濯缨尘。

7. 鸿州烟雨

鸿洲四塑水平铺，烟雨微茫景最殊。
细细随风成霡霂，霏霏带雾绕模糊。
轻笼树色浓还淡，半隐人家有若无。
假使王维如可作，也应写入辋川图。

8. 龟鹤梅花

一龟一梅两山排，山上梅花无数开。
明月夜横疏影瘦，好风时送暗香来。
傲霜疑是冰为骨，含雪何殊玉作腮。
忆自逋仙归去后，不知此树是谁栽。

蕲州竹簟歌

〔明〕郭凤仪（黄州知府）

齐安土瘠百不宜，蕲春竹箭生独奇。
疏节洞千袅烟雾，色参碧玉多华兹。
尤物自合神理惜，良工竟采含茎枝。
欲矜意匠夸能手，苦濯江汉曝朝曦。
几经折缕等薤菜，一加织组同缫丝。
就中巧思谁更识，藏倪续断浑不知。
绸缪但见双纹密，摩挲惊叹眼还迷。
鲛人夜杼翦绡绮，游鱼吹浪摇纹漪。
已闻滑溜能仆鸡，更笑苦濡啼痴儿。
稀有价重锦绣段，展舒光映黄琉璃。
三叠九折柔耐卷，八尺半握行堪随。
五月毒热气如吹，呜呼舍尔耐何支。
匡床石枕梦亦爽，倏然似过清秋时。
觉来凉意侵人肌，只疑流汗翻成澌。
簟乎簟乎，愿尔化为太平之任席，
使吾民宁一安寝常如斯。

答荆府樊山王以文章求订

〔明〕王世贞（文学家）

时有虹光倚少微，那无物色到渔矶。
人从白马看如练，时向黄梅拟受衣。
袖里泽兰愁信远，怀中荆璞怨工稀。
亦知竹素千秋业，敬礼人间有是非。

赠李时珍濒湖李先生见访之夕，即仙师上升时也，寻出所校定本草求序戏赠之

〔明〕王世贞

李叟维稍直塘树，便睹仙真跨龙去。
却出青囊肘后书，似求元晏先生序。
华阳真逸临欲仙，误注本草迟十年。
何如但付贤郎舄，羊角横抟上九天。

烟霏楼

〔明〕顾阙（福建参政）

浓浓淡淡起天涯，漂渺眼前横复斜。
云母屏风低映户，青丝步帐漫笼花。
氤氲造化凭谁判，早晚阴晴恐认差。
分付丰隆收拾起，好教日月吐光华。

蕲春四宝

〔明〕陶允宜（刑部主事）

1. 蕲簟

簟出蕲州世所无，五月六月绳床铺。
恍坐水阁眠冰壶，皇都炎热逾江湖。
贵臣催簟如催租，民情谁语州大夫。

2. 蕲艾

七年之病三年艾，起死回生人所赖。
芃芃白叶功为最，麒麟山上王城在。
索取其中却其外，出入颇烦阍者怪。
何时断种出野菜，火病□痕两无害。

3. 蕲蛇

花蛇方顶尾甲指，捕者封腹投之水。
自脱腹胃净如洗，大如竹箭长尺咫。
能却风挛化食痞，方其出穴疾如驶。
偶遭毒吻人立死，我节食饮慎眠起。
诸邪不锓病良已。

4. 蕲龟

千年龟小象围棋，其甲翠绿毛毰毸。
置之盆水生涟漪，蚊蝇远避尘自离。
壁头床足儿曹戏，不饮不食长如斯。
求之艰难谁得之。

蕲民谣四首

〔明〕王廷相（兵部尚书）

1. 蕲艾

有芃者艾生我土，七年之病得者愈。
五内失调邪作主，富贵耽欲乃自取。
艾纵有灵将奚补，我欲言之上官怒。

2. 蕲龟

龟屌生毛绿的的，大如钱，贵如璧。
养在盆中水凝碧，细人之玩有何益？

3. 蕲蛇

白花蛇，谁教尔能辟风邪？
上司索尔急如火，州中大夫只逼我。
一时不得皮肉破，积骨如巴陵，
杀尔种类绝，白花不生祸亦灭。

4. 蕲簟

龙须作席光电电，暑眠不及蕲阳簟。
凉如冰，滑如藤，一簟几工能织成？
官府取之只一声，有价无价谁敢争。

晓发蕲州

〔明〕李东阳（大学士）

城晓迟吹角，高云湿未开。
惊波风不定，危石岸将颓。
青入天穹草，黄低欲堕梅。
江湖若留滞，游宦耻凡材。

蕲州江中怪石

〔明〕李东阳

崒兀山城抱此州，江间怪石拥戈矛。
随波草树愁生隙，骇浪蛟龙却避流。
岂有岹峣能砥柱，祇多冲突向行舟。
凭谁一试君山手，月落江平万里秋。

答富顺王朱厚焜

〔明〕王廷陈（庶吉士）

帝室分封重，王孙别馆开。
礼于南岳敌，客比小山才。
为善心知乐，通亲表自裁。
雄风虽可挹，何日侍兰台。

寄上富顺王

〔明〕王廷陈

南国诸王馆，池亭独有名。
楚风萍未动，淮月桂丛明。
中物醒先析，当天晕已生。
无令为善乐，专美汉东平。

龙眼矶

〔明〕吴国伦（河南左参政）

片石乱流中，巍然抗佛宫。
诸天龙树表，万象蜃楼空。
花雨都成雪，涛惊不为风。
孤僧容膝处，应与海门通。

题浮玉亭

〔明〕吴国伦（河南左参政）

石扼中流险，亭当一柱支。
河山悬震荡，日月苶推移。
岸树微茫出，风帆上下驰。
望中吴楚尽，秋色最堪持。

舟次蕲春避暑法胜寺顾大参子承按察子良董司理友仲易州牧子田携具见访

〔明〕吴国伦（河南左参政）

梵宇千门绕，僧房一鉴幽。
艇分莲叶出，轩抱水云流。
疑结逃禅会，何当载酒游。
却疑陶令醉，三笑虎溪头。

蕲春江上谒禹庙

〔明〕吴国伦

山绕鸿沙曲，城凭凤岭孤。
古祠含绝磴，飞浪洒平芜。
万里来江汉，千门过舳舻。
可知神禹迹，浩荡古来无。

刘世仰追送至蕲春舟中夜酌

〔明〕吴国伦

三日别已远，川途望悠悠。

忽然白头浪，撼我青雀舟。
菰际飞一苇，矶边散群鸥。
美人意良厚，浊酒欢且酬。
明月生断岸，前峰在中流。
曼声答渔唱，醉语宽离忧。
江汉岂足广，兰蘅为君投。
东风疾如驶，明发不可留。

奉答樊山王

〔明〕吴国伦

老病龙钟卧北园，思君何日奉清言。
真风好与神仙近，雅道谁同帝子尊。
石上彩云留锦席，松间白鹤引华轩。
平台授简多宾从，不必狂生更在门。
奉寄顾子良副宪

子良期过访，予三年不至，但时时免予学道，因寄此诗。

〔明〕吴国伦

一水盈盈河汉遥，空中鸾鹤似堪招。
循溪易返山阴棹，鞭石难成海上桥。
学道岂应妨老大，藏真只合混渔樵。
乾坤万事捐都尽，白日看君羽翼骄。

过蕲州寿顾子良六十初度

〔明〕吴国伦

金马当年射策同，几回联辔出新丰。
还山久集芙蓉佩，召隐重题桂树丛。
愧我谈天虚碣石，多君问道入崆峒。
此生寥郭烟消外，何物浮沉色相中。
鼎息自然三昧火，珠光常照五门宫。
宁论寿算齐南极，且挟仙流过阆风。
圣果从来无旦暮，凡胎误自守屯蒙。
何当负笼从吾子，采药名山访木公。

壬戌秋奉使荆藩闻右使邀登浮玉矶作

〔明〕施凤来（明代诗人）

清秋极目揽蒹葭，杰阁登临兴自赊。
江拥诸涛浮欲去，天回一柱兀堪夸。
青来麟卧藏真气，翠滴鸾翔护玉沙。
长啸数声吟忽就，夜阑浮白接烟霞。

登文昌阁

〔明〕张元芳（明代诗人）

吴楚东南王气流，紫微辉映八千秋。
天开东壁迎江右，人指南都盼石头。
望望白云骑鹤去，依依绿野狎鸥游，
仲宣聊借登楼赋，斗极高悬帝座浮。

寓蕲州示诸生

〔明〕沈钟（巡按御史）

蕲州雄跨楚江头，隔岸群峰紫翠浮。
文事因仍延信宿，春光追逐纵遨游。
怀乡鱼雁常违约，吊古风云亦解愁。
拟就沧浪歌一曲，愧将轩冕对沙鸥。

过蕲州冬至

〔明〕毛伯温（刑部尚书）

年年冬至未能归，怅望孤云天际飞。
上国衣冠朝会远，故乡戎马信音稀。
苍生到处关休戚，青史他年有是非。
独坐穷愁随日长，柏台清昼掩重扉。

菩提寺

〔明〕毛伯温（刑部尚书）

三过野寺两停骖，王事驰驱苦不堪。
石磴清风驱落叶，竹林斜日静寒潭。
似曾识面鸠频唤，如有羞容花半含。
试问寺僧今几许，何人能唱望江南。

白云深处

〔明〕毛伯温（刑部尚书）

万壑千岩深更深，白云杳杳本无心。
常依山上瞻尧日，懒向空中作傅霖。
松坞席铺堪枕石，竹林袖拂欲调琴。
月明忽见池莲直，疑是姮娥坠玉簪。

别蕲州诸生

〔明〕陈凤梧（湖广巡抚）

一官无补又西移，江汉悠悠别后思。
五载文风浑未振，百年道义尚相期。
希贤好涌渊源录，报国无忘敕谕碑。
全楚人才频拭目，栋梁榱桷及明时。

白云深处

〔明〕荆国半仙（明代诗人）

远尘脱俗绝凡情，结彩迎春总浪名。
晴瑞漫堆天地白，幽居深洗肺肝清。
竹携瘦鹤松前舞，坐理瑶琴膝上横。
宜是贤王真乐处，此生不遣利名惊。

白云深处

〔明〕杨叔通（明代诗人）

乾坤何物解颐年，独觉闲云与兴便。
习静每劳参野坐，幻灵时复护高眠。
奇峰别苑成千嶂，活水方塘自一天。
我亦生平有云癖，缄题未遣意先传。

咏蕲庠丽泽堂

〔明〕富玹（官至佥事）

木铎天教振好音，斯文光采照青衿。
程门立雪尊师礼，沂水乘凉乐道心。
美价沽来嗟韫玉，合簪会处笑分金。
行看慎勿悭余泽，多少苍生望雨霖。

江山清趣亭

〔明〕富玹

凤凰山下水流东，亭下青山四望同。
春树鸟啼屏障里，夕阳人在图画中。
松风清爽生孤榻，花雨缤纷落半空。
待得公余无俗事，南薰一曲奏丝桐。

江山清趣亭

〔明〕袁珽（蕲州学正）

红尘奔走心无奈，一上新亭眼界开。
江水迷茫呈碧见，云山苹葎送青来。
四时景物成真趣，八面轩窗绝点埃。
对此令人清透骨，恍疑身世在蓬莱。

江山清趣亭

〔明〕萧敬（司礼太监）

洞庭远带潇湘翠，今古滔滔爽气流。
随处有风行客便，诸州无浪见鸥浮。
云空光影浸波面，水退江痕露石头。
一段涤人清意味，好将长似凤凰楼。

江山清趣亭

〔明〕谢绶（礼部尚书）

山连衡桂天边翠，江接沅湘地底流。
秀气不随云雾散，清光常逐浪鸥浮。
采薪樵子趋林麓，罢钓渔翁憩岸头。
此景欲求堪拟处，洞庭湖上岳阳楼。

蕲阳八景

〔明〕甘莹（福宁知州）

1. 麟阁江山

倚云高阁宠功臣，阁外江山绝点尘。
江接东溟清不断，山椎南楚碧无垠。
琐窗射影玻璃净，袍笏生寒翡翠匀。
豪杰登临偏感激，欲图勋业继前人。

2. 凤山晓钟

凤岗深处梵王家，几度蒲牢向晓挝。
遍树幽禽都击起，半山凉月已敧斜。
高凌清露飞空外，低掠疏烟到水涯。
一百八声方数尽，千门万户总喧哗。

3. 太清夜月

仙池半亩古城东，良夜辉辉月在中。
龙吐灵泉浮藻鉴，人从近处见蟾宫。
两般物象闲相荡，一味英华自浑融。
池上道人能会意，优游清赏四时同。

4. 龙矶夕照

江上龙矶落照间，无端景色最堪看。
朱华着树穿幽石，景色随鸥弄急湍。
沙际渔舟都泊罢，城头戍角已吹残。
余辉敛尽西山暝，诗客徘徊尚倚栏。

5. 城北荷池

郡城北去有芳池，池产荷花分外奇。
翠盖成荫欺畏日，红幢倒影媚涟漪。
一泓秀气能招隐，十里清香尽索诗，
野叟相忘时俯槛，傍人疑是宋惇颐。

6. 东湖春水

东湖万顷自天开，几度春风送水来。
隐隐鸭头浑不翳，溶溶镜面绝无埃。
桃花逐浪霞轻点，鹭影随波雪乱堆。
眼底微茫都是趣，何人在此泛舟回。

7. 鸿州烟雨

地拥鸿州卧碧流，几回烟雨望中幽。
垂杨半隐烟初抹，古岸全昏雨未收。
乍有乍无多钓艇，欲明欲暗几闲鸥。
神功点出天然画，壮丽乾坤万万秋。

8. 龟鹤梅花

山如龟鹤孕精灵，姑射鸾骖此处停。
雪里寒英偏烂熳，月中瘦影擅娉婷。
林逋爱子心如结，何逊知君眼更青。
终见调羹裨大化，熙熙民物味余馨。

蕲阳八景

〔明〕周南（蕲州知州）

（一）麟阁江山

阁画麒麟倚碧辰，四时登眺眼皆新。
乾坤不改江山在，却忆当年辅汉人。

（二）凤岗晓钟

凤凰留迹与嵯峨，更隐诸天在薜萝。
鲸吼一声星斗散，朝阳时见瑞光多。

（三）太清夜月

水到此池真太清，虚寒常与月相争。
月光映水水映月，上下交光天地明。

（四）龙矶夕照

老龙厌雨化为石，斜日更生鳞甲光。
舟子骤来惊浪处，黄牛白马忽成羊。

（五）城北荷池

翠盖红衣入品题，风光不减若耶溪。
太平锁钥浑无事，一任游人醉日西。

（六）东湖春水

雪消千壑吐春声，新绿溶溶两岸平。
若个小舟天上坐，更从何处问蓬瀛。

（七）鸿州烟雨

北来孤影落沙头，爪迹无方任意留。
天地茫茫今复古，细烟疏雨一江秋。

（八）龟鹤梅花

曳尾昂头天与寿，老梅相傍更清嘉。
人间甲子何须问，春讯年年自有花。

述志

〔明〕李时珍（医药双圣）

身如逆流船，心比铁石坚。
望父全儿志，至死不怕难。

龟鹤梅花

〔明〕李时珍

蟹横终遭捕，龟缩少遭灾。
鹤抱冲天志，梅怀傲世才；
白云留我住，青鸟送君回；
别后龙来否？临歧酒一杯。

赠刘雪湖

〔明〕李时珍

雪湖点缀自神通，题品吟坛动巨公。
欲写花笺寄姚澥，画梅诗句冠江东。

蕲州十景

〔明〕李时珍

雨湖渔舫

青山抹额万山同，细雨浇花润育丰。
潮涨半篙春水绿，波浮一叶夕阳红。
湖心网集歌偏乐，囊底鱼肥酒不空。
芦荡归来舟满系，推蓬就卧月光中。

城北荷池

结伴寻芳到野塘，新荷为我喷天香。
白红斗艳观花乐，粗细争肥挖藕忙。
鹬蚌相持渔得利，鱼虾顿失网空张。
莫言举世无清者，身染污泥出自良。

凤麓闻钟

暮鼓敲残睡未浓，鸡鸣何处又晨钟。
当当响彻云霄外，隐隐声传凤麓中。
警世莫教官作虎，觉民难使我成龙。
黄粱梦幻今方醒，博得安闲学放翁。

龙矶夕照

虹悬碧落雨初停，散步长堤着晚晴。
流水不违东海约，夕阳岂负石矶盟。
晖移古渡人争网，龙卧春江贾返轮。
谁道鸥闲无所利，飘飘也觅小鱼吞。

鸿宿烟雨

举头辽阔望飞鸿，万里长征志不穷。
水净沙明苔早碧，滩清苇白蓼初红。
堤边杂树秋风冷，江畔支流夜色融。
慰我归来情意笃，会盟时在雨烟中。

金沙夜泛

金沙滩上月三更，渔火篝灯分外明。
桂棹兰桡轻似叶，风平浪静稳如轮。
老妻煮酒儿陪酌，家侍吟诗我待赓。
北斗已横天欲晓，漫收残局再前征。

太清夜月

画舫重重笛益盈，方知今夜集雄兵。
不愁大地金乌坠，且喜长空玉兔明。
淡影似云还似水，青光如碧亦如冰。
留连莫遣风微起，怕听归舟破浪乘。

麟阜高峰

山爱麒麟水爱龙，蕲城名胜几回逢。
此峰已处白云外，何寺还投绿化中。
曲径锦铺花烂熳，层峦叠翠木葱茏。
笑侬不作弹冠梦，只恨当年少战功。

龟鹤梅花

芳名久仰未曾攀，龟已成灵鹤已仙。
南岭魁花才傲雪，中原战士又平蛮。
群峰有趣殊堪恋，小丑无邪颇可怜。
谁道丹青无见识，画屏还让老梅先。

北关雪映

玉龙昨与北关争，战甲飞来雪满城。
群卉已随百鸟静，寒梅独占一枝春。
登楼须取重裘著，沽酒全凭高屐行。
笑尔冰山还不醒，骄阳岂让久纵横。

送吴明卿自河南大参归里

〔明〕李时珍

青琐名藩三十年，虫沙猿鹤总堪怜。
久孤兰杜山中待，谁遣文章海内传。
白雪诗歌千古调，清溪日醉五湖船。
鲈鱼味美秋风起，好约同游访洞天。

乐府一首·服乳歌

〔明〕李时珍

仙家酒，仙家酒，两个壶卢盛一斗。
五行酿出真醍醐，不离人间处处有。

横岗采药

〔明〕李时珍

背篓提鉏上大岗，为修本草记端详。
奇材多在云崖里，好药偏生虎穴旁。
就叶和根身整取，析疑辨味口亲尝。
连朝满荷归僧榻，共话歧黄蝶梦香。

癸未挈家避地鸿宿洲旋上西塞作

〔明〕顾天锡（蕲州贡士）

鬓斑乏镜自羞惭，摸破青衫已上蓝。
人窜万山谁告语，燕巢春树枉呢喃。
孤城师旅烽加剧，盛馔将军酒正酣。
河上逍遥浑故事，先机愧我未逋南。

菩提寺

〔明〕郑轼（按察佥事）

午后菩提境，楼居试一登。
横钱修古寺，闲饭养山僧。
王事急如火，农家冷过冰。
贾生心似铁，一哭为苍生。

烈士庙

〔明〕王舜卿（蕲州学正）

烈士今何在，龙矶一庙留。
可怜终死晋，独恨始生刘。
谁谓天将厌，吾多主易仇。
百年生气壮，凭付楚江流。

烈士庙

〔明〕刘杰（忠州知州）

一身许国虽当死，八口埋江备可伤。
芳节是谁遗太史，怒涛犹自泣斜阳。
残碑剥藓文章在，荒址连汀庙貌亡。
我几登临重回首，不禁风雨度微茫。

送萧使君奇勋擢守蕲州

〔明〕王世懋（提学副使）

十载谁怜国士心，一官吴楚任浮沉。
积薪莫自疑怀璧，剖竹犹堪问赐金。

登浮玉矶

〔明〕邹志隆（湖广提学副使）

石阁凌虚势欲飞，江沙积玉动浮矶。
平分堞雉当轩出，遥带□凫入栏依。
白社未招心亦醉，青山有分愿非违。
使君好述风流事，赤壁移来在水沂。

春日元举君铉见访留宴雨湖馆

〔明〕李朴（盐运提举）

斋居无伴忆停云，忽漫相过笑语闻。
花事半残春欲暮，壶浆频促酒初醺。
楼头徙倚蟾蜍满，栏外空蒙烟雾纷。
一水盈盈愁对晤，留连深夜惜离群。

过齐昌登浮玉矶

〔明〕官应震（户部官吏）

万顷茫茫片石浮，孤亭独障大江流。
月明有影鲸鲵惧，风吼无心波浪休。
吴楚两分天堑在，衡庐一望水乡收。
斜阳不尽登临兴，迟我重来作赋秋。

登文昌阁

〔明〕吴亮嗣（广济人，中宪大夫）

文昌高阁倚层颠，阁外江流小百川。
千顷澄波摇素练，一方寒玉锁晴烟。
根盘鳌极疑无地，势接龙门别有天。
天为斯文培命脉，棠阴南国自年年。

蕲州莲花庵道上

〔明〕舒峻极（明代诗人）

青草留行路，黄花遍野田。
数家成市井，疏树黯炊烟。
贾客远来籴，溪桥春集船。
同游归兴动，未到已凄然。

蕲阳十景

〔清〕顾景星（博学鸿儒）

1. 麟苑江山

白昼江山静，空城似马屯。
萧箫梁苑竹，今日几竿存。

2. 凤岗晨钟

鼓角住春晓，瓜棱出烟树。
山僧百八声，随风过江去。

3. 龙矶夕照

义士死长江，人来吊夕阳。
矶声流不尽，遗恨与江长。

4. 雨湖渔艇

且喜城郭近，又无车马喧。
打鱼呼酒伴，风雨过前村。

5. 金沙泛月

明月亦何皎，偏多云水乡。
当时兵火地，到此即清凉。

6. 石牌积雪

积雪复苍碛，横江走白龙。
几时沉铁锁，水底作奇峰。

7. 三角云封

北望司空原，南下栌梨水。
中有鼎足山，高人合居此。

8. 温泉春浴

脱帽林下露，振衣山涧风。
不知春气好，常在此山中。

9. 城南柳屿

湖光本自宽，略行已多设。
试问筑堤人，胸中何太窄。

10、浮玉新矶

埤□连云出，涛声绕树长。
无情江上石，独立阅兴亡。

儿昌读书太平寺

〔清〕顾景星

汝携书剑入名山，万仞峰头不闭关。
欲策龙蛇青帐侧，试听鸡犬白云间。
佛龛太乙来挑火，僧坐灵猿许献环。
此地星辰如可摘，自无尘想落人寰。

思雨湖

〔清〕顾景星

出门便觉家山好，回首园林几度看。
浩荡宫亭一日过，攀援阁皂两旬难。
黄鹂带雨犹调舌，紫蟹经秋未入拌。
缩项四鳃谁较美，归心何必只张翰。

次答黄公先生

〔清〕朱载震（潜江贡士）

白衣还汉水，最爱竹林游。
放艇当深夏，看山恰早秋。
颠仍张长史，傲寄汉陈留。
江树繁高岭，苍葭偏远洲。
肯将司马赋，不换醉乡侯。
泉石宜千卷，烟霞护一楼。
狂吟忘籍在，长啸破离愁。
商洛真难老，还须访伯休。

归蕲五年草堂始成走笔

〔清〕顾景星

高秋风动地，茅屋喜先成。
得免飘摇患，兼全水石情。
斜阳看易见，疏雨听无声。
竹瓦良非贵，瓜藤亦可棚。
蛇床从长大，雀巢任纵横。
桃桤何曾乞，图书可待营。
索居诚拙态，踅出更憨生。
昨日同杯酒，今朝失姓名。
以兹藏面目，不敢伪将迎。
草径随见辟，劳心愧薄卿。

放歌答蕲州顾黄公

〔清〕施闰章（黄公诗友）

大风发地猛兽恐，巴陵欲裂衡山动。
洞庭七泽横天来，鱼龙百怪相喧豗。
黄公黄公太奇肆，使我目眩失位置。
繁弦杂调相错鸣，语笑无端还涕泗。
一代风流淡荡人，廿年烽火悲酸事。
君虽郢客生在吴，顾曲追欢无事无。
频过幕府为揖客，时傍倾城眠酒垆。
流离滞迹秦公子，词赋伤心楚大夫。
倔强宁抛三尺组，魁梧自爱千金躯。
扁舟忽系潇江岸，两月新诗不可算。
脱冠半醉作佯狂，举杯欲掷翻河汉。
眼中之人纷如蚁，洒落如君复有几?
开心剖意君不欺，吾亦分明看尔诗。
两雄相值漫如许，浮名身后谁当知。
我昔过黄州，飞骑登赤壁。
题诗破苔藓，长啸响霹雳。
荒榛败瓦山鬼啼，玉局仙人不可觅。
早知君卧北山阿，悔不招寻吹铁笛。
蹉跎晚相遇，岁月行将暮。
摧残困簿书，愁疾阙章句。
叠韵重篇懒唱酬，紫螯黄菊少欢聚。
顾黄公!顾黄公，
纷纷马上皆英雄，金鞍玉勒横珠弓。
吾曹腐唇夸绣虎，诸侯磨盾嗤雕虫。
君言老去知音急，此语能令双袖湿。
驺虞垂首猰貐骄，枳棘争荣兰蕙泣。
空手无钱送尔归，秋灯夜雨百忧集。
及今相见且尽欢，君过三十我四十。

雨中访顾赤方

〔清〕张仁熙（广济举人）

日夕大江流，江声莽回互。
蕲阳万古心，旅客愁无数。
高士亦城居，茆屋幽难遇。
著书二十年，草长门前路。
相见亦何深，抵掌生烟雾。
论诗数百篇，一一兼秋雨。
岂惜酒杯长，展转弥青素。

蕲城吊昔

〔清〕卢綋（江南左参政）

江城怪石环蛟宫，郁觇佳气凌青葱。
朱邸昼开传鼎食，楼船夜泛喧丝桐。
飞驰上下帆樯会，翘首流连大国风。
南山周回森列幛，沙渚绵亘曲绕弓。

地居雄服当荆末，万里奔涛难控遏。
出峡曾闻一线天，朝宗汇此偏惊阔。
东来美聚势疑蟠，突起文人多秀达。
虎变龙骧命世奇，登坛赤帜纷能夺。

运适终乘百六年，焦毛薄肉殒多贤。

修蛇喷毒螫其后，狂鲸鼓翅噬其前。
炎烽四起百堞坠，庐舍成墟灰荡然。
荒原处处飞磷火，木叫寒鸱草宿烟。

俗承醇厚犹称淑，天怒胡撄罹惨戮。
我归骨肉并伤残，衰绖期功一时服。
万户千门仅有存，眼中那见英耆夙。
独坐江头忆旧游，凄风漫助离人哭。

蕲阳十景并序

〔清〕卢纮（江南左参政）

蕲阳十景，今有不可考。如太清夜月，相传以为城东池中沉古镜，夜常吐光，久淹没无存矣!今另叙定以雨湖、浮玉二景补之。兹实不朽胜概，质之同人，当共以为然耳。

(一) 麟皋江山

浩渺江光一望收，分明图向座中留。
屏开翠障回青霭，波涌晴沙引白洲。
贾舶千樯鸥影现，村炊几处缕烟浮。
迹传白甫无题句，应怪才人也漫游。

(二) 凤麓晨钟

江下蕲阳绕凤隈，芦分四叶古林开。
耳根久信尘俱寂，水面犹疑响似雷。
大觉然从空际彻，群迷早向梦中回。
蘧蘧晨起傍徨立，方识钟声送悟来。

(三) 太清夜月

城东曾访太清池，长老依稀述旧遗。
漫道尘沙湮宝镜，已无陂沼漾沦漪。
天边有月孤悬照，石上留苔略见诗。
方信山川多变幻，空传好景系人思。

(四) 龙矶夕照

磋砑磊石踞江门，浪鼓蛟宫昼夜吞。
高阁窗中摇素练，远帆天际带余昏。
晴沙芳杜香浮岸，渔浦微灯影隔村。
胜地随时堪寄眺，犹宜落照看涛翻。

(五) 城北荷池

长夏闲登城北楼，轻风时送远香悠。
新蕖几曲沿芳岸，高柳千门系小舟。
采罢歌传归正晚，坐深潭竟去仍留。
频来静对消清昼，岂羡羲皇世上游。

(六) 金沙夜泛

一派湖光叠碎金，水烟相淡夜俱深。
小航独泛中流静，圆镜虚涵片影沉。
鸥过不惊随浪稳，雁来早渡怯霜侵。
枫林西岸留灯火，村落朝炊且待寻。

(七) 鸿洲烟雨

西风翻浪涨平沙，四覆阴云湿荻花。
隐隐渡头依小艇，朦朦村外有人家。
疑闻惊起呼相乱，逼带冲飞影若斜。
万状江光收未尽，不妨暂作一笼遮。

(八) 龟鹤梅花

雪漫龟鹤似孤山，万片冬来石上斑。
风送暗香随陇出，月涵清影待人还。
驴头索句寒生韵，梦里通魂玉破颜。
夙昔王孙耽胜事，探寻正自许乘闲。

(九) 浮玉晴沙

流引晴江一练澄，莹沙波涌石峻嶒。

孤亭柱藐摇空出，杰阁窗虚入汉凭。
春到连汀吹杜若，夜深依岸起渔灯。
拟将七曲陪三岛，呼吸瑶京且任升。

（十）雨湖渔舫

几曲烟波入画中，兼收风月夜融融。
千株高柳围村绿，十里新蕖覆水红。
网罟晚天归棹集，菱蒲深处有歌通。
由来蓑笠相传业，沽酒烹鱼乐事同。

禹王阁

〔清〕卢紘

倚城高栏俯江流，万里安澜绕石头。
榜唱桡讴深岁月，渚青沙白自千秋。
海门澎湃输遥岛，大别朝宗就列侯。
此地尚留崇伯祀，玄圭知已报荆州。

罗乙真人飞仙阁古迹*

〔清〕卢紘

迹遗双履印苔苍，仰眺云中鹤路长。
丹灶欲寻空见石，芝田何处但存岗。
岛游夜逐潮音泛，采杖高随禹步翔。
霞外仙踪应不寂，江天霁处正相望。
*与大士、禹王二阁相近

访白甫冲古迹

——在凤凰山脚下
〔清〕卢紘

曾借骚人作醉乡，修梧短竹尚苍苍。
遍寻石上无题句，漫道江头过酒狂。
唱和千年应有待，推敲未就亦何妨。
夜来时听蛟龙吼，仿佛诗魂滞此方。

钵莲庵

〔清〕卢紘

团湖碧拥小莲堆，趺坐香风四面回。
隐隐梵声随水渡，好凭慈筏问西来。

喜黄公还里

〔清〕徐惺（蕲州江防道）

已作经年别，谁期今再游。
到门湖水白，放眼野云秋。
孤鹤遥相唤，冥鸿肯不留。
荷香生远岸。花影上汀洲。
醉访陶彭泽，书寻李邺侯。
寒烟仍泛艇，明月又登楼。
方遂怀山乐，安能对影愁。
家园从桂老，风雨话无休。

曹荔轩寅梓白茅堂集将竟感赋

〔清〕顾昌（顾景星之子）

和璧不世出，剖璞须其人。
珊瑚结海底，网取非柔纫。
力大用必壮，鉴别识乃真。
明公赋至性，挺特空群伦。
来发事高步，老大能亲仁。
生钟燕吴秀，气压京华春。
时维先君子，旅卧越舄呻。
公也独慨慕，意恰如饮醇。
走马出殿直，揽辔来城闉。
晏语或达暮，夜怀难及晨。

岂惟骨肉爱，竟以胶漆论。
身今致通显，扬扢据要津。
金闺总群彦，雅志获见申。
古人不可没，后哲宁隐沦。
庀工市枣梨，锲镂昆颖新。
骊珠灿煤墨，玉版开璠磷。
思恸敬礼护，惜犹苦辛矧。
同珙璧视忍，终榛莽无湮。

蕲州官署题壁

〔清〕吕旸（蕲州下江防道）

梧桐才叶下，絺绤已惊凉。
健翮霄承露，纷英晚带香。
鱼开菰子白，莺唤柳条黄。
虹见愁无雨，花阴听早蛰。

过蕲春怀顾黄公

〔清〕陈大章（清代诗人）

征君潇洒姿，摇笔富文藻。
弱冠充王宾，时论推国宝。
激昂世务书，匍匐两京道。
志大徒次目，时危久枯槁。
高揖辞风尘，闭门狎鱼鸟。
经传毛郑宗，学比崔蔡老。
一尺白茅堂，朴质谢雕巧。
晚就蒲轮征，束缚难为好。
王式本不来，台佟节弥皎。
依然夺牛翁，归来采芝皓。
六书大义微，研经肆幽讨。
上穷皇颉初，下逮篆隶稿。
箴缕辩形声，错综出要眇。
善诱物之师，博洽时所少。
伊昔奉微言，今来悲宿草。
岁月忽已遥，风流竟谁绍。
拉泪下寒江，白云空浩浩。

吊二烈女

〔清〕黄载峤（雨湖七子之一）

元时张总管，两女在闺门。
盗寇频冲突，裙衩惊窜奔。
莲池同就死，玉骨不单存。
春水高三丈，依然见古墩。

元妙观夜坐

〔清〕丹九（玄妙观道人）

学道年来强自持，蒲团兀坐夜深时。
炉火欲烬问童子，月上花梢第几枝。

过莲花池吊张氏二烈女

〔清〕李生檠（李时珍六世孙）

防贼夫如何，誓心同一死。
况乃宦家儿，忍辱尤可耻。
所以就义人，从容赴池水。
父老为余言，坟指荷香里。

岁丁未大水偕丹九道人往泛

〔清〕李生檠（李时珍六世孙）

薄暮来湖上，飘摇坐小船。
岸随千顷没，波逐一帆悬。
望远低晴嶂，光寒倒碧天。
扣舷歌未稳，四顾已茫然。

龙矶石

〔清〕李生槩（李时珍六世孙）

怪石横江锁，长流势欲穷。
澜回疑喷雪，舟疾似乘风。
日月翻无极，蛟龙战未终。
谷陵几变易，长此识鸿濛。

浮玉亭

——予外祖父吴公亮嗣题时官兵科给事中

〔清〕李生槩（李时珍六世孙）

何年鞭石过东海，万里飞来江际浮。
不道题亭吴给事，错疑玉影汇中流。

雨湖春涨

〔清〕李生槩（李时珍六世孙）

盈盈春水欲沉天，村落人家镜里悬。
青草岸平三月雨，绿杨堤锁一湖烟。
觅桥忽没滩头路，问渡新寻谷口船。
独怪闲情属鸥鹭，终朝游泳不知还。

通志馆作

〔清〕李生槩（李时珍六世孙）

江汉分雠岁月深，星霜几度鬓毛侵。
数行墨订千秋迹，万卷书成一寸心。
太史自堪商笔削，楚材尚复忆升沉。
由来观左风流在，惭附青云意不禁。

烈女墩

〔清〕黄天福（雨湖七子之一）

双娥凛大义，一奋葬澄渊。
死骨清如水，贞心苦在莲。
众中谁劲节，波底感遥天。
隐向尘埃外，池墩护月圆。

莲花池吊二烈女

〔清〕高鸿

女郎甘与水为家，野碧沉没玉未瑕。
湖里一墩今宛在，香魂只合傍莲花。

吊蕲州张氏二烈姑

〔清〕潘大镛（蕲水知县）

仙家沉埋数百年，缅怀懿范倍凄然。
欲全劲节愁难诉，为矢贞操命共捐。
白水堪盟襟上泪，淤泥不染性中天。
芳魂渺渺今何处，一片冰心苦在莲。

蕲州

〔清〕喻文鏊（黄梅拔贡）

鸿宿州前水弥茫，龙矶突立云气苍。
天连吴楚孤城闭，地折江淮百战荒。
鸳瓦堆成埋仄径，虬枝盘屈挂斜阳。
梁王兔苑沧桑劫，一曲渔讴上钓航。

登凤凰山

〔清〕陈诗（工部虞衡司主事）

凤凰山半一茅亭，对面鸽鸡作画屏。
左有南湖右江水，不须更觅旧图经。

雨阻往凤山寺

〔清〕陈之京（雨湖七子之一）

细雨春寒湿暖烟，棠梨开遍杏花天。
遥遥故址南岗外，落落新杨北牖前。
伴侣招提闲有约，穷愁滔莽浩无边。
伏生已老逢晁错，蝌蚪残书久不传。

泛雨湖

〔清〕谈允谦（诗人学者）

泛入云深处，惊凫出水涯。
引人湖最曲，令我兴弥赊。
客静亲鸥鸟，舟行让藕花。
几时兵火靖，遂志得还家。

龙矶寺

〔清〕谈允谦（诗人学者）

钟鼓波深岛屿晴，呼人隔水挐舟迎。
蛟龙定有窟在此，风雨未来潮自鸣。
矶险乘流船使渡，江斜冲郭石孤撑。
疑僧终世不曾寐，每听夜静惊涛声。

麟山歌

〔清〕谈允谦（诗人学者）

客来荷笠登北峰，宫殿仿佛生悲风。
狼藉明月空城里，埋没白云山谷中。
指顾山河存胜概，风华虽改山岩在。
山逆江行横百里，湘汉交流到城汜。
隔岸诸峰张翠屏，鸿宿一洲草青青。
势聚轩翥气葱郁，列岫皆成龙凤形。
桐圭分命册诸王，荆藩土茅临楚江。
台殿平陵半天起，碧玉堂高剪秋水。
紫荆帘轴鹦鹉啄，沉香火爇鸳鸯睡。
夜宴未已鸣朝钟，日午君王梦正浓。
一承顾盼殊恩宠，萧艾亦与椒兰同。
竹生禁地能高洁，疏疏为节密为叶。
截成长笛声裂云，织作冰纹簟如雪。
几多花鸟册妃嫔，累朝老树封将军。
箫鼓喧阗应钟鎛，满城日夕流天乐。
静如琴瑟人不闻，赐妃素手弹珠阁。
中开七府列烟霄，出入宾从车马高。
吹竹弹棋吴越客，斗鸡走狗燕秦豪。
一水荷花三十里，画舫烟波动衔尾。
晓夜笙歌何处来，王孙之舟雨湖里。
食禄岁支万与千，王侯谁复惜金钱。
阀阅相延习华靡，蕲阳佳丽非他比。
六院背倚熊岭头，美人妆阁上帘钩。
行客不知狭邪处，闻香才觉过青楼。
追欢多是少年者，每日出门闲倚马。
游人歌舞不知归，夜半城中钥未下。
朝朝长捧千年杯，谁知乐极有哀来。
秦中铁骑蹂荆楚，江上多年震鼙鼓。
帝子崇封在此间，臣奉藩兮守疆土。
龟亦不在泽，蛇亦不在山，
不识真龙种，何年去此间。
龙折角兮凤堕翅，荡荡龙矶日东逝。
元妃祝发宝月庵，中使披缁铁佛寺。

评鸽原子诗兼赠李士俊

〔清〕汪蘅（南平县令）

里中佳士□原子，冰雪为怀绝纤滓。
幽居筑向凤城偏，花竹萧疏映图史。
身丰暇豫抒深情，成诗雅得风人旨。
几箧殷殷金石声，不屑示人常自喜。
偶然小策披汝迳，绪论微言洞明理。
缄将新制我持归，剪灯吟绎香盈齿。
建安端合肖长篇，近体还应天宝拟。
时人此道竞轻为，苦心何处存诗垒。
愿言大雅共扶轮，风格坚凝砥波诡。
当前好景足唱酬，麟凤之山雨湖水。

乾明书院

〔清〕汪蘅（南平县令）

六安张公牧蕲十有八载，士民既建书院于城南凤山坊矣。兹复建书院于大士阁之左，亦曰张公书院。予因其地题曰乾明，所以别凤山云尔。

乾明矶右灵芝石，乾明矶左罗仙迹。
大江东下抱矶流，昔日矶址今沙渚。
矶上平原接凤城，古庙参差临绝壁。
南山排翠自年年，州岸芦花初吐白。
菱唱渔歌落照时，风帆沙鸟烟云夕。
依稀仿佛画图中，王维欲写千难百。
由来牧伯几登临，那许蜗杈容片席。
只今杜父得张公，才出绪余莅烦剧。
初疑化理郁多难，随遘方城剽夏逆。
征师弈弈困壶浆，况复督邮腰频厄。
田园典净励官箴，饮马钱空空自惜。
荏苒辛劳十八秋，凤山之原欻开辟。
经营不日焕宫墙，肖像情过倦赤舄。
涢州外史笔如椽，因檄诗歌光史册。
芳烟搦管散□原，野老迂疏近笨伯。
雕龙丽藻付英才，兀把斑枝聊疏核。
新诗裁罢眷江渍，无尽恩波矶前责。

舟泊蕲州追忆顾黄公

〔清〕张琼基（新洲县学教授）

问孰张吾楚，伊人绝可叹。
龙旌刑白马，牛耳誓朱槃。
声劲松风肃，韵流竹露寒。
白茅犹似昔，寂历梦魂残。

登凤凰山

〔清〕李永升（蕲州诗人）

孤城凭眺远苍苍，山色江光接混茫。
木叶半空惊鸟雀，草根斜日下牛羊。
放衙吏散松庭静，负郭人稀菜圃荒。
一径晚烟生杖底，佛钟声出故宫墙。

夏夜渡金沙湖

〔清〕郭从（蕲州诸生）

一叶东湖往，夕阳光有余。
鸟飞昏择木，鹭宿晚窥鱼。
明月投云暗，残星映水疏。
遥看灯火乱，相信是村居。

虎入城

康熙辛丑十月十四日

〔清〕郭从（蕲州诸生）

虎入城，城民惊。

有众逐虎，虎负凤山麓之隅，莫敢撄专城。
都护州牧神明，以正止邪虎无生。
吁嗟乎，势大者小不能与之敌，
力强者弱不能与之争，
青天白日公然横行。
虎乎虎乎今入城，城民惊，
以正止邪虎无生。

昭化寺

〔清〕黄载峤（雨湖七子之一）

野殿寒光动，苍凉一径通。
石栏兵焚后，辇路夕阳中。
江水荒荒白，山花故故红。
谁将当日事，回首问春风。

九日登凤凰山

〔清〕张选桂（蕲州诸生）

十里江光十里山，水鸥飘泊自飞还。
久尝世味知喧苦，暂涉林风许寂闲。
远壑似随人俱静，古松觉与石同顽。
眼空方会登临胜，不在茱萸强解颜。

雨后泛赤东湖

〔清〕熊楚荆（雨湖七子之一）

暮霭初收棹小船，溪流奔泻更潺潺。
山根曲折蟠新水，雨脚蒙珑障远天。
白鹭妨人归别浦，金波浴日落前川。
林禽也解晴光丽，巧弄歌声似管弦。

秋日钵莲庵即事

〔清〕涂万绶（蕲春诗人）

一径空林古，迷天薜苈盘。
寒山森露骨，叶落响弹冠。
碧鉴清湖水，秋风冷钓竿。
萧疏无限意，应不数严滩。

鸽鸡山*

〔清〕程大中（蕲州学正）

参政归林日，鸽原好著书。
文犹传四照，迹已付孤墟，
知已东南尽，山堂日月除。
可怜烟树里，别自有幽居。
*鸽鸡山，四照堂旧址

过白甫冲*

〔清〕程大中（蕲州学正）

凤凰台下路，一径入孤城。
白甫曾经此，青山为纪名。
野田春草变，高躅古苔生。
过客殊惆怅，空山鸟乱鸣。
*白甫冲，在凤凰山下，相传李白、杜甫过此。

游雨湖

〔清〕程大中（蕲州学正）

（一）

短桡轻荡七箱船，枫叶寒江远接连。
九十九盘山尽好，幽栖柱白付王宜*。
*王宣，湖边村名。

(二)

次第渔船不肯归，轻桡故傍水禽飞。
可怜一派烟光落，曾照将军醉打围。

(三)

十月寒林尚着花，尘飞不到野人家。
停舟借问南溪水，剧好分烹五祖茶。

(四)

寒烟被水日初低，尊酒相将过别溪。
怪底山僧知客姓，故人家在寿林西。

蕲州晓起

〔清〕程大中（蕲州学正）

晓起江城独酌时，麒麟山下雨丝丝。
春风一夜苔初绿，已有游人折柳枝。

过大泉寺

〔清〕刘之棠（蕲州进士）

丈室住维摩，层峦路透迤。
山空麋盗菜，林静犬眠莎。
石有千年古，田云再易多。
道书编福地，遗此独如何。

重建文昌阁

〔清〕刘之棠（蕲州学正）

浮玉矶头石蹲虎，钓鱼台下老蛟舞。
象罔魂惊遁且逃，横截江心晴喷雨。
新安使君真好事，百年亭阁存遗矩。
风霜剥蚀星物换，檐前欲堕窜苍鼠。
携酒登楼谋重构，高撑无虑三尺许。
物有可观皆可乐，矧兹太乙文章府。
上流骇浪撼龙矶，隔岸钟声敲石鼓。
山麓斜带凤凰冲，指点游人吊白甫。
夜深长啸落星寒，北斗阑干照江渚。

浮玉矶

〔清〕刘醇骥（广济贡士）

怡亭旧落水中央，奔突东矶更混茫。
直劈江心帆路稳，远垂虹背钓台荒。
天围鹤浪千峰隔，风住神灯六月凉。
楚客自频萧瑟里，何须听雪上瞿塘。

登浮玉矶文昌阁

〔清〕潘绍经（国史馆编修）

高阁插江流，诸天水上浮。
乾坤此巨石，风月古蕲州。
浪戢看如马，河涯不辨牛。
旷怀尘世事，滩外一渔舟。

蕲簟

〔清〕金德嘉（广济进士、翰林院编纂）

高枕得桃笙，炎天游化城。
中宵醒蝶梦，皎皎见参横。

迎山

〔清〕金德嘉

牛肝马口水潺潺，稼圃人家竹树湾。
最喜时清无矿使，大书此地是银山。

蕲州城外青楼故址

〔清〕金德嘉

前朝官妓此为家，十里湘帘一水涯。
江月有情来照夜，官人斜畔野棠花。

偕友人游大泉山

〔清〕张楠（蕲州诸生）

亭开悬磴白云低，木架如巢竟可栖。
两壁青峰春雾隐，千幛绿树淡烟迷。
山僧供笋情无限，林鸟穿花语不齐。
醉后放歌天欲暮，马蹄轻踏夕阳西。

登大泉山

〔清〕黄俊（蕲州诸生）

不到名山数十年，攀来一望景依然。
幽泉香霭吸朝露，怪石峰颠起暮烟。
放眼江湖分左右，凭栏鸟雀任循还。
浮生久被微名误，愿听三车学羽仙。

题蕲州方柱廷鹤楼吟眺集

〔清〕裕谦（满族诗人）

雨余江气走冥冥，过客登临此暂停。
勋业曹刘俱有憾，文章屈宋已无灵。
涛声拍岸连天白，山色穿云入栏青。
莫辩高吟卷里句，愁他楼下老龙听。

浮玉亭

〔清〕刘养微（广济诸生）

孤亭稳着石如拳，两岸波光秋可怜。
回首庾公楼上月，茫茫占断玉壶天。

麟山远眺

〔清〕张锡爵（蕲州诸生）

江南水曲万山横，一片斜阳照眼明。
最好寻春杨柳岸，双柑斗酒听流莺。

蕲州元夕伤乱后无灯火

〔清〕美高（满族诗人）

终年在家郁不乐，昨日出门客愁作。
观灯击鼓楚江头，白骨青磷双泪流。
长天漠漠山峨峨，人生涕泪为谁多。
自恨有心发易白，振衣再拜江边石。

访顾征君白茅堂故址

〔清〕吴之骥（蕲州贡士）

鸿词诸老半沉沦，惆怅当年汐社人。
断瓦颓垣归隐处，梅花一树为谁春。

赴蕲州任舟次口占

〔清〕潘克溥（蕲州知州）

鄂城需次几经年，奉檄快登下水船。
浑似有情风送我，忽然共乐日光天。

花开旧县都含笑，柳拂新旗不肯眠。
一路青山看未尽，凤关指点夕阳边。

安平乡

在州北地洼下，无大山，为五乡诸水所归，故多池塘围田。

〔清〕潘克溥（蕲州知州）

傍湖依岭路纵横，几处茅龙衣未更。
远水浮天晴日耀，小冈委地暮云平。
凿塘蓄藕浑如鉴，筑坝围田尽似城。
祈得安澜成乐岁，户开百室粟盈盈。

船过蕲春

胡风（著名诗人）

午夜凭舷望，乡园一梦横。
欲呼卿小字，云水了无声。
（1937 年 9 月 30 日）

从蕲春回武汉船上

胡风

剩有悲怀对夜空，一天冷雨一船风。
夹江灯火明如烛，碧血华筵照不同。
（1937 年 11 月 11 日）

旧历元宵节

胡风

几人欢笑几人悲，莽莽河山半劫灰。
酒醋值钱高价卖，文章招骂臭名垂。
侏儒眼媚姗姗舞，市侩油多得得肥。
知否丛峰平野上，月华如海铁花飞。

千秋德业九州怀

柯根发（湖北武汉）

千秋德业九州怀，万里金河一线开。
医圣峥嵘人敬仰，蕲阳锦绣客飞来。
晴空不厌繁星斗，故里长存盖世才。
凤鹤任凭风浪起，江天稳坐钓鱼台。

业绍岐黄寿世心

冯唤民（湖北蕲春）

恳辞朝禄感人深，业绍岐黄寿世心。
爱向黎民疾处洒，医从本草性中寻。
濒临浩瀚烟波水，遍踏苍茫野老林。
铸得真经传后代，万邦康乐万家吟。

天生医圣振岐黄

吴哲（湖北蕲春）

楚水吴山地脉长，天生医圣振岐黄。
良方寓讽和藩室，妙手回春噪远乡。
日照雨湖荷荇美，月明玄观药炉香。
功名富贵看如屣，兰杜高风万古芳。

德泽被云天

黄菊（湖北蕲春）

身后功垂世，光辉四百年。
宏篇遗万国，科学启群贤。
重道师民智，清名化日妍。
鄂中邀盛会，德泽被云天。

古城医圣

赵德鼎（湖北蕲春）

麒麟山上，望雄州形胜，雨湖风物。
远水碧连天一色，医圣丰碑岿矗。
九万荷花，三千杨柳，十里红携绿。
半湖轻雾，帐笼西子沐浴。
灵地哺育英才，时珍人杰，本草凝碧血。
济死扶伤泽万姓，一肘青囊良药。
玄妙观中，薖所馆里，游客瞻遗迹。
伟哉夫子，医风千载圭臬。

杏林春色永芬芳

郑维中（湖北蕲春）

天高云淡雁南翔，医圣之乡分外忙。
四百周年修祀典，三交药会广行商。
雨湖堤畔琼楼起，玄妙观中瑞草香。
古邑江城铺锦绣，五洲宾客好观光。
雨湖胜地好风光，医圣当年诞此乡。
乐为人民除病疾，恳辞利禄出宫墙。
千山旷野寻灵药，一砚窗前撰大纲。
浩气氤氲冲北斗，杏林春色永芬芳。

重写神农百草图

顾碧山（湖北蕲春）

重写神农百草图，卅年濡墨费工夫。
半帘春雨寒深浅，一枕秋云梦有无。
法合诸家精辟谬，脉分三指不模糊。
自从湖口生棺妇，千载名垂德不孤。

济民心切爱民真(获佳作奖)

吴绍英（湖北蕲春）

茹苦含辛近卅春，济民心切爱民真。
蒐罗详矣怀何阔，著述飘然思不群。
纲目一书中到外，奇经八脉旧翻新。
巍巍特立为医圣，岂只时珍万世珍。

勤尝百草继神农

张实（湖北蕲春）

勤尝百草继神农，足遍东南西北中。
却病有方生特效，活人无量建奇功。
去重补缺勘讹误，考典稽经续正宗。
二十七年成巨著，亚非欧美共推崇。

医宗药圣仰濒湖

汪学琦（湖北蕲春）

医宗药圣仰濒湖，德业光华日月居。
踏遍千山寻百药，翻穷万卷著名书。
回春手比华佗胜，起死功须扁鹊输。
大别山南扬子北，崇陵永世耸云衢。

在蕲州烈女墩吊二祖姑

张梁森（湖北蕲春）

元代末期多乱兵，蕲城四处起妖氛。
千秋烈女保贞节，二位祖姑金此身。
留翠芳莲方洁净，无瑕美玉白冰清。
张家宝训垂青史，不愧名门播誉声。

咏赵少莲县长主持大型黄梅戏《李时珍》编导座谈会

张梁森（湖北蕲春）

少莲县长领蕲春，文化繁荣记在心。
编导黄梅戏剧本，宣传医圣李时珍。
专家建议认真听，自己述评识见深。
归纳起来一句话，振兴经济民欢欣。
（2011 年 11 月 5 日十点半）

看活体“蕲春四宝”展四咏

张梁森（湖北蕲春）

1. 咏蕲龟

绒绒软软绿毛毛，只会爬行不会跑。
园野畈中任自在，玻璃缸内亦逍遥。
笨头蠢脑惹人笑，缩脚伸爪好发牟。
入药赏观价值大，王公贵族逸兴豪。

2. 咏蕲蛇

龙头虎口四牙毒，五步咬人命即丢。
扭动生风谁不怕?迷魂诱饵可抓收。
资源利用莫轻视，珍品保存宜久留。
药用堪称无价宝，古今贡品献京都。

3. 咏蕲竹

大凡竹类长蕲春，独得盛名蕲竹称。
节密削成好手杖，节疏制笛脆音声。
当知最贵为蕲簟，解暑清凉保健身。
百病消除留睡影，宫廷宝物值千斤。

4. 咏蕲艾

有芃者艾生吾蕲，瑰宝珍稀世上奇。
普济良方多处使，针灸要药未能离。
三年老病得它瘉，七载叶陈更补益。
早见言闻专著写，时珍以此救民黎。
（2011 年 10 月 26 日）

龙泉八景

张梁森（湖北蕲春）

前按：蕲州有“龙泉花海”景区。景观璀璨绚丽，四季花开不断，常年红绿相间，到处五彩缤纷，海内外游客纷至沓来。吾于 2017 年 4 月 6 日，偕省社科院副院长兼秘书长严明清先生，在蕲春县委常委、蕲州镇委书记何朝阳，两办主任张国辉等陪同下，参观景区八大景点，特以“龙泉八景”诗一组为纪。

凤戏龙泉汇小河，马湖映月隐嫦娥。
竹林幽境藏娇丽，雾岗钟声震大罗。
老鹳归巢乐晓唱，栗山揽胜尽欢歌。
樱花塔影放光彩，远望八夫朝圣坡。

1. 凤戏龙泉

三龙太子喷龙涎，百姓沾恩好种田。
岁岁保收喜旺岁，年年大有庆丰年。
凤凰展翅戏清漪，群鸟低飞浴玉泉。
但愿吾民常顺利，千家万户乐团圆。

2. 马湖映月

马湖蕲广两相通，千里婵娟一照空。
遍地如银撒玉粉，满山似玉披银葱。
举杯邀请吴刚老，搁箸闲聊玉兔童。
最爱嫦娥舒翠袖，轻歌曼舞广寒宫。

3. 竹林幽境

竹林深处气清新，引得游人喜润心。
闻听枝头百鸟语，赏观林下万花荫。
枝枝叶叶相争翠，秆秆棵棵共竞�。
恰是休闲幽境地，七贤留韵到如今。

4. 雾岗晨钟

小山青翠万山同，瑞雾弥天笼秘宫。
百路神仙试武艺，三龙太子显神通。
善男信女争朝奉，才士佳人更敬崇。
静听钟声方悟透，世间万物尽皆空。

5. 老鹳归巢

当年进士入朝堂，誉满古城神气扬。
学富五车名广宇，才高八斗冠蕲阳。
建功立业应如意，衣锦还乡展吉祥。
老鹳归巢乐晓唱，寒窗不负十年忙。

6. 栗山揽胜

栗山雄峙大江边，苍翠葱茏应万年。
喜鹊飞天彩练舞，乌鸦落地锦花缠。
深藏宝穴待君子，大展才华出俊贤。
多少游侠揽胜境，诗人吟咏兴无前。

7. 樱花塔影

一座龙塔接上天，立身正直樱花间。
景观绚丽比琼宇，气派非凡壮大千。
才士佳客逛胜境，善男信女敬花仙。
万千游人皆称道，灿烂画图锦绣篇。

8. 八夫朝圣

金坛一座水中央，缕缕晨曦射四方。
紫气东来降祥瑞，故人西去布灵光。
八夫日日朝神圣，百姓年年敬上苍。
雨顺风调民大利，千秋万载颂华章。

附　录

一、文件

湖北省人民政府文件

鄂政发〔1992〕127号

省人民政府关于授予和平乡等四十个乡镇“楚天明星乡镇”荣誉称号的决定

（一九九二年十月九日）

党的十一届三中全会以来，我省乡镇在深化农村改革，发展社会主义商品经济等方面，作了大量工作，取得可喜的成绩，为农村的发展和繁荣做出了重大贡献。为表彰先进，树立典型，根据中共中央、国务院《关于加强农村基层政权建设工作的通知》精神，省政府决定在全省开展“楚天明星乡镇”评选活动。经各地市州县层层评选推荐、省“楚天明星乡镇”评委会评议，省政府决定授予下列四十个乡镇为“楚天明星乡镇”荣誉称号：

武汉市洪山区和平乡
武汉市洪山区洪山乡
黄州市团风镇
蕲春县蕲州镇
孝感市杨店镇
嘉鱼县簰洲镇
蒲圻市赵李桥镇
京山县石龙乡
公安县藕池镇
天门市岳口镇
丹江口市六里坪镇
鹤峰县走马镇
襄阳县太平店镇
老河口市仙人渡镇
随州市唐县镇
大冶县大冶镇
宜昌市伍家岗区伍家乡
远安县鸣凤镇
武汉市江岸区后湖乡
汉阳县新农镇
麻城市宋埠镇
汉川县脉旺镇
汉川县马口镇
阳新县富池镇
钟祥市洋梓镇
钟祥市长寿镇
江陵县岑河镇
郧县柳陂镇
巴东县野三关镇
来凤县土堡乡
谷城县石花镇
老河口市孟楼镇
襄樊市郊区庞公乡
十堰市张湾区茅坪乡
枝江县董市镇
兴山县水月寺镇

宜昌市鸦鹊岭镇　　　　　　　　　　　　　　　鄂州市华容区华容镇

沙市市立新乡　　　　　　　　　　　　　　　　荆门市沙洋区拾回桥镇

希望上述乡镇谦虚谨慎，戒骄戒躁，在农村两个文明建设、带领群众奔小康中做出新的更大的成绩。

“楚天明星乡镇”是我省乡镇的优秀代表。省政府号召，全省乡镇要学习他们坚定不移地贯彻执行党的十一届三中全会以来的路线、方针和政策，坚持以经济建设为中心，大胆改革开放，搞好农业生产，发展农村商品经济，带领农民群众奔小康；学习他们坚持两手抓，加强社会主义精神文明建设，搞好农村各项工作；学习他们勤政廉政，团结战斗，顽强拼搏，全心全意为人民服务；学习他们加强村民委员会建设，认真实施村民自治，充分发挥广大农民群众自我管理、自我教育、自我服务的积极性，齐心协力建设富裕、文明的社会主义新农村。

各级政府特别是县（市）政府要加强对学习“楚天明星乡镇”活动的领导，作出部署，采取多种形式，开展宣传学习活动。各级宣传部门和报刊、电视、广播、出版、文艺等单位要广泛宣传“楚天明星乡镇”的先进事迹和经验，在全省掀起一个学先进、比贡献、争上游、奔小康的热潮。通过宣传、学习活动，进一步解放思想，增强开拓意识，加快改革开放步伐，坚持两手抓的方针，把我省农村两个文明建设搞得更快更好。

湖北省人民政府（盖章）

主题词：表彰　决定

主送：各地区行政公署，各市、州、县人民政府，省政府各部门。

抄送：省委各部门，省军区，各人民团体。省人大常委会办公厅，省政协办公厅，省法院，省检察院。

湖北省人民政府办公厅　　　一九九二年十月九日印发

共印一，三六〇份

中央宣传部、中央文明办、建设部、农业部、国家环保总局关于确定全国创建文明小城镇示范点的通知(节录)

颁布单位：国务院各机构/各部/建设部/农业部/各局/国家环境保护总局/中央其他机构/党/中共中央宣传部/中央文

发文字号：中宣发［2001］19号
颁布时间：2001-10-26
实施日期：2001-10-26
效力级别：部门规章
(中宣发［2001］19号2001年10月26日)

各省、自治区、直辖市和新疆生产建设兵团党委宣传部、文明办、建设厅(建委)、农业厅(委、办、局)、环保局(厅):

党的十四届六中全会以来，创建文明小城镇工作受到各级党委、政府和有关主管部门的高度重视，普遍组织开展了形式多样的创建活动，涌现出一批两个文明建设成效显著的小城镇。为配合国家发展小城镇战略的实施，进一步推动小城镇的两个文明建设，促进小城镇经济社会环境的协调发展，在各地推荐的基础上，中宣部、中央文明办、建设部、农业部、国家环保总局决定，确定北京市怀柔县杨宋镇等115个镇(县城)为全国创建文明小城镇示范点。

希望被确定的全国创建文明小城镇示范点以江泽民总书记“七一”重要讲话和“三个代表”重要思想为指导，认真落实党的十五届六中全会精神，始终坚持两手抓、两手硬的战略方针，不断总结经验，巩固已有成果，谦虚谨慎，戒骄戒躁，加大创建力度，提高工作水平，切实发挥好示范带头作用。

浙江杭州市淳安县千岛湖镇
浙江宁波市鄞县邱隘镇
浙江温州市平阳县鳌江镇
浙江嘉兴市嘉善县魏塘镇
浙江台州市玉环县楚门镇
安徽六安市舒城县城关镇
安徽黄山市歙县徽城镇
安徽芜湖市繁昌县城关镇
安徽蚌埠市五河县城关镇
福建漳州市长泰县武安镇
福建泉州市永春县城
福建三明市沙县凤岗镇
福建龙岩市上杭县临江镇
福建晋江市安海镇
江西上饶市广丰县永丰镇
江西九江市武宁县新宁镇
山东青岛市胶州市李哥庄镇
山东淄博市张店区南定镇
山东烟台市莱阳市团旺镇
山东济南市历城区王舍人镇
山东泰安市肥城市石横镇
山东临沂市平邑县平邑镇

山东潍坊市安丘市景芝镇
河南焦作市武陟县城
河南洛阳市偃师市顾县镇
湖北襄樊市谷城县城关镇
湖北孝感市汉川市田二河镇
湖南长沙市长沙县新沙镇
湖南怀化市靖州苗族侗族自治县渠阳镇
湖南株洲市攸县城关镇
广东深圳市宝安区沙井镇
广东佛山市南海市桂城区（镇）
广西桂林市阳朔县阳朔镇（县城）
广西贺州地区昭平县昭平镇（县城）
海南琼海市博鳌镇
重庆荣昌县广顺镇
四川成都市金堂县县城
四川德阳市绵竹市汉旺镇
贵州贵阳市息烽县小寨坝镇
云南保山地区腾冲县腾越镇
云南大理白族自治州鹤庆县云鹤镇
西藏山南地区乃东县泽当镇
陕西延安市黄陵县城
甘肃酒泉地区敦煌市沙州镇
青海西宁市大通回族土族自治县桥头镇
宁夏石嘴山市平罗县县城
新疆塔城地区沙湾县三道河子镇
新疆生产建设兵团农一师 12 团南口镇
河南南阳市西峡县城
河南信阳市固始县黎集镇
河南新乡市辉县市峪河镇
湖北宜昌市夷陵区龙泉镇
湖北黄冈市蕲春县蕲州镇
湖南常德市石门县楚江镇
湖南永州市祁阳县浯溪镇
广东深圳市龙岗区横岗镇
广东广州市番禺区沙湾镇
广东东莞市石龙镇
广西南宁地区崇左县太平镇（县城）
海南三亚市田独镇
重庆铜梁县巴川镇（县城）
四川绵阳市三台县县城
四川南充市南部县县城
贵州遵义市桐梓县娄山关镇
云南红河州蒙自县文澜镇
云南曲靖市罗平县罗雄镇
西藏昌都地区昌都县城关镇
陕西榆林市神木县城
陕西咸阳市秦都区古渡镇
甘肃金昌市永昌县朱王堡镇
青海海东地区平安县平安镇
宁夏吴忠市青铜峡市峡口镇
新疆巴音郭勒蒙古自治州且末县且末镇（县城）
新疆生产建设兵团农四师 62 团金边镇

中央文明委关于表彰全国文明城市（区）、文明村镇、文明单位和全国精神文明创建工作先进单位的决定

党的十六大以来，在以胡锦涛同志为总书记的党中央坚强领导下，社会主义精神文明建设取得了巨大进展和显著成效，群众性创建活动蓬勃发展，城乡文明程度和公民文明素质不断提高，在促进经济社会全面进步和人的全面发展中发挥了重要作用。全国各地各部门深入开展创建文明城市、文明村镇、文明行业等活动，涌现出一批成绩突出的先进单位。为充分展示精神文明创建活动的成果，激励广大干部群众更加奋发进取，推动精神文明建设深入发展，中央文明委决定：授予张家港市等12个城市（区）全国文明城市（区）称号、北京市丰台区王佐镇南宫村等494个村镇全国文明村镇称号、北京天坛医院等1001个单位全国文明单位称号；授予北京市东城区等58个城市（区）全国创建文明城市工作先进城市（区）称号、北京市朝阳区高碑店乡等993个村镇全国创建文明村镇工作先进村镇称号、北京急救中心（本部）等1999个单位全国精神文明建设工作先进单位称号。

希望受表彰的单位谦虚谨慎，戒骄戒躁，发扬成绩，再接再厉，在促进经济社会全面进步和人的全面发展，推进社会主义物质文明、政治文明、精神文明建设和社会主义和谐社会建设中更好地发挥示范带头作用。各地各部门要坚持以邓小平理论和”三个代表”重要思想为指导，深入贯彻落实党的十六大和十六届三中、四中、五中全会精神，深入贯彻落实科学发展观，认真学习受表彰单位的先进经验，解放思想，实事求是，与时俱进，开拓创新，更加广泛、深入、扎实地开展群众性精神文明创建活动，为实现全面建设小康社会的奋斗目标做出新贡献。

附：

1、《全国文明城市（区）、文明村镇、文明单位名单》

2、《全国创建文明城市工作先进城市（区）、全国创建文明村镇工作先进村镇、全国精神文明建设工作先进单位名单》

中央精神文明建设指导委员会

2005年10月21日

附件（节录）

全国创建文明村镇工作先进村镇名单（993个）

湖北省：武汉市江夏区郭树村、武汉市蔡甸区梦山街星光村、阳新县富池镇、大冶市还地桥镇、阳新县浮屠镇玉塊村、大冶市陈贵镇刘家畈村、保康县马桥镇、保康县马桥镇尧治河村、谷城县五山镇堰河村、枣阳市新市镇火青村、兴山县城关镇、秭归县归州镇、宜都市五眼泉乡鸡头山村、宜昌市夷陵区小溪塔街道办事处梅子垭村、枝江市安福寺镇桑树河村、洪湖市瞿家湾镇、石首市东升镇、荆州市荆州区川店镇、丹江口市习家店镇、郧县茶店镇、竹山县麻家渡镇罗家坡村、十堰市武当山旅游经济特区八仙观村、京山县宋河镇、钟祥市长寿镇、钟祥市胡集镇乔当村、云梦县城关镇、汉川市仙女山街道办事处刘家台村、应城市长江埠街道办事处大普村、孝昌县季店乡草刘村、蕲春县蕲州镇、罗田县三里畈镇、武穴市梅川镇、英山县金家铺镇龙潭河村、赤壁市赵李桥镇、咸宁市咸安区横沟桥镇、通城县隽水镇宝塔村、鹤峰县走马镇、恩施市芭蕉侗族乡灯笼坝村、随州市曾都区洪山镇、仙桃市毛嘴镇、仙桃市张沟镇先锋村、神农架林区木鱼镇。

No001645

中共湖北省委办公厅文件

鄂办发〔2012〕16号

省委办公厅省政府办公厅
关于开展经济发达镇行政管理体制
改革试点工作的通知

各市、州、县党委和人民政府，省军区党委，省委各部委，省级国家机关各委办厅局，各人民团体：

为贯彻落实中央编办、中央农办、国家发改委、公安部、民政部、财政部《关于开展经济发达镇行政管理体制改革试点工作的通知》（中央编办发〔2010〕50号）精神，经省委、省政府同意，现就我省开展经济发达镇行政管理体制改革试点工作通知如下。

一、指导思想和基本原则

（一）指导思想。以邓小平理论和“三个代表”重要思想为指导，深入贯彻落实科学发展观，紧紧围绕深化行政管理体制改革的总体目标，按照加强基层政权建设、统筹城乡经济社会发展的要求，努力破解经济发达镇发展遇到的体制障碍，转变政府职能，理顺职责关系，优化组织结构，创新管理体制，扩大管理权限，着力提高社会管理和公共服务能力，充分发挥经济发达镇在区域经济社会发展中的辐射带助作用，将经济发达镇建设成为资源节约、环境友好、经济高效、文明和谐的新型城镇，为加快推进我省新型城镇化进程作出积极贡献。

（二）基本原则。坚持解放思想、实事求是，始终把改革创新作为根本动力，把服务发展作为基本目的，鼓励在重点领域和关键环节大胆探索；坚持因地制宜、分类指导，根据不同区域的特点科学制定经济社会发展规划，发挥比较化势，明确功能定位，建立有利于经济发达镇发展的行政管理体制和运行机制；坚持权责一致、事财匹配，根据经济发达镇发展需要，赋予经济发达镇必要的事权和财力；坚持积概稳妥、有序推进，在试点中积极探索，在实践中不断总结完善，妥善处理好改革发展稳定的关系。

二、试点镇

中央编办确定的试点镇2个，省级试点镇31个（名单见附件）。

三、试点内容

（一）创新行政管理体制。根据经济社会发展需要，调整完善试点镇行政管理体制和运行机制。试点镇保留镇级建制，镇村之间不设管理层次，建立完善县（市、区）、镇行政管理与基层群众自治的有效衔接和良性互动机制。按照精简统一效能的原则，可根据需要合理确定试点镇内设机构和领导职数，在县（市、区）的乡镇行政编制总额内适当增加试点镇人员编制。

（二）扩大管理权限。按照“权责一致、依法下放、能放即放”的原则，赋予试点镇部分县级经济社会管理权限，增强试点镇发展的内生动力。一般采取直接下放的方式交由试点镇行使；对于法律、法规、规章明确规定由县级主管部门行使的，应按照法定程序委托给试点镇行使。涉及突破法律法规和重大政策的事项，要按规定报批。试点镇要做好事权下放的承接工作，所有下放、委托给试点镇的行政许可、行政审批和公共服务事项，一律进入镇便民服务中心，实行“一站式服务”；推进试点镇所在县（市、区）综合行政执法工作，并向试点镇延伸。理顺条块关系，县（市、区）以上职能部门派驻镇的机构，原则上由试点镇管理；经批准暂仍由原派出部门管理的，要充分授权，确保其在试点镇范围内行使相当于县级主管部门的管理职能。建立健全与试点镇经济社会管理权限相适应的民主决策和权力监管体制。试点镇所在县（市、区）和省以下垂直管理部门要研究提出下放权限的具体实施意见，确保落实到位。

（三）加强公共服务。进一步整合行政资源，着力增强试点镇公共服务能力。按照事财匹配的原则，进一步完善试点镇财政管理体制，建立健全激励机制，在财政体制、收入划分、转移支付以及各类财政资金安排等方面向试点镇倾斜，支持试点镇加快发展。各级政府和有关部门在规划重点建设项目时，要优先考虑试点镇。推进基本公共服务均等化，加强科技、教育、医疗卫生、文化体育、社会福利等基础性公共服务设施建设，推动公共服务资源向基层延伸；健全公共文化和基本医疗服务体系，促进义务教育均衡发展，完善城镇就业和社会保障体系，加强流动人口服务管理，切实提高试点镇公共服务能力和水平。

（四）完善配套政策。按照建设新型城镇的目标要求。

不断深化改革，加大对试点镇支持力度，做好相关配套工作。加强对试点镇规划建设的指导，科学确定试点镇发展定位，提高试点镇建设的质量和效益。积极稳妥推进户籍管理制度改革，放宽试点镇落户条件，引导非农产业和农村人口有序向试点镇转移，加快就业、住房、教育、医疗、社会保障等与户籍制度相关的配套制度改革，逐步使农业转移人口享受与城镇居民相同的待遇。加大用地支持力度，在新一轮土地利用总体规划修编中，要充分考虑试点镇的发展需要，其建设用地计划指标由国土部门单列优先安排解决；支持和鼓励试点镇探索节约集约用地新模式，建立城乡建设用地增减相挂钩、城建与土地开发整理相挂钩的机制和区域统筹流转的土地利用制度，推动集体建设用地使用权进入市场流转；稳妥进行土地整理、荒地和废弃地开发利用，着力提高土地利用效率。深化基层民主政治制度、干部人事制度、环境保护、农村金融等方面的改革，优化试点镇发展环境。

四、组织实施

推进经济发达镇行政管理体制改革，既是深化行政管理体制改革的重要内容，也是统筹城乡发展、加快推进新型城镇化的迫切需要，对于转变经济发展方式、调整经济结构、推进湖北跨越式发展、构建促进中部地区崛起的重要战略支点具有重要意义。各级党委、政府和各有关部门要高度重视，加强领导，精心组织。试点工作由省委、省政府统一领导，试点镇所在县（市、区）党委、政府具体负责。省委、省政府建立经济发达镇行政管理体制改革试点工作联席会议制度，省编办、省委财经办（省委农办）、省发改委、省公安厅、省民政厅、省财政厅（省农村综改办）、省国土资源厅、省住建厅、省政府法制办等部门参加，联席会议办公室设在省编办，具体负责日常工作。试点镇所在市（州）、县（市、区）要相应建立联席会议制度，加强对试点镇改革工作的指导。试点镇所在县（市、区）党委、政府要认真制定实施方案，经市

(州）编委审核并报省编委审批后组织实施。各有关部门要积极支持试点镇改革工作，加强跟踪指导和政策协调，切实解决试点过程中的矛盾和问题。各地在试点过程中遇到的重大问题要及时报告。

中共湖北省委办公厅
湖北省人民政府办公厅
2012年3月9日

附件

湖北省经济发达镇行政管理体制改革试点镇名单

一、中央编办确定的试点镇（2个）

孝感市：汉川市马口镇

宜昌市：夷陵区龙泉镇

二、省级试点镇（共31个）

武汉市：蔡甸区梦山街、黄陂区武湖街、江夏区金口街

黄石市：大冶市灵乡镇和还地桥镇、阳新县富池镇

十堰市：郧县茶店镇、丹江口市六里坪镇

宜昌市：宜都市红花套镇、当阳市河溶镇

襄阳市：谷城县石花镇、枣阳市吴店镇

鄂州市：鄂城区汀祖镇

荆门市：钟祥市胡集镇、沙洋县后港镇

孝感市：汉川市沉湖镇、应城市东马坊街

荆州市：洪湖市峰口镇、监利县新沟镇

黄冈市：黄梅县小池镇、武穴市梅川镇、蕲春县蕲州镇

咸宁市：咸安区贺胜桥镇、嘉鱼县潘家湾镇

随州市：随县洪山镇、广水市杨寨镇

恩施州：巴东县野三关镇、鹤峰县走马镇

仙桃市：彭场镇

潜江市：张金镇

天门市：岳口镇

中共湖北省委办公厅　　　　2012年3月12日印发

住房城乡建设部等部门关于公布全国重点镇名单的通知

建村［2014］107号

各省、自治区、直辖市住房城乡建设厅（建委、北京农委、天津市农委）、发展改革委、财政厅（局）、国土资源厅（局）、农业厅、民政厅（局）、科技厅（局），新疆生产建设兵团建设局、发展改革委、财务局、国土资源局、农业局、民政局、科技局：

按照住房城乡建设部、国家发展改革委、财政部、国土资源部、农业部、民政部、科技部《关于开展全国重点镇增补调整工作的通知》（建村［2013］119号）确定的条件和程序，现决定将北京市门头沟区潭柘寺镇等3675个镇列为全国重点镇并予以公布（名单见附件）。

原2004年公布的全国重点镇名单同时废止。

全国重点镇是小城镇建设发展的重点和龙头。各地各有关部门

要按照提高质量、节约用地、体现特色等要求，在政策、土地及项目安排上对全国重点镇建设发展予以扶持。有关部委将研究制定加强全国重点镇建设发展的指导意见，建立全国重点镇动态调整机制，指导和支持全国重点镇建设发展。

中华人民共和国住房和城乡建设部
中华人民共和国国家发展和改革委员会
中华人民共和国财政部
中华人民共和国国土资源部
中华人民共和国农业部
中华人民共和国民政部
中华人民共和国科学技术部
2014年7月21日

附件：全国重点镇名单

当阳市河溶镇、枝江市安福寺镇、董市镇、问安镇，襄阳市襄城区卧龙镇、樊城区牛首镇、太平店镇、襄州区伙牌镇、双沟镇、南漳县武安镇、谷城县石花镇、保康县马桥镇、老河口市仙人渡镇、枣阳市太平镇、兴隆镇、吴店镇、宜城市小河镇、鄂州市梁子湖区太和镇、鄂城区汀祖镇、燕矶镇、荆门市东宝区子陵铺镇、漳河镇、掇刀区团林铺镇、京山县宋河镇、钱场镇、沙洋县后港镇、官挡镇、钟祥市胡集镇、旧口镇、柴湖镇、孝感市孝南区肖港镇、孝昌县花园镇、大悟县河口镇、宣化店镇、云梦县伍洛镇、应城市黄滩镇、安陆市状水镇、汉川市马口镇、沉湖镇、荆州市沙市区岑河镇、荆州区弥市镇、监利县朱河镇、新沟镇、白螺镇、江陵县熊河镇、石首市新厂镇、东升镇、洪湖市新滩镇、峰口镇、府场镇、松滋市诡水镇、刘家场镇、黄冈市黄州区堵城镇、团风县团风镇、回龙山镇、红安县七里坪镇、高桥镇、八里湾镇、罗田县九资河镇、胜利镇、三里畈镇、英山县温泉镇、石头咀镇、草盘地镇、浠水县巴河镇、散花镇、蕲春县蕲州镇、横车镇、刘河镇、黄梅县小池镇、麻城市中馆驿镇、宋埠镇、白果镇、武穴市田家镇、梅川镇、花桥镇、咸宁市咸安区汀泗桥镇、横沟桥镇、嘉鱼县陆溪镇、潘家湾镇、通城县麦市镇、崇阳县沙坪镇、白霓镇、通山县九官山镇、赤壁市赵李桥镇、官塘驿镇、周郎嘴回族镇（赤壁镇)、随州市曾都区淅河镇、府河镇、随县股店镇、唐县镇、洪山镇、广水市杨寨镇、长岭镇、恩施士家族苗族自治州恩施市龙凤镇、白杨坪镇、利川市汪营镇、谋道镇、建始县红岩镇。

000406

湖北省人民政府办公厅文件

鄂政办发〔2017〕88 号

省人民政府办公厅关于印发 湖北省特色小镇创建工作实施方案的通知

各市、州、县人民政府，省政府各部门：

《湖北省特色小镇创建工作实施方案》已经省人民政府同意，现印发给你们，请结合实际，认真组织实施。

湖北省人民政府办公厅（盖章）

2017 年 2 月 22 日

湖北省特色小镇创建工作实施方案

为贯彻落实党中央、国务院关于推进特色小镇建设的意见和《湖北省人民政府关于加快特色小（城）镇规划建设的指导意见》（鄂政发〔2016〕78 号）精神，大力实施乡村振兴战略，推进新型城镇化，推动经济转型升级和培育经济发展新动能，现就加快特色小镇创建工作，制定如下实施方案：

一、强化规划引领，促进特色小镇健康发展

（一）注重产业规划，凸显产业特色。从供给侧结构性改革和培育经济发展新动能上寻找特色小镇建设机遇，找准特色、凸显特色、放大特色。重点瞄准新一代信息技术、互联网经济、高端装备制造、新材料、节能环保、文化创意、体育健康、养生养老等新兴产业，兼顾传统经典产业，紧扣产业升级趋势，锁定产业主攻方向，构筑产业创新高地，促进产业跨界融合发展，在差异定位和领域细分中构建小镇大产业。坚持“一镇一业”，不搞产业的多元化，因地制宜，宜工则工，宜商则商，宜农则农，宜游则游；不求多，但求精；不求全，但求特。

（二）注重功能规划，优化功能布局。特色小镇可以是建制镇，也可以是非建制镇。特色小镇不能等同于新城建设、园区建设、景区开发和美丽乡村建设，当前重点是培育非建制镇类特色小镇，打造规模紧凑、功能集聚、职住平衡的具有明确产业定位、具有文化传承与创新能力、具有旅游和社区功能的创新创业平台。武汉市等大城市要精心谋划，认真组织培育创建，出台相关支持政策，打造特色小镇群。规划要坚持多规融合，优化功能布局，深挖、延伸、融合产业功能、文化功能、旅游功能、生态功能和社区功能，产生功能叠加效应，促进生产、生活、生态“三生融合”，彰显小镇独特魅力。力戒机械的功能叠加、牵强附会、生搬硬套。

（三）注重建设规划，彰显建筑特色。科学确定建设规模，避免地方政府土地经营的冲动，防止特色小镇“房地产化”。特色小镇规划面积一般控制在3平方公里左右，建设用地规模一般控制在1平方公里左右。尊重小镇现有格局，不盲目拆老街区；保持小镇宜居尺度，不盲目盖高楼；传承小镇传统文化和建筑特色，不盲目搬袭外来文化和现代建筑风格。根据现实基础、地形地貌和自然景观，做好整体规划和形象设计，使小镇形成鲜明的建筑特色，打造“高颜值”小镇。硬件建设、软件建设，要充分体现“一镇一风格”，多维展示地貌、建筑、人文和生态特色，力求“小而美”，不求“大而广”。

（四）注重创新导向，激发小镇活力。创新特色小镇的建设思路、方法、机制，充分激发市场主体参与特色小镇创建的积极性，防止政府大包大揽。特色小镇的运营由市场主体主导，采取规范的PPP模式，专业人做专业事，政府负责提供优质政务服务。要充分利用小镇创业创新成本低、进入门槛低、束缚少、生态环境好的优势，打造大众创业、万众创新的高效平台和载体。全面深化行政管理体制改革，积极引导各类创新要素在小镇集聚，大力发展新技术、新产业、新业态、新模式，将创新性供给与个性化需求有效对接，加快培育经济发展新动能，使特色小镇成为创新创业高地。

二、明确创建标准，提高特色小镇建设质量

（一）特色鲜明的产业形态。产业定位精准，特色鲜明，向做特、做精、做强发展。新兴产业成长快，传统产业改造升级效果明显，充分利用“互联网+”等新兴手段，推动产业链向研发、营销延伸。产业发展环境良好，产业、投资、人才、服务等要素集聚度较高。小镇吸纳周边剩余劳动力就业的能力明显增强，带动农村发展效果明显。发挥项目支撑作用，突出实体经济投资，夯实发展基础。新建类特色小镇原则上3年内完成固定资产投资20亿元以上（不含商品住宅和商业综合体项目），改造提升类10亿元以上；固定资产投资中特色产业投资占比不低于70%。

（二）和谐宜居的美丽环境。特色小镇必须是生态小镇，将绿色发展作为基本要求。空间布局与周边自然环境相协调，整体格局和风貌具有典型特征，路网合理，建筑高度和密度适宜。倡导街坊式布局，住房舒适美观。建筑彰显传统文化和地域特色，公园绿地贴近生活和工作，镇区环境优美，干净整洁。店铺布局合理，土地利用集约节约，小镇建设与产业发展同步协调。特色小镇达到国家卫生镇、湖北省森林城镇相关标准，公共服务区域或特色小镇旅游版块区域达到国家3A级景区建设标准，旅游类特色小镇达到湖北省旅游名镇建设标准。

（三）彰显特色的优秀文化。传统文化得到充分挖掘、整理、记录，历史文化遗存得到较好保护和利用，现代文化创新发展，非物质文化遗产活态传承。形成独特的文化标识，与产业融合发展。社会主义先进文化在经济发展和社会管理中得到充分弘扬。公共文化传播方式方法丰富有效。居民思想道德和文化素质较高。

（四）便捷完善的设施服务。基础设施完善，自来水符合卫生标准，生活污水全面收集并达标排放，垃圾无害化处理，道路交通停车设施完善便捷，绿化覆盖率较高，防洪、排涝、消防等各类防灾设施符合标准。公共服务设施完善、服务质量较高，教育、医疗、文化、体育、商业等服务覆盖小镇区域。游客中心、厕所、交通导览、公用智能设施、休闲休憩等配套设施布局科学。实现公共WIFI和数字化管理全覆盖。

（五）充满活力的体制机制。坚持企业主体、政府引导、市场化运作的模式，明确投资建设主体，以企业为主体推进项目建设和小镇的管理运营。每个特色小镇都尽可能有众创空间，能够吸引人才，吸引创客。发展理念、经济发展模式、规划建设管理有创新。多规协调，建设规划与土地利用规划合一。"放管服"改革和社会管理服务取得突破，严格执行有关农民减负要求。省、市、县支持政策有力度，小镇发展内生动力强。

三、完善创建政策，激发特色小镇发展活力

（一）保障发展用地。从 2017 年起，省里每年为纳入省级创建名单的特色小镇每个安排 500 亩的增减挂钩用地计划指标，直接单列下达（属于 21 个省级"四化同步"示范乡镇除外）。支持小镇探索集约用地的方式和途径，依据国家和省土壤污染防治行动计划关于建设用地准入管理的有关要求，鼓励小镇开展"旧房、旧村、旧厂"改造和荒地、废弃地开发利用，支持小镇进行迁村并点、土地整理，结合当地资源禀赋，安排农村土地综合整治和城乡建设用地增减挂钩项目。

（二）适度扩大财权。按照分税制的要求，本着积极支持特色小镇发展的原则，探索建立新型财税分配机制，合理划分县、镇收支范围。在小镇辖区内产生的土地出让金净收益、城镇基础设施配套费等非税收入，重点用于特色小镇建设。同时，加大财政转移支付力度，为特色小镇发展提供充足的资金支持。

（三）加强资金扶持。按照"渠道不变、管理不乱、统筹安排"的原则，整合各级对于乡镇的城建、交通、水利、环保、民政、商贸、旅游等各类补助资金，重点向特色小镇倾斜。从 2018 年起，省里每年安排特色小镇创建引导专项资金，对达到创建形象进度的小镇进行奖补。市、州、县也要整合资金，集中投放，补助小镇城乡规划、基础设施、社会事业、产业园区、公共服务平台等项目。

（四）加大金融支持。认真贯彻落实住建部与中国建设银行《关于推进商业金融支持小城镇建设的通知》、住建部与国家开发银行《关于推进开发性金融支持小城镇建设的通知》、国家发展改革委与国家开发银行《关于开发性金融支持特色小（城）镇建设促进脱贫攻坚的意见》等文件精神，引导省内金融机构加大对特色小镇的信贷支持力度。支持小镇吸收社会资本以多种方式参与基础设施、公共服务设施和产业园区建设，支持有条件的特色小镇设立创业投资引导基金，省财政要支持符合条件的特色小镇重点建设项目发行债券。

四、创新创建方法，增强特色小镇发展动力

（一）优选创建对象。围绕 3 至 5 年培育创建 50 个国家及省级层面特色小镇的目标，采取示范引路、分步推进、动态调整的创建方式，首批优选 20 个左右的特色小镇启动创建工作，以后每年增补 10 个左右的创建对象。全省突出重点，集中力量扶持，打造 3—4 个具有湖北特色、全国知名的特色名镇，确保取得明显创建成效（首批特色小镇创建名单附后）。对工作进展不明显、达不到创建标准的创建对象实行动态调整。未纳入首批特色小镇创建范围，但具备本工作方案标准要求的其他地方，通过评估纳入创建范围。省级特色小镇创建名单依据规划和地方支持措施、创新力度，由专家、部门和市场主体共同评选。各市、州都要制定工作方案，结合"四化同步"试点、"三园三区"建设等，选一个有条件的县（市、区），连片开展特色小镇培育，省住建厅要对工作进展情况进行跟踪指导。

（二）优化创建模式。省住建厅要对特色小镇建设规划进行全方位全过程指导服务并加强工作督办，定期举办特色小镇创建新闻发布会，每年组织举办两期集规划路演、市场主体对接、金融项目融资、PPP 方案介绍、工作培训等为一体的活动，推进特色小镇的招商、引智、聚力。鼓励特色小镇引进有实力的城市和产业运营商，采取系统化、特色化理念，从规划设计、土地整理、基础设施、公共配套、园区建设、城市运营等六大领域，为特色小镇提供全流程综合解决方案，保证小镇建设风格的一致性，避免资源浪费。鼓励省内各大投融资平台与社会资本联手，组建多元化、公司化的投资运营平台，联动参与特色小镇建设。

（三）创新运营机制。特色小镇创建坚持市场运作、自求平衡、政府奖补的原则，面向市场招引投资运营商参与创建。对投资规模较大、难以实现资金平衡的项目，鼓励地方政府采取将特色小镇之外的经营性用地与特色小镇建设项目捆绑打包、公开招标的办法，吸引有实力的运营商参与开发建设。各地可以结合本地实际，在国家法律法规允许的范围内创造性地开展工作，制定灵活的管理办法和运作机制。

五、加强组织领导，确保创建工作平稳推进

（一）完善联席会议制度。完善省特色小镇创建工作联席会议制度，省政府相关领导担任联席会议召集人。联席会议每季度定期召开专题会议，专题研究解决特色小镇创建工作中的相关问题。联席会议办公室设在省住建厅，负责联席会议日常工作。要严格特色小镇申报、评审的前提条件，对已进入特色小镇范围和新进入创建范围的小镇，必须组织专家从产业规划、功能规划、建设规划以及市场化运作等方面衡量规划的科学性，并依据通过的规划对创建成效进行评估。要将特色小镇创建的五条标准细化为分值，形成可操作的实施细则，并根据创建工作进展情况，年度进行适度调整。

（二）强化市、县两级政府创建责任。县级政府是推进特色小镇建设的责任主体，市州政府要把特色小镇建设列入重要议事日程，督促和指导县级政府做好规划编制、保护生态和优化服务工作。要充分发挥各级政府部门的职能作用，建立联动机制，整合各项要素资源，出台相关扶持政策，安排专项资金，营造良好环境，确保创建各项工作按照时间节点和年度计划要求规范有序推进。

（三）实行部门联系特色小镇制度。为了切实加强对特色小镇创建工作的组织领导和业务指导，省政府决定实行省直部门联系特色小镇制度，一个省直部门联系一至几个特色小镇，重点支持联系地特色小镇建设（省直单位联系名单附后）。各市州、直管市、神农架林区每年按照省里确立的标准申报2—3个特色小镇创建对象，供省联席会议办公室按照创建规划、创建标准要求审核进入新的创建名单。

（四）实行特色小镇分阶段验收制度。对纳入首批省级创建对象的特色小镇，按照3年基本完成创建目标任务的要求，从2018年起开始按年度形象进度目标进行考核验收，对完成年度形象进度目标的给予一定金额的奖补，当年拨付到位。考核不合格的，退出特色小镇创建名单。退出创建名单的小镇，从所在县（市、区）倒扣相关市州省奖励的用地指标，收回省奖补资金和相关支持政策。考核验收工作由省住建厅牵头组织，省直相关部门共同参与。鼓励市州根据省确定的标准，开展各自的特色小镇创建工作。

（五）实行年度层级考核制度。每年省政府特色小镇创建联席会议听取联席会议成员单位关于落实政策、指导支持创建工作的汇报，并在适当范围对工作情况及绩效进行通报；联席会议办公室对特色小镇所在县（市、区）政府进行考核，并对考核结果进行通报。

（六）验收命名。对实现规划建设目标、达到特色小镇标准要求的，特色小镇创建工作联席会议组织验收，通过验收的认定为省级特色小镇并进行命名，向社会公布。

附件：

1. 湖北省首批特色小镇创建名单与联系部门
2. 湖北省特色小镇评价标准

附件 1

湖北省首批特色小镇创建名单与联系部门

序号	市、州	县市区	镇	特色小镇名称	联系部门
1	武汉市	江夏区	乌龙泉街	生态小镇	省林业厅
2		蔡甸区	大集街	景绿网红小镇	省住建厅
3	黄石市	大冶市	铜绿山	青铜小镇	省旅游委
4	十堰市	郧西县	上津镇	上津古镇	省文化厅
5		房县	野人谷镇	生态休闲小镇	省商务厅
6	襄阳市	谷城县	城关镇	电商小镇	省财政厅
7	宜昌市	枝江市	安福寺镇	绿色食品小镇	省卫计委
8		宜都市	高坝洲镇	柑甜小镇	省住建厅
9	荆州市	洪湖市	瞿家湾镇	水乡园林古镇	省环保厅
10	荆门市	京山县	孙桥镇	对节白腊小镇	省人社厅
11	鄂州市	梁子湖区	梧桐湖新区	科技小镇	省科技厅
12	孝感市	汉川市	马口镇	双弦小镇（纺线与光纤）	省统计局
13		汉川市	沉湖镇	子午线小镇（子午轮胎钢帘线）	省经信委
14	黄冈市	罗田县	九资河镇	三宝小镇（茯苓、天麻与杜仲等大别山“三宝”）	省体育局
15		蕲春县	蕲州镇	蕲艾小镇	省发改委
16	咸宁市	咸安区	贺胜桥镇	金融小镇	省金融办
17	随州市	广水市	应山街	多肉艺术小镇（植物）	省农业厅
18	恩施州	巴东县	野三关镇	酿酒小镇	省旅游委
19	潜江市		王场镇	光纤小镇	省民政厅
20	神农架林区		木鱼镇	神农驿站小镇	省国土厅

附件 2

湖北省特色小镇评价标准

指标		评价标准	分值
规划引领（40 分）	1. 产业规划	①主攻方向。产业主攻方向明确，一镇一业，计 4 分；产业多元化，只计 1 分；只取其一。 ②主导产业。高新技术类 4 分；制造类 4 分；服务类 3 分；传统类 2 分；只取其一。 ③产业发展。主导产业有发展基础，计 2 分；产业发展前景好，潜力大，计 2 分。可累计。	12
	2. 功能规划	①多规融合。建设规划、土地规划等多规协调，计 2 分。 ②功能集聚。融合产业、文化、旅游和社区功能，计 2 分。 ③职住平衡。生产、生活、生态等“三生空间”协调有序，计 2 分。	6
	3. 建设规划	①规模紧凑。规划面积 3 平方公里以内，建设用地面积 1 平方公里以内。计 2 分。 ②尊重传统。尊重现有格局，传承传统文化与建筑特色，不盲目照搬照抄。计 2 分。 ③宜居尺度。公共空间小巧实用，居住空间宜居适度，不盲目建高楼。计 2 分。 ④小镇颜值。建筑与环境精心设计，美观大方，色彩协调，颜值靓丽。计 2 分。	8
	4. 创新导向	①市场运作。市场主体运营，采取 PPP 模式规范化与标准化运作。计 8 分。 ②众创平台。有众创空间和创新业态，集聚创新要素，形成创业创新氛围。计 3 分。 ③改革创新。地方政府服务高效，有支持政策，有激励措施，计 3 分。	14

指标		评价标准	分值
建设质量（40分）	1. 产业形态	①产业链条。形成上下游产业链条，有研发、设计、生产、营销、服务等配套功能。计 3 分。 ②吸纳就业。吸纳周边富余劳动力，同周边农村有互动效应。计 3 分。 ③项目支撑。3 年内完成固定资产投资新建类 20 亿元、改造类 10 亿元。计 3 分。 ④产业专精。固定资产投资中主导产业投资占比 70%以上。计 3 分。	12
	2. 环境宜居	①设计精美。区域环境协调，按街坊式安排空间布局，建筑风貌形成特色。计 2 分。 ②管理有序。制度健全，管理到位，干净整洁，运转有序。计 2 分。 ③生态自然。按生态城市标准建设，绿地率大于 38%，形象好，气质佳。计 2 分。	6
	3. 优秀文化	①文化传承。传统文化得到充分挖掘、整理，历史文化遗存得到保护利用。计 2 分。 ②文化创新。产业发展形成独特文化标识。计 2 分。 ③文化引领。社会主义先进文化充分弘扬，居民思想道德和文化素质较高。计 2 分。	6
	4. 服务设施	①基础设施。污水达标排放，垃圾无害化处理，防灾设施符合标准。计 2 分。 ②公共设施。教育、医疗、文化、体育、商业等公共服务设施全覆盖。计 2 分。 ③服务配套。公共 WIFI 和数字化管理全覆盖，实现现代化高效管理。计 2 分。	6
	5. 体制机制	①模式创新。形成政府引导、企业主体、市场运作的模式。计 2 分。 ②创业创新。形成创业创新良好氛围，众创空间有成果，吸引人才逐年增加。计 3 分。 ③管理创新。发展理念、发展模式、规划管理形成创新思路与成果。计 2 分。 ④服务创新。政府协调服务高效，放管服改革取得突破，农民减负规定严格执行。计 3 分。	10

指标		评价标准	分值
保障措施（20分）	1. 用地保障	①政策落实。用地指标及时落实到位，项目落地。计2分。 ②节约集约。开展"旧房、旧村、旧厂"改造和荒地、废弃地开发利用。计2分。	4
	2. 扩大财权	①创新机制。建立新型财税分配机制，合理划分县镇收支范围。计2分。 ②政策落实。土地出让金净收益、城镇基础设施配套费、上交返还等政策落实。计2分。	4
	3. 资金投入	①整合资金。县级整合资金，重点倾斜。计2分。 ②补助配套。县级按不低于省奖补资金进行配套。计2分。 ③形象进度。第一年完成投资40%以上，第二年40%以上，第三年累计达到要求。计2分。 ④投资效果。特色产业营收占比70%以上。计2分。	8
	4. 金融支持	①信贷支持。加强同金融机构合作，得到信贷支持。计2分。 ②社会投入。社会资本融资按合同及时到位。计2分。	4

抄送：省委各部门，省军区，各人民团体。

省人大常委会办公厅，省政协办公厅，省法院，省检察院。

湖北省人民政府办公厅　　2017年12月13日印发

中共蕲州镇委办公室文件

州办发［2017］45号

镇委办公室　镇政府办公室
关于印发蕲州镇及各村(居)志编纂
工作方案的通知

各村（居）委会、各相关机关单位：

根据蕲政办发［2015］50号文件精神，为加强地方志书编纂工作，充分发挥地方志在促进经济社会发展中的重要作用，经镇委、镇政府研究决定启动蕲州镇地方志编纂工作。现将《蕲州镇及各村（居）志编纂工作方案》印发给你们，望抓紧落实。

中共蕲春县蕲州镇委员办公室（盖章）
蕲春县蕲州镇人民政府（盖章）
2017年2月10日

蕲州镇及各村(居)志编纂工作方案

为了贯彻落实《黄冈市政府办公室关于开展乡镇（街道）、村志编纂工作的通知》（黄政办发［2015］45号）精神，按照《蕲春县人民政府办公室关于开展乡镇（办）、村（居）志编纂工作的通知》（蕲政办发［2015］50号）要求，为保障蕲州镇村（居）志编纂工作顺利实施，特制定本实施方案。

一、指导思想

以马列主义、毛泽东思想、邓小平理论、“三个代表”重要思想、科学发展观为指导，深入贯彻习近平总书记系列讲话精神，坚持辩证唯物主义和历史唯物主义的立场、观点和方法，全面、系统、真实、客观记述全我镇及村（居）自然与社会的历史和现状以及改革开发成果，使编纂的镇、村（居）志，成为具有科学性、时代性、资料性和权威性的社会主义新志书，更好地为蕲州经济建设和社会发展服务。

二、目的意义

随着社会主义新农村建设和新型城镇化建设的深入开展，我镇及村（居）村庄发生了深刻变化，不少自然村垮正逐渐消失。但目前绝大部分村（居）没有系统记述该地历史和政治、经济、文化方面的史料，给当前和后世研究当地历史文化和社会状况造成困难。编修镇、村（居）志在汇集和保存镇、村（居）各方面的重要史料，更好传承乡村历史文化，推进新型城镇化，保留乡愁记忆，激发爱乡思乡热情，培育社会主义核心价值观等方面具有重要作用。

三、组织领导

根据国务院《地方志工作条例》和《湖北省地方志工作规定》修志工作实行党委领导、政府主持，建立地方志工作机构组织实施的领导体制和工作机制。修志经费纳入当地财政预算，镇政府在人力、物力、财力等方面给予大力支持并将该项工作纳入年度目标考核。

为确保地方志编纂工作顺利进行，镇政府成立编纂委员会，由文化馆牵头组织人员编写及提供办公地点。

名誉主任：何朝阳

主任委员：邓鑫智

副主任委员：邓小明　吴拥军　胡美华　詹　剑　田劲松
　　　　　　潘冬梅　曾少杰　郭光祥　许金燕　蔡　梦

委　　员：张国辉　王万里　余向红　吴　越　石　慧
　　　　　　高静波　胡国奇　高永清　范国庆　张胜祥
　　　　　　陈文洁　张梁森　张　鸣　张焱坤　刘新安

主　　编：张梁森

各村（居）都要成立编纂委员会具体负责编纂工作。

四、具体要求

本次地方志编纂以记载镇、村（居）域范围内的微观资料为主，详县志之所略，重点突出镇、村（居）的特点和特色，达到执简驭繁、文约事丰、易于阅读的目的。

1、时间要求：2016年启动，2017年完成资料收集，2018年完成资料整理。

2、编写范围：现有行政村（居）原则上都要编纂志书。

3、志名、断限：以现行行政区域名称冠名，如《xx 镇志》、《xx 村（居）志》。为全面反映入志事物发展脉络，上限尽量追溯至事物发端；下限一般断至各镇、村（居）志启动编修年份。

4、体例、篇目：采用章节体分卷目录式，“详近略远，综述历史，分陈事项”的方法，合理运用记、述、志、传、图、表、录等体裁。以志为主，述而不论，生不立传。篇目设计以小篇为主，适当设置一些综合性篇目。不求面面俱到，但要做到主线清晰、大事必录。总体上应体现镇、村（居）的本质特征，同时，还要体现风俗民情、文物胜迹、土特产等地方特色。《蕲州镇志》初步设计为9卷14篇以及一些子目，具体内容根据实际情况而定。

5、各村（居）、各单位要高度重视地方志编写工作。一要成立专班组织编写人员，二要保障经费，三既要负责编写本单位志又要协助镇志编写人员搜集采编镇志资料，做到上下齐心、共同努力全面完成本次地方志编纂任务。

五、镇志编辑人员职责分工

地方志编纂委员会下设编纂办公室，办公室主任张国辉，常务副主任张梁森，副主任王万里。

编纂人员分工：

1、张梁森负责凡例、大事记、概述、卷一·自然地理、
　　卷八·中医药、卷九·文化名城、卷十·人物、附录、主编寄语；

2、张国辉、王万里负责卷二·政治；

3、张明负责卷三·经济、卷六·村镇建设；

4、张焱坤负责卷四·科教文卫、卷五·社会事业；

5、刘新安负责卷七·风物特产。

二、文献

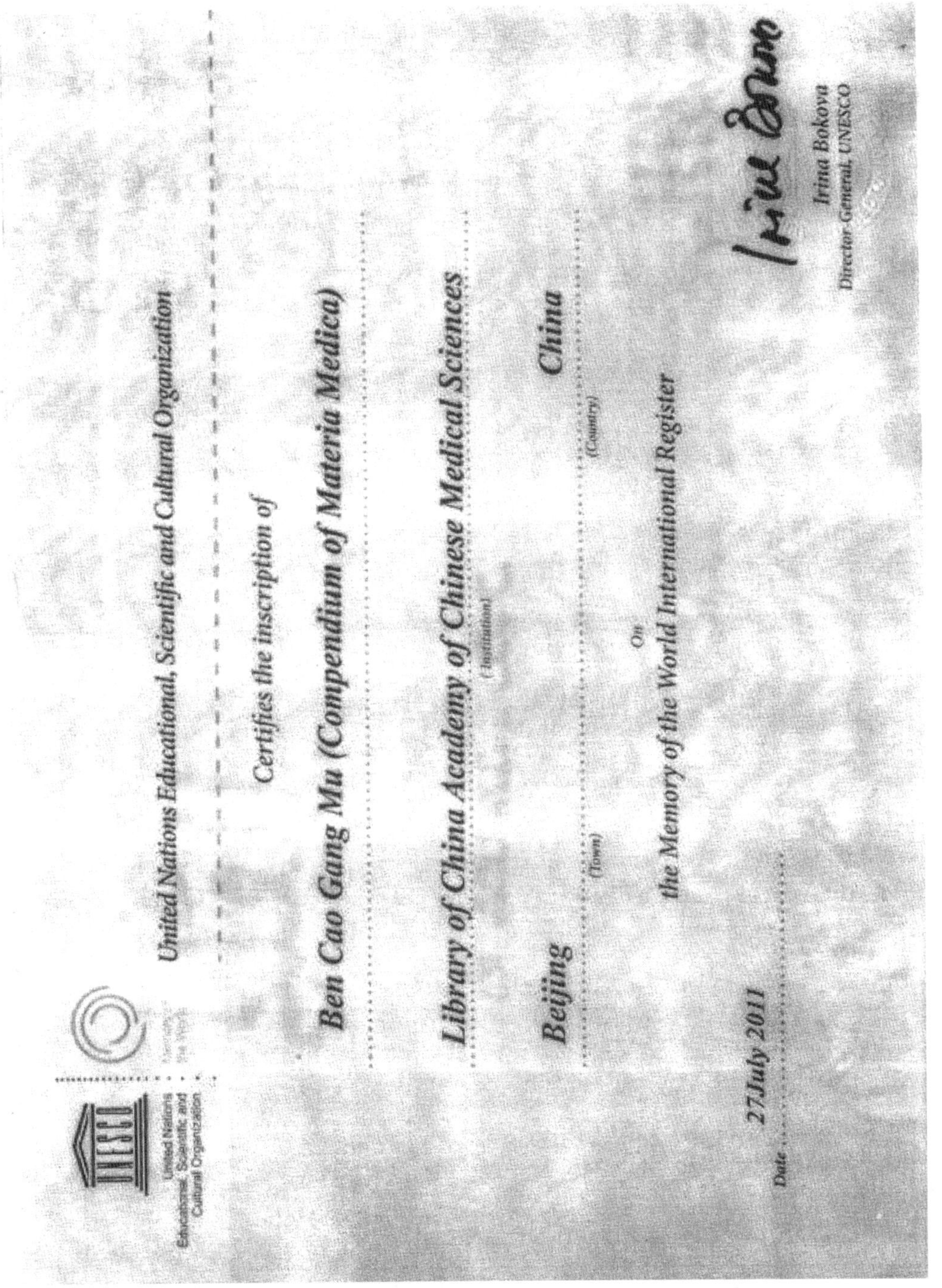
United Nations Educational, Scientific and Cultural Organization

Memory of the World

Certifies the inscription of

Ben Cao Gang Mu (Compendium of Materia Medica)

Library of China Academy of Chinese Medical Sciences
(Institution)

Beijing (Town) China (Country)

On

the Memory of the World International Register

Date 27 July 2011

Irina Bokova
Director-General, UNESCO

注：李时珍《本草纲目》列为“世界国际记忆名录”证书。

译文：联合国教科文组织/证明……题词。《本草纲目》中国医学科学院图书馆/北京/中国。世界国际记忆名录/联合国教科文组织总干事Irina Bokova签发。（蕲春一中张文君 译）

三、摭闻

（一）蕲州白花蛇洞

蕲州白花蛇洞，在古蕲口镇（今废）龙峰山侧面，是白花蛇（即蕲蛇）聚集的洞穴，人们都不敢靠近。而西汉宣帝刘洵（刘病已）年代，在朝为官的廷尉史施温舒辞官后，游历山水。他来到蕲州，把船停泊在蕲口镇江边，即去朝龙峰山游龙蜂寺和龙峰观。观距蛇洞不远。施向寺僧询问蛇洞的情况，僧回说："蛇洞现在徒有其名耳。早已没看见白花蛇了。"于是，施温舒信步到方丈堂后，沿着石阶上了一百层，有一石砌小堂间，就迭足坐在其中小憩。不远处有一游客惊呼说："客官坐处下有一条大蛇！"随即有几个人一起操起长木棒来驱打。施温舒坐榻下的大蛇迳向山上冲去。见者无不惊出一身冷汗。有知情者说："此蛇之毒胜过腹蛇，如果被它咬伤，必须迅速将被咬处的这块肉割掉，否则遍体都长出像这蛇一样的方胜花纹，且要不了一个时辰即死。"施温舒后到蕲春县衙，向县官述及此事。人们说，这是山川的灵应，朝官来而出此异物，让众人都知道其中危险。后来，宋洪迈在其《夷坚志》上记载此事说："这并不是危言耸听啊！真令人毛发倒竖。"

（二）冯尚书巧斗严奸相

冯天驭当了刑部尚书之后，在京城尚书府第与名士公卿交往多了。有一天，诸位尚书与当朝宰相严嵩一起在冯尚书家赴宴。冯与其妻张夫人有一女，本年 10 岁，貌美如花，此时出来拜见各位大人。严嵩是明朝嘉靖朝最有名的奸相。人们说"宰相肚里能撑船"，也就是说当宰相的人度量大。可严嵩却装一肚子坏水，见财生心，见色起心。今天见冯尚书爱女貌美，就想要冯女给他儿子严世蕃做媳妇。而冯女在蕲州生下后，即许了蕲州"四大家族"中顾阙之子顾大训为妻。怎么可能再配严家呢？于是，酒席间，冯尚书装醉不醒，使严嵩十分难堪。但严并不死心，第二天又叫人到冯府强行说媒并赠以厚重彩礼。冯尚书心里有数，设法应付严府来人。他先叫人护送夫人和女儿回蕲州，后嘱咐门人说：明早给自己留一碗粥放在桌子上，如严瞎子（指严嵩）的人来了，你们就说我上早朝了，加上收到家中来信心里不快，连早饭都没吃。他们一定会问其缘故，你就把这张写有顾家公子生辰八字的红庚帖给他们看。他如再问，你们就说我之所以不快，是因夫人未跟我商量，已将爱女许给顾公子了。这样一定会打发他们走的。第二天，果然如此，严家人快快而返。这一下更惹怒严奸相，心中愤恨。于是，严嵩指示纠察御史侯某，弹劾冯天驭上朝"失礼"，在位"无能"等等。冯尚书得知内情，知事不可免，即主动上了一份辞呈，不当这个刑部尚书了。一心追求"长生不死"的嘉靖帝当然是按严嵩的谎报，当即批准冯天驭辞职。至此，仅做 6 个月刑部尚书的冯天驭回到了蕲州。

（三）周瑜散花遗宝钟

今日黄石市江对岸的散花洲，旧时是蕲州的地盘，1951 年 4 月划归浠水。相传三国时，周瑜大破曹操于赤壁之后，即在此宿营犒赏三军将士。饮酒间，周瑜的夫人小乔领侍女跳着“天女散花”的舞蹈助兴，并将花絮撒向众将士头上和身上，大家真的很开心。当时叫此处为“散花营”。又因地处江边沙洲上，后人即称此地为“散花洲”了。

明神宗朱翊钧万历末年（1619 年，已未）即万历四十七年，居住在散花洲的土著人在江边捡到一口小钟，击之无声。土人即将这小钟献给下江防道佥事（亦称兵宪）王世德（号迥溪）大人，也不知这小钟是何宝物。正巧此时，浙江右布政使李本宁（大宗伯）路过蕲州，王公即向他咨询小钟之事。李本宁（即李维祯）乃饱学名士，为王佥事解答说：“此钟是三国时周公瑾（瑜）破曹兵，作军中令之钟，共有十二口，此其一也。用重物敲之无声，若用芦苇秆轻轻敲打，其声始发也”。王公即令手下人用芦秆击之，果然如此。

（四）蕲蛇酒治“麻风女”

蕲州城有一家人，夫妻二人带着一女一子过日子，倒也比较平安。不幸的是女儿长大到出嫁的年龄，却患上不治之症——麻风病，遍身皮肉腐烂。甭说，姑娘自己有多伤心！看到同龄女友一个个都出嫁了，自己却等死，怎能甘心啊！更有甚者，父亲怕女儿这个绝症传给儿子和他人，狠心地把她送到屋头边披厦住着，听天由命，死了算。为娘的不一样，每天照样送饭吃，送水喝，只是哀叹女儿命苦。有一天，她娘走亲戚一天未回来，“麻风女”也就一天没吃喝，到半夜的确又饿又渴，独自起来在屋里四周摸着，想找一点东西充充饥。摸到墙角有一个坛子，她摇了摇像是有水响，不管三七二十一，捧起来就喝个够。这一喝真吓人，麻风女呼呼睡过去像死人一般，第二天她娘回来看她都没有醒。她娘吓了一跳，摸摸还有气息。于是推了一下，“麻风女”终于醒了，且一骨碌坐起来，对娘说：“我身上怎么轻松多了。”娘掀开衣服一看，女儿身上的烂肉好像起了疹子，结了痂，都不知道是什么原因。她娘先给她做了些吃的。接着到瓦屑坝把李时珍请来看女儿的病。

李时珍说：“以前怎么没有请我来看？”她娘回道：“以前请几个过路郎中看了，都说是绝症，治不了。”李时珍看“麻风女”的皮肤也说：“这个‘麻风病’，是难治好。但现在好像开始好转了。”问姑娘怎么长睡一夜就好了。“麻风女”指指墙角那个旧坛子，说昨晚渴饮坛里的“水”之事。李时珍打开坛子，一股酒香扑鼻，他再用竹签在坛里搅了搅，里面竟泡着一条白花蛇，也就是蕲蛇。这才惊喜地说道：“姑娘放心，你的病能治好了。把这坛里剩下的酒慢慢喝完，就会痊愈。”原来，李时珍在药书上已看到白花蛇能治麻风病，但没亲自诊过，今日得到验证。于是，他把白花蛇酒治麻风病记入《濒湖集简方》里，后又载于《本草纲目》中。

（五）四祖点化王御史

御史王珙（字大美，号荆石），蕲州人，中万历四十三年乙卯科举人，登万历四十七年乙未科进士，官至苏松常镇巡按。年轻时苦无子嗣，即祈嗣于先师三昧老人。老人正开创黄梅四祖寺，即叫王珙创修其中之医祖殿于正位，必保得子。王珙笃信不疑，发大愿心，独立出资建成大殿，壮丽辉煌，甲于楚中。次年，王珙果然得子，更诚敬四祖。至崇祯末，张献忠将破蕲州城前些时，忽有一老和尚趺坐于王珙门前七日。王见后问老僧欲化什么？老僧说：“不化什么，只化居士一门全部剃发出家。”王珙回道：“我一家皆为官宦之门，怎么能剃发出家呢？”老僧又云：“稍迟则大祸立至矣。”说完忽然不见了。王顿时大悟而言曰：“此必四祖现身说法也。”即将所有青黑色衣帐、帏幔全部做成僧帽将近百顶，一家老少都剃发为僧。突然间，有人急报蕲州城被敌攻破，到处屠戮。王珙令全家人戴上僧帽，都避于凤凰山四祖寺里，躲过这场劫难。

（六）荆王府良医断生死

蕲州荆王府里设有良医所，有良医正、副各一人，还有多位名医。其中有一名医叫浦心韦，蕲州人。《蕲州志》说他“精太素脉，通风角鸟占，能断人穷通寿夭。”有一天，他看到蕲州两名年轻的诸生（秀才），一是顾景星的儿子顾昌，另一位是顾昌的同窗萧东曙（亦名萧霁），就对他们说：“今天你们莫喝酒，夜半时我给你们切脉，算算运程。”二人很高兴，应约到了浦家，子牌时分，浦为二人切过脉后，叹息说：“尔（指顾昌）少年时即发奋攻读，但今科场尔不可得。但今心膈上起一峰，将来当以文章显世，一生平安吉祥且寿长矣。”稍停了停又说：“萧（指萧霁）脉七断八截，恐非令终之容。”不久，蕲州城被攻破，乱兵屠城。萧霁因大骂敌兵，乱兵将他捉住，一刀一刀割他的皮肉，惨痛而死。而顾昌却躲过了这场劫难。后来，他把父亲顾景星的著作整理成《白茅堂诗文全集》传世。自己著有《耳提录》等书行世。并在《耳提录》里记载了浦心韦的高明医术。

（七）荆王府鸭食环

明崇祯十五年（1642 年）腊月二十九日除夕夜，蕲州荆王府奉国将军朱常鏊之妻陈夫人，取下双耳环沐浴度岁，随手将其放在盆底，侍婢皆不知道。洗完澡倒水将这对耳环倾入内花园池中，一群鸭子游来，其中有一只白鸭将双耳环吞入腹中。第二天早上，陈夫人梳妆时没了耳环，问及侍婢，婢说不知，惶然恐慌。经四处寻遍，皆无下落，侍婢独自一人跑出王府到蕲州城隍庙祈祷，晚上又躲进城隍庙神龛后。半夜里，听到高声传呼，如官府升堂。不一会，大堂两边侍卫列队，手执金爪板斧之类兵器。堂正中高坐一长鬓者，对众臣说：“蕲州有大灾难，巨寇近在咫尺，正月二十六日，贼必屠城。尔等到民间清查，凡是善良之家，都要报与上帝，加以保护。”等等。侍婢听到此情，知是神灵显应，爬到神龛侧面偷看，为神所觉。呵叱是谁在此偷听。侍婢惊吓过度，却壮着胆子跪神前哭诉，述说王府夫人失金环之事，特求神明指示。神曰双环是王府水池白鸭吞食，并没毁坏。侍婢俯首恭听，一会儿神灵全不见了，鸡也叫了，正是五更时分。天亮后，侍婢回到府里。陈夫人先不见侍婢，很是着急；此时回府，又一阵欢喜。当侍婢说出昨夜神灵，夫人简直惊呆了，告知丈夫奉国将军朱常鏊。当即命人捉来那只白鸭子剖腹，果得双环，这才免了侍婢之罪。尤其是听到神灵说蕲城马上有大灾乱，即深信不疑。于是，朱常鏊带着自己的一家向荆王告假到乡下，先行避乱去了。果然，崇祯十六年（1643 年癸未）正月二十六日，蕲州城被陷，荆王府遭乱，200 年的王府从此消失。

（八）蕲州城破有先兆

明思宗朱由检崇祯十年（1637 年），乱兵攻黄州，总兵张一龙时驻蕲州。因他对下属苛厉，有兵佚行刺未中，引起军中大噪；至崇祯十四年（1641 年），蕲州发地震（时称地陷），原蕲口镇至黄家山（今属武穴市）40 里长街全部陷入江底；百姓家锅底皆自生篆文且不可识；有一乡民4岁儿子一夜之间变为番僧的样子；枫树上开了花，与莲花一样。江上被雷震浮出一怪物，牛头鱼身；又青山乡周某家水缸挑满水后，突然干涸，有漩涡发声；蕲州城东面李姓家地下发声，如牛吼状。这些奇怪现象后，接着是大旱灾，疫疠并行，民众死者达百分之六七十。崇祯十五年（1642年）秋，瓦雀数万只，自投湖水而尽；这年冬，民家或寺观内钟鼓皆自鸣响。至崇祯十六年（1643年），蕲州城被乱兵攻破，敌兵强迫男女拆城，人石俱下，城与尸齐乃止。其先，人们并不知道这些先兆预示什么，至此方知蕲城有如此大祸。

（九）孝妇还阳

蕲州杨婆，少嫁某氏，生一子后夫亡，独立抚孤30载，如今已成老年，仍然家贫，子无力娶媳妇。杨婆怕死后愧对丈夫，则求神打卦，多方想法为儿找媳妇。可是财力不济。于是，杨婆自愿给富家当女佣，所得佣金给儿子娶妇用。其后，媳妇娶上门，未见婆婆，问其夫。夫说前因，媳知其情况说："我有私金，刚好赎回婆婆。你明早可行。"谁知这话被隔壁男子听见了，第二天天不亮趁新婚男子出门有事，他即溜进门对新妇说拿钱去赎母。新妇将钱给了他。不一会，新妇的丈夫回来了，说拿钱去赎母。新妇大吃一惊说："我不是把钱给你了么？"夫说自己刚去看菜园，并没有拿到钱。新妇羞见婆和丈夫，自缢而亡。原来，旧时贫家多用芦苇围室而居，新妇与夫对话，隔壁男子听得清楚，亦知邻男每晨早起干活，故偷空骗了新妇之金。新妇死后，天大亮了，突然间雷声震起，击死盗金者于门前，所骗之金仍在其手。而新妇亦复醒了。人皆惊异！

（十）《黄公说字》变《康熙字典》

明末清初蕲州文学家、史志学家顾景星（号黄公）始终坚持"忠臣不事二主"之气节，到康熙十七年（1678年），清廷为了笼络汉族名流，再次以"博学鸿儒"美名征召天下高贤。顺治十六年召"山林隐逸"，顾景星坚辞不赴。这次抚台、州官强行要顾应召，硬用轿子把他抬到北京，在河南他故意从轿子里扑下来将肩骨摔成骨折要回蕲州，但官方不许，还是到了京城。这时也有朋友对他说："既来了，还是参考。也好体现我们汉人的才能。"此语倒点醒了顾景星。162人参考，录取50名，他在前10名，授翰林院检讨官职。但他决不赴任。而他这次到京，倒有个愿望，他花了多年时间编成的《黄公说字》书稿带在身边，一来可随时修订，二来征求同好建议。朋友们都为这《黄公说字》打动了，且报告了康熙皇帝，这部草稿即被翰林院"留下"了，并呈到康熙帝面前。康熙乃首次看到这样的汉字工具书，且每天爱不释手地翻阅它，还提取御笔在封面上写了"康熙字典"四字。后来，翰林院按康熙帝的旨意，对《黄公说字》加以整理编排并即刊印，因已由皇帝题名为《康熙字典》，谁又敢更改呢？同时，为使此书发扬光大，康熙帝还为其写了序，《黄公说字》就这样变成《康熙字典》了。但当时的暗箱操作，顾景星是不得而知的。康熙十八年（1679年）三月，康熙因器重顾景星的才学和品行，专门在文华殿召见了他，许以重用，慰勉有加。但这位"天子呼来不上船"的老学究硬是一而再、再而三地不与清廷合作，终以"重病"推脱回到蕲州，继续杜门著述，为后人留下了许多精神财富。

编 后 语

丰年藏粮，盛世修志。这是历朝社会发展、气象升平的一种标志。2014年8月12日，湖北省人民政府办公厅以“鄂政办发〔2014〕45号”文件颁发了《湖北省人民政府办公厅关于进一步加强全省地方志工作意见》，其主要精神就是“深入贯彻落实第五次全国地方志工作会议精神，充分发挥地方志存史、育人、资政作用，使地方志更好地为全省经济社会发展服务”。其间，特别提出要“大力推进乡（镇、街道）志的编纂出版工作，加强对部门志、行业志、特色志、村志编纂的指导和服务”。为此，蕲春县人民政府办公室于2015年12月31日以“蕲政办发〔2015〕50号”文件向各乡、镇、办及有关部门印发了《县人民政府办公室关于开展乡镇（办）、村（社区）志编纂工作的通知》，要求“全县乡、镇（办）、村（社区）志编纂的总体目标是，2015年启动，力争2025年前完成所有乡镇（办）志和大部分村（社区）志出版任务”。且明确规定：“编纂工作由县地方志编纂委员会负责统一部署，各乡镇（办）政府负责具体规划和组织实施。”这一文件，对于组织和指导全县各乡镇（办）编修好本乡、镇（办）和村（社区）志，是一个纲领性的文件。

按照县政府办关于编纂全县各乡镇（办）志的统一规定，蕲春县县志编纂委员会以“蕲志文〔2015〕2号”文件印发了《蕲春县乡镇（办）、村（社区）志编纂工作方案》的通知，对本届乡镇（办）志和村（社区）志的编纂，提出了一些具体规定，作出了详细安排，为确保蕲春全县乡镇（办）志和村（社区）志编纂工作的正常开展和顺利推进，起到了指导作用。

上述系列文件的颁发，说明国家和各级人民政府十分重视各级地方志的编纂工作，尤其是把乡镇（办）志的编修活动，也提高到重要议事、办事日程上，并纳入工作目标考核，这对于乡镇级精神文明建设和利用本地人文资源，加大经济开发力度，毋庸置疑有着较大的促进作用。

蕲春县蕲州镇，从古至今，是一处先后有军卫、郡（府、路）、州（专署）、县、镇（区）、经济发达镇（副县级）六级建制的文化名城；蕲州始见于北周大象元年至大定元年（579—581年），至今1438年，故又是一处具有千年沧桑的历史古城。这千年的发展变迁，值得传书。故历代编有《蕲州志》留传至今，如宋代陆峻、丁光远编有《蕲春志》10卷；明嘉靖九年（1530年），甘泽编有《蕲州志》9卷；明嘉靖三十一年（1552年），翁学渊聘郝守正等编有《蕲州志》12卷；明后期夏忠编有《蕲州志》8卷、顾天锡编有《蕲州志》60卷；清康熙三年（1664年）卢宏编有《蕲州志》6卷；清乾隆二十年（1755年），钱鋆编有《蕲州志》20卷；清咸丰二年（1852年），潘克溥编有《蕲州志》26卷；清光绪八年（1882年），封蔚礽编有《蕲州志》30卷，等等。这些志书，都是从“大蕲州”的概念来编修的，而对蕲州城区及周边区域，即今日蕲州镇范围之记载，却是比较简略的。固此，编修一部现代版的《蕲州镇志》，是我们这一代人的当务之急。这才叫应天时，顺地利，得人和。

当《县人民政府办公室关于开展乡镇（办）村（社区）志编纂工作的通知》颁发后，蕲州镇领导十分重视，并着手准备，仅因2016年9月镇领导班子调整而耽延了短暂时间。2017年初，以中共蕲春县委常委、蕲州镇委书记何朝阳为首的镇领导班子，即决定启动《蕲州镇志》的编修工作，何书记亲自邀请本人担任《蕲州镇志》主编。2017年2月10日，中共蕲州镇委办公室以“州办发〔2017〕45号”文件向全镇各村（居）委会、各相关机关单位下发了《镇委办公室、镇政府办公室关于印发蕲州镇及各村（居）志编纂工作方案的通知》，正式启动了

《蕲州镇志》的编修工作。这是蕲州镇千余年变迁史上，第一次编修现代版的《蕲州镇志》。所以，作为主编，在编修的全过程中，有几点感受，说与同人，共同切磋，为编写出更多、更好的乡镇（办）、村（社区）志而共同努力。

一是关于时间的界定。一般而言，本届各地所编修的乡、镇（街道、办事处）志，时间都应该以中华人民共和国成立时为起点。下限当然是以启动时间为界。但“大事记”应可到搁笔时止。然而，因为各个乡镇所产生的时代不同，有的是几百年，上千年甚至千余年的古老乡镇，有的则是近代或近期才产生的乡镇。再者，各地的正式解放时间不一定都是1949年10月1日前。那么，就应根据这个乡镇的具体产生时间和正式解放时间而定。对于每一事件的时间，则应以其发端如实记录。

二是关于地域的界定。由于各地各乡镇（办）形成的年代不同，它们所在的区域不可能是一成不变的。至2021年9月，中国有41636个乡镇级行政区划单位，其中区公所2个、乡13565个、镇19683个、街道7194个、民族乡1085个、苏木（蒙古的乡级行政区划叫苏木）106个、民族苏木1个。这些乡镇级行政区划，历史有长有短，面积有大有小，区划变化多端。那么，编志时则应记述其每个历史时期的地理区域。

三是关于人物的界定。这个问题看起来简单，实际上操作起比较复杂。“生不立传”固然是一个原则，但各地的情况不一样，应根据“本土化”和修志常规来定。比如说，“名人传”就要有名人传的标准。一般而言，皆以入传者的职务、职称、贡献、声誉等项而定。难题是，志书上要不要当代精英入录？就古志来看，也是有的收录了当代人物，有的没有收录。但按时代要求，当代地方精英入本地乡镇志，笔者曾主持过几次宗谱的编修，在“生不立传”的前提下，当代人物可以用“赞”这个文体写入谱中，且古今一样。那么作为中华文化“三大支柱”（国史、方志、宗谱）的方志，也可以采用这个办法，将当代人物以“名录”和图表形式收入志中，体现这个乡镇的人文风采，不失为编志人员的明智之举。

四是关于篇目的设置。自古至今，志书内容由简到繁，篇目的设置也不断进步。宋元以前的志书多是平列体（平目体），明以后纲目体盛行，其中夹着编年体手法。到19世纪末，因西学教科书影响中华文化，章节体引入志书之中，它有其独立的特长，但亦与纲目体有相似之处。乡镇（办）志的编纂宜采用之。一部乡镇（办）志，在内容分类上，和一部县（区）志没有多大区别，可谓“麻雀虽小，肝胆俱全”。采用章节体，无可厚非。但用纲目设置，也完全可以。这就得根据编纂人员的学识水平来确定。

五是关于资料的引用。地方志本身就是资料书和工具书。在编纂志书时，需要的资料相当多。档案资料，可到各级档案馆（局）查询；与在编的乡镇（办）志有关的历代志书，可以引用；与在编的乡镇（办）志相关的历史典籍，有借鉴作用；口碑史料，有广泛的源头，要深入采访；地方家谱文献，可以补地方志之不足等等。但有一点很重要，不论引用任何典藏资料，一定不要侵犯版权。按国家版权法规定，50年以上的古籍资料版权是国家所有。凡牵涉到有版权之争的资料一定要避免，所有引用资料都要注明出处。

六是关于文字的表述。编修志书最基本的要求就是“述而不作”，对每件事物、每个人物的记录，应做到精炼、简明、扼要，一个多余的字也不要。古代志书用文言文撰著，在文字表示上无可厚非。今人修志，用白话文，更没有必要再让文字表述冗长乏味。但有一点要注意，不要出现拗句，叫人看不懂，这种“简炼”是不可取的。

七是关于表格的设立。表格是古今志书上的一种表述形式，不论是“人名录”或“事物录”，可以省略很多篇幅，又可以使人一看很明了。但列表一定要注意填表内容的顺序，文字必须简洁，数据一定要准确，“打得开，收得拢”。再就是制出的表格形式要美观，续表绝不要扯开排版，做到整齐划一。

八是关于图片的选用。古今志书都有一定分量的图片。旧志因条件限制，多用版画、水墨画图片。现在不一样，彩色图片盛行，部分黑白历史图片照用。要注重的是，选用的图片，一定要与正文有关，主题突出；所用的图片，都要有文字说明；为确保印刷质量，选用的图片一定要高度清晰，印出的效果才会好。

九是关于队伍的组建。一部志书编修的质量如何？就看参加编修人员的综合素质怎么样？包括道德修养、文化水平、办事能力等方面。就我们这次参修《蕲州镇志》的人员，整体素质令人满意。文字功夫较好是大家的共同点，各自的特色较突出。张国辉先生在蕲州工作近 40 年，担任镇委镇政府两办主任近 10 年，对全镇情况熟悉；王万里先生为现任两办主任，善于协调各方工作；张鸣先生原是蕲州镇东门村书记，在基层时间长、情况熟，编写过《蕲州地名志》稿。爱收藏，3 次在央视上讲解蕲州人文；张焱坤先生是小学校长退休的，参加《古城蕲州》一书的编写，又是其族《张氏宗谱》的主笔，家里收藏蕲州地方史料颇多；刘新安老师长期从事历史教学，参修过《古城蕲州》书稿。笔者作为主编，有这么好的编志班子，是有信心把《蕲州镇志》编好的。

值得庆幸的是，《蕲州镇志》被县志办列为全县两部试点乡镇（办）志之一，这对《蕲州镇志》的所有编纂人员是一种鞭策。也就是鼓励我们把《蕲州镇志》编写好，编出质量，编出水平，在全县作个示范，为全县全面铺开乡镇（办）志的编纂活动，起个引领作用。我们深知，自己肩上的责任有多大？担子有多重？

更值得推崇的是，省、市、县各级地方志办公室对《蕲州镇志》关心备至，经常询问编修情况，多次亲临指导，如市史志研究中心原主任颜宏启，现任主任江明，副主任赵瑞群、张进，调研员黄绪华等，将《蕲州镇志》列为全市试点志，从总体构思到篇目安排；从编写方案到书稿成形，全程过问，悉心审核，直至编修工作顺利进展，取得了令人满意的成果。特别值得庆幸也应该衷心感谢的是，中国地方志指导小组办公室研究员、中国社会科学院研究生院博士生导师张英聘教授，在百忙中之中挤出近半年的时间审核《蕲州镇志》，提出了一些修订意见，尔后为《蕲州镇志》作序，给予蕲春县地方志工作中肯评价，多么难能可贵！我们蕲春县地方志工作取得的这项成就，既全面、大幅度、永久性地提高了李时珍故乡——蕲州的知名度，同时，为蕲春县地方志工作开创了一个全新的局面，创造了一个全新的高度。为此，笔者以《主编〈蕲州镇志〉感怀》诗一首结束本文。

常走蕲城麟凤岗，为修州志总奔忙。
素材全靠广征集，书稿纂修多共商。
方志必须遵旧例，文风尚可创新章。
存史育人又资政，万载千秋留誉香。

張梁森

2021 年 11 月 8 日

图书在版编目（CIP）数据

蕲州镇志 / 蕲春县《蕲州镇志》编纂委员会编 ；张梁森主编. 一北京 ：方志出版社，2023.10
ISBN 978-7-5144-5740-7

Ⅰ. ①蕲… Ⅱ. ①蕲… ②张… Ⅲ. ①蕲春县一地方志 Ⅳ. ①K296.34

中国国家版本馆 CIP 数据核字(2023)第 212401 号

责任编辑：刘方圆
责任校对：张玉霞
责任印制：梅中英
出 版 者：方志出版社
地　　址：北京市朝阳区潘家园东里 9 号（国家方志馆 4 层）
邮　　编：100021
网　　址：http://www.zgfzcb.cn
发　　行：方志出版社图书营销中心（010-67110500）
印　　刷：武汉金海德印刷有限公司
开　　本：889 毫米×1194 毫米　1/16
印　　张：45.25
字　　数：1439 千字
版　　次：2023 年 10 月第 1 版
印　　次：2023 年 10 月第 1 次印刷
定　　价：498.00 元